Arkadi und Boris Strugatzki

Werkausgabe – Sechster Band

Herausgegeben von
Sascha Mamczak und Erik Simon

Das Buch

Irgendwo im Norden Russlands befindet sich ein wissenschaftliches Institut, in dem streng geheime Forschungen stattfinden. Forschungen in Sachen Magie. Es ist ein Ort, an dem rund um die Uhr hart gearbeitet wird – schließlich muss auch das Magische für den menschlichen Fortschritt nutzbar gemacht werden. Doch mit einem haben die Wissenschaftler nicht gerechnet: mit der lähmenden Kraft der Bürokratie.

Ob satirisches Märchen, Filmszenarium oder Gesellschaftskritik mit den Mitteln der Science Fiction – die in diesem Band versammelten Texte stellen einmal mehr unter Beweis, dass Arkadi und Boris Strugatzki die bedeutendsten Autoren waren, die die russische Fantastik je hervorgebracht hat.

»Die Strugatzkis sind galaktische Sterne von der Größenordnung eines Ray Bradbury oder eines Kurt Vonnegut, glauben Sie mir. Sie konnten sie bei sich auf der westlichen Hemisphäre nur nicht so gut sehen.« *Dmitry Glukhovsky*

»Die Brüder Strugatzki sind einfach großartige Erzähler. Jedes einzelne Geschehnis wird detailfreudig und mit viel Sinn für Spannung und Atmosphäre geschildert.« *Deutschlandradio Kultur*

Die Autoren

Arkadi (1925–1991) und Boris (1933–2012) Strugatzki zählen zu den bedeutendsten und erfolgreichsten russischen Autoren der Nachkriegszeit. Ihre Romane sind nicht nur faszinierende Parabeln über die Stellung des Menschen im Universum, sondern auch schonungslose Abrechnungen mit Ideologiegläubigkeit und Personenkult. Etliche ihrer Texte durften in der Sowjetunion nicht erscheinen. Inzwischen hat die Gesamtauflage ihrer Werke die fünfzig Millionen weit überschritten, sie wurden in über dreißig Sprachen übersetzt, und viele ihrer Romane wurden verfilmt darunter Andrej Tarkowskis *Stalker* nach »Picknick am Wegesrand«.

Arkadi und Boris

STRUGATZKI

Der Montag fängt
am Samstag an

Das Märchen von der Troika

Fünf Löffel Elixier

Das lahme Schicksal

WILHELM HEYNE VERLAG
MÜNCHEN

Titel der Originalausgaben
Понедельник начинается в субботу
Сказка о Тройке
Пять ложек эликсира
Хромая судьба

Deutsche Übersetzung von Helga Gutsche (Der Montag fängt am Samstag an), Peter Klassen (Nachwort und Erläuterungen Priwalows), Helga Gutsche/David Drevs (Das Märchen von der Troika), Helga Gutsche (Fünf Löffel Elixier), Erika Pietraß/Helga Gutsche (Das lahme Schicksal), Erik Simon (Kommentar von Boris Strugatzki)

Textbearbeitung und Redaktion: Anna Doris Schüller

MIX
Papier aus verantwortungsvollen Quellen
Paper from responsible sources
FSC® C105338

Die für dieses Buch verwendeten Papiere sind FSC® zertifiziert.

2. Auflage

Deutsche Erstausgabe 1/2014

in der Verlagsgruppe Random House GmbH,
Neumarkter Straße 28, 81673 München
www.heyne.de
Printed in Germany
Umschlaggestaltung: Nele Schütz Design, München
Satz: Schaber Datentechnik, Austria
BoD

ISBN 978-3-453-31214-2

INHALT

DER MONTAG FÄNGT AM SAMSTAG AN

Am seltsamsten aber, am unverständlichsten ist,
dass ein Autor zu einem solchen Gegenstand greift.
Ich muss gestehen, das ist ganz einfach nicht mehr
fassbar …; das ist geradezu, als ob … aber nein, nein,
das kann ich wirklich nicht verstehen.

Nikolai Wassiljewitsch Gogol

ERSTE GESCHICHTE

Viel Lärm um ein Kanapee

1

Lehrer: Kinder, schreibt den Satz: »Ein Fisch saß auf einem Baum.«
Schüler: Sitzen Fische denn auf Bäumen?
Lehrer: Na ja … Es war eben ein verrückter Fisch.

Anekdote aus dem Schulleben

Ich näherte mich meinem Ziel. Der Weg führte mitten durch einen grünen Wald, und nur hier und da tat sich eine mit gelbem Riedgras bewachsene Lichtung auf. Die Sonne ging schon seit Stunden unter, kam und kam aber nicht vom Fleck und hing noch immer dicht über dem Horizont. Der Wagen rollte über eine schmale, mit knirschendem Schotter bedeckte Straße, und bei jedem größeren Stein schepperten und rumpelten die leeren Kanister im Kofferraum.

Rechter Hand traten zwei Männer aus dem Wald, blieben am Wegrand stehen und spähten in meine Richtung. Einer hob die Hand. Ich nahm den Fuß vom Gaspedal und sah mir die beiden genauer an. Es schienen Jäger zu sein – junge Burschen, kaum älter als ich. Ihre Gesichter waren mir sympathisch, und ich hielt an. Der Mann, der die Hand gehoben hatte, schob das hakennasige dunkle Gesicht durchs Fenster und fragte lächelnd: »Könnten wir vielleicht bis Solowetz mitfahren?«

Der zweite, der einen roten Backenbart trug, guckte ihm, ebenfalls lächelnd, über die Schulter. Keine Frage, das waren nette Jungs.

»Steigen Sie ein«, sagte ich. »Einer vorn, einer hinten, auf dem Rücksitz liegt jedoch allerhand Zeug herum.«

»Wohltäter!«, rief der Hakennasige erfreut, nahm das Gewehr von der Schulter und setzte sich neben mich.

Der Bärtige blickte unschlüssig in den Wagenfond und fragte: »Könnte ich hier ein bisschen …«

Ich beugte mich über die Sessellehne und half ihm, den Schlafsack und das zusammengerollte Zelt beiseitezuschieben. Zaghaft, das Gewehr zwischen den Knien, quetschte er sich in die Ecke.

»Schlagen Sie die Tür kräftig zu«, empfahl ich.

Langsam fuhr der Wagen an. Der Hakennasige drehte sich nach hinten um und ließ sich lebhaft darüber aus, wie viel angenehmer es sei, mit dem Auto zu fahren, als zu Fuß zu gehen. Der Bärtige stimmte murmelnd zu; er versuchte noch immer, die Tür zuzuschlagen, doch es gelang ihm nicht.

»Ziehen Sie den Mantel weg«, riet ich ihm mit einem Blick in den Rückspiegel. »Er ist in der Tür eingeklemmt.«

Nach fünf Minuten waren wir endlich so weit. Ich fragte: »Bis Solowetz dürften es wohl zehn Kilometer sein?«

»Ja«, antwortete der Hakennasige. »Vielleicht auch ein bisschen mehr. Die Straße ist nicht sonderlich gut – hier fahren nur Lastwagen.«

»Ich finde sie gar nicht so schlecht«, widersprach ich. »Dabei hatte man mir prophezeit, ich käme überhaupt nicht durch.«

»Die Straße kann man sogar noch im Herbst befahren.«

»Hier schon, aber hinter Korobetz ist sie nicht mehr befestigt.«

»Dieses Jahr ist der Sommer sehr trocken, da kann nicht viel passieren.«

»Bei Saton soll's regnen«, warf der Bärtige von hinten ein.
»Wer sagt das?«, wollte der Hakennasige wissen.
»Merlin.«
Die beiden lachten, warum, wusste ich nicht. Ich fingerte meine Zigaretten heraus, zündete mir eine an und reichte die Schachtel weiter.
»Aus der Clara-Zetkin-Fabrik«, sagte der Hakennasige mit einem Blick auf die Schachtel. »Sind Sie aus Leningrad?«
»Ja.«
»Auf Reisen?«
»Ja«, erwiderte ich. »Und Sie sind von hier?«
»Seit Urzeiten«, antwortete der Hakennasige.
»Ich komme aus Murmansk«, teilte der Bärtige mit.
»Für einen Leningrader ist Solowetz wohl genauso wie Murmansk hoher Norden«, meinte der Hakennasige.
»Nein, wieso denn«, protestierte ich höflich.
»Machen Sie in Solowetz Station?«, fragte der Hakennasige.
»Natürlich«, erwiderte ich. »Da will ich ja hin.«
»Haben Sie in Solowetz Verwandte oder Bekannte?«
»Nein«, sagte ich. »Da warte ich auf die anderen. Sie haben die Route am Ufer entlanggenommen, und wir treffen uns in Solowetz.«
Vor uns tauchte ein großer Schotterhaufen auf. Ich bremste und bat: »Halten Sie sich gut fest.« Es holperte und rumpelte, der Hakennasige stieß mit der Nase gegen den Gewehrlauf. Der Motor heulte, Steinchen prasselten gegen den Wagenboden.
»Das arme Auto«, klagte der Hakennasige.
»Lässt sich nicht ändern«, meinte ich.
»Nicht jeder würde seinen Wagen über solche Wege jagen.«
»Ich schon«, sagte ich. Der Schotterhaufen lag hinter uns.
»Das ist wohl gar nicht Ihr Auto«, mutmaßte der Hakennasige.

»Woher sollte ich auch ein Auto haben?! Das ist ein Leihwagen.«

»Verstehe«, sagte der Hakennasige – wie mir schien, enttäuscht. Das ärgerte mich.

»Was hat es für einen Sinn, sich einen Wagen anzuschaffen, wenn man doch bloß auf Asphaltstraßen fährt? Wo Asphalt ist, gibt es nichts Interessantes, und wo es interessant ist, gibt es keinen Asphalt.«

»Ja, natürlich«, stimmte der Hakennasige höflich zu.

»Ich finde es dumm, aus seinem Wagen einen Götzen zu machen«, erklärte ich.

»Stimmt«, sagte der Bärtige. »Aber nicht jeder denkt so.«

Wir sprachen eine Weile über Autos und gelangten zu dem Schluss, dass man sich, wenn überhaupt, einen Geländewagen des Typs Gas-69 kaufen sollte; diesen allerdings gab es nicht im freien Verkauf. Dann fragte der Hakennasige: »Wo arbeiten Sie?«, und ich gab Auskunft.

»Kolossal!«, rief er. »Ein Programmierer! Genau das, was wir brauchen. Hören Sie, lassen Sie Ihr Institut sausen, und kommen Sie zu uns!«

»Was haben Sie denn zu bieten?«

»Was wir zu bieten haben?«, fragte der Hakennasige.

»Einen Aldan-3«, antwortete der Bärtige.

»Nicht schlecht«, sagte ich. »Und wie läuft er?«

»Tja, wie soll ich's Ihnen sagen …«

»Verstehe«, unterbrach ich ihn.

»Eigentlich ist er noch nicht eingerichtet«, erklärte der Bärtige. »Bleiben Sie bei uns, machen Sie das.«

»Ihre Versetzung bekommen wir schon durch«, fügte der Hakennasige hinzu.

»Und woran arbeiten Sie hier?«, erkundigte ich mich.

»Woran die ganze Wissenschaft arbeitet«, begann der Hakennasige. »Wir beschäftigen uns mit dem menschlichen Glück.«

»Verstehe«, sagte ich. »Auch mit dem Kosmos?«

»Das auch«, gab der Hakennasige zurück.

»Das Bessere ist der Feind des Guten«, sagte ich.

»Hauptstadt und ordentliches Gehalt«, murmelte der Bärtige leise, aber ich hörte es trotzdem.

»Nein«, warf ich ein. »Es geht mir nicht ums Geld.«

»War auch nur Spaß«, sagte der Bärtige.

»Das sind so seine Späße«, meinte der Hakennasige. »Aber eine interessantere Arbeit als bei uns werden Sie nirgends finden.«

»Warum glauben Sie das?«

»Da bin ich mir sogar ganz sicher.«

»Na ja, ich weiß nicht.«

Der Hakennasige grinste. »Darüber unterhalten wir uns noch«, sagte er. »Bleiben Sie eine Weile in Solowetz?«

»Höchstens zwei Tage.«

»Na, dann sprechen wir uns am zweiten Tag.«

Der Bärtige fügte hinzu: »Meiner Meinung nach ist das ein Wink des Schicksals: Wir gingen durch den Wald und trafen auf einen Programmierer. Ich glaube, Ihnen bleibt gar keine andere Wahl.«

»Brauchen Sie wirklich so dringend einen Programmierer?«, fragte ich.

»Unbedingt.«

»Ich werde mal mit den Kollegen reden«, versprach ich. »Einige von ihnen würden sich gern verändern.«

»Wir brauchen nicht irgendeinen Programmierer«, gab der Hakennasige zu bedenken. »Programmierer sind rar und daher ein verwöhntes Völkchen. Wir brauchen einen, der nicht verwöhnt ist.«

»Dann wird es schwierig«, sagte ich.

Der Hakennasige zählte an seinen Fingern ab: »Wir brauchen a) einen Programmierer, der nicht verwöhnt ist, b) einen, der freiwillig kommt, und c) einen, der bereit ist, ins Wohnheim zu ziehen …«

»Und das«, fiel der Bärtige ein, »für hundertzwanzig Rubel.«

»Und wie steht's mit Engelsflügeln? Oder, sagen wir, mit einem Heiligenschein? Von der Sorte gibt es einen unter tausend!«

»Dieser eine würde uns genügen«, sagte der Hakennasige.

»Und wenn es insgesamt nur neunhundert gibt?«

»Sind wir auch mit neun Zehnteln zufrieden.«

Der Wald war zu Ende, wir überquerten eine Brücke und fuhren an Kartoffeläckern vorbei.

»Schon neun Uhr«, meinte der Hakennasige. »Wo werden Sie übernachten?«

»Ich schlafe im Wagen. Wie lange haben hier die Geschäfte offen?«

»Die sind schon zu«, gab der Hakennasige zurück.

»Sie könnten mit ins Wohnheim kommen«, schlug der Bärtige vor. »In meinem Zimmer ist ein Bett frei.«

»Zum Wohnheim kommt man nicht mit dem Auto«, gab der Hakennasige zu bedenken.

»Da magst du recht haben«, sagte der Bärtige und lachte aus unerfindlichen Gründen.

»Den Wagen könnten wir am Milizrevier abstellen«, sagte der Hakennasige.

»Unsinn«, widersprach der Bärtige. »Ich rede dummes Zeug, und du machst es mir nach. Wie sollen wir ihn denn ins Wohnheim schleusen?«

»Ach ja, verflixt«, rief der Hakennasige. »Kaum macht man einen Tag blau, vergisst man schon den ganzen Zauber.«

»Vielleicht könnten wir ihn transgredieren?«

»Lass gut sein«, winkte der Hakennasige ab. »Wir haben's hier nicht mit dem Kanapee zu tun. Du bist kein Cristóbal Junta und ich auch nicht.«

»Machen Sie sich keine Sorgen«, bat ich. »Ich werde im Wagen schlafen, es ist ja nicht das erste Mal.«

Ich bekam plötzlich schreckliche Sehnsucht nach ordentlichem Bettzeug. Vier Nächte hatte ich schon im Schlafsack verbracht.

»Hör mal«, sagte der Hakennasige. »Da ist doch noch die Hüahü!«

»Ja, sicher!«, rief der Bärtige. »Ab in die Meeresbucht mit ihm!«

»Es macht mir wirklich nichts aus, im Wagen zu schlafen«, wiederholte ich.

»Sie werden in einem richtigen Haus schlafen«, erklärte der Hakennasige. »In relativ sauberer Bettwäsche sogar. Irgendwie müssen wir uns doch erkenntlich zeigen.«

»Wir können Ihnen ja schließlich kein Trinkgeld zustecken«, lachte der Bärtige.

Wir fuhren in die Stadt hinein. Vorbei an altertümlichen, doch soliden Zäunen und wuchtigen Blockhäusern aus mächtigen dunklen Balken; sie hatten kleine Fenster, geschnitzte Fensterrahmen und einen hölzernen Hahn auf dem Dach. Dazwischen standen ein paar alte Ziegelbauten mit eisernen Toren, bei deren Anblick mir das fast vergessene Wort »Kornspeicher« in den Sinn kam. Die Straße war breit und schnurgerade und nannte sich »Prospekt des Friedens«. Weiter zum Zentrum hin sah man auch zweistöckige Häuser aus Schlackenstein mit offenen Vorgärten.

»Die Nächste nach rechts«, sagte der Hakennasige.

Ich blinkte, bremste und bog rechts ab. Hier war die Fahrbahn mit Gras bewachsen, und doch sah ich dicht an einem Tor einen nagelneuen Wagen der Marke »Saporoshez« stehen. An den Toren hingen Hausnummern, die Zahlen auf den rostigen Schildern waren jedoch kaum zu erkennen. Die Gasse trug den stolzen Namen »Straße an der Meeresbucht«. Sie war schmal und wurde von schweren alten Zäunen begrenzt, die anscheinend noch aus der Zeit stammten, als hier schwedische und norwegische Piraten ihr Unwesen trieben.

»Halt«, rief der Hakennasige. Ich bremste, und er stieß erneut mit der Nase gegen den Gewehrlauf. »Jetzt machen wir's so«, begann er und rieb sich an seiner Nase. »Sie warten hier, bis ich alles geregelt habe.«

»Das ist wirklich nicht nötig«, erklärte ich ein letztes Mal.

»Keine Widerrede! Wolodja, pass gut auf ihn auf.«

Der Hakennasige stieg aus und zwängte sich geduckt durch das niedrige Tor; mit seinen pudschweren rostigen Angeln hätte es gut zu einem Eisenbahndepot gepasst. Hinter dem hohen grauen Zaun war kein Haus zu entdecken. Erstaunt betrachtete ich daher die Anschläge. Es waren drei. Am linken Torflügel prangte unter dickem Glas eine silberne Aufschrift auf dunkelblauem Grund:

Fifhuz
Hütte auf Hühnerbeinen
Denkmal
aus dem alten Solowetz

Am rechten Torflügel hing oben ein rostiges Blechschild: »N. K. Gorynytsch, Straße an der Meeresbucht 13«, und darunter war ein Stück Sperrholz angebracht, auf das jemand mit Tinte gekritzelt hatte:

Kater außer Betrieb
Die Verwaltung

»Was für ein ›Kater‹?«, fragte ich. »Die Kooperative Abteilung des Territoriums?«

Der Bärtige kicherte. »Machen Sie sich keine Sorgen«, sagte er. »Bei uns geht es ein bisschen verrückt zu, ansonsten aber hat alles seine Richtigkeit.«

Ich stieg aus und putzte die Windschutzscheibe. Da hörte ich über mir plötzlich ein Rascheln. Ich schaute auf. Oben auf dem Tor reckte und streckte sich ein schön gezeichneter schwarzgrauer Kater von einer solchen Größe, wie ich es noch nie gesehen hatte. Nachdem er die richtige Lage gefunden hatte, blickte er mich mit seinen gelben Augen gleichgültig und träge an. »Miez, miez, miez«, machte ich automatisch. Ebenso höflich wie kühl riss der Kater den mit scharfen Zähnen besetzten Rachen auf, stieß einen heiseren, kehligen Laut aus, wandte sich ab und blickte in den Hof hinunter. Von dort drang die Stimme des Hakennasigen über den Zaun.

»Wassili, mein Freund, darf ich Sie mal stören?«

Der Riegel quietschte. Der Kater stand auf und ließ sich lautlos in den Hof hinuntergleiten. Das Tor schaukelte schwerfällig in den Angeln, ein fürchterliches Knarren setzte ein, und langsam schob sich die linke Torhälfte auf. In der Öffnung erschien das vor Anstrengung rote Gesicht des Hakennasigen.

»Mein Wohltäter!«, rief er. »Fahren Sie den Wagen auf den Hof!«

Ich stieg wieder in den Moskwitsch und fuhr langsam durch das Tor. Der Hof war sehr geräumig. Weiter hinten stand ein Haus aus dicken Balken und davor eine mächtige, gedrungene Eiche, deren dichte, weit ausladende Krone das Dach völlig verdeckte. Vom Tor her führte ein schmaler, mit Steinplatten ausgelegter Weg um die Eiche herum zum Haus. Rechts davon lag ein Gemüsegarten, und linker Hand, inmitten einer kleinen Wiese, ragte ein verwitterter, moosbewachsener Brunnen mit einem Haspelrad auf.

Ich parkte den Wagen ein Stück vom Weg entfernt, stellte den Motor ab und stieg aus. Der bärtige Wolodja stieg ebenfalls aus, lehnte das Gewehr gegen den Wagenschlag und schnallte sich den Rucksack um.

»So, da wären wir«, sagte er.

Der Hakennasige ließ das knarrende Tor krachend ins Schloss fallen, während ich etwas verlegen dastand und mich unschlüssig nach allen Seiten umsah.

»Da ist ja auch schon die Hausherrin!«, rief der Bärtige. »Seien Sie mir gegrüßt, Großmütterchen Naina Kiewna!«

Die Hausherrin schien die hundert schon überschritten zu haben; auf einen knorrigen Stock gestützt, schlurfte sie in Filzstiefeln und Galoschen langsam auf uns zu. Ihr Gesicht war tiefbraun, und inmitten eines dichten Geflechts aus Runzeln schob sich die lange spitze Nase, krumm wie ein Säbel, nach vorn. Ihre Augen waren trübe und fast farblos, so als seien sie mit Hornhaut überzogen.

»Grüß dich, Enkelchen, grüß dich«, erwiderte sie mit einer überraschend kräftigen, tiefen Stimme. »Das ist also der neue Programmierer? Sei auch du gegrüßt, mein Guter! Herzlich willkommen!«

Ich begriff, dass ich jetzt am besten den Mund hielt, und verbeugte mich stumm vor der alten Frau. Auf dem flauschigen schwarzen Kopftuch, das sie unter dem Kinn zusammengeknotet hatte, trug sie ein lustiges Tüchlein mit mehrfarbigen Abbildungen des Atomiums und einem in allen möglichen Sprachen aufgedruckten Text: »Internationale Ausstellung in Brüssel«. Am Kinn und unter der Nase sprossen ein paar graue Borsten. Sie trug ein schwarzes Tuchkleid und eine wattierte Weste.

»Also, Naina Kiewna«, begann der Hakennasige, während er auf uns zukam und sich den Rost von den Händen rieb. »Wir müssen unseren neuen Mitarbeiter für zwei Nächte bei dir unterbringen. Darf ich vorstellen … äh …«

»Nicht nötig«, sagte die Alte und blickte mich forschend an. »Ich sehe schon: Es ist Alexander Iwanowitsch Priwalow, Jahrgang 1938, Geschlecht: männlich, Nationalität: russisch, Mitglied des Komsomol, nein, nein, er hat nicht teilgenommen, er war nicht, und er hat nicht … Vor dir, mein funkelndes Juwel, liegen ein langer Weg und Geschäfte in Amtsstuben … Aber nimm dich in Acht, mein strahlender Diamant, vor einem bösen rothaarigen Menschen. Und nun, mein schönster Rubin, belohn mich für meine Mühe …«

»Ähem!«, räusperte sich der Hakennasige, und die alte Frau verstummte. Peinliches Schweigen trat ein.

»Nennen Sie mich einfach Sascha«, brachte ich mühsam den lange vorbereiteten Satz heraus.

»Und wo soll ich ihn unterbringen?«, wollte die alte Frau wissen.

»Im Magazin natürlich«, sagte der Hakennasige ein wenig gereizt.

»Und wer übernimmt die Verantwortung?«

»Aber Naina Kiewna!«, donnerte der Hakennasige plötzlich mit der großen Geste eines Provinztragöden, fasste die Alte unter und zog sie ins Haus. Man hörte, dass sie sich stritten.

»Das war doch abgemacht!«

»Und wenn er was stibitzt?«

»Nicht so laut! Das ist doch ein Programmierer, verstehen Sie? Ein Komsomolze! Ein Wissenschaftler!«

»Und wenn er an den Zähnen lutscht?«

Peinlich berührt, wandte ich mich zu Wolodja um. Wolodja kicherte.

»Das ist mir aber unangenehm«, stammelte ich.

»Keine Sorge, es geht alles seinen Gang …«

Er wollte noch etwas hinzufügen, als die alte Frau mit wilder Stimme schrie: »Aber das Kanapee, das Kanapee!«

Ich fuhr zusammen und sagte: »Wissen Sie was, ich fahre jetzt lieber weiter.«

»Kommt überhaupt nicht infrage!«, widersprach Wolodja in entschiedenem Ton. »Es wird sich alles finden. Die Großmutter verlangt bloß ihren Lohn, Roman und ich haben aber kein Geld dabei.«

»Dann bezahle ich«, schlug ich vor. Am liebsten wäre ich auf der Stelle abgefahren; solche Alltagsquerelen kann ich nicht ausstehen.

Wolodja schüttelte den Kopf. »Auf keinen Fall. Da kommt er auch schon. Es ist alles in Ordnung.«

Der hakennasige Roman trat zu uns, fasste mich unter und sagte: »So, das hätten wir geklärt. Kommen Sie.«

»Hören Sie, mir ist das irgendwie peinlich«, sagte ich. »Schließlich ist sie nicht verpflichtet …«

Aber da waren wir schon beim Haus.

»Doch, doch, das ist sie«, murmelte Roman.

Wir gingen um die Eiche herum zum Hintereingang. Roman stieß eine mit Kunstleder bespannte Tür auf, und wir gelangten in einen geräumigen und sauberen, aber schlecht beleuchteten Flur. Die Alte hatte die Hände über dem Bauch gefaltet und erwartete uns mit verkniffenem Mund. Als sie uns erblickte, brummte sie rachsüchtig: »Aber das Scheinchen, das krieg ich gleich! Und dass mir da ja draufsteht: Das und das hab ich von der und der erhalten, die dem Unterzeichnenden Obiges übergeben hat …«

Roman heulte leise auf, und wir gingen in das für mich vorgesehene Zimmer. Es war ein kühler Raum mit einem Fenster; davor hing ein Kattunvorhang. Roman sagte mit gepresster Stimme: »Machen Sie es sich bequem, fühlen Sie sich ganz wie zu Hause.«

Sofort erkundigte sich die Alte argwöhnisch aus dem Flur: »Und er lutscht auch wirklich nicht an den Zähnen?«

Roman bellte zurück, ohne sich umzudrehen: »Nein! Ich sag Ihnen doch: Er hat gar keine Zähne.«

»Dann komm jetzt mit, und stell das Scheinchen aus.«

Roman zog die Brauen hoch, verdrehte die Augen, fletschte die Zähne und schüttelte den Kopf, ging aber hinaus. Ich sah mich im Zimmer um. Es war nur spärlich möbliert. Am Fenster stand ein massiver Tisch mit einer abgenutzten grauen Fransendecke, und an den Tisch war ein wackliger Hocker gerückt. Entlang der kahlen Balkenwand befand sich ein breites Kanapee und an der gegenüberliegenden, mit unterschiedlichen Tapetenstücken beklebten Wand ein Garderobenbrett mit altem Plunder (daran hingen Wattejacken, abgewetzte Pelze, zerfledderte Schirm- und Fellmützen). Ins Zimmer ragte ein frisch geweißter russischer Ofen, und im Winkel gegenüber hing ein großer trüber Spiegel in einem abblätternden Rahmen. Die mit gestreiften Läufern belegten Dielen waren abgezogen.

Hinter der Wand hörte man zweistimmiges Gemurmel: Während die tiefe Stimme der Alten immer in derselben Tonlage blieb, klang Romans Stimme bald laut, bald leise.

»Eine Tischdecke, Inventarnummer zweihundertfünfundvierzig …«

»Warum schreiben Sie nicht jedes Dielenbrett einzeln auf?«

»Ein Esstisch …«

»Tragen Sie den Ofen auch ein?«

»Ordnung muss sein … ein Kanapee …«

Ich trat ans Fenster und zog den Vorhang zurück. Außer der Eiche war nichts zu sehen. Ich heftete meinen Blick auf den Baum, der schon sehr alt sein musste. Er hatte eine graue, leblos wirkende Rinde, und die mächtigen, aus der Erde ragenden Wurzeln waren mit roten und weißen Flechten bedeckt.

»Vergessen Sie nicht, die Eiche aufzuschreiben!«, hörte ich Roman hinter der Wand sagen.

Auf dem Fensterbrett lag ein dickes, speckiges Buch. Ich blätterte gedankenlos darin, trat dann vom Fenster zurück und setzte mich aufs Kanapee. Sofort wurde ich schläfrig. Mir fiel ein, dass ich an diesem Tag vierzehn Stunden hinter dem Lenkrad gesessen und mich, wie es schien, völlig umsonst so beeilt hatte; ich fühlte, dass mir der Rücken weh tat und der Kopf schwirrte, und dachte, dass mir diese lästige Alte letzten Endes gestohlen bleiben konnte, dass das Ganze hoffentlich bald ein Ende nahm und ich endlich alle viere von mir strecken konnte …

»Also«, hörte ich Roman von der Tür her sagen. »Die Formalitäten hätten wir erledigt.« Er spreizte die mit Tinte bekleckten Finger. »Die Hände sind müde, sie haben geschrieben und geschrieben … Sascha, legen Sie sich schlafen. Wir gehen jetzt, und Sie können sich ausruhen. Was machen Sie morgen?«

»Warten«, antwortete ich träge.

»Wo?«

»Hier. Und an der Post.«

»Morgen fahren Sie doch noch nicht weiter?«

»Wahrscheinlich nicht. Eher übermorgen.«

»Dann sehen wir uns also noch, und es liegt noch alles vor uns.« Er lächelte, winkte mir zu und ging. Ich dachte träge, dass ich ihn hinausbegleiten und mich auch von Wolodja verabschieden müsste, legte mich aber hin. Sofort kam die Alte ins Zimmer. Ich stand auf. Sie musterte mich eingehend.

»Ich hab bloß Angst, mein Guter, dass du an den Zähnen lutschst«, meinte sie besorgt.

»Ich lutsche nicht an den Zähnen«, sagte ich müde. »Ich will schlafen.«

»Dann leg dich hin, und schlaf. Bezahl fürs Nachtlager, und schlaf dich aus.«

Ich langte in dic Hosentasche und angelte nach der Brieftasche. »Was bekommen Sie?«

Die Alte blickte zur Decke hoch. »Einen Rubel fürs Zimmer. Einen halben Rubel für die Bettwäsche – die gehört nämlich mir. Macht für zwei Nächte drei Rubel. Und was du von dir aus – für die Unannehmlichkeiten nämlich – drauflegst, ist deine Sache.«

Ich reichte ihr einen Fünfrubelschein. »Fürs Erste leg ich einen Rubel drauf«, sagte ich. »Morgen sehen wir weiter.«

Die Alte schnappte nach dem Schein und verschwand, noch etwas von Wechselgeld brabbelnd. Sie blieb ziemlich lange fort, und ich wollte schon auf Wechselgeld und Bettwäsche pfeifen, als sie endlich wieder angeschlurft kam und eine Handvoll schmutziger Kupfermünzen auf den Tisch warf.

»Hier hast du das Wechselgeld, mein Guter«, sagte sie. »Es ist genau ein Rubel, brauchst es nicht nachzuzählen.«

»Ich hatte auch nicht die Absicht«, erwiderte ich. »Und was ist mit der Bettwäsche?«

»Die bring ich dir gleich. Geh so lange auf dem Hof spazieren, ich mach inzwischen dein Bett.«

Ich ging vor die Tür und zog im Gehen die Zigaretten aus der Tasche. Mittlerweile war die Sonne untergegangen. Die weiße Nacht brach an. Irgendwo bellten ein paar Hunde. Ich setzte mich auf die halb im Boden versunkene Bank unter der Eiche, steckte mir eine Zigarette an und betrachtete den blassen, sternenlosen Himmel. Der Kater strich lautlos an mir vorbei, blickte mich mit funkelnden Augen an, kletterte dann flink auf die Eiche und verschwand im dunklen Blattwerk. Sofort vergaß ich ihn wieder und fuhr zusammen, als es plötzlich über mir raschelte. Auf meinen Kopf rieselte allerlei Unrat. »Hol dich doch der …!«, rief ich laut und klopfte meine Sachen ab. Ich war unglaublich müde. Die Alte kam aus dem Haus und trippelte, ohne mich zu beachten, zum Brunnen. Ich schloss daraus, dass mein Bett fertig war, und kehrte ins Zimmer zurück.

Die garstige Alte hatte mir das Bett auf dem Fußboden gemacht. Nein, dachte ich, nicht mit mir, riegelte die Tür ab, verfrachtete das Bettzeug aufs Kanapee und zog mich aus. Durch das Fenster fiel ein fahler Lichtschein, und ich hörte, wie der Kater noch immer in der Eiche raschelte. Ich schüttelte den Kopf und strich mir den Unrat aus dem Haar. Was aber da zu Boden rieselte, waren merkwürdigerweise große trockene Fischschuppen. Das piekt doch beim Schlafen, dachte ich, ließ mich aufs Kissen fallen und schlief auf der Stelle ein.

2

… Das verlassene Haus ist zu einer Heimstatt für Füchse und Dachse geworden, und so können hier merkwürdige Geister und Gespenster auftauchen.

Ueda Akinari

Mitten in der Nacht wachte ich auf, weil im Zimmer gesprochen wurde. Zwei Männer unterhielten sich in fast lautlosem Flüsterton. Ihre Stimmen ähnelten sich, nur dass die eine gedämpft und heiser klang und die andere äußerst gereizt.

»Hör auf zu krächzen«, flüsterte der eine ärgerlich. »Kannst du das nicht bleiben lassen?«

»Kann ich«, erwiderte der andere gedämpft und hustete.

»Nicht so laut«, zischte der Gereizte.

»Das ist der Raucherhusten«, erklärte der andere. »Der morgendliche Husten des Rauchers.« Und er fing wieder an zu husten.

»Geh raus«, forderte der Gereizte ihn auf.

»Aber er schläft doch.«

»Wer ist das überhaupt? Wo kommt der plötzlich her?«

»Woher soll ich das wissen?«

»Zu dumm … Wir haben aber auch ein Pech.«

Die Nachbarn sind noch auf, dachte ich im Halbschlaf. Ich glaubte, ich wäre zu Hause. Meine Zimmernachbarn waren Brüder, zwei Physiker, die am liebsten nachts arbeiteten. Um zwei gingen ihnen gewöhnlich die Zigaretten aus, und dann kamen sie in mein Zimmer und durchstöberten alles, stießen gegen Möbel und fluchten.

Ich packte mein Kissen und schleuderte es ins Zimmer hinein. Ich hörte, wie etwas herunterfiel, dann wurde es still.

»Gebt mir das Kissen zurück«, forderte ich. »Und schert euch raus. Die Zigaretten liegen auf dem Tisch.«

Als ich meine Stimme hörte, wurde ich endgültig wach. Ich setzte mich auf. Irgendwo kläfften ein paar Hunde, und die Alte hinter der Wand schnarchte, was das Zeug hielt. Plötzlich wusste ich wieder, wo ich war. Doch in meinem Zimmer war niemand. Im fahlen Lichtschein sah ich mein Kissen und den vom Garderobenbrett gefallenen Plunder auf dem Fußboden liegen. Die Alte reißt dir den Kopf ab, dachte ich und sprang auf. Der Fußboden war kalt, und ich trat rasch auf den Läufer. Die Alte hörte auf zu schnarchen. Ich hielt den Atem an. Die Dielen knarrten, in allen Ecken knackte und raschelte es. Die Alte stieß einen gellenden Pfiff aus und schnarchte weiter. Ich hob mein Kissen wieder auf und warf es aufs Kanapee. Der alte Plunder roch nach Hundefell. Das Brett war vom Nagel geglitten und hing schief herab, ich rückte es gerade und sammelte den Plunder auf. Kaum hatte ich den letzten Überzieher aufgehängt, rutschte das Brett von Neuem ab, schrappte über die Tapete und blieb wieder nur an einem Nagel hängen. Die Alte hörte auf zu schnarchen, und mir brach der kalte Schweiß aus. Irgendwo in der Nähe krähte ein Hahn. Ab in den Suppentopf mit dir, dachte ich böse. Die Alte hinter der Wand wälzte sich im Bett, dass die Sprungfedern quietschten. Ich stand reglos auf einem Bein und wartete. Draußen sagte jemand leise: »Gehen wir schlafen, wir haben heute lange genug hier gesessen.« Das war die Stimme einer jungen Frau. »Wie du willst«, erwiderte eine andere Stimme. Dann gähnte jemand ausgiebig. »Und plätschern willst du heute gar nicht mehr?« – »Mir ist kalt. Lass uns schlafen.« Dann wurde alles still. Die Alte brabbelte vor sich hin, und ich tappte vorsichtig zum Kanapee zurück. Morgen stehe ich beizeiten auf und mache Ordnung …

Ich legte mich auf die rechte Seite, zog mir die Decke übers Ohr, schloss die Augen und merkte plötzlich, dass ich überhaupt nicht schlafen wollte. Ich hatte Hunger. Ach herrje, dachte ich. Du musst dir sofort was einfallen lassen. Und ich ließ mir was einfallen.

Nehmen wir zum Beispiel ein System zweier Integralgleichungen des Typs stellarstatistischer Gleichungen; die beiden unbekannten Funktionen kommen unter dem Integralzeichen vor. Lösen lassen sie sich natürlich nur zahlenmäßig, beispielsweise mit einem Schnellrechner ... Ich dachte an unseren Schnellrechner mit dem cremefarbenen Bedienpult und stellte mir vor, wie Shenja ein in Zeitungspapier gewickeltes Päckchen darauflegte und es gemächlich aufmachte.

»Was hast du drauf?«, fragte er.

»Käse und Wurst«, antwortete ich. In runde Scheiben geschnittene polnische Räucherwurst.

»Ach, du solltest heiraten! Ich habe Hackfleischschnitzel mit Knoblauch dabei, selbstgebraten. Und dazu ein Salzgürkchen.«

Nein, zwei Salzgürkchen. Vier Hackfleischschnitzel und, der glatten Rechnung wegen, vier knubblige Salzgürkchen. Dazu vier Scheiben Brot mit Butter ...

Ich warf die Decke zurück und setzte mich auf. Vielleicht lag noch etwas im Wagen? Nein, das hatte ich alles aufgegessen. Im Wagen lag nur noch das Kochbuch für Valkas Mutter in Leshnjowo. Wie war das doch gleich? Pikante Soße. Ein halbes Glas Essig, zwei kleine Zwiebeln und etwas Pfeffer. Kann zu Fleischgerichten gereicht werden. Ich erinnerte mich ganz genau: zu kleinen Beefsteaks. Das war pure Bosheit, dachte ich, nicht einfach zu Beefsteaks, sondern zu k-l-ei-n-en Beefsteaks ... Ich stand auf und lief ans Fenster. Die Nachtluft roch unverkennbar nach k-l-ei-n-en Beefsteaks. Aus den Tiefen meines Unterbewusstseins stiegen Worte auf: »Ihm wurden die in Gasthäusern üblichen Gerichte serviert, als da sind: Kohlsuppe, Hirn mit Erbsen, eine saure Gurke (ich schluckte) und die ewig süße Blätterteigpastete ...« Ich muss mich ablenken, dachte ich, und nahm das speckige Buch vom Fensterbrett. Es war Alexej Tolstois »Trüber Morgen«. Ich schlug aufs Geratewohl eine Seite auf. »Machno zog, nachdem er den Konservenschlüssel zerbrochen hatte, ein mit Perlmutt eingelegtes Messer mit einem halben Hundert Klingen aus der Tasche und fuhr mit seiner Arbeit fort, Büchsen mit Ananas« – das ist fatal, dachte ich –, »Gänseleberpastete und Hummer zu öffnen, die das Zimmer mit scharfem Geruch erfüllten.« Vorsichtig legte ich das Buch zurück und setzte mich auf den Hocker. Im Zimmer roch es plötzlich kräftig nach Essen – wie mir schien, nach Hummer. Ich fragte mich, warum ich noch nie im Leben Hummer gegessen hatte. Oder Austern. Bei Dickens isst alle Welt Austern, hantiert mit Taschenmessern, säbelt dicke Brotscheiben ab und streicht Butter darauf … Nervös zog ich die Tischdecke glatt. Auf ihr wimmelte es von Flecken, die beim Waschen nicht herausgegangen waren. Auf dieser Decke war viel und herzhaft gegessen worden. Hummer und Brägen mit jungen Erbsen. Kleine Beefsteaks mit pikanter Soße. Und bestimmt auch große und mittelgroße Beefsteaks. Und nach dem Essen hatten die Leute nach Luft geschnappt und zufrieden an den Zähnen gelutscht. Und da ich keinen Grund zum Luftschnappen hatte, begann ich, an meinen Zähnen zu lutschen.

Wahrscheinlich fiel das Lutschen allzu laut und hungrig aus, denn plötzlich hörte ich hinter der Wand das Bett der Alten knarzen. Sie murmelte ärgerlich etwas vor sich hin, klapperte mit Geschirr und kam zu mir ins Zimmer. Sie trug ein langes graues Nachthemd und hielt einen Teller in den Händen, und im Nu verbreiteten sich im Zimmer keine erdachten, sondern ganz reale Wohlgerüche. Die Alte lächelte. Sie stellte den Teller vor mir auf den Tisch und flötete mit honigsüßer Bassstimme: »Iss nur, Alexander Iwanowitsch, iss, mein Guter, was Gott dir beschert, empfange es aus meinen Händen …«

»Nicht doch, Naina Kiewna«, murmelte ich. »Wozu die Umstände …«

Aber schon hielt ich eine Gabel mit beinernem Griff in der Hand und machte mich über das Essen her. Die Alte stand neben mir, nickte vor sich hin und murmelte freundlich: »Iss, mein Guter, lass es dir schmecken …«

Ich aß den ganzen Teller leer. Heiße Kartoffeln mit zerlassener Butter.

»Naina Kiewna«, begann ich inbrünstig, »Sie haben mich vor dem Hungertod bewahrt.«

»Fertig?«, brummte sie.

»Es hat wunderbar geschmeckt. Tausend Dank! Sie können sich gar nicht vorstellen …«

»Was gibt's da groß vorzustellen?«, fuhr sie mich auf einmal gereizt an. »Bist du endlich fertig? Dann gib den Teller her. Los, gib den Teller her, sag ich!«

»Bi… bitte«, stotterte ich.

»›Bitte, bitte‹! … Für ein Bitteschön soll man euch alle durchfüttern!«

»Ich kann Ihnen das Essen bezahlen«, sagte ich beleidigt.

»›Bezahlen, bezahlen‹ …« Sie schlurfte zur Tür. »Und wenn das alles unbezahlbar ist? Hättest du mal lieber nicht geschwindelt.«

»Geschwindelt? Wieso?«

»Jawohl, geschwindelt! Du hast gesagt, du lutschst nicht an den Zähnen.« Sie verstummte und verschwand hinter der Tür.

Was hat sie bloß?, dachte ich. Eine komische Alte … Ob sie das abgerissene Garderobenbrett bemerkt hat? Ich hörte, wie sie sich murrend im Bett hin und her wälzte; wieder quietschten die Sprungfedern. Dann stimmte sie leise ein barbarisches Lied an: »Ach, wie ist mir, ach, wie wird mir – schwer im Magen liegt mir der Iwanuschka …« Durchs Fenster wehte nächtliche Kühle. Ich fröstelte und stand auf, um mich wieder aufs Kanapee zu legen, als mir plötzlich einfiel, dass ich vor dem Zubettgehen den Riegel vorgeschoben hatte. Verwirrt trat ich an die Tür und tastete mit der Hand nach dem Riegel. Kaum berührten meine Finger das kalte Eisen, als mir alles vor den Augen verschwamm ... Dann merkte ich, dass ich, die Nase ins Kissen gedrückt, auf dem Kanapee lag und mit den Fingern über die kalte Balkenwand tastete.

Eine Zeit lang lag ich ganz steif da, bis mir klarwurde, dass hinter der Wand die Alte schnarchte und in meinem Zimmer gesprochen wurde. Jemand dozierte halblaut: »Der Elefant ist das größte aller Erdentiere. An seinem Kopf sitzt ein großer fleischiger Auswuchs, den man Rüssel nennt, weil er hohl und lang ist wie ein Rohr. Diesen Rüssel kann der Elefant nach Belieben strecken und zusammenrollen, er gebraucht ihn wie eine Hand ...«

Ganz unruhig vor Neugier, drehte ich mich vorsichtig auf die rechte Seite. Das Zimmer war genauso leer wie zuvor. Die Stimme fuhr in noch belehrenderem Ton fort: »Wein, in Maßen genossen, wirkt außerordentlich anregend auf den Magen; trinkt man jedoch zu viel davon, so erzeugt er Dämpfe, die den Menschen mit dem unverständigen Vieh auf eine Stufe stellen. Sie haben bestimmt schon Trinker gesehen und werden sich an den Abscheu erinnern, den Sie ihnen gegenüber zu Recht empfanden ...«

Ich setzte mich mit einem Ruck auf und schob die Beine vom Kanapee. Die Stimme verstummte. Mir schien, sie sei von draußen gekommen. Im Zimmer war alles unverändert, sogar das Garderobenbrett hing ordentlich an der Wand. Und erstaunlicherweise hatte ich schon wieder Hunger.

»Tinctura ex vitro antimonii«, erklärte eine andere Stimme. Ich fuhr zusammen. »Magisterium antimon angeli salae. Basilii oleum vitri antimonii alexiterium antimoniale!« Unüberhörbares Kichern ertönte. »Was für ein Unfug«, sagte eine Stimme, um dann heulend fortzufahren: »Gar bald schon werden diese noch ungeöffneten Augen die Sonne nicht mehr sehen, doch lass nicht zu, dass sie sich schließen, bevor ich die barmherzige Botschaft empfange, dass mir Verzeihen und Seligkeit zuteil werden wird … Selbiges ist ›Der Geist, oder die moralischen Betrachtungen des berühmten Young, seinen Nachtgedanken entnommen‹. Für zwei Rubel mit Pappdeckel in Sweschnikows Buchhandlung zu St. Petersburg und Riga erhältlich.« Jemand schluchzte auf. »Auch so ein Schwachsinn«, klagte eine Stimme und deklamierte dann ausdrucksvoll:

Schönheit, Reichtum und Ränge,
des Lebens hehrste Gepränge
entschwinden, verwehen ungefragt.
O Glück, du trügerisch' Gewinn!
Am Herzen dein der Zweifel nagt,
und auch der Ruhm ist bald dahin …

Jetzt wusste ich, woher die Stimmen kamen: aus der Ecke mit dem blind gewordenen Spiegel.

»Und nun Folgendes«, sagte eine Stimme. »Das Brahman, fürwahr, war diese Welt zu Anfang … Er ist der unbegreifliche höchste Atman, unausmessbar, ungeboren, unerforschlich, undenkbar ist er … Er ist es, der, wenn das Weltall untergeht, alleine wach bleibt. Und er ist es, der dann (wieder) aus diesem Weltraume das Reingeistige aufweckt …«

»Und woher stammt dieser Schwachsinn?«, fragte ich. Eine Antwort erwartete ich nicht. Ich war fest davon überzeugt zu schlafen.

»Das sind Sprüche aus den ›Upanischaden‹«, antwortete die Stimme bereitwillig.

»Und was sind die ›Upanischaden‹?« Jetzt war ich schon nicht mehr so fest davon überzeugt zu schlafen.

»Weiß ich nicht«, erwiderte die Stimme.

Ich stand auf und schlich auf Zehenspitzen zum Spiegel. Ich sah mich nicht darin. Das trübe Glas spiegelte den Vorhang, eine Ecke des Ofens und viele andere Dinge, aber mein Abbild war nicht darin.

»Was ist los?«, erkundigte sich die Stimme. »Gibt es Fragen?«

»Wer spricht da?«, fragte ich und warf einen Blick hinter den Spiegel. Dort lagen dicke Staubflocken und ein paar tote Spinnen. Ich drückte mit dem Zeigefinger auf mein linkes Auge – ein altes Hausmittel zum Erkennen von Halluzinationen, das ich aus W. W. Bitners anregendem Buch »Soll man daran glauben?« hatte. Sobald man mit dem Finger auf den Augapfel drückt, sieht man – im Unterschied zu Halluzinationen – alle realen Gegenstände doppelt. Diesmal verdoppelte sich der Spiegel, und in ihm erschien mein verstörtes, verschlafenes Äußeres. Ein kalter Lufthauch strich über meine Füße. Ich zog die Zehen zusammen, trat ans Fenster und sah hinaus.

Draußen war niemand, nicht einmal mehr die Eiche. Ich rieb mir die Augen und schaute noch einmal genau hin. Ich erkannte deutlich den bemoosten Brunnen mit dem Haspelrad, das Tor und meinen Wagen am Wegrand. Also schlafe ich doch, dachte ich beruhigt. Da fiel mein Blick aufs Fensterbrett und auf das zerlesene Buch. In meinem letzten Traum war es der dritte Band des »Leidenswegs« gewesen, während ich nun »Das Schaffen von Geisteskranken und sein Einfluss auf die Entwicklung von Wissenschaft, Kunst und Technik« von P. I. Karpow vor mir hatte. Vor Kälte mit den Zähnen klappernd, blätterte ich in dem Buch und sah mir die Farbtafeln an. Dann las ich »Vers Nummer zwei«:

In der Lüfte Ozeanen
ohne Zweck und ohne Ziel

schwebt dahin rasch auf den Bahnen
schwarz ein Spatz im Nebel still.
Lautlos fliegt er durch die Nacht,
nur vom Mondlicht sacht erhellt,
eins mit sich und mit der Welt,
blickt er auf der Fluren Pracht.
Stolz und grimmig, unverstellt,
fliegt vorbei er wie ein Schatten,
seine Schwingen nie ermatten.

Plötzlich wankte der Boden unter meinen Füßen. Ich hörte ein markerschütterndes, langgezogenes Knarren und gleich darauf ein tiefes »Ko-o, ko-o, ko-o«, das an das leise Grollen eines fernen Bebens erinnerte. Die Hütte schaukelte wie ein Boot in den Wellen. Der Hof hinter dem Fenster kippte seitlich weg, und unter dem Fenster schob sich ein riesiges Hühnerbein hervor, das sich in den Erdboden krallte, tiefe Furchen im Gras hinterließ und wieder verschwand. Der Fußboden glitt unter mir fort, ich merkte, wie ich fiel, mit den Händen in etwas Weiches griff, mir die Hüfte und den Kopf anstieß und vom Kanapee rollte. An das mit mir vom Kanapee gerutschte Kissen geklammert, fand ich mich schließlich auf dem Läufer wieder. Im Zimmer war es taghell, und draußen hustete jemand ausgiebig.

»Also«, begann eine wohlklingende männliche Stimme. »In einem fernen Zarenreich lebte einmal ein Zar. Der Zar hieß … hm, äh … Na, ist ja auch egal. Sagen wir, hm, äh … Poluekt … Und dieser Zar hatte drei Söhne. Der erste … äh … Der dritte war ein Dummkopf, aber der erste?«

Geduckt wie ein Soldat im Kugelregen schlich ich zum Fenster und lugte hinaus. Die Eiche war an Ort und Stelle. Mit dem Rücken zu ihr stand, ganz in Gedanken versunken, Kater Wassili auf den Hinterpfoten. Zwischen den Zähnen hielt er eine Seerose. Der Kater starrte vor sich hin und ließ ein langgezogenes »Hm-äh ...« hören. Dann schüttelte er den Kopf, legte die Vorderpfoten auf den Rücken und entfernte sich, leicht gebeugt wie der Dozent Dubino-Knjashitzki in der Vorlesung, mit federnden Schritten von der Eiche.

»Na gut«, murmelte der Kater durch die Zähne. »Es waren einmal ein Zar und eine Zarin. Und dieser Zar und diese Zarin hatten einen Sohn ... hm, äh ... einen Dummkopf natürlich ...«

Ärgerlich spuckte der Kater die Seerose aus, zog eine Grimasse und rieb sich die Stirn.

»Zu dumm ist das«, murmelte er. »Zu dumm ... Verschiedenes weiß ich aber doch noch, zum Beispiel: ›Ha, ha, ha! Endlich wieder was zu beißen: zum Mittagessen ein Pferd, zum Abendbrot einen wackeren Burschen ...‹ Woraus ist das doch gleich? Und Iwan, der Dummkopf – Sie wissen schon –, antwortet: ›Ach, du garstig Ungetüm, hast den weißen Schwan noch nicht gefangen und willst ihn schon verschlingen!‹ Dann tritt der glühende Pfeil in Aktion – runter mit den drei Köpfen –, Iwan reißt die drei Herzen heraus und bringt sie – der Kretin! – dem lieben Mütterchen. Ein reizendes Mitbringsel!«

Der Kater brach in krampfhaftes Gelächter aus, dann seufzte er auf. »Es gibt eine Krankheit, und die heißt Verkalkung«, stieß er hervor.

Er seufzte noch einmal, kehrte zur Eiche zurück und sang: »Kra, kra, meine Kinderchen! Kra, kra, meine Täubchen. Mit Tränen ... hm, äh ... hab ich euch getränkt, genauer gesagt, gepäppelt ...« Er seufzte ein drittes Mal und lief eine Zeit lang schweigend auf und ab. Wieder auf der Höhe der Eiche angelangt, grölte er plötzlich ganz unmusikalisch: »Süß war der Brocken, doch viel zu groß ...!«

Auf einmal hielt er – wer weiß woher – eine riesige Gusli in den Pfoten. Er hämmerte wild darauf herum, schlug die

Krallen in die Saiten und brüllte, als wollte er die Musik übertönen:

Dass es im Tannwald finster ist,
das macht das Holz,
das … hm, äh … mein Schatz … oder Katz …?

Er verstummte und schritt eine Weile, wortlos auf die Saiten hämmernd, auf und ab. Dann stimmte er leise und zögernd folgendes Liedchen an:

Ich schlich mich in den Garten
und braucht nicht lang zu warten:
Wie zum Hohn
grub man im Mohn.

Er kehrte zu der Eiche zurück, lehnte die Gusli dagegen und kratzte sich mit der Hinterpfote am Ohr.

»Arbeit, Arbeit!«, rief er. »Nichts als Arbeit!« Wieder legte er die Pfoten auf den Rücken, ließ die Eiche links liegen und murmelte vor sich hin: »Wie mir zu Ohren kam, o großer Kalif, lebte in der wunderschönen Stadt Bagdad ein Schneider namens …« Er ließ sich auf alle viere nieder, machte einen Buckel und fauchte grimmig. »Besonders mit diesen Namen ist es schlimm! Abu … Ali … Eben irgendein Ibn … Na schön, nennen wir ihn Poluekt. Poluekt Ibn … hm, äh … Poluektowitsch. Ich weiß sowieso nicht mehr, wie das mit diesem Schneider war. Ach, hol ihn der Teufel, nehmen wir was anderes …«

Ich lag bäuchlings auf dem Fensterbrett und traute meinen Augen nicht. Der unglückselige Wassili spazierte vor der Eiche auf und ab, murmelte vor sich hin, hustete, jaulte, graunzte und ließ sich vor Anstrengung auf alle viere nieder, mit einem Wort: Er quälte sich unsäglich. Sein Wissen war breit gefächert. Wenn er von jedem Text auch nur die Hälfte kannte, so waren das doch russische, ukrainische, westslawische, deutsche, englische, ja, ich glaube sogar japanische, chinesische und afrikanische Märchen, Legenden, Parabeln, Balladen, Lieder, Romanzen, Spottverse und Kehrreime. Die Verkalkung brachte ihn zur Raserei, ein paarmal schlug er seine Krallen wild in die Rinde der Eiche, fauchte und spuckte, und seine Augen glühten teuflisch, während sein buschiger Schwanz, der so dick war wie ein Holzscheit, bald steil in die Höhe ragte, bald krampfhaft zuckte oder gegen seine Flanken peitschte. Trotzdem war das Lied vom »Zeisig Dickbauch« das einzige, das er zu Ende brachte, und das Märchen »Von dem Haus, das Jack sich baute« in Marschaks Übersetzung das einzige, das er zusammenhängend, wenn auch leicht verstümmelt, wiedergeben konnte. Allmählich machte sich in seiner Aussprache ein immer stärkerer Katzenakzent bemerkbar, woran wahrscheinlich seine Müdigkeit schuld war.

»Übers Feld, übers Feld«, sang er, »zieht einsam ein Pflug, und … hm, mnäh … und … mnäh-a-u! … Und hinter dem Pflug … mi-au! … geht … oder schreitet? … der Herr selbst einher …«

Schließlich war er völlig erschöpft, setzte sich auf seinen Schwanz und hockte eine Zeit lang mit hängendem Kopf da. Dann ließ er ein leises, klägliches Mauzen hören, klemmte sich die Gusli unter den Arm und humpelte auf drei Beinen langsam durch das taunasse Gras davon.

Ich stieg vom Fensterbrett und riss dabei das Buch herunter. Ich wusste genau, dass es zuletzt »Das Schaffen von Geisteskranken« gewesen war, und glaubte nun, eben dieses Buch heruntergeworfen zu haben. Als ich es aufhob und wieder aufs Fensterbrett legte, war es jedoch »Die Aufklärung von Verbrechen« von A. Svensson und O. Wendel. Verwirrt schlug ich das Buch auf, überflog ein paar Absätze und hatte plötzlich das Gefühl, in der Eiche baumele ein Erhängter. Beklommen sah ich auf. Vom unteren Ast der Eiche hing ein nasser, silbrig grüner Haifischschwanz herab. Der Schwanz schaukelte schwerfällig im böig auffrischenden Morgenwind.

Ich fuhr zurück und prallte mit dem Hinterkopf gegen etwas Hartes. Irgendwo läutete ein Telefon. Als ich mich umblickte, sah ich, dass ich quer über dem Kanapee lag, die Decke war auf den Fußboden gerutscht, und ins Fenster schien durch das Eichenlaub hindurch die Morgensonne.

3

> Mir kam in den Sinn, dass man die übliche Unterredung mit dem Teufel oder mit einem Zauberer vorteilhaft durch die geschickte Anwendung wissenschaftlichen Fachjargons ersetzen könnte.
>
> *H. G. Wells*

Das Telefon läutete. Ich rieb mir die Augen, blickte aus dem Fenster (die Eiche war an Ort und Stelle) und sah nach dem Garderobenbrett (auch das Garderobenbrett hing an seinem Platz). Das Telefon läutete noch. Hinter der Wand, im Zimmer der Alten, rührte sich nichts. Da sprang ich vom Kanapee, öffnete die Tür (der Riegel war ebenfalls dort, wo er sein sollte) und trat in den Flur. Das Telefon läutete immer noch. Es stand auf einem Bord über einem großen Kübel – ein hochmodernes Gerät aus weißem Kunststoff, wie ich es bisher nur im Kino und im Arbeitszimmer unseres Direktors gesehen hatte. Ich nahm den Hörer ab.

»Hallo …«

»Wer ist da?«, fragte eine schrille weibliche Stimme.

»Wen möchten Sie denn sprechen?«

»Ist dort die Hüahü?«

»Was?«

»Ich frage, ob dort die Hütte auf Hühnerbeinen ist oder nicht. Mit wem spreche ich überhaupt?«

»Ja«, sagte ich. »Hier ist die Hütte. Wen wollen Sie sprechen?«

»Teufel noch eins«, versetzte die Frauenstimme. »Nehmen Sie einen Fernspruch entgegen.«

»Fangen Sie an.«

»Notieren Sie.«

»Einen Augenblick«, bat ich. »Ich hole mir nur Papier und Bleistift.«

»Teufel noch eins«, wiederholte die Frauenstimme.

Ich holte mein Notizbuch und einen Druckbleistift.

»Ich höre.«

»Fernspruch Nummer zweihundertundsechs«, sagte die Stimme. »An die Bürgerin Naina Kiewna Gorynytsch.«

»Nicht so schnell … Gorynytsch … Und weiter?«

»›Hiermit … laden wir Sie … heute … am siebenundzwanzigsten Juli … dieses Jahres … um Mitternacht … zu unserem alljährlichen Republiktreffen ein …‹ Haben Sie?«

»Ja.«

»›Zur ersten Begegnung … kommt es … auf dem Kahlen Berg. Erscheinen in Paradeuniform. Anreise mit mechanischen Transportmitteln … auf eigene Kosten. Unterschrift … Leiter der Kanzlei … Ch … M … Wij.‹«

»Wie?«

»Wij. Ch. M. Wij.«

»Ich verstehe nicht.«

»Wij! Chron Monadowitsch! Kennen Sie etwa den Leiter unserer Kanzlei nicht?«

»Nein«, entgegnete ich. »Buchstabieren Sie bitte.«

»Verflixt und zugenäht! Na schön, ich buchstabiere: W wie Werwolf, I wie Inkubus, J wie Jason … Haben Sie?«

»Ja, ich glaube«, sagte ich. »Da kommt Wij raus.«

»Was?«

»Wij!«

»Haben Sie Polypen? Ich verstehe Sie nicht!«

»Wladimir – Iwan – Jot!«

»Richtig. Lesen Sie alles noch mal vor.«

Ich las alles noch mal vor.

»Genau. Durchgegeben von Onutschkina. Wer hat's entgegengenommen?«

»Priwalow.«

»Grüß dich, Priwalow! Dienst du schon lange?«

»Soldaten dienen«, entgegnete ich ärgerlich. »Ich arbeite.«

»Na, dann arbeite mal schön weiter. Wir sehen uns auf dem Treffen.«

Aus dem Hörer tönten Rufzeichen. Ich legte auf und kehrte in mein Zimmer zurück. Der Morgen war kühl, ich machte rasch meine Morgengymnastik und zog mich an. Ich fand das alles ungeheuer interessant. Der Fernspruch war für mich auf das Merkwürdigste mit den nächtlichen Ereignissen verbunden, aber ich konnte nicht sagen, warum. Schon geisterte mir die eine oder andere Idee im Kopf herum, und ich ließ meiner Fantasie freien Lauf.

All das, was ich hier erlebt hatte, war mir nicht völlig neu. Ich hatte von solchen Fällen gelesen und erinnerte mich, dass mir das Verhalten der Menschen in derartigen Situationen immer ungewöhnlich, ja empörend dumm vorgekommen war. Statt die reizvollen Perspektiven, die sich durch einen glücklichen Zufall vor ihnen auftaten, auszukosten, erschraken sie und hatten nichts Eiligeres zu tun, als zum Alltäglichen, Gewohnten zurückzukehren. Einer dieser Helden beschwor die Leser sogar, sich von jenem Vorhang fernzuhalten, der unsere Welt vom Unergründlichen trennt, und warnte vor geistigem und körperlichem Schaden. Noch wusste ich nicht, welchen Lauf die Ereignisse nehmen würden, und doch war ich bereit, mich Hals über Kopf hineinzustürzen.

Während ich im Zimmer nach einer Schöpfkelle oder einem Becher suchte, grübelte ich weiter. Diese ängstlichen Leute sind wie Experimentatoren, dachte ich, die zwar hartnäckig und strebsam, aber völlig fantasielos sind und deshalb größte Vorsicht walten lassen. Erhalten sie ein außergewöhnliches Resultat, erschrecken sie und begründen es überstürzt mit einer Unsauberkeit in der Aufgabenstellung. Sie gehen allem Neuen aus dem Weg, weil sie zu sehr am Alten kleben, das sich bequem in den Rahmen der herrschenden Theorie fügt … Ein paar Experimente hatte ich mir schon überlegt: eins mit dem wandelbaren Buch (es lag nach wie vor auf dem Fensterbrett und war jetzt Aldridges »Zuflucht am Nil«), eins mit dem sprechenden Spiegel und eins mit dem Zähnelutschen. Ich hatte einige Fragen an Kater Wassili; auch die Nixe, die in der Eiche lebte, interessierte mich, obwohl ich mich zwischendurch immer wieder fragte, ob ich von ihr nicht doch nur geträumt hatte. Nicht dass ich etwas gegen Nixen gehabt hätte, aber ich konnte mir beim besten Willen nicht vorstellen, dass sie auf Bäume kletterten – obwohl, da waren die Fischschuppen …

Schließlich fand ich die Schöpfkelle. Sie lag auf dem Kübel, der unter dem Telefon stand; aber da in dem Kübel kein Wasser war, ging ich hinaus zum Brunnen. Die Sonne stand schon ziemlich hoch. Von irgendwoher hörte man Verkehrslärm und die Trillerpfeife eines Milizionärs, und am Himmel knatterte ein Hubschrauber. Ich ging zum Brunnen, entdeckte hocherfreut einen zerbeulten Blecheimer an der Kette und betätigte das Haspelrad. Der Eimer schlug scheppernd gegen die Brunnenwände und verschwand im schwarzen Abgrund. Es plätscherte, und die Kette straffte sich. Während ich weiterdrehte, sah ich mir meinen Moskwitsch an. Er sah müde aus und verstaubt, und an der Frontscheibe klebten die Überreste von Insekten. Ich muss Kühlwasser nachfüllen, dachte ich. Und überhaupt …

Der Eimer kam mir sehr schwer vor. Als ich ihn auf dem Brunnenrand absetzte, schob sich ein riesiger moosgrüner Hechtkopf aus dem Wasser. Ich wich zurück.

»Schleppst du mich schon wieder auf den Markt?«, fragte der Hecht in nordrussischem Dialekt. Ich brachte vor Schreck keinen Ton heraus. »Lass mich doch endlich in Ruhe, du unersättliches altes Weib! Wie lange soll das noch so gehen? Kaum hab ich's mir ein bisschen gemütlich gemacht und bin am Einschlafen, da zieht sie mich schon wieder heraus! Ich bin schließlich nicht mehr der Jüngste, bin sogar älter als du, und meine Kiemen wollen auch nicht mehr so recht.«

Der sprechende Hecht bot einen recht merkwürdigen Anblick: Wie ein Hecht im Puppentheater klappte er sein mit Zähnen bestücktes Maul auf und zu, ohne dass die Bewegungen zum Gesprochenen passten. Und den letzten Satz zischte er durch den krampfhaft zusammengepressten Kiefer.

»Und auch die Luft schadet meiner Gesundheit«, fuhr er fort. »Was fängst du an, wenn ich eines Tages nicht mehr bin? Du mit deinem dummen Altersgeiz … Da sparst du nun und sparst und weißt selbst nicht, wofür. Weißt du nicht mehr, wie du bei der letzten Währungsreform reingefallen bist? Jawohl! Und was war mit den Katharinenrubeln? Deine Truhen hast du damit beklebt! Und mit den Kerenski-Scheinen? Mit denen hast du den Ofen geheizt …«

»Wissen Sie …«, sagte ich, als ich wieder klar denken konnte.

»Oh, wer ist da?«, fragte der Hecht erschrocken.

»Ich … Ich bin zufällig hier. Ich wollte mich ein bisschen waschen.«

»Waschen! Und ich dachte schon, es wäre wieder die Alte. Mit meinen Augen ist nicht mehr viel los. Wie's heißt, ist in der Luft auch der Brechungskoeffizient ganz anders. Ich habe mir mal eine Luftbrille verschreiben lassen, hab sie aber verlegt und kann sie nicht wiederfinden. Und wer bist du?«

»Ein Tourist«, antwortete ich kurz angebunden.

»Ach, ein Tourist. Und ich dachte schon, es wäre wieder die Alte. Keine Ruhe habe ich vor der! Immerzu fischt sie mich heraus, schleppt mich auf den Markt und verkauft mich, angeblich für Fischsuppe. Was bleibt mir dann anderes übrig, als dem Käufer zu sagen: So und so, lass mich zu meinen kleinen Kindern zurück. Dabei habe ich gar keine kleinen Kinder – die, die noch leben, haben längst Enkelkinder. Wenn du mich freilässt, erfülle ich dir jeden Wunsch. Sag nur: ›Auf des Hechtes Geheiß, nach meinem Willen sei's.‹ Und schon lässt er mich frei. Der eine vor Schreck, der andere aus Gutmütigkeit und manch einer auch aus Habgier. Dann schwimme ich im Fluss herum – da ist's kalt, und das Rheuma zwackt –, und kaum habe ich wieder in den Brunnen zurückgefunden, da ist auch schon die Alte mit dem Eimer zur Stelle.« Der Hecht tauchte unter, ließ ein paar Blasen aufsteigen und kam wieder nach oben. »Nun, und was für einen Wunsch hast du, Kamerad? Aber wünsch dir bloß nicht so was Schweres – es muss ja nicht gleich ein Fernseher oder ein Kofferradio sein. Einer hatte mal einen ganz verrückten Wunsch: ›Erfülle für mich‹, sagte er, ›den Jahresplan im Sägewerk.‹ Als ob ich auf meine alten Tage noch Holz sägen könnte.«

»Aha«, überlegte ich. »Aber einen Fernseher könnten Sie ...«

»Nein«, bekannte der Hecht. »So was kann ich nicht. Und auch keine Musikbox. An so was glaub ich nicht. Wünsch dir lieber was Einfacheres. Vielleicht Siebenmeilenstiefel oder eine Tarnkappe, hm?«

Die kleine Hoffnung, heute um die Autopflege herumzukommen, erlosch wieder.

»Machen Sie sich keine Sorgen«, beruhigte ich ihn. »Ich brauche eigentlich nichts. Ich lasse Sie gleich wieder frei.«

»Auch gut«, erwiderte der Hecht langsam. »Solche Leute mag ich. Neulich ist mir auch so einer begegnet: Er kauft mich auf dem Markt, und ich verspreche ihm eine Zarentochter. Dann schwimme ich im Fluss herum, weiß vor Scham nicht, wo ich hinsehen soll, und lande in meiner Blindheit bei einem im Netz. Er zieht mich raus. Jetzt musst du schon wieder jemandem die Hucke vollschwindeln, dachte ich. Und was macht er? Er packt mich so am Kopf, dass ich das Maul nicht mehr aufkriege. Na, denke ich, jetzt landest du im Suppentopf. Aber nein. Er klemmt mir bloß die Flosse ab und wirft mich zurück in den Fluss. Hier!« Der Hecht schob sich aus dem Eimer und zeigte mir die Flosse, in der eine Metallklammer steckte. Auf der Klammer stand zu lesen: »Anno 1854 im Fluss Solowa ausgesetztes Exemplar. Abzugeben bei der Königlichen Akademie der Wissenschaften zu St. Petersburg.«

»Sag der Alten nichts davon«, bat mich der Hecht. »Sonst reißt sie mir die Flosse mitsamt der Klammer aus. Sie ist so furchtbar habgierig.«

Was könnte ich ihn bloß fragen?, überlegte ich fieberhaft.

»Wie vollbringen Sie Ihre Wunder?«

»Was für Wunder?«

»Na, die Erfüllung der Wünsche.«

»Ach, das? Wie ich das vollbringe? Eben so, wie ich's von klein auf gelernt hab. Woher soll ich wissen, wie ich's vollbringe? Das Goldene Fischlein hat's noch besser gekonnt und ist trotzdem gestorben. Seinem Schicksal entgeht man nicht.«

Mir war, als ob der Hecht seufzte.

»An Altersschwäche?«, erkundigte ich mich.

»Ach was – Altersschwäche! Es war noch jung und gut beisammen. Eine Wasserbombe haben sie nach ihm geworfen, Kamerad, und schon schwamm's mit dem Bauch nach oben. Auch ein U-Boot, das zufällig in der Nähe war, hat's erwischt. Das Goldene Fischlein hätte sich ja losgekauft, aber sie haben's gar nicht erst gefragt. Kaum hatten sie's entdeckt, da warfen sie auch schon die Bombe. Tja, so was kommt vor.« Der Hecht verstummte. »Also, lässt du mich nun frei? Heute ist's so schwül, als ob's noch ein Gewitter gibt.«

»Ja, natürlich«, besann ich mich. »Soll ich Sie reinwerfen, oder wollen Sie im Eimer …«

»Wirf mich nur rein, Kamerad, wirf mich nur rein.«

Ich langte vorsichtig in den Eimer und hob den Hecht heraus – er wog bestimmt seine acht Kilo.

Der Hecht murmelte: »Na, und wenn du mal ein Tischleindeckdich oder einen fliegenden Teppich brauchst, weißt du ja, wo du mich findest – du kannst mit mir rechnen.«

»Auf Wiedersehen«, sagte ich und ließ den Hecht los. Gleich darauf hörte ich ein lautes Klatschen.

Eine Weile stand ich reglos da und starrte auf meine mit grünlichem Schleim beschmierten Hände. Mir war ganz seltsam zumute. Wie ein Windstoß durchfuhr mich hin und wieder der Gedanke, ich säße im Zimmer auf dem Kanapee, aber sobald ich den Kopf schüttelte, fand ich mich am Brunnen wieder. Mit der Zeit legte sich das. Ich wusch mich mit dem herrlich kalten Wasser, füllte etwas davon in den Kühler und rasierte mich. Die Alte ließ sich noch immer nicht blicken. Ich hatte Hunger und musste zudem in die Stadt, zur Post, wo vielleicht schon die Jungs auf mich warteten. Ich schloss den Wagen ab und verließ den Hof.

Langsam schlenderte ich die Straße an der Meeresbucht entlang, die Hände in die Taschen meiner grauen DDR-Jacke gesteckt, und blickte vor mich hin. In der hinteren Tasche meiner Lieblingsjeans mit den vielen Reißverschlüssen klimperten die Münzen, die mir die Alte gegeben hatte. Ich dachte angestrengt nach. Die dünnen Heftchen der »Gesellschaft für Wissen« hatten stets versichert, Tiere könnten nicht sprechen. Märchen hingegen vermittelten mir von Kindesbeinen an das Gegenteil. Natürlich gab ich den Heftchen recht, war ich doch noch nie im Leben auf sprechende Tiere gestoßen. Nicht einmal auf Papageien. Einmal hatte ich zwar einen Papagei gesehen, der wie ein Tiger brüllen konnte, aber die menschliche Sprache beherrschte er nicht. Und nun: der Hecht, Kater Wassili und sogar der Spiegel. Übrigens kommt es ziemlich oft vor, dass unbelebte Dinge sprechen. Einem Mann wie meinem Urgroßvater allerdings wäre ein solcher Gedanke nie gekommen. Obwohl aus seiner, des Urgroßvaters, Sicht ein sprechender Kater weit weniger fantastisch gewesen wäre als ein polierter Holzkasten, der krächzt und heult, Musik macht und in allen möglichen Sprachen spricht. Das mit dem Kater leuchtete ja noch ein. Aber wie spricht ein Hecht? Der Hecht hat keine Lunge. So viel steht fest. Allerdings muss er eine Schwimmblase haben, deren Funktion, soviel ich weiß, noch nicht einmal den Ichthyologen restlos klar ist. Shenka Skoromachow, ein mir bekannter Ichthyologe, meint sogar, die Funktion der Schwimmblase sei noch völlig unklar, und wenn ich ihm mit Argumenten aus den Broschüren der »Gesellschaft für Wissen« komme, spuckt er Gift und Galle. In solchen Fällen verschlägt es ihm regelrecht die Sprache. Ich glaube, dass wir noch sehr wenig über die Möglichkeiten der Tiere wissen. So hat man erst kürzlich herausgefunden, dass Fische und Meerestiere unter Wasser Signale tauschen. Auch von Delfinen weiß man Interessantes zu berichten. Oder nehmen wir nur den Affen Rafail. Ich habe es selbst gesehen. Sprechen kann er zwar nicht, aber man hat einen Reflex bei ihm elaboriert: grünes Licht – Banane, rotes Licht – Elektroschock. Und alles ging gut, bis man das rote und das grüne Licht gleichzeitig einschaltete. Da führte sich Rafail ungefähr so auf wie Shenka:

Er war zu Tode beleidigt, stürzte zu dem Fenster, hinter dem der Experimentator saß, und spuckte knurrend und kreischend dagegen. Es gibt da auch einen Witz ... Ein Affe sagt zum anderen: »Weißt du, was ein bedingter Reflex ist? Das ist, wenn ein Glöckchen läutet und all diese Quasiaffen in ihren weißen Kitteln mit Bananen und Pralinen gelaufen kommen.« So einfach ist das Ganze natürlich nicht. Auch die Terminologie ist noch unterentwickelt. Versucht man unter diesen Bedingungen ein Problem zu lösen, das mit der Psyche und den potenziellen Möglichkeiten der Tiere zu tun hat, ist man völlig hilflos. Viel besser fühlt man sich allerdings auch nicht, wenn man ein System von Integralgleichungen mit unbekannten Funktionen vorgesetzt kriegt, die unter dem Integralzeichen vorkommen. Darum ist und bleibt das Denken die Hauptsache. Wie schon Pascal sagte: »Wir müssen uns also bemühen, gut zu denken, das ist die Grundlage der Moral.«

Ich erreichte den Prospekt des Friedens und blieb, von einem ungewöhnlichen Schauspiel in Bann genommen, stehen. Mitten auf der Fahrbahn lief ein Mann mit Kinderfähnchen in den Händen. Etwa zehn Schritt dahinter kroch langsam und angestrengt dröhnend ein großer weißer Lkw der Marke »MAS« die Straße hinunter. Der Anhänger des »MAS« war ebenso groß, rußte stark und hatte die Form einer silbrig schimmernden Zisterne. Darauf stand der Schriftzug: »Leicht brennbar«, und rechts und links vom Anhänger rollten langsam zwei rote, mit Feuerlöschern bestückte Feuerwehrfahrzeuge. Von Zeit zu Zeit mischte sich in das gleichmäßige Dröhnen des Motors ein neuer Laut, bei dem einem das Herz stockte, und aus den Luken der Zisterne züngelten gelbe Flammen. Die Gesichter der Feuerwehrleute unter den übergestülpten Helmen waren mutig und streng. Eine Kinderschar hüpfte um die Kavalkade herum; die Kinder schrien gellend: »Tirila, tirili, zwang'n den Drachen in die Knie!«

Die Passanten drückten sich ängstlich an die Zäune. Man sah ihnen an, dass sie um ihre Kleidung fürchteten.

»Da schaffen sie den Guten mal wieder weg«, sagte dicht an meinem Ohr eine bekannte raue Bassstimme.

Ich drehte mich um. Hinter mir stand, betrübt, Naina Kiewna mit einem Netz voller dunkelblauer Zuckertüten.

»Da schaffen sie ihn weg«, wiederholte sie. »Jeden Freitag muss er hinaus.«

»Wohin denn?«, fragte ich.

»Aufs Versuchsgelände, mein Guter. Immerzu experimentieren sie, als hätten sie nichts Besseres zu tun.«

»Und wen schaffen sie da weg, Naina Kiewna?«

»Na, wen schon? Hast du keine Augen im Kopf?«

Sie drehte sich um und ging weiter, ich aber eilte ihr nach.

»Naina Kiewna, für Sie ist ein Fernspruch durchgegeben worden.«

»Von wem denn?«

»Von Ch. M. Wij.«

»Und worum geht's?«

»Sie haben heute ein Treffen«, erklärte ich und sah sie dabei scharf an. »Auf dem Kahlen Berg. Erscheinen in Paradeuniform.«

Die Alte war sichtlich erfreut.

»Wirklich?«, fragte sie. »Das ist aber schön! Und wo hast du den Fernspruch?«

»Er liegt im Flur, auf dem Telefon.«

»Steht auch was von Mitgliedsbeiträgen drin?«, erkundigte sie sich mit gesenkter Stimme.

»Wie meinen Sie das?«

»Na, wegen Nachzahlung der Rückstände seit siebzehnhundert …« Sie verstummte.

»Nein«, antwortete ich. »Davon steht nichts drin.«

»Umso besser. Aber wie komme ich dorthin? Schicken sie einen Wagen oder was?«

»Geben Sie mir das Netz, ich trag es Ihnen«, schlug ich vor.

Die Alte fuhr zurück.

»Was willst du damit?«, fragte sie misstrauisch. »Lass das mal schön sein, so was mag ich nicht. Mein Netz will er haben! Du fängst ja früh an …«

Und ich mag keine alten Weiber, dachte ich.

»Wie komme ich also dorthin?«, wiederholte sie.

»Das geht auf eigene Kosten«, sagte ich schadenfroh.

»Ach, diese Knicker!« Die Alte ächzte. »Den Besen haben sie ins Museum getragen, der Mörser wird nicht repariert, an Beiträgen verlangen sie fünf Rubel in Papiergeld, aber anreisen darf man auf eigene Kosten! Und die Kosten sind nicht von Pappe, mein Guter, wenn da noch das Taxi warten soll …«

Brabbelnd und hüstelnd drehte sie sich um und ging. Ich rieb mir die Hände und ging ebenfalls meiner Wege. Meine Vermutungen schienen sich zu bestätigen, und der Knoten aus merkwürdigen Ereignissen zog sich immer fester zusammen. Ich schäme mich fast es zuzugeben, aber in dem Moment fand ich das Ganze noch äußerst interessant – viel interessanter als das Modellieren eines Reflexbogens.

Der Prospekt des Friedens hatte sich geleert. An der Kreuzung tummelten sich Kinder, die, wie mir schien, mit einem Stöckchenspiel beschäftigt waren. Bei meinem Anblick brachen sie das Spiel ab und kamen auf mich zu. Nichts Gutes ahnend, ging ich rasch in Richtung Zentrum an ihnen vorbei. Hinter mir hörte ich noch einen Schrei unterdrückter Begeisterung: »Ein Modefatzke!« Ich legte einen Schritt zu. »Modefatzke!«, grölten mehrere Stimmen im Chor. Ich bewegte mich fast schon im Laufschritt, als es hinter mir kreischte: »Ein Modefatzke in Röhrenhosen! Papas ›Pobeda‹ …!« Die Passanten bedachten mich mit mitleidigen Blicken. In solchen Situationen macht man sich am besten aus dem Staub; ich verschwand also im nächsten Laden. Es war ein Lebensmittelgeschäft … Ich ging an den Ladentischen vorbei und stellte fest, dass es Zucker gab, aber wenig Auswahl an Wurst oder Konfekt; das Angebot an sogenannten Fischwaren allerdings übertraf alle Erwartungen. Was gab es da für Salme, was gab es für Lachse! Ich trank ein Glas Sodawasser und warf einen vorsichtigen Blick auf die Straße. Die Kinder waren weg. So trat ich wieder aus dem Geschäft und ging weiter. Die Kornspeicher und die hinter hohen Zäunen verschanzten Blockhütten wurden bald von modernen zweistöckigen Häusern mit offenen Vorgärten abgelöst. In den Vorgärten tummelten sich kleine Kinder, alte Frauen strickten warme Sachen, und alte Männer spielten hingebungsvoll Domino.

Im Stadtzentrum befand sich ein großer, von zwei- und dreistöckigen Gebäuden umsäumter Platz. Er war asphaltiert und in der Mitte begrünt. Aus dem Grün ragten ein großes rotes Brett mit der Aufschrift »Unsere Besten« und ein paar kleinere Tafeln mit Übersichtsplänen und Diagrammen. Auch die Post entdeckte ich. Mit den Jungs hatte ich ausgemacht: Wer zuerst in der Stadt ist, hinterlässt postlagernd seine Koordinaten. Da keine Nachricht für mich vorlag, hinterlegte ich einen Brief, in dem ich meine Adresse angab und den Weg zur Hütte auf Hühnerbeinen beschrieb. Dann beschloss ich zu frühstücken.

Bei meinem Rundgang um den Platz entdeckte ich ein Kino, in dem der Film *Kozara* lief; einen Buchladen, der wegen Inventur geschlossen war; den Stadtsowjet, vor dem ein paar gründlich eingestaubte Lkw der Marke »Gas« standen; das Hotel »Zum kalten Meer«, in dem wie üblich keine Betten frei waren; zwei Kiosks mit Sodawasser und Eis; das Geschäft Nummer zwei (Industriewaren) und das Geschäft Nummer achtzehn (Haushaltsartikel); die Kantine Nummer elf, die erst um zwölf Uhr aufmachte, und das Büfett Nummer drei, das ohne Angabe von Gründen geschlossen war. Dann gelangte ich zum Städtischen Milizrevier, an dessen offener Tür ich mich mit einem blutjungen Milizionär im Rang eines Sergeanten unterhielt; er erklärte mir, wo ich tanken konnte und wie ich nach Leshnjowo kam.

»Wo haben Sie denn Ihren Wagen abgestellt?«, erkundigte sich der Milizionär und sah sich auf dem Platz um.

»Bei Bekannten«, erwiderte ich.

»Aha, bei Bekannten ...«, sagte der Milizionär spitz. Ich glaube, ich kam ihm verdächtig vor. Verlegen verabschiedete ich mich.

Neben dem klotzigen dreistöckigen Gebäude des »Konsumverbandes für die Versorgung der Bevölkerung mit Salzfischen« entdeckte ich endlich die gemütliche kleine Teestube Nummer sechzehn-siebenundzwanzig. Die Teestube war ganz nach meinem Geschmack – nicht überfüllt, die Gäste tranken tatsächlich Tee und sprachen über ganz konkrete Dinge: zum Beispiel, dass die Brücke bei Korobez schlussendlich eingebrochen war und man jetzt durch die Furt fahren musste; dass der Verkehrsposten am Kilometer fünfzehn schon seit einer Woche nicht mehr besetzt war; dass der »... Zündfunke einen Elefanten umgehauen hätte, aber sich trotzdem nichts gerührt« habe. Es roch nach Benzin und nach gebratenem Fisch. Die nicht in Gespräche vertieften Gäste betrachteten gelegentlich meine Jeans, und ich war heilfroh, dass hinten drauf ein großer Fleck prangte – vor zwei Tagen hatte ich mich geschickt auf eine Fettpresse gesetzt.

Ich ließ mir einen Teller gebratenen Fisch, drei mit gedörrtem Stör belegte Brote und drei Gläser Tee bringen und zahlte mit dem Kleingeld von der Alten (»Warst wohl betteln?«, murrte die Büfetteuse). Dann setzte ich mich in einen stillen Winkel, machte mich übers Essen her und sah mich zufrieden unter all den Leuten mit ihren heiseren, rauchigen Stimmen um. Es war wohltuend, den sehnigen, braungebrannten und selbstbewussten Männern zuzusehen, die weit herumgekommen waren und jetzt mit Genuss aßen, rauchten und erzählten. Sie kosteten diese Rast vor der langweiligen Fahrt, dem stundenlangen Gerüttel in stickigen Kabinen, dem Staub und der Sonne voll aus. Wäre ich nicht Programmierer gewesen – ich hätte mich für mein Leben gern als Kraftfahrer verdingt. Dabei schwebte mir kein schäbiger Pkw, ja nicht mal ein Bus vor, sondern einer dieser schweren Brummer, bei denen man zum Einsteigen eine Leiter und für den Radwechsel einen Kran braucht.

Am Nebentisch saßen zwei junge Männer, die nicht wie Kraftfahrer aussahen, sodass ich sie anfangs nicht weiter beachtete. Sie mich übrigens auch nicht. Als ich beim zweiten Glas Tee angelangt war, schnappte ich jedoch das Wort »Kanapee« auf. Dann sagte einer der beiden: »Aber dann verstehe ich nicht, wozu die Hüahü überhaupt da ist …«

Ich spitzte die Ohren. Leider sprachen sie nicht laut genug, und obendrein kehrte ich ihnen den Rücken zu, sodass ich nicht viel verstehen konnte. Aber die Stimmen kamen mir irgendwie bekannt vor: »Keine Spur von einer These … nur das Kanapee«, »So ein Behaarter? …«, »Das Kanapee … die sechzehnte Stufe …«, »Bei der Transgression gibt's doch bloß vierzehn Stufen«, »Es ist leichter, einen Translator zu modellieren …«, »Sollen sie doch kichern!«, »Dem schenke ich ein Rasiermesser …«, »Ohne das Kanapee geht's nicht.«. In dem Augenblick hustete einer von ihnen auf so vertraute Weise, dass ich mich sogleich an die letzte Nacht erinnerte und umdrehte. Da aber gingen die beiden schon zur Tür – zwei kräftige Burschen mit breiten Schultern und kräftigen Nacken. Durchs Fenster sah ich, wie sie den Platz überquerten, einen Bogen um die Grünanlage machten und hinter den Diagrammen verschwanden. Ich trank meinen Tee aus, verschlang die belegten Brote und machte mich ebenfalls auf den Weg. Sieh einmal an, dachte ich, das Kanapee erregt die Gemüter. Die Nixe lässt sie kalt. Der sprechende Kater interessiert sie nicht. Aber ohne das Kanapee – denk einer an – geht es nicht. Ich versuchte, mich an das Kanapee in meinem Zimmer zu erinnern, aber mir war daran nichts Besonderes aufgefallen. Ein ganz normales Kanapee. Solide. Bequem. Nur dass man, wenn man darauf schlief, von einer merkwürdigen Realität träumte.

Am liebsten wäre ich jetzt in mein Quartier zurückgekehrt, um mich genauer mit all diesen Merkwürdigkeiten zu beschäftigen, mit dem wandelbaren Buch zu experimentieren, ein offenes Wort mit Kater Wassili zu reden und nachzusehen, ob es in der Hütte auf Hühnerbeinen nicht noch andere interessante Dinge gab. Aber dort wartete auch mein Moskwitsch und damit die Pflicht: TP und TW. Mit TP konnte ich mich noch arrangieren, das war bloß die tägliche Pflege: Matten ausschütteln und die Karosserie mit einem starken Wasserstrahl abspülen, notfalls tat es aber auch ein Guss aus der Gießkanne oder dem Eimer. Aber TW … An einem heißen Tag ist einem reinlichen Menschen schon der Gedanke ein Gräuel: die technische Wartung, die darin besteht, dass ich mit der Fettpresse in der Hand unter den Wagen krieche und das Fett gleichmäßig auf die Abschmierbuchsen und mein Gesicht verteile. Unter dem Wagen ist es heiß und stickig, und am Unterboden klebt eine dicke, angebackene Schicht Schmutz … Mit einem Wort: Es zog mich nicht allzu sehr dorthin.

4

> Wer wagt es, uns mit diesem gotteslästerlichen Spottbild zu verhöhnen? Packt ihn und reißt ihm die Maske ab – damit wir wissen, wen wir bei Sonnenaufgang an die Zinnen hängen müssen!
>
> *Edgar Allan Poe*

Ich kaufte mir die *Prawda* von vorgestern, trank ein Glas Sodawasser und machte es mir in der Grünanlage, im Schatten »Unserer Besten«, auf einer Bank bequem. Es war elf Uhr. Ich sah die Zeitung aufmerksam durch. Das dauerte sieben Minuten. Dann las ich einen Artikel über Hydrokultur, eine Glosse über die Spitzbuben aus Kansk und einen langen Brief der Arbeiter eines Chemiewerks an die Redaktion. Dazu brauchte ich alles in allem zweiundzwanzig Minuten. Vielleicht sollte ich ins Kino gehen? Aber den Film *Kozara* hatte ich schon gesehen – einmal im Kino und einmal im Fernsehen. Ich beschloss, noch ein Glas Wasser zu trinken, faltete die Zeitung zusammen und stand auf. Vom Kleingeld der Alten war nur noch ein Fünfkopekenstück übrig. Das wollte ich vertrinken. Ich leerte ein Glas Wasser mit Sirup, erhielt eine Kopeke zurück und kaufte mir dafür am Stand nebenan eine Schachtel Streichhölzer. Mehr gab es für mich im Stadtzentrum nicht zu tun. So ging ich immer der Nase nach und landete in der schmalen Gasse zwischen dem Geschäft Nummer zwei und der Kantine Nummer elf.

Die Gasse war fast menschenleer. Ein großer staubiger Lastwagen mit einem übers Kopfsteinpflaster rumpelnden Tieflader überholte mich. Der Fahrer hatte Ellbogen und Kopf aus dem Fenster gereckt und starrte müde auf die Fahrbahn. Nach einer scharfen Rechtskurve führte die Gasse bergab. Direkt in der Kurve ragte am Rand des Gehsteigs ein altes gusseisernes Kanonenrohr aus dem Boden, dessen Mündung mit Sand und Zigarettenkippen zugestopft war. Bald darauf endete die Gasse am Steilhang des Flusses. Ich setzte mich an den Hang und genoss eine Weile die Aussicht, ging dann auf die andere Straßenseite und trat langsam den Rückweg an.

Wo ist eigentlich der Lastwagen abgeblieben?, fragte ich mich plötzlich. Am Steilhang ging es nicht mehr weiter. Auf der Suche nach einer Einfahrt sah ich mich auf beiden Straßenseiten um und entdeckte, eingezwängt zwischen zwei düsteren Kornspeichern, ein kleines, äußerst merkwürdiges Haus. Die Fenster der unteren Etage waren vergittert und zur Hälfte mit Kreide verschmiert. Türen hatte das Haus nicht. Das erkannte ich daran, dass das Schild, das gewöhnlich am Tor oder im Hauseingang hing, hier zwischen zwei Fenstern angebracht war. Auf dem Schild stand: »Akademie der Wissenschaften der UdSSR – FIFHUZ«. Ich trat auf die Fahrbahnmitte zurück: tatsächlich, zwei Etagen mit je zehn Fenstern, aber keine Tür. Und links und rechts, ohne Zwischenräume, die Kornspeicher. FIFHUZ, dachte ich. Forschungsinstitut für HUZ? Was mochte das heißen? Für Hunde und Zebras? Für Hurrikane und Zyklone? Die Hütte auf Hühnerbeinen, sagte ich mir, ist das Museum dieses FIFHUZ. Meine Weggefährten sind wahrscheinlich auch von hier. Genau wie die beiden aus der Teestube. Vom Dach des Gebäudes stob ein Krähenschwarm auf und kreiste krächzend über der Gasse. Ich drehte mich um und kehrte auf den Platz zurück.

Was sind wir doch für naive Materialisten und unverbesserliche Rationalisten, dachte ich. Wir wollen, dass es für alles eine rationale Erklärung gibt, beziehungsweise, dass sich alles auf diese Handvoll uns bekannter Fakten zurückführen lässt. Und keiner von uns denkt auch nur ein bisschen dialektisch. Niemand kommt auf die Idee, dass zwischen den bekannten Fakten und einer neuen Erscheinung Welten liegen können, ein Meer unbekannter Phänomene, und so bezeichnen wir die neue Erscheinung als übernatürlich und demzufolge als unmöglich. Wie hätte beispielsweise Maître Montesquieu die Nachricht aufgenommen, dass ein Toter fünfundvierzig Minuten nach dem festgestellten Herzstillstand wieder zum Leben erweckt wurde? Wahrscheinlich mit einem geharnischten Protest. Sozusagen säbelrasselnd. Für ihn wäre so etwas obskur und pfäffisch gewesen – wenn er eine solche Nachricht überhaupt ernst genommen hätte. Hätte sich das Ganze aber vor seinen Augen abgespielt, so wäre er in eine äußerst peinliche Lage geraten. Genau wie ich jetzt, nur dass ich daran eher gewöhnt war. Er hingegen hätte eine solche Wiederbelebung entweder für einen Gaunerstreich halten oder seinen Sinnen, ja gar dem Materialismus misstrauen müssen; letzten Endes hätte er sie wohl für einen Gaunerstreich gehalten. Aber der Gedanke daran hätte ihm zeitlebens wie ein Stachel im Hirn gesessen. Wir aber sind Kinder eines anderen Jahrhunderts. Was haben wir nicht alles gesehen: einen lebendigen Hundekopf, der einem anderen lebenden Hund auf den Rumpf gesetzt wurde, eine künstliche Niere von der Größe eines Schranks, eine tote eiserne Hand, dirigiert von lebendigen Nerven, und Menschen, die beiläufig fallen lassen: »Das war schon nach meinem ersten Tod …« Ja, heute hätte Montesquieu kaum eine Chance, Materialist zu bleiben. Wir aber bringen das fertig – kein Problem! Es ist allerdings nicht immer einfach, insbesondere, wenn ein zufälliger Windstoß ein bizarr geformtes Blütenblatt über dieses Meer der unbekannten Phänomene zu uns herüberweht. Besonders oft ist das der Fall, wenn man etwas anderes findet, als man ursprünglich gesucht hat. Bald werden in unseren Naturkundemuseen erstaunliche Lebewesen auftauchen – die ersten Lebewesen von anderen Planeten. Und natürlich werden wir sie angaffen und uns auf die Schenkel schlagen, obwohl wir doch schon lange auf sie warten und bestens auf ihr Erscheinen vorbereitet sind. Viel verblüffter und enttäuschter wären wir, wenn es diese Wesen nicht gäbe oder wenn sie wie unsere Hunde und Katzen aussähen. In der Regel bereitet uns die Wissenschaft, an die wir (oftmals blindlings) glauben, frühzeitig auf künftige Wunder vor, und wirklich schockiert sind wir nur, wenn wir auf etwas Unvorhergesehenes stoßen – auf ein Schlupfloch in die vierte Dimension, eine biologische Funkverbindung, einen bewohnten Planeten … Oder eine Hütte auf Hühnerbeinen … Dabei musste ich dem hakennasigen Roman recht geben: Hier bei ihnen war es wirklich sehr, sehr interessant.

Wieder auf dem Platz angelangt, blieb ich vor dem Kiosk mit Sodawasser stehen. Ich wusste, dass ich kein Kleingeld mehr hatte und einen Schein würde wechseln müssen. So setzte ich ein devotes Lächeln auf, weil Sodawasserverkäuferinnen im Allgemeinen ungern Geldscheine wechseln, als ich in meiner Hosentasche plötzlich ein Fünfkopekenstück entdeckte. Ich war hocherstaunt, vor allem aber erfreut. Ich leerte ein Glas Sodawasser mit Sirup, erhielt eine nasse Kopeke zurück und plauderte mit der Verkäuferin über das Wetter. Dann trat ich kurz entschlossen den Heimweg an, um TP und TW möglichst rasch hinter mich zu bringen und mich anschließend den rational-dialektischen Erklärungen zuzuwenden. Ich steckte die Kopeke zurück in die Tasche und blieb abrupt stehen, als ich entdeckte, dass noch ein Fünfer in der Tasche war. Ich holte ihn heraus und betrachtete ihn von allen Seiten. Er war ein bisschen feucht, und darauf stand: »Fünf Kopeken 1961«, in der Sechs war ein kleiner Kratzer. Vielleicht wäre mir auch jetzt noch nichts aufgefallen, hätte ich nicht wieder dieses schon bekannte Gefühl gehabt, gleichzeitig auf dem Prospekt des Friedens zu stehen und auf dem Kanapee zu sitzen (und dabei stumpfsinnig aufs Garderobenbrett zu starren). Und wieder – genau wie beim letzten Mal – verschwand dieses Gefühl, sobald ich den Kopf schüttelte.

Ich ging langsam weiter, ließ zerstreut das Fünfkopekenstück in meiner Hand hüpfen (es landete jedes Mal mit der Fünf nach oben) und versuchte mich zu konzentrieren. Dann erblickte ich den Lebensmittelladen, in dem ich am Morgen vor den Kindern Zuflucht gesucht hatte, und ging hinein. Den Fünfer zwischen zwei Fingern, steuerte ich den Stand an, an dem Säfte und Sodawasser ausgeschenkt wurden, und trank lustlos ein Glas Wasser ohne Sirup. Dann trat ich, das Wechselgeld in der Faust, beiseite und griff in meine Tasche.

Das war so ein Fall, bei dem man nicht schockiert ist – es hätte mich viel mehr gewundert, wenn der Fünfer nicht in meiner Tasche gewesen wäre. Aber er war dort – feucht, aus dem Jahre 1961, mit einer zerkratzten Sechs. Da versetzte mir jemand einen Stoß und fragte, ob ich schliefe. Wie sich herausstellte, war ich in die Kassenschlange geraten. Nein, gab ich zurück, ich schlafe nicht, und ließ mir einen Bon für drei Streichholzschachteln ausstellen. Während ich für die Streichhölzer anstand, stellte ich fest, dass der Fünfer wieder in meiner Tasche war. Mich wunderte das nicht weiter. Ich nahm die drei Schachteln entgegen, verließ das Geschäft, kehrte auf den Platz zurück und begann zu experimentieren.

Das Experiment nahm etwa eine Stunde in Anspruch. In dieser Zeit drehte ich zehn Runden um den Platz, füllte meinen Magen mit Wasser und meine Taschen mit Streichholzschachteln und Zeitungen, machte mich mit sämtlichen Verkäufern und Verkäuferinnen bekannt und gelangte zu einer Reihe interessanter Schlussfolgerungen: Zahlte man mit dem Fünfer, kehrte er zu einem zurück. Warf man ihn dagegen fort, ließ ihn fallen oder verlor ihn, blieb er liegen, wo er war. Der Fünfer kehrte immer genau in dem Moment in die Tasche zurück, in dem das Wechselgeld aus den Händen des Verkäufers in die Hände des Käufers überging. Hielt man dabei die Hand in der einen Tasche, so wanderte der Fünfer in die andere. In eine Tasche mit zugezogenem Reißverschluss gelangte er nie. Behielt man beide Hände in den Taschen und klemmte sich das Wechselgeld unter den Arm, so tauchte der Fünfer an einer beliebigen Stelle am Körper auf (in meinem Fall im Schuh). Das Verschwinden des Fünfers vom Kleingeldteller auf dem Ladentisch fiel niemals auf: Er verlor sich unter den anderen Münzen, und in dem Moment, in dem er in die Tasche hinüberwechselte, war auf dem Teller keinerlei Bewegung zu sehen.

Ich hatte es also mit einem sogenannten nicht wechselbaren Fünfkopekenstück zu tun. Dabei interessierte mich weniger die Tatsache an sich als die fantastische Möglichkeit der außerräumlichen Verlagerung eines materiellen Körpers. Mir war völlig klar, dass der geheimnisvolle Übergang des Geldstücks vom Verkäufer zum Käufer nur einen Einzelfall jenes berühmten Nulltransports darstellte, den Science-Fiction-Liebhaber auch unter Begriffen wie »Hyperdurchgang«, »repagularer Sprung« oder »Tarantoga-Phänomen« kennen. Damit taten sich überwältigende Perspektiven auf.

Mir standen keinerlei Instrumente zur Verfügung. Ein gewöhnliches Labor-Minimumthermometer wäre mir schon eine Hilfe gewesen, aber nicht einmal das besaß ich. Ich musste mich also auf rein visuelle subjektive Beobachtungen beschränken. Vor meiner letzten Runde um den Platz stellte ich mir folgende Aufgabe: Lege das Geldstück neben den Kleingeldteller, hindere den Verkäufer nach Möglichkeit daran, es vor der Herausgabe des Wechselgeldes mit den übrigen Münzen zu vermischen, beobachte die räumliche Verlagerung des Fünfers und versuche dabei wenigstens qualitativ, die Veränderung der Lufttemperatur in der Umgebung der mutmaßlichen Durchgangsroute zu bestimmen. Das Experiment wurde jedoch gleich zu Beginn jäh unterbunden.

Neben der Verkäuferin Manja erwartete mich bereits der blutjunge Milizionär mit den Rangabzeichen eines Sergeanten.

»Soso«, sagte er in dienstlichem Ton.

Nichts Gutes ahnend, blickte ich ihn fragend an.

»Weisen Sie sich bitte aus, mein Herr«, forderte der Milizionär, wobei er grüßte und an mir vorbeisah.

»Was ist denn los?«, erkundigte ich mich, während ich meinen Ausweis zückte.

»Ich bitte, auch den Fünfer vorzuzeigen«, sagte der Milizionär, als er meinen Ausweis entgegennahm.

Wortlos reichte ich ihm den Fünfer. Manja starrte mich empört an. Der Milizionär musterte den Fünfer, sagte zufrieden: »Aha!«, und klappte meinen Ausweis auf. Er studierte ihn wie ein Büchernarr eine kostbare Ausgabe. Für mich setzten qualvolle Minuten des Wartens ein. Allmählich sammelte sich um uns herum eine Menschenmenge. In der Menge wurden unterschiedliche Meinungen über mich laut.

»Sie müssen mitkommen«, erklärte der Milizionär schließlich.

Wir schlängelten uns durch die umherstehende Menschenmenge; dabei gab es verschiedenste Varianten meines verpfuschten Lebens zu hören sowie eine Reihe von Ursachen, die zu dieser, vor aller Augen begonnenen, Untersuchung geführt hatten.

Auf dem Revier übergab der Sergeant den Fünfer und meinen Ausweis dem diensthabenden Leutnant. Der betrachtete das Geldstück und forderte mich auf, Platz zu nehmen. Ich kam seiner Aufforderung nach. Der Leutnant murmelte gleichgültig: »Packen Sie das Kleingeld aus« und vertiefte sich dann ebenfalls in meinen Ausweis. Ich kramte sämtliche Münzen aus meinen Taschen. »Zähl nach, Kowaljow«, befahl der Leutnant, legte den Ausweis beiseite und blickte mir in die Augen.

»Haben Sie viel eingekauft?«, fragte er.

»Ja«, erwiderte ich.

»Packen Sie das auch aus«, forderte der Leutnant.

Ich packte eine *Prawda* von vorgestern, drei Exemplare des Lokalblatts *Rybak*, zwei Ausgaben der *Literaturnaja Gaseta*, acht Schachteln Streichhölzer, sechs Sahnebonbons der Marke »Goldenes Schlüsselchen« und ein preisreduziertes Bürstchen zum Reinigen von Primuskochern auf den Tisch.

»Das Wasser kann ich nicht auspacken«, versetzte ich trocken. »Es waren fünf Gläser mit und vier Gläser ohne Sirup.«

Allmählich ging mir ein Licht auf, und bei dem Gedanken, dass ich mich würde rechtfertigen müssen, wurde mir mulmig.

»Vierundsiebzig Kopeken, Genosse Leutnant«, meldete der blutjunge Kowaljow.

Nachdenklich musterte der Leutnant den Zeitungsstapel und den Berg Streichholzschachteln.

»Ist das eine Art Sport oder was?«, fragte er mich.

»Oder was«, antwortete ich finster.

»Wie unvorsichtig«, tadelte der Leutnant. »Sehr unvorsichtig von Ihnen, mein Herr. Und jetzt raus mit der Sprache.«

Ich tat ihm den Gefallen. Zum Schluss bat ich den Leutnant inständig, meine Handlungsweise nicht als den Versuch zu betrachten, das Geld für einen »Saporoshez« zusammenzukratzen. Meine Ohren glühten.

Der Leutnant grinste. »Warum eigentlich nicht?«, versetzte er. »Das soll schon vorgekommen sein.«

Ich zuckte die Achseln.

»Glauben Sie mir, auf so eine Idee würde ich nie im Leben kommen … Aber was rede ich da? Ich bin ja auch tatsächlich nicht darauf gekommen!«

Der Leutnant schwieg lange. Der blutjunge Kowaljow nahm meinen Ausweis zur Hand und vertiefte sich von Neuem.

»Das ist doch völlig abwegig«, begann ich verwirrt. »Kompletter Irrsinn. Kopeken zusammenzukratzen …« Ich zuckte wieder mit den Achseln. »Da kann man ja gleich betteln gehen.«

»Gegen das Bettlerunwesen kämpfen wir an«, erklärte der Leutnant mit Nachdruck.

»Natürlich, das ist ja richtig. Ich weiß bloß nicht, was das mit mir zu tun hat …« Ich ertappte mich dabei, verdächtig oft die Achseln zu zucken, und nahm mir fest vor, das in Zukunft bleibenzulassen.

Wieder schwieg der Leutnant zermürbend lange und betrachtete das Fünfkopekenstück. »Wir müssen ein Protokoll aufsetzen«, sagte er schließlich.

Ich zuckte wieder mit den Achseln.

»Bitte, meinetwegen, obwohl …« Ich wusste selbst nicht, was ich sagen wollte.

Der Leutnant sah mich abwartend an, während ich mir überlegte, unter welchen Paragrafen des Strafgesetzbuches meine Handlungsweise fallen mochte. Dann griff er sich ein Blatt Papier und fing an zu schreiben.

Der blutjunge Kowaljow kehrte auf seinen Posten zurück. Sein Vorgesetzter schrieb mit quietschender Feder weiter und stieß diese oft geräuschvoll ins Tintenfass. Und ich saß da wie ein Ölgötze, starrte auf die Plakate an den Wänden und sagte mir träge, dass Lomonossow sich an meiner Stelle seinen Ausweis geschnappt hätte und aus dem Fenster gesprungen wäre. Worauf kommt es eigentlich an?, fragte ich mich. Es kommt darauf an, dass der Mensch selbst von seiner Unschuld überzeugt ist. In diesem Sinne war ich unschuldig. Aber anscheinend gab es eine objektive und eine subjektive Schuld. Und eins war unbestreitbar: Der ganze Haufen Kleingeld im Wert von vierundsiebzig Kopeken war rechtlich gesehen die Ausbeute eines mithilfe technischer Mittel, nämlich eines nicht wechselbaren Fünfers, ausgeführten Diebeszugs.

»Lesen Sie das Protokoll durch, und unterschreiben Sie«, forderte der Leutnant mich auf.

Ich las das Protokoll durch. Daraus ging hervor, dass ich, der Unterzeichnende Priwalow, A. I., auf mir unbekannte Weise in den Besitz eines funktionstüchtigen Modells des nicht wechselbaren Fünfers, Staatlicher Standard 718-62, gelangt war und damit Missbrauch getrieben hatte. Ferner, dass ich, der Unterzeichnende Priwalow, A. I., behauptete, in uneigennütziger Absicht ein wissenschaftliches Experiment vorgenommen zu haben, dass ich bereit war, den dem Staat zugefügten Schaden in Höhe von einem Rubel und fünfundfünfzig Kopeken wiedergutzumachen, und dass ich schließlich laut Verordnung des Solowetzker Stadtsowjets vom 22. März 1959 das oben genannte funktionstüchtige Modell eines nicht wechselbaren Fünfers dem Diensthabenden des Reviers, Leutnant Sergijenko, U. U., übergeben und dafür fünf Kopeken in Form einer auf dem Territorium der Sowjetunion gültigen Münze erhalten hatte. Ich unterschrieb.

Der Leutnant verglich meine Unterschrift mit meinem Namenszug im Ausweis, zählte die Kupfermünzen noch einmal sorgfältig nach, brachte telefonisch den genauen Preis der Sahnebonbons und des Bürstchens zum Reinigen von Primuskochern in Erfahrung, schrieb eine Quittung und überreichte mir diese zusammen mit den gültigen fünf Kopeken.

Dann händigte er mir die Zeitungen, die Streichhölzer, die Bonbons und das Bürstchen aus und sagte: »Das Wasser haben Sie nach eigenem Eingeständnis getrunken. Macht insgesamt einundachtzig Kopeken.«

Mit einem Gefühl unbeschreiblicher Erleichterung beglich ich die Rechnung. Der Leutnant blätterte meinen Ausweis noch einmal aufmerksam durch und gab ihn mir dann zurück.

»Sie können gehen, Herr Priwalow«, sagte er. »Und sehen Sie sich in Zukunft vor. Bleiben Sie länger in Solowetz?«

»Morgen reise ich ab«, erklärte ich.

»Dann sehen Sie sich also bis morgen vor.«

»Ich werde mir größte Mühe geben«, erwiderte ich und steckte meinen Ausweis ein. Einem plötzlichen Impuls nachgebend, erkundigte ich mich noch mit gesenkter Stimme: »Sagen Sie, Genosse Leutnant, kommt Ihnen hier, in Solowetz, nicht manches merkwürdig vor?«

Der Leutnant hatte sich schon wieder in seine Papiere vertieft. »Ich bin schon lange hier«, antwortete er zerstreut. »Man gewöhnt sich daran.«

5

> »Glauben Sie denn selbst an Gespenster?«, fragte ein Zuhörer den Referenten.
> »Natürlich nicht«, antwortete der Referent und löste sich langsam in Luft auf.
>
> *Eine wahre Geschichte*

Bis zum Abend gab ich mir also große Mühe, mich vorzusehen. Vom Revier aus begab ich mich geradewegs zur Straße an der Meeresbucht und kroch sogleich unter mein Auto. Es war schwül. Im Westen zog langsam eine dunkle Gewitterwolke auf. Während ich unter dem Wagen lag und mich mit Fett beschmierte, trat Naina Kiewna – plötzlich die Freundlichkeit selbst – zweimal mit der Bitte an mich heran, sie auf den Kahlen Berg zu fahren. »Wie's heißt, schadet langes Stehen dem Wagen bloß, mein Guter«, gurrte sie mit krächzender Stimme und lugte unter die vordere Stoßstange. »Wie's heißt, ist's für ihn besser, wenn er bewegt wird. Und ich würd's dir auch bezahlen, nicht dass du denkst …« Aber ich hatte keine Lust, sie auf den Kahlen

Berg zu fahren. Erstens konnten jeden Augenblick die Jungs eintreffen. Zweitens war mir eine gurrende Naina Kiewna noch unangenehmer als eine zänkische. Zudem stellte sich heraus, dass es bis zum Kahlen Berg neunzig Werst waren, und als ich die Alte fragte, wie die Straße dorthin beschaffen sei, versicherte sie freudestrahlend, ich bräuchte mir keine Sorgen zu machen, die Straße dorthin sei einwandfrei, und notfalls werde sie, die Alte, den Wagen eigenhändig anschieben. (»Guck nicht auf meine Jahre, mein Guter, ich hab noch genug Mumm in den Knochen.«) Nach der ersten erfolglosen Attacke gab sich die Alte vorübergehend geschlagen und zog sich in die Hütte zurück. Dann machte mir Kater Wassili seine Aufwartung. Eine Weile sah er mir aufmerksam auf die Finger, dann sagte er halblaut, aber deutlich: »Ich rate dir ab, Herr … hm äh … ich rate dir ab. Die fressen dich mit Haut und Haar.« Worauf er mit zuckendem Schwanz das Weite suchte. Ich hatte die Absicht, sehr vorsichtig zu sein, weshalb ich der Alten bei ihrem zweiten Vorstoß einen Preis von fünfzig Rubel nannte, um ein für alle Mal Ruhe vor ihr zu haben. Sie musterte mich respektvoll und ließ sofort von mir ab.

Ich erledigte TP und TW, fuhr mit größtmöglicher Vorsicht tanken, aß in der Kantine Nummer elf zu Mittag und legte dem wachsamen Kowaljow noch einmal meine Papiere vor. Um mein Gewissen zu beruhigen, fragte ich ihn nach der Straße zum Kahlen Berg. Der blutjunge Sergeant starrte mich misstrauisch an und sagte: »Die Straße? Wovon reden Sie überhaupt, mein Herr? Was denn für eine Straße? Da gibt es überhaupt keine Straße.«

Als ich bei der Hütte ankam, regnete es in Strömen. Die Alte war abgereist und Kater Wassili verschwunden. Aus dem Brunnen tönte zweistimmiger Gesang, was schaurig und melancholisch klang. Den Gewitterguss löste bald ein trister Nieselregen ab. Es wurde dunkel.

Ich ging in mein Zimmer und startete das Experiment mit dem wandelbaren Buch. Aber es wollte nicht klappen. Ob ich etwas falsch machte, oder ob es am Wetter lag – das Buch blieb so, wie es war: F. F. Kusmins »Praktische Übungen zu Syntax und Interpunktion«. Da man aber so ein Buch beim besten Willen nicht lesen kann, versuchte ich mein Glück mit dem Spiegel. Der aber spiegelte alles, was ich ihm vorhielt, und schwieg sich aus. Da machte ich es mir auf dem Kanapee bequem.

Die Langeweile und der eintönig rauschende Regen hätten mich beinahe eingeschläfert, als plötzlich das Telefon läutete. Ich ging in den Flur und nahm den Hörer ab.

»Hallo …«

Im Hörer knackte es.

»Hallo«, sagte ich und blies in den Hörer. »Drücken Sie aufs Knöpfchen.«

Ich erhielt keine Antwort.

»Klopfen Sie gegen den Apparat«, riet ich. Aus dem Hörer kam kein Ton. Ich blies noch einmal hinein, zog an der Schnur und sagte: »Versuchen Sie's noch mal von einem anderen Apparat.«

Da fuhr mich eine Stimme barsch an: »Ist da Alexander?«

»Ja«, antwortete ich verblüfft.

»Und warum meldest du dich nicht?«

»Ich melde mich doch. Wer spricht denn da?«

»Hier ist Petrowski. Geh mal in die Salzerei, und sag dem Meister, dass er mich anrufen soll.«

»Welchem Meister?«

»Na, wer ist denn heute da?«

»Keine Ahnung.«

»Was heißt keine Ahnung? Ist da Alexander?«

»Hören Sie«, sagte ich. »Welche Nummer haben Sie gewählt?«

»Die zweiundsiebzig. Ist da die zweiundsiebzig?«

Ich wusste es nicht.

»Offenbar nicht«, sagte ich.

»Wieso behaupten Sie dann, dass Sie Alexander sind?«

»Weil ich Alexander heiße!«

»Verdammt! Ist da das Kombinat?«

»Nein«, sagte ich. »Hier ist das Museum.«

»Ah ... Dann entschuldige ich mich. Dann können Sie den Meister ja gar nicht holen.«

Ich legte auf und sah mich im Flur um. Hier gab es fünf Türen: eine führte in mein Zimmer, eine auf den Hof, eine in das Zimmer der Alten, eine zur Toilette, und dann war da noch eine eisenbeschlagene Tür mit einem großen Vorhängeschloss. Stinklangweilig!, dachte ich. Nichts los hier. Und diese matte, verstaubte Lampe ... Ich schlurfte in mein Zimmer zurück und blieb an der Schwelle wie angewurzelt stehen: Das Kanapee war weg!

Ansonsten war alles unverändert: der Tisch, der Ofen, der Spiegel, das Garderobenbrett und der Hocker. Und auch das Buch lag noch genau so, wie ich es hingelegt hatte – auf dem Fensterbrett. Aber dort, wo das Kanapee gestanden hatte, war nur noch ein furchtbar schmutziger, rechteckiger Fleck. Dann fiel mein Blick auf die fein säuberlich unter dem Garderobenbrett zusammengelegte Bettwäsche.

»Eben war hier noch ein Kanapee«, sagte ich laut. »Ich habe sogar darauf gelegen.«

Im Haus rührte sich etwas. Undefinierbare Geräusche drangen in mein Zimmer. Ich hörte Stimmen und Musik, und irgendwo wurde gelacht, gehustet und mit den Füßen gescharrt. Ein Schatten verdunkelte vorübergehend das Lampenlicht, und die Dielen knarrten. Dann roch es plötzlich nach Apotheke, und ein kalter Hauch streifte mein Gesicht. Ich fuhr zurück. Und im selben Moment klopfte es laut und unüberhörbar an der Haustür. Sofort verstummten alle Geräusche. Mit einem Blick auf die Stelle, an der bis eben das

Kanapee gestanden hatte, ging ich in den Flur hinaus und öffnete die Haustür.

Im feinen Nieselregen stand ein mittelgroßer, eleganter Mann in einem tadellos sauberen, cremefarbenen Regenmantel mit hochgeschlagenem Kragen. Er zog den Hut und sagte höflich: »Ich bitte um Entschuldigung, Alexander Iwanowitsch. Könnten Sie mir fünf Minuten Ihrer kostbaren Zeit widmen?«

»Natürlich«, sagte ich verwirrt. »Treten Sie näher.«

Ich sah den Mann zum ersten Mal in meinem Leben, und mir kam der Gedanke, dass er vielleicht etwas mit der hiesigen Miliz zu tun hatte. Der Unbekannte trat über die Schwelle und steuerte schnurstracks auf mein Zimmer zu. Ich versperrte ihm den Weg. Warum ich das tat, weiß ich nicht – wahrscheinlich wollte ich vermeiden, dass er mich fragte, warum der Fußboden so staubig war.

»Entschuldigen Sie«, stammelte ich. »Vielleicht könnten wir hier … Bei mir ist nicht aufgeräumt. Und einen Platz kann ich Ihnen auch nicht anbieten.«

Der Unbekannte warf den Kopf zurück. »Wieso nicht?«, fragte er leise. »Das Kanapee?«

Eine Zeit lang blickten wir einander stumm in die Augen.

»Hm … Was ist mit dem Kanapee?«, fragte ich aus unerfindlichen Gründen im Flüsterton zurück.

Der Unbekannte schlug die Augen nieder. »Ach, so ist das?«, sagte er langsam. »Verstehe. Schade. Na, dann entschuldigen Sie.«

Er nickte mir höflich zu, setzte seinen Hut auf und ging zielstrebig auf die Toilette zu.

»Wohin wollen Sie?«, rief ich. »Da sind Sie falsch!«

Ohne sich umzudrehen, murmelte der Unbekannte: »Ach, das spielt keine Rolle«, und verschwand hinter der Tür. Ich machte ihm Licht an, wartete eine Weile, horchte und riss dann mit einem Ruck die Tür auf. Die Toilette war leer.

Ich zog vorsichtig eine Zigarette heraus und steckte sie mir an. Das Kanapee, dachte ich. Was ist los mit diesem Kanapee? Noch nie habe ich ein Märchen von einem Kanapee gehört. Fliegende Teppiche sind mir begegnet, ein Tischleindeckdich, eine Tarnkappe, Siebenmeilenstiefel und eine Gusli, die von selbst spielt. Auch einen Zauberspiegel gab es. Aber kein Zauberkanapee. Ein Kanapee ist zum Sitzen oder Liegen da, ein Kanapee ist etwas Handfestes und durch und durch Gewöhnliches. Ja wirklich, wie kann sich die Fantasie an einem Kanapee entzünden?

Als ich in mein Zimmer zurückkehrte, sah ich sofort das kleine Männchen. Geduckt und in einer sehr unbequemen Haltung hockte es unter der Zimmerdecke auf dem Ofen. Es hatte ein runzliges, unrasiertes Gesicht und graue, behaarte Ohren.

»Guten Tag«, grüßte ich erschöpft.

Wehleidig verzog das kleine Männchen den breiten Mund.

»Guten Abend«, grüßte es zurück. »Entschuldigen Sie bitte, ich weiß selbst nicht, wie es mich hierher verschlagen hat. Ich komme wegen des Kanapees.«

»Da kommen Sie zu spät«, erklärte ich und setzte mich an den Tisch.

»Das sehe ich«, erwiderte das kleine Männchen leise und drehte sich schwerfällig um. Von der Decke rieselte Kalk.

Ich rauchte und betrachtete das Männchen nachdenklich. Es lugte ängstlich in die Tiefe.

»Kann ich Ihnen behilflich sein?«, fragte ich und machte Anstalten aufzustehen.

»Nein, danke«, sagte es griesgrämig. »Ich schaffe das schon.«

Es kroch an den Ofenrand, wobei es sich von oben bis unten mit Kreide beschmierte, stieß sich ungeschickt ab und segelte kopfüber vom Ofen. Mir stockte der Atem, aber es schwebte in der Luft und ging nur langsam – Arme und Beine krampfhaft ausgestreckt – tiefer. Der Anblick war nicht gerade erhebend, aber lustig. Das kleine Männchen landete auf allen vieren, richtete sich rasch wieder auf und fuhr sich mit dem Ärmel über das nasse Gesicht.

»Wie ein alter Mann«, teilte es mit heiserer Stimme mit. »Vor hundert Jahren oder, sagen wir, zu Gonsasts Zeiten hätte man mir für diesen Abgang das Diplom aberkannt, glauben Sie mir, Alexander Iwanowitsch.«

»Was haben Sie studiert?«, erkundigte ich mich und steckte mir noch eine Zigarette an.

Das Männchen hörte meine Frage nicht, sondern ließ sich auf dem Hocker mir gegenüber nieder und fuhr traurig fort: »Früher konnte ich levitieren wie der alte Seks. Heute dagegen, entschuldigen Sie, komme ich nicht einmal mehr gegen die Haare auf meinen Ohren an. Das ist so unappetitlich. Aber wenn ich nun mal kein Talent hab? Ringsum gibt es so viele Verlockungen, alle möglichen Titel und Ränge, und unsereins hat kein Talent! Bei uns wachsen im Alter manch einem die Ohren zu. Die Koryphäen natürlich ausgenommen. Gian Giacomo, Cristóbal Junta, Giuseppe Balsamo oder nehmen wir nur den Genossen Fjodor Simeonowitsch Kiwrin … Keine Spur einer Behaarung!« Er warf mir einen triumphierenden Blick zu. »Nicht die geringste! Glatte Haut, elegante Erscheinung, schlanke Gestalt …«

»Verzeihen Sie«, unterbrach ich ihn. »Sie sprachen soeben von Giuseppe Balsamo. Das ist doch Graf Cagliostro! Tolstoi zufolge war der Graf aber dick und ausgesprochen hässlich …«

Das Männchen sah mich mitleidig an und lächelte nachsichtig. »Sie sind nicht auf dem neuesten Stand, Alexander Iwanowitsch«, sagte er. »Graf Cagliostro ist durchaus nicht mit dem großen Balsamo gleichzusetzen. Er ist … wie soll ich das sagen? Er ist nur eine nicht sonderlich geglückte Kopie. Balsamo hat in der Jugendzeit seine Matrix kopiert. Er war wirklich ungewöhnlich begabt, aber Sie wissen ja, wie das in jungen Jahren ist: Hauptsache, schnell, Hauptsache, lustig, irgendetwas wird schon dabei herauskommen. Tja … Sagen Sie niemals, dass Balsamo und Cagliostro ein und derselbe sind. Das könnte peinlich werden.«

Es war mir schon peinlich.

»Tja«, sagte ich. »Ich bin natürlich kein Fachmann. Aber … Verzeihen Sie die unbescheidene Frage, aber was hat das Kanapee damit zu tun? Wer hat es so dringend gebraucht?«

Das Männchen fuhr zusammen. »Welch unverzeihliche Überheblichkeit«, sagte er laut und stand auf. »Ich habe einen Fehler gemacht und bin bereit, mit aller Entschiedenheit dafür einzustehen. Wenn solche Giganten … Und dann noch diese Grünschnäbel …« Er presste die bleichen Händchen ans Herz und verbeugte sich. »Bitte, verzeihen Sie die Störung, Alexander Iwanowitsch. Ich entschuldige mich nochmals in aller Form und ziehe mich augenblicklich zurück.« Er näherte sich dem Ofen und schielte ängstlich hinauf. »Ach, Alexander Iwanowitsch«, seufzte er. »Alt bin ich geworden, alt …«

»Vielleicht wäre es bequemer, wenn Sie … durch die … äh … Vor Ihnen war schon ein Kollege hier, der hat sie auch benutzt.«

»Aber mein Guter, das war Cristóbal Junta! Was macht's einem wie ihm aus, zehn Lieue weit durch die Kanalisation zu sickern.« Das kleine Männchen winkte traurig ab. »Da kommt unsereins nicht mit. Hat er das Kanapee gleich mitgenommen, oder hat er's transgrediert?«

»Ich weiß es nicht«, antwortete ich. »Ich glaube, er ist auch zu spät gekommen.«

Das Männchen zupfte sich verblüfft am Flaum seines rechten Ohrs. »Zu spät gekommen? Er? Das ist unwahrscheinlich. Aber was wissen wir schon? Auf Wiedersehen, Alexander Iwanowitsch, ich hoffe, Sie verzeihen mir noch einmal großherzig.«

Er ging mit sichtlicher Anstrengung durch die Wand und verschwand. Ich warf den Zigarettenstummel in die Staubflocken auf dem Fußboden. Sieh mal an, das Kanapee! Das ist was anderes als eine sprechende Katze. Etwas von Bedeutung – ein echtes Drama. Vielleicht sogar ein Drama der Ideen. Und wahrscheinlich kommen noch mehr verspätete Interessenten. Bestimmt sogar. Ich starrte auf den schmutzigen Fußboden. Irgendwo hatte ich doch einen Besen gesehen?

Der Besen stand beim Telefon, neben dem Kübel. Ich kehrte die Staubflocken zusammen, als plötzlich etwas Schweres am Besen hängen blieb und in die Mitte des Zimmers rollte. Ich schaute hin: Es war ein glitzernder länglicher Zylinder von der Größe eines Zeigefingers. Ich tippte mit dem Besen dagegen. Der Zylinder kam ins Trudeln, ich hörte ein trockenes Knistern und nahm scharfen Ozongeruch wahr. Ich ließ den Besen fallen und griff nach dem Zylinder. Er fühlte sich wunderbar glatt und warm an. Als ich mit dem Fingernagel dagegenschnipste, knisterte es wieder. Ich drehte den Zylinder um, damit ich ihn mir von unten ansehen konnte, und spürte im selben Moment, wie der Fußboden unter mir wegkippte. Vor meinen Augen drehte sich alles. Ich stieß äußerst schmerzhaft erst mit den Fersen, dann mit der Schulter und zuletzt mit dem Schädel gegen etwas Hartes, ließ den Zylinder fallen und stürzte zu Boden. Ich war so perplex, dass ich eine ganze Weile brauchte, bis ich begriff, dass ich in dem schmalen Spalt zwischen Ofen und Wand steckte. Die Lampe schaukelte hin und her, und als ich zur Zimmerdecke aufsah, erblickte ich dort zu meinem Erstaunen die geriffelten Abdrücke meiner Schuhe. Ächzend kroch ich aus dem Spalt und sah mir meine Schuhsohlen an. Sie waren kreideweiß.

»So was«, dachte ich laut. »Hoffentlich muss ich nicht auch noch durch die Kanalisation!«

Ich sah mich nach dem Zylinder um. Er stand hochkant auf dem Fußboden, doch in so schräger Stellung, dass jegliches Gleichgewicht ausgeschlossen war. Ich trat vorsichtig näher und hockte mich daneben. Der Zylinder wippte hin und her und knisterte leise. Ich reckte den Hals und betrachtete ihn eine Weile, dann pustete ich ihn an. Er trudelte und drohte umzukippen, als plötzlich hinter mir ein Vogel krächzte und ein Windstoß durchs Zimmer fuhr. Ich sah mich um und setzte mich verblüfft auf den Fußboden. Auf dem Ofen hockte ein riesiger Adler mit kahlem Hals und furchteinflößendem krummem Schnabel und faltete bedächtig seine Flügel zusammen.

»Guten Tag«, sagte ich. Ich war fest davon überzeugt, einen sprechenden Adler vor mir zu haben.

Der Adler senkte den Kopf, blickte mich mit einem Auge an und bekam sogleich Ähnlichkeit mit einem Huhn. Ich winkte ihm grüßend zu. Der Adler öffnete den Schnabel, sagte aber nichts. Dann hob er einen Flügel und putzte sich mit knackendem Schnabel. Der Zylinder trudelte und knisterte noch immer. Der Adler hörte auf, sich zu putzen, zog den Kopf zwischen die Schultern und bedeckte seine Augen mit einem gelben Häutchen. Immer bemüht, dem Adler nicht den Rücken zuzukehren, fegte ich die Staubflocken zusammen und streute sie in das regennasse Dunkel vor der Haustür. Dann kehrte ich ins Zimmer zurück.

Der Adler schlief, und es roch nach Ozon. Ich schaute auf die Uhr: Es war zwanzig Minuten nach Mitternacht. Eine Zeit lang betrachtete ich den Zylinder und dachte über das Gesetz von der Erhaltung der Energie und der Materie nach. Adler dürften kaum aus dem Nichts kondensieren. Wenn dieser in Solowetz aufgetaucht war, musste irgendwo im Kaukasus, oder wo diese Vögel heimisch waren, ein (wenn auch nicht unbedingt dieser) Adler verschwunden sein. Ich überschlug die für seinen Transfer benötigte Energie und warf einen erschrockenen Blick auf den Zylinder. Den rührst du lieber nicht mehr an, sagte ich mir. Deck ihn am besten mit etwas zu und lass ihn in Ruhe. Ich holte die Schöpfkelle aus dem Flur, zielte sorgfältig und stülpte sie mit angehaltenem Atem über den Zylinder. Dann setzte ich mich auf den Hocker, zündete mir eine Zigarette an und harrte der Dinge, die noch kommen würden. Der Adler atmete hörbar. Im Lampenschein glänzte sein Gefieder wie Kupfer, die mächtigen Klauen bohrten sich in den Kalk. Allmählich breitete sich Aasgeruch im Zimmer aus.

»Das hätten Sie nicht tun sollen, Alexander Iwanowitsch«, hörte ich eine angenehm klingende männliche Stimme.

»Was denn?«, fragte ich und blickte zum Spiegel hinüber.

»Ich meine das Umoplekt.«

Es war nicht der Spiegel, der da sprach. Das war jemand anderes.

»Ich weiß nicht, wovon Sie reden«, erwiderte ich gereizt. Außer mir war niemand im Zimmer.

»Ich rede von dem Umoplekt«, sagte die Stimme. »Sie hätten die Schöpfkelle lieber nicht darüberstülpen sollen. Mit dem Umoplekt oder, wie Sie sagen, mit dem Zauberstab ist nicht zu spaßen.«

»Darum habe ich's ja auch zugedeckt. Aber kommen Sie ruhig herein, Genosse, dann können wir uns besser unterhalten.«

»Ich danke Ihnen«, sagte die Stimme.

Vor meinen Augen kondensierte langsam ein blasser, gepflegt aussehender Mann in einem gut sitzenden grauen Anzug. Den Kopf leicht zur Seite geneigt, erkundigte er sich mit ausgesuchter Höflichkeit: »Ich hoffe, ich störe nicht allzu sehr?«

»Überhaupt nicht«, antwortete ich und stand auf. »Bitte, nehmen Sie Platz, fühlen Sie sich wie zu Hause. Möchten Sie ein Glas Tee?«

»Ich danke Ihnen«, sagte der Unbekannte und setzte sich mir gegenüber, wobei er mit einer vornehmen Geste an seinen Hosenbeinen zupfte. »Was den Tee angeht, so bitte ich, mich zu entschuldigen, Alexander Iwanowitsch, ich habe gerade zu Abend gegessen.«

Er blickte mir, weltmännisch lächelnd, in die Augen. Ich lächelte zurück.

»Sie kommen sicher wegen des Kanapees?«, fragte ich. »Das ist nämlich leider nicht mehr da. Es tut mir sehr leid, aber ich weiß nicht einmal …«

Der Unbekannte schlug die Hände zusammen. »Aber das sind doch Lappalien!«, sagte er. »Man sollte nicht so viel Aufhebens von solchem – entschuldigen Sie das Wort – Unfug machen, an den ohnehin niemand ernsthaft glaubt. Sagen Sie selbst, Alexander Iwanowitsch: Was sollen all diese Intrigen und unwürdigen Verfolgungsjagden, diese Unruhe, in die man Menschen dieser mystischen – ja, ich scheue das Wort nicht – mystischen Weißen These wegen versetzt? Jeder klar denkende Mensch betrachtet das Kanapee als einen zwar etwas unhandlichen, aber durchaus brauchbaren universellen Translator. Umso lächerlicher sind die alten Ignoranten mit ihrer Weißen These. Nein – kein Wort mehr vom Kanapee.«

»Ganz wie's beliebt«, sagte ich so weltmännisch wie möglich. »Reden wir von etwas anderem.«

»Aberglaube … Vorurteile …«, murmelte der Unbekannte zerstreut. »Geistige Trägheit und Neid, böser, böser Neid …« Er stockte. »Entschuldigen Sie, Alexander Iwanowitsch, aber ich möchte Sie doch bitten, mir zu gestatten, diese Schöpfkelle zu entfernen. Leider ist Eisen für das Hyperfeld undurchlässig, und die wachsende Spannung desselben auf so kleinem Raum …«

Ich hob die Hände.

»Aber ich bitte Sie, ganz wie's beliebt! Nehmen Sie die Schöpfkelle ruhig weg. Meinetwegen können Sie auch dieses … Umo … diesen Zauberstab entfernen.« Ich verstummte verblüfft, als ich entdeckte, dass die Schöpfkelle verschwunden war. Der Zylinder stand jetzt in einer Pfütze, die wie gefärbtes Quecksilber aussah. Die Flüssigkeit verdampfte rasch.

»Ich versichere Ihnen, dass es so besser ist«, erklärte der Unbekannte. »Was jedoch Ihr nobles Anerbieten betrifft, das Umoplekt zu entfernen, so kann ich davon leider keinen Gebrauch machen. Das ist eine Frage von Ethik und Moral, ja, wenn Sie so wollen, eine Frage der Ehre. Wie stark doch Konventionen sein können! Ich erlaube mir, Ihnen den Rat zu erteilen, das Umoplekt nicht mehr anzufassen. Wie ich sehe, haben Sie sich schon ein paar Schrammen geholt, und auch dieser Adler … Sicher riechen Sie es auch … äh … dieser Ger…«

»Ja«, rief ich empört. »Es stinkt infam. Wie im Affenhaus.«

Wir sahen uns nach dem Adler um. Er schlief mit aufgeplustertem Gefieder.

»Das Umoplekt zu bedienen«, begann der Unbekannte, »ist eine vielschichtige, diffizile Kunst. Seien Sie nicht traurig, und machen Sie sich um Gottes willen keine Vorwürfe. Der Lehrgang zur Bedienung eines Umoplekts umfasst acht Semester und setzt weitgehende Kenntnisse der Quantenalchimie voraus. Mit einem elektronischen Umoplekt, dem sogenannten EU-17, kämen Sie als Programmierer wahrscheinlich mühelos zurecht. Aber ein Quantenumoplekt … das Hyperfeld … die transgressiven Inkarnationen … das verallgemeinerte Lomonossow-Lavoisier'sche Gesetz …« Er breitete bedauernd die Arme aus.

»Selbstredend!«, pflichtete ich ihm hastig bei. »Ich erhebe gar nicht den Anspruch … Und bin auch gar nicht kompetent.«

Ich besann mich und bot ihm eine Zigarette an.

»Ich danke Ihnen«, sagte der Unbekannte. »Aber zu meinem größten Bedauern: Ich rauche nicht.«

Dann bat ich, vor Höflichkeit die Finger spreizend, um Aufschluss – ich fragte nicht, nein, ich bat darum: »Dürfte ich erfahren, welchem Umstand ich die Ehre Ihres Besuchs verdanke?«

Der Unbekannte schlug die Augen nieder.

»Sosehr ich fürchte, für unbescheiden gehalten zu werden«, sagte er, »muss ich Ihnen gestehen, dass ich schon ziemlich lange hier bin. Ich möchte keine Namen nennen, glaube aber, dass selbst Sie, Alexander Iwanowitsch, so wenig Sie mit alldem zu tun haben, begreifen, dass um dieses Kanapee ein ungesunder Lärm entstanden ist. Es reift ein Skandal heran, die Atmosphäre lädt sich mehr und mehr auf, und die Spannung wächst. Fehler und ganz und gar unerwünschte Zwischenfälle sind in einer solchen Situation unvermeidlich. Nach Beispielen brauche ich nicht lange zu suchen. Jemand – ich wiederhole: Ich möchte keine Namen nennen, zumal es sich um einen Mitarbeiter handelt, der allen Respekt verdient, und wenn ich von Respekt spreche, dann denke ich weniger an seine Manieren als an sein großes Talent und seine Selbstlosigkeit – jemand verliert in der Eile das Umoplekt, und dieses erweist sich nun als Mittelpunkt einer Reihe von Ereignissen, in die ein Mensch verwickelt wird, der absolut nichts damit zu tun hat.« Er verbeugte sich in meine Richtung. »In solchen Fällen ist ein Einschreiten vonnöten, das die schädlichen Einflüsse wieder neutralisiert.« Er warf einen vielsagenden Blick auf die Abdrücke meiner Schuhsohlen an der Zimmerdecke. Dann lächelte er mir zu. »Aber ich möchte nicht, dass Sie mich für einen abstrakten Altruisten halten: Mich interessieren all diese Ereignisse ganz außerordentlich – als Fachmann wie als Verwalter. Aber ich will nicht länger stören, und nachdem ich nun die Gewissheit habe, dass Sie nicht mehr mit dem

Umoplekt experimentieren werden, bitte ich um Erlaubnis, mich entfernen zu dürfen.«

Er erhob sich.

»Nicht doch!«, rief ich. »Bleiben Sie! Es ist mir ein Vergnügen, mich mit Ihnen zu unterhalten, und ich habe noch tausend Fragen!«

»Das ist zu liebenswürdig, Alexander Iwanowitsch, aber Sie sind müde, Sie müssen sich ausruhen …«

»Überhaupt nicht!«, widersprach ich ungestüm. »Im Gegenteil!«

»Alexander Iwanowitsch«, sagte der Unbekannte mit einem freundlichen Lächeln und sah mir tief in die Augen. »Aber Sie sind wi-rk-li-ch müde. Und Sie wollen sich wi-rk-li-ch ausruhen.«

Und schon verspürte ich ein starkes Schlafbedürfnis. Mir fielen die Augen zu, und ich wollte nicht mehr sprechen. Ich wollte überhaupt nichts mehr. Nur noch schlafen.

»Es war mir ein Vergnügen, Sie kennengelernt zu haben«, verabschiedete sich der Unbekannte leise.

Ich sah, wie er blasser und blasser wurde und sich allmählich in Luft auflöste. Zurück blieb nur ein leichter Hauch von teurem Eau de Cologne. Ich bereitete mir auf dem Fußboden notdürftig ein Lager, drückte die Nase ins Kissen und schlief auf der Stelle ein.

Ein Flügelschlag und ein unangenehmes Krächzen weckten mich. Im Zimmer herrschte merkwürdiges bläuliches Halbdunkel. Der Adler auf dem Ofen schüttelte raschelnd sein Gefieder, stieß grässliche Schreie aus und schlug mit den Flügeln gegen die Zimmerdecke. Ich setzte mich auf und versuchte zu ergründen, was los war. Mitten im Zimmer schwebte ein Hüne in Trainingshosen und einem lose darüberhängenden Hawaiihemd in der Luft. Unter ihm lag der Zylinder, und er ließ, ohne ihn zu berühren, die riesigen Pranken über ihm kreisen.

»Was ist hier los?«, wollte ich wissen.

Der Hüne warf mir einen Blick über die Schulter zu und wandte sich wieder ab.

»Kriege ich keine Antwort?«, fragte ich wütend. Ich war noch immer sehr müde.

»Bleib ruhig, Sterblicher«, erwiderte der Hüne mit heiserer Stimme.

Er hörte mit seinem Hokuspokus auf und griff nach dem Zylinder. Seine Stimme kam mir bekannt vor.

»He, Freundchen!«, drohte ich. »Leg das Ding wieder hin, und mach, dass du rauskommst.«

Der Hüne schob den Unterkiefer vor und starrte mich an. Ich schlug die Bettdecke zurück und stand auf.

»Los, leg das Umoplekt hin!«, schrie ich.

Der Hüne ließ sich auf den Fußboden herab, spreizte die Beine und ging in Kampfstellung. Obwohl die Lampe nicht brannte, wurde es im Zimmer plötzlich heller.

»Bürschchen«, sagte der Hüne. »Die Nacht ist zum Schlafen da. Leg dich wieder hin.«

Offenbar war er nicht abgeneigt, seine Kräfte zu messen. Ich übrigens auch nicht.

»Gehen wir auf den Hof«, schlug ich nüchtern vor und zog meine Turnhose hoch.

Da deklamierte plötzlich jemand gefühlvoll:

»Auf mich wirf alle Taten
  mit auf die Allseele gerichtetem Geist!
Frei von Hoffnung und Ichsucht geworden,
  kämpfe befreit von Trübsal!«

Ich fuhr zusammen, und dem Burschen erging es nicht anders.

»Das ist die Bhagavadgītā!«, erklärte die Stimme. »Dritter Gesang, Vers dreißig.«

»Das war der Spiegel«, sagte ich automatisch.

»Weiß ich selber«, brummte der Hüne.

»Leg das Umoplekt hin«, forderte ich ihn auf.

»Was trompetest du wie ein kranker Elefant?«, versetzte der Hüne. »Gehört es etwa dir?«

»Dir vielleicht?«

»Jawohl, mir!«

Da ging mir ein Licht auf.

»Also hast du auch das Kanapee stibitzt?«

»Kümmere dich um deinen eigenen Kram«, riet mir der Hüne.

»Bring das Kanapee zurück«, verlangte ich. »Ich habe dafür unterschrieben.«

»Scher dich zum Teufel!«, schimpfte der Hüne und sah sich nach allen Seiten um.

Und da tauchten im Zimmer zwei weitere Gestalten auf: eine dünne und eine dicke und beide in gestreiften Pyjamas; sie erinnerten an Insassen von Sing Sing.

»Kornejew!«, kreischte der Dicke. »Sie sind also der Kanapeedieb? Das ist unerhört!«

»Ach, ihr könnt mir alle mal …«, sagte der Hüne.

»Sie sind ein Grobian!«, schrie der Dicke. »Man sollte Sie rauswerfen! Ich werde einen Bericht abfassen!«

»Machen Sie, was Sie wollen«, erwiderte Kornejew unwirsch. »Das Abfassen von Berichten ist ja Ihre Lieblingsbeschäftigung.«

»Wie können Sie es wagen, in diesem Ton mit mir zu sprechen? Sie Grünschnabel! Sie Spitzbube! Sie haben das Umoplekt hier liegen lassen! Dem jungen Mann hätte sonst was zustoßen können!«

»Mir ist schon genug zugestoßen«, warf ich ein. »Das Kanapee ist weg, ich schlafe wie ein Hund auf dem Fußboden, und jede Nacht höre ich Stimmen. Noch dazu dieser stinkende Adler …«

Sofort drehte sich der Dicke zu mir um.

»Eine unerhörte Disziplinlosigkeit«, erklärte er. »Sie müssen sich beschweren … Und Sie sollten sich schämen!«, wandte er sich wieder zu Kornejew um.

Kornejew stopfte sich das Umoplekt kurzerhand in die Backe. Da fragte der Dünne plötzlich leise und drohend: »Haben Sie etwa die These ausgebaut, Kornejew?«

Der Hüne grinste verächtlich. »Es existiert überhaupt keine These«, erklärte er. »Was Sie nur immer damit haben! Wenn Sie nicht wollen, dass wir das Kanapee stehlen, müssen Sie uns einen anderen Translator geben.«

»Wissen Sie, dass es verboten ist, Gegenstände aus dem Magazin zu entfernen?«, drohte der Dünne.

Kornejew steckte die Hände in die Taschen und starrte zur Decke.

»Ist Ihnen der Beschluss des Wissenschaftlichen Rates bekannt?«, fragte der Dünne.

»Mir, Genosse Djomin, ist bekannt, dass der Montag am Samstag anfängt«, knurrte Kornejew.

»Bitte keine Demagogie«, wehrte der Dünne ab. »Bringen Sie sofort das Kanapee zurück, und lassen Sie sich hier nicht mehr blicken.«

»Ich denke nicht daran«, widersprach Kornejew. »Das Kanapee bekommen Sie erst zurück, wenn wir unser Experiment beendet haben.«

Der Dicke fing nun an zu toben. »Was für eine Eigenmächtigkeit!«, kreischte er. »Unverschämtheit!« Der Adler krächzte aufgeregt. Ohne die Hände aus den Taschen zu nehmen, drehte sich Kornejew um und ging durch die Wand. Der Dicke stürzte ihm mit den Worten hinterher: »Nein, Sie werden das Kanapee zurückbringen!«

Der Dünne wandte sich indes an mich: »Das ist ein Missverständnis. Wir werden das Nötige veranlassen, damit sich so etwas nicht wiederholt.«

Er nickte mir zu und wollte ebenfalls durch die Wand.

»Warten Sie!«, rief ich. »Der Adler! Nehmen Sie den Adler mit! Mitsamt seinem Gestank!«

Der Dünne, der schon zur Hälfte in der Wand verschwunden war, wandte sich noch einmal um und lockte den Adler mit dem Finger zu sich. Der Adler stieß sich geräuschvoll vom Ofen ab und folgte ihm beflissen. Der Dünne verschwand. Das bläuliche Licht erlosch langsam, und es wurde finster. Ans Fenster klopfte wieder der Regen. Ich schaltete das Licht ein und sah mich um. Im Zimmer war alles unverändert, nur am Ofen sah man noch die tiefen Kratzspuren der Adlerklauen, und die Zimmerdecke war von den geriffelten Abdrücken meiner Schuhsohlen verunziert.

»Das durchsichtige Fett, das sich in der Kuh befindet«, begann nun der Spiegel mit dem Tiefsinn eines Schwachkopfs, »dient ihr nicht als Nahrung, stellt jedoch nach entsprechender Bearbeitung ein hervorragendes Lebensmittel dar.«

Ich knipste das Licht aus und legte mich wieder hin. Auf dem Fußboden war es hart und kalt. Morgen macht die Alte dir die Hölle heiß, dachte ich.

6

> »Nein«, sagte er als Antwort auf die hartnäckige Frage in meinem Blick, »ich bin kein Mitglied, ich bin ein Gespenst.«
> »Schon gut, das gibt Ihnen aber doch noch nicht das Recht, im Mermaidklub herumzuspazieren.«
>
> *H. G. Wells*

Am nächsten Morgen war das Kanapee wieder da. Mich wunderte das nicht weiter. Ich dachte nur, dass die Alte nun doch erreicht hatte, was sie wollte: Das Kanapee stand in der einen Ecke, ich aber lag in der anderen. Als ich die Betttücher zusammengefaltet hatte, machte ich Frühsport und dachte darüber nach, dass der Fähigkeit des Menschen zu staunen anscheinend Grenzen gesetzt waren. Und wie es schien, hatte ich diese Grenze überschritten. Ich empfand sogar einen gewissen Überdruss und versuchte mir vorzustellen, was mich jetzt noch erschüttern könnte, aber dazu reichte meine Fantasie nicht. Das missfiel mir, weil ich Menschen, die unfähig sind zu staunen, nicht ausstehen kann. Allerdings war ich weit von dieser »Na und?-Haltung« entfernt. Mein Zustand erinnerte eher an den von Alice im Wunderland: Ich glaubte zu träumen und nahm jedes Wunder als eine Selbstverständlichkeit hin, auf die ich anders reagieren musste, als einfach nur Mund und Augen aufzusperren.

Ich war noch beim Frühsport, als die Haustür zuknallte und ich Schritte hörte. Jemand hustete, dann fiel etwas scheppernd zu Boden, und eine befehlsgewohnte Stimme rief: »Genossin Gorynytsch!«

Die Alte meldete sich nicht, und im Flur wurden Stimmen laut.

»Was ist das für eine Tür? Aha, verstehe. Und das hier?«

»Das ist der Eingang zum Museum.«

»Und die? Wieso ist hier alles verschlossen und verriegelt?«

»Naina Kiewna hält sehr auf Ordnung, Janus Poluektowitsch. Hier ist übrigens das Telefon.«

»Und wo ist das berühmte Kanapee? Im Museum?«

»Nein. Es muss noch ein Magazin geben.«

»Das Magazin ist hier«, sagte eine bekannte mürrische Stimme.

Meine Zimmertür ging auf, und auf der Schwelle erschien ein großer, hagerer alter Mann mit schneeweißem Haar, schwarzen Augenbrauen, schwarzem Schnurrbart und tiefschwarzen Augen. Bei meinem Anblick (ich stand in Unterhosen da, die Arme in die Hüften gestemmt, die Beine gegrätscht) blieb er stehen und sagte mit sonorer Stimme: »Aha.«

Rechts und links von ihm spähten noch ein paar Leute ins Zimmer. Ich sagte »Verzeihung« und angelte nach meiner Jeans. Allerdings beachtete mich niemand. Vier Mann drängten sich ins Zimmer und umringten das Kanapee. Zwei von ihnen kannte ich: den unrasierten, mürrischen Kornejew mit den roten Augen, der noch immer das Hawaiihemd trug, und den dunkelhaarigen, hakennasigen Roman, der mir zuzwinkerte, unverständliche Zeichen machte und sich sogleich wieder abwandte. Den Weißhaarigen kannte ich nicht. Ebenso wenig wie den wohlgenährten, großen Mann im schwarzen, hinten etwas speckig glänzenden Anzug, dessen ungezwungene Gesten den Hausherrn verrieten.

»Das ist also das Kanapee?«, fragte der mit dem speckigen Anzug.

»Das ist kein Kanapee«, widersprach Kornejew mürrisch. »Das ist ein Translator.«

»Für mich ist das ein Kanapee«, erklärte der mit dem speckigen Anzug und sah in sein Notizbuch. »Ein extrabreites, gut gepolstertes Kanapee, Inventarnummer elf dreiundzwanzig.« Er bückte sich und strich mit der Hand darüber. »Das Kanapee ist ja ganz nass, Kornejew – Sie haben es durch den Regen geschleppt. Und jetzt müssen wir damit rechnen, dass die Sprungfedern rosten und die Polsterung fault.«

»Der Wert dieses Gegenstandes beruht keineswegs auf seiner Polsterung und schon gar nicht auf seinen nicht vorhandenen Sprungfedern«, erklärte der hakennasige Roman, wie mir schien, mit einem spöttischen Unterton.

»Unterlassen Sie das, Roman Petrowitsch«, erwiderte der mit dem speckigen Anzug würdevoll. »Sie brauchen Ihren Kornejew gar nicht in Schutz zu nehmen. Das Kanapee gehört ins Museum und hat dort zu bleiben.«

»Aber das ist eine Apparatur«, erklärte Kornejew verzagt. »Wir arbeiten damit.«

»Davon ist mir nichts bekannt«, sagte der mit dem speckigen Anzug. »Und ich wüsste auch nicht, was für eine Arbeit das sein sollte. Ich habe zu Hause selbst ein Kanapee und weiß, was man damit anstellt.«

»Das wissen wir auch«, sagte Roman leise.

»Unterlassen Sie das«, befahl der Speckige und drehte sich zu ihm um. »Sie sind hier nicht in einer Bierstube, sondern in einer staatlichen Institution. Wovon sprechen Sie überhaupt?«

»Ich spreche davon, dass das hier kein Kanapee ist«, erläuterte Roman. »Oder, wenn Ihnen das verständlicher ist: nicht nur ein Kanapee. Es ist eine Apparatur, die aussieht wie ein Kanapee.«

»Ich muss Sie doch bitten, solche Anspielungen zu unterlassen«, entgegnete der mit dem speckigen Anzug in entschiedenem Ton. »Von wegen ›verständlicher und so‹: Jeder von uns hat seine Aufgaben. Und meine besteht darin, das Inventar zusammenzuhalten – was ich hiermit tue.«

»Also«, begann der Weißhaarige mit klangvoller Stimme, und sofort wurde es still. »Ich habe mit Cristóbal Joséwitsch Junta und Fjodor Simeonowitsch Kiwrin gesprochen. Sie sind der Ansicht, dass dieses Translations-Kanapee lediglich musealen Wert besitzt. Da es seinerzeit König Rudolf II. gehörte, ist sein historischer Wert unbestreitbar. Außerdem haben wir, wenn mich mein Gedächtnis nicht täuscht, vor etwa zwei Jahren einen serienmäßig gefertigten Translator bestellt. Erinnern Sie sich, wer die Bestellung aufgegeben hat, Modest Matwejewitsch?«

»Einen Augenblick«, erwiderte der mit dem speckigen Anzug und blätterte rasch in seinem Notizbuch. »Einen Augenblick … Ein Zweigangtranslator vom Typ ZGT-80 E aus dem Werk Kiteshgrad … auf Antrag des Genossen Balsamo.«

»Balsamo arbeitet rund um die Uhr damit«, erklärte Roman.

»Dieser ZGT ist Ausschuss«, wandte Kornejew ein. »Trennschärfe mit molekularem Niveau.«

»Ja, ja«, sagte der Weißhaarige. »Ich erinnere mich. Es gab einen Bericht darüber. Die Selektivitätskurve ist uneben. Tja. Und dieses … äh … dieses Kanapee?«

»Handarbeit«, sagte Roman rasch. »Völlig störfrei. Eine Konstruktion von Rabbi Loew ben Bezalel. Rabbi Loew hat dreihundert Jahre daran gebastelt.«

»Jawohl!«, rief Modest Matwejewitsch. »So muss man arbeiten! Ein alter Mann – und trotzdem alles mit eigenen Händen.«

Da räusperte sich plötzlich der Spiegel und sprach: »Sie alle wurden wieder jung, nachdem sie eine Stunde im Wasser verbracht hatten, und entstiegen ihm so schön, rosig und jung, so gesund, kräftig und lebensfroh, wie sie es mit zwanzig Jahren gewesen waren.«

»Genau!«, rief Modest Matwejewitsch wieder. Der Spiegel hatte mit der Stimme des Weißhaarigen gesprochen.

Der Weißhaarige runzelte ärgerlich die Stirn.

»Diese Frage steht jetzt nicht zur Debatte«, knurrte er.

»Wann denn dann?«, wollte der ungehobelte Kornejew wissen.

»Der Wissenschaftliche Rat tagt am Freitag.«

»Wir müssen unsere Reliquien zusammenhalten«, wiederholte Modest Matwejewitsch.

»Und was sollen *wir* machen?«, fragte der ungehobelte Kornejew.

Der Spiegel murmelte mit bedrohlicher Grabesstimme:

> »Ich selbst, mit diesen Augen, sah Canidien
> im schwarzen aufgeschürzten Rock, mit nacktem Fuß
> und aufgelöstem Haar, nebst Sagana
> der ältern, heulend irren, beide scheußlich
> im bleichen Schein des Mondes anzusehn!

Auf einmal fingen euch die Druden an
die Erde mit den Nägeln aufzukratzen, und
ein schwarzes Lamm mit ihren Zähnen zu
zerreißen …«

Der Weißhaarige trat mit ärgerlicher Miene an den Spiegel und schob den Arm hinein, bis es knackte. Der Spiegel verstummte.

»So«, sagte der Weißhaarige. »Auf der Sitzung des Rats werden wir auch entscheiden, was aus Ihrer Gruppe wird. Sie aber …« – ihm war anzusehen, dass er Kornejews Vor- und Vatersnamen vergessen hatte –, »Sie halten sich vorläufig … äh … dem Museum fern.«

Mit diesen Worten verließ der Weißhaarige das Zimmer. Durch die Tür.

»Nun haben Sie's geschafft«, stieß Kornejew mit einem Blick auf Modest Matwejewitsch hervor.

»Ich halte nur das Inventar zusammen«, erwiderte dieser kurz angebunden und steckte sein Notizbuch in die Brusttasche.

»Sie und zusammenhalten!«, protestierte Kornejew. »Das Inventar ist Ihnen doch vollkommen egal. Das Einzige, was Sie interessiert, ist das Rechnungswesen. Und Sie haben nicht die geringste Lust, eine zusätzliche Rubrik einzuführen.«

»Unterlassen Sie das«, forderte Modest Matwejewitsch unbeugsam. »Wir werden ohnehin eine Kommission einberufen und prüfen müssen, ob die Reliquie nicht beschädigt worden ist.«

»Die Reliquie mit der Inventarnummer elf dreiundzwanzig«, fügte Roman halblaut hinzu.

»Unter eben diesem Akzept«, erklärte Modest Matwejewitsch majestätisch, drehte sich um und erblickte – mich. »Und was machen Sie hier?«, wollte er wissen. »Wie kommt es, dass Sie hier schlafen?«

»Ich …«, setzte ich an.

»Sie haben auf dem Kanapee geschlafen«, verkündete Modest Matwejewitsch in eisigem Ton und durchbohrte mich mit seinem Blick, als sei er bei der Spionageabwehr. »Ist Ihnen bekannt, dass das eine Apparatur ist?«

»Nein«, sagte ich. »Das heißt, jetzt ist es mir natürlich bekannt.«

»Modest Matwejewitsch!«, rief der hakennasige Roman. »Das ist doch unser neuer Programmierer, Sascha Priwalow!«

»Und warum schläft er hier und nicht im Wohnheim?«

»Weil er noch nicht offiziell eingestellt ist«, erklärte Roman und fasste mich um die Taille.

»Umso schlimmer!«

»Soll er vielleicht auf der Straße schlafen?«, fragte Kornejew böse.

»Unterlassen Sie das«, sagte Modest Matwejewitsch. »Es gibt Wohnheime, und es gibt Hotels, das hier aber ist ein Museum, eine staatliche Einrichtung. Wenn jedermann im Museum schlafen wollte … Wo kommen Sie her?«

»Aus Leningrad«, antwortete ich finster.

»Wenn ich nun nach Leningrad käme und mich in der Eremitage einquartierte?«

»Von mir aus«, sagte ich achselzuckend.

Roman hielt mich noch immer um die Taille gefasst. »Sie haben völlig recht, Modest Matwejewitsch, das ist keine Ordnung. Heute übernachtet er bei mir.«

»Das ist was anderes. Dagegen ist nichts einzuwenden«, stimmte Modest Matwejewitsch großmütig zu. Er sah sich wieder mit dem Blick eines Hausherrn im Zimmer um, entdeckte die Abdrücke an der Decke und starrte auf meine Füße. Zum Glück war ich barfuß.

»Unter eben diesem Akzept«, sagte er, ordnete den Plunder am Garderobenbrett und verließ den Raum.

»So ein Hornochse!«, stieß Kornejew hervor. »So ein Armleuchter!« Er setzte sich aufs Kanapee und griff sich an den Kopf. »Der Teufel soll sie alle holen. Heute Nacht komm ich's wieder holen.«

»Immer mit der Ruhe«, sagte Roman besänftigend. »Alles halb so wild. Das war Künstlerpech. Hast du gemerkt, was für ein Janus das ist?«

»Wieso?«, fragte Kornejew mutlos.

»Das war V-Janus.«

Kornejew hob den Kopf.

»Spielt das eine Rolle?«

»Und ob«, sagte Roman mit einem Zwinkern. »W-Janus ist nämlich nach Moskau geflogen. Unter anderem wegen des Kanapees. Verstehst du jetzt, du Museumsdieb?«

»Das wäre ja die Rettung«, meinte Kornejew, und zum ersten Mal sah ich ein Lächeln auf seinem Gesicht.

»Pass auf, Sascha«, wandte sich Roman an mich. »Wir haben den idealen Direktor – einen Mann mit zwei Gesichtern. Es gibt einen V-Janus Poluektowitsch und einen W-Janus Poluektowitsch. W-Janus ist ein Wissenschaftler von Weltrang, V-Janus ein ganz gewöhnlicher Verwalter.«

»Zwillinge?«, fragte ich vorsichtig.

»Nein, das ist ein und dieselbe Person. Nur mit zwei Gesichtern.«

»Aha«, versetzte ich und zog meine Schuhe an.

»Keine Sorge, Sascha, das kriegst du mit der Zeit schon raus«, meinte Roman aufmunternd.

Ich hob den Kopf.

»Mit der Zeit?«

»Wir brauchen einen Programmierer«, wiederholte Roman eindringlich.

»Ich brauche dringend einen Programmierer«, schaltete sich nun auch Kornejew ein.

»Alle brauchen einen Programmierer«, sagte ich und wandte mich wieder meinen Schuhen zu. »Aber bitte ohne Hypnose und verwunschene Orte.«

»Er ahnt schon was«, bemerkte Roman.

Kornejew wollte gerade etwas erwidern, als draußen vor dem Fenster Geschrei ertönte.

»Das ist nicht unser Fünfer!«, brüllte Modest Matwejewitsch.

»Wessen Fünfer dann?«

»Ich weiß nicht, wessen Fünfer das ist! Das geht mich auch nichts an! Es ist Ihre Sache, Falschmünzer zu fassen, Genosse Sergeant!«

»Der Fünfer wurde bei einem gewissen Priwalow beschlagnahmt, der hier bei Ihnen, in der Hüahü, wohnt!«

»Ach, bei Priwalow? Ich hab mir gleich gedacht, dass das ein Gauner ist!«

V-Janus sagte mit vorwurfsvoller Stimme: »Aber, aber, Modest Matwejewitsch!«

»Nein, Sie müssen schon entschuldigen, Janus Poluektowitsch! So was kann man nicht auf sich beruhen lassen! Kommen Sie, Genosse Sergeant! Er ist im Haus. Janus Poluektowitsch, stellen Sie sich unters Fenster, damit er nicht rausspringt! Dem werd ich's zeigen! Ich lasse nicht zu, dass die Genossin Gorynytsch in ein schlechtes Licht gerät!«

Ich bekam kalte Füße. Roman aber hatte die Situation im Griff. Er riss eine speckige Kappe vom Garderobenbrett und stülpte sie mir über.

Ich verschwand.

Das war ein äußerst merkwürdiges Gefühl. Alles außer mir blieb an seinem Platz. Roman ließ mir jedoch keine Zeit, dieses neue Gefühl auszukosten.

»Das ist eine Tarnkappe«, flüsterte er. »Geh beiseite, und halt den Mund.«

Ich schlich auf Zehenspitzen in eine Ecke und setzte mich unter den Spiegel. Da stürmte auch schon der aufgebrachte Modest Matwejewitsch ins Zimmer und zerrte den blutjungen Sergeanten Kowaljow am Ärmel hinter sich her.

»Wo steckt das Subjekt?«, kreischte Modest Matwejewitsch und sah sich nach allen Seiten um.

»Da ist es«, antwortete Roman und wies auf das Kanapee.

»Keine Sorge, es ist an Ort und Stelle«, fügte Kornejew hinzu.

»Ich will wissen, wo dieser ... Programmierer ist.«

»Was für ein Programmierer?«, erkundigte sich Roman erstaunt.

»Unterlassen Sie das!«, befahl Modest Matwejewitsch. »Hier war ein Programmierer. Er stand barfuß, nur in Hosen da.«

»Ach, jetzt weiß ich, was Sie meinen«, sagte Roman. »Aber wir haben doch nur Spaß gemacht, Modest Matwejewitsch. Ein Programmierer war hier nicht. Das war bloß ...«

Er fuchtelte mit den Armen, und plötzlich stand mitten im Zimmer ein Mann in Turnhemd und Jeans. Ich sah ihn nur von hinten und kann ihn nicht beschreiben, aber der blutjunge Kowaljow schüttelte den Kopf und sagte: »Nein, das ist er nicht.«

Modest Matwejewitsch drehte eine Runde um das Phantom und murmelte: »Turnhemd ... Hose ... und barfuß ... Ja! Das ist er.«

Das Phantom verschwand.

»Nein, das war er nicht«, wiederholte Sergeant Kowaljow. »Der andere war jünger und hatte auch keinen Bart.«

»Keinen Bart?«, fragte Modest Matwejewitsch. Er war ganz durcheinander.

»Nein«, bestätigte Kowaljow.

»Hm«, meinte Modest Matwejewitsch. »Mir ist aber, als hätte er einen Bart gehabt.«

»Ich lasse Ihnen die Anzeige hier«, erklärte Kowaljow und reichte Modest Matwejewitsch ein amtlich aussehendes Schreiben. »Klären Sie das mit Ihrem Priwalow und der Genossin Gorynytsch.«

»Aber ich sage Ihnen doch: Das ist nicht unser Fünfer!«, brüllte Modest Matwejewitsch. »Zu diesem Priwalow kann ich nichts sagen, vielleicht gibt es auch gar keinen … Aber die Genossin Gorynytsch ist unsere Mitarbeiterin!«

Der blutjunge Kowaljow presste die Hände an die Brust und versuchte vergeblich, zu Wort zu kommen.

»Ich verlange eine sofortige Untersuchung dieses Sachverhalts!«, brüllte Modest Matwejewitsch. »Unterlassen Sie das, Genosse Milizionär! Diese Anzeige wirft ein schlechtes Licht auf unser ganzes Kollektiv! Ich verlange, dass Sie sich jetzt Gewissheit verschaffen!«

»Ich habe den Befehl …«, setzte Kowaljow an, aber Modest Matwejewitsch schrie: »Unterlassen Sie das! Ich bestehe darauf«, und zerrte ihn aus dem Zimmer.

»Er bringt ihn ins Museum«, vermutete Roman. »Sascha, wo steckst du? Nimm die Tarnkappe ab, sehen wir uns die Sache mal an.«

»Vielleicht sollte ich die Kappe lieber aufbehalten?«, meinte ich.

»Nimm sie ruhig ab«, sagte Roman. »Du bist jetzt ein Phantom. An dich glaubt keiner mehr – weder die Verwaltung noch die Miliz.«

Kornejew sagte: »Ich gehe ins Bett. Sascha, komm nach dem Essen zu uns und sieh dir unsere Rechner und alles Weitere an.«

Ich nahm die Mütze ab.

»Unterlassen Sie das«, wiederholte ich. »Ich habe Urlaub.«

»Komm, gehen wir«, schlug Roman vor.

Modest Matwejewitsch stand im Flur, hielt den Sergeanten mit der einen Hand fest umklammert und sperrte mit der anderen das mächtige Vorhängeschloss auf. »Jetzt zeige ich Ihnen unseren Fünfer!«, schrie er. »Bei uns ist alles inventarisiert, alles hat seinen festen Platz.«

»Ich sag ja auch gar nicht ... Ich meine nur, dass es vielleicht noch mehr von den Fünfern geben könnte«, verteidigte sich Kowaljow schwach.

Modest Matwejewitsch stieß die Tür auf, und wir alle folgten ihm in einen großen Raum.

Es war ein Museum wie aus dem Bilderbuch – mit Schautafeln, Diagrammen, Vitrinen, Modellen und allerlei Nachbildungen. Allerdings erinnerte es durch die vielen Fotografien und unappetitlichen Exponate stark an ein Kriminalmuseum.

Modest Matwejewitsch zerrte den Sergeanten an irgendwelche Schautafeln, und von dort dröhnten ihre Stimmen wie aus einem hohlen Fass herüber.

»Das hier ist unser Fünfer ...«

»Na, ich sag doch auch gar nicht ...«

»Die Genossin Gorynytsch ...«

»Aber ich habe den Befehl ...«

»Unterlassen Sie das ...«

»Sieh dich ruhig um, Sascha«, forderte mich Roman mit einer einladenden Geste auf und ließ sich neben dem Eingang in einen Sessel fallen.

Ich ging an der Wand entlang und wunderte mich über nichts, sondern fand das alles sehr interessant. »Wasser des Lebens. Wirkungsgrad: 52 %. Zulässiger Bodensatz: "0,3 (eine altmodische, kantige Wasserflasche, ein mit farbigem Wachs verschlossener Korken). »Wasser des Lebens. Industrielle Gewinnung«. »Wasser des Lebens. Modell einer Destillationsblase«. »Weschkowski-Traubenbach'sches Zauberelixier« (ein Apothekendöschen mit einer quittengelben Salbe). »Gewöhnliches böses Blut« (eine verlötete Ampulle mit einer schwarzen Flüssigkeit) ... Die Schautafel trug die

Überschrift: »Aktive chemische Mittel. 12.–18. Jahrhundert«. Außerdem gab es noch jede Menge Fläschchen, Döschen, Retorten, Ampullen, Reagenzgläser, funktionstüchtige und nicht funktionstüchtige Modelle von Anlagen zum Sublimieren, Destillieren und Eindicken. Ich ging weiter.

»Blitzendes Schwert« (ein verrostetes Schwert mit Doppelgriff und gewellter Klinge, das mit einer Kette an einem eisernen Ständer angeschmiedet war; die Vitrine hatte man sorgfältig versiegelt). »Rechter Augenzahn (Arbeitszahn) des Grafen Dracula von Transsilvanien« (ich bin nicht Cuvier, aber diesem Zahn nach muss Graf Dracula von Transsilvanien ein äußerst merkwürdiger und unangenehmer Mensch gewesen sein). »Gewöhnliche und erhabene Spur. Gipsabgüsse« (für meine Begriffe gab es zwischen den beiden Spuren keinen Unterschied, nur dass der eine Abguss einen Sprung hatte). »Mörser am Startplatz. 9. Jahrhundert« (eine mächtige Anlage aus porösem grauem Gusseisen). »Drache Gorynytsch, Skelett, ein Fünfundzwanzigstel seiner natürlichen Größe« (es erinnerte an das Skelett eines Diplodocus mit drei Hälsen). »Funktionsschema der feuerspeienden Drüse am mittleren Kopf«. »Gravigene Siebenmeilenstiefel, funktionstüchtiges Modell« (sehr große Gummistiefel). »Fliegender Teppich mit Gravischirm. Funktionstüchtiges Modell« (ein Teppich, etwa anderthalb mal anderthalb, darauf ein Tscherkesse, der vor dem Hintergrund heimatlicher Berge eine junge Tscherkessin umarmt) …

Ich stand gerade vor der Schautafel »Die Entwicklung der philosophischen Idee vom Stein der Weisen«, als Sergeant Kowaljow und Modest Matwejewitsch wieder im Saal auftauchten – ihren Streit hatten sie, wie es schien, noch immer nicht beigelegt.

»Unterlassen Sie das«, forderte Modest Matwejewitsch matt.

»Ich habe den Befehl«, erwiderte Kowaljow ebenso matt.

»Unser Fünfer befindet sich an Ort und Stelle.«

»Schicken Sie die alte Frau zu uns, damit sie ihre Aussage macht.«

»Halten Sie uns etwa für Falschmünzer?«

»Das habe ich nicht gesagt.«

»Das wirft ein schlechtes Licht aufs ganze Kollektiv …«

»Es wird sich alles aufklären.«

Kowaljow nahm keine Notiz von mir, Modest Matwejewitsch aber blieb stehen, musterte mich mit trübem Blick von Kopf bis Fuß, las dann mit müder Stimme die Aufschrift über meinem Kopf: »Homunkulus, laborgefertigt, Gesamtansicht«, und ging weiter.

Nichts Gutes ahnend, folgte ich ihm. An der Tür erwartete uns Roman.

»Na, wie sieht's aus?«, wollte er wissen.

»Es ist eine Zumutung«, murmelte Modest Matwejewitsch. »Diese Bürokraten!«

»Ich habe den Befehl«, wiederholte Sergeant Kowaljow hartnäckig, nun schon im Flur.

»Kommen Sie, Roman Petrowitsch, kommen Sie«, bat Modest Matwejewitsch und klapperte mit dem Schlüsselbund.

Roman ging hinaus. Ich wollte ihm nach, aber Modest Matwejewitsch versperrte mir den Weg.

»Verzeihung«, sagte er. »Wo wollen Sie hin?«

»Wie meinen?«, fragte ich beklommen.

»Gehen Sie auf Ihren Platz zurück.«

»Auf welchen Platz?«

»Na, wo haben Sie denn gestanden? Sie sind doch – Verzeihung – dieser Ham Munkulus? Sie haben genau dort zu stehen, wo's angeschrieben ist.«

Jetzt ist alles aus, dachte ich. Und das wäre es wohl auch tatsächlich gewesen, denn Roman wusste ebenfalls nicht weiter. Da aber kam Naina Kiewna mit einem riesigen schwarzen Ziegenbock am Strick in den Flur gepoltert. Beim Anblick des Sergeanten ließ der Ziegenbock ein wildes Meckern hören, zerrte am Strick und riss Naina Kiewna um. Modest Matwejewitsch stürzte hinaus, und sofort setzten Chaos und Tumult ein. Der leere Kübel rollte scheppernd durch den Flur. Roman ergriff mich am Arm, flüsterte: »Vorwärts, vorwärts!«, und stürmte in mein Zimmer. Wir schlugen die Tür hinter uns zu und lehnten uns schwer atmend dagegen. Im Flur erhob sich lautes Gezänk.

»Weisen Sie sich aus!«

»Du meine Güte, was soll das?«

»Was ist das für ein Ziegenbock? Was hat der Ziegenbock im Haus zu suchen?«

»Mä-ä-ä-ä-ä ...«

»Unterlassen Sie das, hier ist keine Bierstube!«

»Von Ihren Fünfern weiß ich nichts! Nie gesehen!«

»Mä-ä-ä ...«

»Frau Gorynytsch, schaffen Sie den Ziegenbock raus!«

»Unterlassen Sie das, der Ziegenbock ist inventarisiert!«

»Was heißt hier inventarisiert?«

»Das ist kein Ziegenbock! Das ist ein Mitarbeiter!«

»Dann soll er sich ausweisen!«

»Durchs Fenster, und ab ins Auto!«, kommandierte Roman.

Ich schnappte mir meine Jacke und sprang aus dem Fenster. Mauzend stob Kater Wassili unter meinen Füßen davon. Ich lief geduckt zum Wagen, riss die Tür auf und schwang mich hinters Lenkrad. Roman schob währenddessen das Tor auf. Der Motor aber wollte und wollte nicht anspringen. Während ich den Anlasser traktierte, sah ich, wie die Haustür aufflog, der schwarze Ziegenbock herausgeschossen kam und mit gewaltigen Sätzen hinter der Hausecke verschwand. Endlich heulte der Motor auf. Ich wendete und schoss wie ein Blitz auf die Straße hinaus. Dann flog das schwere Eichentor krachend hinter mir ins Schloss, Roman stürmte durch die Pforte und warf sich neben mir auf den Sitz.

»Vorwärts!«, rief er munter. »Richtung Zentrum!«

Als wir in den Prospekt des Friedens einbogen, fragte er: »Na, wie findest du's bei uns?«

»Ganz gut«, sagte ich. »Nur ein bisschen laut.«

»Ja, bei Naina Kiewna ist immer was los«, pflichtete mir Roman bei. »Sie ist ein bisschen zickig. Hat sie dir sehr zugesetzt?«

»Nein«, antwortete ich. »Ich habe sie ja kaum zu Gesicht bekommen.«

»Warte mal«, bat Roman. »Halt bitte an.«

»Was ist los?«

»Da kommt Wolodja. Du erinnerst dich doch?«

Ich bremste. Der bärtige Wolodja kletterte in den Wagenfond und drückte uns freudestrahlend die Hand.

»Wunderbar!«, rief er. »Ich wollte gerade zu euch.«

»Dort hättest du uns gerade noch gefehlt«, meinte Roman.

»Wie ist die Sache denn nun ausgegangen?«

»Unentschieden«, antwortete Roman.

»Und wo fahrt ihr jetzt hin?«

»Ins Institut«, sagte Roman.

»Wozu?«, erkundigte ich mich.

»Zum Arbeiten«, antwortete Roman.

»Ich habe Urlaub.«

»Macht nichts«, versetzte Roman. »Der Montag fängt am Samstag an, und August fällt in diesem Jahr auf Juli!«

»Meine Kollegen warten auf mich«, wandte ich ein.

»Lass das unsere Sorge sein«, meinte Roman. »Deine Kollegen werden überhaupt nichts merken.«

»Das ist doch verrückt«, murmelte ich.

Wir fuhren durch die Lücke zwischen dem Geschäft Nummer zwei und der Kantine Nummer elf.

»Er kennt den Weg schon«, sagte Wolodja.

»Ja, der Junge ist in Ordnung«, stimmte Roman zu. »*Sehr* in Ordnung!«

»Mir hat er gleich gefallen«, fügte Wolodja hinzu.

»Ihr scheint ja wirklich dringend einen Programmierer zu brauchen«, stellte ich fest.

»Wir brauchen beileibe nicht jeden Programmierer«, widersprach Roman.

Ich hielt vor dem merkwürdigen Gebäude mit der Aufschrift FIFHUZ.

»Was bedeutet das?«, fragte ich. »Kann ich wenigstens erfahren, wo ich arbeiten soll?«

»Sicher«, bejahte Roman. »Von jetzt an kannst du alles. Das ist das Forschungsinstitut für Hexerei und Zauberkünste. Worauf wartest du noch? Fahr!«

»Aber wohin denn?«, fragte ich.

»Siehst du das nicht?«

Und da sah ich es.

Aber das ist wieder eine andere Geschichte.

ZWEITE GESCHICHTE

Viel Lärm um nichts

1

> Unter den Helden einer Erzählung ragen ein bis zwei Hauptheldenhervor, die Übrigen werden als zweitrangig betrachtet.
>
> *»Methodik des Literaturunterrichts«*

Gegen zwei Uhr nachmittags, als im Aldan wieder einmal eine Sicherung durchgebrannt war, läutete das Telefon. Am Apparat war der stellvertretende Verwaltungsdirektor Modest Matwejewitsch Steinbeißer.

»Priwalow«, sagte er streng. »Wieso sind Sie schon wieder nicht auf Ihrem Platz?«

»Was soll das heißen – ›nicht auf meinem Platz?‹«, fragte ich ärgerlich. Es war ein harter Tag gewesen, und ich wusste nicht, wo mir der Kopf stand.

»Unterlassen Sie das«, befahl Modest Matwejewitsch. »Sie hätten hier bereits vor fünf Minuten zur Einweisung antreten müssen.«

»Verflixt!«, rief ich und legte auf.

Ich stellte die Anlage ab, schlüpfte aus dem Kittel und trug den Mädchen auf, nachher den Strom abzuschalten. Der große Korridor war menschenleer, hinter den halb vereisten Fenstern tobte der Schneesturm. Ich zog mir im Gehen die Jacke über und eilte zur Verwaltung.

Modest Matwejewitsch thronte mit seinem speckig glänzenden Anzug im Vorzimmer und wartete auf mich. Hinter ihm fuhr ein Gnom mit behaarten Ohren gewissenhaft mit dem Finger über eine lange Liste.

»Sie, Priwalow, kommen mir vor wie dieser … Ham Munkulus«, begann Modest Matwejewitsch. »Nie sind Sie auf Ihrem Platz.«

Mit Modest Matwejewitsch wollte es sich niemand bei uns verderben: Er war ein mächtiger, unbeugsamer, wenn auch sagenhaft unbedarfter Mann. Also bellte ich: »Zu Befehl!«, und schlug die Hacken zusammen.

»Jedermann gehört auf seinen Platz«, fuhr Modest Matwejewitsch fort. »Immer und überall. Da haben Sie nun Hochschulbildung und eine Brille auf der Nase, sogar einen Bart haben Sie sich schon wachsen lassen, aber ein so einfaches Theorem können Sie nicht begreifen.«

»Wird nicht wieder vorkommen!«, erklärte ich und riss die Augen auf.

»Unterlassen Sie das«, wiederholte Modest Matwejewitsch, schon milder gestimmt. Er zog ein Blatt Papier aus der Tasche und starrte eine Weile darauf. »Also, Priwalow«, sagte er schließlich. »Sie sind heute der Diensthabende. Der Feiertagsdienst in unserem Institut ist eine verantwortungsvolle Aufgabe. Das ist etwas anderes, als aufs Knöpfchen zu drücken. An erster Stelle steht der Brandschutz. Das ist die Hauptsache. Hier kommt es darauf an, jegliche Selbstentzündung zu verhindern. Außerdem haben Sie darauf zu achten, dass in den Ihnen anvertrauten Betriebsräumen der Strom abgeschaltet ist – und zwar persönlich! Ohne eure ganzen Tricks mit Verdopplungen und Verdreifachungen, keine Doubles! Bei Feststellung eines Brandfaktors wählen Sie unverzüglich die Nummer 01 und leiten die erforderlichen Maßnahmen ein. Zu diesem Zweck erhalten Sie eine Signalpfeife, mit der Sie den Katastrophentrupp herbeiordern können.« Er händigte mir eine Platinpfeife mit einer

Inventarnummer aus. »Es ist niemand einzulassen. Hier ist die Liste der Personen, denen die nächtliche Benutzung des Labors gestattet ist, aber auch diese sind nicht einzulassen, weil Feiertag ist. Im ganzen Institut hat heute keine Menschenseele etwas zu suchen. Andere Seelen und Gespenster – bitte schön –, aber keine lebenden. Besprechen Sie die Dämonen am Ein- und Ausgang. Wissen Sie jetzt, worauf es ankommt? Menschenseelen dürfen nicht hinein, alle anderen nicht hinaus. Es gab da nämlich einen Prän-zen-denzfall: Ein Teufel büchste aus und stahl den Mond. Die Sache war damals in aller Munde, und sogar im Kino hat man die Geschichte ausgeschlachtet.« Er blickte mich vielsagend an und wollte plötzlich meinen Ausweis sehen.

Ich gehorchte. Aufmerksam studierte er meinen Betriebsausweis, gab ihn mir zurück und sagte: »Alles in Ordnung. Ich hatte schon die Befürchtung, dass Sie doch bloß ein Double sind. Also. Punkt 15 Uhr endet laut Arbeitsgesetzgebung der Arbeitstag, und alle geben bei Ihnen die Schlüssel zu ihren Betriebsräumen ab. Anschließend nehmen Sie das Betriebsgelände persönlich in Augenschein. Alle drei Stunden machen Sie einen Rundgang in Sachen Selbstentzündung. Mindestens zweimal suchen Sie während Ihres Dienstes das Vivarium auf. Wenn der Aufseher Tee trinkt, ist das zu unterbinden. Wir haben Hinweise erhalten, dass es durchaus kein Tee ist, den er da trinkt. Also, unter genau diesem Akzept. Ihr Posten befindet sich im Vorzimmer des Direktors. Dort können Sie sich auch auf der Couch ausruhen. Morgen, Punkt 16 Uhr, werden Sie von Wolodja Potschkin aus dem Labor des Genossen Oira-Oira abgelöst. Alles klar?«

»Vollkommen«, antwortete ich.

»Ich werde Sie einmal in der Nacht und einmal bei Tage anrufen. Persönlich. Auch eine Kontrolle seitens des Genossen Kaderleiter ist möglich.«

»Verstehe«, sagte ich und überflog die Liste.

Der erste Name darauf war der des Institutsdirektors Janus Poluektowitsch Newstrujew, hinter dem mit Bleistift vermerkt war: »zwei Exempl.« An zweiter Stelle stand Modest Matwejewitsch persönlich, und der dritte im Bunde war der Kollege Kaderleiter, Kerber Psojewitsch Djomin. Ihnen schlossen sich Namen an, die mir noch nie untergekommen waren.

»Irgendwas unklar?«, erkundigte sich Modest Matwejewitsch, der mich die ganze Zeit über scharf im Auge behielt.

»Hier«, sagte ich wichtig und tippte mit dem Finger auf die Liste. »Hier sind eine Reihe von Kollegen genannt, insgesamt … äh … einundzwanzig, die ich nicht persönlich kenne. Diese Namen würde ich mit Ihnen persönlich gern noch einmal durchgehen.« Ich blickte ihm gerade in die Augen und fügte mit Nachdruck hinzu: »Damit nicht noch …«

Modest Matwejewitsch hielt sich die Liste mit der ausgestreckten Hand vor die Nase.

»Das hat alles seine Richtigkeit«, meinte er nachsichtig. »Sie sind nur nicht im Bilde, Priwalow. Den unter Nummer vier bis fünfundzwanzig genannten Personen wurde die Nachtarbeit postum gestattet. In Anerkennung früherer Verdienste. Jetzt verstanden?«

Ich blinzelte verstört. Es war wirklich nicht einfach, sich an all das zu gewöhnen.

»Gehen Sie jetzt auf Ihren Posten«, verlangte Modest Matwejewitsch von oben herab. »Ich wünsche Ihnen, auch im Namen der Verwaltung, alles Gute zum neuen Jahr und diesbezüglichen Erfolg bei der Arbeit und im persönlichen Leben.«

Auch ich wünschte ihm diesbezüglichen Erfolg und verließ das Zimmer.

Tags zuvor hätte ich mich noch über meine Ernennung zum Diensthabenden gefreut: Ich hatte gemeint, bei der Gelegenheit eine Berechnung für Roman Oira-Oira fertigstellen zu können. Und jetzt bemerkte ich, dass die Sache gar nicht so einfach war. Die Aussicht, eine Nacht im Institut zu verbringen, erschien mir plötzlich in anderem Licht. Ich hatte zwar auch schon früher hin und wieder bis spät in die Nacht gearbeitet, wenn die Diensthabenden, um Strom zu sparen, in jedem Korridor vier von fünf Lampen ausgeschaltet hatten, sodass ich mich an zerzausten, vor mir scheuenden Schatten vorbei zum Ausgang schleichen musste. Anfangs war mir das ein Gräuel gewesen; mit der Zeit gewöhnte ich mich daran, erschrak aber fürchterlich, als ich einmal im großen Korridor – »Tsok-tsok-tsok« – ein gleichmäßiges Trappeln von Krallen hörte, mich umdrehte und hinter mir auf dem Parkett ein phosphoreszierendes Tier erblickte, das unverkennbar meinen Spuren folgte. Als man mich wieder vom Fenstersims herunterholte, stellte sich allerdings heraus, dass es nur der kleine Hund eines Mitarbeiters gewesen war. Der Mitarbeiter entschuldigte sich, und Roman hielt mir einen höhnischen Vortrag darüber, wie schädlich der Aberglaube sei. Ein schaler Nachgeschmack blieb dennoch zurück. Als Erstes werde ich die Dämonen besprechen, nahm ich mir vor.

An der Tür zum Vorzimmer des Direktors begegnete ich dem finster dreinschauenden Vitka Kornejew. Er nickte mir mürrisch zu und wollte schon weitergehen, aber ich bekam ihn noch am Ärmel zu fassen.

»Was ist los?«, fragte der wie immer ungehobelte Vitka und blieb stehen.

»Ich habe heute Dienst«, teilte ich ihm mit.

»Schön blöd«, versetzte Vitka.

»Und du bist grob«, sagte ich zu ihm. »Mit dir will ich in Zukunft nichts mehr zu tun haben.«

Vitka zupfte am Kragen seines Pullovers und musterte mich interessiert.

»Wie willst du das denn anstellen?«, fragte er.

»Das wird mir schon noch einfallen«, erwiderte ich leicht konfus.

Plötzlich dämmerte es Kornejew. »Warte«, begann er. »Machst du das zum ersten Mal?«

»Ja.«

»Verstehe. Und wie gedenkst du vorzugehen?«

»Wie's die Instruktion verlangt«, antwortete ich. »Ich werde die Dämonen besprechen, in Sachen Selbstentzündung die Runden gehen und mich dann schlafen legen. Und was hast du vor?«

»Wir wollen uns treffen«, antwortete Vitka vage. »Bei Verotschka ... Was hast du denn da?« Er nahm mir die Liste aus der Hand. »Ah, die toten Seelen ...«

»Ich lasse niemanden rein«, versicherte ich. »Weder tot noch lebendig.«

»Richtig so«, sagte Vitka. »Goldrichtig. Sieh auch bei mir im Labor mal nach dem Rechten. Dort arbeitet ein Double.«

»Wessen Double?«

»Meins natürlich. Wer würde mir schon seins geben? Ich habe ihn eingeschlossen. Hier, nimm den Schlüssel, wenn du schon mal Diensthabender bist.«

Ich nahm den Schlüssel entgegen.

»Hör zu, Vitka, bis zehn kann er meinetwegen arbeiten, aber dann muss ich laut Arbeitsgesetzgebung den Strom abschalten.«

»Na schön, wir werden sehen. Hast du eine Ahnung, wo Edik steckt?«

»Nein«, sagte ich. »Brauchst gar nicht abzulenken. Um zehn schalte ich überall den Strom ab.«

»Hab ich vielleicht was dagegen? Mach ruhig das Licht aus. Meinetwegen in der ganzen Stadt.«

Da ging die Vorzimmertür auf, und Janus Poluektowitsch trat heraus.

»Aha«, sagte er, als er uns erblickte.

Ich verbeugte mich ehrerbietig. Seinem Gesicht war anzusehen, dass er meinen Namen vergessen hatte.

»Bitte«, sagte er und reichte mir die Schlüssel. »Wenn ich nicht irre, sind Sie heute Diensthabender? Übrigens …« Er zögerte. »Habe ich nicht gestern mit Ihnen gesprochen?«

»Ja«, antwortete ich. »Sie kamen in den Elektroniksaal.«

Er nickte.

»Ja, in der Tat. Wir haben uns über die Praktikanten unterhalten …«

»Nein«, wandte ich respektvoll ein. »Das stimmt nicht ganz. Es ging um unseren Brief an die Zentrale Akademieversorgung. Wegen eines elektronischen Zusatzgeräts.«

»Ach so«, sagte er. »Na schön, ich wünsche Ihnen einen ruhigen Dienst. Viktor Pawlowitsch, kann ich Sie einen Augenblick sprechen?«

Er fasste Vitka unter und ging mit ihm den Korridor hinunter, während ich mich ins Vorzimmer begab. Hier schloss ein zweiter Janus Poluektowitsch gerade die Panzerschränke ab. Bei meinem Anblick sagte er: »Aha«, und klapperte weiter mit dem Schlüsselbund. Das war V-Janus – ein wenig konnte ich die beiden schon auseinanderhalten. V-Janus sah etwas jünger aus, war unfreundlich, wortkarg und immer auf Distanz bedacht. Man erzählte sich, dass er viel arbeitete, und Leute, die ihn schon länger kannten, wollten wissen, dass der mittelmäßige Verwaltungsleiter sich langsam, aber sicher in einen hervorragenden Wissenschaftler verwandelte. W-Janus dagegen war immer freundlich und aufmerksam und hatte die merkwürdige Angewohnheit, einen zu fragen: »Habe ich gestern nicht mit Ihnen gesprochen?« Es wurde gemunkelt, dass er in letzter Zeit sehr nachlasse, obwohl er noch immer ein Wissenschaftler von Weltrang war. Dennoch waren V-Janus und W-Janus ein Mensch – etwas, das mir partout nicht in den Kopf wollte. Vielleicht war das Ganze etwas Symbolhaftes, bloß eine Metapher?

Als V-Janus alles abgeschlossen hatte, händigte er mir einen Teil seiner Schlüssel aus, verabschiedete sich kühl und ging.

Ich setzte mich an den Tisch des Referenten, legte die Liste vor mich und rief im Elektroniksaal an. Dort meldete sich niemand – anscheinend waren die Mädchen schon gegangen. Es war 14.30 Uhr.

Um 14.31 Uhr stürmte keuchend und polternd der berühmte Fjodor Simeonowitsch Kiwrin, ein großer Magier und Zauberer, der die Abteilung für Lineares Glück leitete, ins Vorzimmer. Er war bekannt für seinen unverbesserlichen Optimismus und seinen unerschütterlichen Glauben an eine bessere Zukunft, indes, er hatte auch eine sehr bewegte Vergangenheit. Unter Iwan dem Schrecklichen war er von seinem Nachbarn, einem Küster, als Hexenmeister denunziert und von den Opritschniki des damaligen Ministers für Staatssicherheit Maljuta Skuratow unter lautem Gejohle in einem hölzernen Badehaus verbrannt worden. Unter dem Zaren Alexej Michailowitsch dem Allersanftmütigsten hatte man ihn unbarmherzig mit Ruten gezüchtigt und seine gesammelten Handschriften auf dem bloßen Rücken verbrannt. Unter Peter dem Großen wäre er als Kenner der Chemie und des Erzbergbaus beinahe zu Ruhm und Ehre gelangt, verscherzte es sich aber mit dem Fürsten Cäsar Romodanowski und wurde zur Zwangsarbeit in eine Tulaer Waffenfabrik geschickt, floh von dort nach Indien und kam weit herum. Er war von Giftschlangen und Krokodilen angefallen worden, hatte es im Yoga durch Gleichmut weit gebracht und war auf dem Höhepunkt des Pugatschow-Aufstandes nach Russland zurückgekehrt. Sodann beschuldigte man ihn, als Heilkundiger im Dienst der Aufständischen gestanden zu haben, verurteilte ihn zum Ausreißen der Nasenflügel und verbannte ihn für alle Zeiten nach Solowetz. Auch hier in Solowetz hatte er zunächst eine Menge Ärger gehabt, bis es ihn ins FIFHUZ verschlug, wo er bald Abteilungsleiter wurde und in jüngster Vergangenheit vor allem zum Thema »Menschliches Glück« forschte.

»Ich g-grüße Sie!«, sagte er mit dröhnend tiefer Stimme, während er seine Laborschlüssel vor mir auf den Tisch legte. »Sie Ärmster, wie k-kommt es, dass Sie hier sind? In einer s-solchen Nacht s-sollten Sie f-feiern, ich w-werde Modest anrufen. W-was soll dieser Unfug, ich w-werde für Sie den Dienst übernehmen.«

Für diesen Gedanken, der ihm offenbar eben erst gekommen war, war er sofort Feuer und Flamme.

»Wo haben Sie s-seine Telefonnummer? Verflixt, ich k-kann mir keine Telefonnummern merken. War's eins f-fünfzehn oder f-fünf elf …«

»Nicht doch, Fjodor Simeonowitsch!«, rief ich. »Vielen Dank, aber das ist nicht nötig! Ich wollte sowieso noch arbeiten!«

»Ach, a-arbeiten, na, d-dann ist es was anderes. D-das ist gut, d-das ist sogar sehr gut, ich g-gratuliere! Von der Elektronik habe ich k-keinen Schimmer. Ich m-müsste mich mal dahinterklemmen, stecke aber bis über b-beide Ohren in d-dem alten Kram, d-den magischen Worten, d-dem ganzen Hokuspokus m-mit den Psychofeldern und all dem p-primitiven Zeug … d-den altväterlichen Verfahren eben …«

Ohne sich vom Fleck zu rühren, zauberte er zwei große Antonowka-Äpfel, gab mir einen, biss vom anderen die Hälfte ab und kaute geräuschvoll.

»Verflixt, w-wieder ein madiger. Ist Ihrer g-gut? Sehr schön. Ich schaue n-nachher noch mal bei Ihnen vorbei, Sascha, w-weil mir das Befehlssystem noch nicht ganz klar ist. Ich t-trinke nur rasch einen Wodka, und dann k-komme ich. Es g-geht um den n-neunundzwanzigsten Befehl. Entweder l-lügt der Rechner, oder ich v-versteh was falsch. Ich b-bringe Ihnen einen Krimi von Gardner mit. Sie k-können doch Englisch? Der Bursche schreibt g-gut! Sein Perry Mason ist ein Fuchs, w-wissen Sie? Auch einen Science-F-Fiction-Roman bringe ich Ihnen mit, einen Asimow oder einen Bradbury ...«

Er trat ans Fenster und sagte entzückt: »Schneetreiben, Teufel noch eins, d-das gefällt mir!«

In einen Nerz gehüllt, trat nun der schmale, elegante Cristóbal Joséwitsch Junta ein. Fjodor Simeonowitsch drehte sich um.

»Ah, Cristo!«, rief er. »G-guck dir das an: Steinbeißer, d-dieser Esel, s-setzt in der Silvesternacht einen jungen Mann a-als Diensthabenden ein. Schicken wir ihn nach Hause, b-bleiben wir b-beide hier, erinnern uns der alten Zeiten und t-trinken einen Schluck, na? Was s-soll er sich hier langweilen? S-soll lieber tanzen gehen und m-mit Mädchen ...«

Junta legte seine Schlüssel auf den Tisch und sagte verächtlich: »Der Umgang mit Mädchen bereitet nur dann Vergnügen, wenn man dazu Hindernisse überwinden muss.«

»Na, und o-ob!«, dröhnte Fjodor Simeonowitsch. »Sein Blut v-vergießt der Caballero f-für die Damen vehement ... Wie heißt's doch g-gleich bei euch ...? Und sein Ziel erreicht nur d-der, d-der das Wörtchen ›Angst‹ nicht kennt.«

»So ist es«, sagte Junta. »Außerdem halte ich nichts von Wohltätigkeit.«

»Er hält nichts v-von Wohltätigkeit! Und w-wer hat mir den Odichmantjewitsch abgeluchst? Einen e-erstklassigen Laboranten! Das k-kostet dich m-mindestens eine Flasche Champagner! Oder lieber k-keinen Champagner! Amontillado! Hast du noch was v-von deinen Vorräten aus Toledo?«

»Wir werden erwartet, Theodor«, mahnte Junta.

»Ja, richtig. Ich m-muss noch m-meine Krawatte und m-meine Filzstiefel suchen, ein Taxi k-kriegen wir sowieso nicht ... Wir g-gehen dann, Sascha, langweilen Sie sich nicht.«

»In der Silvesternacht langweilt sich der Diensthabende nie«, bemerkte Junta leise. »Schon gar nicht, wenn's ein Neuer ist.«

Sie gingen zur Tür. Junta ließ Fjodor Simeonowitsch den Vortritt, schielte kurz zu mir herüber und malte mit dem Finger einen Salomostern an die Wand. Der Stern flammte auf und verglomm wie die Spur eines Elektronenstrahls auf dem Oszillografenschirm. Ich spuckte mir abergläubisch dreimal über die linke Schulter.

Cristóbal Joséwitsch Junta, der die Abteilung für den Sinn des Lebens leitete, war ein bemerkenswerter, aber offenbar völlig herzloser Mann. In jungen Jahren hatte er sich lange Zeit als Großinquisitor betätigt und seine damaligen Gepflogenheiten bis zum heutigen Tag beibehalten, was ihm, wie man sich erzählte, in der Zeit des Kampfes gegen die Fünfte Kolonne in Spanien sehr zugute gekommen war. Seine unglaublichen Experimente nahm er meist an sich selbst oder an seinen Mitarbeitern vor, und noch zu meiner Zeit gab es deswegen auf der Gewerkschaftsvollversammlung böses Blut. Er forschte nach dem Sinn des Lebens, war aber, obwohl er einige interessante Ergebnisse vorzuweisen hatte, noch nicht weit damit gekommen. Theoretisch hatte er zum Beispiel nachgewiesen, dass der Tod kein unabdingbares Attribut des Lebens ist. Auch diese Entdeckung führte zu empörten Stimmen – im philosophischen Seminar. Er verwehrte so gut wie allen den Zutritt zu seinem Arbeitszimmer, und im Institut wurde gemunkelt, dass es dort Interessantes zu sehen gäbe ... Wie man sich erzählte, stand in einer Ecke seines Zimmers ein kunstvoll ausgestopfter Bekannter Juntas, ein Standartenführer der SS in Paradeuniform mit Monokel, Offiziersdolch, Eisernem Kreuz, Eichenlaub und dem übrigen Klimbim. Junta war ein ausgezeichneter Taxidermist gewesen, der Standartenführer, wie Junta zu berichten wusste, ebenfalls. Doch Junta war schneller gewesen; er legte größten Wert darauf, immer und in allem der Schnellste zu sein. Nicht selten war ihm auch ein gewisser Skeptizismus eigen. In einem seiner Labors hing ein riesiges Plakat mit der Aufschrift: »Haben wir uns nötig?« Ein außergewöhnlicher Mensch.

Punkt drei Uhr, der Arbeitsgesetzgebung gemäß, gab der Doktor der Wissenschaften Amwrossi Ambrosjewitsch Wybegallo seine Schlüssel ab. Er steckte in lederbeschlagenen Filzstiefeln und einem stinkenden Kutscherpelz, aus dessen hochgeschlagenem Kragen ein schmutziger grauer Bart ragte. Wybegallo trug einen Topfhaarschnitt, sodass noch keiner seine Ohren zu Gesicht bekommen hatte.

»Tjä …«, sagte er beim Näherkommen. »Möglicherweise schlüpft bei mir heute einer. Also: in meinem Labor. Tjä, man müsste mal nach ihm sehen. Ich habe ihm ein paar Vorräte dagelassen, tjä … so an die fünf Brotlaibe, na, und auch gedämpfte Kleie und zwei Eimer Magermilch. Mal sehen, tjä, wie er das frisst, also: sich draufstürzt. Tjä, mon cher, sieh mal, läut an, mein Guter.«

Er packte einen Bund Scheunenschlüssel auf den Tisch, riss angestrengt den Mund auf und starrte mich an. Seine Augen waren durchsichtig, und in seinem Bart steckten Hirsekörner.

»Anläuten?«, fragte ich. »Und wo?«

Ich mochte den Mann nicht. Er war ein Zyniker und obendrein ein Dummkopf. Die Arbeit, die er für dreihundertfünfzig Rubel im Monat machte, hätte man mit Fug und Recht als Eugenik bezeichnen können, aber niemand tat das – keiner wollte sich mit ihm anlegen. Wybegallo behauptete, alles Unglück – tjä – rühre von der Unzufriedenheit her, also brauche man einen Menschen nur mit den nötigen Dingen zu versorgen – mit Brot und gedämpfter Kleie –, und schon verwandele er sich in einen Engel. Für diese simple Idee rührte er überall die Werbetrommel und jonglierte dabei ungeniert mit den Schriften der Klassiker, entriss ihnen in unbeschreiblicher Einfalt ein paar Brocken und ließ von den Zitaten alles weg, was ihm nicht in den Kram passte. Der Wissenschaftliche Rat hatte seinerzeit dem Druck dieser unaufhaltsamen, in gewisser Weise sogar ursprünglichen Demagogie nachgegeben und Wybegallos Thema in den Plan aufgenommen. Und an diesen Plan hielt sich Wybegallo eisern: Er maß jedes seiner Resultate prozentual am gewünschten Endergebnis, dachte dabei stets ökonomisch und verlor weder die Steigerung des Umlaufvermögens der Betriebsmittel aus den Augen noch die Verbindung zum realen Leben; für seinen Bereich legte er drei Modelle an: das des gänzlich unzufriedenen Menschen; das des – allein auf den Magen bezogen – unzufriedenen Menschen und das Modell des gänzlich zufriedenen Menschen. Am schnellsten reifte der gänzlich unzufriedene Anthropoide heran – er war vor zwei Wochen geschlüpft. Dieses bedauernswerte, gleich Hiob mit Schwären bedeckte Geschöpf, das bei lebendigem Leib verfaulte, von sämtlichen bekannten und unbekannten Krankheiten befallen war und unter Hitze und Kälte zugleich litt, wälzte sich in den Korridor, stieß ein unartikuliertes Heulen aus, das durchs ganze Institut schallte, und gab seinen Geist auf. Wybegallo triumphierte. Jetzt konnte als erwiesen gelten, dass der Mensch, der – tjä – nichts zu essen und zu trinken erhält und nicht von seinen Krankheiten geheilt wird, unglücklich ist, vielleicht sogar stirbt. Wie der Prototyp. Der Wissenschaftliche Rat war entsetzt: Wybegallos Plan hatte seine grauenhafte Kehrseite offenbart. Eine Kommission wurde einberufen, die Wybegallo auf die Finger sehen sollte. Der aber verlor nicht die Nerven und brachte zwei Bescheinigungen herbei, aus denen hervorging, dass alljährlich drei seiner Laboranten in der Paten-Sowchose arbeiteten und er, Wybegallo, in den Kerkern des Zarismus geschmachtet hatte; zudem halte er gegenwärtig sowohl im Städtischen Vortragszentrum als auch an der Peripherie regelmäßig populärwissenschaftliche Vorträge. Und während die perplexe Kommission noch versuchte, die Logik der Ereignisse zu verstehen, beschaffte er sich in aller Ruhe aus dem Patenbetrieb – einer Fischfabrik (von wegen Agrarproduktion!) – vier Wagenladungen voll mit Heringsköpfen für den heranreifenden und – bezogen auf den Magen – unzufriedenen Anthropoiden. Die Kommission verfasste einen Bericht, das Institut aber harrte angstvoll der Dinge, die da kommen würden. Und Wybegallos Labornachbarn nahmen unbezahlten Urlaub ...

»Anläuten?«, fragte ich. »Und wo?«

»Wo? Bei mir zu Hause natürlich, wo sollte ich an Silvester sonst sein? Ein bisschen Moral braucht's schon, mein Guter. Das neue Jahr begrüßt man nun mal im Kreise der Familie. Das ist unsere Art, *n'est-ce pas?*«

»Zu Hause also. Und welche Nummer?«

»Tjä, da musst du im Büchlein nachsehen. Kannst du lesen? Also, dann kannst du auch im Büchlein nachsehen. Unsereins hat da keine Geheimnisse – wie gewisse andere Leute. *En masse.*«

»Gut«, sagte ich. »Ich werde anläuten.«

»Tu das, mon cher, tu das. Und wenn er beißt, gib ihm eins auf die Rübe, genier dich nicht. *C'est la vie.*«

Ich nahm all meinen Mut zusammen und brummte: »Soweit ich mich erinnern kann, haben wir beide noch keine Brüderschaft getrunken.«

»Pardon?«

»Ach, nichts weiter«, sagte ich.

Eine Zeit lang musterte er mich mit seinen völlig ausdruckslosen durchsichtigen Augen, dann murmelte er: »Nichts weiter? Na, umso besser. Ein glückliches neues Jahr. Mach's gut. Also: *Au revoir.*«

Er stülpte sich die Pelzmütze über und ging. Ich riss sofort das Oberfenster auf, und schon kam Roman Oira-Oira in einem grünen Mantel mit Schaffellkragen hereingeflogen, schnupperte mit seiner Hakennase und erkundigte sich: »Wybegallo?«

»Genau«, erwiderte ich.

»Tja, die Heringsköpfe … Hier sind meine Schlüssel. Weißt du übrigens, wo er die eine Wagenladung hingekippt hat? Unter Gian Giacomos Fenster! Direkt unter sein Arbeitszimmer. Hübsches Neujahrsgeschenk. Ich rauche noch rasch eine Zigarette bei dir.«

Er ließ sich in einen großen Ledersessel fallen, knöpfte den Mantel auf und steckte sich eine Zigarette an.

»Ich hab was für dich«, sagte er. »Gegeben ist der Geruch von Heringslake, Intensität: sechzehn Mikroäxte, die Kubatur …« Er sah sich suchend im Zimmer um. »Na, die kannst du selbst ausrechnen. Das Jahr hat seinen Wendepunkt erreicht, Saturn steht im Sternbild Waage … Also, schieß los!«

Ich kratzte mich hinter dem Ohr.

»Saturn … Was kommst du mir mit Saturn? Sag mir lieber, wie der Vektor Magistatum ist.«

»Also, Bruderherz«, sagte Roman. »Das musst du schon selbst herausfinden.«

Ich kratzte mich hinter dem anderen Ohr, versuchte den »Vektor Magistatum« im Kopf zu berechnen und brachte stotternd eine akustische Einflussnahme hervor (d. h. ich sprach eine Zauberformel). Roman hielt sich die Nase zu. Ich riss mir zwei Haare aus der Braue (was entsetzlich schmerzhaft und dumm war) und polarisierte den Vektor. Es stank immer mehr.

»Schlecht«, sagte Roman vorwurfsvoll. »Was machst du bloß, du Zauberlehrling? Siehst du nicht, dass das Oberfenster offen ist?«

»Ach so«, begriff ich. Ich berechnete Divergenz und Rotation, versuchte die Stokes'sche Gleichung im Kopf zu lösen, verfranste mich, riss mir, durch den Mund atmend, noch zwei Haare aus, schnupperte, murmelte die Auers'sche Beschwörungsformel und war drauf und dran, mir noch ein Haar aus der Braue zu reißen, als ich entdeckte, dass sich das Vorzimmer schon auf natürlichem Wege gelüftet hatte. Roman riet mir, meine Brauen zu schonen und die Fensterklappe zu schließen.

»Das war sehr mittelmäßig«, bemerkte er. »Kommen wir nun zur Materialisierung.«

Die Materialisierung beschäftigte uns eine ganze Weile. Ich zauberte Birnen, und Roman bestand darauf, dass ich sie aufaß. Als ich das strikt ablehnte, zwang er mich, neue zu zaubern. »Du wirst arbeiten, bis etwas Essbares dabei herauskommt«, befahl er. »Diese hier kannst du Modest Matwejewitsch geben. Warum sonst heißt er Steinbeißer?« Endlich gelang mir eine richtige Birne – groß, gelb, butterweich und gallebitter. Ich aß sie auf, und Roman gönnte mir eine Verschnaufpause.

In dem Moment brachte Magnus Fjodorowitsch Redkin, seines Zeichens Bakkalaureus der schwarzen Magie, seinen Schlüssel vorbei. Redkin war ein dicker, stets besorgt und tief beleidigt dreinschauender Mann, der sich den Bakkalaureus vor dreihundert Jahren mit der Erfindung der Tarnhose verdient hatte. Seitdem war er damit beschäftigt, die Hose zu vervollkommnen. Zunächst machte er aus der Tarnhose eine Tarnkniehose, dann ein Tarnbeinkleid, und in jüngster Zeit war nur noch von Tarnröhren die Rede. Er kam und kam einfach nicht weiter. Im letzten Seminar für schwarze Magie, wo er, wie schon so oft, einen Vortrag über »Einige neue Eigenschaften der Redkin'schen Tarnröhren« hielt, traf ihn zudem ein Missgeschick. Als er sein modernisiertes Modell vorführen wollte, klemmte etwas, und statt den Erfinder unsichtbar zu machen, wurde die Hose mit einem lauten Klicken unsichtbar. Eine peinliche Situation. Hauptsächlich aber schrieb Redkin an einer Dissertation zum Thema »Die Materialisierung und lineare Naturalisierung der Weißen These als eines Arguments der ziemlich willkürlichen Funktion Sigma (Σ) des nicht recht vorstellbaren menschlichen Glücks«.

Hier war er zu bedeutenden und wichtigen Ergebnissen gelangt, aus denen hervorging, dass die Menschheit buchstäblich in einem nicht recht vorstellbaren Glück baden würde – wenn es nur gelänge, die Weiße These zu entdecken und zu ergründen, worum es sich dabei handelte und wo man nach ihr suchen sollte.

Eine Erwähnung fand die Weiße These lediglich in den Tagebüchern des Rabbi Loew. Dieser hatte die Weiße These angeblich als Nebenprodukt einer alchimistischen Reaktion erhalten und sie, da ihm die Zeit fehlte, sich mit Nebensächlichkeiten zu befassen, als zusätzliches Element in eines seiner Geräte eingebaut. In einer seiner letzten, bereits im Kerker verfassten Denkschriften teilte Rabbi Loew mit: »Und können Sie sich das vorstellen? Sie hatte meine Hoffnungen enttäuscht, und als mir endlich aufging, wozu sie gut sein könnte – ich spreche vom Glück aller Menschen, die es gibt –, war mir längst entfallen, in welches Gerät ich sie eingebaut hatte.« Das Institut besaß sieben Geräte aus dem Nachlass des Rabbi Loew. Sechs von ihnen hatte Redkin schon bis aufs letzte Schräubchen auseinandergenommen und nichts Besonderes entdeckt. Das siebte Gerät war nun das Translations-Kanapee. Über das aber hielt Vitka Kornejew die Hand, und Redkins einfältiges Herz wurde misstrauisch. Er spionierte Kornejew nach, was diesen zur Weißglut brachte; sie verkrachten sich und waren seitdem erbitterte Feinde. Mir als einem Vertreter der exakten Wissenschaften brachte Redkin Wohlwollen entgegen, obwohl er meine Freundschaft mit »diesem Plagiator« nicht billigte. Ansonsten war er kein schlechter Mensch: sehr fleißig, hartnäckig und völlig uneigennützig. So hatte er sich beispielsweise die Mühe gemacht, eine lange Liste unterschiedlichster Definitionen des Glücks zusammenzustellen. Die Liste enthielt die simpelsten negativen Definitionen (»Geld macht nicht glücklich«), die simpelsten positiven Definitionen (»Höchste Befriedigung, vollste Zufriedenheit, Erfolg und gutes Gelingen«), kasuistische Definitionen (»Glück ist das Fehlen von Unglück«) und paradoxe Definitionen (»Gibt es wohl einen glücklicheren Menschenschlag als jenen, der allgemein als töricht, närrisch, albern und einfältig gilt? Sie kennen nicht das Gefängnis des Gewissens; sie fürchten nicht Gespenster und Geister; drohendes Unheil quält sie nicht; Hoffnung auf eine gute Zukunft beunruhigt sie nicht«).

Redkin legte das Kästchen mit seinem Schlüssel auf den Tisch, sah misstrauisch zu uns herüber und sagte: »Ich habe noch eine Definition gefunden.«

»Was für eine?«, fragte ich.

»Es ist eine Art Gedicht, aber ohne Reim. Wollen Sie's hören?«

»Ja, natürlich«, freute sich Roman.

Redkin holte sein Notizbuch heraus und las stockend:

»Ihr fragt mich:
Was ist das höchste Glück auf Erden?
Zwei Dinge sind's:
Meine Ansicht zu wechseln
wie einen Penny gegen einen Schilling
und
dem Klang zu lauschen,
wenn ein junges Mädchen
den Weg entlanggeht, singend,
nach dem sie mich zuvor gefragt hat.«

»Ich verstehe kein Wort«, sagte Roman. »Darf ich mal sehen?«

Redkin reichte ihm sein Notizbuch und erklärte: »Das ist Cristopher Logue. Aus dem Englischen.«

»Wunderschöne Verse«, meinte Roman.

Redkin seufzte.

»Die einen sagen dies, die anderen jenes.«

»Ja, es ist nicht einfach«, sagte ich mitfühlend.

»Nicht wahr? Wie bringt man das alles unter einen Hut? ›Dem Klang zu lauschen, wenn ein junges Mädchen den Weg entlanggeht …‹ Und das Mädchen muss singen, und das auch noch, nachdem es ihn nach dem Weg gefragt hat. Wie ist so etwas möglich? Lassen sich solche Dinge denn algorithmieren?«

»Kaum«, erwiderte ich. »Ich jedenfalls würde mich da nicht ranwagen.«

»Da können Sie mal sehen!«, rief Redkin. »Dabei sind Sie der Leiter unseres Rechenzentrums! Wer, wenn nicht Sie?«

»Vielleicht existiert es gar nicht?«, fragte Roman provokant.

»Was?«

»Das Glück?«

Redkin reagierte beleidigt.

»Wie soll es nicht existieren«, erwiderte er würdevoll, »wenn ich es doch persönlich schon mehrfach erlebt habe?«

»Indem Sie einen Penny gegen einen Shilling tauschten?«, stichelte Roman.

Redkin reagierte noch beleidigter und nahm ihm das Notizbuch aus der Hand.

»Sie sind noch sehr jung …«, begann er.

In diesem Augenblick krachte und polterte es, eine Flamme zuckte auf, es roch nach Schwefel, und mitten im Vorzimmer stand Merlin. Redkin, der vor Schreck ans Fenster gesprungen war, kreischte: »Pfui Teufel!«, und suchte das Weite.

»Good God!«, stieß Roman hervor und rieb sich die tränenden Augen. »*Canst thou not come in by the usual way as decent people do, Sir?*«, fügte er hinzu.

»*Beg thy pardon*«, ließ sich Merlin lässig vernehmen und sah mich triumphierend an. Wahrscheinlich wirkte ich ziemlich blass um die Nase, denn die Gefahr einer Selbstentzündung war groß.

Merlin klopfte seinen von Motten zerfressenen Mantel ab, warf den Schlüsselbund auf den Tisch und erkundigte sich: »Meine Herren, haben Sie schon bemerkt, was für ein Wetter wir haben?«

»Ein Wetter wie prophezeit«, meinte Roman.

»Eben, Sir Oira-Oira! Wie prophezeit!«

»Ja«, sagte Roman. »Ein Radio ist eine feine Sache.«

»Ich höre kein Radio«, erwiderte Merlin. »Ich habe meine eigenen Methoden.«

Er wedelte mit seinen Mantelschößen und erhob sich einen Meter über den Fußboden.

»Vorsicht«, warnte ich. »Der Kronleuchter.«

Merlin sah auf den Kronleuchter und begann aus heiterem Himmel: »O ihr, vom Geist des westlichen Materialismus, Merkantilismus und Utilitarismus Durchtränkten, die ihr in eurer spirituellen Armseligkeit nicht fähig seid, euch über die Finsternis und das Chaos der nichtigen, grämlichen Sorgen zu erheben ... Ich muss immerzu daran denken, meine Herren, wie sich im letzten Jahr der Sir Vorsitzender des Kreissowjets, Genosse Perejaslawlski, und Merlin auf den Weg begaben ...«

Roman gähnte herzzerreißend, und mir wurde ganz traurig ums Herz. Ohne seine altmodische Art und seine Überheblichkeit wäre Merlin wohl noch schwerer zu ertragen gewesen als Wybegallo. Durch das Versehen eines Mitarbeiters war es ihm für eine Weile sogar gelungen, zum Leiter der Abteilung für Prophezeiungen und Prognosen zu avancieren. Er hatte sich nämlich in allen Formularen auf seinen unversöhnlichen Kampf gegen den Imperialismus der Yankees seit dem frühen Mittelalter berufen, was er mit notariell beglaubigten, maschinengeschriebenen Kopien der entsprechenden Seiten aus Mark Twain zu beweisen suchte. Später, im Zuge von regionalen Klimaveränderungen und globaler Erwärmung, wurde er wieder auf seinen alten Posten als Leiter des Wetterbüros versetzt und befasste sich nun, wie schon vor tausend Jahren, mit der Prognose atmosphärischer Erscheinungen – sowohl mithilfe magischer Methoden als auch durch Rückschlüsse, die er aus dem Gebaren von Taranteln, dem Zunehmen rheumatischer Beschwerden und dem Verhalten der Solowetzker Schweine zog, sich je nach Wetterlage im Dreck zu suhlen oder selbigen zu verlassen. Hauptlieferant seiner Prognosen war ein ganz gewöhnlicher Detektorempfänger, mit dem er Funksprüche abhörte; Gerüchten zufolge hatte er ihn schon in den Zwanzigerjahren auf einer Ausstellung junger Techniker in Solowetz stibitzt. Das Institut beschäftigte Merlin aus Respekt vor seinem hohen Alter weiter. Er war ein Busenfreund von Naina Kiewna Gorynytsch, mit der er gemeinsam Gerüchte sammelte und verbreitete, zum Beispiel über das Auftauchen einer behaarten Riesin in den Wäldern oder die Entführung einer Studentin durch einen Schneemenschen vom Elbrus. Es hieß, er nehme von Zeit zu Zeit auch an den nächtlichen Zusammenkünften mit Ch. M. Wij, Choma Brut und anderen Unholden auf dem Kahlen Berg teil.

Roman und ich schwiegen und warteten darauf, dass er endlich verschwand. Stattdessen hüllte er sich in seinen Mantel, machte es sich unter dem Kronleuchter bequem und fing an, eine lange, allseits bekannte Geschichte von der Inspektionsreise zu erzählen, die ihn, Merlin, und den Vorsitzenden des Kreissowjets von Solowetz, den Genossen Perejaslawlski, durch den ganzen Bezirk geführt hatte. Die Geschichte war frei erfunden – eine plumpe, schamlose Imitation von Mark Twain. Während er erzählte, sprach Merlin von sich in der dritten Person und nannte den Vorsitzenden manchmal versehentlich König Artus.

»Also begaben sich der Vorsitzende des Kreissowjets und Merlin auf den Weg. Den ersten Halt machten sie bei dem Imker Sir Otschelnitschenko – er war ›Held der Arbeit‹, ein guter Ritter und großer Honigsammler. Sir Otschelnitschenko gab Kunde von seinen Arbeitserfolgen und heilte König Artus mit Bienengift von der Radikulitis. Der Vorsitzende hielt sich drei Tage alldorten auf, dann waren seine Wunden geheilt, und er zog von dannen. Und da sie ritten, sprach Ar… äh, der Vorsitzende: ›Ich habe kein Schwert.‹ – ›Das macht nichts‹, sprach Merlin. ›Ich werde Euch ein Schwert beschaffen, sobald ich es vermag.‹ Sie ritten nun, bis sie zu einem See kamen, und siehe: Aus dem See erhob sich eine Hand, schwielig und proletarisch, und sie hielt Hammer und Sichel … Und Merlin sagte: ›Das ist das Schwert, davon ich zu dir gesprochen habe‹ …«

In diesem Augenblick läutete das Telefon, und ich griff dankbar nach dem Hörer.

»Hallo«, meldete ich mich. »Hallo, ich höre.«

Aus dem Hörer drang unverständliches Gemurmel, während Merlin näselnd fortfuhr: »Da sie nun in Leshnjowo einritten, trafen sie auf dem Weg Sir Pellinore. Merlin aber hatte einen Zauber bewirkt, also dass Pellinore den Vorsitzenden nicht sah …«

»Sir Genosse Merlin«, wandte ich mich an ihn. »Geht es nicht ein wenig leiser? Ich kann nichts verstehen.«

Merlin verstummte mit der Miene eines Menschen, der jeden Augenblick bereit ist fortzufahren.

»Hallo«, rief ich noch einmal.

»Wer ist am Apparat?«, fragte eine Stimme.

»Wen wollen Sie denn sprechen?«, fragte ich aus Gewohnheit.

»Unterlassen Sie das. Sie sind nicht auf dem Rummelplatz, Priwalow.«

»Verzeihung, Modest Matwejewitsch. Hier spricht der Diensthabende Priwalow.«

»Na also. Berichten Sie.«

»Was soll ich denn berichten?«

»Hören Sie, Priwalow. Sie benehmen sich mal wieder wie ich weiß nicht wer. Mit wem haben Sie eben gesprochen? Wieso befinden sich Unbefugte im Vorzimmer des Direktors? Wieso sind überhaupt nach Arbeitsschluss noch Leute im Institut?«

»Das ist Merlin«, erklärte ich.

»Schmeißen Sie ihn raus!«

»Mit Vergnügen«, sagte ich. (Merlin, der zweifellos gelauscht hatte, lief rot an, knurrte: »Grobian!«, und löste sich in Luft auf.)

»Ob Ihnen das Vergnügen bereitet oder nicht, ist mir egal. Aber mir ist zugetragen worden, dass Sie die Ihnen anvertrauten Schlüssel einfach auf den Tisch werfen, statt sie im Schubfach einzuschließen.«

Das war Wybegallo, dachte ich.

»Warum sagen Sie nichts?«

»Wird erledigt.«

»Unter diesem Akzept«, befahl Modest Matwejewitsch. »Es ist größte Wachsamkeit geboten. Verstanden?«

»Verstanden.«

Modest Matwejewitsch ergänzte noch: »Das wär's«, und legte auf.

»Na schön«, sagte Roman und knöpfte seinen grünen Mantel zu. »Dann werde ich jetzt ein paar Büchsen aufmachen und die Flaschen entkorken. Bis nachher, Sascha, ich komme dann noch mal vorbei.«

2

> Ich ging weiter, stieg in dunkle Gänge hinab und
> dann in die oberen Stockwerke hinauf. Ich war allein.
> Ich rief, niemand antwortete mir. Ich war allein;
> es gab niemanden dort in diesem Haus, das weitläufig
> und winklig war wie ein Labyrinth.
>
> *Guy de Maupassant*

Mit sämtlichen Schlüsseln in der Jackentasche trat ich meinen ersten Rundgang an. Ich nahm die Haupttreppe, die wir, soweit ich zurückdenken konnte, nur ein einziges Mal benutzt hatten: zu Ehren eines afrikanischen Fürsten, als er unser Institut besuchte. Ich stieg in das verwinkelte Vestibül hinab, in dem die architektonischen Schnörkel vieler Jahrhunderte vereint waren, und warf einen Blick in die Pförtnerloge. Dort sah ich im phosphoreszierenden Nebel zwei maxwellsche Makrodämonen in abgetragenen Livreen. Sie waren in das stochastischste aller Spiele vertieft: Schrift oder Zahl. Auf diese Weise verbrachten die riesigen, trägen und unbeschreiblich plumpen Geschöpfe ihre gesamte Freizeit. Maxwellsche Dämonen erinnern einen stets an eine Kolonie von Poliomyelitisviren unter dem Elektronenmikroskop; ihr Leben lang tun sie nichts anderes als Türen zu öffnen und zu schließen. Die zwei in der Pförtnerloge waren erfahren und gut dressiert, wobei der eine, der für den Ausgang zuständig war, schon das Rentenalter erreicht hatte (welches dem Alter einer Galaxis gleichkam). Von Zeit zu Zeit fiel er in einen kindischen Zustand, in dem er allerlei Unsinn verzapfte, und dann musste jemand von der Abteilung für Technische Wartung in einen Schutzanzug schlüpfen, in die mit komprimiertem Argon gefüllte Pförtnerloge steigen und den Alten wieder zur Vernunft bringen.

Der Instruktion folgend, besprach ich die beiden, trennte die Informationskanäle und schloss mich an Ein- und Ausgang an. Die Dämonen reagierten nicht, sie hatten anderes zu tun. Wenn der eine gewann, verlor der andere, und das beunruhigte sie, weil es das statistische Gleichgewicht störte. Ich schob die Klappe vor das Fenster der Loge und drehte eine Runde durchs Vestibül. Dort war es feucht und schummrig, und meine Schritte hallten dumpf wider. Das Institutsgebäude hatte schon ein gewisses Alter erreicht, und am ältesten war wohl das Vestibül. In den schimmeligen Winkeln schimmerten die Knochen angeschmiedeter Skelette; hier und da hörte man ein gleichmäßiges Tropfen; in den Nischen zwischen den Säulen spreizten sich in rostigen Rüstungen steckende Statuen in unnatürlichen Posen, und an der Wand neben dem Eingang türmten sich die Bruchstücke alter Götzen, und obenauf lagen bestiefelte Beine aus Gips. Von den nachgedunkelten Gemälden, die unter der Decke hingen, blickten strenge, ehrwürdige Greise auf mich herab, deren Gesichter die Züge Fjodor Simeonowitschs, Gian Giacomos und anderer Meister trugen. Man hätte den alten Plunder längst hinauswerfen, Fensteröffnungen in die Mauern stemmen und Leuchtstoffröhren anbringen müssen, aber es war alles registriert und inventarisiert und wurde von Modest Matwejewitsch persönlich zusammengehalten.

Sowohl auf den Kapitellen der Säulen als auch inmitten des riesigen Kronleuchters, der an der geschwärzten Decke hing, raschelten Fledermäuse und Flughunde. Gegen sie führte Modest Matwejewitsch einen verbissenen Kampf. Er begoss sie mit Terpentin und Kreosot, bestäubte sie mit Desinfektionsmitteln und besprühte sie mit Hexachloran. Sie starben zu Tausenden und tauchten zu Zehntausenden wieder auf. Zudem mutierten sie, bildeten singende und sprechende Stämme; die Nachkommen der ältesten Gattungen ernährten sich in jüngster Zeit ausschließlich von einem Gemisch aus Pyrethrum und Chlorophos, und der Filmvorführer des Instituts, Sanja Drosd, schwor Stein und Bein, einmal eine Fledermaus gesehen zu haben, die dem Genossen Kaderleiter wie aus dem Gesicht geschnitten war.

In einer tiefen Nische, aus der Grabeskälte zu mir herüberwehte, stöhnte jemand und rasselte mit seinen Ketten. »Lassen Sie das bleiben«, sagte ich streng. »Was soll das Verwirrspiel? Schämen Sie sich!« In der Nische wurde es still. Sorgfältig rückte ich den verschobenen Teppich zurecht und stieg die Treppe hinauf.

Von der Straße betrachtet, sah das Institut aus, als sei es zweistöckig. In Wirklichkeit aber hatte es über zwölf Etagen. Höher war ich noch nicht gekommen, weil der Fahrstuhl ständig repariert wurde und ich noch nicht fliegen konnte. Auch die Fassade mit den zehn Fenstern war – bei Fassaden nicht unüblich – eine optische Täuschung. Vom Vestibül aus erstreckte sich das Institut sicherlich einen Kilometer nach rechts und links; dennoch gingen sämtliche Fenster auf die krumme Gasse mit dem Kornspeicher hinaus. Das verblüffte mich immer wieder. Anfangs lag ich Roman ständig in den Ohren, er solle mir erklären, wie sich dieses Phänomen mit den klassischen (oder wenigstens mit den relativistischen) Vorstellungen von den Eigenschaften des Raumes vereinbaren lasse. Aus seinen Erklärungen wurde ich zwar nicht schlau, gewöhnte mich aber mit der Zeit daran und hörte auf mich zu wundern. Ich bin felsenfest davon überzeugt, dass sich in zehn bis fünfzehn Jahren jedes Schulkind in der allgemeinen Relativitätstheorie besser auskennen wird als der Spezialist von heute. Dafür braucht man nämlich gar nicht zu begreifen, wie die Krümmung von Raum und Zeit zustande kommt, es genügt, in der Vorstellung aufzuwachsen.

Die ganze untere Etage nahm die Abteilung für Lineares Glück ein. Dies war das Reich Fjodor Simeonowitsch Kiwrins; hier roch es nach Äpfeln und Nadelwäldern, hier arbeiteten die hübschesten Mädchen und die nettesten Jungs. Hier gab es keine finsteren Fanatiker, Kenner und Adepten der schwarzen Magie, hier riss sich niemand wutentbrannt und unter Schmerzen die Haare aus, niemand murmelte Verwünschungen, die unanständigen Zungenbrechern glichen, und niemand röstete um Mitternacht, bei Vollmond, am Johannistag oder zu Unglücksdaten lebendige Kröten und Krähen. Hier setzte man auf Optimismus. Hier tat man alles, was im Rahmen der weißen, der submolekularen und der Infraneuronenmagie möglich war, um die Stimmung jedes einzelnen Menschen wie auch menschlicher Kollektive zu heben. Man kondensierte ein fröhliches, unbeschwertes Lachen und verschickte es in alle Welt, entwickelte und erprobte Verhaltens- und Beziehungsmuster, die die Freundschaft festigten und Zwietracht auslöschten; sublimierte Extrakte von Trostspendern, die kein Molekül Alkohol oder andere Drogen enthielten. Im Augenblick bereitete man einen universellen transportablen Zornbrecher für den Feldversuch vor und entwickelte neue Sorten seltener Legierungen von Herz und Verstand.

Ich öffnete die Tür zum zentralen Saal und genoss von der Schwelle aus den Anblick einer gigantischen Apparatur zum Destillieren des Kinderlachens, die eine gewisse Ähnlichkeit mit einem Van-de-Graaf-Generator hatte, nur dass sie im Gegensatz zu diesem völlig geräuschlos lief und obendrein duftete. Laut Instruktion musste ich nun die beiden großen weißen Pulthebel betätigen, damit der goldene Glanz im Saal erlosch und alles dunkel, kalt und leblos wurde. Kurz gesagt, die Instruktion verlangte, dass ich hier den Strom abschaltete. Ohne auch nur eine Sekunde zu zögern, trat ich in den Korridor zurück und schloss die Tür hinter mir. In Fjodor Simeonowitschs Labor den Strom abzuschalten wäre mir vorgekommen wie eine Sünde.

Ich ging langsam den Korridor entlang, betrachtete die lustigen Zeichnungen an den Labortüren und stieß an einer Ecke auf den Hausgeist Tichon, der die Zeichnungen anfertigte und allnächtlich austauschte. Wir begrüßten uns mit Handschlag. Tichon war ein netter grauer Hausgeist aus dem Bezirk Rjasan, den Wij wegen eines Vergehens nach Solowetz verbannt hatte: Entweder hatte er jemanden nicht nach Vorschrift gegrüßt oder sich geweigert, eine gekochte Viper zu essen … Fjodor Simeonowitsch hatte sich seiner angenommen, ihn gewaschen und gekämmt und anschließend von seiner Trunksucht geheilt; seitdem fühlte sich Tichon hier, in der ersten Etage, wie zu Hause. Er konnte wunderbar zeichnen (im Bidstrup'schen Stil) und wurde von den anderen Hausgeistern für seine Achtsamkeit und Besonnenheit geschätzt.

Auf dem Weg in den ersten Stock erinnerte ich mich an das Vivarium und marschierte in den Keller hinunter. Der Aufseher, ein schon etwas älterer, freigelassener Vampir namens Alfred, trank Tee. Bei meinem Anblick wollte er die Teekanne unter dem Tisch verstecken, zerbrach dabei ein Glas, wurde rot und schlug die Augen nieder. Mich überkam Mitleid.

»Guten Rutsch ins neue Jahr«, sagte ich und tat so, als hätte ich nichts bemerkt.

Er räusperte sich, legte die Hand vor den Mund und antwortete mit heiserer Stimme: »Vielen Dank. Das wünsche ich Ihnen auch.«

»Alles in Ordnung?«, erkundigte ich mich und ließ meinen Blick über Reihen von Käfigen und Verschlägen wandern.

»Briareos hat sich einen Finger gebrochen«, antwortete Alfred.

»Wie kann denn so etwas passieren?«

»Ganz einfach … an seiner achtzehnten rechten Hand. Er hat in der Nase gebohrt und dabei eine ungeschickte Bewegung gemacht – diese Hekatoncheiren sind ja so tolpatschig –, da ist's eben passiert.«

»Dann müssen wir den Tierarzt holen«, sagte ich.

»Ach, das geht auch ohne! Ist ja nicht das erste Mal.«

»Nein, das können wir nicht machen«, widersprach ich. »Lass uns den Finger mal ansehen.«

Wir gingen ins Vivarium – vorbei am buckligen Pferdchen, das mit der Schnauze im Hafersack vor sich hindöste, vorbei an der Voliere mit den Harpyien, die uns verschlafen beäugten, und dem Käfig mit der Lernäischen Schlange, die zu dieser Jahreszeit mürrisch und ungesprächig war. Die Hekatoncheiren, diese hundertarmigen, fünfzigköpfigen Geschöpfe, Erstgeborene des Himmels und der Erde, lebten in einer großen betonierten Höhle, die mit dicken Eisenstangen verbarrikadiert war. Gyes und Kottos schliefen, zusammengerollt zu einem Knäuel, aus dem nur dunkelblaue, kahlgeschorene Köpfe mit geschlossenen Augen und schwache, behaarte Arme ragten. Briareos schien Schmerzen zu haben. Er hockte dicht am Gitter, stützte die Hand mit dem kranken Finger mit sieben anderen Händen und streckte sie in den Durchgang. Mit den restlichen zweiundneunzig Händen klammerte er sich an die Eisenstangen und lehnte seine Köpfe dagegen. Einige der Köpfe schliefen.

»Was ist?«, fragte ich mitleidig. »Tut's weh?«

Die Köpfe, die gerade nicht schliefen, murmelten etwas auf Altgriechisch und weckten den Kopf, der Russisch sprach.

»Es tut furchtbar weh«, antwortete der. Die übrigen Köpfe verstummten und starrten mich mit offenem Mund an.

Ich untersuchte den Finger. Er war schmutzig und geschwollen, aber nicht gebrochen; der Finger war lediglich verrenkt. In der Turnhalle kamen wir bei solchen Verletzungen ohne Arzt aus. Ich packte den Finger und zerrte einmal kräftig daran. Briareos jaulte aus allen fünfzig Kehlen und wälzte sich auf den Rücken.

»Na, na, na«, sagte ich, während ich mir mit einem Taschentuch die Hände abwischte. »Ist ja wieder gut.«

Mit schniefenden Nasen begutachtete Briareos seinen Finger. Die hinteren Köpfe reckten neugierig die Hälse und bissen den vorderen ungeduldig in die Ohren, weil sie ihnen die Sicht versperrten. Alfred grinste.

»Man sollte ihn mal zur Ader lassen …«, sagte er mit einem längst vergessenen Ausdruck, seufzte dann und fügte hinzu: »Aber was hat so einer schon für Blut in den Adern – alles bloß Täuschung. Mit einem Wort: ein Monster.«

Briareos stand auf; seine fünfzig Köpfe lächelten selig. Ich winkte ihm noch einmal zu und ging zurück. Beim Unsterblichen Kostschej blieb ich stehen. Dieser Erzgauner bewohnte einen komfortablen Einzelkäfig mit Teppichen, Klimaanlage und Bücherregalen. An den Wänden seines Käfigs hingen Porträts von Dschingis Khan, Himmler, Katharina von Medici, einem der Borgias und einem wie Goldwater oder McCarthy. Kostschej selbst stand in einem glänzenden Morgenmantel an einem riesigen Pult, die Beine gekreuzt, und las eine Kopie des »Hexenhammers«. Dabei bewegte er die langen Finger auf unangenehme Art und Weise: Bald schien er etwas festzuschrauben, bald etwas zu zerfetzen, bald stieß er kräftig zu. Kostschej befand sich in unendlicher Untersuchungshaft, während die endlosen Untersuchungen seiner unzähligen Verbrechen im vollen Gange waren. Im Institut hielt man große Stücke auf ihn, weil man ihn nebenbei für ein paar spezielle Experimente sowie als Dolmetscher im Gespräch mit dem Drachen Gorynytsch gebrauchen konnte. (Der Drache Gorynytsch selbst war im alten Kesselhaus eingesperrt, aus dem ein metallisch klingendes Schnarchen und hin und wieder ein verschlafenes Brüllen herüberschallte.) Ich stand also vor Kostschejs Käfig und sagte mir, dass die Richter, die Kostschej in einer endlos fernen Zeit einmal verurteilen würden, sich in einer dummen

Lage befänden: Die Todesstrafe war einem unsterblichen Delinquenten gegenüber nicht anwendbar, und eine ewige Haftstrafe hatte er, wenn man die Untersuchungshaft anrechnete, schon abgebüßt …

Plötzlich packte mich jemand am Hosenbein, und eine versoffene Stimme krächzte: »He, Knastbrüder, wär der nichts für uns?«

Ich konnte mich gerade noch losreißen. Die Vampire in der Voliere neben mir verschlangen mich schier mit den Augen und pressten ihre bläulich weißen Visagen gegen das Metallgitter, durch das zweihundertzwanzig Volt gejagt wurden.

»He, du Brillenschlange hast mir fast die Hand zerquetscht!«, empörte sich der eine von ihnen.

»Was grapschst du auch nach mir?«, versetzte ich. »Sehnst dich wohl nach einem Espenpfahl …«

Alfred eilte, mit der Peitsche knallend, herbei, und die Vampire verzogen sich in einen dunklen Winkel, wo man sie gleich darauf lästerlich fluchen und Karten dreschen hörte.

»Na schön«, sagte ich zu Alfred. »Ich glaube, es ist jetzt alles in Ordnung. Ich gehe weiter.«

»Alles Gute«, erwiderte Alfred freundlich.

Als ich die Stufen hochstieg, hörte ich ihn mit der Teekanne klappern und glucksen.

Ich warf einen Blick in die Maschinenhalle und sah einen Moment lang zu, wie der Generator arbeitete. Das Institut war nicht auf städtische Energiequellen angewiesen: Nach einer Präzisierung des Determinismusprinzips hatte man beschlossen, das allseits bekannte Glücksrad als Spender kostenloser mechanischer Energie zu nutzen. Aus dem Zementboden der Halle ragte nur ein kleines Stück des riesigen blankpolierten Rades, dessen Drehachse irgendwo im Unendlichen lag; es sah aus wie ein Förderband, das aus der einen Wand herauskam und in der anderen wieder verschwand.

Eine Zeit lang war es in Mode gewesen, Dissertationen über den Krümmungsradius des Glücksrads zu schreiben; da aber all diese Dissertationen zu ungenauen Ergebnissen gelangten (bis zu zehn Megaparsec), beschloss der Wissenschaftliche Rat, keine Dissertation zum Thema mehr zuzulassen, bis die Schaffung transgalaktischer Kommunikationsmittel eine weit größere Genauigkeit ermöglichte.

Ein paar Teufel, die zum Servicepersonal gehörten, spielten gerade mit dem Glücksrad: Sie sprangen auf, fuhren bis zur Wand mit, sprangen wieder ab und eilten zur anderen Wand zurück. Ich rief die Teufel entschieden zur Ordnung: »Hört auf damit«, rief ich. »Ihr seid hier nicht auf dem Rummelplatz.« Da versteckten sie sich hinter dem Trafogehäuse und beschossen mich mit Kügelchen aus zerkautem Papier. Ich nahm mir vor, diese Grünschnäbel nicht weiter zu beachten, schritt die Reihe der Schaltpulte ab und ging, nachdem ich mich davon überzeugt hatte, dass alles in Ordnung war, in den ersten Stock hinauf.

Hier war alles still, dunkel und staubig. Vor einer niedrigen, halb offenen Tür döste ein kränklicher alter Soldat. Er steckte in der Uniform des Preobrashenskoje-Regiments, trug einen Dreispitz auf dem Kopf und stützte sich auf eine lange Steinschlossflinte. Hier befand sich die Abteilung für Abwehrzauber, die schon lange keine lebenden Seelen mehr zu ihren Mitarbeitern zählte. All unsere Meister, mit Ausnahme vielleicht Fjodor Simeonowitschs, hatten sich zu ihrer Zeit in diesem Zweig der Magie erprobt. Rabbi Loew etwa setzte bei Palastrevolten erfolgreich seinen Golem ein: Das tönerne, unbestechliche und Giften gegenüber völlig unempfindliche Monstrum bewachte neben den Labors auch die kaiserliche Schatzkammer. Giuseppe Balsamo schuf die erste Besenreiterschwadron der Geschichte, die sich auf den Schlachtfeldern des Hundertjährigen Krieges bewährte. Die Schwadron zerfiel jedoch rasch: Ein Teil der Hexen heiratete, und die übrigen schlossen sich den Reiterregimentern als Marketenderinnen an. König Salomo fing zwölf mal zwölf Ifrits ein, schlug sie in seinen Bann und stellte sie zu einem Elefantenabwehrjäger-Flammenwerfer-Bataillon zusammen. Der junge Cristóbal Junta führte Karl dem Großen einen chinesischen, gegen die Mauren abgerichteten Drachen zu; als er jedoch erfuhr, dass der Kaiser nicht gegen die Mauren, sondern gegen die stammesverwandten Basken ins Feld ziehen wollte, wurde er fuchsteufelswild und desertierte. Im Verlauf der jahrhundertelangen Geschichte der Kriege empfahlen Magier den Einsatz von Vampiren (gewaltsame nächtliche Aufklärung), von Basilisken (Erschrecken des Gegners bis zur Versteinerung), von fliegenden Teppichen (Streuen von Unrat auf feindliche Städte), von magischen Schwertern unterschiedlicher Beschaffenheit (Wettmachen von zahlenmäßiger Unterlegenheit) und viele andere Dinge. Aber nach dem Ersten Weltkrieg, nach der Dicken Berta, den Panzern, dem Senfgas und dem Chlor, begann der schleichende Niedergang des Abwehrzaubers. In der Abteilung kam es zu einer Massenflucht von Mitarbeitern. Am längsten hielt ein gewisser Pitirim Schwarz durch, ein ehemaliger Mönch und Erfinder eines Musketenstutzens, der hingebungsvoll an einem Projekt von Dschinnbombardements arbeitete: Über gegnerischen Städten sollten Flaschen mit Dschinns abgeworfen werden, die zuvor mindestens dreitausend Jahre lang eingesperrt gewesen waren. Jeder weiß, dass Dschinns in freiem Zustand nichts anderes tun, als Städte zu zerstören oder aber Paläste zu bauen. Und ein gut abgelagerter Dschinn (so glaubte Pitirim Schwarz) würde, kaum der Flasche entwichen, keine Paläste bauen, sondern sich am Gegner schadlos halten. Es gab allerdings einen Haken bei der Sache: Es waren nicht genügend Flaschen mit Dschinns vorhanden; so gedachte Schwarz, seine Vorräte mithilfe der pelagischen Schleppnetzfischerei im Roten Meer und Mittelmeer zu ergänzen. Als er jedoch von der Wasserstoffbombe und der bakteriologischen Kriegsführung erfuhr, geriet er, so wurde es zumindest erzählt, aus dem seelischen Gleichgewicht und begann, alle Dschinns, die er besaß, auf die anderen Abteilungen zu verteilen. Dann ging er zu Cristóbal Junta, um den Sinn des Lebens zu erforschen, und ward seitdem nicht mehr gesehen.

Als ich vor der Tür stehen blieb, sah mich der Soldat mit dem einen Auge an und krächzte heiser: »Zutritt verboten, weitergehen …«, und schlief wieder ein. Ich warf nur kurz einen Blick in den leeren, schmuddeligen Raum, in dem Bruchstücke bizarrer Modelle und Fetzen mit primitiven Zeichnungen verstreut umherlagen; stieß mit der Fußspitze eine am Eingang liegende Mappe beiseite, auf der sich ein verblichener Aufdruck befand: »Streng geheim. Vor dem Lesen zu verbrennen«, und sah dann zu, dass ich weiterkam. Hier gab es nichts auszuschalten, und was die Selbstentzündung anging, so war hier alles, was sich hätte entzünden können, schon vor vielen Jahren abgebrannt.

Auch das Archiv befand sich auf dieser Etage. Es war ein düsterer, staubiger Raum und ähnelte dem Vestibül, nur war das Archiv bedeutend größer. Über seine enormen Ausmaße erzählte man sich, dass etwa einen halben Kilometer von der Eingangstür entfernt, mitten im Archiv, eine schnurgerade, mit Werstpfählen versehene Chaussee an den Regalen entlangführe. Roman war bis Werst neunzehn gekommen, wohingegen sich der hartnäckige Vitka Kornejew Siebenmeilenstiefel besorgt hatte und auf der Suche nach der technischen Dokumentation für das Translations-Kanapee bis Werst einhundertvierundzwanzig vorgedrungen war. Er wäre auch noch weiter gelaufen, hätte ihm dort nicht eine Danaidenbrigade mit Wattejacken und Abbauhämmern den Weg versperrt. Unter Aufsicht des pausbäckigen Kain rissen die Danaiden den Asphalt auf und verlegten neue Rohre.

Der Wissenschaftliche Rat hatte wiederholt erörtert, ob man parallel zur Chaussee eine Hochspannungsleitung bauen sollte, um leitungsgebundene Kontakte zu den Archivbenutzern herzustellen, aber alle Vorschläge waren am Fehlen der dafür notwendigen Mittel gescheitert.

Das Archiv beherbergte hochinteressante Bücher in allen, auch ausgestorbenen, Sprachen der Welt: von der Sprache der Atlanter bis hin zum Pidgin-Englisch. Mich aber interessierte dort vor allem die mehrbändige Ausgabe des »Buches der Schicksale«. Es war auf feinstem Reispapier in Petit gedruckt und enthielt in chronologischer Reihenfolge die nahezu vollständigen Daten von 73 619 024 m Pithecanthropus Ayuych (»Geb. 2.8.965543 v.u.Z., gest. 13.1.965522 v.u.Z. Eltern: Ramapithen. Frau: Ramapithecus. Kinder: Ad-Amm, männlich, E-Ua, weiblich. Nomadisierte mit einer Sippe Ramapithen im Tal des Ararat. Aß, trank und schlief, wie es ihm behagte. Bohrte das erste Loch in einen Stein. Bei der Jagd von einem Höhlenbären gefressen«). Der Letztgenannte im jüngsten Band der regulären Ausgabe vom vergangenen Jahr war Francisco Caetano Augustin Lucia Manuel Josefa Miguel Luca Carlos Pedro Trinidad (»Geb. 16.7.1491, gest. 17.7.1491. Eltern: Pedro Carlos Luca Miguel Josefa Manuel Lucia Augustin Caetano Francisco Trinidad und Maria Trinidad (s.o.). Portugiese. Anencephalus. Ritter des Heiligen-Geist-Ordens, Gardeoberst«).

Aus dem Impressum ging hervor, dass das Buch der Schicksale in einer Auflage von 1 (einem) Exemplar erschien und der letzte Band noch zu Lebzeiten der Brüder Montgolfier für den Druck freigegeben worden war. Um den Bedürfnissen der zeitgenössischen Leserschaft gerecht zu werden, brachte der Verlag zwischen den regulären Bänden sporadische Eilausgaben heraus, in denen nur die Geburts- und Todesjahre vermerkt waren. In einer dieser Ausgaben entdeckte ich auch meinen Namen. Allerdings hatten sich in der

Eile zahlreiche Druckfehler eingeschlichen, und ich erfuhr zu meinem Erstaunen, dass ich im Jahre 1611 sterben würde. Die achtbändige Ausgabe mit den Berichtigungen aber war noch nicht bis zu meinem Namen vorgedrungen.

Bei der Herausgabe des Schicksalsbuches hatte stets eine Gruppe der Abteilung für Prophezeiungen und Prognosen eine beratende Funktion ausgeübt. Doch war die Abteilung nach der kurzen Regentschaft von Sir Merlin ziemlich heruntergekommen. Das Institut hatte wiederholt die Stelle des Abteilungsleiters ausgeschrieben; doch jedes Mal hatte sich nur ein einziger Bewerber gemeldet – Merlin selbst.

Der Wissenschaftliche Rat hatte seine Bewerbung gewissenhaft geprüft und rundweg abgelehnt – mit dreiundvierzig Nein- und einer Ja-Stimme (Merlin gehörte dem Wissenschaftlichen Rat aus Tradition ebenfalls an).

Die Abteilung für Prophezeiungen und Prognosen nahm den gesamten zweiten Stock ein. Die Türen trugen hier Aufschriften wie: »Kaffeesatzgruppe«, »Augurengruppe«, »Pythiagruppe«, »Synoptikgruppe«, »Patiencengruppe« oder »Orakel von Solowetz«. Hier brauchte ich keinen Strom abzuschalten, weil die ganze Abteilung bei Kerzenlicht arbeitete. Auf der Tür der »Synoptikgruppe« stand frisch mit Kreide geschrieben: »Dunkel ist der Wolken Wasser«. Morgens wischte Merlin, die Intrigen seiner Neider verfluchend, den Spruch mit einem nassen Lappen ab, und über Nacht erneuerte er sich wieder. Worauf sich das Ansehen dieser Abteilung gründete, war mir unbegreiflich. Von Zeit zu Zeit hielten ihre Mitarbeiter merkwürdige Vorträge zu Themen wie »Der Augenausdruck des Auguren« oder »Die prädiktablen Eigenschaften des Mokka-Kaffeesatzes, Jahrgang 1926«. Mitunter gelang der »Pythiagruppe« eine zutreffende Vorhersage, worüber die Pythien jedes Mal so erschraken, dass die Wirkung verpuffte. Selbst W-Janus, ein außerordentlich taktvoller Mensch, konnte sich, wie wiederholt zu beobachten war, ein Lächeln nicht verkneifen, wenn er an einem Seminar der Pythien oder der Auguren teilnahm.

Im dritten Stock gab es nun endlich wieder etwas zu tun: Ich löschte das Licht in allen Räumen der Abteilung für Ewige Jugend. Junge Menschen gab es hier nicht, und die alten Leute, die an tausendjähriger Sklerose litten, vergaßen immer, das Licht auszuschalten. Allerdings hatte ich den Verdacht, dass daran nicht nur die Sklerose schuld war: Viele Alte fürchteten sich vor einem elektrischen Schlag, und für sie war ein Elektrozug noch immer eine »Eisenbahn«.

Im Sublimationslabor spazierte ein Modell des ewigen Jünglings gähnend zwischen den Tischreihen auf und ab. Es schien niedergedrückt, hatte die Hände in den Hosentaschen und schleifte seinen zwei Meter langen, grauen Bart über den Fußboden, sodass sich dieser immer wieder um die Stuhlbeine wickelte. Die bauchige Flasche mit Königssäure, die auf dem Hocker stand, räumte ich zur Sicherheit in den Schrank und begab mich dann in den Elektroniksaal.

Hier stand mein »Aldan«. Eine Zeit lang erfreute ich mich an seinem Anblick – er war schön, kompakt und glänzte geheimnisvoll. Die Mitarbeiter des Instituts verhielten sich meinem Projekt gegenüber sehr unterschiedlich: In der Buchhaltung wurde ich stets mit offenen Armen empfangen, und der Hauptbuchhalter, sparsam lächelnd, überhäufte mich mit langwierigen Lohn- und Rentabilitätsberechnungen. Gian Giacomo, Leiter der Abteilung für Universelle Transformation, war anfangs ebenfalls sehr angetan, verlor jedoch jedes Interesse an der Elektronik, als ihm klarwurde, dass der Aldan nicht einmal die simple Umformung eines Würfels Blei in einen Würfel Gold berechnen konnte; jetzt bedachte er uns nur noch selten mit einer, meist zufälligen, Aufgabe. Dafür konnte ich mich vor Aufträgen seines Lieblingsschülers Vitka Kornejew kaum retten. Auch Roman setzte mir beständig mit schwierigen Fragen aus dem Bereich der irrationalen Metamathematik zu. Cristóbal Junta, der bekanntermaßen immer und überall der Erste sein wollte, hatte es sich angewöhnt, nachts den Rechner an sein zentrales Nervensystem anzuschließen. Am nächsten Tag summte und knackte es dann laut und vernehmlich in seinem Kopf, und der Aldan, völlig aus dem Konzept gebracht, hörte schlagartig auf, im Binärsystem zu rechnen, und kehrte auf mir unbegreifliche Weise zu einem völlig veralteten Hexadezimalsystem zurück; obendrein kam er von der Logik ab, indem er plötzlich das Eindeutigkeitsprinzip negierte. Fjodor Simeonowitsch Kiwrin dagegen amüsierte sich mit meinem Rechner wie ein Kind mit seinem Spielzeug; er konnte stundenlang Gerade und Ungerade mit ihm spielen, brachte ihm das japanische Schachspiel bei und hauchte ihm, damit es noch interessanter wurde, eine unsterbliche Seele ein – eine übrigens ziemlich lebenslustige und arbeitsame. Janus Poluektowitsch (ich weiß nicht mehr, ob V- oder W-Janus) benutzte den Aldan nur ein einziges Mal. Zu diesem Zweck brachte er ein kleines, halb durchsichtiges Schächtelchen mit, das er an den Rechner anschloss. Nach etwa zehn Sekunden brannten im Computer sämtliche Sicherungen durch, worauf Janus Poluektowitsch sich bei mir entschuldigte, sein Schächtelchen wieder an sich nahm und ging.

Trotz dieser kleinen Missgeschicke, Ärgernisse und der Tatsache, dass der nunmehr beseelte Aldan mitunter den Text druckte: »Muss nachdenken. Bitte nicht stören«, trotz des Mangels an Reservemodulen und eines Gefühls der Hilflosigkeit, das mich überkam, wenn ich eine logische Analyse der inkongruenten Transgression der Inkubus-Umformung im Psi-Feld vornehmen sollte – trotz alldem war die Arbeit im Institut ungeheuer interessant, und ich war stolz, ganz offensichtlich gebraucht zu werden. Ich nahm beispielsweise alle Berechnungen für Romans Arbeit am

Vererbungsmechanismus bei bipolaren Homunkuli vor. Für Vitka Kornejew fertigte ich Tabellen der M-Feldstärke des Translations-Kanapees im neundimensionalen Magoraum an. Für unseren Patenbetrieb, die Fischfabrik, erstellte ich Kalkulationen. Ich berechnete den rentabelsten Transport für das Elixier des Kinderlachens. Für die Spaßvögel aus der Patiencengruppe berechnete ich sogar die Wahrscheinlichkeit für das Aufgehen der Patiencen »Großer Elefant«, »Staatsduma« und »Napoleons Grab«, und für Cristóbal Junta nahm ich sämtliche Quadraturen seines numerischen Verfahrens vor, wofür er mir den Weg ins Nirwana wies. Ich war zufrieden, meine Tage waren ausgefüllt, und mein Leben hatte einen Sinn.

Es war noch ziemlich früh – keine sieben Uhr. Ich schaltete den Aldan ein und arbeitete eine Weile. Um neun besann ich mich, schaltete schweren Herzens den Strom im Elektroniksaal ab und begab mich in den vierten Stock. Das Schneetreiben dauerte an – es war ein echter Neujahrssturm, der in den alten, verfallenen Schornsteinen heulte, Schneewehen unter den Fenstern wachsen ließ und die wenigen Straßenlaternen zum Schaukeln brachte.

Mein Weg führte mich an der Verwaltung vorbei. Modest Matwejewitschs Vorzimmer war mit kreuz und quer angebrachten Doppel-T-Trägern versperrt, und an jeder Seite der Tür stand mit blankem Säbel ein kräftiger Dschinn in Turban und Kampfausrüstung. In ihren geröteten und vom Schnupfen geschwollenen Nasen steckte ein massiver Goldring mit blecherner Inventarnummer. Es roch nach Schwefel, nach angesengter Wolle und nach Streptozidsalbe. Ich blieb kurz stehen, um mir die in unseren Breiten seltenen Dschinns anzusehen. Der an der rechten Türseite war unrasiert, trug eine schwarze Augenbinde und verschlang mich mit seinem einzigen Auge. Er stand in dem üblen Ruf, früher ein Menschenfresser gewesen zu sein – ich machte, dass ich weiterkam. Hinter mir hörte ich ihn geräuschvoll schniefen und mit seiner Zunge schnalzen.

In den Räumen der Abteilung für Absolutes Wissen standen sämtliche Oberfenster offen, weil der Gestank von Professor Wybegallos Heringsköpfen bis hierher gedrungen war. Die Fensterbretter waren voller Schnee, und unter den Radiatoren der Dampfheizung standen Pfützen. Ich schloss die Fensterchen und spazierte zwischen den mehr als sauberen Arbeitstischen auf und ab. Auf den Tischen blitzten nagelneue Tintenfässer, die jedoch überquollen vor Zigarettenkippen – eine merkwürdige Abteilung war das. Ihre Devise lautete: »Die Erkenntnis des Unendlichen erfordert unendlich viel Zeit.« Dagegen wäre nichts einzuwenden gewesen, wenn die Mitarbeiter daraus nicht den überraschenden Schluss gezogen hätten: »Ob du arbeitest oder nicht – es macht sowieso keinen Unterschied.« Auch um die Entropie des Universums nicht noch weiter zu beschleunigen, arbeiteten sie nicht. Jedenfalls die meisten von ihnen. »En masse«, wie Wybegallo gesagt hätte. Im Grunde genommen brauchten sie nur die Kurve der relativen Erkenntnis im Bereich ihrer asymptotischen Annäherung an die absolute Wahrheit zu analysieren. Deshalb war die eine Hälfte der Mitarbeiter pausenlos damit beschäftigt, mithilfe von Mercedes-Rechnern null durch null zu dividieren, während die andere Hälfte Dienstreisen in die Unendlichkeit unternahm. Von diesen Dienstreisen pflegten alle fidel und wohlgenährt zurückzukehren, um aus gesundheitlichen Gründen anschließend wieder Urlaub zu nehmen. Zwischen den Dienstreisen schlichen sie von Abteilung zu Abteilung, hockten mit qualmender Zigarette auf Schreibtischen und machten Witze über die Entdeckung des Unbestimmbaren nach der Lhopital-Methode. Man erkannte sie am leeren Blick und an den vom vielen Rasieren zerschabten Ohren. In dem halben Jahr, in dem ich am Institut arbeitete, hatten sie dem Aldan eine einzige Aufgabe gestellt; diese war ebenfalls darauf hinausgelaufen, null durch null zu dividieren, und hatte keinerlei absolute Wahrheit enthalten. Mag sein, dass der eine oder andere von ihnen auch einmal etwas Vernünftiges tat, aber mir war davon nichts bekannt.

Um halb elf erreichte ich die Etage von Amwrossi Ambrosjewitsch Wybegallo. Ich hielt mir ein Taschentuch vor die Nase, bemühte mich, durch den Mund zu atmen, und ging geradewegs in das Labor, das unter den Mitarbeitern als »Gebärstation« bekannt war. Hier wuchsen, so behauptete Professor Wybegallo, in Glaskolben Modelle des idealen Menschen heran. Tjä, also: Hier schlüpften sie. *Comprenez-vous?*

Im Labor war es stickig und dunkel. Ich schaltete das Licht ein, das auf glatte graue Wände fiel, an denen je ein Porträt von Äskulap, Paracelsus und Wybegallo selbst hingen. Wybegallo war mit einer schwarzen Kappe auf edel wallendem Lockenhaar abgebildet, und an seiner Brust prangte eine undefinierbare Medaille. An der vierten Wand hatte früher offensichtlich auch ein Porträt gehangen, doch davon waren nur noch ein dunkles Quadrat und drei rostige verbogene Nägel übrig.

Ein Autoklav stand mitten im Labor, ein zweiter, größerer, in einer Ecke. Um den mittleren Autoklav herum lagen ein paar Brotlaibe auf dem Fußboden, daneben standen verzinkte Eimer mit bläulicher Magermilch und ein großer Bottich mit gedämpfter Kleie. Dem Gestank nach zu urteilen waren auch die Heringsköpfe nicht weit. Im Labor herrschte Stille; aus dem Autoklav hingegen drang ein rhythmisches Knacken.

Aus unerfindlichen Gründen schlich ich auf Zehenspitzen zu dem mittleren Autoklav und lugte durch die Sichtscheibe. Und obwohl nichts Besonderes zu sehen war, wurde mir – wohl schon mürbe vom Gestank – speiübel: Im grünlichen

Halbdunkel waberte etwas Weißes, Unförmiges. Ich schaltete das Licht aus, verließ das Labor und schloss sorgfältig die Tür hinter mir ab. Gib ihm eins auf die Rübe, hörte ich Wybegallo sagen. Eine dunkle Ahnung überkam mich. Erst jetzt sah ich den um die Schwelle gezogenen Zauberkreis mit den krummen und schiefen Geheimzeichen. Bei genauem Hinsehen erkannte ich, dass es ein Bannspruch gegen Gallu war, den ewig hungrigen Dämon der Unterwelt.

Mit einem Gefühl der Erleichterung verließ ich Wybegallos Reich und stieg in den fünften Stock hinauf, wo sich Gian Giacomo und seine Mitarbeiter mit Theorie und Praxis der Universellen Transformation befassten. Auf dem Treppenabsatz hing ein farbiges Plakat mit einem Vers, der zur Schaffung einer öffentlichen Bibliothek aufrief. Die Idee stammte vom Gewerkschaftskomitee, der Vers von mir:

Frag bei Onkel und bei Tanten,
such im Keller und im Schrank,
spende Bücher und Folianten,
und du erntest heißen Dank.

Ich errötete und ging weiter. Im fünften Stock angekommen, fiel mir sofort auf, dass die Tür zu Vitka Kornejews Labor offen stand. Ich hörte einen heiseren Singsang und pirschte mich leise an die Tür heran.

3

Dich für meinen Gesang,
du im treibenden Sturm, genauso wie jetzt,
    Schnee und Wintertag in der Neige,
du in deiner vollen Rüstung, dein
    zwiefaches rhythmisches Pulsen
    und dein ruckartiges Stampfen …

Walt Whitman

… Vitka hatte vorgehabt, sich abends mit ein paar Leuten zu treffen und sein Double im Labor weiterarbeiten zu lassen. So ein Double ist eine interessante Sache: In der Regel handelt es sich dabei um eine recht getreue Kopie seines Schöpfers. Hat man beispielsweise alle Hände voll zu tun, baut man sich ein hirnloses, indifferentes Double, das nur dazu bestimmt ist, Kontakte zu löten, Lasten zu schleppen oder nach Diktat zu schreiben – das aber perfekt. Oder: Braucht man für ein Experiment das Modell eines Anthropoiden, baut man sich ein hirnloses, indifferentes Double, das nichts anderes kann, als die Wände hochzugehen oder Telepatheme zu empfangen – das aber perfekt. Oder ein ganz simpler Fall: Muss man beispielsweise sein Gehalt abholen, will aber keine Zeit verlieren, schickt man ein Double, das nichts anderes tut, als in der Schlange zu stehen, niemanden vorzulassen, auf der Gehaltsliste zu unterschreiben und das Geld nach Empfang an der Kasse nachzuzählen. Natürlich ist nicht jeder in der Lage, sich ein Double zu schaffen. Ich beispielsweise war noch nicht so weit: Die Doubles, die ich fertigbrachte, konnten überhaupt nichts – nicht einmal laufen. Es kam nicht selten vor, dass man irgendwo in einer Schlange stand und – wie es schien – Vitka, Roman oder Wolodja Potschkin vor sich sah und doch mit keinem Menschen reden konnte. Ein Double steht bloß da wie ein Ölgötze: ohne zu blinzeln, zu atmen oder von einem Bein aufs andere zu treten. Und um eine Zigarette kann man es auch nicht bitten.

Es gibt wahre Meister, die sich komplizierte, lernende Doubles mit mehreren Programmen bauen. Ein solches Superdouble hatte Roman im Sommer mit dem Moskwitsch losgeschickt. Es sah aus wie ich, und keiner der Jungs hatte etwas gemerkt. Das Double fuhr hervorragend Auto, fluchte, wenn es von einer Mücke gestochen wurde, und sang begeistert im Chor. In Leningrad angekommen, brachte es die Jungs nach Hause, lieferte den Leihwagen ab, bezahlte die Rechnung und löste sich vor den Augen des verblüfften Direktors des Autoverleihs in Luft auf.

Eine Zeit lang glaubte ich, bei V-Janus und W-Janus handle es sich ebenfalls um ein Original und sein Double. Das war aber keineswegs der Fall. Vor allem besaßen beide Direktoren einen Pass, ein Diplom, einen Betriebsausweis und andere wichtige Papiere. Mit solchen Dokumenten kann nicht einmal das komplizierteste Double aufwarten. Beim Anblick eines amtlichen Stempels auf seinem Foto gerät jedes Double in Wut und zerfetzt das Dokument auf der Stelle. Mit dieser rätselhaften Eigenschaft aller Doubles hatte sich Magnus Redkin längere Zeit beschäftigt, war der Aufgabe jedoch nicht gewachsen gewesen.

Außerdem waren V-Janus und W-Janus Eiweißlebewesen. Was hingegen Doubles angeht – so streiten sich Philosophen und Kybernetiker noch heute, ob es sich dabei überhaupt um Lebewesen handelt. Die meisten Doubles haben siliziumorganische Strukturen, es gibt aber auch welche auf Germaniumbasis, und in letzter Zeit sind Doubles aus Alupolymeren in Mode gekommen.

Schließlich das Wichtigste: Weder V-Janus noch W-Janus waren je künstlich erschaffen worden. Sie stellten weder Kopie und Original noch Zwillingsbrüder dar, sondern eine Person – Janus Poluektowitsch Newstrujew. Niemand im

Institut begriff das, aber alle wussten es, sodass man es gar nicht erst zu begreifen versuchte.

Vitkas Double starrte, die Hände auf den Labortisch gestützt, gebannt auf einen kleinen Ashby-Homöostaten und summte ein Lied zu einer ehemals populären Melodie:

»Wir sind kein Newton und auch kein Descartes,
die Wissenschaft ist uns ein Wald, ein bunter,
voll Wunder.
Sind Astronomen, ganz normale – klar! –
und hol'n vom Himmel schon die Sternchen runter.«

Nie zuvor hatte ich gehört, dass Doubles singen können, aber von Vitkas Double war alles zu erwarten. Ich erinnerte mich an eines, das es sogar gewagt hatte, sich wegen des übermäßigen Verbrauchs von Psychoenergie mit Modest Matwejewitsch anzulegen. Dabei fürchteten selbst meine hand- und fußlosen Vogelscheuchen Modest Matwejewitsch wie der Teufel das Weihwasser.

Rechts vom Double stand der mit einer Plane zugedeckte Zweigangtranslator ZGT-80 E in der Ecke, ein Abfallprodukt des Kiteshgrader Werkes für Magietechnik. Und neben dem Labortisch glänzte im Licht dreier Scheinwerfer der geflickte Lederbezug meines wohlbekannten, alten Kanapees. Darauf stand eine Kinderbadewanne mit Wasser, in dem ein toter Barsch auf dem Rücken schwamm. Im Labor standen außerdem noch ein paar mit Geräten vollgestopfte Stellagen, und direkt neben der Tür eine große verstaubte Fünfundzwanzigliterflasche aus grünem Glas. Darin steckte ein versiegelter Dschinn, und man konnte sehen, wie er sich darin bewegte und mit den Augen rollte.

Vitkas Double riss sich vom Homöostaten los, setzte sich neben der Wanne aufs Kanapee, blickte starr auf den krepierten Fisch und sang ein Couplet:

»Wir möchten gerne die Natur bezwingen
und was dahintersteckt vor allen Dingen
verstehn;
so schaun wir in das Weltgebäude – klar! –
und gucken dumm – was gibt es da zu sehn?«

Der Barsch rührte sich nicht. Da steckte das Double seinen Arm ins Kanapee und stocherte angestrengt schnaufend darin herum.

Das Kanapee war ein Translator. Es umgab sich mit einem M-Feld, das, simpel ausgedrückt, die reale Wirklichkeit in eine märchenhafte verwandelte. In jener denkwürdigen Nacht in Naina Kiewnas Hütte hatte ich das am eigenen Leib erfahren, und gerettet hatte mich damals nur die Tatsache, dass das Kanapee bloß auf einem Viertel seiner Kraft lief, sonst wäre ich am nächsten Morgen vielleicht als Däumling aufgewacht. Für Magnus Redkin steckte in dem Kanapee möglicherweise die gesuchte Weiße These. Für Modest Matwejewitsch war es ein Museumsstück mit der Inventarnummer elf dreiundzwanzig, über das er seine Hand hielt. Für Vitka Kornejew war es das Arbeitswerkzeug Nummer eins. Darum stahl er das Kanapee jede Nacht, was Magnus Redkin – eifersüchtig – stets dem Kaderleiter, dem Genossen Djomin, meldete, während Modest Matwejewitschs ganzes Tun darauf abzielte, dies alles zu unterbinden. Vitka stahl das Kanapee, bis sich schließlich Janus Poluektowitsch einschaltete: Ihm war es gelungen, Redkin zu neutralisieren und Modest Matwejewitsch ein wenig in den Hintergrund zu drängen (und zwar in enger Zusammenarbeit mit Fjodor Simeonowitsch, unter aktiver Mitwirkung Gian Giacomos und gestützt auf ein offizielles Schreiben des Präsidiums der Akademie der Wissenschaften, das von vier Akademiemitgliedern persönlich unterschrieben worden war). Modest Matwejewitsch erklärte seinerseits, er, als der materiell Verantwortliche, wolle davon nichts hören, sondern bestehe darauf, dass das Kanapee mit der Inventarnummer elf dreiundzwanzig in dem speziell dafür vorgesehenen Raum verbleibe. Andernfalls, so drohte er, könnten alle etwas erleben, auch die Akademiemitglieder. Janus Poluektowitsch hatte seinerseits nichts dagegen, etwas zu erleben, Fjodor Simeonowitsch genauso, und Vitka, nicht faul, schleppte das Kanapee auf der Stelle in sein Labor.

Im Gegensatz zu den Faulpelzen der Abteilung für Absolutes Wissen war Vitka von seiner Arbeit besessen. Er hätte am liebsten das Wasser sämtlicher Meere und Ozeane des Planeten in lebendes Wasser verwandelt. Allerdings war er über das Stadium des Experiments noch nicht hinausgekommen.

Der Barsch in der Wanne kam jetzt zu sich und drehte sich auf den Bauch. Das Double zog den Arm aus dem Kanapee. Der Barsch bewegte apathisch die Flossen, gähnte, kippte auf die Seite und drehte sich wieder auf den Rücken.

»Mistvieh«, zischte das Double erbost.

Das machte mich stutzig, denn der Ausruf war emotional gefärbt. Kein Labordouble hätte sich je so ausgedrückt. Das Double steckte die Hände in die Taschen, stand langsam auf und erblickte mich. Wir starrten uns ein paar Sekunden lang an.

Dann fragte ich hämisch: »Na, immer noch fleißig?«

Das Double blickte mich ausdruckslos an.

»Lass das Theater«, sagte ich. »Ich weiß, was los ist.«

Das Double stand wie versteinert da und zuckte mit keiner Wimper.

»Hör zu«, sagte ich. »Es ist jetzt halb elf. Ich geb dir noch zehn Minuten. Räum hier auf, schmeiß den toten Fisch weg, und geh tanzen. Den Strom schalte ich nachher selbst ab.«

Das Double stülpte die Lippen vor und machte langsam einen Schritt zurück. Es bewegte sich sehr vorsichtig nach hinten, machte einen Bogen um das Kanapee und sah zu, dass der Labortisch zwischen uns stand. Ich blickte demonstrativ auf die Uhr. Das Double murmelte eine Beschwörungsformel, und auf dem Tisch erschienen eine Mercedes-Rechenmaschine, ein Schreiber und ein Stapel Papier. Das Double knickte in den Knien ein, hing in der Luft, schrieb etwas und warf mir von Zeit zu Zeit einen misstrauischen Blick zu. Das wirkte so echt, dass mir Zweifel kamen. Allerdings gab es ein sicheres Mittel, die Wahrheit herauszufinden. Doubles sind in der Regel völlig unempfindlich gegenüber Schmerzen. Ich kramte eine kleine, spitze Zange aus meiner Hosentasche, ließ sie auf- und zuschnappen und näherte mich dem Double. Das Double hörte auf zu schreiben. Ich blickte ihm direkt in die Augen, zwickte mit der Zange einen Nagelkopf ab, der aus dem Tisch ragte, und sagte: »Na?«

»Was willst du von mir?«, fragte Vitka. »Du siehst doch: Ich habe zu tun.«

»Du bist ein Double«, erwiderte ich. »Wie kannst du es wagen, mit mir zu diskutieren?«

»Steck die Zange weg«, verlangte er.

»Und du lass die Faxen«, bat ich. »Von wegen Double.«

Vitka setzte sich auf die Tischkante und rieb sich müde die Ohren.

»Heute will einfach nichts klappen«, teilte er mir mit. »Ich mache nur Mist. Das Double, das ich gebaut hatte, war zu nichts zu gebrauchen. Alles fiel ihm aus der Hand, und dann setzte sich der Trottel auch noch auf das Umoplekt. Ich hab ihm eine geknallt und mir dabei fast die Hand verrenkt. Und dieser Barsch krepiert einfach.«

Ich trat ans Kanapee und warf einen Blick in die Wanne.

»Was ist denn mit ihm?«

»Woher soll ich das wissen?«

»Wo hast du ihn denn her?«

»Vom Markt.«

Ich zog den Barsch am Schwanz aus dem Wasser:

»Was willst du? Ist doch ein ganz normaler toter Fisch.«

»Hornochse«, versetzte Vitka. »Das ist doch lebendes Wasser.«

»Aha«, sagte ich und überlegte, was ich ihm raten konnte. Vom Wirkungsmechanismus des lebenden Wassers hatte ich nur sehr verschwommene Vorstellungen. Hauptsächlich aus dem Märchen von Iwan Zarewitsch und dem Grauen Wolf … Der Dschinn bewegte sich in der Flasche langsam hin und her und wischte von Zeit zu Zeit mit der Handfläche über das von außen eingestaubte Glas.

»Du könntest mal das Glas putzen«, schlug ich vor, da mir nichts Besseres einfiel.

»Was?«

»Du könntest mal den Staub vom Glas wischen. Er langweilt sich doch da drin.«

»Na und, dann langweilt er sich eben«, meinte Vitka zerstreut. Er steckte wieder den Arm ins Kanapee und stocherte darin herum. Der Barsch kam zu sich.

»Hast du gesehen?«, fragte Vitka. »Bei Höchstspannung ist alles in Ordnung.«

»Ein ungeeignetes Exemplar«, vermutete ich auf gut Glück.

Vitka zog den Arm aus dem Kanapee und starrte mich an. Er machte Augen wie ein Double. »Ein Exemplar ist dem anderen ein Wolf.«

»Wahrscheinlich war er tiefgefroren«, sagte ich, schon mutiger geworden.

Aber Vitka hörte mir gar nicht zu.

»Wo krieg ich nur einen Fisch her?«, überlegte er, wobei er sich nach allen Seiten umsah und seine Taschen abklopfte. »Ich brauche einen Fisch.«

»Wozu?«, fragte ich.

»Richtig«, sagte Vitka. »Wozu? Wenn ich keinen anderen Fisch habe«, fuhr er nachdenklich fort, »dann nehme ich einfach anderes Wasser. Richtig?«

»Nein«, widersprach ich. »So wird das nichts.«

»Wie dann?«, wollte Vitka begierig wissen.

»Verschwinde«, forderte ich ihn auf. »Mach, dass du wegkommst.«

»Wohin denn?«

»Wohin du willst.«

Er stieg über das Kanapee und packte mich am Kragen.

»Jetzt hör mir mal gut zu«, drohte er. »Es gibt nichts auf der Welt, was völlig identisch wäre. Alles schwört auf die gaußsche Verteilungskurve, aber Wasser ist nicht gleich Wasser. Der alte Esel hat nicht berücksichtigt, dass es auch eine Streuung der Eigenschaften gibt.«

»He, Freundchen«, mahnte ich. »Es ist bald Neujahr! Verrenn dich jetzt nicht!«

Er ließ mich los und hastete aufgeregt hin und her. »Wo hab ich es bloß hingesteckt? Ich Trottel! ... Wo hab ich's nur ...? Ach, da ist es ja!«

Er stürzte zu dem Stuhl, auf dem hochkant das Umoplekt stand – dasselbe wie damals. Ich sprang zur Tür zurück und bat ihn noch einmal: »Komm zu dir! Es ist bald Mitternacht! Sie warten doch auf dich! Verotschka wartet!«

»Ach wo«, antwortete er. »Ich hab ihnen ein Double geschickt. Ein erstklassiges Double mit vielen Extras. Einen richtigen Laffen. Der erzählt Witze, macht Handstand und tanzt wie aufgezogen.«

Er ließ das Umoplekt in seinen Händen kreisen, kniff ein Auge zu und überlegte.

»Du sollst verschwinden! Los, mach, dass du wegkommst!«, brüllte ich verzweifelt.

Doch bei dem Blick, den Vitka mir zuwarf, wurden mir die Knie weich. Es wurde ernst. Vitka befand sich jetzt in einem Zustand, in dem es Magier fertigbringen, jemanden ohne mit der Wimper zu zucken in eine Spinne, eine Assel oder ein anderes stilles Tier zu verwandeln. Ich kauerte mich neben den Dschinn. Und sah Vitka zu.

Vitka hatte die klassische Pose für materielle Beschwörungen eingenommen (die »Position Martychor«): Über den Tisch wallten rosige Dämpfe, Schatten fuhren wie Fledermäuse auf und nieder, die Rechenmaschine und das Papier verschwanden, und mit einem Mal bedeckte sich der ganze Tisch mit Gefäßen, in denen durchsichtige Lösungen schwappten. Ohne hinzusehen, stellte Vitka das Umoplekt auf einen Stuhl, ergriff eines der Gefäße und musterte es prüfend. Mir war völlig klar, dass ich ihn jetzt nicht mehr aus dem Labor bekäme. Er räumte hastig die Wanne vom Kanapee, war mit einem Satz bei den Stellagen und schleppte ein großes kupfernes Aquavitometer zum Tisch. Ich wollte es mir gerade bequem machen und dem Dschinn ein Guckloch ins Glas reiben, als im Korridor Stimmen und Schritte laut wurden und eine Tür nach der anderen auf- und zuklappte. Ich sprang auf und stürmte aus dem Labor hinaus.

Von nächtlicher Stille war in dem riesigen Gebäude nichts mehr zu spüren. Im Korridor brannten sämtliche Lampen. Jemand stürmte Hals über Kopf die Treppe hinunter, ein anderer rief: »Walka! Die Spannung lässt nach! Lauf in den Akkuraum!«, ein Dritter schüttelte auf dem Treppenpodest seinen Pelz aus, und der nasse Schnee wirbelte in alle Richtungen. Mir kam raschen Schritts und mit nachdenklicher Miene der vornehm gebeugte Gian Giacomo entgegen, und hinter ihm her trippelte ein Gnom mit der riesigen Aktentasche unter dem Arm und dem Spazierstock zwischen den Zähnen. Wir tauschten einen kurzen Gruß. Der große Zauberer roch nach gutem Wein und französischem Parfüm. Ich wagte nicht, ihn aufzuhalten, und er ging durch die geschlossene Tür in sein Kabinett. Der Gnom schob die Aktentasche und den Spazierstock hinterher und verschwand im Radiator der Dampfheizung.

»Was soll der Spuk?«, schrie ich und rannte zur Treppe.

Im Institut wimmelte es von Mitarbeitern. Es schienen sogar noch mehr zu sein als an gewöhnlichen Werktagen. In allen Arbeitszimmern und Labors brannte Licht, sämtliche Türen standen offen. Im Institut herrschte der übliche Lärm. Elektrische Entladungen krachten, monotone Stimmen diktierten Zahlen und murmelten Beschwörungen, Mercedes- und Rheinmetall-Rechenmaschinen ratterten. Und all die Geräusche wurden noch übertönt von der sieghaft schallenden Stimme Fjodor Simeonowitschs: »Das ist g-gut, das ist ausgezeichnet! Das haben Sie g-großartig gemacht, mein Guter! Aber w-welcher Esel hat d-den Generator abgeschaltet?« Jemand verpasste mir einen Stoß mit einem scharfkantigen Gegenstand, sodass ich mich ans Treppengeländer klammerte. Ich schnaubte vor Wut; es waren Wolodja Potschkin und Edik Amperjan, die eine Koordinatenmessmaschine mit dem Gewicht einer halben Tonne in ihre Etage transportierten.

»Ah, Sascha!«, grüßte Edik freundlich.

»Aus dem Weg, Sascha!«, schrie Wolodja Potschkin, der rückwärts die Treppe herunterkam. »Weiter, weiter!«

Ich packte ihn beim Schlafittchen. »Wieso bist du im Institut? Wie kommst du hier rein?«

»Durch die Tür natürlich. Lass mich los!«, forderte Wolodja.

»Mehr nach rechts, Edik! Siehst du nicht, dass sie so nicht durchpasst?«

Ich ließ von ihm ab und stürmte die Treppe hinunter ins Vestibül. Im Namen der Verwaltung erfüllte mich Empörung. »Euch werd ich's zeigen«, murmelte ich und übersprang bei jedem Satz vier Stufen. »Euch werd ich's zeigen, ihr Faulpelze. Ihr könnt doch nicht Hinz und Kunz hier hereinlassen!« Anstatt ihre Arbeit zu tun, spielten die Makrodämonen an Ein- und Ausgang Roulette, zitterten vor Erregung und phosphoreszierten wie im Fieber. Vor meinen Augen sprengte der pflichtvergessene Dämon, der für den

Einlass zuständig war, gerade die Bank des pflichtvergessenen Dämons, der für den Ausgang zuständig war, in mindestens siebzig Milliarden Moleküle. Das Roulette erkannte ich sofort. Es gehörte mir. Ich hatte es eigenhändig für einen geselligen Abend angefertigt und bewahrte es im Elektroniksaal hinter einem Schrank auf, und der Einzige, der davon wusste, war Vitka Kornejew. Ich witterte eine Verschwörung. Die konnten was erleben! Und dabei strömten immerzu neue Mitarbeiter ins Vestibül, mit fröhlichen roten Gesichtern und schneebedeckten Mänteln und Mützen.

»Ist das ein Schneetreiben! Sogar meine Ohren sind zugeweht!«

»Ach, du bist auch gegangen?«

»Es war doch stinklangweilig. Alle lassen sich vollllaufen. Na, dachte ich mir, da gehst du lieber arbeiten. Ich hab ihnen ein Double dagelassen und bin los.«

»Und wie ich so mit ihr tanze, merke ich, dass mir ein Fell wächst. Ich hab gleich einen hintergekippt, aber das hat auch nicht geholfen …«

»Und ein Elektronenstrahl? Mit großer Masse? Da müssten doch die Photonen …«

»Alexej, hast du einen Laser übrig? Überlass mir wenigstens den Gaslaser …«

»Galka, hast du etwa deinen Mann allein gelassen?«

»Weißt du was? Ich bin schon vor einer Stunde gegangen. Unterwegs bin ich in eine Schneewehe geraten, und um ein Haar wäre ich darin erstickt.«

Mir wurde klar, dass ich versagt hatte. Nun brauchte ich den Dämonen das Roulette auch nicht mehr wegzunehmen. Mir blieb nichts anderes übrig, als Vitka, den Provokateur, zur Hölle zu schicken. Mochte kommen, was wollte. Ich drohte den Dämonen mit der Faust, schleppte mich die Treppe hoch und malte mir aus, was geschehen würde, wenn jetzt Modest Matwejewitsch ins Institut käme.

Mein Weg zum Vorzimmer des Direktors führte am Prüfstand vorbei. Hier versuchte man, einen aus einer Flasche entwichenen Dschinn zu zähmen. Der riesige, vor Wut dunkelblau angelaufene Dschinn tobte durch eine Voliere, die mit Dschan-ben-Dschan-Schilden verkleidet und nach oben mit einem starken Magnetfeld verschlossen war. Der mit Hochspannungsentladungen gepeitschte Dschinn heulte und fluchte in mehreren toten Sprachen, sprang wild umher, spie Feuer und baute wutschnaubend Paläste, die er sogleich wieder einriss, bis er endlich klein beigab, sich auf den Fußboden setzte und, weiterhin unter Entladungen zuckend, mit kläglicher Stimme jaulte: »Genug, das reicht, hört endlich auf, ich will's ja auch nicht wieder tun … Oje, oje … Ich bin ja schon ganz still.«

Am Pult der Entladungsstrecke standen seelenruhig ein paar junge Leute, die mit keiner Wimper zuckten – samt und sonders Doubles. Die Originale hatten sich um den Rütteltisch versammelt, blickten immer wieder auf die Uhr und entkorkten Flaschen.

Ich trat zu ihnen.

»Ah, Sascha!«

»Sascha, altes Haus, wie man hört, bist du heute Diensthabender. Ich komme nachher mal bei dir vorbei.«

»He, besorgt ihm doch mal ein Glas, ich hab keine Hand frei.«

Ehe ich zur Besinnung kam, hielt ich schon ein Glas in der Hand. Die Korken knallten gegen die Dschan-ben-Dschan-Schilde, und aus den Flaschen sprudelte eiskalter Sekt. Die Entladungen verstummten, der Dschinn hörte auf zu jaulen und schnupperte. Im selben Augenblick schlug zwölfmal die Kremluhr.

»Jungs! Es lebe der Montag!«

Die Gläser klirrten. Dann fragte jemand mit einem Blick auf die Flasche: »Wer hat den Sekt gemacht?«

»Ich.«

»Vergiss morgen nicht, ihn zu bezahlen.«

»Noch eine Flasche?«

»Lieber nicht, sonst erkälten wir uns.«

»Da haben wir wirklich ein Prachtexemplar von einem Dschinn erwischt. Er hat bloß schwache Nerven.«

»Geschenktem Gaul …«

»Macht nichts, er wird fliegen wie ein Vögelein. Hauptsache, er steht mit seinen Nerven vierzig Umdrehungen durch.«

»Jungs«, sagte ich zaghaft. »Draußen ist stockfinstere Nacht. Und außerdem ist Feiertag. Ihr solltet nach Hause gehen.«

Sie sahen mich an, klopften mir auf die Schulter und sagten: »Macht nichts, das geht vorbei.« Dann traten sie einträchtig an die Voliere. Die Doubles schoben eins der Schilde beiseite, die Originale umringten den Dschinn, hielten ihn an Armen und Beinen fest und schleppten ihn zum Rütteltisch. Der Dschinn jaulte ängstlich auf und versprach den Jungs alle Schätze der Erde. Ich stand hilflos daneben und sah zu, wie sie ihn anschnallten und an allen nur erdenklichen Körperteilen Mikrosensoren anschlossen. Dann tippte ich gegen den Schild. Er war groß und schwer, stellenweise verkohlt und durch aufprallende Kugelblitze eingedellt. Die Dschan-ben-Dschan-Schilde bestanden aus sieben übereinandergelegten Drachenhäuten, waren in der Galle von Vatermördern gegerbt und für den direkten Blitzeinschlag vorgesehen. Alle im Institut vorhandenen Schilde waren seinerzeit aus der Schatzkammer der Königin von Saba entnommen worden – ob von Cristóbal Junta oder von Merlin, war nicht bekannt. Junta sprach nie darüber, wohingegen Merlin bei jeder Gelegenheit damit prahlte und stets die zweifelhafte Autoritat König Artus' ins Feld führte. An jedem Schild war mit Tapeziernägeln eine blecherne Inventarnummer befestigt. Eigentlich hätten auf der einen Seite sämtliche berühmte Schlachten der Vergangenheit und auf der anderen sämtliche große Schlachten der Zukunft abgebildet sein müssen. Tatsächlich aber prangte auf dem Schild, vor dem ich stand, eine Art Düsenjäger, der eine Fahrzeugkolonne angriff, während die Innenseite mit Mustern bedeckt war, die an abstrakte Gemälde erinnerten.

Der Dschinn wurde auf dem Rütteltisch durchgeschüttelt. Er kicherte und kreischte: »Oh, wie das kitzelt …! Oh, ich kann nicht mehr!« Ich kehrte in den Korridor zurück. Hier roch es nach bengalischem Feuer. Unter der Decke kreisten Nachtfalter, die immer wieder gegen die Wände stießen und bunte Rauchfahnen hinter sich herzogen. Raketen zischten durch die Gänge. Wolodja Potschkins Double kam mir entgegen, es schleppte eine gigantische Inkunabel mit kupfernen Schließen; zwei Doubles Roman Oira-Oiras ächzten unter der Last eines gewaltigen U-Trägers, und schließlich kam Roman selbst mit einem Stapel himmelblauer Mappen aus dem Archiv der Abteilung für Unlösbare Probleme. Anschließend lief mir noch ein grimmig dreinschauender Laborant aus der Abteilung für den Sinn des Lebens über den Weg, der eine Schar zeternder Gespenster in den Umhängen von Kreuzrittern zu Cristóbal Junta zum Verhör brachte. Sie alle waren sehr beschäftigt.

Die Arbeitsgesetzgebung wurde vorsätzlich verletzt, und ich merkte, dass ich absolut keine Lust mehr hatte, dagegen anzugehen. All diese Leute hatten sich in der Neujahrsnacht durch den Schneesturm gekämpft, weil sie lieber ein nützliches Werk in Angriff nahmen oder vollendeten, als sich mit Wodka zu betrinken, sinnlos die Beine zu verrenken, Pfänderspiele zu veranstalten und sich in Flirts zu stürzen. Die Leute waren gern zusammen, und Feiertage waren ihnen ein Gräuel, weil sie sich ohne Arbeit langweilten. Es waren Magier, echte Menschen, deren Devise lautete: »Der Montag fängt am Samstag an.« Ja, sie kannten die eine oder andere Beschwörungsformel, sie konnten Wasser in Wein verwandeln, und jeder von ihnen hätte leicht fünftausend Menschen mit fünf Brotlaiben sättigen können. Aber nicht deshalb wurden sie zu Magiern. Das machte sie nicht aus. Magier waren sie, weil sie viel wussten, so viel, dass bei ihnen die Quantität schließlich in Qualität umschlug und sie zur Welt ein anderes Verhältnis bekamen als andere Menschen. Sie arbeiteten in einem Institut, das sich vor allem mit dem menschlichen Glück und mit dem Sinn des Lebens befasste, aber auch sie wussten nicht genau, was das Glück ist und worin der Sinn des Lebens besteht. Darum einigten sie sich auf die Arbeitshypothese, dass sowohl das Glück als auch der Sinn des Lebens im unaufhörlichen Erkennen des bisher Unbekannten liegt. Im Grunde seines Herzens ist jeder Mensch ein Magier; zu einem wirkenden Magier wird er aber nur dann, wenn er anfängt, weniger an sich als an andere zu denken, wenn er lieber arbeitet, als sich zu amüsieren. Und wahrscheinlich war die Arbeitshypothese gar nicht so weit von der Wahrheit entfernt, denn genau wie die Arbeit den Affen zum Menschen macht, macht das Fehlen von Arbeit den Menschen – und das in sehr viel kürzerer Zeit – zum Affen. Ja, schlimmer noch als zum Affen …

Im Leben merkt man das nicht immer. Nichtstuer und Schmarotzer, Rüpel und Karrieristen gehen nach wie vor auf den Hinterbeinen und drücken sich durchweg verständlich aus (obwohl ihr Themenkreis stark eingeengt ist). Was die Vorliebe für enge Hosen und Jazz angeht, wonach früher einmal der Grad des Affenähnlichen bestimmt wurde, so stellte sich bald heraus, dass diese selbst bei den besten Magiern zu finden war.

Im Institut aber ließ sich der Rückschritt nicht verbergen. Es bot jedem Menschen unbegrenzte Möglichkeiten, sich in einen Magier zu verwandeln. Abweichlern und Abtrünnigen gegenüber aber war es erbarmungslos – und erkannte sie auf Anhieb. Ein Mitarbeiter brauchte nur für eine Stunde (wenn auch nur in Gedanken) seinem Egoismus oder seinen Instinkten nachzugeben, schon merkte er mit Schrecken, dass ihm ein Fell auf den Ohren spross. Das war eine Warnung – so wie der Pfiff des Milizionärs vor einer Strafe warnt, und der Schmerz vor einer Verletzung. Nun hing alles von einem selbst ab. Der Mensch kommt nicht immer gegen seine schwarzen Gedanken an, dafür ist er ein Mensch – ein Zwischenschritt zwischen Neandertaler und Magier. Aber wenn er sich gegen diese Gedanken zur Wehr setzt, hat er eine Chance. Winkt er hingegen ab und resigniert (»Man lebt nur einmal«, »Man muss mitnehmen, was sich bietet«, »Nichts Menschliches ist mir fremd«), bleibt ihm nur eins: das Institut so schnell wie möglich zu verlassen. Draußen kann er wenigstens noch ein ordentlicher Bürger sein, der brav, wenn auch träge für sein Gehalt arbeitet. Diese Entscheidung aber fällt schwer: Im Institut ist es warm und gemütlich, die Arbeit ist sauber, hoch angesehen und wird gut bezahlt, die Kollegen sind großartig. So bleiben sie also und lungern unter den mitleidigen und vorwurfsvollen Blicken der anderen in Korridoren und Labors herum, mit Ohren, aus denen harte, graue Wolle sprießt; sie werden zunehmend unfähig, zusammenhängend zu sprechen und verblöden zusehends. Man kann sie noch bedauern, versuchen, ihnen zu helfen und hoffen, dass sie eines Tages ihr menschliches Wesen zurückgewinnen.

Doch es gibt auch andere: Menschen mit leeren Augen, die sich nicht die Butter vom Brot nehmen lassen und keinesfalls dumm sind. Sie kennen die menschliche Natur, agieren berechnend und prinzipienlos, wissen um die Macht menschlicher Schwächen und ziehen aus dem größten Übel noch Gewinn – darin sind sie unermüdlich. Sie rasieren sich fleißig die Ohren und erfinden nicht selten erstaunliche Mittel zur Eindämmung des Haarwuchses. Um die Verkrümmung ihrer Wirbelsäule zu kaschieren, tragen sie Korsetts aus Drachenbein, hüllen sich in weite mittelalterliche Umhänge und Bojarenpelze und berufen sich auf die alten Zeiten als die einzig wahren in ihrem Land. Sie klagen vor aller Ohren über ihren Rheumatismus und tragen sommers wie winters hohe, mit Leder beschlagene Filzstiefel. Und oft genug erreichen sie Ansehen und beachtliche Erfolge bei ihrer Hauptbeschäftigung: dem Aufbau einer herrlichen Zukunft in einer eigenen Wohnung oder einem eigenen Gartengrundstück, auf dem sie sich hinter Stacheldraht vor allen anderen verschanzen.

Ich kehrte auf meinen Posten im Vorzimmer des Direktors zurück, warf die unnützen Schlüssel in die Schublade und las ein paar Seiten in Janus Poluektowitsch Newstrujews klassischem Werk »Gleichungen der mathematischen Magie«. Das Buch las sich wie ein Abenteuerroman, weil es über und über gespickt war mit detailliert beschriebenen, aber ungelösten Aufgaben. Mich überkam ein solcher Drang zu arbeiten, dass ich schon auf meinen Bereitschaftsdienst pfeifen und zu meinem Aldan gehen wollte, als Modest Matwejewitsch anrief.

Geräuschvoll kauend, erkundigte er sich aufgebracht: »Wo stecken Sie, Priwalow? Ich rufe schon das dritte Mal an. Das ist eine Zumutung!«

»Gutes neues Jahr, Modest Matwejewitsch«, sagte ich.

Er kaute noch eine Weile schweigend weiter und erwiderte dann einen Ton freundlicher: »Ihnen auch. Was macht der Dienst?«

»Ich habe gerade meine Runde durch die Betriebsräume beendet«, antwortete ich. »Es ist alles in Ordnung.«

»Keine Selbstentzündungen?«

»Nein, keine.«

»Ist der Strom überall abgeschaltet?«

»Briareos hatte sich einen Finger ausgerenkt«, teilte ich ihm mit.

Er horchte auf.

»Briareos? Warten Sie mal ... Aha, Inventarnummer vierzehn neunundachtzig. Wie kam das?«

Ich erzählte es ihm.

»Was haben Sie unternommen?«

Ich erläuterte es.

»Richtige Entscheidung«, anerkannte Modest Matwejewitsch. »Setzen Sie Ihren Dienst fort. Das wär's.«

Kurz nach Modest Matwejewitsch rief Edik Amperjan von der Abteilung für Lineares Glück an und bat mich höflich um eine Berechnung der optimalen Sorglosigkeitskoeffizienten für leitende Kader. Ich sagte zu, und wir verabredeten, uns in zwei Stunden im Elektroniksaal zu treffen. Dann kam Romans Double und bat mich mit farbloser Stimme um die Schlüssel zu Janus Poluektowitschs Panzerschrank. Ich verweigerte sie ihm. Er blieb hartnäckig. Dann warf ich ihn hinaus.

Eine Minute später war Roman selbst da.

»Rück die Schlüssel raus!«

Ich schüttelte den Kopf.

»Nein.«

»Rück die Schlüssel raus!«

»Lass mich zufrieden. Ich bin hier der Verantwortliche.«

»Sascha, ich trag den ganzen Panzerschrank weg!«

Ich grinste und sagte: »Bitte.«

Roman heftete seinen Blick auf den Panzerschrank und spannte all seine Kraft an, aber der Panzerschrank war entweder besprochen oder am Fußboden festgeschraubt.

»Was brauchst du denn daraus?«, wollte ich wissen.

»Die Dokumentation für die RU-16«, antwortete Roman. »Nun rück schon die Schlüssel raus!«

Lachend streckte ich die Hand nach dem Schubfach mit den Schlüsseln aus. Und im selben Augenblick ertönte über uns ein markerschütterndes Kreischen. Ich sprang auf.

4

Weh mir! Klein bin ich und schwach,
leichte Beute dem Vampir …

Alexander Sergejewitsch Puschkin

»Er ist geschlüpft«, erklärte Roman ungerührt und sah zur Decke hoch.

»Wer?« Ich war völlig durcheinander: Das war doch eine Frauenstimme gewesen, die da gekreischt hatte.

»Wybegallos Vampir«, antwortete Roman. »Genauer gesagt, sein Kadaver.«

»Und wieso hat da eine Frau geschrien?«

»Das wirst du gleich sehen«, sagte Roman.

Er packte mich am Arm, stieß sich vom Erdboden ab und schoss mit mir durch mehrere Etagen. Unsere Körper drangen in die Zimmerdecken ein wie ein Messer in erstarrtes Fett, tauchten dann mit einem schmatzenden Laut wieder auf und verschwanden von Neuem in einer Zwischendecke. In den Hohlräumen war es dunkel, und winzige Gnome und Mäuse stoben mit erschrockenem Piepsen auseinander, während die Kollegen in den Labors und Arbeitszimmern, die wir durchquerten, verblüfft aufsahen.

In der »Gebärstation« bahnten wir uns einen Weg durch die neugierige Menge und erblickten an einem Labortisch Professor Wybegallo – vollkommen nackt. Seine bläulich weiße Haut schimmerte feucht, sein nasser Bart hing keilförmig herab, die nassen Haare klebten an der niedrigen Stirn, auf der ein prall gefüllter Pickel prangte. Seine leeren, durchsichtigen Augen schweiften sinnlos durch das Zimmer.

Professor Wybegallo speiste. Vor ihm auf dem Tisch stand eine große dampfende Entwicklerschale, die bis an den Rand mit gedünsteter Kleie gefüllt war. Ohne sich um uns zu scheren, schaufelte er die Kleie mit der Hand aus dem Gefäß, knetete sie ordentlich durch und stopfte sich den fertigen Klumpen in den Mund, wobei er sich den ganzen Bart vollkrümelte. Dabei schmatzte, knirschte, schlürfte und grunzte er, legte den Kopf zur Seite und kniff genüsslich die Augen zu. Von Zeit zu Zeit erfasste ihn Unruhe, und dann packte er, ohne mit dem Kauen und Schlingen aufzuhören, den Bottich mit der Kleie und die Eimer mit der Magermilch, die neben ihm auf dem Fußboden standen, und zog sie näher zu sich heran. Am anderen Tischende stand blass, verheult und mit zitternden Lippen Stella, eine junge Hexe mit blanken rosigen Ohren, die ihr Praktikum bei uns absolvierte, säbelte dicke Scheiben von einem Brotlaib ab und streckte sie Wybegallo mit abgewandtem Gesicht hin. Der mittlere Autoklav war offen und lag umgestürzt in einer großen grünlichen Pfütze.

Plötzlich nuschelte Wybegallo: »He, Kleine … tjä … gib mir Milch! Also, tjä: Gieß sie gleich in die Kleie rein. *S'il-vous plaît.*«

Stella griff hastig nach einem Eimer und kippte die Magermilch in die Entwicklerschale.

»Ach!«, rief Professor Wybegallo. »Das Gefäß ist zu klein! He, Kleine … tjä … Wie heißt du doch, gieß sie am besten gleich in den Bottich. Also, tjä, essen wir aus dem Bottich.«

Stella leerte die Eimer in den Bottich mit der Kleie. Der Professor nahm die Entwicklerschale wie eine Schöpfkelle zur Hand und schaufelte die Kleie aus dem Bottich direkt in seinen Mund, den er zu diesem Zweck unwahrscheinlich weit aufriss.

»So rufen Sie ihn doch endlich an!«, rief Stella kläglich. »Er hat gleich alles aufgegessen!«

»Schon erledigt«, sagte jemand aus der Menge. »Du aber komm ihm lieber nicht zu nahe. Stell dich hier herüber.«

»Und? Kommt er?«

»Ja, er wollte gleich losgehen. Also: Er zieht sich nur noch die Galoschen an, und dann stiefelt er los. Komm da weg – kannst du nicht hören?«

Endlich ging mir ein Licht auf. Das war gar nicht Professor Wybegallo. Es war ein neugeborener Kadaver, das Modell eines – nur auf den Magen bezogenen – unzufriedenen Menschen. Zum Glück, muss ich sagen, denn ich hatte schon geglaubt, den Professor habe eine Hirnlähmung befallen. Infolge von Überarbeitung.

Stella zog sich vorsichtig zurück. Jemand legte ihr den Arm um die Schultern und zog sie in die Menge. Sie verbarg sich hinter meinem Rücken und klammerte sich an meinen Ellbogen, und ich nahm augenblicklich Haltung an, obwohl ich noch immer nicht wusste, was hier gespielt wurde und wovor sie solche Angst hatte. Der Kadaver fraß. Im Labor, in dem es von Menschen wimmelte, war es mucksmäuschenstill, und man hörte nur, wie er knirschte, schnaubte, mit den Zähnen mahlte und mit der Entwicklerschale die Bottichwände abkratzte. Wir sahen ihm zu. Dann kroch er vom Stuhl und schob seinen Kopf in den Bottich. Die Frauen wandten sich ab. Liletschka Nowosmechowa wurde übel, und jemand führte sie hinaus auf den Flur.

Dann sagte Edik Amperjan mit klarer Stimme: »Na schön. Gehen wir mal logisch an die Sache heran. Gleich hat er die Kleie aufgegessen, dann frisst er das Brot – und dann?«

In die vorderen Reihen kam Bewegung. Alles drängte zur Tür. Ich fing an zu begreifen.

Stella sagte mit dünner Stimme: »Da sind noch die Heringsköpfe.«

»Wie viele?«

»Zwei Tonnen.«

»Hm«, überlegte Edik. »Und wo?«

»Sie sollten eigentlich per Fließband hergeschafft werden«, antwortete Stella. »Ich hab es schon versucht, aber das Fließband funktioniert nicht.«

»Und ich«, warf Roman ein, »versuche schon seit zwei Minuten, ihn zu passivieren – vergeblich.«

»Bei mir ist es dasselbe«, sagte Edik.

»Darum wäre es sehr schön, wenn sich ein paar von den Zartbesaiteten an die Reparatur des Fließbandes machen könnten«, schlug Roman vor. »Als Gegenmittel. Ist noch jemand von den Magistern hier? Edik sehe ich. Sonst keiner? Kornejew! Viktor Pawlowitsch, bist du hier?«

»Nein, er ist nicht hier. Aber vielleicht sollten wir Fjodor Simeonowitsch holen?«

»Ich glaube, vorläufig sollten wir ihn nicht behelligen. Wir werden die Sache schon in den Griff kriegen. Edik, versuchen wir's noch mal mit vereinten Kräften.«

»Welches Programm?«

»Bremsprogramm. Bis zum Tetanus. Jungs, wer kann, soll mithelfen.«

»Moment mal«, unterbrach Edik. »Und wenn's ihm schadet?«

»Ja«, sagte ich. »Lasst das besser bleiben. Soll er lieber mich auffressen.«

»Nur keine Panik. Wir sehen uns vor. Edik, versuchen wir's am selben Berührungspunkt.«

»Fangen wir an«, bat Edik.

Es wurde noch stiller. Der Kadaver fuhrwerkte in seinem Bottich, und hinter der Wand gaben sich ein paar Freiwillige schwatzend und hämmernd mit dem Fließband ab. So verging eine Minute. Der Kadaver kroch aus dem Bottich, wischte sich den Bart ab und lugte schläfrig zu uns herüber.

Dann ließ er plötzlich seinen Arm weit vorschnellen und schnappte sich den letzten Brotlaib, rülpste dröhnend, lehnte sich auf seinem Stuhl zurück und faltete friedlich die Hände über seinem dicken, geblähten Wanst. Auf sein Gesicht trat ein seliger Ausdruck, und er fing an, leise zu schnarchen und dümmlich vor sich hin zu lächeln. Er war jetzt zweifellos glücklich – so glücklich wie ein erschöpfter Mensch, der sich endlich in sein ersehntes Bett fallen lässt.

»Anscheinend hat es gewirkt«, meinte jemand in der Menge mit einem erleichterten Seufzer.

Roman kniff zweifelnd die Lippen zusammen.

»Ich habe nicht den Eindruck«, erwiderte Edik höflich.

»Vielleicht muss er erst wieder aufgezogen werden«, sagte ich hoffnungsvoll.

Stella wandte bedauernd ein: »Das ist einfach eine Relaxation. Ein Paroxysmus der Zufriedenheit. Er kommt gleich wieder zu sich.«

»Ihr Magister seid Schlappschwänze«, ließ sich eine kraftvolle männliche Stimme vernehmen. »Lasst mich mal durch, ich hole Fjodor Simeonowitsch.«

Alle blickten einander unsicher lächelnd an. Roman ließ nachdenklich das Umoplekt auf seiner Handfläche hin und her rollen, während Stella zitternd flüsterte: »Was soll bloß werden? Sascha, ich hab Angst!« Was mich angeht, so reckte ich die Brust, runzelte die Stirn und unterdrückte den leidenschaftlichen Wunsch, Modest Matwejewitsch anzurufen. Ich wäre die Verantwortung zu gern losgewesen. Ich wusste, das war eine Schwäche, aber ich kam nicht dagegen an. Modest Matwejewitsch erschien mir plötzlich in ganz anderem Licht, und ich erinnerte mich voller Hoffnung an die im letzten Monat verteidigte Dissertation »Über die Wechselbeziehungen zwischen Natur- und Verwaltungsgesetzen«, in der bewiesen wurde, dass sich administrative Gesetze kraft ihrer Unbeugsamkeit im Vergleich zu natürlichen und magischen Gesetzmäßigkeiten als durchweg wirkungsvoller herausstellten. Ich war überzeugt, dass Modest Matwejewitsch bloß aufzutauchen und den Vielfraß anzubrüllen brauchte: »Unterlassen Sie das, Genosse Wybegallo!« Und schon würde er klein beigeben.

»Roman«, sagte ich wie nebenbei. »Notfalls könntest du ihn doch auch dematerialisieren, oder?«

Roman lachte auf und klopfte mir auf die Schulter.

»Sei kein Angsthase«, meinte er. »Das sind doch Kleinigkeiten. Ich möchte mich bloß nicht mit Wybegallo anlegen. Vor dem hier brauchst du keine Angst zu haben, aber mit dem da« – er wies auf den zweiten Autoklav, der in einer Ecke ruhig vor sich hin knatterte« –, »mit dem ist nicht zu spaßen!«

Unterdessen begann der Kadaver unruhig hin und her zu rutschen. Stella kreischte leise auf und schmiegte sich an mich. Der Kadaver öffnete die Augen. Als Erstes beugte er sich über den Bottich und glotzte hinein. Dann klapperte er mit den leeren Eimern. Anschließend saß er eine Weile reglos da. Der Ausdruck der Zufriedenheit auf seinem Gesicht wich bitterer Kränkung. Er richtete sich auf, beschnupperte mit bebenden Nüstern den Tisch, streckte seine lange rote Zunge heraus und leckte die Krümel auf.

»Jetzt haltet euch fest, Jungs«, flüsterte jemand in der Menge.

Der Kadaver versenkte einen Arm im Bottich, holte die Entwicklerschale heraus, musterte sie von allen Seiten und biss vorsichtig ein Stück davon ab. Er zog gequält die Brauen hoch, biss noch ein Stück ab und kaute darauf herum. Sein Gesicht lief so blau an, dass man glauben konnte, er wäre wütend, und seine Augen wurden feucht, aber er biss immer wieder neue Stücke von der Entwicklerschale, bis nichts mehr davon übrig war. Etwa eine Minute lang saß er nachdenklich da, betastete mit den Fingern seine Zähne und ließ den Blick langsam über die erstarrte Menge wandern. Dieser abschätzende, suchende Blick konnte einem Angst machen. Wolodja Potschkin rief unwillkürlich: »Na, na, vorsichtig, du …« Da richteten sich die leeren, durchsichtigen Augen auf Stella. Und sie stieß einen Schrei aus – jenen markerschütternden, in Ultraschall übergehenden Schrei, den Roman und ich eben im vier Etagen tiefer gelegenen Vorzimmer des Direktors gehört hatten. Ich fuhr zusammen. Auch der Kadaver war verwirrt: Er schlug die Augen nieder und trommelte nervös mit den Fingern auf den Tisch.

An der Tür kam Unruhe auf, alles geriet in Bewegung, und durch die Menge der Gaffer drängte sich, Eiszapfen aus dem Bart klaubend, Amwrossi Ambrosjewitsch Wybegallo. Der echte. Er roch nach Wodka, einem alten Bauernmantel und nach Frost.

»Mein Bester!«, rief er. »Was soll denn das, he? *Quelle situation!* Tjä, Stella, hast du keine Augen im Kopf? Wo ist der Hering? Er hat doch Bedürfnisse! Und die Bedürfnisse steigen! Du solltest meine Werke lesen!«

Er trat auf den Kadaver zu, der ihn sofort gierig beschnupperte. Wybegallo reichte ihm seinen Bauernmantel.

»Bedürfnisse müssen befriedigt werden!«, wiederholte er und schaltete hastig am Fließbandpult herum. »Warum hast du's nicht gleich eingeschaltet? Ach, *les femmes, les femmes!* Wer hat gesagt, dass es kaputt ist? Es ist überhaupt nicht kaputt, es ist nur besprochen. Tjä, also: Damit es nicht jeder benutzen kann, denn Bedürfnisse hat jeder, der Hering aber ist, tjä, für das Modell da.«

In der Wand sprang nun eine Klappe auf, das Fließband ratterte los, und ein Schwall lieblich duftender Heringsköpfe ergoss sich auf den Fußboden. Die Augen des Kadavers leuchteten auf. Er ließ sich auf alle viere nieder, jagte im Galopp auf die Klappe zu und machte sich ans Essen. Wybegallo stand daneben, klatschte in die Hände, stieß kurze Freudenschreie aus und kraulte den Kadaver im Überschwang der Gefühle von Zeit zu Zeit am Ohr.

Die Menge atmete erleichtert auf und löste sich aus der Starre. Wie sich bald herausstellte, hatte Wybegallo zwei Korrespondenten der Lokalpostille mitgebracht. Die Korrespondenten waren gute Bekannte von ihm: G. Scharfblick und B. Zucht. Auch sie rochen nach Wodka. Sie machten Blitzlichtaufnahmen und schrieben fleißig mit. G. Scharfblick und B. Zucht waren für den Bereich Wissenschaft zuständig, wobei Scharfblick berühmt war für seinen Ausspruch: »Oort blickte in den Sternenhimmel und erkannte, dass sich die Galaxis dreht.« Außerdem entstammten seiner Feder eine literarische Bearbeitung von Merlins Bericht über seine Reise mit dem Vorsitzenden des Kreissowjets sowie ein Interview, das er (aus Unkenntnis) mit dem Double Roman Oira-Oiras geführt hatte. Das Interview trug den Titel »Ein Mensch, wie stolz das klingt« und begann mit den Worten: »Wie jeder echte Wissenschaftler war er nicht sehr gesprächig.« B. Zucht hingegen schmarotzte bei Wybegallo. Seine Beiträge über selbstanziehende Schuhe, selbsterntende und selbstverladende Mohrrüben und andere Projekte Wybegallos hatten im ganzen Bezirk Aufsehen erregt. Und der Artikel »Der Zauberer aus Solowetz« war sogar in einer überregionalen Zeitschrift veröffentlicht worden.

Als der Kadaver in den nächsten Paroxysmus der Zufriedenheit verfiel und einschlief, steckten ihn Wybegallos inzwischen herbeigeeilte Laboranten hastig in einen schwarzen Anzug und schoben ihm einen Stuhl unter: Die Laboranten hatte man kurzerhand aus einer Silvesterfeier gerissen, und so waren sie ziemlich übel gelaunt. Die Korrespondenten stellten Wybegallo neben den Kadaver, legten seine Hände auf dessen Schultern, stellten die Objektive ein und baten ihn, in seinen Ausführungen fortzufahren.

»Was ist die Hauptsache?«, röhrte Wybegallo bereitwillig. »Die Hauptsache ist das Glück des Menschen. In Klammern sei angemerkt: Das Glück ist ein menschlicher Begriff. Was aber ist, philosophisch betrachtet, ein Mensch, Kollegen? Ein Mensch ist ein Homo sapiens, der kann und will. Der, tjä, alles kann, was er will, und alles will, was er kann. *N'est-ce pas,* Kollegen? Und wenn er, das heißt der Mensch, alles kann, was er will, und alles will, was er kann, dann ist er glücklich. So definieren wir ihn. Und was haben wir hier vor uns, Genossen? Es ist ein Modell, ein Modell, das will, und das ist gut. Sozusagen *excellent, exquis, charmant.* Außerdem, Genossen, sehen Sie selbst, dass es auch kann. Und das bedeutet, dass es, tjä, also: dass es glücklich ist. Somit ist dies ein metaphysischer Übergang vom Unglück zum Glück, und das wundert uns gar nicht, denn der Mensch, tjä, wird nicht glücklich geboren, nein, er wird erst mit der Zeit zu einem glücklichen Geschöpf. Nun erwacht es … Es will. Und deshalb ist es vorläufig unglücklich. Aber es kann, und dieses ›es kann‹ bewirkt einen dialektischen Sprung. Ja ja! Sehen Sie nur! Sehen Sie, wie es kann? Ach, du mein Bester, ach, du meine Herzensfreude! Ja ja! Und wie es kann! Sogar zehn bis fünfzehn Minuten … Und Sie, Genosse Zucht, legen die Fotokamera besser beiseite und nehmen die Filmkamera zur Hand – wir haben es hier nämlich mit einem Prozess zu tun. Alles ist hier in Bewegung! Die Ruhe ist bei uns relativ; nur die Bewegung ist – ganz, wie es sein soll – absolut. Jawohl. Nun konnte es also und geht gleich dialektisch zum Glück über, das heißt zur Zufriedenheit. Sehen Sie, es schließt die Augen. Es genießt. Es fühlt sich wohl. Ich gebe Ihnen die wissenschaftliche Bestätigung, dass ich gern mit ihm tauschen würde. Im Moment natürlich. Schreiben Sie ruhig alles auf, was ich sage, Genosse Scharfblick, und geben Sie's mir nachher. Ich sehe es durch, ebne hie und da ein bisschen und setze Fußnoten ein. Nun schlummert es also, aber das ist noch nicht alles. Die Bedürfnisse sollen sowohl in die Tiefe als auch in die Breite gehen. Also ist dies der einzig richtige Prozess. *On dit, que* Wybegallo sei gegen die geistige Welt. Aber damit will man mich natürlich nur abstempeln, Kollegen. Es ist längst an der Zeit, solche Manieren in der wissenschaftlichen Diskussion abzustreifen. Wir wissen alle, dass das Materielle vor dem Geistigen kommt. *Plenus venter non studet libenter.* Was wir, angewandt auf diesen Fall, folgendermaßen übersetzen: Wer Hunger hat, denkt nur ans Essen ...«

»Umgekehrt«, sagte Roman.

Eine Zeit lang starrte Wybegallo ihn mit leerem Blick an, dann sagte er: »Diesen Einwurf, Genossen, weisen wir empört als undiszipliniert zurück. Wir lassen uns nicht von der Hauptsache – der Praxis – ablenken. Ich fahre fort und komme nunmehr zur nächsten Etappe des Experiments.

Erläuterung für die Presse: Ausgehend von der materialistischen Idee, dass eine vorübergehende Befriedigung der materiellen Bedürfnisse erfolgt ist, kommen wir zur Befriedigung der geistigen Bedürfnisse. Das heißt zu Film und Fernsehen, zum Anhören von Volksmusik, zum Selbersingen oder einer Buchlektüre – beispielsweise des ›Krokodils‹ – oder einer Zeitung. Doch vergessen wir nicht, Genossen, dass es dazu gewisser Fähigkeiten bedarf, während die Befriedigung der materiellen Bedürfnisse ohne besondere Fähigkeiten auskommt – sie sind immer vorhanden, weil die Natur der Lehre des Materialismus folgt. Zu den geistigen Fähigkeiten dieses Exemplars können wir im Augenblick noch nichts sagen, denn sein rationaler Kern ist die Unzufriedenheit bezüglich des Magens. Aber wir werden seine geistigen Fähigkeiten gleich zutage fördern.«

Die übellaunigen Laboranten bauten nun auf den Tischen ein Tonbandgerät, ein Radio, einen Filmprojektor und eine kleine Handbibliothek auf. Der Kadaver warf einen gleichgültigen Blick auf die kulturellen Geräte und nagte probehalber an einem Tonband. Anscheinend offenbarten sich die geistigen Bedürfnisse dieses Exemplars nicht spontan. Da befahl Wybegallo die, wie er sich ausdrückte, gewaltsame Penetration kultureller Gepflogenheiten. Das Tonbandgerät dudelte romantisch los: »Wir mussten Abschied nehmen und schwor'n uns ew'ge Treu …« Das Radio pfiff und dudelte. Der Projektor warf den Trickfilm *Der Wolf und die sieben Geißlein* an die Wand. Zwei Laboranten stellten sich mit Zeitschriften in den Händen neben dem Kadaver auf und lasen ihm laut daraus vor.

Wie nicht anders zu erwarten, ließ dieses ganze Theater das Magen-Modell kalt. Solange es fressen wollte, pfiff es auf die geistige Welt, weil es lieber fraß. War es hingegen satt, ignorierte es die geistige Welt, weil es träge war und schläfrig und vorübergehend gar nichts mehr wollte. Dennoch aber entdeckte der scharfsinnige Wybegallo einen unbedingten Zusammenhang zwischen den Trommelschlägen aus dem Radio und dem reflexartigen Zucken der unteren Gliedmaßen des Exemplars. Dieses Zucken versetzte Wybegallo in Begeisterung.

»Den Fuß!«, schrie er und packte B. Zucht am Ärmel. »Nehmen Sie den Fuß auf! In Großaufnahme! *La vibration de sa mollet gauche est un grand signe!* Dieser Fuß lässt alle Intrigen abreißen und widerlegt alle Verleumdungen, die man gegen mich vorbringt! *Oui, sans doute,* der Laie wird sich vielleicht wundern, was ich so Bedeutungsvolles an diesem Fuß finde. Aber, Genossen, bekanntlich offenbart sich das Große im Kleinen. Ich darf daran erinnern, dass es sich hier um ein Modell mit eingeschränkten Bedürfnissen handelt, konkret gesagt: mit einem einzigen Bedürfnis. Und – um die Dinge offen und unverblümt, wie es unsere Art ist, beim Namen zu nennen – es handelt sich um ein Modell mit einem rein magenbezogenen Bedürfnis. Deshalb sind auch seine geistigen Bedürfnisse so eingeschränkt. Wir behaupten nämlich, dass nur die Vielfalt der materiellen Bedürfnisse eine Vielfalt der geistigen Bedürfnisse gewährleistet. Der Presse werde ich das an einem allgemeinverständlichen Beispiel erläutern. Wäre unserem Modell beispielsweise dieses Tonbandgerät ›Astra-7‹, Kostenpunkt einhundertvierzig Rubel, ein echtes materielles Bedürfnis gewesen, hätte es das Tonbandgerät in Besitz genommen und es eingeschaltet, denn was – sagen Sie selbst – fängt man sonst mit einem Tonbandgerät an? Hätte das Modell es eingeschaltet, hätte es Musik gehört. Und wenn es Musik gehört hätte, so hätte es ihr gelauscht oder danach getanzt. Doch was, Genossen, ist das Lauschen von Musik, egal, ob mit oder ohne Tanz? Es ist eine Befriedigung geistiger Bedürfnisse. *Comprenez-vous?*«

Ich beobachtete schon seit einer Weile, dass sich das Verhalten des Kadavers völlig verändert hatte. Ich weiß nicht, ob es sich um einen Defekt handelte, oder ob es so sein musste – jedenfalls wurden die Phasen der Relaxation immer kürzer, und gegen Ende von Wybegallos Vortrag kam er gar nicht mehr vom Fließband weg. Allerdings lag das vielleicht auch daran, dass er mittlerweile kaum noch laufen konnte.

»Gestatten Sie mir eine Frage«, wandte sich Edik höflich an Wybegallo. »Wie erklären Sie es, dass die Paroxysmen der Zufriedenheit ausbleiben?«

Wybegallo verstummte und starrte den Kadaver an. Der Kadaver fraß. Wybegallo starrte Edik an.

»Ich werde Ihnen antworten«, erwiderte er selbstgefällig. »Das, Genossen, ist eine gute Frage. Ja, ich würde sogar behaupten: eine kluge Frage. Wir haben hier nämlich ein Modell der ständig steigenden materiellen Bedürfnisse vor uns. Und nur ein oberflächlicher Beobachter kann den Eindruck gewinnen, dass die Paroxysmen der Zufriedenheit ausbleiben. In Wirklichkeit sind sie dialektisch in eine neue Qualität übergegangen und haben sich auf den Prozess der

Bedürfnisbefriedigung ausgedehnt: Jetzt genügt es dem Modell schon nicht mehr, einfach satt zu sein. Jetzt sind seine Bedürfnisse gestiegen, und es muss unaufhörlich essen, es hat dazugelernt und weiß jetzt, dass auch das Kauen etwas Wunderbares ist. Drücke ich mich verständlich aus, Genosse Amperjan?«

Ich blickte zu Edik hinüber. Edik lächelte höflich. Neben ihm standen Hand in Hand die Doubles Fjodor Simeonowitsch Kiwrins und Cristóbal Juntas. Ihre Köpfe mit den weit auseinanderstehenden Ohren drehten sich wie Flugzeugradargeräte langsam um eine Achse.

»Ist noch eine Frage gestattet?«, meldete sich Roman.

»Bitte«, erwiderte Wybegallo mit nachsichtig gelangweilter Miene.

»Amwrossi Ambrosjewitsch«, begann Roman. »Was passiert, wenn er alles konsumiert hat?«

Wybegallos Augen funkelten zornig.

»Ich bitte alle Anwesenden, sich diese provokatorische Frage gut zu merken. Sie riecht meilenweit nach Malthusianismus, Neomalthusianismus, Pragmatismus, Existentio...oa...nalismus und nach einem Zweifel an der unerschöpflichen Kraft der Menschheit. Was wollen Sie mit Ihrer Frage ausdrücken, Genosse Oira-Oira? Dass in unserer wissenschaftlichen Institution ein Moment, eine Krise, ein Rückschritt eintreten kann, bei dem es unseren Verbrauchern an Konsumgütern mangelt? Das ist nicht schön, Genosse Oira-Oira! Und sehr unbedacht! Wir können nicht zulassen, dass Sie unserer Arbeit solch einen Stempel aufdrücken und ein schlechtes Licht darauf werfen. Und wir werden es auch nicht zulassen, Genossen.« Er angelte nach seinem Taschentuch und rieb sich den Bart trocken.

G. Scharfblick stellte die nächste Frage und schnitt dabei vor lauter geistiger Anstrengung Grimassen: »Ich bin natürlich kein Fachmann. Aber welche Zukunft hat dieses Modell?

Soviel ich verstehe, verläuft das Experiment erfolgreich. Aber es verkonsumiert wirklich eine Menge.«

Wybegallo lächelte bitter.

»Da haben Sie's, Genosse Oira-Oira«, sagte er. »Genau so entstehen die abscheulichsten Sensationen. Sie haben eine unbedachte Frage gestellt. Und schon ist der Mann auf der Straße desorientiert. Er blickt auf das falsche Ideal … Sie blicken auf das falsche Ideal, Genosse Scharfblick!« Mit diesen Worten wandte er sich direkt an den Korrespondenten. »Das Modell stellt nämlich eine bereits überwundene Etappe dar! Hier haben Sie das Ideal, auf das Sie jetzt blicken müssen!« Er trat an den zweiten Autoklav und legte die rötlich behaarte Hand gegen die polierte Seitenwand. Sein Bart ragte angriffslustig in die Höhe. »Das hier ist unser Ideal!«, röhrte er. »Oder, genauer gesagt: Es ist das Modell unseres Ideals. Wir haben hier den universellen Konsumenten, der alles will und folglich auch alles kann. In ihm sind sämtliche Bedürfnisse angelegt, die existieren. Und all diese Bedürfnisse kann er befriedigen, und zwar mithilfe unserer Wissenschaft. Erläuterung für die Presse: Das Modell des universellen Konsumenten, das sich in diesem Autoklav oder, wie wir sagen, in diesem Selbsteinschließer befindet, wird unbegrenzt wollen. Wir, Genossen, sind bei aller Selbstachtung dagegen Nullen. Will es doch Dinge, die wir uns überhaupt nicht vorstellen können. Und es erwartet von der Natur keine Almosen, sondern nimmt sich mit seinen materiell-magischen Kräften von ihr, was es zu seinem Glück, das heißt zu seiner vollkommenen Zufriedenheit, braucht. Dieses Modell wird unbeschreiblich glücklich sein. Es wird weder Hunger noch Durst, weder Zahnschmerzen oder persönlichen Ärger kennen. All seine Bedürfnisse werden im Augenblick ihres Entstehens befriedigt werden.«

»Verzeihung«, meldete sich Edik höflich. »Werden all seine Bedürfnisse materieller Art sein?«

»Natürlich!«, brüllte Wybegallo zur Antwort. »Die geistigen Bedürfnisse entwickeln sich dann entsprechend. Ich sagte es bereits: Die geistigen Bedürfnisse sind umso vielfältiger, je zahlreicher die materiellen Bedürfnisse sind. Es wird ein Geistesriese! Eine Koryphäe!«

Ich sah mich unter den Anwesenden um. Viele von ihnen waren sprachlos. Die Korrespondenten schrieben leidenschaftlich mit. Manche Mitarbeiter blickten mit einem seltsamen Gesichtsausdruck bald auf den Autoklav, bald auf den unermüdlich schlingenden Kadaver. Stella lehnte ihre Stirn an meine Schulter und flüsterte schluchzend: »Ich geh hier weg, ich kann nicht mehr, ich gehe weg …« Und auch ich glaubte allmählich zu begreifen, was Roman befürchtet hatte. Ich sah einen riesigen Schlund vor mir, in dem, von magischen Kräften angezogen, Tiere, Menschen, Städte, Kontinente, Planeten und Sonnen verschwanden.

»Amwrossi Ambrosjewitsch«, wandte sich Roman erneut an den Professor. »Kann der universelle Konsument einen Stein erschaffen, den er trotz des größten Bedürfnisses nicht wird heben können?«

Wybegallo überlegte einen Augenblick und erwiderte:

»Das ist, tjä, kein materielles Bedürfnis, sondern eine dumme Laune. Und ich habe meine Doubles, also, gewiss nicht dazu erschaffen, dass sie dumme Flausen im Kopf haben.«

»Aber eine Laune kann doch auch ein Bedürfnis sein«, widersprach Roman.

»Wir wollen uns hier nicht mit Scholastik und Kasuistik beschäftigen«, verfügte Wybegallo. »Und auch nicht mit religiös-mystischen Analogien.«

»Nein, das wollen wir nicht«, sagte Roman.

B. Zucht drehte sich mit ärgerlichem Gesicht zu Roman um und wandte sich von Neuem an Wybegallo: »Wann und wo, Amwrossi Ambrosjewitsch, wird uns das universelle Modell vorgeführt werden?«

»Antwort«, sagte Wybegallo. »Hier, in diesem meinem Labor. Der Zeitpunkt wird der Presse noch mitgeteilt.«

»Ist in den nächsten Tagen damit zu rechnen?«

»Es gibt sogar die Auffassung, dass schon in den nächsten Stunden damit zu rechnen ist. Also wird's am besten sein, wenn die Kollegen von der Presse gleich hierbleiben und warten.«

Da drehten sich die Doubles Fjodor Simeonowitschs und Cristóbal Juntas wie auf ein Kommando um und gingen.

Roman fügte hinzu: »Amwrossi Ambrosjewitsch, finden Sie eine solche Vorführung in einem geschlossenen Raum, noch dazu mitten in der Stadt, nicht zu gefährlich?«

»Wir haben nichts zu befürchten«, erklärte Wybegallo wichtig. »Wer sich fürchten muss, das, tjä, sind bloß unsere Feinde.«

»Erinnern Sie sich noch, dass ich Sie auf die Möglichkeit aufmerksam machte, dass ...«

»Also, tjä, dann sind Sie, Genosse Oira-Oira, nicht beschlagen genug. Man muss zwischen Möglichkeit und Wirklichkeit, zwischen Zufall und Notwendigkeit, zwischen Theorie und Praxis unterscheiden, und überhaupt, Genosse Oira-Oira ...«

»Trotzdem wäre es auf dem Versuchsgelände ...«

»Ich teste doch keine Bombe«, fiel ihm Wybegallo arrogant ins Wort. »Ich teste das Modell des idealen Menschen. Gibt's noch Fragen?«

Ein Neunmalkluger aus der Abteilung für Absolutes Wissen wollte wissen, wie der Autoklav funktioniere, und Wybegallo machte sich bereitwillig ans Erklären. Die schlecht gelaunten Laboranten bauten ihre Gerätschaften zur Befriedigung geistiger Bedürfnisse wieder ab. Der Kadaver fraß. Sein schwarzer Anzug platzte aus allen Nähten.

Roman betrachtete ihn forschend. Dann sagte er plötzlich mit lauter Stimme: »Ich habe einen Vorschlag zu machen.

Wer hier kein persönliches Interesse verfolgt, sollte jetzt den Raum verlassen.«

Alle drehten sich zu ihm um.

»Es wird hier gleich eine große Schweinerei geben«, erläuterte er. »Und eine Menge Dreck.«

»Das ist eine Provokation«, sagte Wybegallo würdevoll.

Roman packte mich am Ärmel und schob mich zur Tür. Ich zog Stella hinter mir her. Die übrigen Zuschauer folgten uns. Auf Roman hörte man im Institut, auf Wybegallo nicht. Im Labor waren außer den dort Arbeitenden nur die beiden Korrespondenten zurückgeblieben; wir versammelten uns im Korridor.

»Was ist los?«, wollten die Leute von Roman wissen. »Was passiert denn da? Wieso gibt es eine Schweinerei?«

»Weil er jeden Moment platzen muss«, antwortete Roman und ließ keinen Blick von der Tür.

»Wer muss platzen? Wybegallo?«

»Mir tun bloß die Korrespondenten leid«, meinte Edik. »Hör mal, Sascha, ist die Dusche heute in Betrieb?«

Da flog die Labortür auf, und zwei Laboranten schleppten den Bottich mit den leeren Eimern heraus. Ein dritter Laborant, der sich immer wieder ängstlich umsah, tänzelte um die beiden herum und murmelte: »Wartet, Jungs, wartet, ich helfe euch gleich, der Bottich ist doch schwer.«

»Macht die Tür zu«, riet ihnen Roman.

Der dritte Laborant schlug hastig die Tür zu, kramte seine Zigaretten heraus und trat auf uns zu. Seine Augen waren weit aufgerissen und unruhig.

»Gleich geht's los«, erklärte er. »Scharfblick ist ein Esel – ich habe ihm noch zugezwinkert ... Und wie der frisst! Das ist nicht auszuhalten!«

»Jetzt ist es fünf vor halb drei ...«, begann Roman – da krachte es auch schon. Die Fensterscheiben zersprangen. Die Labortür fiel ächzend aus den Angeln, und durch die Öffnung flogen ein Fotoapparat und eine Krawatte. Wir wichen zur Seite. Stella kreischte auf.

»Ruhig Blut«, sagte Roman. »Das war's schon. Jetzt gibt es einen Konsumenten weniger auf Erden.«

Der Laborant war kreidebleich geworden und sog gierig an seiner Zigarette. Aus dem Labor drangen glucksende Geräusche, jemand hustete, ein anderer stieß Verwünschungen aus. Es roch abscheulich. Ich murmelte unentschlossen: »Man müsste mal nachsehen ...«

Niemand rührte sich. Stattdessen sahen mich alle mitleidig an. Stella weinte leise und klammerte sich an meine Jacke. Einer flüsterte seinem Nachbarn zu: »Das ist der Diensthabende, verstehst du? Jemand muss es ja wieder in Ordnung bringen.«

Ich ging zögernd auf die Tür zu, da aber torkelten schon, ineinander verkrallt, die Korrespondenten und Wybegallo aus dem Labor heraus.

Gott, was für ein Anblick!

Langsam kam ich wieder zu mir, holte die Platinpfeife aus der Tasche und blies hinein. Da bahnte sich der Katastrophentrupp aus Hausgeistern, die auf Fäkalienräumung spezialisiert waren, einen Weg durch die Menge.

5

> Glaubt mir, ringsum war der entsetzlichste Anblick,
> der sich je einem Auge bot.
>
> *François Rabelais*

Was mich am meisten verblüffte, war, dass der Vorfall Wybegallo nicht im Geringsten entmutigte. Während die Hausgeister ihn mit Absorbenzien begossen und mit Duftwässern einrieben, verkündete er im Falsett: »Und da hatten Sie, Genosse Oira-Oira, und auch Sie, Genosse Amperjan, immerzu Angst: ›Was soll nur werden, wie können wir ihn bremsen?‹ Also: In Ihnen beiden steckt ein ungesunder Skeptizismus. Ich würde sagen, ein Zweifel an den Kräften der Natur, an den menschlichen Möglichkeiten. Und was ist aus diesem Zweifel geworden? Geplatzt ist er – vor den Augen der Öffentlichkeit! Ist geplatzt und hat mich und die Kollegen von der Presse besudelt.«

Die Presse schwieg verstört und drehte sich unter den zischenden Strahlen der Absorbenzien ergeben von einer Seite auf die andere. G. Scharfblick zitterte am ganzen Leib. B. Zucht schüttelte andauernd den Kopf und beleckte sich unwillkürlich.

Als die Hausgeister das Labor notdürftig gesäubert hatten, warf ich einen Blick hinein. Der Katastrophentrupp setzte geschäftig neue Fensterscheiben ein und verbrannte die Überreste des Magen-Modells in einem Muffelofen. Viel war von ihm nicht übrig: ein Häufchen Knöpfe mit der Aufschrift »For gentlemen«, ein Jackenärmel, ein Paar unglaublich ausgeleierte Hosenträger und eine künstliche Kinnlade, die dem bei Ausgrabungen entdeckten Unterkiefer des Gigantopithekus ähnelte. Der Rest war anscheinend verpufft. Wybegallo sah sich den zweiten Autoklav, auch Selbsteinschließer genannt, an und behauptete, es sei alles in bester Ordnung. »Ich bitte die Presse, sich zu mir zu bemühen«, bat er. »Den Übrigen schlage ich vor, sich wieder um ihre eigenen Angelegenheiten zu kümmern.« Die Presse zückte die Notizbücher, und dann setzten sich die drei an den Tisch, erörterten die Einzelheiten der Skizze »Die Geburt einer Entdeckung« sowie der informativen Notiz »Professor Wybegallo erzählt«.

Die Zuschauer trotteten, einer nach dem anderen, davon. Roman entfernte sich, nachdem er mir die Schlüssel zu Janus Poluektowitschs Panzerschrank abgeluchst hatte. Stella ging ihrer Wege, noch immer verzweifelt, weil Wybegallo sie an keine andere Abteilung abtreten wollte. Die Laboranten waren, wie es schien, merklich erleichtert, endlich von hier wegzukommen. Edik lief, umringt von einer Schar Theoretikern, den Korridor entlang und rechnete im Kopf den Mindestdruck im Magen des explodierten Kadavers aus. Auch ich kehrte auf meinen Posten zurück – nachdem man mir versichert hatte, der Versuch mit dem zweiten Kadaver starte nicht vor acht Uhr früh.

Das Experiment hatte einen beklemmenden Eindruck hinterlassen. Ich warf mich im Vorzimmer in einen der großen Sessel und überlegte eine Weile, ob Wybegallo nun ein Dummkopf war oder ein verschlagener Demagoge und Stümper. Der wissenschaftliche Wert seiner Kadaver war offenbar gleich null. Modelle auf der Basis eigener Doubles konnte jeder Mitarbeiter anfertigen, der seine Magisterarbeit verteidigt und einen zweijährigen Lehrgang für nichtlineare Transgression absolviert hatte. Genauso einfach war es, die Modelle mit magischen Eigenschaften auszustatten, denn diesbezügliche Nachschlagewerke, Tabellen und Lehrbücher für Aspiranten der Magie gab es wahrlich genug. Modelle bewiesen im Grunde nichts und waren für die Wissenschaft nicht interessanter als ein Kartentrick oder die Darbietung eines Degenschluckers. Einem Laien hingegen schien das alles ungeheuer beeindruckend; er war erfüllt von ehrfürchtigem Schauder und einer vagen Ahnung unwahrscheinlicher Möglichkeiten. Man konnte also verstehen, warum es die erbärmlichen Zeitungskorrespondenten zu Wybegallo zog wie die Fliegen zum Mist. Wybegallo mit seinem krankhaften Drang nach Attraktionen und Knalleffekten, die er zur Belustigung der Menge einsetzte, war da schon schwerer zu begreifen; die Menge besaß gar nicht die Möglichkeit (und auch nicht den Wunsch), zum Wesen der Phänomene vorzudringen. Abgesehen von zwei oder drei Mitarbeitern der Abteilung für Absolutes Wissen, die, obwohl erschöpft von ihren Dienstreisen, für ihr Leben gern Interviews über den Stand der Dinge im Unendlichen gaben, legte an unserem Institut niemand den geringsten Wert auf den Kontakt zur Presse: Es galt sogar als anrüchig, und dafür gab es gute Gründe.

Die Sache ist folgende: Selbst die interessantesten und spitzfindigsten wissenschaftlichen Resultate erscheinen Uneingeweihten einstweilen absurd, beunruhigend und unbegreiflich. Menschen, die der Wissenschaft fernstehen, erwarten von ihr Wunder über Wunder, sind aber nicht imstande, ein echtes Wunder der Wissenschaft von einem Taschenspielertrick oder einem intellektuellen Salto mortale zu unterscheiden. Die Wissenschaft von der Hexerei und den Zauberkünsten bildet hier keine Ausnahme. Im Fernsehstudio eine Konferenz berühmter Geister zu veranstalten oder mit einem Blick in eine halbmeterdicke Betonmauer ein Loch zu bohren, ist einfach (und völlig überflüssig); das verehrte Publikum aber, das keine Vorstellung davon hat, wie eng in der Wissenschaft die Begriffe des Märchens und der Wirklichkeit miteinander verknüpft (und zum Teil verworren) sind, ist begeistert. Versuchen Sie doch einmal, den tieferen Zusammenhang zwischen der bohrenden Eigenschaft des Blicks und den philologischen Merkmalen des Wortes »Beton« auszuloten oder die harmlose Frage zu lösen, die unter dem Begriff »Großes Auers'sches Problem« bekannt geworden ist! Roman Oira-Oira wandte hier seine Theorie von der fantastischen Gemeinschaft an und begründete so einen völlig neuen Zweig der mathematischen Magie. Doch so gut wie niemand kennt den Namen Oira-Oira – während Professor Wybegallo in aller Munde ist. (»Was, Sie arbeiten im FIFHUZ? Was macht denn Wybegallo? Hat er mal wieder etwas Neues erfunden?«) Dieses Missverhältnis rührt daher, dass auf der ganzen Welt höchstens zwei- bis dreihundert

Menschen in der Lage sind, die Ideen Roman Oira-Oiras zu begreifen. Und unter diesen befinden sich ziemlich viele Korrespondierende Akademiemitglieder – ein Zeitungskorrespondent hingegen (leider) nicht. Wybegallos klassisches Werk »Die Technologie der Produktion selbstanziehender Schuhe«, das von der ersten bis zur letzten Seite aus unlauterem Geschwätz besteht, machte seinerzeit dank der Bemühungen B. Zuchts Furore. (Dass diese selbstanziehenden Schuhe teurer waren als ein Motorrad und weder Nässe noch Schmutz vertrugen, stellte sich erst später heraus.)

Es war spät geworden. Mich überfiel auf einmal große Müdigkeit, und ich schlief unversehens ein. Im Traum sah ich allerlei Teufelszeug: vielbeinige Riesenmücken mit Wybegallobärten, sprechende Eimer mit Magermilch und einen Bottich auf kurzen Beinen, der munter die Treppe hinunterhüpfte. Hin und wieder lugte ein kecker Hausgeist in einen meiner Träume hinein, nahm beim Anblick dieser Gräuel aber erschrocken Reißaus. Ich wachte durch einen stechenden Schmerz auf und erblickte dicht vor mir eine mürrisch dreinschauende bärtige Mücke, die ihren Rüssel, dick wie ein Kugelschreiber, in meine Wade bohrte.

»Schwirr ab!«, brüllte ich und gab ihr mit der Faust eins auf ihr Glotzauge.

Die Mücke knurrte beleidigt und machte einen Satz zur Seite. Sie war groß wie ein Hund und rötlich gescheckt. Wahrscheinlich hatte ich im Schlaf unbewusst eine Materialisierungsformel gesprochen und das mürrische Geschöpf aus dem Nichts hierher beordert. Leider wollte es mir beim besten Willen nicht gelingen, es dorthin zurückzuschicken. Da bewaffnete ich mich mit den »Gleichungen der mathematischen Magie«, öffnete die Fensterklappe und jagte die Mücke in den Frost hinaus. Augenblicklich erfasste sie der Schneesturm und trug sie fort ins Dunkel. So entstehen ungesunde Sensationen, dachte ich.

Es war sechs Uhr morgens. Ich horchte. Im Institut herrschte Stille. Entweder arbeiteten alle fleißig, oder sie waren schon nach Hause gegangen. Eigentlich hätte ich noch einen Rundgang machen müssen, konnte mich aber nicht dazu entschließen. Dafür hatte ich Hunger; seit meiner letzten Mahlzeit waren achtzehn Stunden vergangen. Ich beschloss also, an meiner Stelle ein Double loszuschicken.

Als Magier war ich damals noch eine Null; es fehlte mir an Erfahrung. Wäre jemand in der Nähe gewesen, hätte ich die Magie nie angewandt, um mich nicht zu blamieren. Aber da ich allein war, wollte ich es wagen und bei der Gelegenheit gleich ein wenig üben. Ich suchte aus den »Gleichungen der mathematischen Magie« die allgemeine Formel heraus, setzte meine Parameter ein, nahm alle nötigen Manipulationen vor und sprach die notwendigen altchaldäischen Worte. Probieren geht über Studieren. Und zum ersten Mal im Leben gelang mir ein ordentliches Double: An ihm war alles dran, und es sah mir sogar ein bisschen ähnlich – nur sein linkes Auge ging nicht auf, und an jeder Hand saßen sechs Finger. Ich erklärte ihm, was es zu tun hatte, es nickte, machte einen Kratzfuß und wankte hinaus. Wir haben uns nicht wiedergesehen. Vielleicht hat es mein Double versehentlich zum Drachen Gorynytsch in den Bunker verschlagen, vielleicht hat es auch eine endlose Reise auf dem Glücksrad angetreten – wer weiß. Ich vergaß es, kaum dass es gegangen war, und beschloss, Frühstück zu machen.

Ich bin ein anspruchsloser Mensch, und so genügte mir ein Brot mit Jagdwurst und eine Tasse Kaffee, schwarz. Ich weiß nicht wie, aber anstatt Kaffee und Wurstbrot lag auf einmal eine dick mit Fett bestrichene Jagdweste auf meinem Tisch. Nachdem ich mich von einem ersten Anfall großer Verwunderung erholt hatte, besah ich mir die Jagdweste genauer. Bei dem Fett handelte es sich weder um Butter noch um Pflanzenfett. Ich hätte die Weste sofort vernichten und noch einmal von vorn anfangen sollen, aber in einem Anflug von Größenwahn hielt ich mich für einen göttlichen Schöpfer und beschritt den Weg konsequenter Transformation. Neben der Jagdweste tauchte nun eine Flasche mit einer schwarzen Flüssigkeit auf, und die Weste bekam nach einer kurzen Verzögerung leicht verkohlte Ränder. Hastig präzisierte ich meine Vorstellungen, wobei ich mich insbesondere auf eine Tasse Kaffee und ein Stück Wurst vom Rind konzentrierte. Die Flasche verwandelte sich tatsächlich in eine Tasse, die Flüssigkeit darin aber blieb unverändert. Dafür wurde der eine Ärmel der Jagdweste dünn und lang, färbte sich rötlich und fing an zu zucken. Mir brach der kalte Schweiß aus, als ich sah, dass es sich um einen Kuhschwanz handelte. Ich stand vom Sessel auf und verzog mich in eine Ecke. Weiter als bis zum Schwanz gedieh die Sache zwar nicht, aber auch so war der Anblick für mich schon unheimlich genug. Beim nächsten Versuch trieb der Schwanz Ähren. Ich riss mich zusammen, kniff die Augen zu und stellte mir so konkret wie möglich ein Stück Roggenbrot vor, das man von einem Brotlaib abschneidet, mit Butter bestreicht (die Butterdose aus Kristallglas) und mit Wurstscheiben belegt. Es musste ja keine Jagdwurst sein, gewöhnliche Poltawaer Wurst tat es auch. Mit dem Kaffee beschloss ich lieber noch zu warten. Als ich vorsichtig die Augen öffnete, lag auf der Jagdweste ein großes Stück aus Bergkristall mit einem dunklen Einschluss. Ich hob das Kristall auf und mit ihm zusammen die Jagdweste, die aus unerfindlichen Gründen mit ihm verwachsen war. Mitten in dem Kristall erblickte ich das ersehnte Wurstbrot, das überaus echt aussah. Ich stöhnte und versuchte den Kristall gedanklich zu zertrümmern. Er überzog sich allerdings mit einem so dichten Netz von Rissen, dass das Wurstbrot kaum noch zu sehen war. »Jetzt hast du Trottel Tausende von belegten Broten gegessen und bist nicht einmal imstande, dir auch nur ein halbwegs klares Bild davon zu machen«, rügte ich mich. »Aber jetzt bleib ruhig, du bist alleine hier, und niemand sieht dich. Das ist weder eine Beleg- noch eine Kontrollarbeit, und schon gar keine Prüfung. Versuch's noch einmal.« Ich versuchte es. Doch das hätte ich besser nicht tun sollen, denn meine Fantasie ging mit mir durch, und in meinem Hirn blitzten die unwahrscheinlichsten Assoziationen auf. Dementsprechend füllte sich das Vorzimmer mit immer sonderbareren Dingen. Viele von ihnen stammten, wie mir schien, aus meinem Unterbewusstsein, dem undurchdringlichen Dickicht meines Erbgedächtnisses oder den längst vom Hochschulstudium verdrängten Urängsten. Sie hatten Gliedmaßen und bewegten sich ununterbrochen, gaben widerliche Töne von sich, benahmen sich unanständig, aggressiv und prügelten auf einander ein. Gehetzt blickte ich um mich. Das Ganze erinnerte mich lebhaft an alte Stiche zum Thema »Die Versuchung des Heiligen Antonius«. Besonders unangenehm war eine spinnenbeinige ovale Schüssel, deren Rand mit spärlicher rauer Wolle bewachsen war. Ich weiß nicht, was sie von mir wollte, aber sie zog sich immer wieder in eine entlegene Zimmerecke zurück, um Anlauf zu nehmen und mir mit voller Wucht in die Kniekehlen zu fahren, bis es mir endlich gelang, sie zwischen einem Sessel und der Wand einzuklemmen. Einen Teil der Gegenstände konnte ich vernichten, der Rest verzog sich in die Ecken. Übrig blieben die Schüssel, die Jagdweste mit dem Kristall und die schwarze Flüssigkeit in der Tasse, die inzwischen die Größe eines Kruges erreicht hatte. Ich nahm sie in beide Hände und schnupperte. Für meine Begriffe war es schwarze Füllhaltertinte. Die eingeklemmte Schüssel zappelte, kratzte mit ihren Spinnenbeinen über das farbige Linoleum und zischte unerträglich. Mir war ziemlich unbehaglich zumute.

Da vernahm ich aus dem Korridor Schritte und Stimmen, die Tür flog auf, vor mir stand Janus Poluektowitsch und sagte wie immer: »Aha.« Ich sprang auf. Janus Poluektowitsch ging in sein Arbeitszimmer und liquidierte im Vorbeigehen, mit einem einzigen, universellen Zucken seiner Augenbrauen, die ganze von mir erschaffene Kunstkammer. Ihm folgten Fjodor Simeonowitsch, Cristóbal Junta mit einer dicken schwarzen Zigarre im Mundwinkel, der finster dreinschauende Wybegallo und der zu allem entschlossene Roman Oira-Oira. Sie alle schauten so besorgt drein und hatten es so eilig, dass sie mich überhaupt nicht wahrnahmen. Die Tür zum Arbeitszimmer blieb offen. Ich atmete erleichtert auf und kehrte auf meinen Platz zurück, wo mich eine große Porzellantasse mit dampfendem Kaffee und ein Teller mit belegten Broten erwarteten. Einer der Titanen – wer, weiß ich nicht – hatte trotz allem an mich gedacht. Ich frühstückte und horchte auf die Stimmen aus dem Kabinett.

»Fangen wir damit an«, sagte Cristóbal Junta mit kalter, verächtlicher Stimme, »dass Ihre – mit Verlaub gesagt – ›Gebärstation‹ direkt unter meinen Labors liegt. Sie haben schon einmal eine Explosion verursacht, die mich zwang, zehn Minuten lang zu warten, bis man in meinem Arbeitszimmer neue Fensterscheiben eingesetzt hatte. Ich hege den starken Verdacht, dass Sie Argumenten nicht zugänglich sind, und gehe daher von rein egoistischen Erwägungen aus …«

»Was ich in meinem Labor mache, ist ganz allein meine Sache, mein Guter«, erwiderte Wybegallo im Falsett. »Ich kümmere mich auch nicht um Ihre Etage, obwohl da in letzter Zeit immerzu lebendes Wasser ausläuft. Die Labordecken sind schon so aufgeweicht, dass sich darin Wanzen einnisten. Trotzdem kümmere ich mich nicht um Ihre Etage, also kümmern Sie sich auch nicht um meine.«

»Aber m-mein bester Amwrossi Ambrosjewitsch!«, dröhnte Fjodor Simeonowitsch. »Man m-muss doch an m-mögliche Komplikationen denken. Schließlich w-würde in einem Gebäude auch niemand m-mit einem Drachen experimentieren – und wenn's n-noch so feuerfeste Baustoffe gäbe.«

»Bei mir handelt es sich nicht um einen Drachen, sondern um einen glücklichen Menschen! Einen Geistesriesen! Merkwürdige Gedankengänge sind das, Genosse Kiwrin, sehr merkwürdige! Uns fremde Analogien! Hier geht es um das Modell des idealen Menschen, und Sie kommen mit einem klassenlosen feuerspeienden Drachen!«

»Aber m-mein Bester, es g-geht doch gar nicht darum, dass er k-klassenlos ist, sondern d-darum, dass er einen Brand v-verursachen kann.«

»Da haben wir's! Der ideale Mensch kann einen Brand verursachen! Wie unbedacht, Genosse Kiwrin!«

»Ich spreche v-von einem Drachen.«

»Und ich spreche von Ihrer falschen Einstellung! Sie nivellieren die Dinge, Genosse Kiwrin, Sie verkleistern alles! Natürlich nivellieren wir Unterschiede ... zwischen geistiger und physischer ... zwischen Stadt und Land ... auch zwischen Mann und Frau ... Aber wir erlauben Ihnen nicht, einen Abgrund zuzukleistern, Genosse Kiwrin!«

»Was f-für ein Abgrund? Roman, w-was soll dieser Spuk? Sie ha-haben's ihm doch in meiner Gegenwart erklärt! Amwrossi Ambrosjewitsch, Ihr Experiment ist g-gefährlich, verstehen Sie? Die Stadt k-könnte Schaden nehmen. V-verstehen Sie das?«

»Ich verstehe nur zu gut und werde nicht zulassen, dass der ideale Mensch unter freiem Himmel, bei Wind und Wetter, schlüpft!«

»Amwrossi Ambrosjewitsch«, begann nun Roman. »Ich kann Ihnen meine Argumente noch einmal darlegen. Das Experiment ist gefährlich, weil ...«

»Roman Petrowitsch, ich beobachte Sie schon eine ganze Weile und begreife beim besten Willen nicht, wie Sie dem menschlichen Ideal gegenüber solche Ausdrücke gebrauchen können. Man stelle sich vor: Der ideale Mensch ist für ihn eine Gefahr!«

Da platzte Roman, wohl wegen seines jungen Alters, plötzlich der Kragen.

»Das ist doch nicht der ideale Mensch!«, brüllte er. »Sondern Ihr Konsument!«

Eine unheilvolle Stille trat ein.

»Was sagen Sie da?«, fragte Wybegallo mit drohender Stimme. »Sagen Sie das noch einmal. Wie nennen Sie den idealen Menschen?«

»Janus Poluektowitsch, m-mein Freund«, schaltete sich nun Fjodor Simeonowitsch ein. »Es g-geht doch nicht an ...«

»Nein, das geht wirklich nicht an!«, schrie Wybegallo. »Ganz recht, Genosse Kiwrin, das geht nicht an! Es handelt sich hier um ein Experiment von internationalem wissenschaftlichem Rang! Der Geistesriese soll hier, in den Mauern unseres Instituts, entstehen! Das ist ein Symbol! Der Genosse Oira-Oira mit seinem pragmatischen Ansatz legt hier reines Nutzendenken an den Tag, Genossen! Und auch der Genosse Junta zeigt sich engstirnig! Gucken Sie mich nicht so an, Genosse Junta. Wenn ich die zaristischen Gendarmen schon nicht gefürchtet habe, können Sie mir auch keine Angst einjagen! Ist es etwa unsere Art, Kollegen, ein Experiment zu scheuen? Dem Genossen Junta als ehemaligem Ausländer und Kirchenmann mag hin und wieder ein solcher Irrtum unterlaufen, aber Sie, Genosse Oira-Oira, und auch Sie, Fjodor Simeonowitsch, sind doch einfache Russen!«

»Hören Sie auf m-mit dieser Demagogie!« Nun hatte auch Fjodor Simeonowitsch genug. »Sie s-sollten sich schämen, s-solchen Blödsinn zu verzapfen. Wie k-kommen Sie darauf, dass ich ein einfacher Mensch bin? Was ist das überhaupt f-für ein Wort: einfach! Unsere Doubles sind einfach!«

»Ich kann dazu nur eins sagen«, bemerkte Cristóbal Junta ungerührt. »Ich bin ein einfacher ehemaliger Großinquisitor und werde jedermann den Zutritt zu Ihrem Autoklav verwehren, bis Sie mir garantieren, dass das Experiment auf dem Versuchsgelände stattfinden wird.«

»Mindestens f-fünf Kilometer von der Stadt entfernt«, fügte Fjodor Simeonowitsch hinzu. »Noch b-besser zehn.«

Offenbar schreckte Wybegallo der Gedanke, mitsamt seiner Apparatur auf das Versuchsgelände umzuziehen, wo es schneite und stürmte und das Licht für Filmaufnahmen nicht ausreichte.

»Aha«, sagte er. »Verstehe. Sie wollen unsere Wissenschaft vom Volk abschotten. Doch warum nur zehn Kilometer? Warum nicht gleich zehntausend, Genosse Kiwrin? Weit weg, auf die andere Seite vielleicht? Nach Alaska, Genosse Junta – oder wo kommen Sie doch gleich her? Geben Sie's ruhig zu. Wir schreiben es auf und halten's fest.«

Wieder herrschte Stille, und man hörte, wie Fjodor Simeonowitsch, dem es die Sprache verschlagen hatte, drohend schnaufte.

»Vor dreihundert Jahren«, sagte Cristóbal Junta kühl, »hätte ich Sie für diese Worte zu einem Spaziergang vor die Tore der Stadt gebeten, Ihnen den Staub aus den Ohren geklopft und Sie mit dem Degen durchlöchert wie ein Sieb.«

»Sie können mir gar nichts«, konterte Wybegallo. »Wir sind hier nicht in Portugal. Sie vertragen wohl keine Kritik? Vor dreihundert Jahren hätte ich mit einem übrig gebliebenen Katholiken wie dir auch nicht lange gefackelt.«

Mich würgte Hass. Warum sagte Janus Poluektowitsch nichts? Das war ja nicht auszuhalten. Durch die Stille hörte ich Schritte und sah Roman bleich und mit gefletschten Zähnen ins Vorzimmer kommen; er schnipste mit den Fingern, und schon stand ein Double von Wybegallo vor ihm. Er packte es genüsslich beim Schlafittchen, schüttelte es, langte ihm grob in den Bart, zerrte wollüstig daran und reagierte sich ab. Dann liquidierte er das Double und kehrte ins Kabinett zurück.

»Man s-sollte Sie r-rausschmeißen, Wybegallo«, sagte Fjodor Simeonowitsch unerwartet ruhig. »Sie s-sind, wie ich sehe, eine sehr unangenehme Person.«

»Und Sie vertragen keine Kritik«, keuchte Wybegallo.

Da schaltete sich endlich Janus Poluektowitsch ein. Seine Stimme klang so kraftvoll und beherrscht wie die von Jack Londons Kapitänen.

»Das Experiment findet auf Antrag von Amwrossi Ambrosjewitsch Wybegallo heute um zehn Uhr statt. Da es dabei zu großen Zerstörungen kommen wird, die auch Menschenleben gefährden, bestimme ich einen abgelegenen Sektor des Versuchsgeländes zum Ort des Experiments, fünfzehn Kilometer vom Stadtrand entfernt. Bei der Gelegenheit danke ich Roman Petrowitsch im Voraus für seinen Scharfsinn und seinen Mut.«

Offenbar brauchten alle eine gewisse Zeit, um diese Entscheidung zu verdauen. Mir ging es jedenfalls so. Janus Poluektowitsch hatte eine sonderbare Art, seine Gedanken darzulegen. Da er das Geschehen aber besser überblickte als andere, gestand jeder ihm dies gerne zu. Es hatte schon früher Vorfälle gegeben, wo er …

»Ich besorge einen Wagen«, sagte Roman plötzlich, stand auf und ging – anscheinend durch die Wand, denn durchs Vorzimmer kam er nicht.

Fjodor Simeonowitsch und Cristóbal Junta nickten wohl gerade zustimmend, als Wybegallo nach einer kurzen Denkpause losbrüllte: »Eine richtige Entscheidung, Janus Poluektowitsch! Sie haben uns rechtzeitig an die gebotene Wachsamkeit erinnert. Wir brauchen keine Zuschauer! Weg mit ihnen! Aber ohne Transportgehilfen wird es nicht gehen. Der Autoklav ist schwer, tjä, also, er wiegt fünf Tonnen.«

»Natürlich«, erwiderte Janus Poluektowitsch. »Veranlassen Sie alles Nötige.«

Im Arbeitszimmer wurden Stühle gerückt, und ich trank hastig meinen Kaffee aus.

Die folgende Stunde verbrachte ich zusammen mit allen noch im Institut verbliebenen Kollegen an der Eingangstür, wo ich dabei zusah, wie der Autoklav, die Scherenfernrohre, die Schutzschilde und für alle Fälle auch ein paar Bauernmäntel verladen wurden. Das Schneetreiben hatte nachgelassen, der Morgen war frostig und klar.

Roman hatte einen Lastwagen mit Gleiskettenantrieb beschafft. Der Vampir Alfred führte die als Lastenträger bestens geeigneten Hekatoncheiren herbei. Gyes und Kottos waren eifrig bei der Sache, krakeelten munter aus hundert Kehlen und krempelten sich im Gehen die vielen Ärmel hoch, während Briareos lustlos hinter ihnen hertrottete, seinen krummen Finger hochhielt und quengelte, dass er ihm weh tue, dass sich ihm ein paar Köpfe drehten und er in der Nacht kein Auge habe zutun können. Kottos trug den Autoklav – und Gyes alles andere. Als Briareos sah, dass es für ihn nichts mehr zu tun gab, traf er Anordnungen, gab Hinweise und erteilte Ratschläge. Er lief vornweg, hielt den beiden die Türen auf, kauerte sich von Zeit zu Zeit auf den Boden, um sich die Sache von unten anzusehen, und rief: »Ist noch Luft!« oder »Mehr nach rechts, sonst eckt ihr an!« Das Ganze endete damit, dass sie ihm auf die Hand traten und ihn zwischen dem Autoklav und der Wand einklemmten. Daraufhin stimmte er ein Wehgeschrei an, und Alfred brachte ihn ins Vivarium zurück.

Alles, was Beine hatte, drängte sich in den Lastwagen hinein. Wybegallo kletterte vorn ins Fahrerhaus. Er war verstimmt und fragte alle Augenblicke nach der Uhrzeit. Der Lastwagen fuhr ab, kam aber schon nach fünf Minuten zurück, weil man die Korrespondenten vergessen hatte. Während alles nach ihnen suchte, veranstalteten Kottos und Gyes, um sich aufzuwärmen, eine Schneeballschlacht und zerschlugen dabei zwei Fensterscheiben. Dann prügelte sich Gyes mit einem frühen Zecher, der in einem fort rief: »Alle auf einen, was?« Die Leute zerrten Gyes von dem Mann weg und schoben ihn in den Wagenkasten. Dort rollte er fürchterlich mit den Augen und fluchte auf Altgriechisch. Dann tauchten die völlig verschlafenen Korrespondenten G. Scharfblick und B. Zucht auf, und der Lastwagen fuhr endlich ab.

Im Institut wurde es still, und die Stadt schlief noch. Es war halb neun. Ich wäre zwar für mein Leben gern mit den anderen mitgefahren, aber das war unmöglich. Ich seufzte und trat meinen zweiten Rundgang an.

Gähnend trabte ich durch die Korridore und löschte überall das Licht, bis ich zu Vitka Kornejews Labor kam. Wybegallos Experimente interessierten Vitka nicht. Er pflegte zu sagen, Leute wie Wybegallo solle man gnadenlos Cristóbal Junta als Versuchskaninchen überlassen – zur Klärung der Frage, ob es sich bei ihnen nicht doch um Letalmutanten handele. Daher war Vitka nicht mitgefahren. Er saß auf dem Translations-Kanapee, rauchte eine Zigarette und schwatzte mit Edik Amperjan. Edik lag neben ihm, starrte nachdenklich zur Decke und lutschte ein Fruchtbonbon. In der Wanne auf dem Tisch schwamm munter ein Barsch.

»Gutes neues Jahr!«, rief ich.

»Gutes neues Jahr!«, erwiderte Edik freundlich.

»Mal hören, was Sascha dazu meint«, schlug Vitka vor. »Sascha, gibt es eiweißfremdes Leben?«

»Keine Ahnung«, antwortete ich. »Ich habe noch keins gesehen. Wieso?«

»Was heißt: Ich habe noch keins gesehen? Ein M-Feld hast du auch noch nicht gesehen, und trotzdem berechnest du seine Stärke.«

»Und?«, versetzte ich und betrachtete den Barsch in der Wanne. Der Barsch schwamm im Kreis, und bei einer scharfen Drehung sah ich, dass er ausgenommen war.

»Vitka«, bemerkte ich. »Es hat wohl doch noch geklappt?«

»Sascha möchte nicht über eiweißfremdes Leben sprechen«, erklärte Edik. »Und er tut gut daran.«

»Ohne Eiweiß kann man leben«, sagte ich. »Aber wie lebt er ohne Eingeweide?«

»Der Genosse Amperjan meint, dass man ohne Eiweiß nicht leben kann«, sagte Vitka zu mir und ließ ein Rauchwölkchen wie einen Tornado um die Gegenstände im Zimmer herumwirbeln.

»Ich habe nur gesagt, dass Eiweiß Leben ist«, widersprach Edik.

»Das ist doch dasselbe«, meinte Vitka. »Du behauptest also, dass es ohne Eiweiß kein Leben gibt.«

»Genau.«

»Na, und was ist das?«, wollte Vitka wissen und wedelte sacht mit der Hand.

Auf dem Tisch neben der Wanne hockte plötzlich ein widerwärtiges Geschöpf, halb Igel, halb Spinne. Edik richtete sich kurz auf und warf einen Blick darauf.

»Ach«, sagte er und ließ sich wieder aufs Kanapee fallen. »Das ist doch kein Lebewesen. Das ist ein Monster. Ist etwa der Unsterbliche Kostschej ein Lebewesen, also, ein eiweißfremdes?«

»Was willst du eigentlich?«, seufzte Vitka. »Bewegt es sich? Ja, es bewegt sich. Frisst es? Ja, es frisst. Und vermehren kann es sich auch. Willst du mal sehen?«

Edik richtete sich erneut auf und warf einen Blick auf den Tisch. Die Igelspinne trat schwerfällig von einem Bein aufs andere. Es sah aus, als strebte sie in alle vier Himmelsrichtungen zugleich.

»Ein Monster ist kein Lebewesen«, beharrte Edik. »Monster existieren nur, solange vernunftbegabte Lebewesen existieren. Man könnte auch sagen: solange Magier existieren. Monster sind ein Werk der Magier.«

»Gut«, sagte Vitka.

Die Igelspinne verschwand. An ihrer Stelle erschien ein kleiner Vitka Kornejew auf dem Tisch: eine getreue Kopie des echten, aber nur etwa einen halben Meter groß. Er schnipste mit seinen kleinen Fingern und schuf ein noch kleineres Double. Auch dieses schnipste mit den Fingern, und es entstand ein Mikrodouble von der Größe eines Kugelschreibers. Die nächsten Doubles hatten die Größe einer Streichholzschachtel und eines Fingerhuts.

»Reicht das?«, fragte Vitka. »Jedes von ihnen ist ein Magier. Und keines enthält auch nur ein Molekül Eiweiß.«

»Ein unglückliches Beispiel«, wandte Edik bedauernd ein. »Erstens unterscheiden sie sich prinzipiell durch nichts von einer numerisch gesteuerten Maschine. Zweitens sind sie nicht das Produkt einer Entwicklung, sondern deines auf Eiweiß beruhenden Verstandes. Es steht doch wohl außer Frage, ob die Evolution imstande ist, selbstvermehrende numerisch gesteuerte Maschinen hervorzubringen.«

»Was verstehst du schon von Evolution«, brummte der ungehobelte Vitka Kornejew. »Bist du vielleicht ein neuer Darwin? Ob es sich um einen chemischen Prozess handelt oder um bewusste Tätigkeit, ist doch völlig egal. Deine Vorfahren bestanden auch nicht bloß aus Eiweiß. Deine Urmutter war zwar ein, wie ich gerne zugebe, ziemlich kompliziertes Molekül – bestand aber keineswegs aus Eiweiß. Und vielleicht ist unsere bewusste Tätigkeit nur eine Spielart der Evolution. Woher wissen wir denn, ob die Natur das Ziel hatte, den Genossen Amperjan zu erschaffen? Vielleicht hatte sie ja auch das Ziel, durch die Hände des Genossen Amperjan ein Monster zu erschaffen. Möglich ist alles.«

»Verstehe. Erst kam der Protovirus, dann das Eiweiß, dann der Genosse Amperjan, und am Ende bevölkert sich der ganze Planet mit Monstern.«

»Genau«, stimmte Vitka zu.

»Und wir sterben aus, weil wir nicht mehr gebraucht werden.«

»Warum nicht?«, meinte Vitka.

»Ich habe einen Bekannten«, begann Edik. »Der behauptet, der Mensch sei nur das Zwischenglied, das die Natur braucht, um zur Krone der Schöpfung zu gelangen: zu einem Glas Kognak mit einer Scheibe Zitrone.«

»Ja, warum nicht?«

»Weil ich nicht will«, antwortete Edik. »Die Natur mag ihre Ziele haben, ich hab meine eigenen.«

»Ein Anthropozentrist«, stellte Vitka angewidert fest.

»So ist es«, gab Edik stolz zu.

»Mit Anthropozentristen diskutiere ich nicht«, erklärte Vitka.

»Dann erzählen wir uns eben Witze«, schlug Edik ungerührt vor und steckte sich noch ein Fruchtbonbon in den Mund.

Vitkas Doubles auf dem Tisch arbeiteten unterdessen unermüdlich weiter. Das kleinste hatte nun die Größe einer Ameise erreicht. Während ich dem Streit zwischen dem Anthropozentristen und dem Kosmozentristen zuhörte, kam mir eine Idee:

»Kinder«, rief ich mit aufgesetzter Munterkeit. »Warum seid ihr eigentlich nicht auf dem Versuchsgelände?«

»Was sollen wir denn da?«, wollte Edik wissen.

»Immerhin wär's doch ganz interessant.«

»Ich gehe nie in den Zirkus«, sagte Edik. »Und außerdem: *Ubi nihil vales, ibi nihil velis.*«

»Sprichst du von dir?«, fragte Vitka.

»Nein, von Wybegallo.«

»Jungs, ich gehe für mein Leben gern in den Zirkus«, sagte ich. »Ist's euch nicht egal, wo ihr euch Witze erzählt?«

»Wie meinst du das?«, wollte Vitka wissen.

»Wenn ihr meinen Dienst übernehmt, könnte ich mich mal auf dem Versuchsgelände umsehen.«

»Da ist es kalt«, gab Vitka zu bedenken. »Und sehr frostig. Zudem: Wybegallo.«

»Ich würde es mir zu gern ansehen«, erklärte ich. »Das ist alles so geheimnisvoll.«

»Lassen wir das Bürschchen ziehen?«, wandte sich Vitka an Edik.

Edik nickte.

»Sie können gehen, Priwalow«, sagte Vitka. »Aber das kostet Sie vier Stunden Rechnerzeit.«

»Zwei«, entgegnete ich rasch. So etwas hatte ich schon erwartet.

»Fünf«, schacherte Vitka unverfroren.

»Also gut, drei«, schlug ich vor. »Dabei arbeite ich sowieso ständig für dich.«

»Sechs«, pokerte Vitka kühl.

»Vitka«, mahnte Edik. »Dir werden noch Haare auf den Ohren wachsen.«

»Und zwar rote«, fügte ich schadenfroh hinzu. »Vielleicht sogar mit grünlichem Schimmer.«

»Schon gut«, willigte Vitka ein. »Geschenkt. Zwei Stunden tun's auch.«

Wir marschierten gemeinsam zum Vorzimmer. Unterwegs brachen die beiden Magister einen unverständlichen Streit über Zyklotation vom Zaun, und ich musste sie unterbrechen, damit sie mich aufs Versuchsgelände transgredierten. Sie hatten längst genug von mir, und um mich loszuwerden, betrieben sie die Transgression so energisch, dass ich nicht mehr dazu kam, mir etwas überzuziehen, und rücklings in die Zuschauermenge flog.

Auf dem Versuchsgelände stand schon alles bereit. Das Publikum suchte hinter Schutzschilden Deckung. Wybegallo hockte in einem frisch ausgehobenen Graben und blickte unerschrocken durch ein großes Scherenfernrohr. Fjodor Simeonowitsch und Cristóbal Junta hielten Binoktare mit vierzigfacher Vergrößerung in Händen und unterhielten sich leise auf Lateinisch. Janus Poluektowitsch stand, in einen voluminösen Pelz gehüllt, gleichmütig daneben und bohrte mit dem Spazierstock im Schnee. B. Zucht hockte mit aufgeschlagenem Notizbuch und gezücktem Kugelschreiber neben dem Graben. G. Scharfblick, der mit Foto- und Filmkameras behängt war, stand hinter ihm, rieb sich ächzend die froststarren Wangen und schlug die Füße gegeneinander.

Der Himmel war klar, und der Vollmond neigte sich gen Westen. Zwischen den Sternen zuckten hin und wieder die blassen Strahlen eines Polarlichts auf. Der Schnee in der Ebene glitzerte, und der große, zylindrisch geformte Autoklav war in hundert Metern Entfernung deutlich zu erkennen.

Wybegallo riss sich vom Scherenfernrohr los, räusperte sich und sagte: »Kollegen! Kol-le-gen! Was beobachten wir durch dieses Fernrohr? Durch dieses Fernrohr beobachten wir – mit angehaltenem Atem und von großen Gefühlen überwältigt –, wie sich die Schutzkappe automatisch abschraubt … Schreiben Sie, schreiben Sie«, sagte er zu B. Zucht. »Schreiben Sie alles genau auf. Also: Die Schutzkappe schraubt sich automatisch ab. In wenigen Minuten wird es unter uns einen idealen Menschen geben, also: einen *Chevalier sans peur et sans reproche*. Er ist unser Vorbild, unser Symbol und wahr gewordener Traum! Und so sollten wir ihm, diesem Giganten des Wollens und Könnens, auch begegnen: ohne Diskussion, Gezänk und Streiterei. Unser Gigant soll uns so sehen, wie wir wirklich sind: in Reih und Glied, als geschlossene Truppe. Wer noch Fehler hat, verstecke sie, und dann strecken wir unserem Ideal die Hände entgegen.«

Ich sah mit bloßem Auge, wie sich der Deckel des Autoklavs losschraubte und lautlos in den Schnee fiel. Aus der Öffnung schoss ein Dampfstrahl bis hinauf zu den Sternen.

»Erläuterung für die Presse«, setzte Wybegallo an. Da aber ertönte ein fürchterliches Tosen.

Die Erde unter unseren Füßen schwankte. Eine riesige Schneewolke wirbelte hoch. Alle purzelten durcheinander, und auch mich riss es davon. Das Tosen wurde immer lauter, und als ich mich, an die Raupenketten des Lastwagens geklammert, mühsam wieder aufrichtete, sah ich im fahlen Mondlicht, wie der Horizont in Bewegung geriet, sich, einem gigantischen Schalenrand gleich, aufwölbte, wie die Schutzschilde bedrohlich wankten und die Zuschauer nach allen Seiten auseinanderstoben, strauchelten und, von oben bis unten voller Schnee, wieder aufsprangen. Ich sah, wie Fjodor Simeonowitsch und Cristóbal Junta unter den irisierenden Kappen eines Schutzfeldes vor dem tobenden Orkan zurückwichen, wie sie die Arme erhoben und den Schutz auf alle Übrigen auszudehnen suchten. Aber der Wirbelsturm riss das Schutzfeld in Fetzen und trieb diese wie Seifenblasen über die Ebene, bis sie am Sternenhimmel zerplatzten. Ich sah, wie Janus Poluektowitsch mit hochgeschlagenem Mantelkragen, den Rücken zum Wind, den Spazierstock fest gegen die kahlgefegte Erde gestemmt, auf die Uhr sah. Dort, wo der Autoklav stand, brodelte eine von innen rot leuchtende, dichte Dampfwolke. Der Horizont krümmte sich immer weiter und weiter, und mir schien, als befänden wir uns alle im Bauch eines ungeheuren Kruges. Dann erblickte ich plötzlich nahe dem Epizentrum dieses kosmischen Chaos Roman in seinem grünen, ihm von den Schultern gleitenden Mantel. Mit einer weit ausholenden

Geste schleuderte er etwas Großes und wie eine Glasflasche Glänzendes in den brodelnden Dampf und ließ sich im selben Augenblick, den Kopf mit Händen bedeckend, nach vorne aufs Gesicht fallen. In der Wolke erschien die grässlich verzerrte Fratze eines Dschinns, der wütend mit den Augen rollte. Den Mund zu einem lautlosen Gelächter aufgerissen, wedelte er mit seinen riesigen behaarten Ohren. Brandgeruch breitete sich aus; über dem Wirbel schossen die geisterhaften Mauern eines prächtigen Palastes empor, wankten und stürzten wieder ein, während sich der Dschinn in eine lange orangefarbene Flammenzunge verwandelte und im Himmel verschwand. Sekundenlang herrschte Stille. Dann versank der Horizont mit dumpfem Dröhnen. Ich wurde hoch in die Luft gewirbelt, und als ich wieder zu mir kam, saß ich, die Hände auf die Erde gestützt, in der Nähe des Lastwagens. Der Schnee war verschwunden. Alles ringsum war schwarz. Dort, wo soeben der Autoklav gestanden hatte, klaffte ein gewaltiger Trichter. Ihm entstieg weißer Rauch, und es roch brenzlig.

Die Zuschauer standen allmählich wieder auf. Ihre schmerzverzerrten Gesichter waren starr vor Schmutz. Viele von ihnen hatten ihre Stimme verloren, husteten, spuckten und stöhnten leise. Als sie ihre Kleidung abklopfen wollten, stellte sich heraus, dass nicht wenige von ihnen bis auf die Unterwäsche entkleidet waren. Anfangs hörte man nur ein Murren, dann wurden Rufe laut.

»Wo sind meine Hosen? Wieso stehe ich ohne Hosen da? Ich hatte doch Hosen an!«

»Kollegen! Hat einer von euch meine Uhr gesehen?«

»Meine ist auch weg!«

»Und meine!«

»Mein Platinzahn ist verschwunden! Den habe ich mir im Sommer erst einsetzen lassen!«

»Oh, mein Ring ist weg. Und das Armband auch.«

»Wo ist Wybegallo? Was soll dieser Unfug? Was hat das alles zu bedeuten?«

»Ach, zum Teufel mit euren Uhren und euren Zähnen! Ist keiner verletzt? Wie viele waren wir überhaupt?«

»Was ist denn nun passiert? Es hat doch eine Explosion gegeben. Einen Dschinn ... Und wo ist der Geistesriese abgeblieben?«

»Wo ist der Konsument?«

»Wo steckt Wybegallo?«

»Hast du den Horizont gesehen? Weißt du, woran mich das Ganze erinnert?«

»An das Einrollen des Raumes – mit solchen Sachen kenne ich mich aus ...«

»Es ist kalt im Unterhemd, gebt mir doch mal was anderes ...«

»Wo ist d-dieser Wybegallo? Wo steckt d-dieser Esel?«

Die Erde geriet wieder in Bewegung, und Wybegallo kroch aus dem Graben. Ohne Filzstiefel.

»Erläuterung für die Presse«, krächzte er heiser.

Man ließ ihn jedoch nicht zu Wort kommen. Magnus Fjodorowitsch Redkin, der eigens hergekommen war, um zu erfahren, was wahres Glück ist, stürzte zu ihm, schüttelte die Fäuste und kreischte: »Sie sind ein Scharlatan! Das werden Sie mir büßen! So eine Schaubudenvorstellung! Wo ist meine Mütze? Wo ist mein Pelz? Ich werde mich beschweren! Wo ist meine Mütze, frage ich Sie!«

»In völliger Übereinstimmung mit dem Programm ...«, murmelte Wybegallo und sah sich ängstlich nach allen Seiten um. »Unser hochgeschätzter Geistesriese ...«

Da bewegte sich Fjodor Simeonowitsch auf ihn zu.

»Sie, m-mein Bester, stellen Ihr Talent unter d-den Scheffel. Mit Ihren idealen Menschen k-könnte man feindliche Stützpunkte b-bombardieren, um den Aggressor in Angst und Schrecken zu v-versetzen. Sie s-sollten die Abteilung für Abwehrzauber v-verstärken.«

Wybegallo wich zurück und versteckte sich hinter dem Ärmel seines Bauernmantels. Da trat Cristóbal Junta zu ihm, maß ihn mit einem Blick, warf ihm wortlos die beschmutzten Handschuhe vor die Füße und stapfte davon. Gian Giacomo, der sich auf die Schnelle einen Anstrich von Eleganz gegeben hatte, rief schon von Weitem: »Das ist ja phänomenal, Señores. Er war mir nie sympathisch, aber so etwas hätte ich mir nicht träumen lassen.«

Da ging endlich auch G. Scharfblick und B. Zucht ein Licht auf. Bis jetzt hatten sie jedem, unsicher lächelnd, auf den Mund gestarrt und versucht zu begreifen, was vor sich ging. Nun bemerkten sie, dass längst nicht alles programmgemäß verlaufen war. G. Scharfblick trat festen Schritts auf Wybegallo zu, tippte ihm auf die Schulter und sagte mit metallisch klingender Stimme: »Genosse Professor, wo kriege ich jetzt meine Kameras zurück? Drei Foto- und eine Filmkamera.«

»Und meinen Ehering«, fügte B. Zucht hinzu.

»Pardon«, sagte Wybegallo würdevoll. »*On vous demandera quand on aura besoin de vous.* Warten Sie meine Erklärung ab.«

Da wurden die Korrespondenten wieder ganz klein. Wybegallo drehte sich um und ging auf den Trichter zu. Dort erwartete ihn bereits Roman.

»Hier bekommen Sie alles wieder«, rief er schon von Weitem.

Der Riesenkonsument war zwar nicht im Trichter, aber alles Übrige und noch ein bisschen mehr: Foto- und Filmkameras, Notizbücher, Pelze, Ringe, Ketten, Hosen und ein Platinzahn, Wybegallos Filzstiefel und Redkins Mütze, ja sogar meine Platinpfeife zum Alarmieren des Katastrophentrupps. Außerdem entdeckten wir dort fünf Autos – zwei Moskwitsch und drei Wolga –, einen stählernen Panzerschrank mit den Siegeln der Städtischen Sparkasse, ein großes Stück Braten, zwei Kisten Wodka, einen Kasten Shiguljowsker Bier und ein Metallbett mit vernickelten Kugeln.

Wybegallo zog seine Filzstiefel an und erklärte nachsichtig lächelnd, dass man nun zur Diskussion schreiten könne. »Ich bitte um Ihre Fragen«, sagte er. Eine Diskussion kam jedoch nicht zustande, da Redkin in seiner Wut die Miliz alarmiert hatte und nun der junge Sergeant Kowaljow in seinem Dienstwagen der Marke »Gas« herangebraust kam. Wir alle wurden als Zeugen erfasst. Sergeant Kowaljow umkreiste den Trichter auf den Spuren des Täters. Als er eine riesige künstliche Kinnlade fand, geriet er ins Grübeln. Die Korrespondenten, die ihre Kameras zurückerhalten hatten und nun alles in einem ganz anderen Licht betrachteten, hörten Wybegallo aufmerksam zu, der wieder allerlei demagogischen Unsinn über die unbegrenzten und vielfältigen Bedürfnisse von sich gab. Allmählich wurde es langweilig, und kalt war mir auch.

»Lasst uns nach Hause gehen«, schlug Roman vor.

»Ja, gehen wir«, sagte ich. »Wo hattest du den Dschinn her?«

»Den habe ich mir gestern aus dem Lager kommen lassen. Zu einem ganz anderen Zweck.«

»Was ist eigentlich passiert? Hat er sich wieder überfressen?«

»Nein, das kam, weil Wybegallo ein Esel ist«, antwortete Roman.

»Das wissen wir«, warf ich ein. »Aber wie kam es zu der Katastrophe?«

»Aus demselben Grund«, erwiderte Roman. »Tausendmal habe ich Wybegallo gesagt: Sie programmieren einen Superegozentristen. Er wird alle nur erreichbaren materiellen Güter an sich raffen, den Raum verbiegen, sich verpuppen und die Zeit anhalten. Es will einfach nicht in Wybegallos Schädel, dass ein echter Geistesriese nicht nur konsumiert, sondern vor allem denkt und fühlt.«

»Aber das ist alles unwichtig«, fuhr er fort, während wir zum Institut flogen. »Weiß ohnehin jeder. Sagt mir lieber, woher W-Janus wusste, wie die Sache ausgehen würde. Er hat doch alles vorausgesehen. Die großen Zerstörungen, dass ich mir was einfallen lassen würde, um dem Riesen den Garaus zu machen.«

»Ja, wirklich«, sagte ich. »Er hat dir sogar seinen Dank ausgesprochen – im Voraus.«

»Merkwürdig, nicht wahr?«, wunderte sich Roman. »Darüber sollten wir mal nachdenken.«

Und das taten wir. Ziemlich lange sogar. Doch erst im Frühling kamen wir der Sache durch einen Zufall auf die Spur.

Das aber ist wieder eine andere Geschichte.

DRITTE GESCHICHTE

Viel Lärm um einen Papagei

1

»Als Gott die Zeit machte«, sagen die Iren,
»hat er genug davon gemacht.«

Heinrich Böll

Dreiundachtzig Prozent aller Tage im Jahr beginnen auf dieselbe Art und Weise: Der Wecker klingelt. Und dieses Klingeln mischt sich mal als krampfhaftes Rattern eines Summenlochers in die Träume, mal als zornig grollender Bass Fjodor Simeonowitschs und mal als Kratzen der Krallen eines im Thermostat spielenden Basilisken.

An jenem Morgen träumte ich von Modest Matwejewitsch Steinbeißer. In meinem Traum leitete er unser Rechenzentrum und wollte mir klarmachen, wie man den Aldan bedient. »Modest Matwejewitsch«, sagte ich zu ihm, »was Sie da erzählen, ist Stuss.« Er aber brüllte: »Unter-r-rlassen Sie mir-r-r das! Sie ver-r-rzapfen hor-r-renden Blödsinn! Absoluten Quar-r-rk!« Erst da wurde mir klar, dass das nicht Modest Matwejewitsch war, sondern mein Wecker, Marke »Drushba«, mit elf Steinen auf dem Zifferblatt und dem Aufdruck eines kleinen Elefanten mit erhobenem Rüssel. Ich murmelte: »Ja, ja, ich höre«, und holte nach dem Wecker aus, traf aber nur den Tisch.

Das Fenster stand sperrangelweit offen, ich sah den klaren blauen Frühlingshimmel und fühlte die noch beißende Morgenkälte. Auf dem Fenstersims tappten Tauben umher. Um die gläserne Deckenleuchte schwirrten drei kraftlose Fliegen, anscheinend die ersten in diesem Jahr. Von Zeit zu Zeit schossen sie wild umher, und im Halbschlaf kam mir die geniale Idee, dass die Fliegen wahrscheinlich versuchten, aus ihrer Brechungsebene herauszukommen; ich hatte plötzlich Verständnis für ihr hoffnungsloses Unterfangen. Zwei Fliegen ließen sich auf der Lampe nieder, die dritte aber verschwand, und da wurde ich endgültig wach.

Als Erstes warf ich die Decke zurück und versuchte, über dem Bett zu schweben. Wie immer vor der Morgengymnastik, dem Duschen und dem Frühstück führte es allerdings bloß dazu, dass mich das Rückdrehmoment gegen das Bett presste und die Sprungfedern jämmerlich quietschten. Dann fiel mir der gestrige Abend ein, und mit meiner guten Laune war es vorbei, weil ich nun den ganzen Tag ohne Arbeit zubringen musste. Abends um elf war Cristóbal Junta in den Elektroniksaal gekommen und hatte sich wie immer an den Aldan angeschlossen, um gemeinsam mit ihm ein Problem zu lösen, das mit dem Sinn des Lebens zu tun hatte. Nach fünf Minuten war der Aldan in Flammen aufgegangen. Ich weiß zwar bis heute nicht, was darin brennen kann, aber der Aldan fiel dadurch für längere Zeit aus. Und ich durfte heute, anstatt zu arbeiten, wie einer von den Faulpelzen mit den behaarten Ohren ziellos von Abteilung zu Abteilung wandern, über mein Schicksal jammern und Witze erzählen.

Ich zog die Brauen zusammen, setzte mich aufs Bett und nahm zunächst einen tiefen Atemzug Prāna, vermischt mit kühler Morgenluft. Ich wartete eine Weile, bis das Prāna wirkte, und dachte, wie empfohlen, an etwas Schönes. Dann atmete ich die kühle Morgenluft wieder aus und machte mich an den gymnastischen Übungskomplex. Die Jungs hatten mir erzählt, dass die alte Schule Yogaübungen vorschrieb, aber für den Yogakomplex brauchte man, genau wie für den heute fast vergessenen Māāyākomplex, fünfzehn bis zwanzig Stunden am Tag, und seit der Ernennung des neuen Präsidenten der Akademie der Wissenschaften konnte sich die alte Schule nicht mehr durchsetzen. Die Jugend des FIFHUZ brach nur zu gern mit den alten Traditionen.

Bei meinem hundertfünfzehnten Sprung schneite mein Zimmergenosse Vitka Kornejew herein. Wie immer am frühen Morgen war er munter und voll Energie, ja sogar herzlich. Er klatschte mir sein nasses Handtuch auf den bloßen Rücken und flog im Zimmer umher, indem er Hände und Füße wie beim Brustschwimmen bewegte. Dabei erzählte er mir seine Träume und deutete sie im Stil von Freud, Merlin und Madame Lenormand. Ich wusch mich, wir machten uns fertig und begaben uns in die Kantine.

Dort setzten wir uns an unseren Lieblingstisch unter dem großen, bereits verblichenen Plakat mit der Losung »Vorwärts, Genossen! Bewegt eure Kinnladen! G. Flaubert«, öffneten die Kefirflaschen, aßen und lauschten den letzten Neuigkeiten und Klatschgeschichten:

In der Nacht hatte auf dem Kahlen Berg das traditionelle Frühlingstreffen stattgefunden, wobei sich die Teilnehmer ziemlich danebenbenommen hatten. Wij und Choma Brut waren in betrunkenem Zustand eng umschlungen durch die nächtlichen Straßen der Stadt spaziert, hatten Passanten belästigt und Zoten gerissen. Dann hatte sich Wij am linken Augenlid verletzt und war wütend geworden. Er und Choma hatten sich geprügelt, einen Zeitungskiosk umgekippt und es mit der Miliz zu tun bekommen, die sie wegen Rowdytums für fünfzehn Tage ins Gefängnis steckte. Als man Choma die Haare scheren wollte, mussten ihn sechs Männer festhalten, während der schon kahle Wij spöttisch kichernd in der Ecke saß. Und dann schwang Choma solche Reden, dass man ihre Sache ans Volksgericht übergab.

Kater Wassili hatte seinen Frühjahrsurlaub angetreten, um zu heiraten. Nun würde es in Solowetz bald wieder sprechende Kätzchen mit angeborenem sklerotischem Gedächtnis geben.

Louis Sedlovoi aus der Abteilung für Absolutes Wissen hatte eine Zeitmaschine erfunden und würde sie heute in einem Seminar vorstellen.

Wybegallo war wieder im Institut aufgetaucht. Er lief überall herum und prahlte damit, dass ihm eine grandiose Idee gekommen sei. Er behauptete, die Sprache vieler Affen erinnere an die menschliche, wenn man diese auf Tonband aufnehme und mit hoher Geschwindigkeit rückwärts abspiele. So habe er – tjä – in der Affenfarm von Suchumi Gespräche von Pavianen aufgezeichnet und sie im Rückwärtslauf mit geringer Geschwindigkeit abgehört. Dabei sei etwas Phänomenales herausgekommen, aber was, das verrate er vorläufig nicht.

Im Rechenzentrum hatte wieder einmal der Aldan gebrannt, aber Sascha Priwalow konnte nichts dafür, schuld war Cristóbal Junta, der sich in letzter Zeit prinzipiell nur noch für Aufgaben interessierte, für die es erwiesenermaßen keine Lösung gab.

Der hochbetagte Hexenmeister Perun Markowitsch Neunywai-Dubino aus der Abteilung für Atheismus hatte sich für eine neuerliche Verwandlung beurlauben lassen.

In der Abteilung für Ewige Jugend war nach langem Siechtum das Modell des unsterblichen Menschen gestorben.

Die Akademie der Wissenschaften hatte dem Institut Mittel für die Verschönerung seines Geländes bewilligt. Mit den Mitteln wollte Modest Matwejewitsch das Institut durch ein eisernes Ziergitter mit allegorischen Darstellungen und Blumenschalen auf Pfeilern schmücken, und auf dem Hof sollte zwischen dem Transformatorhäuschen und dem Kraftstofflager ein Springbrunnen mit neun Meter hoher Fontäne sprudeln. Das Sportbüro beantragte dagegen Geld für einen Tennisplatz, was Modest Matwejewitsch jedoch mit der Begründung ablehnte, ein Springbrunnen fördere das wissenschaftliche Denken, während es sich beim Tennis um nichts als Herumhampelei handle.

Nach dem Frühstück suchte jeder sein Labor auf. Ich schlich zum Elektroniksaal, warf einen Blick hinein und sah traurig dabei zu, wie die schlecht gelaunten Ingenieure aus der Abteilung für Technische Wartung in Aldans bloßgelegten Eingeweiden wühlten. Sie hatten keine Lust, sich mit mir zu unterhalten, und hießen mich mürrisch, meiner Wege zu gehen und mich um meine eigenen Angelegenheiten zu kümmern. Also klapperte ich meine Bekannten ab.

Vitka Kornejew warf mich hinaus, weil er sich sonst nicht konzentrieren könne. Roman hielt eine Vorlesung vor Praktikanten. Wolodja Potschkin unterhielt sich mit einem Korrespondenten. Bei meinem Anblick rief er schadenfroh: »Ah, da ist er ja! Darf ich vorstellen: der Leiter unseres Rechenzentrums. Er wird Ihnen gleich erzählen, wie …« Ich aber spielte geschickt mein eigenes Double, jagte dem Korrespondenten einen Heidenschreck ein und nahm Reißaus. Bei Edik Amperjan bewirtete man mich mit frischen grünen Gurken, und es bahnte sich gerade eine lebhafte Unterhaltung über die Vorzüge einer genussorientierten Lebenseinstellung an, als eine Destillationsblase platzte und sie mich augenblicklich vergaßen.

Verzweifelt verließ ich Ediks Labor und begegnete im Korridor W-Janus. Der sagte: »Aha«, und erkundigte sich nach kurzem Zögern, ob wir nicht gestern miteinander gesprochen hätten. »Nein«, sagte ich. »Leider haben wir nicht miteinander gesprochen.« Da ging er weiter, und am Ende des Korridors hörte ich ihn Gian Giacomo dieselbe Frage stellen.

Zu guter Letzt verschlug es mich zu den Absolutisten. Hier kam ich gerade recht zum Beginn des Seminars. Die

Mitarbeiter saßen allesamt gähnend im kleinen Konferenzsaal und strichen sich vorsichtig über ihre Ohren. Auf dem Platz des Vorsitzenden thronte der allwissende Maurice-Johann-Lawrenti Pupkow-Sadni, Abteilungsleiter, Akademiemitglied und Magister der weißen, schwarzen und grauen Magie. Er hatte die Hände friedvoll zusammengefaltet und ließ seinen Blick wohlwollend auf dem hektisch hin und her hastenden Vortragenden ruhen, der gemeinsam mit zwei missglückten, an den Ohren behaarten Doubles auf dem Vorführstand eine Maschine mit Sattel und Pedalen aufbaute, die an einen Hometrainer für Übergewichtige erinnerte. Ich ließ mich abseits von der Menge in einer Ecke nieder, zückte Notizbuch und Stift und setzte eine interessierte Miene auf.

»Nun«, sagte das Akademiemitglied. »Ist alles bereit?«

»Ja, Maurice Johannowitsch«, erwiderte Sedlovoi. »Wir sind so weit.«

»Dann könnten wir eventuell anfangen? Ich vermisse allerdings Smoguli …«

»Er ist auf Dienstreise, Maurice Johannowitsch«, schallte es aus dem Saal.

»Ach ja, ich erinnere mich. Die exponentiellen Forschungen? Aha … Na schön. Heute wird uns Louis Iwanowitsch Sedlovoi einen kurzen Bericht über mögliche Typen von Zeitmaschinen geben. Ist das richtig, Louis Iwanowitsch?«

»Äh … Eigentlich wollte ich meinem Vortrag den Titel geben …«

»Na gut. Geben Sie ihm selbst einen Titel.«

»Ich danke Ihnen. Äh … Ich wollte ihm den Titel geben: ›Die Realisierbarkeit einer Zeitmaschine für die Fortbewegung in künstlich geschaffenen Zeiträumen‹.«

»Sehr interessant«, sagte das Akademiemitglied. »Aber mir ist, als hätte es mal den Fall gegeben, wo einer unserer Mitarbeiter …«

»Verzeihung, darauf wollte ich gerade zu sprechen kommen.«

»Ach so ... Na, bitte, bitte.«

Anfangs war ich ganz bei der Sache. Ja, ich ließ mich sogar begeistern. Es stellte sich heraus, dass sich hier ein paar Jungs mit hochinteressanten Dingen befassten. Ein paar von ihnen schlugen sich anscheinend – wenn auch ergebnislos – bis zum heutigen Tag mit dem Problem der Fortbewegung in der physikalischen Zeit herum. Dafür aber hatte jemand – einer von den Alten, Berühmten, ich habe den Namen vergessen – nachgewiesen, dass man materielle Körper in ideale Welten versetzen kann, das heißt in Welten, die von der menschlichen Fantasie erschaffen werden. Wie es schien, existierten neben unserer gewohnten Welt mit der riemannschen Metrik, dem Unbestimmtheitsprinzip, dem physikalischen Vakuum und dem Trunkenbold Choma Brut noch andere Welten mit klar ausgeprägter Realität. Es handelte sich dabei um Welten, die von der schöpferischen Fantasie im Verlauf der Menschheitsgeschichte geschaffen worden waren: etwa die Welt der kosmologischen Vorstellungen der Menschheit; die von den Malern erschaffene Welt oder jene halb abstrakte Welt, an der Generationen von Komponisten unbewusst mitgewirkt hatten.

Ich hörte, dass vor einigen Jahren ein Schüler dieses Großen, Berühmten eine Maschine gebaut und damit eine Reise in die Welt kosmologischer Vorstellungen angetreten hatte. Eine Zeit lang hatte noch eine einseitige telepathische Verbindung bestanden, und er konnte übermitteln, dass er am Rande der Erdscheibe stehe, in der Tiefe den sich ringelnden Rüssel eines der drei gigantischen Elefanten sehe und zur Schildkröte hinabzusteigen gedenke. Danach hörte man nichts mehr von ihm.

Und nun hatte der Vortragende, Magister Louis Iwanowitsch Sedlovoi, eine Maschine für Reisen in die von Menschen beschriebene Zeit konstruiert. Sedlovoi war, wie mir schien, kein schlechter Wissenschaftler, litt jedoch an starken paläolithischen Überbleibseln im Bewusstsein und musste sich deshalb regelmäßig die Ohren rasieren. Seinen Worten zufolge gab es eine real existierende Welt, in der Anna Karenina, Don Quijote, Sherlock Holmes, Grigori Melechow und sogar Kapitän Nemo lebten. Diese Welt hatte ganz eigene und überaus interessante Eigenschaften und Gesetzmäßigkeiten, und ihre Bewohner wirkten umso lebendiger, realer und individueller, je talentierter, leidenschaftlicher und glaubhafter die Autoren der entsprechenden Werke sie beschrieben hatten.

Das alles fand ich ungeheuer interessant, zumal Sedlovoi, vom Thema gepackt, sehr lebhaft und anschaulich vortrug. Dann aber besann er sich, fand seine Darstellung des Sachverhalts nicht wissenschaftlich genug, behängte das Podium mit Skizzen und Diagrammen und ließ sich langatmig und in starkem Fachjargon über Dekrementkegelräder, mehrstufige temporale Schaltung und Durchdringungslenkrad aus. Ich verlor schon bald den roten Faden und sah mich unter den Anwesenden um.

Das Akademiemitglied schlief in einer majestätischen Pose und hob nur hin und wieder reflexbedingt die rechte Braue, als wolle er gewisse Zweifel an den Worten des Vortragenden anmelden. Die Leute in den hinteren Reihen spielten hingebungsvoll funktionelles Schiffeversenken im Banach-Raum. Zwei Fernstudenten schrieben jedes Wort gewissenhaft mit – auf ihren Gesichtern malte sich allerdings mal hoffnungslose Verzweiflung, mal völlige Schicksalsergebenheit. Hier und da rauchte jemand heimlich und blies den Rauch zwischen seinen Knien unter den Tisch. Die Magister und Bakkalaurei in der ersten Reihe hörten wie immer aufmerksam zu und bereiteten Fragen und kritische Anmerkungen vor. Die einen lächelten höhnisch, die anderen blickten verstört drein. Sedlovois Betreuer nickte nach jedem Satz zustimmend. Ich starrte aus dem Fenster, konnte aber außer dem bis zum Überdruss bekannten Kornspeicher nichts Interessantes entdecken. Nur hin und wieder liefen ein paar kleine Jungen mit Angelruten vorbei.

Als der Vortragende den einführenden Teil für beendet erklärte und sagte, dass er nun vorführen wolle, wie die Maschine funktioniere, schüttelte ich die Müdigkeit ab.

»Sehr interessant«, ergriff der wieder erwachte Vorsitzende das Wort. »Wollen Sie sich selbst auf die Reise begeben?«

»Ich würde gerne hierbleiben und Erläuterungen zum Verlauf der Reise geben«, sagte Sedlovoi. »Vielleicht könnte einer der Anwesenden …«

Die Anwesenden machten sich klein. Offenbar war das rätselhafte Schicksal jenes Reisenden unvergessen, der an den Rand der Erdscheibe getreten war. Einer der Magister schlug vor, ein Double zu schicken. Sedlovoi war jedoch der Meinung, dass das nichts bringe, weil Doubles für äußere Reize wenig empfänglich und deshalb schlechte Informationsgeber seien. Aus den hinteren Reihen kam die Frage, welcher Art diese äußeren Reize sein konnten. Sedlovoi erklärte, es handle sich um ganz gewöhnliche Reize: akustische, visuelle, olfaktorische und taktile. Da kam, wiederum aus den hinteren Reihen, die Frage, welche Art taktiler Reize denn vorherrschen werde. Sedlovoi zuckte mit den Achseln und antwortete, das hänge vom Verhalten des Reisenden am jeweiligen Ort ab. Aus den hinteren Reihen war ein »Aha« zu hören; weitere Fragen wurden nicht gestellt. Der Vortragende blickte hilflos in die Runde, aber die Leute im Saal sahen alle woanders hin. Das Akademiemitglied fragte väterlich: »Na, was ist? Wo bleibt die Jugend? Wer wagt's?« Da stand ich auf und trat stumm an die Maschine. Ich kann es einfach nicht mit ansehen, wenn ein Redner nicht weiterweiß, es ist so beschämend, jämmerlich und peinlich …

Aus den hinteren Reihen erreichten mich Rufe wie: »Nicht doch, Sascha! Lass es bleiben!«

Sedlovois Augen aber leuchteten auf.

»Ich stelle mich zur Verfügung«, sagte ich.

»Bitte, bitte, natürlich!«, murmelte Sedlovoi, packte meinen Daumen und zerrte mich zu seiner Maschine.

»Einen Augenblick«, bat ich und versuchte mich unauffällig aus seinem Griff zu befreien. »Dauert es lange?«

»So lange Sie wollen!«, rief Sedlovoi. »Ich richte mich da ganz nach Ihnen. Außerdem steuern Sie die Maschine ja selbst! Das ist ganz einfach.« Er packte mich von Neuem und zog mich wieder zu seiner Maschine. »Hier ist das Lenkrad. Und hier der Fußhebel für die Kupplung mit der Realität. Hier ist die Bremse, hier das Gaspedal. Sind Sie Autofahrer? Na, wunderbar! Die Taste hier … Wohin wollen Sie – in die Zukunft oder in die Vergangenheit?«

»In die Zukunft«, sagte ich.

»Aha«, sagte er, wie mir schien, enttäuscht. »In die beschriebene Zukunft, also. Das sind fantastische Romane und alle möglichen Utopien. Natürlich, auch das kann interessant sein. Aber machen Sie sich darauf gefasst, dass die Zukunft nicht kontinuierlich verläuft, dort dürfte es große Zeitlücken geben, die noch kein Autor ausgefüllt hat. Aber das macht nichts. Also, diese Taste hier müssen Sie drücken, einmal jetzt, beim Start, und das zweite Mal, wenn Sie zurückkehren wollen. Alles klar?«

»Ja«, sagte ich. »Und wenn die Maschine einen Defekt hat?«

»Das ist ungefährlich!«, rief er und fuchtelte mit den Armen. »Sobald irgendetwas nicht funktioniert, und sollte auch nur ein Staubkorn zwischen die Kontakte geraten sein, kehren Sie sofort hierher zurück.«

»Nur Mut, junger Mann«, ermunterte mich das Akademiemitglied. »Und nachher erzählen Sie uns, wie es dort, in der Zukunft, aussieht, hahaha!«

Krampfhaft bemüht, niemanden anzusehen, stieg ich in den Sattel – und kam mir ziemlich dumm dabei vor.

»Nun drücken Sie schon!«, flüsterte der Vortragende aufgeregt.

Ich drückte auf die Taste, anscheinend eine Art Anlasser. Dann gab es einen Ruck, die Maschine grunzte und begann zu vibrieren.

»Die Achse ist verbogen«, flüsterte Sedlovoi ärgerlich. »Na, macht nichts, macht nichts … Legen Sie den Gang ein. Ja, gut. Und jetzt los!«

Ich gab Gas und trat zugleich behutsam auf die Kupplung. Die Welt um mich herum verblasste. Das Letzte, was ich aus dem Saal hörte, war die sorglose Frage des Akademiemitglieds: »Und wie werden wir ihn beobachten?« Dann verschwand der Saal.

2

> Es gibt keinen Unterschied zwischen der Zeit und einer der drei Dimensionen des Raumes, außer dass sich unser Bewusstsein auf ihrer Linie bewegt.
>
> *H. G. Wells*

Anfangs bewegte sich die Maschine ruckartig, und ich hatte Mühe, mich im Sattel zu halten. Ich schlang die Beine ums Gehäuse und klammerte mich krampfhaft ans Lenkrad. Aus den Augenwinkeln heraus nahm ich verschwommen pompöse, gespenstische Bauten wahr, blassgrüne Ebenen und eine kalte, keine Wärme spendende Sonne, die in der Nähe des Zenits im grauen Nebel hing. Dann merkte ich, dass das Rütteln daher kam, dass ich den Fuß vom Gaspedal genommen hatte, die Motorleistung (wie beim Auto) nicht mehr ausreichte und die Zeitmaschine bei jedem Ruck gegen Ruinen antiker und mittelalterlicher Utopien stieß. Ich gab Gas, und sofort verlief die Reise ruhiger, sodass ich mich endlich bequem zurücklehnen und umsehen konnte.

Mich umgab eine Geisterwelt. Inmitten kleiner Bauernhäuschen ragten riesige, mit Säulengängen verzierte Bauwerke aus verschiedenfarbigem Marmor auf. Ringsum wogte trotz völliger Windstille das Korn, auf Wiesen grasten wohlgenährte durchsichtige Viehherden, und auf den Anhöhen saßen ehrwürdige alte Hirten. Darunter war keiner, der nicht in einem Buch oder einer altertümlichen Handschrift gelesen hätte. Dann tauchten neben mir zwei durchsichtige Männer auf, die sich in Positur stellten und zu reden begannen. Beide waren barfuß, mit Kränzen geschmückt und in faltenreiche Chitone gekleidet. Der eine hielt in der Rechten einen Spaten und in der Linken eine Pergamentrolle. Der andere stützte sich auf eine Kreuzhacke und spielte zerstreut mit dem kupfernen Tintenfass, das an seinem Gürtel hing. Sie sprachen streng der Reihe nach, aber nicht miteinander, wie ich anfangs glaubte. Mir wurde bald klar, dass sie mit mir redeten, obwohl keiner von ihnen auch nur einen Blick in meine Richtung warf. Ich lauschte also ihren Reden. Der Mann mit dem Spaten legte langatmig und monoton die Grundlagen der politischen Ordnung jenes wunderbaren Landes dar, zu dessen Bürgern er sich zählte. Diese Ordnung war ungewöhnlich demokratisch: Es wurde keinerlei Zwang gegenüber den Bürgern angewandt (was er mehrmals ausdrücklich betonte), alle Bürger waren reich und frei von Sorgen, und selbst der letzte Ackersmann besaß mindestens drei Sklaven. Als er innehielt, um Luft zu schnappen und sich die Lippen zu belecken, legte der Mann mit dem Tintenfass los. Er rühmte sich, soeben seine drei Stunden als Fährmann auf dem Fluss abgeleistet und von niemandem auch nur eine Kopeke dafür verlangt zu haben, weil er gar nicht wisse, was

Geld sei, und nun wolle er sich an den kühlen Brunnen legen, um Verse zu schreiben.

Sie sprachen sehr lange – dem Tachometer nach jahrelang –, doch plötzlich verschwanden sie, und weit und breit war kein Mensch mehr zu sehen. Durch die gespenstischen Bauwerke fielen Strahlen der reglos am Himmel stehenden Sonne. Unwahrscheinlich dicht über dem Boden zogen langsam ein paar schwere Flugapparate vorüber, mit Flughäuten wie ein Pterodaktylus. Im ersten Moment kam es mir so vor, als ob sie brannten, dann aber sah ich, dass der Rauch aus großen konischen Röhren abgegeben wurde. Schwerfällig mit den Flügeln schlagend, schwebten sie über mir dahin und streuten Asche aus, ja, einer ließ sogar ein knorriges Holzscheit auf mich fallen.

Die pompösen Bauten um mich herum veränderten sich nach und nach. Die Zahl ihrer Säulen nahm nicht ab, und die Architektur blieb so hässlich und pompös wie zuvor, dafür aber wurden neue Farbtöne sichtbar, und den Marmor lösten modernere Baustoffe ab. Statt der blinden Statuen und Büsten tauchten nun auf den Dächern glänzende Gebilde auf, die an die Antennen von Radioteleskopen erinnerten. Die Straßen belebten sich, und die Zahl der Fahrzeuge nahm zu. Die lesenden Hirten mitsamt ihren Herden verschwanden, das Korn aber wogte weiter, obwohl sich nach wie vor kein Windhauch regte. Ich trat auf die Bremse und hielt an.

Bei einem Blick ringsum merkte ich, dass ich mit der Zeitmaschine auf einem rollenden Gehsteig stand. Um mich herum wimmelte eine bunt zusammengewürfelte Menge. Die meisten Menschen kamen mir jedoch irgendwie unreal vor, jedenfalls unrealer als die komplizierten, fast lautlosen Vehikel. Es gab daher nicht einmal einen Zusammenprall, wenn ein Mensch von so einem Fahrzeug angefahren wurde. Die Vehikel interessierten mich weniger – wahrscheinlich, weil auf jeder vorderen Verkleidung ein vor Eifer halb durchsichtiger Erfinder saß, der sich weitschweifig über Aufbau und Zweck seines Vehikels ausließ. Niemand hörte ihnen zu, und sie schienen sich auch an niemanden direkt zu wenden.

Ich interessierte mich mehr für die Menschen um mich herum. Ich sah baumstarke junge Kerle in Arbeitsanzügen, die einander die Arme um die Schultern gelegt hatten, lästerlich fluchten und unmelodische Lieder zu miserablen Versen grölten. Auch begegneten mir ab und zu nur halb bekleidete Menschen: Einer trug einen grünen Hut auf dem Kopf und ein rotes Jackett auf dem bloßen Leib (und sonst nichts); ein anderer hatte gelbe Schuhe an und trug eine bunte Krawatte (ohne Hemd und Hose, von Unterwäsche ganz zu schweigen), und ein dritter steckte in eleganten Schuhen ohne Strümpfe. Die Leute um mich herum schien das nicht zu stören, mich aber berührte es peinlich, bis mir einfiel, dass manche Autoren die Gewohnheit haben, Menschen folgendermaßen zu beschreiben: »Die Tür ging auf, und an der Schwelle stand ein schlanker, muskulöser Mann mit flauschiger Mütze und dunkler Brille.« Es begegneten mir auch vollständig angezogene Menschen, wenn ihre Kleidung auch merkwürdig geschnitten war. Und mal hier, mal dort sah man einen braungebrannten bärtigen Mann in einer makellos weißen Chlamys, der sich durch die Menge zwängte; in der einen Hand trug er eine Art Spaten oder Kummet, in der anderen eine Staffelei (oder war's ein Federkasten?). Es gab mehrere dieser Chlamysträger, und sie machten einen verstörten Eindruck, fuhren zurück, wenn eines der mehrbeinigen Vehikel auf sie zukam, und sahen sich gehetzt nach allen Seiten um.

Vom Gebrabbel der Erfinder abgesehen, war es ziemlich still. Die meisten Leute schwiegen. An einer Ecke sah ich, wie sich zwei junge Männer an einer mechanischen Vorrichtung zu schaffen machten. Der eine sagte im Brustton der

Überzeugung: »Der konstruierende Gedanke, der zur Erfindung führt, darf nicht auf der Stelle treten. Das ist ein Entwicklungsgesetz der Menschheit. Wir werden es schaffen, wir werden es erfinden. Unbedingt! Und Bürokraten wie Tschinuschin oder Konservativen wie Twjordolobow zum Trotz.« Ohne auf ihn einzugehen, murmelte der andere: »Ich habe herausgefunden, dass man hier abriebfeste Reifen aus Mehrstrukturfasern mit denaturierten Aminoverbindungen und ungesättigten Sauerstoffgruppen einsetzen kann. Ich weiß nur noch nicht, wie wir dazu den Regenerationsreaktor auf der Basis subthermischer Neutronen nutzen können. Mischa! Was machen wir mit dem Reaktor?« Als ich mir die Vorrichtung genauer ansah, erkannte ich, dass es sich dabei um ein Fahrrad handelte.

Der Gehsteig führte mich zu einem großen Platz, auf dem sich eine Menschenmenge um Raumschiffe unterschiedlichster Bauart scharte. Ich stieg vom Gehsteig und zerrte die Zeitmaschine hinter mir her. Anfangs wusste ich nicht, was ich von der Sache halten sollte. Musik spielte, Reden erschallten, und hier und da erhoben sich aus der Menge ein paar langgelockte, rotwangige Jünglinge, die mit ihrer widerspenstigen, immerzu in die Stirn fallenden Mähne kämpften und hingebungsvoll Verse deklamierten. Und obwohl die Verse teils bekannt, teils miserabel waren, wurden unter den zahlreich versammelten Zuhörern spärliche Männertränen, bittere Frauentränen und helle Kindertränen vergossen. Harte Männer umarmten einander, bissen die Zähne zusammen und klopften sich gegenseitig auf die Schulter. Da viele von ihnen nichts anhatten, klang es wie Beifall. Zwei stramme Leutnants mit müden, aber gutmütigen Augen schleiften einen geschniegelten Herrn, dem sie die Arme auf den Rücken gedreht hatten, an mir vorbei. Der Mann wand sich unter ihrem Griff und schrie etwas in gebrochenem Englisch. Soviel ich verstand, verriet er Gott und die Welt und erzählte, wie und für wessen Geld er die Mine ins Triebwerk des Raumschiffs geschmuggelt hatte. Ein paar kleine Jungen mit Shakespeare-Bänden in den Händen schlichen sich zu den Düsen eines Astroplans und sahen sich verstohlen um. Die Menge beachtete sie nicht.

Bald wurde mir klar, dass die eine Hälfte der Menge von der anderen Abschied nahm, wie eine totale Mobilmachung. Ihren Reden und Gesprächen entnahm ich, dass die Männer ins Weltall aufbrachen – die einen zur Venus, die anderen zum Mars, und ein paar von ihnen, deren Gesichter schon ganz entrückt schienen, wollten zu ferneren Sternen, gar ins Zentrum der Milchstraße. Die Frauen blieben zurück, um auf sie zu warten. Viele standen Schlange vor einem großen, unförmigen Gebäude, das die einen Pantheon und die anderen Refrigerator nannten. Ich sagte mir, dass ich gerade noch zur rechten Zeit gekommen war: Eine Stunde später, und es hätte in der Stadt nur noch für Jahrtausende eingefrorene Frauen gegeben.

Da fiel mein Blick auf eine hohe graue Mauer, die den Platz nach Westen hin abgrenzte; dahinter stiegen schwarze Rauchwolken empor.

»Was ist das da?«, fragte ich eine schöne Frau mit Kopftuch, die niedergeschlagen zum Refrigerator trottete.

»Die Eiserne Mauer«, erwiderte sie, ohne stehen zu bleiben.

Mir wurde immer beklommener zumute. Alle um mich herum weinten, und die Redner waren schon ganz heiser. Neben mir nahm ein junger Mann in hellblauem Overall Abschied von einem Mädchen, das ein rosa Kleid trug. Das Mädchen sagte mit trister Stimme: »Ach, könnte ich zu Sternenstaub werden, dann würde ich als kosmische Wolke dein Raumschiff umschlingen …« Der junge Mann hörte ihr aufmerksam zu. Plötzlich schmetterten sämtliche Orchester los. Das war zu viel für meine Nerven, und so sprang ich in den Sattel und gab Gas. Ich sah gerade noch, wie Raumschiffe, Planetenkreuzer, Astroplane, Ionen- und Photonenkreuzer sowie Astromaten donnernd über der Stadt aufstiegen und alles außer der grauen Mauer in einem phosphoreszierenden Nebel versank.

Nach dem Jahr 2000 setzten zeitliche Lücken ein. Ich durchflog eine Zeit, in der keine Materie existierte. An diesen Stellen war es dunkel, und nur hin und wieder sah ich hinter der grauen Mauer Explosionen oder lodernde Feuer. Ab und zu geriet ich wieder in jene Stadt, und von Mal zu Mal wurden ihre Gebäude höher, die sphärischen Kuppeln durchsichtiger und die Raumschiffe auf dem Platz weniger. Hinter der Mauer stieg pausenlos Rauch auf.

Als der letzte Astromat den Platz verlassen hatte, hielt ich zum zweiten Mal an. Die Gehsteige rollten weiter. Die grölenden jungen Männer in den Overalls waren nicht mehr da und niemand fluchte. Durch die Straßen spazierten bescheiden, zu zweit und zu dritt, farblose Menschen, die entweder sehr merkwürdig oder nur spärlich bekleidet waren. So viel ich mitbekam, war überall nur von der Wissenschaft die Rede. Anscheinend sollte jemand wiederbelebt werden, und ein Professor der Medizin – ein sehr athletischer Intellektueller, der, mit nichts als einer Weste angetan, recht sonderbar aussah – erläuterte die Prozedur der Wiederbelebung einem hochgewachsenen Biophysiker, den er allen anderen als den Urheber, Initiator und Hauptausführenden des Vorhabens vorstellte. An anderer Stelle erfuhr ich, dass man ein Loch durch die Erde bohren wollte. Auch dieses Projekt wurde von einer großen Menschenmenge auf der Straße debattiert, Kreidezeichnungen auf Hauswänden und Gehsteigen angefertigt. Ich hörte eine Weile zu, aber es war langweilig und obendrein mit scharfen Misstönen gegen einen mir unbekannten Konservativen gespickt. So lud ich mir die Maschine auf die Schultern und ging weiter. Es wunderte mich gar nicht, dass die Erörterung des Projekts sogleich eingestellt wurde und sich jeder wieder seinen eigenen Angelegenheiten widmete. Dafür begann, sobald ich stehen blieb, ein Bürger große Reden zu schwingen. Was er von Beruf sein mochte, konnte ich nicht sagen, doch aus heiterem Himmel kam er auf Musik zu sprechen. Sofort sammelte sich eine Schar von Zuhörern an, die an seinen Lippen hingen und Fragen stellten, die von völliger Ahnungslosigkeit zeugten. Plötzlich rannte laut schreiend ein Mann die Straße hinunter, der von einem spinnenartigen Gebilde verfolgt wurde. Dem nur teilweise verständlichen Gebrüll des Gejagten zufolge handelte es sich um einen »selbstprogrammierenden kybernetischen Roboter auf der Basis trigener Quatoren mit Rückkopplung, die ausgefallen waren und … O weh, gleich nimmt er mich auseinander!« Seltsamerweise verzog niemand der Zuschauer auch nur eine Miene; man glaubte anscheinend nicht an einen Aufstand der Maschinen.

Aus einer Seitenstraße schossen zwei ebenfalls spinnenartige metallene Maschinen auf mich zu, die etwas kleiner waren und nicht ganz so grimmig wirkten. Ehe ich mich's versah, hatte die eine mir die Schuhe geputzt, während die andere mein Taschentuch wusch und bügelte. Ein großer weißer Kesselwagen rollte auf Raupenketten auf mich zu, blinkte mit zahllosen Lämpchen und besprühte mich mit Parfüm. Ich wollte schon weiterfahren, als ein lauter Knall ertönte und eine riesige rostige Rakete vom Himmel fiel. Gleich darauf hieß es in der Menge:

»Das ist der ›Stern der Träume‹!«

»Ja, ja, das ist er!«

»Natürlich ist er das! Er ist vor zweihundertachtzehn Jahren gestartet und von allen längst vergessen. Die Besatzung aber ist dank der einsteinschen Zeitverkürzung bei Flügen mit annähernder Lichtgeschwindigkeit nur um zwei Jahre gealtert!«

»Dank wessen? Ach, Einstein ... Ja, ja, ich erinnere mich. Das haben wir in der zweiten Klasse gelernt.«

Aus der rostigen Rakete kletterte mühsam ein einäugiger Mann, dem der linke Arm und das rechte Bein fehlten.

»Ist das hier die Erde?«, fragte er gereizt.

»Jawohl, das ist die Erde!«, rief man ihm zu. Auf den Gesichtern lag ein Lächeln.

»Gott sei Dank«, sagte der Mann erleichtert, und alle sahen sich verblüfft an. Entweder verstanden sie ihn nicht, oder sie wollten ihn nicht verstehen.

Der versehrte Raumpilot warf sich in Pose und begann eine Rede, in der er die Menschheit dazu aufrief, samt und sonders zu dem Planeten Chosch-Ni-Chosch im Sternsystem Eoella in der Kleinen Magellan'schen Wolke zu fliegen, um dort lebende Verstandesbrüder zu befreien, die unter der Knute eines wildgewordenen kybernetischen Diktators stöhnten (er sagte tatsächlich: stöhnten). Alle weiteren Worte gingen im Düsengeheul unter. Auf dem Platz landeten noch zwei rostige Raketen. Mit Reif bedeckte Frauen eilten aus dem Pantheon-Refrigerator, und auf dem Platz entstand Gedränge. Mir wurde klar, dass ich in die Epoche der Heimkehr geraten war, und trat hastig aufs Pedal.

Die Stadt verschwand und tauchte lange nicht wieder auf. Was blieb, war die Mauer, hinter der mit bedrückender Eintönigkeit Brände loderten und ferne Blitze zuckten. Es war ein sonderbarer Anblick – diese völlige Leere und im Westen einzig eine Mauer. Dann aber wurde es endlich hell, und ich hielt an.

Vor mir breitete sich ein blühendes, menschenleeres Land aus. Das Korn wogte. Wohlgenährte Herden grasten auf den Wiesen, lesende Hirten waren jedoch nicht zu sehen. Am Horizont blinkten die bekannten durchsichtigen Kuppeln, Viadukte und Spiralstraßen. Im Westen ragte nach wie vor die Mauer auf.

Jemand berührte mein Knie, und ich fuhr zusammen. Neben mir stand ein kleiner Junge mit tiefliegenden, funkelnden Augen.

»Was willst du, Kleiner?«, fragte ich.

»Ist dein Apparat kaputt?«, erkundigte er sich mit singender Stimme.

»Zu Erwachsenen sagt man ›Sie‹«, belehrte ich ihn.

Erst war er völlig perplex, dann aber hellte sich sein Gesicht auf. »Ach ja, ich erinnere mich: Das war in der Epoche der erzwungenen Höflichkeit so üblich … Sollte das ›Du‹ deinem emotionalen Rhythmus nicht entsprechen, bin ich gerne bereit, jede andere, mit deinem Rhythmus harmonierende Anrede zu verwenden.«

Ich war perplex. Er hockte sich vor die Zeitmaschine, griff bald hierhin, bald dorthin und sagte etwas, wovon ich kein Wort verstand. Es war ein reizender Junge, sauber, gesund und gepflegt, aber, wie mir schien, ein bisschen altklug.

Hinter der Mauer krachte es ohrenbetäubend, und wir drehten uns um. Über der Mauerkrone tauchte eine unheimliche, schuppige Pranke mit acht Zehen auf, klammerte sich an der Mauer fest, ließ wieder los und verschwand.

»Hör mal, Kleiner«, sagte ich. »Was ist das für eine Mauer?«

Ernst und verlegen sah er mich an.

»Das ist die Eiserne Mauer«, antwortete er. »Leider ist mir die Etymologie der beiden Wörter unbekannt, aber ich weiß, dass sie zwei Welten trennt: die der Humanistischen Fantasie und die der Zukunftsangst.« Er verstummte und fügte nach einer Weile hinzu: »Die Etymologie des Wortes ›Angst‹ ist mir auch unbekannt.«

»Interessant«, sagte ich. »Kann man sich die Welt der Angst einmal ansehen?«

»Ja, natürlich. Dort ist die Verbindungskammer. Da kannst du deine Neugier befriedigen.«

Die Verbindungskammer glich einem flachen, durch eine Panzertür verschlossenen Torbogen. Ich trat näher und griff zaghaft nach der Klinke.

Der Junge rief mir nach: »Ich muss dich warnen. Wenn dir dort etwas zustößt, kommst du vor den Vereinigten Rat der Hundertvierzig Welten.«

Ich machte die Tür einen Spalt breit auf. Trrach! Bumm! Wauh! Au-u-u-u! Ta-ta-ta-ta-ta! Alle fünf Sinne zugleich wurden in Mitleidenschaft gezogen … Ich sah eine schöne, nackte Blondine mit langen Beinen und einer obszönen Tätowierung zwischen den Schulterblättern, die aus zwei Automatikpistolen auf einen hässlichen schwarzhaarigen Mann ballerte, aus dessen Körper bei jedem Treffer ein roter Blutstrahl schoss. Ich hörte das Krachen von Explosionen und das schauerliche Brüllen von Ungeheuern. Ich roch den unbeschreiblichen Gestank fauligen, verbrannten eiweißfremden Fleisches. Der heißglühende Wind einer nahen Kernexplosion versengte mir das Gesicht, und auf meiner Zunge lag der widerliche Geschmack in die Luft gestreuten Protoplasmas. Ich prallte zurück und schlug, so schnell ich konnte, die Tür hinter mir zu, wobei ich mir fast den Kopf einklemmte … Hier schien die Luft auf einmal süß und die Welt wunderschön. Der Junge war verschwunden. Es dauerte eine Weile, bis ich wieder zu mir kam. Schon erschrak ich bei dem Gedanken, der Bengel könnte mich bei seinem Vereinigten Rat angeschwärzt haben, und stürzte zu meiner Zeitmaschine.

Wieder umgab mich der Dämmer einer raumlosen Zeit. Neugierig, wie ich war, ließ ich jedoch kein Auge von der Eisernen Mauer und sprang, um keine Zeit zu verlieren, gleich eine Million Jahre weiter. Über der Mauer schossen Atompilze auf, und ich war froh, als es auf meiner Seite der Mauer wieder hell wurde.

Ich bremste ab – und stöhnte enttäuscht auf. Denn ganz in meiner Nähe stand der riesige Refrigerator. Ein rostiges kugelförmiges Raumschiff setzte zur Landung an. Weit und breit war kein Mensch zu sehen, das Korn wogte wieder hin und her. Als die Kugel gelandet war, entstieg ihr der Pilot im hellblauen Overall wie damals, und aus dem Refrigerator kam, vom langen Liegen mit roten Flecken bedeckt, das Mädchen im rosa Kleid gelaufen. Die beiden gingen aufeinander zu und fassten sich bei den Händen. Verlegen wandte ich mich ab. Etwas weiter entfernt sah ich einen alten Mann stehen, der, etwas verwirrt, Goldfische aus einem Aquarium angelte und dem Geschehen gegenüber gleichgültig schien. Der Pilot und das Mädchen begannen ein Gespräch.

Um mir die Beine zu vertreten, stieg ich von der Maschine und merkte erst jetzt, dass der Himmel über der Mauer ungewohnt klar war. Man hörte weder das Donnern von Explosionen noch das Knattern von Schüssen. Ich fasste mir ein Herz und trat in die Verbindungskammer.

Auf der anderen Seite der Mauer lag ein ebenes Feld, das bis an den Horizont von einem tiefen Graben durchzogen war. Links von dem Graben war keine Menschenseele zu sehen, dort war das Feld mit flachen Metallkuppeln bedeckt, die an Kanalisationsdeckel erinnerten. Rechts von dem Graben wurden fern am Horizont Reiterkunststücke vorgeführt. Am Grabenrand sah ich einen stämmigen Mann mit dunkler Gesichtsfarbe sitzen, der eine metallene Rüstung trug und mit den Beinen baumelte. Vor seiner Brust hing an einem langen Riemen eine Art Maschinenpistole mit dickem Lauf. Der Mann kaute langsam auf etwas herum, spuckte andauernd aus und sah mich gleichgültig an. Ich betrachtete ihn ebenfalls, ohne allerdings die Tür loszulassen, und konnte mich nicht entschließen, ihn anzusprechen. Er sah merkwürdig aus. Ungewöhnlich. Irgendwie wild. Wer weiß, was das für einer war.

Als er sich an mir sattgesehen hatte, holte er einen Flachmann aus seiner Rüstung, zog mit den Zähnen den Korken heraus, setzte die Flasche an den Mund, spuckte noch einmal in den Graben und sagte dann mit heiserer Stimme: »*Hallo! You come front that side?*«

»Ja«, antwortete ich. »Das heißt: yes.«

»*And how is it going on there?*«

»So lala«, sagte ich und lehnte die Tür leise an. »*And how is it going on here?*«

»*It's okay*«, sagte er phlegmatisch und schwieg.

Ich wartete noch eine Weile und fragte dann, was er hier mache. Anfangs erzählte er lustlos, mit der Zeit aber wurde er gesprächiger. Ich erfuhr, dass die Menschheit links vom Graben ihre letzten Tage unter der Knute wildgewordener Roboter fristete. Die Roboter waren klüger geworden als die Menschen, hatten die Macht an sich gerissen und lebten in Saus und Braus. Die Menschen hatten sie an unterirdische Fließbänder verbannt. Rechts vom Graben, auf dem Territorium, das der Dunkelhäutige bewachte, hatten Außerirdische eines benachbarten Universums die Menschen unterjocht. Auch sie hatten die Macht an sich gerissen, eine Feudalordnung errichtet und machten regen Gebrauch vom Recht der ersten Nacht. Die Außerirdischen lebten wie im Schlaraffenland, aber auch für die, die in ihrer Gunst standen, fiel etwas ab. Ungefähr zwanzig Meilen von hier – immer am Graben entlang – lag ein Bezirk, in dem Außerirdische vom Stern Altair die Menschen unterjocht hatten; es handelte sich um vernunftbegabte Viren, die sich im Körper des Menschen ansiedelten und ihm ihren Willen aufzwangen. Und weiter westlich gab es eine große Kolonie der Galaktischen Föderation. Auch dort waren die Menschen unterjocht, lebten aber gar nicht schlecht, zum einen, weil Seine Exzellenz der Statthalter sie schlachtreif mästete, zum anderen, weil er aus ihren Reihen die Leibgarde Seiner Majestät des Galaktischen Imperators A-u MMMDLXII. rekrutierte. Außerdem gab es noch unterjochte Gebiete von vernunftbegabten Parasiten, vernunftbegabten Pflanzen und vernunftbegabten Mineralien sowie Gegenden, die von Kommunisten beherrscht wurden. Hinter den Bergen schließlich lag eine Gegend, die ebenfalls niedergezwungen worden war, doch wusste bisher niemand, von wem. Man erzählte sich verschiedenste Geschichten über diese Gegend, die man jedoch nicht ernsthaft glauben konnte …

An dieser Stelle wurden wir unterbrochen. Über die Ebene strichen im Tiefflug ein paar tellerförmige Flugobjekte, aus denen Bomben trudelten. »Geht das schon wieder los«, murrte der Dunkelhäutige, legte sich mit den Füßen in Richtung der Detonationen auf die Erde, hob die Maschinenpistole und eröffnete das Feuer auf die am Horizont galoppierenden Kunstreiter. Mit einem Satz war ich draußen, schlug die Tür hinter mir zu, lehnte mich mit dem Rücken dagegen und lauschte dem Pfeifen, Heulen und Krachen der Bomben. Der Pilot und das Mädchen standen, noch immer ins Gespräch vertieft, auf den Stufen des Refrigerators. Der alte Mann, der mittlerweile alle Fische aus dem Aquarium geangelt hatte, betrachtete das Pärchen und wischte sich mit einem Taschentuch die Tränen fort. Ich lugte noch einmal vorsichtig durch die Tür: Die Ebene überzog sich langsam mit den Feuerbällen der Explosionen. Nach und nach klappten die Metalldeckel auf, und blasse, zerlumpte Menschen mit grimmigen, bärtigen Gesichtern und Brechstangen in Händen kamen zum Vorschein. Meinen Gesprächspartner von vorhin hieben gepanzerte Reiter mit langen Schwertern in Stücke, er brüllte und wehrte sie mit der Maschinenpistole ab … Entlang des Grabens sah ich einen großen Panzer mit drei Raupenketten direkt auf mich zufahren und aus Kanonen und Maschinengewehren feuern. Wieder tauchten aus den radioaktiven Wolken tellerähnliche Flugobjekte auf …

Ich schloss die Tür und schob sicherheitshalber den Riegel vor.

Dann kehrte ich zu meiner Zeitmaschine zurück und stieg in den Sattel. Ich wollte noch ein paar Millionen Jahre weiterfliegen und mir die von Wells beschriebene sterbende Erde ansehen. Da aber muckte die Zeitmaschine: Die Kupplung ließ sich nicht durchtreten. Ich drückte und drückte und trat dann mit voller Kraft aufs Pedal. Es knackte und knirschte, das sich wiegende Korn stand kopf, und ich kam zu mir. Ich saß auf dem Vorführstand im kleinen Konferenzsaal unseres Instituts, und alle Blicke ruhten auf mir.

»Was ist mit der Kupplung?«, wollte ich wissen und sah mich suchend um. Die Zeitmaschine war weg. Ich war ohne sie zurückgekehrt.

»Das ist unwichtig!«, rief Louis Sedlovoi. »Tausend Dank! Sie haben mir sehr geholfen. Es war unglaublich interessant, nicht wahr, Kollegen?«

Im Auditorium erhob sich zustimmendes Gemurmel.

»Aber das habe ich doch alles schon mal irgendwo gelesen«, warf einer der Magister in der ersten Reihe zweifelnd ein.

»Natürlich! Natürlich!«, rief Louis Sedlovoi. »Er war ja auch in der bereits beschriebenen Zukunft!«

»Viel zu wenig Action«, meinten die in den hinteren Reihen, die nach wie vor mit funktionellem Schiffeversenken beschäftigt waren. »Da wird ja bloß geredet …«

»Das ist nun wirklich nicht meine Schuld«, wies Sedlovoi die Kritik zurück.

»Von wegen bloß geredet«, sagte ich und kletterte vom Vorführstand. Ich dachte daran, wie mein dunkelhäutiger Gesprächspartner niedergemetzelt worden war, und mir wurde übel.

»Wieso denn?«, wunderte sich ein Bakkalaureus. »Es gab doch auch ganz interessante Stellen. Diese Maschine da zum Beispiel. Erinnern Sie sich? Auf der Basis trigener Quatoren … Ich muss schon sagen, das ist doch was …«

»Nun«, begann Pupkow-Sadni. »Wir stecken anscheinend schon mitten in der Diskussion. Dabei hat vielleicht noch jemand eine Frage an den Vortragenden?«

Der pedantische Bakkalaureus erkundigte sich sofort nach der mehrstufigen temporalen Schaltung (man stelle sich vor: Es interessierte ihn der Volumenausdehnungskoeffizient), und ich verließ unauffällig den Raum.

Merkwürdige Empfindungen beschlichen mich. Alles ringsum wirkte so materiell, stofflich und greifbar. Als ein paar Kollegen an mir vorbeigingen, hörte ich ihre Schuhe knarzen und spürte den Luftzug, den ihre Bewegungen verursachten. Alle waren wortkarg, arbeiteten und hingen ihren Gedanken nach; niemand schwatzte ins Blaue hinein, trug Gedichte vor oder hielt pathetische Reden. Jeder von uns wusste zwischen einem Labor, der Tribüne einer Gewerkschaftsversammlung und einer feierlichen Kundgebung zu unterscheiden. Und als mir Wybegallo in seinen mit Leder beschlagenen Filzstiefeln entgegengeschlurft kam, empfand ich sogar so etwas wie Sympathie für ihn, weil er den Bart wieder einmal voller Weizenbrei hatte, weil er mit einem langen, dünnen Nagel in seinen Zähnen stocherte und wie immer grußlos an mir vorbeiging. Er war ein lebendiger, unverwüstlicher und unübersehbarer Flegel, er gestikulierte nicht und gab sich nicht akademisch.

Ich schaute bei Roman vorbei, weil ich jemandem von meinem Abenteuer erzählen musste. Das Kinn in die Hand gestützt, lehnte er über dem Labortisch und betrachtete einen kleinen grünen Papagei, der in einer Petrischale lag. Der kleine Papagei war tot, über seinen Augen lag ein weißlicher Schleier.

»Was ist mit ihm?«, erkundigte ich mich.

»Ich weiß nicht«, sagte Roman. »Wie du siehst, ist er krepiert.«

»Wie kommst du zu einem Papagei?«

»Das frage ich mich auch«, erwiderte Roman.

»Vielleicht ist er ja künstlich«, mutmaßte ich.

»Nein, nein, der ist echt.«

»Wahrscheinlich hat Vitka sich mal wieder aufs Umoplekt gesetzt.«

Wir beugten uns über den Papagei und besahen ihn uns genauer. An seiner schwarzen, eingezogenen Kralle steckte ein Ring.

»›Photon‹«, las Roman. »Und ein paar Zahlen stehen darauf. ›Neunzehn null fünf dreiundsiebzig‹.«

»Aha«, vernahmen wir hinter uns eine bekannte Stimme.

Wir drehten uns um und nahmen Haltung an.

»Guten Tag«, sagte W-Janus und trat an den Tisch. Er kam aus seinem Labor, das durch eine Tür mit Romans Arbeitszimmer verbunden war, und wirkte irgendwie müde und traurig.

»Guten Tag, Janus Poluektowitsch«, sagten wir so ehrerbietig wie möglich im Chor.

Janus erblickte den Papagei und sagte noch einmal: »Aha.«

Er nahm den toten Vogel behutsam und zärtlich in die Hand, streichelte seinen hellroten Schopf und murmelte leise: »Was hast du denn, Photontschik?«

Er wollte noch etwas sagen, verstummte aber, als sein Blick auf uns fiel. Wir standen reglos nebeneinander, sahen zu, wie er mit greisenhaft langsamen Schritten in die hinterste Laborecke ging, die Tür des elektrischen Ofens öffnete und den kleinen grünen Körper hineinschob.

»Roman Petrowitsch«, sagte er. »Seien Sie so gut, und schalten Sie den Ofen ein.«

Roman kam seiner Bitte nach. Er sah aus, als hätte er soeben eine Erleuchtung gehabt. W-Janus blieb eine Weile mit gesenktem Kopf neben dem Ofen stehen, kratzte dann sorgsam die noch heiße Asche heraus, machte die Fensterklappe auf und streute die Asche in den Wind. Eine Zeit lang sah er aus dem Fenster, wandte sich dann zu Roman um und bat ihn, in einer halben Stunde in sein Labor zu kommen. Dann ging er.

»Merkwürdig«, meinte Roman und sah ihm nach.

»Was ist daran merkwürdig?«, wollte ich wissen.

»Alles«, antwortete Roman.

Auch mir erschien das alles sonderbar – die Sache mit dem toten grünen Papagei, den Janus Poluektowitsch offensichtlich gut kannte, das ungewöhnliche Zeremoniell der Feuerbestattung und das Ausstreuen der Asche –, aber ich konnte es nicht erwarten, Roman von meiner Reise in die beschriebene Zukunft zu erzählen. Roman hörte mir zerstreut zu, sah mich mit abwesendem Blick an, nickte an unpassender Stelle und sagte plötzlich: »Sprich ruhig weiter, ich höre dir zu.« Dann kroch er unter den Tisch, holte den Papierkorb hervor und wühlte in Knüllpapier und Tonbandschnipseln.

Als ich fertig war, fragte er: »Hat dieser Sedlovoi auch schon mal versucht, in die beschriebene Gegenwart zu reisen? Das wäre bestimmt noch amüsanter.«

Während ich noch über diesen Vorschlag nachdachte und mich über Romans Scharfsinn freute, kippte er den Papierkorb auf dem Fußboden aus.

»Was soll das?«, fragte ich. »Hast du deine Dissertation verlegt?«

»Weißt du, Sascha«, begann er, während er mich abwesend ansah. »Das ist eine komische Geschichte. Gestern habe ich den Ofen gereinigt und eine angesengte grüne Feder darin gefunden. Ich habe sie in den Papierkorb geworfen, und jetzt ist sie verschwunden.«

»Eine Feder? Von was für einem Vogel?«, fragte ich.

»Na ja, grüne Vogelfedern gibt's in unseren Breiten ziemlich selten. Der Papagei, der gerade verbrannt wurde, war grün.«

»Was ist das für ein Unsinn«, sagte ich. »Die Feder hast du doch schon gestern gefunden.«

»Eben«, versetzte Roman, während er das Knüllpapier und die Schnipsel wieder einsammelte.

3

> Verse sind etwas ganz Unnatürliches; es spricht niemand in Versen, außer der Büttel am zweiten Weihnachtsfeiertag oder die Leute, die Warrens Schuhwichse oder Makassaröl ausschreien …
> Lass dich nie zum Versemachen herab, mein Junge.
>
> *Charles Dickens*

Die Reparatur des Aldan dauerte die ganze Nacht. Als ich am nächsten Morgen in den Elektroniksaal kam, saßen dort ein paar unausgeschlafene, schlecht gelaunte Ingenieure auf dem Fußboden und verfluchten Cristóbal Junta. Sie nannten ihn einen Skythen, einen Barbaren und Hunnen, der seine Pfoten nach der Kybernetik ausstreckt. Sie waren so verzweifelt, dass sie eine Zeit lang auf meine Ratschläge hörten und sie sogar zu befolgen suchten. Dann aber kam ihr Chef Sabaoth Baalowitsch Odin, und sie zerrten mich augenblicklich vom Rechner weg. Ich räumte das Feld, setzte mich an meinen Tisch und sah dabei zu, wie sich Sabaoth Baalowitsch in die Ursachen des Defekts vertiefte.

Er war schon sehr alt, aber kräftig, drahtig und braungebrannt. Er trug einen schneeweißen Anzug aus chinesischer Seide, seine Wangen waren glatt rasiert, die Glatze glänzte. Sabaoth Baalowitsch wurde von jedem mit allergrößtem Respekt behandelt. Ich sah mit eigenen Augen, wie er dem sonst gefürchteten Modest Matwejewitsch mit leiser Stimme die Leviten las, während dieser katzbuckelnd vor ihm stand und murmelte: »Zu Befehl. Tut mir leid. Soll nicht wieder vorkommen …« Sabaoth Baalowitsch strahlte ungeheure Energie aus. In seiner Gegenwart gingen die Uhren schneller, und die im Magnetfeld gekrümmten Elementarteilchenspuren bildeten wieder eine Gerade. Dabei war er kein Magier. Jedenfalls kein praktizierender. Er ging nicht durch Wände, hatte noch nie jemanden transgrediert und baute sich auch keine Doubles, obwohl er unwahrscheinlich sehr viel arbeitete. Er leitete die Abteilung für Technische Wartung, kannte alle im Institut vorhandenen Geräte in- und auswendig und beriet das Kiteshgrader Werk für Magietechnik. Außerdem befasste er sich mit den ausgefallensten Dingen, die mit seinem Beruf nicht das Geringste zu tun hatten.

Die Geschichte dieses ungewöhnlichen Mannes ist mir erst vor Kurzem zu Ohren gekommen. In unvordenklichen Zeiten war Sabaoth Baalowitsch Odin der führende Magier des Erdballs gewesen. Gian Giacomo und Cristóbal Junta waren Schüler seiner Schüler. In seinem Namen beschwor man Geister. In seinem Namen versiegelte man Gefäße mit Dschinns. König Salomo schrieb ihm begeisterte Briefe und errichtete ihm zu Ehren Tempel. Er vermochte sozusagen alles. Und irgendwann in der Mitte des 16. Jahrhunderts wurde er tatsächlich allmächtig. Nachdem er die von einem Titanen noch vor der Eiszeit aufgestellte Integraldifferenzialgleichung der Höchsten Vollkommenheit gelöst hatte, vermochte er Wunder jeder Art zu vollbringen. In der Regel sind jedem Magier Grenzen gesetzt. Die einen kommen nicht gegen den Haarwuchs an den Ohren an. Die anderen beherrschen zwar das verallgemeinerte Lomonossow-Lavoisier'sche Gesetz, sind aber machtlos gegenüber dem zweiten Prinzip der Thermodynamik. Die dritten – und das sind die wenigsten – können die Zeit anhalten, wenn auch nur im riemannschen Raum und nicht für lange. Sabaoth Baalowitsch hingegen war allmächtig. Er konnte alles. Und nichts. Denn eine Grenzbedingung der Vollkommenheitsgleichung ist, dass das Wunder niemandem schaden darf. Keinem vernunftbegabten Wesen. Weder auf Erden noch im Universum. Ein solches Wunder aber konnte sich niemand – nicht einmal Sabaoth Baalowitsch Odin selbst – vorstellen. So gab er die Magie auf und wurde Leiter der Abteilung für Technische Wartung im FIFHUZ.

Gleich nachdem er sich eingeschaltet hatte, kamen die Ingenieure merklich voran. Ihr Tun war wieder sinnvoll, und die Sticheleien hörten auf. Ich griff nach der Mappe mit den laufenden Prozessen und wollte mich gerade an die Arbeit machen, als das hübsche, stupsnasige, grauäugige Hexlein Stella, Wybegallos Praktikantin, hereinkam und mich an die neue Wandzeitung erinnerte.

Stella und ich gehörten dem Redaktionskollegium an und zeichneten für Spottverse, Fabeln und Bildtexte verantwortlich. Außerdem hatte ich für die Notiz-Spalte kunstvoll einen Briefkasten gezeichnet, auf den von allen Seiten geflügelte Briefe zuflatterten. Für die künstlerische Gestaltung war eigentlich Sanja Drosd, der Filmvorführer, zuständig, den es zufällig in unser Institut verschlagen hatte; seit einiger Zeit kümmerte er sich allerdings hauptsächlich um die Überschriften. Chefredakteur der Wandzeitung war Roman Oira-Oira und sein Stellvertreter Wolodja Potschkin.

»Komm mit, Sascha«, bat Stella und sah mich mit ihren grundehrlichen grauen Augen an.

»Wohin?«, fragte ich. Dabei wusste ich genau, wohin.

»Wir müssen die Wandzeitung fertig machen.«

»Warum?«

»Roman bittet dich sehr darum, weil Kerber sich schon aufregt. Er sagt, es sind nur noch zwei Tage, und wir haben noch nichts vorzuweisen.«

Kerber Psojewitsch Djomin, der Genosse Kaderleiter, war der Kurator unserer Zeitung – der wichtigste Eintreiber und Zensor.

»Hör mal«, sagte ich. »Lass es uns morgen machen, ja?«

»Morgen kann ich nicht«, entgegnete Stella. »Da fliege ich zu den Pavianen nach Suchumi. Wybegallo will, dass ich Aufzeichnungen von ihrem Anführer mache, weil der den Ton angibt. Er selbst hat Angst ihm nahe zu kommen, weil der Anführer sehr eifersüchtig ist. Komm, Sascha, gehen wir, ja?«

Ich seufzte, räumte die laufenden Prozesse beiseite und folgte Stella. Alleine kann ich nicht dichten; dazu brauche ich sie. Stella liefert immer die erste Zeile und die Idee, die für meine Begriffe in der Poesie das Wichtigste sind.

»Wo wollen wir arbeiten?«, fragte ich unterwegs. »Im Gewerkschaftskomitee?«

»Das ist besetzt, da reden sie gerade Alfred ins Gewissen. Wegen der Teetrinkerei. Aber wir können zu Roman gehen.«

»Und worüber schreiben wir? Wieder über das Bad?«

»Darüber auch. Über das Bad und über den Kahlen Berg. Choma Brut muss einen Denkzettel bekommen.«

»Ja ja, Choma Brut kriegt heut eins auf den Hut«, reimte ich.

»Auch du, Brutus«, warnte Stella.

»Das ist eine Idee«, sagte ich. »Die müssen wir unbedingt ausbauen.«

Die Wandzeitung – ein großer, weißer Bogen Zeichenpapier – lag schon ausgebreitet auf einem Tisch in Romans Labor. Daneben saß, inmitten von Döschen mit deckenden Wasserfarben, Pulverisatoren und Notizen, der Maler und Filmvorführer Sanja Drosd mit einer Zigarette im Mundwinkel. Sein Hemd stand wie immer offen, und man sah seinen behaarten, rundlichen Bauch.

»Guten Tag«, sagte ich.

»Grüß dich«, erwiderte Drosd.

Sein Kofferradio dudelte.

»Na, was haben wir denn hier?«, fragte ich und raffte die Beiträge zusammen.

Zahlreich waren sie nicht. Wir hatten einen Leitartikel mit der Überschrift »Dem Feiertag entgegen« und einen Beitrag von Kerber Psojewitsch Djomin mit dem Titel »Die Ergebnisse der Untersuchung zum Erfüllungsstand der Anordnungen der Direktion zur Arbeitsdisziplin im Zeitraum vom Ende des ersten bis zum Beginn des zweiten Quartals«. Außerdem gab es einen Artikel von Professor Wybegallo: »Unsere Pflicht ist eine Pflicht gegenüber den Patenbetrieben in Stadt und Kreis«. Wolodja Potschkin berichtete in seinem Artikel von der »Allunionsberatung über elektronische Magie«. Ein Hausgeist hatte sich zu der Frage geäußert: »Wann wird endlich die Dampfheizung in der vierten Etage durchgeblasen?« Ein Artikel des Vorsitzenden des Kantinenkomitees trug den Titel »Weder Fisch noch Fleisch« und nahm sechs eng beschriebene Schreibmaschinenseiten ein. Der Artikel begann mit den Worten: »Der Mensch braucht den Phosphor wie die Luft zum Atmen.« Roman hatte eine Notiz über die Arbeit der Abteilung für Unlösbare Probleme verfasst. Für die Rubrik »Unsere Veteranen« lag ein Artikel von Cristóbal Junta mit dem Titel vor: »Von Sevilla nach Granada. 1547«. Außerdem gab es noch ein paar kleinere Beiträge mit kritischen Anmerkungen zum Fehlen der nötigen Ordnung in der Kasse für die gegenseitige Hilfe, zu den Schlampereien in der Arbeitsorganisation der freiwilligen Feuerwehr und zu den Glücksspielen im Vivarium (geschrieben hatte das bucklige Pferdchen, das gegen den Unsterblichen Kostschej eine Wochenration Hafer verloren hatte). Auch ein paar Karikaturen lagen vor. Eine davon zeigte Choma Brut mit violetter Nase und von oben bis unten besudelt. Eine andere spielte auf die Zustände im Bad an – man sah einen blau gefrorenen nackten Mann unter einer eiskalten Dusche zittern.

»Furchtbar öde das Ganze!«, fand ich. »Vielleicht geht es diesmal ohne Gedichte?«

»Nein«, seufzte Stella. »Ich habe die Beiträge schon hin und her gerückt, aber es bleibt immer noch Platz.«

»Sanja könnte doch was zeichnen. Ein paar goldene Ähren oder blühende Stiefmütterchen … Hm, Sanja?«

»Keine Müdigkeit vortäuschen«, versetzte Drosd. »Ich muss die Überschrift fertig machen.«

»Und?«, sagte ich. »Die drei Worte!«

»Mit einem Sternenhimmel im Hintergrund«, erklärte Drosd eindringlich. »Und einer Rakete. Dann sind da noch die Überschriften zu den Artikeln. Dabei habe ich noch nicht einmal zu Mittag gegessen. Und gefrühstückt hab ich auch noch nicht.«

»Dann geh doch was essen«, schlug ich vor.

»Ich hab aber kein Geld«, beschwerte er sich. »Hab mir ein Tonbandgerät zugelegt. Im An- und Verkauf. Ihr könntet mir ja ein paar Brote schmieren, anstatt hier Unfug zu treiben. Mit Butter und Marmelade, bitte. Oder, besser noch, ein ganzes Dutzend zaubern.«

Ich holte einen Rubel aus der Tasche und hielt ihn Sanja vor die Nase.

»Den kriegst du, wenn du die Überschrift fertig hast.«

»Geschenkt?«, fragte Sanja lebhaft.

»Nein. Geborgt.«

»Na, ist ja auch egal«, sagte er. »Aber mach dich drauf gefasst, dass ich gleich tot umfalle. Ich habe schon Krämpfe. Und kalte Füße.«

»Alles Schwindel«, meinte Stella. »Komm, Sascha, setzen wir uns dort an das kleine Tischchen und machen die Gedichte fertig.«

Wir setzten uns und breiteten die Karikaturen vor uns aus. Eine Zeit lang betrachteten wir sie in der Hoffnung, dass uns eine Idee käme. Dann sagte Stella: »Nimm dich in Acht vor Choma Brut – er bringt dich um dein Hab und Gut!«

»Wieso?«, fragte ich. »Hat er etwas stibitzt?«

»Nein«, antwortete Stella. »Er hat bloß randaliert und die Leute angepöbelt. Aber es muss sich doch reimen.«

Wieder warteten wir auf eine Erleuchtung. Aber außer »… Hab und Gut« wollte mir auch nichts einfallen.

»Gehen wir doch mal logisch an die Sache ran«, schlug ich vor. »Da ist Choma Brut. Er hat sich betrunken. Er hat die Leute angepöbelt. Was hat er noch angestellt?«

»Mädchen belästigt«, sagte Stella. »Und eine Scheibe eingeschlagen.«

»Gut, was noch?«

»Mit Ausdrücken um sich geworfen.«

»Komisch«, warf Sanja Drosd ein. »Ich hab mit diesem Choma Brut im selben Vorführraum gearbeitet. Da gab's an ihm nichts auszusetzen.«

»Und?«, fragte ich.

»Nichts weiter.«

»Weißt du einen Reim auf Brut?«, wollte ich wissen.

»Gut.«

»Das hatten wir schon«, erwiderte ich.

Stella deklamierte: »Genossen, hier steht Choma Brut. Gebt ihm flink eins auf den Hut. Haut den Brut, bis strömt das Blut.«

»Das geht nicht«, sagte Drosd. »Das hieße ja, die Prügelstrafe zu propagieren.«

»Mordswut«, sagte ich. »Oder einfach Wut.«

»Genossen, hier steht Choma Brut«, sagte Stella. »Da packt uns gleich eine Mordswut.«

»Bei eurer Dichterei kann einen auch eine Mordswut packen«, warf Drosd ein.

»Hast du die Überschrift fertig?«, fragte ich.

»Nein«, antwortete Drosd angriffslustig.

»Dann klotz ran.«

»Eine Schande für das ganze Institut – sind Säufer wie der Choma Brut«, sagte Stella.

»Das ist gut«, lobte ich. »Das kommt zum Schluss. Schreib's auf. Das ergibt eine frische, originelle Moral.«

»Was ist denn daran originell?«, wollte Drosd wissen.

Ich ließ mich jedoch auf keine Unterhaltung ein.

»Jetzt sollten wir schildern, wie er randaliert hat«, schlug ich vor. »Vielleicht so: Betrinkt sich wie ein Pavian, zerschlägt das ganze Porzellan und kräht dann wie ein Gockelhahn.«

»Grässlich«, sagte Stella angewidert.

Ich stützte den Kopf in beide Hände und sah mir die Karikatur noch einmal an. Drosd fuhr, das Hinterteil hochgereckt, mit dem Pinsel übers Zeichenpapier. Seine Beine in den engen Jeans bildeten ein O. Da kam mir eine Idee.

»Mit ausgefahr'nen Knien!«, rief ich. »Das Lied!«

»Es hockt ein kleiner Grashüpfer mit ausgefahr'nen Knien …«, sang Stella.

»Ja«, sagte Drosd, ohne sich umzusehen. »Das kenne ich: Und alle Gäste krabbeln flink mit ausgefahr'nen Knien«, stimmte er mit ein.

»Warte mal, warte«, bat ich. Mich überkam die Inspiration. »Er flucht und rauft und randaliert, kennt keine Disziplin, drum schafft man ihn gleich aufs Revier – mit ausgefahr'nen Knien.«

»Nicht schlecht«, befand Stella.

»Verstehst du?«, fragte ich. »Noch ein paar Strophen und zum Schluss immer der Refrain: … mit ausgefahr'nen Knien. Trinkt mehr, als er vertragen kann, macht sich an jedes Mädchen ran … Irgendwas in der Art.«

»Betrinkt sich bis zum Gehtnichtmehr«, begann Stella. »Und landet im Jasmin. Steigt kleinen Mädchen hinterher mit ausgefahr'nen Knien.«

»Genial!«, rief ich. »Schreib es auf. Ist er wirklich kleinen Mädchen nachgestiegen?«

»Ja, ist er.«

»Großartig!«, sagte ich. »Jetzt noch eine Strophe.«

»Macht sich an jedes Mädchen ran mit ausgefahr'nen Knien«, sagte Stella nachdenklich. »Die erste Zeile fehlt noch.«

»Verrenkt sich wie ein Hampelmann«, schlug ich vor. »Und ist ein richt'ger Liederjan.«

»Ein Saufkumpan und Schlendrian«, dichtete Stella. »Und stinkt schon meilenweit nach …«

»Tran«, ergänzte Drosd. »Stimmt genau. Da habt ihr direkt eine künstlerische Wahrheit verfasst. Er hat sich auch früher nicht sehr oft gewaschen.«

»Vielleicht hängen wir die zweite Zeile gleich dran?«, schlug Stella vor. »Knien – Kien – Kamin.«

»Wien«, sagte ich. »Medizin.«

»Bespien«, warf Drosd ein. »Ruin.«

Wieder schwiegen wir lange, sahen einander mit abwesenden Blicken an und bewegten stumm die Lippen. Drosd klopfte mit dem Pinsel an den Rand der Wassertasse.

»Benimmt sich wie ein Haustyrann«, sagte ich schließlich, »und alle fürchten ihn. Macht sich an jedes Mädchen ran mit ausgefahr'nen Knien.«

»Haustyrann passt aber nicht«, wandte Stella ein.

»Dann: Verrenkt sich wie ein Hampelmann.«

»Das hatten wir schon.«

»Wo? Ach ja, tatsächlich.«

»Wie ein Klabautermann«, schlug Drosd vor.

Da hörten wir ein leises Kratzen und drehten uns um. Die Tür zu Janus Poluektowitschs Labor öffnete sich langsam.

»Guckt mal!«, rief Drosd erstaunt und stand, den Pinsel in der Hand, stocksteif da.

Durch den Spalt schlüpfte ein kleiner grüner Papagei mit hellrotem Schopf.

»Ein Papagei!«, rief Drosd. »Ein Papagei! Put, put, put, put ...« Er machte mit den Fingern eine Bewegung, als krümele er Brot auf den Fußboden. Der Papagei sah uns mit einem Auge an. Dann riss er den schwarzen Schnabel auf, der genauso krumm war wie Romans Nase, und schrie heiser: »Rreaktorr! Rreaktorr! Durrchhalten!«

»Ist der süß!«, rief Stella. »Sanja, fang ihn ein!«

Drosd machte einen Schritt auf den Papagei zu, blieb dann aber stehen. »Der beißt bestimmt«, argwöhnte er. »Guck dir mal den Schnabel an.«

Der Papagei stieß sich vom Boden ab, schlug mit den Flügeln und flatterte ungeschickt im Zimmer umher. Erstaunt sah ich ihm nach. Er hatte große Ähnlichkeit mit dem Papagei von gestern und hätte glatt sein Zwillingsbruder sein können. Hier wimmelt es ja nur so von Papageien, dachte ich.

Drosd schwenkte abwehrend seinen Pinsel. »Der fliegt einem noch gegen den Kopf«, befürchtete er.

Der Papagei ließ sich auf dem Balken der Laborwaage nieder, wippte, um das Gleichgewicht zu halten, hin und her und rief laut und deutlich: »Prroxima Centaurri! Rrubidium!«

Dann plusterte er sich auf, zog den Kopf ein und schloss die Augen. Mir schien, als ob er zitterte. Stella zauberte rasch ein Brot mit Mus, knipste die Kruste ab und hielt sie ihm vor den Schnabel. Der Papagei reagierte nicht. Er hatte solchen Schüttelfrost, dass die Waagschalen klirrten.

»Ich glaube, er ist krank«, sagte Drosd. Zerstreut nahm er Stella das Musbrot aus der Hand und kaute selbst darauf herum.

»Kinder«, wunderte ich mich. »Hat es früher auch schon Papageien im Institut gegeben?«

Stella schüttelte den Kopf. Drosd zuckte die Achseln.

»Das sind mir in letzter Zeit ein bisschen viele Papageien«, sagte ich. »Gestern war nämlich auch ...«

»Wahrscheinlich experimentiert Janus mit Papageien«, vermutete Stella. »Antigravitation oder etwas in der Art ...«

Da ging die Tür auf, und Roman Oira-Oira, Vitka Kornejew, Edik Amperjan und Wolodja Potschkin polterten herein. Vitka, der ausgeschlafen und quicklebendig schien, blätterte in den Beiträgen und machte sich lautstark darüber lustig. Der hochgewachsene Wolodja Potschkin, der als stellvertretender Chefredakteur vor allem aufzupassen hatte, packte Drosd an seiner üppigen Mähne, bog seinen Oberkörper vor, stupste ihn ein paarmal mit der Nase gegen die Wandzeitung und fragte: »Wo ist die Überschrift, Freundchen?« Roman wollte die fertigen Gedichte sehen. Edik, der mit unserer Wandzeitung nichts zu schaffen hatte, trat an den Schrank und klapperte mit den Geräten. Plötzlich schrie der Papagei »Overrsun!«, und alle blieben wie angewurzelt stehen.

Roman starrte den Papagei an. Wieder sah er so aus, als hätte er soeben eine Erleuchtung gehabt. Wolodja Potschkin ließ Drosd los und sagte: »Na, das ist ja ein Ding! Ein Papagei!« Der grobe Vitka griff sofort nach dem Vogel; der aber riss sich los, und Vitka bekam ihn nur am Schwanz zu fassen.

»Lass das, Vitka!«, rief Stella ärgerlich. »Tiere quält man nicht.«

Der Papagei schrie. Alle umringten ihn. Vitka hielt ihn wie eine Taube in der Hand, Stella streichelte seinen Schopf, und Drosd fuhr mit den Fingern sacht durch seine Schwanzfedern. Roman sah mich an.

»Interessant«, sagte er. »Nicht wahr?«

»Wo kommt der her, Sascha?«, fragte Edik höflich.

Ich wies mit dem Kopf auf Janus' Labor.

»Wozu braucht Janus einen Papagei?«, wollte Edik wissen.

»Das fragst du mich?«, versetzte ich.

»Nein, das war eine rein rhetorische Frage«, erwiderte Edik.

»Wozu braucht Janus zwei Papageien?«, fragte ich.

»Oder drei«, fügte Roman leise hinzu.

Vitka drehte sich zu uns um.

»Wo sind denn die anderen?«, erkundigte er sich und sah sich neugierig um.

Der Papagei in seiner Hand zuckte schwach und versuchte, ihn in den Finger zu beißen.

»Lass ihn los«, forderte ich ihn auf. »Du siehst doch: Er ist nicht gesund.«

Vitka schob Drosd beiseite und setzte den Papagei wieder auf die Waage. Der schüttelte sich und breitete die Flügel aus.

»Na schön«, sagte Roman. »Das klären wir später. Wo sind die Gedichte?«

Stella rasselte flink herunter, was uns bis jetzt eingefallen war. Roman rieb sich am Kinn, Wolodja Potschkin lachte unnatürlich, und Vitka rief mit Kommandostimme: »An die Wand stellen! Mit überschweren Maschinengewehren abknallen. Ob ihr das Reimen noch mal lernt?«

»Reim doch selber«, zischte ich wütend.

»Kann ich nicht«, sagte Vitka. »Ich bin von Haus aus kein Puschkin. Ich bin ein Belinski.«

»Nein, du bist ein Kadaver«, bemerkte Stella.

»Pardon!«, meldete sich Vitka. »Ich verlange, dass die Zeitung eine Rubrik für Literaturkritik erhält. Ich möchte Kritiken schreiben. Und dann nehme ich euch alle auseinander! Auch euer Machwerk über die Datschen reibe ich euch noch mal unter die Nase.«

»Welches?«, fragte Edik.

Vitka zitierte: »›Ich möcht gern eine Datsche baun. Wo? Da muss ich erst mal schaun. Doch das Gewerkschaftskomitee wartet bis zum ersten Schnee.‹ War's nicht so? Gebt's ruhig zu!«

»Na und?«, erwiderte ich. »Auch Puschkin ist nicht jeder Vers geglückt. Nicht mal im Lesebuch sind sie alle vollständig abgedruckt.«

»Stimmt«, pflichtete mir Drosd bei.

Roman wandte sich zu ihm um.

»Ob die Überschrift heute noch mal fertig wird?«

»Natürlich«, erwiderte Drosd. »Das K steht ja schon da.«

»Was für ein K? Was willst du denn mit einem K?«

»Wieso, brauchen wir keins?«

»Ich dreh gleich durch«, stöhnte Roman. »Die Wandzeitung heißt: ›Für eine fortschrittliche Magie‹. Und jetzt zeig mir mal, wo da ein K vorkommt!«

Drosd starrte die Wand an und bewegte stumm die Lippen.

»Komisch«, sagte er schließlich. »Wie komme ich bloß auf K? Aber da war doch was mit K!«

Roman wurde fuchsteufelswild und wies Wolodja Potschkin an, alle anzutreiben. Stella und ich wurden Vitkas Kommando unterstellt. Drosd ging mit Feuereifer daran, aus dem K ein stilisiertes F zu zeichnen. Edik Amperjan wollte sich mit einem Psychoelektrometer aus dem Staub machen, wurde aber erwischt, zusammengestaucht und zur Reparatur des Pulverisators verdammt, der für die Erstellung des Sternenhimmels unerlässlich war. Dann kam Wolodja Potschkin an die Reihe. Roman befahl ihm, die Artikel mit der Maschine abzuschreiben und dabei Stil und Orthografie zu verbessern. Roman selbst spazierte im Labor auf und ab und guckte allen über die Schulter.

Die Arbeit lief auf Hochtouren. Wir ersannen und verwarfen verschiedene Varianten zum Thema Bad: »In unserm

Bad für jung und alt ist das Wasser immer kalt«, »Wer wie wir die Sauberkeit liebt, sich mit kaltem Wasser nicht begnügt«, »Den zweihundert Kollegen im Institut täte warmes Wasser gut«, und so weiter. Kornejew warf mit Schimpfworten um sich – wie ein echter Kritiker. »Lernt von Puschkin!«, hämmerte er uns ein. »Oder wenigstens von Potschkin. Neben euch sitzt ein Genie, ihr aber seid nicht mal imstande, euch was abzugucken. ›Auf der Straße fährt ein SIM auf mich zu, und das ist schlimm …‹ Welche Kraft steckt in diesen Worten! Welche Klarheit des Gefühls!« Wir wehrten uns, so gut wir konnten. Sanja Drosd war im Wort »fortschrittlich« schon beim Buchstaben F angekommen. Edik reparierte den Pulverisator und erprobte ihn an Romans Entwürfen. Wolodja Potschkin stieß Verwünschungen aus und suchte auf der Schreibmaschine nach dem Buchstaben Z. Alles ging seinen Gang.

Dann aber sagte Roman plötzlich: »Guck mal, Sascha.«

Ich blickte auf. Der Papagei lag mit eingezogenen Krallen unter der Waage, seine Augen waren mit einem weißlichen Schleier überzogen, und sein Schopf hing schlaff herab.

»Er ist tot«, meinte Drosd traurig.

Von Neuem scharten sich alle um den Papagei. Ich hatte keinen genauen Plan, und wenn, dann war er unbewusst, streckte aber die Hand aus, nahm den Papagei und besah mir seine Krallen.

Sofort fragte Roman: »Siehst du ihn?«

»Ja«, sagte ich.

An der schwarzen, eingezogenen Kralle steckte ein kleiner Ring aus weißem Metall, und in diesen Ring war das Wort »Photon« und die Zahl »190573« eingraviert. Verstört sah ich Roman an.

Wir boten wahrscheinlich einen recht merkwürdigen Anblick, denn Vitka Kornejew sagte: »Nun spuckt mal aus, was ihr wisst.«

»Und, spucken wir's aus?«, fragte Roman.

»Aber das ist Wahnsinn«, zögerte ich. »Wahrscheinlich ist es bloß ein Trick. Das sind bestimmt Doubles.«

Roman untersuchte den toten Vogel noch einmal sorgfältig.

»Nein«, sagte er. »Das ist es ja gerade. Es ist kein Double. Ein echteres Original kann man sich gar nicht vorstellen.«

»Zeig mal her«, bat Vitka.

Vitka, Wolodja Potschkin und Edik untersuchten den Papagei gründlich, und alle drei erklärten einstimmig, dass es sich nicht um ein Double handle und sie nicht wüssten, was uns daran so wundere.

»Nehmen wir beispielsweise mich«, sagte Vitka. »Ich bin doch auch kein Double. Warum staunt darüber niemand?«

Da sah Roman seine Kollegen der Reihe nach an, die neugierige Stella, den hocherstaunten Wolodja Potschkin und den höhnisch grinsenden Vitka, und erzählte ihnen alles: wie er vorgestern im elektrischen Ofen eine grüne Feder gefunden und in den Papierkorb geworfen hatte; wie er gestern vergeblich nach dieser Feder gesucht und dafür auf dem Tisch (ja, ja, genau hier) einen toten Papagei gefunden hatte, der genauso ausgesehen hatte und ebenfalls kein Double war; wie Janus den Papagei erkannt, um ihn getrauert, ihn im elektrischen Ofen verbrannt und die Asche aus unerfindlichen Gründen aus dem Fenster gestreut hatte.

Eine Zeit lang sagte niemand ein Wort. Sanja Drosd, den Romans Bericht nur am Rande interessierte, zuckte mit den Achseln. Ihm war deutlich anzusehen, dass er gar nicht begriff, worum es ging, und dass seiner Ansicht nach in diesem Institut noch ganz andere Dinge passierten. Auch Stella schien enttäuscht zu sein. Die drei Magister aber begriffen nur zu gut, was vor sich ging, und auf ihren Gesichtern war Protest zu erkennen.

Vitka sagte entschieden: »Wenn ihr uns ins Bockshorn jagen wollt – bitte, dann aber nicht so plump …«

»Das ist ein anderer Papagei«, war sich der höfliche Edik sicher. »Ihr irrt euch.«

»Es ist derselbe«, erklärte ich. »Er ist grün und trägt einen Ring.«

»Photon?«, fragte Wolodja Potschkin und klang wie ein Staatsanwalt.

»Ja. Janus nannte ihn Photontschik.«

»Und die Nummer stimmt überein?«, fragte Wolodja Potschkin wieder.

»Ja.«

»Und es sind dieselben Ziffern?«, wollte nun Vitka wissen.

»Meiner Ansicht nach ja«, erwiderte ich zaghaft und schaute zu Roman.

»Etwas genauer bitte«, forderte Vitka. Er legte seine rote Hand über den Papagei. »Nun, welche Ziffern waren es?«

»Neunzehn …«, sagte ich. »Äh … null zwo, stimmt's? Dreiundsechzig.«

Vitka blickte unter seine Hand.

»Falsch«, sagte er. Dann drehte er sich zu Roman um. »Und du?«

»Ich weiß nicht«, antwortete Roman ruhig. »Mir ist, als ob es nicht null drei gewesen wäre, sondern null fünf.«

»Nein«, schaltete ich mich wieder ein. »Es war null sechs. Ich kann mich an diesen Schnörkel erinnern.«

»Einen Schnörkel«, sagte Wolodja Potschkin verächtlich. »Sherlock Holmes und Pinkerton! Sie erkennen das Gesetz von Ursache und Wirkung nicht mehr an.«

Vitka steckte die Hände in die Taschen.

»Das ist was anderes«, sagte er. »Ich bestehe nicht mehr darauf, dass das Ganze ein Schwindel ist. Ihr habt da einfach was verwechselt. Papageien sind meistens grün, viele von ihnen tragen Ringe an den Füßen, und diese beiden stammen aus der Serie ›Photon‹. Aber ihr habt ein Gedächtnis wie ein Sieb. Wie alle Reimschmiede und Wandzeitungsredakteure.«

»Wie ein Sieb?«, fragte Roman.

»Jawohl.«

»Wie ein Sieb?«, fragte Roman noch einmal mit einem seltsamen Grinsen.

»Wie ein altes, löchriges Sieb«, führte Vitka aus. »Oder wie ein großmaschiges Netz.«

Da zog Roman, nach wie vor sonderbar grinsend, sein Notizbuch aus der Brusttasche und blätterte darin.

»Also«, sagte er. »Großmaschig und löchrig. Das werden wir gleich haben … neunzehn null fünf dreiundsiebzig«, las er vor.

Die Magister eilten zu dem Papagei und knallten mit den Köpfen zusammen.

»Neunzehn null fünf dreiundsiebzig«, entzifferte Vitka kleinlaut die Zahlen auf dem Ring. Das schlug ein wie eine Bombe. Stella kreischte vor Vergnügen.

»Na und«, versetzte Sanja Drosd und pinselte weiter an seiner Überschrift. »Ich hatte auch mal die richtige Losnummer erwischt und lief zur Sparkasse, um mir mein Auto abzuholen. Dann aber stellte sich heraus …«

»Wieso hast du dir die Nummer notiert?«, wollte Vitka wissen und musterte Roman mit zusammengekniffenen Augen. »Ist das so ein Tick von dir? Schreibst du dir alle Nummern auf? Vielleicht hast du dir auch die Nummer deiner Uhr notiert?«

»Genau!«, rief Potschkin. »Hervorragend, Vitka! Damit hast du ins Schwarze getroffen. Es ist wirklich eine Schande, Roman! Warum hast du den Papagei vergiftet? Wie kannst du nur so grausam sein?«

»Unsinn!«, protestierte Roman. »Ich bin doch nicht Wybegallo.«

Mit einem Satz stand Vitka neben ihm und nahm Romans Ohren unter die Lupe.

»Scher dich zum Teufel!«, schimpfte Roman. »Sascha, sieh dir diese Typen an!«

»Jungs«, sagte ich vorwurfsvoll. »Was soll das? Wofür haltet ihr uns?«

»Das habt ihr euch selbst zuzuschreiben«, erwiderte Vitka. »Irgendwas stimmt hier nicht. Entweder mit euch oder mit den Naturgesetzen. Und an die Naturgesetze glaube ich. Sie sind das Einzige, worauf wirklich Verlass ist.«

Vitkas Laune verschlechterte sich zusehends, er setzte sich in eine Ecke und grübelte. Sanja Drosd malte seelenruhig an seiner Überschrift. Stella sah mit erschrockenen Augen von einem zum anderen. Wolodja Potschkin kritzelte rasch ein paar Formeln auf ein Blatt Papier. Der Erste, der die Sprache wiederfand, war Edik.

»Selbst wenn hier keine Gesetze verletzt wurden«, sagte er in seiner bedächtigen Art. »Bleibt es merkwürdig, dass in ein und demselben Labor plötzlich gehäuft Papageien auftauchen und ihre Sterblichkeitsrate verdächtig hoch ist. Aber allzu sehr wundert mich das auch nicht, wenn ich bedenke, dass wir es hier mit Janus Poluektowitsch zu tun haben. Findet ihr nicht auch, dass er eine außerordentlich interessante Person ist?«

»Ja«, stimmte ich zu.

»Ich finde das auch«, sagte Edik. »Womit befasst er sich eigentlich, Roman?«

»Kommt drauf an, welchen Janus du meinst. W-Janus befasst sich mit den parallelen Räumen.«

»Hm«, meinte Edik. »Das hilft uns kaum weiter.«

»Leider«, seufzte Roman. »Ich überlege auch schon ununterbrochen, was Janus mit den Papageien zu tun haben könnte, aber mir will nichts einfallen.«

»Ein merkwürdiger Mensch ist er aber?«, fragte Edik nach.

»Zweifellos. Es beginnt schon damit, dass es ihrer zwei gibt und er trotzdem eine Person ist. Wir haben uns schon so daran gewöhnt, dass wir gar nicht mehr darüber nachdenken.«

»Genau das meine ich. Wir sprechen nur selten über ihn, weil wir ihn viel zu sehr achten. Dabei hat bestimmt schon jeder von uns eine Eigenheit an ihm bemerkt.«

»Eigenheit Nummer eins ist seine Liebe zu sterbenden Papageien«, warf ich ein.

»In Ordnung?«, meinte Edik. »Was noch?«

»Ihr seid Klatschmäuler«, befand Sanja Drosd. »Ich habe ihn mal gebeten, mir Geld zu leihen.«

»Und?«, fragte Edik.

»Er hat es mir gegeben«, sagte Drosd. »Aber ich habe vergessen, wie viel es war. Und jetzt weiß ich nicht, was ich machen soll.« Er verstummte.

Edik wartete noch eine Weile auf eine Fortsetzung der Geschichte, dann sagte er: »Wisst ihr übrigens, dass er immer, wenn wir nachts zusammenarbeiten, Schlag Mitternacht verschwindet und fünf Minuten später wiederkommt? Und ich habe jedes Mal den Eindruck, dass er dann herauszufinden versucht, woran wir gearbeitet haben, bevor er verschwand.«

»Stimmt«, sagte Roman. »Das kenne ich. Mir ist schon vor längerer Zeit aufgefallen, dass er um Mitternacht einen totalen Gedächtnisschwund hat. Und das ist ihm sehr wohl bewusst. Er hat sich ein paarmal dafür entschuldigt und behauptet, das sei reflexbedingt und die Folge einer schweren Verletzung.«

»Der Mann hat tatsächlich Gedächtnislücken«, meinte Wolodja Potschkin. Er zerknüllte seine Berechnungen und warf sie unter den Tisch. »Ständig fragt er einen, ob man ihn gestern getroffen hat oder nicht.«

»Und wenn ja, worüber man mit ihm gesprochen hat«, fügte ich hinzu.

»Gedächtnis, Gedächtnis«, murmelte Vitka ungeduldig. »Was hat das Gedächtnis damit zu tun? Gedächtnislücken haben viele. Aber darum geht es nicht. Was ist das mit den parallelen Räumen?«

»Wir müssen erst die Fakten zusammentragen«, mahnte Edik.

»Papageien, Papageien«, fuhr Vitka fort. »Sind es vielleicht doch nur Doubles?«

»Nein«, entgegnete Wolodja Potschkin. »Ich hab's gerade durchgerechnet. In keiner Kategorie gibt es Übereinstimmungen. Es können keine Doubles sein.«

»Gewöhnlich verschwindet er um Mitternacht in sein Labor und schließt sich dort für ein paar Minuten ein«, erläuterte Roman. »Einmal aber hatte er es so eilig, dass er die Tür hinter sich offen ließ.«

»Und?«, hauchte Stella aufgeregt.

»Nichts weiter. Er warf sich in seinen Sessel, blieb eine Weile sitzen und kam dann wieder heraus. Gleich darauf fragte er mich, ob wir über etwas Wichtiges gesprochen hätten.«

»Ich muss los«, sagte Vitka und stand auf.

»Ich auch«, meinte Edik. »Wir haben jetzt Seminar.«

»Ich auch«, schloss sich Wolodja Potschkin an.

»Von wegen«, schaltete sich Roman ein. »Du, Wolodja, bleibst hier und tippst. Ich ernenne dich zum Verantwortlichen. Und du, Stella, setzt dich mit Sascha hin und dichtest. Ich muss jetzt weg. Dass mir die Wandzeitung ja fertig ist, wenn ich am Abend zurückkomme!«

Als sie weg waren, nahmen wir uns wieder die Wandzeitung vor. Anfangs versuchten wir noch, uns etwas auszudenken, merkten aber bald, dass dabei nichts herauskam. Da verfassten wir ein kleines Gedicht über einen sterbenden Papagei.

Als Roman zurückkam, war die Zeitung fertig. Sanja Drosd lag auf dem Tisch und verschlang belegte Brote, während

Wolodja Potschkin Stella und mir klarzumachen suchte, warum der Vorfall mit dem Papagei ganz und gar unmöglich war.

»Wunderbar«, lobte Roman. »Eine schöne Wandzeitung. Die Überschrift ist kolossal! Und dieser unendliche Sternenhimmel! Und so wenig Tippfehler! Wo ist der Papagei?«

Der Papagei lag in derselben Petrischale, an derselben Stelle, wo Roman und ich ihn gestern gesehen hatten. Mir stockte der Atem.

»Wer hat ihn da hingelegt?«, wollte Roman wissen.

»Ich«, antwortete Drosd. »Wieso?«

»Ach, nichts«, sagte Roman. »Da liegt er gut. Nicht wahr, Sascha?«

Ich nickte.

»Mal sehen, was morgen mit ihm passiert«, meinte Roman.

4

> Da flucht nun dieser arme, alte, unschuldige Vogel, dass es nur so raucht, und versteht kein Wort von dem, was er sagt.
>
> *Robert Louis Stevenson*

Am nächsten Tag musste ich mich vom frühen Morgen an wieder um meine eigenen Aufgaben kümmern. Mein Aldan war einsatzbereit, und als ich nach dem Frühstück zum Elektroniksaal kam, warteten vor der Tür schon ein paar Doubles mit langen Aufgabenlisten. Das Erste, was ich tat, war, mich an Cristóbal Junta zu rächen, indem ich ihm auf die Liste kritzelte, dass ich seine Handschrift nicht lesen könne. Dann jagte ich sein Double davon. (Cristóbal Juntas Handschrift war tatsächlich schwer zu entziffern – er schrieb Russisch mit gotischen Buchstaben.) Fjodor Simeonowitschs Double brachte mir ein von ihm persönlich erstelltes Programm. Es war das erste, das Fjodor Simeonowitsch selbstständig, ohne Ratschläge und Hinweise meinerseits, zustande gebracht hatte. Ich sah es mir aufmerksam an und stellte erfreut fest, dass es Hand und Fuß hatte. Ich besserte ein paar kleine Fehler aus und übergab das Programm meinen Assistentinnen. Dann erblickte ich in der Schlange der Wartenden den bleichen, verstörten Buchhalter der Fischfabrik. Ihm war es bei uns im Institut nicht ganz geheuer, und so kam er sofort an die Reihe.

»Das ist mir aber unangenehm«, murmelte er und sah sich besorgt nach den Doubles um. »Die Kollegen dort waren schon vor mir da.«

»Macht nichts, das sind keine Kollegen«, beruhigte ich ihn.

»Aber doch Menschen …«

»Auch keine Menschen.«

Der Buchhalter wurde kreidebleich, neigte sich zu mir und flüsterte mit stockender Stimme: »Und ich wundere mich schon die ganze Zeit – die blinzeln ja nicht einmal … Und der Mann im blauen Anzug scheint überhaupt nicht zu atmen …«

Die Hälfte der Wartenden hatte ich schon abgefertigt, als Roman anrief.

»Sascha?«

»Ja.«

»Der Papagei ist weg.«

»Was heißt weg?«

»Na weg.«

»Hat ihn die Putzfrau weggeräumt?«

»Die hab ich schon gefragt. Sie hat überhaupt keinen Papagei gesehen.«

»Vielleicht ein dummer Streich der Hausgeister?«

»Im Labor des Direktors? Kaum.«

»Tja«, sagte ich. »Vielleicht Janus selbst?«

»Janus ist nicht da. Ich glaube, er ist noch gar nicht aus Moskau zurück.«

»Was soll das nur bedeuten?«, überlegte ich.

»Ich weiß nicht. Wir müssen abwarten.«

Wir schwiegen eine Weile.

»Rufst du mich an?«, bat ich. »Wenn sich was Interessantes …«

»Natürlich. Unbedingt. Mach's gut, alter Junge.«

Ich zwang mich, nicht mehr an den Papagei zu denken, der mich ja letzten Endes gar nichts anging. Ich fertigte alle Doubles ab, kontrollierte die Programme und widmete mich dann einer unangenehmen Aufgabe, mit der ich mich schon längere Zeit herumschlug. Die Aufgabe kam von den Kollegen aus der Abteilung für Absolutes Wissen. Gleich zu Anfang hatte ich ihnen mitgeteilt, dass sie wie die meisten ihrer Aufgaben keinen Sinn und keine Lösung habe. Dennoch hatte ich mir bei Cristóbal Junta Rat geholt, der sich in solchen Dingen besser auskannte, und er gab mir ein paar Tipps, die mir weiterhalfen. Schon oft hatte ich mich an dieser Aufgabe versucht, sie aber unverrichteter Dinge immer wieder beiseitegelegt. Heute klappte es endlich, und ich gelangte zu einer eleganten Lösung. Kaum war ich damit fertig und lehnte mich zufrieden zurück, um noch einmal alles zu überdenken, kam wutschnaubend Cristóbal Junta hereingestürmt. Er sah mir nicht in die Augen, sondern auf die Füße und erkundigte sich mit trockener, unangenehmer Stimme, seit wann ich seine Schrift nicht mehr lesen könne? Das erinnere ihn doch stark an Sabotage. 1936, in Madrid, hätte er mich dafür an die Wand stellen lassen.

Ich betrachtete ihn ergriffen und sagte: »Cristóbal Joséwitsch, ich habe die Aufgabe endlich gelöst. Sie hatten recht. Der Raum der Beschwörungen lässt sich tatsächlich in jeder der vier Variablen krümmen.«

Endlich hob er den Blick und sah mich an. Ich muss sehr glücklich ausgesehen haben, denn sein Zorn verrauchte im Nu. Er brummte: »Lassen Sie mal sehen.«

Ich reichte ihm die Bogen, er setzte sich neben mich, und wir gingen die Aufgabe noch einmal gemeinsam durch. Die beiden eleganten Umwandlungen waren erhebend – auf die eine hatte er mich gebracht, während ich auf die andere von selbst gekommen war.

»Tja, Köpfchen muss man haben, nicht wahr, Sascha?«, meinte Cristóbal Junta schließlich. »Wir beide besitzen ein geradezu artistisches Denkvermögen. Finden Sie nicht auch?«

»Ich finde uns großartig«, pflichtete ich ihm aufrichtig bei.

»Ganz meine Meinung«, sagte er. »Wir werden das veröffentlichen. Das hier kann sich sehen lassen. Das ist schon was anderes als Trampergaloschen und Tarnhosen.«

Wir erfreuten uns bester Laune und machten uns sogleich an Cristóbal Juntas neue Aufgabe. Es dauerte nicht lange, bis er sagte, er habe sich früher manches Mal für einen *Pobrecito* gehalten, und dass ich ein mathematischer Blindgänger sei, habe er schon bei unserer ersten Begegnung gewusst. Ich stimmte ihm lebhaft zu und schlug vor, er solle sich pensionieren lassen, und mich solle man aus dem Institut jagen und zum Verladen von Baumstämmen schicken, weil ich zu nichts anderem tauge. Da widersprach er. Von Pensionierung könne überhaupt keine Rede sein, er sei ja höchstens noch als Düngemittel zu gebrauchen. Mich sollte man aber tunlichst von allen Baumstämmen fernhalten, weil dafür immerhin eine gewisse Intelligenz erforderlich sei; stattdessen solle man mich zum Schöpfmeister des für die Cholerabaracken zuständigen Fäkalienwagens in die Lehre geben. So saßen wir, den Kopf in die Hände gestützt, da und zerfleischten uns gegenseitig, als Fjodor Simeonowitsch zu uns hereinschaute. Soviel ich verstand, wollte er unbedingt meine Meinung über das von ihm erstellte Programm erfahren.

»Programm!«, zischte Cristóbal Junta mit hämischem Grinsen. »Ich hab dein Programm nicht gesehen, Fjodor, aber ich bin überzeugt, dass es im Vergleich zu diesem hier genial ist.« Angewidert reichte er Fjodor Simeonowitsch mit zwei Fingern das Blatt mit seiner Aufgabe. »Hier hast du ein Paradebeispiel für Murks und Stümperei.«

»Aber m-meine Lieben«, meinte Fjodor Simeonowitsch betreten, nachdem er sich in Juntas Handschrift zurechtgefunden hatte. »Das ist ja d-das Problem des Rabbi Loew. Cagliostro hat doch n-nachgewiesen, dass es d-dafür keine Lösung gibt.«

»Dass es dafür keine Lösung gibt, wissen wir«, sagte Junta und zeigte sofort seine Krallen. »Wir wollen aber herausfinden, wie man es lösen kann.«

»Das ist d-doch unlogisch, Cristo ... Wie k-kann man nach einer Lösung suchen, d-die es nicht gibt? So ein Unfug!«

»Entschuldige, Theodor, aber was du da sagst, ist unlogisch. Unfug wäre es, nach einer Lösung zu suchen, die es schon gibt. Hier handelt es sich darum, wie man mit einer Aufgabe verfährt, für die es keine Lösung gibt. Das ist eine prinzipielle Frage, für die du als Vertreter der angewandten Wissenschaften, wie ich sehe, leider kein Verständnis hast. Es hat also gar keinen Sinn, mit dir über dieses Thema zu reden.«

Cristóbal Juntas Ton war ausgesprochen beleidigend, und Fjodor Simeonowitsch wurde wütend.

»Weißt du was, m-mein Lieber«, sagte er. »Ich k-kann in Gegenwart dieses jungen Mannes n-nicht in diesem Ton mit dir diskutieren. Ich m-muss mich doch sehr w-wundern. So was ist u-unpädagogisch. Wenn du das Gespräch f-fortsetzen willst, d-dann sei so gut und k-komm mit hinaus in den Korridor.«

»Meinetwegen«, erwiderte Junta, schnellte hoch wie eine Sprungfeder und griff krampfhaft nach dem nicht vorhandenen Degengriff an seiner Hüfte.

Hocherhobenen Hauptes und ohne einander eines Blickes zu würdigen stolzierten die beiden hinaus. Die Mädchen kicherten, und auch ich machte mir keine Sorgen. Ich stützte den Kopf auf die Hände, beugte mich über das von Junta zurückgelassene Blatt und hörte mit halbem Ohr aus dem Korridor Fjodor Simeonowitschs dröhnende, immer wieder von Cristóbal Juntas trockenen, zornigen Ausrufen unterbrochene Stimme. Schließlich brüllte Fjodor Simeonowitsch: »Folgen Sie mir b-bitte in mein Kabinett!«

»Wie Sie wünschen!«, erwiderte Cristóbal Junta mit knirschenden Zähnen. Nun siezten sie einander bereits. Die Stimmen entfernten sich. »Ein Duell! Ein Duell!«, schnatterten die Mädchen. Cristóbal Junta stand im Ruf eines Klopffechters und Raufbolds. Wie man sich erzählte, pflegte er einen Widersacher in sein Labor zu führen, ihn zwischen Florett, Degen und Hellebarde wählen zu lassen, um dann à la Jean Marais über die Tische zu springen und die Schränke umzuwerfen. Um Fjodor Simeonowitsch brauchte man sich jedoch keine Sorgen zu machen. Es war klar, dass sie sich in seinem Arbeitszimmer eine halbe Stunde lang finster anschweigen würden, bis Fjodor Simeonowitsch einen schweren Seufzer ausstieß, seinen Weinkeller öffnete und zwei Gläser mit dem Elixier der Seligkeit füllte. Cristóbal Junta würde mit bebenden Nasenflügeln schnuppern, sich den Schnurrbart zwirbeln und sein Glas leeren. Fjodor Simeonowitsch würde sofort nachschenken und ins Labor hinüberrufen: »Bringt mal ein paar frische Gürkchen!«

In diesem Augenblick rief Roman an und bat mich mit seltsamer Stimme, sofort zu ihm zu kommen. Ich lief die Treppe hinauf.

Im Labor erblickte ich Roman, Vitka und Edik – und einen grünen, quicklebendigen Papagei. Er saß genau wie gestern auf dem Balken der Waage und beäugte alle der Reihe nach, erst von der einen Seite, dann von der anderen, putzte sich und fühlte sich offenbar sehr wohl – im Gegensatz zu den drei Wissenschaftlern. Roman stand bedrückt vor dem Papagei und seufzte von Zeit zu Zeit krampfhaft. Edik massierte sich, blass und gequält, die Schläfen, als leide er unter Migräne. Vitka saß rittlings auf einem Stuhl, wippte wie ein kleiner Junge auf seinem Schaukelpferd und murmelte mit fieberhaft aufgerissenen Augen etwas vor sich hin.

»Ist es derselbe?«, fragte ich halblaut.

»Ja«, antwortete Roman.

»Photon?« Auch ich machte wohl ein ziemlich betretenes Gesicht.

»Ja.«

»Und die Nummer stimmt auch?«

Roman antwortete nicht.

Edik sagte gequält: »Wenn wir wüssten, wie viele Federn so ein Papageienschwanz hat, könnten wir sie zählen und die vorgestern abhanden gekommene mitrechnen.«

»Soll ich das Lexikon holen?«, fragte ich.

»Wo ist der tote Papagei?«, wollte Roman wissen. »Davon müssen wir ausgehen. Hört zu, ihr Detektive, wo ist der Kadaver?«

»Kadaverr!«, krächzte der Papagei. »Zerremonie! Mann überr Borrd! Rrubidium!«

»Weiß der Teufel, was das bedeuten soll!«, rief Roman wütend.

»›Mann über Bord‹ ist ein typischer Piratenausdruck«, erläuterte Edik.

»Und Rubidium?«

»Rrubidium! Rreserrve! Rriesig!«, krächzte der Papagei weiter.

»Die Rubidiumreserven sind riesig«, übersetzte Edik. »Wäre interessant zu wissen, wo sie sich befinden?«

Ich beugte mich über den Papagei und betrachtete den Ring. »Vielleicht ist es doch ein anderer?«

»Und wo soll der von gestern abgeblieben sein?«, fragte Roman.

»Das ist eine andere Frage«, erwiderte ich. »Das ist einfacher zu erklären.«

»Schieß los«, schlug Roman vor.

»Moment«, bat ich. »Lasst uns erst mal klären, ob es derselbe ist oder nicht.«

»Meiner Meinung nach ist es derselbe«, sagte Edik.

»Meiner Meinung nach nicht«, widersprach ich. »Hier auf dem Ring ist ein Kratzer nahe der Drei …«

»Drrei!«, schrie der Papagei. »Drrei! Scharrfe Rrechtskurrve! Torrnado! Torrnado!«

Plötzlich straffte sich Vitka.

»Ich habe eine Idee«, sagte er.

»Welche?«

»Ein assoziatives Verhör.«

»Was ist denn das?«

»Wartet's ab. Sitzt still, und stört mich nicht. Roman, hast du ein Tonbandgerät?«

»Ich habe ein Diktiergerät.«

»Hol's her. Aber dass ihr mir ja still seid. Ich werde den kleinen Halunken aufstacheln, und dann bringe ich ihn zum Reden.«

Vitka holte sich einen Stuhl, setzte sich mit dem Diktiergerät vor den Papagei, zog eine finstere Miene, sah ihn mit einem Auge an und krächzte: »Rrubidium!«

Der Papagei zuckte zusammen und wäre fast von der Waage gekippt. Er schlug mit den Flügeln, um sein Gleichgewicht wiederherzustellen, und antwortete: »Rreserrve! Krraterr Rriccius!«

Wir wechselten einen Blick.

»Rreserrve!«, krächzte Vitka.

»Rriesig! Berrge! Berrge! Rriccius! Rrichtig! Rriccius! Rrichtig! Rroboterr! Rroboterr!«

»Roboter!«

»Krrach! Feuerr! Brrennende Atmosphärre! Forrt! Drramba, forrt!«

»Dramba!«

»Rrubidium! Rreserve!«

»Rubidium!«

»Rreserrve! Krrater Rriccius!«

»Schluss«, sagte Roman. »Wir drehen uns im Kreis.«

»Warte, warte«, murmelte Vitka. »Das werden wir gleich haben …«

»Versuch's mal mit einem anderen Thema«, riet Edik.

»Janus!«, rief Vitka.

Der Papagei riss den Schnabel auf und nieste.

»Ja-nus!«, wiederholte Vitka streng.

Der Papagei blickte nachdenklich aus dem Fenster.

»Da ist kein R drin«, erklärte ich.

»Kann sein«, meinte Vitka. »Also … Newstrujew!«

»Hörre!«, krächzte der Papagei. »Zauberrerr! Zauberrerr! Hierr sprricht Krrylo! Hierr sprricht Krrylo!«

»Doch kein Piratenpapagei«, meinte Edik.

»Frag ihn mal nach dem Kadaver«, bat ich.

»Kadaver«, sagte Vitka unwillig.

»Beerrdigungszerremonie! Begrrenzte Zeit! Rreden! Rreden! Phrrasen! An die Arrbeit! An die Arrbeit!«

»Der hat interessanten Leuten gehört«, mutmaßte Roman. »Was machen wir jetzt?«

»Vitka«, sagte Edik. »Meiner Ansicht nach hat er eine kosmische Terminologie. Versuch's mal mit was Einfachem, was ganz Alltäglichem.«

»Wasserstoffbombe«, sagte Vitka.

Der Papagei senkte den Kopf und putzte sich den Schnabel.

»Fahrrad!«, rief Vitka.

Der Papagei schwieg.

»Das klappt nicht«, meinte Roman.

»Verflixt noch mal«, ärgerte sich Vitka. »Mir fällt nichts Alltägliches mit R ein. Stuhl, Tisch, Decke, Kanapee ... Oh! Trranslatorr!«

Der Papagei sah Vitka mit einem Auge an.

»Korrnejew rran!«

»Was?«, fragte Vitka. Zum ersten Mal im Leben sah ich, wie Vitka die Fassung verlor.

»Korrnejew! Grrobian! Grrobian! Werrtvolle Krraft! Rrappelkopf! Rreizend!«

Wir kicherten. Vitka sah uns schief an und sagte rachsüchtig: »Oirra-Oirra!«

»Verrgrreist, verrgrreist!«, antwortete der Papagei bereitwillig. »Errfrreut! Durrchgeboxt!«

»Da stimmt doch was nicht«, argwöhnte Roman.

»Wieso denn nicht?«, sagte Vitka. »Stimmt ganz genau. Prriwalow!«

»Dürrftiges Prrojekt! Prrimitiv! Arrbeitstierr!«

»Kinder, der kennt uns alle«, stellte Edik fest.

»Kinderr!«, rief der Papagei. »Pfefferrkorrn! Zerro! Zerro! Grravitation!«

»Amperjan«, fügte Vitka hastig hinzu.

»Krrematorrium! Vorrzeitig verrschieden!«, krächzte der Papagei, überlegte eine Weile und fügte dann hinzu: »Amperremeterr!«

»So ein Stuss!«, urteilte Edik.

»Das ist kein Stuss«, widersprach Roman nachdenklich.

Vitka drückte auf die Taste.

»Das Band ist voll«, sagte er. »Schade.«

»Wisst ihr was«, schaltete ich mich ein. »Ich glaube, wir fragen am besten Janus selbst, was das für ein Papagei ist, wo er herkommt und überhaupt …«

»Und wer übernimmt das?«, wollte Roman wissen.

Niemand meldete sich. Vitka riet uns, das Aufgezeichnete noch einmal anzuhören, und wir stimmten zu. Das Ganze klang ziemlich merkwürdig. Bei den ersten Worten aus dem Diktiergerät flog der Papagei auf Vitkas Schulter, hörte sichtlich interessiert zu und warf hin und wieder ein: »Drramba ignorriert Urran! Rrichtig!«, oder »Korrnejew Grrobian!«.

Als das Band abgelaufen war, sagte Edik: »Im Prinzip könnte man seinen Wortschatz vom Computer analysieren lassen. Aber zwei Dinge sind auch so klar: Erstens kennt er uns alle. Und das ist schon erstaunlich genug. Denn es bedeutet, dass er unsere Namen oft gehört hat. Zweitens weiß er etwas von Robotern. Und von Rubidium. Wo wird Rubidium eigentlich verwendet?«

»Bei uns im Institut jedenfalls nicht«, meinte Roman.

»Das ist eine Art Natrium«, erklärte Vitka.

»Das mit dem Rubidium mag ja noch angehen«, sagte ich. »Aber woher kennt er den Mondkrater?«

»Warum muss es gerade ein Mondkrater sein?«

»Bezeichnet man die Berge auf der Erde vielleicht als Krater?«

»Na, erstens gibt es den Arizona-Krater, und zweitens ist ein Krater kein Berg, sondern eher ein Trichter.«

»Zeittrrichter!«, meldete sich der Papagei.

»Er hat einen sehr interessanten Wortschatz«, wiederholte Edik. »Den kann man beim besten Willen nicht als alltäglich bezeichnen.«

»Ja«, stimmte Vitka zu. »Wenn sich der Papagei ständig bei Janus aufhält, dann treibt Janus merkwürdige Dinge.«

»Merrkwürrdigerr Orrbitaldurrchgang!«, krächzte der Papagei.

»Janus hat nichts mit dem Kosmos zu tun«, gab Roman zu bedenken. »Das wüsste ich.«

»Und früher?«

»Auch früher nicht.«

»Roboter …«, zerbrach sich Vitka den Kopf. »Krater … Wieso Krater?«

»Vielleicht liest Janus fantastische Romane?«, überlegte ich.

»Du meinst, er liest sie laut vor? Einem Papagei?«

»Hm …«

»Mars«, sagte Vitka zu dem Papagei.

»Verrhängnisvolle Trriebe!«, krächzte dieser zurück. Er dachte eine Weile nach und erklärte dann: »Abgebrrochen! Errgebnislos!«

Roman stand auf und lief im Labor auf und ab. Edik legte den Kopf auf den Tisch und schloss die Augen.

»Wo ist er eigentlich hergekommen?«, fragte ich.

»Genau wie gestern«, antwortete Roman. »Aus Janus' Labor.«

»Das habt ihr selbst gesehen?«

»Ja.«

»Eins begreife ich nicht«, sagte ich. »Ist er nun gestorben oder nicht?«

»Woher sollen wir das wissen?«, fragte Roman zurück. »Ich bin kein Veterinär. Und Vitka ist kein Ornithologe. Und überhaupt ist das vielleicht gar kein Papagei.«

»Was denn sonst?«

»Woher soll ich das wissen?«

»Vielleicht ist er eine komplexe suggerierte Halluzination«, vermutete Edik, ohne die Augen zu öffnen.

»Suggeriert? Von wem?«

»Das frage ich mich auch gerade«, sagte Edik.

Ich drückte mir mit einem Finger aufs Auge und sah den Papagei an. Der Papagei verdoppelte sich.

»Er verdoppelt sich«, erklärte ich. »Also ist er keine Halluzination.«

»Ich sprach von einer komplexen Halluzination«, erinnerte Edik.

Ich drückte mir auf beide Augen. Dadurch sah ich vorübergehend gar nichts mehr.

»Folgendes«, begann Vitka Kornejew. »Ich behaupte, dass es sich hier um eine Verletzung des Gesetzes von Ursache und Wirkung handelt. Deshalb gibt es nur eine Lösung: Es handelt sich um eine Halluzination, und wir sollten Aufstellung nehmen und, ein Lied auf den Lippen, geschlossen zum Psychiater marschieren. Antreten marsch!«

»Ohne mich«, meinte Edik. »Ich hab noch eine Idee.«

»Welche?«

»Das sage ich nicht.«

»Warum?«

»Weil ihr mich dann verprügelt.«

»Wir verprügeln dich sowieso.«

»Nur zu.«

»Du hast überhaupt keine Idee«, provozierte Vitka. »Das bildest du dir alles bloß ein. Los, auf zum Psychiater!«

Da knarrte die Tür, und Janus Poluektowitsch trat vom Korridor ins Labor.

»Aha«, sagte er. »Guten Tag.«

Wir standen auf. Er trat auf uns zu und drückte jedem von uns die Hand.

»Photontschik«, rief er, als er den Papagei erblickte. »Er stört Sie doch hoffentlich nicht, Roman Petrowitsch?«

»Ob er stört?«, wunderte sich Roman. »Mich? Warum sollte er? Er stört überhaupt nicht. Im Gegenteil ...«

»Na ja, immerhin geht das nun jeden Tag ...«, erklärte Janus Poluektowitsch, brach aber plötzlich mitten im Satz ab. »Worüber haben wir gestern gesprochen?«, erkundigte er sich und rieb sich die Stirn.

»Gestern waren Sie in Moskau«, teilte ihm Roman ergeben mit.

»Ach ja. Na schön. Photontschik! Komm her!«

Der Papagei flatterte Janus auf die Schulter und krächzte ihm leise ins Ohr: »Hirrse! Hirrse! Zuckerr!«

Janus Poluektowitsch lächelte zärtlich und nahm den Papagei mit in sein Labor. Wir starrten uns verdattert an.

»Gehen wir woandershin«, schlug Roman vor.

»Zum Psychiater! Zum Psychiater!«, murmelte Vitka unheilvoll, während wir durch den Korridor zu seinem Kanapee gingen. »In den Krater Riccius. Drramba! Zuckerr!«

5

> Fakten gibt es immer zur Genüge –
> was fehlt, ist Fantasie.
>
> *Dmitri Blochinzew*

Vitka stellte die Behälter mit dem lebenden Wasser auf den Fußboden, und wir machten es uns auf dem Translations-Kanapee gemütlich und begannen zu rauchen.

Nach einer Weile fragte Roman: »Vitka, hast du das Kanapee ausgeschaltet?«

»Ja.«

»Mir geht nämlich allzu dummes Zeug durch den Kopf.«

»Es ist ausgeschaltet und gesichert«, erklärte Vitka.

»Nein, Jungs«, meinte Edik. »Warum kann es nicht doch eine Halluzination sein?«

»Wer behauptet denn, dass es keine ist?«, fragte Vitka. »Ich sagte doch: Wir müssen zum Psychiater.«

»Als ich Majka den Hof gemacht habe«, erzählte Edik, »habe ich ihr solche Halluzinationen suggeriert, dass ich's selbst mit der Angst kriegte.«

»Wieso denn das?«, wollte Vitka wissen.

Edik überlegte.

»Ich weiß auch nicht. Aus Begeisterung, wahrscheinlich.«

»Ich frage mich nur, warum uns jemand Halluzinationen suggerieren sollte«, überlegte Vitka. »Außerdem sind wir kein junges Mädchen, sondern Gott sei Dank Magister. Wer kann uns schon etwas anhaben? Janus vielleicht, Kiwrin oder Junta. Möglicherweise auch Giacomo.«

»Sascha hat noch Schwächen«, gab Edik zu bedenken.

»Na und?«, meldete ich mich zu Wort. »Bin ich vielleicht der Einzige hier, der Sehstörungen hat?«

»Das müsste man mal überprüfen«, überlegte Vitka. »Wir brauchten Sascha bloß ein bisschen ...«

»Na, na«, wehrte ich ab. »Unterlassen Sie mir das. Gibt's denn keine andere Möglichkeit? Drückt euch mal aufs Auge. Oder gebt das Tonband einem Unbeteiligten. Soll er sich's anhören und sagen, ob was drauf ist oder nicht.«

Die Magister lächelten mitleidig.

»Du bist ein guter Programmierer, Sascha«, lobte Edik.

»Ein kleiner Fisch«, fügte Vitka hinzu. »Eine Larve.«

»Tja, Sascha«, seufzte Roman. »Wie ich sehe, kannst du dir noch gar nicht vorstellen, was eine echte, sorgfältig suggerierte Halluzination darstellt.«

Die Gesichter der Magister nahmen einen träumerischen Ausdruck an – offenbar schwelgten sie in Erinnerungen. Ich betrachtete sie neidisch. Sie lächelten. Sie kniffen die Augen zu. Sie blinzelten.

Dann sagte Edik plötzlich: »Bei ihr blühten den ganzen Winter die Orchideen. Sie strömten den herrlichsten Duft aus, den ich mir erdenken konnte ...«

Vitka kam zu sich.

»Berkeleyisten«, sagte er. »Stinkige Solipsisten. ›Wie tut meine Einbildung weh!‹«

»Ja«, stimmte Roman zu. »Über Halluzinationen brauchen wir hier nicht zu sprechen. Das wäre zu simpel. Wir sind weder kleine Kinder noch Großmütter. Ich möchte kein Agnostiker sein. Was hattest du für eine Idee, Edik?«

»Ich? Ach ja, stimmt. Aber die ist auch ziemlich primitiv. Matrikate.«

»Hm«, meinte Roman zweifelnd.

»Was ist das?«, fragte ich.

Edik machte mir lustlos klar, dass es außer den mir bekannten Doubles auch noch Matrikate gab – absolut originalgetreue Kopien von Gegenständen oder Lebewesen. »Im Gegensatz zum Double stimmt das Matrikat auch in der atomaren Struktur völlig mit dem Original überein. Mit gewöhnlichen Methoden sind Original und Matrikat nicht zu unterscheiden. Dazu bedarf es spezieller Geräte, und überhaupt ist das eine äußerst komplizierte und aufwendige Angelegenheit. Balsamo hat seinerzeit den Magister für den Nachweis erhalten, dass Philipp der Bourbone, im Volk unter dem Spitznamen ›Die Eiserne Maske‹ bekannt, ein Matrikat war. Dieses wurde im Auftrag Ludwigs XIV. in den Geheimlabors der Jesuiten angefertigt, um den französischen Thron an sich zu reißen. Heute stellt man Matrikate mithilfe der Biostereografie à la Richard Cirugue her.«

Damals wusste ich zwar noch nicht, wer Richard Cirugue war, sagte aber gleich, dass die Idee mit den Matrikaten nur die ungewöhnliche Ähnlichkeit der Papageien erkläre. Mehr nicht. Beispielsweise bleibe nach wie vor unklar, wohin der tote Papagei von gestern verschwunden sei.

»Stimmt«, pflichtete mir Edik bei. »Ich bestehe auch gar nicht darauf. Zumal Janus keinerlei Beziehung zur Biostereografie hat.«

»So ist es«, sagte ich schon mutiger. »Vielleicht sollten wir eher von einer Reise in die beschriebene Zukunft ausgehen. Wisst ihr, was ich meine? Wie bei Louis Sedlovoi.«

»Hm«, brummte Kornejew skeptisch.

»Janus fliegt in irgendeinen fantastischen Roman, schnappt sich dort einen Papagei und bringt ihn mit hierher. Der Papagei geht ein, er fliegt wieder an denselben Ort und so weiter. Dann ist klar, warum die Papageien alle gleich aussehen – es ist ein und derselbe Papagei. Und warum er so einen Science-Fiction-Wortschatz hat, wäre damit auch klar. Und überhaupt«, fuhr ich fort, »kann man damit sogar erklären, warum Janus immerzu die gleichen Fragen stellt: Er hat jedes Mal Angst, nicht zum richtigen Tag zurückgekehrt zu sein. Das ist doch eine gute Erklärung, oder?«

»Gibt es denn so einen fantastischen Roman?«, wollte Edik wissen. »In dem ein Papagei vorkommt?«

»Keine Ahnung«, antwortete ich. »Aber in den Raumschiffen kommen alle möglichen Tiere vor. Katzen und Affen, Kinder. Außerdem gibt es im Westen unzählige Science-Fiction-Romane, so viele kann man gar nicht lesen.«

»Hm … Erstens würde ein Papagei aus einem westlichen Science-Fiction-Roman kaum russisch sprechen«, meinte Roman. »Vor allem aber bliebe unklar, woher diese Weltraumpapageien – selbst wenn sie aus der sowjetischen Fantastik stammen – Leute wie Kornejew, Priwalow oder Oira-Oira kennen.«

»Abgesehen davon«, sagte Vitka träge, »ist es etwas ganz anderes, ob man einen materiellen Körper in eine ideale Welt versetzt oder einen idealen Körper in eine materielle Welt. Ich bezweifle vor allem, dass ein Schriftsteller einen Papagei erschaffen kann, der imstande wäre, in der realen Welt selbstständig zu existieren.«

Ich musste an die halb durchsichtigen Erfinder denken und fand keine Antwort.

»Ich muss gestehen«, fuhr Vitka gönnerhaft fort. »Unser Sascha gibt Anlass zu den schönsten Hoffnungen. Seine Idee hat eine Spur von edlem Wahnsinn.«

»Einen idealen Papagei würde Janus nicht verbrennen«, war Edik zutiefst überzeugt. »Ein idealer Papagei verwest nicht einmal.«

»Aber warum?«, meldete sich Roman plötzlich zu Wort. »Warum sind wir so inkonsequent? Was hat Sedlovoi damit zu tun? Warum sollte Janus Poluektowitsch Sedlovoi nachahmen? Janus hat sein eigenes Thema und seine eigenen Aufgabenstellungen. Er befasst sich mit den parallelen Räumen. Gehen wir doch mal davon aus!«

»Dann los«, sagte ich.

»Du meinst, Janus hat Verbindung zu einem parallelen Raum aufgenommen?«, fragte Edik.

»Das hat er schon vor langer Zeit. Warum soll er nicht noch weiter gegangen sein? Warum soll es ihm nicht gelingen, materielle Körper zu versetzen? Edik hat recht, es sind Matrikate, es müssen Matrikate sein, weil die völlige Identität des versetzten Gegenstandes garantiert sein muss. Die Art und Weise der Versetzung hängt von den Bedingungen des Experiments ab. Die ersten beiden Versetzungen misslangen: Die Papageien gingen ein. Heute dagegen scheint sein Experiment geglückt zu sein.«

»Aber warum sprechen sie russisch?«, wunderte sich Edik. »Und woher haben die Papageien diesen Wortschatz?«

»Weil es auch dort ein Russland gibt«, erklärte Roman. »Aber dort gewinnen sie ihr Rubidium schon im Riccius-Krater.«

»Das ist doch alles an den Haaren herbeigezogen«, warf Vitka ein. »Wieso gerade Papageien? Warum keine Hunde oder Meerschweinchen? Warum nicht einfach Tonbandgeräte? Und woher wissen diese Papageien, dass Oira-Oira vergreist und Kornejew eine wertvolle Kraft ist?«

»Ein Grobian«, sagte ich.

»Ein Grobian, aber wertvoll. Und wo ist der krepierte Papagei abgeblieben?«

»Hört zu«, begann Edik. »So kommen wir nicht weiter. Wir verhalten uns wie Dilettanten. Wie diese Hobbyforscher mit ihren Briefen: ›Werte Wissenschaftler! Bei mir ertönt seit Jahren ein unterirdisches Klopfen unter den Dielen. Erklären Sie mir bitte, worum es sich dabei handelt.‹ Uns fehlt einfach ein System. Hast du mal ein Blatt Papier, Vitka? Jetzt schreiben wir mal alles ganz genau auf.«

Und schon schrieben wir mit Ediks schöner Handschrift alles auf ein Blatt.

Zunächst einigten wir uns darauf, dass das Ganze keine Halluzination war, denn dann wäre es uninteressant gewesen. Anschließend formulierten wir die Fragen, die die gesuchte Hypothese beantworten sollten. Die Fragen unterteilten wir in zwei Gruppen: a) in die Gruppe »Papagei« und b) in die Gruppe »Janus«. Die Gruppe »Janus« kam auf Drängen von Roman und Edik zustande, die behaupteten, einen Riecher dafür zu haben, dass zwischen Janus' Eigenheiten und den Eigenheiten der Papageien ein Zusammenhang bestehe. Vitkas Frage, was der Begriff »Riecher« physikalisch bedeute, konnten sie zwar nicht beantworten, beteuerten aber, dass Janus selbst ein außerordentlich interessantes Forschungsobjekt darstelle und der Apfel nicht weit vom Stamm falle. Da ich hierzu keine Meinung hatte, waren sie in der Überzahl, und so sah die endgültige Liste von Fragen aus wie folgt:

Weshalb bestand zwischen den am 10., 11. und 12. beobachteten Papageien Nummer eins, zwei und drei eine solche Ähnlichkeit, dass wir sie auf den ersten Blick für ein und dasselbe Exemplar hielten?

Warum hat Janus den ersten Papagei und wahrscheinlich auch den, der vor dem ersten auftauchte (den nullten), von dem nur eine Feder übrig blieb, verbrannt?

Wo ist diese Feder abgeblieben?

Wohin ist der zweite (tote) Papagei verschwunden?

Woraus erklärt sich der merkwürdige Wortschatz von Papagei Nummer zwei und drei?

Wie kommt es, dass Papagei Nummer drei uns alle kennt, während wir ihn zum ersten Mal sehen?

(Warum und wieso sind die Papageien krepiert?, wollte ich hinzufügen, Vitka aber brummte: »Warum und wieso ist das erste Anzeichen für eine Vergiftung, dass die Leiche blau anläuft?« Und meine Frage entfiel.)

Was hat Janus mit den Papageien zu tun?

Warum weiß Janus nie, mit wem und worüber er am Vortag gesprochen hat?

Was geschieht um Mitternacht mit Janus?

Wieso hat W-Janus im Gegensatz zu V-Janus die seltsame Angewohnheit, im Futur zu sprechen?

Warum gibt es überhaupt zwei Janus', und woher stammt eigentlich die Legende, dass Janus Poluektowitsch ein Mann mit zwei Gesichtern sei?

Dann dachten wir eine Zeit lang angestrengt nach und sahen dabei jeden Augenblick auf die Liste. Ich hoffte, dass mir wieder eine Idee mit einer Spur edlen Wahnsinns käme, konnte mich aber nicht konzentrieren und neigte mehr und mehr zu Sanja Drosds Ansicht, dass in diesem Institut noch ganz andere Dinge passierten. Natürlich war mir klar, dass dieser billige Skeptizismus nur eine Folge meiner Unwissenheit war sowie der noch nicht genügend ausgeprägten Gewohnheit, in den Kategorien einer veränderten Welt zu denken. Aber dafür konnte ich ja nichts. Alles, was hier geschehen ist, sagte ich mir, ist nur dann wirklich sonderbar, wenn man davon ausgeht, dass die drei oder vier Papageien ein und derselbe Vogel sind. Und tatsächlich sahen sie alle einander so ähnlich, dass ich mich anfangs täuschen ließ. Das ist ganz natürlich. Als Mathematiker habe ich großen Respekt vor Zahlen, und wenn zwei Zahlen – noch dazu sechsstellige – übereinstimmen, folgere ich daraus automatisch, dass auch die so nummerierten Gegenstände übereinstimmen. Dabei konnte es gar nicht ein und derselbe Papagei sein. Das hätte ja das Gesetz von Ursache und Wirkung aufgehoben – ein Gesetz, dem ich ein paar lausiger Papageien wegen, die obendrein krepiert waren, längst nicht abzuschwören gedachte. War es jedoch nicht ein und derselbe Papagei, so wurde das ganze Problem null und nichtig. Schön, die Nummern stimmten überein. Schön, jemand hatte hinter unserem Rücken einen toten Papagei weggeworfen. Und was noch? Der Wortschatz? Was war daran schon so besonders? Dafür gab es sicher eine ganz simple Erklärung.

Als ich mich gerade darüber auslassen wollte, sagte Vitka plötzlich: »Jungs, ich glaube, ich hab's.«

Niemand sagte ein Wort. Wir drehten uns nur zu ihm um – gleichzeitig und ziemlich geräuschvoll. Vitka stand auf.

»Es ist glasklar«, erklärte er. »Und so trivial. Fade und banal. Man bringt's kaum über die Lippen.«

Wir erhoben uns langsam. Ich hatte das Gefühl, auf den letzten Seiten eines spannenden Kriminalromans angelangt zu sein. Mein ganzer Skeptizismus war wie weggefegt.

»Kontramotion!«, stieß Vitka hervor.

Edik legte sich aufs Kanapee.

»Gut!«, sagte er. »Hervorragend!«

»Kontramotion?«, wunderte sich Roman. »Na ja … Hm … Aha …« Seine Hand beschrieb einen Kreis. »So … Hm … Was wäre, wenn du recht hast? Ja, dann wäre klar, woher er uns alle kennt.« Mit einer weit ausholenden Geste sagte Roman: »Sie kommen also von dort.«

»Darum fragt er immerzu, worüber er gestern mit einem gesprochen hat«, fiel Vitka ein. »Und die fantastischen Begriffe …«

Ich heulte auf. »He, wartet mal!« Die letzte Seite des Kriminalromans war für mich in Hieroglyphen geschrieben. »So wartet doch mal! Was für eine Kontramotion?«

»Nein, nein«, sagte Roman bedauernd, und ich sah Vitka an der Nasenspitze an, dass er auch verstanden hatte: Die Idee mit der Kontramotion war Käse. »Nein, es haut nicht hin«, sagte Roman. »Das wäre ja wie ein Film. Stell dir einen Film vor …«

»Was für ein Film?«, rief ich. »Helft mir!!«

»Ein Film, der rückwärts läuft«, erläuterte Roman. »Verstehst du? Das wäre Kontramotion.«

»Mist, verdammter«, rief Vitka enttäuscht und warf sich bäuchlings auf das Kanapee.

»Nein, es haut wirklich nicht hin«, sagte nun auch Edik bedauernd. »Sascha, reg dich nicht auf: Das ist es ohnehin nicht. Kontramotion ist der Definition nach eine Bewegung, die entgegengesetzt zur Zeit erfolgt. Wie beim Neutrino. Aber unser Pech ist, dass der Papagei, wäre er ein Kontramot, rückwärts fliegen und nicht sterben, sondern vor unseren Augen zum Leben erwachen würde. Ansonsten war es keine schlechte Idee. Ein Kontramot-Papagei könnte tatsächlich etwas über den Kosmos wissen. Schließlich lebt er aus der Zukunft in die Vergangenheit. Und ein Kontramot-Janus bräuchte tatsächlich nicht zu wissen, was gestern bei uns geschehen ist. Weil unser ›Gestern‹ für ihn das ›Morgen‹ wäre.«

»Das ist es ja gerade«, meinte Vitka. »Ich habe mich gefragt, wieso der Papagei Oira-Oira vergreist nennt und wie es kommt, dass Janus manchmal so genau weiß, was am nächsten Tag geschieht. Erinnerst du dich an den Vorfall auf dem Versuchsgelände, Roman? Da konnte man doch wirklich glauben, dass Janus aus der Zukunft kommt.«

»Ist so was wie Kontramotion denn wirklich möglich?«, fragte ich.

»Theoretisch ja«, antwortete Edik. »Denn die Hälfte der Materie im Universum bewegt sich entgegengesetzt zur Zeit. Praktisch aber hat sich damit noch niemand befasst.«

»Wer braucht so etwas, und wer hält das aus?«, brummte Vitka finster.

»Das wäre doch ein großartiges Experiment«, fand Roman.

»Kein Experiment, sondern glatter Selbstmord«, murmelte Vitka. »Denkt, was ihr wollt, aber es hat was mit Kontramotion zu tun. Dafür hab ich einen Riecher.«

»Ach, einen Riecher!«, machte sich Roman lustig, und alles verstummte.

In der eingetretenen Stille zog ich fieberhaft Bilanz. Wenn eine Kontramotion theoretisch möglich war, musste es theoretisch auch möglich sein, das Gesetz von Ursache und Wirkung außer Kraft zu setzen. Das heißt, es würde im Grunde genommen gar nicht aufgehoben, weil es ja sowohl für die normale Welt als auch für die Welt des Kontramots bestehen bliebe. Dann konnte man davon ausgehen, dass es sich weder um drei noch um vier Papageien handelte, sondern um einen einzigen. Was ergab sich daraus? Am Morgen des 10. lag der Papagei tot in einer Petrischale. Anschließend wurde er verbrannt und seine Asche in den Wind gestreut. Am Morgen des 11. aber lebte er wieder. Er war nicht nur nicht verbrannt, sondern quicklebendig. Mittags starb er allerdings noch einmal und geriet wieder in die Petrischale. Das war wichtig! Mein Gefühl sagte mir, dass das verdammt wichtig war. Die Petrischale … Die Einheit des Ortes! Am 12. war der Papagei wieder kerngesund und bettelte um Zucker. Das ist zwar keine Kontramotion, kein zurücklaufender Film, dachte ich, aber es hat irgendwas damit zu tun. Da hat Vitka recht. Für einen Kontramot laufen die Ereignisse so ab: Der Papagei lebt, der Papagei stirbt, der Papagei wird verbrannt. Aus unserer Sicht ergibt sich, von Kleinigkeiten abgesehen, genau das Gegenteil: Der Papagei wird verbrannt, der Papagei stirbt, der Papagei lebt. Als hätte man einen Film zerstückelt, um zuerst das dritte, dann das zweite und zuletzt das erste Stück zu zeigen. Ein sprunghafter Ablauf ... ein Sprung ... Sprungstellen ...

»Jungs«, fragte ich mit stockendem Atem. »Muss die Kontramotion unbedingt kontinuierlich verlaufen?«

Erst reagierten sie nicht. Edik ließ Rauchkringel zur Decke steigen, Vitka lag reglos auf dem Bauch, und Roman starrte mich verständnislos an. Dann riss er die Augen auf.

»Um Mitternacht!«, rief er in einem schrecklichen Flüsterton.

Alle sprangen auf.

Es war, als hätte ich in einem Pokalspiel das entscheidende Tor geschossen. Sie fielen über mich her, schleckten mir die Wangen ab, klopften mir auf den Rücken und die Schultern, warfen mich aufs Kanapee und ließen sich selbst obendrauf fallen.

»Kluger Bursche!«, jauchzte Edik. »Ein schlauer Fuchs!«, brüllte Roman. »Und ich hab dich für ein Kamel gehalten!«, murmelte der grobe Vitka. Schließlich beruhigten sie sich, und dann lief alles wie geschmiert.

Roman behauptete aus heiterem Himmel, er kenne jetzt das Geheimnis des Tunguska-Meteoriten. In dieses Geheimnis wolle er uns auf der Stelle einweihen, und wir alle stimmten, so paradox es scheint, freudig zu. Seltsamerweise hatten wir es nicht eilig, uns dem zuzuwenden, was uns am meisten am Herzen lag. Überhaupt nicht! Wir führten uns auf wie Gourmets. Wir stürzten uns nicht auf die Leckerbissen. Wir ließen ihren Duft auf uns wirken, waren verzückt und schnalzten mit der Zunge, wir genossen händereibend ihren Anblick und kosteten die Vorfreude bis zur Neige aus.

»Bringen wir endlich Klarheit in das verzwickte Problem des Wunders an der Tunguska«, sagte Roman eindringlich. »Bisher haben sich damit völlig fantasielose Leute befasst. Kometen und Meteoriten aus Antimaterie, selbstsprengende Atomschiffe, kosmische Wolken und Quantengeneratoren –

all das ist viel zu banal und allein schon deshalb von der Wahrheit weit entfernt. Für mich war der Tunguska-Meteorit von Anfang an ein Raumschiff mit Außerirdischen an Bord, und ich wusste schon immer, dass man das Raumschiff nur deshalb nicht mehr am Ort der Katastrophe findet, weil es schon lange nicht mehr dort ist. Bis zum heutigen Tag war ich davon überzeugt, dass es sich bei dem Aufprall des Tunguska-Meteoriten nicht um die Landung eines Raumschiffs handelte, sondern um seinen Start. Und sogar diese Arbeitshypothese erklärte schon eine Menge. Mit der Grundidee der diskontinuierlichen Kontramotion lässt sich dieses Problem ein für alle Mal lösen. Was ist am 30. Juni 1908 an der Steinigen Tunguska geschehen? Etwa Mitte Juli desselben Jahres drang ein Raumschiff mit Außerirdischen in den zirkumsolaren Raum ein. Aber dies waren nicht die einfältigen, primitiven Außerirdischen unserer fantastischen Romane, sondern Kontramots, Genossen! Menschen, die aus einem anderen Universum kamen, in dem die Zeit entgegengesetzt zur unseren verläuft. Aufgrund der Wechselwirkung gegensätzlicher Zeitströme verwandelten sie sich aus gewöhnlichen Kontramots, die unser Universum wie einen rückwärtslaufenden Film wahrnahmen, in Kontramots diskontinuierlichen Typs. Die Natur dieser Diskontinuität braucht uns im Moment nicht zu interessieren. Wichtig ist etwas anderes: Ihr Leben in unserem Universum unterlag einem bestimmten rhythmischen Zyklus. Nehmen wir der Einfachheit halber an, dass ihr Zyklus unserem Tagesrhythmus entsprach. Dann sah ihre Existenz aus unserer Sicht folgendermaßen aus: Am 1. Juli beispielsweise lebten und arbeiteten sie genau wie wir. Um Mitternacht aber begann für sie und ihre gesamte Ausrüstung nicht wie für uns der 2. Juli, sondern der 30. Juni, das heißt, nicht um einen Augenblick nach vorn, sondern – aus unserer Sicht – um zwei Tage zurück! Genauso brach für sie nach dem 30. Juni nicht der 1. Juli an, sondern der 29. Juni. Und so weiter. Als unsere Kontramots nun in Erdnähe kamen, stellten sie – falls sie es nicht schon längst entdeckt hatten – mit Erstaunen fest, dass die Erde auf ihrer Bahn merkwürdige Sprünge machte – Sprünge, die die Astronavigation außerordentlich erschwerten. Außerdem erblickten sie am 1. Juli unserer Zeitrechnung im Zentrum des gigantischen eurasischen Kontinents einen mächtigen Brand, dessen Rauch sie schon vorher, am 2. und 3. Juli unserer Zeitrechnung, durch ihre starken Teleskope beobachtet hatten. Dieser Kataklysmus machte sie neugierig, und ihr wissenschaftliches Interesse wurde endgültig geweckt, als sie am Morgen des 30. Juni unserer Zeitrechnung von einem Brand keine Spur entdecken konnten und unter ihrem Raumschiff das friedliche, grüne Meer der Taiga ausgebreitet lag. Der Kapitän, dem die Sache keine Ruhe ließ, befahl, genau an der Stelle zu landen, an der er – seiner Zeitrechnung nach – am Tag zuvor mit eigenen Augen das Epizentrum des Brandes gesehen hatte. Den Rest könnt ihr euch denken. Kippschalter klickten, Bildschirme leuchteten auf, in den planetarischen Triebwerken explodierte das Kappa-Gamma-Plasmoin …«

»Was explodierte?«, fragte Vitka.

»Das Kappa-Gamma-Plasmoin. Na, vielleicht war's auch My-Delta-Ionoplast. Das in eine Flamme gehüllte Raumschiff ging in der Taiga nieder und steckte sie in Brand. Und eben dieses Bild beobachteten die Bauern aus dem Dorf Karelinskoje und andere Leute, die später als Augenzeugen in die Geschichtsschreibung eingingen. Es kam zu einer verheerenden Brandkatastrophe. Bei einem Blick aus ihrem Raumschiff erschraken die Kontramots und beschlossen, hinter den schwer schmelzbaren, hitzefesten Raumschiffwänden erst einmal abzuwarten. Bis Mitternacht hörten sie das wilde Tosen und Brausen der Flammen, dann aber wurde es plötzlich still. Kein Wunder. Für die Kontramots brach ein neuer Tag an – nach unserer Zeitrechnung der 29. Juni. Und als sich der unerschrockene Kapitän gegen zwei Uhr nachts unter allen möglichen Sicherheitsvorkehrungen an den Ausstieg wagte, erblickte er im Licht der mächtigen Scheinwerfer die friedlich wippenden Kiefernwipfel. Im selben Augenblick aber fiel ein Schwarm blutrünstiger Insekten über ihn her, die wir unter dem Namen Gnitzen oder Kribbelmücken kennen.«

Roman holte tief Luft und schaute stumm in die Runde. Uns machte das Ganze einen Heidenspaß. Wir freuten uns schon riesig darauf, ebenso sorgfältig dem Geheimnis des Papageien auf den Grund zu gehen.

»Das weitere Schicksal der außerirdischen Kontramots«, fuhr Roman fort, »braucht uns nicht zu interessieren. Vielleicht haben sie am 15. Juni in aller Stille – diesmal mithilfe der Alpha-Beta-Gamma-Antigravitation, die nichts in Brand stecken kann – den merkwürdigen Planeten verlassen und sind nach Hause geflogen. Vielleicht sind sie auch, durch die Mückenspucke vergiftet, mit Mann und Maus umgekommen, und ihr Raumschiff blieb noch lange auf unserem Planeten, versank in der Tiefe der Vorzeit, und auf dem Grunde des Silurmeeres krabbelten Trilobiten auf ihm herum. Es ist auch nicht ausgeschlossen, dass irgendwann im Jahre 1906 oder 1901 ein Taigajäger auf das Raumschiff stieß und seinen Freunden, die das Ganze natürlich für Jägerlatein hielten, noch jahrelang davon erzählte. Zum Schluss meines kurzen Vortrages möchte ich nicht versäumen, jenen großartigen Forschern, die an der Steinigen Tunguska nichts entdecken konnten, mein Mitgefühl auszusprechen. Sie ließen sich vom Schein täuschen, interessierten sich nur für das, was *nach* der Explosion in der Taiga geschah, und fragten nicht nach dem, was *vorher* war. *Dixi.*«

Roman räusperte sich und leerte einen Becher mit lebendem Wasser.

»Gibt es Fragen an den Vortragenden?«, erkundigte sich Edik. »Keine Fragen? Umso besser. Kehren wir nun zu unseren Papageien zurück. Wer möchte dazu etwas sagen?«

Alle wollten etwas dazu sagen. Und alle redeten darauflos. Selbst der schon etwas heisere Roman. Wir rissen uns gegenseitig die Liste mit den Fragen aus der Hand, strichen eine nach der anderen durch und machten uns in einer knappen halben Stunde ein klares, detailliertes Bild von dem beobachteten Phänomen.

Im Jahre 1841 wurde dem nicht sonderlich reichen Gutsbesitzer und Fähnrich a. D. Poluekt Chrissanfowitsch Newstrujew ein Sohn geboren. Zu Ehren Janus Poluektowitsch Newstrujews, eines entfernten Verwandten, der Geschlecht, Geburtstag, ja sogar Geburtsstunde des Kindes exakt vorhergesagt hatte, gab man ihm den Namen Janus. Der Verwandte, ein stiller, bescheidener alter Mann, war bald nach dem Einmarsch Napoleons auf das Gut des Fähnrichs a. D. übergesiedelt, bewohnte dort einen Seitenflügel und betrieb wissenschaftliche Studien. Wie es sich für einen Gelehrten gehörte, war er ein wenig wunderlich und schrullig, hing jedoch mit Leib und Seele an seinem Patenkind, von dem er sich niemals trennte und das er geduldig in Mathematik, Chemie und anderen Wissenschaften unterwies. Man kann sagen, dass für den kleinen Janus kein Tag ohne den großen Janus verging, und wahrscheinlich bemerkte er deshalb nicht, was alle anderen verblüffte: Der alte Mann wurde mit den Jahren nicht hinfälliger, sondern, wie es schien, sogar kräftiger und frischer. Gegen Ende des Jahrhunderts weihte Janus senior Janus junior in die letzten Geheimnisse der analytischen, relativistischen und verallgemeinerten Magie ein. Sie lebten und arbeiteten Seite an Seite, nahmen an allen Kriegen und Revolutionen teil und ertrugen mehr oder weniger tapfer die Wechselfälle der Geschichte, bis sie schließlich im Forschungsinstitut für Hexerei und Zauberkünste landeten.

Um ehrlich zu sein, war die gesamte Einleitung Fiktion, denn die einzige zuverlässige Tatsache aus Janus' Vergangenheit war seine Geburt am 7. März 1841. Wann und auf welche Weise er Direktor unseres Instituts geworden war, wussten wir nicht. Wir wussten nicht einmal, wer als Erster den Gedanken gehabt und ausgesprochen hatte, dass es sich bei W-Janus und V-Janus um einen Mann mit zwei Gesichtern handelte. Ich hatte es von Roman gehört und ihm aufs Wort geglaubt, denn verstehen konnte ich es ohnehin nicht. Roman hatte es von Gian Giacomo gehört und ihm aus jugendlicher Begeisterung ebenfalls geglaubt. Vitka war von der Putzfrau eingeweiht worden und hatte den Umstand als so trivial eingestuft, dass er fortan keinen Gedanken daran verschwendete. Und Edik hatte mitangehört, wie sich Sabaoth Baalowitsch Odin und Fjodor Simeonowitsch Kiwrin darüber unterhielten. Edik war damals noch Unterpräparator gewesen und hatte an alles geglaubt, außer an den lieben Gott.

Von Janus' Vergangenheit hatten wir also nur eine sehr vage Vorstellung. Dafür kannten wir seine Zukunft in allen Einzelheiten. V-Janus, der sich zur Zeit mehr mit dem Institut als mit der Wissenschaft befasste, würde sich in naher Zukunft für die Idee der praktischen Kontramotion begeistern. Ihr würde er sein Leben widmen. Er würde sich einen Freund zulegen: einen kleinen grünen Papagei namens Photon, den er von berühmten russischen Raumfliegern geschenkt bekäme. Das würde am 19. Mai 1973 oder 2073 geschehen – eben so deutete der scharfsinnige Edik die ominöse Nummer 190573 auf dem Ring. Wahrscheinlich würde V-Janus bald darauf der große Wurf gelingen, und er würde sich und den Papagei Photon (der während des Experiments auf seiner Schulter sitzen und um Zucker betteln würde) in Kontramots verwandeln. Und genau von diesem Zeitpunkt an würde, wenn wir auch nur ein bisschen von der Kontramotion verstanden, die menschliche Zukunft ohne Janus Poluektowitsch Newstrujew auskommen müssen, wofür die menschliche Vergangenheit ihn doppelt zurückgewänne, denn V-Janus würde sich in W-Janus verwandeln und auf der Zeitachse rückwärtsgleiten. Sie würden sich jeden Tag sehen, aber V-Janus würde nie einen Verdacht schöpfen, war er doch von klein auf an das freundliche, runzlige Gesicht seines entfernten Verwandten und Lehrers W-Janus gewöhnt. Und genau um Mitternacht, Punkt null Uhr Ortszeit, würde für V-Janus, wie für uns alle, die Nacht in den nächsten Morgen übergehen, während für W-Janus und seinen Papagei zum selben Zeitpunkt, der die Dauer eines Mikroquants hatte, unser jeweils gestriger Morgen anbräche.

So kam es zu der Ähnlichkeit zwischen den am 10., 11. und 12. von uns beobachteten Papageien: Es war immer ein und derselbe Papagei gewesen. Armer alter Photon! Vielleicht litt er an Altersschwäche, oder er hatte Zug bekommen, jedenfalls erkrankte er und flog zum Sterben auf seinen Lieblingsplatz – die Waage in Romans Labor. Dort verschied er, und sein trauernder Besitzer richtete ihm eine Feuerbestattung aus und streute seine Asche in den Wind. Das tat er, weil er nicht wusste, wie sich tote Kontramots verhalten. Vielleicht auch, weil er es wusste. Und wir erlebten das alles wie einen Film mit vertauschten Sequenzen: Am 9. fand Roman im Ofen eine erhalten gebliebene Feder Photons. Photons Leiche war schon nicht mehr da, sie war am Tag zuvor (dem 10.) verbrannt worden. Am 10. entdeckte Roman den toten Papagei in einer Petrischale, wo ihn auch W-Janus an diesem Tag vorfand und im Ofen verbrannte. Eine erhalten gebliebene Feder lag bis Mitternacht im Ofen, worauf für sie der 9. anbrach. Am Morgen des 11. war Photon zwar noch lebendig, aber schon krank. Vor unseren Augen ging er auf der Waage (auf der er bald so gern sitzen würde) ein, und der ahnungslose Sanja Drosd legte ihn in eine Petrischale, in der er bis Mitternacht liegen blieb. Da brach für ihn der Morgen des 10. an, an dem W-Janus ihn fand, verbrannte und in den Wind streute. Eine Feder aber blieb erhalten, und für sie brach um Mitternacht der Morgen des 9. an. An diesem Tag fand Roman die Feder. Am Morgen des 12. war Photon wieder quicklebendig, gab Vitka ein Interview und bettelte um Zucker. Um Mitternacht aber brach für ihn der Morgen des 11. an, er wurde krank, ging ein, landete in einer Petrischale, in der um Mitternacht für ihn der Morgen des 10. anbrach. Er wurde verbrannt und in den Wind gestreut, aber die Feder blieb erhalten, und für sie brach um Mitternacht der Morgen des 9. an, an dem Roman sie fand und in den Papierkorb warf. Am 13., 14., 15. und allen folgenden Tagen würde Photon zu unser aller Freude guter Dinge sein, wir würden ihn mit Zucker und Pfefferkörnern verwöhnen, und W-Janus würde kommen und fragen, ob er uns nicht störe. Mithilfe eines assoziativen Verhörs würden wir Photon eine Menge interessanter Dinge über die Expansion der Menschheit im All und sicher auch einiges über unsere eigene Zukunft entlocken.

Als wir bei diesem Punkt angelangt waren, verfinsterte sich plötzlich Ediks Miene, und er sagte, dass ihm Photons Andeutungen über seinen vorzeitigen Tod ganz und gar nicht gefielen, worauf der taktlose Vitka Kornejew bemerkte, dass der Tod eines Magiers immer vorzeitig sei, und trotzdem träfe es uns alle einmal. Vielleicht, vermutete Roman, liebt er dich mehr als alle anderen und erinnert sich deshalb nur an deinen Tod. Als Edik begriff, dass er doch noch eine Chance hatte, nach uns zu sterben, besserte sich seine Stimmung zusehends.

Das Gespräch über den Tod hatte uns jedoch melancholisch gemacht. Uns allen – Vitka Kornejew natürlich ausgenommen – tat W-Janus plötzlich furchtbar leid. Wenn man darüber nachdachte, war er tatsächlich in einer verzweifelten Lage. Zum einen war er das Musterbeispiel enormer wissenschaftlicher Selbstlosigkeit, da er praktisch keinerlei Möglichkeit hatte, die Früchte seiner Ideen zu genießen. Außerdem erwartete ihn keine frohe Zukunft. Wir schritten in eine Welt der Vernunft und der Brüderlichkeit, während er mit jedem Tag dem Blutigen Nikolai, der Leibeigenschaft, der Erschießung auf dem Sennaja-Platz und – wer weiß? – vielleicht sogar dem Araktschejew-Regime, der bironschen Willkürherrschaft und der Opritschnina näher kam. Und eines fernen, unschönen Tages würde ihm auf dem blitzenden Parkett der Académie des Sciences in St. Petersburg ein Kollege mit gepuderter Perücke entgegentreten – ein Kollege, der ihn schon seit einer Woche mit merkwürdigen Blicken bedacht hatte –, erstaunt die Hände zusammenschlagen und, ein leises Grauen in den Augen, stottern: »Herr Nefstrueff! Fie ist das möglisch? Gestern habe isch doch in den ›Fedomosti‹ geleßen, dass ein Schlaganfall Ihrem Leben ein Ende geßetzt hat …« Dann würde er etwas von einem Zwillingsbruder oder einer Falschmeldung murmeln und dabei doch ganz genau wissen, was das Gespräch bedeutete …

»Hört auf«, bat Vitka. »Werdet bloß nicht rührselig. Dafür kennt er die Zukunft. Er war schon dort, wo wir so bald nicht hinkommen werden. Und vielleicht weiß er genau, wann unser letztes Stündlein schlägt.«

»Das ist nicht dasselbe«, meinte Edik traurig.

»Der Alte hat's nicht leicht«, pflichtete ihm Roman bei. »Wir sollten ein bisschen netter zu ihm sein. Besonders du, Vitka. Du bist ziemlich ruppig zu ihm.«

»Was muss er einem auch immer auf die Pelle rücken?«, knurrte Vitka. »Worüber haben wir gesprochen? Wo haben wir uns gesehen?«

»Jetzt weißt du ja, warum er dir auf die Pelle rückt, also reiß dich zusammen.«

Vitka zog eine finstere Miene und starrte demonstrativ auf die Liste mit den Fragen.

»Wir müssen ihm alles genau erklären«, schlug ich vor. »Alles, was wir wissen. Wir müssen ihm immer sagen, was ihm unmittelbar bevorsteht.«

»Verflixt«, fiel Roman ein. »In diesem Winter hat er sich ein Bein gebrochen. Bei Glatteis.«

»Das müssen wir verhindern«, sagte ich entschieden.

»Was?«, fragte Roman. »Weißt du überhaupt, was du da sagst? Der Bruch ist längst verheilt.«

»Aber er hat sich doch gar nichts gebrochen«, widersprach Edik.

Dieses Problem beschäftigte uns eine Weile.

Da rief Vitka plötzlich: »Wartet mal! Was ist denn das? Da ist ja noch eine Frage offen.«

»Welche denn?«

»Wo ist die Feder abgeblieben?«

»Was heißt, wo?«, fragte Roman. »Sie hat am 8. noch existiert. Am 8. aber hab ich den Ofen eingeschaltet und etwas eingeschmolzen …«

»Und?«

»Ach ja, ich hatte sie ja in den Papierkorb geworfen. Am 8., 7. und 6. habe ich sie nicht gesehen. Hm. Wo ist sie nur abgeblieben?«

»Die Putzfrau hat sie weggeworfen«, mutmaßte ich.

»Das ist eine interessante Frage«, meinte Edik. »Nehmen wir mal an, sie ist nicht verbrannt. Wie mag sie in ein paar Jahrhunderten aussehen?«

»Es gibt interessantere Fragen«, knurrte Vitka. »Was passiert beispielsweise mit Janus' Schuhen, die er abgetragen hat, ehe sie in der Fabrik hergestellt wurden? Und was geschieht mit dem Abendbrot, das er verzehrt hat? Und überhaupt …«

Wir waren jedoch schon ziemlich erschöpft. Nur eine Weile debattierten wir noch, dann kam Sanja Drosd, vertrieb uns vom Kanapee, schaltete sein Radio ein und ging uns um zwei Rubel an. »Nun gebt eurem Herzen mal einen Schubs«, ermunterte er uns. »Wir haben aber keine zwei Rubel«, antworteten wir. »Und wenn's eure letzten wären, ihr würdet sie mir doch geben?«

Da wir ohnehin keinen klaren Gedanken mehr fassen konnten, beschlossen wir, essen zu gehen.

»Eigentlich ist unsere Hypothese gar nicht so fantastisch«, meinte Edik. »Vielleicht ist W-Janus' Schicksal in Wirklichkeit noch viel abenteuerlicher.«

Wundern würde es uns nicht, meinten wir und machten uns auf den Weg zur Kantine.

Ich schaute kurz im Elektroniksaal vorbei, um den Mädchen mitzuteilen, dass ich essen ging. Im Korridor begegnete mir W-Janus, der mir einen forschenden Blick zuwarf und mich mit einem unergründlichen Lächeln fragte, ob wir uns gestern gesehen hätten.

»Nein, Janus Poluektowitsch«, antwortete ich. »Gestern haben wir uns nicht gesehen. Sie waren gestern gar nicht hier, sondern sind gleich am frühen Morgen nach Moskau geflogen.«

»Ach ja«, sagte er. »Das hatte ich ganz vergessen.«

Er lächelte mir so freundlich zu, dass ich mir ein Herz fasste. Es war natürlich ein wenig unverschämt, aber da Janus Poluektowitsch in letzter Zeit immer nett zu mir gewesen war, konnte es jetzt zwischen uns kaum zu einem Eklat kommen.

Also sah ich mich vorsichtig nach allen Seiten um und fragte halblaut: »Janus Poluektowitsch, darf ich Ihnen eine Frage stellen?«

Er zog erstaunt die Brauen hoch, musterte mich eine Weile, erinnerte sich dann offenbar an etwas und sagte: »Ja, bitte. Nur eine?«

Ich musste zugeben, dass er recht hatte. Das ließ sich gar nicht alles in einer Frage unterbringen. Wird es Krieg geben? Wird aus mir mal etwas Vernünftiges werden? Wird man ein Rezept für das Glück aller Menschen finden? Stirbt eines Tages der letzte Dummkopf aus?

Ich sagte: »Darf ich morgen früh mal bei Ihnen vorbeikommen?«

Er schüttelte den Kopf und sagte, wie mir schien, ein wenig schadenfroh: »Nein, das geht beim besten Willen nicht. Morgen früh, Alexander Iwanowitsch, wird das Kiteshgrader Werk Sie anfordern, und ich werde Ihnen eine Dienstreise bewilligen müssen.«

Ich fühlte mich wie ein kleiner, dummer Junge. Dieser Determinismus, der mich – einen selbstständigen Menschen mit freiem Willen – zu Handlungen und Schritten bestimmte, die ganz und gar nicht von mir abhingen, war erniedrigend. Dabei ging es gar nicht darum, ob ich nach Kiteshgrad fahren wollte oder nicht. Es ging darum, dass es unvermeidlich war: Ich konnte jetzt weder sterben noch erkranken oder dagegen protestieren (»Dann kündige ich eben!«) – ich war dazu verurteilt und erfuhr so zum ersten Mal den furchtbaren Sinn dieses Wortes am eigenen Leib. Dass es schlimm ist, verurteilt zu sein – etwa zum Tode oder zur Blindheit –, hatte ich schon immer gewusst. Aber jetzt wurde mir klar, dass es genauso unangenehm sein kann, zur Liebe des schönsten Mädchens der Welt, zu einer interessanten Weltreise oder zu einer Fahrt nach Kiteshgrad (um die ich mich übrigens schon seit drei Monaten bewarb) verurteilt zu sein. Der Blick in die Zukunft erschien mir plötzlich in einem ganz neuen Licht.

»Ein gutes Buch sollte man nicht am Ende anfangen, nicht wahr?«, ergriff Janus Poluektowitsch das Wort und beobachtete mich ungeniert. »Und was Ihre Fragen angeht, Alexander Iwanowitsch, so … versuchen Sie zu begreifen, dass es nicht nur eine einzige Zukunft gibt. Es gibt verschiedene, und jeder Ihrer Schritte bringt daraus eine Variante hervor. Sie werden das begreifen«, war er überzeugt. »Sie werden es bestimmt begreifen.«

Und später begriff ich es wirklich.

Aber das ist wieder eine ganz andere Geschichte.

NACHWORT UND ERLÄUTERUNGEN

Kurzes Nachwort des kommissarischen Leiters des FIFHUZ Rechenzentrums, Forschungsassistent A. I. Priwalow

Die hier ausgewählten Geschichten aus dem Alltag des Forschungsinstituts für Hexerei und Zauberkünste sind, meiner Meinung nach, nicht im engeren Wortsinn realistisch. Dennoch haben sie vieles, das sie gegenüber thematisch ähnlichen Werken von G. Pronitzatelny und B. Pitomnik positiv auszeichnet; deshalb möchte ich sie einem breiten Leserkreis empfehlen.

Zunächst einmal ist hervorzuheben, dass sich die Autoren in der gegebenen Situation zurechtgefunden haben und die progressive Arbeit im Institut von der konservativen zu unterscheiden wussten. Die Geschichten lösen keine Entrüstung aus, wie dies z. B. beim Lesen der enthusiastischen Artikel über Wybegallos Hokuspokus der Fall ist oder bei den begeisterten Umdichtungen der verantwortungslosen Prognosen aus der Abteilung für Absolutes Wissen. Zudem fällt positiv auf, dass die Autoren einen Magier als Menschen sehen: Er ist für sie kein Objekt furchtsamer Bewunderung oder Anbetung. Ebenso wenig halten sie ihn für einen ärgerlichen, weltfremden Trottel aus dem Kino, der ständig seine Brille verlegt, vor Rowdys klein beigibt und seiner Herzensdame ausgewählte Passagen aus dem »Kurs der Differenzial- und Integralrechnung« vorliest.

Insgesamt haben die Autoren also eine positive Richtung eingeschlagen. Zu den Qualitäten ihrer Geschichten gehört zudem, dass sie die Eindrücke vom Institut für Hexerei und

Zauberkünste aus der Perspektive eines Neulings schildern, und auch die tieferen Verbindungen zwischen den administrativen und den magischen Gesetzen nicht übersahen.

Was die Mängel dieser Geschichten angeht, so sind die meisten von ihnen auf die geisteswissenschaftliche Ausrichtung der Autoren zurückzuführen. Als Schriftsteller ziehen sie die sogenannte »künstlerische Wahrheit« immer wieder der »Wahrheit der Fakten« vor. Zudem zeigen sie sich – wie die meisten anderen Literaten auch – als nachgerade aufdringlich emotional und bedauerlich unwissend, was die moderne Magie anbelangt. Ich protestiere keineswegs gegen eine Veröffentlichung dieser Geschichten, halte es aber für notwendig, auf ein paar konkrete Fehler und Abweichungen hinzuweisen:

1. Der Titel »Der Montag fängt am Samstag an« entspricht meiner Meinung nach nicht ganz dem Inhalt der Geschichten. Mit diesem, bei uns tatsächlich weit verbreiteten Spruch möchten die Autoren wohl aussagen, dass unsere Magier ununterbrochen arbeiten, selbst wenn sie freihaben. Und das ist auch beinahe der Fall. Doch aus den Geschichten selbst kann man das nicht herauslesen. Die Autoren ließen sich allzu sehr vom Exotischen beeindrucken und erlagen der Versuchung, spannende Abenteuer und effektvolle Episoden in den Mittelpunkt zu rücken. Die »Abenteuer im Geiste« hingegen, die das Wesen eines jeden Magiers ausmachen, finden in den Geschichten fast keine Erwähnung. Damit meine ich nicht das letzte Kapitel der dritten Geschichte, in dem sich die Autoren zwar bemühen, geistige Arbeit abzubilden, deren Potenzial jedoch durch eine ebenso simple wie dilettantische logische Aufgabe verschenken. (Übrigens habe ich den Autoren meinen Standpunkt hierzu mitgeteilt, aber sie zuckten bloß mit den Schultern und meinten beleidigt, ich nähme diese Geschichten viel zu ernst).

2. Die erwähnte Unkundigkeit hinsichtlich der Magie als Wissenschaft treibt mit den Autoren im Verlauf des Buches immer wieder Possen. So haben sie allein bei der Formulierung des Dissertationsthemas von M. F. Redkin vierzehn (!) faktische Fehler gemacht. Der feste Terminus »Hyperfeld«, gefällt den Autoren anscheinend so gut, dass er im Text durchweg deplatziert verwendet wird. Sie wissen vermutlich nicht, dass a) die Translator-Couch nicht ein »M-Feld«, sondern ein »μ-Feld« erzeugt; dass b) der Begriff »Lebendes Wasser« seit zweihundert Jahren nicht mehr verwendet wird; dass c) es weder das mysteriöse Gerät »Aquavitometer« noch einen Computer namens »Aldan« gibt, und dass d) der Leiter des Rechenzentrums sich nur selten um die Überprüfung von Programmen kümmert: Das übernehmen bei uns zwei qualifizierte Mitarbeiter, die sowohl Mathematiker als auch Programmierer sind, und die von den Autoren hartnäckig als »die Mädchen« bezeichnet werden. Die Beschreibung der Materialisierungsübungen im ersten Kapitel der zweiten Geschichte ist furchtbar; die haarsträubenden Begriffe »Vektor Magistatum« und »Auers'sche Beschwörungsformel« sind den Autoren anzulasten, und die Stokes'sche Gleichung hat nichts mit der Materialisierung zu tun. Saturn konnte sich zum beschriebenen Zeitpunkt auf keinen Fall im Sternbild Waage befinden – dieser Lapsus ist umso gravierender, als einer der beiden Autoren, wie ich hörte, als Astronom arbeitet. Die Liste solcher Abweichungen und Ungereimtheiten kann man mühelos fortsetzen – was ich jedoch nicht tue, da die Autoren sich weigern, auch nur irgendetwas zu korrigieren. Außerdem lehnen sie es ab, die ihnen unverständliche Terminologie zu entfernen: Ein Autor meint, diese Terminologie sei für das Flair wichtig, und der andere sagt, sie sorge für Kolorit. Allerdings musste ich den beiden in folgendem Punkt recht geben: der Großteil der Leser würde die richtige Terminologie ohnehin nicht von der

falschen unterscheiden können, und – egal welche Begriffe man benutzt – es schenkt ihnen ja doch kein Leser Glauben.

3. Das Streben nach der oben genannten »künstlerischen Wahrheit« (wie es einer der Autoren ausdrückte) und der Wunsch nach »Typisierung« (wie es der andere tat) führte dazu, dass viele (real lebende) Menschen in der Erzählung völlig verfremdet wurden. Die Autoren neigen ohnehin zum Nivellieren der Charaktere, und daher sind nur Wybegallo und Cristóbal Joséwitsch Junta mehr oder weniger glaubhaft dargestellt (ich zähle den Episodencharakter des Vampirs Alfred nicht dazu, der besser gelungen ist als jeder andere). Beispielsweise behaupten die Autoren, dass Kornejew ein Grobian ist. Und so, glauben sie, kann sich der geneigte Leser ein richtiges Bild von dessen Grobheit machen. Es stimmt, Kornejew ist tatsächlich grob. Doch genau darum wirkt der beschriebene Kornejew wie ein »halb durchsichtiger Erfinder« (in der Terminologie der Autoren) im Vergleich zum realen Kornejew. Das Gleiche gilt für die vielzitierte Höflichkeit von E. Amperjan. R. P. Oira-Oira wirkt in den Geschichten völlig farblos, obwohl er sich zum beschriebenen Zeitpunkt gerade zum zweiten Mal scheiden ließ, um zum dritten Mal zu heiraten. Die angeführten Beispiele dürften meiner Meinung nach genügen, um zu zeigen, dass der Leser auch dem, was meinen Charakter angeht, nicht zu viel Glauben schenken sollte.

Die Autoren haben mich gebeten, einige unverständliche Termini und nicht geläufige Begriffe zu erläutern, die im Buch auftauchen. Als ich versuchte, ihrer Bitte nachzukommen, stieß ich jedoch auf verschiedene Schwierigkeiten. Zum einen habe ich natürlich nicht vor, die von den Autoren erfundenen Begriffe (»Aquavitometer«, »Temporale Schaltung« usw.) zu erklären. Zum anderen würde aber auch die Erläuterung von real verwendeten Begriffen, die ein umfangreiches Fachwissen erfordern, nicht viel nützen. So ist es zum Beispiel völlig unmöglich, den Begriff »Hyperfeld« einem Menschen zu erklären, der wenig von der Theorie des physikalischen Vakuums versteht. Der Begriff »Transgression« ist sogar noch umfassender und wird außerdem von verschiedenen Schulen unterschiedlich verwendet. Kurz gesagt, habe ich mich auf Kommentare zu Begriffen und Termini beschränkt, die weit verbreitet sind und in unserer Arbeit durchaus spezifisch verwendet werden. Außerdem habe ich einige Wörter kommentiert, die zwar keinen Bezug zur Magie haben, meiner Meinung nach aber Fragen beim Leser aufwerfen könnten.

Anencephalus: Ein Kind, das ohne Hirn und Schädeldecke geboren wird. Normalerweise sterben Kinder mit Anencephalie bei der Geburt oder kurz danach.

Auguren: Priester im alten Rom, die die Zukunft anhand des Flugverhaltens von Vögeln vorhersagten. Die meisten von ihnen waren wissentliche Betrüger. Zum größten Teil gilt das auch für die Auguren im Institut, auch wenn sie jetzt neue Methoden haben.

Basilisk: Im Märchen ein Monster mit dem Körper eines Hahns und dem Schwanz einer Schlange, das mit seinem Blick töten kann. In der Realität eine nahezu ausgestorbene gefiederte Urechse, Vorfahre des Urvogels Archaeopteryx. Besitzt die Gabe der Hypnose. Im Vivarium des Instituts leben zwei Exemplare.

Bezalel, Loew Ben (Rabbi Loew): berühmter Magier des Mittelalters. Hofalchimist des Kaisers Rudolph II.

Blutsauger: vgl. Vampir.

Cirugue, Richard: Der Held der fantastischen Novelle »Le Singe«, Entdecker der Methode der räumlichen Fotografie.

Danaiden: In der griechischen Mythologie die verbrecherischen Töchter des Königs Danaos, die auf seinen Befehl hin ihre

Ehemänner töteten. Zunächst wurden sie dazu verurteilt, ein Fass ohne Boden mit Wasser zu füllen. In Revision nahm das Gericht später zur Kenntnis, dass sie zwangsverheiratet worden waren. Dieser Milderungsumstand führte dazu, dass man sie zu einer etwas weniger sinnlosen Arbeit verurteilte: Bei uns im Institut brechen sie den Asphalt überall dort auf, wo sie ihn gerade verlegt haben.

Dracula, Graf: Berühmter ungarischer Vampir (17.–19. Jahrhundert). Kein wirklicher Graf. Beging mehrere Verbrechen gegen die Menschlichkeit. Wurde von Husaren gefangen und im Beisein einer großen Menschenmenge mit einem Espenpflock gepfählt. Zeichnete sich durch immense Lebenskraft aus: Nach der Obduktion fand man in seinem Körper ein halbes Kilo Silberkugeln.

Dschan ben Dschan: Entweder ein altertümlicher Erfinder oder ein altertümlicher Krieger. Sein Name wird immer nur in Zusammenhang mit einem Schild erwähnt und kommt einzeln nicht vor (beispielsweise in »Die Versuchungen des Heiligen Antonius« von Gustave Flaubert).

Dschinn: Böser Geist aus arabischen und persischen Mythen. Fast alle Dschinns sind Doubles König Salomos und seiner zeitgenössischen Magier. Man benutzte die Dschinns zur Kriegsführung sowie zu politischen Roheitsdelikten. Dschinns zeichnen sich durch ihren widerwärtigen Charakter, Unverschämtheit und das völlige Fehlen von Dankbarkeit aus. Ihre Unwissenheit und Aggressivität sind so hoch, dass sie sich fast alle in Gefangenschaft befinden. In der modernen Magie setzt man sie als Versuchspersonen ein. Insbesondere konnte E. Amperjan am Beispiel von dreizehn Dschinns die Menge des Bösen bestimmen, das der Gesellschaft von einem ungebildeten Dummkopf zugefügt werden kann.

Gestaltwandler: Ein Mensch, der sich in bestimmte Tiere verwandeln kann: Wolf (Werwolf), Fuchs (Kitsune) usw. Ruft bei abergläubischen Menschen Schrecken hervor, jedoch völlig unbegründet. Als Kornejew einmal Zahnschmerzen hatte, verwandelte er sich z. B. in einen Hahn, und sofort ging es ihm besser.

Gnom: In westeuropäischen Sagen ein hässlicher Zwerg, der unterirdische Schätze bewacht. Ich habe mit einigen Gnomen gesprochen. Sie sind wirklich hässlich und tatsächlich kleinwüchsig, haben jedoch nicht die geringste Ahnung von Schätzen. Die meisten Gnome sind vergessene und stark geschrumpfte Doubles.

Golem: Einer der ersten kybernetischen Roboter, wurde von Loew Ben Bezalel aus Ton gemacht. (Vgl. auch die tschechische Filmkomödie »Der Kaiser und sein Bäcker«: Der dortige Golem sieht dem echten sehr ähnlich.)

Harpyien: In der griechischen Mythologie Göttinnen des Wirbelwinds. In der Realität eine Unterart der Unholde, Nebenprodukt von Experimenten früherer Magier im Bereich der Selektion. Äußerlich sehen sie aus wie große rotfarbige Vögel mit Köpfen von alten Frauen. Sehr unsauber, gefräßig und zänkisch.

Hausgeist: In der Vorstellung abergläubischer Menschen ein übernatürliches Wesen, das in jedem Wohnhaus lebt. An Hausgeistern gibt es jedoch nichts Übernatürliches: Entweder handelt es sich um völlig heruntergekommene Magier, die keiner Umerziehung mehr zugänglich sind, oder um Kreuzungen zwischen Zwergen und Haustieren. Im Institut unterstehen sie M. M. Steinbeißer und verrichten unqualifizierte Hilfsarbeiten.

»Hexenhammer«: Eine altertümliche Anleitung zum Verhör dritten Grades. Wurde von Kirchenmännern zusammengestellt und hauptsächlich angewandt, um Hexen zu entlarven. Gegenwärtig nicht mehr eingesetzt, da veraltet.

Homunkulus: In der Vorstellung von ungebildeten mittelalterlichen Alchimisten ein menschenähnliches Wesen, das künstlich in einer Retorte erschaffen wurde. In Wirklichkeit aber ist es nicht möglich, ein künstliches Wesen in einer Retorte zu erschaffen. Homunkuli werden in speziellen Autoklaven synthetisiert und zur mechanischen Biomodellierung verwendet.

Inkubus: Eine Unterart der lebenden Toten, die die Eigenart besitzt, mit lebenden Personen Ehen zu schließen. Existiert nicht. In der theoretischen Magie heißt »Inkubus« etwas völlig anderes: die Menge der negativen Energie eines lebendigen Organismus.

Inkunabel: So wurden die ersten gedruckten Bücher genannt. Einige dieser Inkunabeln haben wahrhaftig riesige Ausmaße.

Ifrit: Eine Unterart der Dschinns. In der Regel sind Ifrite gut erhaltene Doubles arabischer Kriegsherren. Im Institut werden sie von M. M. Steinbeißer als bewaffnete Wachen eingesetzt, denn im Gegensatz zu anderen Dschinns zeichnen sie sich durch ihre hohe Disziplin aus. Der Feuerspeimechanismus der Ifrite ist nahezu unerforscht und wird es vermutlich auch bleiben, da er nicht gebraucht wird.

Kadaver: Eigentlich ein menschenähnliches, unbeseeltes Objekt: ein Porträt, eine Statue, ein Idol, eine Vogelscheuche (vgl. zum Beispiel Alexej Tolstoi, »Graf Cagliostro«). Eins der ersten Kadaver überhaupt war die berühmte Galatea, eine Statue des Bildhauers Pygmalion. In der modernen Magie werden Kadaver nicht eingesetzt. In der Regel sind sie unglaublich dumm, launisch, hysterisch und nicht dressierbar. Im Institut werden manchmal missglückte Doubles und doubleartige Mitarbeiter ironisch als »Kadaver« bezeichnet.

Lernäische Schlange: Bei den alten Griechen eine fantastische mehrköpfige Wasserschlange. Bei uns im Institut ein reales mehrköpfiges Reptil, Tochter von S. Gorynytsch und der Plesiosaurierin von Loch Ness.

Levitation: Fähigkeit zum Fliegen ohne technische Hilfsgeräte. Levitation ist unter Vögeln, Fledermäusen und Insekten weit verbreitet.

Maxwell'scher Dämon: Wichtiger Bestandteil eines Gedankenexperiments des großen englischen Physikers Maxwell. Formuliert wurde es, um das zweite Prinzip der Thermodynamik anzufechten. Im Gedankenexperiment von Maxwell befindet sich der Dämon neben einer Öffnung in einer Trennwand, die ein Gefäß mit bewegten Molekülen teilt. Die Arbeit des Dämons besteht darin, schnelle Moleküle durch die Öffnung aus der einen Gefäßhälfte in die andere durchzulassen, und die Öffnung vor langsamen Molekülen zu verschließen. Ein idealer Dämon kann also ohne Kraftaufwand eine sehr hohe Temperatur in der einen Gefäßhälfte und eine sehr niedrige in der anderen erzeugen. Somit entsteht ein Perpetuum mobile der zweiten Art. Allerdings konnte man erst vor Kurzem und nur in unserem Institut solche Dämonen finden und für die Arbeit abrichten.

Orakel: Nach den Vorstellungen des Altertums waren Orakel ein Mittel, mit Göttern zu kommunizieren: durch Vogelflug (wie bei den Auguren), Rascheln der Bäume, Fieberwahn des Propheten oder andere Methoden. »Orakel« nannte sich auch der Ort, an dem Vorhersagen getätigt wurden. »Das Orakel von Solowetz« ist ein kleines dunkles Zimmer, wo seit vielen Jahren geplant wird, eine leistungsfähige elektronische Rechenmaschine für kleinere Prophezeiungen aufzustellen.

Phantom: Ein Geist oder ein Gespenst. Nach modernen Vorstellungen eine Emanation nekrobiotischer Informationen. Phantome rufen abergläubische Angst hervor, obwohl sie völlig harmlos sind. Im Institut werden sie zum Verifizieren von historischen Wahrheiten benutzt, obwohl sie im juristischen Sinn nicht als Zeugen gelten.

Pythia: Prophezeiende Priesterin im alten Griechenland. Eine Pythia sagte die Zukunft voraus, nachdem sie giftige Dämpfe eingeatmet hatte. Bei uns im Institut praktizieren Pythien nicht. Sie rauchen sehr viel und befassen sich mit der allgemeinen Prophezeiungstheorie.

Ramapithecus: Nach modernen Erkenntnissen der unmittelbare Vorläufer des Java-Menschen (Pithecanthropus erectus) auf der Evolutionsleiter.

Salomostern: In der Weltliteratur ein magisches Zeichen in Form eines sechszackigen Sterns, das magische Eigenschaften besitzt. Heutzutage hat es, wie auch die meisten anderen geometrischen Zauberformeln, seine Kraft verloren und eignet sich nur noch, um ungebildete Menschen zu erschrecken.

Sippe, hier: Stamm. Ich verstehe wirklich nicht, warum die Herausgeber des »Buches der Schicksale« den Ramapithecus-Stamm eine »Sippe« genannt haben.

Taxidermist: Präparator, Macher von ausgestopften Tieren. Ich habe den Autoren dieses seltene Wort empfohlen, denn C. J. Junta wird sofort wütend, wenn man ihn einen Ausstopfer und Präparator nennt.

»Upanischaden«: Altindische Kommentare zu den vier heiligen Büchern.

Werwolf: vgl. Gestaltenwandler.

Vampir: Blutsaugender Untoter aus den Volksmärchen. Existiert nicht. In Wirklichkeit sind Vampire (Upire, Blutsauger) Magier, die aus irgendeinem Grund den Weg des abstrakten Bösen eingeschlagen haben. Ein wirksames Mittel gegen sie stellen Espenpflock und Kugel aus gediegenem Silber dar.

DAS MÄRCHEN VON DER TROIKA

Prolog

Die Geschichte begann damit, dass an einem hektischen Arbeitstag, als ich gerade wieder über einer Reklamation an die Kiteshgrader Fabrik für Magietechnik schwitzte, mein Freund Edik Amperjan in meinem Büro auftauchte. Als höflicher und wohlerzogener Mensch saß er nicht etwa plötzlich auf dem wackligen Besucherstuhl, stürzte dreist durch die Wand oder flog als Pflasterstein durch das geöffnete Kippfenster. So machten es nämlich die meisten meiner Freunde, die ständig irgendwohin hasteten, mit etwas im Verzug waren, zu spät kamen und daher einfach so auftauchten, unverblümt hereinplatzten und die üblichen Verkehrswege völlig außer Acht ließen. Edik war da anders: Bescheiden trat er durch die Tür ein, ja hatte sogar angeklopft, doch ich war zu beschäftigt gewesen, um zu antworten.

Er blieb vor mir stehen, grüßte und fragte: »Brauchst du den Schwarzen Kasten immer noch?«

»Den Kasten?«, murmelte ich, ohne von der Reklamation aufzublicken. »Na ja … Welchen Kasten meinst du eigentlich?«

»Ich störe wohl gerade«, begann Edik ebenso vorsichtig wie höflich. »Entschuldige bitte, aber der Chef schickt mich. In etwa einer Stunde fährt der neue Aufzug zum ersten Mal über das dreizehnte Geschoss hinaus. Wir könnten die Gelegenheit nutzen.«

Mein Gehirn war noch immer von den giftigen Dämpfen der Reklamationsrhetorik vernebelt, weshalb ich nur dumpf bemerkte: »Vorstehend erwähnter Aufzug hätte bereits im dreizehnten Geschoss dieses Jahres an unsere Adresse versandt werden sollen …«

Dann erst erreichten die ersten Bits von Ediks Information meine grauen Zellen. Ich legte den Stift beiseite und bat Edik, seine Aussage zu wiederholen, was er geduldig tat.

»Ist das sicher?«, flüsterte ich tonlos.

»Absolut«, antwortete Edik.

»Gehen wir«, schlug ich vor und zog aus einer Schublade den Ordner mit den Kopien meiner Anträge hervor.

»Wohin?«

»Wie wohin? Ins sechsundsiebzigste!«

»Doch nicht sofort«, entgegnete Edik kopfschüttelnd. »Zuerst müssen wir zum Chef.«

»Wozu das?«

»Er hat darum gebeten, dass wir vorbeischauen. Mit dem sechsundsiebzigsten Geschoss hat es etwas auf sich. Der Chef will uns zuerst instruieren.«

Ich zuckte mit den Schultern und verzichtete auf weitere Diskussionen. Ich zog mein Jackett über, holte den Antrag für den Schwarzen Kasten aus dem Ordner, und wir machten uns auf den Weg zu Ediks Chef, Fjodor Simeonowitsch Kiwrin, Leiter der Abteilung für Lineares Glück.

Vor dem vergitterten Aufzugschacht im ersten Stock herrschte ungewöhnliches Treiben. Die Tür zum Schacht stand offen, die der Aufzugkabine ebenfalls, und man konnte darin viele leuchtende Lampen, schimmernde Spiegel und matt glänzende Oberflächen sehen. Unter einem alten, bereits vergilbten Transparent mit der Aufschrift »Nehmen wir den Aufzug zum Feiertag in Betrieb!« drängten sich Neugierige und solche, die unbedingt mitfahren wollten. Alle lauschten ehrfurchtsvoll den Worten des stellvertretenden Verwaltungsdirektors Modest Matwejewitsch Steinbeißer, der vor einer Kolonne Monteure der Solowetzer Baugrubenaufsicht gerade eine Rede hielt.

»... Das muss ein Ende haben«, sagte Modest Matwejewitsch eindringlich. »Das hier ist ein Aufzug, und nicht irgendein Spektroskop oder Mikroskop. Ein Aufzug ist zum einen ein wichtiges Fortbewegungsmittel – und ein Transportmittel. Ein Aufzug muss sein wie ein Kipplader: Er kommt, lädt ab und fährt wieder zurück. Das wäre also erstens. Der Administration ist längst bekannt, dass viele Genossen Wissenschaftler, darunter einzelne Akademiemitglieder, den Aufzug nicht zu bedienen wissen. Dagegen kämpfen wir, damit machen wir Schluss. Es wird eine Aufzugfahrprüfung geben, unabhängig von früheren Verdiensten ... Die Einführung des Titels ›hervorragender Aufzugführer‹ und so weiter. Das wäre zweitens. Die Monteure müssen ihrerseits jedoch den störungsfreien Betrieb gewährleisten. Verstehen Sie, es geht nicht an, sich auf ›objektive Umstände‹ zu berufen. Unsere Devise lautet: ein Aufzug für alle. Ohne Ansehen der Person. Der Aufzug muss in der Lage sein, selbst dem Zutritt des ungeschultesten Akademiemitglieds standzuhalten ...«

Wir arbeiteten uns durch die Menge und setzten unseren Weg fort. Ich war beeindruckt von der Feierlichkeit dieser improvisierten Kundgebung. Man spürte: Heute würde der Aufzug endlich in Betrieb gehen und vielleicht sogar einen ganzen Tag lang funktionieren. Ein wahrhaft bedeutender Augenblick.

Der Aufzug war schon immer die Achillesferse unseres Instituts gewesen – auch von Modest Matwejewitsch persönlich. Eigentlich war daran gar nichts Besonderes; es war ein Aufzug wie jeder andere, mit guten und schlechten Eigenschaften. Wie jeder anständige Aufzug blieb er gern zwischen den Geschossen stecken, war immerzu besetzt, ließ die eingeschraubten Glühlampen durchbrennen und verlangte eine vorbildliche und tadellose Handhabung der Schachttüren. Betrat man die Kabine, konnte man nie mit Sicherheit sagen, wo und wann man sie wieder verlassen würde. Eine Besonderheit hatte unser Aufzug gleichwohl: Er weigerte sich, über das zwölfte Geschoss hinauszufahren. Das heißt, natürlich hatte es in der Vergangenheit Fälle gegeben, in denen es Schlauberger schafften, dem widerspenstigen Lift das Zaumzeug anzulegen und mit dem richtigen Schenkeldruck geradezu fantastische Höhen zu erklimmen. Für den gewöhnlichen Menschen aber blieb das gesamte, schier endlos aufragende Gebäude des Instituts oberhalb des zwölften Geschosses ein einziger weißer Fleck. Über diese Bereiche, die fast gänzlich von der Welt und jeglichem administrativen Einfluss abgeschnitten waren, kursierten alle möglichen, häufig auch widersprüchlichen Gerüchte. So behauptete man zum Beispiel, im einhundertvierundzwanzigsten Geschoss gerate man in einen Parallelraum mit anderen physikalischen Eigenschaften. Im zweihundertdreizehnten wohnte angeblich ein unbekannter Stamm von Alchimisten – die geistigen Erben des berühmten Geheimbunds »Bund der Neun«, der seinerzeit von dem aufgeklärten altindischen Herrscher Ashoka gegründet worden war. Und im eintausendsiebzehnten Stock sollten der Fischer und seine Frau noch immer ein ungetrübtes Leben am Ufer des blauen Meeres führen, mitsamt den Nachkommen des goldenen Fischleins.

Mich persönlich, wie auch Edik, interessierte vor allem das sechsundsiebzigste Geschoss. Laut Inventarverzeichnis lagerte dort der »Ideale Schwarze Kasten«, der für unser Rechenlabor gebraucht wurde; dort wohnte auch eine gewisse »Sprechende Wanze«, die die Abteilung für Lineares Glück schon lange dringend benötigte. Soviel wir wussten, befand sich im sechsundsiebzigsten Stock so etwas wie ein Lager für defizitäre Erscheinungen aus Natur und Gesellschaft, und viele Mitarbeiter brannten schon darauf, dorthin zu gelangen und mit ihren gierigen Pfoten in die Schatzkammer zu greifen. Fjodor Simeonowitsch zum Beispiel träumte vom granulierten Boden für Optimismus, der sich dort angeblich über mehrere Hektar erstreckte. Die Jungs aus der Abteilung für Soziale Meteorologie brauchten dringend zumindest einen qualifizierten »Schuhflicker« – und dort oben waren gleich drei eingetragen, allesamt mit einer effektiven Temperatur in der Nähe des absoluten Nullpunkts. Cristóbal Joséwitsch Junta wiederum, seines Zeichens Leiter der Abteilung für den Sinn des Lebens und Doktor der unglaublichsten Wissenschaften, konnte es kaum erwarten, sich im sechsundsiebzigsten Stock das einzige Exemplar des »Flügellosen Bodenständigen Traums« zu angeln, um selbiges auszustopfen. Schon sechsmal hatte er im Lauf der letzten fünfundzwanzig Jahre unter Einsatz seiner außerordentlichen Fähigkeit zu vertikaler Transgression versucht, mit Gewalt durch die Geschossdecken bis ins sechsundsiebzigste vorzudringen, doch nicht ein Mal war es ihm gelungen: Die Architekten des Altertums waren klug gewesen und hatten sämtliche Stockwerke oberhalb des zwölften gegen jegliche Formen der Transgression hermetisch abgesichert. Somit markierte die erfolgreiche Inbetriebnahme des Aufzugs tatsächlich eine neue Etappe im Leben unseres Kollektivs.

Als wir vor Fjodor Simeonowitschs Büro ankamen, öffnete der schon etwas betagte, aber durchaus saubere und ansehnliche Hausgeist Tichon freundlich die Tür. Wir traten ein.

Fjodor Simeonowitsch war nicht allein. An seinem breiten Arbeitstisch saß, lässig in einen bequemen Sessel gelehnt, der dunkelhäutige Cristóbal Joséwitsch und zog an einer aromatisch duftenden Havanna. Fjodor Simeonowitsch schritt in seinem Büro auf und ab. Den Kopf gesenkt und die Daumen unter seine grellen Hosenträger geklemmt, versuchte er, exakt auf dem Rand seines schemachanischen Teppichs zu balancieren. In den Kristallschalen auf dem Tisch prangten paradiesische Früchte: große, rotbäckige Äpfel der Erkenntnis des Bösen sowie offensichtlich ungenießbare, aber aus irgendeinem Grund dennoch immer wurmstichige Äpfel der Erkenntnis des Guten. Ein Porzellangefäß neben Cristóbal Joséwitschs Ellbogen war randvoll mit Apfelresten und Zigarettenkippen.

Als Fjodor Simeonowitsch uns bemerkte, blieb er stehen.

»Da s-sind sie ja«, sagte er ohne sein gewohntes Lächeln. »B-Bitte Platz zu nehmen. Zeit ist G-Geld. St-Steinbeißer ist zwar ein Schwätzer, aber auch er ist sicher b-bald fertig. C-Cristo, schildere mal die Situation, bei mir kommt ja doch nichts V-Vernünftiges dabei raus.«

Wir setzten uns. Cristóbal Joséwitsch kniff wegen des Rauchs das rechte Auge zu und sah uns prüfend an.

»Dann beginne ich, wenn's recht ist«, wandte er sich an Fjodor Simeonowitsch. »Die Umstände dieser Angelegenheit, junge Herrschaften, sind folgende: Es wäre angemessen, wenn zunächst einmal wir Erfahrene und Kundige ins sechsundsiebzigste Geschoss hinaufführen. Leider sind wir aber nach Meinung der Administration zu alt und zu ehrwürdig für die erste Testfahrt. Daher werdet ihr diese Aufgabe übernehmen, und ich warne euch gleich: Das ist keine Spazierfahrt, sondern eine Aufklärungsmission, vielleicht sogar ein Kampfeinsatz. Ihr werdet Durchhaltevermögen, Mut und extreme Vorsicht an den Tag legen müssen. Ich persönlich kann diese Eigenschaften nicht in euch erkennen, bin aber bereit, Fjodor Simeonowitschs Empfehlung mitzutragen. In jedem Fall seid euch bewusst, dass ihr aller Voraussicht nach auf feindlichem Gebiet operieren werdet – und es ist ein unerbittlicher, grausamer Feind, der vor nichts Halt macht.«

Diese Einleitung machte mich schaudern, doch dann begann Cristóbal Joséwitsch darzulegen, worum es ging: Im sechsundsiebzigsten Geschoss befand sich offenbar die alte Stadt Tmuskorpion, die der rachsüchtige Weise Oleg seinerzeit als Trophäe in Besitz genommen hatte. Seit Urzeiten schon war Tmuskorpion der Mittelpunkt seltsamer Phänomene und der Schauplatz merkwürdiger Ereignisse. Warum das so war, wusste niemand, und doch wurde alles, was in einer bestimmten Phase des wissenschaftlichen, technischen und sozialen Fortschritts nicht rational erklärt werden konnte, dort eingelagert, bis bessere Zeiten anbrachen. So gründete bereits zu der Zeit, als Peter der Große in »St. Piterburch« die berühmte Kunstkammer einrichtete, die Solowetzer Verwaltung in Gestalt des Kanoniers Ptacha und seiner Grenadierstaffel nach dem Petersburger Vorbild in Tmuskorpion die »Seiner Kaiserlichen Majestät Höchst Wundervollen und Höchst Erstaunlichen Künste Kammer mitsamt Verlies und zwei Schwitzbädern«. Damals war das sechsundsiebzigste Geschoss noch das zweite, von Aufzügen hatte noch niemand je gehört, und in »S. K. M. Künste Kammer« gelangte man um einiges leichter als beispielsweise ins Schwitzbad. Im weiteren Verlauf jedoch wurde in dem Maße, in dem sich das Institut nach allen Seiten ausdehnte, der Zugang dorthin zusehends erschwert und mit dem Auftauchen des Aufzugs schließlich vollends unterbrochen. Die Sammlung der Kunstkammer wuchs indes beständig weiter, füllte sich mit neuen Exponaten, wurde unter Katharina der Großen zum »Kaiserlichen Museum der Zoologischen und Sonstigen Naturwunder«, unter Alexander II. zum »Russländischen Kaiserlichen Schutzgebiet für Magische, Spiritistische und Okkulte Phänomene« sowie schließlich zur Staatlichen Kolonie Unerklärter Phänomene beim FIFHUZ der Akademie der Wissenschaften. Die Erfindung des Aufzugs und ihre verheerenden Folgen verhinderten die weitere Nutzung dieser Schatzkammer zu wissenschaftlichen Zwecken. So wurde die Korrespondenz mit der dortigen Administration außerordentlich erschwert – mit der unausweichlichen Konsequenz, dass sie sich immer weiter verzögerte: Ließ man den Schriftverkehr von oben an Seilen herab, rissen diese unter dem eigenen Gewicht, und auf der anderen Seite weigerten sich die Brieftauben, so hoch hinaufzufliegen. Die Funkverbindung war wegen der rückständigen Tmuskorpioner Technik zu schwach, und der Einsatz von Luftschiffen trieb nur den Verbrauch des ohnehin defizitären Heliums in die Höhe … Doch all dies war nur die Vorgeschichte.

Vor etwa zwanzig Jahren hatte der Aufzug aus einer plötzlichen Laune heraus eine Inspektionskommission des Solowetzer Städtischen Kommunalwirtschaftsrats ins sechsundsiebzigste Geschoss befördert. Deren bescheidener Auftrag war es eigentlich gewesen, die verstopfte Kanalisation von Professor Wybegallos Labor im vierten Stock zu untersuchen. Was damals genau passierte, ist bis heute unbekannt. Ein Mitarbeiter Wybegallos, der die Kommission auf dem Treppenabsatz erwartet hatte, erzählte später, die Aufzugkabine sei mit einem ohrenbetäubenden Geheul den Schacht hinaufgerast, für einen Augenblick habe er hinter der Glastür verzerrte Gesichter gesehen, aber dann sei die furchtbare Vision auch schon verschwunden gewesen. Exakt eine Stunde später wurde die Kabine im zwölften Geschoss entdeckt, dampfend, schnaubend und noch immer zitternd vor Aufregung. Die Kommission befand sich nicht mehr darin; dafür hatte jemand den Umschlag des Mängelprotokolls mit Büroleim an die Wand geklebt. Die Notiz darauf lautete: »Beginne mit Untersuchung. Sehe seltsamen Stein. Gen. Farfurkis gerügt wg. Verschwindens im Gebüsch. Kommissionsvorsitzender L. Wunjukow.«

Lange Zeit wusste niemand, wo genau L. Wunjukow und seine Untergebenen die Kabine verlassen hatten. Die Miliz kam, und es gab jede Menge Scherereien. Einen Monat später entdeckte man auf dem Dach der Kabine zwei versiegelte Tüten, die an den Leiter des Städtischen Kommunalwirtschaftsrats adressiert waren. Die eine enthielt einen Packen Anordnungen auf Papirossa-Papier, auf denen mal der Genosse Farfurkis, mal der Genosse Chlebowwodow gerügt wurde – zumeist aufgrund individualistischer Verhaltensweisen und unverständlicher »Subo-Tendenzen«. In der zweiten Tüte befanden sich die Unterlagen zur Untersuchung der Kanalisation von Tmuskorpion (deren Zustand als unbefriedigend eingestuft wurde) sowie Anträge auf Hochgebirgszulagen und zusätzliche Tagegelder, die an die Buchhaltung adressiert waren.

Von diesem Zeitpunkt an traf die Korrespondenz von oben mit einer gewissen Regelmäßigkeit ein. Zunächst enthielt sie noch die Sitzungsprotokolle der Inspektionskommission des Städtischen Kommunalwirtschaftsrates, dann nur noch die Sitzungsprotokolle der Inspektionskommission, dann der Sonderkommission zur Untersuchung bestimmter Umstände, dann plötzlich der Provisorischen Troika zur Untersuchung der Tätigkeit des Bürgers Subo, Kommandant der Kolonie Unerklärter Phänomene, und schließlich drei Eingaben »über die kriminelle Fahrlässigkeit«, die L. Wunjukow als Vorsitzender der Troika zur Rationalisierung und Nutzbarmachung Unerklärter Phänomene (TRNUP) unterzeichnete. Von oben kamen nun keine Protokolle mehr, sondern zunehmend Rundschreiben und Anweisungen. Sowohl formal als auch inhaltlich handelte es sich um grauenvolle Dokumente. Sie belegten unumstößlich, dass die einstige Kommission des Städtischen Kommunalwirtschaftsrats die Macht in Tmuskorpion an sich gerissen hatte, aber nicht in der Lage war, mit dieser vernünftig umzugehen.

»Die größte Gefahr liegt darin«, fuhr Cristóbal Joséwitsch in gemessenem Ton fort, während er immer wieder einmal an seiner erloschenen Zigarre zog, »dass diese Gauner den berühmten ›Großen Runden Stempel‹ in ihrer Hand haben. Ich hoffe, Sie wissen, was das bedeutet …«

»Allerdings«, antwortete Edik leise. »Aber das lässt sich nun mal nicht ändern.« Sein klarer Gesichtsausdruck hatte sich eingetrübt. »Wie wäre es, wenn wir den Remoralisator einsetzen?«

Cristóbal Joséwitsch und Fjodor Simeonowitsch tauschten Blicke.

»Das könnte man natürlich versuchen«, sagte Cristóbal Joséwitsch. Er zuckte mit den Schultern. »Ich fürchte allerdings, dass die Prozesse inzwischen zu weit fortgeschritten sind …«

»N-Nein, warum denn?«, wandte Fjodor Simeonowitsch ein. N-Nur zu, v-versuchen Sie es, Edik. Wir können hier ja nicht mit Maschinenpistolen vorgehen. Übrigens: W-Wybegallo ist noch immer dort …«

»Wie das?«, fragten wir überrascht.

Wie sich herausstellte, war vor drei Monaten von oben eine Anforderung für einen wissenschaftlichen Berater mit fantastischer Besoldung eingetroffen. Niemand hielt die Summe für realistisch, am wenigsten Professor Wybegallo. Der war gerade dabei, eine große Arbeit abzuschließen, in der es um die Aufzucht von Regenwürmern ging, die so dressiert waren, dass sie sich von selbst auf den Angelhaken spießten. Auf der Versammlung des Wissenschaftsrats bekundete Wybegallo sein Misstrauen vor aller Ohren, aber noch am selben Abend ließ er alles stehen und liegen und ergriff die Flucht. Viele hatten beobachtet, wie er, seine Aktentasche zwischen den Zähnen, die Innenwand des Aufzugschachts hinaufkletterte, wobei er jedes fünfte Geschoss ausstieg, um sich im dortigen Erfrischungsraum zu stärken. Eine Woche später traf die Order ein, Professor A.A. Wybegallo als wissenschaftlichen Berater bei der

TRNUP einzustellen, mit dem versprochenen Gehalt sowie weiterer Zuschläge aufgrund seiner Fremdsprachenkenntnisse.

»Danke«, sagte Edik höflich. »Das sind wertvolle Informationen. Dann machen wir uns jetzt auf den Weg?«

»Geht nur, meine T-Täubchen ...«, verabschiedete sich Fjodor Simeonowitsch gerührt und warf einen Blick in den magischen Kristall. »Ja, es ist Zeit. St-Steinbeißer kommt gerade z-zum Schluss. Und seid sch-schön vorsichtig dort ... Es ist ein u-undurchschaubarer, u-unheimlicher Ort ...«

»Und bloß keine Emotionen!«, schärfte uns Cristóbal Joséwitsch ein. »Wenn man euch eure Wanzen oder den Kasten nicht geben will, egal. Ihr seid Spione. Wir werden eine einseitige telepathische Verbindung mit euch aufbauen. So können wir jeden eurer Schritte verfolgen. Informationen sammeln, das ist eure Hauptaufgabe.«

»Verstanden«, erwiderte Edik.

Cristóbal Joséwitsch sah uns erneut prüfend an.

»Es wäre besser, sie nähmen Modest mit«, murmelte er. »Versteht ihr, den Teufel mit dem Beelzebub ...« Ohne große Hoffnung winkte er ab. »Na gut, geht schon. *Buenaventura.*«

Draußen schlug Edik vor, den Remoralisator aus seinem Labor zu holen; in der letzten Zeit hatte er sich intensiv mit praktischer Remoralisation befasst. In seinem Labor befand sich ein auf neun Schränke verteiltes Testaggregat, dessen Funktionsweise sich darauf zurückführen ließ, dass es die primitiven Reflexe des Bestrahlten unterdrückte und stattdessen das Vernünftige, Gute und Ewige in ihm zutage förderte und nach außen richtete. Mithilfe dieses Versuchsremoralisators war es Edik gelungen, einen fanatischen Philatelisten zu heilen, zwei völlig überdrehte Eishockey-Fans in den Schoß der Familie zurückzuführen und einen abgefeimten Rufmörder zur Räson zu bringen. Derzeit behandelte er damit unseren Freund Vitka Kornejew wegen seiner Rüpelhaftigkeit, jedoch noch ohne Erfolg.

»Wie sollen wir das alles mitschleppen?«, fragte ich und starrte entsetzt auf die riesigen Schränke.

Edik beruhigte mich. Wie sich herausstellte, hatte er ein portables Gerät schon fast fertiggestellt; es war zwar weniger leistungsfähig, aber, wie Edik hoffte, für unsere Zwecke ausreichend.

»Ich muss es nur noch fertig löten und einstellen«, erklärte er und steckte ein flaches Metallkästchen in die Tasche.

Als wir zum Treppenabsatz zurückkehrten, beendete Modest Matwejewitsch gerade seine Rede.

»... Auch damit machen wir Schluss«, behauptete er mit etwas heiserer Stimme. »Denn erstens schont der Aufzug unsere Gesundheit. Das wäre erstens. Und er erspart uns Arbeitszeit. Der Aufzug kostet Geld, und wir werden es absolut niemandem gestatten, darin zu rauchen ...« Dann wandte er sich plötzlich der Menge zu und fragte: »Wer meldet sich freiwillig?«

Sogleich erhoben sich einige Stimmen, doch Modest Matwejewitsch wies die Kandidaten zurück: »Ihr seid noch zu jung, um mit dem Aufzug zu fahren«, erklärte er. »Das ist kein Spektroskop.«

Edik und ich drängten uns schweigend nach vorn.

»Wir müssen ins sechsundsiebzigste«, sagte Edik leise.

Eine ehrfurchtsvolle Stille trat ein. Modest Matwejewitsch sah uns von oben bis unten an. Sein Zweifel stand ihm ins Gesicht geschrieben.

»Etwas schwächlich seid ihr«, murmelte er nachdenklich. »Noch grün hinter den Ohren ... Raucht ihr?«

»Nein«, versicherte Edik.

»Selten«, sagte ich.

Aus der Menge kam der Hausgeist Tichon auf Modest Matwejewitsch zugelaufen und flüsterte ihm etwas ins Ohr.

Modest Matwejewitsch presste die Lippen zusammen und blies sich auf.

»Das überprüfen wir noch«, sagte er und zog sein Notizbuch aus der Tasche. »In welcher Angelegenheit sind Sie unterwegs, Amperjan?«, fragte er mürrisch.

»In der Angelegenheit ›Sprechende Wanze‹«, antwortete Edik.

»Und Sie, Priwalow?«

»In der Angelegenheit ›Schwarzer Kasten‹.«

»Hm …« Modest Matwejewitsch blätterte in seinem Notizbuch. »Korrekt … sind vorhanden … soso … die Kolonie Unerklärter Phänomene … Zeigen Sie mir mal die Anträge.«

Wir gehorchten.

»Na dann, gute Fahrt … Ihr seid nicht die Ersten und werdet auch nicht die Letzten sein …«

Er grüßte militärisch, es ertönte Trauermusik, und ein gerührtes Raunen ging durch die Menge. Wir betraten die Kabine. Ich fühlte mich ein wenig eingeschüchtert und ängstlich, und mir fiel ein, dass ich mich gar nicht von meiner kleinen Stella verabschiedet hatte.

»Die werden dort in Grund und Boden getreten«, erklärte Modest Matwejewitsch jemandem. »Schade … Sind keine schlechten Jungs … Amperjan zum Beispiel raucht nicht, er nimmt nicht mal eine in den Mund …«

Scheppernd schloss sich die Metalltür des Aufzugschachts. Ohne mich anzusehen, drückte Edik auf den Knopf mit der Nummer sechsundsiebzig. Die Kabinentür schob sich automatisch zu, grell leuchtete der Schriftzug »Nicht rauchen! Anschnallen!« auf, und die Fahrt begann.

Anfangs schob sich die Kabine eher lustlos, ja faul voran; man merkte, dass sie eigentlich nirgendwo hinwollte. Langsam versanken die vertrauten Korridore unter uns, die traurigen Gesichter unserer Freunde, die selbstgemachten Transparente mit den Aufschriften »Bravo!« und »Ihr bleibt unvergessen!«. Im zwölften Geschoss winkte man uns zum letzten Mal mit Taschentüchern Lebewohl, dann betrat die Kabine unerforschtes Gebiet. Leere, offenbar unbewohnte Räume erschienen und verschwanden wieder, das Ruckeln ließ spürbar nach; die Kabine schien im Fahren einzuschlafen und blieb im sechzehnten Geschoss sogar ganz stehen. Wir hatten es gerade geschafft, ein paar Sätze mit bewaffneten Männern auszutauschen – Mitarbeiter der Abteilung für Verwunschene Schätze, wie sich herausstellte –, als sich die Kabine plötzlich aufbäumte und mit eisernem Wiehern in einen wilden Galopp überging, dem Zenit entgegen. Lämpchen blinken auf, Schalter klickten. Ein furchtbarer Beschleunigungsdruck presste uns zu Boden. Um uns auf den Beinen zu halten, klammerten sich Edik und ich aneinander fest. In den Spiegeln sahen wir unsere vor Anstrengung schweißnassen Gesichter. Wir rechneten schon mit dem Schlimmsten, als der Galopp plötzlich wieder in einen leichten Trab überging, die Schwerkraft auf anderthalb g zurückfuhr, sodass wir wieder Mut fassten. Mit pfeifenden Schläuchen landete die Kabine im siebenundfünfzigsten Geschoss und hielt erneut an. Die Tür öffnete sich, ein schwerer, älterer Herr mit einem Akkordeon vor dem Bauch trat ein, sagte lässig: »Allgemeinen Gruß!«, und drückte auf den Knopf des dreiundsechzigsten Geschosses. Als sich die Kabine in Bewegung setzte, lehnte er sich an die Wand, blickte verträumt nach oben und begann leise das alte Revolutionslied »Ziegelsteinchen« zu spielen.

»Von unten?«, erkundigte er sich träge, ohne uns eines Blickes zu würdigen.

»Ja«, antworteten wir.

»Ist Steinbeißer noch im Dienst?«

»Das ist er.«

»Grüßt ihn schön«, sagte der Unbekannte und achtete nicht weiter auf uns. Während die Kabine ohne Hast, im Takt der

»Ziegelsteinchen« ruckelnd, immer weiter hinauffuhr, studierten Edik und ich schüchtern die in eine Kupfertafel eingravierten »Nutzungsvorschriften«.

Wir erfuhren, dass es verboten war: für Fledermäuse, Vampire und Flughörnchen, sich in der Kabine anzusiedeln; im Falle eines Kabinenhalts zwischen den Geschossen durch die Wände hindurch auszusteigen; in der Kabine brennbare und explosive Stoffe, von Dschinns bewohnte Gefäße oder Ifrits ohne feuerfeste Maulkörbe mitzuführen; für Hausgeister und Blutsauger, den Aufzug ohne Begleitpersonen zu nutzen … Desgleichen war es jedermann verboten, irgendwelche Streiche zu spielen, zu schlafen oder in der Kabine auf und ab zu springen. Bis ans Ende kamen wir nicht. Die Kabine hielt erneut an, der Unbekannte trat hinaus, und Edik drückte wieder auf den Knopf mit der sechsundsiebzig. Im gleichen Augenblick schoss die Kabine so schnell nach oben, das uns schwarz vor Augen wurde. Als wir wieder zur Besinnung kamen, stand die Kabine still, und die Tür war offen. Wir hatten das sechsundsiebzigste Geschoss erreicht.

Einen Augenblick lang sahen wir uns an, dann traten wir hinaus. Wie weiße Parlamentärsfahnen hielten wir unsere Anträge in die Höhe. Ich weiß nicht, was wir erwartet hatten. Wohl eher etwas Schlechtes.

Doch es passierte nichts weiter. Wir betraten einen runden, leeren und sehr staubigen Raum mit einer niedrigen grauen Decke. In der Mitte ragte ein weißer, ins Parkett eingewachsener Findling auf wie eine Höckersperre. Alte, vergilbte Knochen lagen chaotisch ringsherum. Es roch nach Mäusen, das Licht war schummrig. Plötzlich knallte die Schachttür hinter uns zu, wir zuckten zusammen, drehten uns um, erhaschten aber nur noch einen Blick auf das Dach der nach unten rasenden Kabine. Ein unheilvolles Heulen lief durch den Raum, wurde schwächer und verhallte. Wir saßen in der Falle.

Augenblicklich verspürte ich das unwiderstehliche Verlangen umzukehren, nach unten, doch der verlorene Ausdruck, der über Ediks Gesicht huschte, verlieh mir neue Kraft. Ich schob den Unterkiefer vor, verschränkte die Arme hinter dem Rücken, setzte eine souveräne, skeptische Miene auf und näherte mich mit steifen Beinen dem Stein. Wie erwartet, erwies er sich als eine Art Wegweiser, wie er häufig in Märchen vorkommt. Die Aufschrift darauf lautete:

> § 1 gehst nach li
> nks wirst dein kopf verlie
> ren § 2 gehst nach rechts
> kommst nirgends an § 3 ger
> ade geh S W U H

»Die letzte Zeile ist weggemeißelt worden«, erklärte Edik. »Ah, hier hat jemand noch etwas mit Bleistift dazugeschrieben … ›Wir … haben … das Volk konsultiert, und es besteht … die Meinung, dass man … geradeaus gehen sollte.‹ Unterschrift: L. Wunjukow.«

Wir schauten nach vorn. Jetzt, wo sich unsere Augen an das diffuse Licht gewöhnt hatten, das den Raum auf unerklärliche Weise erhellte, erblickten wir Türen. Es waren drei, wobei diejenigen, die nach rechts und links führten, mit Brettern vernagelt waren, während zu der mittleren Tür ein in den Staub getretener, um den Stein herumlaufender Pfad führte.

»Mir gefällt das Ganze nicht«, gab ich freimütig zu. »Diese Knochen da …«

»Ich glaube, das sind Elefantenknochen«, sagte Edik. »Aber egal. Wir können jetzt sowieso nicht mehr umkehren.«

»Vielleicht sollten wir trotzdem eine Notiz schreiben und in den Aufzugschacht werfen?«, schlug ich vor. »Sonst gehen wir noch zugrunde, ohne eine Spur zu hinterlassen.«

»Sascha«, mahnte Edik, »du vergisst, dass wir in telepathischer Verbindung stehen. Wir blamieren uns doch. Reiß dich zusammen.«

Und ich riss mich zusammen. Wieder schob ich den Unterkiefer vor und bewegte mich auf die mittlere Tür zu. Edik ging neben mir.

»Der Rubikon ist überschritten!«, erklärte ich und trat mit dem Fuß gegen die Tür.

Der Effekt verpuffte: An der Tür hing ein unscheinbares Schild mit der Aufschrift »Ziehen«. Somit mussten wir den Rubikon ein zweites Mal überschreiten, diesmal jedoch ohne große Gesten und gegen den erniedrigenden Widerstand einer starken Zugfeder.

Gleich hinter der Tür befand sich ein Park, den helles Sonnenlicht erfüllte. Wir erblickten kleine, sandige Alleen, gestutztes Buschwerk und die Hinweise: »Rasen betreten verboten« sowie »Gras verzehren verboten«. Auf der gegenüberliegenden Seite stand eine gusseiserne Bank mit durchbrochener Rückenlehne. Darauf saß ein seltsamer Mann mit Zwicker, las Zeitung und bewegte dazu die langen Zehen seiner bloßen Füße. Als er uns bemerkte, geriet er aus irgendeinem Grund in Verlegenheit, nahm, ohne die Zeitung zu senken, geschickt mit dem einen Fuß den Zwicker ab, rieb ihn gegen sein Hosenbein und beförderte ihn erneut auf seine Nase zurück. Erst dann legte er die Zeitung beiseite und stand auf. Er war hochgewachsen, sehr behaart und trug eine strahlend weiße, ärmellose Jacke sowie blaue Leinenhosen mit Hosenträgern. Der vergoldete Zwicker drückte seine breite, behaarte Nasenwurzel zusammen, was ihm ein ausländisches Aussehen verlieh. Der Mann hatte etwas von einer politischen Karikatur in einer der zentralen Zeitungen. Er wackelte mit seinen großen, spitzen Ohren, machte ein paar Schritte auf uns zu und sagte mit heiserer, doch angenehmer Stimme:

»Willkommen in Tmuskorpion. Gestatten Sie mir, mich vorzustellen: Fjodor, Schneemensch.«

Wir verneigten uns schweigend.

»Sie kommen doch von unten?«, fuhr er fort. »Gott sei Dank. Ich warte schon über ein Jahr auf Sie – seitdem ich rationalisiert worden bin. Setzen wir uns doch. Bis zur Abendsitzung der Troika dauert es noch etwa eine Stunde. Ich würde mir wünschen, dass Sie, mit Verlaub, einigermaßen vorbereitet bei dieser Sitzung erscheinen. Natürlich weiß ich nicht viel, aber lassen Sie mich Ihnen doch wenigstens das berichten …«

VORGANG NR. 42

Der alte Edelweiß

Um Punkt fünf überschritten wir die Schwelle zum Sitzungssaal. Wir waren instruiert, zu allem bereit und wussten, was uns bevorstand. Zumindest schien es mir so. Ich muss zugeben, Fjodors Erklärungen hatten mich etwas beruhigt, Edik hingegen hatte eher niedergeschlagen reagiert. Seine Niedergeschlagenheit verwunderte mich; ich führte sie darauf zurück, dass Edik ein Mann der reinen Wissenschaft war, weit entfernt von ein- und ausgehender Korrespondenz, Lochzangen und Bestandslisten. Und so bewirkte seine Niedergeschlagenheit in mir, der ich mehr Erfahrung hatte, ein Gefühl der Überlegenheit. Ich fühlte mich älter, ranghöher und war bereit, mich entsprechend zu verhalten.

Im Sitzungssaal war bis jetzt nur ein Mann anwesend. Laut Fjodors Beschreibung musste es der Genosse Subo sein, der Kommandant der Kolonie. Er saß an einem Tischchen, hatte eine Akte aufgeschlagen vor sich liegen und konnte vor Ungeduld kaum noch stillsitzen. Er war hager und sah aus wie Duremar. Seine Lippen bewegten sich unaufhörlich, die Augen waren weiß wie bei einer antiken Statue. Anfangs bemerkte er uns gar nicht, und so nahmen wir leise an der Wand unter dem Schild »Repräsentanten« Platz.

Der Raum hatte drei Fenster. Neben der Tür stand ein leerer Demonstrationstisch, an der Wand gegenüber ein weiterer Tisch, groß und mit einem grünen Stofftuch bedeckt. In einer Ecke ragte ein monströser brauner Panzerschrank in die Höhe, an dessen Fuß sich der mit Büromappen überhäufte Tisch des Kommandanten befand. Ein weiterer kleiner Tisch stand unter dem Schild »Wissenschaftlicher Berater«. Über die halbe Wand erstreckte sich ein gigantisches Stofftransparent mit der Losung: »Das Volk braucht keine ungesunden Sensationen. Das Volk braucht gesunde Sensationen«. Ich warf Edik einen Blick zu. Dieser starrte unentwegt auf das Transparent. Edik war fix und fertig.

Plötzlich schrak der Kommandant zusammen, witterte mit seiner großen Nase und bemerkte uns.

»Unbefugte!«, rief er, erschrocken und erstaunt zugleich.

Wir standen auf und verbeugten uns. Der Kommandant schob sich, ohne uns aus den Augen zu lassen, hinter dem Tisch hervor, kam mit schleichenden Schritten näher, blieb dicht vor Edik stehen und streckte die Hand vor. Höflich, wie er war, schüttelte Edik schwach lächelnd die Hand und stellte sich vor. Dann trat er einen Schritt zurück und verbeugte sich noch einmal. Der Kommandant war fassungslos und stand eine Weile wie vom Donner gerührt da. Dann hob er die Hand vors Gesicht und betrachtete sie ungläubig. Etwas stimmte nicht, denn nun begann er schnell zu blinzeln und besorgt, als hätte er etwas verloren, mit seinen Blicken den Fußboden abzusuchen. Erst jetzt ging mir ein Licht auf.

»Die Dokumente!«, zischte ich. »Gib ihm die Dokumente!«

Mit einem krampfhaften Lächeln auf den Lippen sah sich der Kommandant nach wie vor fieberhaft um. Hastig reichte ihm Edik seinen Ausweis und den Antrag. Der Kommandant kam zu sich. Seine Bewegungen machten wieder Sinn; erst verschlang er mit den Augen das Foto im Ausweis und anschließend Edik selbst. Die unübersehbare Ähnlichkeit zwischen Foto und Original versetzte ihn in Begeisterung.

»Sehr angenehm!«, rief er. »Mein Name ist Subo. Ich bin der Kommandant. Freut mich, Sie zu begrüßen. Setzen Sie sich, Genosse Amperjan, machen Sie es sich bequem, wir werden noch eine Weile das Vergnügen miteinander haben.«

Plötzlich hielt er inne und sah mich an. Auch ich hielt Ausweis und Antrag bereit. Das Verschlingungsprozedere wiederholte sich.

»Sehr angenehm!«, rief der Kommandant in exakt dem gleichen Tonfall. »Mein Name ist Subo. Ich bin der Kommandant. Freut mich, Sie zu begrüßen. Setzen Sie sich, Genosse Priwalow, machen Sie es sich bequem ...«

»Wie sieht es mit einem Hotel aus?«, fragte ich geschäftig.

Ich dachte, ich hätte den richtigen Ton getroffen, aber ich irrte mich. Der Kommandant überhörte meine Frage, denn er war bereits damit beschäftigt, unsere Anträge durchzusehen.

»Der Ideale Schwarze Kasten ...«, murmelte er. »So einen haben wir, aber noch nicht untersucht ... Die Sprechende Wanze haben wir hingegen bereits rationalisiert, Genosse Amperjan ... Ich weiß nicht, ich weiß nicht ... Hängt natürlich davon ab, wie Lawr Fedotowitsch die Sache sieht, aber ich würde mich an Ihrer Stelle auf was gefasst machen ...«

Plötzlich verstummte er, horchte auf und sprintete zu seinem Platz zurück. Aus dem Vorzimmer hörte man Schritte,

Stimmen und Gehüstel, die Tür wurde gebieterisch aufgestoßen, und die Troika betrat den Raum in voller Besetzung – zu viert.

Lawr Fedotowitsch Wunjukow entsprach exakt der Beschreibung: Blass, gepflegt und erhaben begab er sich, ohne jemanden eines Blickes zu würdigen, zum Platz des Vorsitzenden, ließ sich dort nieder, stellte eine wuchtige Aktentasche vor sich hin, ließ die Schlösser schnappen und baute ein paar Dinge auf dem grünen Tuch auf, die für einen erfolgreichen Vorsitz unentbehrlich waren: eine Schreibmappe für Leitungskader aus Krokodilleder, einen Satz Kugelschreiber im Saffianetui, eine Schachtel »Herzegowina Flor«, ein Feuerzeug in Form eines Triumphbogens und ein Prismentheaterglas.

Rudolf Archipowitsch Chlebowwodow, gelb und dürr wie ein Flechtzaun, setzte sich links neben Lawr Fedotowitsch und flüsterte ihm sogleich etwas ins Ohr, wobei seine entzündeten Augen ziellos von einer Zimmerecke zur anderen huschten.

Der rothaarige, schlaff wirkende Farfurkis nahm nicht am Tisch Platz. Er ließ sich demokratisch auf einem ungepolsterten Stuhl gegenüber dem Kommandanten nieder, holte ein dickes Notizbuch mit morschem Einband hervor und machte sich einen Vermerk.

Der wissenschaftliche Berater Professor Wybegallo, den wir auch ohne Beschreibung erkannten, musterte uns gleichgültig, zog die Brauen zusammen, blickte kurz zur Decke hoch, als versuche er sich zu erinnern, wo er uns schon einmal gesehen haben könnte, setzte sich dann an sein Tischchen und waltete emsig seines verantwortungsvollen Amtes; es blieb offen, ob er sich nun an uns erinnert hatte oder nicht. Vor ihm tauchte der erste Band der »Kleinen Sowjetischen Enzyklopädie« auf, ihm folgten der zweite, der dritte, der vierte Band …

»Hrrrm«, stieß der Vorsitzende Lawr Fedotowitsch Wunjukow hervor und musterte die Anwesenden mit einem Blick, dem nichts verborgen blieb und der selbst das kleinste Detail wahrzunehmen schien. Alle waren bereit: Chlebowwodow flüsterte, Farfurkis machte einen zweiten Vermerk, der Kommandant blätterte wie ein Schüler vor dem Leistungstest krampfhaft in einer Akte, während Wybegallo den sechsten Band auspackte. Was die Repräsentanten, das heißt uns, anging, so hatten wir hier nichts zu melden. Ich warf einen Blick zu Edik hinüber und wandte mich rasch wieder ab. Edik stand kurz vor der endgültigen Demoralisierung – Wybegallos Auftritt hatte ihm den Rest gegeben.

»Hiermit erkläre ich die Abendsitzung der Troika für eröffnet«, verkündete Lawr Fedotowitsch Wunjukow. »Der nächste Vorgang! Tragen Sie vor, Genosse Subo.«

Der Kommandant sprang auf und setzte, eine aufgeschlagene Akte vor sich, mit hoher Stimme an: »Familienname: Maschkin. Vorname: Edelweiß. Vatersname: Sacharowitsch …«

»Seit wann heißt der denn Maschkin?«, erkundigte sich Chlebowwodow unwirsch. »Babkin heißt er und nicht Maschkin. Edelweiß Petrowitsch Babkin. 1947 habe ich im Molkereikomitee mit ihm zusammengearbeitet. Edik Babkin, so ein Stämmiger, der für sein Leben gern Sahne aß. Übrigens hieß er auch nicht Edelweiß, sondern Eduard. Eduard Petrowitsch Babkin.«

Lawr Fedotowitsch wandte ihm langsam sein steinernes Gesicht zu. »Babkin?«, stieß er hervor. »Ich erinnere mich nicht. Fahren Sie fort, Genosse Subo.«

»Vatersname: Sacharowitsch«, wiederholte der Kommandant. Sein Mundwinkel zuckte. »Geburtsjahr und -ort: 1901, Smolensk. Nationalität …«

»E-dul-weiß oder E-dol-weiß«, fragte Farfurkis.

»E-del-weiß«, antwortete der Kommandant. »Nationalität: Weißrussisch. Schulbildung: nicht abgeschlossene Mittelschulbildung, nicht abgeschlossene Fachschulbildung. Fremdsprachenkenntnisse: Russisch perfekt, Ukrainisch und Weißrussisch mit Wörterbuch. Gegenwärtige Arbeitsstelle ...«

Plötzlich schlug sich Chlebowwodow vor die Stirn, dass es krachte. »Ach nein!«, schrie er. »Der ist ja tot!«

»Wer ist tot?«, fragte Lawr Fedotowitsch mit hölzerner Stimme.

»Na, dieser Babkin! Jetzt weiß ich's wieder, als wär's erst gestern gewesen: 1956 ist er an einem Herzinfarkt gestorben. Damals war er Finanzchef der Allrussischen Gesellschaft für Naturforscher. Er ging in sein Arbeitszimmer, setzte sich hin und war tot. Also stimmt hier was nicht.«

Lawr Fedotowitsch nahm das Theaterglas und musterte den Kommandanten, dem es die Sprache verschlagen hatte.

»Ist sein Tod bei Ihnen vermerkt?«, erkundigte er sich nach einer Weile.

»Jesus Christus«, murmelte der Kommandant. »Was für ein Tod? Warum soll er tot sein? Er ist quietschfidel und wartet draußen im Vorzimmer.«

»Einen Augenblick.« Farfurkis schaltete sich ein. »Sie gestatten, Lawr Fedotowitsch? Kollege Subo, wer wartet draußen im Vorzimmer? Aber exakt: Familienname, Vorname, Vatersname.«

»Na, Babkin«, sagte der Kommandant verzweifelt. »Das heißt, Moment mal, was rede ich da? Nicht Babkin, sondern Maschkin! Maschkin wartet draußen. Edelweiß Sacharowitsch Maschkin.«

»Verstehe«, versetzte Farfurkis. »Und wo ist Babkin?«

»Babkin ist tot«, antwortete Chlebowwodow resolut. »So viel steht fest. Und zwar seit 1956. Er hatte allerdings einen Sohn. Paschka hieß er, glaube ich. Pawel Eduardowitsch also. Den habe ich vor Kurzem mal getroffen. Er leitet jetzt ein Geschäft für Textilflicken in Golizyno, was bei Moskau liegt.

Ein ganz brauchbarer Mann, nur heißt er, glaub ich, doch nicht Paschka, also nicht Pawel …«

Farfurkis füllte ein Glas mit Wasser und reichte es dem Kommandanten. In der eingetretenen Stille hörte man jeden Schluck. Lawr Fedotowitsch knetete eine Papirossa und blies hinein.

»Niemand ist vergessen und nichts ist vergessen«, stieß er hervor. »Und das ist gut. Kollege Farfurkis, nehmen Sie bitte ins Protokoll auf, und zwar in den konstatierenden Teil, dass die Troika es für angezeigt hält, Maßnahmen zur Auffindung von Eduard Petrowitsch Babkins Sohn zwecks Klärung seines Vornamens einzuleiten. Das Volk braucht keine namenlosen Helden. Namenlose Helden gibt es bei uns nicht.«

Farfurkis nickte und kritzelte rasch etwas in sein Notizbuch.

»Haben Sie nun genug getrunken?«, erkundigte sich Lawr Fedotowitsch, während er den Kommandanten durchs Theaterglas betrachtete. »Dann tragen Sie weiter vor.«

»Gegenwärtige Arbeitsstelle und Beruf: Rentner und Erfinder«, las der Kommandant mit unsicherer Stimme vor. »Aufenthalte im Ausland: keine. Kurz umrissenes Profil des Unerklärten Phänomens: heuristische Maschine, also eine mechanisch-elektronische Vorrichtung zur Lösung von ingenieurtechnischen, wissenschaftlichen, soziologischen und sonstigen Problemen. Nächste Angehörige: Vollwaise, keine Geschwister. Ständige Wohnanschrift: Nowosibirsk, Schtschukinskajastraße 23, Wohnung 88. Das ist alles.«

»Gibt es Vorschläge?«, fragte Lawr Fedotowitsch und senkte die schweren Lider.

»Ich würde vorschlagen, ihn hereinzuholen«, meldete sich Chlebowwodow. »Und warum schlage ich das vor? Vielleicht ist es ja Paschka?«

»Andere Vorschläge?«, fragte Lawr Fedotowitsch erneut. Er scharrte auf der Suche nach einem Knopf auf dem Tisch herum, fand aber keinen und sagte zum Kommandanten: »Der Vorgang soll hereinkommen, Genosse Subo.«

Der Kommandant stürzte Hals über Kopf zur Tür, steckte den Kopf hinaus und kehrte dann rückwärts zu seinem Platz zurück. Ihm folgte ein hagerer alter Mann, der unter dem Gewicht eines großen schwarzen Kastens nur zur Seite gekrümmt vorankam; er trug ein Tolstoi-Hemd und eine militärische Stiefelhose mit orangefarbener Paspel. Auf seinem Weg zum Tisch versuchte er mehrmals anzuhalten und sich würdevoll zu verneigen, aber der Kasten, der ungeheuer schwer sein musste, zog ihn unerbittlich vorwärts. Wenn Edik und ich den alten Mann nicht einen halben Meter vor dem schon ins Zittern geratenen Farfurkis gestoppt hätten, wäre die Sache womöglich nicht ohne Opfer ausgegangen.

Ich erkannte den Alten gleich – er war des Öfteren in unserem wie auch in vielen anderen Instituten aufgetaucht, und einmal hatte ich ihn sogar im Vorzimmer des stellvertretenden Ministers für Schwermaschinenbau gesehen, wo er gepflegt, geduldig und voller Enthusiasmus als Erster in der Reihe der Wartenden saß. Er war völlig harmlos und konnte sich nur eben kein Leben außerhalb des wissenschaftlich-technischen Schaffens vorstellen.

Ich nahm ihm den schweren Kasten ab und stellte seine Erfindung auf den Demonstrationstisch. Der endlich von seiner Last befreite alte Mann verbeugte sich und sagte mit zittriger Stimme: »Habe die Ehre: Maschkin, Edelweiß Sacharowitsch, Erfinder.«

»Das ist er nicht«, murmelte Chlebowwodow halblaut. »Der hat gar keine Ähnlichkeit. Das ist bestimmt ein ganz anderer Babkin. Wahrscheinlich ein Namensvetter.«

»Ja, ja«, stimmte der alte Mann lächelnd zu. »Ich stelle mich dem Urteil der Öffentlichkeit. Hier, der Kollege Professor – Gott schenke ihm Gesundheit – befürwortet meine Erfindung. Ich bin bereit, sie Ihnen, falls der Wunsch besteht, vorzuführen, denn allmählich ist es mir peinlich, von meinem Gastrecht in Ihrer Kolonie so lange Gebrauch zu machen.«

Lawr Fedotowitsch, der ihn aufmerksam gemustert hatte, legte das Theaterglas beiseite und senkte langsam den Kopf. Der alte Mann hastete geschäftig hin und her. Er nahm den Deckel vom Kasten, unter dem das Ungetüm einer alten Schreibmaschine zum Vorschein kam, holte ein zusammengerolltes Kabel aus der Tasche, steckte das eine Ende in die Maschine, sah sich auf der Suche nach einer Steckdose um, wickelte, als er endlich eine entdeckt hatte, das Kabel auseinander und schob den Stecker in die Dose.

»Dies ist, wenn Sie herzusehen belieben, eine sogenannte heuristische Maschine«, erklärte der alte Mann. »Ein präzise arbeitendes mechanisch-elektronisches Gerät zur Beantwortung beliebiger Fragen wissenschaftlicher und ökonomischer Natur. Wie arbeitet nun die Maschine? Da ich nicht über die nötigen Mittel verfüge und bei keinem der Bürokraten Gehör fand, ist sie noch nicht restlos automatisiert. Die Fragen werden mündlich gestellt, ich tippe sie auf der Maschine ein und gebe sie damit nach drinne weiter, bring sie ihr sozusagen zu Bewusstsein. Und auch ihre Antworten werden – wiederum wegen der unvollständigen Automatisierung – von mir getippt. Ich bin hier gewissermaßen ein Mittler, hähä! Also, bitte schön, wenn's beliebt.«

Er trat hinter seine Maschine und betätigte mit großer Geste einen Kippschalter. Im Inneren der Maschine leuchtete eine Neonlampe auf.

»Bitte schön«, wiederholte der alte Mann.

»Was ist das da für ein Lämpchen?«, erkundigte sich Farfurkis misstrauisch.

Der alte Mann hämmerte auf die Tasten, riss das Blatt mit einem Ruck aus der Maschine und trabte damit zu Farfurkis. Farfurkis las vor: »Frage: Was ist das dadrinne … äh … für ein lmp? El-em-pe … Ka-pe-em wahrscheinlich? Was soll das sein: El-em-pe?«

»Lmp heißt Lämpchen«, erklärte der alte Mann kichernd und rieb sich die Hände. »Wir verschlüsseln es ein bisschen.« Er riss Farfurkis das Blatt aus der Hand und zuckelte zu seiner Maschine zurück. »Das war also die Frage«, sagte er, während er den Bogen wieder einspannte. »Und jetzt gucken wir mal, was sie antwortet.«

Die Mitglieder der Troika sahen ihm neugierig zu. Professor Wybegallo strahlte in väterlichem Wohlwollen und klaubte mit eleganten, geschmeidigen Bewegungen ein paar Krümel aus seinem Bart. Edik saß in stiller, nun schon völlig bewusster Verzweiflung da. Der alte Mann hieb unterdessen munter auf die Tasten und riss dann das Blatt heraus.

»Hier ist nun, wenn's beliebt, die Antwort.«

Farfurkis las vor: »Dadrinne … hm … ist ein Licht. Äh, was für ein Licht?«

»Einen Moment!«, rief der Erfinder, riss ihm das Blatt aus der Hand und trabte wieder zu seiner Maschine zurück.

Und nun ging's los. Die Maschine gab eine unwissenschaftliche Erklärung des Begriffs Leuchtstofflampe, dann antwortete sie Farfurkis, dass sie das Wort dadrinne entsprechend den Regeln der Grammatik schreibe, und dann …

FARFURKIS: Welcher Grammatik?
MASCHINE: Na, der unsrigen Grmtk.
CHLEBOWWODOW: Kennen Sie Eduard Petrowitsch Babkin?
MASCHINE: Nein.
LAWR FEDOTOWITSCH: Hrrm … Gibt es Vorschläge?
MASCHINE: Mich als wissenschaftlichen Fakt anzuerkennen.

Der alte Mann tippte und flitzte wie aufgezogen hin und her. Der Kommandant kippelte vor Begeisterung mit seinem

Stuhl und zeigte uns den Daumen. Ediks seelisches Gleichgewicht kam allmählich wieder ins Lot.

CHLEBOWWODOW *gereizt:* So kann ich nicht arbeiten. Was pendelt er immer hin und her wie ein Blech im Wind?
MASCHINE Weil's ihn danach drängt.
CHLEBOWWODOW *verärgert:* Verschonen Sie mich mit Ihrem Geschreibsel! Ich habe Sie nichts gefragt, können Sie das begreifen oder nicht?
MASCHINE: Jawohl, das kann ich.

Der Troika ging endlich auf, dass sie sich aller weiteren Fragen, auch der rhetorischen, enthalten musste, wenn sie die heutige Sitzung noch zu Ende bringen wollte. Stille trat ein. Rechtschaffen müde, setzte sich der alte Mann auf eine Sesselkante und wischte sich, hastig durch den halb offenen Mund atmend, mit einem Tuch den Schweiß aus dem Gesicht. Wybegallo blickte stolz in die Runde.

»Ich habe einen Vorschlag«, meldete sich Farfurkis, jedes Wort sorgsam abwägend. »Der wissenschaftliche Berater soll ein Gutachten erstellen und uns seine Meinung darlegen.«

Lawr Fedotowitsch blickte Wybegallo an und senkte majestätisch den Kopf. Wybegallo stand auf, bleckte liebenswürdig die Zähne, presste die Rechte ans Herz und ergriff das Wort.

»Tjä ...«, begann er. »Das könnte missverstanden werden, Lawr Fedotowitsch. Schließlich: *je suis un Befürworter ce noble vieux.* Das könnte Anlass zu Gerede geben. Tjä, Vetternwirtschaft, *protection,* könnte es heißen. Dabei ist die Sache doch sonnenklar, der Vorteil liegt auf der Hand, die Rationalisierung ist schon ... tjä ... im Verlauf des Experiments erfolgt. Ich möchte ein so gutes Vorhaben nicht gefährden und die Initiative des Volkes nicht ersticken. Was wäre besser? Besser wäre es, wenn eine neutrale Person, tjä, also, ein Unbeteiligter ein Gutachten erstellte. Unter den hier anwesenden Vertretern sehe ich den Kollegen Alexander Iwanowitsch Priwalow.« (Ich fuhr zusammen.) »Ein Kollege, der sich mit elektronischen Rechnern auskennt und eine neutrale Person ist. Soll er das tun. Ich glaube, das wäre optimal.«

Lawr Fedotowitsch nahm sein Theaterglas und musterte uns alle der Reihe nach. Edik lebte wieder auf und flüsterte flehentlich: »Los, Sascha! Gib's ihnen! So eine Gelegenheit kommt nicht wieder!«

»Es gibt den Vorschlag«, sagte Farfurkis, »den Kollegen Repräsentanten zu bitten, die Arbeit der Troika zu unterstützen.«

Lawr Fedotowitsch legte das Theaterglas beiseite und erteilte seine Zustimmung. Nun richteten sich alle Blicke auf mich. Wäre nicht der alte Mann gewesen, hätte ich mich nie im Leben darauf eingelassen. Aber *ce noble vieux* plinkerte so kläglich mit seinen geröteten Lidern, und sein ganzes Wesen verriet, dass er sein Leben lang für mich beten würde, sodass ich nicht anders konnte. Ich stand auf und trat an die Erfindung. Der alte Mann strahlte mich an. Ich besah mir das Aggregat von allen Seiten und sagte:

»Also gut. Es handelt sich um eine relativ gut erhaltene Remington-Schreibmaschine, Modell 1906, mit einem sauberen vorrevolutionären Schriftbild.« Ich fing einen flehenden Blick des alten Mannes auf und ließ seufzend den Kippschalter klicken. »Mit einem Wort: Die vorliegende Schreibkonstruktion enthält leider nichts Neues, sondern nur etwas sehr Altes ...«

»Dadrinne!«, säuselte der alte Mann. »Dadrinne gibt's einen Analysator und einen Denker ...«

»Einen Analysator ...«, wiederholte ich. »Einen Analysator gibt's hier nicht. Dafür einen serienmäßig gefertigten, ebenfalls ziemlich alten Gleichrichter sowie eine gewöhnliche Leuchtstofflampe. Einen Kippschalter. Einen guten, nagelneuen Kippschalter. Tja. Außerdem ist da noch ein Kabel. Ein sehr gutes, neues Kabel. Das ist, glaube ich, alles.«

»Und Ihre Schlussfolgerung?«, erkundigte sich Farfurkis lebhaft.

Edik nickte mir ermunternd zu. Ich gab ihm zu verstehen, dass ich mein Bestes tun würde.

»Meine Schlussfolgerung ...«, sagte ich. »Beschriebene Remington-Schreibmaschine, gekoppelt mit einem Gleichrichter, einer Leuchtstofflampe, einem Kippschalter und einem Kabel, enthält absolut nichts Unerklärtes.«

»Und ich?«, schrie der alte Mann.

Edik zeigte mir, wie man einen Linkshaken anbringt, aber ich brachte es nicht übers Herz.

»Nun, natürlich ...«, murmelte ich. »Da steckt viel Arbeit drin.« (Edik griff sich an den Kopf.) »Man merkt natürlich die gute Absicht ...« (Edik musterte mich verächtlich.) »Ja wirklich«, sagte ich. »Der Mann hat sich redliche Mühe gegeben. So geht's ja nun auch nicht.«

»Wag es nicht«, stieß Edik laut und deutlich hervor.

»Nein ... Warum auch nicht? Mag der Mann daran arbeiten, wenn es ihm Freude macht. Ich meine nur, dass an der Maschine nichts Unerklärtes ist. Ansonsten ist die Sache gar nicht so ohne ...«

»Gibt es Fragen an den kommissarischen wissenschaftlichen Berater?«, fragte Lawr Fedotowitsch.

Als der alte Mann den fragenden Unterton hörte, sprang er auf und wollte zu seiner Maschine laufen, aber ich fasste ihn um die Taille und hielt ihn zurück.

»Ja, ja«, schaltete sich Chlebowwodow ein. »Halten Sie ihn fest, wirklich, sonst kommen wir nicht weiter. Das ist doch kein Rätselabend hier. Und überhaupt, schalten Sie die Maschine einstweilen aus, sie braucht das hier nicht mitzuhören.«

Ich sorgte dafür, dass ich eine Hand frei bekam, und betätigte den Kippschalter. Das Lämpchen erlosch, und der alte Mann gab endlich Ruhe.

»Ich habe trotzdem noch eine Frage«, sagte Chlebowwodow. »Wie bringt sie eigentlich die Antworten zuwege?«

Ich starrte ihn mit offenem Mund an. Edik beobachtete die Troika mit zusammengekniffenen Augen. Wybegallo war zufrieden. Er zog einen Holzspan aus seinem Bart und stocherte damit in seinen Zähnen.

»Gleichrichter gibt es da und alle möglichen Kipper«, wiederholte Chlebowwodow. »Das alles hat uns der kommissarische Geschäftsführende ziemlich genau erklärt. Nur eins hat er uns nicht erklärt: die Fakten. Dabei ist es doch eine unbestreitbare Tatsache, dass die Maschine einem auf jede Frage eine Antwort gibt. Und zwar schriftlich. Ja, die Maschine antwortet sogar, wenn man gar nicht ihr, sondern jemand anderem eine Frage stellt. Sie, Genosse kommissarischer Berater, aber behaupten, dass es da nichts Unerklärtes gibt. Das stimmt doch alles weder vorn noch hinten. Wir begreifen nicht, was die Wissenschaft zu diesem Punkt meint.«

Die Wissenschaft in meiner Person war sprachlos. Chlebowwodow hatte mich getroffen, an die Wand gedrückt, zu Boden geschmettert und überrollt. Dafür reagierte Wybegallo prompt.

»Tjä«, hob er an. »Ich sage doch, dass das ein dankenswertes Vorhaben ist! Es enthält sehr wohl ein Element des Unerklärten, außerdem ist's eine Initiative von unten. Darum habe ich's ja auch empfohlen. *Mon cher*«, sagte er zu dem alten Mann. »Erklär den Genossen mal, wie das bei dir funktioniert.«

Der alte Mann schoss wie elektrisiert in die Höhe. »Das ist die größte Errungenschaft des Neutronen-Megaloplasmas!«, rief er. »Ein Feldrotor graduiert sich divergenzmäßig entlang dem Spin und verwandelt die Fragematerie dadrinne in spirituelle elektrische Wirbel, aus welchen sich die Antwort-Synekdoche ergibt …«

Mir wurde schwarz vor Augen. Auf meine Zunge trat ein bitterer Geschmack, die Zähne schmerzten, der verfluchte *noble vieux* aber redete und redete. Und seine Rede plätscherte dahin wie ein Bächlein. Es war eine raffiniert zusammengestellte, sorgsam einstudierte und nicht zum ersten Mal gehaltene Rede, in dem jede Silbe und jede Intonation emotional aufgeladen war – ein Kunstwerk, und wie jedes echte Kunstwerk ließ es die Zuhörer besser, weiser und bedeutsamer werden, verwandelte es sie und hob sie ein paar Stufen höher. Der alte Mann war kein Erfinder, er war ein Künstler, ein genialer Redner und würdiger Schüler eines Demosthenes, eines Cicero, eines Johannes Chrysostomos … Ich trat taumelnd zur Seite und lehnte die Stirn gegen die kühle Wand.

Plötzlich klatschte Edik leise in die Hände, und der Alte verstummte. Für einen Augenblick hatte ich das Gefühl, Edik habe die Zeit angehalten, denn alle Anwesenden verharrten still, als horchten sie der tiefen mittelalterlichen Stille nach, die nun wie weicher Samt im Raum hing. Dann rückte Lawr Fedotowitsch seinen Sessel nach hinten und stand auf.

»Von Rechts wegen dürfte ich erst als Letzter sprechen«, erklärte er. »Aber es gibt Fälle, in denen sich das Recht gegen seine Adepten richtet, und dann muss man es beiseiteschieben. Ich spreche als Erster, weil wir es hier mit einem solchen Fall zu tun haben. Ich spreche als Erster, weil ich nicht länger schweigen kann. Ich spreche als Erster, weil ich Widerspruch weder erwarte noch dulde.«

Von Widerspruch konnte gar keine Rede sein. Die einfachen Mitglieder der Troika hatte dieser unerwartete Anfall von Eloquenz derart verblüfft, dass sie nichts mehr wagten, als sich insgeheim Blicke zuzuwerfen.

»Wir sind die Hüter der Wissenschaft«, fuhr Lawr Fedotowitsch fort. »Wir sind das Tor zu ihrem Tempel, wir sind die leidenschaftslosen Filter, die sie vor Falschheit, Leichtsinn und Irrtümern bewahren. Wir schützen die Saat des Wissens vor dem Unkraut der Ignoranz und falscher Weisheit. Und solange wir das tun, sind wir keine Menschen – sondern handeln ohne Nachsicht, ohne Erbarmen, ohne Ansehen der Person. Für uns gibt es nur ein Kriterium: die Wahrheit. Die Wahrheit ist jenseits von Gut und Böse, die Wahrheit existiert unabhängig vom Menschen und von der Menschheit, aber nur solange es Gut und Böse gibt, solange es den Menschen und die Menschheit gibt. Wozu ist die Wahrheit gut, wenn es keine Menschen mehr gibt? Wenn niemand mehr nach Wissen strebt und die Menschheit aufhört zu existieren – wozu ist dann die Wahrheit gut? Wenn jede Frage beantwortet wird, braucht man nicht mehr nach Wissen zu streben, und die Menschheit hört auf zu existieren – wozu ist dann die Wahrheit gut? Wenn der Dichter sagt: ›Und keine Antwort stößt auf Fragen‹, beschreibt er den schlimmsten Zustand der menschlichen Gesellschaft – ihren Endzustand. Ja, der Mann, der hier vor uns steht, ist ein Genie. Er verkörpert den Endzustand der Menschheit. Aber zugleich ist er ein Mörder, denn er tötet den Geist. Mehr noch, er ist ein Massenmörder, denn er tötet den Geist der ganzen Menschheit. Und darum können wir nicht länger leidenschaftslose Filter sein, darum müssen wir uns daran erinnern, dass wir Menschen sind, und uns als Menschen vor dem Mörder schützen. Nicht debattieren müssen wir, sondern Gericht halten! Für ein solches Gericht aber gibt es keine Gesetze, und darum dürfen wir nicht Gericht halten, sondern müssen erbarmungslos ahnden – wie das Menschen tun, die vom Entsetzen gepackt sind. Und ich als der Rangälteste hier verletze jetzt das Recht und fordere als Erster seinen Tod!«

Die einfachen Mitglieder der Troika zuckten zusammen und begannen alle auf einmal zu reden.

»Von wem?«, fragte Chlebowwodow bereitwillig – offenbar hatte er nur das letzte Wort verstanden.

Wybegallo schlug die Hände zusammen und flüsterte ängstlich: »*Impossible.*«

»Erlauben Sie, Lawr Fedotowitsch!«, stammelte Farfurkis. »Das alles ist zweifelsohne richtig, aber können wir denn …«

Edik klatschte erneut in die Hände.

»Hrrrm!«, stieß Lawr Fedotowitsch hervor, streckte seinen Hals nach links und rechts und setzte sich. »Mein Vorschlag wäre, die Dämmerung als fortgeschritten zu erachten und dementsprechend Licht zu machen.«

Der Kommandant sprang auf und knipste das Licht an. Ohne die Augen zusammenzukneifen, wie ein Adler in der Sonne, schaute Lawr Fedotowitsch in die Lampe, wandte seinen Blick dann der Remington zu und sagte: »Ich spreche im Namen aller, wenn ich beschließe, den Vorgang Nummer zweiundvierzig als rationalisiert zu betrachten. Um zur Frage der Utilisierung zu kommen, schlage ich dem Kollegen Subo vor, den Antrag zu verlesen.«

Der Kommandant blätterte hastig in der Akte, während Professor Wybegallo hinter seinem Tisch hervorkam und erst dem alten Mann und dann, ehe ich ausweichen konnte, auch mir gefühlvoll die Hand drückte. Er strahlte. Am liebsten wäre ich im Erdboden versunken. Zu Edik wagte ich nicht hinüberzusehen. Während ich mich noch mit der Frage herumschlug, ob ich Lawr Fedotowitsch die Remington an den Kopf werfen sollte, packte mich der alte Mann, saugte sich wie eine Zecke an meinem Hals fest und küsste mich dreimal, wobei er mich mit seinen Bartstoppeln kratzte. Wie ich auf meinen Stuhl zurückkam, weiß ich nicht mehr. Ich weiß nur noch, dass Edik mir zuflüsterte: »Ach, Sascha! Nimm's nicht so tragisch, das kann jedem mal passieren.«

Unterdessen hatte der Kommandant die ganze Akte durchgeblättert und teilte mit kläglicher Stimme mit, dass zu diesem Vorgang kein Antrag vorliege. Farfurkis protestierte augenblicklich und zitierte einen Paragrafen der Instruktion, der besagte, dass eine Rationalisierung ohne Utilisierung Nonsens und nur bedingt als rechtswirksam anzusehen sei. Chlebowwodow schrie, bei ihm komme man mit solchen Mätzchen nicht durch, er wolle sein Gehalt nicht für nichts und wieder nichts beziehen und gestatte dem Kommandanten nicht, vier Stunden Arbeitszeit in den Wind zu schreiben. Lawr Fedotowitsch blies zustimmend in seine Papirossa, und Chlebowwodow redete sich noch mehr in Rage.

»Und wenn das nun ein Verwandter von meinem Babkin ist?«, lamentierte er. »Was heißt, es liegt kein Antrag vor? Es muss einer vorliegen! Sehen Sie sich den alten Mann doch mal an! Was für eine urwüchsige, interessante Gestalt! Mit solchen alten Männern kann man doch kein Schindluder treiben!«

»Das Volk lässt nicht zu, dass wir mit alten Männern Schindluder treiben«, pflichtete ihm Lawr Fedotowitsch bei. »Und das mit Fug und Recht.«

»Eben!«, bellte Wybegallo plötzlich. »Das Volk! Also, tjä: Das Volk lässt das nicht zu! Was heißt, es liegt kein Antrag vor, Kollege Subo? Wie kommen Sie dazu?« Er sprang auf und fuhr wie ein Habicht auf den Papierhaufen des Kommandanten herab. »Keine Anträge, was soll das denn«, murmelte er. »Was ist das hier? ›Pterodaktylus vulgaris‹, in Ordnung … Und das hier? ›Büchse der Pandora‹! Warum soll es denn keine Büchse sein? Eben nicht Pandoras, sondern meinetwegen Maschkins Büchse … Ist doch eine reine Formalität … Oder das hier zum Beispiel: ›Sprechende Wanze‹ … Ob die nun spricht, schreibt oder tippt, was soll's? … Keine Anträge, Genosse Subow? Und was ist das hier? Ein wunderbarer Antrag auf einen ›Schwarzen Kasten‹! Wie können Sie behaupten, Sie hätten keinen?«

Mich überlief es eiskalt.

»Warten Sie!«, rief ich, aber niemand hörte auf mich.

»Das ist doch nicht der Schwarze Kasten!«, schrie der Kommandant und presste die Hände gegen die Brust. »Der Schwarze Kasten läuft unter einer ganz anderen Nummer!«

»Dieser Kasten soll nicht schwarz sein?«, schrie Wybegallo zurück und fuchtelte mit dem schäbigen schwarzen Deckel der Remington. »Welche Farbe hat er denn Ihrer Meinung nach? Ist er etwa grün? Oder weiß? Wollen Sie uns hier desorientieren und mit alten Männern aus dem Volk Schindluder treiben?«

Der Kommandant lamentierte, natürlich sei auch das ein schwarzer und keineswegs ein grüner oder weißer, sondern eindeutig ein schwarzer Kasten, aber eben nicht jener, der als Vorgang unter der Nummer siebenundneunzig geführt werde und für den ein Antrag des Kollegen Alexander Iwanowitsch Priwalow vorliege. Dieser schwarze Kasten dagegen sei eigentlich gar kein Kasten, sondern eine heuristische Maschine, die als Vorgang die Nummer zweiundvierzig trage und für die kein Antrag vorliege. Wybegallo brüllte – tjä –, man solle hier nicht mit Zahlen jonglieren und mit alten Männern Schindluder treiben, schwarz bleibe schwarz und werde niemals weiß oder grün. Also möge man hier keinen Machismus und Empiriokritizismus verbreiten; die Genossen Mitglieder der maßgeblichen Troika möchten sich den Kasten nun mal selbst ansehen und sagen, ob er schwarz sei oder beispielsweise grün. Chlebowwodow rief etwas über seinen Babkin in die Runde, Farfurkis forderte, man dürfe nicht von der Instruktion abweichen, und Edik plärrte genüsslich: »Nieder!« Ich aber wiederholte immer wieder wie ein defektes Grammofon: »Mein Schwarzer Kasten ist kein Kasten, mein Schwarzer Kasten ist kein Kasten …«

Schließlich hatte sogar Lawr Fedotowitsch das Gefühl, dass etwas nicht stimmte.

»Hrrrm!«, ließ er sich vernehmen, und alles wurde still. »Ein Hindernis? Genosse Chlebowwodow, räumen Sie's aus dem Weg.«

Chlebowwodow trat entschlossen auf Wybegallo zu, nahm ihm den Kasten aus der Hand und betrachtete ihn aufmerksam.

»Wofür hat der Kollege Subo einen Antrag?«, fragte er.

»Für einen Schwarzen Kasten«, antwortete der Kommandant verzagt. »Den Vorgang Nummer siebenundneunzig.«

»Ich frage nicht, welche Nummer der Vorgang hat«, entgegnete Chlebowwodow. »Ich frage, ob er einen Antrag für den Schwarzen Kasten hat.«

»Ja«, gab der Kommandant zu.

»Und von wem?«

»Vom Kollegen Priwalow aus dem Forschungsinstitut für Hexerei und Zauberkünste. Da sitzt er.«

»So ist es«, stimmte ich leidenschaftlich zu. »Aber mein Schwarzer Kasten ist kein Kasten, genauer gesagt, nicht ganz.«

Chlebowwodow achtete jedoch nicht auf mich. Er hielt den Kasten gegen das Licht, schob sich dann auf den Kommandanten zu und stieß drohend hervor: »Ist er ein Bürokrat? Sieht er etwa nicht, welche Farbe das hier ist? Die Rationalisierung ist vor seinen Augen erfolgt, der Kollege Repräsentant der Wissenschaft sitzt vor ihm und wartet auf die Erledigung seines Antrags. Versteht er? Es ist längst Abendbrotzeit, draußen wird es schon dunkel, er aber jongliert hier mit Zahlen.«

Ich spürte, wie mich Trübsal überkam und meine Zukunft ein einziger trister, nicht enden wollender, ganz und gar irrationaler Albtraum war. Trotzdem begriff ich nicht, was vor sich ging, und stammelte nur immerzu kläglich, mein Kasten sei nicht ganz ein Kasten, genauer gesagt, ganz und gar keiner. Ich wollte dieses Missverständnis für mein Leben gern aufklären. Auch der Kommandant murmelte etwas Überzeugendes, aber Chlebowwodow kehrte wieder auf seinen Platz zurück und drohte ihm mit der Faust.

»Der Kasten ist schwarz, Lawr Fedotowitsch«, meldete er triumphierend. »Ein Irrtum ist ausgeschlossen, ich habe ihn mir selbst angesehen. Ein Antrag liegt vor, und der Repräsentant ist anwesend.«

»Das ist nicht der Schwarze Kasten!«, jaulte ich mit dem Kommandanten im Chor, aber Lawr Fedotowitsch, der uns durch sein Theaterglas musterte, entdeckte offenbar eine Ungereimtheit an uns und schlug unter Berufung auf die Meinung des Volkes vor, unverzüglich zur Utilisierung zu schreiten. Einwände gab es nicht, alle Verantwortlichen nickten.

»Den Antrag!«, befahl Lawr Fedotowitsch.

Und schon lag mein Antrag vor ihm auf dem grünen Tisch.

»Den Entscheid!«

Der Entscheid fiel auf den Antrag.

»Den Stempel!!!«

Die Tür des Panzerschranks ging knarrend auf, es roch nach Aktenmief, und vor Lawr Fedotowitsch blinkte kupfern der Große Runde Stempel. Da begriff ich, was im nächsten Augenblick geschehen würde. In mir sträubte sich alles.

»Aufhören!«, krächzte ich. »Hilfe!«

Lawr Fedotowitsch packte den Stempel mit beiden Händen und hielt ihn über den Antrag. Ich nahm all meine Kraft zusammen und sprang auf.

»Das ist nicht der richtige Kasten!«, brüllte ich aus vollem Halse. »Was soll das? Edik!«

»Einen Augenblick«, bat Edik. »Hören Sie mich bitte erst an.«

Lawr Fedotowitsch hielt in seiner unerbittlichen Bewegung inne.

»Ein Unbefugter?«, erkundigte er sich.

»Aber nein«, antwortete der Kommandant schwer atmend. »Ein Repräsentant. Von unten.«

»Dann brauchen Sie ihn nicht zu entfernen«, stieß Lawr Fedotowitsch hervor und wollte den Großen Runden Stempel aufs Papier drücken, aber da gab es ein Hindernis: Der Stempel ließ sich nicht aufs Papier drücken. Anfangs stemmte sich Lawr Fedotowitsch einfach dagegen, dann stand er auf und legte sich mit seinem ganzen Gewicht darauf, aber ohne jeden Erfolg – zwischen dem Stempel und dem Papier klaffte eine Lücke, deren Größe sichtlich von den Anstrengungen des Kollegen Vorsitzenden abhing. Diese Lücke schien ein unsichtbarer, aber außerordentlich elastischer Stoff auszufüllen, der das Anbringen des Stempels verhinderte. Schließlich merkte Lawr Fedotowitsch, dass alle Mühe vergebens war, setzte sich, ließ die Hände auf den Armlehnen ruhen und blickte den Stempel streng, wenn auch nicht im Geringsten verwundert an. Der Stempel hing reglos in etwa zwanzig Zentimetern Höhe über meinem Antrag.

Die Hinrichtung war aufgeschoben, und ich nahm meine Umwelt wieder wahr. Edik sprach schön und emphatisch von der Vernunft, von einer ökonomischen Reform, von menschlicher Güte, von der Rolle der Intelligenz und der staatsmännischen Weisheit der Anwesenden. Er hielt den Stempel fest, mein teurer Freund, und rettete mich Esel und Waschlappen aus meiner Not; er sorgte dafür, dass ich die Suppe, die ich mir eingebrockt hatte, nicht auszulöffeln brauchte. Die Anwesenden hörten aufmerksam, aber unwillig zu. Chlebowwodow rutschte auf seinem Stuhl hin und her und blickte immer wieder auf die Uhr. Ich musste etwas tun. Ich musste mir schnellstens etwas einfallen lassen.

»… und siebtens, schließlich«, sagte Edik bedächtig, »dürfte jedem Fachmann und erst recht einer so maßgeblichen Organisation klar sein, dass der Schwarze Kasten nichts anderes ist als ein Begriff aus der Informationstheorie, der nicht das Geringste mit einer bestimmten Farbe oder Form eines realen Gegenstandes zu tun hat. Und diese alte Remington mit ihren simplen elektrischen Vorrichtungen, die man in jedem Elektroladen kaufen kann, ist am allerwenigsten ein Schwarzer Kasten. Ich finde es merkwürdig, dass Professor Wybegallo einer maßgeblichen Organisation eine Erfindung aufschwatzt, die keine Erfindung ist, und eine Lösung, die einzig und allein dazu dient, ihre Autorität zu untergraben.«

»Einspruch«, schaltete sich Farfurkis ein. »Erstens hat der Genosse Repräsentant von unten die Geschäftsordnung verletzt: Er hat das Wort ergriffen, das ihm niemand erteilt hat, und obendrein die Redezeit überschritten. Das zum Ersten.« (Entsetzt sah ich, wie der Stempel schwankte und Zentimeter um Zentimeter tiefer sank.) »Weiter. Wir können dem Genossen Repräsentanten nicht gestatten, unsere besten Leute zu verleumden, einen verdienstvollen Professor anzuschwärzen – den offiziellen wissenschaftlichen Berater, Genosse Wybegallo – und den hier vorliegenden, von der Troika bereits anerkannten Schwarzen Kasten weißzuwaschen. Das zum Zweiten.« (Wieder sank der Stempel um ein paar Zentimeter.) »Und schließlich dürfte Ihnen, Genosse Repräsentant, bekannt sein, dass sich die Troika nicht für Erfindungen interessiert. Das Spezialgebiet der Troika ist das unerklärte Phänomen und in vorliegendem Fall der bereits untersuchte und rationalisierte Schwarze Kasten, auch heuristische Maschine genannt.«

»Wenn wir jeden Repräsentanten zu Wort kommen lassen«, fügte Chlebowwodow gekränkt hinzu, »sitzen wir bis in die Nacht hier.«

Wieder sank der Stempel ein Stück tiefer. Die Lücke betrug noch höchstens zehn Zentimeter.

»Das ist nicht der Schwarze Kasten«, sagte ich und verlor von Neuem zwei Zentimeter. »Den Kasten hier kann ich nicht gebrauchen!« (Noch einen Zentimeter.) »Ich protestiere! Was soll ich mit dieser alten Klapperkiste? Ich werde mich beschweren!«

»Das steht Ihnen frei«, erwiderte Farfurkis großmütig und gewann einen weiteren Zentimeter.

»Edik!«, rief ich flehend.

Noch einmal meldete sich Edik zu Wort. Er bemühte die Schatten Lomonossows und Einsteins, zitierte aus Leitartikeln zentraler Presseorgane, besang die Wissenschaft und unsere weisen Organisatoren, aber alles vergebens. Lawr Fedotowitsch hatte von dem Hindernis offenbar die Nase voll und fiel dem Redner mit einem kurzen Einwurf ins Wort: »Das überzeugt nicht.«

Es gab einen lauten Knall, und der Große Runde Stempel saugte sich an meinem Antrag fest.

Verschiedene Vorgänge

Wir verließen den Sitzungssaal als Letzte. Ich war deprimiert. Edik fasste mich unter. Auch er war bedrückt, ließ sich aber nichts anmerken. Von der trägen Masse seines Aggregats gezogen, tänzelte der gute alte Edelweiß um uns herum. Er säuselte mir Worte ewiger Liebe ins Ohr, versprach, die Füße zu waschen und Wasser zu trinken, und verlangte Wege- und Tagegelder. Edik gab ihm drei Rubel und hieß ihn, übermorgen wiederzukommen. Edelweiß schlug noch einen halben Rubel wegen gesundheitsschädlicher Arbeitsbedingungen heraus und verschwand. Da wurde mir wohler.

»Lass den Kopf nicht hängen«, sagte Edik. »Noch ist nicht alles verloren. Ich habe da eine Idee.«

»Was für eine?«, fragte ich matt.

»Ist dir die Rede von Lawr Fedotowitsch aufgefallen?«

»Ja«, antwortete ich. »Warum hast du das gemacht?«

»Um zu überprüfen, ob er Verstand hat«, erklärte Edik.

»Und?«

»Wie du selbst gesehen hast, ja. Er hat Verstand, aber er ist bei ihm völlig ausgeschaltet. Nichts als bürokratische Reflexe. Aber als ich seinen Verstand aktiviert habe, konnte ich ihm vorgaukeln, er habe tatsächlich eine echte heuristische Maschine vor sich und sei außerdem gar nicht Wunjukow, sondern ein wahrhaftiger Administrator mit breit gefächertem Horizont. Wie du siehst, ist immerhin etwas dabei herausgekommen. Allerdings ist seine psychische Elastizität enorm. Als ich das Feld abschaltete, waren bei ihm keinerlei Anzeichen einer Restdeformation zu erkennen: Er war wieder ganz der Alte. Aber es war ja auch nur ein Testlauf; jetzt rechne ich alles noch mal richtig durch, justiere den Apparat noch ein wenig, und dann werden wir sehen. Wäre doch gelacht, wenn wir den nicht ändern könnten. Wir machen aus ihm einen anständigen Menschen, das ist zum Besten für uns, für alle anderen und für ihn selbst …«

»Wohl kaum«, entgegnete ich.

»Weißt du«, meinte Edik, »die Theorie der positiven Remoralisation besagt, dass sich jedes Wesen, das nur über einen Funken Verstand verfügt, in ein anständiges Wesen verwandeln lässt. Natürlich muss man in jedem Einzelfall individuell vorgehen. Genau diesen individuellen Ansatz suchen wir jetzt. Also: nur keine Trübsal. Alles wird gut.«

Wir traten ins Freie. Fjodor, der Schneemensch, wartete schon auf uns. Er erhob sich von der Bank, auf der er gesessen hatte, und zu dritt schlenderten wir Arm in Arm die Straße des Ersten Mai entlang.

»War es schwer?«, fragte Fjodor.

»Schrecklich«, antwortete Edik. »Ich bin zu müde, um zu sprechen, zu müde, um zuzuhören, und obendrein ganz dumm im Kopf. Merkt man mir das nicht an, Fjodor?«

»Noch nicht«, sagte Fjodor schüchtern. »So etwas fällt gewöhnlich erst nach ein, zwei Stunden auf.«

»Ich möchte etwas essen«, warf ich ein. »Ich möchte mich vergessen. Gehen wir wohin und schlemmen richtig – mit Wein, Eis und allem Drum und Dran.«

Edik war dafür, und auch Fjodor hatte nichts dagegen, entschuldigte sich aber, er trinke keinen Wein und könne auch mit Eis nichts anfangen.

Die Straßen waren voller Menschen, aber niemand flanierte auf den Gehwegen, wie es an Sommerabenden in allen Städten üblich ist. Die Nachkommen von Olegs Gefolgsleuten und Peters Grenadieren saßen still und manierlich auf ihren Außentreppchen und knackten schweigend Samenkerne. Kerne von Wassermelonen, Sonnenblumen, Kürbissen und Honigmelonen. Die Außentreppchen waren mit Ornamenten und Figuren verziert, hatten geschnitzte Pfeiler oder bestanden aus glatter Wassereiche – wunderbare Außentreppchen, unter denen man jahrhundertealte Museumsstücke antraf, die vom Staat geschützt wurden; die schweren Eisenschilder, die davon kündeten, verunstalteten sie jedoch völlig. Irgendwo in einem Hinterhof jaulte eine Harmonika – jemand ließ dort, wie man so schön sagt, alle Register spielen.

Edik fragte Fjodor interessiert nach dem Leben in den Bergen. Fjodor hatte von Anfang an eine starke Zuneigung zu dem höflichen Edik gefasst und gab bereitwillig Auskunft.

»Das Schlimmste«, erzählte Fjodor, »sind die Bergsteiger mit ihren Gitarren. Sie können sich nicht vorstellen, Edik, wie schrecklich es ist, wenn in unseren trauten, stillen Bergen, wo nur hin und wieder eine Lawine zu Tale geht, und auch das nicht ohne vorherige Ankündigung, plötzlich jemand dicht an Ihrem Ohr klimpert, mit den Füßen stampft und grölt, dass irgendein ›Bergfex‹ einen ›steilen Zahn‹ bestiegen hat und ›auf ihm herumrammelt‹ und dass irgendeinem ›Unglücksraben‹ ›der Magen hochkommt‹. Das ist eine wahre Plage, Edik. Manche bei uns werden krank davon, ja, die Schwächsten sterben sogar.«

»Zu Hause habe ich ein Cembalo«, fuhr er träumerisch fort. »Es steht hoch oben auf einem Gletscher. In ruhigen, windstillen Mondnächten spiele ich gern darauf. Dann hören mich die Hunde im Tal und stimmen heulend mit ein. Wirklich, Edik, mir kommen die Tränen, so schön und so traurig ist das. Der Mond scheint, die Töne hallen durch das Land, und in weiter Ferne heulen ein paar Hunde …«

»Und was sagen Ihre Artgenossen dazu?«, erkundigte sich Edik.

»Von denen ist zurzeit keiner da. Nur ein Junge bleibt gewöhnlich bei mir zurück, aber der stört mich nicht; eins seiner Beine ist lahm. Aber das ist für Sie uninteressant.«

»Im Gegenteil, mich interessiert das sehr.«

»Nein, nein. Aber jetzt möchten Sie sicher erfahren, wie ich zu dem Cembalo gekommen bin. Stellen Sie sich vor, das haben Bergsteiger mitgebracht. Sie wollten einen Rekord aufstellen und ein Cembalo auf unseren Berg schleppen. Bei uns auf dem Gipfel finden Sie die erstaunlichsten Dinge. Da fällt es einem Bergsteiger ein, mit dem Motorrad zu uns heraufzukommen, und schon haben wir eins, wenn's auch lädiert ist. Gitarren gibt's da, Fahrräder, alle möglichen Büsten, ja sogar Fliegerabwehrkanonen. Ein Rekordjäger wollte unbedingt mit dem Traktor zu uns hoch, konnte aber nur eine Straßenwalze auftreiben. Wenn Sie wüssten, wie er sich damit abgestrampelt hat! Aber er hat es nicht geschafft bis zum ewigen Schnee. Fünfzig Meter weiter, und wir besäßen eine Straßenwalze.«

Wir kamen zu einem Café, und Fjodor verstummte. Auf den hell erleuchteten Stufen der prächtigen steinernen Freitreppe drückte sich die »Sprechende Wanze« Quasselstrippe vor dem Drehkreuz herum. Quasselstrippe brannte darauf hineinzukommen, aber der Portier ließ ihn nicht. Der Sprechende Wanz war außer sich und verströmte wie immer, wenn er sich aufregte, einen starken, für Fjodor als Nichttrinker unangenehmen, Geruch nach teurem Kognak, und zwar nach Courvoisier. Ich machte Quasselstrippe auf die Schnelle mit Edik bekannt, setzte ihn in eine Streichholzschachtel und gebot ihm, sich ruhig zu verhalten, was er anfangs auch tat. Aber kaum hatten wir den Saal betreten und einen freien Tisch entdeckt, fläzte er sich auch schon auf einen Stuhl und trommelte auf den Tisch, um einen Kellner herbeizuzitieren. Er selbst aß und trank in dem Café natürlich nichts, dürstete aber nach Gerechtigkeit und absoluter Übereinstimmung zwischen der geleisteten Arbeit der Kellnerbrigade und dem hohen Titel, den sie für sich beanspruchte. Außerdem spuckte er große Töne vor Edik, wusste er doch, dass dieser extra seinetwegen, als sein künftiger Brötchengeber, nach Tmuskorpion gekommen war.

Edik und ich bestellten uns Rührei auf Hausfrauenart, Krebssalat und trockenen Wein. Fjodor, den man in dem Café schon gut kannte, bekam rohe geriebene Kartoffeln, Mohrrübenkraut und Kohlstrünke, während man Quasselstrippe gefüllte Tomaten vorsetzte, die er aus Prinzip bestellt hatte.

Als ich meinen Salat aufgegessen hatte, fühlte ich mich ebenso erniedrigt wie beleidigt, war hundemüde, brachte kaum noch ein Wort heraus und wollte nichts mehr sehen und hören. Außerdem zuckte ich dauernd zusammen, weil ich in dem Stimmengewirr immer wieder ein Winseln zu hören glaubte: »… die Füße zu waschen und das Wasser zu trinken … Dadrinne hat's …!« Dafür war Quasselstrippe munter wie nie und demonstrierte Edik genüsslich seine philosophische Denkweise, sein souveränes Urteilsvermögen und seinen Hang zu Verallgemeinerungen.

»Was für unnütze, unangenehme Geschöpfe!«, rief er, während er sich arrogant im Saal umsah. »Wahrhaftig, nur solche mit Minderwertigkeitskomplexen behaftete schwerfällige Wiederkäuer sind imstande, den Mythos in die Welt zu setzen, sie seien die Herren der Schöpfung. Ich frage mich: Wie kann ein solcher Mythos entstehen? Wir Insekten beispielsweise halten uns zu Recht für die Herren der Schöpfung. Wir sind zahlreich und allgegenwärtig, wir vermehren uns in Windeseile und vergeuden unsere kostbare Zeit viel weniger mit der sinnlosen Sorge um die Nachkommenschaft. Wir besitzen Sinnesorgane, von denen Wirbeltiere wie Sie noch überhaupt keine Ahnung haben. Wir können Jahrhunderte in Anabiose verbringen, ohne Schaden zu nehmen. Die intelligentesten Vertreter unserer Klasse sind als große Mathematiker, Architekten und Soziologen in die Geschichte eingegangen. Wir haben uns eine ideale Gesellschaftsordnung geschaffen und gigantische Territorien erobert, wir sind überall. Stellen wir die Frage einmal so: Können die Menschen, die von allen Säugetieren am höchsten entwickelt sind, etwas, dessen wir nicht fähig wären? Sie prahlen gern damit, dass Sie imstande sind, Werkzeuge herzustellen und zu benutzen. Entschuldigen Sie, aber ich finde das lächerlich. Dabei muss ich immer an einen Krüppel denken, der sich seiner Krücken rühmt. Da bauen Sie sich unter unsäglichen Mühen Behausungen und verwenden dafür so widernatürliche Kräfte wie Feuer und Dampf, Sie bauen schon seit Jahrtausenden immer wieder anders, und können doch keine wirklich bequeme und vernünftige Art der Behausung finden. Die schäbigen Ameisen dagegen, die ich wegen ihres ungehobelten Charakters und ihrer kultischen Verehrung der physischen Kraft zutiefst verachte, haben dieses simple Problem schon vor Millionen von Jahren gelöst, und zwar ein für alle Mal. Sie hingegen rühmen sich Ihrer unentwegten Weiterentwicklung, der angeblich keine Grenzen gesetzt sind. Da können wir nur lachen. Sie suchen nach etwas, das längst gefunden und patentiert ist und das es seit unvordenklichen Zeiten gibt: nach einer vernünftigen Gesellschaftsordnung und dem Sinn des Lebens …«

Mit professioneller Höflichkeit hörte Edik zu.

»Ich bin natürlich kein großer Dialektiker«, meldete sich Fjodor, während er mit seinen prächtigen Zähnen an einem Kohlstrunk nagte. »Ich bin aber in der Vorstellung groß geworden, dass der menschliche Verstand die Krone der Schöpfung darstellt. Wir in den Bergen fürchten die menschliche Weisheit von alters her und verneigen uns vor ihr, und nun, da mir eine leidliche Bildung zuteilgeworden ist, werde ich nicht müde, die Kühnheit und den Scharfsinn zu bewundern, mit denen der Mensch die sogenannte zweite Natur erschafft. Der menschliche Verstand, das ist … das ist …« Er schüttelte den Kopf und verstummte.

»Die zweite Natur!«, rief die Sprechende Wanze höhnisch. »Das dritte Element, das vierte Reich, der fünfte Zustand, das sechste Weltwunder … Ein großer Staatsmann der Menschheit könnte fragen: Wozu braucht ihr zwei Naturen? Die eine habt ihr versaut und wollt sie jetzt durch eine andere ersetzen … Ich sagte es bereits, Fjodor: Die zweite Natur, das sind die Krücken eines Krüppels. Und was den Verstand angeht: Es wäre besser, Sie würden nicht davon reden und ich brauchte nichts davon zu hören. Jahrtausendelang faseln diese mit einer Nährmischung gefüllten Trinkschläuche schon vom Verstand und können sich doch bis heute nicht darauf einigen, was das überhaupt ist. Nur in einem Punkt stimmen sie überein: Außer ihnen besitzt niemand Verstand. Was ist nämlich der Vorteil daran? Sobald es sich um ein winziges Geschöpf handelt, das man leicht mit einem chemischen Teufelszeug vertilgen oder mit dem Finger zerdrücken kann, macht man mit ihm nicht viel

Federlesens. Natürlich besitzt ein solches Geschöpf Instinkte, primitives Reizempfinden, eine niedere Form der Nerventätigkeit … Das ist die typische Weltsicht selbstverliebter Schwachköpfe. Aber die Menschen haben ja so viel Verstand, sie müssen ja alles begründen, damit sie ein Insekt auch ohne Gewissensbisse zerdrücken können! Sehen Sie sich nur an, Fjodor, wie sie es begründen: Nehmen wir zum Beispiel eine Grabwespe, die ihre Eier in einem Nest ablegt und für ihre Nachkommenschaft Nahrung herbeischleppt. Was tun diese Banditen nun? Sie stehlen barbarisch die abgelegten Eier und beobachten dann mit der Genugtuung von Idioten, wie die unglückliche Mutter das leere Nest mit Zement verschließt. Wie dumm so eine Wespe ist, heißt es dann, sie weiß nicht, was sie tut, und deshalb sind ihre Instinkte blind. Verstehen Sie? Die Wespe besitzt keinen Verstand, sie darf notfalls mit dem Fingernagel zerquetscht werden. Merken Sie, wie bösartig hier die Begriffe vertauscht werden? A priori wird angenommen, das Lebensziel einer Wespe sei Vermehrung und Bewahrung der Nachkommenschaft, und wenn sie nicht einmal mit dieser für sie wichtigsten Aufgabe zurechtkommt, was soll man dann schon von ihr erwarten? Sie, die Menschen, haben ihren Kosmos-Mosmos, ihre Photo-Motosynthese, die armselige Wespe aber kümmert sich bloß um ihre Vermehrung, und auch das nur auf dem Niveau primitiver Instinkte. Säugern kommt es überhaupt nicht in den Sinn, dass die Wespe ein reiches Geistesleben führt, dass sie sich in ihrem kurzen Dasein Wissenschaften und Künste aneignen muss – und will! –, von denen die Warmblüter nicht einmal etwas ahnen. Die Wespe hat weder die Zeit noch den Wunsch, nach ihren Kindern zu sehen, zumal es gar keine Kinder sind, sondern unverständige Eier. Ja, natürlich, die Wespen haben ihre Regeln, ihre Verhaltensnormen, ihre Moral. Und da sie von Natur aus in Fragen der Arterhaltung leichtfertig sind, sieht das Gesetz eine Bestrafung vor, falls die elterlichen Pflichten vernachlässigt werden. Jede ordentliche Wespe muss bei ihrem Tun eine bestimmte Reihenfolge einhalten: Sie muss ein Nest graben, Eier ablegen, gelähmte Raupen herbeibringen und das Nest verschließen. Darauf wird geachtet, es gibt heimliche Kontrollen, die Wespe muss immer damit rechnen, dass hinter dem nächsten Stein ein Aufpasser lauert. Natürlich sieht die Wespe, dass man ihre Eier gestohlen hat oder die Nahrungsvorräte verschwunden sind. Aber sie kann kein zweites Mal Eier legen, und sie denkt gar nicht daran, ihre Zeit damit zu vergeuden, die Lebensmittelvorräte zu erneuern. Sie ist sich der Unsinnigkeit ihres Handelns durchaus bewusst, tut aber so, als hätte sie nichts gemerkt, und führt das Programm zu Ende, sonst blüht ihr nämlich ein Gang durch mindestens ein Dutzend Instanzen des Komitees für Arterhaltung … Stellen Sie sich eine Chaussee vor, Fjodor, eine wunderbar glatte Magistrale, die sich von Horizont zu Horizont erstreckt. Und mitten auf dieser Chaussee stellt ein Experimentator ein Schild mit der Aufschrift ›Umleitung‹ auf. Die Sicht ist hervorragend, der Kraftfahrer sieht genau, dass ihm auf dem gesperrten Streckenabschnitt keinerlei Gefahr droht. Er ahnt sogar, dass es ein dummer Scherz ist, hält sich aber an die Regeln und Verhaltensnormen eines ordentlichen Verkehrsteilnehmers, biegt ab, rumpelt über Bülten, kämpft sich durch Schlamm und Modder und vergeudet eine Menge Zeit und Nerven, um zweihundert Meter weiter wieder auf dieselbe Chaussee zurückzukehren. Warum? Aus genau demselben Grund: Er hält sich an die Gesetze und scheut vor einem Gang durch die Instanzen der Verkehrsmiliz zurück, zumal er genau wie die Wespe allen Grund zu der Annahme hat, dass es eine Falle ist und im Gebüsch ein Inspektor mit einem Motorrad hockt. Und nun stellen wir uns einmal vor, dass ein unbekannter Experimentator diesen Versuch anstellt, um den Intelligenzgrad dieses Menschen zu testen, und dass er ein ebenso selbstverliebter Schwachkopf ist wie der Zerstörer des Wespennests. Ha, ha, ha! Zu welchen Schlussfolgerungen muss er kommen!«

Quasselstrippe trommelte begeistert mit allen Füßchen auf den Tisch.

»Nein, Quasselstrippe«, widersprach Fjodor. »Sie vereinfachen die Dinge zu sehr. Ein Mensch, der am Lenkrad eines Fahrzeuges sitzt, kann gar nicht durch Intelligenz glänzen …«

»Genauso wenig«, fiel ihm der pfiffige Wanz ins Wort, »wie die Wespe beim Eierlegen. Dazu, wissen Sie, bedarf es keiner Intelligenz.«

»Warten Sie, Quasselstrippe«, bat Fjodor. »Sie bringen mich ständig aus dem Konzept. Ich wollte sagen … Na bitte, jetzt hab ich vergessen, was ich sagen wollte. Ach ja! Um die Größe des menschlichen Verstandes bewundern zu können, muss man das ganze Gebäude dieses Verstandes, alle Errungenschaften der Wissenschaft, der Literatur und der Künste überblicken. Sie haben sich so geringschätzig über den Kosmos ausgelassen – dabei sind Satelliten und Raketen ein begeisternder, großer Schritt nach vorne. Sie müssen doch zugeben, dass kein Gliederfüßer einer solchen Großtat fähig ist.«

Die Sprechende Wanze zuckte verächtlich mit den Fühlern. »Darauf könnte ich erwidern, dass die Gliederfüßer den Kosmos gar nicht brauchen«, sagte Quasselstrippe. »Allerdings: Die Menschen brauchen ihn auch nicht, und darum wollen wir gar nicht davon reden. Sie verstehen die einfachsten Dinge nicht, Fjodor. Jede Art hat ihren historischen, von Generation zu Generation überlieferten Traum. Die Verwirklichung dieses Traums bezeichnet man gewöhnlich als Großtat. Die Menschen hatten zwei uralte Träume: den, fliegen zu können (der entsprang dem Neid auf die Insekten), und den, zur Sonne zu fliegen (der entsprang der Unwissenheit), glaubten sie doch, einfach so nach den Sternen greifen zu können. Nun darf man aber nicht erwarten, dass verschiedene Arten und erst recht Klassen und Typen von Lebewesen ein und denselben großen Traum teilten. Es wäre albern anzunehmen, Fliegen träumten seit Generationen vom freien Flug, Kraken von den Meerestiefen und wir, Cimex lectularius, von der Sonne, die wir nicht ausstehen können. Jeder träumt von dem, was ihm unerreichbar, aber verheißungsvoll erscheint. Ein uralter Traum der Kraken ist bekanntlich die freie Bewegung auf dem Festland, und in ihrem nassen Element denken sie viel und lohnend darüber nach. Ein ewiger, unheilvoller Traum der Viren ist die absolute Weltherrschaft, und wie grausam die Methoden auch sein mögen, derer sie sich gegenwärtig bedienen, kann man ihnen doch Hartnäckigkeit, Erfindungsgeist und die Fähigkeit, sich für ein großes Ziel zu opfern, nicht absprechen. Und der hehre Traum der Spinnentiere? Vor Jahrmillionen sind sie unüberlegt aus dem Meer aufs Festland übergewechselt und sehnen sich seitdem danach, in ihre heimischen Gefilde zurückzukehren. Sie sollten einmal ihren Liedern und Balladen über das Meer lauschen! Es zerreißt einem das Herz. Im Vergleich zu diesen Balladen ist der Heldenmythos von Daidalos und Ikaros nur eine unterhaltsame Anekdote. Und was geschah? Sie haben tatsächlich einiges erreicht, und zwar auf höchst raffinierte Art und Weise (den Gliederfüßern sind überhaupt recht raffinierte Lösungen eigen). Sie machen ihren Traum wahr, indem sie neue Arten schaffen. Erst schufen sie die Wasserläufer und dann die Wasserspinnen, und zurzeit läuft die Entwicklung einer wasseratmenden Spinne auf vollen Touren. Von uns Wanzen ganz zu schweigen. Wir haben unser Ziel schon vor langer Zeit erreicht: als sich nämlich diese mit Nährmischung gefüllten Trinkschläuche auf der ganzen Welt breitmachten. Verstehen Sie mich recht, Fjodor. Jeder Stamm mag seinen

Traum haben. Aber man sollte den anderen Planetenbewohnern gegenüber nicht zu sehr mit seinen Errungenschaften prahlen, sonst läuft man Gefahr, sich lächerlich zu machen. Wem Ihre Träume fremd sind, betrachtet Sie als Hohlkopf, und wer seinen eigenen Traum längst verwirklicht hat, hält Sie für einen bedauernswerten Schwätzer.«

»Ich kann Ihnen darauf nichts erwidern, Quasselstrippe«, sagte Fjodor. »Aber ich muss gestehen, dass es mir unangenehm ist, Ihnen zuzuhören. Erstens mag ich es nicht, wenn man auf der Hand liegende Dinge durch hinterhältige Haarspalterei zu widerlegen sucht, und zweitens bin ich schließlich auch ein Mensch.«

»Sie sind ein Schneemensch. Sie sind das fehlende Glied. Bei Ihnen ist nicht viel zu holen. Wenn Sie's genau wissen wollen, sind Sie nicht mal genießbar. Aber warum widerspricht mir kein sogenannter Homo sapiens? Weshalb tritt keiner für die Ehre seiner Art, seiner Klasse, seines Typs ein? Ich will es Ihnen verraten: weil es nichts dagegen einzuwenden gibt.«

Der aufmerksame Edik überhörte die Provokation. Ich hätte sehr wohl einiges sagen können, wie mich dieser Schwätzer überhaupt über die Maßen ärgerte, aber ich hielt mich zurück, denn ich wusste, dass Fjodor Simeonowitsch gerade durch den magischen Kristall blickte und alles sah.

»Lassen Sie mich etwas darauf erwidern«, begann Fjodor. »Jawohl, ich bin ein Schneemensch. Jawohl, es ist üblich, uns zu beleidigen. Uns beleidigen sogar die Menschen, unsere engsten Verwandten, unsere Hoffnung, das Symbol unseres Glaubens an die Zukunft. Nein, nein, Edik, lassen Sie mich ausreden. Uns beleidigen die unwissendsten und rückständigsten Schichten der menschlichen Gattung, indem sie uns den gemeinen Spitznamen Yeti geben, der Swifts Yahoo entspricht, oder den Namen Golubjawan, was so viel wie Riesenaffe oder abscheulicher Schneemensch heißt. Und auch die fortschrittlichsten Vertreter der Menschheit beleidigen uns, indem sie uns das ›fehlende Glied‹ oder ›Menschenaffe‹ nennen und uns noch andere, wissenschaftlich klingende, aber schmachvolle Namen geben. Vielleicht haben wir's verdient, dass man die Nase über uns rümpft. Wir sind langsam im Denken und sehr anspruchslos; das Streben nach dem Höheren ist in uns nur schwach entwickelt, und unser Verstand schlummert noch. Aber ich glaube, ja, ich weiß, dass das ein menschlicher Verstand ist, für den die Umgestaltung der Natur – zunächst der uns umgebenden und später auch der eigenen – der höchste Genuss ist. Sie dagegen, Quasselstrippe, sind ein Parasit. Verzeihen Sie, aber ich gebrauche diesen Terminus im wissenschaftlichen Sinne. Ich will Sie nicht kränken, aber Sie sind ein Parasit und können nicht verstehen, was für ein Genuss das ist – schließlich ist die Natur unendlich, und man kann sie endlos umgestalten. Darum bezeichnet man den Menschen als Herrscher über die Natur! Weil er die Natur nicht nur erforscht und einen hohen, wenn auch passiven Genuss in der Verbundenheit mit ihr findet, sondern weil er sie umgestaltet, sie nach seinen Bedürfnissen und Wünschen, ja bald nur noch nach Lust und Laune formt.«

»Nun ja!«, krächzte die Wanze. »Vorläufig aber fasst dieser Mensch einen gewissen Fjodor um die breiten, behaarten Schultern, führt ihn auf ein Podium und schlägt ihm vor, einer Menschenmenge (aus lauter Spießern, die laut Samenkerne knacken) die Menschwerdung des Affen vorzuführen … Achtung! Achtung!«, schrie er plötzlich. »Heute hält Doktor Wjalobujew-Frankenstein im Klub einen Vortrag zum Thema ›Der Gegensatz von Darwinismus und Religion‹ und demonstriert dem Publikum anschaulich die Menschwerdung des Affen! Erster Akt: ›Der Affe‹. Fjodor hockt unter dem Tisch des Vortragenden und laust sich das Fell, wobei er mit nostalgischen Augen um sich blickt. Zweiter

Akt: ›Der Menschenaffe‹. Fjodor spaziert mit einem Besenstiel auf dem Podium umher und überlegt, worauf er eindreschen könnte. Dritter Akt: ›Der Affenmensch‹. Fjodor entfacht unter Aufsicht und Anleitung eines Feuerwehrmanns ein kleines Feuer auf einem Kuchenblech und mimt dabei zugleich Schrecken und Begeisterung. Vierter Akt: ›Die Arbeit erschafft den Menschen‹. Fjodor spielt mithilfe eines defekten Abbauhammers einen urzeitlichen Schmied. Fünfter Akt: ›Apotheose‹. Fjodor setzt sich ans Klavier und spielt den ›Türkischen Marsch‹. Beginn des Vortrags: achtzehn Uhr. Nach dem Vortrag läuft der neue ausländische Film *Das letzte Ufer*. Anschließend Tanz!«

Fjodor, der sich außerordentlich geschmeichelt fühlte, lächelte verlegen. »Ach, Quasselstrippe«, sagte er gerührt, »ich wusste doch, dass es zwischen uns keine grundlegenden Meinungsverschiedenheiten gibt. Natürlich vollbringt der Verstand seine segensreichen Wunder auf eben diese Weise – langsam und allmählich – und kündigt uns solche Genies wie Archimedes, Newton und Einstein an. Aber Sie dürfen meine Rolle bei dieser Kulturveranstaltung nicht so übertreiben, obwohl ich verstehe, dass Sie mir damit eine Freude bereiten wollten.«

Die Wanze blickte ihn so verstört an, dass ich kichern musste. Fjodor wurde unruhig. »Hab ich etwas Falsches gesagt?«, fragte er.

»Sie sind schon in Ordnung, Fjodor«, sagte ich. »Sie haben Quasselstrippe nur so schockiert, dass er gar nicht mehr er selbst ist. Sehen Sie nur, aus Verzweiflung frisst er sogar schon die gefüllten Tomaten.«

»Ja, Quasselstrippe, ich höre Ihnen mit großem Interesse zu«, schaltete sich nun Edik ein. »Natürlich habe ich nicht die Absicht, Ihnen in irgendeiner Weise zu widersprechen, weil uns, wie ich meine, noch viele Dispute über ernstere Themen bevorstehen. Ich möchte nur anmerken, dass

Ihre Urteile – leider! – allzu viel Menschliches und viel zu wenig Originelles, also dem Cimex lectularius Eigenes, enthalten.«

»Mag sein, mag sein!«, schrie der Wanz gekränkt. »Alles gut und schön. Aber vielleicht lässt sich wenigstens ein Vertreter des Homo sapiens zu einer Reaktion auf die Gedankengänge herab, die mir zu äußern hier gestattet war? Oder – ich wiederhole – gibt es dagegen nichts zu sagen? Oder hat der vernunftbegabte Mensch mit dem Verstand nicht mehr zu schaffen als die Brillenschlange mit jenen weitverbreiteten optischen Gläsern? Oder hat er kein Argument parat, das auch ein Geschöpf begreift, das nur primitive Instinkte besitzt?«

In diesem Augenblick konnte ich nicht mehr an mich halten. Ich hatte so ein Argument und machte genüsslich davon Gebrauch, indem ich Quasselstrippe meinen Zeigefinger zuerst vor die Nase hielt und anschließend so tat, als wischte ich einen Tropfen vom Tisch.

»Sehr witzig«, krächzte der Wanz und wurde blass. »Das zeugt wahrhaftig von höchster geistiger Potenz.«

Fjodor bat schüchtern darum, ihm den Sinn dieser Pantomime zu erklären, aber Quasselstrippe rief, das sei alles Unsinn.

»Mich ödet es hier an«, verkündete er übertrieben laut und sah sich hochnäsig nach allen Seiten um. »Gehen wir.«

Ich zahlte, und wir traten auf die Straße hinaus, wo wir stehen blieben, um zu beratschlagen, was wir mit dem angebrochenen Abend anfangen könnten. Edik schlug vor, das Hotel aufzusuchen, um noch ein Zimmer zu ergattern, aber Fjodor berichtete, in Tmuskorpion gebe es mit Hotels keine Probleme: Das ganze Hotel werde nur von den Mitgliedern der Troika bewohnt, die anderen Zimmer stünden alle leer. Als ich Quasselstrippes bedrückte Miene sah, bekam ich plötzlich Gewissensbisse und schlug vor, noch etwas im Mondschein am Ufer der Skorpionka spazieren zu gehen. Fjodor unterstützte meinen Plan, aber der Wanz legte Einspruch ein: Er sei müde, diese ewigen Gespräche hingen ihm zum Halse heraus, und überhaupt habe er jetzt Hunger, da gehe er doch lieber ins Kino. Nun tat er uns richtig leid – so erschüttert und schockiert war er über meine wohl tatsächlich etwas taktlose Geste –, und wir wollten uns gerade zum Kino aufmachen, als der gute alte Edelweiß hinter einer Bierbude hervorstürmte. In der einen Hand hielt er krampfhaft ein Bierglas fest, die andere umklammerte sein Aggregat. Mit schwerer Zunge drückte er der Wissenschaft und auch mir persönlich seine Ergebenheit aus und forderte Plankostenersatz, Bergzulage und Kostenrückerstattung für irgendwelche Stecker. Ich gab ihm einen Rubel, und er verschwand wieder hinter der Bierbude.

Wir machten uns auf den Weg zum Kino. Quasselstrippe konnte sich noch immer nicht beruhigen. Er spielte den wilden Mann, pöbelte die Passanten an und glänzte mit Aphorismen und Paradoxa; man merkte jedoch, dass er noch immer außer sich war. Um ihm das seelische Gleichgewicht wiederzugeben, hielt Edik ihm vor Augen, welch gigantischen Beitrag er, Quasselstrippe, zur Theorie des Linearen Glücks beisteuern könne, und ließ etwas von Weltruhm und der Unvermeidlichkeit längerer Auslandsreisen, darunter auch in exotische Länder, durchblicken. Und schon war das seelische Gleichgewicht wiederhergestellt. Quasselstrippe schöpfte sichtlich Mut und benahm sich durchaus anständig, und sobald im Saal das Licht ausging, durchstöberte er hungrig die Reihen. So hatten Edik und ich nicht viel Freude an dem Film: Edik fürchtete, jemand könnte Quasselstrippe in aller Stille zerquetschen, während ich ständig auf hässliche Szenen gefasst war. Außerdem war es stickig im Saal, und der Film war so grauenhaft, dass wir erleichtert aufatmeten, als alles glücklich überstanden war.

Der Mond schien, von der Skorpionka zog es kühl herüber. Fjodor erklärte schuldbewusst, es sei schon spät für ihn, und er müsse jetzt ins Bett. Wir beschlossen, ihn bis zur Kolonie zu begleiten, und nahmen den Weg, der am Fluss entlangführte. Unterhalb des Abhangs trug die alte Skorpionka in ihren kristallklaren Wogen giftige Abwässer mit sich. Auf der anderen Seite erstreckten sich weite Auen im Mondlicht. Am Horizont war dunkel die gezackte Silhouette des fernen Waldes zu erkennen, und über den dunklen, halb verfallenen Türmen zog eine kleine fliegende Untertasse mit blinkenden Positionslichtern spiralförmige Kreise.

»Was ist das für eine Ruine?«, fragte Edik.

»Die Nachtigallenfestung«, antwortete Fjodor.

»Was Sie nicht sagen!«, rief Edik verblüfft. »Die nämliche? Von Murom?«

»So ist es. 12. Jahrhundert.«

»Und warum hat sie nur zwei Türme?«, wunderte sich Edik.

»Vor der Belagerung«, erklärte Fjodor, »waren es noch vier Türme: das ›Schreckgespenst‹, der ›Kobold‹, der ›Giftspucker‹ und der ›Schächer‹. Godzilla brannte die Mauer zwischen dem ›Kobold‹ und dem ›Schächer‹ nieder, drang in den Hof ein und fiel den Verteidigern so in den Rücken. Dem Vernehmen nach war er jedoch ein Dummkopf – zwar der stärkste, aber auch der beschränkteste aller vierköpfigen Drachen. Von Taktik hat er nichts gewusst und auch nichts wissen wollen; deshalb stürzte er sich, anstatt einen Turm nach dem anderen durch gezielte Schläge zu zerschmettern, auf alle vier zugleich, wofür seine Köpfe zum Glück gerade ausreichten. Die Belagerten aber waren erfahrene und selbstvergessen kämpfende Bestien: die Räuberbrüder Nachtigall und Frosch Odichmantjewitsch, denen sich das Flotte Einauge und der mit ihnen verbündete böse Geist Kontschar, genannt Pickel, angeschlossen hatten. Und natürlich wurde Godzilla ein Opfer seiner Dummheit und Habsucht. Allerdings gelang es ihm zunächst, Kontschar, der an diesem Tag durch eine Grippe geschwächt war, zu überwältigen. In den ›Giftspucker‹ drang voller Gier Godzillas Spießgeselle, der Vampir Beowulf, ein, der daraufhin jegliche Kampfhandlungen einstellte und sich nur mehr Trunk und Raub widmete. Es war jedoch Godzillas erster und einziger Erfolg während des ganzen Feldzugs. Nachtigall Odichmantjewitsch schlug an der Schwelle des ›Kobolds‹ wild und vergnügt um sich und wich keinen Schritt zurück. Frosch Odichmantjewitsch gab das Erdgeschoss des ›Schreckgespensts‹ aus jugendlichem Leichtsinn auf, verschanzte sich dann aber im ersten Stock, brachte den Turm ins Wanken und stürzte sich mit ihm zusammen auf den ihn angreifenden Kopf Godzillas. Und das geschah just in dem Moment, als das listige und kaltblütige Flotte Einauge, das den Drachenkopf in die Salpeterkeller des ›Schächers‹ gelockt hatte, den Turm samt Inhalt in die Luft jagte. Nachdem der ohnehin nicht sonderlich aufgeweckte Godzilla die Hälfte seiner Köpfe eingebüßt hatte, raste er, vollends übergeschnappt und Freund wie Feind zermalmend, durch die Festung und trat dann, wild um sich schlagend, den Rückzug an. Damit war der Kampf beendet. Dem berauschten Beowulf machte Nachtigall Odichmantjewitsch mit einem akustischen Schlag den Garaus, worauf er selbst seinen zahlreichen Brandwunden erlag. Die heil davongekommenen Hexen, Waldschrate, Wassergeister, Kobolde, Schreckgespenster und Hausgeister metzelten sodann die demoralisierten Vampire, Trolle, Gnomen, Satyrn, Najaden und Dryaden nieder und verstreuten sich, führerlos geworden, in den umliegenden Wäldern. Was den dümmlichen Godzilla angeht, so hat es ihn in einen großen, heute Kuhschlick genannten Sumpf verschlagen, in dem er bald darauf an einer Gasgangrän einging.«

»Interessant«, murmelte Edik, während er die vom Unkraut überwucherten grauen Stümpfe des »Kobolds« und des »Giftspuckers« betrachtete. »Hat man da freien Zutritt?«

»Ja«, antwortete Fjodor. »Für fünf Kopeken.«

Der Spaziergang war ein voller Erfolg. Fjodor erklärte uns den Aufbau des Universums. Und ganz nebenbei erfuhren wir, dass er die Ringe Saturns sowie den Roten Fleck auf dem Jupiter mit bloßem Auge erkennen konnte. Der eifersüchtige Wanz hielt hitzig dagegen, das alles sei bloß gut bezahlter Unsinn, und versuchte sogleich zu beweisen, dass das Universum die Form einer Federkernmatratze habe.

Während der ganzen Zeit umkreiste uns der scheue Kuska, ein gewöhnlicher Pterodaktylus, wobei wir ihn in der Dunkelheit eigentlich gar nicht recht erkannten. Mal trippelte er irgendwo vor uns, mal raschelte er leise quäkend neben uns im Gebüsch, mitunter flog er plötzlich auf und verdeckte mit seinen ausgestreckten Flügeln den Mond. Wir riefen ihn, lockten ihn mit Leckerbissen und boten ihm die Freundschaft an, aber er traute sich einfach nicht näher.

In der Kolonie lernten wir dann auch den Außerirdischen kennen. Konstantin hatte wirklich Pech gehabt: Vor etwa einem Jahr war seine fliegende Untertasse bei uns notgelandet. Dabei ging sie endgültig in die Brüche, und es gelang ihm nicht, das schützende Kraftfeld auszuschalten, das bei der Landung entstanden war. Das Feld war für jeden Fremdkörper, das heißt, auch für alles Irdische, undurchlässig. Konstantin selbst konnte zwar die fliederfarbene Schutzglocke mit Kleidung und sämtlichen Ersatzteilen ungehindert in beiden Richtungen passieren. Aber die Feldmausfamilie, die sich zufällig am Ort der Landung aufgehalten hatte, kam nicht mehr hinaus, und Konstantin musste seine spärlichen Vorräte an sie verfüttern, weil sich die irdische Nahrung nicht einmal in seinem Magen in die Schutzglocke transportieren ließ. Außerdem war ein in der Parkallee vergessenes Paar Pantoffeln unter die Glocke geraten, und diese Pantoffeln waren die einzigen irdischen Güter, die Konstantin etwas nützten. Neben den Mäusen und den Pantoffeln umschloss das Kraftfeld zwei Wolfsbeerbüsche, das Ende einer riesigen Parkbank, die alle möglichen Einkerbungen aufwies, und ein gut zehn Ar großes, nasses Stück Erdreich, das nie austrocknete.

Konstantin war übel dran; sein Raumschiff ließ sich einfach nicht reparieren. Das hiesige Werk konnte ihm natürlich weder mit passenden Ersatzteilen noch mit den nötigen Spezialausrüstungen dienen. Einiges hätte man zwar in den Wissenschaftszentren der Welt auftreiben können, aber dazu bedurfte es der Fürsprache der Troika. So kam es, dass Konstantin nun schon seit Monaten darauf wartete, vor die Troika geladen zu werden. Er hoffte zwar auf die Hilfe der Erdenbürger und ging davon aus, wenigstens die verfluchte Schutzglocke entfernen und einen Experten auf sein Schiff holen zu können, doch im Grunde war er pessimistisch und stellte sich darauf ein, dass die irdische Technik ihm in frühestens zweihundert Jahren würde helfen können.

Konstantins fliegende Untertasse stand nicht weit vom Wegrand. Sie strahlte wie eine riesige Gaslampe. Wir konnten allerdings nur seine Füße in den Sprinterpantoffeln Größe 44 sehen, und diese wehrten gerade strampelnd eine Mäusefamilie ab, die hartnäckig ihr Abendbrot forderte.

Fjodor klopfte gegen die Schutzglocke, und Konstantin kroch unter der Untertasse hervor. Er schnauzte die Mäuse an und trat auf uns zu. Die besagten Hausschuhe blieben natürlich unter der Glocke, und sofort nistete sich die Mäusefamilie darin ein. Wir stellten uns vor, brachten unser Mitgefühl zum Ausdruck und erkundigten uns, wie er vorankomme. Konstantin teilte uns tapfer mit, dass es nun anscheinend vorwärtsgehe, und zählte zwei Dutzend uns unbekannter Geräte auf, die er unbedingt brauchte. Er erwies sich als sehr mitteilsames, freundliches und vernünftiges

Wesen, aber vielleicht sehnte er sich auch nur nach Gesprächspartnern. Wir fragten ihn weiter aus, und er antwortete bereitwillig. Besonders frisch sah er allerdings nicht aus, weshalb wir ihm erklärten, dass es ungesund sei, so viel zu arbeiten; jetzt sei es Zeit schlafen zu gehen. Etwa zehn Minuten lang suchten wir ihm vergeblich klarzumachen, was »schlafen« bedeutete, woraufhin er zugab, daran absolut kein Interesse zu haben und lieber aufs Schlafen verzichte. Außerdem werde es langsam Zeit, die Mäuse zu füttern. Er schüttelte jedem von uns die Hand und kroch wieder unter seine Untertasse. Wir verabschiedeten uns auch von Fjodor und Quasselstrippe und machten uns auf den Weg ins Hotel. Es war spät geworden. In der Stadt erloschen die Lichter, und nur in weiter, weiter Ferne erklang eine Harmonika, zu der helle Mädchenstimmen sangen:

»Dir dreiäugig' Kreatur
sag ich heute mit Bravour:
Die Küsserei ist mir zu stur,
Verstandesbrüder sind wir nur!«

VORGANG NR. 72

Konstantin, der Außerirdische

Die Morgensonne kam hinter dem Gebäude hervor und warf ihre warmen Strahlen durch die weit geöffneten Fenster des Sitzungssaals, als Lawr Fedotowitsch mit steinerner Miene über die Schwelle trat und augenblicklich dazu riet, die Vorhänge zuzuziehen. Das Volk brauche so etwas nicht, erklärte er. Nach ihm kam Chlebowwodow, der Wybegallo vor sich her schubste. Wybegallo fuchtelte mit seiner Aktentasche herum und versuchte erhitzt, ihm etwas auf Französisch zu erklären, Chlebowwodow aber murmelte nur: »Schon gut, schon gut, mach nicht so einen Lärm.« Als der Kommandant die Vorhänge zugezogen hatte, erschien Farfurkis auf der Schwelle. Noch kauend, wischte er sich den Mund ab. Er nuschelte eine unverständliche Entschuldigung, würgte den Brocken, den er noch im Mund hatte, unzerkaut hinunter und beschwerte sich: »Einspruch! Sie sind wohl verrückt geworden, Genosse Subo! Ziehen Sie sofort die Vorhänge auf! Was ist das für eine Art, sich vom Volk abzuschirmen und es im Dunkeln zu lassen?«

Es entspann sich ein äußerst unangenehmer Zwischenfall, und diese ganze Zeit über, in der die Mitglieder der Troika Farfurkis erniedrigten, attackierten, sich an ihm die Füße abtraten und auf ihn einhieben, schüttelte Wybegallo vorwurfsvoll den Kopf und warf mir beredte Blicke zu, als wollte er sagen: Das ist der Fluch der bösen Tat! Dann überließen sie den völlig zerfledderten und durch die Mangel gedrehten Farfurkis seinem Schicksal, setzten sich schnaufend an den Tisch und krempelten die Ärmel wieder herunter. Sie polkten sich die Hautfetzen aus den Krallen, leckten sich die blutigen Hauer und brüllten, unwillkürlich laut wie die Löwen, bereit zu sein für die morgendliche Sitzung.

»Hrrrm«, stieß der Vorsitzende Lawr Fedotowitsch Wunjukow mit einem letzten Blick auf das Häufchen Elend hervor, das einmal Farfurkis gewesen war. »Der Nächste! Tragen Sie vor, Genosse Subo.«

Der Kommandant verkrallte sich in die aufgeschlagene Mappe, blickte aus blutunterlaufenen Augen über die Papiere hinweg ein letztes Mal auf den niedergestreckten Feind, schlug noch einmal nachträglich aus und beruhigte sich endgültig, als seine gierig geweiteten Nasenflügel den süßlichen Verwesungsgeruch wahrnahmen.

»Vorgang Nummer zweiundsiebzig«, leierte er. »Konstantin Konstantinowitsch Konstantinow, zweihundertdreizehn vor unserer Zeitrechnung, Stadt Konstantinow, Planet Konstantina, Stern Antares …«

»Ich muss doch sehr bitten!«, fuhr Chlebowwodow dazwischen. »Was lesen du da? Vielleicht einen Roman? Oder ein Vaudeville? Bruderherz, du sollen einen Fragebogen vorlesen, aber was machen du draus? Ein Vaudeville.«

Lawr Fedotowitsch nahm das Theaterglas und richtete es auf den Kommandanten. Der Kommandant wurde ganz klein.

»In Sysran«, fuhr Chlebowwodow fort, »musste ich mal einen Lehrgang fürs mittlere Personal organisieren. Da hatten wir auch so einen: Der wollte nicht die Straße fegen. Ach nein, das war nicht in Sysran, sondern in Saratow. Ja, ja, genau, in Saratow! Erst hab ich da eine Schule für Grützespezialisten aufgebaut, und dann sollte ich mich um den Lehrgang kümmern. Ja, in Saratow, im Winter '52. Da herrschte ein Frost – wie in Sibirien. Ach nein«, sagte er bedauernd, »das war doch nicht in Saratow. Das war in Sibirien, aber in welcher Stadt, das habe ich vergessen. Gestern hab ich's noch gewusst. Ach, schön war's da.« Er verstummte mit krampfhaft aufgerissenem Mund.

Lawr Fedotowitsch wartete eine Weile, erkundigte sich, ob es Fragen an den Vortragenden gebe, überzeugte sich davon, dass es keine gab, und empfahl Chlebowwodow fortzufahren.

»Lawr Fedotowitsch«, fuhr Chlebowwodow mit Gefühl fort. »Ich habe vergessen, welche Stadt es war. Nichts zu machen – wie weggeblasen. Soll er erst mal weiterlesen, inzwischen wird's mir schon einfallen. Aber er soll lesen, wie sich's gehört, die Punkte benennen und nicht so leiern, sonst kommt nur Blödsinn dabei heraus.«

»Tragen Sie weiter vor, Genosse Subo«, verlangte Lawr Fedotowitsch.

»Punkt fünf«, las der Kommandant schüchtern. »Nationalität …«

Farfurkis gestattete sich ein schwaches Zucken, hielt jedoch sofort erschrocken inne. Chlebowwodow aber entging das Zucken nicht; er befahl dem Kommandanten: »Von vorn. Von vorn! Fangen Sie noch einmal neu an!«

»Punkt eins«, las der Kommandant. »Familienname …« Während er neu anfing, betrachtete ich Ediks Remoralisator. Es war ein flaches, glänzendes Gehäuse mit Glasscheiben, einem Spielzeugauto nicht unähnlich. Ich beobachtete erstaunt, wie geschickt Edik mit dem Gerät umging. Ich hätte das nicht gekonnt. Seine Finger bewegten sich wie Schlangen, und ich sah gebannt zu.

»Cherson!«, brüllte Chlebowwodow plötzlich. »In Cherson war's, jetzt hab ich's. Sie können schon weiterlesen«, sagte er zu dem verschreckten Kommandanten. »Das ist mir bloß gerade eingefallen.« Er neigte sich zu Lawr Fedotowitschs Ohr und flüsterte ihm kichernd etwas zu, woraufhin sich die Züge des Genossen Wunjukow ein wenig lockerten und er sich gezwungen sah, diese demokratische Regung hinter seiner riesigen Pranke zu verstecken.

»Punkt sechs«, las der Kommandant unsicher weiter. »Schulbildung: höhere syn…kre…kri…kretische.«

Farfurkis zuckte zusammen und quiekte leise, wagte sich aber noch immer nicht zu mucksen. Chlebowwodow fuhr wie von der Tarantel gestochen auf. »Was? Was für eine Bildung?«

»Eine synkretische«, wiederholte der Kommandant, diesmal in einem Atemzug.

»Aha«, sagte Chlebowwodow und sah Lawr Fedotowitsch an.

»Das ist gut«, stieß Lawr Fedotowitsch in wichtigem Ton hervor. »Das Volk liebt es selbstkritisch. Fahren Sie fort, Genosse Subo.«

»Punkt sieben. Fremdsprachenkenntnisse: alle ohne Wörterbuch.«

»Wie? Was?«, wunderte sich Chlebowwodow.

»Alle«, wiederholte der Kommandant. »Ohne Wörterbuch.«

»Soso, selbstkritisch …«, sagte Chlebowwodow. »Na schön, das prüfen wir nach.«

»Punkt acht. Beruf und gegenwärtige Arbeitsstelle: Leser von Gedichten, Amphibrachist, zurzeit in Kurzurlaub. Punkt neun …«

»Warten Sie«, bat Chlebowwodow. »Wo arbeitet er?«

»Zurzeit hat er Urlaub«, erläuterte der Kommandant. »Kurzurlaub.«

»So viel hab ich auch verstanden«, entgegnete Chlebowwodow. »Ich frage nach seinem Beruf.«

Der Kommandant hob die Mappe an seine Augen. »Leser«, sagte er. »Offenbar liest er Gedichte.«

Chlebowwodow schlug mit der flachen Hand auf den Tisch. »Ich sagte nicht, ich sei taub«, erklärte er. »Dass er Gedichte liest, habe ich gehört. Na schön, dann liest er eben Gedichte, solange er es in seiner Freizeit tut. Ich rede von seinem Beruf! Wo und als was arbeitet er?«

Wybegallo schwieg. Ich konnte mich nicht länger beherrschen.

»Es ist sein Beruf, Gedichte zu lesen«, rief ich. »Er hat sich auf den Amphibrachus spezialisiert.«

Chlebowwodow musterte mich argwöhnisch. »Amphibrachus, ja, das verstehe ich. Aber das ist nicht das Problem. Was ich wissen will, ist: Wofür bezieht er sein Gehalt?«

»Ein Gehalt als solches gibt es bei ihnen nicht«, erklärte ich.

»Ah!«, freute sich Chlebowwodow, »ein Arbeitsloser!«, blickte aber sogleich wieder misstrauisch drein. »Nein, da stimmt was nicht! Er bezieht kein Gehalt, hat aber Urlaub. Sie bringen da was durcheinander – das ist ja der reinste Eiertanz.«

»Hrrrm«, stieß Lawr Fedotowitsch hervor. »Es gibt eine Frage an den Vortragenden sowie an den wissenschaftlichen Berater. Der Beruf des Vorgangs Nummer zweiundsiebzig.«

»Leser von Gedichten«, erwiderte Wybegallo schnell. »Und außerdem ... tjä ... Amphibrachist.«

»Gegenwärtige Arbeitsstelle«, ergänzte Lawr Fedotowitsch.

»Er ist in Kurzurlaub, erholt sich also kurzfristig.«

Ohne den Kopf zu wenden, blickte Lawr Fedotowitsch zu Chlebowwodow hinüber. »Gibt es noch Fragen?«, erkundigte er sich.

Chlebowwodow rutschte beklommen auf seinem Stuhl hin und her. Man brauchte keine Brille, um zu erkennen, dass in seinem Inneren die tugendhafte Solidarität mit der Obrigkeit gegen sein nicht weniger ausgeprägtes staatsbürgerliches Pflichtgefühl ankämpfte. Den Sieg errang, wenn auch mit merklichen Abstrichen, das staatsbürgerliche Pflichtgefühl.

»Was ich sagen wollte, Lawr Fedotowitsch, ist Folgendes«, säuselte Chlebowwodow. »Was ein Amphibrachist ist, weiß jeder. Das ist nicht das Problem. Und auch was die Gedichte angeht, stimmt alles. Da gibt's einen Puschkin, einen Michalkow, einen Kornejtschuk ... Aber ein Leser ... So einen Beruf gibt's in keinem Stellenplan! Kann's ja auch gar nicht! Ich lese mir ein paar Verse durch und kriege dafür Gehalt und Urlaub? Das ist's, was wir klären müssen.«

Lawr Fedotowitsch nahm das Theaterglas und richtete die Blicke auf Wybegallo. »Hören wir uns an, was der Berater zu sagen hat«, schlug er vor.

Wybegallo erhob sich. »Also, tjä ...«, murmelte er und strich sich über den Bart. »Genosse Chlebowwodow hat die Frage mit Fug und Recht so zugespitzt und die Akzente richtig gesetzt. Das Volk liebt Gedichte – *c'est la main sur le cœur que je vous le dis*. Aber braucht das Volk x-beliebige Gedichte, *je vous demand un peu?* Wir, Genossen, wissen, dass es durchaus keine x-beliebigen Gedichte braucht. Darum müssen wir uns, tjä, streng an den vorgeschriebenen Kurs halten, dürfen die Leuchtzeichen nicht aus den Augen verlieren und, tjä, *le vin est tiré il faut le boire*. Meine persönliche Meinung lautet: *Aide-toi et Dieu t'aidera.* Aber ich würde noch empfehlen, den hier anwesenden Vertreter, Genossen Priwalow, anzuhören, sozusagen als Zeugen.«

Lawr Fedotowitsch richtete sein Theaterglas auf mich.

Chlebowwodow sagte: »Warum nicht? Der drängt sich sowieso immerzu in den Vordergrund, er kann's nun mal nicht lassen, also soll er's uns erklären, wenn er schon so neunmalklug ist.«

»*Voilà*«, sagte Wybegallo bitter, »*l'éducation qu'on donne aux jeunes au présent!*«

»Darum sage ich ja, er soll es uns erklären«, wiederholte Chlebowwodow.

Ich erklärte: »Bei ihnen zu Hause gibt es sehr viele Dichter. Alle schreiben Gedichte, und jeder Dichter möchte natürlich seine Leserschaft haben. Der Leser aber ist ein unorganisiertes Geschöpf und versteht diese simple Tatsache nicht. Gute Gedichte liest er gern und lernt sie sogar auswendig, von schlechten aber will er nichts wissen. Das bringt Ungerechtigkeiten und Ungleichheit mit sich. Da die dortige Bevölkerung sehr feinfühlig ist und will, dass sich jeder wohlfühlt, wurde ein besonderer Beruf eingeführt – der des Lesers. Die einen spezialisieren sich auf den Jambus, die anderen auf den Trochäus, und Konstantin Konstantinowitsch, eine Koryphäe auf dem Gebiet des Amphibrachus, macht sich zurzeit den Alexandriner zu eigen und erwirbt damit einen zweiten Beruf. Da das eine sehr ungesunde Arbeit ist, steht den Lesern nicht nur eine bessere Verpflegung zu, sondern auch wiederholter Kurzurlaub.«

»Das ist mir alles klar!«, rief Chlebowwodow eindringlich. »Das mit diesen Jamben und Alexandriten. Nur eins verstehe ich nicht: Wofür genau wird er bezahlt? Schön, er sitzt da und liest. Dass das ungesund ist, weiß ich! Aber das Lesen ist eine stille, innere Angelegenheit – wie will man da kontrollieren, ob der Faulpelz liest oder schläft? Als ich noch Abteilungsleiter in der Inspektion für Pflanzenschutz und Pflanzenquarantäne war, ist mir auch mal so einer untergekommen. Der sitzt in der Versammlung, und alle denken, er hört zu, ja, er schreibt sogar etwas ins Notizbuch, aber in Wirklichkeit schläft er, der Spitzbub! In den Büros haben heute viele den Bogen raus, mit offenen Augen zu schlafen. Darum frage ich mich: Wie ist das mit dem hier? Vielleicht lügt er uns die Hucke voll? Es kann doch keinen Beruf geben, bei dem sich nicht kontrollieren lässt, ob der Mensch arbeitet oder schläft?«

»Das ist alles nicht so einfach«, mischte sich nun Edik ein, der bis dahin seinen Remoralisator eingestellt hatte. »Schließlich liest er nicht nur, sondern man schickt ihm auch alle Verse, die sich des Amphibrachus bedienen. Die muss er lesen und verstehen; er muss in ihnen eine Quelle höchsten Genusses entdecken, muss sie liebgewinnen und natürlich auch ein paar Mängel feststellen. Er muss den Autoren regelmäßig seine Gefühle und Überlegungen mitteilen und auf Leserkonferenzen und Abendveranstaltungen der Autoren auftreten – und zwar so, dass die Autoren zufrieden sind und merken, dass sie gebraucht werden … Das ist ein schwerer Beruf«, erklärte er abschließend. »Konstantin Konstantinowitsch ist ein echter Held der Arbeit.«

»Gut«, erwiderte Chlebowwodow. »Jetzt weiß ich Bescheid. Es ist ein nützlicher Beruf. Auch das System gefällt mir. Ein gutes, gerechtes System.«

»Tragen Sie weiter vor, Genosse Subo«, bat Lawr Fedotowitsch.

Wieder hielt sich der Kommandant die Mappe mit dem Vorgang vor die Augen. »Punkt neun. Aufenthalte im Ausland: ja. Wegen eines Motorschadens verbrachte er vier Stunden auf der Insel Rapa Nui.«

Farfurkis stieß ein undeutliches Quieken aus, und sofort schaltete sich Chlebowwodow ein. »Zu wessen Territorium gehört das heute?«, wollte er von Wybegallo wissen.

Professor Wybegallo verwies ihn mit einem gütigen Lächeln und einer herablassenden Geste an mich. »Erteilen wir der Jugend das Wort«, meinte er.

»Chilenisches Territorium«, teilte ich mit.

»Chilenisch«, murmelte Chlebowwodow und warf Lawr Fedotowitsch beunruhigte Blicke zu. Lawr Fedotowitsch rauchte jedoch ungerührt weiter. »Na ja, chilenisch, das mag noch angehen«, entschied Chlebowwodow. »Und bloß vier Stunden. Gut. Was haben Sie noch?«

»Einspruch!«, flüsterte Farfurkis tollkühn, aber der Kommandant las bereits weiter.

»Punkt zehn. Kurz umrissenes Profil des Unerklärten: Vernunftbegabtes Wesen vom Stern Antares. Pilot eines Raumschiffs namens Fliegende Untertasse.«

Lawr Fedotowitsch hatte nichts einzuwenden. Chlebowwodow, der kein Auge von ihm ließ, nickte zustimmend, und der Kommandant fuhr fort: »Punkt elf. Angaben über die nächsten Angehörigen … Das ist eine lange Liste.«

»Lesen Sie, lesen Sie«, forderte Chlebowwodow ihn auf.

»Hier sind siebenhundertdreiundneunzig Personen aufgeführt«, warnte der Kommandant.

»Dann sollten Sie keine Zeit verlieren«, riet Chlebowwodow. »Du bist hier, um zu lesen, also bitte. Und zwar klar und deutlich.«

Der Kommandant seufzte und legte los: »Eltern: A, B, C, D, E, F, G, H …«

»Was soll das? Aufhören«, befahl Chlebowwodow, der vor Erstaunen jede Höflichkeit vergaß. »Sind wir hier in der Schule? Hältst du uns für kleine Kinder?«

»Ich lese nur vor, was hier steht«, gab der Kommandant bissig zurück und fuhr fort: »I, J, K, L, M, N …«

»Hrrrm«, stieß Lawr Fedotowitsch hervor. »Es gibt eine Frage an den Vortragenden. Der Vater des Vorgangs Nummer zweiundsiebzig: Familienname, Vorname, Vatersname.«

»Einen Augenblick«, schaltete ich mich ein. »Konstantin Konstantinowitsch hat vierundneunzig Erzeuger fünffachen Geschlechts, sechsundneunzig Ehepartner vierfachen Geschlechts, zweihundertsieben Kinder fünffachen Geschlechts und dreihundertsechsundneunzig Mitembryonen fünffachen Geschlechts.«

Die Wirkung meiner Mitteilung übertraf alle Erwartungen. Lawr Fedotowitsch griff verwirrt nach dem Theaterglas und hielt es sich vor den Mund. Chlebowwodow beleckte sich pausenlos die Lippen. Farfurkis blätterte verbissen in seinem Notizbuch.

Mit Wybegallo brauchte ich nicht zu rechnen, und so bereitete ich mich auf die Generalschlacht vor: Ich vertiefte die Grabenprofile, verminte die durch Panzer gefährdeten Richtungen und baute die Riegelstellungen aus. Die Bunker barsten vor Munition, die Artilleristen standen an den Geschützen, den Infanteristen war je ein Glas Wodka ausgegeben worden. Stille breitete sich aus, ein Gewitter zog auf, und die Luft knisterte vor Spannung, meine Hand lag bereits auf dem Telefonhörer, ich war bereit, den atomaren Erstschlag zu befehlen – doch das erwartete Brüllen, Donnern und Rasseln verpuffte.

Plötzlich grinste Chlebowwodow breit, neigte sich Lawr Fedotowitsch zu und flüsterte ihm etwas ins Ohr, während er mit seinen ölig glänzenden Augen die Zimmerecken abtastete. Lawr Fedotowitsch ließ das besabberte Theaterglas sinken und stieß mit bebender Stimme hervor: »Tragen Sie weiter vor, Genosse Subo.«

Der Kommandant legte die Liste mit den Angehörigen gehorsam beiseite und las: »Punkt zwölf. Ständige Wohnanschrift: Galaxis, Stern Antares, Planet Konstantina, Staat Konstantinien, Stadt Konstantinow, Ruf 457-14-9. Das ist alles.«

»Einspruch«, meldete sich Farfurkis mit bereits gefestigter Stimme. Lawr Fedotowitsch blickte ihn wohlwollend an; Farfurkis war wieder in Gnaden aufgenommen, und mit Tränen des Glücks in den Augen polterte er los: »Einspruch! Erstens hat sich in die Altersangabe offensichtlich ein Fehler eingeschlichen. Im Fragebogen ist als Geburtsdatum das Jahr zweihundertdreizehn vor unserer Zeitrechnung angegeben. Wenn das stimmte, wäre der Vorgang Nummer zweiundsiebzig schon über zweitausend Jahre alt und das der Wissenschaft bekannte Höchstalter um zweitausend Jahre überschritten. Ich verlange, dass das Datum präzisiert und der Schuldige bestraft wird.«

Eifersüchtig fragte Chlebowwodow: »Vielleicht ist er ein Bergbewohner, wie wollen Sie das wissen?«

»Erlauben Sie mal!«, rief Farfurkis. »Selbst bei Bergbewohnern …«

»Ich erlaube gar nichts«, widersprach Chlebowwodow. »Ich erlaube Ihnen nicht, die Leistungen unserer prächtigen Bergbewohner zu schmälern! Wenn Sie's genau wissen wollen: Dem möglichen Höchstalter unserer Bergbewohner sind keine Grenzen gesetzt!« Er blickte Lawr Fedotowitsch siegesbewusst an.

»Das Volk …«, stieß Lawr Fedotowitsch hervor. »Das Volk ist ewig. Die Außerirdischen kommen und gehen, unser Volk, unser großes Volk aber bleibt für immer.«

Farfurkis und Chlebowwodow fingen an zu grübeln, zu wessen Gunsten sich der Vorsitzende ausgesprochen haben mochte. Keiner der beiden wollte ein Risiko eingehen: Der eine war hoch oben und wollte nicht irgendeines lausigen

Außerirdischen wegen vom Gipfel rutschen. Der andere war tief unten am Rande des Abgrunds angelangt, aber man hatte ihm gerade ein rettendes Seil zugeworfen.

Unterdessen stieß Lawr Fedotowitsch hervor: »Ist das alles, Genosse Subo? Gibt es Fragen? Es gibt den Vorschlag, den Vorgang namens Konstantin Konstantinow aufzurufen. Andere Vorschläge gibt es nicht? Dann mag der Vorgang eintreten.«

Der Kommandant wurde blass und biss sich auf die Lippen. Er holte eine Perlmuttkugel aus der Tasche, kniff die Augen zu und drückte die Kugel kräftig. Es gab einen Knall, als hätte jemand eine Flasche entkorkt, und Konstantin stand neben dem Demonstrationstisch. Anscheinend hatten wir ihn mitten aus der Arbeit gerissen: Er trug einen mit fluoreszierendem Öl beschmierten Overall, seine vorderen Hände steckten in metallischen Arbeitshandschuhen, die hinteren wischte er sich hastig am Rücken ab. Seine vier Augen blickten besorgt, aber sachlich drein. Im Saal breitete sich ein starker Geruch nach Chemie aus.

»Guten Tag«, grüßte Konstantin erfreut, als ihm klarwurde, wo er sich befand. »Endlich haben Sie mich aufgerufen. Mein Fall ist zwar nicht von Belang, ja, es ist mir direkt peinlich, Sie damit zu behelligen, aber ich befinde mich in einer ausweglosen Situation, und mir bleibt nichts übrig, als Sie um Hilfe zu bitten. Ich will Sie nicht lange aufhalten. Was brauche ich?« Er begann an den Fingern seiner rechten Vorderhand abzuzählen: »Eine Laserbohrmaschine, aber mit extrem hoher Leistung. Einen Plasmabrenner – ich weiß, so etwas gibt es bei Ihnen schon. Zwei Brutschränke für je tausend Eier. Das würde mir für den Anfang genügen. Außerdem wäre es gut, noch einen qualifizierten Ingenieur zur Seite zu haben und in den Laboratorien des Physikalischen Instituts der Akademie der Wissenschaften arbeiten zu dürfen.«

»Das soll ein Außerirdischer sein?«, fragte Chlebowwodow empört. »Was ist das für ein Außerirdischer, frage ich Sie, wenn ich ihn jeden Tag im Restaurant treffe? Wer sind Sie überhaupt, und wie kommen Sie hierher?«

»Ich bin Konstantin aus dem Antaressystem«, antwortete der Außerirdische verlegen. »Ich dachte, das wüssten Sie längst. Man hat mich nämlich schon befragt, und außerdem habe ich einen Fragebogen ausgefüllt.« In diesem Moment erblickte er Wybegallo und lächelte ihm freundlich zu. »Sie waren es doch, der mich befragt hat, nicht wahr?«

Auch Chlebowwodow wandte sich zu Wybegallo um. »Ihrer Ansicht nach ist das also ein Außerirdischer?«, fragte er höhnisch.

»Tjä …«, äußerte Wybegallo würdevoll. »Die moderne Wissenschaft schließt die Möglichkeit, dass Außerirdische bei uns landen, nicht aus, Genosse Chlebowwodow – das muss man wissen. Und zwar ist das die offizielle Meinung, nicht meine persönliche, sondern jene der maßgeblichen Wissenschaftler. Schon Giordano Bruno hat zu dieser Frage offiziell Stellung genommen. Und Akademiemitglied Lewon Alfredowitsch Wolosjanis und, tjä, die Schriftsteller Wells und … Tschugunez, zum Beispiel.«

»Komische Sache«, meinte Chlebowwodow misstrauisch. »Merkwürdige Außerirdische sind das heute.«

»Ich sehe mir gerade das Foto in der Akte an«, ließ sich Farfurkis vernehmen. »Und dabei stelle ich fest, dass zwar eine Ähnlichkeit vorhanden ist, der Genosse auf dem Foto aber zwei Arme besitzt, während dieser hier vier davon hat. Gibt es dafür eine wissenschaftliche Erklärung?«

Wybegallo ließ ein ellenlanges französisches Zitat vom Stapel, dem zu entnehmen war, dass ein gewisser Arthur morgens, nachdem er eine Tasse Kakao zu sich genommen hatte, gern ans Meeresufer trat. Ich fiel ihm ins Wort und sagte: »Konstantin, drehen Sie sich mit dem Gesicht bitte zum Genossen Farfurkis um.«

Konstantin gehorchte.

»Aha, aha«, sagte Farfurkis. »Das hätten wir also geklärt. Lawr Fedotowitsch, ich muss Ihnen sagen, dass zwischen dem Foto und diesem Genossen eine unverkennbare Ähnlichkeit besteht. Ich sehe da vier Augen, ja, es sind vier. Eine Nase hat er nicht. Tja. Dann ist da ein hakenförmiger Mund. Stimmt alles.«

»Na, ich weiß nicht«, meinte Chlebowwodow. »Von den Außerirdischen hat in der Presse schon genug gestanden, und zwar hieß es dort, dass sie sich, wenn es sie gäbe, längst zu erkennen gegeben hätten. Und da sie das nicht tun, sind sie eine Erfindung gewissenloser Leute. Sind Sie ein Außerirdischer?«, krähte er Konstantin plötzlich an.

»Jawohl«, antwortete Konstantin und wich ein Stück zurück.

»Haben Sie sich zu erkennen gegeben?«

»Nein«, erwiderte Konstantin. »Ich hatte ja überhaupt nicht die Absicht, bei Ihnen zu landen. Und darum geht's ja auch nicht. Meiner Ansicht nach ...«

»Nein, guter Mann, das kann er vergessen. Es geht sehr wohl darum. Wer sich zu erkennen gibt, ist uns herzlich willkommen, den empfangen wir mit Brot und Salz, und alles ist in Ordnung. Wer sich aber nicht zu erkennen gibt, braucht sich nachher nicht zu wundern. Amphibrachus hin, Amphibrachus her, aber wir verdienen unser Geld auch nicht im Schlaf. Wir tun hier unsere Pflicht und können uns nicht um jeden dahergelaufenen Fremdling kümmern. Und damit spreche ich im Namen aller.«

»Hrrrm«, stieß Lawr Fedotowitsch hervor. »Wer möchte noch etwas sagen?«

»Ich, wenn's gestattet ist«, bat Farfurkis. »Der Genosse Chlebowwodow hat die Dinge im Großen und Ganzen richtig dargestellt. Ich meine jedoch, dass wir trotz unserer Überlastung den Genossen nicht einfach fallen lassen dürfen. Wir sollten an diesen konkreten Fall individuell herangehen. Ich bin für eine sorgfältige Prüfung. Niemand soll Anlass haben, uns einerseits Voreiligkeit, Bürokratismus oder Herzlosigkeit vorzuwerfen und andererseits Schlamperei, Schönfärberei oder mangelnde Wachsamkeit. Mit Lawr Fedotowitschs Erlaubnis schlage ich eine zusätzliche Befragung des Bürgers Konstantinow zwecks Klärung seiner Person vor.«

»Warum sollen wir der Miliz ins Handwerk pfuschen?«, fragte Chlebowwodow, den es wurmte, dass der niedergestreckte Widersacher sich wieder hochgerappelt hatte.

»Erlauben Sie mal!«, antwortete Farfurkis. »Wir wollen nicht der Miliz ins Handwerk pfuschen, sondern dafür sorgen, dass der Instruktion nach Geist und Buchstabe Genüge getan wird – wo es in Paragraf neun, Kapitel eins, Teil sechs heißt«, seine Stimme nahm einen triumphierenden Klang an, »›Falls die vom wissenschaftlichen Berater in Zusammenarbeit mit den örtlichen Vertretern der Administration vorgenommene Identifikation bei der Troika Zweifel weckt, ist eine zusätzliche Untersuchung des Vorgangs zwecks Präzisierung der Identifikation in Zusammenarbeit mit einem Bevollmächtigten der Troika oder auf einer Sitzung der Troika vorzunehmen.‹ Also genau das, was ich vorgeschlagen habe.«

»Die Instruktion, die Instruktion«, näselte Chlebowwodow. »Wir halten uns an die Instruktion; inzwischen aber führt uns dieser vieräugige Gauner an der Nase herum. Solche wie er stehlen uns bloß die Zeit. Die kostbare Zeit des Volkes!«, rief er mit Märtyrerstimme und schielte zu Lawr Fedotowitsch hinüber.

»Warum nennen Sie mich einen Gauner?«, fragte Konstantin empört. »Sie beleidigen mich, Bürger Chlebowwodow. Überhaupt sehe ich, dass es Ihnen völlig egal ist, ob ich ein Außerirdischer bin oder nicht. Sie wollen nur dem Bürger Farfurkis eins auswischen und sich beim Bürger Wunjukow einschmeicheln. Das ist unehrenhaft.«

»Verleumdung!«, brüllte Chlebowwodow und lief krebsrot an. »Üble Nachrede! Was hat das zu bedeuten, Genossen? Seit fünfundzwanzig Jahren gehe ich, wohin man mich schickt. Niemals gemaßregelt, immer nur befördert …«

»Sie lügen ja schon wieder«, erklärte Konstantin ungerührt. »Zweimal hat man Sie ohne jede Beförderung davongejagt.«

»Das ist eine Diffamierung! Lawr Fedotowitsch! Genossen! … Sie nehmen sich ganz schön was heraus, Bürger Konstantinow! Wir werden noch sehen, was Ihre hundert Erzeuger getrieben haben, und was für Erzeuger das überhaupt waren. Da hat er sich wohl mit einer ganzen Dienststelle versippt und verschwägert …«

»Hrrrm«, machte Lawr Fedotowitsch. »Es wird empfohlen, die Debatte abzubrechen und hier einen Schlussstrich zu ziehen. Gibt es andere Vorschläge?«

Stille trat ein. Farfurkis triumphierte ziemlich ungeniert. Chlebowwodow wischte sich den Schweiß von der Stirn, und Konstantin sah Lawr Fedotowitsch durchdringend an, sichtlich bemüht, seine Gedanken zu lesen oder zumindest in sein Herz zu blicken. Doch es war klar zu erkennen, dass all seine Bemühungen im Sande verlaufen würden, und in sein vieräugiges, nasenloses Gesicht malte sich immer deutlicher die Enttäuschung des erfahrenen Schatzsuchers, der den letzten Stein vom Versteck aus grauer Vorzeit gewälzt und den Arm bis zur Schulter hineingesteckt hat, dort aber außer einer feinen Staubschicht, klebrigen Spinnweben und undefinierbaren Krümeln nichts finden kann.

»Da es keine weiteren Vorschläge gibt«, verkündete Lawr Fedotowitsch, »gehen wir zur Nachuntersuchung über. Das Wort hat …« Er legte eine nervenzehrende Pause ein, in der

Chlebowwodow fast umgekommen wäre. »... der Genosse Farfurkis.«

Chlebowwodow fand sich mit einem Mal in einem stinkenden Abgrund wieder und folgte mit wilden Blicken dem Flug des Aasgeiers, der in nun unerreichbarer amtlicher Bläue seine Kreise zog. Farfurkis aber hatte es nicht eilig. Er beschrieb noch ein paar Kreise, ließ ein paar Kleckse auf Chlebowwodow fallen, landete dann hoch oben auf dem Grat, wo er sein Gefieder putzte, mit Lawr Fedotowitsch kokett ein paar Blicke tauschte und sich schließlich an Konstantin wandte: »Genosse Konstantinow, Sie behaupten, ein Außerirdischer zu sein und von einem anderen Planeten zu stammen. Mit welchen Dokumenten können Sie diese Behauptung belegen?«

»Ich könnte Ihnen mein Bordbuch zeigen«, antwortete Konstantin. »Aber erstens ist es nicht transportabel, und zweitens möchte ich weder Sie noch mich mit Beweismaterial belasten. Ich bin hier, um Sie um Hilfe zu bitten. Jeder Planet, der die kosmische Konvention unterzeichnet hat, ist verpflichtet, Verunglückten zu helfen. Ich habe Ihnen gesagt, was ich brauche, und warte jetzt auf Ihre Antwort. Vielleicht sind Sie nicht in der Lage, mir zu helfen, dann sagen Sie es lieber gleich. Das ist schließlich keine Schande.«

»Einen Augenblick«, unterbrach ihn Farfurkis. »Die Frage, ob diese Kommission kompetent ist, Vertretern anderer Planeten zu helfen, wollen wir vorläufig beiseitelassen. Unsere Aufgabe ist es, Sie, Genosse Konstantinow, als einen solchen Vertreter zu identifizieren ... Einen Augenblick, ich bin noch nicht fertig. Sie haben das Bordbuch erwähnt und erklärt, es sei leider nicht transportabel. Aber vielleicht erhält die Troika die Möglichkeit, dieses Buch an Bord Ihres Raumschiffs in Augenschein zu nehmen?«

»Nein, das ist ebenfalls unmöglich«, erwiderte Konstantin seufzend und sah Farfurkis aufmerksam an.

»Schön, das steht Ihnen frei«, erklärte Farfurkis. »Aber wenn dem so ist, legen Sie uns vielleicht irgendein anderes Dokument vor, das Ihre Herkunft beweisen kann?«

»Wie ich sehe«, sagte Konstantin erstaunt, »wollen Sie sich tatsächlich davon überzeugen, dass ich ein Außerirdischer bin. Ihre Motive sind mir allerdings nicht ganz klar. Aber lassen wir das beiseite. Und was die Beweise angeht: Gibt Ihnen mein Aussehen nicht genügend Hinweise für entsprechende Rückschlüsse?«

Farfurkis schüttelte bedauernd den Kopf. »Leider nicht«, sagte er. »Das ist alles nicht so einfach. Die Wissenschaft gibt uns keine eindeutige Vorstellung von dem, was ein Mensch ist. Das ist auch ganz natürlich. Definierte die Wissenschaft den Menschen beispielsweise als ein Geschöpf mit zwei Augen und zwei Armen, so gerieten ganze Bevölkerungsschichten, die nur einen Arm besitzen oder gar keine, in eine dumme Lage. Andererseits vollbringt die Medizin heutzutage wahre Wunder. Ich habe selbst Hunde mit zwei Köpfen und sechs Pfoten im Fernsehen gesehen, und es gibt für mich keinen Grund …«

»Dann vielleicht das Aussehen meines Raumschiffs … Ein für Ihre irdische Technik recht ungewöhnlicher Anblick …«

Wieder schüttelte Farfurkis den Kopf. »Sie müssen verstehen«, erklärte er sanft, »dass es im Atomzeitalter nicht so einfach ist, ein Mitglied eines öffentlichen Gremiums, das zu allen möglichen Dingen Zutritt hat, durch eine technische Anlage in Erstaunen zu versetzen.«

»Ich kann Gedanken lesen«, teilte Konstantin mit. Offenbar hatte er an der Situation Interesse gefunden.

»Die Telepathie ist unwissenschaftlich«, gab Farfurkis sanft zurück. »Wir glauben nicht an sie.«

»So?«, wunderte sich Konstantin. »Seltsam. Aber hören Sie, was ich Ihnen jetzt sage. Sie beispielsweise wollen mir gleich etwas über den Zwischenfall mit der ›Nautilus‹ erzählen, und der Bürger Chlebowwodow …«

»Verleumdung!«, krächzte Chlebowwodow, und Konstantin verstummte.

»Verstehen Sie uns richtig«, begann Farfurkis eindringlich und presste die Hände gegen die feiste Brust. »Wir sagen ja nicht, dass es keine Telepathie gibt. Wir sagen nur, dass die Telepathie unwissenschaftlich ist und wir nicht an sie glauben. Sie erwähnten den Zwischenfall mit dem U-Boot ›Nautilus‹, dabei ist allgemein bekannt, dass das Ganze nur eine Ente ist, von der Bourgeoisie in die Welt gesetzt, um die Völker von aktuellen Problemen abzulenken. Ihre telepathischen Fähigkeiten sind also, egal, ob tatsächlich vorhanden oder eingebildet, nur ein Fakt Ihrer persönlichen Biografie, die im Moment das Objekt unserer Untersuchung darstellt. Merken Sie, wie sich der Kreis schließt?«

»Ja, ich merke es«, erklärte Konstantin. »Aber was wäre, wenn ich jetzt in Ihrer Gegenwart ein wenig flöge?«

»Das wäre natürlich interessant. Aber leider sind wir hier im Dienst und können uns nicht einfach Vorführungen ansehen, selbst wenn sie noch so atemberaubend sind.«

Konstantin blickte mich fragend an. Die Lage schien mir hoffnungslos, und mir war überhaupt nicht zum Lachen zumute. Konstantin ahnte nichts davon, aber der Große Runde Stempel hing schon wie ein Damoklesschwert über ihm. Edik stellte noch immer an seinem Spielzeug herum, und ich wusste nicht, was ich tun sollte. Ich konnte nur versuchen, Zeit zu gewinnen, und so sagte ich: »Machen Sie mal, Konstantin.«

Und Konstantin machte. Anfangs bewegte er sich nur träge und vorsichtig, als fürchte er, irgendwo anzuecken, aber allmählich kam er in Fahrt und zeigte uns ein paar sehr effektvolle Übungen, die das Raum-Zeit-Kontinuum, die verschiedenen Transformationen des vitalen Kolloids und kritische Zustände von Reflexionsorganen veranschaulichten. Als er innehielt, war mir schwindlig, mein Puls raste, in den Ohren rauschte es, und ich hörte kaum die müde Stimme des Außerirdischen: »Die Zeit läuft, und ich bin in Eile. Wie haben Sie entschieden?«

Wieder bekam er keine Antwort. Lawr Fedotowitsch drehte nachdenklich die Box mit dem Diktiergerät zwischen den Fingern. Sein kluges Gesicht wirkte ruhig und ein wenig traurig. Chlebowwodow achtete nicht auf seine Umgebung oder tat wenigstens so. Er kritzelte etwas auf einen Zettel und warf ihn Subo zu, der ihn aufmerksam durchlas und lautlos die Finger über die Tasten des Informationsrechners gleiten ließ. Farfurkis blätterte in einem Handbuch und starrte abwesend auf die Seiten. Wybegallo dagegen litt. Er biss sich auf die Lippen, runzelte die Stirn und ächzte sogar leise. Der Rechner stieß mit einem trockenen Klicken ein weißes Kärtchen aus. Subo fing es auf und reichte es dem Oberst.

Ich sah zu Edik hinüber. Der Remoralisator lag auf seiner offenen Hand. Edik schaute mit einem Auge durch das verspiegelte Sichtfenster und drehte vorsichtig an einer winzigen Stellschraube. Ich hielt den Atem an, sah zu und horchte.

»Ein Sprung von tausend Jahren«, sagte Wybegallo leise.

»Ein Sprung zurück«, murmelte Farfurkis. Er blätterte noch immer in dem Handbuch.

»Ich weiß nicht, wie wir jetzt weiterarbeiten wollen«, fuhr Wybegallo fort. »Wir haben das Aufgabenbuch von hinten aufgeschlagen – da, wo die Antworten stehen.«

»Aber Sie haben die Antworten doch noch gar nicht gesehen«, widersprach Farfurkis. »Wollen Sie das?«

»Ist doch ganz unwichtig«, entgegnete Wybegallo. »Jetzt wissen wir, dass es Antworten gibt. Es ist doch langweilig, etwas zu suchen, was längst gefunden ist.«

Der Außerirdische wartete mit gefalteten Händen. Der Sessel mit der niedrigen Rückenlehne war unbequem für ihn, und er saß stocksteif da. Chlebowwodow schleuderte das Kärtchen beiseite, schrieb einen neuen Zettel, und Subo beugte sich über die Tasten.

»Ich weiß, dass wir ablehnen müssen«, sagte Chlebowwodow. »Und ich weiß auch, dass wir uns dafür hundertfach verfluchen werden.«

»Das ist nicht das Schlimmste, was uns passieren kann«, erwiderte Farfurkis. »Schlimmer ist es, von anderen hundertfach verflucht zu werden.«

»Unsere Enkel, ja vielleicht schon unsere Kinder werden das alles als gegeben hinnehmen.«

»Uns darf nicht gleichgültig sein, was gerade unsere Kinder als gegeben hinnehmen werden.«

»Die moralischen Kriterien des Humanismus«, resümierte Wybegallo mit schwachem Lächeln.

»Andere Kriterien haben wir nicht«, gab Farfurkis zu bedenken.

»Leider«, seufzte Wybegallo.

»Zum Glück, Genosse, zum Glück. Immer wenn die Menschheit nach anderen Kriterien lebte, musste sie grausam dafür büßen.«

»Das weiß ich. Auch wenn ich's lieber nicht wüsste.« Wybegallo warf einen Blick auf Lawr Fedotowitsch. »Die Problemstellung, die uns hier zu schaffen macht, entbehrt einer korrekten Grundlage. Sie beruht auf verworrenen Begriffen, auf unklaren Formulierungen und reiner Intuition. Als Wissenschaftler nehme ich die Lösung einer solch gestellten Aufgabe gar nicht erst in Angriff. So etwas ist unseriös. Da hilft nur eins: ein Mensch zu bleiben. Mit allen sich daraus ergebenden Folgen. Ich bin gegen territoriale Kontakte. Die sind nicht von Dauer!«, rief er aufgeregt und lehnte sich mit dem ganzen Körper zu dem reglos dasitzenden Außerirdischen hinüber. »Verstehen Sie uns richtig. Ich bin davon überzeugt, dass sie nicht von Dauer sind. Geben

Sie uns Zeit, wir sind dem Chaos noch nicht lange entwachsen, im Gegenteil, wir stecken noch mitten drin.«

Lawr Fedotowitsch blickte Farfurkis an.

»Ich kann nur wiederholen, was ich schon gesagt habe«, erklärte dieser leise. »Niemand hat mich von meiner Überzeugung abbringen können. Ich bin gegen jeglichen Kontakt über einen historisch längeren Zeitraum … Ich bin mir absolut sicher«, fügte er höflich hinzu, »dass die hohe vertragschließende Seite jede andere Entscheidung unsererseits als einen Beweis der Selbstüberschätzung und sozialen Unreife auffassen würde.« Er deutete dem Außerirdischen gegenüber eine knappe Verbeugung an.

»Und Sie?«, fragte Lawr Fedotowitsch.

»Ich bin entschieden gegen jeden Kontakt«, erwiderte Chlebowwodow, ohne seine Schreiberei zu unterbrechen. »Entschieden und vorbehaltlos.« Er warf Subo das nächste Zettelchen zu. »Ich will das jetzt nicht näher begründen, erbitte mir aber das Recht, in zehn Minuten mehr dazu zu sagen.«

Lawr Fedotowitsch legte das Diktiergerät auf den Tisch und erhob sich langsam. Auch der Außerirdische stand auf. So verharrten sie einander gegenüber, nur durch den riesigen, mit Nachschlagewerken, Mikrobuch-Kassetten und Videobändern überhäuften Tisch getrennt.

»Es fällt mir im Augenblick nicht leicht zu sprechen«, begann Lawr Fedotowitsch. »Nicht leicht allein deshalb, weil die Umstände vermutlich ein hohes Pathos und nicht nur korrekte, sondern auch feierliche Worte erfordern. Aber hier auf Erden hat im letzten Jahrhundert alles Pathetische durch eine Reihe von Umständen eine krasse Entwertung erfahren. Darum will ich mich einfach nur bemühen, genau zu sein. Sie haben uns Freundschaft und Zusammenarbeit angeboten, in allen Bereichen unserer Zivilisation. Dieses Angebot ist in der Geschichte der Menschheit beispiellos –

ebenso wie die Landung eines Außerirdischen auf unserem Planeten und wie unsere Antwort auf Ihr Angebot. Wir weisen den von Ihnen vorgeschlagenen Pakt in allen Punkten zurück, wir lehnen es ab, Ihnen ein Gegenangebot zu unterbreiten, und bestehen kategorisch auf einem totalen Abbruch jeglicher Kontakte zwischen unseren Zivilisationen und einzelnen ihrer Vertreter. Andererseits wollen wir nicht, dass eine so kategorisch und unfreundlich klingende Absage die Kluft zwischen unseren Kulturen vertieft, die ohnehin kaum zu überbrücken ist. Und so erklären wir hiermit die Idee eines Kontakts zwischen verschiedenen Zivilisationen im Kosmos für prinzipiell nützlich und vielversprechend. Wir betonen, dass die Idee eines Kontakts seit unvordenklichen Zeiten eine der edelsten und langgehegtesten Intentionen der Menschheit ist. Wir versichern Ihnen, dass unsere Absage keinesfalls auf feindlicher, verborgener Missgunst beruht oder auf physiologischen oder sonstigen blinden Vorurteilen. Wir möchten, dass Sie die Gründe für unsere Absage kennen, verstehen und wenn schon nicht billigen, so wenigstens zur Kenntnis nehmen.«

Wybegallo und Farfurkis starrten Lawr Fedotowitsch reglos und in gespannter Erwartung an. Chlebowwodow erhielt eine Antwort auf sein letztes Zettelchen, stapelte alle Kärtchen ordentlich übereinander und wandte sich ebenfalls Lawr Fedotowitsch zu.

»Die Unterschiede zwischen unseren Zivilisationen sind gewaltig«, fuhr Lawr Fedotowitsch fort. »Ich spreche nicht von den biologischen Unterschieden – die Natur hat Sie weitaus reicher beschenkt als uns. Auch von den sozialen Unterschieden will ich gar nicht sprechen – Sie haben jenes Stadium der gesellschaftlichen Entwicklung, in das wir gerade erst eintreten, längst hinter sich gelassen. Und natürlich spreche ich auch nicht von den Unterschieden auf wissenschaftlich-technischem Gebiet – vorsichtigen Schätzungen nach sind Sie uns um mehrere Jahrhunderte voraus. Nein, ich spreche von der unmittelbaren Folge, die sich aus diesen drei Aspekten ergibt: von den enormen psychologischen Unterschieden, welche nämlich die Hauptursache für das Scheitern unserer Verhandlungen darstellen. Uns trennt jene durchgreifende Revolution in der Psychologie der Massen, die wir gerade erst in Angriff genommen haben und die für Sie sicher längst Vergangenheit ist. Diese psychologische Kluft hindert uns, eine richtige Vorstellung von den Zielen Ihres Besuchs zu gewinnen. Wir verstehen nicht, wozu *Sie* die Freundschaft und Zusammenarbeit mit uns brauchen. Schließlich sind wir dem Zustand ständiger Kriege, des Blutvergießens und der Gewalt, der Welt der Lüge, der Gemeinheit und Selbstsucht erst knapp entwachsen. Der Schmutz dieser Welt haftet noch an uns: Wenn wir dann auf Phänomene stoßen, die unseren Verstand übersteigen, und uns nichts als unsere enormen, aber noch unbewältigten Erfahrungen zur Verfügung steht, um diese zu begreifen, machen wir uns davon eine Vorstellung nach unserem Ebenbild. Kurzum: Wir trauen Ihnen ebenso wenig wie uns selbst. Unsere Massenpsychologie beruht auf Egoismus, Utilitarismus und Mystizismus. Die Aufnahme und Vertiefung des Kontakts zu Ihnen birgt für uns vor allem die Gefahr einer starken Verkomplizierung der ohnehin komplizierten Situation auf unserem Planeten. Unser Egoismus und Anthropozentrismus sowie der uns jahrtausendelang von Religionen und naiven Philosophien eingeimpfte Glaube an unsere naturgegebene Überlegenheit, unsere Einmaligkeit und Auserwähltheit – all das könnte einen ungeheuren psychologischen Schock in uns auslösen, ein Aufflackern irrationalen Hasses auf Sie, hysterische Angst vor Ihren unvorstellbaren Möglichkeiten und das Gefühl einer unsagbaren Erniedrigung und plötzlichen Entthronung von uns Menschen als Herrscher über die Natur. Unser Utilitarismus würde in großen

Bevölkerungsteilen das Bestreben wecken, sich der materiellen Güter eines mühelos, ja gratis erlangten Fortschritts zu bedienen, und die Menschen unwiederbringlich zu Nichtstuern und Konsumenten machen; dabei kämpfen wir doch weiß Gott schon jetzt verzweifelt gegen diese Folge unseres eigenen wissenschaftlich-technischen Fortschritts an. Was unseren hartnäckigen Mystizismus, unser eingewurzeltes Hoffen auf gute Götter, gute Herrscher und gute Helden angeht, unser Hoffen auf eine außergewöhnliche Persönlichkeit, die kommt und uns unsere Sorgen und unsere Verantwortung abnimmt – was diese Kehrseite unseres Egoismus angeht, so können Sie sich wahrscheinlich gar nicht vorstellen, was Ihre ständige Anwesenheit auf unserem Planeten bedeuten würde. Wie ich hoffe, sehen Sie nun selbst, dass eine Vertiefung des Kontakts das wenige, das wir bei der Vorbereitung der psychologischen Revolution bisher vollbracht haben, zunichtezumachen droht. Bitte verstehen Sie, dass unsere Ablehnung des Kontakts nicht an Ihnen, Ihren Vorzügen oder Mängeln liegt, sondern einzig und allein an uns und unserer Unreife. Wir sehen das ganz klar. Und wenn wir heute eine Vertiefung des Kontakts zu Ihnen kategorisch ablehnen, so gedenken wir diesen Zustand nicht zu verewigen und schlagen vor …« Lawr Fedotowitsch hob die Stimme, und alle standen auf. »Wir schlagen vor, genau fünfzig Jahre nach Ihrem Abflug dieses Treffen bevollmächtigter Vertreter beider Zivilisationen am Nordpol des Planeten Pluto zu wiederholen. Wir hoffen, bis dahin besser auf eine segensreiche und sinnvolle Zusammenarbeit unserer Zivilisationen vorbereitet zu sein.«

Mit diesen Worten beendete Lawr Fedotowitsch seine Rede, setzte sich, und alle folgten seinem Beispiel. Nur Chlebowwodow und der Außerirdische blieben stehen.

»Ich schließe mich in Inhalt und Form dem hier von unserem Vorsitzenden Dargelegten voll und ganz an«, erklärte

Chlebowwodow in scharfem, trockenem Ton. »Aber ich halte es für meine Pflicht, bei der hohen vertragschließenden Seite keinerlei Zweifel daran aufkommen zu lassen, dass wir entschlossen sind, bis zu der vereinbarten Zeit einen Kontakt mit allen Mitteln zu verhindern. Ich erkenne die gewaltige technische und demzufolge auch militärische Überlegenheit der hohen vertragschließenden Seite an, halte es dessenungeachtet aber für meine Pflicht, in aller Deutlichkeit zu erklären, dass jeder Versuch einer gewaltsamen Kontaktaufnahme, in welcher Form auch immer, vom Augenblick Ihres Abflugs an als aggressive Handlung aufgefasst und mit der ganzen Schlagkraft unserer Waffen abgewehrt werden wird. Jedes Raumschiff, das in die Reichweite unserer Kampfmittel kommt, wird ohne vorherige Warnung abgeschossen.«

»Genügt das?«, flüsterte Edik mir zu.

»Weiß nicht«, antwortete ich. »Schade, ich könnte ewig zuhören.«

»Ja, läuft nicht schlecht«, bestätigte Edik. »Aber langsam wird es Zeit aufzuhören. So ein Verbrauch zerebraler Energie …«

Er schaltete den Remoralisator aus, und sogleich begann Farfurkis zu meckern: »Aber Genossen! So kann man doch nicht arbeiten. Haben wir uns da nicht ein bisschen verrannt?«

Wybegallo kaute auf seinen Lippen herum, blickte mit trüben Augen um sich und kratzte sich den Bart.

»Genau!«, bestätigte Chlebowwodow und setzte sich. »Kommen wir zum Ende. Ich befinde mich hier in der Minderheit, aber wer bin ich schon? Wenn Sie ihn nicht der Miliz übergeben wollen, dann lassen Sie's. Aber als unerklärtes Phänomen sollten wir den Gaukler auf keinen Fall rationalisieren. Was ist schon dabei, dass ihm noch zwei zusätzliche Arme gewachsen sind?«

»Denen ist nicht beizukommen!«, flüsterte mir Edik bitter ins Ohr. »Sieht schlecht aus, Sascha. Sie haben wirklich keine Moral, diese Kanalisatoren …«

»Hrrrm«, machte Lawr Fedotowitsch und ließ eine kurze Rede vom Stapel, der zu entnehmen war, dass das Volk keine unerklärten Phänomene brauche, die ihr Recht auf Unerklärtheit zwar urkundlich belegen könnten, dies aus diesen oder jenen Gründen aber nicht täten. Andererseits fordere das Volk schon lange, Bürokratismus und Papierkrieg in allen Instanzen mit Stumpf und Stiel auszurotten. Auf der Grundlage dieser These empfahl Lawr Fedotowitsch im Namen aller, die Verhandlung zum Vorgang Nummer zweiundsiebzig auf den Dezember des laufenden Jahres zu verschieben, um dem Genossen Konstantinow, K. K., die Möglichkeit zu geben, seinen ständigen Wohnort aufzusuchen und die ordnungsgemäß ausgefertigten Dokumente herbeizuschaffen. Was die materielle Hilfe für den Genossen Konstantinow, K. K., angehe, so sei die Troika nur dann berechtigt, Hilfe zu gewähren oder sich für deren Gewährung zu verwenden, wenn es sich bei dem Antragsteller um ein von ihr, der Troika, identifiziertes unerklärtes Phänomen handle. Da der Genosse Konstantinow, K. K., jedoch noch nicht als eine solche Erscheinung identifiziert worden sei, werde die Frage der Hilfeleistung bis Dezember, genauer gesagt, bis zum Moment seiner Identifikation, aufgeschoben.

Der Große Runde Stempel trat nicht in Aktion, und ich seufzte erleichtert auf. Konstantin aber, der nicht mehr durchblickte und dem die Sache allmählich zu dumm wurde, spuckte – auf sehr vertraute Weise – demonstrativ aus und verschwand.

»Das ist eine Entgleisung!«, schrie Chlebowwodow freudestrahlend. »Haben Sie das gesehen? Den ganzen Fußboden hat er vollgespuckt!«

»Es ist empörend«, stimmte Farfurkis zu. »Ich qualifiziere das als eine Beleidigung.«

»Sag ich doch: Gauner!«, meinte Chlebowwodow. »Wir müssen die Miliz einschalten, sollen sie ihm ruhig mal fünfzehn Tage aufbrummen – da kann er mit seinen vier Armen die Straße fegen!«

»Nein, Genosse Chlebowwodow«, widersprach Farfurkis. »Das ist kein Fall mehr für die Miliz. Sie unterschätzen diese Angelegenheit. Das ist ein Schlag ins Gesicht der Öffentlichkeit und der Administration. Der Mann gehört vors Gericht!«

Lawr Fedotowitsch schwieg sich aus, aber seine kurzen sommersprossigen Finger glitten aufgeregt über den Tisch, als suche er einen besonderen Knopf oder das Telefon. Das Ganze roch nach einem politischen Delikt. Wybegallo, dem Konstantins Schicksal piepegal war, sagte weder muh noch mäh. Ich räusperte mich und bat um Gehör, das mir, wenn auch nicht allzu bereitwillig, gewährt wurde – schon funkelten die Augen, schon sträubten sich die Haare, schon waren die Hauer gefletscht und die Krallen gewetzt.

Bemüht, meinen Worten größtmögliches Gewicht zu geben, erinnerte ich die Troika daran, dass es angezeigt sei, galaktozentrische, keineswegs aber anthropozentrische Positionen zu vertreten. Ich wies darauf hin, dass Sitten und Gefühlsäußerungen bei Bewohnern anderer Planeten stark von den unseren abweichen können und müssen. Dabei bemühte ich die hinlänglich bekannte Analogie der Bräuche verschiedener Stämme und Völker unseres Planeten. Ich gab mich überzeugt, dass dem Genossen Farfurkis das bei manchen Bewohnern des Nordens übliche Aneinanderreiben der Nasen bei der Begrüßung auch nicht gefallen dürfte, er sich dadurch aber kaum in seiner Ehre als Mitglied der Troika verletzt fühlen würde. Was den Genossen Konstantinow angehe, so werde die Sitte, die in der Mundhöhle gebildete überschüssige Flüssigkeit auszuspucken – die bei einigen Völkern der Erde Unzufriedenheit, Gereiztheit oder eine Beleidigung des Gesprächspartners bedeute –, bei Bewohnern anderer Planeten etwas ganz anderes, beispielsweise Dank für erwiesene Aufmerksamkeit, ausdrücken. Das »Ausspucken« des Genossen Konstantinow könne außerdem eine ganz neutrale, physiologisch bedingte Funktion seines Organismus sein. (»Von wegen Organismus!«, brüllte Chlebowwodow. »Spuckt hier den Fußboden voll wie ein Bandit, und dann türmt er!«) Schließlich dürfe man auch die Möglichkeit nicht ausschließen, die erwähnte physiologische Absonderung des Genossen Konstantinow als eine mit seiner blitzartigen Fortbewegung im Raum verbundene Handlung zu interpretieren.

Ich flötete wie eine Nachtigall und beobachtete erleichtert, wie Lawr Fedotowitschs Finger immer langsamer wurden und schließlich auf der Schreibmappe zur Ruhe kamen. Chlebowwodow knurrte noch eine Weile drohend, aber der hellhörige Farfurkis stellte sich rasch auf die veränderte Situation ein und holte in einer völlig überraschenden Richtung zum Schlag aus. Er fiel unerwartet über den Kommandanten her, der sich in völliger Sicherheit wähnte und mit einfältiger Neugier verfolgte, wie sich die Dinge entwickelten.

»Mir fällt schon seit längerem auf«, donnerte Farfurkis, »dass es um die erzieherische Arbeit in der Kolonie Unerklärter Phänomene katastrophal bestellt ist. Politisch-aufklärerische Vorträge gibt es so gut wie gar nicht. Die Wandzeitung ist überholt, das kulturelle Abendstudium praktisch eingeschlafen. Die Kulturarbeit in der Kolonie beschränkt sich auf Tanzerei, ausländische Spielfilme und geschmacklose Unterhaltungsprogramme. Losungen, ja die Sichtagitation überhaupt, werden völlig vernachlässigt. Die Kolonisten sind sich selbst überlassen und moralisch größtenteils ohne

Halt, fast niemand kennt die internationale Lage, und die Rückständigsten von ihnen – der Geist eines gewissen Norbert Wiener zum Beispiel – wissen nicht einmal, wo sie sich befinden. Das Ergebnis sind amoralisches Handeln, Rowdytum und eine Flut von Beschwerden seitens der Bevölkerung. So verließ vorgestern der Pterodaktylus Kusma das Territorium der Kolonie, flatterte in sichtlich betrunkenem Zustand über dem Klub der Arbeiterjugend herum und nagte die Glühbirnen ab, die das Transparent mit der Aufschrift ›Herzlich willkommen‹ umrahmten. Ein gewisser Nikolai Dolgonossikow, der sich als Telepath und Spiritist ausgibt, verschaffte sich unter Vorspiegelung falscher Tatsachen Einlass ins Frauenwohnheim der Pädagogischen Fachschule und sprach und tat dort Dinge, die die Administration als religiöse Propaganda qualifizierte. Heute stoßen wir nun auf eine neue traurige Folge der verbrecherischen Nachlässigkeit des Kommandanten der Kolonie, des Genossen Subo, gegenüber den Fragen der Erziehung und Propaganda. Worum es sich bei dem Ausspucken überschüssiger Flüssigkeit aus der Mundhöhle des Genossen Konstantinow auch handeln mag, so zeugt es doch davon, dass der Genosse Konstantinow nicht weiß, wo er sich befindet und wie er sich hier zu verhalten hat, und das wiederum ist ein Versäumnis des Genossen Subo, der den Kolonisten den Sinn des Sprichworts ›Andere Länder, andere Sitten‹ nicht erklärt hat. Und darum bin ich der Ansicht, dass wir dem Genossen Subo einen Verweis erteilen und ihn verpflichten sollten, das Niveau der erzieherischen Arbeit in der ihm anvertrauten Kolonie zu erhöhen!«

Als Farfurkis fertig war, nahm sich Chlebowwodow den Kommandanten vor. Seine Rede war wirr, aber mit dunklen Drohungen und so unheimlichen Anspielungen gespickt, dass dem Kommandanten flau im Magen wurde und er ungeniert Pillen in sich hineinstopfte. Chlebowwodow brüllte:

»Dir werd ich was husten! Verstehen du mich, oder sein Sie schon ganz und gar verblödet?«

»Hrrrm«, sagte Lawr Fedotowitsch schließlich und versah die verschiedensten Buchstaben mit kräftigen i-Punkten.

Der Kommandant erhielt einen Verweis wegen ungebührlichen Verhaltens in Gegenwart der Troika, das in der Spuckaktion des Genossen Konstantinow zum Ausdruck gekommen war, sowie wegen administrativer Instinktlosigkeit. Dem Genossen Konstantinow, K. K., wurde eine Verwarnung in die Akten eingetragen, weil er in Schuhen die Decke entlanggegangen war. Farfurkis bekam eine mündliche Rüge wegen systematischen Überschreitens der Redezeit, Chlebowwodow eine wegen Verletzung der administrativen Ethik, die sich in dem Versuch niedergeschlagen hatte, den Genossen Konstantinow, K. K., wider besseres Wissen anzuschwärzen. Wybegallo kassierte einen mündlichen Verweis, weil er unrasiert zum Dienst erschienen war.

»Gibt es weitere Vorschläge?«, erkundigte sich Lawr Fedotowitsch. Chlebowwodow flüsterte ihm sogleich etwas ins Ohr. Lawr Fedotowitsch hörte ihn an und teilte mit: »Es gibt außerdem den Vorschlag, die Repräsentanten von unten an die Notwendigkeit zu erinnern, sich an der Arbeit der Troika aktiver zu beteiligen.«

Nun hatte jeder seins bekommen, nichts und niemand war vergessen worden. Wie nach einem reinigenden Gewitter lebten sogleich alle, selbst der Kommandant, wieder auf. Nur Ediks Miene verfinsterte sich, und er verharrte in nachdenklichem Schweigen.

»Der Nächste«, stieß Lawr Fedotowitsch hervor. »Tragen Sie vor, Genosse Subo.«

»Vorgang Nummer zwei«, las der Kommandant. »Familienname: Strich. Vorname: Strich. Vatersname: Strich. Spitzname: Kusma. Geburtsjahr und -ort: Nicht ermittelt, wahrscheinlich Kongo.«

»Ist er etwa stumm?«, erkundigte sich Chlebowwodow wohlwollend.

»Er kann nicht sprechen«, antwortete der Kommandant. »Bloß quäken.«

»Ist das angeboren?«

»Höchstwahrscheinlich.«

»Also schlechte Erbanlagen«, brummte Chlebowwodow. »Darum ist er auch unter die Banditen gegangen. Hat er viele Vorstrafen?«

»Wer?«, fragte der Kommandant. »Ich?«

»Nein, warum denn du? Ich meine den ... Banditen. Wie war doch gleich sein Spitzname? Wassja?«

»Einspruch«, rief Farfurkis ungeduldig. »Genosse Chlebowwodow geht von der vorgefassten Meinung aus, dass nur Banditen einen Spitznamen haben. Dabei empfiehlt die Instruktion im Paragrafen acht, Kapitel vier, Teil zwei, einem unerklärten Phänomen, das nicht als vernunftbegabtes Wesen identifiziert wird, einen Spitznamen zu geben.«

»Ach so!«, sagte Chlebowwodow enttäuscht. »Das ist bloß irgendein Hund. Ich dachte schon, ein Bandit. Als ich noch bei der Allrussischen Theatergesellschaft die Kasse für gegenseitige Hilfe unter mir hatte, war da ein Kassierer ...«

»Einspruch!«, rief Farfurkis fast weinerlich. »Der Genosse Chlebowwodow überschreitet die Redezeit! Wenn das so weitergeht, sitzen wir um Mitternacht noch hier.«

Chlebowwodow blickte auf die Uhr. »Ja, wirklich«, sagte er. »Entschuldigung. Lies weiter, Bruderherz. Wo waren Sie stehengeblieben?«

»Punkt fünf«, las der Kommandant. »Nationalität: Pterodaktylus.«

Alle zuckten zusammen, aber die Zeit drängte, und niemand ergriff das Wort.

»Schulbildung: Strich«, fuhr der Kommandant fort. »Fremdsprachenkenntnisse: Strich. Beruf und gegenwärtige

Arbeitsstelle: Strich. Aufenthalte im Ausland: wahrscheinlich.«

»Ach, das ist schlecht«, murmelte Chlebowwodow. »Ganz schlecht! Tja, die Wachsamkeit … Ein Pterodaktylus, sagen Sie? Ist er demnach ein Weißer oder ein Schwarzer?«

»Ein Grauer, würde ich sagen«, meinte der Kommandant.

»Aha«, sagte Chlebowwodow. »Und sprechen kann er nicht, bloß quäken … Na schön, weiter.«

»Kurz umrissenes Wesen des Unerklärten: Gilt seit fünfzig Millionen Jahren als ausgestorben.«

»Seit wann?«, fragte Farfurkis.

»Hier steht seit fünfzig Millionen Jahren«, antwortete der Kommandant unsicher.

»Das kann man doch nicht ernst nehmen«, murmelte Farfurkis mit einem Blick auf die Uhr. »Na, lesen Sie schon«, bat er stöhnend. »Lesen Sie weiter!«

»Angaben über die nächsten Angehörigen: wahrscheinlich durchweg ausgestorben. Ständige Wohnanschrift: Tmuskorpion, Kolonie Unerklärter Phänomene.«

»Gemeldet?«, erkundigte sich Chlebowwodow streng.

»Ja, es scheint so«, antwortete der Kommandant. »Seit er bei uns auftauchte und ins Buch der Ehrengäste eingetragen wurde, hält er sich hier auf. Er fühlt sich bei uns wohl, der Kusma.« In der Stimme des Kommandanten schwangen zärtliche Töne mit: Er hatte Kusma ins Herz geschlossen.

»Ist das alles?«, vergewisserte sich Lawr Fedotowitsch. »Dann gibt es den Vorschlag, den Vorgang aufzurufen.«

Da keine anderen Vorschläge vorlagen, zog der Kommandant die Vorhänge auf und rief lockend: »Kus, Kus, Kus! … Der Schlingel hockt drüben auf dem Schornstein«, erklärte er gerührt. »Er geniert sich, weil er furchtbar schüchtern ist … Kus! Kus, Kus! … Jetzt kommt er angeflattert, der Gauner«, sagte er und trat vom Fenster zurück.

Wir hörten ein ledriges Rascheln, dann pfiff es, und ein riesiger Schatten verdunkelte den Himmel. Schon landete Kusma, die vibrierende Flughaut ausgebreitet, auf dem Demonstrationstisch. Er klappte die Flügel zusammen, warf den Kopf zurück, sperrte den länglichen, zahnbewehrten Rachen auf und quäkte leise.

»Er begrüßt uns«, erläuterte der Kommandant. »Ein höflicher Lump, und er versteht jedes Wort.«

Kusma beäugte die Troika, begegnete Lawr Fedotowitschs starrem Blick und genierte sich plötzlich fürchterlich. Er hüllte sich in seine Flughaut, legte den Kopf an den Bauch und lugte mit einem riesigen grünen und anachronistischen Auge, das einer halb geschlossenen Irisblende glich, verschämt hinter den Hautfalten hervor. Kusma war ein reizendes Kerlchen. Auf den ersten Blick wirkte er allerdings abscheulich. Chlebowwodow ließ vorsichtshalber etwas fallen, kroch unter den Tisch und murmelte: »Und ich dachte, das wäre so ein quäkender Hund ...«

»Beißt er?«, fragte Farfurkis ängstlich.

»Wo denken Sie hin!«, empörte sich der Kommandant. »Das ist ein ganz harmloses Geschöpf, an dem jeder sein Mütchen kühlt. Natürlich, wenn er in Wut gerät ... Aber er gerät eigentlich nie in Wut.«

Lawr Fedotowitsch betrachtete den Pterodaktylus durch sein Theaterglas und brachte ihn damit endgültig aus der Fassung. Kusma quäkte leise und steckte den Kopf unter die Flügel.

»Hrrrm«, stieß Lawr Fedotowitsch zufrieden hervor und legte das Theaterglas beiseite.

Die Sache ließ sich gut an.

»Und ich dachte, das wäre irgendein Pferd«, murmelte Chlebowwodow, der noch immer unter dem Tisch umherkroch.

»Gestatten Sie mir ein paar Worte, Lawr Fedotowitsch«, bat Farfurkis. »Ich sehe bei diesem Vorgang gewisse Schwierigkeiten. Wäre es unsere Aufgabe, ungewöhnliche Phänomene zu untersuchen, so würde ich als Erster für eine sofortige Rationalisierung plädieren. Ein Krokodil mit Flügeln ist in unseren Breiten tatsächlich eine ungewöhnliche Erscheinung. Wir haben hier jedoch unerklärte Phänomene zu untersuchen, und da kommen mir Zweifel. Enthält der Vorgang Nummer zwei ein Element des Unerklärten? Wenn nicht, warum sollen wir ihn dann untersuchen? Wenn ja, worin besteht es? Vielleicht kann uns der Genosse Berater etwas dazu mitteilen?«

Der Genosse Berater konnte. In seinem franko-russischen Kauderwelsch teilte er der Troika mit, dass Marie Brions Frisur auf den abendlichen Empfängen des Barons de Vaudreille sämtliche Gäste entzückt habe, eine Tatsache, die er, der wissenschaftliche Berater, nicht leugnen könne. Was hingegen die Unerklärbarkeit dieses, tjä, *le ptérodactyle* angehe, so liege sie auf einer Ebene mit seiner Ungewöhnlichkeit, und er, der wissenschaftliche Berater, halte es für seine traurige, aber ehrenvolle Pflicht, den Genossen Farfurkis hieran zu erinnern. Plato sei schon immer sein, des wissenschaftlichen Beraters, Freund gewesen und werde es auch bleiben, und der Wissenschaft in seiner, des wissenschaftlichen Beraters, Person gehe die Wahrheit über alles. Fliegende Krokodile oder, genauer gesagt, das Vorhandensein von zwei oder mehr Flügeln bei manchen Krokodilen habe die Wissenschaft bis heute noch nicht erklären können, weshalb er, der wissenschaftliche Berater, gerne den Gärtner bäte, ihm seine wunderschönen Tuberosen zu zeigen, von denen man vergangenen Freitag gesprochen habe. Und schließlich sehe er, der wissenschaftliche Berater, keine besonderen Gründe dafür, die Rationalisierung dieses Vorgangs noch länger aufzuschieben, behalte sich andererseits jedoch das Recht vor, ganz energisch gegen diese Einspruch zu erheben.

Während Wybegallo schwätzte und im Schweiße seines Angesichts sein mehrere Hundert Rubel betragendes Gehalt abarbeitete, entwarf ich in aller Eile einen Schlachtplan. Ich mochte Kusma sehr, und mir war eines klar: Wenn wir uns jetzt nicht einmischten, hatte Kusma nichts mehr zu lachen.

»Hrrrm«, stieß Lawr Fedotowitsch hervor. »Gibt es Fragen an den Vortragenden?«

»Fragen habe ich nicht«, erklärte Chlebowwodow, der sich nun ausreichend vergewissert hatte, dass Kusma nicht biss, und sofort wurde er wieder frech und sagte: »Also, ich finde, dass es sich hier um ein ganz gewöhnliches Krokodil mit Flügeln handelt und sonst gar nichts. Der Genosse Berater will uns ein X für ein U vormachen. Außerdem fällt mir auf, dass der Kommandant Lieblinge in der Kolonie hat, die er auf Staatskosten päppelt. Damit will ich natürlich nicht behaupten, dass er Vetternwirtschaft betreibt oder Bestechungsgelder annimmt, aber eins ist Fakt: Ein Krokodil mit Flügeln, die simpelste Sache der Welt, wird hier wie ein rohes Ei behandelt. Jagen wir es einfach aus der Kolonie. Es soll gefälligst arbeiten gehen.«

»Arbeiten?«, fragte der Kommandant, sehr besorgt um Kusma.

»Jawohl! Es soll arbeiten wie wir! Sehen Sie sich's doch mal an, es weiß ja gar nicht, wohin mit seiner Kraft. Es könnte im Sägewerk Baumstämme schleppen oder Steine verladen. Wollen Sie mir vielleicht weismachen, dass es dafür zu schwach ist? Ich kenne diese Krokodile, habe in meinem Leben schon genug gesehen – mit und ohne Flügel.«

»Wie soll das denn gehen?«, fragte der Kommandant mit Leidensmiene. »Kusma ist doch kein Mensch, sondern ein Tier, das eine besondere Kost braucht.«

»Macht nichts, es gibt auch Tiere, die arbeiten, Pferde zum Beispiel. Soll es unter die Pferde gehen! Besondere Kost! Die brauche ich auch, trotzdem muss ich jetzt seinetwegen ohne

Mittagessen auskommen.« Allmählich merkte Chlebowwodow, dass er ein wenig zu dick aufgetragen hatte. Farfurkis musterte ihn spöttisch, und auch Lawr Fedotowitschs Haltung gab zu denken. Angesichts dieser Umstände machte Chlebowwodow plötzlich einen Schwenk um hundertachtzig Grad. »Warten Sie mal!«, rief er. »Um welchen Kusma handelt es sich hier überhaupt? Ist das derselbe, der die Glühbirnen im Klub gefressen hat? Ja, genau, das ist er! Was denn – wurden gegen den überhaupt keine Maßnahmen ergriffen? Genosse Subo, versuchen Sie sich jetzt nicht herauszuwinden. Wurden Maßnahmen ergriffen oder nicht?«

»Jawohl«, antwortete der Kommandant heftig.

»Und welche?«

»Wir haben ihm ein Abführmittel gegeben«, antwortete der Kommandant; es war nicht zu übersehen, dass er eisern zu Kusma hielt.

Chlebowwodow schlug mit der Faust auf den Tisch, und Kusma machte vor Schreck eine Pfütze unter sich. Da packte auch mich die Wut, und ich schrie, direkt an Lawr Fedotowitsch gewandt, dass hier kostbare wissenschaftliche Exponate verhöhnt würden. Auch Farfurkis erklärte, er erhebe Einspruch, der Genosse Chlebowwodow versuche mal wieder, der Troika Funktionen aufzuhalsen, die ihr gar nicht zukämen. Lawr Fedotowitsch aber beleckte sich den blassen Zeigefinger und warf die Papiere in seiner Schreibmappe heftig durcheinander, was bei ihm ein Zeichen äußerster Gereiztheit war. Ein Orkan kündigte sich an.

»Edik!«, flüsterte ich flehend.

Edik, der die Entwicklung der Ereignisse aufmerksam verfolgt hatte, riss den Remoralisator hoch und legte auf Lawr Fedotowitsch an. Dieser erhob sich und ergriff das Wort.

Er berichtete von den Aufgaben der ihm anvertrauten Troika, die sich aus ihrer gewachsenen Autorität und Verantwortung ergaben. Er rief die Anwesenden auf, einen noch unversöhnlicheren Kampf für die Verbesserung der Arbeitsdisziplin und gegen den Bürokratismus zu entfachen sowie für ein hohes moralisches Niveau aller und eines jeden, für gesunde Kritik und Selbstkritik, gegen die Verantwortungslosigkeit, für die Stärkung der Brandsicherheit, gegen die Überheblichkeit, für die persönliche Verantwortung eines jeden, für die vorbildliche Einhaltung der Berichtspflicht und gegen die Unterbewertung der eigenen Kräfte:

»Das Volk wird es uns danken, wenn wir diese Aufgaben noch aktiver angehen als früher. Das Volk wird es uns nicht verzeihen, wenn wir diese Aufgaben vernachlässigen und sie nicht aktiver angehen als früher. Welche konkreten Vorschläge gibt es, die Arbeit der Troika unter den veränderten Bedingungen zu organisieren?«

Nicht ohne Schadenfreude nahm ich die dürftige Ausbeute an konkreten Vorschlägen zur Kenntnis. Chlebowwodow schlug mit gewohnt großer Geste vor, dass jeder mehr Verpflichtungen übernehmen solle. Aufgrund der gestiegenen Autorität der Troika könne sich zum Beispiel der Kommandant Genosse Subo verpflichten, seinen Arbeitstag auf vierzehn Stunden zu verlängern, wohingegen der wissenschaftliche Berater Genosse Wybegallo auf seine Mittagspause verzichten könne. Diese Guerilla-Lösung traf jedoch auf wenig Begeisterung, im Gegenteil: Die Angesprochenen stellten sich ihr vehement, ja wütend entgegen. Es kam zu einem kurzen Schlagabtausch, in dessen Verlauf sich nebenbei herausstellte, dass es gerade Zeit für eine Mittagspause sei.

»Es gibt die Meinung«, schloss Lawr Fedotowitsch, »dass es Zeit ist zur Erholung und fürs Mittagessen. Die Sitzung der Troika wird auf achtzehn Uhr vertagt.« Dann wandte er sich mit höchstem Wohlwollen an den Kommandanten: »Also, Genosse Subo, Ihr Krokodil übergeben wir am besten dem Tiergarten. Was halten Sie davon?«

»Aber …!«, seufzte der tapfere Kommandant. »Lawr Fedotowitsch! Genosse Wunjukow! Bei Jesus Christus, unserem Heiland – in unserer Stadt gibt es doch gar keinen Tiergarten!«

»Bald wird es einen geben!«, versprach Lawr Fedotowitsch und scherzte in wahrhaft demokratischer Manier: »Wir haben einen Stadtgarten, wir haben einen Kindergarten, und nun werden wir auch bald einen Tiergarten haben. Aller guten Dinge sind drei.«

Der Ausbruch der vormittäglichen Lachsalve brachte Kusma dazu, sich ein zweites Mal danebenzubenehmen.

Lawr Fedotowitsch verstaute seine Vorsitzenden-Utensilien in der Aktentasche, stand auf und ging gemessenen Schritts auf den Ausgang zu. Chlebowwodow und Wybegallo rannten Farfurkis um, der nicht schnell genug geschaltet hatte, und rissen sich, jeder den anderen beiseitestoßend, darum, Lawr Fedotowitsch die Tür zu öffnen.

»Ein Beefsteak ist ein Stück Fleisch«, teilte Lawr Fedotowitsch ihnen gönnerhaft mit.

»Ein blutiges!«, rief Chlebowwodow zustimmend.

»Wieso denn ein blutiges?«, hörte man Lawr Fedotowitschs Stimme bereits aus dem Vorzimmer.

Edik und ich rissen alle Fenster auf. Von der Treppe her schallten die Worte zu uns herein: »Aber erlauben Sie mal, Lawr Fedotowitsch, ein Beefsteak, das nicht blutig ist, ist schlimmer als ein Glas Wodka, ohne was zu essen.« – »Die Wissenschaft meint, tjä, mit Zwiebeln, also …« – »Das Volk isst gern mal ein schönes Stück Fleisch, beispielsweise Beefsteak …«

»Die bringen mich noch ins Grab«, sagte der Kommandant besorgt. »Die sind schlimmer als Pest, Hungersnot und alle sieben ägyptischen Plagen zusammen.«

VORGANG NR. 15
… und eine auswärtige Sitzung

Die Abendsitzung fiel aus. Offiziell wurde uns mitgeteilt, Lawr Fedotowitsch sowie die Genossen Chlebowwodow und Wybegallo hätten sich beim Mittagessen mit Pilzen vergiftet und der Arzt habe ihnen bis zum nächsten Morgen Bettruhe verordnet. Der pedantische Kommandant jedoch misstraute der offiziellen Version; in unserem Beisein rief er im Hotelrestaurant an und sprach mit seinem Gevatter, dem Oberkellner. Und was stellte sich heraus? Beim Mittagessen hatte Lawr Fedotowitsch mit dem Genossen Chlebowwodow darüber gefachsimpelt, ob ein durchgebratenes Beefsteak einem blutigen vorzuziehen sei. Und um herauszufinden, welche der Zubereitungsarten beim Volk am beliebtesten sei und demzufolge zukunftsträchtig, vertilgte er mit seinem Opponenten zu Kognak und gepflegtem Pilsner je vier Probeportionen aus der Reserve des Chefkochs. Und nun war ihnen übel, lagen sie flach; zumindest waren sie bis zum nächsten Morgen nicht gesellschaftsfähig.

Der Kommandant jubelte wie ein Schuljunge, dessen Lehrer plötzlich schwer erkrankt ist.

Wir verabschiedeten uns von ihm und kehrten zum Hotel zurück, wo wir dann den ganzen Abend in unserem Zimmer saßen und über unsere Lage berieten. Edik musste zugeben, dass Cristóbal Joséwitsch recht gehabt hatte: Die Troika war eine härtere Nuss, als er erwartet hatte. Die vernünftige, rationale Seite ihrer Psyche erwies sich als übernatürlich konservativ und hochelastisch. Zwar ließ sie sich durch ein starkes remoralisierendes Feld manipulieren, kehrte jedoch, sobald das Feld abgeschaltet wurde, augenblicklich in ihren Ausgangszustand zurück. Ich wollte ihm schon vorschlagen, das Feld überhaupt nicht mehr abzuschalten, doch Edik wies den Vorschlag zurück. Die Troika verfüge nur über sehr begrenzte Ressourcen an Vernünftigem, Gutem und Ewigem, sagte er, und eine längere Einwirkung des Remoralisators drohe diese Reserve bis zum letzten Tropfen zu erschöpfen. Unsere Aufgabe bestehe nicht darin, ihnen das Denken abzunehmen, sondern es ihnen beizubringen – doch sie seien nicht bereit zu lernen. Die ehemaligen Kanalisatoren hätten verlernt zu lernen. Aber noch sei nicht alles verloren. Es bleibe noch die emotionale Seite der Psyche. Der Bereich der Gefühle. War es nicht gelungen, in den Mitgliedern der Troika die Vernunft zu wecken, so müssten wir es nun mit ihrem Gewissen versuchen.

Genau das hatte Edik bei der nächsten Sitzung vor.

Wir diskutierten über diese Frage, bis plötzlich und ohne anzuklopfen der erregte Wanz Quasselstrippe hereinstürmte. Wie sich herausstellte, hatte er beantragt, die Troika möge ihn außer der Reihe empfangen und einen Vorschlag von ihm erörtern. Soeben hatte er vom Kommandanten die Ladung erhalten und wollte nun von uns wissen, ob wir am nächsten Tag bei der ersten Sitzung, die historisch zu werden versprach, anwesend sein würden. Morgen würden wir alles verstehen und alles über ihn erfahren. Wenn ihn die dankbare Menschheit endlich auf Händen trage, werde er uns nicht vergessen … Er schrie, fuchtelte mit den Füßchen, lief auf den Wänden hin und her und störte Ediks Konzentration. Schließlich musste ich ihn am Schlafittchen packen und in den Gang hinausführen. Er reagierte nicht gekränkt – das wäre unterhalb seines Niveaus gewesen. Morgen würde sich alles klären, versprach er, fragte mich nach der Nummer von Chlebowwodows Apartment und verschwand. Ich legte mich schlafen; Edik hingegen breitete auf dem Tisch ein Blatt Papier aus und brütete noch lange über dem demontierten Remoralisator.

Als Quasselstrippe aufgerufen wurde, kam er nicht etwa gleich in den Saal. Wir hörten, wie er sich im Vorzimmer mit dem Kommandanten zankte und nach einem Zeremoniell, mehr Respekt und einer Ehrenwache verlangte. Edik geriet ins Schwitzen, und mir blieb nichts anderes übrig, als hinauszugehen und dem Wanz zu sagen, er solle sich nicht so anstellen, sonst würde es ihm schlecht ergehen.

»Aber ich verlange, dass er mir drei Schritte entgegenkommt!«, keifte Quasselstrippe. »Eine Wache muss nicht unbedingt sein, aber die elementarsten Regeln sollte man schon einhalten! Ich verlange ja nicht, dass er mich an der Tür empfängt, aber ich bestehe darauf, dass er mir drei Schritte entgegenkommt und den Hut zieht!«

»Von wem sprichst du?«, fragte ich, wie vor den Kopf geschlagen.

»Na, von wem wohl? Von diesem, von eurem ... Wie heißt doch gleich euer Oberhaupt? Wunjukow?«

»Dummkopf!«, zischte ich. »Wenn du willst, dass sie dich anhören, dann geh sofort rein! Dir bleiben dreißig Sekunden!«

Quasselstrippe gab sich geschlagen. Über die Verletzung sämtlicher Anstandsregeln murrend, betrat er den Sitzungssaal und lümmelte sich dreist und ohne »Guten Tag« zu sagen auf den Demonstrationstisch. Lawr Fedotowitsch, dessen Augen nach den gestrigen Strapazen noch gelb und trübe waren, griff nach seinem Theaterglas und begutachtete die Wanze. Chlebowwodow, der unter saurem Aufstoßen litt, nörgelte: »Was geben wir uns mit dem ab? Es ist längst alles gesagt worden. Der führt uns bloß an der Nase rum.«

»Einen Augenblick«, bat Farfurkis, munter und rosig wie immer. »Bürger Quasselstrippe«, wandte er sich an den Wanz. »Die Troika ist bereit, Sie außer der Reihe zu empfangen und Ihre, wie Sie schreiben, außerordentlich wichtige Erklärung anzuhören. Die Troika schlägt Ihnen vor, sich kurz zu fassen und ihr keine kostbare Arbeitszeit zu stehlen. Was haben Sie uns mitzuteilen? Wir hören.«

Quasselstrippe schaltete eine wohlberechnete Kunstpause ein. Dann zog er geräuschvoll die Beine unter sich, setzte sich in Positur, blies die Backen auf und legte los.

»Die Geschichte des Menschengeschlechts«, begann er, »verzeichnet nicht wenige schmachvolle Beweise der Barbarei und des Unverstands. Archimedes wurde von einem ungebildeten Soldaten brutal erstochen, Giordano Bruno von verlausten Popen verbrannt. Zügellose Fanatiker verfolgten Charles Darwin, Galileo Galilei und Nikolai Wawilow. Auch die Geschichte der Wanzen verzeichnet Opfer der Unwissenheit und des Obskurantentums. Unvergessen sind die unerhörten Leiden des großen Enzyklopädisten Sapukl, der unseren Vorfahren, den Gras- und Baumwanzen, den Weg zu wahrem Fortschritt und Wohlergehen wies. In Armut und Vergessenheit starben Imperutor, der Schöpfer der Blutgruppentheorie, Rexophob, der das Problem der Fruchtbarkeit löste, und Pulp, der die Anabiose entdeckte. Barbarei und Unvernunft unserer beiden Stämme drückten unseren Beziehungen einen verhängnisvollen Stempel auf. Ungehört verhallte der Ruf unseres großen Utopisten Platun, der eine Symbiose zwischen Wanze und Mensch propagierte und die Zukunft des Wanzengeschlechts nicht auf den ausgetretenen Pfaden des Parasitismus sah, sondern in den elysischen Gefilden der Freundschaft und gegenseitigen Hilfe. Wir kennen Fälle, da der Mensch den Wanzen unter der Losung ›Ihr und ich, wir sind vom gleichen Blute‹ Frieden, Schutz und Beistand bot; aber die gierigen, ewig hungrigen Wanzenmassen ignorierten dieses Angebot unter dem absurden Motto: ›Wir haben getrunken, wir trinken, und wir werden trinken.‹« Quasselstrippe kippte ein Glas Wasser hinunter, leckte sich die Lippen und fuhr wie auf einer Kundgebung mit sich überschlagender Stimme fort: »Heute nun stehen wir zum ersten Mal in der Geschichte unserer Stämme vor der Situation, da eine Wanze der Menschheit Frieden, Schutz und

Beistand bietet und als Gegenleistung nur eines verlangt: Anerkennung. Zum ersten Mal findet eine Wanze eine gemeinsame Sprache mit dem Menschen und trifft nicht im Bett auf ihn, sondern am Verhandlungstisch. Zum ersten Mal ist eine Wanze nicht auf materielle Güter aus, sondern auf geistigen Austausch. Werden wir an diesem Kreuzweg der Geschichte, an dieser Weggabelung, die unsere beiden Stämme zu unerreichten Höhen führen könnte, etwa unschlüssig innehalten und uns, wie schon so oft, von Ignoranz und Entfremdung leiten lassen, Offenkundiges leugnen und uns weigern, das Wunder zu sehen, das hier geschieht? Ich, Wanz Quasselstrippe, die einzige sprechende Wanze des Universums, das einzige Verbindungsglied zwischen unseren Stämmen, fordere im Namen von Millionen: Besinnt euch! Werft eure Vorurteile über Bord, löst euch aus der Verknöcherung, erinnert euch all des Guten und Vernünftigen in euch und seht der großen Wahrheit unerschrocken ins Auge: Wanze Quasselstrippe ist eine außergewöhnliche Persönlichkeit, ein unerklärtes, ja vielleicht sogar unerklärbares Phänomen!«

Ja, die Eitelkeit dieses Insekts überstieg jede Vorstellungskraft. Ich ahnte, dass das kein gutes Ende nehmen würde, und stieß Edik mit dem Ellbogen an, damit er sich bereithielt. Noch bestand zwar Hoffnung, dass die Magenverstimmung, unter welcher der größte und beste Teil der Troika litt, eine emotionale Eruption verhindern konnte. Günstig war auch die Abwesenheit Wybegallos, der sich so überfressen hatte, dass er jetzt das Bett hütete. Lawr Fedotowitsch fühlte sich unwohl, er war blass und schwitzte; Farfurkis konnte sich zu nichts aufraffen und warf dem Vorsitzenden unruhige, besorgte Blicke zu. Schon glaubte ich, es würde noch einmal glimpflich abgehen, als sich Chlebowwodow plötzlich zu Wort meldete:

»›Wir haben getrunken, wir trinken, und wir werden trinken!‹ Auf wen hat der Wanz das gemünzt? Das ist doch auf uns gemünzt! Auf unser Blut! Unser kostbares Blut! Oder?« Er sah sich wild nach allen Seiten um. »Das Biest zerquetsche ich mit meinem Fingernagel! Nachts kann man sich vor ihnen nicht retten, und jetzt rücken sie einem sogar schon am helllichten Tage auf die Pelle. Diese Quälgeister!« Und er begann sich erbittert zu kratzen.

Quasselstrippe erschrak, hielt sich aber weiterhin tapfer – auch wenn er sich schon mal unauffällig nach einer passenden Ritze umsah. Im Saal verbreitete sich ein durchdringender Geruch nach teurem Kognak.

»Diese Blutsauger!«, krächzte Chlebowwodow, sprang auf und stürzte nach vorn.

Mir stockte der Atem, und Edik griff nach meinem Arm – auch er war erschrocken. Quasselstrippe duckte sich ängstlich. Chlebowwodow aber stürmte, die Hände an den Leib gepresst, am Demonstrationstisch vorbei, riss die Tür auf und verschwand. Man hörte seine Absätze gegen die Treppenstufen knallen. Quasselstrippe wischte sich den Angstschweiß von der Stirn und ließ kraftlos die Fühler hängen.

»Hrrm«, murmelte Lawr Fedotowitsch kläglich. »Gibt es weitere Wortmeldungen?«

»Ja, ich bitte ums Wort«, sagte Farfurkis, und ich wusste: Jetzt geht's los. »Die Erklärung des Bürgers Quasselstrippe hat mich zutiefst beeindruckt. Genauer gesagt, ich bin empört. Und das nicht nur, weil der Bürger Quasselstrippe die Geschichte der Menschheit fälschlicherweise als die Leidensgeschichte hervorragender Persönlichkeiten interpretiert hat. Auch seine absolut unkritischen Äußerungen über die eigene Person mag der Redner mit seinem Gewissen ausmachen. Aber dieser Vorschlag, seine Idee eines Bündnisses ... Allein der Gedanke hat für mich etwas Beleidigendes und Anstößiges. Wofür halten Sie uns, Bürger Quasselstrippe? Oder handelt es sich um eine vorsätzliche Beleidigung? Ich für meine Person neige dazu, sie als solche aufzufassen! Mehr noch: Soeben habe ich die Unterlagen der vorangegangenen Sitzung in dieser Sache durchgesehen und mich leider davon überzeugen müssen, dass dort der meiner Ansicht nach unabdingbare Schiedsspruch fehlt. Das, Genossen, ist unser Fehler, unser Versäumnis, das wir so schnell wie möglich wiedergutmachen sollten. Woran denke ich dabei? Ich denke dabei an jene simple und unbestreitbare Tatsache, dass wir in der Person des Bürgers Quasselstrippe einen typischen sprechenden Parasiten vor uns haben, das heißt einen notorischen Faulpelz, der keiner geregelten Arbeit nachgeht und sich seinen Lebensunterhalt auf eine verabscheuungswürdige Art beschafft, die man schlankweg als kriminell bezeichnen kann.«

In diesem Augenblick kehrte der ziemlich mitgenommene Chlebowwodow zurück. Als er an Quasselstrippe vorbeiging, drohte er ihm mit der Faust und murmelte: »He, du schwanzloser, sechsbeiniger Köter!« Quasselstrippe zog nur den Kopf ein. Er hatte nun endlich verstanden, dass seine Chancen gleich null waren. »Sascha«, flüsterte Edik mir panisch vor Angst zu. »Sascha, lass dir was einfallen.« Ich suchte fieberhaft nach einem Ausweg, Farfurkis aber fuhr fort:

»Beleidigung der Menschheit, Beleidigung der federführenden Instanz, typische Arbeitsscheu, die hinter Gitter gehört – ist das nicht ein bisschen viel, Genossen? Legen wir hier nicht Schwäche, Willenlosigkeit, bourgeoisen Liberalismus und abstrakten Humanismus an den Tag? Ich weiß nicht, wie meine verehrten Genossen darüber denken und welche Entscheidung wir in dieser Sache fällen werden, aber als ein von Natur aus gutmütiger, wenn auch prinzipientreuer Mensch gestatte ich mir, Sie, Bürger Quasselstrippe, zu warnen. Die Tatsache, dass Sie sprechen, genauer gesagt, daherschwatzen können, mag sich eine Zeit lang hemmend auf unsere Beziehungen auswirken. Aber nehmen Sie sich in Acht! Überspannen Sie den Bogen nicht!«

»Da fackeln wir gar nicht lange!«, krächzte Chlebowwodow. »Ich werde dem Parasiten gleich mit einem Streichholz …« Und er klopfte seine Taschen ab.

Quasselstrippe war völlig verstört. Und Edik nicht minder. Mir aber wollte und wollte kein Ausweg einfallen.

»Nein, nein, Genosse Chlebowwodow«, sagte Farfurkis mit angewiderter Miene. »Ich bin gegen ungesetzliche Maßnahmen. Was soll diese Lynchjustiz? Wir sind doch hier nicht in Texas. Man kann alles gesetzlich regeln. Vor allem sollten wir, wenn Lawr Fedotowitsch nichts dagegen hat, den Bürger Quasselstrippe als unerklärtes und demzufolge in unsere Kompetenz fallendes Phänomen rationalisieren …«

Bei diesen Worten strahlte die dumme Wanze über das ganze Gesicht. O Eitelkeit!

»Anschließend«, fuhr Farfurkis fort, »sollten wir das rationalisierte unerklärte Phänomen als schädlich einstufen und im Prozess der Utilisierung abschreiben. Das Verfahren ist denkbar einfach. Wir fertigen ein Protokoll ungefähr folgenden Inhalts an: über die Abschreibung der Sprechenden Wanze, im Weiteren Quasselstrippe genannt …«

»Richtig!«, krächzte Chlebowwodow. »Drücken wir ihr einen Stempel auf!«

»Das ist Willkür!«, piepste Quasselstrippe.

»Erlauben Sie mal!«, brüllte Farfurkis. »Was heißt hier Willkür? Wir schreiben Sie laut Paragraf vierundsiebzig der Anlage über die Abschreibung von Abfällen ab, wo es klipp und klar heißt …«

»Trotzdem ist das Willkür!«, schrie der Wanz. »Henker! Gendarmen!«

Und da kam mir endlich eine Idee.

»Gestatten Sie«, meldete ich mich. »Lawr Fedotowitsch! Ich bitte Sie, schreiten Sie ein! Wir können es uns nicht erlauben, so mit unseren Kadern zu aasen!«

»Hrrm«, stieß Lawr Fedotowitsch kaum hörbar hervor. Ihm war so übel, dass ihm alles andere egal war.

»Haben Sie gehört?«, wandte ich mich an Farfurkis. »Und Lawr Fedotowitsch hat völlig recht! Man sollte weniger auf die Form achten als auf den Inhalt. Unsere beleidigten Gefühle kollidieren hier mit den Interessen der Volkswirtschaft. Was sollen diese sentimentalen administrativen Anwandlungen? Sind wir vielleicht ein adliges Mädchenpensionat? Oder ein Qualifizierungslehrgang? Jawohl, der Bürger Quasselstrippe hat sich Frechheiten herausgenommen und zweifelhafte Parallelen gezogen. Jawohl, der Bürger Quasselstrippe ist noch weit davon entfernt, vollkommen zu sein. Aber muss er deshalb gleich als unbrauchbar abgeschrieben werden? Was fällt Ihnen ein, Genosse Farfurkis? Können Sie vielleicht eine zweite Sprechende Wanze aus dem Ärmel schütteln? Gibt es in Ihrem Bekanntenkreis vielleicht noch mehr davon? Woher diese Allüren, diese Animosität? ›Mir gefällt die Sprechende Wanze nicht, also schreiben wir sie ab …‹ Und Sie, Genosse Chlebowwodow? Ich sehe schon, Sie sind ein Mensch, der viel unter Wanzen gelitten hat. Ich fühle aus tiefstem Herzen mit Ihnen, dennoch muss ich Sie fragen: Haben Sie schon ein Mittel gegen diese blutsaugenden Schmarotzer gefunden? Gegen diese Piraten der Nachtlager, diesen Albtraum des schlafenden Volkes, diese Vampire verlotterter Hotels?«

»Na, sag ich doch!«, erklärte Chlebowwodow. »Da fackeln wir gar nicht lange. Zerquetschen kann man sie auch ohne Protokoll …«

»Nein, Genosse Chlebowwodow! Das lassen wir nicht zu! Wir lassen nicht zu, dass man die Erkrankung des wissenschaftlichen Beraters ausnutzt, um statt administrativ-wissenschaftlicher plötzlich rein administrative Methoden einzuführen und in Anwendung zu bringen. Wir lassen nicht zu, dass Voluntarismus und Subjektivismus neue Triumphe feiern! Begreifen Sie wirklich nicht, dass uns der hier anwesende Bürger Quasselstrippe die bisher einzigartige Möglichkeit bietet, erzieherisch auf diese notorischen Faulpelze einzuwirken? Irgendwann einmal hat ein hausbackenes Wanzentalent die vegetarisch lebenden Wanzen zu ihrem jetzigen abstoßenden Lebenswandel angestiftet. Sollte etwa diese gebildete, mit dem ganzen Potenzial von Theorie und Praxis ausgerüstete Wanze nicht imstande sein, hier eine Kehrtwende zu bewirken? Könnte sie nicht doch – ausgestattet mit sorgsam ausgearbeiteten Instruktionen, neuesten Errungenschaften der Pädagogik und der Unterstützung der gesamten fortschrittlichen Menschheit – zu einem archimedischen Hebel werden, der es uns gestattet, das Rad der Geschichte des Wanzengeschlechts zurückzudrehen, zurück zu Wäldern und Wiesen, zurück zur Natur und zu einem Dasein in Einfachheit und Unschuld? Ich bitte die Kommission, diese Erwägungen zur Kenntnis zu nehmen und sorgfältig zu prüfen.«

Ich setzte mich. Edik zeigte mir, blass vor Begeisterung, seinen nach oben gedrehten Daumen. Quasselstrippe lag auf den Knien und schien inbrünstig zu beten. Was die Troika anging, so hüllte sie sich, durch meine Redekunst perplex, in Schweigen. Farfurkis starrte mich angenehm überrascht an. Ich merkte, dass er meine Idee genial fand und bereits fieberhaft überlegte, wie er es anstellen könnte, bei diesem neuen, einzigartigen Vorhaben höchste Kommandostellen zu besetzen. Schon sah er sich damit befasst, umfangreiche, detaillierte Instruktionen auszuarbeiten, schon zogen vor seinem inneren Auge zahllose Kapitel, Paragrafen und Anlagen vorbei, schon erteilte er im Geist Quasselstrippe Konsultationen, organisierte Sprachkurse für besonders begabte Wanzen und glaubte sich zum Oberhaupt des Staatlichen Komitees für die Propagierung des Vegetarismus unter den Blutsaugern ernannt, das sich zunehmend auch mit Mücken und Schnaken, Asseln und Bremsen, Pferde- und Stechfliegen befasste.

»Ich kann Ihnen sagen, mit Graswanzen ist auch nicht zu spaßen«, brummte der konservative Chlebowwodow. Er hatte längst kapituliert, wollte es nur noch nicht zugeben.

Ich zuckte beredt die Achseln.

»Genosse Chlebowwodow denkt in eng begrenzten Kategorien«, entgegnete Farfurkis und schob sich um eine halbe Körperlänge nach vorn.

»Überhaupt nicht«, protestierte Chlebowwodow. »Im Gegenteil, ich denke in sehr weitreichenden ... Wie heißt es noch gleich? Aber die stinken doch! Natürlich ist mir klar, dass man das bei der laufenden Arbeit miterledigen kann. Ich frage mich bloß, ob auf so einen ... Filou Verlass ist. Er wirkt nicht gerade vertrauenerweckend, und irgendwelche Verdienste hat er auch nicht vorzuweisen.«

»Ich hätte einen Vorschlag«, warf Edik ein. »Vielleicht sollte man eine Unterkommission zwecks Untersuchung dieser Frage mit dem Genossen Farfurkis an der Spitze gründen. Als amtierenden Stellvertreter des Genossen Farfurkis würde ich Priwalow vorschlagen, der in der Sache unbefangen ist.«

Da stand Lawr Fedotowitsch plötzlich auf. Man sah mit bloßem Auge, dass die gestrigen Strapazen nicht spurlos an ihm vorübergegangen waren. Hinter seinen gewohnt steinernen Gesichtszügen verbarg sich eine ganz gewöhnliche menschliche Schwäche. Ja, der Granit hatte einen Sprung, die Bastion wankte, hielt sich aber noch, jeder Gefahr trotzend, unerschrocken senkrecht.

»Das Volk ...«, stieß die Bastion hervor und verdrehte leidend die Augen. »Das Volk hockt nicht gern in seinen vier Wänden. Das Volk braucht Raum. Das Volk braucht Felder und Flüsse. Das Volk braucht den Wind und die Sonne.«

»Und den Mond!«, fügte Chlebowwodow hinzu und blickte anhimmelnd zur Bastion auf.

»Und den Mond«, bestätigte Lawr Fedotowitsch. »Mit der Gesundheit des Volkes muss man haushalten, denn sie gehört dem Volke. Das Volk braucht Arbeit an der frischen Luft. Ohne Luft erstickt das Volk …«

Wir verstanden noch immer nichts, sogar Chlebowwodow verlor sich in Vermutungen, aber der scharfsinnige Farfurkis räumte bereits seine Papiere zusammen, steckte das Notizbuch ein und flüsterte dem Kommandanten etwas zu. Der Kommandant erkundigte sich in ehrerbietig sachlichem Ton: »Geht das Volk zu Fuß, oder zieht es eine Fahrt im Wagen vor?«

»Das Volk …«, verkündete Lawr Fedotowitsch. »Das Volk zieht eine Fahrt im offenen Wagen vor. Ich spreche im Namen aller, wenn ich vorschlage, die gegenwärtige Sitzung zu vertagen und die für den Abend anberaumte auswärtige Sitzung gleich im Anschluss durchzuführen. Genosse Subo, bereiten Sie alles Nötige vor.« Mit diesen Worten ließ sich Lawr Fedotowitsch schwer in seinen Sessel plumpsen.

Allgemeine Hektik brach aus. Der Kommandant eilte hinaus, um einen Wagen zu bestellen, Chlebowwodow versorgte Lawr Fedotowitsch mit Bordschomi, während Farfurkis die entsprechenden Akten aus dem Panzerschrank nahm. Ich nutzte das Tohuwabohu, um Quasselstrippe beim Schlafittchen zu packen und ihn mit dem Knie hinauszuschubsen. Quasselstrippe wehrte sich nicht: Das soeben Erlebte hatte ihn gewiss bis ins Mark erschüttert und für lange Zeit aus dem Gleichgewicht gebracht.

Unterdessen fuhr der Wagen vor. Lawr Fedotowitsch wurde, von zwei Seiten gestützt, hinausgeführt und vorsichtig auf den Vordersitz verfrachtet. Chlebowwodow, Farfurkis und der Kommandant belegten, sich gegenseitig schubsend und anknurrend, den Rücksitz.

»Im Wagen ist nur für fünf Mann Platz«, äußerte sich Edik besorgt. »Da nehmen sie uns bestimmt nicht mit.« – »Ich finde das gar nicht so schlecht«, meinte ich. »Ich habe heute genug für einen ganzen Monat geredet. Ist sowieso ein hoffnungsloser Fall: Nie im Leben würden wir mit denen fertig. Wir haben den dummen Wanz gerettet, das ist ja wohl genug. Also können wir jetzt zum Baden gehen.« Edik erklärte, das werde er nicht tun, sondern unsichtbar dem Wagen folgen, um heute noch einen Versuch unter freiem Himmel zu starten. Vielleicht funktioniere es dann ja sogar besser …

Da wurde es im Wagen plötzlich laut. Farfurkis und Chlebowwodow waren aneinandergeraten. Chlebowwodow, dem der Benzingeruch auf den Magen schlug, bestand darauf, sofort loszufahren. Er rief, das Volk liebe eine rasche Fahrt. Farfurkis dagegen, der sich als der einzige Handlungsfähige im Wagen für alles verantwortlich fühlte, behauptete, die Anwesenheit eines fremden, nicht überprüften Chauffeurs verwandle die geschlossene Sitzung in eine offene. Zudem dürften laut Instruktion in Abwesenheit des wissenschaftlichen Beraters überhaupt keine Sitzungen stattfinden und wenn doch, würden diese später für ungültig erklärt.

»Ein Hindernis?«, erkundigte sich Lawr Fedotowitsch mit etwas gefestigter Stimme. »Genosse Farfurkis, räumen Sie es aus dem Weg.«

Farfurkis kam dem Wunsch mit Feuereifer nach, und ehe ich's mich versah, hatten sie mich zum kommissarischen wissenschaftlichen Berater gewählt, den Fahrer entlassen und mich auf seinen Platz gesetzt. »Sträub dich nicht«, flüsterte mir der unsichtbare Edik ins Ohr. »Vielleicht brauche ich dich noch.« Gehetzt sah ich mich nach allen Seiten um; mit diesen Typen in einem geschlossenen Raum zu sitzen, ging ja noch an, aber hier draußen fühlte ich mich wie auf dem Präsentierteller.

»So fahren Sie doch«, flehte Chlebowwodow. »Damit endlich Luft hereinkommt.«

»Hrrm«, seufzte Lawr Fedotowitsch. »Es gibt den Vorschlag loszufahren. Gibt es andere Vorschläge? … Chauffeur, fahren Sie.«

Anfangs fiel mir Farfurkis mit seinen Ratschlägen auf die Nerven; bald riet er mir, im Halteverbot zu halten; bald, nicht so zu rasen und an Lawr Fedotowitschs kostbares Leben zu denken; bald wollte er, dass ich schneller fuhr, weil der Fahrtwind Lawr Fedotowitschs Stirn nicht heftig genug umwedelte; bald, dass ich mich nicht um die Ampeln scherte, weil das seiner Meinung nach die Autorität der Troika untergrub. Kaum dass wir die Neubauviertel von Tmuskorpion hinter uns gebracht und die Stadt verlassen hatten, sich grüne Wiesen vor uns ausbreiteten, in der Ferne ein blauer See glitzerte und der Wagen über ausgefahrene Schotterwege rumpelte, setzte wohltuende Stille ein.

Alle hielten ihr Gesicht in den Fahrtwind, blinzelten in die Sonne und fühlten sich wohl. Lawr Fedotowitsch rauchte die erste Herzegowina an diesem Tag, Chlebowwodow stimmte ein Kutscherlied an, und der Kommandant döste, die Akten an die Brust gepresst, selig vor sich hin. Nur Farfurkis fand nach kurzem Kampf in sich die Kraft, die wohlige Mattigkeit abzuschütteln.

Er faltete eine Karte von Tmuskorpion und Umgebung auseinander und malte beflissen die Fahrstrecke hinein, mit der allerdings nicht viel anzufangen war, weil er vergessen hatte, dass wir nicht mit dem Hubschrauber unterwegs waren, sondern mit dem Auto. Ich schlug ihm meine Variante vor: See – Sumpf – Hügel. Am See stand der Vorgang eines Plesiosauriers zur Debatte; im Sumpf galt es, das dort erschallende Ächzen zu rationalisieren und zu utilisieren, und auf dem Hügel wollten wir einen sogenannten »Verwunschenen Ort« in Augenschein nehmen.

Erstaunlicherweise hatte Farfurkis nichts einzuwenden. Wie sich herausstellte, vertraute er meiner Intuition als Fahrer völlig, mehr noch, er hatte schon immer viel von mir gehalten. Es gefalle ihm, sagte er, in der Unterkommission zur Wanzenfrage mit mir zusammenzuarbeiten, und er halte schon lange große Stücke auf mich, wie überhaupt auf unsere wunderbare, begabte Jugend. Mit dem Herzen sei er immer bei der Jugend, verschließe jedoch auch vor ihren Mängeln nicht die Augen: Die heutige Jugend kämpfe zu wenig und widme dem Kampf nicht die gebotene Aufmerksamkeit; sie strebe nicht danach, energisch dafür zu kämpfen, dass der Kampf zu einer wahrhaft wichtigen, vordringlichen Aufgabe unseres gesamten Kampfes werde, und wenn sie, unsere wunderbare, begabte Jugend, auch weiterhin so wenig kämpfe, so habe sie kaum eine Chance, in diesem Kampf zu einer wahrhaft kämpferischen Jugend zu werden, die unbeirrt dafür kämpfte, zu wahren Kämpfern zu werden, die dafür kämpften, dass der Kampf …

Den Plesiosaurier sichteten wir schon von Weitem: Etwa zwei Kilometer vom Ufer entfernt ragte etwas aus dem Wasser, das aussah wie der Griff eines Regenschirms; ich steuerte den Strand an und bremste. Während Farfurkis noch immer mit der Grammatik kämpfte – im Namen des Kampfes um die kämpfende Jugend –, sprang Chlebowwodow aus dem Wagen und riss die Tür an Lawr Fedotowitschs Seite auf. Lawr Fedotowitsch wollte jedoch nicht aussteigen. Er blickte Chlebowwodow wohlwollend an und teilte mit, dass im See Wasser sei, dass er die auswärtige Sitzung der Troika für eröffnet erkläre und dem Genossen Subo das Wort erteile.

Die Kommission ließ sich neben dem Wagen im Gras nieder, doch niemand war in Arbeitsstimmung. Farfurkis knöpfte sich den Kragen auf, und ich streifte mein Hemd ab, um mich ein bisschen zu sonnen. Der Kommandant leierte (und verstieß damit ständig gegen die Instruktion) die Personalien des Plesiosauriers namens Lisaweta herunter, aber niemand hörte ihm zu. Lawr Fedotowitsch betrachtete nachdenklich den vor ihm liegenden See, als überlegte er, ob das Volk diesen See brauche oder nicht, und Chlebowwodow erzählte Farfurkis halblaut, wie er seinerzeit als Vorsitzender im Kolchos »Theater der Musikalischen Komödie« je Muttersau fünfzehn Ferkel aufgezogen hatte. Keine zwanzig Schritt von uns entfernt raschelte der Hafer, und über die weiten Wiesen stapften Kühe, sodass ein Abstecher zum Thema Landwirtschaft durchaus nahelag.

So gab Chlebowwodow, nachdem der Kommandant die kurze Charakteristik des Plesiosauriers vorgelesen hatte, den wertvollen Hinweis, dass die Maul- und Klauenseuche eine gefährliche Erkrankung des Viehs sei und man sich nur wundern müsse, dass man es hier frei umherschwimmen lasse. Eine Zeit lang setzten Farfurkis und ich ihm träge auseinander, dass Schuppentiere von der Maul- und Klauenseuche gar nicht befallen werden. Chlebowwodow aber glaubte uns nicht und berief sich auf die Zeitschrift *Ogonjok*, in der wiederholt und ausführlich von einem ausgegrabenen Schuppentier berichtet worden sei. »Ich lasse mir doch von Ihnen nichts vormachen«, empörte er sich. »Ich bin ein belesener Mensch, auch wenn ich keine Hochschulbildung habe.« Farfurkis, der sich in der Sache nicht kompetent fühlte, trat den Rückzug an, ich aber diskutierte weiter, bis Chlebowwodow vorschlug, den Plesiosaurier zu rufen und ihn selbst zu fragen. »Er kann nicht sprechen«, teilte der Kommandant mit, der neben uns hockte. »Macht nichts, wir werden uns schon verständigen«, entgegnete Chlebowwodow. »Aufrufen müssen wir ihn sowieso, dann lohnt sich die Sache wenigstens.«

»Hrrrm«, brummte Lawr Fedotowitsch. »Gibt es Fragen an den Vortragenden? Keine Fragen? Rufen Sie den Vorgang auf, Genosse Subo.«

Der Kommandant sprang auf und hastete am Ufer hin und her. Zunächst rief er mit sich überschlagender Stimme: »Lisa! Lisa!« Aber da ihn der Plesiosaurier offensichtlich nicht hörte, riss er sich die Jacke vom Leib und schwenkte sie wie ein Schiffbrüchiger, der am Horizont ein Segel erblickt hat. Lisaweta aber gab kein Lebenszeichen von sich. »Sie schläft«, meinte der Kommandant verzweifelt. »Sie hat sich an Barschen satt gefressen, und jetzt schläft sie.« Eine Weile lief er noch winkend hin und her, dann bat er mich zu hupen. Ich drückte auf die Hupe. Lawr Fedotowitsch lehnte sich aus dem Wagen und betrachtete den Plesiosaurier durch sein Theaterglas. Ich hupte etwa zwei Minuten lang, dann erklärte ich, dass es nun reiche und ich die Batterie nicht restlos leer machen wolle – die Sache kam mir hoffnungslos vor.

»Genosse Subo«, sagte Lawr Fedotowitsch, ohne das Glas von den Augen zu nehmen. »Warum reagiert der Aufgerufene nicht?«

Der Kommandant wurde blass und wusste nicht, was er sagen sollte.

»Bei Ihnen hapert's mit der Disziplin«, ließ Chlebowwodow verlauten. »Sie haben Ihre Untergebenen nicht fest genug im Griff.«

Der Kommandant riss sich das Hemd auf und japste.

»Eine Situation, die unsere Autorität zu untergraben droht«, stellte Farfurkis erschüttert fest. »Zum Schlafen ist die Nacht da, am Tag wird gearbeitet.«

Der Kommandant zog sich verzweifelt weiter aus; ihm blieb auch gar nichts anderes übrig. Ich fragte den Kommandanten, ob er schwimmen könne. Wie sich herausstellte, konnte er es nicht, aber das machte ihm nichts aus.

»Keine Sorge«, versetzte Chlebowwodow blutrünstig. »So eine Blase kann nicht untergehen.«

Ich äußerte vorsichtige Zweifel an der Zweckmäßigkeit des Vorhabens. Der Kommandant werde ertrinken, warnte ich. Die Troika habe es doch wohl nicht nötig, Funktionen zu übernehmen, die ihr gar nicht zukämen, und dem Wasserrettungsdienst ins Handwerk zu pfuschen. Außerdem erinnerte ich daran, dass die Aufgabe, falls der Kommandant ertrank, ohnehin ungelöst blieb und dann logischerweise entweder Farfurkis oder Chlebowwodow schwimmen müssten. Farfurkis erwiderte, das Aufrufen der Vorgänge obliege einzig und allein einem Vertreter der Städtischen Administration und, falls ein solcher nicht zugegen sei, dem wissenschaftlichen Berater, sodass er meine Worte als Provokation und als Versuch falscher Schuldzuweisung auffasse. Ich erklärte, in vorliegendem Fall weniger wissenschaftlicher Berater zu sein als vielmehr Fahrer eines Dienstwagens, von dem ich mich höchstens zwanzig Schritt weit entfernen dürfe. »Den Anhang zur Straßenverkehrsordung sollten Sie doch eigentlich kennen«, bemerkte ich vorwurfsvoll, da ich mich auf der sicheren Seite fühlte. »Paragraf einundzwanzig.«

Eine Verlegenheitspause trat ein. Der schwarze Regenschirmgriff ragte noch immer unbeweglich am Horizont empor. Alle beobachteten bang, wie sich langsam, dem dreiläufigen Geschützturm eines Schlachtschiffes gleich, Lawr Fedotowitschs Kopf drehte. Wir alle befanden uns auf dem gleichen Floß, und niemand wollte die Salve abkriegen.

»Bei Gott dem Allmächtigen«, jammerte der Kommandant, der in Unterwäsche kniete. »Ich habe keine Angst zu schwimmen oder zu ertrinken! Aber Lisaweta … Sie hat einen Schlund wie ein Metroeingang! Sie verschlingt nicht nur mich, sondern eine ausgewachsene Kuh, als wär's ein Samenkorn! Schlaftrunken, wie sie ist …«

»Wozu müssen wir sie überhaupt aufrufen?«, schaltete sich Farfurkis leicht nervös ein. »Schließlich und endlich sieht man schon von Weitem, dass sie nichts Interessantes darstellt. Ich schlage vor, sie zu rationalisieren und als unbrauchbar abzuschreiben.«

»Jawohl, schreiben wir das Miststück ab!«, stimmte Chlebowwodow freudig zu. »Eine Kuh verschlingt sie? Na und? Das ist doch keine Sensation! Eine Kuh kann ich auch verschlingen, aber versuch erst mal einer, pro Kuh fünfzehn Ferkel aufzuziehen. Verstehst du? Das soll mir erst mal einer nachmachen!«

Schließlich fuhr Lawr Fedotowitsch das schwerste Geschütz auf: Er besah sich seine Mitarbeiter durch das Theaterglas. Doch statt einer Horde verfeindeter Individuen, eines schäumenden Strudels widerstreitender Emotionen, statt einer Büchse voll undisziplinierter, die Autorität der Troika untergrabender Spinnentiere erblickte er im Sichtfeld seiner Zielvorrichtung ein zusammengeschweißtes Kollektiv von Leuten voller Enthusiasmus und Tatendrang, deren einziger, brennender Wunsch es war, diese Pestwanze Lisa abzuschreiben und zum nächsten Punkt überzugehen. Die Salve blieb aus. Der Geschützturm drehte sich in entgegengesetzter Richtung, und die furchterregende Mündung fixierte nun den nichtsahnenden Regenschirmgriff am Horizont.

»Das Volk …«, tönte es aus dem Kommandoturm. »Das Volk blickt weiter. Diese Plesiosaurier braucht das Volk …«

»Überhaupt nicht!« Chlebowwodow feuerte nur ein kleines Kaliber ab, verfehlte jedoch sein Ziel.

Wie sich herausstellte, brauchte das Volk diese Plesiosaurier dringend. Einzelne Mitglieder der Troika schienen dagegen jegliches Gefühl für die Perspektive verloren zu haben, während die Kommandanten vergaßen, wessen Brot sie aßen, und einzelne Vertreter unserer ruhmreichen wissenschaftlichen Intelligenz dazu neigten, die Welt durch eine schwarze Brille zu betrachten. Die Verhandlung des Vorgangs Nummer acht wurde demzufolge auf den Winter verschoben, wo das Eis betreten werden konnte. Andere Vorschläge gab es nicht und Fragen an den Vortragenden schon gar nicht. Dabei blieb es.

»Kommen wir zur nächsten Frage«, fuhr Lawr Fedotowitsch fort, und die Ordentlichen Mitglieder der Troika eilten, wie immer einander schubsend, in den Wagenfond. Der Kommandant zog sich hastig an und murmelte: »Na warte, Lisaweta, das sollst du mir büßen. Hast von mir immer die besten Stücke bekommen. Wie meine eigene Tochter hab ich dich … Du schwimmendes Mistvieh!«

Wir folgten dem Feldweg am Seeufer entlang. Der Weg war miserabel, und ich dankte dem Himmel, dass es ein trockener Sommer war, sonst wären wir rettungslos verloren gewesen. Doch ich hatte dem Himmel zu früh gedankt, denn je näher wir dem Sumpf kamen, umso mehr verschwand der Weg und verwandelte sich in zwei mit Riedgras bewachsene glitschige Rinnen. Ich schaltete den Geländegang ein und versuchte, die physischen Kräfte meiner Mitfahrer einzuschätzen. Von dem dicklichen, schlaffen Farfurkis durfte ich keine Hilfe erwarten. Chlebowwodow wirkte zwar recht kräftig, aber ich wusste nicht, ob er sich von den Magenbeschwerden schon ausreichend erholt hatte. Lawr Fedotowitsch würde wahrscheinlich nicht einmal aussteigen. Also konnte ich im Notfall nur mit dem Kommandanten rechnen, denn Edik würde seine Anwesenheit kaum preisgeben, um eine eineinhalb Tonnen schwere Karre aus dem Dreck zu ziehen.

Meine dunklen Gedanken wurden durch eine große schwarze Pfütze auf dem Weg vor uns unterbrochen. Es war keine dieser bukolischen Pfützen aus der guten alten Zeit – wie die in Mirgorod, durch die Gott und die Welt durchfuhr und die allerlei Unbill gewohnt war. Auch keine trübe, lehmige Stadtpfütze, die sich faul und gehässig zwischen unsortierten Haufen Bauschutt ausbreitete. Nein, es war ein stilles und in seiner Stille unheilvolles, düsteres Gebilde, das sich einfach zwischen zwei Reihen mickrigen Espengestrüpps gezwängt hatte; es schien rätselhaft wie der Blick einer Sphinx, listig wie die Königin Tamara und suggerierte in albtraumhafter Weise eine Untiefe, in der sich die versunkenen Laster nur so türmten.

Ich bremste scharf und sagte: »Wir sind da.«

»Hrrrm«, brummte Lawr Fedotowitsch. »Genosse Subo, tragen Sie vor.«

In der eintretenden Stille konnte man förmlich hören, wie der Kommandant unschlüssig hin und her schwankte. Bis zum Sumpf war es noch ziemlich weit, aber auch er sah die Pfütze, und auch er wusste keinen Rat. So seufzte er schicksalsergeben und raschelte mit seinen Papieren. »Vorgang Nummer achtunddreißig«, las er. »Familienname: Strich. Vorname: Strich. Vatersname: Strich. Genannt: Kuhschlick ...«

»Einen Augenblick!«, unterbrach ihn Farfurkis aufgeregt. »Hören Sie mal, da!«

Er hob einen Finger und saß stocksteif da.

Wir horchten, und da hörten auch wir es. In weiter, weiter Ferne erklangen silberhelle Siegesfanfaren. Der vielstimmige Klang pulsierte, schwoll an und schien näher zu kommen. Uns erstarrte das Blut in den Adern. Es waren Mücken, die dort ins Horn stießen, und nicht einmal alle, sondern vorerst nur die Kompaniechefs oder auch nur die Kommandeure der Bataillone und höherer Verbände. Und mit dem geheimnisvollen inneren Auge eines in der Falle sitzenden Tieres erblickten wir um uns viele Hektar morastigen Sumpflands, bewachsen von spärlichem Riedgras, bedeckt von mehreren Schichten zusammengeklebten, faulen Laubs, aus dem morsche Äste ragten ... Und all dies unter einem Baldachin kränklich dürrer Espen ... Darüber, auf jedem Quadratzentimeter, ganze Horden sehniger, rothaariger Kannibalen, grausam, hungrig und zu allem bereit.

»Lawr Fedotowitsch!«, stammelte Chlebowwodow. »Mücken!«

»Es gibt einen Vorschlag«, rief Farfurkis nervös. »Die Verhandlung des Vorgangs auf Oktober, nein, besser, auf Dezember zu verschieben!«

»Hrrrm«, stieß Lawr Fedotowitsch überrascht hervor. »Das Volk versteht nicht ...«

Plötzlich vibrierte die Luft um uns herum. Chlebowwodow kreischte auf und verpasste sich selbst eine Ohrfeige. Farfurkis tat es ihm nach. Lawr Fedotowitsch begann sich langsam und erstaunt zu ihnen umzudrehen, und da geschah das Unerhörte: Ein riesiger rötlicher Pirat steuerte so treffsicher wie bei einer Leistungsschau gegen Lawr Fedotowitschs Stirn und stieß ihm, ohne lange zu fackeln, seinen Rüssel zwischen die Augen. Lawr Fedotowitsch fuhr zurück. Er war erschüttert, konnte es nicht fassen, und dann ging es los ...

Wie ein Pferd schüttelte ich den Kopf, ruderte mit den Ellbogen und machte mich daran, auf dem schmalen Pfad zwischen dem Espengestrüpp zu wenden. Zu meiner Rechten warf sich Lawr Fedotowitsch empört knurrend hin und her, und im Wagenfond erhob sich ein so stürmisches Klatschen, als wären ganze Kompanien aufgebrachter Ulanen und Leibhusaren dabei, sich gegenseitig tätlich zu beleidigen. Bis mir das Wendemanöver glückte, war ich total verquollen – meine Ohren hatten sich in heiße Fladen verwandelt, meine Wangen glühten wie feurige Brotlaibe, und aus meiner Stirn sprossen Hörner. »Vorwärts!«, schrien sie von allen Seiten auf mich ein. »Zurück! Geben Sie doch endlich Gas! Ich bringe Sie vors Gericht, Genosse Priwalow!« Der Motor jaulte, der Schlamm spritzte nach allen Seiten, und der Wagen hüpfte wie ein Känguru, kam aber nur langsam, unerträglich langsam voran. Von zahllosen Flugplätzen aus starteten unterdessen immer neue Staffeln, Geschwader und Armadas. In der Luft hatte der Gegner die absolute Übermacht. Alle außer mir betrieben diese verbissene Selbstzerfleischung; aber ich konnte die Hände ja nicht vom Lenkrad nehmen, konnte nicht einmal strampeln, sondern bekam nur hin und wieder einen Fuß frei, mit dem ich mich, wo ich hinlangte, aus Leibeskräften kratzte.

Endlich kamen wir aus dem Gestrüpp wieder ans Seeufer. Der Weg wurde besser und führte stetig bergauf. Ein heftiger Wind blies mir ins Gesicht. Ich hielt an, um zu verschnaufen und mich zu kratzen – hingebungsvoll, ja ich konnte gar nicht mehr aufhören. Als ich schließlich doch genug hatte, sah ich, dass die Troika gerade den Kommandanten fertigmachte. Ihm wurde vorgeworfen, einen terroristischen Anschlag vorbereitet und inszeniert zu haben, ihm wurde für jeden Blutstropfen, den die Mitglieder der Troika geopfert hatten, die Rechnung präsentiert, und er beglich die Rechnung auf Heller und Pfennig. Was vom Kommandanten übrig geblieben war, als ich wieder sehen, hören und denken konnte, verdiente kaum mehr den Namen: ein Häufchen Elend, ein leerer Blick und ein schwaches Murmeln: »Bei Gott dem Allmächtigen … Herr Jesus, unser Heiland …«

»Genosse Subo«, stieß Lawr Fedotowitsch schließlich hervor. »Warum haben Sie aufgehört zu lesen? Tragen Sie weiter vor!«

Mit zitternden Händen sammelte der Kommandant die im Wagen verstreuten Papiere ein.

»Lesen Sie gleich die kurze Charakteristik des Unerklärten vor«, befahl Lawr Fedotowitsch.

Der Kommandant schluchzte ein letztes Mal und las dann mit gebrochener Stimme: »Ein großes Sumpfgebiet, aus dem von Zeit zu Zeit ein Ächzen und Stöhnen steigt.«

»Na?«, sagte Chlebowwodow. »Und was weiter?«

»Nichts weiter. Das ist alles.«

»Alles?« Chlebowwodow heulte auf. »Zugrunde gerichtet haben sie mich! Abgestochen! Und warum das Ganze?

Wegen ein paar Ächzern! Wozu hat er uns hergeschleppt, dieser Terrorist? Damit wir uns die Ächzer anhören? Wofür haben wir unser Blut vergossen? Sehen Sie mich mal an – so kann ich mich nicht mehr ins Hotel wagen! Meine Autorität ist für alle Zeit untergraben! Den Kerl lasse ich schmoren, bis ihm Ächzen und Stöhnen vergeht!«

»Hrrrm«, machte Lawr Fedotowitsch, und Chlebowwodow verstummte.

»Es gibt einen Vorschlag«, fuhr Lawr Fedotowitsch fort. »Den Vorgang Nummer achtunddreißig, genannt ›Kuhschlick‹, wegen außerordentlicher Gefährlichkeit für das Volk einer verschärften Rationalisierung zu unterwerfen, genanntes unerklärtes Phänomen als irrational, transzendent und demzufolge real nicht existierend zu betrachten und als solches für immer aus dem Gedächtnis des Volkes, das heißt aus allen geografischen und topografischen Karten zu tilgen.«

Chlebowwodow und Farfurkis klatschten frenetisch in die Hände. Lawr Fedotowitsch holte seine Aktentasche unter dem Sitz hervor und legte sie flach auf seine Knie.

»Das Protokoll!«, forderte er.

Schon lag das Protokoll über die verschärfte Rationalisierung auf seiner Aktentasche.

»Die Unterschriften!«

Schon trug das Protokoll die nötigen Unterschriften.

»Den Stempel!«

Die Tür des Panzerschranks knarrte, ein Schwall Aktenmief schwappte heraus, und vor Lawr Fedotowitsch hing der Große Runde Stempel. Lawr Fedotowitsch griff mit beiden Händen danach, hielt ihn übers Protokoll und stieß ihn aus Leibeskräften hinab. Ein Schatten verdunkelte den Himmel, die Wagenfederung gab nach. Lawr Fedotowitsch verstaute die Aktentasche wieder unter dem Sitz und fuhr fort: »Dem Kommandanten der Kolonie, Genossen Subo, wird wegen unverantwortlicher Duldung eines irrationalen, transzendenten und demzufolge nicht real existierenden Kuhschlicks in der Kolonie sowie wegen ungenügender Absicherung der Arbeit der Troika ein strenger mündlicher Verweis erteilt. Gibt es weitere Vorschläge?«

Chlebowwodow, den die Aufregungen ziemlich mitgenommen hatten, schlug vor, den Kommandanten zum Tode durch Erschießen zu verurteilen und sein gesamtes Vermögen einzuziehen. Farfurkis wandte mit schwacher Stimme ein, das sei leider nicht human, und daher unterstütze er voll und ganz Lawr Fedotowitschs Vorschlag.

»Der Nächste! Was liegt heute noch an, Genosse Subo?«

»Der Verwunschene Ort.« Der Kommandant schien neue Hoffnung zu schöpfen. »Das ist nicht weit von hier, etwa fünf Kilometer.«

»Mücken?«, vergewisserte sich Lawr Fedotowitsch.

»Bei Jesus Christus, unserem Heiland …«, schwor der Kommandant. »Mücken gibt's da nicht. Höchstens Ameisen.«

»Gut. Wespen? Bienen?«, fuhr Lawr Fedotowitsch, erstaunlichen Scharfsinn und eine nimmermüde Sorge um das Volk offenbarend, fort.

»Nicht die Spur«, beteuerte der Kommandant.

Lawr Fedotowitsch schwieg längere Zeit.

»Wilde Stiere?«, fragte er schließlich.

Der Kommandant versicherte, dass in dieser Gegend von Stieren nicht die Rede sein könne.

»Wölfe?«, ergänzte Chlebowwodow misstrauisch.

Aber auch Wölfe und Bären, die dem wachsamen Farfurkis noch rechtzeitig einfielen, gab es nicht. Während dieser zoologischen Übung suchte ich auf der Karte nach dem kürzesten Weg zu dem Verwunschenen Ort. Die verschärfte Rationalisierung hatte sich schon ausgewirkt. Auf der Karte gab es die Stadt Tmuskorpion, den Fluss Skorpionka, den Viehsee und irgendwelche Kletten. Das Sumpfgebiet Kuhschlick, das sich früher vom Viehsee bis zu den Kletten erstreckt hatte, war nicht mehr da. An seine Stelle war ein anonymer weißer Fleck getreten, wie man ihn auf alten Karten anstelle der Antarktis sehen kann.

Mir wurde befohlen weiterzufahren, und ich ließ den Motor an. Wir kamen an Haferfeldern vorbei, bahnten uns einen Weg durch dichtes Buschwerk, umfuhren den Runden Hain, überquerten den Frostigen Bach und sahen eine halbe Stunde später den Verwunschenen Ort vor uns.

Es handelte sich dabei um einen Hügel, der auf einer Seite mit Wald bewachsen war. Wahrscheinlich hatten früher von hier bis Tmuskorpion dichte Wälder gestanden, die später abgeholzt wurden und von denen nur das Stück Wald auf dem Hügel übrig geblieben war. Direkt vor uns stapften zwei von einem großen mürrischen Hund bewachte Kühe mit einem Kälbchen über den Hang. Oben auf dem Gipfel befand sich eine verwitterte Hütte, vor deren Außentreppe Hühner im Erdreich scharrten; auf dem Dach stand eine Ziege.

»Warum halten Sie?«, erkundigte sich Farfurkis. »Wir müssen näher heranfahren, wir können schließlich nicht zu Fuß …«

»Wie es aussieht, gibt's bei den Leuten auch Milch«, vermutete Chlebowwodow. »Ein Glas Milch wäre jetzt genau das Richtige. Frisch gemolken. Verstehst du? Nach einer Pilzvergiftung soll man unbedingt Milch trinken. Frisch gemolkene. Na, jetzt fahr doch endlich, worauf warten wir noch?«

Der Kommandant versuchte ihnen klarzumachen, dass man nicht näher an den Hügel herankam, aber seine Erklärungen stießen bei Lawr Fedotowitsch, den der Gedanke an die heilsame Kraft kuhwarmer Milch beflügelte, nur auf eisiges Staunen. Farfurkis aber stammelte verzückt weiter: »Saure Sahne! Frisch aus dem kühlen Keller!«, und da gab Lawr Fedotowitsch auf und blieb friedlich. Ehrlich gesagt, verstand ich den Kommandanten auch nicht ganz, und so war ich neugierig, was passieren würde.

Ich startete, und der Wagen rollte flott auf den Hügel zu. Das Tachometer zählte die Kilometer, die Autoreifen glitten raschelnd über das stachlige Gras, Lawr Fedotowitsch blickte unverwandt geradeaus, und im Wagenfond brach im Vorgeschmack auf Milch und saure Sahne ein Streit darüber aus, wovon die Mücken in den Sümpfen lebten. Chlebowwodow steuerte aus persönlicher Erfahrung die Ansicht bei, die Mücken lebten ausschließlich von leitenden Mitarbeitern, die sich auf Inspektionsreise befanden. Farfurkis versicherte, die Mücken fräßen sich gegenseitig – dabei war der Wunsch gewiss der Vater des Gedankens. Der Kommandant dagegen sprach sanft, aber beharrlich von göttlicher Fügung, von Gottestau und gebratenen Heuschrecken. So vergingen etwa zwanzig Minuten. Als das Tachometer fünfzehn zurückgelegte Kilometer anzeigte, wurde Chlebowwodow stutzig.

»Was ist denn hier los?«, fragte er. »Wir fahren und fahren, und der Hügel ist immer noch genauso weit weg. Legen Sie mal einen Zahn zu, Genosse Fahrer. Was soll das, Junge?«

»Der Hügel ist unerreichbar«, erklärte der Kommandant sanft. »Das ist der Verwunschene Ort – weder mit dem Wagen noch zu Fuß kommen wir dorthin. Wir verbrauchen bloß unnötig Benzin.«

Schweigen trat ein, und das Tachometer zeigte die nächsten sieben Kilometer an. Dem Hügel aber waren wir nach wie vor keinen Meter näher gekommen. Anfangs äugten die Kühe, durch den Motorenlärm aufgeschreckt, zu uns herüber, dann aber verloren sie das Interesse und steckten den Kopf wieder ins Gras.

Im Wagenfond machte sich Empörung breit. Chlebowwodow und Farfurkis tauschten leise Bemerkungen aus. »Das ist das Werk von Schädlingen«, meinte Chlebowwodow. »Sabotage«, widersprach Farfurkis, »und zwar böswillige.« Dann begannen sie zu tuscheln, und mich erreichten nur noch Gesprächsfetzen: »… Bremsklötze … Na ja, die Räder drehen sich, aber der Wagen kommt nicht vom Fleck … Der Kommandant? Vielleicht auch der kommissarische Berater … Das Benzin … Untergrabung der Wirtschaftlichkeit … Dann wird der Wagen mit einem hohen Kilometerstand abgeschrieben, dabei ist er noch nagelneu …« Ich achtete nicht weiter auf dieses unheilverkündende Papageiengeschwätz, bis plötzlich eine Wagentür klappte und wir Chlebowwodow mit schrecklicher, sich rasch entfernender Stimme brüllen hörten. Ich machte eine Vollbremsung. Lawr Fedotowitsch krachte, der bisherigen Fahrtrichtung folgend, wie ein Stück Holz und ohne die Haltung zu ändern, gegen die Frontscheibe. Mir wurde ganz schwarz vor Augen, und Farfurkis' Stahlzähne klapperten neben meinem Ohr. Der Wagen geriet ins Schleudern. Als sich die Staubwolke gelegt hatte, entdeckte ich weit hinter uns Chlebowwodow, der noch immer mit schleudernden Extremitäten hinter uns herkullerte.

»Ein Hindernis?«, erkundigte sich Lawr Fedotowitsch, und seine Stimme klang, als sei nichts geschehen. Den Aufprall schien er gar nicht bemerkt zu haben. »Genosse Chlebowwodow: Räumen Sie's aus dem Weg.«

Das Hindernis hielt uns ziemlich lange auf. Erst mussten wir Chlebowwodow auflesen, der zerschunden, mit aufgerissenen Hosen und völlig perplex etwa dreißig Meter hinter dem Wagen lag. Wie sich herausstellte, hielt er den Kommandanten und mich für Verschwörer. Er glaubte, wir hätten den Wagen heimlich auf Klötze gestellt, um in eigennütziger Absicht Kilometer zu schinden. Vom Pflichtgefühl getrieben, hatte er beschlossen, auszusteigen und einen Blick unter den Wagen zu werfen, um uns auf frischer Tat zu ertappen. Und nun war er regelrecht erschüttert, weil ihm das nicht gelungen war. Zusammen mit dem Kommandanten schleppte ich ihn zum Wagen zurück und legte ihn so auf die

Erde, dass er sich mit eigenen Augen von seinem Irrtum überzeugen konnte. Währenddessen halfen wir Farfurkis, seine Brille und seine Zähne wiederzufinden. Farfurkis suchte im Wagen danach, doch der Kommandant entdeckte beides ein Stück weiter vorn in Fahrtrichtung.

Das Missverständnis wurde restlos aufgeklärt, Chlebowwodows Verletzungen erwiesen sich als belanglos, und Lawr Fedotowitsch, der erst jetzt merkte, dass es mit der kuhwarmen Milch nichts wurde und auch nichts werden konnte, schlug vor, nicht länger das dem Volk gehörende Benzin zu vergeuden und sich wieder der Pflicht zuzuwenden.

»Genosse Subo«, sagte er. »Tragen Sie vor.«

Familien-, Vor- und Vatersnamen besaß der Vorgang Nummer neunundzwanzig, wie zu erwarten, nicht. Das Einzige, was es dazu gab, war die provisorische Bezeichnung »Verwunschener Ort«. Das Geburtsjahr verlor sich in weit zurückliegenden Jahrhunderten, und den Geburtsort bestimmten Koordinaten mit einer Genauigkeit bis zu einer Bogenminute. Der Nationalität nach war der Verwunschene Ort Russe, eine Schulbildung besaß er nicht, Fremdsprachenkenntnisse gingen ihm ab, von Beruf war er Hügel, und seine gegenwärtige Arbeitsstelle bestimmten die bereits erwähnten Koordinaten. Im Ausland war er nie gewesen, seine nächste Angehörige war Mutter Erde, und seinen ständigen Wohnsitz bezeichneten dieselben Koordinaten mit derselben Genauigkeit. Was das kurz umrissene Wesen des Unerklärten angeht, so hatte Wybegallo kurzum notiert: »Man kommt nicht hin – weder mit einem Fahrzeug noch zu Fuß.«

Der Kommandant strahlte. Der Vorgang sah seiner sicheren Rationalisierung entgegen. Chlebowwodow gefiel die Personalakte, Farfurkis entzückte das offensichtlich Unerklärte, das für das Volk keinerlei Gefahr darstellte, und Lawr Fedotowitsch schien auch nichts dagegen zu haben. Jedenfalls teilte er uns vertraulich mit, das Volk brauche sowohl

Hügel als auch Ebenen, Schluchten und Niederungen, sowohl einen Berg Elbrus als auch einen Berg Kasbek.

In diesem Augenblick öffnete sich die Tür der Hütte, und auf der Außentreppe erschien ein alter Mann in Filzstiefeln, der sich auf einen Stock stützte und ein knielanges, gegürtetes Hemd trug. Er stand eine Weile unschlüssig auf der Schwelle, blickte unter dem Schutz seiner Hand zur Sonne, bedeutete der Ziege mit dem Stock, vom Dach zu kommen, und setzte sich auf eine Stufe.

»Ein Zeuge!«, rief Farfurkis. »Vielleicht sollten wir ihn aufrufen?«

»Wozu denn noch ein Zeuge?«, fragte der Kommandant gequält. »Ist denn etwas unklar? Wenn es Fragen gibt, kann ich doch …«

»Nein!«, lehnte Farfurkis ab und musterte den Kommandanten argwöhnisch. »Nein, warum Sie? Sie wohnen doch ganz woanders, der aber ist ein Hiesiger.«

»Rufen wir ihn auf«, schlug Chlebowwodow vor. »Er könnte uns Milch bringen.«

»Hrrrm«, sagte Lawr Fedotowitsch. »Genosse Subo, rufen Sie den Zeugen zum Vorgang Nummer neunundzwanzig auf.«

»Ach!«, rief der Kommandant und schmiss seinen Strohhut auf die Erde. Die Sache ging zusehends daneben. »Glauben Sie, er würde noch dort sitzen, wenn er herkommen könnte? Er ist sozusagen eingesperrt! Er kann nicht mehr raus! Dort, wo es ihn damals erwischt hat, ist er hängen geblieben.«

Völlig verzweifelt, da er neue Unannehmlichkeiten auf sich zukommen sah, gab nun der Kommandant unter den bohrenden, misstrauischen Blicken der Troika die Sage vom verwunschenen Waldhüter Feofil zum Besten. Vor lauter Furcht überaus wortreich, schilderte er, wie Feofil einst, noch jung und bei Kräften, mit seiner Frau glücklich und froh in seiner Hütte gelebt hatte – bis eines Tages ein grüner Blitz in den Hügel einschlug, der schreckliche Folgen zeitigte. Feofils Frau war gerade in der Stadt gewesen, und als sie wiederkam, konnte sie mit ihren Einkäufen nicht mehr nach Hause auf den Hügel zurück. Und auch Feofil versuchte redlich sie zu erreichen. Zwei Tage lang eilte er, ohne einmal zu verschnaufen, den Hügel hinab, kam aber nie bei ihr an. Also blieb er, wo er war, und seine Frau hier ... mit den Einkäufen. Später fand er sich mit seinem Los ab und lebt seitdem auf dem Hügel.

Nachdem Chlebowwodow die furchtbare Geschichte angehört und ein paar spitzfindige Fragen gestellt hatte, kam ihm plötzlich der erleuchtende Gedanke: Feofil war von keiner Volkszählung erfasst worden, hatte sich jedem erzieherischen Einfluss entzogen und war möglicherweise noch immer ein Kulak – ein Großbauer und Ausbeuter.

»Zwei Kühe besitzt er«, sagte Chlebowwodow. »Und das Kälbchen dort. Außerdem eine Ziege. Zahlt aber keine Steuern.« Und plötzlich bekam er ganz große Augen. »Wenn er ein Kälbchen hat, ist also auch irgendwo ein Bulle versteckt!«

»Ja, stimmt, er hat einen Bullen«, gestand der Kommandant niedergeschlagen. »Wahrscheinlich grast er auf der anderen Seite.«

»Also, Freundchen – das sind ja Zustände bei dir«, drohte Chlebowwodow. »Dass du ein Gauner und Blender bist, habe ich gewusst und auch schon immer geahnt, aber das hätte ich nicht einmal dir zugetraut. Dass du ein Kulakenknecht bist, der einen Kulaken und Ausbeuter deckt ...«

Der Kommandant holte tief Luft und fing an zu lamentieren: »Ich schwöre bei der Heiligen Jungfrau Maria und bei den ersten zwölf Aposteln ...«

Plötzlich hob der Waldhüter Feofil den Kopf, schirmte die Augen mit der Hand gegen die Sonne ab und blickte zu uns herüber. Dann stand er auf, warf den Stock beiseite und begann ohne Hast den Hügel hinabzusteigen, wobei er immer wieder im hohen Gras ausrutschte. Die schmutzig weiße Ziege folgte ihm wie ein Schoßhündchen. Feofil kam zu uns, setzte sich und legte das Kinn nachdenklich auf seine knochige, braune Hand. Die Ziege setzte sich neben ihn und heftete ihre gelben, dämonischen Augen auf uns.

»Ganz normale Leute«, stellte Feofil fest. »Erstaunlich …«

Die Ziege musterte jeden Einzelnen von uns und entschied sich für Chlebowwodow.

»Das da ist Chlebowwodow«, meckerte sie. »Rudolf Archipowitsch. Geboren 1910 in Chochloma. Den Vornamen entlehnten seine Eltern einem Roman aus dem Aristokratenmilieu, er hat den Bildungsstand eines Siebtklässlers und geniert sich seiner Herkunft. Er hat viele Fremdsprachen gelernt, beherrscht aber keine davon einwandfrei …«

»Yes«, bestätigte Chlebowwodow, verschämt kichernd. »Natürelmeng, jawoll!«

»Einen richtigen Beruf hat er nicht – er ist einfach Leiter. Derzeit ehrenamtlich. War wiederholt im Ausland: in Italien und Frankreich, in beiden Teilen Deutschlands, in Ungarn, England und so weiter – insgesamt in zweiundvierzig Ländern. Hat überall geprahlt und sich was dazugekauft. Markanter Charakterzug: hochgradige soziale Zählebigkeit und Anpassungsfähigkeit, die auf grundsätzlicher Dummheit und dem unveränderlichen Bestreben beruhen, päpstlicher zu sein als der Papst.«

»So«, meldete sich nun Feofil. »Haben Sie dem etwas hinzuzufügen, Rudolf Archipowitsch?«

»Ganz und gar nicht!«, antwortete Chlebowwodow unbekümmert. »Da war höchstens die Sache mit dem Papst – das verstehe ich nicht ganz.«

»Päpstlicher zu sein als der Papst bedeutet ungefähr Folgendes«, begann die Ziege. »Hat die Obrigkeit an *einem* Wissenschaftler etwas auszusetzen, erklären Sie sich gleich zum Feind der Wissenschaft überhaupt. Hat die Obrigkeit an *einem* Ausländer etwas auszusetzen, sind Sie bereit, allem, was sich jenseits der Grenze befindet, den Krieg zu erklären. Verstehen Sie?«

»Jawohl«, antwortete Chlebowwodow. »Anders kann's auch gar nicht sein. Unsereins ist eben nicht gebildet genug; da liegt man allzu oft daneben.«

»Stiehlt er?«, fragte Feofil in verächtlichem Ton.

»Nein«, antwortete die Ziege. »Er sammelt nur, was abfällt.«

»Mordet er?«

»Aber nein!«, erwiderte die Ziege lachend. »Eigenhändig nie.«

»Erzählen Sie«, forderte Feofil Chlebowwodow auf.

»Wir haben Fehler gemacht«, gestand Chlebowwodow rasch. »Die Menschen sind keine Engel. Alter schützt vor Torheit nicht. Auch der Klügste kann fehlen – nur wer nichts tut, macht keine Fehler.«

»Verstehe«, sagte Feofil. »Werden Sie in Zukunft auch Fehler machen?«

»Niemals!«, entgegnete Chlebowwodow entschieden.

»Ich danke Ihnen«, sagte Feofil und richtete seinen Blick auf Farfurkis. »Und dieser sympathische Mann?«

»Das ist Farfurkis«, antwortete die Ziege. »Niemand hat ihn je mit Vor- und Vatersnamen angeredet. Geboren 1916 in Taganrog, Hochschulbildung, Jurist, liest Englisch mithilfe eines Wörterbuchs. Von Beruf Lektor. Doktor der historischen Wissenschaften, Thema der Dissertation: ›Die Gewerkschaftsorganisation der Seifensiederei ‚Erste Pioniere' in der Zeit von 1934 bis 1940‹. Er war noch nie im Ausland und reißt sich auch nicht darum. Markante Eigenschaften: Vorsicht und Beflissenheit, die mitunter das Risiko bergen, bei der Obrigkeit anzuecken, eigentlich aber darauf abzielen, den späteren Dank der Obrigkeit zu erwirken.«

»Das stimmt nicht ganz«, widersprach Farfurkis sanft. »Sie verwechseln da etwas. Vorsicht und Beflissenheit liegen unabhängig von der Obrigkeit in meinem Charakter. Ich bin von Natur aus so, das steckt in meinen Chromosomen. Und was die Obrigkeit angeht, so ist es nun einmal meine Aufgabe, die Vorgesetzten auf die juristischen Grenzen ihrer Kompetenz hinzuweisen.«

»Und wenn diese Grenzen überschritten werden?«, fragte Feofil.

»Man merkt, dass Sie kein Jurist sind«, erwiderte Farfurkis. »Es gibt nichts Dehnbareres als juristische Grenzen. Man kann darauf hinweisen, darf sie aber nicht überschreiten.«

»Wie stehen Sie zum Meineid?«, erkundigte sich Feofil.

»Ich fürchte, dieser Begriff ist ein wenig veraltet«, antwortete Farfurkis. »Wir verwenden ihn nicht.«

»Wie steht er zum Meineid?«, fragte Feofil die Ziege.

»Er glaubt immer felsenfest an das, was er sagt«, erklärte die Ziege.

»In der Tat: Was ist eine Lüge?«, fragte Farfurkis. »Eine Lüge ist die Leugnung oder Verdrehung einer Tatsache. Was aber ist eine Tatsache? Kann man in unserer unglaublich komplizierten Wirklichkeit überhaupt noch von Tatsachen sprechen? Sie werden sagen: ›Die Tatsache ist eine von Augenzeugen bestätigte Erscheinung oder Handlung.‹ Augenzeugen aber können voreingenommen, eigennützig oder auch dumm sein. ›Die Tatsache ist eine dokumentierte Handlung oder Erscheinung.‹ Dokumente aber können gefälscht oder nachgemacht sein. Und schließlich: ›Die Tatsache ist eine von mir persönlich festgestellte Handlung oder Erscheinung.‹ Meine Sinne aber können abgestumpft oder durch bestimmte Umstände irregeleitet sein. Daraus folgt, dass die Tatsache als solche etwas sehr Ephemeres, Diffuses und Unglaubwürdiges ist und das natürliche Bedürfnis entsteht, generell auf den Begriff zu verzichten. Damit aber werden

Lüge und Wahrheit zu primären Begriffen, die durch keine allgemeineren Kategorien bestimmbar sind. Es gibt die Große Wahrheit und ihr Gegenstück, die Große Lüge. Die Große Wahrheit ist so erhaben und für jeden normalen Menschen, wie auch ich einer bin, so offensichtlich, dass es völlig sinnlos wäre, sie widerlegen oder verdrehen, das heißt lügen zu wollen. Darum lüge ich niemals und leiste natürlich auch niemals einen Meineid.«

»Raffiniert«, fand Feofil. »Sehr raffiniert. Und diese Farfurkis'sche Philosophie der Tatsache ist doch wohl etwas Bleibendes?«

»Nein«, widersprach die Ziege und grinste spöttisch. »Diese Philosophie ist zwar etwas Bleibendes, aber sie hat nichts mit Farfurkis zu tun. Sie war nämlich gar nicht seine Idee. Überhaupt hat er außer seiner Dissertation keine eigenen Werke verfasst, sodass er der Menschheit nur diese Dissertation als ein Musterbeispiel für derartige Arbeiten hinterlässt.«

Feofil versank in Gedanken.

»Habe ich Sie richtig verstanden«, wandte sich nun Farfurkis an Feofil, »dass damit nun alles ausgestanden ist und wir unsere Arbeit fortsetzen können?«

Feofil fuhr erneut auf und erwiderte: »Noch nicht. Ich hätte noch ein paar Fragen an den Bürger dort.«

»Was?«, rief Farfurkis erschüttert. »An Lawr Fedotowitsch?«

»Das Volk …«, murmelte Lawr Fedotowitsch, der irgendwas durch sein Theaterglas betrachtete.

»Fragen an Lawr Fedotowitsch …«, murmelte Farfurkis völlig außer sich.

»Ja«, bestätigte die Ziege. »An Lawr Fedotowitsch Wunjukow, geboren …«

»Das war's«, flüsterte mir der unsichtbare Edik zu. »Ich habe jetzt keine Energie mehr. Dieser Lawr ist ein Fass ohne Boden.«

»Was fällt Ihnen ein?«, kreischte Farfurkis verzweifelt. »Genossen! Haben wir uns da nicht ein bisschen verrannt? Was ist nur in uns gefahren? Das gehört sich doch nicht!«

»Richtig«, sagte Chlebowwodow. »Das ist gar nicht unser Bier. Soll sich die Miliz damit befassen.«

»Hrrrm«, stieß Lawr Fedotowitsch hervor. »Gibt es andere Vorschläge? Oder Fragen an den Vortragenden? Ich spreche im Namen aller, wenn ich vorschlage, den Vorgang Nummer neunundzwanzig als unerklärtes Phänomen, für das sich das Ministerium für Nahrungsmittelindustrie und das Ministerium der Finanzen interessieren könnten, zu rationalisieren. Zwecks primärer Utilisierung schlage ich vor, den Vorgang Nummer neunundzwanzig, genannt ›Verwunschener Ort‹, der Staatsanwaltschaft des Kreises Tmuskorpion zu übergeben.«

Ich warf einen Blick zum Hügel hinüber. Der Waldhüter Feofil stand, schwer auf seinen Wanderstock gestützt, auf der Außentreppe und sah sich um, wobei er eine Hand schützend über die Augen hielt. Die Ziege spazierte im Gemüsegarten auf und ab. Zum Abschied winkte ich den beiden mit meiner Mütze zu. Als der Große Runde Stempel knallend niederging, hörte ich den unsichtbaren Edik seufzen.

Epilog

Als ich am nächsten Morgen die Augen öffnete, wurde mir unsere bittere, ausweglose Lage in aller Schärfe bewusst. Edik saß in Unterhosen am Tisch und hatte den Kopf mit den zerzausten Haaren auf seine Hände gestützt. Vor ihm lag eine aufgeschlagene Zeitungsseite, auf der er alle Teile seines demontierten Remoralisators ausgebreitet hatte – bis hin zur kleinsten Schraube. Auch ihm ging es schlecht, das war deutlich zu erkennen.

Ich schlug die Decke beiseite, setzte mich auf, zog aus meiner Jackentasche eine Zigarette heraus und zündete sie an. Unter anderen Umständen hätte Edik mein ungesundes Verhalten sofort mit einer unmissverständlichen Reaktion quittiert, denn er konnte es nicht ausstehen, wenn jemand sich gehen ließ und die Luft verpestete. Unter anderen Umständen hätte ich es auch nie gewagt, in seiner Anwesenheit und auf nüchternen Magen zu rauchen. Doch heute war uns alles egal. Wir hatten eine vernichtende Niederlage einstecken müssen und hingen nun über dem Abgrund.

Zum einen waren wir völlig übernächtigt. Das wäre erstens, hätte Modest Matwejewitsch gesagt. Bis drei Uhr nachts hatten wir uns verdrossen in den Betten hin und her gewälzt und bitter Bilanz gezogen, die Fenster geöffnet und wieder geschlossen, Wasser getrunken – und ich hatte sogar in mein Kissen gebissen.

Es ging nicht nur darum, dass wir diesen Ignoranten und Schlächtern nicht beigekommen waren. Das war halb so schlimm. Schließlich hatte uns niemand beigebracht, wie wir mit ihnen umzugehen hatten. Wir waren eben noch zu weich, und wohl auch noch zu grün hinter den Ohren.

Es ging auch nicht darum, dass sich nach dem gestrigen Gespräch am Hoteleingang sämtliche Hoffnungen, den Schwarzen Kasten und Quasselstrippe zu bekommen, in Schall und Rauch aufgelöst hatten. Immerhin verfügte unser Gegner über eine mächtige Waffe – den Großen Runden Stempel, dem wir nichts entgegenzusetzen hatten.

Nein: Jetzt ging es um unser aller Schicksal.

Das besagte Gespräch am Hoteleingang war ungefähr so abgelaufen: Kaum hatte ich den verstaubten Wagen vor dem Hotel geparkt, als plötzlich Edik auf der Vortreppe auftauchte und in ungewöhnlich harschem Ton das Gespräch begann.

EDIK: Verzeihen Sie, Lawr Fedotowitsch, hätten Sie ein paar Minuten für uns?

LAWR FEDOTOWITSCH *schnauft, leckt über die Mückenstiche auf seiner Hand, wartet, dass ihm jemand die Wagentür öffnet.*

CHLEBOWWODOW *zänkisch:* Halten Sie sich gefälligst an die Empfangszeiten.

EDIK *zieht Brauen hoch:* Ich möchte nur klären, wann unsere Anträge bearbeitet werden.

LAWR FEDOTOWITSCH *zu Farfurkis:* Bier ist ein hervorragendes Gebräu.

CHLEBOWWODOW *eifrig:* Absolut! Das Volk liebt Bier.

Alle steigen aus dem Wagen.

KOMMANDANT *zu Edik:* Nur keine Sorge, nächstes Jahr schon nehmen wir Ihre Anträge unter die Lupe …

EDIK *plötzlich rasend vor Wut:* Ich fordere, dem Bürokratismus Einhalt zu gebieten! *Blockiert die Eingangstür.*

LAWR FEDOTOWITSCH: Hrrrm … Ein Hemmnis? Genosse Chlebowwodow, schreiten Sie zur Beseitigung.

EDIK *störrisch:* Ich verlange eine unverzügliche Bewilligung unserer Anträge!

ICH *frustriert:* Lass, das ist doch völlig sinnlos.

KOMMANDANT *ängstlich:* Herrje … Bei der heiligen Gottesmutter von Tmuskorpion … Ich flehe Sie an …

Eine hässliche Szene. Chlebowwodow mustert Edik, der ihm den Weg versperrt, von oben bis unten. Dieser lässt hastig überschüssige Wut in Form kleiner Kugelblitze ab. Ringsum versammeln sich Schaulustige. Plötzlich schallt es aus einem offen stehenden Fenster: »Gib's ihm! Was schaust du noch! Auf die Zwiebel!« Farfurkis flüstert Lawr Fedotowitsch hastig etwas zu.

LAWR FEDOTOWITSCH: Hrrrm … Es gibt die Meinung, dass wir unsere begabte Jugend entschlossener fördern sollten. Der Vorschlag lautet, den Genossen Priwalow in seinem Amt als Fahrer bei der Troika zu bestätigen, und den Genossen Amperjan zum kommissarischen Vertreter des erkrankten Genossen Wybegallo zu berufen, wobei ihm die Lohndifferenz zu erstatten ist. Genosse Farfurkis, setzen Sie einen Entwurf für die entsprechende Anordnung auf. Mit einer Kopie nach unten. *Geht auf Edik zu.*

Ediks angeborene Höflichkeit gewinnt nun doch die Oberhand. Er gibt den Weg frei und öffnet dem älteren Herrn sogar die Tür. Ich bin so erschüttert, dass ich kaum noch etwas wahrnehme.

KOMMANDANT *drückt mir freudig die Hand:* Glückwunsch zur Beförderung, Genosse Priwalow! Nun ist ja alles wieder in Butter …
LAWR FEDOTOWITSCH *in der Tür innehaltend:* Genosse Subo!
KOMMANDANT: Zu Befehl!
LAWR FEDOTOWITSCH *scherzhaft:* Sie sind heute ziemlich ins Schwitzen gekommen, Genosse Subo. Gehen Sie doch mal ins Schwitzbad.
Troika ab unter fürchterlichem Gelächter. Vorhang.

Als ich mich an diese Szene erinnerte – daran, dass ich von nun an für lange Zeit Fahrer der Troika sein würde –, drückte ich die Kippe aus und sagte mit rauer Stimme:

»Wir müssen abhauen.«

»Ausgeschlossen«, entgegnete Edik. »Das wäre eine Schande.«

»Hierzubleiben etwa nicht?«

»Doch«, gab Edik zu. »Aber wir sind Aufklärer. Bisher hat uns noch niemand von unseren Aufgaben entbunden. Wir müssen das Unerträgliche ertragen, wir müssen, Sascha!

Wir müssen uns waschen, anziehen und zur nächsten Sitzung gehen.«

Ich stöhnte auf, hatte dem aber nichts entgegenzusetzen.

Wir wuschen uns und zogen uns an. Wir frühstückten sogar. Dann marschierten wir in die Stadt, wo alle Menschen mit nützlichen, notwendigen Dingen befasst waren. Wir schwiegen betrübt, zwei Häuflein Elend.

Am Eingang zur Kolonie sprang plötzlich der alte Edelweiß hinter einer Ecke hervor und stürzte sich auf mich. Edik zog einen Rubel aus der Tasche, doch dieser tat nicht die gewohnte Wirkung. Der Alte war nicht mehr an materiellen Werten interessiert, sondern dürstete nach geistigen. Er verlangte, ich solle ihm bei der Verbesserung seiner heuristischen Maschine helfen und als Erstes einen ausführlichen Arbeitsplan für die Zeit erstellen, die er mit seinen Forschungen verbringen werde.

Nachdem wir uns fünf Minuten unterhalten hatten, wurde mir endgültig schwarz vor Augen: Bittere Worte waren bereit hervorzubrechen, und schreckliche Absichten näherten sich der Ausführung … Verzweifelt faselte ich etwas von lernenden Maschinen. Der Alte hörte mir mit offenem Mund zu und nahm jedes Wort für bare Münze – ich glaube, auch diesen Unsinn prägte er sich wortwörtlich ein. Da kam mir eine Idee. Ich fragte ihn, ob Maschkins Aggregat auch kompliziert genug sei. Und sofort versicherte er mir, seine Maschine sei unvorstellbar kompliziert, sogar so kompliziert, dass er, Edelweiß, mitunter selbst nicht wisse, was daran wozu da sei. »Na wunderbar«, versetzte ich. »Bekanntlich besitzt jede ausreichend komplizierte elektronische Maschine die Fähigkeit zu lernen und sich zu reproduzieren. Letzteres ist vorläufig noch nicht erforderlich, ansonsten aber sind wir geradezu verpflichtet, Ihrem heuristischem Aggregat so schnell wie möglich beizubringen, selbstständig, ohne menschliche Vermittlung, Texte zu tippen … Wie das zu bewerkstelligen ist? Mit der allgemein bekannten, vielfach erprobten Methode dauerhaften Trainings.« – »Die Monte-Carlo-Methode«, warf Edik leicht verwundert ein. »Ja, genau mit dieser Methode. Ihr Vorteil liegt in der Einfachheit: Man nehme einen ausreichend langen Text, beispielsweise Brehms ›Tierleben‹ in fünf Bänden, setze Sie, Maschkin, an das Aggregat, und lasse Sie den Text Wort für Wort, Zeile für Zeile, Seite für Seite abtippen. So wird der Analysator veranlasst zu analysieren …« – »Und der Denker zu denken«, fügte Edik hinzu. »… und die Maschine – von uns zu lernen. Ehe man sich's versieht, fängt sie von ganz allein zu tippen an. Hier haben Sie einen Rubel Wegegeld, und jetzt gehen Sie in die Bibliothek und holen sich den Brehm.«

Edelweiß machte sich eilends in Richtung Bibliothek davon, und auch wir gingen unseres Weges, nun schon etwas ermutigt von dem kleinen Sieg über die hiesigen Gewalten, unserem ersten Sieg im sechsundsiebzigsten Geschoss. Heilfroh waren wir, Edelweiß ein für alle Mal losgeworden zu sein. Anstatt uns mit seiner Dummheit auf die Nerven zu gehen, würde der starrköpfige Alte nun friedlich vor seiner Remington sitzen, auf die Tasten hämmern und – die Zungenspitze zwischen den Lippen – lateinische Buchstaben von Hand abmalen. So würde er lange sitzen, hämmern und malen, und wenn er mit dem Brehm fertig war, kämen die dreißig Bände von Charles Dickens dran, und danach, so Gott wollte, die neunzigbändige Ausgabe der gesammelten Werke von Lew Nikolajewitsch Tolstoi samt allen Briefen, Artikeln, Anmerkungen und Kommentaren …

Als wir den Sitzungssaal betraten, las der Kommandant laut etwas vor, während die Kanalisatoren einschließlich Wybegallos zuhörten und nickten. Wir nahmen leise Platz, rissen uns zusammen und spitzten ebenfalls die Ohren. Eine Zeit lang begriffen wir nichts und bemühten uns auch gar nicht; doch recht bald stellte sich heraus, dass die Troika heute mit der Erörterung von Beschwerden, Anzeigen und informativen Mitteilungen seitens der Bevölkerung befasst war. Fjodor hatte uns bei einem früheren Treffen erzählt, dass diese Maßnahme einmal wöchentlich durchgeführt wurde.

So kam es, dass wir den Inhalt einiger Briefe mitanhören konnten.

Die Schüler des Dorfes Wunjuschino berichteten von der Oma Soja, die in dem Ort lebte. Jedermann behaupte, sie sei eine Hexe, ihretwegen gebe es schlechte Ernten, und aus ihrem Enkel, dem ehemaligen Musterschüler Wassili Kormilizyn, habe sie einen Rowdy und Fünfenschreiber gemacht. Die Schüler, die als Pioniere nicht an Hexen glaubten, baten die Troika um eine wissenschaftliche Erklärung, wie sie es anstelle, die Ernten zu verderben und aus Musterschülern Fünfenschreiber zu machen, und ob man sie nicht vielleicht einfach umpolen könne, damit sie zukünftig Fünfenschreiber in Musterschüler verwandle …

Eine Gruppe von Touristen wollte hinter den Kletten einen grünen Skorpion von der Größe einer Kuh beobachtet haben. Der Skorpion habe mithilfe geheimnisvoller Strahlen zwei Wachposten eingeschläfert und sei mit ihrem Monatsvorrat an Proviant im Wald verschwunden. Die Touristen boten ihre Mitwirkung bei der Ergreifung des Ungeheuers unter der Bedingung an, dass man ihnen die Fahrtkosten erstattete …

Der Einwohner der Stadt Tmuskorpion P. P. Sajadly beschwerte sich über seinen Nachbarn, der seit zwei Jahren mithilfe eines speziellen Apparats Milch bei ihm abzapfe. Man solle ihm endlich das Handwerk legen …

Ein anderer Einwohner von Tmuskorpion, der Bürger Krassnodewko, S. T., äußerte seinen Unwillen darüber, dass der Stadtgarten von allen möglichen Monstern vollgekleckst werde und man nirgends mehr spazieren gehen könne. Die Schuld daran trage der Kommandant Subo, der mit den Küchenabfällen der Kolonie neben drei privaten Schweinen auch einen arbeitslosen Nichtsnutz von Schwiegersohn durchfüttere …

Ein Landarzt aus dem Dorf Bubnowo gab an, bei einer Bauchhöhlenoperation des hundertfünfzehnjährigen Bürgers Panzermanow in dessen Wurmfortsatz eine alte soghdische Münze gefunden zu haben. Er erlaube sich, die Wissenschaft darauf aufmerksam zu machen, dass der mittlerweile verstorbene Panzermanow niemals in Mittelasien gewesen sei und die in ihm entdeckte Münze nie zuvor gesehen habe. Auf den restlichen zweiundvierzig Seiten des Briefes legte der hochgebildete Äskulap dar, was er von der Telepathie, der Telekinese und der vierten Dimension hielt. Dem Brief lagen Grafiken, Tabellen sowie Aufnahmen von Avers und Revers der geheimnisvollen Münze in natürlicher Größe bei …

Das Verfahren wurde ernst und ohne jegliche Hast durchgeführt. Nach der Verlesung jedes einzelnen Briefes trat eine lange Pause ein, die von tiefschürfenden Interjektionen gefüllt wurde. Dann blies Lawr Fedotowitsch eine »Herzegowina Flor« durch, richtete seinen Blick auf Wybegallo und erkundigte sich, welchen Entwurf einer Antwort der Genosse wissenschaftliche Berater der Troika vorlegen könne. Wybegallo lächelte dann breit mit seinen roten Lippen, strich sich mit beiden Händen über den Bart, bat um die Erlaubnis, sich nicht erheben zu müssen, und ließ den geforderten Entwurf verlauten. Dabei wurde den Korrespondenten der Troika keine große Vielfalt zuteil, denn es kam immer die gleiche Standardformulierung zum Einsatz: »Werte(r) Bürger(in) …! Haben Ihren interessanten Brief erhalten und gelesen. Die von Ihnen mitgeteilten Fakten sind der Wissenschaft gut bekannt und daher nicht von Interesse. Trotzdem danken wir Ihnen herzlich für Ihre Beobachtung und wünschen Ihnen Erfolg im beruflichen und persönlichen Leben.« Unterschrift und aus.

Das war meiner Meinung nach Wybegallos beste Erfindung. Es musste das reinste Vergnügen sein, damit beispielsweise die Mitteilung zu beantworten, dass »... der Bürger Schtschin eine Öffnung in meine Wand gebohrt hat und Giftgase hindurchleitet«.

Und so arbeitete die Maschine mit bedrückender Monotonie weiter. Eintönig näselte der Kommandant vor sich hin, Lawr Fedotowitsch knurrte satt und Wybegallo schmatzte mit den Lippen. Allmählich ergriff mich tödliche Apathie, und mir war klar, dass der Zersetzungsprozess eingesetzt hatte: Ich drohte, im schlüpfrigen Morast geistiger Entropie zu versinken. Und ich wollte nicht mehr dagegen ankämpfen ... Was soll's, dachte ich matt, von mir aus. Auch so kann man leben. Alles Vernünftige ist wirklich, und alles Wirkliche vernünftig. Und weil es vernünftig ist, ist es gut. Und da es nun mal gut ist, ist es mit ziemlicher Sicherheit auch für die Ewigkeit ... Und worin unterscheiden sich eigentlich Lawr Fedotowitsch und Fjodor Simeonowitsch? Beide sind sie unsterblich, beide sind allmächtig. Warum streiten sie dann miteinander? Keine Ahnung ... Was braucht der Mensch wirklich? Vielleicht rätselhafte Geheimnisse? Also, ich brauche keine. Wissen? Wozu brauche ich Wissen auf dieser Besoldungsstufe? Lawr Fedotowitsch ist sogar im Vorteil. Er selber denkt nicht und nötigt auch die anderen nicht dazu. Er verhindert, dass seine Mitarbeiter sich überanstrengen – das ist doch gütig und aufmerksam von ihm. Und unter seiner Ägide lässt sich sicher gut Karriere machen. Farfurkis könnte man verdrängen, oder Chlebowwodow – was wollen die denn schon ... Dummköpfe sind sie und untergraben bloß die Autorität der Obrigkeit. Dabei muss man deren Autorität doch – im Gegenteil – heben.

Wenn der liebe Gott der Obrigkeit schon keinen Verstand gegeben hat, so muss man ihr wenigstens die Autorität sichern. Du ihm die Autorität, und er dir alles andere. Hauptsache, man macht sich nützlich, ja unentbehrlich … als rechte Hand, oder notfalls auch als linke …

So wäre es bald aus mit mir gewesen – vergiftet von den bestialischen Emanationen der Kanalisatorenbande und des Großen Runden Stempels; bestenfalls wäre ich als Exponat im Vivarium unseres Instituts geendet. Und auch mit Edik wäre es bald aus gewesen. Er wand sich zwar noch und warf sich in Pose, aber es war alles nur aufgesetzt. In Wirklichkeit, so gestand er mir später, überlegte er, wie er am geschicktesten Wybegallo verdrängen und in der Vorstadt ein Grundstück zur Bebauung erhalten konnte. Ja, mit uns beiden wäre es aus gewesen. Sie hätten sich unsere Schwäche und Verzweiflung zunutze gemacht und uns in Grund und Boden getreten. Doch in einem dieser furchtbaren Augenblicke ließ ein stummer Donner alles um uns herum erbeben. Als wir wieder zu uns kamen, stand die Tür sperrangelweit offen. Auf der Schwelle standen Fjodor Simeonowitsch und Cristóbal Joséwitsch.

Sie waren unbeschreiblich zornig. Furchterregend zornig. Wohin sie auch blickten, fingen Wände an zu rauchen und schmolz das Glas. Das Transparent mit dem Volk und den Sensationen flammte auf und fiel herab. Das ganze Gebäude zitterte und vibrierte, das Parkett stellte sich auf, die Stühle bekamen vor Schreck weiche Beine und sanken in sich zusammen. Es war nicht zu ertragen, und die Troika ertrug es auch nicht.

Chlebowwodow und Farfurkis zeigten mit zitternden Fingern aufeinander und kreischten im zweistimmigen Chor: »Ich war es nicht! Er ist an allem schuld!«, doch am Ende verwandelten sie sich in gelben Dampf und lösten sich spurlos auf.

Professor Wybegallo faselte: »*Mon dieux!*«, tauchte unter seinen Tisch, holte von dort seine große Aktentasche hervor und hielt sie den Donnerschleuderern mit den Worten hin: »Das, tjä, is' alles Material. Also, über diese Gauner hab ich alles hier gesammelt, hier, da hab ich's doch!«

Der Kommandant zerrte sich inbrünstig am Kragen und sank auf die Knie.

Lawr Fedotowitsch verspürte um sich herum ein unangenehmes Treiben, begann unruhig den Hals hin und her zu drehen und erhob sich, die Hände auf das grüne Tischtuch gestützt.

Fjodor Simeonowitsch kam auf uns zu, fasste uns bei den Schultern und drückte uns gegen die breite Brust. »Na, na ...«, brummte er, als wir uns an ihn klammerten, wobei unsere Köpfe zusammenstießen. »M-macht nichts, ihr w-wart großartig ... D-drei Tage habt ihr euch immerhin gehalten ... G-ganz prima ...«

Durch den Schleier meiner Tränen hindurch sah ich, wie Cristóbal Joséwitsch, unheilvoll mit seinem Stock spielend, auf Lawr Fedotowitsch zuging und ihm mit zusammengebissenen Zähnen befahl: »Raus hier.«

Lawr Fedotowitsch brauchte einige Zeit, bis er reagierte.

»Das Volk ...«, begann er verwundert.

»Raus!!!«, brüllte Junta.

Eine Sekunde lang sahen sie einander in die Augen. Dann huschte über Lawr Fedotowitschs Gesicht eine Art menschlicher Regung – vielleicht Scham, vielleicht Furcht, vielleicht aber auch Groll. Ohne Hast verstaute er seine Utensilien im Aktenkoffer und sagte:

»Es gibt den Vorschlag, aufgrund besonderer Umstände die Sitzung der Troika auf unbefristete Zeit zu unterbrechen.«

»Für immer«, korrigierte Cristóbal Joséwitsch und legte seinen Stock quer über den Tisch.

»Hrrrm …«, stieß Lawr Fedotowitsch zweifelnd hervor.

Er schritt majestätisch um den Tisch herum und ging, ohne noch jemanden anzusehen, zur Tür. Bevor er aber verschwand, verkündete er: »Es gibt die Meinung, dass wir uns noch einmal begegnen werden. Zu einer anderen Zeit und an einem anderen Ort.«

»Wohl kaum«, erwiderte Junta verächtlich und biss das Ende seiner Zigarre ab.

Doch sollten wir Lawr Fedotowitsch tatsächlich noch einmal begegnen – zu einer ganz anderen Zeit und an einem ganz anderen Ort.

Aber das ist eine ganz andere Geschichte.

FÜNF LÖFFEL ELIXIER

Zeit der Handlung: Gegenwart, später Frühling
Ort der Handlung: eine große Gebietshauptstadt im Süden der Sowjetunion

Die Zweizimmerwohnung des mittelmäßigen Schriftstellers Felix Alexandrowitsch Snegirjow. Zeitgemäße, moderne Einrichtung. Im Arbeitszimmer herrscht vorbildliche Ordnung: Alle polierten Möbelflächen glänzen, die Bücher in der Bücherwand stehen in ordentlichen Reihen, die Sessel für die Gäste und die gestreifte Couch sind ansehnlich und bequem, der Fußboden sauber und das Parkett spiegelblank. Auch der Schreibtisch ist aufgeräumt: Die Schreibmaschine steht mit einer Hülle verdeckt in der Mitte, der massive Glasaschenbecher blitzt vor Sauberkeit, darin liegen zwei verschiedenfarbige Radiergummis, zwei Rasierklingen und eine Handvoll Büroklammern. Daneben stehen die Statuette eines fernöstlichen Gottes und ein zur Hälfte mit Karteikarten gefülltes Holzkästchen.

Es ist zwei Uhr nachmittags. Der Himmel ist grau und verhangen.

Snegirjow telefoniert vom Apparat auf dem Zeitungstischchen, das unter einer Stehlampe steht. Snegirjow ist ein Mann von durchschnittlichem Äußeren, etwa fünfzig Jahre alt und alltäglich gekleidet; seine Füße stecken in ausgetretenen Pantoffeln.

»Natalja Petrowna?«, spricht er in den Hörer. »Hallo, Natalja! Ich bin's, Felix ... Ja, ja, lange nicht gesehen ... Na ja, es geht. Hör mal, Natalja, bist du heute bei deinem Lehrgang? ... Wann macht ihr da Schluss? Aha ... Na, bestens. Hör mal, ich komme gegen sechs vorbei, muss was mit dir besprechen. Einverstanden? ... Dann bis nachher.«

Er legt den Hörer auf und eilt in den Flur. Dort tauscht er die Pantoffeln gegen solide Straßenschuhe mit dicker Sohle, zieht einen Mantel über und drückt sich eine zerknautschte Baskenmütze aufs Haar. Dann bückt er sich nach einem großen, mit leeren Kefir-, Limonade- und Sonnenblumenölflaschen prall gefüllten Netz, das neben der Garderobe steht.

Unter dem Gewicht des Netzes leicht gebeugt, betritt er den Treppenabsatz vor seiner Wohnung und bleibt überrascht stehen.

Aus der Wohnung gegenüber kommen zwei Sanitäter mit einer Trage, auf der totenblass sein Nachbar Konstantin Kurdjukow liegt, ein im Vergleich drittrangiger Dichter, mit dem Snegirjow flüchtig bekannt ist.

Bei seinem Anblick ruft Kurdjukow: »Snegirjow! Dich schickt mir der Himmel!«

Seine Stimme klingt so verzweifelt, dass die Sanitäter sofort stehen bleiben.

Snegirjow beugt sich teilnahmsvoll über ihn. »Was hast du, Kurdjukow? Was ist passiert?«

Kurdjukow verdreht die trüben Augen, sein sabbernder Mund steht offen. »Rette mich, Snegirjow«, krächzt er. »Ich sterbe! Ich flehe dich an. Du bist meine einzige Hoffnung. Soja ist nicht da, niemand ist da.«

»Schieß los, Kurdjukow«, antwortet Snegirjow. »Was kann ich für dich tun?«

»Fahr ins Institut! Ins Institut ... Kennst du das an der Bogorodsker Chaussee? Frag dort nach Martynjuk ... Martynjuk, Iwan Dawydowitsch. Merk dir den Namen! Den kennt dort jeder. Er ist Vorsitzender des Gewerkschaftskomitees. Sag ihm, dass ich mich vergiftet habe, ein Fall von Botulismus. Ich sterbe! Er soll mir wenigstens zwei, drei Tropfen geben. Ich weiß, dass er welche hat … Er soll sie mir geben!«

»Schon gut, schon gut! Martynjuk, Iwan Dawydowitsch, zwei Tropfen. Und was für zwei Tropfen? Weiß er Bescheid?«

Auf Kurdjukows Gesicht tritt ein merkwürdiges, nicht in die Situation passendes Lächeln. »Sag bloß: Methusalin; dann ist er im Bilde.«

In diesem Moment kommt der Arzt aus Kurdjukows Wohnung und fährt die Sanitäter an: »Was ist? Worauf wartet ihr noch? Beeilt euch mal ein bisschen! Beeilen, hab ich gesagt!«

Während die Sanitäter Kurdjukow die Treppe hinuntertragen, schreit dieser verzweifelt: »Snegirjow! Ich werde für dich beten!«

»Ich fahre sofort hin!«, ruft Snegirjow ihm hinterher. »Bin schon unterwegs.«

Der Arzt, im Mundwinkel eine noch nicht angezündete Zigarette, stopft sich verschiedene Papiere in die Kitteltasche und wartet auf den Fahrstuhl.

Erschrocken fragt ihn Snegirjow: »Hat er wirklich Botulismus?«

Der Arzt zuckt mit den Achseln und antwortet: »Eine Vergiftung. Nach der Untersuchung wissen wir mehr.«

»Martynjuk, Iwan Dawydowitsch«, sagt Snegirjow laut, und als der Arzt ihn verständnislos anblickt, erklärt er hastig: »Nein, nein, ich will mir nur einen Namen einprägen. Martynjuk, Vorsitzender des Gewerkschaftskomitees … Methusalin.«

Die Fahrstuhltür geht auf, und die beiden steigen ein.

»Was meinen Sie«, fragt Snegirjow, »hilft dieses Methusalin auch gegen Botulismus?«

»Wie sagten Sie?«

»Methusalin, glaub ich«, erwidert Snegirjow verwirrt.

»Nie gehört«, meint der Arzt trocken.

»Ist wohl ein neues Mittel«, mutmaßt Snegirjow.

Der Arzt entgegnet nichts.

»Vielleicht sogar ein brandneues«, vermutet Snegirjow. »Wissen Sie, es kommt aus diesem Institut an der Bogorodsker Chaussee. Übrigens, wo bringen Sie Kurdjukow hin?«

»In die II. Städtische Klinik.«

»Ach, das ist ja nicht weit.«

Am Rettungswagen trennen sie sich, und Snegirjow läuft, mit seinen Flaschen klappernd, auf die Straßenmitte und hält ein Taxi an.

Als er wieder aus dem Taxi klettert, nimmt Snegirjow das Netz fest in die Hand und geht, unter dem Gewicht gebeugt, die breiten Betonstufen des überdachten Eingangs zum Institut hinauf. Mit seinem Körpergewicht drückt er die breite Glastür auf und gelangt in eine geräumige Halle, die vom Licht zahlreicher Quecksilberröhren erhellt wird. In der Halle befinden sich viele Leute, die in Grüppchen beieinanderstehen und rauchen. Snegirjow bleibt mit seinem Netz an einem Abfallbehälter hängen, sodass die Flaschen klirren. Alle Blicke richten sich auf das Netz. Verlegen tritt Snegirjow auf das erste Grüppchen zu, das er trifft, und erkundigt sich nach dem Vorsitzenden des Gewerkschaftskomitees Martynjuk. Man mustert ihn von oben bis unten und weist dann zur Hallendecke. Snegirjow begibt sich zur Garderobe und reicht dem Garderobier Mantel und Mütze. Er versucht, diesem auch sein Netz aufzuschwatzen, erhält aber eine entschiedene Abfuhr und verstaut es vorsichtig in einer Nische.

Im ersten Stock öffnet er eine Tür und gelangt in einen großen, hellen Raum, in dem Unmengen von Laborgefäßen stehen, Lämpchen an Schaltpulten blinken und grünliche

Kurven über die Bildschirme huschen. Ein Mann im blauen Kittel sitzt mit dem Rücken zu ihm. Kaum hat Snegirjow die Tür hinter sich geschlossen, als ihn der Mann, ohne sich umzudrehen, über die Schulter hinweg anblafft: »Zum Gewerkschaftskomitee!«

»Ist Iwan Dawydowitsch zu sprechen?«, erkundigt sich Snegirjow.

Der Mann wendet ihm das Gesicht zu und steht auf. Er ist groß und breitschultrig, hat einen kräftigen Hals, struppige, scheckige Haare und engstehende schwarze Augen.

»Ich sagte, gehen Sie zum Gewerkschaftskomitee! Zwischen fünf und sieben! Hier werde ich mich nicht mit Ihnen unterhalten. Klar?«

»Ich komme von Kurdjukow …«

Der Vorsitzende des Gewerkschaftskomitees Martynjuk schnellt mit dem Oberkörper vor. »Von … Kurdjukow? Was ist denn los?«

»Er hat eine schwere Vergiftung, verstehen Sie? Verdacht auf Botulismus. Er bittet Sie sehr, ja er fleht Sie an, ihm zwei, drei Tropfen Methusalin zu schicken.«

»Was?«

»Methusalin. Ich dachte, das wäre ein neues Medikament. Oder habe ich mir den Namen falsch gemerkt? Me-thu-sa-lin.«

Iwan Dawydowitsch Martynjuk geht an Snegirjow vorbei zur Tür und macht sie fest zu.

»Wer sind Sie überhaupt?«, fragt er ungehalten.

»Wir wohnen zusammen.«

»Wieso? Er hat doch eine eigene Wohnung.«

»Ich habe auch eine eigene Wohnung. Wir wohnen Tür an Tür.«

»Verstehe. Ich versuche mir nur klarzumachen, wer Sie sind.«

»Mein Name ist Felix Alexandrowitsch Snegirjow.«

»Der Name sagt mir nichts.«

Snegirjow pariert: »Ihr Name sagt mir auch nichts! Trotzdem bin ich durch die ganze Stadt hierher kutschiert.«

»Haben Sie wenigstens einen Ausweis bei sich? Oder irgendwas …«

»Natürlich nicht! Wozu auch? Sind Sie vielleicht von der Miliz?«

Iwan Dawydowitsch starrt Snegirjow finster an. »Na schön«, sagt er schließlich. »Ich kümmere mich persönlich darum. Gehen Sie … Nein, warten Sie! In welcher Klinik liegt er?«

»In der II. Städtischen.«

»Dass ihn dort … Das ist ja wirklich am anderen Ende der Stadt. Na schön, gehen Sie. Ich kümmere mich darum.«

»Ich danke Ihnen«, verabschiedet sich Snegirjow spöttisch. »Ich stehe tief in Ihrer Schuld.«

Iwan Dawydowitsch dreht ihm jedoch schon wieder den Rücken zu.

Wutschnaubend kehrt Snegirjow zur Garderobe zurück, zieht seinen Mantel an, stülpt sich vor dem Spiegel die Baskenmütze über, dreht sich um und will schon gehen, als sich eine schwere Hand auf seine Schulter legt. Snegirjow erstarrt, aber es ist nur der Garderobier. Mit altmodischer Geste deutet er auf das verfluchte Netz in der Nische.

Snegirjow tritt auf die Freitreppe hinaus, stellt das Netz vor seine Füße und zieht eine Zigarette heraus. Als er sich mit dem Rücken zum Wind dreht, um sie anzuzünden, stockt er: Durch die schwere, durchsichtige Tür starrt ihm, die riesigen Handflächen gegen die Scheiben gepresst und das blasse Gesicht vorgeschoben, Iwan Dawydowitsch Martynjuk hinterher. Wie ein Vampir dem entronnenen Opfer.

Die Straßenbahn ist überfüllt. Snegirjow sitzt, das Netz auf den Knien, auf einem Platz; die Fahrgäste umstehen ihn wie eine dichte Mauer. Plötzlich entsteht zwischen den Menschen eine Lücke, und Snegirjow bemerkt, dass ihn durch die Lücke hindurch zwei helle, vorstehende Augen anstarren. Nur eine Sekunde lang sieht er die Augen, eine karierte Schirmmütze und eine karierte Krawatte, dazu eine karierte Jacke. Als die Straßenbahn quietschend bremst und die Mauer aus Menschen sich wieder schließt, ist der merkwürdige Beobachter verschwunden. Eine Zeit lang sitzt Snegirjow stirnrunzelnd da und versucht zu begreifen, was vor sich geht – als plötzlich wieder eine Lücke zwischen den Fahrgästen entsteht. Der karierte Beobachter hat nun die Hände über dem Bauch gefaltet und schlummert friedlich vor sich hin. Er ist ein Mann mittleren Alters, mit einer karierten Jacke und einer schmuddeligen weißen Hose …

Der Saal des Kulturhauses. Snegirjow spricht, am Bühnenrand auf und ab spazierend, vor seinen Lesern.

»… Mich beispielsweise hat man von frühester Kindheit an mit klassischer Musik berieselt. Wahrscheinlich hat irgendwer irgendwo einmal gesagt, dass sich der Mensch, wenn er unentwegt mit klassischer Musik berieselt wird, mit der Zeit daran gewöhnt und sich damit abfindet – und dass dann alles ganz wunderbar ist. Und damit fing der Schlamassel an! Wir liebten Jazz, wir waren verrückt nach Jazz und wurden mit Sinfonien vollgestopft. Wir schwärmten für sentimentale Romanzen, und man quälte uns mit Violinkonzerten. Wir brannten darauf, Chansonniers und Liedermacher zu hören – und wurden mit Oratorien gejagt. Hätten all diese übermenschlichen Bemühungen, uns mit klassischer Musik zu durchtränken, auch nur den Wirkungsgrad einer Dampflok gehabt, wären wir heute alle Kenner und Verehrer der klassischen Musik. Denken Sie an die Tausende und Abertausende Stunden Klassik im Radio, an die Tausende und Abertausende Fernsehprogramme, an die Millionen Schallplatten! Und was ist dabei herausgekommen? Was dabei herausgekommen ist, sehen Sie selbst …«

Unter dem zustimmenden Gemurmel des Saals geht Snegirjow zu einem kleinen Tisch und greift nach dem nächsten Zettel. »›Waren Sie im Ausland?‹«

Gelächter im Saal. Eine Stimme ruft: »Wie in einem Fragebogen!«

»Ja. Ich war einmal als Tourist in Polen und zweimal mit einer Delegation in der Tschechoslowakei. Gut. Und was haben wir hier? Hm. ›Wer hat Ihrer Meinung nach mehr Angst vor dem Tod: die Sterblichen oder die Unsterblichen?‹«

Gemurmel im Saal.

Snegirjow zuckt die Achseln und sagt: »Merkwürdige Frage. Darüber habe ich noch nie nachgedacht. Wissen Sie, meiner Ansicht nach denken vor allem junge Menschen an die Unsterblichkeit, wir Alten denken mehr an den Tod.«

In diesem Moment sieht er, wie sich in der Saalmitte der ihm bereits bekannte, kariert gekleidete Herr aufrichtet. »Und wie denken die Unsterblichen über den Tod?«, erkundigt er sich mit schriller Fistelstimme.

Diese Frage bringt Snegirjow völlig aus dem Konzept, ja sie erschreckt ihn sogar ein wenig. Er ahnt, dass sie nicht von ungefähr kommt, dass diese ganze Szene einen ihm verborgenen Hintergrund hat. Er spürt, dass er jetzt besser nicht antwortet, und wenn doch, dann muss die Antwort genau ins Schwarze treffen. Wie er das bewerkstelligen soll, weiß er jedoch nicht. Darum versucht er sich mit einem Scherz aus der Affäre zu ziehen und murmelt: »Abwarten und Tee trinken … Da ich vorläufig nicht unsterblich bin, kann ich solche Dinge schlecht beurteilen.«

Der Karierte ist nicht mehr zu sehen. Snegirjow wischt sich mit einem Taschentuch die Stirn ab und faltet den nächsten Zettel auseinander.

Als Snegirjow das Kulturhaus verlassen hat, beschließt er, endlich das Netz mit den Flaschen loszuwerden. Er reiht sich in die kleine Schlange vor einer Flaschenannahme ein und versinkt in Gedanken.

Plötzlich hört er ein lautes Kreischen und Schreien, und die Schlange stiebt nach allen Seiten auseinander. Perplex sieht sich Snegirjow um und versucht herauszufinden, was geschehen ist. Da sieht er, wie von einem kleinen Hügel aus bedrohlich lautlos und immer schneller ein riesiger Kipper vom Typ »MAS« auf ihn zurollt. Krampfhaft sein Netz festhaltend, springt Snegirjow zur Seite, und der Kipper, der ihn nur um Haaresbreite verfehlt, rast polternd in die Annahmebude, wo er zum Stehen kommt. Das Fahrerhaus ist leer.

Ringsum Geschrei, Gezeter und entsetzt hochgerissene Arme.

»Wo ist der Fahrer?«

»Der Tagedieb ist einkaufen gegangen!«

»Die Bremse! Er hat die Bremse nicht angezogen!«

»Wie ist so etwas möglich, liebe Mitbürger? Wo hat die Miliz nur ihre Augen?«

»Wo sind meine Flaschen? Wo sind sie? Er hat mir meine Flaschen zerschlagen.«

»Sei froh, dass du noch lebst.«

»Fahrer! He, Fahrer! Wo steckst du?«

»Hol deine Karre hier weg!«

Der Mann von der Flaschenannahme klettert in einem schmutzigen weißen Kittel aus den Trümmern seiner Bude, springt aufs Trittbrett und drückt erbittert auf die Hupe.

Snegirjow schüttelt den Kopf, um das erschütternde Erlebnis wieder loszuwerden, und begibt sich zum Fremdsprachenlehrgang seiner Bekannten Natalja, mit der er etwas zu besprechen hat.

In den Korridoren bewegt er sich so ungezwungen, als sei er hier zu Hause; weder legt er ab, noch schämt er sich seiner Flaschen. Bald grüßt er eine Putzfrau, bald einen älteren, sauertöpfischen Kursteilnehmer, bald ein paar junge Burschen, die eine Leiter gegen einen Fensterpfeiler lehnen.

Lässig klopft er an eine Tür mit der Aufschrift »Englisch-Gruppe« und tritt ein.

An einem der Bürotische in dem leeren Raum sitzt Natalja Petrowna. Sie blickt zu Snegirjow auf, der plötzlich sprachlos stehen bleibt und den Mund aufsperrt. Mit ihr hatte er früher einmal ein Verhältnis; als es abgekühlt war, gingen sie im Guten auseinander und sahen sich danach lange Zeit nicht wieder. Als nun Snegirjow die Frau wiedersieht, vergisst er, weshalb er hergekommen ist …

Vor ihm sitzt eine streng gekleidete geheimnisvolle Frau. Sie ist schön und hat große dunkle Augen, wie eine Zauberin, einen makellos glatten Teint und verführerische Lippen. Ohne sie aus den Augen zu lassen, stellt Snegirjow vorsichtig sein Netz auf den Fußboden, breitet die Arme aus und sagt: »Da bleibt einem ja die Spucke weg! Wie lange haben wir uns nicht gesehen?« Er schlägt sich mit der Hand vor die Stirn. »Was bin ich für ein Idiot! Wo hatte ich nur meine Augen? Ja wirklich, ich bin ein Kretin! Wie konnte ich bloß?«

»Good evening, my darling«, entgegnet Natalja ziemlich kühl. »Bist du extra hergekommen, um mir das zu sagen? Oder wolltest du bei der Gelegenheit gleich deine Flaschen loswerden?«

»Sprich!«, flüstert Snegirjow leidenschaftlich, während er sich ihr gegenüber auf einen Stuhl sinken lässt. »Sprich weiter! Was du willst, irgendwas.«

»Was ist denn mit dir los?«

»Ich weiß es nicht. Heute wäre ich beinahe überfahren worden. Vor allem aber habe ich dich gesehen.«

»Wen glaubtest du denn sonst hier zu sehen?«

»Natalja Petrowna ... Doch jetzt sitzt eine Fee vor mir. Oder eine Hexe! Eine wunderschöne Hexe! Eine Nixe!«

»Du Süßholzraspler!«, mahnt sie ihn frostig, lächelt aber dabei. Sie ist angenehm berührt.

»Heute hast du natürlich keine Zeit«, erklärt er sachlich.

»Und wenn doch?«

»Dann lade ich dich ins ›Kaukasische Restaurant‹ ein und bewirte dich mit Saziwi! Und mit Chatschapuri! Wir werden Kognak und Twischi trinken! Und Pawel Pawlowitsch wird alles persönlich arrangieren ...«

»Ja, natürlich«, sagt sie. »Wir bringen deine Flaschen weg und gehen bummeln. Fürs Flaschengeld.«

Da fällt Snegirjow ein, dass er am Abend schon verabredet ist.

»Natalja«, sagt er. »Und wie wäre es morgen? Gehen wir ins ›Schwimmende Restaurant‹, ja? Auf dem Fluss? Wie in guten alten Zeiten!«

»Heute gehen wir ins ›Kaukasische‹, morgen ins ›Schwimmende‹ und übermorgen?«

»Oje«, erwidert er aufrichtig. »Heute geht's bei mir nicht. Das hatte ich ganz vergessen.«

»Und morgen geht es auch nicht«, pariert sie. »Und übermorgen schon gar nicht.«

»Wieso denn nicht?«

»Weil der Zug abgefahren ist. Siehst du die Rücklichter?«

»Du bist wunderbar«, flüstert er, als hätte er gar nicht zugehört, und greift nach ihrer Hand. »Ich muss einfach blind gewesen sein. Deine Haut leuchtet ja richtig.«

»Du alter Weiberheld«, erwidert sie beinahe zärtlich. »Lass meine Hand los.«

»Aber einen Kuss könntest du mir doch geben?«, knurrt er, während er seine Lippen den ihren nähert.

»Gott wird's geben«, bemerkt sie und entwindet sich. »Hör auf mit dem Theater. Geh lieber. Ich bekomme gleich Besuch.«

»Hm, hm!« Er steht auf. »Ich habe heute kein Glück. Und wie geht's dir sonst?«

»Wie allen. Sonst und überhaupt.«

»Wir sind damals auf eine so dumme Art auseinandergegangen.«

»Im Gegenteil! Auf eine sehr gute Art.«

»Ohne große Gefühle, meinst du?«

»Ja. Ohne große Gefühle.«

»Und was ist daran gut?«

»Dass es ohne Folgen geblieben ist. Das ist doch die Hauptsache, dear Felix: dass es ohne Folgen bleibt. Und jetzt mach schon. Geh, steh mir nicht im Weg herum.«

Snegirjow dreht sich verdrossen zur Tür und hebt sein Netz auf, als ihm plötzlich einfällt: »Hör mal, Natalja, ich habe eine große Bitte an dich.«

»Warum hast du das nicht gleich gesagt?«

»Ehrenwort, bei deinem Anblick habe ich alles andere glatt vergessen. Jetzt fällt's mir wieder ein. Deinen Kurs besucht ein gewisser Senja – richtig heißt er Semjon Semjonowitsch Dolgopolow.«

»Ja, den kenne ich. So ein Glatzkopf von den Städtischen Verkehrsbetrieben … Sehr begriffsstutzig …«

»Wie recht du hast! Ein Glatzkopf, begriffsstutzig und von den Städtischen Verkehrsbetrieben. Außerdem hat er zu hohen Blutdruck und einen Säufer zum Schwiegersohn. Er braucht eine Bestätigung über den Abschluss eures Kurses. Und zwar ganz dringend, weil davon eine Dienstreise abhängt. Gib ihm um Gottes willen diese Bescheinigung, du hast ihn schon zweimal durchfallen lassen …«

»Dreimal.«

»Dreimal? Na, dann hat er mich beschwindelt. War ihm wohl peinlich. Sei nicht so streng mit ihm, was macht's dir schon aus? Er sagt, du kannst ihn nicht leiden. Warum denn nicht? So ein harmloser Wicht, der keiner Fliege was zuleide tut … Na, was guckst du so frostig? Was hat er dir getan?«

»Ich hab den Kerl satt«, antwortet Natalja mit einem seltsamen Gesichtsausdruck.

»Na, dann erst recht! Gib ihm sein Testat, und du bist ihn los. Sei nicht so streng!«

»Gut, ich werd's mir überlegen.«

»Wunderbar! Ich weiß doch, was für ein gutes Herz du hast.«

»Er soll morgen um diese Zeit zu mir kommen, sag ihm das.«

»Er wird nicht kommen, sondern auf den Knien kriechen!«, versichert Snegirjow. »Mit einer Tafel Schokolade zwischen den Zähnen!«

»Bloß nicht zwischen den Zähnen«, widerspricht Natalja ernst.

Es dämmert bereits. Snegirjow unternimmt noch einen Versuch, sich von seinen Flaschen zu befreien. Er stellt sich ans Ende einer Schlange, deren Anfang in einem Keller verschwindet. Er wartet eine Weile, zündet sich eine Zigarette an und blickt auf die Uhr, dann tritt er unschlüssig von einem Bein aufs andere und wendet sich schließlich an den hinter ihm Stehenden: »Hör mal, nimmst du mir meine Flaschen ab? Ich überlasse sie dir zu fünf Kopeken das Stück.«

Der Mann erwidert mit finsterem Humor: »Vielleicht kaufst du mir ja meine zu vier Kopeken ab?«

Snegirjow seufzt und verlässt, nachdem er noch eine Weile gewartet hat, die Schlange.

Er betritt eine Grünanlage am Rand einer schmalen Straße, die wegen Bauarbeiten für den Verkehr gesperrt ist. Es ist eine stille, unbelebte Straße mit aufgerissener Fahrbahndecke und Haufen von Pflastersteinen, die sich auf dem Gehweg türmen.

Als er bemerkt, dass der Schnürsenkel an seinem rechten Schuh lose ist, geht Snegirjow zu einer Bank, stellt das Netz auf die Erde und setzt den rechten Fuß auf den Rand der Bank, als es in seinem Netz plötzlich klirrt und scheppert.

Ein Pflasterstein, der aus einer unbekannten Richtung angeflogen kam, hat unter den Flaschen einen nicht wiedergutzumachenden Schaden angerichtet. Die Erde rings um Snegirjows Füße ist mit Glassplittern übersät.

Verblüfft sieht sich Snegirjow um. Die Grünanlage ist menschenleer. Die Straße ebenfalls. Die Abenddämmerung verdichtet sich. Im Netz, mitten im Scherbenhaufen, liegt ein lehmbeschmierter Pflasterstein so groß wie ein Kindskopf.

»Na, hier ist ja was los«, sagt Snegirjow laut.

Er macht Anstalten, sich nach dem Netz zu bücken, zuckt dann aber die Achseln und geht, die Hände in den Taschen vergraben, seiner Wege.

Abends um sechs Uhr betritt Snegirjow das »Kaukasische Restaurant«. Er bleibt an der Tür stehen, sieht sich suchend um, und schon schwebt der Oberkellner Pawel Pawlowitsch, ein großer braungebrannter Mann im schwarzen Frack und mit einer Nelke im Knopfloch, majestätisch auf ihn zu.

»Sie haben uns lange nicht mehr mit Ihrem Besuch beehrt, Felix Alexandrowitsch«, dröhnt Pawel Pawlowitschs Bassstimme. »Geschäfte? Sorgen? Viel zu tun?«

»Viel zu tun, Verehrtester, viel zu tun«, antwortet Snegirjow zerstreut. »Und die Sorgen nehmen auch nicht ab. Sie, Pawel Pawlowitsch, aber lassen sich anscheinend durch nichts unterkriegen. Sie sind und bleiben ein Athlet.«

»Dank Ihren Gebeten, Felix Alexandrowitsch. Vor allem aber muss man seinen Körper ständig in Bewegung halten, nichts übertreiben und sich auf keinen Fall gehenlassen! Aber Sie kommen ja aus einem anderen Grund hierher.

Wenn Sie sich dorthin, ans Fenster, bemühen möchten – Anatoli Sokratowitsch erwartet Sie.«

»Danke, Pawel Pawlowitsch, ich sehe schon. Übrigens würde ich nachher gerne etwas zum Abendessen mit nach Hause nehmen. Zwei Weißbrote vielleicht und ein bisschen Schinken, ja? Schreiben Sie's bitte an, Pawel Pawlowitsch. In Ordnung?«

»Wird gemacht.«

In diesem Augenblick ertönt hinter Snegirjow ein ohrenbetäubendes Klirren. Snegirjow macht einen Satz von fast einem Meter und dreht sich entsetzt um. Wassja, ein junger Kellner, hat jedoch nur ein Tablett auf ein fahrbares Metalltischchen fallen lassen.

»Diese Schlafmütze hat auch noch zwei linke Hände«, stellt Oberkellner Pawel Pawlowitsch von oben herab fest.

Anatoli Sokratowitsch Romanjuk, der Chefredakteur einer lokalen Zeitschrift, trinkt gerne, doch in Maßen, und isst dazu etwas Schmackhaftes; auch lädt er gern einen netten Menschen ein, besonders, wenn er etwas von ihm will.

»Felix, du musst nur verstehen, was in erster Linie von dir verlangt wird«, sagt er, während er die Gabel, auf die er ein Stück Lachs gespießt hat, hochhält. »In erster Linie musst du zum Ausdruck bringen, dass der Sinn des Lebens in unserer Zeit untrennbar mit einem hohen moralisch-sittlichen Potenzial verbunden ist …«

Snegirjow schüttelt den Kopf. »Das, Anatoli Sokratowitsch, habe ich längst verstanden. Aber ich muss dir leider sagen, dass das so holterdiepolter nicht geht. Für so etwas braucht man Zeit – mindestens eine Woche, besser zwei. Überleg doch selbst: Wie soll man denn in einer Nacht so einen Artikel schreiben?«

»Eine Zeitschrift muss schnell reagieren können! Dass niemand das begreifen will! Eine Zeitschrift muss sich darin der Zeitung annähern, statt sich von ihr zu entfernen. Du weißt, dass ich dich mag. Du hast einen kraftvollen Stil, Felix, und ich mag dich sehr. Ich bringe alles, was du schreibst. Aber du bist einfach nicht flexibel genug!«

»Ich bin ja auch kein Zeitungsmann. Ich bin Schriftsteller!«

»Eben! Ein Schriftsteller, der nicht schnell genug ist. Du musst an dir arbeiten. Nimm nur mal diesen Kurdjukow. Ich weiß, er ist ein mittelmäßiger, ja sogar ziemlich schlechter Dichter. Aber wenn man zu ihm sagt: ›Konstantin, bis zum Abend muss es fertig sein!‹ – dann ist es bis zum Abend fertig. Verstehst du, darin ist er wie Tschechow. Und deshalb schätze ich ihn. Er setzt sich sofort auf das Fensterbrett, und schon geht's los: ›Und flussabwärts schwimmt das Beil von der Kolgujew-Insel …‹ Oder irgendwas in der Art.«

Snegirjow fällt plötzlich etwas ein. »Ach Gott, ich muss ja noch anrufen und mich erkundigen, wie's ihm geht«, sagt er und eilt los.

»Wem denn?«, ruft der Chefredakteur ihm hinterher.

Vom Vorraum des Restaurants aus ruft Snegirjow bei Kurdjukow zu Hause an. »Soja, ich bin's, Felix. Wie geht es Konstantin?«

»Ach, schön, dass Sie anrufen, Felix Alexandrowitsch! Ich komme gerade von ihm, bin in diesem Moment zur Tür herein … Felix Alexandrowitsch, er bittet Sie sehr herzlich, ihn zu besuchen.«

»Natürlich … Aber wie … Wie geht's ihm denn?«

»Gott sei Dank ist alles noch mal gut gegangen. Aber er bittet Sie ganz dringend, ihn zu besuchen. Er spricht von nichts anderem.«

»So? Na, morgen könnte es klappen. Gegen Abend vielleicht …«

»Nein, nein, Felix Alexandrowitsch, er bittet Sie, unbedingt noch heute zu kommen. Er hat ausdrücklich gesagt: ›Wenn Felix Alexandrowitsch anruft, richte ihm aus, er soll unbedingt noch heute kommen.‹«

»Noch heute? Hm …«, murmelt Snegirjow. »Heute kann ich beim besten Willen nicht. Ich sitze hier mit Anatoli Sokratowitsch zusammen …«

Soja hört jedoch gar nicht zu. »›Und wenn er nicht anruft‹, hat er gesagt, ›dann mach ihn ausfindig, egal wo. Und wenn du die ganze Stadt nach ihm abklapperst.‹ Er hat etwas Wichtiges mit Ihnen zu besprechen, Felix. Es ist sehr dringend, sehr wichtig.«

»Verflixt, heute ist es ganz ungünstig …«

»Felix, bitte verstehen Sie, er ist gar nicht er selbst. Schauen Sie doch heute bei ihm vorbei, wenigstens für zehn Minuten!«

»Na gut, wenn's unbedingt sein muss.«

Snegirjow hängt den Hörer ein. Er bewegt lautlos, aber energisch die Lippen; auf seinem Gesicht ist deutlich Empörung zu erkennen, auch Protest.

Als Snegirjow das Krankenzimmer betritt, sitzt Kurdjukow auf seinem Bett und löffelt angewidert Grießbrei aus einem Blechteller. Er trägt Krankenhauskleidung, sieht aber nicht schlecht aus – jedenfalls nicht wie ein Sterbender. Im Zimmer stehen sechs Betten; in dem vor dem Fenster hängt ein Mann am Tropf, sonst ist niemand da, weil sich alle im Fernsehraum ein Fußballspiel ansehen.

Bei Snegirjows Anblick springt Kurdjukow auf und stürzt so ungestüm auf ihn zu, dass Snegirjow überrascht zurückweicht. Kurdjukow packt seine Hand, schüttelt und drückt sie aus Leibeskräften und redet dabei wie aufgezogen, wobei er sich immer wieder zu dem Mann am Tropf umdreht und Snegirjow nicht zu Wort kommen lässt.

»Alter Junge, wenn du wüsstest, was hier los war! Höllenqualen habe ich ausgestanden – bei allen Heiligen! Erst war mir speiübel, dann bekam ich Krämpfe, Durchfall und zum Schluss hat's mich bloß noch geschüttelt. Die Wände haben gewackelt! Blut und Wasser hab ich geschwitzt! Schrecklich! Aber sie waren nicht faul hier – kannst du dir das vorstellen: Von allen Seiten kamen sie angelaufen – mit Röhrchen, Spritzen und Klistieren, alle in Weiß, ein grausiger Anblick. Sechs Mann halten dich fest, sechs Mann schütten Flüssigkeiten in dich hinein, und sechs andere stehen noch Schlange …«

Er blickt sich fortwährend um, tritt Snegirjow auf die Füße und drängt ihn zur Tür.

»Was rempelst du mich so an?«, fragte Snegirjow schließlich im Flur.

»Komm, alter Junge, komm, setzen wir uns. Dort unter der Palme ist eine Bank.«

Sie setzen sich. Der Korridor ist leer und still, nur in der Ferne hört man die diensthabende Schwester leise mit den Medizinflaschen klirren, und hin und wieder ertönen die gedämpften Gefühlsausbrüche der Fußballfans.

»Und dann haben sie Sauerstoff angeschleppt!«, fährt Kurdjukow begeistert fort. »Ein Röhrchen hierher, zwei in die Nase. Na, denke ich, jetzt ist es aus und vorbei. Aber nein! Eine Stunde vergeht und noch eine, ich komme zu mir, und alles ist wieder in Ordnung.«

»Dann hast du es also gar nicht gebraucht?«, erkundigt sich Snegirjow unschuldig.

»Was denn?«, fragt Kurdjukow rasch zurück.

»Na, dein Mathussail… Methusalin … Hast mich also ganz umsonst durch die ganze Stadt gehetzt.«

»Nicht doch! Sie haben mir sofort einen Einlauf gemacht, verstehst du, und mir den Magen ausgepumpt – kannst du dir das vorstellen? Ein Klistier haben die Halunken mir verpasst! Erst da hab ich verstanden, was es für eine Folter gewesen sein muss, wenn sie einem hinten Wasser reingepumpt haben … Mir quollen die Augen aus dem Kopf, verstehst du? Ich sage zu ihnen: Jungs, holt mal schnell den Augenarzt …«

Dann aber bricht Kurdjukow jäh ab und fragt im Flüsterton: »Was guckst du mich so an?«

»Was?«, fragt Snegirjow erstaunt. »Wie gucke ich denn?«

»Schon gut, schon gut«, weicht Kurdjukow aus. »Wie ich sehe, bist du heute ein bisschen mitgenommen, alter Junge. Hast wohl was getrunken?«

»Du hast es erraten«, gibt Snegirjow zu und kann es sich nicht verkneifen hinzuzufügen: »Und wenn du mich nicht hierherbestellt hättest, säße ich auch jetzt noch gemütlich im Restaurant.«

»Mach dir nichts draus«, meint Kurdjukow mit einer wegwerfenden Geste. »Morgen oder übermorgen schmeißen sie mich hier raus, dann machen wir's uns beide gemütlich. Im Ernst: Weißt du, was ich für einen Kognak zu Hause stehen habe? Einen ›Achtamar‹, direkt aus dem Kaukasus. Dazu gibt es eine Legende: Ein Mädchen liebte einen jungen Mann, die Eltern aber waren dagegen. Das Mädchen wohnte in einem Schloss auf einer Insel …«

»Hör mal, Kurdjukow«, unterbricht Snegirjow ihn zaghaft, »ich kenne die Legende schon. Entschuldige, aber ich habe noch eine arbeitsreiche Nacht vor mir. Anatoli Sokratowitsch hat einen Artikel bei mir bestellt …«

»Ja, ja, natürlich«, ruft Kurdjukow. »Geh nur, geh! Was sollst du auch hier bei mir herumsitzen? Vielen Dank für deinen Besuch.«

Er steht auf. Auch Snegirjow erhebt sich – äußerst verwirrt. Eine Zeit lang blicken sich die beiden schweigend in die Augen. Dann fragt Kurdjukow wieder im Flüsterton: »Was hast du denn?«

»Nichts. Ich gehe jetzt.«

»Ja, natürlich, geh nur. Vielen Dank. Das werde ich dir nicht vergessen, das wirst du noch sehen.«

»Sonst hast du mir nichts zu sagen?«, erkundigt sich Snegirjow.

»Wieso, was meinst du?«, murmelt Kurdjukow kaum hörbar.

»Woher soll ich das wissen?«, faucht Snegirjow. »Ich weiß nicht, warum du mich aus dem Restaurant geholt hast. Ich konnte mich weder satt essen noch mein Glas austrinken. Anatoli Sokratowitsch war richtig beleidigt. Da sagt man zu mir: eine dringende Angelegenheit, unbedingt noch heute, möglichst sofort ... Was ist das für eine dringende Angelegenheit? Was hast du auf dem Herzen?«

»Wer hat was von einer dringenden Angelegenheit gesagt?«

»Na, Soja, deine Frau!«

»Ach wo!«, erklärt Kurdjukow wieder mit einer wegwerfenden Geste. »Das ist Unfug, da hat sie was verwechselt! Es ging gar nicht um dich, und so furchtbar dringend war's auch nicht. Noch heute, hat sie gesagt? So was Dämliches! Nein, Snegirjow, die hat vor Schreck überhaupt nichts mehr mitgekriegt. Ist doch klar, dass eine Frau bei so was durchdreht ...«

Snegirjow winkt ab. »Schon gut. Kann ja mal passieren. Hat sie eben was verwechselt. Hauptsache, du bist wieder gesund. Ich gehe dann also.«

Snegirjow steuert auf den Ausgang zu, während Kurdjukow hinter ihm hertrippelt, ihn bald von rechts, bald von links überholt und ihn mal am Ellbogen packt und mal an der Schulter drückt.

»Na, ich hoffe, du nimmst es uns nicht übel«, murmelt er. »Soja ist eben noch sehr jung und dumm. Sie hat ja gar keine Ahnung. Eins aber sollst du wissen: Ich bin dir so dankbar, dass ich dir jede Bitte … Egal was du dir wünschst … Wenn du wüsstest, was ich hier durchgemacht hab! Pass bloß auf, dass du nie so eine Vergiftung bekommst, Snegirjow. Du bist doch nicht sauer, nein? Na, sag schon: Bist du sauer?«

Dann aber, auf dem leeren Treppenabsatz, neben dem Telefonautomaten, geschieht etwas völlig Absurdes: Kurdjukow unterbricht sein wirres Gestammel, klammert sich krampfhaft an Snegirjows Brust, drückt ihn gegen die Wand und zischt ihm geifernd ins Gesicht: »Merk dir eins, Snegirjow! Es ist nichts gewesen! Verstanden? Vergiss es!«

»Wovon redest du überhaupt?«, murmelt Snegirjow und versucht, sich frei zu machen.

»Es ist nichts gewesen!«, zischelt Kurdjukow weiter. »Nichts! Merk dir das gut! Gar nichts!«

»Scher dich zum Teufel! Bist du übergeschnappt?«, brüllt Snegirjow. Endlich gelingt es ihm, sich loszureißen, und während er Kurdjukow mühsam auf Abstand hält, ächzt er: »Komm zu dir, du Unmensch! Was ist denn nur in dich gefahren?«

Zitternd und geifernd wiederholt Kurdjukow immer wieder: »Es ist nichts gewesen, verstanden? Nichts! Gar nichts.«

Dann ermüdet er und beginnt zu lamentieren: »Ich hab da einen Fehler gemacht, Snegirjow … Einen ganz dummen Fehler! Es ist ein geheimes Institut. Ich darf eigentlich nichts davon wissen, und du schon gar nicht! Das alles ist eine Nummer zu groß für uns, Snegirjow! Ich hab mich verquatscht, und schon kamen sie angesaust und verpassten mir einen Rüffel. Ich trau mich gar nicht mehr aus dem Krankenhaus!«

Snegirjow lässt Kurdjukow los. Der reibt sich mit Leidensmiene die geröteten Handgelenke und stammelt mit Tränen in den Augen: »Das war ein Fehler. Ich habe mein Fett schon weg, und wenn du weiter so schwatzt, setzt's noch mehr. Mit deinem Geschwätz richtest du mich noch zugrunde! Es ist streng geheim! Wir beide dürfen gar nichts davon wissen!«

»Schön«, erwidert Snegirjow und zwingt sich zur Ruhe. »Dann ist es eben geheim. Meinetwegen. Was zitterst du so? Na, sag selbst: Was habe ich mit alldem zu schaffen? Wenn ich nichts davon wissen darf, dann vergesse ich's eben wieder. Nimm an, dass ich es bereits vergessen habe. Es ist nichts gewesen! Behaupte ich etwa das Gegenteil? Also wirklich, was soll das Ganze?«

Mitleidslos schiebt er Kurdjukow beiseite und läuft so schnell er kann die Treppe hinunter. Er ist bereits unten angelangt, als Kurdjukow sich über das Geländer lehnt und ihm so laut, dass es durchs ganze Krankenhaus schallt, hinterherruft: »Denk an dich, Snegirjow! Das rate ich dir dringend! An dich!«

Snegirjow spuckt verächtlich aus.

Zu Hause, in seinem winzigen Flur, knipst Snegirjow das Licht an. Er legt das dicke Paket, das Pawel Pawlowitsch ihm mitgegeben hat, auf ein Tischchen, setzt müde die Baskenmütze ab, zieht den Mantel aus und hängt ihn ordentlich auf einen Holzbügel. Und da entdeckt er etwas Schreckliches: Genau an der Stelle, wo seine linke Niere sitzt, steckt in dem Mantel ein langer Pfriem mit Holzgriff. Einige Sekunden lang starrt Snegirjow wie hypnotisiert auf den rundlichen Griff. Dann hängt er den Bügel mit dem Mantel vorsichtig an die Garderobe, ergreift den Mantelsaum und zieht den Pfriem mit zwei Fingern heraus. Im Licht der elektrischen Lampe blitzt die dünne Stahlnadel bedrohlich auf.

Da erinnert Snegirjow sich an alles, was an diesem Tag geschehen ist: an Kurdjukows verzerrtes Gesicht und seine Worte: »Denk an dich, Snegirjow! Das rate ich dir dringend! An dich!«; an das Scheppern und Klirren im Netz und den

Pflasterstein im Scherbenhaufen; an das Gezeter und Geschrei der auseinanderstiebenden Schlange und die unheimliche, stumpfe Kipperschnauze, die auf ihn zugerast kam wie das Schicksal; an Kurdjukows Aussage: »Pass bloß auf, dass du nie so eine Vergiftung bekommst, Snegirjow.«

Zu viel für einen Tag …

Den Pfriem in der Hand, legt Snegirjow die Kette vor die Wohnungstür und sagt laut vor sich hin: »So sieht's also aus.«

Nachtzeit, es regnet. Im Licht der Straßenlaternen glänzen die nassen Blätter, die kantigen Pflastersteine der Fahrbahn und die Platten auf dem Gehweg. Die Häuser sind in Dunkelheit gehüllt, nur hier und da leuchtet ein einsames Fensterviereck.

Vor einem neunstöckigen Wohnhaus hält ein Pkw. Die Scheinwerfer erlöschen. Aus dem Wagen sieht man im strömenden Regen vier verschwommene Gestalten steigen. Sie bleiben auf der Straße stehen und legen den Kopf in den Nacken.

FRAUENSTIMME: In allen drei Fenstern ist Licht – im Schlafzimmer, im Arbeitszimmer und in der Küche. Sechster Stock.

MÄNNERSTIMME: Komisch … Wieso brennt bei ihm überall Licht? Ob er Besuch hat?

ANDERE MÄNNERSTIMME: Bestimmt nicht. Der ist allein. Niemand ist bei ihm.

Snegirjows Arbeitszimmer ist hell erleuchtet. Alle Lampen brennen: die Tischlampe, die Stehlampe über dem Zeitungstischchen mit dem Telefon, der dreiarmige Leuchter und die Wandlampen über der gestreiften Couch gegenüber der Bücherwand.

Snegirjow sitzt in einem exquisiten, wenn auch verwaschenen Pyjama am Schreibtisch. Der späten Stunde wegen hat er die Schreibmaschine beiseitegeschoben und schreibt mit der Hand. Der vor Sauberkeit blitzende Aschenbecher beschwert einen Stapel beschriebener Blätter. An der Tischkante stehen ein leeres Kaffeekännchen mit übergekochtem Kaffee und eine schmutzige Kaffeetasse. Der grauenhafte Pfriem liegt in dem Holzkästchen mit den Karteikarten.

Da läutet es an der Tür.

Snegirjow blickt auf die Uhr. Es ist fünf nach zwei. Er schluckt. Er hat Angst.

Snegirjow steht auf, geht in den Flur und bleibt vor der Wohnungstür stehen.

»Wer ist da?«, fragt er mit heiserer Stimme.

»Mach auf, Felix, ich bin's«, antwortet eine leise Frauenstimme.

»Natalja?«, fragt Snegirjow freudig überrascht.

Er nimmt hastig die Kette ab und reißt die Tür auf.

Vor ihm steht jedoch nicht Natalja, sondern der kariert gekleidete Mann. Unter dem starren Blick seiner hellen, vorstehenden Augen tritt Snegirjow einen Schritt zurück.

Dann geht alles sehr schnell. Der Karierte schiebt ihn sacht beiseite, drängt sich an ihm vorbei in den Flur, packt ihn fest an den Handgelenken und drückt ihn mit dem Rücken gegen die Toilettentür.

Aus dem Treppenhaus gleiten rasch und lautlos in die Wohnung: der große, breitschultrige Iwan Dawydowitsch in schwarzem, knöchellangem Regenmantel, mit einer kleinen Reisetasche in der Hand, er wirft nur einen kurzen Blick auf Snegirjow und geht dann ins Arbeitszimmer; die schlanke, bezaubernde Natalja Petrowna, die eine kleine Tasche mit langem Riemen über der Schulter trägt, sie lächelt Snegirjow zärtlich an und macht eine weit ausholende Geste, als wollte sie sagen: Da bin ich wieder; der große dunkelhaarige

Pawel Pawlowitsch in offenem grauem Mantel, unter dem er nach wie vor den schwarzen Frack mit der Nelke im Knopfloch trägt. Unter seinem Arm klemmt ein langer Regenschirm, beim Eintreten lüftet er den Hut, unter dem eine Glatze aufblitzt, und begrüßt Snegirjow mit einer leichten Verbeugung.

SNEGIRJOW *bestürzt:* Pawel Pawlowitsch?
PAWEL PAWLOWITSCH: So ist es, mein Lieber, so ist es.
SNEGIRJOW: Was ist passiert?

Bevor Pawel Pawlowitsch antworten kann, dröhnt aus dem Arbeitszimmer eine herrische Stimme: »Bringt ihn her!« Der Karierte führt Snegirjow ins Arbeitszimmer. Iwan Dawydowitsch sitzt in einem Sessel am Tisch. Den Regenmantel hat er achtlos über die Couch geworfen, die Reisetasche steht neben seinen Füßen.

SNEGIRJOW: Was ist hier eigentlich los? Was hat das zu bedeuten?
IWAN DAWYDOWITSCH: Bitte nicht so laut.
KARIERTER: Wohin mit ihm?
IWAN DAWYDOWITSCH: Hierher. Nehmen Sie bitte Ihren Platz ein, Felix Alexandrowitsch.
SNEGIRJOW: Gern, aber ich möchte trotzdem wissen, was los ist.
IWAN DAWYDOWITSCH: Die Fragen stelle ich. Sie setzen sich hin und beantworten meine Fragen.
SNEGIRJOW: Was für Fragen? Mitten in der Nacht …

Vom Karierten sanft geschoben, geht er um den Tisch herum und nimmt Iwan Dawydowitsch gegenüber Platz. Verwirrt sieht er sich nach allen Seiten um. Von seinem Gesicht ist abzulesen, dass ihm die Sache nicht geheuer ist.

Aber wovor hat er eigentlich Angst? Natalja sitzt friedlich auf der Couch und betrachtet sich aufmerksam in einem kleinen Spiegel, den sie ihrer Handtasche entnommen hat. Pawel Pawlowitsch macht es sich umständlich in dem Sessel unter der Stehlampe bequem und nickt Snegirjow aufmunternd zu. Bloß der Karierte … Der steht mit gekreuzten Füßen an den Türrahmen gelehnt; seine Hände, die in schwarzen Lederhandschuhen stecken, hängen locker am Körper herab.

IWAN DAWYDOWITSCH: Sie waren heute um halb drei bei mir im Institut. Wohin sind Sie anschließend gegangen?

SNEGIRJOW: Wer sind Sie überhaupt? Warum sollte ich …

IWAN DAWYDOWITSCH: Darum. Vielleicht ist Ihnen aufgefallen, dass Sie heute dreimal mit knapper Not dem Tod entronnen sind? Nehmen wir nur die hier – *mit zwei Fingern ergreift er den grauenhaften Pfriem an der Nadelspitze und lässt ihn vor Snegirjows Augen hin und her pendeln* – zwei Zentimeter weiter rechts, und mit Ihnen wäre es aus gewesen! Darum stelle ich hier die Fragen, und Sie antworten. Freiwillig und absolut ehrlich.

SNEGIRJOW *schweigt. Er ist fix und fertig.*

IWAN DAWYDOWITSCH: Also, wohin sind Sie vom Institut aus gegangen? Nicht lügen!

SNEGIRJOW: Ins Kulturhaus der Eisenbahner.

IWAN DAWYDOWITSCH: Zu welchem Zweck?

SNEGIRJOW: Ich habe dort gesprochen. Vor Lesern. Dieser Bürger kann das bezeugen. Er hat mich dort gesehen.

KARIERTER: Richtig. Nicht geschwindelt.

IWAN DAWYDOWITSCH: Wer war die Dicke mit der Brille?

SNEGIRJOW: Was für eine Dicke? Ach, die mit der Brille. Das war Maria Leonidowna. Die Leiterin der Bibliothek.

IWAN DAWYDOWITSCH: Was haben Sie ihr erzählt?

Snegirjow: Ich? Ihr?

Iwan Dawydowitsch: Sie! Ihr!

Karierter: Er hat ihr bestimmt etwas erzählt. Zwanzig Minuten hat er bei ihr im Büro gesessen.

Snegirjow: Was heißt gesessen? Klar habe ich bei ihr gesessen. Sie hat den heutigen Auftrag unterschrieben. Außerdem haben wir über die nächste Veranstaltung gesprochen. Sie hat mich gebeten, auch aufs Land rauszufahren. Und erzählt habe ich ihr überhaupt nichts! Was sollen diese Verdächtigungen? Sie war es eher, die mir etwas erzählt hat.

Iwan Dawydowitsch: Sie hat Ihnen also den Auftrag unterschrieben. Und wohin sind Sie dann gegangen?

Snegirjow: Zum Kurs. Natalja, sag's ihm!

Natalja: Reg dich nicht auf, Felix! Du brauchst bloß zu erzählen, wie sich alles abgespielt hat, dann passiert dir auch nichts.

Snegirjow: Bin ja gerade dabei.

Iwan Dawydowitsch: Haben Sie dort noch andere Bekannte getroffen?

Snegirjow: Tja, wen hab ich getroffen … *Gibt sich redlich Mühe, sich zu erinnern.* Diesen, na, diesen Valentin, einen Ingenieur aus der Filiale, den Familiennamen weiß ich nicht. Dann diesen, wie heißt er doch gleich … Na, so ein Großmaul …

Iwan Dawydowitsch: Und worüber haben Sie mit denen gesprochen?

Snegirjow: Ich habe überhaupt nicht mit ihnen gesprochen. Ich bin gleich zu Natalja Petrowna …

Iwan Dawydowitsch: Und anschließend waren Sie in einem Restaurant. Weshalb?

Snegirjow: Was heißt weshalb? Um zu essen! Ich hatte doch den ganzen Tag noch nichts zu mir genommen. Schuld daran war übrigens Ihr Kurdjukow!

IWAN DAWYDOWITSCH: Und wieso hat Romanjuk dort auf Sie gewartet?

SNEGIRJOW: Er hat mich beauftragt, einen Artikel zu schreiben. Über das moralisch-sittliche Potenzial und den Sinn des Lebens für den heutigen Menschen. Ich schreibe gerade daran, dort liegt er!

IWAN DAWYDOWITSCH: Und wieso haben Sie ihm von Kurdjukow erzählt?

SNEGIRJOW: Von Kurdjukow?

IWAN DAWYDOWITSCH: Jawohl, von Kurdjukow!

SNEGIRJOW: Ich habe ihm überhaupt nichts von Kurdjukow erzählt. Warum sollte ich?

PAWEL PAWLOWITSCH: Von wegen nichts erzählt! Mir summen ja noch die Ohren von Ihrem ständigen »Kurdjukow, Kurdjukow …«

Nach diesen Worten steht Pawel Pawlowitsch auf, starrt eine Sekunde lang aufs Telefon, zieht dann die Schnur aus der Steckdose und stellt den Apparat auf den Boden. Dann sagt er »Ach, ach, ach« und geht zur Küchentür.

IWAN DAWYDOWITSCH *gereizt:* Pawel … äh … Pawlowitsch! Mir ist unverständlich, warum Sie nicht einmal zehn Minuten warten können.

PAWEL PAWLOWITSCH *bleibt einen Augenblick in der Tür stehen:* Wozu noch warten? *In höhnischem Ton:* Kurdjukow, Kurdjukow … *Er verschwindet in der Küche, und man hört ihn mit Geschirr klappern.*

SNEGIRJOW *ruft ihm nervös hinterher:* Das ist nicht wahr! Vielleicht haben wir ihn ein-, zweimal erwähnt. Warum sollte ich? *Zu Iwan Dawydowitsch:* Und selbst wenn ich von ihm erzählt hätte? Was wäre schon dabei?

IWAN DAWYDOWITSCH: Sie haben ihm also von Kurdjukow erzählt?

SNEGIRJOW: Nein, habe ich nicht! Es war eher Romanjuk, der mir von ihm erzählt hat! Wie Kurdjukow Gedichte schreibt und so was … Ich habe nur erzählt, dass Kurdjukow eine Vergiftung hat und dass ich zu ihm ins Krankenhaus fahren muss … Das war alles. Kein Wort mehr.

IWAN DAWYDOWITSCH: Haben Sie ihm auch erzählt, dass Kurdjukow Sie zu mir geschickt hat?

SNEGIRJOW: Du meine Güte! Natürlich nicht! Kein Wort habe ich darüber fallen lassen.

Totenstille tritt ein. Snegirjow merkt plötzlich, dass alle ihn wie gebannt anstarren. In der Stille ist deutlich zu hören, wie Pawel Pawlowitsch in der Küche hantiert und etwas Unverständliches vor sich hin summt.

IWAN DAWYDOWITSCH *einschmeichelnd:* Da hatten Sie also schon begriffen, worüber Sie sprechen dürfen und worüber nicht?

SNEGIRJOW *schweigt. Sein Blick wandert ratlos hin und her.*

IWAN DAWYDOWITSCH: Felix Alexandrowitsch, es wird das Beste sein, wenn Sie uns von sich aus, ohne Druck, freiwillig und aufrichtig erzählen, mit wem Sie heute über Kurdjukow gesprochen haben, was Sie über ihn gesprochen haben und warum Sie das getan haben. Ich rate Ihnen dringend, bei der Wahrheit zu bleiben.

SNEGIRJOW: Du meine Güte! Als ob ich Ihnen was verheimliche. Mit wem ich über Kurdjukow gesprochen habe? Bitte. Tja, mit wem hab ich gesprochen … Mit niemandem habe ich über ihn gesprochen! Nur mit Romanjuk. Ach so, ja, natürlich! Mit Kurdjukows Frau Soja habe ich auch gesprochen. Sie sagte mir, dass ich zu ihm ins Krankenhaus fahren soll, und da bin ich hingefahren. Schluss. Das war alles!

In der Küche klappert wieder Geschirr, und Pawel Pawlowitsch kommt ins Arbeitszimmer. Er trägt eine Küchenschürze, hält in der einen Hand eine zischende Bratpfanne und in der anderen einen hölzernen Untersatz.

Pawel Pawlowitsch: Ich bitte um Entschuldigung. Lassen Sie sich nicht stören. Felix Alexandrowitsch, ich habe mir ein Stück von Ihrem Schinken … Nehmen Sie's mir nicht übel, ja?

Snegirjow *verwirrt:* Aber ich bitte Sie … Natürlich!

Iwan Dawydowitsch *gereizt:* Wir wollen doch bei der Sache bleiben. Fahren Sie fort, Felix Alexandrowitsch.

Snegirjow ist jedoch nicht in der Lage fortzufahren. Erschrocken und erstaunt sieht er Pawel Pawlowitsch zu. Der stellt die Bratpfanne auf dem Zeitungstischchen ab, hängt seine große, vornehme Nase darüber und entnimmt der Brusttasche seines Fracks ein flaches schwarzes Etui. Er öffnet es, fährt ein paarmal mit dem Zeigefinger darüber, stößt ein unschlüssiges »Hm …« aus und entnimmt dem Etui ein dünnes silbriges Röhrchen.

Karierter *murmelnd:* Grausiger Anblick.

Pawel Pawlowitsch *schraubt sorgsam die Kappe ab und lässt auf jedes Eigelb einen Tropfen fallen.*

Natalja: Riecht ja merkwürdig. Sind Sie sicher, dass man das essen kann?

Pawel Pawlowitsch: Das, meine Liebe, ist *Uche-tcho,* wörtlich übersetzt: die »Galle des Wassermanns«. Diese Mixtur ist achthundert Jahre alt, mein Kind.

Iwan Dawydowitsch *klopft mit dem Finger auf die Tischplatte:* Genug davon! Felix Alexandrowitsch, fahren Sie fort! Worüber haben Sie mit Romanjuk gesprochen?

Snegirjow *reißt sich mühsam von Pawel Pawlowitschs Anblick los:* Worüber ich mit Romanjuk gesprochen habe? Er hat mich gebeten, einen Artikel zu schreiben. Dringend. Noch heute. Diesen hier. *Er tippt mit dem Finger auf den Papierstapel unter dem Aschenbecher.*

IWAN DAWYDOWITSCH: Und was haben Sie mit Kurdjukow im Krankenhaus ausgemacht?

SNEGIRJOW: Mit Kurdjukow? Im Krankenhaus? Also … Wir haben nichts Bestimmtes ausgemacht. Er will eine Flasche Kognak springen lassen, und wir haben beschlossen, die Flasche gemeinsam zu trinken. Er wird ja wohl erst in ein paar Tagen entlassen.

IWAN DAWYDOWITSCH: Das war alles?

SNEGIRJOW: Ja.

IWAN DAWYDOWITSCH: Und deshalb sind Sie am späten Abend durch die ganze Stadt ins Krankenhaus gefahren?

SNEGIRJOW: Na … Es ist doch nicht weit. Außerdem hatte er mich darum gebeten.

IWAN DAWYDOWITSCH: Sind Sie mit Kurdjukow befreundet?

SNEGIRJOW: Aber nein! Wir sind einfach Nachbarn. Wir grüßen einander, wenn wir uns sehen. Mal borgt er mir seinen Staubsauger, ein anderes Mal borge ich ihm meinen Schraubenzieher.

IWAN DAWYDOWITSCH: Verstehe. Aus dem, was Sie mir da erzählen, ergibt sich folgendes Bild: Ein Bekannter, der sich bereits wieder ganz wohl fühlt, bestellt Sie am späten Abend nur zu dem Zweck ins Krankenhaus, um Ihnen zu versprechen, eine Flasche Kognak mit Ihnen zu leeren. Habe ich Ihre Aussagen richtig interpretiert?

SNEGIRJOW: J-ja.

IWAN DAWYDOWITSCH: Sie brechen eine geschäftliche Besprechung mit Ihrem Auftraggeber ab, Sie vergessen, dass Sie noch die ganze Nacht hart arbeiten müssen – und wofür?

SNEGIRJOW: Aber woher sollte ich das wissen? Ich konnte das doch nicht ahnen. Seine Frau hat mir in den Ohren gelegen: ganz dringend, unbedingt noch heute!

Iwan Dawydowitsch: Was haben Sie mit Kurdjukow im Krankenhaus vereinbart?

Snegirjow: Nichts! Bei Gott!

Iwan Dawydowitsch dreht sich um und blickt den Karierten an. Der schüttelt den Kopf.

Iwan Dawydowitsch *zum Karierten:* Was meinen Sie?

Karierter: Er lügt.

Iwan Dawydowitsch *vorwurfsvoll:* Felix Alexandrowitsch, ich habe Sie gewarnt …

Snegirjow *ängstlich:* Was ist hier eigentlich los?

Karierter: Das gemeine Aas lügt uns die Hucke voll! Er weiß nicht, was sie ausgemacht haben, dabei hatten sie auf der Treppe eine handfeste Auseinandersetzung. Als er die Stufen heruntergerannt kam, war er rot wie eine Tomate.

Snegirjow: Das leugne ich gar nicht. Ich war tatsächlich wütend. Wären wir nicht im Krankenhaus gewesen, hätte ich ihm eine geknallt.

Karierter *überzeugt:* Er schwindelt. Er schwindelt. Ich sehe doch, wo die Wahrheit ist. Die Wahrheit ist dort, hier aber wird gelogen!

Pawel Pawlowitsch *leise:* Tja, wenn Sie die Treppe ein Stück höher gestiegen wären, Rittmeister, dann hätten Sie alles mit angehört, und wir bräuchten jetzt nicht herumzurätseln.

Karierter *demütig:* Tut mir leid, Erlaucht. Aber dafür gab es Gründe. Herrschaften, vielleicht erklärt dieser Gauner uns mal, was die Worte zu bedeuten haben: »Denk an dich, Snegirjow! An dich!« Diese Worte habe ich ganz deutlich gehört, kann mir aber keinen Reim drauf machen.

Iwan Dawydowitsch: Was haben Sie mit Kurdjukow vereinbart?

SNEGIRJOW: Wir haben überhaupt nichts vereinbart! Bei Gott – überhaupt nichts!

IWAN DAWYDOWITSCH: Was haben Sie mit Kurdjukow vereinbart?

SNEGIRJOW: Du meine Güte! Was wollen Sie bloß von mir? Ich habe nichts mehr hinzuzufügen.

IWAN DAWYDOWITSCH: Was haben Sie mit Kurdjukow vereinbart?

SNEGIRJOW: Natalja! Was sind das für Leute? Was wollen die von mir? Sag ihnen, sie sollen mich in Ruhe lassen!

KARIERTER *stößt ein kurzes, unheimliches Gelächter aus.*

IWAN DAWYDOWITSCH: Jetzt hören Sie mir mal gut zu. Wir bleiben so lange hier, bis wir herausgekriegt haben, was wir wissen wollen. Und Sie werden uns alles erzählen, was wir wissen wollen. Die Frage ist nur, um welchen Preis. Wir fackeln nicht lange. Das ist nicht unsere Art. Und niemand wird Sie hören, selbst wenn es Ihnen sehr weh tun sollte. *Er nimmt die Reisetasche, stellt sie auf den Tisch, öffnet sie, holt einen kleinen Autoklav heraus und zieht, wobei man Glas gegen Metall klirren hört, eine Spritze auf.*

SNEGIRJOW *sieht ihm dabei zu. Ihm bricht der Schweiß aus.*

IWAN DAWYDOWITSCH: Natürlich würden wir es vorziehen, diese Information rasch, ohne Umstände und in reiner Form – das heißt, ohne Beimengungen – von Ihnen zu erhalten. Das dürfte auch in Ihrem Interesse sein.

Unterdessen schleicht der Karierte quer durchs Zimmer und macht Anstalten, sich hinter Snegirjow zu positionieren. Der gerät in Panik, rückt mit dem Stuhl zur Seite und gerät zwischen Tisch und Bücherwand.

KARIERTER *flüsternd:* Ruhe! Sitzen bleiben!

SNEGIRJOW *verzweifelt:* Hö-hören Sie! Was, zum Teufel, soll das? Natalja! Pawel Pawlowitsch!

Natalja sitzt, die Beine bequem hochgezogen, auf der Couch und feilt an ihren Fingernägeln.

Natalja *freundlich belehrend:* Felix, mein Lieber, du musst auspacken. Du musst alles erzählen, was du weißt.

Pawel Pawlowitsch: Ich bitte Sie, Felix Alexandrowitsch. Warum wollen Sie sich unnötigen Ärger machen?

Snegirjow *völlig niedergeschlagen, mit zittriger Stimme:* Ja, ja, lassen Sie mich …

Iwan Dawydowitsch: Werden Sie antworten?

Snegirjow: Ja, ja, ganz bestimmt.

Iwan Dawydowitsch: Was haben Sie mit Kurdjukow vereinbart?

Snegirjow kommt nicht dazu zu antworten. (Er wüsste ohnehin nicht, was er sagen sollte.) Die Zimmertür fliegt auf, und an der Schwelle steht Kurdjukow. Er trägt einen klatschnassen, viel zu kurzen Mantel, unter dem seine Krankenhaushosen hervorschauen. Seine Füße stecken in nassen, ausgetretenen Pantoffeln.

Kurdjukow: Aha! *ruft er mit geheucheltem Triumph und wischt sich mit der Faust, in der er ein mächtiges Stemmeisen hält, den Mund ab.* Haben Sie das Aas geschnappt? Prima! Gut gemacht! Aber warum ohne mich? Das ist nicht ordnungsgemäß, das ist gegen die Vorschrift! Ich appelliere an Sie, Magister! Das ist gegen das Statut! Also? Wer hat ihm von dem Elixier erzählt?

Iwan Dawydowitsch *springt auf:* Er weiß von dem Elixier?

Natalja *fährt ebenfalls hoch:* Wie ist das möglich?

Pawel Pawlowitsch: Was?

Karierter: Na, was habe ich Ihnen gesagt?

Kurdjukow: Ha! Er weiß nicht nur von dem Elixier. Er hat mir gegenüber sogar angedeutet, dass er auch die Quelle kennt. Selbst den Brennnesselgrund hat er erwähnt, der Hundesohn!

Alle Blicke richten sich auf Snegirjow.

SNEGIRJOW *stotternd:* Was fällt dir ein, Kurdjukow? Was für ein Elixier? Den Brennnesselgrund kenne ich, aber ein Elixier … Was für ein Elixier?

KURDJUKOW *stemmt die Hände in die Hüften und beugt sich über ihn:* Aber den Brennnesselgrund kennst du?

SNEGIRJOW: Ja … Wer kennt ihn nicht?

KURDJUKOW: Sehr schön! Wer kennt ihn nicht … Und was für Andeutungen hast du mir vorhin in Bezug auf den Brennnesselgrund gemacht? Erinnerst du dich nicht?

SNEGIRJOW: Auf den Brennnesselgrund? Wann denn?

KURDJUKOW: Na, vorhin! Im Krankenhaus. »Wenn du erst wieder gesund bist, Kurdjukow, dann gehen wir beide im Brennnesselgrund spazieren …« Mir sind fast die Augen aus dem Kopf gefallen! Wie hat er davon erfahren? »Ein Löffelchen wirst du mir schon abgeben müssen, Kurdjukow …« Ein Löffelchen will er haben!

SNEGIRJOW *verzweifelt schreiend:* Was für ein Löffelchen? Hast du dich etwa schon wieder an Büchsenfleisch überfressen? Was faselst du da?

Man hört ein dumpfes Pochen an der Zimmerdecke. Alle verstummen.

SNEGIRJOW *mit gesenkter Stimme:* Hören Sie, es ist mitten in der Nacht, die Leute können unseretwegen nicht schlafen! Wie kommen Sie dazu, hier so ein Theater aufzuführen?

KURDJUKOW *flüsternd:* Hast du etwa nicht vom Brennnesselgrund gesprochen? Fang ja nicht noch an zu streiten, du Mistkerl! Und von einem Löffel Elixier hast du auch nicht gesprochen?

SNEGIRJOW: Kein Wort habe ich davon gesagt! Du dämlicher, stinkender Konservenfresser!

KURDJUKOW: Streite nicht noch! Du hast sehr wohl vom Brennnesselgrund und von dem Elixier gesprochen und Andeutungen über die Quelle gemacht. Habe ich dich vorhin nicht gewarnt? »Sei still! Zu keinem ein Wort!« Hab ich das gesagt oder nicht?

SNEGIRJOW: Gesagt hast du's. Aber da ging es doch um etwas ganz anderes. Es ging um …

KURDJUKOW: Aha! Du gibst es also zu! Richtig so! Und wenn du schon alles zugibst, brauchst du auch nicht mehr zu streiten! Jawohl! Leg die Karten auf den Tisch: Wer hat dir davon erzählt? Natalja? Die hat dir wohl im Bett was geflüstert? In einer schwachen Stunde …

Er sieht sich nach Natalja um und weicht sogleich leise winselnd zurück, das Stemmeisen schützend vor sich haltend, denn Natalja schleicht mit unhörbaren Katzenschritten, leicht vorgebeugt und die Hände mit den gezückten Raubtierkrallen eng an den Körper gepresst, auf ihn zu.

NATALJA *wutentbrannt zischelnd:* Du Ekel, du widerliches, dreckiges Stinktier, was willst du damit sagen?

KURDJUKOW *kreischend:* Gar nichts will ich damit sagen, das ist nur eine Hypothese! Magister, helfen Sie mir!

NATALJA *bleibt mit einem Ruck stehen, dreht sich zu Iwan Dawydowitsch um und sagt ganz ruhig:* Na, dann ist ja alles klar: Dieser pathologische Feigling hat selbst alles ausgeplaudert. Da hat er sich an verfaultem Fleisch überfressen und sich eingebildet, dass er krepiert. Und vor lauter Schreck hat er dem Erstbesten alles erzählt.

KURDJUKOW: Lüge! Der Erste war der Doktor vom Rettungsamt. Dann kamen die Sanitäter. Und erst dann …

NATALJA: Und all denen hast du Ratte unser Geheimnis auf die Nase gebunden?

KURDJUKOW: Niemandem! Überhaupt nichts! Er hat es schon vorher gewusst!

Der Karierte überlässt Snegirjow sich selbst und schiebt sich langsam auf Kurdjukow zu. Bei seinem Anblick wirft sich Kurdjukow vor Iwan Dawydowitsch auf die Knie.

KURDJUKOW: Magister! Halten Sie ihn zurück! Ich will ja alles sagen. Ich habe ihn nur gebeten, zu Ihnen zu fahren. Tut mir leid, dass ich Ihren Namen genannt habe. Ich hatte so schreckliche Angst. Aber er hat es ohnehin schon gewusst. Er hat nur hämisch gegrinst und gesagt: »Klar, den Magister kenne ich.«

SNEGIRJOW *die Fäuste schüttelnd:* Was faselst du da! Komm zu dir!

KURDJUKOW: »Ich fahre«, sagte er. »Wenn's sein muss, fahre ich, aber heute Abend unterhalten wir beide uns noch mal.« Ich wollte gleich zu Ihnen und Sie warnen, aber ich wurde ja durchgespült, lag flach auf der Nase.

SNEGIRJOW: Kein Wort von alldem ist wahr. Ich weiß zwar nicht, was er von mir will, aber kein Wort davon ist wahr.

KURDJUKOW: Abends hat er dann schon kein Blatt mehr vor den Mund genommen. Verstehen Sie mich richtig: Wegen der Aufregung erinnere ich mich nicht mehr an jedes Wort, aber das alles hat er mir nur erzählt, um mir zu beweisen, wie gut er informiert ist.

SNEGIRJOW: Er lügt.

KURDJUKOW: Um mir zu beweisen, wie gut er informiert ist, und um mich zum Verrat zu bewegen! Er weiß, dass es fünf Unsterbliche gibt.

SNEGIRJOW *monoton:* Er lügt.

KURDJUKOW *in leierndem Ton, als parodiere er ihn:* »Im Brennnesselgrund ist hinter sechs steinernen Säulen unter einem weißen Stern eine Höhle versteckt, und in dieser Höhle befindet sich die Quelle, aus der das Elixier der Unsterblichkeit in ein steinernes Gefäß tropft.«

SNEGIRJOW: Diesen Unsinn höre ich zum ersten Mal. Der ist ja total verrückt.

KURDJUKOW *mit erhobenem Zeigefinger:* »Nur fünf Teelöffel Elixier kommen in drei Jahren zusammen, um fünf Menschen unsterblich zu machen.«

SNEGIRJOW: Der ist aus dem Krankenhaus weggelaufen, Sie sehen ja selbst.

KURDJUKOW *in normalem Ton:* Er hat von Ihnen gesprochen, Magister. Und von Natalja. Von Ihnen auch, Fürst. »Den fünften aber«, sagte er, »kenne ich noch nicht.«

Alle starren Snegirjow an.

SNEGIRJOW *bemüht, sich zu beherrschen:* In meinen Augen ist das alles blühender Unsinn. Ein Fieberwahn. Ich weiß von nichts und verstehe kein Wort. Schon deshalb konnte ich überhaupt nicht davon sprechen.

Alle schweigen. In die Stille hinein schrillt plötzlich die Türglocke. Alle erstarren.

IWAN DAWYDOWITSCH *mit einem Blick auf Snegirjow:* Hm?

SNEGIRJOW *lebt ein wenig auf:* Ich glaube, das ist der Mann aus der Wohnung über mir. Sie machen ein bisschen zu viel Radau.

Wieder ertönt ein langes, erbittertes Läuten an der Tür.

Iwan Dawydowitsch: Gehen Sie, und entschuldigen Sie sich. Aber kein Wort zu viel. Nur das Allernötigste. Rittmeister, Sie passen auf ihn auf.

In Begleitung des Karierten geht Snegirjow in den Flur. Wie sich herausstellt, steht die Wohnungstür halb offen, und an der Schwelle erkennt man undeutlich eine Gestalt in gestreiftem Pyjama. »Bürger Snegirjow, ich werde mich über Sie beschweren«, verkündet die Gestalt. »Es ist halb vier!«

Snegirjow: Sergej Sergejewitsch, verzeihen Sie mir um Himmels willen. Wir haben uns wohl ein bisschen zu sehr ereifert. Nicht wahr, Rittmeister?

Karierter: Richtig. Wir haben uns zu sehr ereifert. Es wird nicht wieder vorkommen, ich kümmere mich persönlich darum.

Snegirjow: Entschuldigen Sie bitte, Sergej Sergejewitsch! Ich spendiere mal ein Fläschchen.

Sergej Sergejewitsch *weinerlich:* Felix Alexandrowitsch, ich muss um sechs aufstehen! Und Sie tragen hier Ihre gesammelten Werke vor, noch dazu dreistimmig und mit Betonung. Ich kann nicht mehr!

Snegirjow: Ist oben etwa alles zu hören?

Sergej Sergejewitsch: Als stünden Sie neben mir!

Snegirjow *zum Karierten:* Sehen Sie? Ich habe Ihnen doch gesagt, dass es viel zu spät dazu ist.

Karierter: Schluss jetzt! Schluss! Sergej Sergejewitsch, wir machen sofort Schluss. Er spendiert ein Fläschchen, und ich spendiere ein Fläschchen. Und ab sofort herrscht Grabesruhe. Nicht wahr, Felix Alexandrowitsch? Grabesruhe!

Sergej Sergejewitsch *brummend:* Ach, ach …

Missmutig schlurft Sergej Sergejewitsch in seinen Pantoffeln davon. Snegirjow versucht, die Tür abzuschließen, muss aber feststellen, dass das Schloss aufgebrochen worden ist.

Snegirjow *verzweifelt:* Dieser Schweinehund! Sehen Sie sich das an, er hat das Schloss aufgebrochen!

Karierter *mit brennender Neugier:* Wer? Sergej Sergejewitsch? Wieso denn das?

Snegirjow: Wie kommen Sie auf Sergej Sergejewitsch? Das war natürlich Kurdjukow, dieser Schwachkopf! Womit habe ich das nur verdient? Nehmen Sie Ihren Kurdjukow, und scheren Sie sich zum Teufel, sonst hole ich die Miliz!

Karierter: Nicht so laut! Und überhaupt: Was soll das? Gehen Sie rein, ich will keinen Mucks mehr hören!

Kaum hat Snegirjow sein Arbeitszimmer betreten, als Kurdjukow ihn von hinten anfällt. Er presst ihm die linke Hand auf das Gesicht, um ihm den Mund zuzuhalten, und drischt mit der Rechten, in der er das Stemmeisen hält, auf seinen Rücken ein. Das stumpfe Stemmeisen gleitet Kurdjukow aus der Hand, und es kommt nicht zum tödlichen Schlag. Snegirjow stellt Kurdjukow ein Bein, der fliegt gegen Iwan Dawydowitsch, und die beiden kippen zusammen mit dem Sessel um. Während sie mit Armen und Beinen rudern und um sich schlagen, packt der Karierte Snegirjow an den Armen und drückt ihn gegen die Wand.

Pawel Pawlowitsch *spöttisch:* Sie sind ja ganz schön in Fahrt!

Natalja *ruht in der Pose der Madame Récamier auf der Couch:* Waschlappen! Seit ich ihn kenne, ist er ein Waschlappen!

Pawel Pawlowitsch: Aber Sie müssen zugeben, dass er ziemlich schnell begreift.

Iwan Dawydowitsch steht endlich auf und wischt sich angewidert die Hände ab, während Kurdjukow gekrümmt, den Kopf mit den Händen schützend, auf dem Fußboden liegen bleibt.

Iwan Dawydowitsch: Herrschaften, so geht's nun auch wieder nicht. Wir wecken noch das ganze Haus auf. Ich bitte Sie.

Der Karierte lässt Snegirjow los, und der befühlt seinen schmerzenden Rücken.

Snegirjow *mit bebender Stimme:* Hören Sie, vielleicht ist's für heute genug? Vielleicht kommen Sie morgen wieder vorbei? Sonst holt tatsächlich noch jemand die Miliz. Morgen …

Iwan Dawydowitsch: Setzen Sie sich. Hinsetzen, sage ich! Und halten Sie den Mund. *Zu Kurdjukow:* Und Sie stehen jetzt auf. Genug herumgelegen, aufstehen!

Natalja Soll er doch herumliegen.

Iwan Dawydowitsch *hebt den Sessel auf und setzt sich:* Na, meinetwegen. Soll er herumliegen.

Karierter: Vielleicht haben Sie ihn ein bisschen zu sehr …?

Iwan Dawydowitsch: Ach was, der verstellt sich bloß. Vor lauter Angst. Gut, soll er vorläufig da liegen bleiben. Also, Herrschaften, die Situation hat sich geändert, und ich würde sagen, sie ist komplizierter geworden.

Pawel Pawlowitsch: Dann wird es höchste Zeit, Kaffee zu kochen.

Iwan Dawydowitsch: Nein, Fürst. Wir brauchen keinen Kaffee. Wir dürfen jetzt keinen Kaffee trinken.

Pawel Pawlowitsch: Wir dürfen kein Tässchen Kaffee trinken? Nur Kaffee?

Iwan Dawydowitsch: Nur Kaffee?

Pawel Pawlowitsch: Ja. Nur Kaffee. Einen kräftigen, süßen Wiener Kaffee.

Iwan Dawydowitsch: Na schön. Kochen Sie Kaffee. Ihnen ist klar, dass die Situation jetzt komplizierter geworden ist?

Pawel Pawlowitsch: Ja, natürlich.

Iwan Dawydowitsch: Dann können Sie in die Küche gehen.

Pawel Pawlowitsch stellt flink und geschickt das Kaffeekännchen und die Tasse von Snegirjows Schreibtisch auf ein Tablett und trägt es in die Küche.

Iwan Dawydowitsch: Herrschaften, ich bitte Sie, sich klarzumachen, dass wir heute nichts mehr ausrichten können. *Er verstaut seine medizinischen Utensilien wieder in der Reisetasche.* Wenn wir hier eine Leiche zurücklassen, kommt uns die Miliz sofort auf die Spur. Klar?

Karierter: Verzeihung, Herr Magister, nicht ganz. Wir müssen die Leiche ja nicht unbedingt hier liegen lassen! Wir können sie auch aus dem Fenster werfen. Sechster Stock … Matsch, Matsch, tausend Stücke! Selbstmord!

Iwan Dawydowitsch *schließt die Augen, legt den Kopf in den Nacken und verstummt für eine Weile, um nicht aus der Haut zu fahren:* Vor fünf Minuten war jemand hier. Haben Sie das mitbekommen, Rittmeister?

Karierter: Jawohl, hab ich mitgekriegt. Sergej Sergejewitsch. Aus der Wohnung über uns.

Iwan Dawydowitsch: Ist Ihnen klar, Rittmeister, dass er Sie gesehen hat?

Karierter: Jawohl.

Iwan Dawydowitsch: Der kennt Sie jetzt, kapiert? Ihre karierte Jacke, Ihre Mütze, Ihren Schnurrbart. Er kann Sie beschreiben, und man wird Sie finden. Spätestens in einer Woche.

KURDJUKOW *aus dem Winkel, in den er sich unauffällig verkrochen hat:* Ich finde nichts dabei. Dann taucht der Rittmeister eben ein Jahr lang irgendwo unter …

IWAN DAWYDOWITSCH: Und Sie, Bassawrjuk, wird man fragen: Wie sind Sie gerade in dieser Nacht zu einem so herrlichen Veilchen gekommen?

KURDJUKOW: Ich habe ein Alibi. Ich liege im Moment im Krankenhaus.

Pause. In der Küche summt die Kaffeemühle.

NATALJA *entschlossen:* Nein, Herrschaften, ich bin auch dagegen. Alle wissen, dass ich früher mit Snegirjow befreundet war. Gestern hat er mich besucht, und heute Nacht war ich nicht zu Hause. Habe ich das nötig? Die schleifen mich doch von Verhör zu Verhör. Überhaupt bin ich dagegen, Snegirjow etwas anzutun. Wir müssen ihn in unsere Runde aufnehmen.

KURDJUKOW *schießt aus seiner Ecke hervor wie der Geist aus der Flasche:* Auf wessen Kosten denn? Du Schlampe! Schamloses Flittchen!

IWAN DAWYDOWITSCH: Nicht so laut, Bassawrjuk! Wie oft soll ich das noch sagen? Nicht so laut! Vielleicht geruhen Sie sich daran zu erinnern, dass wir Ihretwegen hier sitzen und uns den Kopf zerbrechen. Ihnen rate ich also, ganz besonders leise zu sein. Halten Sie den Mund! Kein Wort mehr! Hinsetzen!

KARIERTER: Also wirklich, Gnädigster! Erst machen Sie sich in die Hosen, und jetzt stören Sie auch noch dauernd!

IWAN DAWYDOWITSCH Herrschaften, ich sehe keine andere Möglichkeit, als Felix Alexandrowitsch vor die Wahl zu stellen …

SNEGIRJOW *schlägt aus Leibeskräften mit der flachen Hand auf den Tisch und brüllt mit hasserstickter Stimme:* Scheren Sie sich zum Teufel! Sie alle, ohne Ausnahme! Sofort! Auf der Stelle! Ich will Sie nicht mehr sehen!

In der Küchentür erscheint das besorgte Gesicht Pawel Pawlowitschs. Der Karierte bewegt sich wie ein Raubtier auf Snegirjow zu.

SNEGIRJOW *zum Karierten:* Na, komm, komm schon, du Schweinehund! Schlag mich meinetwegen zum Krüppel, du Bandit, du Lackaffe, aber dann fliegen hier die Fetzen! Ich schreie nicht nur das Haus, sondern das ganze Viertel zusammen! Komm nur, komm! Fürs Erste reiße ich gleich das Fenster samt Rahmen raus und werf es auf die Straße.

IWAN DAWYDOWITSCH *in scharfem Ton:* Schluss mit dem Theater!

SNEGIRJOW *wild:* Und Sie, Vorsitzender des Gewerkschaftskomitees, halten den Mund! Sie halten den Mund und verschwinden mit Ihrer ganzen Bande! Und zwar sofort! Hören Sie?

IWAN DAWYDOWITSCH *sehr ruhig:* Ihre Tochter heißt Lisa …

SNEGIRJOW: Was geht Sie das an?

IWAN DAWYDOWITSCH: Ihre Tochter heißt Lisa, und Ihre Enkel heißen Foma und Anton, und sie alle wohnen in der Malaja-Tupikowaja-Straße sechzehn. Stimmt's?

SNEGIRJOW *schweigt.*

IWAN DAWYDOWITSCH: Ich hoffe, Sie verstehen, was ich damit andeuten will. Sie lesen doch Bücher?

SNEGIRJOW *finster:* Ich glaube, Sie sind alle verrückt.

IWAN DAWYDOWITSCH: Diese Frage wollen wir jetzt nicht erörtern. Wenn es Ihnen Spaß macht, uns für verrückt zu halten – bitte. In gewissem Sinne mögen Sie sogar recht haben.

SNEGIRJOW: Ich weiß überhaupt nicht, was Sie von mir wollen.

IWAN DAWYDOWITSCH: Das werden Sie gleich erfahren. Das Schicksal wollte es, dass Ihnen unser Geheimnis bekannt wurde.

SNEGIRJOW: Ihre Geheimnisse interessieren mich nicht.

IWAN DAWYDOWITSCH: Das macht keinen Unterschied. Die Untersuchung ist abgeschlossen; darüber brauchen Sie sich keine Gedanken mehr zu machen. Sie stehen jetzt vor der Wahl zu sterben oder unsterblich zu werden.

SNEGIRJOW *schweigt, sein Gesicht drückt dumpfe Schicksalsergebenheit aus.*

IWAN DAWYDOWITSCH: Sind Sie bereit, diese Wahl zu treffen?

SNEGIRJOW *schüttelt langsam den Kopf.*

IWAN DAWYDOWITSCH: Warum nicht?

SNEGIRJOW *stirnrunzelnd:* Warum nicht? Weil es für mich keine Wahl gibt. Wähle ich den Tod, dann werfen Sie mich aus dem Fenster. Wähle ich die Unsterblichkeit, dann denken Sie sich vielleicht noch eine größere Gemeinheit aus. Was ist von Ihnen schon zu erwarten?

NATALJA: Heilige Maria! Wie dumm die Männer heutzutage sind! Ich habe damals gleich begriffen, worum es ging.

IWAN DAWYDOWITSCH: Madame, vergessen Sie nicht: Das ist fünfhundert Jahre her.

NATALJA: Vierhundertdreiundsiebzig Jahre!

IWAN DAWYDOWITSCH: Ja, ja, natürlich. Aber Sie dürfen nicht vergessen, dass es für die damalige Zeit ganz alltäglich war: die Unsterblichkeit, der Stein der Weisen, der Ritt auf einem Besenstiel … Damals war es keine Kunst, jemandem so etwas aufs Wort zu glauben! Aber stellen Sie sich vor, Sie schreiben gerade einen Beitrag für eine Zeitung wie die *Kaderschmiede,* und da kommt einer und bietet Ihnen die Unsterblichkeit an.

KURDJUKOW *aus seinem Winkel:* Der lügt doch wie gedruckt. Hier spielt er den dummen August, dabei hat er seine Wahl längst getroffen.

Iwan Dawydowitsch: Hören Sie auf, Bassawrjuk, Sie öden mich an. All das ist jetzt bedeutungslos. Wenn Felix Alexandrowitsch tatsächlich nicht weiß, worum's geht, wird die Sache erst richtig interessant. *Eine Zeit lang blickt er Snegirjow forschend ins Gesicht, dann deklamiert er so ausdrucksvoll, als lese er vom Blatt:* In der Nähe der Stadt, im Brennnesselgrund, liegt eine Karsthöhle, die kaum jemand kennt. Tief in ihrem Innern, in einer Grotte, von der erst recht niemand weiß, hängt ein Stalaktit von ungewöhnlich roter Färbung. Von ihm tropft das Elixier des Lebens langsam in eine steinerne Vertiefung hinab. Fünf Teelöffel in drei Jahren. Dieses Elixier schützt den Menschen weder vor Gift noch vor einer Kugel oder einem Schwert – es schützt vor dem Altern. Modern ausgedrückt, ist es eine Art Hormonregulator von ungewöhnlich starker Wirkung. Ein Teelöffel in drei Jahren, oral eingenommen, genügt, um jeden Alterungsprozess im menschlichen Organismus zu verhindern. Jeden! Der Organismus altert nicht! Sie sind jetzt fünfzig Jahre alt. Wenn Sie heute anfangen, das Elixier einzunehmen, bleiben Sie immer fünfzig. Immer. Ewig. Verstehen Sie? Ein Teelöffel in drei Jahren, und Sie bleiben für immer fünfzig Jahre alt.

Snegirjow zuckt mit den Achseln. Nicht dass er alldem Glauben schenkt, aber Iwan Dawydowitschs nüchterne, sachliche Worte und besonders die von ihm gebrauchten wissenschaftlichen Begriffe beruhigen ihn.

Iwan Dawydowitsch: Nun will es das Unglück, dass es nur fünf Teelöffel voll gibt, also kann es auch nur fünf Unsterbliche geben. Mit allen daraus resultierenden Folgen. Leuchtet Ihnen das ein? Oder nicht?

Snegirjow: Einen sechsten Mann können Sie also nicht gebrauchen?

IWAN DAWYDOWITSCH: Sie sagen es.

SNEGIRJOW *lebhaft:* Aber ich erhebe doch gar keinen Anspruch.

IWAN DAWYDOWITSCH: Sie belieben, sich also für den Tod zu entscheiden?

SNEGIRJOW: Wieso für den Tod? Ich habe doch mit dem Ganzen gar nichts zu tun! Jeder geht seiner Wege. Bisher sind wir doch auch ganz gut ohne einander ausgekommen!

IWAN DAWYDOWITSCH: Wie ich sehe, ist Ihnen die Situation noch immer nicht klar. Das Elixier reicht nur für fünf. Muss ich Ihnen erst erklären, dass sich viel mehr Anwärter dafür fänden? Wenn die Sache publik wird, nimmt man uns die Quelle weg, und wir hören auf, unsterblich zu sein. Verstehen Sie? Wir wären alle längst tot, wenn wir's nicht immer wieder – über Jahrhunderte hinweg! – verstanden hätten, unser Geheimnis zu wahren. Sie haben davon erfahren, und nun gibt es nur noch zwei Möglichkeiten: Entweder Sie werden einer von uns, oder wir sind gezwungen, Sie – Verzeihung! – zu liquidieren.

SNEGIRJOW: Was für ein Unsinn! Glauben Sie etwa, ich hätte nichts Besseres zu tun, als Ihr Geheimnis auszuposaunen? Halten Sie mich für einen Vollidioten? Man würde mich doch sofort ins Irrenhaus sperren!

IWAN DAWYDOWITSCH: Vielleicht. Ja, sogar höchstwahrscheinlich. Aber Sie müssen einsehen, dass dennoch eine Woche später Hunderte von Dummköpfen mit Hacke und Spaten im Brennnesselgrund herumklettern würden. Die Menschen sind so leichtgläubig, sie alle warten auf ein Wunder. Nein, das Risiko können wir nicht eingehen. Wir haben nämlich unsere Erfahrungen. Wir können erst dann beruhigt schlafen, wenn nur fünf Personen im Besitz des Geheimnisses sind.

SNEGIRJOW: Aber ich sage es doch nicht weiter. Warum sollte ich? Überlegen Sie doch selbst! So glauben Sie mir doch um Gottes willen. Ich schwöre es Ihnen im Namen meiner Tochter!

IWAN DAWYDOWITSCH: Nicht nötig. Das ist sinnlos.

SNEGIRJOW: Aber Sie müssen doch einsehen: Ich habe eine Tochter, ich habe Enkel – wie könnte ich unter diesen Umständen Ihr Geheimnis ausplaudern? Was für ein Interesse sollte ich daran haben?

IWAN DAWYDOWITSCH: Sie wissen nur zu gut – schließlich sind Sie Schriftsteller –, dass die Menschen immer das genaue Gegenteil von dem tun, was in ihrem Interesse liegt.

PAWEL PAWLOWITSCH *kommt mit einem Tablett ins Zimmer, auf dem sechs Kaffeetassen dampfen:* Der Kaffee ist da! Trinken wir ein Tässchen Kaffee, und alle Probleme lösen sich von selbst! Bitte! *Zu Natalja:* Bitte, mein Kind. Rittmeister! Bitte, Magister. Diese Tasse sagt Ihnen zu? Bitte sehr! Felix Alexandrowitsch! Wie ich sehe, haben wir Sie ganz durcheinandergebracht. Trinken Sie einen schwarzen Muntermacher, und beruhigen Sie sich. Bassawrjuk, mein Freund und alter Streithammel, was verkriechst du dich in der Ecke? Ein Tässchen Kaffee, und die Welt ist wieder in Ordnung!

Als alle versorgt sind, kehrt er mit der übrig gebliebenen Tasse zum Zeitungstischchen zurück und lässt sich äußerst zufrieden in seinem Sessel nieder. Gierig, sich den Mund verbrennend, schlürft Snegirjow seinen Kaffee, stellt die leere Tasse auf dem Tisch ab und sieht sich um.

Nur Pawel Pawlowitsch nimmt mit sichtlichem Genuss den »schwarzen Muntermacher« zu sich. Iwan Dawydowitsch dagegen hebt seine Tasse an die Lippen, trinkt aber nicht, sondern starrt Snegirjow erwartungsvoll an. Auch Natalja zögert. Sie hält ihre Tasse in der Hand und beobachtet Iwan Dawydowitsch. Der Rittmeister sucht einen Platz zum Hinsetzen. Kurdjukow in seiner Ecke will gerade einen

Schluck nehmen, als er plötzlich einen Blick von Natalja auffängt und erstarrt.

Iwan Dawydowitsch stellt seine Tasse vorsichtig auf den Tisch und schiebt sie mit dem Zeigefinger von sich. Da schleudert Kurdjukow seine Tasse mit einer lauten Verwünschung gegen die Bücherwand.

SNEGIRJOW *fährt überrascht zusammen:* Du Rindvieh! Was fällt dir ein?

PAWEL PAWLOWITSCH *kühl:* Ist etwa eine Fliege hineingeraten? In Ihrer Küche, Felix Alexandrowitsch, wimmelt es nur so von Fliegen.

IWAN DAWYDOWITSCH: Fürst! Aber ich hatte Sie doch gebeten …! Was machen wir denn jetzt mit der Leiche?

PAWEL PAWLOWITSCH *spitzbübisch:* Mit der Leiche? Mit was für einer Leiche? Wo ist sie? Ich sehe keine!

Natalja hebt ihre Tasse und lässt den Kaffee demonstrativ langsam auf den Fußboden laufen. Der Rittmeister stellt hüstelnd seine Tasse auf den Fußboden und schiebt sie mit dem Fuß vorsichtig unter die Couch.

PAWEL PAWLOWITSCH: Also, Herrschaften, Ihnen kann man auch nichts recht machen. Dabei ist mir der Kaffee so gut gelungen. Stimmt's, Felix Alexandrowitsch?

KURDJUKOW *wütend:* Du gemeines Aas! Du byzantinischer Eunuch! Du Giftmischer! Wofür? Was habe ich dir getan?

PAWEL PAWLOWITSCH: Der Kaffee ist ausgezeichnet.

KURDJUKOW: Ich bring dich um! Ich bring dich um, du Aas!

IWAN DAWYDOWITSCH: Bassawrjuk! Wenn Sie sich noch einmal erlauben, die Stimme zu erheben, lasse ich Ihnen den Mund zukleben!

KURDJUKOW *in leidenschaftlichem Flüsterton:* Aber er wollte mich doch vergiften! Wozu, frage ich!

IWAN DAWYDOWITSCH: Wieso glauben Sie, dass er ausgerechnet Sie vergiften wollte?

KURDJUKOW: Weil ich ihm den dreimal verfluchten Koch ausgespannt habe! Erinnern Sie sich an meinen Koch, Gérard Decotile? Den habe ich ihm ausgespannt, und seitdem hasst er mich.

IWAN DAWYDOWITSCH *blickt Pawel Pawlowitsch an.*

PAWEL PAWLOWITSCH *treuherzig:* Das habe ich doch längst vergessen. Obwohl er wirklich ein sehr guter Koch war. Ein einmaliger Koch war er …

Endlich begreift Snegirjow, was geschehen ist. Er steht langsam auf. Starrt auf seine Tasse. Sein Gesicht verzerrt sich.

SNEGIRJOW *mühsam:* Sie haben mich also vergiftet? Pawel Pawlowitsch!

PAWEL PAWLOWITSCH: Aber, aber, Felix Alexandrowitsch! Wie kommen Sie darauf?

SNEGIRJOW *ohne auf ihn zu hören:* Lassen Sie mich raus! Mir ist schlecht, lassen Sie mich raus! *Er geht um den Tisch herum, stößt den Karierten zurück und eilt zur Toilette. Klatschnass sitzt er auf dem Wannenrand, sieht dumpf vor sich hin und trocknet sich mit einem Handtuch ab.*

KARIERTER *steht in der Toilettentür und schwadroniert seelenruhig vor sich her:* Sie regen sich völlig umsonst auf, Felix Alexandrowitsch. Er hatte es nicht auf Sie abgesehen. Weil, wenn er es auf Sie abgesehen hätte, wären Sie ja jetzt schon mausetot. Die Frage ist bloß, auf wen er's abgesehen hatte? Einer von uns ist ja überflüssig, fragt sich bloß, wen er für überflüssig hält? Das ist die Frage, Felix Alexandrowitsch!

SNEGIRJOW *murmelnd:* Das sind Bestien … Wilde Bestien! Vampire sind das.

Karierter: Ja, natürlich! Aber was soll man machen? Und mir fehlen einschlägige Erfahrungen – ich weiß nicht, wie sie so etwas früher gelöst haben. Ich sitze ja erst seit hundertfünfzig Jahren an der Quelle.

Snegirjow, der sich mit einem Handtuch abtrocknet, starrt ihn entsetzt und erstaunt zugleich an – wie ein seltenes, ekelerregendes Insekt.

Karierter: Ich bin Jahrgang 1802. Der Jüngste in dieser Runde, ha, ha … Aber hier geht es nicht ums Alter, wissen Sie. Die Hauptsache ist der Charakter. Ich mag es beispielsweise nicht, wenn man sich mit mir einen Spaß erlaubt, und deswegen riskiert das auch niemand. Mir gegenüber macht selbst der Magister, ha, ha … Na, und von den anderen gar nicht zu sprechen. Für meine Begriffe kommt es auf Schnelligkeit und Schlagkraft an. Lassen Sie mich einmal Ihr heutiges Verhalten mit dem vergleichen, das ich in einer ähnlichen Situation an den Tag legte: Damals war ich hier in der Gegend bei den Gendarmen und hatte hauptsächlich mit Schmugglern zu tun. Da kam ich einer geheimnisvollen Fünferbande auf die Spur. Die hatte eine Höhle im Brennnesselgrund und verhielt sich sehr vorsichtig. Ich suchte mir den Schwächsten von ihnen aus und schnappte ihn mir. Persönlich. Dann nahm ich ihn in die Mangel. Das konnte ich damals schon recht gut, die Obrigkeit brauchte sich nie zu beklagen. Und dann hat er gesungen wie ein Vögelchen … Allerdings: Was Ihnen heute sozusagen auf dem silbernen Tablett serviert wurde, habe ich mir hart erarbeitet: Eine ganze Nacht lang hatte ich den Banditen in der Mangel – was für eine Schinderei! Aber im Gegensatz zu Ihnen ging mir schnell ein Licht auf: Wo nur für fünf Platz ist, hat ein Sechster nichts verloren. Also kriegte er einen Stein um den Hals, und ich war aus dem Schneider.

SNEGIRJOW: Ach, darum ist dieser Idiot mit dem Stemmeisen über mich hergefallen … wie ein Verrückter …

KARIERTER: Ich weiß nicht, ich weiß nicht, Felix Alexandrowitsch. Ich glaube, der ist normaler als wir beide zusammen. Da sieht man mal wieder, was Erfahrung ausmacht. Der ist seit 1282 auf der Welt! Dazu gehört schon was – sich so lange an der Quelle zu halten!

SNEGIRJOW: Kurdjukow? Seit zwölfhundert … Dieser drittklassige Dichterling?

KARIERTER: Das ist Ansichtssache … Na, ist Ihnen jetzt leichter? Dann kommen Sie.

Die beiden kehren ins Arbeitszimmer zurück. Dort herrscht Schweigen. Natalja bemalt hingebungsvoll, nahezu wollüstig ihre Lippen. Pawel Pawlowitsch hantiert aufmerksam mit seinen silbrigen Röhrchen über ein paar Schinkenhäppchen aus leckerem, frischem Weißbrot. Iwan Dawydowitsch liest, die Brauen erstaunt hochgezogen, in Snegirjows Manuskript. Kurdjukow läuft, die Hände auf dem Rücken, wie ein Raubtier im Käfig zwischen Tür und Fenster auf und ab. Sein Gesicht sieht nach der Schlägerei mit Snegirjow aus wie eine zähnefletschende Grimasse. Bei dessen Anblick weicht er zurück und presst die Schulterblätter gegen die Wand.

PAWEL PAWLOWITSCH *mit einem Blick auf Snegirjow:* Na? Alles in Ordnung? Wehleidigkeit, mein Lieber, nichts als Wehleidigkeit! Man sollte sich nicht wegen jeder Lappalie so aufregen.

IWAN DAWYDOWITSCH *munter:* So! Bringen wir die Sache zu Ende. Rittmeister, behalten Sie die beiden bitte im Auge. Sie, Bassawrjuk, bleiben da, wo Sie sind, und machen Sie bloß nicht den Mund auf! Sonst verkünde ich augenblicklich, dass ich gegen Sie bin. Felix Alexandrowitsch, Sie kommen hierher. Die Hände bitte auf den Tisch. Also … Wenn Sie erlauben, übersetze ich gleich ins Russische … Hm … »Entsprechend der Haupt … äh … Vorschrift, und zwar laut Paragraf vierzehn, äh … in dem die allerhöchste Wichtigkeit …« Verflucht! Wie soll man das nur … Fürst, sagen Sie mir, wie man »achellan« am besten übersetzt …

PAWEL PAWLOWITSCH: Das Höchstbedeutsame, das Höchstwichtige.

IWAN DAWYDOWITSCH: Wie sich das anhört!

PAWEL PAWLOWITSCH: Ach, Magister, lassen Sie dieses ganze Abrakadabra doch einfach weg! Was soll uns das jetzt bringen? Beschränken Sie sich auf das Wesentliche, und geben Sie's mit eigenen Worten wieder!

IWAN DAWYDOWITSCH: Sie haben doch nichts dagegen, Felix Alexandrowitsch?

SNEGIRJOW: Ich sage Ihnen eins: Wenn mir noch mal einer von Ihnen zu nahe kommt, dann …

IWAN DAWYDOWITSCH: Felix Alexandrowitsch! Darum geht es doch jetzt nicht. Gut, ich beschränke mich auf das Wesentliche. Dies ist ein außergewöhnlicher Fall, alle fünf sind anwesend, jeder hat eine Stimme. Die Reihenfolge der Diskussionsbeiträge ist willkürlich oder wird durch das Los bestimmt, falls jemand darauf besteht. Bitte.

KURDJUKOW *in pfeifendem Flüsterton:* Ich protestiere!

IWAN DAWYDOWITSCH: Wieso?

KURDJUKOW: Er hat ja noch gar nicht gewählt. Er muss erst wählen!

NATALJA *in den Spiegel schauend:* Mein Süßer, bildest du dir vielleicht ein, dass er den Tod wählt?

Außer Kurdjukow und Snegirjow lächeln alle.

KURDJUKOW: Gar nichts bilde ich mir ein. Das Einzige, was ich mir einbilde, ist, dass Ordnung herrschen muss. Wir müssen ihn fragen, und er muss uns antworten.
IWAN DAWYDOWITSCH: Na schön. Genehmigt. Felix Alexandrowitsch, wir fragen Sie hiermit offiziell, was Sie zu wählen geruhen: den Tod oder die Unsterblichkeit?

Snegirjow lehnt sich kreidebleich auf seinem Stuhl zurück und knackt traurig mit den Fingergelenken.

SNEGIRJOW: Erklären Sie mir wenigstens, was das alles zu bedeuten hat. Ich verstehe kein Wort.
IWAN DAWYDOWITSCH *ärgerlich:* Sie verstehen sehr wohl. Also gut. Wenn Sie den Tod wählen, sterben Sie. Dann brauchen wir natürlich nicht mehr abzustimmen. Wählen Sie dagegen die Unsterblichkeit, dann werden Sie zum Anwärter, und alles Weitere bedarf der Erörterung.

Pause.

IWAN DAWYDOWITSCH *leicht gereizt:* Geht's denn wirklich nicht ohne diese dramatischen Pausen?
NATALJA *ebenfalls gereizt:* Also wirklich, Felix. Du spannst uns ganz schön auf die Folter.
SNEGIRJOW: Ich will überhaupt nicht wählen.
KURDJUKOW *sich auf die Knie schlagend:* Na, großartig. Dann brauchen wir auch nicht abzustimmen.
IWAN DAWYDOWITSCH *verdutzt:* Aber erlauben Sie mal …
NATALJA: Felix, du gehst zu weit. Du bist hier nicht in deinem Redaktionskollegium.
PAWEL PAWLOWITSCH: Felix Alexandrowitsch, was soll das? Sie belieben zu scherzen? Wenn Sie sich bitte erklären wollen.
KURDJUKOW: Was gibt es da zu erklären? Was soll er erklären? Das ist ein Humanist. Da gibt es nichts zu erklären.

Von der Unsterblichkeit hält er nichts, er verzichtet darauf, und gehen lassen können wir ihn auch nicht. Was gibt es da also noch zu erklären?

NATALJA *sich an den Kopf fassend:* Hör endlich auf zu jammern!

IWAN DAWYDOWITSCH: Felix Alexandrowitsch, es ist ein unglücklich gewählter Augenblick, um originell sein zu wollen.

PAWEL PAWLOWITSCH: Genau. Erklären Sie sich!

KURDJUKOW: Was gibt es da zu erklä…

Iwan Dawydowitsch wirft ihm einen so finsteren Blick zu, dass Kurdjukow das Wort im Halse stecken bleibt.

SNEGIRJOW: Ich habe nicht die Absicht, Ihr Spiel mitzuspielen.

NATALJA *zärtlich:* Du Dummchen, das ist doch kein Spiel! Du kommst und kommst nicht von deinem Rationalismus weg. Die bringen dich einfach um. Weil das nämlich kein Spiel ist. Das ist ein Stück deines Lebens. Vielleicht das allerletzte.

KURDJUKOW: Wieso mischt die sich ein? Was drängt sie sich dazwischen? Seit wann reden wir jemandem dabei zu?

NATALJA *zeigt mit dem Finger auf Snegirjow:* Ich bin aber für ihn.

KURDJUKOW: Das ist gegen die Regeln!

NATALJA: Wenn er dich erwürgen will – ich bin dabei. Du Stinktier!

Kurdjukow schlägt die Hände vors Gesicht und lässt sich winselnd die Wand hinabgleiten.

PAWEL PAWLOWITSCH: Magister, vielleicht kann Felix Alexandrowitsch sich bloß den konkreten Ablauf nicht vorstellen? Vielleicht sollten wir ihn in die Einzelheiten einweihen?

IWAN DAWYDOWITSCH: Vielleicht. Versuchen wir's. Also, Felix Alexandrowitsch, sobald Sie die Unsterblichkeit wählen, werden Sie zum Anwärter. In diesem Fall wird über Ihre Kandidatur durch einfache Stimmenmehrheit entschieden. Dann müssen Sie und Herr Kurdjukow die Sache unter sich ausmachen. Sie können sich duellieren oder das Los sprechen lassen, das liegt ganz bei Ihnen. Wir unsererseits kümmern uns darum, dass Ihr Wettstreit keine unerwünschten Komplikationen nach sich zieht: durch die Beseitigung der Leiche, die Beschaffung eines Alibis, die nötigen falschen Zeugenaussagen und so weiter. Ist Ihnen der Ablauf jetzt klar?

SNEGIRJOW *entschlossen:* Machen Sie, was Sie wollen. Ich spiele dieses Spiel vom »sechsten Rad am Wagen« nicht mit.

PAWEL PAWLOWITSCH *erschüttert:* Sie wollen Ihre Chance, die Unsterblichkeit zu erlangen, nicht nutzen?

SNEGIRJOW *schweigt.*

PAWEL PAWLOWITSCH *begeistert:* Herrschaften! Ist das ein interessantes Exemplar! Das hätte ich nie gedacht! Ein Schreiberling, ein Tintenkleckser! Wissen Sie was, Herrschaften, ich glaube, ich bin auch für ihn. Ich bin konservativ und kein Freund von Neuerungen, aber wenn die Dinge eine solche Wende nehmen! Entweder begreife ich überhaupt nichts, oder es ist endlich doch eine neue Zeit angebrochen. Der Homo novus? …

KURDJUKOW *jammernd:* Von wegen Homo novus! Warum lassen Sie sich für dumm verkaufen? Der verrät Sie doch! Der verrät Sie! Heute tut er so, als wäre er einverstanden, und morgen verrät er Sie! Sehen Sie ihn sich doch an! Was soll so einer mit der Unsterblichkeit? Das ist ein Humanist, der hat Prinzipien! Der Mann hat zwei Enkel. Wie könnte er auf die verzichten? Nun, Felix, sag du's ihnen: Was nützt dir die Unsterblichkeit, wenn deine Hände mit Blut besudelt sind? Schließlich wirst du mich abschlachten müssen. Wie willst du deiner Lisa dann noch in die Augen sehen?

NATALJA *spöttisch:* Wieso mischt der sich ein? Was drängt er sich dazwischen? Seit wann raten wir jemandem dabei ab?

KURDJUKOW *ohne auf sie zu hören:* Felix! Hör auf mich, ich kenne dich doch, das ist nichts für dich. Die Unsterblichkeit ist kein Leben. Wenn du so willst, ist das eine ganz andere Existenz. Ich weiß doch, worauf es dir ankommt. Du brauchst Freundschaft und Liebe. Damit aber ist dann Schluss. Wie sollte es auch anders sein? Du musst dich dein Leben lang verstecken – vor deiner Tochter, vor deinen Enkeln … Sie werden älter, du nicht. Und auch vor der Obrigkeit musst du dich verstecken. Zehn Jahre kannst du an einem Ort bleiben, länger nicht! Und das jahrhundertelang. *Drohend:* Und dann wirst du so sein wie wir. So wie ich. Magst du mich etwa sehr, Felix? Sieh her, sieh genau her – ich bin dein Spiegelbild.

Alle hören interessiert zu.

PAWEL PAWLOWITSCH *zustimmend:* Nicht schlecht, gar nicht schlecht geschildert. Ich würde noch Schmalhausen zitieren: »Die Natur nahm uns die Unsterblichkeit und gab uns dafür die Liebe.« Aber das gilt auch umgekehrt, Herrschaften! Auch umgekehrt!

KURDJUKOW *ohne hinzuhören:* Felix, man braucht schon ein besonderes Talent, um an der Unsterblichkeit Gefallen zu finden. Mehr Talent als zum Wodkatrinken oder zum Bekritzeln von Papier.

SNEGIRJOW: Was willst du mich überreden? Überrede lieber deine Dinosaurier, damit sie mich in Ruhe lassen. Deine Unsterblichkeit will ich nicht mal geschenkt.

Pawel Pawlowitsch: Erlauben Sie mal! Gehen Sie da nicht ein bisschen zu weit, Felix Alexandrowitsch? Die Unsterblichkeit ist schließlich ein uralter Traum des Menschengeschlechts. Viele große Männer wären für sie durch Ströme von Blut gewatet. Ist es nicht Hochmut, der da aus Ihnen spricht? Oder glauben Sie immer noch nicht daran?

Snegirjow: Was Sie mir da antragen, ist nicht Unsterblichkeit, sondern Mord.

Kurdjukow *leidenschaftlich:* Ein Mord, Felix, ein Mord!

Snegirjow: Ja, große Männer – ich weiß schon, wen Sie meinen. Dschingis-Khan, Tamerlan ... Das sind für mich keine Vorbilder, diese Verrückten hasse ich seit meiner Kindheit.

Kurdjukow *liebedienerisch:* Das sind Blutsauger, Sadisten.

Snegirjow: Sei still! Ich habe dich nie sonderlich gemocht, warum auch, aber jetzt bist du mir regelrecht zuwider. Ich habe jetzt gesehen, was du für einer bist: Ein Halunke bist du. Aber umbringen ... Nein, das ist Wahnsinn! Gar nicht dran zu denken!

Pawel Pawlowitsch: Aber mein Freund, wollen Sie die Unsterblichkeit etwa umsonst haben? Das ist ja drollig! Haben Sie in Ihrem Leben denn schon viel umsonst gekriegt? Wenn Sie nur auf die Warteliste für eine Genossenschaftswohnung wollen, müssen Sie sich schon im Dreck wälzen. Hier aber handelt es sich um die Unsterblichkeit!

Snegirjow: Nichts kriegt man umsonst, das stimmt. Aber auch im Dreck habe ich mich nie gewälzt.

Kurdjukow: Wirklich nicht?

Snegirjow: Ich bin auch keinem in den Hintern gekrochen wie gewisse andere Leute. Ich habe gearbeitet. Alles hab ich mir erarbeitet.

Pawel Pawlowitsch: Na, dann arbeiten Sie jetzt eben noch einmal.

Snegirjow *finster:* Das ist keine Arbeit.

Karierter und Natalja *einstimmig:* Wieso ist das keine Arbeit?

Pawel Pawlowitsch grinst. Snegirjow mustert alle der Reihe nach.

Snegirjow: Herrschaften! Es ist unfassbar – Puschkin musste sterben, und solche Leute sind unsterblich. Kopernikus musste sterben. Galilei musste sterben.

Kurdjukow *wutschnaubend:* Da haben Sie's! Da haben Sie's! Ein widerlicher Moralist, wie er leibt und lebt! Begreifen Sie immer noch nicht, mit wem Sie es hier zu tun haben?

Natalja: Tja, Felix. Ein Galilei bin ich natürlich nicht, aber mit Aphrodite hast du mich, wenn ich mich recht erinnere, oft verglichen.

Pawel Pawlowitsch *schulmeisterhaft:* Das Leben und die Unsterblichkeit – beides wird uns vom Schicksal zugeteilt. Das Leben bekommen wir – dank der Sünden unserer Eltern – umsonst, für die Unsterblichkeit aber müssen wir zahlen. Also, Herrschaften, wie mir scheint, ist die Frage gelöst. Felix Alexandrowitsch wird sich noch etwas sträuben und schließlich einsehen, dass das Leben dem Menschen nur einmal gegeben wird, und wenn sich schon mal die Möglichkeit bietet, dieses Leben auf unbestimmte Zeit zu verlängern, dann muss man die Möglichkeit nutzen – egal, ob man nun Galilei, Belisar, Snegirjow, Petrow oder Iwanow heißt. Felix Alexandrowitsch gefällt der Preis nicht, den er dafür zahlen soll. Auch das ist kein Beinbruch. Er wird in sich gehen, eine Weile schmollen und sich notfalls die Nase zuhalten, wenn es ihm so sehr gegen den Strich geht. Übrigens scheinen Sie zu glauben, Felix Alexandrowitsch, Sie müssten Ihrem Nebenbuhler die Kehle mit einem stumpfen Messer durchsäbeln oder, na, so wie er Sie … mit dem Stemmeisen … oder dem Pfriem.

KURDJUKOW: Nur mit Degen!

PAWEL PAWLOWITSCH: Warum müssen es denn ausgerechnet Degen sein? Wie wäre es mit zwei kleinen Pillen, völlig gleich in Aussehen, Farbe und Geruch? *Fingert aus seiner Uhrtasche ein flaches, rundes Schächtelchen, öffnet es und lässt seinen Inhalt von Weitem sehen.* Sie nehmen sich eine heraus, und Ihr Nebenbuhler nimmt die, die übrig bleibt. Das Ganze dauert nicht länger als eine halbe Minute. Und keinerlei Qualen oder Krämpfe, das Rezept ist uralt und mehrfach erprobt. Beachten Sie: keinerlei Torturen. Das Schicksal entscheidet!

KURDJUKOW *schreiend:* Nur mit Degen!

NATALJA *nachdenklich:* Ein eindrucksvolleres Schauspiel wäre es natürlich mit Degen.

PAWEL PAWLOWITSCH: Erstens: woher die Degen nehmen? Zweitens: Wo sollen sie sich schlagen? Hier, in diesem Zimmer? Draußen auf dem Platz? Wo? Drittens: wohin mit der durchstochenen und zersäbelten Leiche? Natürlich wäre das ein viel imposanteres Schauspiel. Besonders, wenn man bedenkt, dass Felix Alexandrowitsch noch nie einen Degen in der Hand gehalten hat. Das haben Sie ganz richtig erkannt, Kindchen: Solche Kämpfe sind besonders reizvoll, wenn die eine Seite der anderen deutlich überlegen ist.

IWAN DAWYDOWITSCH: Herrschaften, ich darf noch einmal daran erinnern: keinerlei Aktionen in dieser Wohnung. Auch nicht mit Ihren Pillen, Fürst.

PAWEL PAWLOWITSCH *schmeichlerisch:* Sie hinterlassen keinerlei Spuren!

IWAN DAWYDOWITSCH: Nein!

PAWEL PAWLOWITSCH: Ich übernehme jede Garantie. Man bekommt einen Herzinfarkt. Oder einen Schlaganfall.

IWAN DAWYDOWITSCH: Nein, nein und nochmals nein! Nicht heute und nicht hier. Überhaupt steht das eigentlich noch gar nicht zur Debatte. Sie greifen vor, Fürst! Ziehen wir Bilanz! Sie, Fürst, sind für den Anwärter. Sie, Gnädigste, ebenfalls. Bassawrjuk frage ich gar nicht erst. Rittmeister?

KARIERTER *spuckt auf den Fußboden und reibt den Fleck nachdenklich mit der Schuhsohle breit:* Ich bitte Sie, mir gütigst zu verzeihen, Herr Magister, aber ich bin gegen ihn. Entschuldigen auch Sie, Madame – küss die Hand –, und Sie, Erlaucht. Ich will um Gottes willen niemanden kränken und keinem zu nahetreten, aber in dieser Frage habe ich meine eigene Meinung, bin da sozusagen aus bitterer Erfahrung klug geworden. Herrn Bassawrjuk kenne ich schon lange, schon seit ich dabei bin, und von ihm sind keine Überraschungen mehr zu erwarten.

NATALJA *spöttisch:* Haben Sie diese wunderschöne Nacht auch erwartet, Rittmeister?

KARIERTER: Allzu schön ist diese Nacht natürlich nicht, Madame, aber so furchtbar schlecht kann ich sie nun auch nicht finden. Alles kommt wieder ins Lot, alles geht seinen Gang. Herr Bassawrjuk ist ein schwacher Mensch, er hat einen Schnitzer gemacht. Aber er ist dennoch einer von uns. Der Herr Schriftsteller aber – ohne ihm zu nahetreten zu wollen … Ihnen, Herr Schriftsteller, traue ich nicht, ich traue Ihnen nicht und werde Ihnen niemals trauen. Und das nicht, weil Sie ein schlechter Mensch wären oder es faustdick hinter den Ohren hätten – Gott bewahre –, ich verstehe Sie einfach nicht. Sie sind uns fremd, Felix Alexandrowitsch. Sie wären in unserer Runde ein Fremdkörper, und es wäre besser für uns, wenn es Sie nicht gäbe. Überhaupt nicht. Falls ich jemandem zu nahegetreten sein sollte, dann bitte ich das zu entschuldigen. Das war nicht meine Absicht.

Kurdjukow *gefühlvoll:* Danke, Rittmeister! Das vergesse ich Ihnen nie!

Der Karierte wirft ihm einen ängstlichen Blick zu, macht eine undefinierbare Handbewegung und möchte sich gerade eine neue Zigarette anstecken, als Kurdjukow, der bisher an der Wand gekauert hat, auf die Knie fällt, flink wie eine Spinne auf Iwan Dawydowitsch zukrabbelt und dicht vor seinen Schuhen mit der Stirn auf dem Fußboden aufschlägt.

Iwan Dawydowitsch *angewidert und verächtlich:* Schon gut, schon gut, werde es berücksichtigen. Herrschaften! Vorläufig herrscht Stimmengleichheit. Meine Stimme wird also den Ausschlag geben.

Er blickt Snegirjow bedeutungsvoll an. Doch plötzlich erscheinen auf seinem Gesicht Erstaunen und Sorge, denn Snegirjow hat nichts mehr von einem Mann an sich, der in eine Falle geraten ist: Lässig und ungezwungen, einen Arm über der Rückenlehne seines Sessels, sitzt er da. Sein Gesicht ist ruhig und abwesend, er hört offensichtlich gar nicht zu, ja in seinen Mundwinkeln steckt sogar ein leises Lächeln. Die plötzlich eingetretene Stille ruft ihn in die Wirklichkeit zurück. Er kommt zu sich, tastet mit einer Hand über die Papiere auf dem Tisch, findet die Zigaretten und steckt sich eine davon in den Mund. Als er bemerkt, dass sein Feuerzeug verschwunden ist, blickt er den Karierten an.

Snegirjow: Rittmeister, geben Sie das Feuerzeug her! Na, machen Sie schon, ich habe alles gesehen. Was sind das für Manieren? *Der Rittmeister gibt ihm hastig das Feuerzeug zurück.* Und hören Sie auf, auf meinen Fußboden zu spucken! Dort ist die Toilette, benutzen Sie die, wenn Ihnen danach ist!

Alle blicken ihn argwöhnisch an.

SNEGIRJOW: Meine Herren Dinosaurier, ich war nicht ganz bei der Sache und habe vielleicht einiges verpasst. Aber verstehen Sie: Als mir aufging, dass Sie heute nicht wagen werden, mich umzubringen, war mir gleich viel wohler. Und wissen Sie, was ich noch entdeckt habe? Dass das hier Gott sei Dank keine Tragödie ist, sondern eine Komödie. Eine Komödie, Herrschaften! Lustig, nicht wahr?

Alle schweigen.

KURDJUKOW *unsicher:* Eine Komödie ist das für ihn.
NATALJA: Wenn das eine Komödie sein soll, warum sind wir dann nicht lustig?
SNEGIRJOW *fröhlich:* Das ist eine besondere Komödie. Eine, bei der es nichts zu lachen gibt. Eine Komödie, bei der einem die Tränen kommen.

Wieder schweigen alle. Jeder versucht zu begreifen, was plötzlich in den Anwärter gefahren ist.

IWAN DAWYDOWITSCH: Ich möchte mit dem Anwärter unter vier Augen sprechen.
PAWEL PAWLOWITSCH: Ich auch.
IWAN DAWYDOWITSCH: In welchen Raum können wir uns zurückziehen, Felix Alexandrowitsch?
SNEGIRJOW: Wozu die Geheimniskrämerei? Na gut, meinetwegen. Gehen wir ins Schlafzimmer.

Im Schlafzimmer setzt sich Snegirjow auf die Liege, während Iwan Dawydowitsch auf einem Stuhl ihm gegenüber Platz nimmt.

Iwan Dawydowitsch: Also, wenn ich Ihr Verhalten richtig deute, dann haben Sie endlich eine Wahl getroffen?

Snegirjow: Was für eine Wahl? Den Tod oder die Unsterblichkeit? Hören Sie, die Unsterblichkeit ist ja vielleicht keine schlechte Sache, ich weiß nicht … aber in dieser Runde … In dieser Runde kann man höchstens Leichen waschen.

Iwan Dawydowitsch: Ach, Felix Alexandrowitsch, Sie machen mir Sorgen! Der Tod ist doch noch viel schlimmer. Natürlich, einerseits haben Sie recht. Wenn ein gewöhnlicher Sterblicher zufällig unsterblich wird, verwandelt er sich in zwei, drei Jahrhunderten unweigerlich in einen Monomanen. Die Charaktereigenschaft, die in den ersten Lebensjahren überwog, wird mit der Zeit zu seiner einzigen. So war es bei Ihrer Erotomanin Natalja Petrowna, einst Marketenderin bei einem Reitertross – heute ist bei ihr nur noch die Marketenderin übrig. Und – nichts für ungut, Felix Alexandrowitsch – man muss schon ein so anspruchsloser Bock sein wie Sie, um in ihr noch eine Frau zu sehen.

Snegirjow: Na, wissen Sie, Ihr Pawel Pawlowitsch ist auch nicht besser.

Iwan Dawydowitsch: Keine Spur! Ich weiß zwar nicht, wie er früher war – er ist nämlich schon sehr alt –, aber heute ist er bloß noch eine einzige große Geschmackspapille.

Snegirjow: Gut gesagt!

Iwan Dawydowitsch: Vielen Dank. Überhaupt habe ich den Eindruck, Felix Alexandrowitsch, dass ich Ihnen von der ganzen Runde am wenigsten zuwider bin. Sehe ich das richtig?

Snegirjow *zuckt unschlüssig die Achseln.*

Iwan Dawydowitsch: Ich danke Ihnen nochmals. Und eben darum wollte ich mich einmal ohne Zeugen mit Ihnen unterhalten. Damit Sie nicht immerzu die anderen widerlichen Visagen vor Augen haben. Ich will Ihnen nichts vormachen: Ich bin ein kalter, gleichgültiger und grausamer Mensch. Anders kann es auch gar nicht sein. Ich bin fünfhundert Jahre alt. In einer so langen Zeit verliert man, ob man will oder nicht, den Glauben an solche Hirngespinste wie Liebe, Freundschaft, Ehre und so weiter. So sind wir alle. Ich aber lebe im Gegensatz zu meinen Gefährten für eine Idee. Für mich gibt es in dieser Welt noch etwas, was man weder essen noch begrapschen oder sich unter den Hintern schieben kann, um noch weicher zu sitzen. Im Laufe meines Lebens habe ich hundertsieben Entdeckungen und Erfindungen gemacht. Ich habe den Phosphor schon fünfzig Jahre vor Brand bestimmt, habe die Chromatografie zwanzig Jahre vor Tswett erfunden und das Periodensystem ungefähr in derselben Zeit entwickelt wie Dmitri Iwanowitsch Mendelejew. Aus den bekannten Gründen musste ich Geheimhaltung wahren, sonst wäre mein Name in die Geschichte eingegangen – und das wäre zu gefährlich gewesen. Zeit meines Lebens befasse ich mich mit dem, was man heute als Elixiersynthese bezeichnen würde. Ich möchte, dass es genug von diesem Elixier gibt. Nein, nein, nicht aus humanitären Erwägungen! Das Schicksal der Menschheit interessiert mich nicht. Ich habe meine eigenen Gründe. Der simpelste davon ist: Ich habe es satt, im Untergrund zu hocken und vor jedem Gendarm zittern zu müssen. Ich habe es satt, meine Zeitgenossen bei Entdeckungen zu übertrumpfen und immer nur die Nummer null zu sein. Ich möchte die Nummer eins sein. Aber ich habe niemanden, auf den ich mich stützen könnte. Es gibt nur vier Menschen auf der ganzen Welt, denen ich mich anvertrauen kann, aber die sind für mich absolut unbrauchbar. Was ich brauche, ist ein Gehilfe! Ein intelligenter Gesprächspartner, der die

Schönheit eines Gedankens zu schätzen weiß – und nicht nur die Schönheit eines Weibes oder einer Pirogge mit Weißkraut. Ein solcher Gehilfe könnten Sie mir sein. Im Grunde genommen hat Kurdjukow mir einen Dienst erwiesen, als er mich auf Sie aufmerksam machte. Wie ich sehe, sind Sie ein Mann mit Geist. Denken Sie darüber nach: Kann Ihnen noch eine erhabenere Idee unterkommen als die meine?

SNEGIRJOW: Mit Chemie kenne ich mich nicht aus.

IWAN DAWYDOWITSCH: Mit Chemie kenne ich mich aus! Was ich brauche, ist ein Mensch, der sich mit Ideen auskennt. Ich bin des Alleinseins müde. Ich brauche einen Gesprächspartner, einen Opponenten. Sagen Sie ja, Felix Alexandrowitsch! Bisher war es das Schicksal, das Unsterbliche schuf. Mit Ihrer Hilfe werde ich das von nun an tun. Sagen Sie ja!

SNEGIRJOW *nachdenklich:* Tja …

IWAN DAWYDOWITSCH: Stört Sie der Preis? Das ist eine Lappalie. Es steht nirgends geschrieben, dass Sie ihn eigenhändig beseitigen müssen. Das schaffe ich auch ohne Sie.

SNEGIRJOW: Ich soll in die Stiefel eines Toten schlüpfen?

IWAN DAWYDOWITSCH: Unsinn, Felix Alexandrowitsch! Infantiles Geschwätz! Sie sind doch ein erwachsener Mann. Kurdjukow hat siebenhundert Jahre auf dem Buckel! Und die ganze Zeit über hat er nichts anderes getan, als zu fressen, zu saufen, zu rauben, Minderjährige zu verderben und Menschen umzubringen. Das sind sechshundertfünfzig Jahre zu viel. Kurdjukow ist ein pathologischer Feigling, der den Tod so sehr fürchtet, dass er bereit ist zu sterben, nur um ihn nicht erleben zu müssen. Er ist schon seit sechshundertfünfzig Jahren tot, Sie aber erzählen mir was von seinen Stiefeln! Übrigens sind das gar nicht die seinen, er ist ja selbst hineingeschlüpft, als sie noch warm waren. Hören Sie, ich hatte eine bessere Meinung von

Ihnen! Man hält Ihnen ein grandioses Ziel vor Augen, und an was denken Sie?

SNEGIRJOW: Weder Sie noch ich haben das Recht zu entscheiden, wer leben darf und wer nicht.

IWAN DAWYDOWITSCH: Ach, Sie machen es mir wirklich schwer! Viel schwerer, als ich gedacht hätte. Was wollen Sie eigentlich? Sie gehen doch in den sicheren Tod!

SNEGIRJOW: Ach was, ich gehe nicht in den Tod!

IWAN DAWYDOWITSCH: Sie werden abgestochen wie ein Hammel, und diese Null, diese zitternde Kreatur, die schon seit sechshundert Jahren verwest sein müsste, wird noch einmal sechshundert Jahre lang ohne den geringsten Nutzen von Blüte zu Blüte flattern! Und ich dachte, Sie hätten Prinzipien. Sie sind doch Schriftsteller. Schließlich hat einer von Ihrer Zunft einmal gesagt, ein Schriftsteller solle lange leben. Ihnen bietet sich eine Möglichkeit, wie sie noch niemand gehabt hat. Sie könnten jahrhundertelange persönliche Erfahrungen verinnerlichen und die Menschheit mit Ihrer jahrhundertealten Weisheit beglücken. Stellen Sie sich nur mal vor, wie viele Bücher Sie noch schreiben könnten, Felix Alexandrowitsch! Und was für Bücher – Bücher, wie es sie noch nie gegeben hat. Ich dachte, Sie seien bereit, etwas für die Menschheit zu tun, für die Sie sich in Ihrem Artikel so leidenschaftlich einsetzen. Ach, ihr Schmetterlinge, ihr Eintagsfliegen!

SNEGIRJOW: Jetzt sind wir sogar schon beim Nutzen für die Menschheit angelangt.

IWAN DAWYDOWITSCH *steht auf und mustert Snegirjow eine Weile:* Anscheinend möchten Sie gern den Helden spielen, Felix Alexandrowitsch, man wird Sie jedoch nur für einen Dummkopf halten! *Er geht hinaus, und gleich nach ihm kommt der Karierte ins Schlafzimmer.*

KARIERTER: Verzeihung ... das Telefon. *Mit raschen, geschickten Bewegungen schaltet er den Apparat ab und trägt ihn zur Tür. An der Tür bleibt er stehen.* Ich mag Ihnen heute dreist vorgekommen sein, Felix Alexandrowitsch. Aber ich möchte nicht, dass Sie diesen Eindruck von mir haben. Ich bin ein geradliniger Mensch und sage immer, was ich denke. Dabei ist es nie meine Absicht, jemanden zu beleidigen oder vor den Kopf zu stoßen.

SNEGIRJOW: Verschwinden Sie … Aber Vorsicht mit dem Telefon! Das wird nicht beschlagnahmt! Rufen Sie den Nächsten rein. Wahrscheinlich stehen sie draußen schon Schlange. *Alleingeblieben, wirft sich Snegirjow rücklings auf die Liege und faltet die Hände unter dem Kopf. Dabei murmelt er.* Alles halb so schlimm … Ich muss nur die Nerven behalten. Kein Haar werden sie mir krümmen, sie werden es nicht wagen. *Hinter der Schlafzimmertür redet Kurdjukow auf den Karierten ein.*

KURDJUKOW: Der haut ab, sag ich Ihnen! Der bleibt nicht hier! Sie kennen ihn nicht!

KARIERTER: Wie soll er denn abhauen? Wir befinden uns hier im sechsten Stock, Gnädigster.

KURDJUKOW: Der denkt sich was aus! Lassen Sie mich nachsehen.

KARIERTER: Da gibt es nichts nachzusehen. Ist alles längst überprüft.

KURDJUKOW: Ich bitte Sie, Rittmeister! Als Edelmann! Ich sage Ihnen ganz offen: Ich muss mit ihm reden.

KARIERTER: Reden! Abmurksen wollen Sie ihn, und ich habe nachher den Ärger.

KURDJUKOW *leidenschaftlich seine leeren Hände vorweisend:* Womit? Womit soll ich ihn abmurksen? Und selbst wenn? Wäre das so schlimm?

KARIERTER: Schlimm wär's vielleicht nicht, aber andererseits: Befehl ist Befehl … *Durchsucht Kurdjukow rasch und routiniert.* Na schön, gehen Sie rein, Bassawrjuk, Gott mit Ihnen.

Kurdjukow betritt auf Zehenspitzen das Schlafzimmer und schließt fest die Tür hinter sich. Snegirjow blickt ihm finster entgegen. Kurdjukow aber lässt sich nicht beirren; mit einem Satz ist er an der Liege und neigt sich über Snegirjows Ohr.

KURDJUKOW: Also, wir machen es so: Ich übernehme den Rittmeister. Du hast nur eins zu tun: den Magister gut festzuhalten. Alles andere überlass mir.

SNEGIRJOW *schiebt ihn mit gespreizten Fingern von sich und setzt sich auf.*

KURDJUKOW: Was starrst du mich so an? Müssen wir aus diesem Schlamassel raus oder nicht? Fehlte ja noch, dass sie dich oder mich abmurksen. Bildest du dir vielleicht ein, dass jemand für dich eintreten wird? Was hat der Magister dir vorgeflunkert? Hat dir wohl das Blaue vom Himmel versprochen? Glaub ihm kein Wort! Wir müssen selbst für uns eintreten. Ein anderer wird es nicht für uns tun. Du Esel, wir müssen erst mal hier raus, dann kann jeder seiner Wege gehen. Hast du wirklich keinen Ort, wo du eine Weile untertauchen kannst?

SNEGIRJOW: Ich schnappe mir also den Magister?

KURDJUKOW: Ja doch!

SNEGIRJOW: Und du schnappst dir den Rittmeister?

KURDJUKOW: Ja doch. Die anderen sind uninteressant.

SNEGIRJOW: Raus!

KURDJUKOW: Wieso denn? Du Esel glaubst mir wohl nicht? Na, dann versprich mir wenigstens eins: dass du Iwan Dawydowitsch festhältst, wenn ich mir den Rittmeister schnappe.

SNEGIRJOW: Raus, hab ich gesagt!

KURDJUKOW *knurrt wie ein Hund, läuft zum Fenster, sieht sich rasch und gründlich den Rahmen an und eilt zufrieden zur Tür. Nachdem er sie geöffnet hat, dreht er sich noch einmal zu Snegirjow um und zischt:* Denk an dich, Snegirjow! Ich sag's dir noch einmal! An dich!

Kaum ist er verschwunden, kommt Natalja ins Schlafzimmer und schließt ebenfalls fest die Tür hinter sich. Sie tritt an die Liege, setzt sich neben Snegirjow und sieht sich im Zimmer um.

NATALJA: Mein Gott, wie lange war ich nicht mehr hier! Wo ist denn der Sekretär geblieben? Hier stand doch mal ein kleiner Sekretär.

SNEGIRJOW: Den habe ich Lisa gegeben. Aber was kümmert's dich?

NATALJA: Warum bist du denn so ruppig? Ich hab dir doch nichts getan. In diese Geschichte hast du dich selbst reingeritten. Mach nicht so ein böses Gesicht! Gestern hast du mich ganz anders angeguckt. Hast du Angst?

SNEGIRJOW: Wovor sollte ich Angst haben?

NATALJA: Na, wie soll ich's sagen? Solange Kurdjukow lebt …

SNEGIRJOW: Ihr werdet es nicht wagen.

NATALJA: Heute nicht, aber morgen …

SNEGIRJOW: Auch morgen werdet ihr's nicht wagen. Ist denn tatsächlich noch keiner von euch daraufgekommen, dass das für euch das Ende wäre?

NATALJA: Hör zu. Du siehst das falsch. Die sind völlig kopflos vor Angst und zu allem fähig. Das ist, was du begreifen musst. Ich sehe dir an, dass du irgendwas ausheckst. Geh nicht zu weit! Glaub niemandem ein Wort. Und dreh keinem von ihnen den Rücken zu – die fackeln nicht lange! Ich habe gesehen, wie so etwas abläuft.

SNEGIRJOW: Und wie kommt es, dass du plötzlich wieder deine Liebe zu mir entdeckst?

NATALJA: Weiß ich selbst nicht. Mir ist, als hätte ich dich heute zum ersten Mal gesehen. Ich dachte immer, du wärst bloß ein geiler Bock, ein Mann für ein, zwei Nächte. Dabei bist du ganz anders! *Sie rückt dichter an Snegirjow heran, schmiegt sich an ihn und streichelt sein Gesicht.* Ein Mann, ein richtiger Mann ... Umarme mich! Was sitzt du da wie ein Fremder? Ich bin es doch! Weißt du nicht mehr, wie du mich eine Fee, eine wunderschöne Hexe genannt hast? Na? Ich will mich doch nur von dir verabschieden. Wer weiß, was in der nächsten Stunde passiert. Vielleicht können wir es jetzt zum letzten Mal ...

SNEGIRJOW *befreit sich mühsam aus ihren Armen und steht auf:* Begrab mich nicht vor der Zeit! Und hör endlich auf! Ist das jetzt etwa der richtige Augenblick?

NATALJA *sich an ihn klammernd:* Ein letztes Mal ... Ein allerletztes ...

SNEGIRJOW: Nein! Du bist wohl verrückt geworden? Also wirklich, hör auf damit! *Er reißt sich endgültig los und läuft zum Fenster.*

NATALJA *folgt ihm wie eine Nachtwandlerin und murmelt immer wieder vor sich hin:* Aber warum denn? Warum? Ich bin's doch, erinnere dich ... Meine liebste, heiß begehrte Leiche.

SNEGIRJOW: Na, hör mal! Du bist fünfhundert Jahre alt! Eine alte Frau wie du sollte Gott fürchten. Allein der Gedanke ist grauenerregend!

NATALJA *bleibt stehen, als hätte er ihr einen Peitschenhieb versetzt:* Blödmann! Du stinkender Kadaver! Eunuch!

SNEGIRJOW *sich besinnend:* Mein Gott, entschuldige ... Was ist nur in mich gefahren? Aber so geht's doch wirklich nicht.

NATALJA: Du Mistkerl! Du Idiot! Bildest du dir etwa ein, dass der Magister sich für dich einsetzen wird? Der lügt dir doch die Hucke voll, damit du nicht gleich morgen zur Miliz rennst und er in Ruhe überlegen kann, wie wir dich am besten aus dem Weg räumen. Was hat er dir denn versprochen? Was für goldene Berge? Du Vollidiot! Tote Hose! Pfui Teufel!

In diesem Augenblick wirft Pawel Pawlowitsch einen Blick ins Schlafzimmer. Er hält ein belegtes Brot in der Hand und kaut genüsslich an einem Bissen.

PAWEL PAWLOWITSCH: Kindchen, die zehn Minuten sind um! Anscheinend sind Sie fertig?

NATALJA *boshaft:* Als ob der jemals fertig würde! Er hat noch nicht mal angefangen! *Sie ordnet mit entschlossenen, exakten Bewegungen Kleid und Frisur.* Ich wollte zum Abschied noch mal was von ihm haben, aber der taugt zu gar nichts mehr, Fürst! Ich begreife nicht, was Sie sich erhoffen.

Pawel Pawlowitsch tritt zur Seite, und sie geht zielstrebig an ihm vorbei aus dem Zimmer.

PAWEL PAWLOWITSCH: Oje, oje! Die haben Sie anscheinend beleidigt, vor den Kopf gestoßen … Das bringt nichts. *Setzt sich auf die Liege und beißt von seinem Brot ab.* Das war unüberlegt. Ist Ihnen denn nicht aufgefallen, dass wir auf solche Feinheiten und Nuancen sehr empfindlich reagieren? Haben Sie nicht bemerkt, wie Bassawrjuk der Marquise die Sache in die Schuhe schieben wollte? Es sollte so aussehen, als hätte sie Ihnen aus weiblicher Schwäche unsere Geheimnisse verraten. Ein simpler Schachzug, aber sehr, sehr wirkungsvoll. Ohne seine Feigheit wäre er damit vielleicht sogar durchgekommen. Sehr wahrscheinlich sogar. Und warum hat er das gemacht? Wegen eines kleinen Missverständnisses, das vor siebzig Jahren passiert ist – oder vor hundert, genau erinnere ich mich nicht mehr. Da hat ihm die Marquise einen Korb gegeben.

Nicht dass er leidenschaftlich in sie verliebt gewesen wäre, nein! Aber sie hat ihm einen Korb gegeben, das heißt, sie, die noch nie zu irgendjemandem nein gesagt hat, ließ ihn abblitzen ... Verstehen Sie? Sie glauben es nicht, aber auch nach siebzig Jahren ist das nicht vergessen, und nach hundertsiebzig Jahren auch nicht! Überhaupt mögen wir uns alle nicht besonders. Warum sollte ich sie auch mögen? Es sind streitsüchtige, kleinliche, unbegabte Kreaturen. Iwan Dawydowitsch, unser Magister, hat zwar eine hohe Meinung von sich, ist aber in Wirklichkeit ein ganz gewöhnlicher Federfuchser. Ich habe mich mal in seinem Institut umgehört. Da ist er der ewige Vorsitzende des Gewerkschaftskomitees. Von wegen – der Freund Mendelejews! Außerdem ist mir schleierhaft, was der Rittmeister an ihm findet! Woher diese hündische Unterwürfigkeit? Aber stehen Sie doch nicht so in der Ecke herum, Felix Alexandrowitsch, setzen Sie sich zu mir, unterhalten wir uns.

Snegirjow lässt sich am anderen Ende der Liege nieder, zündet sich eine Zigarette an und beobachtet Pawel Pawlowitsch aus den Augenwinkeln.

Pawel Pawlowitsch holt gemächlich eines der silbrigen Röhrchen aus dem Etui, beträufelt den letzten Happen damit und schiebt ihn sich, schwelgerisch die Augen verdrehend, in den Mund. Er schmatzt, saugt und dreht wie in Ekstase den Kopf hin und her.

Pawel Pawlowitsch *schluckt den Happen hinunter und fährt fort:* Das ist, was ihr Sterblichen nicht ergründen könnt: Geschmack! Ihr habt einfach keinen Geschmack und kennt auch keinen Genuss. Manchmal stehe ich so im Restaurant, sehe den Menschen beim Essen zu und denke: »Mein Gott! Sind das wirklich Menschen? Zum Denken fähige Wesen?« Sie essen nicht, Felix Alexandrowitsch! Sie stopfen sich einfach Brocken in den Mund! Das ist ein rein mechanischer Prozess – wie wenn ein grobschlächtiger, schmutziger Heizer mit seiner riesigen Schippe Kohlenbrocken in die Feuerung wirft … Ein abstoßender Anblick, kann ich Ihnen sagen. Übrigens ist das auch ein Aspekt unserer Unsterblichkeit, auf den Sie von allein nie kommen würden. Ich weiß nicht, welcher Art die Unsterblichkeit Ahasvers war – der Legende nach war er ein gehässiger, hagerer Greis, ein vollkommener Asket. Unsere Unsterblichkeit jedoch ist eine ganz andere! Es ist die Unsterblichkeit der Olympier, die sich am Nektar berauschen, und die der ewig schmausenden Krieger der Walhalla. Das Elixier ist etwas Wunderbares! Sie können essen, was Sie wollen – außer vielleicht vergammeltes Zeug, bei dem Ihnen ohnehin der Appetit vergeht. Sie können jedes beliebige Getränk – außer natürlich Giften – in beliebigen Mengen zu sich nehmen. Kein Katarrh, keine Gastritis, kein Darmverschluss, keine Verstopfung … Und bei alldem bleibt Ihr Geruchs- und Geschmackssinn immer in Hochform. Welch grenzenlose Möglichkeiten des Genusses! Welch unüberschaubares Feld für Experimente! Dabei essen Sie doch gern etwas Gutes, Felix Alexandrowitsch! Sicher, Sie verstehen's nicht, aber essen tun Sie gern! Also werden Sie sich bei uns wohlfühlen. Ich werde Ihnen einiges beibringen können, und Sie werden mir ewig – jawohl, ewig! – dankbar sein.

SNEGIRJOW: Sie sind ja ein Poet der Unsterblichkeit! Der unsterbliche Gott der Gastronomie!

PAWEL PAWLOWITSCH: Bitte keine Gehässigkeiten. Die sind hier unangebracht. Im Grunde genommen wollte ich Ihnen nur helfen, Ihre jugendlichen Skrupel zu überwinden. Natürlich sind Sie's nicht gewohnt, mit einem fremden Leben nach Ihrem Gutdünken umzuspringen, das ist in der heutigen Gesellschaft nicht üblich. Vielleicht haben Sie auch einfach Angst, etwas zu riskieren? Dabei besteht gar kein Risiko. Und wenn er noch so lange nach einem Degen schreit – er bekommt keinen. Er bekommt entweder eine Pille oder eine Spritze – der Magister bevorzugt Spritzen – oder »russisches Roulette«. Das ist alles eine Frage der Technik und der Geschicklichkeit, das nehme ich als Ältester in die Hand. Für den Erfolg garantiere ich Ihnen.

SNEGIRJOW: Hören Sie, was hätten Sie davon? Was würden Sie gewinnen, Verehrtester? Fehlt Ihnen etwa jemand zum Anstoßen? Mit Ihrem Nektar …

PAWEL PAWLOWITSCH: Der Gewinn dürfte gerade für Sie nicht zu übersehen sein. Erstens wäre dieser Schwächling aus dem Weg geräumt. Das Ekel hat mir meinen Koch ausgespannt, meinen unbezahlbaren Gérard. Die Spielschulden habe ich ihm längst verziehen, aber Gérard! Das kann ich nicht vergessen, ich will's auch nicht, bitten Sie mich gar nicht erst darum. Und dann … In unserer Runde herrscht kein Gleichgewicht, das ist das Problem. Ich bin der Älteste, spiele aber bloß die zweite Geige. Und warum? Weil dieser Holzkopf von Rittmeister aus irgendwelchen Gründen unseren Alchimisten für den Anführer hält. Aber was ist das schon für ein Anführer? Der hat noch in den Windeln gelegen, als ich schon der Bewahrer der drei Schlüssel war. Jetzt aber bewahrt er zwei Schlüssel und ich nur einen!

SNEGIRJOW: Ich verstehe Sie ja. Aber ich bin nicht der Rittmeister.

PAWEL PAWLOWITSCH: Ach, mein Guter! Was heißt, nicht der Rittmeister? Sie sind ein kräftiger Mann, haben eine gewandte Zunge, ja, Sie sind sogar Schriftsteller, das heißt ein Mann mit Fantasie. Wir beide könnten Berge versetzen! Ich würde Sie mit der Marquise aussöhnen. Warum sollten Sie sich nicht mit ihr vertragen? Dann wären wir schon drei.

SNEGIRJOW: Vielen Dank für die Ehre, Verehrtester, aber ich fürchte, ich muss ablehnen.

PAWEL PAWLOWITSCH: Und warum, wenn man fragen darf?

SNEGIRJOW: Es widert mich an.

Pause

PAWEL PAWLOWITSCH: Erlauben Sie mir, ein Resümee zu ziehen. Da ist einerseits die praktische Unsterblichkeit, durch Genüsse verschönt, die ich hier nur in gröbsten Zügen andeuten kann. Andererseits ist da der baldige Tod – wie ich annehme, noch in der nächsten Woche –, ein obendrein vielleicht sogar qualvoller Tod. Und Sie entscheiden sich …

SNEGIRJOW: Ich ziehe ein ganz anderes Resümee.

PAWEL PAWLOWITSCH: Ach, mein Guter, als ob es hier um Worte ginge. Wollen Sie die Unsterblichkeit oder nicht?

SNEGIRJOW: Zu Ihren Bedingungen? Natürlich nicht.

PAWEL PAWLOWITSCH *reißt die Arme hoch:* »Zu Ihren Bedingungen!« Was sind Sie nur für ein Mensch, Felix Alexandrowitsch? Soll man sich nun über Sie entsetzen? Sich vor Ihnen verneigen? Oder die Hände über dem Kopf zusammenschlagen?

SNEGIRJOW: Warten Sie. Ich werde es Ihnen gleich erklären.

PAWEL PAWLOWITSCH *ohne hinzuhören:* Ich bin schon sehr alt, Felix Alexandrowitsch. Sie können sich nicht vorstellen, wie alt ich bin. Manchmal merke ich, dass mir ein ganzes Jahrhundert entfallen ist. Zum Beispiel erinnere ich mich noch ganz gut an die Zeit vor der Brester Kirchenunion und auch an das, was nach der Union von Ushgorod kam, aber was dazwischen lag, ist wie weggeblasen. Sie können sich also vorstellen, wie viele Anwärter ich in meinem Leben schon gesehen habe. Was waren nicht alles für Leute darunter. Ein byzantinischer Staatsbeamter, ein mongolischer Krieger, ein Anhänger der ketzerischen Bogomilen-Bewegung, ein Juwelier aus Krakow ... Und wie drängten sie alle zur Quelle! Abgehackte Köpfe schleppten sie an und warfen sie mir vor die Füße: »Ich! Ich will an seine Stelle treten!« Natürlich herrschen heute andere Sitten, und es ist nicht mehr üblich, einander den Kopf abzuhacken. Aber das ist ja auch gar nicht nötig! Wir brauchen nur Ihr Einverständnis, Felix Alexandrowitsch. Doch nein! Er weigert sich! Was sind Sie bloß für ein Mensch? Dabei glaubte ich Sie zu kennen. Sie sind doch alles andere als ein Musterexemplar! Nehmen wir nur mal das Trinken oder die Frauen, materielle Bedürfnisse sind Ihnen auch nicht fremd. Und plötzlich diese Unnachgiebigkeit! Wirklich, ich bin erschüttert, Felix Alexandrowitsch. Sie haben mich mitten ins Herz getroffen. Erst konnten Sie nicht begreifen, was los war, dann fingen Sie an zu begreifen, konnten es aber nicht glauben, und jetzt begreifen und glauben Sie's ... Sollen wir Ihnen vielleicht einen Märtyrerkranz aufsetzen? Aber nein, Kränze wird Ihnen niemand flechten. Sind Sie ein Fanatiker? Nein. Ein Masochist? Das schon gar nicht. Also sind Sie ein Homo novus. Ich ziehe den Hut vor Ihnen und verneige mich tief. Dabei habe ich mir eingebildet, die Menschen durch und durch zu kennen. *Er wirft einen Blick auf die Uhr und steht auf. Dann sagt er nachdenklich.* Na ja, jedem das Seine. Kommen Sie, Felix Alexandrowitsch, die Zeit ist um.

Im Arbeitszimmer stöbert Natalja im Bücherregal, zieht ein Buch nach dem anderen heraus, liest aufs Geratewohl ein paar Zeilen und lässt es dann achtlos zu Boden fallen. Kurdjukow tappt über die verstreuten Bücher, die Kaffeelachen und Scherben hinweg von einer Ecke in die andere. Seine Arme sind angewinkelt, und die Finger bewegen sich rhythmisch, als dirigiere er ein unsichtbares Orchester. Der Karierte hat sich an der Wand aufgestellt und beobachtet aufmerksam Kurdjukows Hin und Her. Iwan Dawydowitsch blättert in zusammengehefteten Zeitungen.

Draußen wird es hell. Es ist neblig. Pawel Pawlowitsch und Snegirjow kommen herein.

IWAN DAWYDOWITSCH: Na endlich! *Wirft die Zeitungen beiseite.* Also, Felix Alexandrowitsch, Ihre Entscheidung?

PAWEL PAWLOWITSCH: Einen Augenblick, Magister. Ich möchte etwas präzisieren. Ich habe mir die Sache überlegt und bin zu dem Schluss gekommen, dass der Rittmeister recht hat. Von jetzt an bin ich für unseren teuren Bassawrjuk. Wie's so schön heißt, ist ein alter Freund besser als zwei neue.

KURDJUKOW: Mein Wohltäter!

NATALJA: Ich auch. Zum Teufel mit Menschen, die sich die Hände nicht schmutzig machen wollen.

KURDJUKOW: Wohltäterin! *Streckt Snegirjow triumphierend die Zunge heraus.*

IWAN DAWYDOWITSCH *nach einer Pause:* Ach, so ist das? Na, da kann man nichts machen. Ich dagegen unterstütze Felix Alexandrowitschs Kandidatur ganz entschieden. Und ich kann jedem beweisen, dass er für unsere Runde ein unbestreitbarer Gewinn wäre. *Er wirft einen kurzen Blick auf den Karierten. Der tritt zackig einen Schritt vor und stellt sich neben ihn.*

KARIERTER: Ich bin auch für den Herrn Schriftsteller. Wenn die anderen ihre Meinung ändern, dann tue ich das auch.

KURDJUKOW *weinend:* Warum das? Ich war doch immer dafür … Ich bin doch einer von Ihnen … Und er will ja auch gar nicht …

PAWEL PAWLOWITSCH: Erstens will er gar nicht. Und zweitens, Magister, sind Sie trotz allem in der Minderheit.

IWAN DAWYDOWITSCH: Ich verlange ja überhaupt nicht, dass wir sofort endgültige Entscheidungen treffen. Es ist schon hell, heute richten wir sowieso nichts mehr aus, wir sind einfach noch nicht so weit und müssen alles noch einmal gründlich überdenken. Herrschaften! Wir gehen jetzt auseinander. Zeit und Ort unserer nächsten Begegnung teile ich jedem Einzelnen beizeiten mit.

KURDJUKOW *krächzend:* Der läuft doch zur Miliz ... Auf der Stelle!

IWAN DAWYDOWITSCH *blickt Snegirjow durchdringend an:* Mein Herr! Ihnen wurden hier überaus schmeichelhafte Offerten unterbreitet, vergessen Sie das nicht. Überdenken Sie alles noch einmal in Ruhe. Und halten Sie sich immer vor Augen, dass es für Sie und Ihre Lieben verhängnisvolle Folgen haben kann, wenn Sie unser Geheimnis ausplaudern.

SNEGIRJOW: Iwan Dawydowitsch! Hören Sie auf, mir zu drohen. So dumm kann doch niemand sein. Verstehen Sie wirklich nicht, dass ich mir eher die Zunge abbeißen würde, als ein solches Geheimnis auszuplaudern? Begreifen Sie wirklich nicht, welch ein Glück es für die Menschheit ist, dass sich ausgerechnet Ihre Runde an der Quelle der Unsterblichkeit zusammengefunden hat, eine Runde unbegabter, fauler und geiler Esel.

IWAN DAWYDOWITSCH: Mein Herr!

SNEGIRJOW: Welch unsagbares Glück! Allein der Gedanke ist furchtbar, was geschehen könnte, wenn das Geheimnis bekannt würde und auch nur ein einziger unbezähmbarer und energischer Schurke an die Quelle gelangte! Kann es etwas Furchtbareres geben? Ein unsterblicher Schlemmer ist ein riesiges Glück für den Planeten! Ein unsterblicher Machtbesessener wäre ein Unglück, ein furchtbares Unglück. Das wäre eine Katastrophe. Darum können Sie, meine teuren Dinosaurier, jetzt ganz ruhig schlafen. Nicht mal unter Foltern würde ich Ihr Geheimnis preisgeben.

Die fünf laufen Hals über Kopf aus der Wohnung: Als Erste stürzt Natalja Petrowna hinaus und stopft noch im Gehen ihre Kosmetikutensilien in die Handtasche. Pawel Pawlowitsch entfernt sich majestätischen Schritts, wobei er mit der Spitze seines langen Regenschirms auf den Boden klopft; auf seinem Gesicht liegt noch immer ein ironischer Ausdruck. Kurdjukow flüchtet geradezu, dabei sieht er sich immer wieder feige um und verliert andauernd seine Krankenhauspantoffeln. Der Karierte begreift nicht ganz den Ernst der Lage, sondern wartet einfach auf Iwan Dawydowitsch. Der hört Snegirjow länger zu als die anderen, hält es aber schließlich auch nicht mehr aus.

SNEGIRJOW *hinterher:* Unter den schlimmsten Foltern würde ich Ihr Geheimnis nicht preisgeben! Eher würde ich sterben, wie der letzte Hund! Kurdjukow werde ich von nun an hüten wie meinen Augapfel, ich werde ihn an der Hand über die Straße führen. Und merken Sie sich eins: Wenn Ihnen, was Gott verhüten möge, etwas zustößt, dann stehe ich zu Ihrer Verfügung! Sie haben jetzt so etwas wie einen Schutzengel auf der Erde!

Snegirjow steht am Fenster und blickt vom sechsten Stock auf die fünf Gestalten hinab. Kurdjukow wird in einen cremefarbenen Wagen der Marke »Shiguli« gestoßen, nach ihm steigt der Karierte ein. Natalja setzt sich ans Lenkrad und Iwan Dawydowitsch daneben. Pawel Pawlowitsch sieht dem abfahrenden Wagen mit gelüftetem Hut hinterher und entfernt sich dann langsam, mit seinem langen Schirm aufklopfend, bis er aus Snegirjows Blickfeld verschwindet.

Da dreht sich Snegirjow um und sieht sich sein Arbeitszimmer an. Alle Möbelstücke sind verrückt, alles ist durcheinandergeworfen. Auf dem Fußboden liegen zertretene Eierschalen, lädierte Bücher, schwarze Kaffeelachen, kaputte Telefonapparate und Porzellanscherben. Die Blätter seines Manuskripts sind mit Essensresten bedeckt, auf allen Tischen stehen schmutzige Teller. Das Haus ist bereits aufgewacht. Man hört den Fahrstuhl brummen und Türen klappen, man vernimmt Schritte und Stimmen. Da plötzlich geht die Tür zum Arbeitszimmer auf, und auf der Schwelle steht Snegirjows Tochter Lisa mit ihren kleinen Zwillingen.

LISA: Wieso steht deine Tür … *Setzt sie an und stöhnt auf.* Was ist das? Was war denn hier los?

SNEGIRJOW: Ein Gelage der Unsterblichen.

LISA: Grässlich! Und die Telefonapparate sind zerschlagen! Deswegen habe ich dich nicht erreicht. Im Kindergarten ist Quarantäne, deshalb bringe ich dir …

SNEGIRJOW: Her mit ihnen. Kommt schnell zu mir. Wir schaffen hier gleich Ordnung. Richtig, Foma?

FOMA: Ja, richtig.

SNEGIRJOW: Richtig, Anton?

ANTON: Nein. Ich will lieber toben.

DAS LAHME SCHICKSAL

Wie das Flämmchen tanzt!
Durch die geschlossnen Läden
drängt der Herbst ins Haus.

Raizan

Die Verfasser halten es für ihre Pflicht, den Leser darauf hinzuweisen, dass keine der handelnden Personen real existiert (oder je existiert hat). Überlegungen, wer hier wer ist, haben somit keinen Sinn. Ebenso sind alle im Roman erwähnten Behörden, Organisationen und Institutionen frei erfunden.

1
Felix Sorokin | Schneetreiben

Mitte Januar, gegen zwei Uhr nachmittags, saß ich am Fenster, und statt mich mit meinem Drehbuch zu befassen, trank ich Wein und dachte an verschiedene Dinge gleichzeitig. Draußen stöberte es, die Autos schlichen ängstlich die Chaussee hinunter, und an den Fahrbahnrändern türmten sich die Schneeverwehungen. Durch den Schneeschleier hindurch sah ich schemenhaft und düster die in Grüppchen beisammenstehenden kahlen Bäume und die borstigen Flecken des Gesträuchs auf dem Brachland.

Moskau war eingeschneit.

Eingeschneit wie ein gottverlassener Kleinbahnhof irgendwo bei Aktjubinsk. Mitten auf der Chaussee schlitterte nun schon seit einer halben Stunde ein Taxi, das unvorsichtig genug gewesen war, hier einen Wendeversuch zu wagen, und ich stellte mir vor, wie viele es wohl in dieser riesigen Stadt sein mochten, die genauso schlitterten und rutschten: Taxis, Busse, Lastwagen, ja selbst die schwarz glänzenden Limousinen mit Stahlgürtelreifen.

Meine Gedanken bewegten sich auf unterschiedlichen Ebenen und unterbrachen einander träge. Beispielsweise kamen mir die Hauswarte in den Sinn. Vor dem Krieg hatte es keine Bulldozer gegeben, auch nicht diese monströsen, grellfarbenen Schneeräumer, Schneefräsen und Schneeschleudern – dafür aber Hauswarte mit Schürzen, Besen und quadratischen Schneeschaufeln aus Sperrholz. Und Filzstiefeln. Schnee hatte damals, soweit ich mich entsinne, ungleich weniger auf den Wegen gelegen. Aber vielleicht waren auch die Naturgewalten noch nicht so gewesen wie heute …

Weiterhin beschäftigte mich, dass mir in letzter Zeit immerzu verdrießliche, absurde oder obskure Dinge passierten, so als wäre der, der mein Schicksal zu lenken hatte, vor Langeweile übergeschnappt und triebe mit mir seine Possen. Nur leider – was half's? – war er ein Trottel, und demzufolge gerieten auch seine Possen dumm und konnten bei keinem, nicht einmal bei dem Spaßvogel selbst, etwas anderes bewirken als Blamage und Peinlichkeit, sodass man im Erdboden versinken mochte.

Und bei alldem war mir immer bewusst, dass rechts von mir meine beiseitegerückte Schreibmaschine stand, eine »Tipp« mit schon immer hängendem »s«, eingespannt eine halb fertige Seite, auf der zu lesen war: »… Die Panzertürme sind nach links gerichtet, und ihre Kanonen schießen auf die Stellungen der Partisanen, systematisch, der Reihe nach, um einander nicht am Zielen zu hindern. Hinter dem Turm des vorderen Panzers kauert Rudolf, SS-Leutnant und Kommandeur der Panzersoldaten. Er als das Hirn, der Dirigent dieses Todesorchesters erteilt durch Gesten den nachfolgenden MPi-Schützen der SS seine Befehle. Unentwegt prasseln Kugeln der Partisanen auf die Panzerungen, werfen um die Raupenketten herum den Schlamm auf und treiben aus den dunklen Pfützen Wassersäulen empor. … Ein getarnter Vorposten der Partisanen, ein winziger Schützengraben am Rand eines Sumpfes. Zwei Partisanen, ein junger und ein Greis, beobachten fassungslos die nahenden Panzer. Rr-rumm! Rr-rumm! Rr-rumm!, dröhnen die Kanonen.«

Ich bin jetzt sechsundfünfzig, aber ich war nie bei den Partisanen und habe auch nie eine Panzerattacke erlebt. Dabei hätte ich, streng genommen, am Kursker Bogen fallen müssen. Unsere ganze Schule ist dort gefallen, nur Rafka Resanow blieb übrig, ohne Beine, dann Wasja Kusnezow aus dem MG-Bataillon und ich, Granatwerferschütze.

Kusnezow und mich hatte man eine Woche vor Studienende nach Kuibyschew abkommandiert. Offenbar war der, der mein Schicksal zu lenken hatte, damals noch voller Enthusiasmus, was meine Person anging, und wollte sehen, wozu ich tauge. Und damals taugte ich dazu, meine Jugend in der Armee zu verbringen und es für meine Pflicht zu halten, über diese Armee zu schreiben, über Offiziere und Panzerattacken, wiewohl ich mir mit den Jahren immer öfter sagte: Gerade, weil ich rein zufällig am Leben geblieben bin, sollte ich besser nicht über das alles schreiben.

Auch daran dachte ich jetzt, während ich durchs Fenster auf das zugeschneite Dritte Rom schaute. Dann nahm ich mein Glas zur Hand und tat einen tiefen Zug. Außer dem Taxi waren noch zwei weitere Autos stecken geblieben, und man sah, wie melancholische Figuren mit Schaufeln, im Schneesturm gebeugt, umhertappten.

Mein Blick wanderte zurück, hinüber zu den Bücherregalen in meinem Zimmer.

O Gott, dachte ich plötzlich und spürte Kälte in mir hochsteigen, das ist gewiss meine letzte Bibliothek! Eine andere werde ich nicht mehr haben. Dafür ist es zu spät. Es ist meine fünfte und nunmehr letzte Bibliothek. Von der ersten ist nur ein einziges Buch geblieben, heute eine bibliografische Seltenheit: »Der Adjutant des Generals Mai-Majewski« von P.W. Makarow. Nach diesem Buch ist kürzlich die Fernsehserie *Der Adjutant Seiner Exzellenz* gedreht worden, filmisch nicht übel, sogar gut, nur hatte die Serie mit dem Buch kaum etwas gemein. Im Buch ist alles viel ernsthafter und fundierter, auch wenn sich ungleich weniger Abenteuer und Heldentaten abspielen. Pawel Wassiljewitsch Makarow war, wie es scheint, ein großer Mann, und ich freue mich immer wieder über die mit Kopierstift geschriebene Widmung auf der Rückseite des Titelblatts: »Dem lieben Kollegen A. Sorokin. Möge dieses Buch dem Gedenken an den wirklichen Adjutanten des Generals Mai-Majewski, stellv. Kommandeur der Aufständischen Krimarmee, dienen. Mit aufrichtigem Partisanengruß P.W. Makarow, 6.9.1927, Leningrad«. Ich kann mir vorstellen, wie mein Vater, Alexander Alexandrowitsch Sorokin, dieses Buch in Ehren hielt. Ich selbst habe keine Erinnerung daran. Ebenso wenig entsinne ich mich, wie das Buch so unversehrt bleiben konnte, als unser Haus in Leningrad zerbombt und die erste Bibliothek vollständig vernichtet wurde.

Von meiner zweiten Bibliothek ist gar nichts übrig geblieben. Ich trug sie in Kansk zusammen, wo ich zwei Jahre lang – bis zu dem großen Skandal um meine Person – Offiziersschüler unterrichtete. Den Umständen entsprechend vollzog sich meine Abreise aus Kansk überstürzt; sie war auf höheren Befehl angeordnet worden und unumstößlich. Klara und ich schafften es zwar noch, die Bücher zu verpacken und als Frachtgut nach Irkutsk aufzugeben, doch in Irkutsk blieben wir nur zwei Tage, waren eine Woche später schon in Korsakow und nach einer weiteren Woche auf einem Schleppnetzboot unterwegs in Richtung Petropawlowsk, sodass meine zweite Büchersammlung mich nicht mehr fand.

Noch heute tut mir das unendlich leid. Vier Tarzan-Bände waren dabei, englische Ausgabe, die ich während meines Urlaubs im Antiquariat auf dem Leningrader Litejny gekauft hatte, außerdem Wells' »Zeitmaschine« und ein Band seiner Erzählungen aus der Beilage zu *Der internationale Pfadfinder*, illustriert von Fitingow, weiterhin ein gebundener Jahrgang der Zeitschrift *Rund um die Welt* von 1927 … Ganz versessen war ich damals auf solche Lektüre! Und dann besaß ich noch einige Bücher mit ganz besonderem Schicksal.

'52 erging nämlich an die bewaffneten Organe der Befehl, alle Druckerzeugnisse ideologisch schädlichen Inhalts zu vernichten und aus den Registraturen zu streichen. Und im Magazin unserer Schule lag eine erbeutete Bibliothek, die offenbar einem Höfling Puyis, des Kaisers von Mandschukuo, gehört hatte. Natürlich war keiner von uns willens oder in der Lage, unter Tausenden von Bänden in japanischer, chinesischer, koreanischer, englischer und deutscher Sprache, in diesem bereits schimmelnden Haufen, die Spreu vom Weizen zu trennen, und so wurde angeordnet, alles restlos zu beseitigen.

Es war Hochsommer und glühend heiß. Die Bucheinbände krümmten sich in dem schwarz blutigen Haufen, und die Offiziersschüler liefen geschäftig hin und her, schmutzig wie die Teufel in der Hölle. Über dem ganzen Stützpunkt schwebten schwerelos Aschefetzen. Nachts schlichen wir Ausbilder uns ungeachtet des strengen Verbots zu den für den nächsten Tag vorbereiteten Stapeln und stürzten uns darauf wie die Habichte. Wir packten, was uns in die Hände fiel, und schleppten es nach Hause. Ich erwischte eine ausgezeichnete englischsprachige Ausgabe der »Geschichte Japans« sowie die »Geschichte des Spitzelwesens in der Meiji-Zeit« ... Sei's drum – weder damals noch in späteren Jahren hatte ich Muße, das alles zu lesen.

Meine dritte Bibliothek stiftete ich dem Paranaisker Kulturhaus, als ich '55 von der Halbinsel Kamtschatka auf den Kontinent zurückkehrte.

Wie war ich damals nur darauf gekommen, um meine Entlassung zu bitten? Ich war doch ein Niemand, taugte zu nichts, hatte nichts gelernt, was man im zivilen Leben brauchte, dafür aber eine exzentrische Frau und die skrofulöse Katja am Halse ... Nein, nie hätte ich das riskiert, wenn es in der Armee wenigstens einen Lichtblick gegeben hätte. Aber den gab es nicht, und ich war jung und ehrgeizig –

mich schreckte die Vorstellung, auch künftig Jahr für Jahr immer nur Leutnant, immer nur Übersetzer in immer derselben Abteilung zu sein.

Merkwürdig, dass ich nie über diese Zeit schreibe. Dabei würde der Stoff gewiss jeden Leser interessieren! Aus den Händen würden sie's mir reißen, besonders, wenn ich mich zu dem kernigen Schreibstil entschlösse, der gerade jedem – wer weiß, warum – gefällt. Ich dagegen kann ihn längst nicht mehr ausstehen. Zum Beispiel:

»An Bord der ›Kon'ei-maru‹ war es rutschig, es roch nach fauligem Fisch und saurem Rettich. Die Glasscheiben der Kommandobrücke waren geborsten und mit Papier verklebt …«

(Hier macht es sich gut, möglichst oft »war« und »waren« zu wiederholen: Die Scheiben waren geborsten, die Visage war verzerrt …)

»Valentin kletterte hinüber, die MPi im Anschlag. ›Sencho, komm raus!‹, sagte er streng. Der Skipper kam. Er war alt, gebeugt, sein Gesicht war nackt, nur an seinem Kinn hing spärliches graues Haar. Um seinen Kopf war ein Tuch mit roten Hieroglyphen, auf der rechten Seite seiner blauen Jacke waren ebenfalls Schriftzeichen, aber in Weiß. An den Füßen trug er dicke Socken. Der Skipper trippelte heran, verschränkte die Arme vor der Brust und verbeugte sich.

›Frag ihn, ob er weiß, dass er in unsere Gewässer eingedrungen ist‹, befahl der Major. Ich fragte. Der Skipper antwortete, er wisse es nicht. ›Frag ihn, ob er weiß, dass der Fischfang innerhalb der Zwölfmeilenzone verboten ist‹, befahl der Major.«

(Auch das macht sich gut: »befahl«, »befahl«, »befahl« …)

»Ich fragte. Der Skipper sagte, er wisse es, öffnete seine Lippen und entblößte die wenigen gelben Zähne. ›Sag ihm, dass wir das Schiff beschlagnahmen und die Mannschaft verhaften‹, befahl der Major. Ich übersetzte. Der Skipper nickte mehrmals heftig, vielleicht zitterte auch nur sein Kopf. Wieder legte er die Arme vor die Brust und murmelte etwas, schnell, undeutlich. ›Was will er?‹, fragte der Major. Soviel ich verstand, bat uns der Skipper, den Schoner freizugeben. Erklärte, dass sie nicht ohne Fisch nach Hause zurückkehren könnten, weil sonst alle verhungerten. Er sprach irgendeinen Dialekt, statt ›ki‹ sagte er ›kshi‹, statt ›tsu‹ ›tu‹; er war schwer zu verstehen …«

Manchmal denke ich, ich könnte Derartiges kilometerweise schreiben, aber das stimmt wohl nicht. In die Länge ziehen kann man nur etwas, das einem völlig gleichgültig ist.

Eine Woche später, als wir Abschied nahmen, schenkte mir der Skipper ein Bändchen von Kikuchi Kan und Edogawas »Schattenmensch«. Beide stehen jetzt hier hübsch nebeneinander, das Kulturhaus in Paranaisk konnte nichts mit ihnen anfangen. »Der Schattenmensch« war das erste japanische Buch, das ich von Anfang bis Ende las. Hirai Tarō gefällt mir; nicht ohne Grund hat er sich für dieses Pseudonym entschieden: Edogawa Rampo – Edgar Allan Poe.

Die vierte Bibliothek ist bei Klara geblieben. Gott mit ihnen! Doch sollte ich dieses Thema jetzt besser meiden. Wie oft habe ich mir schon vorgenommen, nicht einmal in Gedanken eine Verbindung zu knüpfen zu denen, die sich von mir erniedrigt und beleidigt fühlen. Ohnedies bin ich immer irgendwem irgendetwas schuldig, habe ich irgendwelche Versprechen nicht gehalten, jemanden im Stich gelassen oder seine Pläne durchkreuzt … Und das womöglich, weil ich mich für einen großen Schriftsteller hielt, dem alles erlaubt ist …

Kaum hatte ich an diesen mir fest anhaftenden Fluch gedacht, klingelte auch schon das Telefon, und unser Vorsitzender, Fjodor Michejitsch, erkundigte sich, unverkennbar gereizt, wann ich endlich in die Bannaja zu fahren gedenke.

»Was ist das für eine Schlamperei, Felix Alexandrowitsch«, beklagte er sich. »Zum vierten Mal rufe ich dich jetzt an, aber du reagierst einfach nicht! Schließlich sollst du nicht zum Gemüsespeicher fahren, um faule Rüben zu verlesen! Ja, so etwas müssen Wissenschaftler und habilitierte Doktoren machen! Dich aber bittet man lediglich, in die Bannaja zu fahren und zehn Manuskriptseiten abzuliefern. Das kann ja wohl nicht so schwer sein! Es ist kein Zeitvertreib, und es hatte auch keiner sonst diese Schnapsidee – nein, du selber hast dafür gestimmt, den Wissenschaftlern zu helfen, diesen Linguisten, Kybernetikern und Mathematikern … Und hältst es jetzt nicht ein … Führst sie hinters … Und zerstörst damit … Du bildest dir wohl ein …«

Was blieb mir übrig? Ich versprach noch einmal hinzufahren, heute noch, und hörte, wie am anderen Ende der Leitung mit einem wütenden, vorwurfsvollen Knallen der Hörer aufgeworfen wurde. Ich goss hastig den Rest Wein in mein Glas und leerte es aus, um mich zu beruhigen, wobei mir verzweifelt klarwurde, dass ich am Vortag nicht diesen verdammten Wein hätte kaufen sollen, sondern Kognak. Oder, noch besser, Wodka.

Die Sache war die: Unser Sekretariat hatte bereits im vergangenen Herbst beschlossen, der Bitte eines Instituts nachzukommen, das, wie es schien, linguistische Forschungen betrieb und von allen Moskauer Schriftstellern jeweils einige Manuskriptseiten für spezielle Untersuchungen benötigte. Es ging dabei um Informatik, sprachliche Entropie oder Ähnliches … Keiner von uns hatte das richtig verstanden, außer vielleicht Garik Aganjan, der, wie es hieß, durchblickte, die Sache aber trotzdem keinem von uns erklären konnte. Wir wussten nur, dass das Institut so viele Schriftsteller brauchte wie möglich und alles andere unwichtig war: unwichtig, wie viele Seiten man abgab, was für Seiten und mit welchem Inhalt – nur hingehen musste man, an einem beliebigen Arbeitstag zwischen neun und siebzehn Uhr.

... Damals hatte niemand Einwände gehabt, vielen schmeichelte es sogar, am wissenschaftlich-technischen Fortschritt teilzuhaben, sodass, wie man hörte, anfangs sogar Schlangen in der Bannaja standen und sich kleine Skandale zutrugen. Später jedoch verlief alles im Sande, die Sache geriet in Vergessenheit, und jetzt piesackte der arme Fjodor Michejitsch uns Säumige einmal im Monat, manchmal auch öfter, und rügte und beschimpfte uns am Telefon oder bei persönlichen Begegnungen.

Natürlich ist es nicht gut, wenn man dem wissenschaftlich-technischen Fortschritt wie ein dicker Brocken im Weg liegt, doch sind wir eben Menschen: Mal bin ich in der Bannaja und erinnere mich, dass ich im Institut vorbeigehen müsste, habe aber kein Manuskript dabei; dann wieder trage ich ein Manuskript unter dem Arm und bin schon auf dem Weg, finde mich aber seltsamerweise nicht in den Bannaja wieder, sondern im Klub. Ich erkläre mir diese rätselhaften Irrwege damit, dass es unmöglich ist, dem erwähnten Unterfangen, wie auch den vielen anderen unseres Sekretariats, mit dem gebotenen Ernst zu begegnen. Nein, wirklich: Was für eine sprachliche Entropie können wir an der Moskwa schon haben? Und vor allem: Was habe ich damit zu schaffen?

Wie dem auch sei, ich würde ja doch nicht darum herumkommen, also suchte ich nach der Mappe, in der ich, wie ich mich entsann, schon in der vorvergangenen Woche einige Manuskriptseiten bereitgelegt hatte. Auf den ersten Blick war sie nirgends zu sehen, und da fiel mir ein, dass ich am fraglichen Tag zuerst mit Kap-Kapytsch in den »Fremdländischen Invaliden« gezogen war, um dort mit Nos-Nossytsch wegen eines Artikels ein Hühnchen zu rupfen. Und nach dem »Invaliden« waren wir nicht in die Bannaja, sondern alle zusammen ins »Pskow« geraten. Demzufolge hatte es jetzt wohl keinen Sinn mehr, weiter nach der Mappe zu forschen.

Aber Gott sei Dank mangelt es mir schon lange nicht mehr an Rohmanuskripten. Ich quälte mich also ächzend aus meinem Sessel, trat an den hintersten Teil der Schrankwand und setzte mich, wiederum ächzend, direkt davor auf den Fußboden. Ach, wie viele Bewegungen gelingen mir nur noch, wenn ich herzhaft ächze, sowohl körperliche als auch seelische. (Ächzend erheben wir uns vom Schlaf. Ächzend richten wir unser Lager. Ächzend senden wir aus die Gedanken. Ächzend vernehmen wir des Feuers Urkraft, doch wir zähmen die wogenden Flammen. Ächzend. Die Upanischaden, scheint's. Vielleicht auch nicht ganz die Upanischaden. Oder überhaupt nicht.)

Ächzend öffnete ich die Klappe des Sockelschränkchens, und Mappen, Schulhefte in verschiedenfarbigen Wachstuchumschlägen und eng beschriebene, von rostigen Büroklammern zusammengehaltene vergilbte Blätter fielen auf meine Knie. Ich nahm die erstbeste Mappe zur Hand. Die Ecken waren schon ganz abgestoßen, nur ein einziges schmutziges Bändchen hing am Verschluss, und auf dem Deckel befanden sich viele, halb verwischte Kritzeleien. Entziffern ließ sich lediglich eine uralte, sechsstellige Telefonnummer mit einem Buchstaben, und dann noch die mit grüner Tinte geschriebene Hieroglyphenzeile: »Seinen jidai no saku« – »Das Frühwerk«. In diese Mappe hatte ich wohl fünfzehn Jahre nicht hineingeschaut. Alles hier war aus meiner Zeit auf Kamtschatka oder noch früher, aus Kansk und Kasan. Aus linierten Heften herausgerissene Blätter, selbstgebastelte, mit rohem Zwirn zusammengeheftete Kladden, einzelne Bogen von gelblichem grobem Papier – teils Packpapier, teils uralt und zerschlissen, und das alles mit der Hand beschrieben, keine einzige Zeile, kein Buchstabe mit Maschine.

»Ein mürrisch dreinblickender Schwarzer trug den Sessel mit dem menschlichen Wrack aus dem Arbeitsraum. Der Chef schloss hinter ihm fest die Tür …«

Was für ein Schwarzer? Was für ein Wrack? Ich erinnere mich an nichts.

»›Konnten Sie feststellen, ob unter den Bolschewiken auch Chinesen waren?‹, fragte der Chef plötzlich. ›Chinesen? Hm … Ich glaube, ja. Chinesen, Koreaner oder Mongolen. Jedenfalls Gelbe …‹«

Ja-ja-ja-ja-ja! Jetzt fällt es mir wieder ein! Es war ein politisches Pamphlet von mir … Nein. Ich erinnere mich doch nicht.

»Die Festung fiel, doch die Garnison siegte.«

Aha.

»›Ich seh' ein! Ich seh' ein!‹, heulte Kanincheneier auf, als er einen sichtbaren Gegner entdeckt hatte … Und wieder ein Schuss aus dem Dunkel über ihnen …«

Ah, das war meine Kipling-Übersetzung, »Stalky & Co.«. '53, auf Kamtschatka. Ich saß da und übersetzte Kipling, weil es in Ermangelung eines sichtbaren Gegners für den Dolmetscher nichts zu tun gab. »Kanincheneier« hatte im Original »Rabbit's Eggs« geheißen … Und nein, Freunde, ihr braucht keine Grimasse zu ziehen: Wenn Kipling im Sinn gehabt hätte, woran ihr gerade denkt, hätte er sicher »Rabbit's Balls« geschrieben. Ich entsinne mich, der Text war eine Qual gewesen – aber auch eine vortreffliche Übung; es gibt keine bessere Schule für einen Übersetzer als das Werk eines talentierten Schriftstellers, das, konkret in Raum und Zeit, eine ganz unbekannte Welt beschreibt.

Ach, und da ist mein »Vorkommnis auf Wache«. Auch '53 auf Kamtschatka.

»Später wusste Berkutow, der vor dem Eingang zum Wachhaus Dienst schob, beim besten Willen nicht mehr, was ihn als Erstes hatte aufmerken und die Waffe fester greifen lassen. Angespannt hatte er den diffusen Geräuschen der warmen Julinacht gelauscht und neben dem Lärm der eigenen Schritte, dem Blätterrascheln und dem schläfrigen Knarren der Zweige etwas gehört, etwas anderes …«, na, und so weiter. Kurzum: Im Schutz der Nacht schlich man sich an den Wachposten heran, überwältigte ihn, und dieser, außerstande, die Angreifer abzuwehren, lenkte das Feuer auf sich.

Was die Literatur anging, so war ich damals ein großer Moralist. Und ich moralisierte nicht nur – nein, ich besang nachgerade begeistert das militärische Reglement. Und deshalb, Genossen Soldaten, gipfelte auch das »Vorkommnis auf Wache« wie folgt:

»Wie konnte es geschehen, dass Linko, der die Vorschriften allzu gut kannte, diese grobe Verletzung der Garnisons- und Wachdienstordnung duldete? Und du, Berkutow? Handeltest du nicht fahrlässig, indem dir entging, wohin Simakow gegangen war? Und wieso haben wir alle sein Fehlen nicht bemerkt, als die Wache an die Gewehre gerufen wurde?«

Seltsam, das heute wieder zu lesen! Es ist, als erzählte man dir gerührt, wie du dich als Dreijähriger nicht beherrschen konntest und vor allen Gästen in die Hosen gemacht hast. Dabei war ich zu jener Zeit nicht drei, sondern achtundzwanzig Jahre alt. Aber wie sehr wünschte ich mir, meinen Namen gedruckt zu sehen, mich als Schriftsteller zu fühlen und das Signum zur Schau zu stellen, dass ich ein Liebling der Musen und Apollos sei! Und wie bitter war die Enttäuschung, als mir das Blatt *Suworow-Sturm,* Gott mit ihm, unter dem höflichen Vorwand, das »Vorkommnis auf Wache« sei nicht typisch für unsere Armee, mein Manuskript wieder zurückschickte. Heilige Worte! Ich stand in meinem Leben wohl zweihundert Stunden Wache, doch nur einmal waren da neben dem Lärm der eigenen Schritte, dem Blätterrascheln und dem schläfrigen Knarren der Zweige fremde Geräusche, das heißt, in der Finsternis drängte sich jemand energisch und furchteinflößend gegen die Umzäunung aus Stacheldraht und reagierte nicht auf meine verzweifelten Rufe: »Halt! Halt, wer da? Halt, oder ich schieße!« Die übergeordneten Wachoffiziere, die auf meine Schüsse hin herbeieilten, entdeckten einen Esel, der sich im Stacheldraht verheddert hatte und von mir mit einem Schuss erlegt worden war. Im ersten Zorn drohte man mir Arrest an, aber dann kam ich noch mal davon …

Nein, mein »Vorkommnis auf Wache« kriegen sie nicht zum Forschen und Präparieren! Mag es im Schrank liegen. Und wieder dachte ich, was für ein überaus dummer Einfall diese Sprachentropie war – wenn es keinerlei Unterschied machte, was sie analysierten: das »Vorkommnis auf Wache« oder irgendwas über den Sessel mit dem menschlichen Wrack.

Ich legte mein »Frühwerk« weg und griff nach einer anderen Mappe, die mit ihren gut erhaltenen, sorgsam geschnürten roten Bändern schon recht zeitgemäß aussah. Auf dem Deckel klebte ein weißes Schild, auf dem stand: »Fragmente, Unveröffentlichtes, Sujets, Vorhaben«.

Ich schlug sie auf und stieß sofort auf die Erzählung »Narziss«, die ich 1957 geschrieben hatte. An diesen Text erinnerte ich mich gut. Die handelnden Personen waren: Doktor Lobbes, Chois du Gurselles, Graf Dencker, Baronesse Luste … Erwähnt werden außerdem: Quartsais-Chanois, »ein Vollidiot, der mit sechzehn Jahren impotent wurde«, sowie Stella Bois-Cossues, die leibliche Tante des Grafen Dencker, eine Sadistin und Lesbierin. Die Pointe der Erzählung liegt darin, dass genannter Chois du Gurselles, Aristokrat und Hypnotiseur von ungewöhnlicher Kraft, just in dem Moment, als »sein Blick erfüllt war von dem Wunsch, dem Flehen, ja dem gebieterischen wie zärtlichen Ruf nach Ergebenheit und Liebe«, sein eigenes Spiegelbild erblickte.

Und da »dem Willen Chois du Gurselles' nicht einmal Chois du Gurselles selbst widerstehen konnte«, verliebte sich der Ärmste unsterblich in sich selbst. Wie Narziss. Eine teuflisch elegante und aristokratische Erzählung! Und da ist noch diese Stelle: »Zu seinem Glück gab es nach Narziss noch den Schäfer Onan. Und so lebt der Graf allein mit sich – führt sich aus und kokettiert mit den Damen, wobei er zweifellos eine angenehme, prickelnde Eifersucht auf die eigene Person empfindet.«

Eijeijei, was für manieriertes, unflätiges Salongewäsch! Dabei kam es aus demselben Winkel meiner Seele, aus dem heraus ich fünfzehn Jahre später die »Modernen Märchen« schrieb, und aus dem sich jetzt meine Blaue Mappe speist, die beständig wächst …

Nein, meinen »Narziss« gebe ich ihnen auch nicht! Denn erstens habe ich davon nur ein Exemplar. Und zweitens braucht niemand zu wissen, dass Felix Alexandrowitsch Sorokin, Autor des Romans »Die Genossen Offiziere« und des Dramas »Augen zur Mitte«, und gar nicht zu reden von seinen Drehbüchern und dokumentarischen Erzählungen über die Armee, auch noch pornografische Phantasmagorien schreibt.

Aber das hier von '58 könnte ich ihnen anbieten: »Die Korjagins«. Ein Stück in drei Akten. Handelnde Personen: Sergej Iwanowitsch Korjagin, Wissenschaftler, etwa sechzig Jahre alt; Irina Petrowna, seine Frau, fünfundvierzig Jahre alt; Nikolai Sergejewitsch Korjagin, sein Sohn aus erster Ehe, ein entlassener Offizier, etwa dreißig. Dazu sieben weitere Figuren – Studenten, Künstler und Offiziersschüler. Die Handlung spielt im Moskau der Gegenwart.

ANJA: Darf ich dich etwas fragen?
NIKOLAI: Versuch's.
ANJA: Nimmst du es mir auch nicht übel?

Nikolai: Das kommt darauf an … Nein, ich nehme es dir nicht übel. Geht es um meine Frau?
Anja: Ja. Warum hast du dich von ihr scheiden lassen?

Sehr gut. Anton Pawlowitsch. Konstantin Sergejewitsch. Wladimir Iwanowitsch. Und die Hauptsache, das Stück ist nicht vollendet und wird auch nie vollendet werden. Genau das bekommen sie.

Nachdem ich das Manuskript beiseitegelegt hatte, begann ich alles Übrige zurück in den Schrank zu stopfen, und plötzlich fiel mir ein Schulheft mit klebrigem braunem Umschlag in die Hände, das ganz bauchig war von allerlei lose eingelegten Blättern, die seitlich herausschauten. Vor Freude lachte ich sogar auf und rief laut: »Hier bist du also, mein teures Stück!« Wie lange schon hatte ich dieses kostbare Heft vermisst: mein Arbeitstagebuch, das ich im vergangenen Jahr verlegt hatte, als ich meine Papiere ordnete.

Wie von selbst öffnete es sich in meinen Händen, und darin lag mein altvertrauter Druckbleistift aus der ČSSR – kein gewöhnlicher Stift, nein, ein Glücksstift! Alle Sujets durften nur mit ihm notiert werden, mit keinem anderen, obwohl er zugegebenermaßen ziemlich unbequem war, denn seine Hülle war an zwei Stellen geborsten, und die Mine schob sich immer nach innen, wenn man unvorsichtig aufdrückte.

Mir war auch völlig entfallen, dass ich das Heft fast genau vor elf Jahren, am dreißigsten März, begonnen hatte. Ich saß damals über der Erzählung »Die eiserne Familie«, die von heutigen, sozusagen friedlichen Panzerfahrern handelte. Sie schrieb sich schwer, diese Erzählung, Blut und Wasser schwitzte ich dabei. Ich weiß noch, wie ich ihretwegen auf mehrere Dienstreisen in verschiedene Truppenteile fuhr und mir dabei mein rechtes Ohr anfror, und trotzdem brachte das alles nichts. Die Erzählung wurde abgelehnt. Aber wenigstens forderten sie den Vorschuss nicht zurück …

Ich blätterte durch Seiten mit gleichförmigen Einträgen: »02.04. 5 S. geschr., abends 2 S. Insgesamt 135 S.; 3.04. 4 S. geschr., ab. 1 S. Insgesamt 140 …«

Das ist bei mir ein untrügliches Zeichen: Mache ich nur rein sachliche Aufzeichnungen, läuft die Arbeit entweder sehr gut oder überhaupt nicht. Unter dem 7. April steht übrigens eine merkwürdige Zeile: »Habe eine Beschwerde an den regierenden Senat geschrieben.« Und weiter: »19.4. Ekelhaft, wie ein Zigarettenstummel im Pissoir.« Und: »3.5. Nichts lässt einen so sehr reifen wie Verrat.«

Und da ist ja auch der Tag, an dem ich anfing, mir moderne Märchen auszudenken.

»21. Mai 72: Die Geschichte eines Arbeiters, der in ein neues Haus zieht. Er beschäftigt einen Parkettschleifer, einen Möbelträger und einen Klempner – alles Doktoren. Und alle sitzen dann in der Wohnung fest. Der Parkettschleifer hängt mit dem Finger im Parkett, den Möbelträger klemmt man hinter einem Schrank ein, und der Klempner trinkt statt Schnaps ein Elixier und wird unsichtbar. Außerdem kommt darin noch ein Hausgeist vor sowie ein Bauarbeiter, der im Lüftungsschacht eingemauert ist. Und dann erscheint Katja.«

Das ist keins von den richtigen »Modernen Märchen«; bis zu denen war es damals noch ein weiter Weg. An diesem Sujet scheiterte ich jedenfalls, und heute weiß ich nicht einmal mehr, was das für ein Neuankömmling war, warum ein Hausgeist herumspukte, und was es mit dem Elixier auf sich hatte …

Oder noch eine Idee aus jener Zeit:

»28.10.72: Ein Mann, Zauberkünstler, den man für einen Außerirdischen hält.« Damals waren alle ringsum völlig aus dem Häuschen wegen dieser fliegenden Untertassen. Man sprach nur noch von den vernunftbegabten Brüdern, von der Terrasse von Baalbek, von den Zeichnungen von Tassili. Und da kam mir diese Idee: Ein Mann lebt so vor sich hin, denkt an nichts dergleichen, ist Zauberkünstler, und zwar ein sehr guter – und bemerkt auf einmal ein Interesse an seiner Person, das ihn beunruhigt. Die Nachbarn auf seiner Etage beginnen eigenartige Gespräche mit ihm, der Revierinspektor schaut vorbei, fragt nach seinen Requisiten und schwatzt etwas vom Energieerhaltungssatz: »Dieses Ei, das Sie da immer verschwinden lassen, mein Herr, stimmt nicht mit dem gegenwärtigen Wissen vom Energieerhaltungssatz überein.« Schließlich wird der Mann zur Kaderabteilung bestellt, wo einer sitzt, der ihm bekannt vorkommt und der nur ein Auge hat. Der Kaderleiter stellt dem Helden verschiedene Fragen: wie viele Kirchen es in seiner Heimatstadt Sabubensk gebe, wem das Denkmal auf dem zentralen Platz gelte und ob er sich nicht erinnere, wie viele Fenster die Fassade des Sabubensker Stadtsowjets habe … Der Held erinnert sich natürlich nicht, und die Atmosphäre des Misstrauens wächst; schon wird eine medizinische Zwangsuntersuchung erwogen … Bis zum Ende der Geschichte kam ich nicht mehr, weil ich das Interesse daran verlor. Das bedaure ich jetzt sehr.

Am 2. November ist eingetragen: »Nicht gearbeitet, habe Bauchschmerzen«, und am 3. die kurze Notiz: »mit halber Kraft«.

Voll (angenehmer) Wehmut blätterte ich mein Arbeitstagebuch durch, Seite für Seite. »Der Mensch ist ein Seelchen, von einem Leichnam belastet. Epiktet.«

»Die Sonne schönster Ferien – Lawrenti Palytsch Berien.«

»Gegen wen sind Sie befreundet?«

»Rektale Literatur.«

»Nur jene Wissenschaften, die die Anordnungen der Obrigkeit erfüllen helfen, verbreiten Licht. Saltykow-Schtschedrin.«

»Er brannte Spiritus aus den Nägeln der Alkoholiker.«

Und hier wieder etwas für die »Modernen Märchen«:

»Der Kater Elegant. Ein Hund mit Nachnamen Treuer, auch Roy genannt. Ein Junge, Wunderkind, der gerade die ›Kubischen Formen‹ J. Manins liest, ein Brillenträger; beim Abwaschen singt er gern Lieder von Wyssozki. Zwölf Jahre im Oktalsystem. Zitiert die Werke von Illitsch-Swjatytsch. Kommt der Kater am Morgen von der Chorprobe zurück, wäscht er Handschuhe. Den Hund lehrt man, beim Essen nicht zu schnaufen, nicht zu schmatzen und Messer und Gabel zu gebrauchen. Daraufhin verschwindet der Hund vom Tisch und frisst, beleidigt und geräuschvoll, einen Knochen unter der Treppe. Der Kater Elegant sagt von einem Gast: ›Dieser Petrowski-Selikowitsch gleicht aufs Haar der Bulldogge Ramses, der ich im Frühjahr wegen ihrer flegelhaften Aufdringlichkeit die Schnauze poliert habe.‹«

Noch ein paar Sätze:

»Er verwechselte die Sentimentalen mit den Simmentalern.«

»Nach Ostrowski trug Maria Pawlowa den Pelz sechzehn Jahre, ich kaufte ihn ihr ab und reinigte ihn, dabei fand ich drei Läuse, wovon eine sehr alt ist: Sie spricht noch engelländisch …«

Ich verstaute die restlichen Mappen und Papiere im Schrank und ging zum Tisch hinüber. Manchmal überkommt es mich, und ich nehme mir meine alten Manuskripte und Tagebücher vor. Dann scheint mir, als sei genau das mein wahres Leben: vollgekritzelte Blätter, Skizzen, wer von meinen Helden wo steht und wohin blickt, Satzfetzen, Exposees für Drehbücher, Entwürfe von Amtsbriefen, bis ins Kleinste ausgearbeitete Pläne zu Werken, die nie geschrieben wurden oder werden, und das einförmig-nüchterne »5 S. geschrieben, ab. 3 S.«. Meine Frauen hingegen, die Kinder, die Kommissionen, Seminare und Dienstreisen, der Stör auf Moskauer Art, die befreundeten Schwätzer und Schweiger – das alles ist Traum, Fata Morgana, ein Trugbild in der Wüste, das es vielleicht einmal gab – vielleicht aber auch nicht.

Ah, da ist noch ein gutes Sujet. Von Anfang '73, das genaue Datum fehlt.

… Ein kleiner Kurort in den Bergen. Unweit der Stadt eine Höhle, und in ihr tropft – tropf, tropf, tropf – lebendes Wasser in eine steinerne Vertiefung. Pro Jahr ein Reagenzglas voll. Nur fünf Menschen wissen darüber Bescheid. Solange sie das Wasser trinken (jeder im Jahr einen Fingerhut voll), sind sie unsterblich. Doch eines Tages erfährt zufällig ein sechster davon – das lebende Wasser aber reicht nur für fünf. Der sechste ist der Bruder des fünften und der Schulfreund des vierten. Der dritte dagegen, eine Frau, Katja, ist leidenschaftlich verliebt in den vierten und hasst den zweiten wegen einer Gemeinheit. Der Knoten schürzt sich. Hinzu kommt, dass der sechste ein großer Altruist ist und weder sich noch die übrigen fünf der Unsterblichkeit für würdig hält …

Ich ließ dann doch die Finger von der Erzählung, weil ich mich verhedderte. Zu kompliziert wurde das System von Beziehungen, es überstieg meine Vorstellungskraft. Dabei hätte es spannend werden können: das Belauern des Sechsten, Drohungen, Mordanschläge, all dies auf philosophischpsychologischer Ebene, und zum Schluss verwandelt sich der Altruist und Pazifist in einen solchen Fiesling, dass es eine Freude ist ihm zuzuschauen, und alles nur wegen seiner Prinzipien, wegen seiner hochgestochenen Ziele …

Während ich den Entwurf des Sujets las, klingelte es an der Wohnungstür. Ich fuhr zusammen, doch gleich darauf überkam mich eine freudige Vorahnung. Ich lief so schnell ich konnte in die Diele, verlor unterwegs meine Hausschuhe und öffnete. Ja, da war sie, meine gute, langersehnte Fee, mit frostgeröteten Wangen und voller Schnee. Klawotschka. Sie trat ein, grüßte, wobei ihre Zähne blitzten, und begab sich geradewegs in die Küche – während ich schon lief, um meinen Ausweis zu holen, und wieder die Hausschuhe verlor. Dann wurden mir einhundertsechsundneunzig Rubel (in Worten) und elf Kopeken (in Ziffern) ausgehändigt, von der Literarischen Konsultationsstelle für meine Gutachten über ihre unverlangten, miserablen Manuskripte. Wie immer gab ich Klawotschka einen Rubel zurück, wie immer lehnte sie ihn zunächst ab, nahm ihn dann aber doch und bedankte sich, und wie immer sagte ich zu ihr, während ich sie zur Tür brachte: »Kommen Sie doch öfter, Klawotschka«, und sie antwortete: »Schreiben Sie doch mehr.«

Außer dem Geld hatte Klawotschka ein rot-weiß-blau umrandetes langes Luftpostkuvert mit vielen bunten Aufklebern und Marken auf dem Küchentisch hinterlassen. Es kam aus Japan. »Herrn Ferix Arexandrowitsch Sorokin.« Ich nahm die Schere, schlitzte das Kuvert am Rand auf und zog zwei Blätter dünnen Reispapiers hervor. Da schrieb mir ein gewisser Ryü Takami, und zwar auf Russisch.

»Tokio, 25. Dezember 1981. Hochverehrter Herr F. A. Sorokin! Vierreicht Sie sich an mich erinnern – wir sind uns im Frühjahr 1975 in Moskau begegnet. Ich war in der japanischen Schriftstellerderigation; Sie saßen neben uns und schenkten mir liebenswürdig Ihr Buch ›Moderne Märchen‹. Das Buch gefiel mir sehr sofort. Ich fragte mehrmals in unserem Verlag ›Hayakawa‹ und der Zeitschrift *SF-Magazin* nach, aber unsere Herausgeber sind konservativ. Jetzt jedoch, da Ihr Buch in den USA Erfolg hat, sind unser Verlag endlich aufmerksam geworden und offenbar der Absicht, Ihr Buch herauszubringen. Das zeigt, dass unsere Verlagskultur unter starkem amerikanischem Einfluss steht, und das ist unsere Realität. Aber wie auch das sei – diese neue Richtung in unserer Verlagswelt ist freudig für Sie wie für mich. Nach meinem Arbeitsplan beende ich die Übersetzung Ihres Buches im Februar nächsten Jahres. Leider aber verstehe ich nicht einige Worte und Wendungen. Sie finden sie als Anlage. Ich möchte Sie bitten zu helfen. An den Anfängen jedes Märchens sind Sätze aus Werken verschiedener Autoren zitiert. Wenn Ihnen nichts etwas ausmacht, bitte ich Sie, mir mitzuteilen, in welchen Titeln und an welchen Stellen ich die Sätze finden kann. Ich möchte Sie und Ihre Literaturtätigkeit möglichst ausführlich mit unseren Lesern bekannt machen, doch leider habe ich keine neuen Nachrichten darüber. Ich wäre sehr froh, wenn Sie mir die jetzige Lage Ihrer Arbeit und Ihres Lebens mitteilen würden und mir Ihr Foto schicken könnten. Auch wünsche ich Artikel und Kritiken Ihrer Literatur zu lesen und möchte erfahren, wo (in welchen Zeitschriften, Zeitungen und Büchern) ich sie finden kann. Ich möchte Sie bitten, mir die vielen Hilfen zu erweisen, um die ich Sie gebeten habe. Ich danke Ihnen im Voraus. Hochachtungsvoll (Unterschrift in Hieroglyphen).«

Ich las den Brief zweimal und ertappte mich nach einiger Zeit dabei, dass ich wohlwollend lächelte, wobei ich mir mit beiden Händen den Schnurrbart zwirbelte. Ehrlich gesagt, hatte ich diesen Japaner völlig vergessen, empfand aber jetzt nichtsdestoweniger größte Sympathie für ihn, ja sogar Dankbarkeit.

Bis nach Japan waren meine Märchen also schon gekommen. Boku-no otogibanashi-wa Nippon-made-mo yatto itadakimashita …

Verschiedenste Gefühle stiegen in mir hoch – bis hin zur Selbstbewunderung. Und im Strom all dieser Gefühle konnte ich unschwer auch eine eisige Welle bitterer Schadenfreude erkennen: Ich entsann mich wieder des ironischen Lächelns in den Rezensionen, der befremdeten rhetorischen Fragen in den kritischen Übersichten, der trunkenen Sticheleien und des freundschaftlich-groben: »Was ist denn mit dir los, Alter? Nun ist's wohl ganz aus, was?« Jetzt gehörte das natürlich alles der Vergangenheit an, doch offensichtlich hatte ich nichts vergessen. Und niemanden vergessen. Ich erinnerte mich wieder daran, dass ich bei meinen Lesungen in Klubhaus- oder Betriebssälen den Leuten nie als Autor der »Genossen Offiziere« oder der zahlreichen Dokumentartexte über die Armee ein Begriff gewesen war, sondern, wenn überhaupt, nur als Verfasser der »Modernen Märchen«. Mehrmals waren sogar Zettel nach vorn gereicht worden: »Sind Sie ein Verwandter des Sorokins, der die ›Modernen Märchen‹ geschrieben hat?«

Ich besann mich auf das zweite Blatt aus dem Kuvert, faltete es auf und überflog es. Anfangs belustigten mich Ryü Takamis Probleme, doch schon nach wenigen Minuten wurde mir klar, dass das, was mir bevorstand, keineswegs lustig war. Denn ich hatte zu erklären – zudem schriftlich und einem Japaner –, was beispielsweise Wendungen bedeuteten wie: »eine Nadel im Heuhaufen suchen«, »über alle vier Backen strahlen«, »spritzig aussehen«, »sich fühlen wie Gott in Frankreich« … Doch das war erst das halbe Unglück, denn es war nicht gar zu schwer, einem Ausländer beizubringen, dass »Banane« im Schülerjargon eine »Vier als Zensur und in Klammern stehend ein Prädikat« ist, oder dass »geil« von Jugendlichen lediglich für »großartig« gebraucht wird. Mehr Mühe bereitete mir der Ausruf: »Pflaume!«. Denn erstens galt es, dieses »Pflaume!« gegen die Frucht des Pflaumenbaums abzugrenzen, damit Takami nicht dachte, es bedeute: »Ich möchte eine reife, süße Pflaume.« Zweitens aber hatte das Wort »Pflaume« – bei uns nur eine minderschwere Beleidigung – für die Japaner noch eine ganz andere Bedeutung: Es handelte sich dabei um eine Geste aus drei Fingern, mit der Straßendamen dereinst in Japan ihre Bereitschaft ausdrückten, einen Kunden zu bedienen …

Ich bemerkte erst selbst nicht, wie diese Arbeit mich fesselte.

Eigentlich schreibe ich nicht gern Briefe, und ich habe es mir zur Gewohnheit gemacht, nur auf solche Briefe zu antworten, die Fragen enthalten. Der Brief Ryü Takamis nun enthielt nicht einfach Fragen – er enthielt sogar arbeitsbezogene Fragen, die zudem eine Arbeit betrafen, an der ich selbst interessiert war. Deshalb stand ich erst wieder von meinem Tisch auf, als ich die Antwort auf den Brief beendet hatte, zog die unvollendete Seite des Drehbuchs aus der Schreibmaschine und tippte die Antwort ab, tat sie in einen Umschlag, klebte ihn zu und beschriftete ihn.

Jetzt hatte ich schon zwei Gründe, das Haus zu verlassen.

Ich zog ich mich an, schloss ächzend meine Reißverschlussstiefel, steckte fünfzig Rubel in die Brusttasche – und plötzlich klingelte das Telefon.

So oft hatte ich mir schon gesagt: Nimm den Hörer nicht ab, wenn du aus dem Haus gehen willst und bereits angezogen bist. Aber es konnte Rita sein, die womöglich von ihrer Dienstreise zurück war – wie konnte ich da nicht abnehmen? So nahm ich also den Hörer ab und bereute es gleich darauf, denn am anderen Ende der Leitung war nicht Rita, sondern Lenja Barinow mit Spitznamen Fips.

Mehrere meiner Freunde sind auf solche Telefonate zur Unzeit spezialisiert. Slawa Krutojarski beispielsweise ruft mich grundsätzlich dann an, wenn ich Suppe esse – oder auch Eintopf, das macht keinen Unterschied. Wichtig ist, dass ich meinen Teller erst zur Hälfte gegessen habe und die andere Hälfte während des Gesprächs kalt wird. Garik Aganjan hingegen ruft immer genau dann an, wenn ich auf dem Klo sitze und außerdem auf einen wichtigen Anruf warte. Was nun Lenja Barinow angeht, so ist seine Spezialität, entweder anzurufen, wenn ich aus dem Haus gehen will und schon angezogen bin oder wenn ich duschen möchte und schon ausgezogen bin. Besonders gern meldet er sich frühmorgens, gegen sieben Uhr, um mit tiefer, verschwörerischer

Stimme und ohne jeden Zusammenhang zu fragen: »Wie geht's?«

Lenja Barinow mit Spitznamen Fips fragte also mit tiefer, verschwörerischer Stimme: »Wie geht's?«

»Ich wollte gerade aus dem Haus«, erwiderte ich knapp, aber das war keine gute Idee.

»Wohin?«, erkundigte sich Lenja prompt.

»Lenja«, bat ich. »Können wir vielleicht später telefonieren? Oder ist es etwas Dienstliches?«

Jawohl, Lenja rief dienstlich an. Und das Dienstliche bestand in Folgendem: Lenja war das Gerücht zu Ohren gekommen (das ist bei ihm an der Tagesordnung), dass alle Autoren, die in den letzten zwei Jahren nichts veröffentlicht hatten, ausgeschlossen würden. Ob ich davon nichts gehört hätte? Wirklich nicht? Womöglich hätte ich etwas gehört, aber nicht darauf geachtet? Ich achtete ja nie auf etwas und hinke deshalb den Ereignissen stets hinterher … Vielleicht schließt man die Betroffenen auch nicht aus, sondern nimmt ihnen nur den Klubausweis ab? Was ich darüber denke?

Ich sagte, was ich dachte.

»He, jetzt reg dich nicht gleich auf«, meinte Lenja versöhnlich. »Lassen wir's gut sein. Wohin willst du denn?«

Ich erzählte, dass ich einen Einschreibebrief aufgeben und danach in die Bannaja gehen wollte. Lenja interessierte das jedoch weniger.

»Und danach?«, wollte er wissen.

Ich antwortete, dass ich danach wahrscheinlich in den Klub ginge.

»Und was willst du heute im Klub?«

Ich wurde allmählich wütend und zischte, dass ich im Klub – klarer Fall – Holz hacken und die Heizung durchpusten müsse.

»Du regst dich schon wieder auf«, murmelte Lenja traurig. »Warum seid ihr bloß alle so schlecht gelaunt? Wen man auch anruft – ein Grobian. Aber schön, wenn du's am Telefon nicht sagen willst, dann lass es. Erzählst du es eben im Klub. Nur denk dran, Geld hab ich keins …«

Dann legte ich den Hörer auf und sah aus dem Fenster. Es dämmerte schon, und es war an der Zeit, die Lampe einzuschalten. Ich saß am Tisch, in Mantel, Pelzmütze und schweren, warmen Stiefeln, und mir war jede Lust vergangen, irgendwohin zu gehen. Den Brief nach Japan konnte ich auch ohne Einschreiben schicken, was sollte schon passieren? Ich würde reichlich Marken aufkleben und ihn dann in den Kasten werfen. Die Bannaja konnte ebenso warten, ihr würde bis morgen erst recht nichts geschehen … So ein Schneetreiben aber auch, man sieht überhaupt nichts! Nicht einmal das Haus gegenüber – nur schwach und wie durch einen Schleier hindurch schimmern die gelben Lichter … Allerdings: Bloß dazusitzen, auf dem trockenen, mit zweihundert Rubeln in der Tasche, ist auch dumm, ja sogar Verschwendung. Da ich nun schon angezogen bin, werde ich auch nach draußen gehen.

Und so marschierte ich hinunter zu unserer Konditorei – eine seltsame Konditorei übrigens, wo links auf der Ladentheke die Cremerosetten auf den Torten prangen und rechts daneben reihenweise Schnapsflaschen stehen, die verlockend glitzern. Links drängen sich die alten Weiblein, Frauen und Kinder; rechts, in artiger Schlange aufgestellt, stehen solide Aktentaschen- oder Diplomatenkofferträger, bunt durchmischt mit ihren animalischen, vor lauter Vorfreude erregt quasselnden Brüdern im Geiste. Links begehrte ich nicht das kleinste bisschen, und kaufte rechts eine Flasche Kognak und eine Flasche »Salut«.

Dann fuhr ich wieder mit dem Lift hinauf in die fünfzehnte Etage, drückte mit dem Ellbogen die Flaschen an mich, wischte mir mit der freien Hand den nassen Schnee aus dem Gesicht und wusste schon, wie ich den Abend verbringen würde. Ob es nun am Schneesturm lag, diesem blinden wie blendenden Schneesturm, der die kargen Reste des Tages geschluckt hatte, oder an der Vorfreude, die ich ebenso kannte wie alle Brüder im Geiste – ich wusste ganz genau: Jetzt, wo es mir nun mal bestimmt war, den Abend zu Hause zu sitzen, und meine Rita noch immer nicht zurückgekehrt war, würde ich weder Goga Tschatschua noch Slawka Krutojarski anrufen, sondern den Tag auf ganz besondere Weise beschließen: alleine mit mir. Doch nicht mit dem, den man aus Kommissionen, Seminaren, Redaktionen und dem Klubrestaurant kannte, sondern mit dem, den man nirgendwo kennt.

Er und ich würden jetzt den Tisch in der Küche abwischen und sowohl Flaschen als auch die Fleisch-in-Aspik-Förmchen aus dem Restaurant »Progress« auf Bastdeckchen verteilen. Wir würden überall in der Wohnung Licht einschalten – es werde Licht! – und die Stehlampe aus dem Arbeitszimmer holen. Dann würden wir die jetzt noch verschlossene Tischschublade aufziehen, die Blaue Mappe hervorholen und, wenn der Moment gekommen war, ihre grünen Bändchen lösen.

Während ich mir den Schnee abklopfte, etwas Bequemes anzog und Vorbereitungen traf, dachte ich unablässig darüber nach, wie ich es mit dem Telefon halten sollte. Mir war nämlich eingefallen, dass ausgerechnet heute Abend viele, viele Anrufe kommen konnten – oder kommen mussten, darunter auch sehr wichtige. Andererseits hatte mich das nicht im Mindesten interessiert, als ich vor einer halben Stunde den Abend im Klub zu verbringen beabsichtigte, und wenn ich daran gedacht hätte, wären mir die Anrufe gar nicht so bedeutsam erschienen … Als diese inneren Kämpfe ihren Höhepunkt erreicht hatten, streckte sich meine Hand wie von selbst vor und stellte das Telefon ab.

Sogleich wurde es höchst gemütlich und still in meiner Wohnung, obwohl hinter der Wand nach wie vor linkisch auf einem Klavier geklimpert wurde und ich durch den Lüftungsschacht das Murmeln und Krächzen einer Stimme auf Tonband vernahm.

Nun war meine Zeit gekommen. Doch ich übereilte nichts, sondern beobachtete noch ein wenig, wie der entfesselte Sturm aus der Dunkelheit trocken raschelnden Schnee an mein Fenster trieb … Jammerschade, dass es *dort* keinen Schneesturm gab. Übrigens gab es *dort* vieles nicht von dem, was ich hier mochte, dafür aber auch manches, was ich hier vermisste.

Ich löste gemächlich die Bändchen und klappte den Deckel der Mappe auf. Flüchtig, froh und traurig zugleich, dachte ich, dass ich mir das nicht oft gönnte, und auch heute hätte ich es mir versagt, wäre nicht … was gewesen? Das Schneegestöber? Oder Lenja Fips?

Ein Titel stand nicht auf dem Deckblatt. Aber ein Motto:

> Ich bin im dritten Kreise, dem des ew'gen,
> verwünschten, kalten, qualenvollen Regens
> des Art und Weise nimmer sich verändert.
> ………………………………………
> Ob niemals gleich dies fluchbeladne Volk
> zu wirklicher Vollkommenheit gelangt,
> wird wesenhafter doch nach jenem Tag es …

Außerdem klebte auf dem Deckblatt eine zerknitterte Reproduktion: eine vor Entsetzen wie gelähmte Stadt auf einem Hügel unter tief herabhängenden nächtlichen Wolken, und die Stadt und den Hügel umschließt eine noch schlafende, gigantische Schlange mit glatter, feucht schimmernder Haut.

Aber nicht dieses Bildchen, das viele kannten, sah ich jetzt vor mir, sondern ich sah etwas, was außer mir niemand auf der ganzen Welt – auch nicht im All – sehen konnte. Zurückgelehnt auf meinem Sofa, die Hände um die Tischkanten geklammert, sah ich Straßen, die nass waren, grau und öde, Vorgärten, in denen Apfelbäume vor Nässe dahinsiechten, schief gewordene Zäune und viele Häuser mit Brettern vernagelt; unter den Simsen kam der Schwamm zum Vorschein, die Farben waren verblichen, und über alldem herrschte ungeteilt der Regen. Regen fiel hernieder, Regen sprühte als feiner Wasserstaub von den Dächern, Regen bildete kreiselnde Nebelsäulen, die von Wand zu Wand torkelten, Regen gurgelte aus rostigen Abflussrohren … Schwarzgraue Wolken krochen über die Dächer, und kein Mensch ließ sich vor der Tür blicken. Menschen waren ungebetene Gäste auf diesen Straßen, und der Regen schonte sie nicht.

Zehntausend Leute habe ich hier in meiner Stadt – Dummköpfe, Enthusiasten, Fanatiker, Enttäuschte, Gleichgültige, einen Haufen Beamte, Raufbolde, ehrenwerte Bürger, Polizisten, Spitzel, Kinder. Und es bereitet mir ungeheuren Spaß, ihre Schicksale zu lenken, sie in Kollisionen zu bringen – miteinander oder mit den düsteren Wundern, in die sie sich bei mir verstricken.

Noch vor Kurzem hatte ich geglaubt, mit ihnen abgeschlossen zu haben. Jeder hatte von mir das Seine bekommen, jedem hatte ich gesagt, was ich über ihn dachte. Aber wahrscheinlich war es genau diese Eindeutigkeit, dieses Festgelegtsein, das mir allmählich die Kehle zuschnürte und beengende Unruhe und Unzufriedenheit in mir auslöste. Mir fehlte noch etwas; ich musste noch irgendein Bild, ein letztes, gestalten. Allerdings wusste ich nicht, welches, und bisweilen wurde mir angst und bange bei dem Gedanken, dass ich es womöglich nie herausfinden würde. Doch ich wusste: Selbst wenn ich die Sache nicht würde abschließen können – über sie nachdenken würde ich, bis ich dem Alterswahn verfiel, vielleicht auch noch länger.

Schwörst du, auch fernerhin über deine Stadt nachzudenken und zu grübeln, bis dich der Alterswahn packt – oder, wenn möglich, noch länger?

Was bleibt mir anderes übrig? Natürlich schwöre ich, sagte ich und schlug das Manuskript auf.

2

Banew | Im Familien- und Freundeskreis

Als Irma sorgsam die Tür hinter sich geschlossen hatte, steckte sich Viktor bedächtig eine Zigarette an. Mager war sie, langbeinig, ein höfliches Erwachsenenlächeln auf dem großen Mund und die Lippen grellrot geschminkt wie die ihrer Mutter. Sie ist kein Kind mehr, dachte er erschüttert. Kinder sprechen anders. Und sie war auch nicht grob, sondern grausam, ja schlimmer noch: Es war ihr einfach egal. Als ginge es darum, uns einen Lehrsatz zu beweisen, hatte sie alles durchgerechnet und analysiert, uns anschließend nüchtern das Ergebnis mitgeteilt und sich dann seelenruhig, mit wippenden Zöpfen, entfernt. Viktor bezwang sein Unbehagen und sah zu Lola hinüber. Ihr Gesicht war hektisch gerötet, und die grellroten Lippen zuckten, als wollte sie jeden Augenblick losweinen, aber sie dachte gar nicht daran – sie schnaubte vor Wut.

»Hast du das gesehen?«, sagte sie schrill. »Eine Rotznase, eine Göre – und schon so ein Biest! Nichts ist ihr heilig, jedes Wort eine Beleidigung, als wäre ich nicht ihre Mutter, sondern ein Scheuerlappen, an dem man sich die Füße abtritt. Man schämt sich vor den Nachbarn! So ein Aas, so ein Miststück …«

Und mit dieser Frau war ich verheiratet, dachte Viktor. Ich bin mit ihr in den Bergen gewandert, habe ihr Baudelaire vorgelesen und bin bei der Berührung mit ihr zusammengezuckt, ihr Geruch war mir so vertraut, ja, ich glaube, ihretwegen habe ich mich sogar einmal geprügelt. Ich weiß bis heute nicht, was sie dachte, wenn ich ihr Baudelaire vorlas. Erstaunlich, dass ich von ihr losgekommen bin. Ein Wunder, dass sie mich hat gehen lassen. Wahrscheinlich war mit mir auch nicht gut Kirschen essen. Ist es sicher heute noch nicht, aber damals habe ich noch mehr getrunken als heute und mich obendrein für einen großen Dichter gehalten.

»Dich kümmert das natürlich nicht«, schnaubte Lola. »Du lebst in der Hauptstadt und amüsierst dich mit Tänzerinnen und Schauspielerinnen. Ich weiß alles. Bilde dir bloß nicht ein, dass wir hier nichts davon wissen: von dem vielen Geld, deinen Weibergeschichten und den endlosen Skandalen. Wenn's dich interessiert, mir ist das alles völlig egal, ich hab dir nie Steine in den Weg gelegt, und du kannst tun und lassen, was du willst …«

Lola verliert dadurch, dass sie zu viel redet. Als junges Mädchen wirkte sie still, schweigsam und geheimnisvoll. Es gibt Mädchen, die von Natur aus wissen, wie sie sich verhalten sollen. Und Lola war so ein Mädchen. Auch jetzt ist sie reizvoll, wenn sie so still auf der Couch sitzt und man ihre Knie sieht, wenn sie plötzlich die Arme hinter den Kopf legt und sich räkelt. Auf einen Provinzadvokaten muss das enorm wirken … Viktor malte sich einen gemütlichen Abend aus: das Tischchen vor die Couch gerückt, darauf eine Flasche, daneben perlender Sekt in Gläsern, eine Tafel Schokolade mit Schleifchen und der Advokat mit gestärktem Hemd und einer Fliege. Alles, wie es sich gehört, und plötzlich kommt Irma herein … Schrecklich, dachte Viktor. Lola ist nicht zu beneiden.

»Dir dürfte einleuchten«, begann Lola, »dass es nicht ums Geld geht. Geld ist jetzt nicht das Entscheidende.« Sie hatte sich schon wieder etwas beruhigt, und die Röte war aus ihrem Gesicht gewichen. »Ich weiß, dass du auf deine Art ein anständiger Kerl bist, unberechenbar, ja, und ohne Halt, aber im Grunde anständig. Du hast uns immer geholfen, und ich habe dir dahingehend nichts vorzuwerfen. Was ich jetzt brauche, ist eine andere Art von Hilfe. Ich kann zwar nicht von mir behaupten, dass ich glücklich bin, aber du hast mich auch nicht unglücklich gemacht. Du hast dein Leben, und ich habe meins. Ich bin auch noch keine alte Frau und habe noch was vor mir …«

Ich werde das Mädchen mitnehmen müssen, dachte Viktor. Lola hat, wie es scheint, schon alles entschieden. Wenn Irma hierbleibt, macht sie ihr das Leben zur Hölle. Gut, und was fange ich mit ihr an? Mal ehrlich. Ganz ehrlich. Das hier ist kein Spiel … Viktor dachte an sein Leben in der Hauptstadt. Nein, dachte er, das geht nicht. Natürlich könnte ich mir eine Haushälterin nehmen, dann müsste ich mir auf Dauer eine Wohnung mieten … Aber eine Lösung wäre das auch nicht, ich kann das Mädchen ja nicht der Haushälterin überlassen, sie sollte bei mir sein. Man sagt, Kinder, die vom Vater erzogen wurden, seien die besten Kinder. Außerdem gefällt mir Irma – trotz ihrer merkwürdigen Art. Und überhaupt ist es meine Pflicht. Als Mensch und als Vater. Ich habe da einiges wiedergutzumachen. Aber das tut hier nichts zur Sache. Mal ganz ehrlich: Ich habe Angst. Weil sie dann mit ihrem Erwachsenenlächeln und dem großen Mund vor mir stehen wird. Und was sage ich ihr dann? Lies so viel wie möglich, lies jeden Tag, mehr brauchst du nicht zu tun, Hauptsache, du liest. Aber das weiß sie auch ohne mich, und sonst habe ich ihr nichts zu sagen. Deshalb habe ich Angst. Aber auch das ist noch nicht die ganze Wahrheit. Ich habe keine Lust – das ist es. Ich bin ans Alleinsein gewöhnt. Ich bin am liebsten allein. Anders will ich gar nicht leben. So sieht's aus, wenn ich ehrlich bin. Die Wahrheit ist immer scheußlich. Zynisch, egoistisch und gemein. So ist das mit der Ehrlichkeit.

»Warum sagst du nichts?«, fragte Lola. »Fällt dir denn gar nichts dazu ein?«

»Doch, doch, ich höre dir zu«, erwiderte Viktor hastig.

»Du und zuhören! Ich warte schon seit einer halben Stunde, dass du mich einer Antwort würdigst. Schließlich ist Irma auch dein Kind ...«

Muss ich ihr gegenüber auch ehrlich sein? Eigentlich möchte ich das nicht. Anscheinend bildet sie sich ein, dass man so eine Frage auf der Stelle, zwischen zwei Zigaretten entscheiden kann.

»Ich verlange ja nicht, dass du sie zu dir nimmst«, erklärte Lola. »Dass du das nicht tust, weiß ich. Gott sei Dank, kann ich nur sagen, denn zum Erzieher taugst du wirklich nicht. Aber du hast doch Beziehungen, du kennst eine Menge Leute, immerhin bist du ein ziemlich bekannter Mann – hilf mir, sie irgendwo unterzubringen! Es gibt doch privilegierte Lehranstalten, Internate, Spezialschulen. Irma ist eine gute Schülerin, sie hat eine Begabung für Sprachen, für Mathematik und Musik ...«

»Ein Internat«, überlegte Viktor. »Ja, natürlich – ein Internat, ein Waisenhaus ... Nein, nein, das war nur ein Scherz. Darüber sollte man nachdenken.«

»Was gibt es da groß nachzudenken? Jeder wäre froh, wenn er sein Kind in einem guten Internat oder an einer Spezialschule unterbringen könnte. Die Frau unseres Direktors ...«

»Hör zu, Lola«, sagte Viktor. »Das ist eine gute Idee, ich werde meine Fühler ausstrecken, wenn's auch nicht so einfach ist, wie du dir das vorstellst. Aber ich werde einen Brief schreiben.«

»Einen Brief! Das ist typisch für dich. So was bespricht man persönlich, da muss man schon an ein paar Türen klopfen! Du hast doch hier sowieso nichts zu tun, säufst und hurst nur rum. Kannst du wirklich nicht mal für die eigene Tochter ...«

Verdammt, dachte Viktor. Wie soll ich ihr das nur erklären? Er steckte sich noch eine Zigarette an, stand auf und ging im Zimmer auf und ab. Draußen wurde es dunkel, und nach wie vor rauschte eintönig der Regen, ganz ohne Eile, er dachte gar nicht daran aufzuhören.

»Mein Gott, hab ich dich satt!«, zischte Lola unerwartet feindselig. »Wenn du wüsstest, wie satt ich dich hab ...«

Es wird Zeit, dass ich gehe, dachte Viktor. Jetzt kommt sie mir mit ihrem heiligen Mutterzorn, mit dem Groll der Verlassenen ... Heute klären wir das ohnehin nicht mehr. Und versprechen werde ich ihr auch nichts.

»Du bist wirklich zu nichts zu gebrauchen«, fuhr sie fort. »Weder als Ehemann noch als Vater. Ein Modeschriftsteller, sonst nichts! Nicht mal die eigene Tochter kannst du erziehen. Jeder Bauer hat mehr Menschenkenntnis als du! Was soll ich bloß machen? Du bist wirklich gar keine Hilfe. Allein kann ich nichts ausrichten. Für Irma bin ich eine Null, jeder ›Nässling‹ ist ihr hundertmal wichtiger als ich. Du wirst dich noch wundern! Wenn du ihr nichts beibringst, bringen sie's ihr bei! Du wirst noch erleben, dass sie dir ins Gesicht spuckt, genauso wie mir ...«

»Hör auf, Lola.« Viktor zog eine Grimasse. »Weißt du, du bist irgendwie ... Ich bin der Vater, das ist richtig, aber du bist doch die Mutter. Bei dir sind immer die anderen schuld ...«

»Verschwinde!«

»Hör zu, ich habe nicht die Absicht, mit dir zu streiten. Eine Ad-hoc-Entscheidung will ich auch nicht treffen. Ich werde darüber nachdenken. Du aber ...«

Hochaufgerichtet stand sie vor ihm und zitterte; sie wartete nur auf seine Vorwürfe, um dann genüsslich einen Streit vom Zaun zu brechen.

»Du aber«, sagte er ganz ruhig, »solltest versuchen, die Nerven zu behalten. Uns wird schon was einfallen. Ich rufe dich an.«

Er ging in die Diele und zog den noch feuchten Regenmantel an. Dann warf er einen Blick in Irmas Zimmer, um sich von ihr zu verabschieden, aber sie war nicht da. Das Fenster stand sperrangelweit offen, und der Regen trommelte auf das Fensterbrett. An der Wand hing ein Transparent, auf dem in schönen großen Buchstaben stand: »Das Fenster bitte immer offen lassen«. Das Transparent war knittrig, fast zerfetzt und voller dunkler Flecke, als hätte man es wiederholt heruntergerissen und darauf herumgetrampelt. Viktor machte die Tür zu.

»Auf Wiedersehen, Lola«, verabschiedete er sich. Lola antwortete nicht.

Draußen war es schon dunkel. Der Regen tropfte ihm auf Schultern und Kapuze. Viktor zog den Kopf ein und schob die Hände tiefer in die Taschen. In dieser Grünanlage haben wir uns zum ersten Mal geküsst, erinnerte er sich. Das Haus da drüben stand da aber noch nicht; hier gab es nur eine freie Fläche und dahinter einen Schuttplatz, da haben wir mit Steinschleudern auf Katzen geschossen. Damals gab es in der Stadt Unmengen von Katzen, jetzt sieht man überhaupt keine mehr. Einen Teufel haben wir uns damals um Bücher geschert, bei Irma aber ist das ganze Zimmer vollgestopft damit. Wie waren zwölfjährige Mädchen zu meiner Zeit? Es waren sommersprossige, ewig kichernde Geschöpfe mit Schleifchen, Püppchen, Häschen- und Schneewittchenbildern, immer zu zweit oder zu dritt unterwegs. Sie tuschelten, kauten Sahnebonbons, hatten schlechte Zähne, einen Reinlichkeitsfimmel und die Angewohnheit zu petzen. Die Besten von ihnen waren wie wir: aufgeschürfte Knie, wilde Luchsaugen und ein Heidenspaß, anderen ein Bein zu stellen … Ob neue Zeiten angebrochen sind? Nein, dachte er.

An den Zeiten liegt es nicht. Das heißt, an den Zeiten natürlich auch … Vielleicht ist meine Irma ein Wunderkind? So was gibt's doch. Ich als Vater eines Wunderkindes. Eine Ehre, aber mühsam. Mühsamer als ehrenvoll, ja eigentlich überhaupt nicht ehrenvoll … Diese Gasse hier habe ich immer gemocht, weil sie schmaler ist als alle anderen. Aha, da gibt es auch schon eine Schlägerei. Natürlich, ohne Schlägereien geht's bei uns nicht, wir können nicht anders. Das war schon immer so. Und immer zwei gegen einen …

An der Ecke stand eine Laterne. Am Rand des Lichtkegels sah Viktor ein Auto mit Verdeck, auf das der Regen prasselte, und daneben versuchten zwei Männer in glänzenden Regenmänteln einen völlig durchnässten, schwarz gekleideten Burschen zu Boden zu drücken. Die drei stampften angestrengt und schwerfällig auf dem Kopfsteinpflaster umher. Viktor blieb zuerst stehen, trat dann aber näher. Es war nicht auszumachen, was da eigentlich vor sich ging. Nach einer Schlägerei sah das Ganze nicht aus: Keiner verpasste dem anderen Schläge. Und an eine Rauferei aus jugendlichem Übermut erinnerte es schon gar nicht – man hörte weder anfeuernde Rufe noch lautes Gelächter. Der schwarz gekleidete Mann riss sich plötzlich los und fiel auf den Rücken. Sofort stürzten sich die beiden in den Regenmänteln auf ihn. Da merkte Viktor, dass die Wagentüren offen standen, und sagte sich, dass sie den Mann entweder gerade aus dem Auto gezerrt hatten oder ihn hinein verfrachten wollten.

Er trat nun dicht heran und brüllte: »Aufhören!«

Die beiden Männer in den Regenmänteln drehten sich mit einem Ruck um und starrten Viktor an. Die Kapuzen verdeckten ihre Gesichter, und so sah Viktor nur, dass sie jung waren und ihnen vor Anstrengung der Mund offen stand. Sogleich sprangen sie blitzschnell in den Wagen und schlugen die Türen zu, der Motor heulte auf, dann verschwand der Wagen in der Dunkelheit. Der schwarz gekleidete Mann stand langsam auf; bei seinem Anblick wich Viktor einen Schritt zurück. Es war ein Kranker aus dem Leprosorium – ein »Nässling« oder eine »Brillenschlange«, wie man sie der gelben Ringe um die Augen wegen nannte. Eine schwarze Binde verdeckte seine untere Gesichtshälfte. Er keuchte angestrengt und zog vor Schmerz die Reste seiner Augenbrauen zusammen. Das Wasser rann ihm über den kahlen Schädel.

»Was ist passiert?«, fragte Viktor.

Die Brillenschlange sah mit weit aufgerissenen Augen an ihm vorbei, und als Viktor sich umdrehen wollte, spürte er einen harten Schlag auf den Hinterkopf. Als er wieder zu sich kam, lag er mit dem Gesicht unter einer Regenrinne. Das Wasser, das ihm in den Mund rann, war lauwarm und schmeckte nach Rost. Spuckend und hustend rückte er zur Seite, setzte sich auf und lehnte den Rücken an eine Ziegelwand. Das Wasser, das sich in seiner Kapuze angesammelt hatte, floss ihm hinter den Kragen und lief den Rücken hinunter. Sein Kopf dröhnte, er hörte Glocken, Trompeten und Trommelwirbel. Und durch all den Lärm hindurch sah er ein schmales, dunkles Gesicht, das ihm bekannt vorkam. Das hab ich doch schon mal irgendwo gesehen, grübelte er, und zwar vor dem Hieb ins Gesicht. Er bewegte die Zunge im Mund und klappte den Unterkiefer auf und zu. Den Zähnen war nichts passiert. Der Junge hielt die Hand unter die Regenrinne und spritzte ihm Wasser in die Augen.

»Danke, mein Lieber«, sagte Viktor. »Es reicht.«

»Ich dachte, Sie wären noch nicht ganz bei sich«, erklärte der Junge ernst.

Viktor langte vorsichtig in die Kapuze und befühlte seinen Nacken. Er spürte eine Beule – aber nichts Schlimmes, keine zertrümmerten Knochen, ja nicht einmal Blut.

»Wer war das?«, fragte er nachdenklich. »Doch hoffentlich nicht du?«

»Können Sie alleine gehen, Herr Banew?«, erkundigte sich der Junge. »Oder soll ich Hilfe holen? Für mich sind Sie nämlich zu schwer.«

Jetzt wusste Viktor wieder, wer der Junge war.

»Dich kenne ich doch«, sagte er. »Du bist Bol-Kunaz, ein Freund meiner Tochter.«

»Ja«.

»Na, das ist doch gut. Du brauchst keine Hilfe zu holen und auch keinem etwas davon zu erzählen. Lass uns lieber noch ein bisschen hier sitzen, bis wir wieder in Ordnung sind.«

Jetzt sah er, dass auch Bol-Kunaz etwas abbekommen hatte. Auf seiner Backe prangte eine frische Schramme, und seine Oberlippe war geschwollen und blutete.

»Ich werde doch lieber Hilfe holen«, schlug Bol-Kunaz vor.

»Muss das sein?«

»Sehen Sie, Herr Banew, es gefällt mir nicht, dass Ihr Gesicht so zuckt.«

»Tut es das?« Viktor befühlte sein Gesicht. Da zuckte überhaupt nichts. »Das kommt dir nur so vor. Also, jetzt stehen wir auf. Was muss man dazu tun? Man muss erst die Beine anziehen.« Er zog die Beine an und hatte das Gefühl, dass sie ihm nicht gehörten. »Dann muss man sich sacht von der Wand abstoßen und den Schwerpunkt ein wenig verlagern …« Das aber wollte und wollte ihm nicht gelingen – irgendetwas hinderte ihn daran. Was haben sie mir nur über den Schädel gehauen?, fragte er sich. Noch dazu so gekonnt …

»Sie stehen auf Ihrem Mantel«, sagte der Junge. Aber Viktor hatte seine Arme und Beine, den Regenmantel und das Orchester unter seiner Schädeldecke schon sortiert und stand auf. Anfangs musste er sich noch gegen die Wand lehnen, nach einer Weile aber ging es besser.

»Aha«, überlegte er laut. »Du hast mich also von da drüben bis zur Regenrinne geschleift. Danke.«

Die Laterne stand noch am rechten Platz, aber das Auto und der Nässling waren weg. Alle waren weg. Nur der kleine Bol-Kunaz tastete mit der nassen Hand vorsichtig über seine Schramme.

»Wo sind sie alle hin?«, fragte Viktor.

Der Junge antwortete nicht.

»Hab ich ganz allein hier gelegen?«, wollte Viktor weiter wissen. »War sonst keiner in der Nähe?«

»Ich werde Sie begleiten«, schlug Bol-Kunaz vor. »Wo wollen Sie hin? Nach Hause?«

»Warte mal«, unterbrach ihn Viktor. »Hast du gesehen, wie sie die Brillenschlange entführen wollten?«

»Ich habe nur gesehen, wie man Sie geschlagen hat«, antwortete Bol-Kunaz.

»Und wer war das?«

»Das konnte ich nicht erkennen. Der Mann hat mir den Rücken zugekehrt.«

»Und wo warst du?«

»Sehen Sie, ich lag da hinten, an der Ecke ...«

»Ich verstehe kein Wort«, sagte Viktor. »Entweder stimmt mit meinem Kopf was nicht ... Wieso hast du da hinten gelegen? Wohnst du da?«

»Also, ich habe da gelegen, weil ich schon vorher etwas abgekriegt hatte. Nicht von dem, der Sie geschlagen hat, sondern von einem anderen.«

»Von der Brillenschlange?«

Sie gingen nur langsam, und zwar immer auf der Fahrbahn, um nicht das Wasser aus den Dachtraufen abzubekommen.

»Nein«, antwortete Bol-Kunaz nach kurzem Nachdenken. »Eine Brille hatte, glaube ich, keiner von denen.«

»Herrje!« Viktor fuhr mit der Hand in die Kapuze und betastete seine Beule. »Ich spreche doch von dem Aussätzigen – die nennt man so. Du weißt schon, die aus dem Leprosorium … die Nässlinge.«

»Keine Ahnung«, meinte Bol-Kunaz zurückhaltend. »Ich glaube, die waren alle ganz gesund.«

»Soso!«, versetzte Viktor. Irgendetwas beunruhigte ihn, und er blieb stehen. »Willst du mir vielleicht weismachen, dass da gar kein Aussätziger war? Mit einer schwarzen Binde und auch ganz in Schwarz angezogen …«

»Das ist ganz und gar kein Aussätziger!«, erwiderte Bol-Kunaz überraschend heftig. »Der ist gesünder als Sie …«

Zum ersten Mal zeigte sich an dem Jungen ein kindlicher Zug, der jedoch sofort wieder verschwand.

»Mir ist nicht ganz klar, wohin wir gehen«, bemerkte Bol-Kunaz nach einer kurzen Pause in seinem ernsten, fast gleichgültigen Ton. »Erst hatte ich den Eindruck, Sie wollten nach Hause, aber jetzt sehe ich, dass wir in die entgegengesetzte Richtung laufen.«

Viktor stand noch immer reglos da und schaute auf den Jungen hinunter. Irma und er passen gut zusammen, dachte er. Er hat alles durchgerechnet und analysiert und dann nüchtern entschieden, mir das Ergebnis nicht mitzuteilen. Er will mir nicht erzählen, was hier los war. Und ich möchte mal wissen, warum nicht. Sollten das tatsächlich Kriminelle gewesen sein? Nein, das glaube ich nicht. Oder doch? Immerhin haben wir heute andere Zeiten. Nein, Unsinn, die Spitzbuben von heute kenne ich …

»Es stimmt schon«, sagte er und ging weiter. »Wir laufen zum Hotel, ich wohne da.«

Der Junge war durchnässt und ging aufrecht, ja fast unnahbar neben ihm her. Zögernd legte Viktor ihm die Hand auf die Schulter. Es geschah nichts – der Junge duldete es. Wahrscheinlich dachte er, dass seine Schulter gebraucht würde, als Stütze für den Verletzten.

»Ich muss schon sagen«, begann Viktor in vertraulichem Ton. »Irma und du, ihr habt eine merkwürdige Art euch auszudrücken. Wir haben als Kinder anders gesprochen.«

»Wirklich?«, erkundigte sich Bol-Kunaz höflich. »Und wie haben Sie gesprochen?«

»Na, deine Frage hätte sich bei uns beispielsweise so angehört: ›Hä?‹«

Bol-Kunaz zuckte mit den Achseln. »Meinen Sie, dass das besser wäre?«

»Um Gottes willen, nein! Ich meine nur, dass es natürlicher wäre.«

»Aber gerade das Natürliche«, wandte Bol-Kunaz ein, »gehört sich für den Menschen am wenigsten.«

Viktor spürte ein inneres Frösteln hochsteigen. Unruhe, ja Entsetzen packte ihn. Ihm war, als hätte ihm eine Katze ins Gesicht gelacht.

»Das Natürliche ist immer primitiv«, fuhr Bol-Kunaz unterdessen fort. »Der Mensch aber ist ein kompliziertes Geschöpf, und Natürlichkeit steht ihm schlecht zu Gesicht. Wissen Sie, was ich meine, Herr Banew?«

»Ja«, sagte Viktor. »Natürlich.«

In der väterlichen Geste, mit der er dem Jungen, der gar kein Junge war, die Hand auf die Schulter gelegt hatte, lag etwas Unaufrichtiges. Ihm tat plötzlich sogar der Ellbogen weh. Vorsichtig zog er seine Hand zurück und steckte sie in die Tasche.

»Wie alt bist du?«, fragte er.

»Vierzehn«, erwiderte Bol-Kunaz zerstreut.

»Aha …«

Jeden anderen Jungen hätte dieses provokante »Aha« gereizt, Bol-Kunaz aber blieb ruhig. Auf Sticheleien reagierte er nicht. Ihn beschäftigte das Verhältnis von Natürlichem und Primitivem in Natur und Gesellschaft. Er bedauerte, an einen so unintelligenten Gesprächspartner geraten zu sein, der obendrein noch einen Schlag auf den Kopf bekommen hatte.

Sie erreichten die Präsidentenallee. Hier brannten mehr Laternen, und ab und zu eilten auch Passanten an ihnen vorüber – vom endlosen Regen niedergebeugte Männer und Frauen. Hier gab es erleuchtete Schaufenster und einen von Neonlicht erhellten Kinoeingang, in dessen Schutz sich gleichförmig gekleidete junge Leute in glänzenden, fersenlangen Regenmänteln drängten – ob Mädchen oder Jungs, war nicht zu erkennen. Und aus der Höhe leuchteten durch den Regen hindurch Beschwörungen in Gold und Blau: »Der Präsident – der Vater des Volkes«, »Der Freiheitslegionär – ein treuer Sohn des Präsidenten«, »Die Armee – unser Ruhm und Schutz« …

Sie gingen noch immer auf der Fahrbahn, bis ein vorbeibrausendes Auto sie mit lautem Hupen auf den Gehsteig trieb und mit schmutzigem Wasser übergoss.

»Ich hätte dich für achtzig gehalten«, sagte Viktor.

»Hä?«, quiekte Bol-Kunaz mit widerlicher Stimme, und Viktor lachte erleichtert auf. Bol-Kunaz war eben doch ein richtiger Junge, ein ganz normales Wunderkind, das seinen Gabor, seinen Sursmansor und seinen Fromm gelesen hatte, ja womöglich sogar Spenglers Werke.

»Als Kind hatte ich einen Freund«, erzählte Viktor. »Der kam auf die Idee, Hegel im Original zu lesen. Und das tat er. Aber er wurde darüber schizophren. In deinem Alter weiß man sicher schon, was Schizophrenie ist.«

»Ja.«

»Und, hast du keine Angst?«

»Nein.«

Als sie das Hotel erreichten, schlug Viktor vor: »Du könntest mit hineinkommen und deine Sachen trocknen.«

»Vielen Dank. Darum wollte ich Sie auch gerade bitten. Erstens habe ich Ihnen noch etwas mitzuteilen, und zweitens müsste ich telefonieren. Sie haben doch nichts dagegen?«

Viktor hatte nichts dagegen. Sie gingen durch die Drehtür, vorbei am Pförtner, der vor Viktor die Mütze zog, an prächtigen Statuen mit elektrischen Kerzen, dann durch die leere, von Restaurantgerüchen erfüllte Hotelhalle. Viktor freute sich schon auf den Abend, an dem er wieder trinken und schwatzen und alles, was ihn heute bedrängte, auf morgen verschieben konnte. Er freute sich auf Yul Golem und Dr. Quadriga. Und vielleicht lerne ich noch jemanden kennen, oder es passiert irgendwas – eine Schlägerei zum Beispiel –, oder mir kommt die Idee zu einem Roman. Zum Essen bestelle ich mir wieder Neunaugen, und wenn alles gut geht, fahre ich mit dem letzten Bus zu Diana.

Während Viktor den Schlüssel vom Portier holte, entspann sich zwischen Bol-Kunaz und dem Pförtner ein Gespräch.

»Was suchst du hier?«, zischte der Pförtner.

»Ich habe etwas mit Herrn Banew zu besprechen.«

»Dir werd ich helfen – etwas mit Herrn Banew zu besprechen«, zischte der Pförtner weiter. »Du treibst dich in Restaurants rum …«

»Ich habe etwas mit Herrn Banew zu besprechen«, wiederholte Bol-Kunaz. »Das Restaurant interessiert mich nicht.«

»Das wäre auch noch schöner, wenn du Grünschnabel dich schon für Restaurants interessiertest. Ich schmeiß dich achtkantig raus …«

Viktor nahm seinen Schlüssel und drehte sich um.

»Äh …«, sagte er. Den Namen des Pförtners hatte er wieder vergessen. »Der Junge gehört zu mir, das hat schon seine Richtigkeit.«

Der Pförtner antwortete nicht, seine Miene aber sprach für sich.

Sie gingen ins Zimmer hinauf. Erleichtert warf Viktor den Regenmantel ab und bückte sich, um seine nassen Schuhe aufzuschnüren. Dabei stieg ihm das Blut in den Kopf, und er verspürte einen schmerzhaften Stich an der Stelle, wo die Beule saß; sie fühlte sich rund und schwer an wie eine Bleikugel. Er richtete sich wieder auf, lehnte den Rücken an den Türpfosten und streifte einen Schuh ab, indem er mit der Spitze des anderen gegen die Fersenkappe drückte. Bol-Kunaz stand, vor Nässe triefend, neben ihm.

»Zieh dich aus«, forderte Viktor ihn auf. »Häng alles über die Heizung, ich gebe dir gleich ein Handtuch.«

»Darf ich telefonieren?«, fragte Bol-Kunaz, ohne sich vom Fleck zu rühren.

»Meinetwegen.« Viktor streifte auch den zweiten Schuh ab und ging auf nassen Socken ins Bad. Beim Ausziehen hörte er den Jungen mit leiser, ruhiger Stimme sprechen, konnte aber nichts verstehen. Nur einmal hörte er laut und deutlich die Worte: »Ich weiß nicht.« Viktor rieb sich mit einem Handtuch trocken, warf den Bademantel über, griff nach einem sauberen Badetuch und kehrte ins Zimmer zurück. »Hier, nimm«, sagte er, wusste aber sogleich, dass Bol-Kunaz kein Handtuch brauchte. Er stand, noch immer vor Nässe triefend, an der Tür.

»Ich danke Ihnen«, sagte er. »Sehen Sie, ich muss weg. Ich wollte nur noch …«

»Du wirst dich erkälten«, warnte Viktor.

»Nein, machen Sie sich keine Sorgen. Noch einmal vielen Dank. Erkälten werde ich mich nicht. Ich wollte nur noch etwas mit Ihnen besprechen. Hat Irma Ihnen nichts gesagt?«

Viktor warf das Handtuch auf die Couch, hockte sich vor die Bar und angelte eine Flasche und ein Glas heraus.

»Irma hat alles Mögliche gesagt«, erwiderte er ein wenig ungehalten. Er goss einen Fingerbreit Gin ein und füllte etwas Wasser nach.

»Hat sie Ihnen nicht unsere Einladung gegeben?«

»Nein. Sie hat mir keine Einladung gegeben. Hier, trink das.«

»Nein, danke. Wenn sie Ihnen nichts gesagt hat, will ich das jetzt nachholen. Wir möchten Sie zu einem Gespräch einladen, Herr Banew.«

»Wer ist ›wir‹?«

»Die Gymnasiasten. Sehen Sie, wir haben Ihre Bücher gelesen und würden Ihnen gern ein paar Fragen stellen.«

»Hm«, meinte Viktor zweifelnd. »Bist du sicher, dass das für alle interessant ist?«

»Ich denke schon.«

»Schließlich schreibe ich nicht für Gymnasiasten«, gab Viktor zu bedenken.

»Das ist unwichtig«, sagte Bol-Kunaz sanft, aber beharrlich. »Würden Sie kommen?«

Nachdenklich schwenkte Viktor das durchsichtige Getränk in seinem Glas. »Willst du nicht doch was trinken?«, fragte er. »Etwas Besseres gegen Erkältungen gibt es nicht … Nein? Na, dann trinke ich's selbst.« Er leerte das Glas. »Gut, ich komme. Aber keine Plakate, keine Reklame. Wir bleiben unter uns. Nur ihr und ich. Wann?«

»Wann es Ihnen passt. Am besten noch in dieser Woche. An einem Morgen.«

»Sagen wir in zwei, drei Tagen. Aber nicht zu früh. Vielleicht Freitag um elf. Klappt das?«

»Ja. Freitag um elf. Im Gymnasium. Soll ich Sie vorher noch einmal anrufen?«

»Unbedingt«, empfahl Viktor. »Empfänge, Soireen und Bankette, Meetings, Treffen und Beratungen versuche ich nach Möglichkeit zu vergessen.«

»Gut, ich werde Sie anrufen«, bestätigte Bol-Kunaz. »Wenn Sie gestatten, gehe ich jetzt. Auf Wiedersehen, Herr Banew.«

»Warte, ich gehe mit«, sagte Viktor. »Damit dieser Pförtner dir nicht wieder dumm kommt. Er hat heute schlechte Laune, du weißt ja, wie Pförtner sind …«

»Vielen Dank, aber machen Sie sich keine Sorgen«, entgegnete Bol-Kunaz. »Das ist mein Vater.«

Dann ging er. Viktor schenkte sich noch einen Fingerbreit Gin ein und ließ sich in einen Sessel fallen. Soso, dachte er. Der arme Pförtner. Wie heißt er nur gleich? Das ist ja direkt peinlich, schließlich sind wir sozusagen Leidensgefährten. Ich werde mal mit ihm reden und Erfahrungen austauschen. Er kennt sich da bestimmt besser aus als ich. Aber wie kommt es zu so einer Anhäufung von Wunderkindern in meinem kleinen Heimatstädtchen? Macht das die hohe Luftfeuchtigkeit? Er warf den Kopf in den Nacken und verzog schmerzlich das Gesicht. Womit hat der Halunke bloß zugeschlagen? Er betastete die Beule. Vielleicht mit einem Gummiknüppel. Aber woher soll ich wissen, was ein Gummiknüppel für Beulen hinterlässt? Wie es aussieht, wenn man einen der modernen Stühle aus dem »Gebratenen Pegasus« über den Schädel bekommt, weiß ich. Was der Kolben einer MPi oder ein Pistolengriff anrichten, weiß ich auch. Und eine leere oder volle Sektflasche … Ich werde am besten Golem fragen. Überhaupt ist das eine sehr merkwürdige Geschichte, über die man gründlich nachdenken sollte …

Sofort fing er mit dem Nachdenken an, um all diese lästigen Gedanken zu vertreiben: an Irma, an die Notwendigkeit, auf etwas zu verzichten und sich einzuschränken, oder daran, Bettelbriefe zu schreiben. »Entschuldige, dass ich dich behellige, alter Junge, aber ich habe plötzlich bemerkt, dass ich eine zwölfjährige Tochter habe, ein prächtiges Mädchen. Nur die Mutter ist eine dumme Gans, und mit dem Vater ist auch nicht viel los. Es wäre also gut, sie irgendwo unterzubringen, damit sie von diesen dummen Menschen wegkommt.« Darüber nachzudenken habe ich heute keine Lust, das mache ich morgen. Er blickte auf die Uhr. Überhaupt reicht es für heute. Ja, es reicht.

Er stand auf und zog sich vor dem Spiegel an. Verflixt, der Bauch wird immer dicker. Wie komme ich denn zu einem Bauch? Ich war doch immer so dünn und drahtig. Eigentlich ist das auch gar kein richtiger Bauch – kein spießiger, durch Trägheit und gutes Essen erworbener Wanst –, sondern bloß eine lausige Oppositionellenschwarte. Der Herr Präsident hat nicht so einen. Der Herr Präsident hat bestimmt einen biederen, mit Bauchbinde schwarz umspannten, glänzenden Ballon …

Als er sich den Schlips umband und sein Gesicht direkt vor dem Spiegel betrachtete, fragte er sich plötzlich, wie dieses selbstbewusste, markante und von gewissen Frauen so vergötterte, dies unschöne, aber männlich harte Kämpfergesicht mit dem quadratischen Kinn am Ende jener historischen Begegnung ausgesehen haben mochte … Das Gesicht des Herrn Präsidenten, dem es ebenfalls weder an Männlichkeit noch an scharfen Kanten mangelte, hatte, unter uns gesagt, am Ende dieser historischen Begegnung eher an eine Schweineschnauze erinnert. Der Herr Präsident hatte geruht, sich maßlos zu ereifern, aus seinem Wildschweinrachen mit den Riesenhauern war Geifer gesprüht, und ich hatte mein Taschentuch gezückt und mir demonstrativ die Wange abgewischt, was wahrscheinlich – von dem Kampf mit den drei Panzern abgesehen – die mutigste Tat meines Lebens gewesen war. Von der Sache mit den Panzern weiß ich nichts mehr, die Geschichte kenne ich nur aus den Berichten von Augenzeugen; aber das Taschentuch hatte ich bewusst gezückt und auch genau gewusst, was mich erwartete. In den Zeitungen aber war nicht darüber berichtet worden, sie hatten nur aufrichtig, geradeheraus und unerschrocken gemeldet, dass »… der Schriftsteller V. Banew dem Herrn Präsidenten für die während des Gesprächs erhaltenen Hinweise und Erklärungen herzlich dankte«.

Merkwürdig, wie gut ich mich daran erinnere.

Plötzlich sah er, dass seine Wangen und seine Nasenspitze weiß geworden waren. Genauso dürfte ich damals ausgesehen haben – und so einen muss man einfach anschreien. Der Ärmste konnte ja nicht wissen, dass ich nicht vor Angst blass wurde, sondern höchstens – wie Ludwig XIV. – vor Wut. Aber nach dem Kampf braucht man nicht mehr die Fäuste zu recken. Was spielt es für eine Rolle, warum ich blass geworden bin ... Na gut, lassen wir das. Allerdings, Herr Banew: Damit Sie sich jetzt wieder beruhigen und unbesorgt unter die Leute gehen können, und Ihr unschönes, doch männliches Gesicht seine normale Farbe wiederbekommt, erinnere ich Sie daran, dass, wenn Sie dem Herrn Präsidenten den Anblick Ihres Taschentuchs erspart hätten, Sie jetzt wohlbehalten in unserer wunderschönen Hauptstadt säßen statt in diesem nassen Loch ...

Viktor leerte seinen Gin und ging ins Restaurant.

»Natürlich könnten es auch Rowdys gewesen sein«, vermutete Viktor. »Aber zu meiner Zeit hätte sich kein Rowdy an einer Brillenschlange vergriffen. Vielleicht hätte er einen Stein nach ihm geworfen, ihn aber niemals gepackt und weggeschleppt, ja überhaupt nur angefasst. Wir haben sie damals gefürchtet wie die Pest.«

»Aber ich sage Ihnen doch: Das ist eine genetische Krankheit und überhaupt nicht ansteckend«, erklärte Golem.

»Wieso nicht ansteckend«, widersprach Viktor. »Wo man von ihnen doch Warzen kriegt wie von Kröten! Das weiß jedes Kind.«

»Von Kröten kriegt man keine Warzen«, erwiderte Golem friedfertig. »Und von Nässlingen auch nicht. Schämen Sie sich, Herr Schriftsteller … Aber Schriftsteller sind nun mal ein unwissendes Volk.«

»Wie jedes Volk. Das Volk ist unwissend, aber weise. Und wenn das Volk sagt, dass man von Kröten und von Brillenschlangen Warzen kriegt …«

»Ah, da kommt ja mein Inspektor«, unterbrach ihn Golem.

Pavor trat ein, direkt von draußen und in nassem Regenmantel.

»Guten Abend«, grüßte er. »Ich bin nass bis auf die Haut und muss etwas trinken.«

»Der stinkt schon wieder nach Schlamm«, empörte sich Dr. Quadriga, als er aus seinem Rausch erwachte. »Ewig stinkt dieser Mann nach Schlamm. Wie ein Teich mit Entengrütze.«

»Was trinken Sie?«, erkundigte sich Pavor.

»Wir?«, fragte Golem. »Ich zum Beispiel trinke Kognak – wie immer. Viktor trinkt Gin. Und der Doktor alles der Reihe nach.«

»Eine Schande!«, rief Dr. Quadriga entrüstet. »Fischschuppen! Fischköpfe!«

»Einen doppelten Kognak!«, rief Pavor dem Kellner zu.

Sein Gesicht war regennass, das dichte Haar klebte am Kopf, und von seinen Schläfen flossen glitzernde Rinnsale über die glattrasierten Wangen. Auch er hatte ein markantes Gesicht, um das ihn sicher viele beneideten. Wie kam ein Hygieneinspektor zu so einem Gesicht? Eines, das in Viktor Bilder hervorrief: Nieselregen, Scheinwerferlicht, huschende Schatten auf nassen Waggons. Alles ist glänzend schwarz, keine anderen Farben, keine Unterhaltung, kein Gerede, nur Kommandos, denen sich alles unterwirft. Es müssen nicht unbedingt Waggons sein, Flugzeuge auf der Landebahn tun's auch. Und kein Mensch weiß, woher er kommt. Die Mädchen werden schwach, die Männer geben sich männlich – sie recken die Schultern und ziehen den Bauch ein.

Golem würde es auch nicht schaden, den Bauch einzuziehen, aber das schafft er nicht, der Bauch ist sicher schon voll. Bei Dr. Quadriga könnte es noch klappen, aber die Schultern kriegt er nicht mehr gerade, dazu geht er schon zu lange krumm: Abends krümmt er sich über den Tisch, morgens krümmt er sich übers Becken, und tagsüber krümmt er sich vor Leberschmerzen. Demnach bin ich hier der Einzige, der den Bauch einziehen und die Schultern recken könnte, aber ich kippe mir lieber, ganz männlich, ein Glas Gin hinter die Binde.

»Sie sind ein Nymphomane«, teilte Dr. Quadriga Pavor traurig mit. »Ein Nixomane, versessen auf Nixen und Nymphen, eine Schlingpflanze.«

»Ach, halten Sie den Mund, Doktor«, brummte Pavor. Er trocknete sich das Gesicht mit Papierservietten ab, knüllte sie zusammen und warf sie auf den Fußboden. Anschließend rieb er sich die Hände ab.

»Mit wem haben Sie sich denn geprügelt?«, erkundigte sich Viktor.

»Den hat ein Nässling vergewaltigt«, lallte Dr. Quadriga und versuchte krampfhaft, mit seinen Augen, die immer wieder zur Nasenwurzel glitten, geradeaus zu sehen.

»Vorläufig mit niemandem«, antwortete Pavor und blickte den Doktor starr an, was dieser jedoch gar nicht bemerkte.

Der Kellner brachte ein Glas Kognak. Pavor leerte es langsam aus und stand wieder auf.

»Ich gehe mich waschen«, teilte er ungerührt mit. »Draußen vor der Stadt versinkt man im Matsch, ich bin total schmutzig.« Dann ging er zur Tür und stieß im Vorbeigehen gegen mehrere Stühle.

»Mit meinem Inspektor stimmt was nicht«, stellte Golem fest und schnipste eine zerknüllte Serviette vom Tisch. »Irgendwas geht in ihm vor, etwas von großer Bedeutung. Sie wissen nicht zufällig, was?«

»Das müssten Sie doch am besten wissen«, antwortete Viktor. »Schließlich inspiziert er nicht mich, sondern Sie. Außerdem wissen Sie doch immer alles. Woher wissen Sie eigentlich immer alles, Golem?«

»Niemand weiß überhaupt etwas«, meinte Golem. »Manche ahnen etwas. Aber das sind nur ein paar – die, die sich wirklich dafür interessieren. Man kann auch nicht fragen: Woher ahnen Sie etwas? Das wäre ein Missbrauch der Sprache. Wer regnet? Wer schneit? Würden Sie Shakespeare verzeihen, wenn er so etwas geschrieben hätte? Na ja, Shakespeare vielleicht, Shakespeare verzeihen wir im Gegensatz zu Banew eine ganze Menge. Hören Sie, Herr Schriftsteller, ich habe eine Idee. Ich trinke meinen Kognak aus, und Sie leeren Ihren Gin. Oder haben Sie schon genug?«

»Golem«, sagte Viktor. »Wissen Sie, dass ich ein eiserner Mensch bin?«

»Ich ahne es.«

»Und was folgt daraus?«

»Dass Sie Angst haben müssen zu rosten.«

»Kann sein. Aber das meine ich nicht. Ich meine, dass ich viel und sehr lange trinken kann, ohne ausfallend zu werden oder sonst wie aus dem Gleichgewicht zu geraten.«

»Ach, so ist das«, sagte Golem und schenkte sich aus der Karaffe nach. »Na schön, darauf kommen wir später noch einmal zurück.«

»Ich kann mich nicht erinnern«, ließ sich nun Dr. Quadriga mit klarer Stimme vernehmen, »ob ich mich Ihnen schon vorgestellt habe, meine Herren? Habe die Ehre: Rem Quadriga, Maler, Doktor honoris causa, Ehrenmitglied … An dich erinnere ich mich«, wandte er sich an Viktor. »Wir sind zusammen zur Schule gegangen, und dann war da noch irgendwas … Sie aber, verzeihen Sie …«

»Ich heiße Yul Golem«, zischte Golem verächtlich.

»Sehr erfreut. B'ldhau'r?«

»Nein. Arzt.«

»Ch'rurg?«

»Ich bin Chefarzt im Leprosorium«, erklärte Golem geduldig.

»Ach ja!«, fiel es Dr. Quadriga wieder ein und schüttelte den Kopf wie ein Pferd. »Natürlich. Verzeihen Sie, Yul. Aber wozu die Geheimniskrämerei? Sie sind doch nicht als Arzt dort? Sie züchten doch Nässlinge. Ich werde Sie in Vorschlag bringen. Solche Leute brauchen wir. Verzeihen Sie«, sagte er plötzlich. »Ich komme gleich wieder.«

Er stemmte sich mühsam aus seinem Sessel hoch und strebte, zwischen den leeren Tischen umherirrend, zum Ausgang. Der Kellner eilte ihm zu Hilfe, und Dr. Quadriga fiel ihm um den Hals.

»Das macht der Regen«, vermutete Golem. »Wir atmen Wasser. Aber wir sind keine Fische. Entweder krepieren wir hier, oder wir verlassen die Gegend.« Er warf Viktor einen ernsten, bekümmerten Blick zu. »Dann fällt der Regen auf eine leere Stadt, unterspült das Straßenpflaster und sickert durch verschimmelte Dächer. Er spült alles weg, und die Stadt löst sich in der jungfräulichen Erde auf. Und es regnet und regnet, immer weiter ...«

»Die Apokalypse«, murmelte Viktor, nur um etwas zu sagen.

»Jawohl, die Apokalypse ... Es regnet und regnet, die Erde saugt sich voll, und eine neue, nie dagewesene Saat geht auf, in der es kein Unkraut mehr gibt. Aber auch uns gibt es dann nicht mehr. Wir werden das neue Universum nicht erleben ...«

Wären bloß nicht diese bläulichen Tränensäcke und der wabblige Hängebauch, gliche seine prächtige semitische Nase nicht einer topografischen Karte – obwohl, genau genommen waren ja alle Propheten Säufer. Es ist aber auch zu traurig: Du weißt alles, aber keiner glaubt dir. Wollte man in den

Departements das Amt eines Propheten einführen, so müsste man ihm zur Stärkung seiner Autorität mindestens den Titel eines Geheimrats geben. Aber auch das würde wahrscheinlich nicht helfen …

»Wegen systematischer Verbreitung von Pessimismus«, deklamierte Viktor laut, »der die dienstliche Disziplin und den Glauben an eine Zukunft der Vernunft untergräbt, ordne ich an, Geheimrat Golem in der Exekutionszelle zu steinigen.«

»Hm«, brummte Golem. »Ich bin nur Kollegienrat. Und überhaupt, wo gibt es heute noch Propheten? Ich kenne jedenfalls keinen. Falsche Propheten haben wir dagegen mehr als genug. In unserer Zeit kann man die Zukunft nicht vorhersagen – das ist ein Missbrauch der Sprache. Was würden Sie sagen, wenn bei Shakespeare stünde: die Gegenwart vorhersagen? Kann man den Schrank, der im eigenen Zimmer steht, vorhersagen? Ah, da kommt ja mein Inspektor. Wie fühlen Sie sich, Inspektor?«

»Großartig.« Pavor setzte sich. »Kellner, einen doppelten Kognak! Im Vestibül halten vier Mann unseren Maler fest«, teilte er den Tischgenossen mit. »Sie versuchen ihm zu erklären, wo sich der Eingang ins Restaurant befindet. Ich habe beschlossen, mich nicht einzumischen, weil er sowieso keinem glaubt und wild um sich schlägt. Um was für Schränke geht's denn hier?«

Er war jetzt trocken, elegant und roch frisch nach Kölnischwasser.

»Wir sprachen von der Zukunft«, antwortete Golem.

»Was hat es für einen Sinn, von der Zukunft zu sprechen?«, wunderte sich Pavor. »Von der Zukunft spricht man nicht, man macht sie. Hier ist ein Glas Kognak. Es ist voll. Ich mache es leer. So. Ein kluger Mann hat einmal gesagt, dass man die Zukunft nicht vorhersagen, wohl aber Zukünfte erfinden kann.«

»Und ein anderer kluger Mann«, warf Viktor ein, »hat gesagt, dass es überhaupt keine Zukunft gibt, sondern nur eine Gegenwart.«

»Ich mag die klassische Philosophie nicht«, wandte Pavor ein. »Diese Leute konnten nichts und wollten nichts. Sie hatten einfach Spaß am Denken, so wie Golem Spaß am Trinken hat. Die Zukunft ist nichts anderes als eine sorgsam entschärfte Gegenwart.«

»Ich habe immer ein ungutes Gefühl«, sagte Golem, »wenn ein Zivilist wie ein Militär denkt.«

»Militärs denken überhaupt nicht«, widersprach Pavor. »Militärs haben nur Reflexe und ein paar Emotionen.«

»Die meisten Zivilisten auch«, bemerkte Viktor und befühlte seinen Nacken.

»Zum Denken hat heute keiner mehr Zeit«, gab Pavor zu bedenken. »Weder Militärs noch Zivilisten. Heutzutage muss man zusehen, dass man alles Nötige schafft. Wer sich da für die Zukunft interessiert, sollte sie mithilfe seiner Reflexe und Emotionen rasch erfinden.«

»Zum Teufel mit den Erfindern.« Viktor war betrunken und guter Dinge. Alles war wieder an seinen Platz gerückt. Er wollte nirgendwohin gehen, er wollte hierbleiben, in diesem leeren, halb dunklen Saal, der noch nicht ganz verfallenen war, dessen Wände jedoch schon Wasserflecken hatten, dessen Dielen knarrten und in dem es nach Küche roch – besonders, wenn er daran dachte, dass es überall regnete: auf das Kopfsteinpflaster regnete es, auf die spitzen Dächer regnete es, und eines Tages würde der Regen die Berge und das Tal überfluten und alles ringsum wegspülen, aber dieser Tag war noch fern, obwohl man das heute nicht so genau wusste. Tja, meine Lieben, dachte er, die Zeiten, in denen die Zukunft nur eine Wiederholung der Gegenwart war und alle Veränderungen in weiter Ferne lagen, sind vorbei. Golem hat recht, es gibt keine Zukunft, sie hat sich mit der

Gegenwart vermischt und ist nicht mehr davon zu unterscheiden.

»Den hat ein Nässling vergewaltigt!«, rief Pavor schadenfroh.

An der Eingangstür stand Dr. Quadriga. Ein paar Sekunden lang starrte er stumpfsinnig auf die leeren Tischreihen, dann leuchtete sein Gesicht auf, und er bewegte sich schwankend auf seinen Platz zu.

»Warum nennen Sie sie Nässlinge?«, erkundigte sich Viktor. »Sind sie von dem vielen Regen nass geworden?«

»Warum nicht?«, versetzte Pavor. »Wie würden Sie sie denn nennen?«

»Brillenschlangen«, antwortete Viktor. »Das ist ein schönes altes Wort. Wir haben sie immer Brillenschlangen genannt.«

Dr. Quadriga kam näher. Von vorne war er ganz nass, wahrscheinlich hatte ihn jemand ins Waschbecken getaucht. Er wirkte erschöpft und enttäuscht.

»Weiß der Teufel, was das ist«, brummte er schon von Weitem. »So was ist mir noch nie passiert: kein Eingang! Überall bin ich gegen Glasscheiben gerannt. Ich fürchte, ich habe Sie warten lassen, meine Herren.« Er fiel in seinen Sessel und erblickte Pavor. »Der Kerl ist schon wieder da«, flüsterte er Golem vertraulich zu. »Ich hoffe, er stört Sie nicht. Mir ist da eine komische Sache passiert. Ein paar Leute haben mir Wasser über den Kopf gegossen.«

Golem schenkte ihm Kognak ein.

»Ich danke Ihnen«, sagte Dr. Quadriga. »Aber ich glaube, ich setze lieber ein paar Runden aus. Ich muss erst mal trocknen.«

»Und ich bin für die guten alten Bräuche«, verkündete Viktor. »Brillenschlangen sollen Brillenschlangen bleiben. Von mir aus kann alles so bleiben, wie es ist. Ich bin konservativ. Achtung!«, sagte er laut. »Ich schlage vor, auf die Konservativen anzustoßen. Einen Augenblick …« Er goss sich Gin ein, stand auf und stützte sich mit der Hand auf die Sessellehne. »Ich bin konservativ«, erklärte er, »und werde von Jahr zu Jahr konservativer, aber nicht, weil ich alt werde, sondern weil es mir ein Bedürfnis ist …«

Der noch nüchterne Pavor sah, sein Glas in der Hand, betont aufmerksam zu ihm auf. Golem verzehrte langsam seine Neunaugen, während Dr. Quadriga angestrengt zu begreifen suchte, woher die Stimme kam und zu wem sie gehörte. Eine traute Runde. Es war herrlich.

»Die Leute werfen der Regierung gerne vor, dass sie konservativ ist«, fuhr Viktor fort. »Die Leute heben den Fortschritt in den Himmel. Das ist ein neuer Trend, und er ist dumm wie alles Neue. Die Leute sollten lieber zu Gott beten, dass er ihnen eine sture, verknöcherte, konformistische Regierung schenkt …«

Jetzt sah auch Golem zu ihm auf, und Teddy legte das Tuch beiseite, mit dem er hinter dem Tresen die Flaschen polierte, und spitzte die Ohren. Viktor aber tat plötzlich das Genick weh; er musste das Glas absetzen und über seine Beule streichen.

»Der Staatsapparat, meine Herren«, fuhr er fort, »betrachtet es immer als seine vornehmste Pflicht, den Status quo aufrechtzuerhalten. Ich weiß nicht, inwieweit das früher gerechtfertigt war, aber heute ist diese Aufgabe einfach unerlässlich. Ich würde sie so definieren: Die Zukunft ist auf jedwede Weise daran zu hindern, ihre Fühler in unsere Zeit auszustrecken, diese Fühler sind abzuhacken und mit glühenden Eisen zu verbrennen. Den Erfindern müssen Steine in den Weg gelegt, Scholastiker und Schwätzer gefördert werden, in allen Gymnasien ist eine ausschließlich klassische Bildung einzuführen, und die höchsten Regierungsposten sind mit alten Familienvätern zu besetzen, auf denen Schulden lasten und die mindestens sechzig Jahre auf dem

Buckel haben, damit sie Schmiergelder annehmen und in den Sitzungen schlafen …«

»Was reden Sie denn da, Viktor«, sagte Pavor vorwurfsvoll.

»Aber wieso«, meinte Golem. »Ich finde es äußerst wohltuend, so gemäßigte, loyale Reden anzuhören.«

»Ich bin noch nicht fertig, meine Herren!«, nahm Viktor seine Tischrede wieder auf. »Begabte Wissenschaftler sind auf Verwaltungsposten mit hohem Einkommen zu setzen, sämtliche Erfindungen sind zu akzeptieren, schlecht zu bezahlen und auf Eis zu legen, jede Neuerung in Warenangebot und Produktion ist mit drastischen Steuern zu belegen …« Warum stehe ich eigentlich?, dachte Viktor plötzlich und setzte sich. »Na, wie finden Sie das?«, fragte er Golem.

»Sie haben vollkommen recht«, meinte Golem. »Jeder ist heute ein Radikaler. Sogar der Direktor des Gymnasiums. Die Konservativen sind unsere Rettung.«

Viktor nahm einen Schluck Gin und erwiderte bitter: »Es gibt keine Rettung. Weil diese radikalen Hohlköpfe nicht nur an den Fortschritt glauben – nein, sie lieben ihn sogar und bilden sich ein, dass es ohne ihn nicht geht. Weil der Fortschritt, von allem anderen abgesehen, billige Autos, Alltagselektronik und die Möglichkeit bedeutet, weniger zu tun und mehr zu kriegen. Darum ist jede Regierung gezwungen, mit der einen Hand, äh, will sagen, nicht mit der einen Hand, sondern mit dem einen Fuß auf die Bremse zu treten und mit dem anderen aufs Gaspedal. Wie ein Rennfahrer in der Kurve. Auf die Bremse, um nicht das Gleichgewicht zu verlieren, und aufs Gaspedal, um das Tempo zu halten, weil ihn sonst ein Demagoge und Fortschrittsfanatiker aus seiner führenden Position wirft.«

»Mit Ihnen kann man schwer streiten«, meldete sich Pavor höflich.

»Dann lassen Sie's bleiben«, erwiderte Viktor. »Wir brauchen nicht zu streiten: Im Streit wird die Wahrheit geboren – zum Teufel mit ihr.« Er strich zärtlich über seine Beule und fügte hinzu: »Wahrscheinlich ist meine Unwissenheit der Grund, warum ich so denke. Wissenschaftler sind Fortschrittsfanatiker. Ich aber bin kein Wissenschaftler, sondern nur ein nicht ganz unbekannter Coupletschreiber.«

»Warum fassen Sie sich immerzu an den Hinterkopf?«, wollte Pavor wissen.

»Irgendein Schweinehund hat mir eins über den Schädel gegeben«, erklärte Viktor. »Mit dem Schlagring. Stimmt's, Golem?«

»Meiner Meinung nach mit dem Schlagring«, pflichtete ihm Golem bei. »Es könnte aber auch ein Ziegelstein gewesen sein.«

»Was sagen Sie da?«, fragte Pavor erstaunt. »Mit einem Schlagring? In diesem Krähwinkel?«

»Da haben Sie's«, rief Viktor. »Das ist der Fortschritt! Stoßen wir noch einmal auf die Konservativen an!«

Sie riefen den Kellner und tranken noch einmal auf die Konservativen. Die Uhr schlug neun, als im Saal zwei bekannte Männer auftauchten: ein junger Mann mit sehr großer Brille und sein hochaufgeschossener Begleiter. Sie setzten sich an ihren Tisch, knipsten die Stehlampe an, blickten ergeben in die Runde und vertieften sich in die Speisekarte. Der junge Mann hatte wieder die Aktentasche bei sich, die er auf den freien Sessel neben sich stellte. Seine Aktentasche behandelte er immer wie ein rohes Ei. Nachdem sie die Bestellung aufgegeben hatten, richteten sie sich auf und blickten schweigend vor sich hin.

Ein seltsames Paar, dachte Viktor. Sie passen so gar nicht zusammen. Wie bei einem defekten Fernglas: Wenn der eine scharf ist, verschwimmt der andere und umgekehrt. Ein kompletter Gegensatz. Mit dem jungen Mann könnte man über den Fortschritt sprechen, mit dem hochgewachsenen nicht. Der wiederum könnte mir eins mit dem Schlagring verpassen, der junge hingegen nicht. Aber ich bringe euch noch auf einen Nenner. Wie mache ich das am besten? Na, zum Beispiel so: eine Staatsbank, Kellerräume, Zement, Beton, eine Alarmanlage … Der Lange wählt eine Nummer auf der Drehscheibe, das Stahlschloss öffnet sich. Der Weg in die Schatzkammer ist frei, beide treten ein, und der Lange wählt eine Nummer auf einer anderen Drehscheibe. Die Safetür geht auf, und der junge Mann mit der Brille versenkt die Arme bis an die Ellbogen in Brillanten.

Dr. Quadriga brach plötzlich in Tränen aus und packte Viktor am Arm. »Gehen wir schlafen«, schlug er vor. »Bei mir. Hm?«

Viktor schenkte ihm hastig Gin ein. Dr. Quadriga trank, putzte sich die Nase und fuhr fort: »Bei mir. In meiner Villa. Ich habe einen Springbrunnen. Hm?«

»Das mit dem Springbrunnen ist ein guter Einfall«, bemerkte Viktor ausweichend. »Was gibt es da noch?«

»Einen Keller«, antwortete Dr. Quadriga betrübt. »Und Spuren. Ich habe Angst. Es ist furchtbar. Wenn du willst, verkauf ich dir die Villa.«

»Schenk sie mir lieber«, schlug Viktor vor.

Dr. Quadriga blinzelte ihn verstört an. »Dazu ist sie zu schade.«

»Geizkragen«, warf ihm Viktor vor. »Schon als Kind warst du so. Die Villa ist ihm zu schade! Steck dir deine Villa doch an den Hut.«

»Du liebst mich nicht«, sagte Dr. Quadriga bitter. »Niemand liebt mich.«

»Und der Herr Präsident?«, fragte Viktor angriffslustig.

»›Der Präsident – der Vater des Volkes‹«, zitierte Dr. Quadriga und lebte wieder auf. »Eine in goldenen Tönen gehaltene Studie … ›Der Präsident in vorgeschobener Stellung‹. Ein Fragment des Gemäldes ›Der Präsident an vorderster Front‹.«

»Was noch?«, fragte Viktor interessiert.

»›Der Präsident im Regenmantel‹«, antwortete Dr. Quadriga bereitwillig. »Ein Panoramawandbild.«

Gelangweilt schnitt Viktor sich ein Stück Neunauge ab und hörte Golem zu.

»Hören Sie, Pavor«, bat er, »lassen Sie mich in Ruhe. Was kann ich denn noch tun? Die Bilanzen habe ich Ihnen vorgelegt, und ich bin bereit, Ihren Bericht zu unterschreiben. Wenn Sie sich über die Soldaten beschweren wollen, dann tun Sie's. Wenn Sie sich über mich beschweren wollen …«

»Ich will mich nicht über Sie beschweren«, widersprach Pavor und legte die Hand aufs Herz.

»Umso besser.«

»Dann geben Sie mir einen Rat! Oder können Sie mir nichts raten?«

»Meine Herren«, schaltete sich Viktor ein. »Es ist stinklangweilig. Ich gehe.«

Niemand beachtete ihn. Er schob seinen Stuhl zurück, stand auf und ging in dem Gefühl, sehr betrunken zu sein, zum Tresen.

Der kahlköpfige Teddy polierte Flaschen und sah ihn gleichmütig an.

»Wie immer?«, erkundigte er sich.

»Warte«, bat Viktor. »Was wollte ich dich doch gleich fragen? Ach ja! Wie geht's dir, Teddy?«

»Es regnet«, antwortete Teddy kurz angebunden und goss ihm einen Klaren ein.

»Das Wetter in unserer Stadt ist scheußlich geworden«, klagte Viktor und lehnte sich über den Tresen. »Was meint dein Barometer?«

Teddy griff unter den Tresen und holte den »Wettermann« hervor. Alle drei Zeiger lagen fest an der glänzenden, wie lackiert wirkenden Säule an.

»Sieht trübe aus«, meinte Teddy, während er den Wettermann aufmerksam betrachtete. »Eine teuflische Erfindung.« Und nach kurzem Nachdenken fügte er hinzu: »Aber wer weiß, vielleicht ist das Ding schon lange kaputt – wie soll man's nachprüfen, wenn es schon jahrelang regnet?«

»Man könnte damit in die Sahara fahren«, schlug Viktor vor.

Teddy grinste.

»Komisch«, sagte er. »Der Herr dort – Pavor – hat mir zweihundert Kronen dafür geboten.«

»Im Suff«, vermutete Viktor. »Was will er damit?«

»Das habe ich ihn auch gefragt.« Teddy wendete den Wettermann hin und her und hielt ihn vor sein rechtes Auge. »Ich geb ihn nicht her«, sagte er entschieden. »Soll er sich selber einen besorgen.« Er schob den Wettermann unter den Tresen, sah zu, wie Viktor das Glas in den Händen drehte, und flüsterte: »Deine Diana ist hier.«

»Schon lange?«, fragte Viktor lässig.

»Seit fünf Uhr circa. Ich habe ihr eine Kiste Kognak hochgeschickt. Roßschäper findet mal wieder kein Ende. Dieser Fettwanst scheucht das Personal nach Kognak durch die Gegend, ein feines Parlamentsmitglied. Hast du keine Angst um Diana?«

Viktor zuckte die Achseln. Plötzlich entdeckte er Diana. Sie stand in einem nassen Regencape mit zurückgeschlagener Kapuze am Tresen und schaute in die andere Richtung. Er sah nur ihr Profil und dachte, dass sie von all seinen Frauen die schönste war und er so eine wohl nie wieder finden würde. Sie stützte sich auf den Tresen, ihr Gesicht war blass und gleichgültig, und sie war die Schönste von allen – alles an ihr war schön. Immer. Ob sie weinte oder lachte, ob sie wütend war oder auf alles pfiff, ja, sogar wenn sie fror, und ganz besonders, wenn es sie überkam … Ich bin total betrunken, dachte Viktor, und wahrscheinlich stinke ich wie Dr. Quadriga. Er schob die Unterlippe vor und hauchte sich unter die Nase. Nichts festzustellen.

»Die Straßen sind nass und glatt«, sagte Teddy. »Und dieser Nebel … Außerdem ist Roßschäper bestimmt ein Schürzenjäger und ein geiler Bock.«

»Roßschäper ist impotent«, widersprach Viktor und kippte den Klaren wie mechanisch hinunter.

»Hat sie dir das erzählt?«

»Hör auf, Teddy«, bat Viktor. »Lass gut sein.«

Teddy musterte ihn forschend, seufzte, ging ächzend in die Hocke, kramte unter dem Tresen und stellte ein Fläschchen Salmiakgeist und ein angebrochenes Päckchen Tee vor Viktor hin. Viktor sah auf die Uhr und beobachtete, wie Teddy bedächtig nach einem sauberen Glas griff, Sodawasser einfüllte, ein paar Tropfen aus dem Fläschchen dazugab und das Ganze ebenso bedächtig mit einem Glasstab umrührte. Dann schob er Viktor das Glas hinüber. Viktor trank mit angehaltenem Atem und verzog das Gesicht. Ein frischer, grässlicher, ein grässlich frischer Salmiakstrahl schoss durch sein Gehirn und löste sich irgendwo hinter den Augen auf. Viktor sog die plötzlich unerträglich kalt gewordene Luft durch die Nase ein und langte in das Teepäckchen.

»Gut, Teddy. Danke. Setz das mit auf meine Rechnung. Sie werden dir sagen, was ich zu zahlen habe. Ich gehe dann.«

Beflissen die Teeblätter kauend, kehrte er an seinen Tisch zurück. Der junge Mann mit Brille und sein hochgewachsener Begleiter verschlangen hastig ihr Abendessen. Vor ihnen stand nur eine Flasche – mit dem hiesigen Mineralwasser. Pavor und Golem hatten sich eine Tischecke frei gemacht und würfelten, während Dr. Quadriga, den zerzausten Kopf in den Händen, monoton vor sich hin murmelte: »›Die Freiheitslegion – eine Stütze des Präsidenten.‹ Ein Mosaik. Zum glücklichen Namenstag Eurer Exzellenz. ›Der Präsident – der Vater der Kinder.‹ Ein allegorisches Bild …«

»Ich gehe dann«, verabschiedete sich Viktor.

»Schade«, meinte Golem. »Viel Erfolg übrigens.«

»Grüß Roßschäper«, sagte Pavor augenzwinkernd.

»›Parlamentsmitglied Roßschäper Nant‹«, rief Quadriga lebhaft. »Ein Porträt. Nicht teuer. Ein Brustbild …«

Viktor nahm sein Feuerzeug und seine Zigaretten und ging zum Ausgang. Hinter ihm ertönte Dr. Quadrigas klare Stimme: »Meine Herren, ich glaube, es wird Zeit, dass wir uns bekannt machen. Ich bin Rem Quadriga, Doktor honoris causa, an Sie, mein Herr, aber kann ich mich nicht erinnern …« In der Tür stieß Viktor mit dem dicken Trainer der »Brüder im Geiste«, einer Fußballmannschaft, zusammen. Er war durchnässt, blickte sorgenvoll drein und ließ Viktor den Vortritt.

Als der Bus hielt, sagte der Fahrer: »Endstation.«

»Ist hier das Sanatorium?«, fragte Viktor. Draußen herrschte dichter Nebel, der das Scheinwerferlicht schluckte. Es war nichts zu erkennen.

»Ja, ja, das Sanatorium«, brummte der Fahrer und steckte sich eine Zigarette an.

Viktor ging zur Tür, und während er vom Trittbrett stieg, sagte er: »Ist das ein Nebel. Ich sehe überhaupt nichts.«

»Sie werden sich schon zurechtfinden«, versprach der Fahrer gleichgültig. Er spuckte aus dem Fenster. »Da haben sie sich einen schönen Platz für das Sanatorium ausgesucht. Morgens Nebel, abends Nebel …«

»Gute Fahrt«, verabschiedete sich Viktor.

Der Fahrer antwortete nicht. Er ließ den Motor aufheulen, dann schlugen die Türen zu, und der große leere Bus, der mit seinen von innen erleuchteten Fenstern an ein nächtliches Kaufhaus erinnerte, wendete und rollte in Richtung Stadt zurück; sogleich verwandelte er sich in einen trüben Lichtfleck. Mühsam tastete Viktor sich am Gitterzaun entlang, bis er schließlich das Tor fand und die Allee entlangtappte. Jetzt, da sich seine Augen an die Dunkelheit gewöhnt hatten, sah er verschwommen die hellen Fenster des rechten Flügels vor sich. Der linke Flügel, in dem die »Brüder im Geiste« schliefen, die tagsüber durch den Regen gejagt waren, blieb jedoch stockfinster. Die bereits bekannten Geräusche drangen, wie von Watte gedämpft, durch den Nebel: Eine Musikbox spielte, Geschirr klapperte, und jemand grölte heiser. Viktor lief mitten auf der sandigen Allee, um nicht versehentlich gegen eine Gipsvase zu stoßen. Die Flasche mit Gin drückte er sorgsam an seine Brust. Trotz aller Vorsicht aber stolperte er bald über etwas Weiches und kroch auf allen vieren weiter. Hinter ihm verlangte jemand träge und verschlafen, das Licht einzuschalten. Viktor tastete im Dunkeln nach der verlorenen Flasche, drückte sie wieder an seine Brust und ging, den freien Arm vorgereckt, weiter. Bald stieß er gegen ein Auto, um das er herumtappte, um sofort gegen ein zweites zu prallen. Verflixt, hier stand ja Wagen neben Wagen. Fluchend irrte Viktor wie in einem Labyrinth zwischen den Fahrzeugen umher und konnte sich lange nicht zu dem verschwommenen Lichtfleck durcharbeiten, hinter dem er den Eingang vermutete. Die glatten Karosserien waren feucht vom Nebel. Irgendwo in der Nähe wurde gekichert und gerangelt.

Diesmal war das Vestibül leer. Niemand spielte, mit dem dicken Hintern wackelnd, Blindekuh oder Fangen, niemand schlief in den Sesseln. Überall lagen zerknüllte Regenmäntel, und ein Spaßvogel hatte seinen Hut an einen Gummibaum gehängt. Viktor stieg die mit Teppichen ausgelegte Treppe in den ersten Stock hinauf. Musik dröhnte. Im rechten Korridor standen alle Türen zur Zimmerflucht des Parlamentsmitglieds weit offen, und es roch penetrant nach fettigem Essen, Zigarettenrauch und erhitzten Leibern. Viktor bog nach links ab und klopfte an Dianas Tür. Alles blieb still. Die Tür war abgeschlossen, aber der Schlüssel steckte. Viktor trat ein, machte Licht und stellte die Flasche aufs Telefontischchen. Als er Schritte hörte, blickte er in den Korridor hinaus. Nach rechts entfernte sich ein großer Mann im schwarzen Abendanzug mit weit ausholenden, festen Schritten. Auf dem Treppenabsatz machte er vor dem Spiegel Halt, warf den Kopf zurück und zerrte an seiner Krawatte. (Viktor erspähte ein gelbliches Adlerprofil mit spitzem Kinn.) Gleich darauf ging mit dem Mann eine Veränderung vor: Er sank zusammen, kippte zur Seite und verschwand, merkwürdig in den Hüften schlenkernd, in einer der offenen Türen. Ein Playboy vielleicht, dachte Viktor. Muss sich wohl übergeben. Er warf einen Blick nach links. Dort war alles dunkel.

Viktor legte den Regenmantel ab, verriegelte die Zimmertür und machte sich auf die Suche nach Diana. Ich werde bei Roßschäper vorbeischauen müssen, dachte er. Wo sollte sie sonst sein?

Roßschäper bewohnte drei Zimmer. Im ersten hatte vor Kurzem ein Gelage stattgefunden: auf langen Tafeln mit fleckigen Tischtüchern türmten sich schmutzige Teller, Aschenbecher, Flaschen und zerknüllte Servietten, und außer einem einsamen, verschwitzten Glatzkopf, der schnarchte und dessen Gesicht in einer Schüssel mit Aspik gelandet war, befand sich hier kein Mensch.

Im angrenzenden Zimmer dagegen ging es hoch her. Auf Roßschäpers riesigem Bett strampelten ein paar halb nackte, nicht zum Haus gehörende Mädchen mit den Füßen. Sie spielten ein merkwürdiges Spiel mit dem apoplektischen, rotköpfigen Herrn Bürgermeister, der im Bett herumwühlte wie ein Schwein in einem Haufen Eicheln und ebenfalls vor

Behagen strampelte und grunzte. Zugegen waren außerdem: der Herr Polizeichef ohne Uniformjacke, der Herr Stadtrichter, dem vor Atemnot die Augen aus den Höhlen zu treten schienen, und ein flinkes Bürschchen in fliederfarbenem Anzug. Die drei spielten hingebungsvoll Kinderbillard, das sie auf einem Toilettentisch aufgebaut hatten, und in einer Ecke saß, an die Wand gelehnt, mit ausgestreckten Beinen und einem idiotischen Lächeln auf den Lippen, der Direktor des Gymnasiums in einer bekleckerten Uniform. Viktor wollte gerade wieder gehen, als ihn jemand am Hosenbein packte. Er sah hinunter und wich zurück. Vor ihm kroch auf allen vieren Roßschäper Nant, Parlamentsmitglied, Ordensritter und Urheber eines aufsehenerregenden Projekts zur Fischzucht in den Kitschinganer Wasserreservoiren.

»Ich will Pferdchen spielen«, blökte Roßschäper. »Komm, spiel mit mir Pferdchen! Hü!« Er war nicht mehr zurechnungsfähig.

Viktor befreite sich unauffällig aus seinem Griff und warf einen Blick ins letzte Zimmer. Dort sah er Diana. Anfangs erkannte er sie nicht, dann aber dachte er befremdet: Wie reizend! Das Zimmer war gedrängt voll, irgendwelche Leute – Männer und Frauen –, die er alle schon einmal irgendwo gesehen hatte, standen im Kreis und klatschten in die Hände, und im Mittelpunkt des Kreises tanzte Diana mit dem gelbhäutigen Playboy mit Adlerprofil. Ihre Augen leuchteten, ihre Wangen brannten, das Haar umflatterte ihre Schultern – sie hatte den Teufel im Leib. Das Adlerprofil versuchte es ihr gleichzutun.

Seltsam, dachte Viktor. Was ist hier los? Etwas stimmte nicht. Er tanzt gut, er tanzt sehr gut. Wie ein Tanzlehrer. Nein, er tanzt nicht, er macht vor, wie man tanzt. Nicht einmal wie ein Lehrer, sondern wie ein Schüler beim Examen. Er will unbedingt eine Eins kriegen. Nein, das ist es nicht. Hör zu, mein Lieber, du tanzt mit Diana! Merkst du das nicht? Viktor ließ seine Fantasie spielen. Ein Schauspieler tanzt auf der Bühne, alles ist gut, alles ist wunderbar, alles läuft, wie es soll, zu Hause aber ist ein Unglück passiert … Nein, nicht unbedingt ein Unglück, sie warten einfach auf ihn, und auch er wartet darauf, dass der Vorhang fällt und die Lichter ausgehen … Das heißt, das ist gar kein richtiger Schauspieler. Ein Unbeteiligter mimt einen Schauspieler, der einen Unbeteiligten darstellt … Spürt Diana nicht, dass da etwas nicht stimmt? Das ist doch eine Puppe. Zwischen den beiden gibt es keinerlei Vertrautheit, nicht die geringste Versuchung, nicht den Schatten eines Begehrens … Man weiß überhaupt nicht, worüber sie miteinander reden könnten. Wie beim Weibertanz … Ist's Ihnen nicht zu warm? Ja, hab ich gelesen, zweimal sogar … Da sah er, dass Diana die Gäste beiseitestieß und auf ihn zulief.

»Komm tanzen!«, rief sie schon von Weitem.

Jemand trat ihr in den Weg, jemand anderer packte sie am Arm, doch sie riss sich lachend los. Viktor aber hielt nach dem Gelbhäutigen Ausschau, konnte ihn jedoch nirgends entdecken und wurde unruhig.

Diana lief auf ihn zu, fasste ihn am Ärmel und zog ihn in den Kreis.

»Komm schon, komm! Wir sind hier ganz unter uns – einer betrunkener als der andere. Zeig ihnen, was du kannst! Dieses Bürschchen ist doch zu nichts fähig …«

Sie zog ihn in den Kreis, und aus der Menge schrie jemand: »Ein Hurra dem Schriftsteller Banew!« Die vorübergehend verstummte Musikbox grölte wieder los. Diana schmiegte sich an ihn und löste sich dann wieder, sie roch nach Parfüm und Wein, sie glühte, und Viktor sah jetzt nur noch ihr erregtes, schönes Gesicht und ihr wehendes Haar.

»Tanz!«, rief sie, und er begann zu tanzen.

»Schön, dass du gekommen bist.«

»Ja. Ja.«

»Warum bist du so nüchtern? Immer bist du im unpassenden Augenblick nüchtern.«

»Ich werde bald betrunken sein.«

»Heute will ich dich betrunken haben.«

»Ich werd's sein.«

»Damit ich mit dir machen kann, was ich will. Nicht du mit mir, sondern ich mit dir.«

»Ja.«

Sie lachte erleichtert auf, und sie tanzten schweigend, ohne noch etwas um sich herum wahrzunehmen, selbstvergessen, wie im Traum. Oder im Kampf. So war sie jetzt – wie im Traum oder im Kampf. Diana-die-es-überkommt … Ringsum klatschte alles in die Hände und feuerte sie an, und anscheinend wollte noch jemand tanzen, aber Viktor fühlte sich gestört und stieß ihn weg – Roßschäper rief gedehnt: »Oh, mein armes, betrunkenes Volk!«

»Ist er wirklich impotent?«

»Na klar. Ich wasche ihn doch.«

»Und?«

»Absolut.«

»Oh, mein armes, betrunkenes Volk!«, stöhnte Roßschäper.

»Lass uns gehen«, schlug Viktor vor.

Er nahm sie an der Hand und führte sie aus dem Kreis. Die Leute, die nach Schnaps und Knoblauch stanken, machten ihnen Platz, an der Tür aber vertrat ihnen ein Milchbart mit dicken Lippen und roten Backen den Weg, rief ihnen etwas Freches zu und ballte kampflustig die Fäuste. Viktor sagte nur: »Später, später«, und der Milchbart verschwand. Sie fassten sich an den Händen und liefen durch den leeren Korridor. Ohne Dianas Hand loszulassen, schloss Viktor die Tür auf und sperrte von innen wieder zu. Es war heiß, unerträglich heiß und stickig, und das Zimmer war anfangs groß und geräumig, wurde aber bald eng und schmal … Viktor stand auf, öffnete das Fenster, und die dunkle, feuchte Luft strömte über seinen nackten Oberkörper. Er kehrte ins Bett zurück, tastete im Dunkeln nach der Ginflasche, nahm einen Schluck und reichte sie Diana. Dann legte er sich hin; links kam kalte Luft herein, rechts aber war etwas Heißes, Seidiges, Zartes. Jetzt hörte er, dass das Gelage andauerte – die Gäste sangen im Chor.

»Geht das noch lange so?«, wollte er wissen.

»Was?«, fragte Diana schläfrig zurück.

»Grölen die noch lange herum?«

»Keine Ahnung. Was kümmert's uns?« Sie drehte sich auf die Seite und lehnte ihre Wange gegen seine Schulter. »Mir ist kalt«, klagte sie.

Sie krochen unter die Decke.

»Schlaf nicht«, bat er.

»Hm«, murmelte sie.

»Fühlst du dich wohl?«

»Hm.«

»Und wenn ich dich am Öhrchen …«

»Ah. Hör auf, das tut weh.«

»Hör mal, könnte ich nicht eine Woche hierbleiben?«

»Ja.«

»Und wo?«

»Ich möchte schlafen. Lass eine arme betrunkene Frau doch schlafen.«

Er verstummte und lag eine Weile reglos da. Diana war schon eingeschlafen. Das mache ich, dachte er. Hier werde ich Ruhe haben – nur abends nicht. Vielleicht aber auch abends. Er wird doch nicht jeden Abend saufen, schließlich ist er zur Kur hier. Ich werde drei oder vier, vielleicht auch fünf oder sechs Tage hierbleiben und weniger trinken, am besten überhaupt nichts, und arbeiten. Ich habe lange nicht mehr gearbeitet. Wenn es mit der Arbeit was werden soll, muss man sich regelrecht danach sehnen und nichts anderes mehr wollen. Schon im Einschlafen, fuhr er plötzlich zusammen. Und Irma … Wegen Irma schreib ich an Roz-Tussow, ja, das mache ich. Hauptsache, Roz-Tussow kneift nicht, er ist nämlich ein Feigling. Er schuldet mir neunhundert Kronen. Wenn's um den Herrn Präsidenten geht, ist das alles unwichtig, dann werden wir alle zu Feiglingen. Warum sind wir bloß so feige? Wovor haben wir eigentlich Angst? Wir haben Angst vor Veränderungen. Dass man nicht mehr in die Schriftstellerkneipe gehen und ein Gläschen Schnaps kippen kann, dass einen der Pförtner nicht mehr kennt, dass es überhaupt keine Pförtner mehr gibt oder sie einen selbst zum Pförtner machen. Ins Bergwerk, das wäre schlimm, das wäre wirklich schlimm. Aber das gibt's heute kaum noch, es sind andere Zeiten, und die Sitten sind nicht mehr ganz so rau … Wie oft habe ich schon darüber nachgedacht und immer wieder festgestellt, dass man eigentlich gar keine Angst zu haben braucht, und trotzdem hat man welche. Weil die Macht so borniert ist. Es ist furchtbar, wenn einem eine bornierte Macht mit Schweineborsten gegenübersteht, der weder mit Logik noch mit Emotionen beizukommen ist. Und dass es dann keine Diana mehr gibt.

Er schlief ein, wachte jedoch wieder auf, weil unter dem offenen Fenster laute Stimmen und lautes Gelächter ertönten. In den Büschen knackte es.

»Ich kann sie nicht einlochen«, erklärte die betrunkene Stimme des Polizeichefs. »Dafür gibt es kein Gesetz …«

»Es wird schon eins geben«, antwortete Roßschäpers Stimme. »Bin ich Abgeordneter oder nicht?«

»Gibt's vielleicht ein Gesetz, das es erlaubt, vor den Toren der Stadt einen Seuchenherd einzurichten?«, bellte der Bürgermeister.

»Es wird eins geben«, beharrte Roßschäper.

»Die sind nicht ansteckend«, krähte der Direktor des Gymnasiums im Falsett. »Ich meine, in medizinischer Hinsicht …«

»He, Gymnasium«, rief Roßschäper. »Vergiss nicht, die Hose aufzuknöpfen.«

»Gibt's vielleicht ein Gesetz, das es erlaubt, ehrliche Leute zu ruinieren?«, bellte der Bürgermeister. »Darf man die ruinieren? Gibt es so ein Gesetz?«

»Ich sage dir doch, es wird eins geben«, wiederholte Roßschäper. »Bin ich Abgeordneter oder nicht?«

Man sollte ihnen eins aufs Dach geben, dachte Viktor.

»Roßschäper!«, rief der Polizeichef wieder. »Bist du mein Freund? Dich Gauner hab ich auf Händen getragen. Dich Gauner hab ich gewählt. Und jetzt treiben sich diese Pestbeulen in der Stadt rum, und ich kann nichts dagegen machen. Es gibt kein Gesetz, verstehst du?«

»Es wird eins geben«, versprach Roßschäper. »Ich sag dir doch: Es wird eins geben. Wegen Vergiftung der Atmosphäre ...«

»Der sittlichen Atmosphäre, jawohl!«, warf der Direktor des Gymnasiums ein. »Der sittlichen und moralischen Atmosphäre.«

»Was? ... Ich sagte: wegen der Vergiftung der Atmosphäre und aufgrund der unzureichenden Fischzucht in den umliegenden Wasserreservoiren ist der Seuchenherd zu liquidieren und woandershin zu verlegen. Recht so?«

»Lass dich küssen«, sagte der Polizeichef.

»Prima«, meinte der Bürgermeister. »Kluges Kerlchen. Von mir kriegst du auch einen ...«

»Unsinn«, widersprach Roßschäper. »Das sind doch Kleinigkeiten. Singen wir ein Lied? Ach nein, lieber nicht. Gehen wir noch mal pinkeln.«

»Richtig. Noch mal pinkeln und ab nach Hause.«

Wieder knackte es in den Büschen, und ein Stück weiter weg hörte man Roßschäper sagen: »He, Gymnasium, du hast vergessen, dich zuzuknöpfen!« Nun wurde es draußen still. Viktor schlief wieder ein und träumte etwas Belangloses, bis das Telefon läutete.

»Ja«, meldete sich Diana heiser. »Ja, ich bin's.« Sie räusperte sich. »Macht nichts, ich höre … Alles in Ordnung, ich glaube, er war zufrieden … Was?«

Sie hatte sich zum Telefonieren über Viktor gelehnt, und plötzlich spürte er, wie sich ihr Körper straffte.

»Komisch«, sagte sie. »Gut, ich sehe nach. Ja. Gut, ich sag's ihm.«

Sie legte auf, kletterte über Viktor hinweg und schaltete die Nachttischlampe ein.

»Was ist los?«, fragte Viktor verschlafen.

»Nichts. Schlaf weiter, ich komme gleich wieder.«

Durch die leicht zugekniffenen Lider sah er, wie sie ihre verstreuten Wäschestücke zusammensuchte, und ihr Gesicht war dabei so ernst, dass er sich Sorgen machte. Sie zog sich rasch an und zupfte im Hinausgehen ihr Kleid zurecht. Roßschäper geht's schlecht, dachte er und horchte. Der alte Wallach liegt im Delirium. In dem riesigen Gebäude war alles still, und er hörte deutlich Dianas Schritte im Korridor. Wider Erwarten ging sie jedoch nicht nach rechts, sondern nach links. Dann knarrte eine Tür, und die Schritte verhallten. Er drehte sich auf die Seite und versuchte vergeblich wieder einzuschlafen. Als er begriff, dass er auf Dianas Rückkehr wartete und vorher doch nicht mehr einschlafen würde, setzte er sich auf und steckte sich eine Zigarette an. In der Beule pochte es, und Viktor verzog das Gesicht. Diana kam nicht zurück. Aus unerfindlichen Gründen musste er an den Tänzer mit dem Adlerprofil denken. Was hatte der damit zu tun? Ein Schauspieler, der einen Schauspieler spielt, der einen Schauspieler spielt … Ach, jetzt fällt's mir wieder ein: Der war ja von links gekommen, genau aus der Richtung, in die Diana gegangen ist. Auf dem Treppenabsatz verwandelte er sich in einen Playboy. Erst spielte er den Salonlöwen und dann einen lockeren Vogel … Wieder horchte Viktor. Es war mucksmäuschenstill, alles schlief.

Irgendjemand schnarchte. Dann knarrte wieder eine Tür, und Schritte kamen näher. Diana trat ein. Ihr Gesicht wirkte nach wie vor ernst. Die Sache war noch nicht ausgestanden. Diana ging zum Telefon und wählte eine Nummer.

»Er ist nicht da«, sagte sie. »Nein, nein, er ist weg. Ich auch … Aber nicht doch, das macht doch nichts. Gute Nacht.«

Sie legte auf, starrte eine Weile in das Dunkel vor dem Fenster und setzte sich dann neben Viktor aufs Bett. Sie hielt eine Taschenlampe in der Hand. Viktor zündete eine Zigarette an und reichte sie ihr. Sie rauchte schweigend, dachte angestrengt nach und fragte dann: »Wann bist du eingeschlafen?«

»Ich weiß nicht, schwer zu sagen.«

»Aber erst nach mir?«

»Ja.«

Sie wandte ihm das Gesicht zu.

»Hast du nichts gehört? Keinen Streit, keine Balgerei?«

»Nein«, antwortete Viktor. »Es war alles sehr friedlich. Erst haben sie gesungen, dann hat Roßschäper mit seiner Truppe unter unserem Fenster gepinkelt, und dann bin ich eingeschlafen. Sie wollten auch gleich nach Hause fahren.«

Diana warf die Zigarette aus dem Fenster und stand auf.

»Zieh dich an«, sagte sie.

Viktor grinste und griff nach seiner Unterhose. Dein Wunsch ist mir Befehl, dachte er. Gehorchen ist doch etwas Schönes. Man darf nur nicht viel fragen.

Also fragte er: »Fahren wir, oder gehen wir zu Fuß?«

»Was? Erst gehen wir zu Fuß, und dann sehen wir weiter.«

»Wird jemand vermisst?«

»Scheint so.«

»Roßschäper?«

Plötzlich spürte er ihren Blick auf sich ruhen. Sie sah ihn zweifelnd an. Es tat ihr wohl schon leid, ihn zum Mitkommen aufgefordert zu haben, und schien sich zu fragen: Warum soll ich den eigentlich mitnehmen?

»Ich bin fertig«, sagte er.

Sie schwankte noch und spielte nachdenklich mit der Taschenlampe.

»Na schön, dann gehen wir.« Sie rührte sich nicht vom Fleck.

»Soll ich vielleicht ein Stuhlbein abbrechen?«, schlug Viktor vor. »Oder einen Bettfuß?«

Sie zuckte zusammen.

»Nein. Wir brauchen kein Stuhlbein.« Sie zog den Tischkasten auf und entnahm ihm eine große schwarze Pistole. »Hier«, sagte sie.

Viktor stutzte, aber wie sich herausstellte, handelte es sich nur um eine kleinkalibrige Sportpistole. Außerdem war das Magazin leer.

»Gib mir Patronen«, bat Viktor.

Sie sah ihn verständnislos an, blickte dann auf die Pistole und sagte: »Nein. Patronen brauchen wir nicht. Komm.«

Viktor zuckte mit den Achseln und steckte die Pistole ein. Sie gingen ins Vestibül hinunter und gelangten auf die Freitreppe. Der Nebel hatte sich gelichtet, es nieselte. Die Fahrzeuge waren verschwunden. Diana bog in einen kleinen Pfad ein, der zwischen nassen Sträuchern hindurchführte, und knipste die Taschenlampe an. Eine dumme Situation, dachte Viktor. Man darf nicht mal fragen, was los ist. Ich müsste mir was einfallen lassen und hintenherum fragen, nicht direkt, sondern eine Bemerkung fallenlassen, die eine Frage enthält. Vielleicht werde ich mich prügeln müssen? Nein, dazu hab ich keine Lust. Heute nicht. Ich werde mit dem Pistolengriff zuschlagen. Direkt zwischen die Augen … Und was macht meine Beule? Sie war an Ort und Stelle und tat weh. Merkwürdige Aufgaben hat eine Krankenschwester in diesem Sanatorium … Aber ich war schon immer der Meinung, dass Diana eine Frau mit einem Geheimnis ist. Bei der ersten Begegnung und all die fünf Tage … Ist das nass, ich hätte noch einen kräftigen Schluck nehmen sollen. Wenn ich zurück bin, genehmige ich mir erst mal einen … Aber sonst bin ich ein toller Kerl, dachte er. Keinerlei Fragen. Dein Wunsch ist mir Befehl.

Sie gingen am Seitenflügel vorbei, arbeiteten sich durch die Fliederbüsche und gelangten an einen Zaun. Diana leuchtete: Ein eiserner Gitterstab fehlte.

»Viktor«, sagte sie leise. »Wir gehen jetzt den Pfad entlang. Du bleibst hinter mir. Pass genau auf, wo du hintrittst, und mach keinen Schritt zur Seite. Verstanden?«

»Verstanden«, antwortete Viktor brav. »Ein Schritt nach links oder rechts, und ich schieße.«

Diana schlüpfte als Erste durch die Lücke im Zaun und leuchtete Viktor. Dann gingen sie langsam bergab. Sie befanden sich an der Ostseite des Hügels, auf dem das Sanatorium stand. Ringsum rauschten unsichtbare Bäume im Regen. Einmal glitt Diana aus, und Viktor bekam sie gerade noch an den Schultern zu fassen. Ungeduldig machte sie sich frei und ging weiter. Dabei wiederholte sie immerzu: »Pass auf, wo du hintrittst. Bleib hinter mir.« Viktor blickte gehorsam auf Dianas Füße in dem hüpfenden Lichtkreis. Anfangs erwartete er jeden Augenblick einen Schlag in den Nacken, genau auf seine Beule, dann aber sagte er sich, das sei kaum möglich, da das alles nicht zusammenpasste. Wahrscheinlich war bloß ein Verrückter ausgerissen; oder bei Roßschäper hatte das Delirium tremens eingesetzt, und man konnte ihn nur zurückbringen, wenn man ihm mit der Pistole drohte …

Plötzlich blieb Diana stehen und sagte etwas, aber ihre Worte drangen nicht zu ihm durch, weil er gleich darauf neben dem Pfad zwei große, glänzende Augen unter einer nassen runden Stirn sah – nur Augen und Stirn, sonst nichts, weder Mund noch Nase noch Körper, nichts. Alles ringsum war nass und dunkel, und in dem Lichtkreis glänzten zwei Augen und eine unnatürlich weiße Stirn …

»Diese Schweinehunde«, presste Diana mit erstickter Stimme hervor. »Ich hab's gewusst. Diese Schlächter!«

Sie ließ sich auf die Knie nieder, der Strahl der Taschenlampe glitt über einen schwarzen Körper, und Viktor erblickte einen metallen glänzenden Bügel und eine Kette im Gras. Diana kommandierte: »Schnell, Viktor!« Er kauerte sich neben sie und begriff erst jetzt, dass das eine Falle war und in der Falle ein menschlicher Fuß steckte. Er umklammerte mit beiden Händen die eisernen Greifer und versuchte sie aufzubiegen.

»Dummkopf!«, schrie Diana. »Nimm die Pistole!«

Er knirschte mit den Zähnen, packte noch einmal zu, spannte die Muskeln an, dass es in den Schultern knackte, und die Greifer öffneten sich.

»Zieh«, sagte er heiser. Der Fuß verschwand, die eisernen Bügel schlossen sich wieder und klemmten ihm die Finger ein.

»Halt mal die Lampe«, sagte Diana.

»Ich kann nicht«, erwiderte Viktor schuldbewusst. »Ich bin eingeklemmt. Nimm die Pistole aus meiner Tasche.«

Diana griff ihm fluchend in die Tasche. Er bog die Falle erneut auseinander, sie schob den Pistolengriff zwischen die Bügel, und er zog seine Hand heraus.

»Halt mal die Lampe«, wiederholte sie. »Ich sehe nach, was mit dem Fuß ist.«

»Der Knochen ist zertrümmert«, sagte eine gepresste Stimme in der Dunkelheit. »Bringen Sie mich zum Sanatorium, und bestellen Sie einen Wagen.«

»Richtig«, sagte Diana. »Viktor, heb ihn auf.«

Sie leuchtete mit der Lampe. Der Mann saß, an einen Baumstamm gelehnt, auf der Erde. Um seine untere Gesichtshälfte war eine schwarze Binde geschlungen. Eine Brillenschlange, dachte Viktor. Ein Nässling. Wie kommt der hierher?

»Nun mach schon«, drängelte Diana ungeduldig. »Nimm ihn auf die Schultern.«

»Gleich«, erwiderte er. Er musste an die gelben Ringe um die Augen denken. Ihm stieg ein Kloß in die Kehle. »Gleich.« Er ging neben dem Nässling in die Hocke und drehte ihm den Rücken zu. »Halten Sie sich an meinem Hals fest«, sagte er.

Der Nässling war dünn und leicht. Er bewegte sich nicht, schien nicht zu atmen und stöhnte nicht einmal, wenn Viktor stolperte; nur sein Körper verkrampfte sich jedes Mal. Der Pfad war steiler, als Viktor gedacht hatte, und als sie den Zaun erreichten, war er völlig außer Atem. Es war gar nicht so einfach, den Nässling durch die Zaunlücke zu schieben, aber schließlich schafften sie es.

»Wohin mit ihm?«, fragte Viktor, als sie am Eingang ankamen.

»Erst mal ins Vestibül«, antwortete Diana.

»Nicht nötig«, presste der Nässling hervor. »Lassen Sie mich hier liegen.«

»Aber hier regnet es«, wand Viktor ein.

»Keine Diskussion«, sagte der Nässling. »Ich bleibe hier.«

Viktor stieg, den Nässling noch immer auf den Schultern, schweigend die Stufen hinauf.

»Leg ihn hier ab!«, befahl Diana.

Viktor blieb stehen. »Zum Teufel, hier regnet's doch.«

»Seien Sie kein Esel«, murmelte der Nässling. »Lassen Sie mich hier liegen.«

Ohne ein Wort zu sagen und immer drei Stufen auf einmal nehmend, erreichte Viktor die Tür und betrat das Vestibül.

»Kretin«, flüsterte der Nässling und ließ den Kopf auf Viktors Schulter sinken.

»Kamel«, zischte Diana, als sie Viktor einholte, und zupfte ihn am Ärmel. »Du Idiot bringst ihn noch um! Schaff ihn sofort raus, und leg ihn in den Regen! Sofort, hörst du? Worauf wartest du noch?«

»Ihr seid ja alle verrückt«, sagte Viktor ebenso wütend wie verwirrt.

Er machte kehrt, stieß mit dem Fuß die Tür auf und betrat die Freitreppe. Darauf schien der Regen nur gewartet zu haben: Bisher hatte es nur leicht genieselt, jetzt aber goss es in Strömen. Der Nässling stöhnte leise, hob den Kopf und hechelte plötzlich, als werde er gehetzt. Viktor zögerte noch immer und sah sich instinktiv nach einem Schutz um.

»Legen Sie mich hin«, verlangte der Nässling.

»In die Pfützen?«, fragte Viktor höhnisch und bitter zugleich.

»Egal. Legen Sie mich irgendwohin.«

Viktor ließ ihn vorsichtig auf die Keramikplatten der Freitreppe gleiten, und der Nässling breitete sofort die Arme aus und streckte sich. Sein rechter Fuß war unnatürlich verdreht, die mächtige Stirn glänzte im Schein der starken Lampe bläulich weiß. Viktor setzte sich neben dem Nässling auf eine Stufe. Am liebsten wäre er ins Vestibül gegangen, brachte es aber nicht übers Herz. Den Verletzten allein im strömenden Regen liegen zu lassen, während er im Warmem saß, kam gar nicht infrage. Wie oft bin ich heute schon als Dummkopf beschimpft worden?, dachte er und fuhr sich mit der Hand übers Gesicht. Ein bisschen zu oft. Aber anscheinend steckt ein Körnchen Wahrheit darin, denn ein Dummkopf, auch Kamel, Esel oder Kretin genannt, ist ein Ignorant, der in seiner Ignoranz verharrt. Dabei geht's dem Nässling im Regen besser, bei Gott! Er hat die Augen aufgemacht, und die sind gar nicht so furchteinflößend … Ein Nässling, ja, wahrscheinlich eher ein Nässling als eine Brillenschlange. Wie ist er bloß in die Falle geraten? Wo kommen hier überhaupt Fallen her? Das ist der zweite Nässling, dem ich heute begegne, und beide hatten Unannehmlichkeiten, und ich ihretwegen auch …

Diana telefonierte im Vestibül. Viktor hörte ihr zu.

»Der Fuß! … Ja. Der Knochen ist zertrümmert … Gut … Schön. Kommen Sie schnell, wir warten.«

Durch die Glastür sah Viktor, wie sie den Hörer auflegte und die Treppe hinauflief. Unsere Stadt hat neuerdings Probleme mit den Nässlingen. Um sie braut sich etwas zusammen. Allen sind sie auf einmal im Weg, auch dem Direktor des Gymnasiums. Ja, sogar Lola, fiel ihm plötzlich ein. Auch sie hat sich irgendwie abfällig über sie geäußert … Er warf einen Blick auf den Nässling. Der sah ihn an.

»Wie fühlen Sie sich?«, erkundigte sich Viktor. Der Nässling schwieg.

»Brauchen Sie etwas?«, fragte Viktor lauter. »Einen Schluck Gin?«

»Schreien Sie nicht so«, bat der Nässling. »Ich bin nicht schwerhörig.«

»Tut's weh?«, erkundigte sich Viktor mitfühlend.

»Was denken Sie denn?«

Ein selten unangenehmer Mensch, fand Viktor. Aber was kümmert's mich, ich sehe ihn nie wieder. Und der Mann hat Schmerzen …

»Das geht vorbei«, sagte er. »Gedulden Sie sich noch ein paar Minuten. Sie werden gleich abgeholt.«

Der Nässling antwortete nicht, er zog die Stirn in Falten und schloss die Augen. Wie er so reglos im strömenden Regen ausgestreckt dalag, sah er aus wie ein Toter. Diana kam mit einem Arztköfferchen auf die Freitreppe geeilt, hockte sich neben den Nässling und machte sich am verletzten Fuß zu schaffen. Der Nässling stöhnte leise, aber Diana redete nicht beruhigend auf ihn ein, wie Ärzte es in solchen Fällen tun.

»Soll ich dir helfen?«, fragte Viktor. Diana antwortete nicht. Er stand auf, und Diana murmelte, ohne den Kopf zu wenden: »Warte, geh nicht weg.«

»Ich gehe nicht weg«, erwiderte Viktor. Er sah zu, wie sie mit geschickten Bewegungen den Fuß schiente.

»Du wirst noch gebraucht«, erklärte sie.

»Ich gehe ja nicht«, wiederholte Viktor.

»Wenn du willst, kannst du kurz hochgehen. Lauf, nimm einen Schluck, solange noch Zeit ist, aber komm dann gleich wieder.«

»Lass nur. Es geht auch ohne.«

Dann hörte man irgendwo hinter der Wand aus Regen Motorgeräusche, und Scheinwerfer blinkten auf. Viktor erblickte einen Jeep, der vorsichtig in die Toreinfahrt bog. Der Jeep rollte vor die Freitreppe, und schwerfällig kletterte Yul Golem heraus, der in einem unförmigen Regenmantel steckte. Er stieg die Stufen hoch, beugte sich über den Nässling und ergriff seinen Arm.

Der Nässling sagte mit dumpfer Stimme: »Keine Spritzen.«

»Gut.« Golem blickte Viktor an. »Heben Sie ihn auf.«

Viktor nahm den Nässling auf die Arme und trug ihn zum Jeep. Golem überholte ihn, machte die Tür auf und stieg ein.

»Reichen Sie ihn herüber«, sagte er aus dem Dunkeln. »Nein, mit den Füßen voran. Na, los doch … Halten Sie ihn an den Schultern fest …«

Schnaufend machte er sich im Wageninnern zu schaffen. Der Nässling begann wieder zu stöhnen, und Golem redete mit ihm, aber vielleicht fluchte er auch nur. Es hörte sich an wie: »Der Hals hat keine Ecken …« Dann stieg er aus, schlug die Tür zu, setzte sich ans Lenkrad und fragte Diana: »Haben Sie's gemeldet?«

»Nein«, erwiderte Diana. »Soll ich?«

»Jetzt bringt es nichts mehr«, erklärte Golem. »Sie machen sonst alles dicht. Auf Wiedersehen.«

Der Jeep fuhr an, umrundete die Blumenrabatte und rollte die Allee entlang.

»Gehen wir«, sagte Diana.

»Schwimmen wir«, erwiderte Viktor. Jetzt, wo alles vorbei war, fühlte er sich nur noch gereizt.

Im Vestibül hängte Diana sich bei ihm ein.

»Nicht so schlimm«, meinte sie. »Jetzt ziehst du dir trockene Sachen an, trinkst einen Schluck, und dann ist die Welt wieder in Ordnung.«

»Ich komme mir vor wie ein begossener Pudel«, entgegnete Viktor wütend. »Und vielleicht erklärst du mir endlich mal, was überhaupt los war?«

Diana seufzte müde. »Nichts Besonderes. Er hätte sich eine Taschenlampe einstecken sollen.«

»Und Fallen am Wegrand sind bei euch ganz normal?«

»Das war der Bürgermeister, dieser Schweinehund …«

Sie stiegen in den ersten Stock hinauf und gingen den Korridor entlang.

»Ist der verrückt?«, wollte Viktor wissen. »Das ist ja kriminell. Oder ist er wirklich verrückt?«

»Nein. Er ist einfach ein Schwein und hasst die Nässlinge. Wie die ganze Stadt.«

»Das habe ich schon bemerkt. Wir waren früher auch nicht von ihnen begeistert, aber gleich Fallen aufzustellen … Was haben die Nässlinge ihnen getan?«

»Irgendjemanden muss man doch hassen. In manchen Gegenden hasst man Juden, in anderen Schwarze und bei uns eben Nässlinge.«

Sie blieben vor einer Tür stehen, Diana drehte den Schlüssel um, trat ein und machte Licht.

»Warte mal«, hielt Viktor inne und sah sich um. »Wo sind wir hier?«

»Das ist das Labor«, antwortete Diana. »Ich komme gleich …«

Viktor blieb an der Tür stehen und sah zu, wie sie durch den großen Raum ging und die Fenster schloss. Unter den Fenstern hatten sich Pfützen gebildet.

»Was hat er in der Nacht hier gesucht?«, wollte Viktor wissen.

»Wo?«, fragte Diana, ohne sich umzudrehen.

»Auf dem Pfad. Du wusstest doch, dass er da war?«

»Ach, weißt du«, antwortete sie, »im Leprosorium mangelt es an Medikamenten. Darum kommen sie manchmal zu uns und holen sich was …«

Sie schloss das letzte Fenster, ging durchs Labor und musterte die mit Geräten und Gefäßen vollgestellten Tische.

»Scheußlich«, befand Viktor. »Ein feiner Staat. Wohin man auch guckt, überall stinkt's … Gehen wir, mir ist kalt.«

»Gleich.«

Sie nahm ein dunkles Kleidungsstück vom Stuhl und schüttelte es aus. Es war ein Abendanzug für Herren. Sie hängte ihn sorgsam in einen Schrank mit Arbeitskleidung. Was sucht der Anzug hier?, grübelte Viktor. Der kommt mir irgendwie bekannt vor …

»So«, sagte Diana. »Mach, was du willst – aber ich steige jetzt in die Wanne.«

»Hör mal, Diana«, begann Viktor vorsichtig. »Wer war der Mann mit dem gelben Gesicht und der großen Nase? Der, mit dem du getanzt hast …«

Diana fasste ihn unter.

»Weißt du«, sagte sie nach einer Weile. »Das war mein Mann. Mein ehemaliger …«

3
Felix Sorokin | Das Abenteuer

Am Abend hatte ich kein Nitrangin eingenommen. Nicht weil ich es vergessen hätte, sondern weil mir klargeworden war, dass man bei diesem Medikament keinen Alkohol trinken sollte. Morgens fühlte ich mich entsprechend kraftlos und apathisch und musste mich zu allem zwingen: Ich schaffte es kaum, mich zu waschen, anzuziehen und zu frühstücken. Vom Kognak stand noch über die Hälfte da, und der Rest »Salut« hätte bestimmt für ein volles Glas gereicht. Ich schwankte, ob ich mir meinen Rausch mit Alkohol austreiben sollte, aber im selben Moment, also zur Unzeit, fiel mir ein, dass die Ärzte heutzutage im »Katersyndrom« das wichtigste Anzeichen einer Alkoholsucht sehen, und so ließ ich die Finger von der Flasche. Mein Gott, dachte ich, wie gut, dass Klara nicht hier ist, um mir zu sagen, was ich zu tun und zu lassen habe, wie gut, dass ich allein bin.

Natürlich rief genau in dem Augenblick Katja an und erkundigte sich besorgt (und auch ein wenig giftig): »Na, hast du wieder deine Gefäße erweitert?« Und natürlich musste ich ein weiteres Mal lügen und mich rechtfertigen, umso mehr, als ich wegen der Anfertigung ihres Pelzmantels in unserem Atelier immer noch nichts unternommen hatte. Doch Katja rief keineswegs wegen des Mantels an. Wie ich erfuhr, hatte sie die Absicht, mich heute oder morgen Abend zu besuchen und mir die bestellten Lebensmittel zu bringen. Nur darum ging es ihr. Wir legten auf, und aus lauter Freude goss ich mir fingerbreit Kognak ein; danach fühlte ich mich besser. Das Wetter versprach wunderbar zu werden. Nichts erinnerte an das gestrige Schneetreiben, die Sonne, die sich seit Neujahr nicht hatte blicken lassen, lugte hervor, und die bizarr geformte Schneewehe auf meinem

Balkon funkelte lustig; anscheinend war es frostig kalt, denn jedes Auto auf der Chaussee zog eine Schleppe aus weißem Dampf nach sich. Mein Blutdruck hatte sich eingependelt, und es gab keinen Grund, mich nicht an mein Drehbuch zu setzen.

Beim Schneider hatte ich übrigens schon dreimal angerufen, jedes Mal erfolglos. Aber ich muss gestehen, dass meine Anrufe eher phlegmatisch gewesen waren: Beabsichtigt jemand ernsthaft, seiner Tochter einen Pelz anfertigen zu lassen, muss er sich persönlich ins Atelier bemühen, allegorische Körperbewegungen vollführen und allegorische Phrasen aufsagen – und riskiert doch, grob, niederträchtig und zum eigenen Schaden behandelt zu werden.

Ich setzte mich also an die Maschine und begann sogleich mit dem Satz, der mir schon gestern eingefallen war. Ich hatte aber noch keinen Gebrauch davon gemacht, sondern ihn als zündenden Anfang extra für heute aufgehoben: »Der Beschuss gilt nicht ihnen, sondern den Genossen weiter rechts …« Zuerst ging es flott voran, frisch und munter, wie bei einem Suworowschüler, doch schon nach einer guten Stunde ertappte ich mich dabei, dass ich träge dahockte und stumpfsinnig immer wieder den letzten Absatz las: »Der Kommissar starrt nach wie vor den brennenden Panzer an. Unter seiner Brille rinnen Tränen hervor, er wischt sie nicht ab. Sein Gesicht ist unbewegt und ruhig.«

Ich fühlte bereits, dass ich festsaß – festsaß für lange, ohne Lichtblick. Und das nicht etwa, weil ich mir nicht vorstellen konnte, wie sich das Geschehen weiterentwickelte – nein, die Ereignisse hatte ich auf fünfundzwanzig Seiten vorausbedacht … Die Sache stand viel schlimmer: Ich empfand so etwas wie Übelkeit im Gehirn.

Ich sah zwar alles ganz deutlich vor mir: das Gesicht des Kommissars, den halb zerstörten Schützengraben und den brennenden »Tiger«. Aber alles war wie aus Pappmaché, aus Karton und bemaltem Sperrholz. Als stünde es auf der Bühne eines heruntergekommenen Kulturzentrums.

Wieder einmal dachte ich mit trauriger Genugtuung, dass man entweder über das schreiben sollte, was einem vertraut ist, oder über das, was niemand kennt. Die Mehrheit vertritt zwar eine andere Meinung – aber was soll's? Meine Tochter hat recht: Es ist besser, zur Minderheit zu gehören.

Verdammt, dachte ich fast schon verzweifelt. Es gibt doch so viele, denen es gegeben ist, vom Schicksal gegeben, und in vollem Maße … Unsere Vergil-Dichter in den Katakomben, die unauslöschliche Hölle aus Feuer und Eis; dann gibt es Simonow, den von mir verehrten Konstantin Michailowitsch und Wasil Bykow, der bittere Meister, dann der unvergleichliche Bogomolow, der erstaunliche »Saschka« von Wjatscheslaw Kondratjew, es gibt Grischa Baklanow, den ich ebenfalls sehr verehre, und den frühen Bondarew … Ich kann nicht alle aufzählen, und das ist auch nicht nötig. Wozu? Ich sollte lieber weinen, weil ich nie unter ihnen sein werde. Ich habe es auch nicht verdient – weder durch mein Blut noch durch den Dreck der Schützengräben, und ich werde es niemals verdienen. Daher gibt es auch keinerlei Unterschied zwischen dem angesehenen Felix Sorokin und dem vierundfünfzigjährigen Lump, der sich daranmacht, über den »Kursker Bogen« zu schreiben – und nicht etwa über die Baikal-Amur-Magistrale oder die Ränke im hiesigen Forschungsinstitut. Nein, er schreibt darüber, was er nur aus dem Kino kennt, was er in Filmen von Juri Oserow gesehen hat. So sieht's aus, wenn du ehrlich bist, Felix Alexandrowitsch …

Ich kann solche Durchhänger bei der Arbeit nicht ausstehen, sie machen mich krank. Und so beschloss ich auf der Stelle, mir nicht die Laune verderben zu lassen. Ich hatte genug anderes zu tun, und es wäre dumm gewesen, hier herumzusitzen und Trübsal zu blasen. Man erwartete mich in der Bannaja.

Hastig stopfte ich mein unfertiges Drehbuch in die eigens dafür vorgesehene Kunststoffhülle und begann mich anzuziehen. »Das Wandern ist des Müllers Lust«, brummte ich, wobei ich mir ächzend die Stiefel anzog. »Vom Wasser haben wir's gelernt«, sang ich aus vollem Halse, während ich mein Glanzstück, »Die Korjagins«, einsteckte. Ich verscheuchte meine Angst. »Schlimmstenfalls muss ich den Vorschuss zurückgeben!«, sagte ich laut und zwängte mich in meine Jacke. Doch es ging gar nicht um den Vorschuss. Irgendwie hatte ich in letzter Zeit allzu oft solche Durchhänger – im Klartext: Anfälle von Widerwillen gegen die Arbeit, die mich ernährt.

Als ich auf dem Treppenabsatz stand, dachte ich – um mich endgültig abzulenken – darüber nach, dass mir nun schon den dritten Tag nichts Unsinniges oder Idiotisches mehr zugestoßen war – anscheinend war der, der mein Schicksal lenkte, völlig ausgebrannt und nicht einmal mehr für dumme Hexereien zu gebrauchen … Der Fahrstuhl kam und kam nicht, weder der große noch der kleine, und so schlug ich gegen die zwei Türen und lauschte. Von unten drangen dumpf und undeutlich Stimmen herauf. Ich fluchte und nahm die Treppe.

Im neunten Stock fiel mir auf, dass die Wohnungstür des Dichters Kostja Kudinow weit offen stand. Aus der Türöffnung schob sich ein breiter Rücken im weißen Kittel heraus. Na bitte, schon wieder, dachte ich sofort. Und ich irrte nicht. Kudinow wurde auf einer Trage herausgebracht, und der große Lift war seinetwegen blockiert. Kostja sah grünlich bleich aus, seine trüben Augen rollten mal nach außen, mal zur Nasenwurzel, der Mund war besabbert und hing schlaff herab.

Zuerst schien mir, als sei Kostja bewusstlos, und ich kann nicht behaupten, dass mich dies sehr erschütterte oder berührte. Wir waren lediglich Bekannte, Bewohner desselben

Hauses und Mitglieder derselben Schriftstellerorganisation, der mehrere Tausend Menschen angehörten. Ungefähr vor zehn Jahren war er bei irgendeiner Kampagne öffentlich gegen mich aufgetreten, mit ungereimtem Geschwafel, aber recht bissig. Später hatte er sich freilich entschuldigt, mit der Begründung, er habe mich mit dem anderen Sorokin verwechselt, mit dem Kinderbuchautor. Seitdem grüßen wir uns freundlich, wenn wir uns begegnen, tauschen Neuigkeiten aus und bedauern, dass wir es einfach nicht schaffen, uns einmal zusammenzusetzen. Doch eigentlich ist er für mich ein Niemand, und jetzt, bei seinem Anblick, war ich überzeugt, dass er nur wieder über sein übliches Quantum hinaus getrunken hatte. Kurzum: Dem üblichen Verlauf der Dinge nach, würde man den Dichter Kostja Kudinow jetzt in den bereitstehenden Aufzug verfrachten, die Türen würden sich schließen und ihn meinen Blicken entziehen. Ich würde mich beim Arzt erkundigen, was los war, und den kleinen Vorfall am Abend irgendwem im Klub erzählen.

Aber wie sich erwies, war der, der mein Schicksal lenkte, noch bei Kräften.

»Felix!«, hauchte Kostja so verzweifelt, dass die Sanitäter, gespannt, was nun kommen würde, sofort stehen blieben. »Dich hat mir Gott geschickt, Felix …«

An der Stelle verdrehte er die Augen und verstummte. Doch kaum setzten sich seine Träger wieder in Bewegung, fing er erneut an. Er redete verworren, artikulierte schlecht, röchelte, flüsterte und verlangte immerzu, ich solle etwas aufschreiben. Also öffnete ich gehorsam meine Mappe, zog einen Kugelschreiber hervor und notierte auf der Klappe: »Sokolniki, Bogorodsker Chaussee, Buslinie 239, Institut, Martinson Iwan Dawydowitsch, Methusalin«. Das bedeutete, ich musste jetzt ans entgegengesetzte Ende Moskaus fahren, in der Bogorodsker Chaussee ein geheimnisvolles Institut aufstöbern, dort zu einem gewissen Martinson vordringen und von ihm für Kostja dieses Methusalin erbitten. (»Wenigstens zwei, drei Tropfen … Mir steht das nicht zu, aber er muss mir trotzdem etwas geben, sonst sterbe ich …«) Danach schlossen sich die Türen des Fahrstuhls, und ich blieb allein auf dem Treppenabsatz zurück.

Ich will offen sein: Ich verspürte keinerlei Mitleid für Kostja und erst recht keine Lust auf die von ihm gewünschten, höchst komplizierten Bewegungen in Raum und Zeit (meiner persönlichen, wohlgemerkt). Wieso auch? Wer war er denn für mich? Ein wenig bekannter Dichter, der zu viel trank, und der außerdem einmal gegen mich vorgegangen war. Irrtümlich zwar, aber eben gegen und nicht für mich! Natürlich würde ich jetzt nirgendwohin fahren, auch nicht in die Bannaja; zu sehr hatte mich das alles verwirrt und mitgenommen … Doch in dem Augenblick kam aus Kostjas Wohnung noch einer mit weißem Kittel und stellte sich neben mich vor die Aufzugtür. Nach Stethoskop und Hornbrille zu urteilen war es der Arzt, ein prima Doktor Dolittle mit einer nicht angezündeten »Belomor« im Mundwinkel. Ich fragte ihn, was mit Kostja sei, und er antwortete, es handle sich vermutlich um Botulismus, eine schwere Konservenvergiftung. Ich erschrak. Ich hatte mich früher einmal an Konserven vergiftet, auf Kamtschatka, und hätte fast das Zeitliche gesegnet.

Die Fahrstuhltüren schoben sich auseinander, der Arzt und ich stiegen ein, und ich fragte ihn – nachdem ich noch einmal auf meine Notiz gesehen hatte –, ob denn Methusalin Kostja helfen würde. Der Arzt blickte mich verständnislos an, und ich las es ihm Silbe für Silbe vor: Me-thu-sa-lin. Er hatte nie davon gehört, und ich schlussfolgerte, dass es wohl ein neues, sogar sehr neues Medikament sein müsse.

Am Krankenwagen trennten sich unsere Wege. Der arme Kostja wurde nach Birjulewo gebracht, in die neue Klinik, und ich trabte zur Metro.

Nach wie vor fehlte mir alle Lust, irgendwohin zu fahren. Ich machte mir nichts vor, und es traf mich wie eine Offenbarung: Kostja war mir eigentlich nie sympathisch gewesen, ein völlig fremder, grunddummer und ganz und gar unbegabter Mensch! Sein Botulismus rief zwar ein gewisses Mitgefühl hervor, aber auch Wut, und diese Wut wuchs mit jeder Minute. Warum, zum Teufel, musste ich, ein älterer, kranker Mann, durch die ganze Stadt zu einem geheimnisvollen Institut und einem geheimnisvollen Martinson trotten, um dieses gleichermaßen geheimnisvolle Methusalin zu besorgen, das nicht mal ein Arzt kannte. Das bedeutete herumirren, Leute fragen, suchen und dann bitten und betteln, denn Kostja hatte selbst zugegeben, dass ihm die Tropfen nicht zustanden … Bestimmt würde sich herausstellen, dass es so ein Institut gar nicht gab, und wenn doch, dass dort kein Martinson arbeitete. Das alles waren bloß Hirngespinste, Visionen eines fast Ohnmächtigen. Er war doch vergiftet, stark vergiftet …

Ich quälte mich bis zur Metro, wobei ich auf zugewehten vereisten Fahrrinnen ausglitt und im Schnee einsank, den die Hauswarte nicht geräumt hatten. Ich dachte mir immer neue Ausreden aus, obwohl ich schon wusste: Je mehr Ausflüchte ich mir zusammensuchte, desto sicherer führte mich mein Weg durch ganz Moskau, bis hinter Sokolniki, zu Iwan Dawydowitsch Martinson, und dann wieder mit drei Tropfen des kostbaren Methusalin zurück durch ganz Moskau nach Birjulewo, um den absolut uninteressanten, mir unsympathischen Dichter Kostja Kudinow zu retten …

Gott sei Dank fuhr die Metro von hier bis Sokolniki durch, und um diese Zeit – gegen zwei Uhr – war sie ziemlich leer. Ich verkroch mich in eine Ecke und schloss die Augen. Meine Gedanken nahmen eine etwas andere, man könnte sogar sagen, professionelle Wendung.

Wieder einmal grübelte ich darüber nach, dass Literatur, sei sie auch noch so realistisch, hinsichtlich der inneren Welt des Menschen nur sehr vage der Wirklichkeit entspricht. Ich versuchte, mich an wenigstens ein literarisches Werk zu erinnern, in dem sich der Held – in meine oder eine ähnliche Lage geraten – erlaubt hätte, einigermaßen deutlich seinen Unmut zu äußern. Doch Fehlanzeige, der Leser hätte ihm das nie verziehen! Selbst wenn der Held trotzdem gefahren wäre, Tausende von Hindernissen bezwungen und Wunder an Heldentum vollbracht hätte, wäre ein Fleck auf seiner Weste geblieben – in den Augen des Lesers und erst recht in denen des Verlegers.

An und für sich ist dem positiven Helden in unserer liberalen Zeit viel erlaubt. Er darf sogar ein Säufer sein und stehlen, was nicht niet- und nagelfest ist, uneigennützig, versteht sich. Er darf ein schlechter Familienvater, ein Faulpelz und Versager sein, leichtsinnig und oberflächlich. Aber eins verbietet sich dem positiven Helden doch: Misanthropie. Eher geht ein Kamel durchs Nadelöhr, als dass ein literarischer Held, der sich erkühnt, ungerührt an einem Vöglein mit gebrochenem Flügel vorbeizugehen, positiv wahrgenommen wird. Folglich bin ich, Felix Alexandrowitsch Sorokin, nach allen literarischen Normen des In- und Auslands bestenfalls ein moralischer Krüppel.

Dieser Schluss belustigte mich und hob meine Laune. Erstens konnte ich auch heute wieder der Bannaja fernbleiben und hatte dafür nicht nur einen legitimen, sondern einen höchst humanitären Grund. Und zweitens … Zweitens genügte erstens. Für den Rückweg würde ich ein Taxi nehmen, Geld hatte ich ja, Gott sei Dank. Ich würde nach Birjulewo fahren, das Methusalin abliefern und mit demselben Taxi weiterbrausen, direkt zum Klub …

Ich nickte ein und dachte im Halbschlaf, dass dieses neue Medikament einen recht merkwürdigen Namen hatte.

Methusalin. Das klang nach Türkei, nach dem Nahen Osten. Methusalem … Aus der Bibel?

Das Institut fand ich ohne Schwierigkeit. Der Bus hielt gegenüber der Pförtnerloge, zu deren Seiten sich ein hoher Zaun endlos die leere Straße entlangzog. Ein Schild gab es am Hofeingang keins. Auf der Vortreppe stand, die Hände in den Taschen, ein Mann, der eine Schapka mit hochgeschlagenen Ohrenklappen trug, jedoch keinen Mantel. Er musterte mich, sagte aber nichts, und ich trat in die völlig überheizte Pförtnerloge. Wahrscheinlich hätte ich, ohne nach rechts und links zu sehen, einfach den Flur entlang und am anderen Ende wieder hinausgehen sollen, aber so etwas liegt mir nicht. Also schob ich mein Gesicht dicht vor das winzige Schalterfenster und fragte: »Wie komme ich zu Iwan Dawydowitsch Martinson?«

Hinter dem Fensterchen schlürfte ein alter Mann in speckiger Jacke Tee aus der Untertasse und lutschte Zuckerwürfel dazu. Gemächlich stellte er das dampfende Schälchen zurück auf den Tisch, zog eine schmierige paspelierte Uniformmütze hervor und stülpte sie sich korrekt auf die Glatze.

»Passierschein«, forderte er.

Ich erklärte, dass ich keinen Passierschein hatte, und dieses Geständnis bestätigte, wie es schien, seine schlimmsten Befürchtungen – als hätte man ihn schon am Morgen gewarnt, dass heute einer ohne Passierschein käme und er ihn auf keinen Fall einlassen dürfe. Er zwängte sich hinter dem Tisch hervor, rückte in den Flur hinaus und postierte sich vor dem Drehkreuz. Ich begann zu wimmern und zu betteln. Aber je kläglicher ich bettelte, desto standhafter wurde der Alte; das zog sich hin, bis mir plötzlich klarwurde, dass das Hindernis vor mir unüberwindlich war und ich somit leichten Herzens von hier fort direkt zur Bannaja und danach in den Klub fahren konnte. Genüsslich nannte ich das

Großväterchen eine alte Laus, drehte mich zufrieden um und schritt davon.

Aber ach, es kam anders!

»Er lässt dich also nicht rein«, stellte der Mann mit den hochgeschlagenen Ohrenklappen fest.

»Die alte Laus, die persische«, fügte ich hinzu.

Und da erzählte mir der Mann, ungefragt und bereitwillig, dass heute niemand mehr durch die Pförtnerloge gehe, da man dort keinen einließe; heute stiegen alle durch den Zaun, hundert Meter weiter sei ein Loch, und durch dieses Loch kletterten alle. Wer hätte auch Spaß daran, einen Umweg von drei Werst die Bogorodsker entlang zu machen, wenn er bloß durch den Zaun brauchte, quer über das Institutsgelände und dann wieder durch den Zaun – und schon befände er sich vor dem Schnapsladen.

Was blieb mir übrig? Ich dankte dem guten Menschen und folgte aufs Haar seinen Angaben. Von der Bresche im Zaun führte ein ordentlich festgetretener Weg durch das riesige schneeverwehte Gelände. Rechter Hand erstreckte sich eine befestigte Baustelle, links stand ein fünfstöckiger weißer Ziegelblock mit breiten Schulfenstern. Offenbar war dies das eigentliche Institut; in seine Richtung zweigte vom Weg ein schmaler Pfad ab, ebenfalls gut festgetreten.

Vor dem Eingang zum Institut öffneten gerade drei Männer – auch sie ohne Mäntel und in Mützen mit hochgeschlagenen Ohrenklappen – einen Container, der mit fremdländischen Aufschriften beklebt war. Die Treppe zum Institut war breit und flach, und die verglaste, ebenfalls breite Eingangstür befand sich unter einem Vordach aus Beton. Ich schlenderte an den Männern vorüber, stieg die Stufen hinauf und trat ins Vestibül.

Es war ein großer Raum, von Quecksilberlampen erhellt und voller Leute, die, wie mir schien, keinerlei Beschäftigung nachgingen, sondern nur in Grüppchen beieinanderstanden und rauchten. Aus Erfahrung klug, fragte ich nichts und niemanden, sondern steuerte geradewegs die Garderobe an, wo ich ablegte – immer bemüht, mit düsterer, sorgenschwerer Miene meine Mappe zur Schau zu stellen.

Dann kämmte ich mich vor dem Spiegel und stieg hinauf in den ersten Stock. Warum ausgerechnet in den ersten, hätte ich nicht erklären können, aber es verlangte ja niemand eine Erklärung von mir. Auch hier war der Fußboden gefliest, leuchteten Quecksilberlampen, standen grüppchenweise Leute mit Zigaretten herum. Ich entschied mich für einen jungen Mann, der sich abseits hielt. Seine Miene war ebenfalls düster und sorgenschwer, und ich dachte, dass er gewiss nicht fragen würde, wer und warum ich hier war und ob ich das Recht dazu hatte.

Ich irrte mich nicht. Leicht abwesend, ohne einen Blick auf mich zu werfen, antwortete er, dass Martinson wahrscheinlich bei sich auf dem Abort sitze; das sei im zweiten Stock, gleich hinter den Skeletten rechts, die Tür mit der Nummer siebenunddreißig.

Skelette konnte ich im zweiten Stock nicht entdecken, und ich weiß auch nicht, was der junge Mann mit seiner bildhaften Ausdrucksweise gemeint hatte: der Abort Nummer siebenunddreißig erwies sich als geräumiges, sehr helles Zimmer. Es strahlte von Glas und flimmernden Lichtern; auf Bildschirmen, wo sie auch hingehörten, schlängelten sich grüne Kurven; über allem hing ein Geruch nach künstlichem Leben und vernunftbegabten Maschinen, und in der Mitte saß, mit dem Rücken zu mir, ein Mann und telefonierte.

»Hör auf!«, dröhnte er. »Welches Gesetz? Mach ein bisschen mehr Druck! Wieso Lomonossow-Lavoisier? Hauptsache, du machst Druck!«

Dann legte er auf, drehte sich zu mir um und herrschte mich an: »Bei der Gewerkschaftsleitung!«

Ich sagte, ich müsse Iwan Dawydowitsch Martinson sprechen. Er lief rot an. Sehr groß war er, breitschultrig, hatte einen Stiernacken und zerzauste scheckige Haare.

»Ich sagte: Bei der Gewerkschaftsleitung!«, blaffte er. »Und dort von drei bis fünf! Hier rede ich nicht mit Ihnen. Ist das klar?«

»Ich komme von Kostja Kudinow«, nuschelte ich leise.

Er stockte. »Von Kostja? Und worum handelt es sich?«

Ich erzählte. Während ich redete, stand er auf, ging um mich herum und schloss fest die Tür.

»Wer sind Sie überhaupt?«, wollte er wissen. Die Farbe war aus seinem Gesicht gewichen. Jetzt erschien er mir fast blass. In die Augen sah er mir nicht.

»Ich bin ein Nachbar.«

»Das habe ich verstanden«, sagte er ungeduldig. »Wer Sie sind, will ich wissen!« Ich stellte mich vor.

»Ihr Name sagt mir nichts«, erklärte er und blickte mich an. Seine Augen waren schwarz und standen dicht beieinander, sehr dicht.

Ich wurde wütend. Verdammt noch mal! Wieder muss ich mich rechtfertigen. »Ihr Name sagt mir übrigens auch nichts«, entgegnete ich. »Und trotzdem bin ich durch ganz Moskau zu Ihnen gefahren …«

»Haben Sie einen Ausweis bei sich?«, unterbrach er mich. »Wenigstens irgendeinen …« Ich hatte keinen Ausweis. So etwas trage ich nicht mit mir herum.

Er dachte nach. »Also schön, ich nehme das selbst in die Hand. Wie meinten Sie, in welcher Klinik ist er?«

Ich wiederholte es.

»Mag ihn doch dort …«, knurrte er. »Das ist ja wirklich am anderen Ende der Stadt … Na gut, gehen Sie. Ich übernehme das.«

In mir kochte es, ich wandte mich um und hatte schon die Klinke in der Hand, als ihm noch etwas einfiel.

»He, errr-laub-en Sie mal!«, toste er. »Wie sind Sie überhaupt hereingekommen? Ohne Passierschein! Sie konnten sich doch nicht einmal ausweisen.«

»Durch das Loch«, erwiderte ich gallig.

»Durch welches Loch?«

»Na, durch das Loch im Zaun!«, erklärte ich rachsüchtig und ging hinaus. Ganz in Weiß …

Auf der Treppe kam mir auf einmal ein fürchterlicher Gedanke: Was, wenn der grimmige Martinson jetzt telefonierte und in einer Minute Wachmänner und Handwerker zu allen Löchern im Zaun rannten und ich im Sack saß, wie der geschlagene Paulus … Ich hielt es nicht mehr aus, lief los und verfluchte dabei immer wieder Kostja Kudinow, seinen Botulismus und mein lahmes Schicksal. Erst als mir auffiel, dass sich Leute nach mir umdrehten, riss ich mich zusammen, und vor dem Garderobier erschien ich, wie es sich für einen düsteren, sorgenschweren Geschäftsmann gehört, dessen Taschen voller Passierscheine und Ausweise sind.

Nachdem ich die Außentreppe hinuntergestiegen war, drehte ich mich um, ich weiß selbst nicht, warum. Da sah ich hinter der Glastür Iwan Dawydowitsch stehen, die mächtigen Hände gegen die Scheiben gepresst und das bleiche Gesicht vorgeschoben. Unverwandt starrte er mir nach, wie der Vampir seinem entronnenen Opfer.

Ich schäme mich, es zuzugeben, aber ich begann wieder zu laufen. Trotz meiner Arterien, meines Bauchs, und obwohl ich gelegentlich hinke. Erst als ich durch das Loch getaucht war und die Bogorodsker Chaussee erreicht hatte, meldete sich mein Selbstvertrauen wieder; ich fiel in Schritt, knöpfte meine Jacke zu und rückte die verrutschte Mütze gerade. Das Abenteuer hatte mir sehr missfallen, vor allem hatte mir Iwan Dawydowitsch Martinson missfallen, und wieder und wieder verfluchte ich Kostja und seine Konservenvergiftung; ich schwor mir, nie wieder, für niemanden und unter keinen Umständen …

Nach alldem konnte natürlich keine Rede mehr von der Bannaja sein. In den Klub! Schnell in den Klub! In unser braun getäfeltes Restaurant. In die Gefilde verführerischer Düfte. An meinen Tisch mit der gestärkten Decke. Unter Saschenkas Fittiche, das heißt, nein, heute ist ja ein ungerader Tag. Also unter Aljonuschkas Fittiche. Richtig, ich bezahle meine Schulden bei ihr und bestelle sogleich Hering, ölig glänzenden, zarten Hering in Stücken, mit fein geschnittenem Lauch bestreut, und als Beilage drei, vier mehlige Kartoffeln und ein Würfelchen eisgekühlte Butter, dazu eine bauchige Karaffe (ohne die geht's nicht, das hab ich mir heute verdient). Weiter eingesalzene Milchpilze im eigenen Saft, mit Zwiebelringen und, falls nötig, Mineralwasser – oder Bier? Nein, Mineralwasser. Und wenn der erste Hunger gestillt ist und wir richtig Appetit bekommen haben, wenden wir uns der Soljanka mit Fleisch zu, die sie bei uns im Klub noch kochen können, zum Glück; sie bringen sie in einer matt glänzenden Metallterrine: bernsteinfarben, dampfend, mit verschiedenen, äußerst schmackhaften Fleischscheibchen und schwarz glänzenden Oliven darin. Himmel, die Hauptsache hätte ich fast vergessen! Der Kalatsch! Unser berühmter klubeigener Kalatsch, weich, locker und knusprig … Zwei davon nehme ich mir mit nach Hause. Und nun, meine Herren, zum Hauptgericht …

Den zweiten Gang allerdings konnte ich nicht mehr durchkosten, weil ich auf einmal ein gewisses Unbehagen verspürte. Als ich in die Wirklichkeit zurückkehrte, stellte ich fest, dass ich schon in der Metro saß, zwei hochaufgeschossene Kerle mit »adidas«-Taschen über mir hingen und durch die Lücke zwischen den beiden hindurch mich helle Augen hinter einer Brille anstarrten. Ich sah die Augen nur eine Sekunde lang, ebenso den rötlichen Bart und das weiße Halstuch über dem Revers des karierten Mantels; dann bremste der Zug ab, die beiden Langen rückten zusammen, und der Observateur verschwand aus meinem Blickfeld.

Mir schien, als habe er mich geradezu ungehörig aufmerksam angesehen, so als wäre mit meiner Kleidung etwas nicht in Ordnung oder mein Gesicht beschmutzt. Für alle Fälle überprüfte ich, ob ich nicht die Mütze verkehrt herum aufgesetzt hatte. Als sich übrigens eine Minute später wieder ein Spalt zwischen den beiden Burschen bildete, schlummerte mein Beobachter friedlich, die Hände auf dem Bauch gefaltet; er war mittleren Alters, mit Metallbrille und kariertem Mantel, wie sie vor einigen Jahren modern gewesen waren. Ich weiß noch, diese Mäntel hatten mich dadurch verblüfft, dass man sie auch von links tragen konnte: Auf der einen Seite waren sie beispielsweise schwarz mit grauem Karo und gewendet grau mit schwarzem Karo.

Diese flüchtige Episode hatte mich von meinen gastronomischen Visionen abgelenkt. Nun erinnerte ich mich daran, wie ich im Krankenhaus gelegen und einen Monat lang ungeheuer faden, mit Absicht zu Tode gekochten Fraß vorgesetzt bekommen hatte. Davon war ich so schwermütig geworden, dass die Ärzte Katja schließlich erlaubt hatten, mir ein kaltes Hähnchen Tabaka mitzubringen. Schrecklich, was dem vergifteten Kostja diesbezüglich bevorstehen mochte. Aber ich hatte keine Zeit mehr darüber nachzudenken, denn der Zug hielt an der »Kropotkinskaja«, und ich hastete zur Tür.

Die stark kurzsichtige Diensthabende am Klubeingang verlangte meinen Schriftstellerausweis, und ich versuchte zum x-ten Mal, ihr beizubringen, dass ich seit einem Vierteljahrhundert Schriftsteller war und seit mindestens fünf Jahren an ihr vorbei in den Klub marschierte. Doch die alte Brennnessel glaubte mir kein Wort, bis endlich Onkel

Kolja von der Garderobe her dröhnte: »Das ist einer von uns, Marja Trofimowna!« Da wurde ich eingelassen.

Während ich mit Onkel Kolja über das Wetter plauderte, zog ich mich betont langsam aus, nahm ein Exemplar unserer Klubzeitung vom Garderobentisch und legte dafür eine Münze hin, kämmte mir Haare und Schnurrbart, nickte dabei den Gesichtern von Bekannten zu, die im Spiegel auftauchten, und erst danach, als alles Lästige und Beunruhigende von mir abgefallen war und mich ein angenehmes Behagen erfüllte, betrat ich munter das Restaurant.

Weiter verlief alles meinem Programm entsprechend – lediglich Milchpilze gab es nicht. Während ich die Soljanka löffelte, versammelte sich nach und nach die übliche Gesellschaft um meinen Tisch. Als Erster kam Garik Aganjan, der eine Stunde später zum Seminar musste. Er trank deshalb nichts und bestellte sich nur eine Kleinigkeit zu essen. Wir hatten noch keine zwei Worte gewechselt, als von einem Tisch in der hinteren Ecke Shora Naumow herbeihinkte. In der rechten Hand hielt er eine zur Hälfte geleerte Karaffe, in der linken ein Schüsselchen mit einem Salatrest. Wie sich herausstellte, war er am Morgen nur auf einen Sprung nach Moskau gekommen, auf der Durchreise von Krasnodar nach Tallinn. Die Ernteaussichten im Süden waren gut, die Ernteergebnisse lagen allerdings, wie immer, in Gottes Hand. Und dann tauchte Walja Demtschenko auf, unter dem Arm einen neuen Spazierstock, dessen Griff die Form einer Löwenpranke hatte.

Wir begutachteten den Stock, sprachen über die Ernte des Wintergetreides und über die vorjährige Reblausplage; Garik erklärte uns mithilfe seiner Gabel auf dem Tischtuch, wie eine in der Presse veröffentlichte Notiz unter dem Titel »Ein Loch im All« zu verstehen sei, und dann erzählte ich von meinen Scherereien und Kostja Kudinows Unglück.

Die Reaktion darauf war dürftig und anders, als ich erwartet hatte. Garik murmelte verächtlich: »Keine Bange, der kommt wieder auf die Beine, Unkraut vergeht nicht.« Walja zitierte einen alten, von ihm selbst zu Kostja erfundenen Satz: »Gestern begrüßte der Assistent des Vorsitzenden der Auslandskommission, Genosse Kudinow, im Weißen Saal eine Gruppe von Schriftstellern Paraguays als Gruppe von Schriftstellern Uruguays ...« Und Shora Naumow schilderte, während er die Welt durch ein Glas Wodka betrachtete, einen Auftritt des Studenten Kostja Kudinow – auf einer Studienjahresversammlung des Literaturinstituts im denkwürdigen Jahr '49, damals, als Kudinow noch rotwangig, hitzig und trocken gewesen war. Nachdem Shora geendet hatte, schwiegen alle, bis Walja interessiert fragte: »Na, und du?« – »Was ich?«, entgegnete Shora aggressiv. »Die Fresse wollte ich ihm polieren, aber er war damals baumstark, Gewichtheber, Leistungssportler, verstehst du? Mir dagegen hatten sie beide Beine zerschossen, ich hing zwischen Krücken ...« – »Und später«, warf Garik ein. »Als du wieder ohne Krücken laufen konntest, und überhaupt, im segensreichen Jahr '59, hat er sich da nicht bei dir entschuldigt?« – »Selbstverständlich! Sogar Verse hat er mir gewidmet in der Literaturzeitung. So à la Puschkin, über die Lyzeumsfreundschaft.« – »›Es mag ja sein, du bist Tatar ...‹«, vermutete Walja boshaft. Wir brachen in Gelächter aus, allerdings nicht sehr fröhlich; anschließend redeten wir über Gedichte, und dann kam das Gespräch auf die Bannaja.

Alle, außer mir, waren bereits dort gewesen. Der disziplinierte Garik war gleich hingegangen, noch im Oktober.

»Absolut uninteressant!«, stellte er fest. »Sie haben da einen ziemlich armseligen Computer, einen ›ES 10-20‹ vielleicht, oder sogar einen ›Minsk‹ von der primitiveren Sorte. Und davor sitzt ein Nichtstuer im schwarzen Kittel, nimmt dein Manuskript entgegen und gibt es Blatt für Blatt in den

Schlitz ein. Auf dem Display leuchten Ziffern auf, und dann kannst du seelenruhig wieder nach Hause gehen.«

Shora, der kurz vor Neujahr dort gewesen war, widersprach: »Ein Computer stand da nicht, nur graue Schränke, und der Nichtstuer trug keinen schwarzen, sondern einen weißen Kittel, und es roch nach gebackenen Kartoffeln. Quatsch ist das alles, Betrug an den Werktätigen. Wenn ihr meine Meinung wissen wollt«, schloss Shora Naumow, auch Hirsch Naumowitsch genannt, »so erklärt sich das alles sehr einfach: Irgendein Jude aus der Akademie der Wissenschaften hat unseren Fjodor Michejitsch reingelegt und bastelt aus unserer Arbeit flugs seine Dissertation.«

Als Reaktion auf diesen antisemitischen Ausfall wandte Walja Demtschenko ein, das sei ja noch halb so schlimm – das wirkliche Unglück bestünde darin (er setzte eine geheimnisvolle Miene auf), dass sie schon seit Jahren an der Entwicklung eines kybernetischen Redakteurs arbeiteten, die Wissenschaftler sozusagen für die Schriftsteller. Als Hilfe. »Im Grunde«, erklärte er weiter, »ist dieser Redakteurroboter schon fertig. Jetzt wird er nur noch mit unseren Manuskripten dressiert. Wird dieses Ding aber erst in Betrieb genommen, dann ist es mit uns allen aus, weil die Roboter nicht nur Grammatikfehler berichtigen und den Stil verbessern – nein, meine Lieben, der Computer wird auf zwei Meter Tiefe noch herausfinden, was zwischen den Zeilen steht. Auf Anhieb wird er wissen, wer wer ist und warum!«

Ich blickte Walja bewundernd an. In dem hinreißenden Blödsinn, den er faselte, spürte ich das Flair eines edlen, mir vertrauten Wahnsinns. Garik kicherte, während Shora, der mit beiden Beinen fest auf dem Boden der Tatsachen stand, ärgerlich fragte, woher er, Walentin, das denn wisse.

»Die Augen!«, rief Walja eindringlich. »Auf die Augen der Menschen muss man achten, mein Guter! Nicht darauf, ob ihr Kittel weiß oder schwarz ist, sondern auf die Augen! Als ich seine Augen gesehen habe, wusste ich alles.«

Garik goss ihm Bier ein, und Walja fuhr fort.

»Der Redakteurroboter ist, wie sich herausgestellt hat, nur das Wetterleuchten einer neuen Ära. Eine sperrige, fest stationierte, teure Maschine. Aber im Anmarsch sind – falls euch das interessiert, meine Lieben – bereits besondere Schreibrechner, vorerst nur für uns Prosaautoren. In diese Rechner wurden elektronische Zensoren eingebaut. Stellt euch das mal vor! Man tippt mit zwei Fingern ›Arsch‹, und auf dem Papier erscheint: ›das Hinterteil‹, ›das Gesäß‹, ›die vier Buchstaben‹ oder, im äußersten Fall, ein ›A‹ mit drei Pünktchen.«

Und hier stieß Petenka Skorobogatow zu uns, genannt »Allunionsdrops«. Einen Augenblick später saß er schon zwischen Garik und Walja und schenkte sich Wodka aus meiner Karaffe ein. Wie gewöhnlich waren seine Augen entzündet, die Blicke unstet, und er hatte rote Flecken und Schuppen im Gesicht.

Und wie immer platzte er fast vor Neuigkeiten und Gerüchten, die zunächst wahr und wichtig zu sein schienen, aber nach kurzer Zeit schnell verdarben und sich in Lügen und Aufschneiderei verwandelten. Unterhalten konnten wir uns nun nicht mehr; also hörten wir, traurig zwar, seinen Geschichten zu.

Fürs Erste verkündete Petenka, bezüglich der Bannaja die zuverlässigsten Informationen zu haben, die es gab – direkt von dort (sein dicker Zeigefinger deutete zur Decke). »Walja«, sagte er, »spricht die Wahrheit: Sämtliche Angelegenheiten werden jetzt den Computern übertragen, weil die Menschen korrupt sind und man keinem mehr trauen kann. Ein Kadercomputer ist bereits in Betrieb, und er hat den Befehl gegeben, alle Verlagsleiter und Chefredakteure Moskaus zu entlassen.« Er, Petenka Skorobogatow, warte deshalb mit der Unterschrift unter zwei Verträge, die ihm schon vor Längerem zugeschickt worden waren. Warum? Weil es sinnlos wäre. Sowieso würden neue Direktoren und Chefredakteure eingesetzt und alle Verträge annulliert.

»Unterbrecht mich nicht, ich reise morgen nach Sambia, muss mich noch impfen lassen, und ihr unterbrecht mich immer. Ich will euch das mit der Bannaja erklären. Die Maschine dort ist etwas ganz Besonderes. Sie bewertet das Talent in absoluten Größen. Wisst ihr, was Saschka Tolokonnikow gemacht hat? Er hat ihnen anstelle des Schwachsinns, den er sonst so schreibt, fünf Seiten aus dem ›Stillen Don‹ untergeschoben! Der Rechner ging natürlich in die Knie, mit solchem Niveau hatte keiner gerechnet. Jetzt heben sie Saschka in den Himmel – und das für eine Handlungsweise, die eines sowjetischen Schriftstellers unwürdig ist. Aber was rede ich von Saschka! Iraida hat sich gar von ihrem Krankenlager erhoben und Manuskripte hingetragen. Sie glaubte, der Computer würde sie in ihrem Tun bekräftigen und bejubeln, doch er verpasste ihr – peng! – Nullkommanullblutwurst! Mit dem Regenschirm ist sie auf die Leute dort losgegangen! … Ihr sitzt hier und habt keine Ahnung, ich aber war gestern in der Bannaja. Alles ist umzingelt, berittene Miliz … Michejitsch schlottert vor Angst und bereut schon, dass er das eingefädelt hat, er muss ja schließlich hingehen. Ich sage zu ihm: ›Michejitsch‹, sage ich, ›wovor fürchtest du dich? Wenn du willst, gebe ich dir meine Manuskripte …‹«

Ja, so ist er, unser Petenka Skorobogatow. Unser Allunionsdrops. Ich trank ein Gläschen Wodka und dachte darüber nach, dass nichts auf der Welt erfunden werden musste. Alles war schon erfunden. Und mir fiel ein, wie mir vor etwa fünfzehn Jahren der inzwischen verstorbene Anatoli Jefimowitsch die Idee zu seiner neuen Komödie anvertraut hatte. Die Handlung spielte in einem Schriftstellerheim, und irgendein Erfinder schleppte dort einen fantastischen Apparat an … Wie hieß er doch gleich? Es war ein so bombastischer Name … Ja! »Elital«! »Einstufungsgerät für literarisches Talent«. In ihrer Dummheit freuten sich die Schriftsteller zunächst – endlich erfahren nun alle, dass Iwanow eine Niete ist und ich ein Genie bin, dachten sie. Aber dann, als die Maschine ihnen die objektive Wahrheit bescherte … Jedenfalls haben sie sie wohl in ihre Einzelteile zerlegt und den Erfinder denunziert, mit allen daraus erwachsenden Folgen. Wie enttäuscht war Anatoli Jefimowitsch, als ich ihm unter Entschuldigungen und Rechtfertigungen Akutagawas Erzählung »Das Zoilusmaß« zu lesen gab, die er bereits 1916 geschrieben hatte und die Mitte der Dreißigerjahre bei uns auf Russisch erschienen war! Man braucht nichts zu erfinden. Alles, was man sich ausdenkt, ist entweder schon früher jemandem eingefallen, oder es geschieht in Wirklichkeit.

Ich hieb mit der Faust auf den Tisch, blickte Petenka Skorobogatow in seine Schweinsäuglein und zitierte so laut, dass der ganze Saal es hörte: »Seit es dieses Ding gibt, ist es aus mit all jenen Schriftstellern und Künstlern, die mit Hundefleisch handeln und es Hammel nennen.«

Danach stand ich auf und ging zur Toilette. Ich hatte schon tüchtig einen sitzen. Meine Wangen waren wie taub, und immerzu rutschte der Unterkiefer nach vorn. Für heute reichte es wohl. Es wurde Zeit, zum heimischen Herd zurückzukehren, zumal Katja mit den bestellten Einkäufen vorbeikommen konnte; außerdem wartete am heimischen Herd nicht weniger als eine halbe Flasche Kognak auf mich. Und da war auch noch etwas anderes zu erledigen. Nur was?

Während ich wieder ins Restaurant zurückging, fiel es mir ein. Telefonieren musste ich, mich nach dem Dichter Kostja Kudinow erkundigen, ob er nicht etwa abkratzte. Womöglich war er schon gestorben, derweil ich mit Petenka

Skorobogatow, meinem Allunionsdrops, Wodka trank. Das wäre ungerecht, dachte ich.

Den Hörer in Kostjas Wohnung nahm seine Frau ab. Ihre Stimme klang wie immer, sogar ziemlich munter.

Ich stellte mich vor und fragte: »Na, wie geht's denn Kostja?«

»Ach, schön, dass Sie anrufen, Felix Alexandrowitsch! Ich komme gerade von ihm, bin diesen Moment zur Tür herein. Felix Alexandrowitsch, er bittet Sie sehr herzlich, ihn zu besuchen.«

»Natürlich ... Aber wie ... Wie geht's ihm denn?«

»Er ist außer Gefahr, Gott sei Dank. Sie schauen also bei ihm vorbei?«

»Ja ...«, nuschelte ich. »Morgen um diese Zeit, wahrscheinlich.«

»Nein, nein, Felix Alexandrowitsch, er bittet Sie, unbedingt noch heute zu kommen. Er hat ausdrücklich gesagt: Wenn Felix Alexandrowitsch anruft, richte ihm aus, er soll unbedingt heute noch kommen. Es ist sehr dringend, sehr wichtig.«

»Also gut, einverstanden«, erwiderte ich, und wir verabschiedeten uns.

Man sollte nie Gutes tun, dachte ich, während ich an meinen Tisch zurückging. Reicht man ihnen den kleinen Finger, nehmen sie die ganze Hand. Und kein Wort der Dankbarkeit. Den lieben langen Tag irre ich wegen dieses Simulanten durch Moskau – allein die Ängste, die ich seinetwegen ausgestanden habe! –, und abends, bitte sehr, fängt alles wieder von vorne an: Wie ein Kamel schlepp ich mich irgendwohin. Und kein Wort der Dankbarkeit ...

Garik fehlte am Tisch, er war bereits zum Seminar gegangen, und auf seinem Stuhl saß Petkas Freund. Dessen Gesicht kannte ich, er war mir schon einige Male vorgestellt worden, doch an seinen Namen erinnerte ich mich nicht, auch hatte ich keine Ahnung, welcher Art sein Verhältnis zur Literatur war. Vermutlich bestand es lediglich darin, ganze Tage in unserem Billardzimmer zu hocken.

In meiner Abwesenheit war eine große Flasche Getreidewodka auf den Tisch gestellt worden, dazu hatte sich – wie auch früher schon des Öfteren – mein guter Freund Slawa Krutojarski aus dem Nachbarhaus gesellt: dürr, dunkelhäutig, langhaarig, glänzend wie Chrom und mit einem Hang zum Theoretisieren.

»Was ist Kritik?«, fragte er gerade Shora Naumow, der sein flauschiges Jackett ausgezogen und über die Stuhllehne gehängt hatte. »Damit meine ich nicht die Kritik, die heutzutage bei uns üblich ist, verstehst du?«

Slawa erkundigte sich immer alle zwei Sätze, ob sein Gesprächspartner ihn auch verstand.

Shora nickte bedeutsam, zum Zeichen, dass er verstanden hatte, Walja Demtschenko nickte nachdenklich, ich nickte für alle Fälle, wobei ich mich setzte, und auch Petenka und sein Freund nickten, und zwar so heftig, dass der Wodka aus ihren Gläsern schwappte.

»Die Kritik ist eine Wissenschaft«, fuhr Slawa fort und sah Shora an. »Wie lässt sich die Hysterie des schöpferischen Menschen mit den Bedürfnissen der Gesellschaft verknüpfen und zu ihr ins Verhältnis bringen? Darum geht es, verstehst du? Die Beziehung zwischen der Mühsal des schöpferisch Tätigen und dem Alltag des Soziums aufzudecken – das ist die Aufgabe der Kritik. Verstehst du?«

Dieser Gedanke erschien dem Sozium so einleuchtend und interessant, dass alle einander nach Stift und Papier fragten, um ihn aufzuschreiben. Als sich weder das eine noch das andere fand, riefen sie Aljonuschka herbei, erbettelten von ihr einen Bleistiftstummel und ein Blatt aus ihrem Block, und Petenka bat Slawa, seine Formulierung zu wiederholen. Slawa gab sich alle Mühe, doch er konnte es nicht. Shora

Naumow konnte es auch nicht und brachte nur alles durcheinander; er fügte irgendeine Quintessenz an, und während sie herumschrien und einander ins Wort fielen, dachte ich: Wie man die Kritik auch definiert – Nutzen bringt sie keinen, ihrem Schaden aber entgeht man nicht. Die Quintessenz der Hysterie des schöpferisch Tätigen kümmert unsere Kritik kein bisschen, sie betreibt die Nivellierung der Literatur, damit es bequemer wird, in persönlichen Angelegenheiten oder Geschmacksfragen mit den Schriftstellern abzurechnen. So sieht's aus.

Ich nahm einen Schluck und dazu einen Bissen vom kalt gewordenen Beefsteak. Unterdessen war dieser terminologische Streit über die Kritik ganz natürlich zur Honorarpolitik übergegangen.

Ich selber sehe das unkompliziert: je mehr Honorar, umso besser. All diese Gespräche über materiellen Anreiz sind keinen roten Heller wert! Da grölt unser Allunionsdrops immerzu, man müsse ihn nur bezahlen wie Alexej, dann würde er auch schreiben wie Lew. Er lügt, dieser Stümper. Was immer man ihm zahlen mag – er fabriziert Stuss! Fünfhundert pro Bogen könnte man ihm geben, oder siebenhundert – er würde doch nur faseln: »Gut lernen, liebe Kinder, ist gut. Schlecht lernen, ihr Rabauken, bringt nichts ein. Und Jüngeren darf man nichts Böses tun.« Aber trotzdem wird er immer wieder gedruckt, weil jedes Kinderbuchlektorat, sagen wir, dreißig Prozent der Produktion als Literatur über Schüler einplant, ob es jedoch für diese dreißig Prozent genügend gute Autoren findet, steht auf einem ganz anderen Blatt. Man geht davon aus, sie würden welche finden … Walja Demtschenko hingegen schreibt immer gut, ob er nun zweihundert oder nur hundert bekommt – er wird nicht schlechter, nur weil man ihn schlechter bezahlt, dabei räumt ihm keiner Platz für seinen kritischen Urbanismus ein, und die Rezensenten fallen wie die Hyänen über ihn her.

Bei diesem Gedanken spürte ich eine Hand auf meiner Schulter, und als ich mich umwandte, sah ich Lidija Nikolajewna, die diensthabende Verwalterin. Barsch teilte sie mir mit, dass sie mich seit einer geschlagenen halben Stunde suche. Konstantin Iljitsch Kudinow habe angerufen und bitte mich, sofort zu ihm zu kommen. Ich weiß nicht, was dieser Simulant ihr alles vorgeschwafelt hatte, sie war jedenfalls äußerst unfreundlich zu mir. Anscheinend reimte sie sich zusammen, ich hätte einem leidenden Freund versprochen, ihm beizustehen, wäre aber hier versumpft und würde alles und jeden verraten. Wieder war ich schuld. Wieso, frage ich mich!

Ich gab Slawa Geld, damit er für mich zahlte, und ging festen Schrittes den Läufer entlang zum Ausgang.

Der hell erleuchtete Saal war bereits gefüllt, kein freier Stuhl war geblieben. An einer Stelle hatte man Tische für eine größere Gesellschaft zusammengerückt; der Tabakrauch waberte in mehreren Schichten über den Köpfen, durchsichtiges Nass funkelte in beschlagenen Gläsern, vielfach schlug Metall an Glas und Porzellan, Freundschaftsbeteuerungen wurden laut, und im hinteren Winkel, am künstlichen Kamin, rezitierte ein Weißhaariger mit Predigerorgan bereits seine Gedichte, während in einer anderen Ecke eine Kompanie Leibgardisten mit an die Brust gehobenen, gefüllten Pokalen strammstand und einem Toast lauschte, der ihren kühnsten Hoffnungen entsprach – wahrscheinlich bedauerten sie nur, dass sie nicht, wie bei dem früheren Direktor, die leeren Gläser zu Boden schmettern und die Scherben mit dem Absatz zertreten durften –, und von Tisch zu Tisch schlenderte, freundlich lachend, der den Lesern kaum bekannte, dafür aber bei fast allen hier beliebte Schura Peklewany, klopfte den Sitzenden auf die Schulter, beugte sich über die Hände der Damen und schlug immer wieder Einladungen, sich zu setzen, aus, denn er steuerte einem ganz bestimmten Tisch zu; Peklewany wusste immer, an welchen Tisch man sich am jeweiligen Tag setzen musste. In ein lautes Gespräch vertieft, polterte bereits die Gilde der Kritiker und Literaturwissenschaftler, deren Sitzung soeben zu Ende gegangen war, die Holztreppe vom Zwischengeschoss herab und zerfloss zwischen den Tischen, grüßte, nahm Platz, verabschiedete sich. Und in diesem ganzen Strudel, genau in der Mitte des Saales, machte eine Gruppe junger Leute den Chefredakteur einer Provinzzeitschrift betrunken, einen breiten, fast quadratischen Mann aus dem Osten; er trug Tjubetejka und ein handelsübliches Jackett, dessen Revers übersät war von merkwürdigen Abzeichen. Herrlich pulsierte das Leben hier. Ich aber musste mich wieder ans Ende der Welt schleppen und dachte bedrückt darüber nach, was er, der mein Schicksal zu lenken hatte, sich wohl noch alles einfallen ließe …

Aber ich hatte Glück, erwischte sofort ein Taxi, und eine halbe Stunde später hatten wir die Klinik in Birjulewo gefunden. Als ich Kostjas Zimmer betrat, saß er aufrecht in seinem Bett, die Beine zum Schneidersitz untergeschlagen, und kratzte widerwillig einen Rest Grießbrei vom Teller. Er trug die Krankenhauskluft, mit Klinikstempeln gezeichnet, sah ansonsten aber gar nicht schlecht aus. Natürlich hätte ich ihn nicht gerade als rotwangigen Kraftprotz bezeichnet – dafür war sein Gesicht zu blass –, aber an einen Sterbenden erinnerte er nicht mehr, obgleich sein Kinn schon wieder besabbert war … mit Grießbrei.

Es war ein Sechsbettzimmer. Am Fenster lag jemand am Tropf, ansonsten war niemand da; alle waren zum Eishockey gegangen.

Kaum hatte Kostja mich gesehen, sprang er schon auf und stürzte so ungestüm auf mich zu, dass ich einen Schreck bekam: Er wollte mich doch nicht etwa umarmen! Aber er beschränkte sich darauf, meine Hand zu drücken und herzlich zu schütteln. Er drückte und schüttelte und redete unentwegt auf mich ein, wobei er sich immer wieder zu dem Mann am Tropf umsah. Nicht zu Wort kommen ließ er mich! Er erzählte, wie er gespien und dann Durchfall bekommen, wie man ihm den Magen und später die Därme gespült hatte, wie er gespritzt, massiert und ihm Sauerstoff verabreicht worden war. Dabei blickte er sich ständig um, trat mir auf die Füße und drängte mich zur Tür.

»Was rempelst du mich so an?«, fragte ich schließlich im Flur.

»Gehen wir, setzen wir uns«, schlug er vor. »Dort, auf die Bank unter der Palme.«

Wir setzten uns. Der Flur war leer, nur in der Ferne hörte man die diensthabende Schwester leise mit den Medizinflaschen klirren. Kostja plapperte immer noch, wenn auch deutlich weniger erregt. Die ungestüme Freude, die er bei meinem Erscheinen gezeigt hatte, hielt ich für Euphorie aus überschwänglicher Dankbarkeit, und ich weiß noch, wie ich dachte: Sieh mal an, auch ein Tier hat also Gefühle. Und dann nutzte ich die erste Pause in seinem Redeschwall und erkundigte mich gutmütig: »Es hat also geholfen?«

»Was denn?«, fragte er schnell.

»Na, dein … Methusalem …«

»Ja!«, rief er begeistert mit schriller, gepresster Stimme, und fasste wieder meine Hand. »Ja! Wäre das nicht gewesen … Hier spülen sie einem doch gleich den Magen aus, unter Druck, stell dir vor. Ein Klistier haben sie mir verpasst, diese Parasiten! Weißt du, erst heute habe ich begriffen, was für eine furchtbare Folter es gewesen sein muss, wenn einem die Inquisitoren Wasser in den Allerwertesten gepumpt haben … Mir sind die Augen aus den Höhlen getreten …«

Und er begann wieder von vorn: wie er gespien und Durchfall gehabt hatte und so weiter. Dabei machte er Witze, manchmal sogar recht gelungene, überhaupt versuchte er alles humorvoll darzustellen; doch hinter diesem Humor spürte ich eine ungesunde Verkrampfung, und sehr bald kam mir in den Sinn, dass es sich vorher gar nicht um eine Dankbarkeitseuphorie gehandelt hatte, sondern die durchlittene Todesangst in ihm toste und sich jetzt nach außen ergoss. So wollte ich ihm schon beruhigend das Knie tätscheln, als er mich plötzlich unterbrach und fast flüsternd fragte: »Was guckst du so?«

»Wie?« Ich war verblüfft. »Wie gucke ich denn?«

Sein Blick flog im Zickzack über mein Gesicht und glitt dann in das Dunkel hinter der Palme.

»Nein, schon gut …«, wich er mir aus, sah mich aber wieder an. »Bist heute nicht in Form, wie ich sehe, was? Hast wohl einen gezwitschert, he?«

»Könnte sein«, erwiderte ich und konnte mich nicht beherrschen zu ergänzen: »Wärst du nicht gewesen, säße ich gern jetzt noch dort …«

»Nicht so schlimm!« Er machte eine wegwerfende Geste. »Morgen oder übermorgen werfen sie mich hier raus, dann setzen wir beide uns zusammen, ich werde dir Kognak anbieten, du wirst staunen … aus dem Kaukasus …«

Und er fing an, mir zu erzählen, was für ein Kognak ihm aus dem Kaukasus geschickt worden war. Von Kognak zu reden ist ebenso unsinnig, wie die Schönheit von Musik mit Worten zu beschreiben. Ich schaltete ab. Mir war auf einmal übel. Die weißen Wände, dieser Geruch nach Karbolsäure und Tod, der weiße Kittel der Schwester, der in der Ferne schimmerte, die leeren Tropfflaschen neben den Zimmertüren … Klinik, Schwermut, Isolation. Weshalb, zum Teufel, saß ich hier? Schließlich hatte nicht ich die Vergiftung!

»Hör mal«, sagte ich entschlossen. »Entschuldige, aber meine Tochter wollte heute noch kommen, verstehst du …«

»Aber selbstverständlich!«, rief er. »Geh nur! Und vielen Dank, dass du gekommen bist.«

Er stand auf. Ich auch – äußerst verwirrt. Einige Zeit blickten wir einander schweigend in die Augen. Ich war erstaunt, nahezu fassungslos, weil ich ihn einfach nicht verstand: Hatte er mich wirklich nur deshalb so inständig durch seine Frau und die Diensthabende im Klub hierherbitten lassen, damit er mir zweimal in allen Einzelheiten schildern konnte, wie ihm Magen und Darm gespült worden waren? Kostja schien seinerseits auch durcheinander zu sein, das erkannte ich an seinem Blick. Und plötzlich fragte er, nun wieder halblaut: »Was hast du?«

Das war die nächste unverständliche Frage. Ich erwiderte vorsichtig: »Nichts, nichts. Ich gehe gleich.«

»Dann geh«, murmelte Kostja. »Danke …«

Auch das klang vorsichtig und unsicher, als erwartete er noch etwas von mir.

»Willst du mir weiter nichts sagen?«, erkundigte ich mich.

»Was denn?«, fragte Kostja ganz leise zurück.

»Ich weiß nicht, was!«, knurrte ich, außerstande, meine Gereiztheit länger zu verbergen. »Ich weiß nicht, warum du mich aus dem Klub geholt hast. Mir wurde gesagt: Die Sache ist dringend, du musst unbedingt heute noch zu ihm, sofort … Welche Sache? Was ist für dich so dringend?«

»Wer hat das gesagt?«, wollte Kostja wissen, und sein Blick trübte sich.

»Deine Frau hat es gesagt … und Lidija Nikolajewna.«

Und jetzt stellte sich heraus, dass sie ihn beide falsch verstanden hatten. Er hatte nicht im Geringsten gefordert, dass ich am selben Tag und sofort käme, und erst recht nicht von einer dringenden Sache gesprochen. Er log, das sah ich mit bloßem Auge. Aber warum er log und was wirklich dahintersteckte – das blieb mir ein Rätsel.

»Also gut«, sagte ich schließlich und winkte ab. »Haben sie dich eben falsch verstanden. Gott sei Dank bist du über den Berg. Und ich gehe nun wohl.«

Ich steuerte dem Ausgang zu, und er trippelte neben mir her, griff nach meiner Hand, drückte mir die Schulter, dankte und entschuldigte sich fortwährend und sah mir immerzu in die Augen, doch dann, auf dem Treppenabsatz, neben dem Telefonautomaten, geschah etwas völlig Absurdes: Kostja Kudinow unterbrach plötzlich sein Gestammel, krallte die Hände in meinen Pullover, drückte mich mit dem Rücken an die Wand und zischte mir geifernd ins Gesicht: »Merk dir, Sorokin, es ist nichts gewesen! Klar?«

Das kam so überraschend und wirkte so bedrohlich, dass ich wieder in dieselbe Panik geriet, in der ich vor dem Vampir Iwan Dawydowitsch Martinson davongelaufen war.

»Hör auf, was willst du …«, murmelte ich und versuchte meinen Pullover aus seinen Fingern zu lösen; doch die Finger waren steif und hatten den Pullover fest im Griff, fast wie ein Schraubstock. Da schrie ich, so laut ich konnte: »Scher dich zum Teufel, bist du denn verrückt geworden?« Schließlich konnte ich mich von Kostja, dieser bleichen Spinne, befreien und hielt ihn mühsam auf Distanz. Ich warnte: »Komm zur Vernunft, du Vogelscheuche! Was hast du denn?«

Ich war wesentlich stärker als er und wusste, dass ich ihn abwehren und, falls nötig, sogar in die Knie zwingen konnte, sodass sich meine anfängliche Panik zerstreute und nur diese widerliche Angst blieb – nicht Angst um die eigene Haut, sondern Angst aus dieser peinlichen und überaus idiotischen Situation heraus: Wenn uns bloß niemand beobachtete, wie wir dort auf den Fliesen herumtappten und uns gegenseitig heiser ins Gesicht keuchten …

Eine Zeit lang zitterte und spuckte er noch, wobei er immerzu wiederholte: »Es ist nichts gewesen! Klar? Gar nichts!« Dann aber fiel er in sich zusammen und begann, mir unter Tränen zu erklären, dass ihm da ein Fauxpas passiert war; das Institut sei geheim, und nicht nur ich, nein, selbst er dürfe nichts davon wissen. Für unsereins sei diese Sache eine Nummer zu groß, und es könne ziemliche Unannehmlichkeiten geben. Ihm habe man deswegen schon eine Rüge erteilt, und wenn ich jetzt irgendwo auch nur ein Sterbenswörtchen darüber verlöre oder etwas andeutete …

Ich ließ ihn los. Er rieb sich, die Stirn in Falten gezogen, seine rot angelaufenen Handgelenke und plapperte immer weiter, unter Tränen und stets dasselbe, sogar mit denselben Worten. Er war völlig niedergeschmettert, und ich hegte keinen Zweifel daran, dass er wieder nur log, von der ersten bis zur letzten Silbe. Aber auch jetzt begriff ich nicht, weshalb, und worum es in Wirklichkeit ging. Ich wusste nur, dass tatsächlich etwas schiefgelaufen war: zu Hause, vor dem Fahrstuhl. Kostja hatte in seiner Todesangst mir gegenüber etwas ausgeplaudert, was er nicht hätte sagen dürfen. Andererseits, woher sollte er, der Reimschmied Kudinow, spezialisiert auf Knüttelverse zu Jubiläen und Feiertagen, irgendwelche Verschlusssachen kennen? Es war höchstens denkbar, dass der fürchterliche Martinson in seinem Abort hinter den Skeletten heimlich Stoff herstellte, den Kostja ebenso heimlich vertrieb … Nein, nichts als Abscheu empfand ich für ihn, und ich hatte den heftigen Wunsch, möglichst weit fort von ihm zu sein.

»Schon gut«, sagte ich, so ruhig ich konnte. »Brauchst mich nicht zu agitieren. Überleg doch selbst, was habe ich denn mit alldem zu schaffen? Wenn nichts gewesen sein soll, ist eben nichts gewesen. Widerspreche ich etwa?«

Er wollte nun zum dritten Mal seine Erklärungen herbeten, doch ich schob ihn ohne Pardon aus dem Weg und stieg mit der mir größtmöglichen Eile die Treppe hinab. Meine Beine zitterten, das rechte Knie zuckte, und im Hals steckte ein dicker Kloß. Ich drehte mich auch nicht um, als mir von oben hinterhergezischelt wurde: »Denk an dich, Sorokin! Ich meine es ernst!« Sah ich von der Intonation ab, war das ein vernünftiger Rat. Und nichts von alldem wäre passiert, hätte mich nicht das Rindvieh Lenja Fips angerufen … Mein Schicksalslenker hatte heute ganze Arbeit geleistet, keine Frage. Nein, Jungs, zurück nach Hause, zum heimischen Herd, zu meinem Kognak und der Blauen Mappe!

Als ich an der Garderobe den Reißverschluss meiner Jacke zuzog, bemerkte ich im Spiegel etwas Vertrautes: Auf der Bank direkt hinter mir sah ich einen schwarz-grau-karierten Mantel. Ich wandte mich um und blickte genauer hin. Dort saß der Mann aus der Metro – das rotblonde Bärtchen, die Brille mit blitzender Metallfassung, der Wendemantel. Der Mann saß einsam auf der langen weißen Bank im fast leeren Vorsaal der Klinik in Birjulewo und las ein Buch.

4

Banew | Die Wunderkinder

»Ich habe Sie lange nicht mehr in der Stadt gesehen«, sagte Pavor mit verschnupfter Stimme.

»So lange nun auch wieder nicht«, widersprach Viktor. »Nur zwei Tage.«

»Darf ich mich zu Ihnen setzen, oder möchten Sie alleine sein?«, erkundigte sich Pavor.

»Setzen Sie sich«, bat Diana höflich.

Pavor nahm ihr gegenüber Platz und rief: »Kellner, einen doppelten Kognak!« Es dämmerte, und der Pförtner zog die Vorhänge zu. Viktor schaltete die Stehlampe ein.

»Ich bin entzückt von Ihnen«, wandte sich Pavor an Diana. »In so einem Klima zu leben und sich eine so schöne Gesichtsfarbe zu bewahren …« Er nieste. »Verzeihung. Dieser Regen macht mich ganz krank. Wie kommen Sie mit der Arbeit voran?«, fragte er Viktor.

»Mäßig. Bei dem trüben Wetter kann ich nicht arbeiten – da will ich immer nur trinken.«

»Warum haben Sie sich denn mit dem Polizeichef gestritten?«, wollte Pavor wissen.

»War nicht der Rede wert«, antwortete Viktor. »Ich wollte nur Gerechtigkeit.«

»Was war denn passiert?«

»Der Bürgermeister, dieser Mistkerl, macht mit Fallen Jagd auf Nässlinge. Einer von ihnen ist in eine Falle getreten und hat sich den Fuß verletzt. Ich habe mir die Falle geschnappt, bin damit zur Polizei und habe um Aufklärung gebeten.«

»Aha«, sagte Pavor. »Und weiter?«

»In dieser Stadt gibt es merkwürdige Gesetze: Da der Geschädigte keine Anzeige erstattet hat, geht man davon aus, dass es kein Verbrechen war, sondern ein Unglücksfall, an dem der Geschädigte selbst schuld ist. Ich habe dem Polizeichef gesagt, dass ich das zur Kenntnis nehme; er aber meinte, das sei eine Drohung, und dabei beließen wir es dann.«

»Und wo ist das passiert?«, erkundigte sich Pavor.

»In der Nähe des Sanatoriums.«

»In der Nähe des Sanatoriums? Was hatte der Nässling da zu suchen?«

»Meiner Ansicht nach geht das niemanden etwas an«, bemerkte Diana scharf.

»Natürlich nicht«, pflichtete Pavor ihr bei. »Mich wundert's nur …« Er verzog das Gesicht, kniff die Augen zu und nieste schallend. »Verflixt«, sagte er. »Bitte entschuldigen Sie …«

Er griff in die Tasche und holte ein großes Taschentuch heraus. Dabei fiel ein schwerer Gegenstand zu Boden. Viktor bückte sich. Es war ein Schlagring. Er hob ihn auf und reichte ihn Pavor.

»Wozu schleppen Sie so etwas mit sich herum?«, wollte er wissen.

Pavor vergrub sein Gesicht im Taschentuch und blickte mit geröteten Augen auf den Schlagring.

»Ihretwegen«, erklärte er mit gedämpfter Stimme und putzte sich die Nase. »Sie haben mir mit Ihrer Geschichte Angst eingejagt. Übrigens erzählt man sich, dass hier eine Bande agiert. Es sollen Banditen oder Rowdys sein. Und ich lasse mich nicht gern schlagen, wissen Sie.«

»Stecken Sie denn oft Schläge ein?«, wollte Diana wissen.

Viktor betrachtete Diana interessiert. Sie saß mit übergeschlagenen Beinen im Sessel, blickte zu Boden und rauchte. Armer Pavor, dachte er. Jetzt kannst du was erleben ... Er streckte die Hand aus und zog ihr den Rock übers Knie.

»Ich?«, fragte Pavor. »Sehe ich so aus? Das wird sich gleich ändern: Kellner, noch einen doppelten Kognak! ... Tja, am nächsten Tag bin ich zum Schlosser gegangen, und da haben sie mir im Handumdrehen diesen Ring angefertigt.« Zufrieden sah er sich den Schlagring von allen Seiten an. »Das gute Stück gefällt sogar Golem.«

»Sind Sie immer noch nicht ins Leprosorium hineingekommen?«, erkundigte sich Viktor.

»Nein. Sie lassen mich nicht hinein, und wie es aussieht, wird sich daran auch nichts ändern. Ich habe schon jede Hoffnung aufgegeben. An drei Departements habe ich Beschwerdebriefe geschickt, und jetzt bastle ich an einem Bericht. Über die Summe, die das Leprosorium im vergangenen Jahr für Unterhosen ausgegeben hat. Getrennt für Männer und für Frauen. Das ist spannend wie ein Krimi.«

»Schreiben Sie auch hinein, dass sie dort nicht genug Medikamente haben«, schlug Viktor vor. Pavor zog erstaunt die Brauen hoch, und Diana sagte träge: »Lassen Sie die Schreiberei. Sie sollten lieber ein Glas Glühwein trinken und sich ins Bett legen.«

»Das ist wohl ein Wink mit dem Zaunpfahl – ich soll gehen«, meinte Pavor seufzend. »Wissen Sie, welche Zimmernummer ich habe?«, fragte er Viktor. »Kommen Sie mich doch mal besuchen.«

»Zweihundertdreiundzwanzig«, antwortete Viktor. »Ich komme bestimmt.«

»Auf Wiedersehen«, verabschiedete sich Pavor und stand auf. »Ich wünsche Ihnen noch einen schönen Abend.«

Sie sahen zu, wie er zum Tresen ging, sich eine Flasche Rotwein geben ließ und zum Ausgang strebte.

»Du redest zu viel«, sagte Diana.

»Ja«, stimmte Viktor zu. »Tut mir leid. Weißt du, irgendwas an ihm gefällt mir.«

»Mir gefällt er nicht«, entgegnete Diana.

»Doktor Quadriga mag ihn auch nicht. Warum eigentlich?«

»Widerliche Visage«, antwortete Diana. »Eine blonde Bestie. Den Typ kenne ich: harte Männer ohne Ehre und Gewissen, Herrscher über Dummköpfe.«

»He, he«, wunderte sich Viktor. »Und ich dachte, solche Männer gefielen dir.«

»Es gibt keine Männer mehr«, widersprach Diana. »Es gibt nur noch Faschisten oder Waschlappen.«

»Und ich?«, erkundigte sich Viktor interessiert.

»Du? Du hast eine allzu große Vorliebe für marinierte Neunaugen. Und für Gerechtigkeit.«

»Stimmt. Aber ich glaube, das ist nicht so schlimm.«

»Schlimm ist es nicht. Aber wenn du die Wahl hättest, würdest du die Neunaugen wählen, und das ist schlimm. Nur gut, dass du Talent hast.«

»Warum bist du heute so giftig?«, fragte Viktor.

»Ich bin immer giftig. Du hast Talent, und ich habe einen Giftstachel. Wenn man dir das Talent nimmt und mir den Giftstachel, bleiben zwei sich paarende Nullen übrig.«

»Null ist nicht gleich Null«, bemerkte Viktor. »Du gäbst nicht mal eine schlechte Null ab – eine schlanke, herrlich gebaute Null. Und außerdem würdest du, wenn man dir den Giftstachel nähme, gutmütig, was gar nicht so schlecht wäre …«

»Wenn man mir den Giftstachel nimmt, werde ich zur Qualle. Wenn man mich gutmütig will, muss man den Giftstachel durch Gutmütigkeit ersetzen.«

»Drollig«, meinte Viktor. »Normalerweise philosophieren Frauen ja nicht gern. Fangen sie aber erst einmal damit an, sind sie erstaunlich kategorisch. Wie kommst du eigentlich darauf, dass in dir nur ein Giftstachel steckt und keinerlei Gutmütigkeit? So etwas gibt es ja gar nicht. In dir steckt auch Gutmütigkeit, aber sie ist hinter dem Giftstachel verborgen. Jeder Mensch hat von allem ein bisschen, aber erst das Leben bringt die einzelnen Bestandteile dieses Gemischs ans Licht …«

In den Saal polterte eine Gruppe junger Leute. Sie benahmen sich äußerst ungezwungen: beschimpften den Kellner, scheuchten ihn nach Bier, besetzten einen Tisch in der hintersten Ecke, unterhielten sich laut und lachten schallend. Ein kräftiger langer Kerl mit wulstigen Lippen und roten Backen tänzelte, mit den Fingern schnalzend, zum Tresen. Teddy schenkte ihm ein. Der Kerl nahm mit zwei Fingern das Glas, spreizte den kleinen Finger ab und kehrte dem Tresen den Rücken. Dann stützte er die Ellbogen auf, kreuzte die Beine und sah sich triumphierend in dem leeren Saal um. »Hallo, Diana!«, brüllte er. »Wie geht's?« Diana lächelte ihm gleichgültig zu.

»Was ist das für ein Vogel?«, wollte Viktor wissen.

»Ein gewisser Flamin Juventa«, erwiderte Diana. »Der Neffe des Polizeichefs.«

»Den hab ich schon mal irgendwo gesehen«, meinte Viktor.

»Zum Teufel mit ihm«, bemerkte Diana ungeduldig. »Alle Menschen sind Quallen und haben längst nicht von allem ein bisschen. Nur sehr selten begegnet man einem Menschen, der etwas Eigenes besitzt – Gutmütigkeit, Talent, einen Giftstachel. Nimmst du's ihm weg, bleibt nichts übrig, und er wird zur Qualle wie alle andern. Anscheinend bildest du dir ein, dass ich dich mag, weil du eine Vorliebe für Neunaugen und für Gerechtigkeit hast? Unsinn! Was zählt, sind dein Talent, deine Bücher und dass du ein bekannter Mann bist, ansonsten bist du genauso eine Schlafmütze wie alle anderen.«

»Was du da erzählst«, erklärte Viktor, »ist so abwegig, dass ich nicht mal beleidigt bin. Aber sprich ruhig weiter; es ist interessant, wie sich dein Gesicht verändert, während du sprichst.« Er zündete eine Zigarette an und reichte sie ihr. »Sprich weiter.«

»Quallen«, sagte sie bitter. »Glitschige, dumme Quallen. Sie krabbeln umher, schießen, wissen selbst nicht, was sie wollen, können nichts und lieben nichts wirklich ... wie Würmer im Abort.«

»Pfui«, ekelte sich Viktor. »Ein zweifellos einprägsames, aber durch und durch unappetitliches Bild. Und überhaupt sind das alles Banalitäten. Diana, meine Liebe, du bist keine Denkerin. Im vorigen Jahrhundert und in der Provinz hättest du damit noch Furore gemacht. Für die Gesellschaft wäre es ein wohltuender Schock gewesen, und bleiche Jünglinge mit brennenden Blicken hatten sich an deine Fersen geheftet. Aber heute versteht sich das von selbst. Jeder weiß, was der Mensch ist. Was man mit ihm machen soll – das ist die Frage. Aber auch sie hängt uns allmählich zum Hals heraus.«

»Und was macht man mit den Quallen?«

»Wer? Die Quallen?«

»Wir.«

»Soviel ich weiß, gar nichts. Oder macht man Konserven draus?«

»Gut, lassen wir das«, sagte Diana. »Hast du denn in der Zeit etwas geschafft?«

»Klar! Ich habe meinem Freund Roz-Tussow einen herzzerreißenden Brief geschrieben. Wenn er Irma danach nicht in einem Internat unterbringt, bin ich keinen Pfifferling wert!«

»Ist das alles?«

»Ja«, sagte Viktor. »Alles andere hab ich weggeworfen.«

»Mein Gott!«, stöhnte Diana. »Und ich habe mich um dich gekümmert, mich bemüht, dich nicht zu stören, dir Roßschäper vom Hals gehalten …«

»Mich in der Wanne gebadet«, erinnerte Viktor.

»Dich gebadet und dir Kaffee gekocht …«

»Warte mal«, sagte Viktor. »Ich hab dich schließlich auch gebadet …«

»Das zählt nicht.«

»Wieso? Glaubst du, ich kann noch gut arbeiten, nachdem ich dich gebadet hab? Ich habe das Baden anschließend in sechs Varianten geschildert, und alle taugen nichts.«

»Ich würde sie gern mal lesen.«

»Das ist nur was für Männer«, erwiderte Viktor. »Außerdem hab ich's weggeworfen, sagte ich das nicht? Überhaupt war darin so wenig Patriotismus und Nationalbewusstsein, dass man es sowieso niemandem hätte zeigen können.«

»Wie funktioniert das eigentlich? Machst du erst den Text fertig und setzt dann das Nationalbewusstsein ein?«

»Nein«, entgegnete Viktor. »Erst lasse ich mich vom Nationalbewusstsein durchdringen: Ich lese die Reden unseres Herrn Präsidenten, lerne unsere Heldensagen auswendig und besuche patriotische Versammlungen. Und wenn's anfängt, mich zu würgen – nicht, wenn mir schlecht wird, nein, erst wenn's anfängt, mich zu würgen –, setze ich mich an die

Arbeit. Aber reden wir von etwas anderem. Was haben wir zum Beispiel morgen vor?«

»Morgen gehst du zu den Gymnasiasten.«

»Das dauert nicht lange. Und dann?«

Diana antwortete nicht, sie sah an ihm vorbei. Viktor drehte sich um. Es kam ein Nässling auf sie zu, ein richtiges Prachtexemplar: schwarz, nass und mit einer Binde vor dem Gesicht.

»Guten Tag«, sagte er zu Diana. »Ist Golem noch nicht zurück?«

Viktor wunderte sich über Dianas Gesicht, das plötzlich aussah wie auf einem alten Gemälde – doch nein: eher wie das auf einer Ikone. Mit seltsam starren Gesichtszügen, sodass man nicht wusste, ob es die Absicht eines Meisters oder die Unfähigkeit eines Stümpers gewesen war. Sie antwortete nicht. Sie schwieg, auch der Nässling blickte sie schweigend an, und an diesem Schweigen war nichts Peinliches – die beiden gehörten zusammen, und Viktor und alle anderen standen abseits. Viktor gefiel das ganz und gar nicht.

»Golem kommt sicher gleich«, sagte er laut.

»Ja«, bestätigte Diana. »Setzen Sie sich zu uns, bis er hier ist.«

Ihre Stimme klang völlig normal, und sie lächelte dem Nässling gleichmütig zu. Alles war wie immer – Viktor und Diana gehörten zusammen, der Nässling und alle Übrigen standen abseits.

»Bitte!«, sagte Viktor fröhlich und wies auf Dr. Quadrigas Sessel.

Der Nässling setzte sich und legte die in schwarzen Handschuhen steckenden Hände auf die Knie. Viktor goss ihm Kognak ein. Der Nässling griff lässig nach dem Glas, schwenkte es abwägend und stellte es auf den Tisch zurück.

»Ich hoffe, Sie haben es nicht vergessen«, wandte er sich an Diana.

»Nein«, antwortete Diana. »Ich hol's gleich. Viktor, gib mir den Zimmerschlüssel, ich bin sofort wieder da.«

Sie nahm den Schlüssel und ging rasch zur Tür. Viktor steckte sich eine Zigarette an. Was ist los mit dir, alter Junge?, fragte er sich. In letzter Zeit siehst du überall Gespenster. Du bist empfindlich geworden, ja sogar eifersüchtig. Dabei ist das Unsinn. All diese Verflossenen und diese merkwürdigen Bekanntschaften haben nichts mit dir zu tun. Diana ist Diana, und du bist du. Ist Roßschäper impotent? Jawohl, er ist es. Also hör auf damit. Er wusste, dass alles gar nicht so einfach war, und das Gift schon in ihm steckte, aber er sagte sich: Es reicht, und für den Augenblick – vorübergehend – gelang es ihm, sich davon zu überzeugen, dass es tatsächlich reichte.

Der Nässling saß ihm gegenüber, steif und furchteinflößend wie ein Gespenst. Er roch nach Nässe und irgendeiner Medizin. Hätte ich gedacht, dass ich mal mit einem Nässling an einem Tisch sitzen würde? Der Fortschritt, Kinder, schreitet voran, wer weiß, wohin. Oder sind wir Allesfresser geworden: Ist uns endlich aufgegangen, dass alle Menschen Brüder sind? Ich bin stolz auf dich, Menschheit. Und Sie, mein Herr, würden Sie Ihre Tochter einem Nässling zur Frau geben?

»Mein Name ist Banew«, stellte sich Viktor vor und fragte: »Wie geht's dem Geschädigten? Dem, der in die Falle geraten ist?«

Der Nässling wandte ihm rasch das Gesicht zu. Als ob er über eine Brustwehr schaut, dachte Viktor.

»Zufriedenstellend«, antwortete der Nässling trocken.

»An seiner Stelle hätte ich Anzeige erstattet.«

»Das hat keinen Sinn«, wandte der Nässling ein.

»Wieso nicht?«, fragte Viktor. »Man muss sich ja nicht unbedingt an die hiesige Polizei wenden, man kann auch zur Bezirksbehörde gehen …«

»Wir brauchen so etwas nicht.«

Viktor zuckte mit den Achseln. »Jede ungesühnte Straftat verursacht eine neue.«

»Ja. Aber das interessiert uns nicht.«

Sie schwiegen eine Weile. Dann sagte der Nässling: »Ich heiße Sursmansor.«

»Ein berühmter Name«, sagte Viktor höflich. »Sind Sie zufällig ein Verwandter von Pavel Sursmansor, dem Soziologen?«

Der Nässling kniff die Augen zusammen.

»Nicht mal ein Namensvetter. Banew, ich habe gehört, dass Sie morgen im Gymnasium sprechen …«

Viktor kam nicht mehr dazu, ihm zu antworten. Hinter ihm wurde ein Sessel gerückt, und eine schneidige tiefe Stimme befahl: »He, du Pestbeule, mach, dass du rauskommst!«

Viktor drehte sich um. Hinter ihm stand der dicklippige Flamin Juventa oder wie immer er heißen mochte – kurzum: der Neffe. Ein Blick genügte, und Viktor spürte Ärger in sich hochsteigen.

»Wen meinen Sie, junger Mann?«

»Ihren Kumpel«, antwortete ihm Flamin Juventa liebenswürdig und kläffte erneut: »Kannst du nicht hören, du nasser Sack?«

»Einen Augenblick«, schaltete sich Viktor wieder ein und stand auf. Flamin Juventa blickte grinsend auf ihn herab. Er sah aus wie ein jugendlicher Goliath, trug eine Sportjacke mit zahlreichen Emblemen und war ein braver einheimischer Sturmführer, eine treue Stütze der Nation mit Gummiknüppel in der Gesäßtasche – der Schrecken der Linken, der Rechten und der Gemäßigten. Viktor zeigte auf Goliaths Schlips und fragte mit gespielter Sorge und Neugier: »Was haben Sie denn da?« Und als Goliath automatisch den Kopf senkte, um zu sehen, was er da hatte, packte Viktor seine

Nase mit Daumen und Zeigefinger. »He!«, rief der jugendliche Goliath verdutzt und versuchte sich loszureißen, aber Viktor ließ nicht locker und drehte und zerrte genüsslich an seiner dreisten, großen Nase. Dabei murmelte er: »Benimm dich anständig, du Grünschnabel, du Laffe von einem Neffen, du lausiger Stürmer, du Hundesohn und Flegel …« Viktors Position war außerordentlich günstig: Zwischen ihnen stand ein Sessel, und Viktors Arme waren länger. Während Goliath also verzweifelt um sich schlug und mit den Fäusten fuchtelte, drehte und knetete Viktor seine Nase, riss und zerrte so lange daran, bis eine Flasche über seinen Kopf hinwegsauste. Viktor sah sich um: Die ganze Bande – fünf Mann, darunter zwei Hünen – rückte, Tische beiseiteschiebend und Sessel umkippend, auf ihn zu. Für einen kurzen Moment erstarrte alles wie auf einem Foto: der schwarze Sursmansor, der gelassen in seinem Sessel saß; Teddy, der über den Tresen sprang; Diana mit einem weißen Päckchen mitten im Saal; im Hintergrund, an der Tür, das grimmige, schnurrbärtige Gesicht des Pförtners und ganz dicht vor ihm die wutverzerrten Visagen mit den aufgerissenen Rachen. Dann geriet alles in Bewegung, und das Foto wurde zu einem Film.

Den ersten Hünen setzte Viktor durch einen gezielten Schlag gegen das Jochbein außer Gefecht; er tauchte für längere Zeit ab. Der andere Hüne erwischte Viktor am Ohr, und ein anderer schlug ihm mit der Handkante gegen die Wange – offenbar hatte er die Kehle verfehlt. Der Nächste – der befreite Goliath? – sprang ihn von hinten an. Die Stützen der Nation waren primitive Schläger: Nur einer von ihnen konnte boxen, dem Rest kam es weniger auf einen echten Kampf an als darauf, Viktor zum Krüppel zu schlagen – ihm ein Auge zu zerquetschen, den Mund aufzureißen oder in den Unterleib zu treten. Wäre Viktor allein gewesen, hätten sie ihn fertiggemacht, aber Teddy, der sich an die goldene Regel der Rausschmeißer hielt, nämlich jede Schlägerei im Keim zu ersticken, kam ihm zu Hilfe, und auch Diana warf sich in die Bresche. Diana-die-Rasende, mit hassverzerrtem Gesicht und vollkommen außer sich, in den Händen schon nicht mehr das weiße Päckchen, sondern eine schwere Korbflasche. Außerdem eilte der Pförtner herbei, der zwar nicht mehr der Jüngste, seiner Taktik nach aber ein ehemaliger Soldat war – er schwenkte sein Schlüsselbund wie ein Koppel mit einem in der Scheide steckenden Bajonett. So blieb für die beiden Kellner, die aus der Küche herbeiliefen, gar nichts mehr zu tun übrig. Der Neffe suchte das Weite und vergaß sogar sein Kofferradio auf dem Tisch. Einer der Kämpen – der, den Diana mit der Flasche niedergestreckt hatte – blieb unter dem Tisch liegen. Die vier anderen wurden von Viktor und Teddy, die sich gegenseitig lautstark anfeuerten, buchstäblich mit den Fäusten aus dem Saal gejagt, durch die Hotelhalle getrieben und mit Fußtritten in die Drehtür befördert. Dabei bekamen Viktor und Teddy so viel Schwung, dass sie ebenfalls draußen landeten, und erst dort, im Regen, wurden sie sich ihres ungeteilten Siegs bewusst und beruhigten sich allmählich.

»Diese Rotznasen«, beschwerte sich Teddy, während er für sich und Viktor zwei Zigaretten auf einmal anrauchte. »Die haben sich da etwas angewöhnt – neuerdings gibt es jeden Donnerstag Krawall. Letztes Mal hab ich nicht aufgepasst, da nahmen sie gleich zwei Sessel auseinander. Und wer darf sie bezahlen? Ich!«

Viktor betastete sein geschwollenes Ohr.

»Der Neffe ist uns entwischt«, stellte er bedauernd fest. »Da ist gerade der, der's am meisten verdient gehabt hätte, billig davongekommen.«

»Gut so«, meinte Teddy sachlich. »Von dem Dicklippigen lass lieber die Finger. Du kennst seinen Onkel, und auch er selbst ist eine ›Stütze der Heimat‹ und der ›Ordnung‹ oder wie sie sich nennen. Aber deine Fäuste hast du gut zu gebrauchen gelernt, Herr Schriftsteller. Ich weiß noch, was für ein Hänfling du früher warst, und wenn's brenzlig wurde, bist du in Deckung gegangen. Lobenswert!«

»Das bringt der Beruf so mit sich«, seufzte Viktor. »Meine Muskeln sind nichts als ein Produkt des Existenzkampfs. Wie heißt es doch immer bei uns: alle auf einen. Und der Herr Präsident für alle.«

»Kommt's bei euch etwa auch zu Handgreiflichkeiten?«, fragte Teddy einfältig.

»Was dachtest du denn! Da wird in einem Artikel gelobt, du seist ganz vom Nationalbewusstsein durchdrungen; gehst du dann aber zu dem Kritiker hin, befindet er sich bereits in bester Gesellschaft – umgeben von lauter jungen, übermütigen Kraftprotzen, Geschöpfen des Präsidenten …«

»Na, so was«, sagte Teddy mitfühlend. »Und was passiert dann?«

»Kommt ganz drauf an. Mal so, mal so.«

Vor dem Hotel hielt ein Jeep, die Tür öffnete sich, und der junge Mann mit der Brille und der Aktentasche sowie sein hochgewachsener Begleiter stiegen aus; gemeinsam suchten sie unter einem Regenmantel Schutz. Hinter dem Lenkrad saß Golem. Der Lange sah mit lebhaftem, fast professionellem Interesse zu, wie der Pförtner den letzten, noch halb bewusstlosen Randalierer durch die Drehtür scheuchte.

»Schade, dass der nicht dabei war«, flüsterte Teddy und wies mit den Augen auf den Langen. »Der hat's drauf! Kein Vergleich zu dir – ein Profi, verstehst du?«

»Verstehe«, flüsterte Viktor zurück.

Der junge Mann mit der Aktentasche und sein hochgewachsener Begleiter trabten an ihnen vorbei und verschwanden im Hoteleingang. Golem folgte den beiden in gemächlichem Schritt und lächelte Viktor schon von Weitem zu; dann aber vertrat ihm Sursmansor mit einem weißen Päckchen unter dem Arm den Weg. Halblaut sagte er etwas zu Golem, worauf dieser zu lächeln aufhörte und wieder in den Jeep stieg. Sursmansor kletterte auf den Rücksitz, und der Jeep rollte davon.

»Ach!«, beschwerte sich Teddy. »Wir haben den Falschen geschlagen, Herr Banew. Wir vergießen für ihn unser Blut, und er fährt einfach mit dem erstbesten Auto davon.«

»So kannst du das nicht sehen«, meinte Viktor. »Er ist ein kranker, unglücklicher Mensch; heute hat's ihn erwischt, morgen bist du dran. Wir beide nehmen uns jetzt einen zur Brust, und ihn schaffen sie ins Leprosorium.«

»Von wegen Leprosorium!«, widersprach Teddy unversöhnlich. »Du verstehst nichts von unserem Leben hier, Herr Schriftsteller, gar nichts.«

»Hab ich etwa die Verbindung zur Nation verloren?«

»Nation hin, Nation her, du hast einfach keine Ahnung. Leb mal eine Weile hier: Seit Jahren nichts als Regen, auf den Feldern fault alles, die Kinder machen, was sie wollen. Aber das ist noch nicht alles – in der Stadt gibt es keine Katzen mehr, und wir können uns vor Mäusen kaum retten. Furchtbar!« Er winkte ab. »Lass uns gehen.«

Sie kehrten in die Hotelhalle zurück, und Teddy fragte den Pförtner, der schon wieder seinen Posten eingenommen hatte: »Na? Ist viel in die Brüche gegangen?«

»Nein, nein«, antwortete der Pförtner. »Es ist noch mal gut gegangen. Eine Stehlampe musste dran glauben, und die Wand hat was abgekriegt. Das Geld dafür hab ich dem letzten der Kerle abgenommen, da hast du's.«

Teddy zählte im Gehen das Geld und begab sich ins Restaurant. Viktor folgte ihm. Im Saal herrschte wieder Ruhe. Der junge Mann mit der Brille und der Lange saßen bei ihrer Flasche Mineralwasser und kauten melancholisch an der abendlichen Ration. Diana hatte wieder ihren alten Platz eingenommen. Sie war sehr angeregt und schön und lächelte sogar dem mit am Tisch sitzenden Dr. Quadriga zu, den sie eigentlich nicht ausstehen konnte. Vor Dr. Quadriga stand eine Flasche Rum; er war jedoch noch nüchtern und bot einen seltsamen Anblick.

»Zum Siege!«, begrüßte er Viktor finster. »Schade, dass ich nicht wenigstens als Fähnrich dabei war.«

Viktor ließ sich in einen Sessel fallen.

»Schönes Ohr«, meinte Dr. Quadriga. »Wo hast du das aufgetrieben? Das leuchtet ja wie ein Hahnenkamm.«

»Kognak!«, verlangte Viktor. Diana schenkte ihm welchen ein. »Den Sieg verdanke ich einzig und allein ihr«, erklärte er und wies auf Diana. »Hast du für die Flasche bezahlt?«

»Der Flasche ist nichts passiert«, antwortete Diana. »Wofür hältst du mich? Aber wie der weggesackt ist! Gott, war das schön! Wenn's doch immer so wäre …«

»Na dann«, sagte Dr. Quadriga abermals finster und goss sich ein volles Glas Rum ein.

»Er ist umgefallen wie eine Holzpuppe«, fuhr Diana fort. »Wie ein Kegel. Viktor, ist an dir alles heil? Ich habe gesehen, dass sie dich mit Füßen getreten haben.«

»Das Wichtigste ist heil geblieben«, antwortete Viktor. »Darauf habe ich aufgepasst.«

Dr. Quadriga schlürfte die letzten Tropfen Rum aus seinem Glas – wie ein Ausguss, der nach dem Abwasch gurgelnd die Reste des Spülwassers verschlingt. Seine Augen trübten sich sofort ein.

»Wir kennen uns«, sagte Viktor hastig. »Du bist Dr. Rem Quadriga, und ich bin der Schriftsteller Banew …«

»Hör auf«, beschwerte sich Dr. Quadriga. »Ich bin völlig nüchtern. Aber ich werde hier noch zum Säufer. Das ist das Einzige, was ich weiß. Sie werden's nicht glauben, aber als ich vor einem halben Jahr hierherkam, habe ich nichts getrunken. Meine Leber ist krank, ich habe einen Darmkatarrh und auch etwas mit dem Magen. Ich dürfte eigentlich keinen Tropfen trinken, saufe aber rund um die Uhr. Kein Mensch braucht mich. Das ist mir in meinem ganzen Leben noch nicht passiert. Nicht mal Briefe bekomme ich hier, weil meine alten Freunde Schreibverbot haben und meine neuen Freunde Analphabeten sind …«

»Bitte keine Staatsgeheimnisse«, warnte Viktor. »Ich bin ein unzuverlässiges Subjekt.«

Dr. Quadriga füllte noch einmal sein Glas und trank den Rum wie kalt gewordenen Tee in kleinen Schlucken.

»So wirkt er besser«, erklärte er. »Das musst du mal ausprobieren, Banew. Vielleicht kommt's dir auch noch mal zupass. Sie brauchen mich gar nicht so anzusehen!«, herrschte er plötzlich Diana an. »Ich muss doch bitten, behalten Sie Ihren Abscheu gefälligst für sich. Wenn Ihnen nicht passt, wie ich …«

»Nicht so laut«, bat Viktor, und Dr. Quadriga ließ den Kopf sinken.

»Niemand versteht mich«, klagte er. »Kein Mensch. Nur du verstehst mich ein bisschen. Hast mich immer verstanden, aber du bist auch ein Grobian, Banew, du hast mich oft verletzt. Innerlich bin ich schon ganz wund. Mich zu beschimpfen traut sich jetzt keiner mehr, ich werde nur noch gelobt. Und jedes Lob von so einem Schweinehund versetzt mir eine neue Wunde. Aber das ist jetzt vorbei. Sie wissen's bloß noch nicht … Hör zu, Banew! Du hast eine wunderbare Frau, und ich habe ein Anliegen an dich: Bitte sie einmal, in mein Atelier zu kommen. Nicht doch, du Dummkopf! Als Modell! Du begreifst überhaupt nichts, so ein Modell suche ich schon seit zehn Jahren …«

»Eine Allegorie«, erläuterte Viktor für Diana. »›Der Präsident und die Ewig Junge Nation‹ …«

»Blödmann«, meinte Dr. Quadriga traurig. »Ihr glaubt alle, dass ich mich verkaufe … Na ja, früher stimmte das auch!

Aber jetzt male ich keine Präsidenten mehr, sondern ein Selbstporträt! Verstehst du?«

»Nein«, bekannte Viktor. »Das verstehe ich nicht. Brauchst du Diana als Modell für ein Selbstporträt?«

»Blödmann«, sagte Dr. Quadriga wieder. »Das wird einfach das Gesicht eines Künstlers …«

»Mein Hintern«, erklärte Diana.

»Das Gesicht eines Künstlers!«, wiederholte Dr. Quadriga. »Du bist doch auch ein Künstler. Und alle, die Schreibverbot haben, und alle, die am Boden sind, und alle, die in meinem Haus leben, das heißt, die nicht mehr leben … Weißt du, dass ich Angst habe, Banew? Ich habe dich nicht umsonst gebeten: Quartier dich bei mir ein, wenigstens für eine Weile. Ich habe eine Villa mit einem Springbrunnen. Der Gärtner ist ausgerissen, er war ein Feigling. Allein halte ich's dort nicht aus, da bleibe ich lieber im Hotel. Glaubst du, ich trinke, weil ich mich verkauft hab? Irrtum! Das gibt's nur in den Romanen, die gerade in Mode sind. Wenn du eine Weile bei mir lebst, wirst du alles verstehen. Vielleicht kennst du sie sogar. Vielleicht sind das gar nicht meine Bekannten, sondern deine. Dann wüsste ich wenigstens, warum sie mich nicht kennen. Sie laufen barfuß herum und lachen …« Seine Augen füllten sich plötzlich mit Tränen. »Herrschaften!«, verkündete er. »Ein Glück, dass dieser Pavor nicht hier ist! Auf Ihr Wohl!«

»Prost«, stimmte Viktor mit ein und tauschte einen Blick mit Diana. Diana sah Dr. Quadriga angewidert und besorgt zugleich an. »Keiner kann Pavor leiden«, erklärte Viktor. »Nur ich tanze da aus der Reihe.«

»Ein stiller Teich …«, warnte Dr. Quadriga. »Und ein Frosch springt hinein. Ein unerträglicher Schwätzer. Und Schweiger.«

»Der ist sternhagelvoll«, sagte Viktor zu Diana. »Nichts Schlimmes also …«

»Herrschaften!«, verkündete Dr. Quadriga. »Meine Gnädigste! Ich halte es für meine Pflicht, mich vorzustellen! Rem Quadriga, Doktor honoris causa …«

Viktor traf eine halbe Stunde vor der vereinbarten Zeit im Gymnasium ein, aber Bol-Kunaz wartete schon auf ihn. Der Junge war taktvoll – und so informierte er Viktor nur darüber, dass die Begegnung in der Aula stattfinden werde, um sich sogleich unter dem Vorwand, noch etwas Dringendes erledigen zu müssen, wieder zu entfernen. Viktor schlenderte durch die stillen Korridore, warf einen Blick in die leeren Klassenräume und nahm längst vergessene Gerüche wahr: nach Tinte, Kreide und ewig in der Luft hängendem Staub, nach »blutigen Fehden« und aufreibenden Verhören an der Tafel, nach Gefängnis, Rechtlosigkeit und zum Prinzip erhobener Lüge. Er hoffte auf ein paar freundliche Erinnerungen an Kindheit und Jugend, an Ritterlichkeit und Kameradschaft oder an die erste, große Liebe – aber sie wollten sich nicht einstellen, obwohl er sich alle Mühe gab und bereit war, bei der ersten Gelegenheit Rührung zu empfinden. Alles war wie früher – die hellen, muffigen Klassenräume; die zerkratzten Tafeln; die Bänke mit den eingeritzten, farbig ausgemalten Initialen und den apokryphen Aufschriften über die Gattin und die rechte Hand; die bis zu halber Höhe in fröhlichem Grün gehaltenen Kasemattenwände und der bröckelnde Stuck in den Ecken. All das war ihm genauso verhasst und zuwider wie früher und weckte nichts als Erbitterung und Hoffnungslosigkeit in ihm.

Es dauerte eine Weile, bis er seine Klasse wiederfand und darin seinen Fensterplatz, aber die Bank war inzwischen ausgetauscht worden. Nur auf dem Fensterbrett sah man noch das tief eingeritzte Emblem der Freiheitslegion, und er erinnerte sich lebhaft an die Begeisterung jener Zeit, an die weiß-roten Binden, die Sammelbüchsen »Für den Fonds der Legion« und die wilden, blutigen Schlägereien mit den Roten. Er erinnerte sich an die Porträts, die man damals in allen Zeitungen, in allen Lehrbüchern und an allen Wänden gesehen hatte, an das Gesicht, das ihm damals bedeutsam und schön erschienen war, ihm jetzt aber schlaff, stumpfsinnig und einer Schweineschnauze zum Verwechseln ähnlich vorkam – ein geifernder Wildschweinrachen mit Riesenhauern. So jung und ahnungslos, so dumm und einander so gleich waren sie damals gewesen. Doch er konnte sich über diese Dummheit nicht freuen; es freute ihn nicht, dass er klüger geworden war. Was blieb, war brennende Scham über den ahnungslosen, umtriebigen Grünschnabel von einst, der sich für so einmalig, unersetzlich und auserwählt gehalten hatte … Dann waren da noch die beschämenden kindlichen Begierden und die quälende Angst vor einem Mädchen, mit dem man sich schon so gebrüstet hatte, dass man nicht mehr zurückkonnte, und einen Tag später der tobende Vater und die glühenden Ohren. Und all das nannte man eine glückliche Zeit: Ahnungslosigkeit, Begierden, Begeisterung … Schlimm, dachte er. Und fünfzehn Jahre später stellt sich plötzlich heraus, dass man noch genauso ahnungslos und unfrei ist wie in der Kindheit – ja noch viel ahnungsloser und unfreier, weil man jetzt glaubt, erwachsen zu sein, genug zu wissen und ausreichend Erfahrung gesammelt zu haben, um mit sich zufrieden zu sein und über andere urteilen zu können.

Man sollte sich in Bescheidenheit üben, in Bescheidenheit und Demut, und immer bei der Wahrheit bleiben, lüge nie!, zumindest nicht dir selbst gegenüber. Aber es ist nicht leicht, demütig zu sein, wenn es ringsum von Idioten, Perversen und habgierigen Lügnern wimmelt, ja wenn selbst den Besten Makel anhaften wie Aussätzigen … Möchtest du noch einmal jung sein? Nein. Möchtest du noch fünfzehn Jahre leben? Ja. Denn das Leben ist schön. Selbst wenn man

Schläge einstecken muss. Hauptsache, man hat Gelegenheit zurückzuschlagen … Gut, das reicht. Einigen wir uns darauf, dass das wahre Leben eine Existenzweise ist, die es dem Menschen ermöglicht zurückzuschlagen. Und jetzt gehen wir und sehen uns an, wie die jungen Leute heutzutage sind …

Die Aula war ziemlich voll, und es herrschte der übliche Lärm, der jedoch sofort verstummte, als Bol-Kunaz Viktor auf die Bühne führte und ihn bat, unter dem riesigen Porträt des Präsidenten – ein Geschenk Dr. Quadrigas – an einem rot-weiß bespannten Tisch Platz zu nehmen.

Dann trat Bol-Kunaz an den Bühnenrand und erklärte: »Heute haben wir Gelegenheit zu einem Gespräch mit dem bekannten Schriftsteller Viktor Banew, der aus unserer Stadt stammt.«

Er wandte sich zu Viktor. »Wie ist's Ihnen lieber, Herr Banew: Können die Fragen vom Platz aus gestellt werden, oder sollen die Schüler sie aufschreiben?«

»Das ist mir egal«, antwortete Viktor leichtsinnig. »Hauptsache, sie stellen recht viele Fragen.«

»Dann beginnen Sie bitte.«

Bol-Kunaz sprang von der Bühne und setzte sich in die erste Reihe. Viktor rieb sich die Augenbrauen und blickte sich im Saal um. Dort saßen etwa fünfzig Kinder: Jungen und Mädchen im Alter von zehn bis vierzehn Jahren, die ihn abwartend ansahen. Wahrscheinlich alles Wunderkinder, dachte er flüchtig. In der zweiten Reihe rechts entdeckte er Irma und lächelte ihr zu. Irma lächelte zurück.

»Ich habe auch einmal dieses Gymnasium besucht«, begann Viktor. »Und einmal habe ich sogar auf dieser Bühne den Osrick gespielt. Da ich meine Rolle aber nicht konnte, musste ich mir meinen Text immer selbst ausdenken – es war der erste in meinem Leben, den ich verfasst habe, ohne bangen zu müssen, dass ich mir eine Fünf einhandle. Man sagt, die Schüler hätten es heute schwerer als zu meiner Zeit, es gebe neue Fächer und ihr müsstet das, was wir in drei Jahren gelernt haben, in einem Jahr bewältigen. Aber wahrscheinlich bemerkt ihr gar nicht, dass es schwerer geworden ist. Die Wissenschaftler gehen nämlich davon aus, dass das menschliche Hirn viel mehr Informationen aufnehmen kann, als man glaubt. Man muss nur wissen, wie man sie ihm einflößt ...« Aha, dachte er, jetzt lande ich bei der Hypnopädie. Da aber reichte ihm Bol-Kunaz einen Zettel: »Von den Errungenschaften der Wissenschaft brauchen Sie uns nichts zu erzählen. Sprechen Sie mit uns wie mit Ihresgleichen. Valerians, sechste Klasse.«

»Aha«, sagte Viktor. »Ein gewisser Valerians aus der sechsten Klasse schlägt mir vor, mit euch zu sprechen wie mit meinesgleichen, und bittet mich, euch mit den Errungenschaften der Wissenschaft zu verschonen. Ich muss dir sagen, Valerians, dass ich tatsächlich vorhatte, die Errungenschaften der Hypnopädie darzulegen. Aber darauf kann ich auch gern verzichten, obwohl ich es für meine Pflicht halte, dir mitzuteilen, dass die meisten Erwachsenen, die ich zu meinesgleichen zähle, von der Hypnopädie nur eine sehr vage Vorstellung haben.« Da es sich im Sitzen nicht gut sprach, stand er auf und spazierte auf der Bühne hin und her. »Ich muss gestehen, Kinder, dass ich nicht gern vor Lesern spreche. Gewöhnlich weiß man nicht, was für Leser man vor sich hat, was sie von einem wollen und wofür sie sich interessieren. Darum versuche ich immer, ein Frage-und-Antwort-Spiel anzuregen. Manchmal macht das richtig Spaß. Lasst heute einmal mich mit einer Frage beginnen. Also ... Habt ihr meine Bücher gelesen?«

»Ja«, antworteten die Kinderstimmen. »Haben wir ... allesamt ...«

»Großartig«, erwiderte Viktor bestürzt. »Obwohl es mich sehr wundert, fühle ich mich geschmeichelt. Na schön, weiter … Möchtet ihr, dass ich euch erzähle, wie einer meiner Romane entstanden ist?«

Vorübergehend trat Schweigen ein, bis mitten im Saal ein magerer Junge mit Pickeln aufstand, »nein« sagte und sich setzte.

»Wunderbar«, meinte Viktor. »Entstehungsgeschichten werden ja ohnehin stark überschätzt. Fragen wir weiter. Möchten die verehrten Zuhörer etwas über meine schöpferischen Pläne erfahren?«

Bol-Kunaz stand auf und sagte höflich: »Herr Banew, die Fragen, die unmittelbar mit Ihrer Schreibtechnik zusammenhängen, sollten wir uns für den Schluss aufheben, wenn wir uns einen Überblick verschafft haben.«

Er setzte sich. Viktor steckte die Hände in die Taschen und spazierte wieder auf und ab. Die Sache wurde interessant, zumindest war sie ungewöhnlich.

»Vielleicht interessieren euch ja Anekdoten aus dem Schriftstellermilieu?«, fragte er einschmeichelnd. »Wie ich mit Hemingway auf Jagd ging. Wie Ehrenburg mir einen russischen Samowar schenkte. Oder was Sursmansor sagte, als wir uns in der Straßenbahn begegneten …«

»Sind Sie Sursmansor tatsächlich begegnet?«, tönte es aus dem Saal.

»Nein, das war nur ein Scherz«, antwortete Viktor. »Was ist nun mit den Anekdoten aus dem Schriftstellermilieu?«

»Darf ich eine Frage stellen?« Der picklige Junge stand auf.

»Ja, natürlich.«

»Wie möchten Sie uns in der Zukunft sehen?«

Ohne Pickel, ging es Viktor durch den Kopf, doch er vertrieb den Gedanken sofort, weil er begriff: Jetzt wird's ernst. Die Frage hatte es in sich. Es wäre schön, wenn mir jemand sagen könnte, wie ich mich in der Gegenwart sehen möchte, dachte er. Aber er musste dem Jungen antworten.

»Klug«, antwortete er aufs Geratewohl. »Ehrlich. Gutherzig. Ich möchte, dass ihr eure Arbeit liebt und für das Wohl der Menschen arbeitet.« (Geschwafel, dachte er. Aber wie lässt sich das vermeiden?) »Ja, ungefähr so …«

Im Saal kam Unruhe auf, dann fragte jemand, ohne aufzustehen: »Glauben Sie wirklich, dass Soldaten wichtiger sind als Physiker?«

»Ich?«, fragte Viktor empört.

»Das schließe ich aus Ihrer Erzählung ›Das Unglück kommt nachts‹.«

Der da sprach, war ein semmelblonder Knirps von höchstens zehn Jahren. Viktor hüstelte. Man mochte »Das Unglück« ein schlechtes oder ein gutes Buch nennen, auf keinen Fall aber war es ein Kinderbuch. Es war so wenig ein Kinderbuch, dass kein Kritiker schlau daraus wurde: Alle hielten es für einen pornografischen Reißer, der die Moral und das Nationalbewusstsein untergrub. Und was das Schlimmste war: Der semmelblonde Knirps hatte allen Grund anzunehmen, dass der Autor des »Unglücks« die Soldaten – in gewisser Hinsicht jedenfalls – für »wichtiger« hielt als die Physiker.

»Die Sache ist so …«, sagte Viktor eindringlich. »Wie soll ich's erklären … Es kann alles Mögliche vorkommen.«

»Mir geht's dabei keinesfalls ums Physiologische«, warf der semmelblonde Knirps ein. »Mir geht es um die Grundkonzeption des Buches. Vielleicht ist ›wichtiger‹ auch nicht das richtige Wort …«

»Mir geht es auch nicht ums Physiologische«, erklärte Viktor. »Ich wollte nur zum Ausdruck bringen, dass es Situationen gibt, in denen der Bildungsstand keine Rolle spielt.«

Bol-Kunaz leitete zwei Zettel an ihn weiter: »Kann man einen Menschen, der für den Krieg arbeitet, ehrlich und gut nennen?« Und: »Was ist ein kluger Mensch?«

Viktor begann mit der zweiten Frage. Sie war einfacher.

»Klug«, antwortete er, »ist ein Mensch, der sich der Unvollkommenheit und Lückenhaftigkeit seines Wissens bewusst ist, der danach strebt, diese Lückenhaftigkeit auszufüllen, und der darin Erfolg hat. Seid ihr damit einverstanden?«

»Nein«, sagte ein hübsches Mädchen und stand auf.

»Wieso nicht?«

»Ihre Definition ist nicht funktional. Danach kann sich jeder Dummkopf für klug halten. Besonders wenn seine Umgebung ihn in dieser Ansicht bestärkt.«

Ja, dachte Viktor. Leise Panik erfasste ihn. Das ist keine Plauderei mit Schriftstellerkollegen.

»In gewisser Weise haben Sie recht«, sagte er und ging zu seiner eigenen Überraschung zum »Sie« über. »Ansonsten aber sind ›dumm‹ und ›klug‹ historische und eher subjektive Begriffe.«

»Sie trauen sich also nicht zu, einen Dummkopf von einem klugen Menschen zu unterscheiden?« Die Frage kam aus den hinteren Reihen – von einem dunkelhäutigen, kahlgeschorenen Geschöpf mit wunderschönen, ja biblischen Augen.

»Wieso das?«, fragte Viktor. »Natürlich traue ich mir das zu. Aber es ist nicht gewiss, dass ihr mir immer zustimmen werdet. Es gibt einen alten Aphorismus: Ein Dummkopf ist einfach ein Andersdenkender.« Gewöhnlich brachte dieser Slogan die Zuhörer zum Lachen, diesmal aber schwieg der Saal abwartend. »Oder ein Andersfühlender«, fügte Viktor hinzu.

Er spürte, dass der Saal enttäuscht war, wusste aber nicht weiter. Er fand keinen Zugang zu diesen Kindern. In der Regel schlägt sich das Publikum bereitwillig auf die Seite des Redners, schließt sich seinem Urteil an, und allen ist klar, was ein Dummkopf ist – wobei man davon ausgeht, dass diese Spezies im Saal nicht vertreten ist. Schlimmstenfalls stimmt das Publikum nicht mit dem Redner überein und verhält sich feindselig, aber auch dann hat er leichtes Spiel: Ihm bleibt immer noch die Chance, Hohn und Spott zu vergießen, außerdem ist es für einen Einzelnen nicht schwer, mit vielen zu streiten, weil die Widersacher einander stets widersprechen und sich unter ihnen immer ein besonders dummer Schreihals findet, an dem man zur Freude der anderen sein Mütchen kühlen kann.

»Ich verstehe nicht ganz«, sagte das hübsche Mädchen. »Sie wollen, dass wir klug sind, das heißt, dass wir Ihrem Aphorismus nach genauso denken und fühlen wie Sie. Aber ich habe alle Ihre Bücher gelesen und darin nur Verneinung gefunden. Keinerlei positives Programm. Andererseits wollen Sie, dass wir für das Wohl der Menschen arbeiten. Das heißt faktisch für das Wohl jener schmierigen, unangenehmen Typen, von denen es in Ihren Büchern nur so wimmelt. Denn was Sie schildern, ist doch die Wirklichkeit, nicht wahr?«

Viktor schien endlich wieder festen Boden unter den Füßen zu spüren und sagte:

»Seht ihr, unter der Arbeit für das Wohl der Menschen verstehe ich die Verwandlung von Personen in aufrichtige, angenehme Menschen. Aber dieser Wunsch hat nichts mit meinem Schaffen zu tun. In meinen Büchern versuche ich die Dinge zu zeigen, wie sie sind, ich will die Leser nicht belehren oder ihnen vorschreiben, was sie zu tun haben. Ich mache höchstens auf etwas aufmerksam, für das es sich lohnt, seine Kräfte einzusetzen, und verweise auf Missstände, gegen die man ankämpfen sollte. Ich weiß nicht, wie man die Menschen ändert, wenn ich es wüsste, wäre ich kein Modeautor, sondern ein großer Pädagoge oder ein berühmter Psychosoziologe. Es steht der schönen Literatur nicht an, die Menschen zu belehren oder sie an der Hand zu nehmen, ihnen den Weg zu weisen oder ihnen eine konkrete Methodologie vorzusetzen. Ein gutes Beispiel dafür sind unsere großen Schriftsteller. Ich verneige mich vor Lew Tolstoi – aber nur so lange, wie er ein origineller, einmalig begabter Spiegel der Wirklichkeit ist. Fängt er aber an, mir zu predigen, ich solle barfuß gehen oder die andere Wange hinhalten, so fühle ich mich elend und schwermütig. Der Schriftsteller ist ein Werkzeug, das den Zustand der Gesellschaft zeigt, und nur in ganz geringem Grade ein Werkzeug zur Veränderung der Gesellschaft. Die Geschichte lehrt uns, dass die Gesellschaft nicht durch die Literatur verändert wird, sondern durch Reformen, Maschinengewehre oder neuerdings auch durch die Wissenschaft. Die Literatur zeigt bestenfalls, auf wen man schießen muss oder was der Veränderung bedarf.«

Viktor legte eine Pause ein, weil ihm einfiel, dass da auch noch Dostojewski und Faulkner waren. Aber während er noch überlegte, wie er zur Rolle der Literatur bei der Erforschung des Individuums übergehen könnte, kam aus dem Saal ein Einwurf: »Verzeihen Sie, aber das ist alles ziemlich trivial. Und darum geht es auch nicht. Es geht darum, dass die von Ihnen geschilderten Subjekte gar nicht verändert werden wollen. Sie sind außerdem so widerwärtig, verkommen und hoffnungslos, dass man sie gar nicht verändern möchte. Sie sind es nicht wert, verstehen Sie? Sollen sie doch langsam verfaulen – sie spielen überhaupt keine Rolle. Für wessen Wohl sollen wir Ihrer Meinung nach also arbeiten?«

»Ach, darum geht es euch!«, sagte Viktor langsam.

Plötzlich begriff er: Mein Gott, diese Rotznasen glauben allen Ernstes, dass ich nur über verkommene Typen schreibe, dass ich all meine Helden für verkommen halte. Sie haben nichts begriffen, gar nichts. Wie sollten sie auch – es sind ja Kinder, seltsame, krankhaft kluge Kinder, aber eben doch Kinder – mit kindlichen Erfahrungen und einer kindlichen Menschenkenntnis, mit angelesenem Wissen, kindlichem Idealismus und dem kindlichen Bestreben, alles in Schubfächer mit der Aufschrift »gut« oder »schlecht« einzusortieren. Genau wie die lieben Kollegen …

»Ich habe mich dadurch täuschen lassen, dass ihr wie Erwachsene redet«, erklärte er. »Ich habe sogar vergessen, dass ihr keine Erwachsenen seid. Ich weiß, dass es unpädagogisch ist, euch das zu sagen, aber ich muss es tun, um Klarheit zu schaffen. Offenbar begreift ihr nicht, dass ein unrasierter, hysterischer und immerzu betrunkener Mann ein wunderbarer Mensch sein kann, den man lieben und bewundern muss, dessen Hand zu drücken man für eine Ehre hält, weil er eine Hölle durchgestanden hat, die man sich überhaupt nicht vorstellen kann – und er trotz allem ein Mensch geblieben ist. Ihr haltet die Helden meiner Bücher für den Abschaum der Menschheit, aber das ist noch halb so schlimm. Schlimm ist, dass ihr glaubt, dass ich dasselbe über sie denke wie ihr. Das ist ein Unglück. Ein Unglück in dem Sinne, dass wir einander so nie verstehen werden.«

Weiß der Teufel, welche Reaktion er auf seine freundliche Zurechtweisung erwartet hatte. Dass sie verlegene Blicke tauschen oder ihre Gesichter verständnisvoll aufleuchten würden; oder dass zum Zeichen dessen, dass sich das Missverständnis glücklich aufgeklärt hatte und man nun auf einer neuen, realistischeren Basis noch einmal von vorn anfangen konnte, ein Seufzer der Erleichterung durch den Saal gehen würde … Jedenfalls geschah nichts dergleichen.

In den hinteren Reihen erhob sich wieder der Junge mit den biblischen Augen und fragte: »Können Sie uns sagen, was Fortschritt ist?«

Viktor fühlte sich beleidigt. Natürlich, dachte er. Gleich werden sie fragen, ob eine Maschine denken kann und ob es Leben auf dem Mars gibt. Alles wie gehabt.

»Fortschritt«, sagte er, »ist die Annäherung der Gesellschaft an einen Zustand, in dem die Menschen einander nicht mehr töten, mit Füßen treten und quälen.«

»Was tun sie stattdessen?«, wollte ein dicker Junge von rechts wissen.

»Sie essen und betrinken sich quantum satis«, murmelte jemand von links.

»Warum auch nicht?«, erwiderte Viktor. »In der Geschichte der Menschheit gibt es nicht gerade viele Epochen, in denen die Menschen quantum satis zu essen und zu trinken hatten. Fortschritt ist für mich die Annäherung an einen Zustand, in dem die Menschen einander nicht mehr mit Füßen treten und töten. Was sie stattdessen tun, ist meiner Ansicht nach nicht so wichtig. Wenn ihr so wollt, sind die notwendigen Bedingungen für den Fortschritt meiner Meinung nach wichtig, hinreichende kann man immer noch schaffen …«

»Gestatten Sie«, meldete sich Bol-Kunaz. »Nehmen wir an, die Automatisierung schreitet im heutigen Tempo voran. Dann fliegt in ein paar Jahrzehnten die überwiegende Mehrheit der Erdbevölkerung aus dem Produktionsprozess und dem Dienstleistungssektor heraus. Sie braucht nicht mehr zu arbeiten. Wie schön: Alle sind satt, niemand hat mehr einen Grund, den anderen mit Füßen zu treten, keiner steht dem anderen im Wege – und keiner braucht mehr den anderen. Natürlich gibt es noch ein paar Hunderttausend, die dafür sorgen, dass die alten Maschinen laufen und neue geschaffen werden, die übrigen aber – und das sind Milliarden – brauchen einander nicht mehr. Finden Sie das gut?«

»Ich weiß nicht«, überlegte Viktor. »Gut kann ich das nicht finden. Es ist irgendwie traurig. Aber ich muss sagen, dass ich es immer noch besser finde als das, was wir heute beobachten. Ein gewisser Fortschritt ist immerhin vorhanden.«

»Möchten Sie in so einer Welt leben?«

Viktor überlegte.

»Wisst ihr, ich kann es mir nicht so recht vorstellen, aber um ehrlich zu sein, würde ich es gern einmal ausprobieren.«

»Können Sie sich einen Menschen vorstellen, der in einer solchen Welt absolut nicht leben möchte?«

»Natürlich kann ich das. Es gibt Menschen – ich kenne einige –, die sich dort langweilen würden. Da können sie keine Macht mehr ausüben und über niemanden mehr herrschen, und es gibt keinen Grund, andere mit Füßen zu treten. Allerdings werden sie darauf kaum verzichten wollen – das gibt ihnen immerhin die seltene Gelegenheit, ein Paradies in einen Schweinestall oder in eine Kaserne zu verwandeln. Sie würden diese Welt mit Freuden zerstören. So kann ich mir wohl doch niemanden vorstellen, der nicht in dieser Welt leben möchte.«

»Und würde Ihren geliebten Helden eine solche Zukunft gefallen?«

»Natürlich. Dort fänden sie ihre wohlverdiente Ruhe.«

Bol-Kunaz setzte sich, dafür stand der picklige Junge wieder auf, nickte resigniert und sagte: »Genau das ist der springende Punkt. Es geht überhaupt nicht darum, ob wir das Leben kennen oder nicht, sondern darum, dass für Sie und Ihre Helden eine solche Zukunft annehmbar ist. Für uns aber würde sie einem Friedhof gleichen. Dem Ende aller Hoffnungen. Dem Untergang der Menschheit. Einer Sackgasse. Und darum sagen wir, dass wir nicht für das Wohl Ihrer ruhebedürftigen und bis über beide Ohren im Dreck steckenden Typen arbeiten wollen. Die sind für das wahre Leben verloren. Sagen Sie, was Sie wollen, Herr Banew, aber in Ihren Büchern – die ich gut finde und die durchaus interessant sind – zeigen Sie uns nichts, für das es sich lohnt, seine Kraft einzusetzen. Im Gegenteil: Sie zeigen uns, dass es das nicht gibt, zumindest nicht in Ihrer Generation. Entschuldigen Sie, aber Sie fressen sich doch gegenseitig, verausgaben sich in inneren Fehden, in Lügen und im Kampf gegen Lügen, den Sie neuer Lügen wegen führen. Wie heißt's doch bei Ihnen: ›Wahrheit und Lüge, wie nah ihr euch seid, die Wahrheit von gestern wird zur Lüge von heut, die Lüge von gestern sich morgen schon wandelt und sich den Ruf reiner Wahrheit einhandelt …‹ So schlittern Sie von einer Lüge in die andere. Sie wollen nicht wahrhaben, dass Sie längst tot sind, dass Sie mit eigenen Händen eine Welt geschaffen haben, die zu Ihrem Grabmal geworden ist. Sie haben in Schützengräben gelegen, Sie haben sich unter Panzern in die Luft gesprengt, aber wem hat das genützt? Sie schimpfen auf die Regierung und auf die herrschende Ordnung, als wüssten Sie nicht, dass Ihre Generation keine bessere Regierung und keine bessere Ordnung verdient. Man schlägt Ihnen – entschuldigen Sie – in die Fresse, Sie aber predigen unverzagt, dass der Mensch von Natur aus gut sei, ja schlimmer noch, Sie sagen: Ein Mensch – wie stolz das klingt. Und wen bezeichnen Sie nicht alles als Menschen!«

Der picklige Redner winkte ab und setzte sich. Schweigen trat ein. Dann stand er wieder auf und erklärte: »Wenn ich ›Sie‹ sage, Herr Banew, meine ich nicht Sie persönlich.«

»Danke«, sagte Viktor wütend.

Er war gereizt: Diese picklige Rotznase hatte kein Recht, so kategorisch aufzutreten, das war unverschämt und frech. Man sollte ihm eine Backpfeife geben, ihn am Ohr packen und vor die Tür stellen. Er fühlte sich peinlich berührt – vieles von dem, was der Junge gesagt hatte, war richtig, und er dachte ebenso. Aber nun war er in eine Lage geraten, in der er sich gezwungen sah, das, was er hasste, zu verteidigen. Er war verunsichert und wusste nicht, wie er sich verhalten und was er sagen sollte, und ob es sich überhaupt lohnte, das Gespräch fortzusetzen. Er sah sich im Saal um und merkte, dass man auf seine Antwort wartete, dass Irma auf seine Antwort wartete, dass all diese rotwangigen und sommersprossigen kleinen Ungeheuer sich einig waren und der picklige Bengel nur ausgesprochen hatte, was alle dachten, und zwar völlig aufrichtig und überzeugt, und nicht etwa, weil er gerade eine verbotene Broschüre gelesen hatte. Ihm wurde klar, dass diese Kinder tatsächlich nicht die geringste Dankbarkeit oder auch nur einen Hauch von Achtung ihm, Banew, gegenüber empfanden, dafür, dass er sich freiwillig zu den Husaren gemeldet hatte, dass er in Kavallerieformation gegen die »Rheinmetall«-Panzer vorgegangen, an der Ruhr fast im Kessel krepiert war, die Posten mit einem selbstgebastelten Messer niedergestochen hatte und später, schon als Zivilist, einem Sonderbeauftragten, der ihm vorschlug, eine Denunziation zu unterschreiben, die Fresse poliert, sich ohne Arbeit mit einem Loch in der Lunge durchgeschlagen und mit Früchten gehandelt hatte, obwohl man ihm lukrative Posten anbot. Aber warum sollen sie mich eigentlich achten? Weil ich mit blankem Säbel auf Panzer losgegangen bin? Man muss schon ein Idiot sein, um eine Regierung zu dulden, die ihre Armee in einen solchen Zustand versetzt. Er erschrak bei der Vorstellung, welch ungeheure Denkleistung diese Grünschnäbel erbracht haben mussten, um zu solchen Schlüssen zu gelangen – Schlüssen, zu denen Erwachsene erst kamen, wenn sie keinen heilen Fleck mehr am Leib hatten, ihr Herz gebrochen, das eigene Leben und das vieler anderer ringsum verpfuscht war. Und längst nicht alle Erwachsenen zogen diese Schlüsse, sondern nur einige wenige, während die meisten bis auf den heutigen Tag glaubten, alles sei goldrichtig gewesen, und bereit waren, dem Ruf, wenn nötig, erneut zu folgen. Waren wirklich neue Zeiten angebrochen? Beinahe angstvoll sah er sich im Saal um. Anscheinend war es der Zukunft doch gelungen, ihre Fühler bis in die Gegenwart auszustrecken, und diese Zukunft schien ihm kalt und gnadenlos; alle tatsächlichen oder auch nur eingebildeten Verdienste der Vergangenheit waren dieser Zukunft schnuppe.

»Kinder«, sagte Viktor, »wahrscheinlich ahnt ihr gar nicht, wie grausam ihr seid – wenn auch in bester Absicht. Aber Grausamkeit bleibt Grausamkeit, sie führt zu nichts als zu neuem Leid, neuen Tränen und neuen Gemeinheiten. Bedenkt das, und bildet euch nicht ein, ihr hättet hier neue Weisheiten verkündet. Das Bestehende einzureißen und auf den Ruinen etwas Neues aufzubauen ist eine sehr alte Idee. Und sie hat noch nie zu den erwünschten Ergebnissen geführt. Gerade das, was man in der alten Welt auszurotten versucht, kann sich dem Prozess der Zerstörung, der Grausamkeit und Erbarmungslosigkeit besonders gut anpassen. So macht es sich unentbehrlich und überlebt, ja, wird in der neuen Welt wieder zur herrschenden Kraft und bringt zu guter Letzt die mutigen Zerstörer der alten Welt um. Eine Krähe hackt der anderen kein Auge aus, und Grausamkeit ist nicht durch Grausamkeit zu beseitigen. Ironie und Mitleid, Kinder! Ironie und Mitleid!«

Plötzlich erhob sich der ganze Saal, was so überraschend kam, dass Viktor der abwegige Gedanke durch den Kopf schoss, es sei ihm endlich gelungen, seine Zuhörer mitzureißen. Da aber sah er, dass ein Nässling hereinkam, eine hagere, leichte, fast körperlose Gestalt, wie ein Schatten, und dass die Kinder ihn ansahen, ja ihm regelrecht zustrebten, während er Viktor gegenüber eine Verbeugung andeutete, eine Entschuldigung murmelte und sich an den Rand, neben Irma, setzte. Die Kinder setzten sich ebenfalls, und Viktor blickte zu Irma hinüber und sah, dass sie glücklich war; sie versuchte, sich nichts anmerken zu lassen, aber sie strahlte geradezu vor Freude. Und ehe er sich besann, ergriff Bol-Kunaz das Wort.

»Ich fürchte, Sie haben uns falsch verstanden, Herr Banew«, sagte er. »Wir sind keineswegs grausam, und wenn wir es Ihrer Meinung nach sind, dann nur theoretisch. Wir haben durchaus nicht die Absicht, Ihre alte Welt zu zerstören. Wir wollen eine neue aufbauen. Wer grausam ist, sind Sie. Sie können sich den Aufbau des Neuen nicht ohne eine Zerstörung des Alten vorstellen. Wir aber können es. Wir werden Ihrer Generation sogar zum Paradies verhelfen: Esst und trinkt, so viel ihr könnt. Wir wollen aufbauen, Herr Banew, nur aufbauen, ohne etwas zu zerstören.«

Viktor riss sich endlich von Irmas Anblick los und sammelte seine Gedanken.

»Ja«, sagte er. »Natürlich, tut das. Ich bin ganz auf eurer Seite. Ihr habt mich heute mehr als überrascht, aber ich bin trotzdem auf eurer Seite, vielleicht auch gerade deswegen. Wenn nötig, verzichte ich sogar auf Essen und Trinken. Vergesst aber nicht, dass man die alte Welt bisher immer hat zerstören müssen, weil sie den Aufbau der Neuen behinderte, weil sie das Neue ablehnte und zu ersticken suchte …«

»Die alte Welt von heute«, orakelte Bol-Kunaz, »wird uns nicht behindern. Sie wird uns sogar helfen. Die Geschichte hat ihren Lauf beendet, und man sollte sich nicht mehr darauf berufen.«

»Umso besser«, erwiderte Viktor müde. »Es freut mich, dass bei euch alles so gut verläuft …«

Prächtige Jungen und Mädchen sind das, dachte er. Merkwürdig, aber prächtig – auch wenn sie mir leidtun. Sie werden heranwachsen, miteinander ins Bett gehen und Kinder bekommen, und schon beginnt die Sorge um das tägliche Brot. Nein, dachte er verzweifelt … Aber vielleicht bleibt es ihnen auch erspart? Sie sind schließlich ganz anders als wir … Er raffte die Zettel vom Tisch, von denen sich eine ganze Menge angesammelt hatte: »Was ist ein Fakt?«, »Kann man einen Menschen, der für den Krieg arbeitet, ehrlich und gut nennen?«, »Warum trinken Sie so viel?«, »Ihre Meinung zu Spengler?« …

»Hier sind noch ein paar Fragen«, sagte er. »Ich weiß nicht, ob es sich jetzt noch lohnt …«

Der picklige Nihilist stand auf und sagte: »Ich weiß nicht, was für Fragen das sind, Herr Banew, aber es ist eigentlich auch nicht wichtig. Uns ging es nur darum, einen bekannten Schriftsteller unserer Zeit kennenzulernen. Denn jeder bekannte Schriftsteller verleiht der Ideologie einer Gesellschaft, oder eines Teils davon, Ausdruck, und wir müssen die Ideologen der heutigen Gesellschaft kennen. Nach der Begegnung mit Ihnen wissen wir mehr als vorher. Danke.«

Der Saal geriet in Bewegung, Stimmen wurden laut: »Danke … Danke, Herr Banew.« Die Kinder standen auf und verließen ihre Plätze, Viktor aber stand, die Zettel in der Faust, da und kam sich dumm vor. Er wusste, dass er einen roten Kopf hatte und einen kläglichen Anblick bot, nahm sich aber zusammen, steckte die Zettel in die Tasche und stieg von der Bühne.

Das Schlimmste war, dass er noch immer nicht wusste, wie er sich diesen Kindern gegenüber verhalten sollte. Sie waren irgendwie irreal, unmöglich, und ihre Auslassungen, ihre Haltung zu dem, was er schrieb oder sagte, passten so gar nicht zu den Rattenschwänzchen und Zottelköpfen, den schlecht gewaschenen Hälsen, den zerkratzten mageren Händen und dem Gepiepse, das jetzt im Saal herrschte. Es war, als hätte jemand zum Spaß zwei gegensätzliche Dinge – einen Kindergarten und einen wissenschaftlichen Disput – miteinander vermengt. So musste sich eine Katze im Versuchslabor fühlen, wenn man ihr ein Stück Fisch gab, sie hinter dem Ohr kraulte und ihr im selben Augenblick einen elektrischen Schlag verpasste, eine Ladung Pulver hochgehen ließ und sie mit einem Scheinwerfer blendete. Ja, sagte Viktor mitfühlend zu der Katze, deren Zustand er sich jetzt gut vorstellen konnte, unsere Psyche ist auf solche Schocks nicht vorbereitet, so etwas kann uns umbringen …

Da merkte er plötzlich, dass er eingekeilt war. Von allen Seiten umringten sie ihn. Einen Augenblick erfasste ihn Panik.

Es hätte ihn nicht gewundert, wenn sie ihn stumm und kühl zu Boden gerissen und ihn auf der Stelle seziert hätten, um seine Ideologie zu ergründen. Aber das war nicht ihre Absicht. Sie streckten ihm aufgeschlagene Bücher, billige Hefte und lose Blätter entgegen. Sie stammelten: »Ein Autogramm bitte!« Sie piepsten: »Hier bitte!« Sie krähten stimmbrüchig: »Seien Sie so gut, Herr Banew!«

Er holte den Füllhalter heraus und schraubte die Kappe ab, wobei er mit dem Interesse eines Außenstehenden in sich hineinhorchte und ohne Erstaunen feststellte, dass er Stolz empfand. Dies waren die Vorboten der Zukunft, und es war ein angenehmes Gefühl, bei ihnen populär zu sein.

Im Hotelzimmer stürzte er als Erstes zur Bar, goss sich Gin ein und schluckte ihn hinunter wie Medizin. Vom Kopf her floss ihm Wasser über das Gesicht und hinter den Kragen, er hatte also vergessen, die Kapuze aufzusetzen. Seine Hose war nass bis zu den Knien und klebte an den Beinen – wahrscheinlich war er wie ein Blinder durch die Pfützen gestapft. Er gierte nach einer Zigarette, er hatte seit mehr als zwei Stunden keine mehr geraucht …

Das ist die Akzeleration, suggerierte er sich, während er den nassen Regenmantel auf den Fußboden warf, sich umzog und seinen Kopf mit einem Handtuch abrieb. Das ist bloß die Akzeleration, versuchte er sich zu beruhigen, während er sich eine Zigarette ansteckte und die ersten gierigen Züge tat. Das ist die Akzeleration in Aktion, dachte er entsetzt, als er sich an die selbstbewussten Kinderstimmen erinnerte, die ihm die unglaublichsten Dinge eröffnet hatten. Lieber Gott, rette die Eltern dieser Kinder, die Erwachsenen – erleuchte sie, mach sie klüger, es ist höchste Zeit! Ich bitte dich in deinem eigenen Interesse, lieber Gott, sonst bauen sie einen neuen Turm zu Babel, ein Grabmal für all die Dummköpfe, die du, ohne an die Folgen der Akzeleration zu denken, auf diese Erde losgelassen hast, damit sie fruchtbar sind und sich vermehren … Ein Einfaltspinsel bist du, Bruder …

Viktor spuckte die Kippe auf den Teppich und steckte sich eine neue Zigarette an. Was rege ich mich eigentlich so auf?, fragte er sich. Meine Fantasie geht mit mir durch. Nun ja, das sind Kinder, die Akzeleration, dieses Altkluge. Hab ich etwa noch keine altklugen Kinder gesehen? Wie komme ich nur darauf, dass sie sich das alles selbst ausgedacht haben? Sie haben in der Stadt allerlei Unrat gesehen, sich alles Mögliche angelesen, die Dinge vereinfacht und sind natürlich zu dem Schluss gelangt, dass sie eine neue Welt aufbauen müssen. Und nicht alle sind so. Sie haben ihre Anführer und Sprecher: Bol-Kunaz, der Picklige und das hübsche Mädchen. Das sind die führenden Köpfe. Die Übrigen sind ganz normale Kinder – sie haben dagesessen, zugehört und sich gelangweilt … Er wusste, dass das nicht stimmte. Na schön, dann haben sie sich eben nicht gelangweilt, sondern interessiert zugehört – wir sind hier schließlich in der Provinz, und ich bin ein bekannter Schriftsteller … Ich hätte in ihrem Alter bestimmt keins von meinen Büchern gelesen; ich wäre lieber in einen Abenteuerfilm oder einen Wanderzirkus gegangen, um die Schenkel der Seiltänzerin zu bewundern. Ich hätte mich weder um die alte noch um die neue Welt geschert, ja mir überhaupt keinen Begriff davon gemacht. Für mich gab es nur Fußball, bis zur Erschöpfung, oder ich drehte irgendwo eine Glühlampe heraus und knallte sie gegen die Wand, lauerte einem Laffen auf und polierte ihm die Fresse … Viktor lehnte sich im Sessel zurück und streckte die Beine aus. Wir alle denken gerührt an unsere glückliche Kindheit zurück und glauben, dass sie schon seit Tom Sawyer so war, ist und immer so bleiben wird. So hat es nun mal zu sein. Und wenn es anders läuft, ist das Kind nicht normal, weckt, mit Abstand betrachtet, leises Mitleid und bei unmittelbarer Konfrontation pädagogischen Unmut. Das

Kind aber sieht dich sanftmütig an und denkt: Ja, du bist erwachsen, stark und kannst mich verprügeln, aber du bist nun mal dumm geboren, hast nichts dazugelernt und wirst dumm sterben. Doch das genügt dir nicht: Du willst, dass ich ein Dummkopf werde wie du …

Viktor schenkte sich noch einen Gin ein, erinnerte sich an alles, was gewesen war, und musste hastig einen Schluck nehmen, um nicht vor Scham loszuheulen. Wie er sich diesen Kindern selbstgefällig und von oben herab – wie ein richtiger Lackaffe – präsentiert hatte, wie er ihnen mit Plattitüden, Gemeinplätzen und falschen »kindlichen« Tönen gekommen war, und wie sie ihn hatten abblitzen lassen. Trotzdem hatte er keine Ruhe gegeben und weiter schlimmstes intellektuelles Unvermögen demonstriert. Auch als sie ihm wohlmeinend den rechten Weg wiesen, ihn gar warnten, hatte er weiterhin nur leeres Stroh gedroschen und gemeint, er werde die Sache schon deichseln. Und als sie schließlich die Geduld mit ihm verloren und ihm eins aufs Maul gegeben hatten, war er in Tränen ausgebrochen und hatte sich über die schlechte Behandlung beklagt. Am Ende hatten sie ihn aus Mitleid um ein Autogramm gebeten, und er war in schmachvollen Jubel ausgebrochen … Viktor stöhnte auf, als ihm klarwurde, dass er trotz aller zur Schau getragenen Ehrlichkeit niemals den Mut aufbringen würde, über sein heutiges Erlebnis zu sprechen. Spätestens in einer halben Stunde würde er seines seelischen Gleichgewichts wegen alles so gedreht haben, als wäre die Ohrfeige, die er an diesem Tag eingesteckt hatte, der größte Triumph seines Lebens gewesen, oder als hätte es sich um eine ganz normale, nicht sonderlich interessante Begegnung mit Wunderkindern in der Provinz gehandelt, mit Kindern eben – was erwartest du? –, die sich weder in der Literatur noch im Leben auskannten. Ich würde gut ins Bildungsressort passen, dachte er hasserfüllt. Jemanden wie mich brauchen sie dort. Der einzige Trost ist, dass solche Kinder bisher noch sehr selten sind, und wenn die Akzeleration ihr jetziges Tempo beibehält, bin ich, so Gott will, tot, bis sie in Massen auftreten. Es ist sehr wichtig, rechtzeitig zu sterben!

Es klopfte an der Tür. Viktor rief: »Ja!«, und Pavor kam herein. Er wirkte deprimiert, hatte eine geschwollene Nase und trug einen bestickten, orientalisch anmutenden Morgenmantel.

»Endlich«, sagte er mit verschnupfter Stimme, setzte sich Viktor gegenüber, holte ein großes nasses Taschentuch unter dem Mantel hervor und begann sich zu schnäuzen und zu niesen. Pavor war nicht wiederzuerkennen, einen so kläglichen Anblick bot er.

»Was heißt endlich?«, fragte Viktor. »Möchten Sie einen Schluck Gin?«

»Ach, ich weiß nicht«, erwiderte Pavor schniefend. »Diese Stadt bringt mich noch um. Hat-schi! Ach …«

»Gesundheit«, wünschte Viktor.

Pavor starrte ihn mit tränenden Augen an.

»Wo stecken Sie nur immer?«, fragte er gereizt. »Ich war schon dreimal hier, um mir etwas zu lesen zu holen. Ich komme noch um, meine einzige Beschäftigung ist Schnäuzen und Niesen. Im Hotel ist keine Menschenseele. Als ich den Pförtner nach einem Buch fragte, bot der Esel mir das Telefonbuch und ein paar alte Prospekte an: ›Besuchen Sie unsere sonnige Stadt‹. Haben Sie vielleicht etwas zu lesen?«

»Ich glaube nicht«, antwortete Viktor.

»Zum Teufel, Sie sind doch Schriftsteller! Ich kann ja verstehen, dass Sie von anderen nichts lesen wollen, aber in Ihren eigenen Werken werden Sie doch hin und wieder blättern. Alles ringsum säuselt: Banew, Banew … Wie heißt das Buch doch gleich? ›Tod am Nachmittag‹? ›Um Mitternacht nach dem Tod‹? Ich komm nicht drauf.«

»›Das Unglück kommt um Mitternacht‹«, half Viktor.

»Ja, genau. Das würde ich gern mal lesen.«

»Von mir können Sie's nicht bekommen. Ich habe es nicht«, sagte Viktor entschieden. »Und wenn ich's hätte, würde ich's Ihnen nicht geben. Sie würden es mir doch bloß vollniesen. Und verstehen würden Sie's auch nicht.«

»Warum sollte ich's nicht verstehen?«, erkundigte sich Pavor empört. »Es heißt, darin ginge es um Homosexuelle, was gibt es denn da nicht zu verstehen?«

»Sie sind ja selbst …«, begann Viktor. »Trinken wir lieber ein Glas Gin. Mit Wasser?«

Pavor nieste, knurrte, sah sich verzweifelt im Zimmer um, warf den Kopf zurück und nieste noch einmal.

»Mir tut der Schädel weh«, klagte er. »Hier, an der Stelle … Wo waren Sie bloß? Man sagte mir, Sie hätten ein Treffen mit Lesern? Mit hiesigen Homosexuellen?«

»Schlimmer. Ich hatte ein Treffen mit hiesigen Wunderkindern. Wissen Sie, was Akzeleration ist?«

»Akzeleration? Hat das nicht etwas mit Frühreife zu tun? Ich habe davon gehört. Eine Zeit lang war der Begriff in aller Munde, dann aber setzte man in unserem Departement eine Kommission ein, die nachwies, dass das Ganze auf die Sorge des Herrn Präsidenten um die heranwachsende Generation von Löwen und Träumern zurückzuführen ist, und damit war alles wieder in Ordnung. Aber ich weiß, wovon Sie sprechen, ich habe hiesige Wunderkinder gesehen. Der Himmel bewahre uns vor solchen Löwen – die gehören ins Raritätenkabinett.«

»Vielleicht gehören wir beide ins Raritätenkabinett?«, entgegnete Viktor.

»Vielleicht«, stimmte Pavor zu. »Aber mit Akzeleration hat das nichts zu tun; das ist nur ein biologischer beziehungsweise physiologischer Begriff: Das Gewicht der Neugeborenen steigt, dann werden sie zwei Meter lang wie die Giraffen und sind mit zwölf schon zeugungsfähig. Hier dagegen handelt es sich um ganz gewöhnliche Kinder – bloß ihre Lehrer …«

»Was ist mit ihren Lehrern?«

Pavor nieste.

»Ihre Lehrer sind ungewöhnlich«, erklärte er näselnd.

Viktor dachte an den Direktor des Gymnasiums. »Was ist denn so ungewöhnlich an den Lehrern? Dass sie vergessen, ihren Hosenstall zuzumachen?«

»Was für einen Hosenstall?«, wunderte sich Pavor und starrte Viktor an. »Die haben überhaupt keinen Hosenstall.«

»Und was sonst noch?«

»Wie meinen Sie das?«

»Was ist sonst noch ungewöhnlich an ihnen?«

Pavor schnäuzte sich lange; Viktor trank seinen Gin in kleinen Schlucken und betrachtete ihn mitleidig.

»Wie ich sehe, machen Sie sich keinen Begriff«, sagte Pavor, während er sich in den Anblick seines nassen Taschentuchs versenkte. »Wie unser Herr Präsident ganz richtig bemerkte, ist die augenfälligste Eigenschaft unserer Schriftsteller die chronische Unkenntnis des Lebens und die Losgelöstheit von den Interessen der Nation. Sie sind nun schon über eine Woche hier. Waren Sie in dieser Zeit außer in der Kneipe und im Sanatorium schon irgendwo anders? Haben Sie außer mit Quadriga, diesem Säufer, schon mit jemandem gesprochen? Weiß der Teufel, wofür Sie Ihr Geld bekommen …«

»Jetzt hören Sie aber auf. Es reicht, dass die Zeitungen mir das andauernd unter die Nase reiben. Ein verschnupfter Kritiker und ein Lehrer ohne Hosenstall haben mir gerade noch gefehlt …«

»Ach, das gefällt Ihnen nicht?«, meinte Pavor mit Genugtuung. »Schön, lassen wir das. Erzählen Sie mir von Ihrem Treffen mit den Wunderkindern.«

»Was gibt es da groß zu erzählen. Das waren ganz normale Wunderkinder.«

»Erzählen Sie.«

»Na ja, ich war da, und sie haben mir ein paar Fragen gestellt. Interessante, ganz und gar unkindliche Fragen …« Viktor verstummte. »Also, um ehrlich zu sein, sie haben mich ganz schön genervt.«

»Was für Fragen waren das?« Pavor sah Viktor mit großem Interesse, ja sogar verständnisvoll an.

»Es waren nicht ihre Fragen«, seufzte Viktor. »Ehrlich gesagt, hat mich am meisten erstaunt, dass sie sich wie Erwachsene verhalten. Und nicht bloß wie Erwachsene, sondern wie hochentwickelte Erwachsene. Ein krasses, fast krankhaftes Missverhältnis …« Pavor nickte verständnisvoll. »Mit einem Wort, ich hatte dort nichts zu lachen«, gab Viktor zu. »Ich mag gar nicht mehr daran denken.«

»Verstehe. Sie sind nicht der Erste und nicht der Letzte, dem es so geht. Nebenbei bemerkt, sind die Eltern eines zwölfjährigen Kindes immer bedauernswerte, von Sorgen geplagte Wesen. Aber die hiesigen Eltern sind ein besonderer Fall: Mit ihnen assoziiere ich das Hinterland einer Besatzungsarmee in einem Gebiet mit aktiver Partisanentätigkeit … Wonach haben sie Sie nun gefragt?«

»Zum Beispiel wollten sie von mir wissen, was Fortschritt ist.«

»Aha. Und was ist das ihrer Meinung nach?«

»Ihrer Meinung nach ist Fortschritt etwas ganz Simples. Sie brauchen uns nur in Reservate zu treiben, damit wir ihnen nicht im Wege stehen und sie ungestört ihren Sursmansor und ihren Spengler studieren können. Das ist jedenfalls mein Eindruck.«

»Durchaus möglich«, meinte Pavor. »Wie der Herr, so 's Gescherr. Da reden Sie von Akzeleration und von Sursmansor … Aber wissen Sie, was die Nation dazu sagt?«

»Wer?«

»Die Nation! Sie sagt, an allem sind die Nässlinge schuld. Ihretwegen verlieren unsere Kinder den Verstand.«

»Das kommt bloß, weil's in der Stadt keine Juden gibt«, stellte Viktor fest. Dann erinnerte er sich, wie der Nässling in die Aula gekommen war, die Kinder aufgestanden waren und was für ein Gesicht Irma dabei gemacht hatte. »Ist das Ihr Ernst?«, wollte er wissen.

»Das ist nicht auf meinem Mist gewachsen«, erklärte Pavor. »Das ist die Stimme der Nation. Vox populi. Die Katzen haben die Stadt verlassen, die Kinder aber vergöttern die Nässlinge, gehen im Leprosorium ein und aus, hocken Tag und Nacht bei den Nässlingen, machen, was sie wollen, und gehorchen nicht mehr. Sie stehlen ihren Eltern Geld und kaufen sich Bücher. Wie es heißt, waren die Eltern anfangs froh, dass die Kinder nicht mehr auf Zäunen herumkletterten und sich die Hosen zerrissen, sondern brav zu Hause saßen und Bücher lasen. Zumal das Wetter hier so schlecht ist. Aber mittlerweile sehen alle, wohin das führt und wer es angestiftet hat. Und nun freut sich keiner mehr. Vor den Nässlingen hatten sie schon immer Angst und schimpfen daher bloß hinter ihrem Rücken ...«

Die Stimme der Nation, dachte Viktor. Die Stimme Lolas und des Herrn Bürgermeisters. Diese Stimme kennen wir ... Katzen, Regen, Fernseher. Das Blut von Christenkindern ...

»Ich versteh nicht recht«, sagte er. »Sagen Sie das im Ernst oder nur aus Langeweile?«

»Das ist nicht auf meinem Mist gewachsen!«, wiederholte Pavor eindringlich. »Das ist die Meinung hier in der Stadt.«

»Welche Meinung in der Stadt herrscht, weiß ich«, sagte Viktor. »Aber was halten Sie davon?«

Pavor zuckte die Achseln.

»Das ist nichts Ungewöhnliches«, sagte er nebulös. »Halb Geschwätz, halb Wahrheit.« Er blickte Viktor über sein

Taschentuch hinweg an. »Halten Sie mich nicht für einen Dummkopf«, fuhr er fort. »Denken Sie lieber an die Kinder: Haben Sie solche schon einmal gesehen? Das heißt: so viele auf einmal?«

Ja, dachte Viktor, die Kinder … Katzen hin, Katzen her, aber dieser Nässling in der Aula ist etwas, was man ernster nehmen sollte als die Katzen und den Regen zusammen … Es gibt Gesichter, die von innen her leuchten, und so ein Gesicht hatte Irma. Spricht sie mit mir, leuchtet ihr Gesicht nur von außen. Mit ihrer Mutter spricht sie gar nicht – da stößt sie nur angewidert und herablassend etwas zwischen den Zähnen hervor. Wenn es wirklich so ist, wenn das alles keine üble Nachrede, sondern die Wahrheit ist, dann stimmt was nicht mit den Nässlingen. Was wollen sie von den Kindern? Diese Menschen sind doch unheilbar krank. Und überhaupt ist es eine Schweinerei, die Kinder gegen ihre Eltern aufzuhetzen, sogar gegen solche wie Lola und mich. Es reicht schon, dass der Herr Präsident ihnen einredet: Liebt die Nation mehr als eure Eltern, die Freiheitslegion ist euch Vater und Mutter zugleich. Und schon marschiert so ein Knirps zum nächsten Stab und meldet, dass sein Vater den Herrn Präsidenten als komische Figur und seine Mutter die Feldzüge der Legion als verheerendes Unternehmen bezeichnet hat. Nun kommt auch noch ein schwarzer, nasser Onkel daher und erklärt den Kindern ohne Umschweife, dass ihre Väter hirnlose Säufer und ihre Mütter Schlampen und dumme Gänse sind. Selbst wenn es zuträfe, wäre es eine Schweinerei, so etwas macht man nicht. Es geht sie doch, verdammt noch mal, überhaupt nichts an, und niemand hat sie gebeten, die Kinder über ihre Eltern aufzuklären. Das ist doch pathologisch – falls sie überhaupt jemanden aufklären wollen. Und wenn's noch schlimmer ist? Da fängt so ein Knirps mit rosigen Lippen plötzlich an, vom Fortschritt zu faseln und von furchtbaren, grausamen Dingen, ohne überhaupt zu wissen, wovon er spricht. So gewöhnt er sich aber schon von klein auf an intellektuelle Grausamkeit, die schrecklichste Art der Grausamkeit, die man sich denken kann. Die Nässlinge aber stehen, einen schwarzen Lappen auf der schuppigen Visage, hinter der Bühne und ziehen die Fäden. Es gibt gar keine neue Generation, sondern nur dieses schmutzige alte Marionettenspiel, und ich war in zweifacher Hinsicht ein Esel, als ich mich heute auf der Bühne so beeindrucken ließ ... Was für ein mieses Unterfangen ist doch unsere Zivilisation ...

»... wer Augen hat, der schaue«, sagte Pavor. »Ins Leprosorium lassen sie uns nicht rein. Stacheldraht, Soldaten – nichts zu machen. Aber manches sieht man auch hier, in der Stadt. Ich habe beobachtet, wie Nässlinge mit kleinen Jungen sprachen, und wie diese sich dabei verhielten – als könnten sie kein Wässerchen trüben –, aber fragt unsereins so ein Bürschlein nach dem Weg, straft er einen mit Verachtung ...«

Ins Leprosorium lassen sie uns nicht rein, dachte Viktor. Stacheldraht ... Die Nässlinge dagegen spazieren frei in der Stadt herum. Aber Golem hat sich das nicht ausgedacht ... Dieser Schweinehund, dachte er, der Vater der Nation! Er ist ein Halunke, hat also auch hier seine Finger im Spiel. Der beste Freund der Kinder – das würde ihm ähnlich sehen. Wissen Sie, Herr Präsident, an Ihrer Stelle würde ich versuchen, mir mal was Neues auszudenken. Ihre Masche verrät Sie. Hat man's mit Stacheldraht, Soldaten und Passierscheinen zu tun, ist der Herr Präsident nicht weit, und es kann sich nur um eine Gemeinheit handeln ...

»Wieso eigentlich Stacheldraht?«, fragte Viktor.

»Woher soll ich das wissen?«, versetzte Pavor. »Früher gab es da jedenfalls keinen.«

»Also waren Sie doch schon mal dort?«

»Wieso denn? Nein. Aber ich bin hier nicht der erste Hygieneinspektor. Und es geht ja auch nicht um den Stacheldraht. Stacheldraht gibt's überall. Die Kinder lassen sie ungehindert ein, und die Nässlinge lassen sie ungehindert raus, unsereins aber nicht – das ist das Erstaunliche.«

Nein, dann hat es mit dem Herrn Präsidenten nichts zu tun, dachte Viktor. Der Präsident und die Bücher Sursmansors und Banews – das passt nicht zusammen. Und dann diese zerstörerische Ideologie. Wenn ich so etwas schreiben wollte, würden sie mich kreuzigen. Rätselhaft. Da ist was faul. Ich werde mal Irma fragen, dachte er. Ich werde sie einfach fragen, dann werden wir ja sehen … Übrigens müsste auch Diana Bescheid wissen.

»Hören Sie mir nicht zu?«, fragte Pavor.

»Verzeihung, ich war ins Grübeln gekommen.«

»Ich sagte, dass es mich nicht wundern würde, wenn die Stadt Maßnahmen ergriffe. Und zwar – wie es sich für eine Stadt gehört – drakonische.«

»Mich würde es auch nicht wundern«, murmelte Viktor. »Es würde mich nicht einmal wundern, wenn ich selbst anfinge Maßnahmen zu ergreifen.«

Pavor stand auf und ging ans Fenster.

»Ist das ein Wetter«, sagte er bedrückt. »Man sollte zusehen, dass man von hier wegkommt. Geben Sie mir nun ein Buch oder nicht?«

»Ich habe keine Bücher. Alles, was ich mitgenommen habe, ist im Sanatorium. Hören Sie, wozu brauchen die Nässlinge unsere Kinder?«

Pavor zuckte die Achseln.

»Es sind kranke Menschen«, erwiderte er. »Woher sollen wir das wissen? Wir beide sind ja gesund.«

Da klopfte es an der Tür, und Golem kam nass und schwerfällig herein.

»Fragen wir Golem«, schlug Pavor vor. »Golem, wozu brauchen die Nässlinge unsere Kinder?«

»Ihre Kinder?«, wunderte sich Golem, während er das Etikett auf der Ginflasche studierte. »Haben Sie denn Kinder, Pavor?«

»Pavor behauptet, dass Ihre Nässlinge die Kinder gegen ihre Eltern aufhetzen«, erklärte Viktor. »Was wissen Sie darüber, Golem?«

»Hm«, überlegte Golem. »Wo finde ich ein sauberes Glas? Ah, hier. Die Nässlinge hetzen die Kinder auf? Na ja, da wären sie nicht die Ersten.« Er ließ sich im Regenmantel auf die Liege fallen und schnupperte an seinem Glas. »Warum sollte man denn in unserer Zeit nicht die Kinder gegen ihre Eltern aufhetzen, wo man doch die Weißen gegen die Schwarzen, die Gelben gegen die Weißen und die Dummen gegen die Klugen aufhetzt? Was verwundert Sie so daran?«

»Pavor behauptet«, wiederholte Viktor, »dass Ihre Kranken in der Stadt herumlaufen und den Kindern merkwürdige Dinge beibringen. Mir ist das auch schon aufgefallen, obwohl ich mich da vorläufig noch zurückhalte. Ich wundere mich also über gar nichts und frage Sie nur: Ist es wahr oder nicht?«

»Soviel ich weiß«, setzte Golem an und nahm einen Schluck Gin, »hatten die Nässlinge schon immer freien Zugang zur Stadt. Ich weiß nicht, was Sie meinen, wenn Sie behaupten, dass sie den Kindern merkwürdige Dinge beibringen, aber gestatten Sie mir, Ihnen, der Sie hier in der Stadt geboren sind, eine Frage zu stellen: Kennen Sie ein Spielzeug, das ›Böser kleiner Wolf‹ heißt?«

»Natürlich«, antwortete Viktor.

»Hatten Sie so ein Spielzeug?«

»Ich nicht, aber soweit ich mich erinnere, hatten andere Kinder eins.« Viktor verstummte. »Tatsächlich«, erinnerte er sich. »Die Kinder erzählten, den ›Kleinen Wolf‹ habe ihnen ein Nässling geschenkt. Ist es das, was Sie meinen?«

»Ja. Und auch einen ›Wettermann‹ und eine ›Hölzerne Hand‹ …«

»Pardon«, warf Pavor ein. »Dürfte ich als Hauptstädter erfahren, wovon die Einheimischen reden?«

»Nein«, sagte Golem, »das übersteigt Ihre Kompetenz.«

»Woher wissen Sie, was meine Kompetenz übersteigt und was nicht?«, fragte Pavor beleidigt.

»Ich weiß es eben«, erklärte Golem. »Weil ich das so will. Und hören Sie auf zu schwindeln: Sie haben doch versucht, Teddy den Wettermann abzuhandeln, Sie wissen also ganz genau, worum es sich handelt.«

»Ach, scheren Sie sich zum Teufel«, sagte Pavor gereizt. »Ich spreche hier nicht vom Wettermann ...«

»Warten Sie, Pavor«, unterbrach ihn Viktor ungeduldig. »Golem, Sie haben meine Frage nicht beantwortet.«

»Wirklich nicht? Ich dachte, schon. Sehen Sie, Viktor, die Nässlinge sind schwer krank, hoffnungslos krank. So eine genetische Krankheit ist etwas Furchtbares, aber sie bleiben dennoch gütig, und sie sind klug, sodass man sie nicht beleidigen sollte.«

»Wer beleidigt sie denn?«

»Beleidigen Sie sie etwa nicht?«

»Bis jetzt noch nicht. Eher im Gegenteil.«

»Na, dann ist ja alles in Ordnung«, meinte Golem und stand auf. »Fahren wir.«

Viktor wunderte sich. »Fahren? Wohin?«

»Ins Sanatorium. Ich fahre ins Sanatorium, und wie ich sehe, wollen Sie auch dorthin. Und Sie, Pavor, sollten ins Bett gehen. Sie stecken bloß alle an.«

Viktor sah auf die Uhr. »Ist es nicht noch zu früh?«

»Wie Sie wollen. Aber denken Sie daran, dass die Buslinie heute eingestellt wird. Sie rentiert sich nicht mehr.«

»Vielleicht sollten wir erst essen gehen?«

»Wie Sie wollen«, wiederholte Golem. »Aber ich esse mittags nie etwas. Und Sie sollten es sich auch abgewöhnen.«

Viktor befühlte seinen Bauch. »Sie haben recht«, sagte er. Dann warf er Pavor einen Blick zu. »Dann werde ich wohl mitfahren.«

»Von mir aus.« Pavor war beleidigt. »Aber bringen Sie mir ein paar Bücher mit.«

»Bestimmt«, versprach Viktor und zog sich an.

Als sie in dem feuchten, nach Tabak, Benzin und Medikamenten riechenden Wagen unter der feuchten Plane saßen, sagte Golem: »Verstehen Sie, wenn man Ihnen einen Wink gibt?«

»Manchmal«, erwiderte Viktor. »Wenn ich weiß, dass es einer ist. Wieso?«

»Passen Sie auf: Jetzt kommt ein Wink. Hören Sie auf zu schwatzen.«

»Hm«, knurrte Viktor. »Wie darf ich das verstehen?«

»Als Wink. Hören Sie auf, die Zunge zu wetzen.«

»Mit Vergnügen«, erwiderte Viktor und verstummte nachdenklich.

Sie durchquerten die Stadt, fuhren an der Konservenfabrik vorbei durch den menschenleeren, verwilderten und vor Nässe triefenden Stadtpark, passierten das Stadion, in dem die schmutzstarren »Brüder im Geiste« mit aufgequollenen Fußballschuhen hartnäckig gegen einen aufgequollenen Ball traten, und erreichten endlich die Chaussee zum Sanatorium. Ringsum, hinter der Wand aus Regen, lag die nasse Steppe, die flach war wie eine Tischplatte. Früher war sie trocken, verdorrt und stachlig gewesen, verwandelte sich jetzt aber allmählich in eine Sumpflandschaft.

»Ihr Wink«, sagte Viktor, »erinnert mich an ein Gespräch, das ich mit Seiner Exzellenz, dem für die Staatsideologie zuständigen Referenten des Herrn Präsidenten geführt habe. Seine Exzellenz bestellte mich in sein bescheidenes Kabinett – dreißig mal zwanzig Meter – und erkundigte sich: ›Viktor, wollen Sie nach wie vor Butter auf dem Brot essen?‹ Ich bejahte natürlich. ›Dann hören Sie auf zu klimpern!‹, bellte Seine Exzellenz und entließ mich mit einer Handbewegung.«

Golem grinste. »Womit haben Sie denn geklimpert?«

»Seine Exzellenz spielte auf meine Banjoübungen in Jugendklubs an.«

Golem warf ihm einen raschen, scharfen Blick zu. »Warum sind Sie sich eigentlich so sicher, dass ich kein Spitzel bin?«

»Sicher bin ich mir da gar nicht«, widersprach Viktor. »Mir ist das einfach egal. Außerdem heißt es heute nicht mehr Spitzel. Spitzel, das klingt archaisch. Kultivierte Leute sagen heutzutage ›Zinker‹.«

»Ich sehe da keinen Unterschied«, gestand Golem.

»Ich eigentlich auch nicht«, meinte Viktor. »Also hören wir auf, die Zungen zu wetzen. Ist Ihr Patient wieder genesen?«

»Meine Patienten genesen nie.«

»Das verschafft Ihnen sicher einen feinen Ruf! Aber ich frage nach dem armen Kerl, der in die Falle geraten ist. Was macht sein Fuß?«

Golem schwieg eine Weile, dann sagte er: »Welchen meinen Sie?«

»Ich verstehe nicht … Ich meine natürlich den, der in die Falle geraten ist.«

»Davon gab es vier«, erklärte Golem und starrte auf die regennasse Straße. »Der Erste ist in die Falle geraten, den Zweiten haben Sie auf dem Rücken zum Sanatorium geschleppt, den Dritten habe ich im Wagen abtransportiert, und wegen des Vierten haben Sie sich neulich im Restaurant geprügelt.«

Viktor schwieg verblüfft. Auch Golem schwieg. Er fuhr zügig und wich geschickt den zahlreichen Schlaglöchern in dem schon lange nicht mehr erneuerten Asphalt aus.

»Zerbrechen Sie sich nicht den Kopf«, riet er schließlich. »Ich habe doch bloß Spaß gemacht. Es war nur einer. Und sein Fuß ist noch in derselben Nacht geheilt.«

»Ist das auch Spaß?«, erkundigte sich Viktor. »Ha, ha, ha. Langsam begreife ich, warum Ihre Patienten nie genesen.«

»Meine Patienten«, erklärte Golem, »genesen aus zwei Gründen nicht. Erstens kann ich, wie jeder ordentliche Arzt, keine genetischen Krankheiten heilen. Und zweitens wollen sie gar nicht genesen.«

»Drollig«, murmelte Viktor. »Von Ihren Nässlingen habe ich nun schon so viel gehört, dass ich allmählich alles glaube: das mit dem Regen, das mit den Katzen und auch, dass ein zertrümmerter Knochen in einer Nacht heilen kann.«

»Das mit den Katzen?«

»Nun ja«, sagte Viktor. »Warum gibt es in der Stadt keine Katzen mehr? Die Nässlinge sind schuld daran. Teddy kann sich vor Mäusen kaum noch retten. Sie sollten den Nässlingen raten, auch gleich die Mäuse aus der Stadt zu führen.«

»Wie der Rattenfänger von Hameln?«

»Genau«, bestätigte Viktor leichthin. »Wie der …« Dann fiel ihm ein, wie die Geschichte mit dem Rattenfänger von Hameln ausgegangen war. »Ich finde das überhaupt nicht komisch«, beschwerte er sich. »Heute war ich im Gymnasium und habe mir die Kinder angesehen. Dabei habe ich miterlebt, wie sie einen Nässling begrüßten. Ich würde mich überhaupt nicht wundern, wenn sich eines schönen Tages ein Nässling mit einem Akkordeon auf den Stadtplatz stellte und die Kinder sonst wohin führte.«

»Wundern würden Sie sich also nicht«, sagte Golem. »Und was würden Sie dann tun?«

»Keine Ahnung. Vielleicht würde ich ihm das Akkordeon wegnehmen.«

»Und selbst darauf spielen?«

»Ja«, stimmte Viktor seufzend zu. »Sie haben recht. Ich wüsste nicht, wofür ich diese Kinder begeistern könnte, das habe ich heute begriffen. Aber womit begeistern die Nässlinge sie? Sie wissen's doch, Golem.«

»Viktor, hören Sie auf zu klimpern«, bat Golem.

»Wie Sie wollen. Sie weichen all meinen Fragen mehr oder weniger geschickt aus, das habe ich schon gemerkt. Das ist dumm – ich krieg's ja doch raus. Aber Sie versagen sich damit die Möglichkeit, mir die Informationen so weiterzugeben, wie es für Sie von Vorteil ist.«

»Die ärztliche Schweigepflicht!«, stieß Golem hervor. »Und außerdem weiß ich nichts. Ich kann auch nur raten.«

Er fuhr jetzt langsamer. In dem Regenschleier vor ihnen tauchten auf der Chaussee ein paar Gestalten auf. Drei graue Umrisse und ein grauer Wegweiser: »Leprosorium – 6 km« und »Sanatorium ›Heiße Quellen‹ – 2,5 km«. Die Gestalten – ein Mann und zwei Kinder – traten an den Straßenrand zurück.

»Halten Sie mal«, bat Viktor plötzlich heiser.

»Was ist passiert?« Golem bremste.

Viktor antwortete nicht, sondern betrachtete die drei, die unter dem Wegweiser standen: den hochgewachsenen schwarzen Nässling im durchnässten Trainingsanzug, den Jungen, der ebenfalls keinen Regenmantel, sondern einen durchweichten Anzug und Sandalen trug, und das barfüßige Mädchen im Kleid, das an seinem Körper festklebte. Dann riss er den Wagenschlag auf und sprang auf die Chaussee. Der Wind peitschte ihm den Regen ins Gesicht, dass es ihm den Atem verschlug, aber er merkte nichts davon. Er verspürte jene rasende Wut, in der man alles kurz und klein schlagen möchte, in der man genau weiß, dass man eine Dummheit begeht, aber Freude darüber empfindet. Steifbeinig trat er dicht an den Nässling heran.

»Was ist hier los?«, stieß er durch die Zähne. Dann sagte er zu dem Mädchen, das ihn erstaunt ansah: »Irma, steig sofort ein!« Und dann wieder zu dem Nässling: »Was, zum Teufel, machen Sie hier?« Und, wieder zu Irma: »Marsch ins Auto, kannst du nicht hören?«

Irma rührte sich nicht. Alle drei standen da wie zuvor; die Augen des Nässlings über der schwarzen Binde blickten ihn gleichgültig an. Dann sagte Irma mit einer schwer deutbaren Intonation: »Das ist mein Vater.« Und er spürte plötzlich instinktiv, dass es hier nicht anging herumzubrüllen, die Fäuste zu schütteln und Drohungen auszustoßen, jemanden am Schlafittchen zu packen und irgendwohin zu zerren. Überhaupt durfte er nicht verrückt spielen.

Und so sagte er ganz ruhig: »Irma, steig ein, du bist ja völlig durchnässt. Bol-Kunaz, an deiner Stelle würde ich auch mitfahren.« Er war überzeugt, dass Irma gehorchen würde, und sie tat es. Aber nicht so, wie er es sich gewünscht hätte. Nein, nicht dass sie den Nässling auch nur mit einem Blick um Erlaubnis gebeten hätte, aber Viktor hatte trotzdem den Eindruck, als wäre da etwas gewesen, eine Art Gedankenaustausch, eine kurze Beratung, in der die Frage zu seinen Gunsten entschieden wurde.

Irma ging hochnäsig zum Wagen, Bol-Kunaz aber sagte höflich: »Ich danke Ihnen, Herr Banew, aber wirklich, ich möchte lieber bleiben.«

»Wie du willst«, meinte Viktor. Bol-Kunaz interessierte ihn wenig. Jetzt musste er diesem Nässling noch ein paar Worte sagen. Viktor wusste im Voraus, dass es etwas ganz Dummes sein würde, aber was sollte er machen – einfach so gehen konnte er auch nicht. Schon wegen seines Ansehens.

Und er sagte hochmütig: »Sie, Gnädigster, lade ich nicht ein. Sie fühlen sich hier offenbar wie ein Fisch im Wasser.«

Nachdem er dem Nässling den Fehdehandschuh hingeworfen hatte, drehte er sich um und ging zum Auto. Mit diesen Worten, dachte er angewidert, entfernte sich der Graf …

Irma hockte mit angezogenen Beinen auf dem Vordersitz und drückte ihre Rattenschwänzchen aus. Viktor stieg mit einem verlegenen Räuspern hinten ein, und als Golem losfuhr, sagte er: »Mit diesen Worten entfernte sich der Graf … Streck mir die Füße her, Irma, ich reib sie dir trocken.«

»Wozu?«, fragte Irma neugierig.

»Willst du dir eine Lungenentzündung holen? Her mit den Füßen!«

»Bitte«, sagte Irma, drehte sich auf ihrem Sitz um und streckte ein Bein nach hinten.

Voller Freude, endlich etwas Nützliches tun zu können, ergriff Viktor mit beiden Händen den rührend zarten und nassen Mädchenfuß, um ihn mit väterlichen Händen zu reiben – bis es rot würde, dieses schmutzige, knochige Stück Eis, den ewigen Begleiter des Schnupfens, der Grippe, der Katarrhe der Atemwege und der doppelseitigen Pneumonien. Doch dann musste er entdecken, dass seine Hände kälter waren als ihr Fuß. Mechanisch machte er ein paar Streichbewegungen und ließ dann den Fuß vorsichtig los. Ich hab's gewusst, dachte er plötzlich, schon, als ich vor ihnen stand, wusste ich, dass das eine Falle ist, dass den Kindern gar nichts droht, weder ein Katarrh noch eine Lungenentzündung. Aber das gefiel mir nicht, ich wollte sie retten, wollte sie seinen Klauen entreißen, meinem gerechten Zorn freien Lauf lassen und meine Pflicht erfüllen, und wieder haben sie mich an der Nase herumgeführt, wieder bin ich der Dumme, das zweite Mal an diesem Tag …

»Nimm den Fuß weg«, sagte er zu Irma.

Irma nahm den Fuß weg und fragte: »Wo fahren wir hin? Ins Sanatorium?«

»Ja«, antwortete Viktor und schielte zu Golem hinüber – hatte der seine Blamage mitgekriegt? Der grauhaarige Golem hockte auf dem Fahrersitz; schwerfällig, krumm und allwissend starrte er ungerührt auf die Straße.

»Und wozu?«, fragte Irma.

»Du ziehst etwas Trockenes an und legst dich ins Bett«, schlug Viktor vor.

»Das fehlte mir gerade noch!«, rief Irma. »Wie kommst du denn darauf?«

»Schon gut«, murmelte Viktor. »Ich gebe dir was zu lesen.«

Ja, wirklich, was schleppe ich sie dahin?, dachte er. Diana … Na ja, wir werden sehen. Also keine Sauferei und nichts dergleichen. Aber wie bringe ich sie zurück? Ach, zum Teufel, ich schnappe mir irgendeinen Wagen und schaffe sie weg. Ein kräftiger Schluck würde mir jetzt guttun.

»Golem …«, setzte er an, besann sich aber. Verflixt, das ging ja nicht.

»Ja?«, meinte Golem, ohne sich umzudrehen.

»Nein, nein, es ist nichts.« Viktor seufzte und starrte auf die Taschenflasche, die aus Golems Regenmantel ragte. »Irma«, sagte er gequält. »Was habt ihr da an der Kreuzung gemacht?«

»Wir haben Nebel gedacht«, antwortete Irma.

»Was habt ihr gemacht?«

»Nebel gedacht«, wiederholte Irma.

»An Nebel«, berichtigte Viktor.

»Wieso an Nebel?«, wunderte sich Irma.

»Denken ist ein intransitives Verb«, erklärte Viktor, »und verlangt eine Präposition. Habt ihr die intransitiven Verben noch nicht behandelt?«

»Das kommt doch darauf an«, sagte Irma. »Nebel denken ist etwas anderes als an Nebel denken. Wozu sollte man an Nebel denken?«

Viktor kramte nach einer Zigarette und zündete sie an.

»Warte mal«, bat er. »Nebel denken sagt man nicht, das ist falsch. Es gibt nun mal Verben, die intransitiv sind: denken, laufen, gehen … Sie verlangen immer eine Präposition. Über die Straße gehen, denken an … nun, an irgendwas.«

»Dummes Zeug denken«, warf Golem ein.

»He, das ist eine Ausnahme«, rief Viktor, leicht konfus.

»Schnell gehen«, schlug Golem vor.

»Schnell ist kein Substantiv«, erwiderte Viktor heftig. »Bringen Sie das Kind nicht durcheinander, Golem.«

»Könntest du die Zigarette ausmachen, Papa?«, fragte Irma.

Golem gab irgendein Geräusch von sich, oder der Motor hustete, weil es bergauf ging. Viktor drückte die Zigarette zusammen und zertrat sie mit dem Absatz. Während sie bergauf zum Sanatorium fuhren, rückte von der Steppe her eine dichte weiße Wand gegen den Regen vor.

»Da hast du deinen Nebel«, sagte Viktor. »Jetzt kannst du ihn denken, ja sogar riechen, laufen oder gehen.«

Irma wollte etwas erwidern, Golem aber unterbrach sie.

»Übrigens wird denken auch mit Nebensätzen gebraucht. Zum Beispiel: Ich denke, dass … und so weiter.«

»Das ist wieder was anderes«, protestierte Viktor. Er hatte jetzt genug davon. Er wollte rauchen und etwas trinken. Lüstern starrte er auf den Flaschenhals.

»Ist dir kalt, Irma?«, fragte er mit einer vagen Hoffnung.

»Nein. Dir?«

»Mich fröstelt's«, gestand Viktor.

»Trinken Sie einen Schluck Gin«, riet Golem.

»Ja, das wäre gut. Haben Sie welchen?«

»Ja«, antwortete Golem. »Aber wir sind auch gleich da.«

Der Jeep rollte durch das Tor, und dann ereigneten sich Dinge, die Viktor nicht bedacht hatte … Durch den Gitterzaun krochen gerade die ersten Nebelschwaden, und die Sicht war gut: Auf der Zufahrt zum Sanatorium lag ein Mann im nassen Schlafanzug – als liege er hier schon seit Jahr und Tag. Golem machte vorsichtig einen Bogen um ihn, wich einer Gipsvase mit primitiven Zeichnungen und Aufschriften aus und hielt neben dem Wagenpulk vor dem Eingang zum rechten Flügel. Irma hatte kaum die Tür geöffnet, als im Wagenfenster nebenan eine ausgemergelte Visage auftauchte und krächzte: »He, Kleine, soll ich mich dir hingeben?« Starr vor Schreck, stieg Viktor aus. Irma sah sich neugierig um. Viktor nahm sie fest beim Arm und führte sie zur Freitreppe. Auf den Stufen saßen im Regen eng umschlungen zwei Mädchen in Unterwäsche und grölten ein Lied von einem grausamen Apotheker, der ihnen kein Heroin abgab. Bei Viktors Anblick verstummten sie, aber als er an ihnen vorbeiging, versuchte eins der Mädchen, ihn am Hosenbein festzuhalten. Viktor schob Irma ins Vestibül. Hier war es dunkel, die Fenster waren verhängt, es roch säuerlich und nach Qualm, ein Filmprojektor ratterte, und über eine weiße Wand huschten pornografische Szenen. Viktor biss die Zähne zusammen, kletterte über die Füße hinweg und zerrte die stolpernde Irma hinter sich her. Unflätige Flüche folgten ihnen. Sie durchquerten das Vestibül, und Viktor stieg, drei Stufen auf einmal nehmend, die mit Teppichen ausgelegte Treppe hinauf. Irma schwieg, und er wagte nicht sie anzusehen.

Auf dem Treppenabsatz erwartete ihn mit ausgebreiteten Armen, blau angelaufen und aufgeschwemmt, das Parlamentsmitglied Roßschäper Nant. »Viktor!«, krächzte er. »Mein Freund!« Da sah er Irma und geriet in Begeisterung. »Viktor! Nein, auch du! Mit minderjährigen kleinen Mädchen …!« Viktor kniff die Augen zu, trat ihm kräftig auf den Fuß und gab ihm einen Stoß vor die Brust. Roßschäper fiel auf den Rücken und riss den Papierkorb um. Schweißgebadet lief Viktor den Korridor entlang. Irma hüpfte lautlos neben ihm her. Er wollte Dianas Tür aufstoßen, aber sie war abgeschlossen, und der Schlüssel steckte nicht. Er hämmerte gegen die Tür, und Diana reagierte augenblicklich: »Scher dich zum Teufel!«, schrie sie wütend. »Du impotentes Stinktier! Du Scheißkerl, du Drecksack!«

»Diana!«, brüllte Viktor. »Ich bin's, mach auf!« Diana verstummte, und die Tür flog auf. Sie stand sprungbereit mit einem Importregenschirm an der Schwelle. Viktor stieß sie beiseite, schubste Irma ins Zimmer und schlug die Tür hinter sich zu.

»Ach, du bist's«, sagte Diana. »Ich dachte, es wäre schon wieder Roßschäper.« Sie hatte eine Fahne. »Mein Gott«, sagte sie. »Wen bringst du da mit?«

»Das ist meine Tochter«, presste Viktor angestrengt hervor. »Sie heißt Irma. Irma, das ist Diana.«

Verzweifelt und hoffnungsvoll zugleich starrte er Diana an. Zum Glück schien sie nicht betrunken zu sein. Oder sie war vor Schreck nüchtern geworden.

»Du musst verrückt sein«, sagte sie leise.

»Sie ist völlig durchnässt«, murmelte er. »Gib ihr was Trockenes anzuziehen, pack sie ins Bett, und überhaupt …«

»Ich geh nicht ins Bett«, erklärte Irma.

»Irma«, drohte Viktor. »Tu, was ich dir sage, sonst prügle ich gleich jemanden windelweich.«

»Ja, hier verdient tatsächlich jemand Prügel«, versetzte Diana.

»Diana«, murmelte Viktor. »Bitte.«

»Schon gut«, beruhigte sie ihn. »Geh in dein Zimmer. Wir kommen schon klar.«

Unsäglich erleichtert, verließ Viktor das Zimmer und ging geradewegs in seins, fand aber auch dort keine Ruhe. Erst musste er ein ihm völlig unbekanntes Pärchen, das sich dort eingenistet hatte, mitsamt der befleckten Bettwäsche in den Korridor befördern. Dann schloss er die Tür ab und warf sich auf die kahle Matratze. Er steckte sich eine feucht gewordene Zigarette an und fragte sich, was er da wieder angerichtet hatte.

5

Felix Sorokin | »… und die Viehzucht!«

Ich schlief miserabel, weil mich hartnäckige Albträume plagten: Ich las da einen japanischen Text, dessen Worte mir zwar alle bekannt waren, aber sie ergaben trotzdem keinen Sinn. Und das war so quälend, weil ich unbedingt beweisen musste, dass ich mein früheres Fach nicht verlernt hatte. Von Zeit zu Zeit wurde ich halb wach und begriff erleichtert, dass alles nur ein Traum war; dann versuchte ich im Halbschlaf den Text zu entschlüsseln, fiel sogleich aber wieder in Verzagen und beklemmende Ohnmacht …

Selbst als ich schließlich aufgewacht war, verspürte ich keine Erleichterung. Ich lag im dunklen Zimmer und blickte zur Decke hoch, auf der sich ein quadratischer Lichtfleck von dem Scheinwerfer abzeichnete, der den bewachten Parkplatz vor dem Haus erhellte. Ich hörte den Lärm der ersten Autos auf der Chaussee und dachte schwermütig darüber nach, dass mich diese langen, trostlosen Albträume erst seit kurzem plagten, seit zwei oder drei Jahren; früher hatte ich mehr von hübschen Weibern geträumt … Offenbar wurde ich wirklich alt, denn hier handelte es sich nicht mehr um ein gelegentliches Abrutschen in Apathie, sondern um einen Dauerzustand, aus dem es für mich kein Zurück mehr gab.

Es stach im rechten Knie, drückte in der Herzgrube und piekte im linken Unterarm – alles schmerzte, und so tat ich mir noch mehr leid.

Diese Anfälle vor dem Morgengrauen, die in letzter Zeit immer häufiger wurden, führten mir unweigerlich meine Perspektivlosigkeit vor Augen: Nichts lag mehr vor mir; in all den Jahren, die noch kämen, würde nichts mehr sein, für das es lohnte, sich zu überwinden und aufzustehen, sich zur

Toilette zu schleppen, um mit dem kaputten Spülkasten zu kämpfen, anschließend ohne Hoffnung, auch nur annähernd die einstige Vitalität zu erlangen, unter die Dusche zu kriechen und das Frühstück herzurichten. Nicht genug, dass mich das Essen anwiderte – früher hatte mich danach eine Zigarette erwartet, auf die ich mich seit dem Aufwachen freute, jetzt aber war mir nicht einmal das geblieben.

Nichts habe ich mehr. Nehmen wir an, ich schreibe dieses Drehbuch, und es wird akzeptiert, dann drängt so ein junger, energischer und mit Sicherheit dummer Regisseur in mein Leben und fängt an, mich respektvoll und gleichzeitig frech zu belehren, dass der Film seine eigene Sprache hätte, Bilder darin das Wichtigste wären, nicht die Worte … Und mit Sicherheit wird er primitive Sprüche klopfen wie: »Nie im eigenen Land drehen« oder »Das verbuchen wir unter Weltanschauung«. Was interessiert er mich mit seinen kleinlichen Karrierenöten, wenn ich schon vorher weiß, dass der Film scheußlich wird und ich bei der Studiovorführung mit dem Wunsch kämpfen werde, aufzustehen und zu sagen: Streichen Sie meinen Namen aus dem Vorspann!

Idiotisch von mir, mich überhaupt damit zu befassen. Ich weiß doch längst, dass ich es bleiben lassen sollte, aber ich war und bin nun eben ein Hundefleischhändler und werde nie etwas anderes sein, selbst wenn ich hundert »Moderne Märchen« schreibe. Und wer weiß, vielleicht ist auch die Blaue Mappe, mein heimlicher Stolz und meine unbegreifliche Hoffnung, kein Hammel, sondern ein Hund – nur von einem anderen Schindanger …

Aber gut, nehmen wir einmal an, es wäre Hammel, ganz frisch, erste Qualität. Und dann? Solange ich lebe, wird es nicht erscheinen, weil ich weit und breit keinen Verlag sehe, dem ich klarmachen könnte, dass meine Visionen wenigstens für zehn Menschen in dieser Welt, mich ausgenommen, von Wert wären. Nach meinem Tod allerdings …

Ja, bei uns veröffentlicht man die etwas merkwürdigen Werke eines Autors oft postum, so als reinige der Tod sie von vagen Zweideutigkeiten, unnötigen Anspielungen und dem Arglistigen zwischen den Zeilen. Als stürben die allzu freien Assoziationen mit dem Verfasser. Möglich, möglich. Aber was kümmert mich das? Ich bin längst kein feuriger Jüngling mehr; die Zeiten sind lang vorbei, da ich mit jedem neuen Werk die Menschheit zu beglücken oder wenigstens aufzuklären meinte. Ich weiß seit Ewigkeiten nicht mehr, warum ich schreibe. An Ruhm reicht mir der, den ich habe; wie zweifelhaft er auch sein mag – es ist meiner. Geld verdienen lässt sich leichter mit Schund als mit ehrlicher schriftstellerischer Arbeit. Und die sogenannte Freude am Schöpferischen wurde mir kein einziges Mal im Leben zuteil. Was bleibt da noch? Die Leser? Über die weiß ich doch gar nichts. Für mich sind es einfach nur sehr viele, völlig fremde Leute. Und warum sollte mich die Meinung völlig fremder Leute interessieren? Ich weiß doch genau: Wenn ich verschwände, würde es keiner von ihnen bemerken. Mehr noch: Hätte es mich gar nicht gegeben oder wäre ich Stabsübersetzer geblieben, hätte das nichts, aber auch gar nichts in ihrem Leben geändert, weder zum Guten noch zum Schlechten.

Aber was rede ich von Felix Sorokin! Denkt etwa in der Zehnmillionenstadt Moskau jetzt, kurz nach dem Aufwachen, irgendjemand an Lew Tolstoi? Abgesehen von den Schülern natürlich, die ihre Hausaufgaben zu »Krieg und Frieden« nicht gemacht haben. Tolstoi – der Erschütterer der Seelen. Herr über den Verstand. Spiegel der russischen Revolution. Womöglich ist er genau deshalb aus Jasnaja Poljana weggelaufen, weil ihm am Ende seines Lebens dieser ebenso einfache wie vernichtende Gedanke gekommen war …

Aber er war doch gläubig, dachte ich plötzlich. Er hatte es leichter, bedeutend leichter. Wir hingegen wissen genau:

Weder vorher noch nachher ist etwas. Die übliche Melancholie erfasste mich. Unser ganzes Dasein ist das Aufglimmen eines schwachen Funkens zwischen zwei Nichts. Weder Lohn noch Strafe erwarten uns im bevorstehenden Nichts, und es gibt keine Hoffnung, dass unser Funke irgendwann oder irgendwo noch einmal aufglimmen könnte. In unserer Verzweiflung erfinden wir für das Fünkchen einen Sinn, reden einander ein, Fünkchen sei nicht gleich Fünkchen, die einen würden spurlos verlöschen, andere aber gigantische Feuer von Ideen und Taten entfachen; folglich verdienten die ersten nur verächtliches Mitleid, die anderen aber seien in verschiedenerlei Hinsicht zur Nachahmung empfohlen – sofern du willst, dass dein Leben einen Sinn hat.

Und so groß und mächtig ist die Euphorie der Jugend, dass dieser simple Köder unweigerlich bei jedem Milchbart wirkt, sofern ihn überhaupt derartige Dinge beschäftigen. Und erst wenn der Mensch seinen Zenit überschritten hat und unaufhaltsam bergab rutscht, beginnt er zu verstehen, dass das alles nur Worte waren, sinnlose Worte der Anteilnahme und des Trostes, wie man sie Nachbarn sagt, die den Boden unter den Füßen verloren haben. In Wahrheit ist es nämlich egal, ob du eine Datsche aus geklauten Brettern oder einen Staat errichtet hast, weil es nur das Nichts vorher und das Nichts nachher gibt und dein Leben lediglich so lange einen Sinn hat, wie du das nicht bis zur letzten Konsequenz begreifst.

Zu solch düsteren logischen Gedankenkonstruktionen neigte ich erst seit kurzer Zeit. Meiner Meinung nach war das ein Vorbote – wenn nicht des Altersschwachsinns, so zumindest der Altersimpotenz, im weiteren Sinne des Wortes, versteht sich. Zuerst hatten mich die morgendlichen Anfälle erschreckt: Eilig hatte ich zum bewährten Mittel gegen allen Kummer, seelischen wie physischen, gegriffen und ein Glas Schnaps hinuntergekippt. So hatte wenige Minuten später das altgewohnte Bild vom Funken, der die Flamme entfacht – sei es auch eine kleine von lokaler Bedeutung – für mich wieder die Überzeugungskraft eines unerschütterlichen sozialen Postulats. Später, als ich mich an das Eintauchen in den Strudel des Weltschmerzes gewöhnt hatte, hörte ich auf mich zu erschrecken. Und ich tat recht daran, denn wie sich herausstellte, hatte der Strudel einen Grund, von dem ich mich nur abzustoßen brauchte, um wieder an die Oberfläche zu schwimmen.

Es ist nämlich so, dass die düstere Logik dieses Strudels nur auf die abstrakte Welt menschheitlicher Taten zutrifft; das konkrete Leben aber setzt sich keineswegs aus Handlungen zusammen, auf die man den Begriff »Sinn« anwenden könnte – sondern aus Freuden und Kümmernissen, großen wie kleinen, augenblicklichen und lang andauernden, rein persönlichen und solchen, die mit den sozialen Kataklysmen verknüpft sind. Und wie viele Kümmernisse auch über einen Menschen gleichzeitig hereinbrechen – immer bleibt ihm noch etwas, das seine Seele erwärmt.

Mir bleiben meine Enkel – Zwillinge –, die schmutzigen Raufbolde Petka und Saschka, und es bleibt das unvergleichliche, rührende Vergnügen, ihnen eine Freude zu bereiten. Die Tochter bleibt mir, Katja Pechvogel, der gegenüber ich mich ständig schuldig fühle, weshalb, weiß ich selbst nicht. Vermutlich, weil sie ist wie ich, mein Fleisch und Blut, und ihr Wesen wie ihr Schicksal dem meinen gleicht. Dann der Wodka mit den marinierten Milchpilzen im Klub … Das klingt banal, ich weiß, aber schließlich sind alle Genüsse banal! Ist das verantwortungslose halb trunkene Geschwätz im Klub etwa nicht banal? Oder das grundlose Entzücken, wenn man im Sommer vor Tau und Tag nur mit einer Unterhose bekleidet auf den Balkon tritt, der Himmel blau ist, die Chaussee noch leer und die Wände der Häuser gegenüber rosa schimmern, sich lange, bläuliche Schatten über das

Brachland ziehen und in den üppigen grünen Büschen Spatzen krakeelen? Das ist auch banal, und doch bekommt man nie davon genug.

Es gibt natürlich auch die Macher, also Menschen, für die alle Freuden und Leiden im Tun und Handeln liegen. Brot brauchen sie nicht – sie wollen das Pulver erfinden, die Waldaihöhen stürmen oder anderswo Blut vergießen. Sollen sie! Wir aber sind kleine Leute. Uns reichen die Spatzen am Morgen. Überhaupt, ich darf heute nicht vergessen, wenigstens eine Schachtel Schokolade für die Zwillinge zu kaufen. Oder Spielzeug.

Als ich mich wieder besser fühlte, machte ich ein bisschen Gymnastik – ohne aufzustehen und mehr pro forma –, erhob mich dann ächzend und tastete mit den Füßen nach den Hausschuhen. Folgende Prozedur stand mir nun bevor: das Bett machen, die Balkontür weit öffnen und mich zur Morgentoilette ermuntern. Doch diese Reihenfolge wurde sogleich zerstört. Denn kaum hatte ich das Kissen auf den Sessel geworfen, schrillte das Telefon. Ich sah auf die Uhr, um herauszufinden, wer da anrief. Sieben Uhr vierunddreißig, also Lenja Fips.

»Grüß dich«, sagte er mit tiefer, verschwörerischer Stimme. »Wie geht's?«

»Ohayo«, erwiderte ich. »Botsu-botsu-sa. Arigato.«

»Könntest du das in einer menschlichen Sprache wiederholen?«, fragte er.

»Kann ich. *Everything is okay.*«

»Das hättest du gleich sagen sollen.« Er schwieg kurz und sagte dann. »Na, und wie hat es gestern geendet?«

»Was meinst du?«, fragte ich und merkte auf, weil mir unvermittelt der Mann im karierten Wendemantel in den Sinn kam.

»Na, deine Sache dort … Wohin wolltest du noch fahren?«

Ich begriff endlich, dass er sich lediglich nach meinem Besuch in der Bannaja erkundigte.

»Mist …«, sagte ich. »Wieder habe ich die Mappe irgendwo vergessen.«

Fieberhaft versuchte ich mich zu entsinnen, wo ich die Mappe mit dem unvergesslichen Stück über die Korjagins liegen gelassen hatte, während er pausenlos weiterschwatzte. Er erzählte von einem Gerücht, nach dem Schriftsteller, die öfter als dreimal verheiratet waren, aus der Warteliste auf eine Wohnung im neuen Schriftstellerhaus gestrichen würden und nur frei werdenden Wohnraum bekämen. Lenja Fips betraf das insofern, als er bereits die vierte Frau hatte.

»Im Restaurant habe ich sie vergessen!«, rief ich erleichtert.

»Wen?«, unterbrach er sich bereitwillig.

»Die Mappe.«

»Was für eine Mappe?«

»Eine Aktenmappe. Mit Bändchen.«

»Und was ist drin?«, drängte Fips.

»Hör mal«, knurrte ich. »Lass mich in Frieden, ja? Ich bin gerade erst aufgestanden, mein Bettzeug liegt noch offen herum.«

»Meins auch … Warst du nun gestern in der Bannaja?«

»Nein! Ich war nicht in der Bannaja!«

»Wo warst du dann?«

Der Gedanke, Fips von meinen gestrigen Abenteuern zu erzählen, schreckte mich. Nicht nur, weil mich aus dem gestrigen Tag plötzlich Iwan Dawydowitschs Doppellaufaugen anstarrten und das giftig warnende Gezischel des Dichters Kostja Kudinow zu mir drang, ja nicht einmal, weil ich hinter alldem eine Gemeinheit und Abscheulichkeit spürte. Es war einfacher, viel einfacher: Fips war ein Mensch, den das ›Was‹ nicht interessierte. Ihn interessierte immer nur das ›Warum‹. Mit seiner Bitte um Aufklärung würde er mir die Seele aus dem Leib zerren; zurückstopfen würde er sie, wie es gerade so kam – und dabei seine eigenen, gusseisernen Versionen vorbringen, von denen jede, wie zum Tort, nur einen einzigen Fakt erläuterte und allen anderen widersprach.

»Lenja«, sagte ich entschlossen. »Entschuldige, es klingelt an der Tür. Das wird der Klempner sein, ich hatte ihn bestellt.«

Damit legte ich den Hörer auf, ohne seinen Protest zu beachten.

Eigentlich mag ich Lenja Barinow. Mehr noch, ich schätze ihn sehr. Und den Spitznamen habe ich ihm nicht wegen seines Charakters gegeben, sondern wegen seines Äußeren. Er ist eben fipsig, klein, dunkel und immer durch irgendetwas aufgescheucht. Er schreibt unter Qualen, buchstäblich wenige Worte pro Tag, zweifelt ewig an sich und vertritt aufrichtig diese hirnverbrannte Idee von der Schulbuch-Literaturwissenschaft, derzufolge immer ein Wort treffender als alle anderen eine gegebene Idee ausdrückt, sodass man sich nur bemühen und ins Zeug legen muss, um dieses bestimmte Wort zu finden, denn einzig auf solche Weise wird man am Ende etwas Wertvolles schaffen.

Eins muss man ihm lassen: Sein literarischer Geschmack ist außerordentlich. Augenblicklich findet er die Schwächen jedes beliebigen Textes heraus, und er verfügt über selten gute Fähigkeiten zu literarischer Analyse – vergleichbare Kritiker sind mir nicht einmal unter unseren professionellen bekannt. Doch gerade dieses analytische Talent schlägt auf verhängnisvolle Weise in Unfähigkeit zur Synthese um, denn die Stärke eines Schriftstellers liegt ja, meine ich, nicht darin, das einzig wahre Wort zu finden, sondern alle offenkundig falschen zu verwerfen. Der arme Lenja sitzt also Tag für Tag da und wägt auf seiner inneren Waage bis zur Hirntrübung ab, wie man es wohl treffender sagt: »Sie berührte seinen Arm« oder »Sie streifte seinen Arm« … Und in seiner Verzweiflung ruft er Walja Demtschenko an und bittet ihn um Rat, und der grausame Walja antwortet, ohne zu zögern, mit dem berühmten Awertschenko-Zitat: »Sie ergriff ihm bei der Hand und fragte immer wiederholt: Wohin hast du das Geld gelassen …« Und dann telefoniert er verzweifelt mit mir, und ich reagiere auch nicht wie gewünscht, sodass ihm nur bleibt, mich mit ersterbender Stimme der Rohheit zu bezichtigen.

Und doch gibt es zwischen uns eine gewisse Verwandtschaft! Ich bin sicher: Läse ich ihm aus meiner Blauen Mappe vor – er würde mich verstehen und anerkennen wie vielleicht kein Zweiter auf dieser Welt. Nur ist es ausgeschlossen, ihm daraus vorzulesen. Denn er ist ein Schwätzer, ein löchriger Eimer: Nichts bleibt bei ihm! Seine Lieblingsbeschäftigung besteht leider darin, Informationen zu sammeln und sie dann zu verbreiten, wo und wem gegenüber es sich gerade ergibt, und dabei unbedingt seinen eigenen Senf dazuzugeben. Bei seinem hervorragenden Gedächtnis und seiner Einbildungskraft … Nein, allein der Gedanke, ihm aus der Blauen Mappe vorzulesen, ist schaurig.

Er dagegen hat mir aus seiner Erzählung vorgelesen, an der er schon das zweite Jahr arbeitet. Sie handelt von einem Sprinter, einem genialen Sportler und unglücklichen Menschen. Der Held bricht alle Rekorde auf Strecken bis zu einem Kilometer, jeder ist von ihm begeistert und beneidet ihn, doch keiner weiß, warum er die Rekorde bricht: Auf der Tartanbahn erwacht in ihm die blinde Urangst des verfolgten Tieres. Mal für Mal treibt sie ihn ins Ziel, vergisst er jede Vernunft, alles Menschliche in sich und hat nur den einen Wunsch: um jeden Preis sein Leben zu retten und den nahenden Raubtieren zu entkommen, die ihn einholen, niederwerfen und bei lebendigem Leib fressen wollen. Er wird weltberühmt, bekommt Preise, Ehrungen – alles für seine pathologische, atavistische Furcht. Dabei ist er ein aufrechter Mensch und wird von einem wunderbaren Mädchen geliebt …

Mir gefallen solche Handlungskurven. Den Lektoren gefallen sie nicht. Ich schätze sie sehr, weil es mal etwas anderes ist als stürmische Romanzen zwischen dem verheirateten Leiter der Hauptverwaltung und der verheirateten Technologin, und das alles vor dem Hintergrund brodelnden Metalls und Planrückständen beim Gießen.

Während ich noch über die Literatur, Sujets und Fips Barinow nachdachte, setzte ich mich ans Frühstück. Das soeben von mir erfundene gehässige Beispiel für einen »stürmischen« Roman beschäftigte meine Fantasie. Jahrzehnte vergehen, Tausende und Abertausende von Seiten werden beschrieben, doch liefern uns diese Bücher letztlich nichts als Kitsch, bestenfalls rührende Hilflosigkeit. Und was frappiert: Diese Sujets sind real! Es wird tatsächlich Metall gegossen, Pläne werden nicht erfüllt; trifft in einer solchen Situation der verheiratete Leiter der Hauptverwaltung auf die verheiratete Technologin, geraten sie wirklich in Konflikt miteinander, der in eine leidenschaftliche Romanze übergehen kann. So ergeben sich scheußliche Situationen, und grässliche ethisch-organisatorische Geschwüre reifen heran, brechen auf und landen schließlich vor der Konfliktkommission.

All das kommt wirklich vor im Leben, recht oft sogar, und es ist wohl nicht weniger darstellenswert als die stürmische, mit einem Duell endende Liebesgeschichte zwischen einem adligen Nichtstuer und einem Provinzfräulein. Dennoch ist es Stuss. Und wird immer Stuss bleiben – übrigens nicht nur bei uns, den Sowjetautoren. Bei Hemingway lachen sie einen Stümper aus, weil er einen Roman über den Streik in einer Textilfabrik schreibt und sich eifrig bemüht, Probleme der Gewerkschaftsarbeit mit der Leidenschaft zu einer jungen jüdischen Agitatorin unter einen Hut zu bringen. Eine verheiratete Technologin, jüdische Agitatorin … Die menschliche Sprache protestiert gegen solche Wortkombinationen, wenn es um die Beziehung zwischen Mann und Frau geht.

In meinem Roman »Die Genossen Offiziere« entwickelt sich ein Liebesverhältnis vor dem Hintergrund der politischen Erziehungsarbeit unter den Offizieren des Panzerschützenregiments von N. Und das ist grässlich. Mir graut sogar, mein eigenes Buch wieder zu lesen. Solche Bücher brauchen einen besonderen Leser! Und den gibt es bei uns. Ob wir ihn mit unseren Werken geformt haben oder ob er sich von selbst entwickelt hat, weiß ich nicht – jedenfalls bleibt in den Buchläden nichts liegen.

Ich stellte mich ans Fenster und trank meinen Kefir. Es wurde langsam hell, und draußen war es noch immer frostig. Die Bäume, die Sträucher – alles schimmerte weiß. Im Haus gegenüber verloschen die Lichter, schwarze Menschlein hasteten auf ungeräumten Pfaden zwischen Schneewehen zur Bushaltestelle, Autos rauschten vorbei, einige schon ohne Standlicht.

Weil es heutzutage keine Liebe mehr gibt, dachte ich plötzlich. Romanzen gibt es, aber keine Liebe. Für sie fehlt einfach die Zeit: die Busse sind überfüllt, in den Geschäften stehen Schlangen, die Kinderkrippe liegt am anderen Ende der Stadt – man muss schon ein sehr junger und sehr sorgenfreier Mensch sein, um lieben zu können. Wirklich lieben können sich heute nur noch ältere Paare, denen es gelungen ist, ein Vierteljahrhundert miteinander durchzuhalten: Macht und Pflichten gütlich zu teilen, die Wohnungsfrage zu überstehen und bei den vielen kleinen, zersetzenden Ärgernissen nicht zu verrohen. So wie Walja Demtschenko und seine Sonetschka. Aber so eine Art von Liebe zu preisen ist bei uns nicht üblich. Und das Gott sei

Dank. Preisen sollte man eigentlich überhaupt nichts. Das kann man Kostja Kudinow überlassen. Oder dem Allunionsdrops …

»Aber das ist alles Philosophie! Wäre es jetzt nicht Zeit für die Arbeit?«, sagte ich laut.

Ich begann abzuwaschen. Ich ertrage es nicht, wenn auch nur ein schmutziger Teller in meiner Spüle liegt. Sie muss leer und sauber sein, damit ich ordentlich arbeiten kann. Besonders, wenn ich an Drehbüchern oder Artikeln sitze. Ich schreibe gerne Drehbücher. Von allen Arten der literarischen Lohnarbeit mag ich Übersetzungen und Drehbücher am liebsten. Vielleicht, weil ich bei beidem nicht die ganze Verantwortung trage.

Denn trotz allem ist der Gedanke, dass für den künftigen Film letztlich der Regisseur geradestehen muss, angenehm. In der Regel handelt es sich um einen jungen, energischen Menschen, der sehr genau weiß, dass der Film seine eigene Sprache hat und dass im Kino nicht die Worte zählen, die ich schreibe, sondern die Bilder, die er findet. Und wenn irgendetwas nicht ganz gelingt, winkt er ab und sagt unbekümmert: »Ach, das verbuchen wir unter Weltanschauung!« Und was seinen anderen Spruch anbelangt – »Nie im eigenen Lande drehen« –, na, dann soll er mal versuchen, den Panzerangriff irgendwo auf den Champs Elysées zu filmen! Und letzten Endes wird er den Film hinbekommen. Es wird natürlich kein Eisenstein oder Tarkowski sein, aber er wird seine Zuschauer finden, und auch ich werde ihn mir aufmerksam ansehen, weil es mich tatsächlich interessiert, wie mein Panzerangriff umgesetzt worden ist.

(Ich bin ein einfacher Mensch; ich mag es, wenn im Kino – und nur dort! – ein paar Sturmbannführer der SS herumlaufen, möglichst aus allen Arten von Schusswaffen gefeuert wird und ein prrrächtiger Panzerangriff stattfindet, am liebsten als Massenszene … Was Filme anbelangt, ist mein Geschmack äußerst primitiv; Walja Demtschenko bezeichnet ihn gar als infantilen Militarismus.)

Ich setzte mich an die Maschine und schrieb, fast ohne Unterbrechung, mehr als zwei Stunden. Bis wieder das Telefon schrillte.

Die Sonne brannte längst ins Zimmer, mir war heiß, und ich fühlte mich wie leergepumpt. So sprach ich nicht in die Sprechmuschel – ich bellte.

Am anderen Ende der Leitung meldete sich unser Fjodor Michejitsch, und da mir als Japanologen die Konfuzianischen Prinzipien hoch und heilig sind, nahm ich meinen Ton sofort zurück.

Gott sei Dank fragte Micheijtsch nicht nach der Bannaja. Er erkundigte sich, ob ich über den Konflikt zwischen Oleg Oreschin und Semjon Kolesnitschenko Bescheid wüsste. Ich brauchte einige Sekunden, um umzuschalten, dann sagte ich: Ja, ich weiß von dem Konflikt, es gab im vergangenen Monat einen Zwischenfall in der Aufnahmekommission. Nun teilte Michejitsch mir mit, Oreschin habe beim Sekretariat Beschwerde über Kolesnitschenko eingereicht, und ihn, Michejitsch, interessiere meine, Sorokins, Meinung zu diesem Konflikt.

»Oreschin ist ein Dummkopf und Intrigant«, platzte ich heraus; ich konnte mich nicht beherrschen und vergaß schon zum wiederholten Male meinen festen Entschluss, mich nicht einzumischen, in nichts verwickeln zu lassen und keine Partei zu ergreifen.

Michejitsch belehrte mich streng, das sei keine Antwort, er erwarte von mir nicht Schimpfen und Keifen, sondern eine objektive Meinung zu einer konkreten Sache.

Aber was für eine objektive Meinung zu dieser Sache konnte ich haben? Oreschin war ein gestriegelter, aalglatter Typ von etwa fünfzig Jahren, der beste Maßanzüge trug und gern seine Manschettenknöpfe, den massiven Ring und seinen Goldzahn blitzen ließ. Bei der vorigen Sitzung der Aufnahmekommission hatte er plötzlich das Wort verlangt und eine Klage gegen den Prosaiker Semjon Kolesnitschenko vorgebracht, weil dieser böswillig ein Plagiat veröffentlicht habe. Von wem? Natürlich von ihm, Oleg Oreschin, dem Fabeldichter, Mitglied der Aufnahmekommission und Sonderpreisträger der Zeitschrift *Der Werkzeugmaschinenbauer*. Er, Oleg Oreschin, hatte nämlich zwei Jahre zuvor in der erwähnten Zeitschrift die satirische Fabel »Bärensorgen« veröffentlicht. Wie groß aber war sein – Oleg Oreschins – Befremden, als er vor ein paar Tagen, in der Dezemberausgabe der Zeitschrift *Sowjetisch Hejmland,* die Erzählung »Zug der Hoffnung« las, eine Übersetzung aus dem Hebräischen, in der sich haargenau die gesamte Situation, das Sujet und die Anordnung der handelnden Personen seiner – Oleg Oreschins – Fabel »Bärensorgen« wiederholte! Erschüttert holte er auf eigene Faust Erkundigungen ein und fand heraus, dass der genannte S. Kolesnitschenko ein Plagiat begangen hatte, indem er die Erzählung selbst geschrieben und sie dann der Zeitschriftenredaktion als Übersetzung aus dem Hebräischen untergeschoben hatte. S. Kolesnitschenko betrog dabei auch die Redaktion, denn er behauptete, die Übersetzung dieser Erzählung des fortschrittlichen israelischen Schriftstellers Soundso habe sein ans Bett gefesselter Freund angefertigt. Er, Oleg Oreschin, fordere Unterstützung durch seine Kollegen der Aufnahmekommission usw. usf.

Das Fantastischste an dieser unsinnigen Sache war, dass mindestens ein Drittel der Aufnahmekommission sich Oreschins Beschwerde zu Herzen nahm und sogleich lebhaft begann, Maßnahmen vorzuschlagen, von denen eine schrecklicher war als die andere. Doch die Vernunft gewann die Oberhand. Unser Vorsitzender, der sofort begriff, dass dieser Zwist auf seinem Buckel ausgefochten werden sollte, verkündete streng: Er persönlich könne die Entrüstung des Kollegen Oreschin verstehen, doch falle die Angelegenheit mitnichten in die Kompetenz der Aufnahmekommission, und sie könne sich damit auch nicht befassen.

In meiner Einfalt dachte ich damals, die Sache sei somit beendet. Doch offenbar kennt die menschliche Dummheit keine Grenzen. Und Michejitsch hatte recht: Mit Schimpfen, Keifen und fruchtlosem Räsonieren über die Grenzen der Dummheit kam man hier nicht weiter. Ich riss mich also zusammen und teilte in sorgfältig abgewogenen Worten mit, Oleg Oreschins Argumente seien für mich nicht überzeugend. Die Umwandlung einer Fabel in eine Erzählung liege, selbst wenn hier eine solche vorliege, meiner Meinung nach außerhalb der Grenzen eines Plagiats. Übrigens interessiere mich als ehemaligen Übersetzer sehr, wie Kolesnitschenko es fertigbringen konnte, einen eigenen Text als Übersetzung auszugeben. Meiner Meinung nach sei das unmöglich.

Das war nun nicht mehr die Rede eines Knaben, sondern die eines Mannes. Michejitsch hörte sie sich an, ohne zu unterbrechen, dankte und legte den Hörer auf. Über die Bannaja fiel kein Wort mehr.

Ich schob mich hinter meinem Tisch hervor, öffnete die Balkontür und blieb ein wenig auf der Schwelle in der Sonne stehen. Ich fühlte mich ausgelaugt, müde und doch zufrieden. So oder so – meine heutige Aufgabe war erfüllt, sogar mehr als erfüllt. Jetzt konnte ich reinen Gewissens das Drehbuch im Schreibtisch verstauen, die Maschine abdecken und die Zeitungen aus dem Kasten holen. Was ich auch tat.

Außer den Zeitungen fand ich zwei Briefe vor. Einen offiziellen vom Klub; sie luden mich zum Konzert eines mir unbekannten Sängers ein. Ich beschloss, die Einladungskarte Katja zu geben, vielleicht würde sie hingehen wollen.

Das zweite Kuvert war aus festem braunem Papier, selbstgebastelt, die Lasche mit »Scotch« zugeklebt, die Adresse nebst Beifügung »Persönlich. Eigenhändig« mit schwarzer Tusche geschrieben, der Absender fehlte.

Briefe ohne Absender kann ich nicht ausstehen. Ich bekomme selten welche, aber jedes Mal enthalten sie eine Gemeinheit, bringen Unannehmlichkeiten mit sich oder sind ein Quell von Scherereien. Verdrossen wollte ich gerade die Schere aus dem Tischfach nehmen, als wieder das Telefon klingelte.

Diesmal rief Sinaida Filippowna an. Sie erinnerte mich sanft daran, dass in zehn Tagen die nächstfällige Sitzung der Aufnahmekommission stattfinden werde und ich die Bücher der Kandidaten noch nicht zur Einsichtnahme bei ihr abgeholt hätte. Ich fragte, ob über viele Leute entschieden werden müsse, und erfuhr, dass es sich um zwei Prosaiker, zwei Dramatiker, drei Kritiker und Publizisten und einen Dichter der kleinen Form handele. Insgesamt also um acht Personen. Ich fragte, was das sei – ein Dichter der kleinen Form. Sie antwortete, das wisse niemand so genau, doch sei gerade bei diesem Dichter ein Skandal zu erwarten. Ich versprach, demnächst vorbeizukommen.

Wieder ein Skandal. Darüber müsste man schreiben, dachte ich. Über eine typische Sitzung der Aufnahmekommission. Zuerst wird, um die Sache vom Hals zu bekommen, die Aufnahme eines armen Teufels aus dem Bereich der Populärwissenschaft erörtert. Der Referent hält eine entrüstete Rede dagegen und verwechselt dabei ständig Bathysphäre mit Stratosphäre und Bathyskaph mit Pyroskaph. Die Kommission lauscht ihm in entsetztem Schweigen, einige bekreuzigen sich heimlich, man hört: »Das wäre ja wohl das Letzte!« Und der Tenor der Ausführungen: Was ist daran Literatur? Der zweite Referent äußert sich knapp und unverblümt: Er sei nicht imstande, auch nur ein einziges Buch des Bewerbers zu Ende zu lesen, er habe nichts von diesen Infusorien und Leprosorien verstanden, der Antragsteller sei doch habilitierter Doktor – wozu müsse er da noch in den Verband eintreten? Der Vorsitzende ergreift das Wort: der Kosmos, das Zeitalter der WTS (er meint WTR, also Wissenschaftlich-technische Revolution); wir dürfen nicht vergessen, dass die Autorität unserer Organisation … die große Literatur … Anton Pawlowitsch Tschechow … Lew Tolstoi … Alexander Sergeitsch … Abort Abortytsch … Den ersten Bewerber lässt man einmütig durchfallen, mit einer einzigen Gegenstimme.

Der zweite Bewerber ist Mediziner, Chirurg, ein Trottel – aber verliebt in unsere Dörfer. Ein Referent mit verschlafenen Augen bringt lautstark seine Begeisterung für diese Liebe zum Ausdruck und gibt zwei der glänzenden Sujets des Bewerbers wieder: Ein Bäuerlein zuckelt mit seinem Fuhrwerk durch den Wald, und plötzlich ist da ein Tiger (im Rjasansker Gebiet, das Dorf heißt Mjasnoje). Das Bäuerlein reißt aus. Der Tiger hinterher. Das Bäuerlein kriecht bis zum Hals in eine Wuhne. Das Tier lässt sich an deren Rand nieder; die ganze Nacht hört der Mann sein Schnauben. Später stellt sich heraus, dass der Tiger aus dem Zoo entlaufen ist und Menschen um sich braucht, deshalb ist er dem Bäuerlein nachgerannt … Allgemeines Entzücken, gutmütiges Lachen, beifällige Zwischenrufe der Leibgardisten. Es folgt das zweite Sujet: Ein Bauer kommt zum Arzt und klagt über ein inneres Leiden, der Arzt fordert ihn auf, verschiedene Analysen vorzuzeigen. Der Bauer glaubt, er wolle von ihm Schmiergeld und schreibt an die Staatsanwaltschaft. Indessen wird bei ihm Krebs festgestellt, der Arzt operiert ihn mit Erfolg, und der Mann ist gerettet. Doch da kommt, direkt in den OP-Saal, die Vorladung zur Staatsanwaltschaft … Wieder Begeisterung und Beifallrufe, einer der Leibgardisten lacht Tränen und drückt sein Gesicht an meine Schulter. Der zweite Gutachter liest mit gebrochener Stimme eine Schilderung des ländlichen Milieus durch den Bewerber; Entzücken und Zustimmung äußern sich in donnerndem Zischen und wasserfallartigem Schluchzen, wonach der Bewerber dennoch durchfällt, allerdings schon mit drei Gegenstimmen. Alle wirken betreten. Der Leibgardist sagt zu mir: »Na, ich weiß nicht. Ich war für ihn und habe für ihn gestimmt …«

Dann kommt der ehemalige Minister für Kommunalwirtschaft einer südlichen Republik an die Reihe, der einen pompösen Geschenkband herausgebracht hat – etwas wie »Die Entwicklung des Wäschereiwesens von der Fürstin Tamar bis zur Gegenwart« …

Hier wurden meine Gedanken erneut vom Klingeln des Telefons unterbrochen. Fjodor Michejitsch fragte besorgt: »Entschuldige, Felix Alexandrowitsch, dass ich dich schon wieder störe. Warst du nun gestern in der Bannaja?«

»Ja«, sagte ich. »Natürlich … Habe alles abgegeben. Im Bestzustand.«

»Na, danke. Das wäre meinerseits alles.«

Fjodor Michejitsch hängte den Hörer ein, und ich erhob mich von meinen Kissen und ging geradewegs in die Diele, um in meine Stiefel zu steigen. Erst als ich angezogen war, mir den Schal umgewickelt, die Mütze aufgestülpt und die Handschuhe übergestreift hatte und mir schon am Türschloss zu schaffen machte, fiel mir zum Glück ein, dass ich mein Testmanuskript gestern im Klub liegen gelassen hatte. Und wenn ich jetzt hinführe, um es zu holen …

Ich kehrte also ins Zimmer zurück, nahm ächzend aufs Geratewohl eine von den dünneren Mappen aus meinem kleinen Archiv unter dem Schreibtisch hervor (Rohmanuskripte von Übersetzungen, Zweitexemplare von Annotationen zu japanischen Patenten, Entwürfe von Rezensionen und anderer alter Plunder), wickelte sicherheitshalber eine Schnur darum, stopfte das braune, absenderlose Kuvert in eine Tasche meiner Jacke, um es unterwegs zu öffnen, und ging hinaus.

Das Haus in der Bannaja war ein grauer, vierstöckiger Betonbau. Der linke Flügel stand eingerüstet, und die Gerüste waren verschneit und leer. Der mittlere Teil der Fassade sah recht frisch aus, wogegen der rechte Flügel wieder reparaturbedürftig zu sein schien. Es gab nur einen Eingang: in der Mitte der Fassade. Der Eingangsbereich war breit und hätte, der Idee des Architekten nach, sechs Ströme von Menschen hinein- oder herauslassen sollen. Doch wie üblich wurde von sechs Türen nur eine benutzt; die übrigen hatte man verriegelt, eine sogar mit Brettern vernagelt, die mit einer wilden Farbpalette kokett dekoriert worden waren. Und wie üblich prangten rechts und links vom Eingang verschieden große, verglaste Schilder mit den Namen von Institutionen; so brauchte ich eine Weile, bis ich die bescheidene Tafel mit der silbrigen Aufschrift »Institut für Linguistische Studien an der AdW der UdSSR« entdeckte.

Nachdem ich mich mühsam durch die offene Tür gezwängt hatte, irrte ich in Gesellschaft zahlreicher ebenso armer Würstchen zwischen den dunklen Kulissen umher. Es war finster und beängstigend, und unter den Füßen hatte sich so viel Schnee angesammelt, dass wir uns aus Sorge zu stürzen alle aneinander festhielten.

Als ich mir endlich Bewegungsfreiheit verschafft hatte, fand ich mich vor einer breiten Treppe, die mich zu einer großen Rotunde von der Höhe aller vier Stockwerke führte. Die Mitte der Rotunde war in viele Holzsegmente unterteilt, und von oben drang durch das vergitterte Glasdach graues Tageslicht herein. Links von mir bot ein gläserner Kiosk Poster und Zeitschriften an, und rechts verkaufte jemand Piroggen und Biskuit mit Marmelade.

Ich hatte nicht die geringste Ahnung, wohin ich mich wenden sollte, und als ich mich unter denen umhörte, die sich mit mir Schulter an Schulter durch die Kulissen gekämpft hatten, erfuhr ich, dass sie hier nur Gebäck holen wollten – mit Ausnahme eines alten Mannes, den man nach Piroggen geschickt hatte.

Die alte Frau im Kiosk wusste nichts – sie arbeitete erst den zweiten Tag hier. Nur eine geschminkte Dame ohne Mantel und mit einem Zustellbuch unter dem Arm wusste Bescheid und schickte mich nach rechts und dann nach oben, und dort, auf dem ersten Treppenabsatz, entdeckte ich einen Wegweiser.

Ich musste in den zweiten Stock und kletterte über eine eiserne Wendeltreppe, auf der es beängstigend und dunkel war, nach oben. Die Sohlen glitten von den verschieden großen Stufen; einer, der es wohl darauf abgesehen hatte, mich in die Tiefe zu stoßen, keuchte mir schwer und angsteinflößend entgegen; weiter oben schlitterte und polterte, unterdrückt aufschreiend, eine Frau, und von unten drückte mir jemand mit undeutlichem Schimpfen etwas Hartes, Hölzernes ins Kreuz.

Aber alles hat ein Ende. Und so stand ich endlich, schwer atmend, auf dem Treppenabsatz des zweiten Stocks und überlegte, ob ich mein Nitroglyzerin einnehmen sollte. Dann aber stieß man mich noch ein letztes Mal in den unteren Rücken, und eine nuschelnde Stimme fragte: »Na, was bleibst du stehn, geht's nicht weiter?« Eine hölzerne Leiter wurde an mir vorübergetragen – so lang, dass ich meinen Augen nicht traute und mich fragte, wie man sie über die Wendeltreppe hatten heraufschaffen können?

Ich schob mir ein Körnchen Nitroglyzerin unter die Zunge und blickte mich um. Vom Treppenabsatz gingen drei Türen ab, wie im Märchen: eine nach rechts, eine nach links und die dritte geradeaus. Nach dem Schild zu urteilen musste ich nach rechts. Hinter der Tür fand ich ein Tischchen, auf dem Tischchen ein Lämpchen und hinter dem Lämpchen eine kleine alte Frau mit Strickzeug in Händen. Sie blickte mich wohlwollend und fragend an, und wir kamen ins Gespräch.

Das Mütterlein wusste Bescheid. Die Schriftsteller hatten ins Zimmer soundso zu gehen, durch den Konferenzsaal hindurch, und zum Konferenzsaal kam man über diesen Flur, immer geradeaus, ohne abzubiegen, aber abbiegen konnte man ohnehin nicht, höchstens zum Büfett, doch das war noch geschlossen. Ich bedankte mich bei ihr und machte mich schon auf den Weg, als die Alte mir nachrief: »Da ist aber eine Versammlung ...« Obwohl ich nicht begriff, was sie damit meinte, drehte ich mich für alle Fälle um und nickte ihr dankend zu.

Schon stand ich im Flur. Heute findet man solche Flure nur noch selten: schmal, fensterlos, mit geheimnisvollen, vergitterten Abzugsöffnungen unter der Decke und verschlossenen Eisentüren, die teils rechts, teils links auftauchten. Auf dem Fußboden knarrende, verzogene Bretter, die gefährlich nachgaben. Der Flur verlief nicht gerade, sondern im klassischen Zickzack einer Befestigungsanlage, wobei jeder Abschnitt dieses Zickzacks höchstens zwanzig Meter maß. Hier war vorgesorgt für den Fall, dass die feindliche Panzerinfanterie unseren Widerstand auf der Wendeltreppe brach, das Mütterlein mit seinem Tischchen überrannte und hereinstürmte. Die Tölpel ahnten ja nicht, was für eine furchtbare Falle hier auf sie wartete: Aus den Abzugsöffnungen unter der Decke würden sich Ströme siedenden Öls ergießen; die Eisentüren sprängen auf, und zum Vorschein kämen Spieße mit handbreiten geschärften Spitzen; die Bretter unter den Füßen zersplitterten, und hinter jeder Ecke des Zickzackflurs träfen aus nächster Nähe unerbittliche Pfeile ... Ich war schweißüberströmt, als ich das Ende des Flurs erreichte.

Wie die redliche Alte vorausgesagt hatte, führte der Flur zum Konferenzsaal. Doch erst an Ort und Stelle verstand ich, was sie mit ihrem Hinweis gemeint hatte: Im Konferenzsaal fand tatsächlich eine Versammlung statt, wahrscheinlich sogar eine Generalversammlung, denn die Leute saßen und standen so dicht gedrängt, dass kein Apfel mehr hätte zu Boden fallen können. Ich sah mich gezwungen, auf der Schwelle stehen zu bleiben – ich kam nicht weiter.

Zunächst dachte ich nicht, dass die Versammlung mein Vorhaben behindern könnte. Es war eine ganz normale Versammlung: ein Tisch mit grüner Decke, eine Wasserkaraffe, am Rednerpult trug einer irgendwas vor, und mindestens dreihundert Leute standen herum (anstatt den wissenschaftlich-technischen Fortschritt voranzutreiben). Ich stellte mich auf die Zehenspitzen, um über das Meer von Köpfen hinweg etwas erspähen zu können, und entdeckte in der entgegengesetzten Ecke des Saals eine unauffällige Tür. Darüber prangte ein weißes Stofftransparent mit der schwarzen Aufschrift »Schriftsteller – hier«. Erst da wurde mir das Ausmaß meines Unglücks bewusst.

Zwischen den Versammelten hindurch zu der Tür vorzudringen war ausgeschlossen – ich bin nicht Benkei, der in einem brechend vollen Tempel über Köpfe und Schultern hinwegschreiten kann. Mich stolz umzudrehen und wieder zu gehen war ebenso ausgeschlossen, dafür war ich schon zu weit gekommen. Blieb, logisch gedacht, nur eines: zu warten und darauf zu vertrauen, dass keine Versammlung ewig währt.

Meine nächste Überlegung galt dem Büfett. Irgendwo dort, hinter einer der scheußlichen Eisentüren, gab es Watruschki, Wurstbrötchen, Pepsi-Cola und vielleicht sogar Bier. Ich blickte auf die Uhr: zehn Minuten vor drei. Wenn das Büfett heute überhaupt öffnen würde, dann am ehesten in zehn Minuten, und die ließen sich überstehen. Ich verlagerte mein Körpergewicht auf ein Bein, lehnte mich gegen einen Pfeiler und begann zuzuhören.

Sehr bald wurde mir klar, dass ich an einem Ehrengericht teilnahm. Der Beschuldigte, ein gewisser Shukowitzki, hatte die Angewohnheit, die jungen Mitarbeiterinnen seiner Abteilung unglücklich zu machen. Anfangs ließ man ihm das durchgehen, doch nach dem dritten oder vierten Mal riss der Geduldsfaden: Die Missetaten schrien zum Himmel, und die Opfer beschwerten sich bei der Gewerkschaftsleitung. Der Übeltäter, ein unverschämt gut aussehender Mann in glänzender Chromlederjacke, saß mit finsterer Miene auf einem einzeln stehenden Stuhl links vom Präsidium und wirkte trotzig und verstockt, wenn auch ergeben in sein Schicksal.

Jedenfalls hielt ich die Sache für Theater. Der Vertreter der Gewerkschaftsleitung musste jeden Moment sein Geschwätz beenden, dann würde der Abteilungsleiter das Wort ergreifen und den Angeklagten ans Kreuz des öffentlichen Tadels schlagen. Im selben Moment aber würde er das Gericht um Nachsicht bitten, weil er in seiner Abteilung fast nur Frauen beschäftigte und jeder männliche Mitarbeiter Gold wert war. Dann würde der Vorsitzende in einer kurzen, energischen Rede den Schlussstrich ziehen, und alle würden zum Büfett stürzen.

Während ich diese, wie mir schien, unvermeidliche Entwicklung der Ereignisse abwartete, musterte ich die Gesichter der Anwesenden – meine Lieblingsbeschäftigung in Versammlungen, Sitzungen und Seminaren. Und schon nach einer Minute entdeckte ich zu meinem Erstaunen in der fünften Reihe, direkt gegenüber vom Präsidium, die schuppige Visage unseres Allunionsdrops, Petenka Skorobogatow, und das trostlose Profil seines Billardspielerfreundes. Beide sahen aus, als säßen sie von Anfang an hier, unverrückbar und zu Recht. Der Billardspieler rührte sich nicht und starrte nur zum Präsidium: Offenbar weckte die grüne Tischdecke in ihm angenehme Assoziationen. Der Allunionsdrops dagegen war unglaublich aktiv. Alle naslang drehte er sich seiner rechten Nachbarin zu und redete auf sie ein, wobei er drohend den dicken Zeigefinger schüttelte; dann beugte er den ganzen Körper nach vorn, schob den Kopf zwischen die Köpfe der Leute vor ihm und erklärte ihnen etwas, wobei sein leicht angehobener dicker Hintern die unmöglichsten Veränderungen durchmachte; danach lehnte er sich, als sei er mit der Auffassungsgabe seiner Gesprächspartner durchaus zufrieden, auf seinem Stuhl zurück, verschränkte die Arme vor der Brust und lauschte wohlwollend und mit leicht zugewandtem Ohr, was man ihm von hinten zuflüsterte.

Vom Podium verkündete wer: »… in Zeiten wie der unseren, da jeder seine ganze Kraft dem Fortgang der linguistischen Untersuchungen, der Entwicklung und Vertiefung unserer Beziehungen zu den angrenzenden Wissenschaften widmen muss, in solcher Zeit ist es besonders dringlich, die Arbeitsdisziplin aller und eines jeden zu festigen und zu steigern. Ebenso das ethisch-moralische Niveau jedes Einzelnen und aller, die seelische Reinheit, die persönliche Ehrenhaftigkeit …«

»Und die Viehzucht!«, rief plötzlich Petenka Skorobogatow energisch dazwischen und reckte seinen Arm mit dem erhobenen Zeigefinger schräg nach oben.

Unverständliches Stimmengewirr brach los. Auf der Tribüne gerieten sie in Verwirrung.

»Natürlich … ohne Zweifel … auch die Viehzucht … Aber was konkret den Genossen Shukowitzki anbelangt, so dürfen wir nicht vergessen, dass er unser Kollege ist …«

Sieh mal an, der Allunionsdrops! Sagt, was ihr wollt, aber irgendwas hat er! Trotz seiner ewig verquollenen Schweinsäuglein, des ständigen Alkoholdunsts, der ihn wie eine eigene Atmosphäre umgibt. Trotz der beispiellosen Talentlosigkeit und Pfuscherei in seinen Machwerken für Schüler. Und trotz seiner Gewohnheit, sich uneingeladen an den Tisch zu setzen und, ohne zu fragen, mitzutrinken … Doch, nein, da tue ich ihm Unrecht. Natürlich hat er in der Regel kein Geld bei sich, weil er immer alles durch die Kehle jagt. Aber wenn er bei Kasse ist, darf jeder dazukommen, essen und trinken bis zum Umfallen und auch noch was mitnehmen.

Er hat Ideen – und das entschuldigt ihn. Er ist einer, der die unmöglichsten Einfälle wahr macht, solche, wie man sie bestenfalls aus Witzen kennt.

Einmal, im Schriftstellerheim in Muraschi, hatte der Dummkopf Rogoshin den Drops öffentlich abgekanzelt, weil er angetrunken im Speisesaal erschienen war, und ihm obendrein eine Standpauke über die Moral des Sowjetschriftstellers gehalten. Der Drops hatte sich das alles mit verdächtiger Demut angehört, und am nächsten Morgen stand auf einem großen Schneehaufen direkt vor der Freitreppe des Hauses zu lesen: »Rogoshin, ich liebe Sie!« Die Inschrift war mit einem gelben Strahl ausgeführt worden, der, an der Tiefe seines Eindringens in den Schnee gemessen, ziemlich warm gewesen sein musste …

Und nun stellen Sie sich folgendes Bild vor: Die männliche Hälfte der Bewohner Muraschis krümmt sich vor Lachen. Der Allunionsdrops stolziert mit grimmigem Gesicht zwischen ihnen umher und tönt: »Also, wisst ihr, das ist nachgerade unmoralisch. So etwas tun Schriftsteller nicht …« Die weibliche Hälfte verzieht angeekelt das Gesicht und fordert, die Ferkelei sofort zuzuschippen. Entlang der Inschrift aber läuft, wie ein Raubtier im Zoo, Rogoshin, immer hin und zurück, und lässt bis zum Eintreffen der Untersuchungsorgane niemanden heran. Die Untersuchungsorgane haben es nicht eilig, dafür aber macht jemand eilfertig für Rogoshin (und für sich) Aufnahmen: die Inschrift, Rogoshin vor der Inschrift, nur Rogoshin und wieder die Inschrift. Rogoshin nimmt ihm den Film ab und eilt damit nach Moskau – fünfundvierzig Minuten mit dem Vorortzug, nicht der Rede wert.

Mit dem Film in der einen und einer umfänglichen Beschwerde über Petenka in der anderen Tasche stürzt Rogoshin in unser Sekretariat, um ein Disziplinarverfahren wegen Diffamierung einzuleiten. Im Fotolabor des Klubs macht man ihm flugs ein Dutzend Abzüge, er nimmt sie und wirft sie Fjodor Michejitsch empört auf den Tisch. Gerade zu der Zeit aber drängeln sich anlässlich eines Jubiläums in Fjodor Michejitschs Zimmer die Leitungsmitglieder. Viele wissen bereits Bescheid. Man hört schallendes Gelächter. Die Aufnahmen wandern von einer Hand zur anderen und verschwinden zahlreich. Polina Slatopolskich flüstert mit träumerisch verdrehten Augen: »Aber was er für einen Strahl hat!«

Fjodor Michejitsch erklärt mit steinerner Miene, er sehe in der Inschrift keinerlei Diffamierung. Rogoshin verliert nur für eine Sekunde die Fassung. Diffamierend sei die Art, wie man die Inschrift ausgeführt habe, erwidert er. Fjodor Michejitsch erklärt mit steinerner Miene weiter, er sehe keinen Grund, gerade Pjotr Skorobogatow zu beschuldigen. Daraufhin fordert Rogoshin eine grafologische Expertise. Alle reden aufeinander ein. Fjodor Michejitsch äußert mit steinerner Miene Zweifel am Nutzen einer grafologischen Expertise im gegebenen Fall. Rogoshin, ganz aus dem Häuschen, beruft sich auf Erkenntnisse der Kriminalistik, nach denen die Schrift einer Person ihre ideomotorischen Besonderheiten in jedem Fall bewahre, ganz egal, womit die Person geschrieben habe. Um diesen Fakt zu demonstrieren, steckt er sich einen Kugelschreiber zwischen die Zähne und kritzelt seine Unterschrift auf die Papiere, die vor Fjodor Michejitsch liegen, er droht, bis zum ZK zu gehen, und benimmt sich überhaupt unmöglich.

Schließlich muss Fjodor Michejitsch nachgeben. Eine Kommission fährt zum Ort des Geschehens. Petenka Skorobogatow, nun an die Wand gedrückt und von der Wucht der

Ereignisse leicht eingeschüchtert, gesteht, die Tat begangen zu haben. »Aber nicht so, wie ihr denkt, ihr Ferkel! Wäre das denn menschenmöglich?« Es ist schon spät. Abend. Die Kommission steht vollzählig auf der Freitreppe. Der Schneehaufen war bereits am Tage umgegraben worden und ist nun jungfräulich rein. Petenka Skorobogatow geht langsam daran vorbei und schreibt, geschickt mit einem bauchigen Teekessel hantierend: »Rogoshin, Sie sind mir egal!« Zufriedengestellt reist die Kommission ab. Die Inschrift bleibt.

Ein donnerndes »Und die Viehzucht!« rief mich in die Wirklichkeit zurück. Die Gerichtsverhandlung nahm ihren Lauf. Der Ausruf war vom Billardspieler gekommen, der plötzlich zur Aktion erwacht war. Während ich Erinnerungen nachgehangen hatte, hatte sich vorne etwas verändert. Man sprach jetzt von einem Pelzmantel. Von einem teuren Pelzmantel. Einem Importpelz, der gestohlen worden war. Dreist und provokant. Anscheinend appellierte man nun an alle Anwesenden, keine Pelze zu stehlen. Über die Opfer der Wollust und Ausschweifung fiel kein Wort mehr, die Geschichte mit dem Pelzmantel hatte auf geheimnisvolle Weise den Beschuldigten rehabilitiert. Er hockte nicht mehr schicksalsergeben auf seinem Stuhl, sondern hatte sich aufgerichtet und blickte, die Hände auf die gespreizten Knie gestützt, herausfordernd und missbilligend zum Präsidium hinüber. Dessen Mitglieder hatten sich von ihm abgewandt. Das Gesicht eines Präsidiumsmitglieds war bedeutend roter als die übrigen.

Ich sah auf die Uhr. Es war schon nach drei, ich wollte jetzt das Büfett suchen. Aber da schlüpften zwei bleiche Jünglinge mit brennenden Blicken an mir vorbei in den Flur, fingerten Zigaretten hervor, zündeten sie an und sogen gierig den Rauch ein. Auffallend war ihre unnatürliche Munterkeit, eine gewisse Aufgedrehtheit, ja fieberhafter Eifer. Keine Ermüdung, keine Langeweile – im Gegenteil, sie wollten offensichtlich möglichst schnell ihre Portion Nikotin inhalieren und dann zurück in den Saal. Noch nie hatte ich erlebt, dass jemand so begeistert von einer Versammlung war. Ich fragte sie, wie lange ihrer Meinung nach das Geschwätz noch dauern werde, und merkte, dass das Wort sie unangenehm berührte. Sehr kühl erklärten sie mir, die Versammlung habe gerade ihren Höhepunkt erreicht und werde kaum vor Dienstschluss enden. Dann erriet einer: »Sie sind sicher Schriftsteller?« – »Leider«, bekannte ich. »Und wie ist Ihr Name?«, erkundigte sich unbefangen der andere. »Jessenin«, sagte ich und ging nach Hause.

Unterwegs belegte ich alle Versammlungen mit den schlimmsten Flüchen, schaute dann im Spielwarengeschäft auf der Petrowka vorbei, kaufte den Zwillingsbanditen je ein Auto und war, als ich meine Wohnung betrat, schon wieder gut gelaunt. In der Küche wirtschaftete Katja herum. Meine ausgehungerte Nase geriet in Entzücken und meldete dies unverzüglich dem gesamten Organismus: In der Küche schmorte Rindfleisch auf Burgunder Art.

Während ich mich auszog, kam Katja herbeigelaufen, hielt mir ihre heiße Wange hin und begann sogleich aufgeregt etwas von ihrer Arbeit zu erzählen; die nassen Hände streckte sie vor sich wie ein Chirurg vor der Operation.

Erst hörte ich nur mit halbem Ohr zu, weil es mich zum wer weiß wievielten Male verblüffte: eine so hübsche, so – hol's der Teufel – aufregende junge Frau, aber ein Einfaltspinsel und Pechvogel! Wie war das möglich? Absurd! Immer hatte ich gedacht, eine Frau mit dem gewissen Etwas sei geradezu verdammt zum Erfolg, doch nein … Dreißig Jahre. Zwei Kinder. Der erste Mann in Luft aufgelöst. Der zweite ein Dreckskerl und ewiger Schleimer. In der Arbeit Probleme. Die Dissertation seit drei Jahren fertig, doch zur Verteidigung kam es nicht. Absurd war das, unerklärlich.

Automatisch folgte ich ihr in die Küche, und plötzlich wurde mir klar, dass Katja von merkwürdigen Dingen erzählte, die unmittelbar mich betrafen.

Es stellte sich heraus, dass der Kaderleiter sie heute nach der Mittagspause zu sich gerufen und regelrecht verhört hatte. Die meisten Fragen waren so gewesen, wie man sie aus Fragebögen kennt, doch zwischendrin hatte er, wie zufällig, ein paar Fragen eingestreut, die sie nicht hatte einordnen können. Der hellhörigen Katja waren sie sofort aufgefallen, und sie hatte sie sich – ohne sich etwas anmerken zu lassen – eingeprägt und gab sie mir nun gewissenhaft wieder, eine nach der anderen: Seit wann sie sich an ihren Vater, also mich, erinnere? Ob sie irgendwann in seiner Heimat, also in Leningrad, gewesen sei? Ob sie Vorkriegsfreunde ihres Vaters kenne? Ob ihr Vater sich in ihrer Anwesenheit mit einem dieser Freunde getroffen habe? Ob er ihr von dem Leningrader Haus, in dem er aufgewachsen und vor dem Kriege wohnhaft gewesen sei, erzählt habe und was damit geschehen sei?

Nachdem sie alles heruntergerasselt hatte, schwieg sie und blickte mich abwartend an. Ich schwieg auch, fühlte mit Entsetzen, wie mein Gesicht rot anlief und die Augen aufs Verdächtigste zur Seite rollten. Ich fühlte mich wie ein Vollidiot.

»Papa, hast du vielleicht wieder was angestellt?«, fragte Katja mit verhaltener Stimme.

Man hatte ihr Angst gemacht, und meine Reaktion auf ihre Erzählung verängstigte sie noch mehr. Zur Antwort keuchte ich nur. Tausende Worte lagen mir auf der Zunge, doch sie waren alle – wie zum Trotz – melodramatisch, falsch oder erforderten Gesten voller Pathos: die Hände zum Himmel erheben, die Haare raufen, die Augen verdrehen …

Auf einmal durchzuckte mich ein schrecklicher Gedanke: Wenn sie mich nun im Ausland wieder gedruckt hatten, ohne die WAAP zu informieren? Solche Lumpen, nein, wirklich! Dann brach es aus mir heraus: »Mist, verdammter!«, blaffte ich. »Es war nichts und kann auch nichts sein! Was starrst du mich so an? Hat sich so ein Aas wieder wichtig gemacht … Das kommt vor! Weshalb hat er dich überhaupt zu sich bestellt? Hat er dir das gesagt?«

»Um mit mir zu reden«, antwortete Katja. »Ich reise vielleicht nach Ganda …«

»Was für ein Ganda? In Afrika? Und die Zwillinge?«

Sie hatte bereits alles bedacht. Die Banditen nimmt Klara, die Wohnung überlässt sie den Schtschukins, die Gesammelten Werke kaufe ich. Mir gefiel das alles überhaupt nicht. Wenn die Banditen bei Klara sind, wie soll ich sie dann sehen? Ich habe keine Lust, mit Klara und ihrem General zusammenzutreffen, keine Lust, die Gesammelten Werke zu kaufen. Außerdem, was wird aus Albert? Soll er auch zu Klara? Ach so, Katjas Mann wird ohnehin nach Sysran versetzt! Großartig! Gratuliere! Wieder mal in Mutters Fußstapfen! Übrigens ist das deine Sache. Aber vergiss nicht, in Ganda wird jetzt geschossen!

Sie weiß, wie sie mich zu nehmen hat. Während ich zischte und Dampf abließ, füllte sie mir einen Teller mit Fleisch und Pilzen in Rotwein, goss mir zwei Fingerbreit Kognak ein und setzte mich an den Tisch. Ich ächzte, trank, wurde milder gestimmt, warf ihr einen letzten Blick voll väterlichen Vorwurfs zu und griff zur Gabel.

»Und du?«, besann ich mich – wie immer erst mit vollem Mund.

»Ich habe schon gegessen«, antwortete sie wie üblich. Sie kniete sich auf einen Stuhl, schob ihren runden Po nach hinten, stützte sich mit den Ellbogen auf den Tisch und sah zufrieden zu, wie ich aß.

»Wenn du ohnehin nach Ganda fährst«, sagte ich schmatzend, »brauchst du dich jetzt nicht verrückt zu machen. Dieser Kaderleiter weiß wahrscheinlich selbst nicht mehr, was er noch fragen soll. Hat er sich auch nach deiner Mutter erkundigt?«

»Ja.«

»Na bitte! Schneid mir mal Weißbrot ab.«

»Er wollte wissen, warum sie sich von dir hat scheiden lassen«, erzählte Katja, während sie das Brot aufschnitt.

Ich hielt mich mühsam zurück, um nicht Messer und Gabel auf den Tisch zu werfen: so eine Gemeinheit, was ging das diesen Hund an! Aber dann dachte ich, hol sie doch alle der Kuckuck, was habe ich mit ihnen zu schaffen? Und wenn Katja nicht nach Ganda geschickt wird, umso besser. Katja in Ganda, das fehlte mir noch, wo doch dort geschossen wird und sich Scharen von Schwarzen mit Napalm bekippen.

»Die Fragen waren alle so merkwürdig«, meinte Katja leise. »So ungewöhnlich. Paps, ist bei dir wirklich alles in Ordnung? Verheimlichst du auch nichts?«

Genau deshalb lass ich meine eigene, einzige und geliebte Tochter auch nicht eine Seite aus der Blauen Mappe lesen! Welche Angst sie damals ausgestanden hat, als man mich nach Bryshejkins Artikel über meine »Modernen Märchen« mit dem ersten Herzanfall fortbrachte; seitdem hat sie einen Knacks. Und auch jetzt: Sie lächelt, reißt Witze, tut forsch, doch in ihren Augen steht Angst. Ich sehe noch vor mir, wie sie mit den gleichen Augen im Krankenhaus an meinem Bett saß.

Ich beruhigte sie, so gut ich konnte, und wir tranken Tee. Katja erzählte von den Zwillingsbanditen, ich von Petenka Skorobogatow und der Versammlung; es wurde richtig gemütlich, und der Gedanke, dass sich Katja in einer Viertelstunde anziehen und gehen würde, machte mich traurig. Ich riss mich zusammen, gab ihr die Autos für die Banditen mit und die Einladungskarte für das Konzert. Sie nahm sie begeistert entgegen und begann, mir von diesem Sänger zu erzählen, wie berühmt er jetzt sei, und ich hörte ihr zu und grübelte darüber nach, wie ich ihr möglichst schonend beibringen konnte, dass ich den Salon und den Pelzmantel (wieder ein Pelzmantel!) zwar keineswegs vergessen hatte – ich denke an diesen Pelz, obwohl sie, Katja, mich nicht daran erinnert! –, aber es einfach noch nicht geschafft hatte … An dem Punkt dämmerte mir, dass sich mit ihrer Dienstreise die Frage nach dem Pelzmantel ganz von selbst erledigt hatte: Wirklich, wozu brauchte sie einen Pelz in Ganda?

Sie war bereits angezogen, als das Telefon schrillte. Wir verabschiedeten uns eilig, und ich griff nach dem Hörer. Kyrie eleison! Herr, errette uns und erbarme dich! Oreschin war am Apparat.

Er rief mich an, damit ich ihm gegenüber sofort und unverzüglich, unzweideutig und ohne Umschweife meiner positiven Haltung zu seinem gerechten Kampf gegen den dreisten Plagiator Semjon Kolesnitschenko Ausdruck verlieh. Hätte er sich meiner positiven Einstellung versichert, und er wolle nicht verhehlen, dass ich nicht der Erste war, den er um Hilfe bat, schon mehrere Sekretariatsmitglieder von Rang und Namen hätten ihm ihre volle Unterstützung im unerbittlichen Kampf gegen den Plagiator zugesichert, ohne die, natürlich, eine auch nur halbwegs reale Hoffnung auf Erfolg bei der Entlarvung der Plagiatorenmafia undenkbar wäre …

Mit geradezu krankhafter Neugier wartete ich, wie er sich aus dieser syntaktisch verwickelten Spirale herauswinden würde; ich hätte gewettet, dass er den Anfang seines ungeheuren Schachtelsatzes schon vergessen hatte, doch damit unterschätzte ich ihn.

Wenn er sich nämlich meiner positiven Einstellung versichert hätte, könne er, Oreschin, auf der bevorstehenden Sekretariatssitzung das Problem der Plagiatorenmafia mit all jener Schärfe und Deutlichkeit zur Sprache bringen, die uns immer fehle, wenn es um Leute gehe, die formal unsere Kollegen waren, aber in sittlich-moralischer Hinsicht …

Ich legte vorsichtig den Hörer auf den Tisch, holte mir ein Glas Wasser und nahm mein Nitrangin. Oleg Oreschin plapperte immer noch, und wieder versuchte ich, seinen Charakter zu verstehen. Ehrlich gesagt, hatte ich ihn vor einem Monat, als der Streit entbrannt war, für einen ganz gewöhnlichen Antisemiten gehalten, so wie es die Leibgardisten waren. Doch jetzt wurde mir klar, dass ich mich geirrt hatte. Er war kein Antisemit. Er war nicht mal ein politischer Demagoge. Er war tatsächlich aufrichtig erschüttert: Während er unter Qualen (vielleicht auch in einem Anfall mitreißender Inspiration) eine ethisch-moralische Fabel geschaffen, die brutalen und gierigen Bären wie auch die gewandten, durchtriebenen Hasen an den Schandpfahl genagelt hatte, kam nun so ein Kolesnitschenko daher, so ein raffinierter Hund, unsolider Kerl, Literaturparasit aus Berufung, der weder schöpferische Qualen noch Inspiration kennt, aber ein scharfes Auge hat und lange Finger. Er schnappt sich, was nicht niet- und nagelfest ist, bastelt es schnell ein bisschen um – fertig! Und um die Sache möglichst geschickt zu vertuschen, gibt er seine Mixtur als Übersetzung aus einer exotischen Sprache aus, darauf bauend, dass sie im Original ohnehin keiner lesen kann.

Ein Dummkopf ist dieser O. Oreschin, so ist das! Und zwar kein Dummkopf im alltäglichen, harmlosen Sinn, sondern ein Dummkopf als Vertreter einer besonderen Spezies: Er lebt unter uns wie ein Außerirdischer, hat ein völlig anderes Wertesystem, eine unbekannte, fremde Psyche, einen anderen Daseinszweck, und das, was wir in unserer Arroganz für einen Minderwertigkeitskomplex halten, für eine krankhafte Abweichung von der psychischen Norm, ist das ursprüngliche, gesunde Skelett seiner Weltanschauung.

»… andernfalls könnte keiner von uns ehrlichen Schriftstellern, und das ist schließlich die Mehrheit – die Kolesnitschenkos springen zwar ins Auge, aber die Mehrheit besteht aus Menschen wie Sie und ich –, für die das Wichtigste die ehrliche Arbeit ist, sorgfältiges Materialstudium, ideellkünstlerisches Niveau …«

»Und die Viehzucht!«, blaffte ich instinktiv dazwischen.

Eine volle Sekunde, vielleicht sogar zwei herrschte Schweigen im Hörer. Dann meinte Oreschin unsicher: »Die Viehzucht? Ja … auch die Viehzucht, ohne Zweifel … Aber verstehen Sie, Felix Alexandrowitsch, welcher Umstand für mich hier der wichtigste ist?«

Und er begann wieder von vorn.

Jedenfalls verblieben wir so, dass ich mich mit dieser Sache näher vertraut machen würde – die Fabel läse, die Erzählung läse, mit Kolesnitschenko redete – und wir danach noch einmal miteinander telefonieren und auf das interessante und gewinnbringende Gespräch zurückkommen würden.

Puh! Ich warf den Hörer auf, sprang wie Lucky Jim mit den Füßen auf das Sofa, kratzte mich grimmig unter den Achseln und schnitt ein paar scheußliche Grimassen. Es gibt keine Erlösung, ging es mir durch den Sinn. Es gibt keine Erlösung für sie, wiederholte ich, während ich hüpfte und das Gesicht verzog. Es gibt keine Erlösung für uns, und es wird keine geben, heute, und bis in alle Ewigkeit, amen! Dann war ich außer Atem, ließ mich rücklings auf das Polster fallen und breitete die Arme aus.

Erst jetzt bemerkte ich die Dunkelheit im Zimmer. Es war schon Abend, zwar noch nicht spät, aber immerhin Abend, und ich dachte etwas wehmütig daran, dass ich mich bis vor wenigen Jahren um diese Zeit noch einmal an die Maschine gesetzt und zwei, drei vollständige Seiten getippt hatte. Aber damit ist Sense, Genosse Sorokin, jetzt tippen Sie um diese

Zeit nichts Brauchbares mehr, sondern verderben sich bloß die Laune …

Und wieder klingelte das Telefon. Ächzend erhob ich mich und griff nach dem Hörer. Die aufflammende Hoffnung, es könnte Rita sein, war mir noch nicht einmal bewusst geworden, als eine Männerstimme leise sagte: »Bitte geben Sie mir Felix Alexandrowitsch, seien Sie so gut.«

»Das bin ich.«

Kurze Pause. Dann fragte die Stimme: »Entschuldigen Sie, Felix Alexandrowitsch, haben Sie unseren Brief erhalten?«

»Was für einen Brief?«

»Äh … Dann ist er sicher noch unterwegs. Entschuldigen Sie, Felix Alexandrowitsch. Wir melden uns in zwei Tagen wieder. Entschuldigung … Auf Wiederhören …«

Und das Freizeichen.

Was sollte das, zum Teufel? Eilig ging ich in Gedanken die Briefe der letzten Tage durch, und plötzlich entsann ich mich des braunen Kuverts ohne Absender. Wo hatte ich es hingetan? Ah! Ich hatte es in eine Tasche meiner Jacke gesteckt und dort vergessen. Wieder überkam mich diese undefinierbare Beklemmung, die ich auch schon gespürt hatte, als mir das Fehlen des Absenders auffiel.

Ich schaltete das Licht ein, ging in die Diele, um den Brief zu holen, und besah mir, nachdem ich mich an den Tisch gesetzt hatte, die Stempel. An ihnen war nichts Besonderes. Moskau, G-69. Wo war das? Das Papier schien sehr fest zu sein; nichts leuchtete durch, als ich ihn gegen das Licht hielt, und dennoch glaubte ich, nur einen Briefbogen darin zu fühlen. Ich nahm die Schere und öffnete das Kuvert ordentlich, ganz am Rand. Darin lag ein zweiter Umschlag, ein handelsüblicher, mit Bildchen, und auch dieser war sorgfältig zugeklebt. Eine Adresse stand nicht darauf, lediglich: »Felix Alexandrowitsch Sorokin. Persönlich! Unbefugte bitte nicht öffnen!«

Ich ertappte mich dabei, dass ich, die Unterlippe vorgeschoben, unschlüssig dasaß. Dieser Anruf … »Wir melden uns wieder …« Katjas Kaderleiter … Die Aussicht, das Kuvert zur zuständigen Stelle zu bringen und Erklärungen abzugeben, auch schriftliche, war eine scheußliche Vorstellung … Hm, oder ich sage so etwas wie … »Ja. Da war so ein Brief, irgendein Unsinn. Ich kann mich nicht mehr erinnern, wissen Sie, ich bekomme so viel Post, auf alles kann man ja nicht reagieren.«

Entschlossen öffnete ich auch das zweite Kuvert.

Darin lag ein Blatt Papier mit Blauschnitt, auf dem in deutlicher, sogar schöner Schrift mit schwarzer Tinte (und ohne Anrede) stand:

»Wir haben längst herausgefunden, wer Sie sind. Aber seien Sie unbesorgt: Wir kennen Ihr Schicksal und achten es; von unserer Seite haben Sie keine Enthüllung zu befürchten. Im Gegenteil, wir sind bereit, alles zu tun, um die Gerüchte zum Verstummen zu bringen, die hinsichtlich Ihrer Person und der Motive, warum Sie unter uns weilen, bereits kursieren. Sollten Sie unseren Planeten (oder unsere Zeit) aus technischen Gründen nicht verlassen können, so seien Sie gewiss: Wenn unsere technischen Möglichkeiten auch gering sind, sie stehen voll und ganz zu Ihrer Verfügung. Wir melden uns wieder. Arbeiten Sie unbesorgt weiter.«

Ach, hol sie doch alle der Teufel, diese Hirnamputierten.

6

Banew | Anstoß zu Aktivitäten

Viktor erwachte erst zur Mittagszeit. Er hatte leichte Kopfschmerzen, aber überraschend gute Laune.

Am Abend hatte er geraucht, bis die Schachtel Zigaretten leer gewesen war, hatte sich hinunter auf den Parkplatz begeben und mit einer Haarnadel einen Wagen aufgebrochen, Irma durch den Hinterausgang geführt und sie zu ihrer Mutter zurückgebracht. Nachdem sie im Auto Platz genommen hatten, schwiegen sie. Dabei fühlte sich Viktor äußerst unbehaglich, Irma aber saß sauber, adrett und nach der neuesten Mode frisiert – ohne ihre Rattenschwänze –, ja sogar mit angemalten Lippen neben ihm. Er hätte sich liebend gern mit ihr unterhalten, aber dazu hätte er erst einmal seine bodenlose Dummheit eingestehen müssen. Das allerdings kam ihm unpädagogisch vor. Die Sache endete damit, dass Irma ihm aus heiterem Himmel erlaubte zu rauchen (unter der Bedingung freilich, dass alle Fenster aufgerissen würden) und ihm erzählte, wie interessant der Abend für sie gewesen sei; er erinnere sie an das, worüber sie früher gelesen, aber nie so recht geglaubt habe. Sie finde es toll, dass er ihr dieses überraschende und sehr lehrreiche Erlebnis verschafft habe; überhaupt sei er kein Langweiler und Schwätzer, sondern ein sehr netter Kerl. Diana halte sie fast für »eine von uns«; auch sie hasse all diese Leute, sei aber leider nicht sonderlich gebildet und trinke zu viel; das aber sei letzten Endes nicht so schlimm, denn du, Papachen, trinkst ja auch und hast den Kindern trotzdem gefallen, weil du ehrlich warst und dich nicht als Hüter einer höheren Weisheit aufgespielt hast. Denn das, sagte sie, bist du ja beim besten Willen nicht, und sogar Bol-Kunaz meint, du seist der einzige vernünftige Mensch in der Stadt, wenn man mal von

Dr. Golem absieht. Aber Golem hat auch eigentlich nichts mit der Stadt zu tun; außerdem ist er kein Schriftsteller und transportiert demnach auch keine Ideologie – was meinst du, braucht man eine Ideologie, oder kommt man ohne sie aus? Heute meinen ja viele, dass die Zukunft der De-Ideologisierung gehöre …

Sie hatten sich wunderbar und in einer Atmosphäre gegenseitiger Achtung unterhalten. Nach seiner Rückkehr ins Hotel (den Wagen hatte er in einem Hof voller Gerümpel abgestellt) fand Viktor, es sei gar keine so undankbare Aufgabe, Vater zu sein – besonders, wenn man das Leben kennt und selbst seine Schattenseiten erzieherisch zu nutzen weiß. Auf diese Erkenntnis stieß er mit Teddy an, der ebenfalls Kinder hatte und sich für Erziehungsfragen interessierte. Sein Ältester war vierzehn – ein schwieriges Alter, sagte er, die Pubertät … Auch mit Irma wirst du noch graue Haare kriegen. Um genau zu sein: Sein ältester Enkel war vierzehn. Um die Erziehung seines Sohnes hatte er sich nicht kümmern können, weil dieser seine Kindheit in einem deutschen Konzentrationslager verbracht hatte. Kinder sollte man nicht schlagen, meinte Teddy. Auch ohne dich kriegen sie im Leben genug Dresche, und wenn du mal das Bedürfnis hast, deinem Kind eins hinter die Löffel zu geben, hau dir lieber selbst eine runter, davon hast du mehr.

Nach ein paar Gläsern fiel Viktor ein, dass Irma kein Wort über sein unmögliches Benehmen an der Kreuzung verloren hatte, und gelangte zu dem Schluss, dass er eine kluge Tochter besaß; außerdem war es nicht die feine Art, immer, wenn er sich in eine schwierige Situation manövriert hatte, zu seiner Geliebten zu laufen, damit sie ihm heraushalf. Dieser Gedanke stimmte ihn traurig, aber da kam Dr. Quadriga und bestellte wie üblich eine Flasche Rum. Sie leerten die Flasche zu zweit, und Viktor sah alles wieder in freundlichen Farben, weil ihm klarwurde, dass Irma ihm keinen Kummer machen wollte. Und das bedeutete, dass sie ihren Vater achtete, ja vielleicht sogar liebte. Anschließend kam noch jemand, der etwas bestellte, und danach ging Viktor wahrscheinlich schlafen. Ja, höchstwahrscheinlich … Man muss annehmen, dass er schlafen ging. Allerdings war da noch eine Erinnerung: ein gekachelter, unter Wasser stehender Fußboden. Aber was für ein Fußboden und was für Wasser das gewesen war, daran konnte er sich beim besten Willen nicht erinnern. Wozu auch …

Viktor stand auf, machte sich fertig und ging hinunter, wo er sich vom Portier die neuesten Zeitungen geben ließ und sich mit ihm über das verfluchte Wetter unterhielt.

»Wie hab ich mich gestern aufgeführt?«, erkundigte er sich nebenbei. »Alles in Ordnung?«

»Im Allgemeinen schon«, antwortete der Portier höflich. »Teddy wird Ihnen die Rechnung geben.«

»Aha«, sagte Viktor und beschloss, vorläufig nicht weiter nachzufragen. Er ging ins Restaurant und hatte den Eindruck, als hätte die Zahl der Stehlampen abgenommen. Verflixt, dachte er erschrocken … Teddy war noch nicht da. Viktor grüßte den jungen Mann mit der Brille und seinen Begleiter mit einer Verbeugung, setzte sich an seinen Tisch und schlug die Zeitung auf. Auf der Welt war alles beim Alten geblieben. Das eine Land behinderte die Handelsschiffe des anderen, und dieses protestierte energisch. Die Länder, die dem Herrn Präsidenten gefielen, führten gerechte Kriege im Dienst ihrer Nation und der Demokratie. Die Länder, die dem Herrn Präsidenten – warum auch immer – nicht gefielen, zettelten Eroberungskriege an, ja nicht einmal Kriege, sondern verbrecherische Überfalle. Der Herr Präsident selbst hatte nach einer glücklich überstandenen Mandeloperation eine zweistündige Rede gehalten über die Notwendigkeit, der Korruption ein für alle Mal ein Ende zu setzen. Ein bekannter Kritiker, ein echter Schweinehund, lobte das neue

Buch von Roz-Tussow – was zu denken gab, denn es war wirklich ein gutes Buch.

Ein neuer, Viktor noch unbekannter Kellner trat an den Tisch, riet freundlich zu Austern, nahm die Bestellung entgegen, wedelte mit der Serviette über den Tisch und entfernte sich. Viktor legte die Zeitungen weg, steckte sich eine Zigarette an und dachte an seine Arbeit. Nach einem zünftigen Gelage dachte er mit Vorliebe an seine Arbeit. Vielleicht sollte er einmal eine optimistische, fröhliche Geschichte schreiben? Über einen Menschen, der seine Arbeit liebt und kein Dummkopf ist. Jemand, der seine Freunde mag, die ihn wiederum schätzen, und dem es gut geht. Ein prächtiger Bursche, wenn auch ein bisschen kauzig, spöttisch … Aber das Sujet fehlte. Und wenn das Sujet fehlt, ist es langweilig. Und überhaupt: Wenn man so eine Geschichte schreiben will, muss man erst einmal herausfinden, warum es diesem guten Menschen so gut geht, und dabei kommt man unvermeidlich zu dem Ergebnis, dass es ihm nur deshalb so gut geht, weil er seine Arbeit liebt und alles andere ihm egal ist. Wie aber kann er ein guter Mensch sein, wenn ihm außer seiner geliebten Arbeit alles egal ist? Natürlich, man könnte auch über einen Menschen schreiben, für den der Sinn des Lebens in der Nächstenliebe besteht und dem es gut geht, weil er seinen Nächsten und seine Arbeit liebt. Über einen solchen Menschen aber haben schon vor zweitausend Jahren die Herren Lukas, Matthäus, Johannes und – wer war das? – noch einer geschrieben, insgesamt waren es vier. Eigentlich weitaus mehr, aber nur von diesen vieren sind vergleichbare Texte überliefert; die Übrigen hatten entweder kein Nationalbewusstsein oder Schreibverbot, und der Mann, über den sie geschrieben haben, war leider nicht ganz normal … Überhaupt sollte man mal darüber schreiben: wie Jesus heute auf die Erde kommt, aber nicht so wie bei Dostojewski, sondern wie bei Lukas und seinen Gefährten. Jesus erscheint im

Generalstab und unterbreitet den Vorschlag »Liebet euren Nächsten«. Im Generalstab aber sitzt natürlich ein Judenhasser …

»Sie gestatten, Herr Banew?«, vernahm Viktor eine laute, doch angenehm tiefe Männerstimme.

Es war der Herr Bürgermeister – doch nicht jenes apoplektisch gerötete, auf dem breiten Lager des Herrn Roßschäper vor ungesundem Behagen grunzende Schwein, sondern ein eleganter, wohlgenährter und glattrasierter stattlicher Mann mit einem bescheidenen Ordensband im Knopfloch und dem Abzeichen der Freiheitslegion am linken Oberarm.

»Bitte«, erwiderte Viktor ohne große Freude.

Der Herr Bürgermeister setzte sich, sah sich um und faltete die Hände auf dem Tisch.

»Ich will mich bemühen, Sie nicht allzu lange aufzuhalten oder beim Essen zu stören, Herr Banew«, begann er. »Aber die Frage, mit der ich mich an Sie wende, ist so dringend, dass wir alle, ob groß oder klein, alle, denen die Ehre und das Wohlergehen unserer Stadt am Herzen liegt, bereit sind, unsere eigenen Angelegenheiten hintanzustellen, um sie so rasch und erfolgreich wie möglich zu lösen.«

»Ich höre«, sagte Viktor.

»Unser Gespräch, Herr Banew, findet in einem eher inoffiziellen Rahmen statt, weil ich weiß, dass Sie sehr beschäftigt sind, und ich wollte Sie nicht in Ihrer Arbeitszeit behelligen, da mir die Spezifik dieser Arbeit bewusst ist. Trotzdem wende ich mich in meiner Eigenschaft als Amtsperson an Sie – sowohl in meinem eigenen Namen als auch im Namen der gesamten Munizipalität.«

Der Kellner brachte die Austern und eine Flasche Weißwein. Der Bürgermeister hielt ihn auf, indem er einen Finger hob.

»Mein Freund«, bat er den Kellner, »eine halbe Portion Kitschingan-Stör und ein Gläschen Pfefferminz. Den Stör ohne Soße … Also, ich fahre fort«, wandte er sich nun wieder an Viktor. »Ich fürchte, unsere Unterhaltung ist als Tischgespräch nicht sonderlich geeignet, weil es Dinge und Umstände berührt, die traurig, ja sogar unappetitlich sind. Ich wollte mit Ihnen über die sogenannten Nässlinge sprechen, über diese bösartige Geschwulst, die nun schon seit Jahren an unserem unglücklichen Landstrich zehrt.«

»Gut«, sagte Viktor. Die Sache begann ihn zu interessieren.

Der Bürgermeister hielt eine leise, wohldurchdachte und stilistisch ausgefeilte Rede. Er erzählte, wie vor zwanzig Jahren, gleich nach der Okkupation, im Rossgrund das Leprosorium, eine Quarantänestation für Leute gegründet worden war, die an gelbem Aussatz beziehungsweise der sogenannten Brillenkrankheit litten. Eigentlich sei diese Krankheit, wie Herr Banew wohl wisse, schon in unvordenklichen Zeiten im Land aufgetaucht, wobei sie, wie spezielle Untersuchungen ergeben hätten, besonders oft Bewohner des hiesigen Landstrichs befallen habe. Aber erst aufgrund der Bemühungen des Herrn Präsidenten habe man dieser Krankheit größere Aufmerksamkeit gewidmet. Auf seine persönliche Anordnung hin seien diese unglücklichen Menschen, die ohne jede medizinische Betreuung im ganzen Land verstreut gelebt hätten und seitens der Bevölkerung nicht selten ungerechten Verfolgungen ausgesetzt, seitens der Okkupanten sogar von direkter Ausrottung bedroht gewesen waren, an einem Ort zusammengefasst worden und hätten so die Möglichkeit erhalten, ein ihrer Situation angemessenes, erträgliches Dasein zu fristen. Dagegen sei absolut nichts einzuwenden, und die erwähnten Maßnahmen könnten nur begrüßt werden. Aber es komme eben vor, dass sich die besten und wohlmeinendsten Absichten mitunter gegen einen selbst richteten. »Wir wollen jetzt nicht nach Schuldigen suchen«, meinte der Herr Bürgermeister. »Wir wollen nicht die Tätigkeit des Herrn Golem durchleuchten, eine möglicherweise selbstlose Tätigkeit, die aber, wie sich jetzt herausstellt, zu unangenehmen Folgen führen kann. Wir wollen uns auch nicht mit voreiliger Krittelei befassen, obwohl uns persönlich die Haltung einiger hoher Instanzen, die unsere Proteste hartnäckig ignorieren, rätselhaft erscheint. Kommen wir zu den Fakten ...« Der Bürgermeister trank ein Gläschen Pfefferminz, aß genüsslich ein Stück Stör dazu, und seine Stimme wurde noch samtiger. Man konnte sich überhaupt nicht vorstellen, dass ein solcher Mann mit Fallen auf Menschenjagd ging ... Der Bürgermeister brachte wortreich seinen Wunsch zum Ausdruck, Herrn Banew nicht mit Gerüchten zu behelligen, die in der Stadt kursierten. Gerüchten, die, wie er offen zugeben musste, das Ergebnis einer ungenauen und allzu sporadischen Ausführung der Anweisungen des Herrn Präsidenten auf allen administrativen Ebenen waren: »Denken wir nur an die weitverbreitete Ansicht, die sogenannten Nässlinge spielten bei dem krassen Klimawechsel eine verhängnisvolle Rolle, sie seien für die erhöhte Zahl der Fehlgeburten und kinderlosen Ehen verantwortlich wie auch für den homerischen Auszug einiger Haustiere aus der Stadt und das Auftreten einer Abart der Hauswanze, nämlich der geflügelten Wanze ...«

»Herr Bürgermeister«, warf Viktor seufzend ein, »ich muss gestehen, dass ich Ihren Ausführungen nur schwer folgen kann. Lassen Sie uns doch ganz offen miteinander sprechen wie zwei gute Söhne einer Nation: Reden wir nicht über Dinge, über die wir nicht reden wollen, reden wir über das, was uns am Herzen liegt.«

Der Bürgermeister streifte ihn mit einem Blick, als überlege oder vergegenwärtigte er sich etwas – weiß der Teufel, was er sich da vergegenwärtigte, aber wahrscheinlich spielte Verschiedenes eine Rolle: dass Viktor mit Roßschäper trank, dass er überhaupt viel trank, und zwar ungeniert und vor aller Augen. Dass Irma ein Wunderkind war, und es auch noch eine gewisse Diana gab – und wahrscheinlich noch viele andere Dinge … Und so verschwand allmählich der schöne, äußere Schein des Herrn Bürgermeisters, und er schrie nach einem Glas Kognak. Viktor tat es ihm gleich. Der Bürgermeister lachte schallend los, sah sich in dem mittlerweile leer gewordenen Saal um, schlug sacht mit der Faust auf den Tisch und sagte: »Wirklich, was sollen wir lange um den heißen Brei herumreden. Das Leben in der Stadt ist unerträglich geworden, wofür Sie sich bei Ihrem Golem bedanken können. Wussten Sie übrigens, dass er ein verkappter Kommunist ist? Ja, ja, glauben Sie mir, uns liegt genug Material vor. Ihr Golem hängt an einem seidenen Faden. Also, ich sage Ihnen: Die Kinder werden vor unseren Augen ins Verderben gezogen. Diese Pestbeulen haben sich in die Schule eingeschlichen und den Kindern rundweg den Kopf verdreht. Unsere Wähler sind unzufrieden, einige verlassen sogar die Stadt, es gärt, es kann jeden Augenblick zu Lynchjustiz kommen. Und die Bezirksbehörde unternimmt nichts – so sieht's aus.« Er leerte sein Glas. »Ich muss Ihnen sagen, ich hasse dieses Gesindel so, dass ich's mit den Zähnen zerreißen würde, wenn es mich nicht so ekelte. Sie werden's nicht glauben, Herr Banew, aber ich bin schon so weit, dass ich Fallen aufstelle … Sie haben die Kinder verdorben – das ist eine gravierende Sache. Doch versetzen Sie sich in meine Lage: Dieser Regen ist auch ihr Werk, ich weiß zwar nicht, wie sie das fertigbringen, aber es ist so. Und da steht das Sanatorium, das wir gebaut haben: Heilquellen, ein herrliches Klima, eine Goldgrube. Sogar aus der Hauptstadt kamen die Leute zu uns – und was ist daraus geworden? Regen, Nebel, verschnupfte Kurgäste, ja schlimmer noch: Ein bekannter Physiker reiste an – ich habe seinen Namen vergessen, na, Sie kennen ihn bestimmt –, blieb zwei Wochen da, und schon hatte er die Brillenkrankheit. Ab ins Leprosorium. Eine schöne Reklame für unser Sanatorium!

Später gab es noch zwei Fälle, und dann war Schluss: Die Kurgäste blieben aus. Das Restaurant und das Hotel können sich kaum über Wasser halten, das Sanatorium siecht dahin – zum Glück hat sich ein Dummkopf von Trainer gefunden, der ein Spezialteam eigens für Wettkämpfe in Regenländern ausbildet. Und Herr Roßschäper steuert natürlich einiges bei … Können Sie sich vorstellen, wie mir zumute ist? Ich habe versucht, mit diesem Golem zu einer Einigung zu kommen, aber er stellt sich taub. Ein Roter bleibt ein Roter. Ich habe an die oberen Instanzen geschrieben – kein Ergebnis. Ich habe mich an noch höhere Instanzen gewandt – nichts. Noch weiter oben sagte man mir, man hätte mein Schreiben zur Kenntnis genommen und es den zuständigen unteren Stellen übergeben. Ich hasse die Brillenschlangen, habe mich aber überwunden und bin zum Leprosorium gefahren. Sie haben mich sogar reingelassen. Ich habe gebettelt und argumentiert. Widerliche Typen! Die blinzeln einen mit ihren wimpernlosen Augen an wie einen Spatzen und tun so, als wäre man Luft.« Er beugte sich zu Viktor hinüber und flüsterte: »Ich fürchte eine Rebellion – und dann wird Blut fließen. Können Sie sich vorstellen, wie mir zumute ist?«

»Ja«, erwiderte Viktor. »Aber was habe ich damit zu tun?«

Der Bürgermeister lehnte sich in seinem Sessel zurück, entnahm einem Aluminiumröhrchen eine schon angerauchte Zigarre und zündete sie an.

»In meiner Lage«, erklärte er, »bleibt mir nur eins: alle Hebel in Bewegung zu setzen. Die Sache muss an die Öffentlichkeit. Die Munizipalität hat eine Petition ans Gesundheitsdepartement abgefasst, Herr Roßschäper wird sie unterschreiben und Sie, wie ich hoffe, auch. Aber das ist noch lange nicht genug. Die Sache muss an die Öffentlichkeit! Wir brauchen einen guten Artikel in einer Hauptstadtzeitung, mit einem bekannten Namen darunter. Mit Ihrem Namen, Herr Banew! Das Material ist hochaktuell – gerade für einen Tribun, wie Sie es sind. Ich bitte Sie sehr darum, in meinem eigenen Namen, im Namen der Munizipalität und im Namen der unglücklichen Eltern. Wir müssen erreichen, dass das Leprosorium von hier verschwindet, egal wohin. Hauptsache, wir werden diese Pestbeulen los. Das ist es, was ich Ihnen sagen wollte.«

»Ich verstehe«, sagte Viktor langsam. »Ich verstehe nur zu gut.«

Wenn du auch ein Mistkerl und ein Schwein bist, dachte er, verstehen kann ich dich. Aber was ist plötzlich mit den Nässlingen los? Sie waren immer so still und demütig, schlichen auf leisen Sohlen umher, und niemand konnte ihnen etwas Schlechtes nachsagen. Es hieß nur, dass sie stinken und eine ansteckende Krankheit haben, dass sie schönes Spielzeug und alles Mögliche aus Holz schnitzen. Ich erinnere mich auch, dass Freds Mutter meinte, sie hätten den bösen Blick, in ihrer Nähe würde die Milch sauer und sie brächten Kriege, Seuchen und Hunger über uns. Heute hocken sie hinter Stacheldraht – was machen sie da? Oh, eine ganze Menge. Sie machen das Wetter, verführen unsere Kinder (wozu?), rotten die Katzen aus (noch einmal: wozu?), und die Wanzen lernen bei ihnen das Fliegen.

»Wahrscheinlich denken Sie, wir legen die Hände in den Schoß und sehen ruhig zu«, fuhr der Bürgermeister fort. »Aber das stimmt nicht. Was tun wir also? Ich bereite einen Prozess gegen Golem vor. Der Herr Hygieneinspektor Pavor Summan hat sich bereiterklärt, als Berater zu fungieren. Wir werden uns darauf berufen, dass die Frage der Ansteckung noch längst nicht geklärt ist und Golem, dieser verkappte Kommunist, das ausnutzt. Das ist das eine. Weiterhin versuchen wir, dem Terror mit Terror zu begegnen. In der Städtischen Legion, unserem Stolz, haben sich prächtige Jungs zusammengetan … Obwohl, das ist alles nicht das Richtige … Es kommen einfach keine Weisungen von oben. Die Polizei ist in einer dummen Lage, und überhaupt … Wir behindern die Nässlinge, so gut wir können: halten Lieferungen zurück, die für sie bestimmt sind – natürlich nur die privaten, keine Lebensmittel oder Bettwäsche, aber zum Beispiel die Bücher, die sie haufenweise bestellen. Heute haben wir einen Lastwagen aufgehalten, und danach ist einem gleich ein bisschen wohler. Dennoch ist das alles Kleinkram, nichts als Verzweiflungsakte, dabei müsste man radikal …«

»Soso«, unterbrach ihn Viktor. »Prächtige Jungs also. Wie hieß er doch gleich? Flamenda? Der Neffe …«

»Flamin Juventa«, berichtigte der Bürgermeister. »Mein Stellvertreter in der Legion, ein tapferer Bursche. Sie kennen ihn schon?«

»Flüchtig«, erwiderte Viktor. »Und warum halten Sie die Bücher zurück?«

»Was heißt warum? Es ist natürlich dumm, aber schließlich sind wir auch bloß Menschen, es lässt einem keine Ruhe. Und außerdem …« Der Bürgermeister lächelte verschämt. »Natürlich ist es Blödsinn, aber wie's heißt, können sie ohne Bücher nicht leben – so wie normale Menschen nicht ohne Essen und Trinken.«

Schweigen trat ein. Viktor stocherte lustlos in seinem Beefsteak und überlegte. Ich weiß nicht viel über die Nässlinge, und was ich weiß, macht sie mir nicht gerade sympathisch. Vielleicht kommt das daher, dass ich sie schon als Kind nicht sonderlich mochte. Aber den Bürgermeister und seine Bande kenne ich auch – diese Fettaugen der Nation, Ohrenbläser des Präsidenten und Erzreaktionäre … Nein, wenn ihr gegen die Nässlinge seid, dann sind sie was Besonderes. Trotzdem könnte ich den Artikel schreiben, sogar einen recht scharfen, mich wagt sowieso keiner zu drucken. Der Bürgermeister wäre zufrieden, würde es mir nicht vergessen, und ich könnte hier leben wie Gott in Frankreich. Welcher anständige Schriftsteller kann sich eines solchen

Lebens erfreuen? Ich könnte mich hier niederlassen und Pfründe bekommen, beispielsweise bei der Munizipalität Inspektor für die Städtischen Freibäder werden und in aller Ruhe schreiben – über einen guten Menschen, dem es gut geht, weil er seine Arbeit liebt. Auch vor den Wunderkindern könnte ich mich über das Thema auslassen. Man muss sich nur darauf verstehen, alles wegzuwischen: Sie spucken dir ins Gesicht, und du wischst es weg. Anfangs schämst du dich noch, später erstaunt es dich, und ehe du dich's versiehst, fängst du an, es würdevoll wegzuwischen, empfindest sogar Vergnügen dabei …

»Wir wollen Sie natürlich in keiner Weise drängen«, versicherte der Bürgermeister. »Sie sind ein beschäftigter Mann. Vielleicht in einer Woche, was meinen Sie? Das Material bekommen Sie von uns, wir können Ihnen sogar ein Konzept erarbeiten, ein Schema, wie wir's gern hätten … Sie setzen dann mit erfahrener Hand ein paar Striche, und schon bekommt die Sache Form. Den Artikel würden drei herausragende Söhne unserer Stadt unterschreiben: das Parlamentsmitglied Roßschäper Nant, der berühmte Schriftsteller Banew und der Staatspreisträger Dr. Rem Quadriga …«

Ja, so läuft das, dachte Viktor. Uns Linken geht solche Beharrlichkeit ja völlig ab. Wir würden uns winden und drehen und wenden, um den Mann bloß nicht zu beleidigen, ihn nur nicht unter Druck zu setzen, damit er nicht auf die Idee kommt, wir hätten eigennützige Absichten … »Herausragende Söhne!« Und der Halunke ist felsenfest davon überzeugt, dass ich den Artikel schreibe und meinen Namen daruntersetze, ja dass mir gar nichts anderes übrigbleibt. Der in Ungnade gefallene Banew wird seine Pfoten heben und sich im Schweiße seines Angesichts einen sorglosen Aufenthalt in der Heimatstadt sichern … Auch über ein Konzept hat er etwas fallenlassen. Wir wissen schon, was für ein Konzept das ist und wie es auszusehen hat, damit der vom Präsidenten bespuckte Banew überhaupt noch gedruckt wird. Tja, Herr Banew … Wenn du weiter Kognak, Mädchen und marinierte Neunaugen mit Zwiebeln haben willst, musst du dich vor ihren Karren spannen lassen.

»Ich werde über Ihren Vorschlag nachdenken«, sagte er lächelnd. »Die Idee ist interessant, aber ihre Verwirklichung wird mein Gewissen belasten. Ihnen ist sicher bekannt, dass wir Schriftsteller ein unbestechliches Völkchen sind und allein nach Vorgabe unseres Gewissens handeln.« Dreist und anzüglich zwinkerte er dem Bürgermeister zu.

Der Bürgermeister brach in Gelächter aus.

»Allerdings! ›Das Gewissen der Nation, ein treuer Spiegel‹ und so weiter. Natürlich, ich erinnere mich.« Wieder beugte er sich mit verschwörerischer Miene zu Viktor hinüber. »Ich lade Sie morgen zu mir ein«, röhrte er. »Nur der engste Kreis wird kommen. Ohne Partnerinnen. Abgemacht?«

Viktor stand auf und sagte: »Ihr Angebot muss ich entschieden zurückweisen. Mich ruft die Pflicht.« Wieder zwinkerte er. »Ich muss ins Sanatorium.«

Sie schieden beinahe als Freunde – der Schriftsteller Banew war in die Elite der Stadt aufgenommen worden. Und um seine durch diese Ehre geradezu erschütterten Nerven zu beruhigen, verleibte er sich ein großes Glas Kognak ein, sobald sich die Tür hinter dem Herrn Bürgermeister geschlossen hatte. Ich könnte natürlich auch abreisen, dachte Viktor. Ins Ausland lassen sie mich nicht, da will ich auch gar nicht hin. Was soll ich da, es ist doch überall dasselbe. Aber auch in unserem Land gibt es ein Dutzend Schlupfwinkel, in denen man in aller Ruhe abwarten kann. Er malte sich eine sonnige Landschaft mit Buchenwäldern aus, mit betäubenden Düften, schweigsamen Bauern und dem Geruch von Milch und Honig … Misthaufen und Mücken … stinkende Aborte und Langeweile … jeden Abend Langeweile … alte

Fernseher und die dörfliche Intelligenz: der Pfaffe, der ein Schürzenjäger ist, und der Lehrer, der Selbstgebrannten säuft. Ja, dort könnte er hinfahren. Aber das wollen sie ja gerade: dass ich abreise, dass ich ihnen aus dem Weg gehe und mich in einer Höhle verkrieche – und zwar freiwillig, ganz ohne Zwang. Mich in die Verbannung zu schicken wäre mühsam, das würde Staub aufwirbeln und Anlass zu Gerede geben. Das ist ja das Dumme: Sie werden froh und glücklich sein, wenn ich abreise, wenn ich kusche, dann gerate ich in Vergessenheit und klimpere nicht mehr …

Viktor zahlte, ging in sein Zimmer und zog seinen Regenmantel über, dann trat er in den Regen hinaus. Er sehnte sich plötzlich danach, Irma wiederzusehen, mit ihr über den Fortschritt zu reden, zu erklären, warum er so viel trank (ja wirklich, warum trinke ich eigentlich so viel?). Vielleicht würde auch Bol-Kunaz auftauchen, wohingegen er Lola bestimmt nicht zu Hause antraf … Die Straßen waren nass, grau und öde, und in den Vorgärten siechten die Apfelbäume in der Nässe dahin. Zum ersten Mal sah Viktor, dass Häuser mit Brettern vernagelt waren. Die Stadt hatte sich sehr verändert: Die Zäune standen krumm und schief, unter den Simsen kam der Schwamm zum Vorschein, die Farben waren verblichen, und auf den Straßen herrschte unangefochten der Regen. Der Regen fiel einfach nieder oder sprühte als feiner Wasserstaub von den Dächern, Regen bildete an zugigen Ecken kreisende Nebelsäulen, die von Wand zu Wand torkelten, gurgelte aus rostigen Abflussrohren, strömte über die Fahrbahn und floss durch die ausgewaschenen Ritze zwischen den Pflastersteinen. Schwarzgraue Wolken krochen über die Dächer, Menschen waren ungebetene Gäste auf den Straßen, und der Regen schonte sie nicht.

Als Viktor den Stadtplatz erreichte, sah er auf der Freitreppe der Polizeidirektion ein paar Leute unter dem Schutzdach stehen: zwei Polizisten in Uniformmänteln und einen kleinen schmutzigen Burschen in einem ölverschmierten Overall. Vor der Freitreppe, die linken Räder auf dem Gehsteig, parkte ein großer, klotziger Lastwagen mit Plane. Einer der Uniformierten war der Polizeichef; die wuchtige Kinnlade vorgeschoben, blickte er zur Seite, während der Bursche verzweifelt gestikulierte und mit weinerlicher Stimme auf ihn einredete. Der andere Polizist schwieg ebenfalls mit verkniffener Miene und zog an seiner Zigarette. Viktor trat näher heran; als er noch etwa zwanzig Schritt von der Freitreppe entfernt war, hörte er, was der Bursche sagte. Er schrie: »Was wollt ihr denn von mir? Hab ich die Verkehrsregeln verletzt? Nein, habe ich nicht. Sind meine Papiere in Ordnung? Jawohl, sie sind in Ordnung. Und mit der Ladung stimmt auch alles, hier ist der Lieferschein. Ich mache das doch nicht zum ersten Mal!«

Der Polizeichef erblickte Viktor, und auf sein Gesicht trat ein feindseliger Ausdruck. Er drehte sich um, so als wäre der Bursche gar nicht vorhanden, und wies den Polizisten an: »Du bleibst hier stehen und rührst dich nicht vom Fleck. Sieh zu, dass alles klargeht. Steig nicht in die Kabine, sonst schleppen sie dir hinten die Ladung weg. Und lass keinen an den Wagen ran. Verstanden?«

»Verstanden«, meldete der Polizist. Ihm gefiel das Ganze überhaupt nicht.

Der Polizeichef kam die Treppe herunter, stieg in sein Auto und fuhr los. Der schmutzige Bursche spuckte wütend aus und rief Viktor zu: »Nun sagen Sie mir mal, was ich falsch gemacht habe.«

Viktor blieb stehen, was den Burschen sichtlich beflügelte. »Ich fahre wie immer. Bin mit Büchern unterwegs zur Sperrzone. Tausendmal habe ich das schon gemacht. Da halten sie mich an und dirigieren mich zur Polizeidirektion. Wieso? Hab ich die Verkehrsregeln verletzt? Nein, hab ich nicht. Sind meine Papiere in Ordnung? Jawohl, sie sind in

Ordnung, hier ist der Lieferschein. Meinen Führerschein haben sie einkassiert, damit ich nicht abhaue. Aber wo sollte ich denn hin?«

»Hör auf zu schreien«, befahl der Polizist.

Der Bursche drehte sich mit einem Ruck wieder zu ihm um.

»Also, was habe ich verbrochen? Sagen Sie: Bin ich zu schnell gefahren? Nein, bin ich nicht. Die Wartezeit wird man mir abziehen. Und meine Papiere haben Sie eingezogen …«

»Das wird sich alles klären«, beschwichtigte der Polizist. »Was regst du dich so auf? Geh in die Kneipe da. Von dir will doch keiner was.«

»Diese Vorsteher!«, brüllte der Bursche und stülpte sich schwungvoll die Schirmmütze über den zerzausten Kopf. »Eine Wahrheit gibt's nicht, immer haben sie recht! Fährt man nach links, halten sie einen an, fährt man nach rechts, halten sie einen auch an.« Er wollte schon die Treppe hinuntergehen, blieb aber noch einmal stehen und fragte den Polizisten: »Vielleicht lässt sich die Sache ja mit einem Bußgeld aus der Welt schaffen?«

»Geh schon, geh«, brummte der Polizist.

»Sie haben mir einen Eilzuschlag versprochen. Die ganze Nacht bin ich durchgefahren …«

»Geh, sag ich!«, zischte der Polizist.

Der Bursche spuckte noch einmal aus, ging zu seinem Lieferwagen und trat zweimal gegen das Vorderrad, dann zog er den Kopf ein, steckte die Hände in die Taschen und trippelte quer über den Platz davon.

Der Polizist musterte erst Viktor, dann den Lastwagen und anschließend den Himmel. Seine Zigarette war ausgegangen, er spuckte die Kippe aus, schlug dann seine Kapuze zurück und verschwand in der Direktion.

Viktor stand eine Weile unschlüssig da und ging dann langsam um den Lastwagen herum. Es war eins der wuchtigen, stabilen Fahrzeuge, auf denen früher die motorisierte

Infanterie transportiert worden war. Viktor sah sich kurz um. Wenige Meter vor dem Lastwagen stand die »Harley« der Polizei, das Vorderrad zur Seite gedreht, im Regen, sonst waren keine Fahrzeuge in der Nähe. Einholen können sie mich, dachte Viktor, aber den Teufel werden sie tun und mich stoppen. Er wurde plötzlich ganz fröhlich. Hol's der Kuckuck, dachte er: Der bekannte Schriftsteller Banew hat sich wieder mal betrunken und aus Jux ein fremdes Fahrzeug entführt. Zum Glück gab es keine Opfer ... Er wusste zwar, dass er nicht so glimpflich davonkommen und auch nicht der Erste sein würde, der den Machthabern einen plausiblen Vorwand lieferte, einen unbequemen Menschen ins Gefängnis zu stecken, aber er wollte jetzt nicht nachdenken, er wollte seinem Impuls folgen. Notfalls schreibe ich dem Mistkerl seinen Artikel, ging es ihm durch den Kopf.

Rasch öffnete er die Tür zum Fahrerhaus und setzte sich ans Lenkrad. Der Schlüssel steckte nicht, und so musste er die Zünddrähte kurzschließen. Der Motor sprang an, und bevor Viktor die Tür zuschlug, warf er noch einen Blick zurück zur Freitreppe der Polizeidirektion. Dort stand der Polizist von vorhin mit verkniffener Miene und einer Zigarette zwischen den Lippen. Anscheinend begriff er noch nicht, was vor sich ging. Viktor schlug die Tür zu, rollte vorsichtig auf die Fahrbahn, legte den Gang ein und bog um die nächste Ecke.

Es war herrlich, durch die auffallend leeren Straßen zu rasen, das Wasser aus den tiefen Pfützen zu Fontänen hochzuwirbeln und sich mit dem ganzen Körper über das schwere Lenkrad zu legen. Er ließ die Konservenfabrik, den Park und das Stadion hinter sich, in dem die »Brüder im Geiste« wie nasse Roboter dem Leder nachjagten, erreichte die Chaussee mit ihren Furchen und Schlaglöchern, die ihn auf seinem Sitz hochschnellen ließen, und hörte hinter sich die schlecht verstaute Ladung rumpeln. Im Rückspiegel waren keine Verfolger auszumachen, und bei dem Regen war es auch kaum möglich, etwas zu erkennen. Viktor fühlte sich wieder jung, nützlich, ja sogar berauscht. Von der Kabinendecke zwinkerten ihm aus Zeitschriften ausgeschnittene Mädchen zu, im Handschuhfach entdeckte er eine Schachtel Zigaretten. Vor lauter Freude hätte er fast die Kreuzung verpasst, er bremste aber noch rechtzeitig und folgte dem Wegweiser: »Leprosorium – 6 km«. Dabei kam er sich vor wie ein Entdecker, weil er in dieser Richtung noch nie gefahren oder gegangen war. Die Straße war hier gut – kein Vergleich zur Städtischen Chaussee; erst kam glatter Asphalt und dann Beton. Beim Anblick des Betons musste er sofort an Stacheldraht und Soldaten denken, und fünf Minuten später sah er sie.

Der Drahtzaun links und rechts von der Betonstraße bildete jeweils eine gerade Linie, die sich im Regen verlor, und ein hohes Tor mit angrenzendem Schilderhaus versperrte die Straße. Die Tür des Wachhauses war offen, und an der Schwelle stand ein Soldat mit Helm, Stiefeln und Regenumhang; darunter lugte der Lauf einer MPi hervor. Ein zweiter Soldat, der keinen Helm trug, blickte aus dem Fensterchen. »Ich war nie in einem Lager«, sang Viktor, »aber sagt nicht: Gott sei Dank …« Er nahm den Fuß vom Gaspedal und hielt direkt vor dem Tor. Der Soldat verließ das Schilderhaus und trat auf ihn zu – ein junges, sommersprossiges Kerlchen von höchstens achtzehn Jahren.

»Guten Tag«, grüßte er. »Warum kommen Sie so spät?«

»Widrige Umstände«, antwortete Viktor, über den laxen Ton erstaunt.

Der Soldat musterte ihn aufmerksam und nahm plötzlich Haltung an.

»Ihre Papiere«, sagte er trocken.

»Was denn für Papiere?«, erwiderte Viktor fröhlich. »Ich sagte doch: widrige Umstände.«

Der Soldat presste die Lippen zusammen. »Was bringen Sie uns?«, fragte er.

»Bücher«, parierte Viktor.

»Haben Sie einen Passierschein?«

»Natürlich nicht.«

»Aha«, sagte der Soldat, und sein Gesicht leuchtete auf. »Ich wundere mich schon … Warten Sie, Sie müssen hier warten.«

»Vergessen Sie nicht«, warnte Viktor und hob den Zeigefinger, »dass ich möglicherweise verfolgt werde.«

»Ich bin gleich wieder da«, versprach der Soldat und stapfte, die MPi vor der Brust, zum Schilderhaus.

Viktor kletterte aus dem Fahrerhaus aufs Trittbrett und blickte zurück. Im Regen war nichts zu erkennen. Da kehrte er hinters Lenkrad zurück und steckte sich eine Zigarette an. Das Ganze war ein Heidenspaß. Überall regnete es – vor ihm, hinter dem Zaun und hinter dem Tor, wo sich schemenhaft ein paar dunkle Bauwerke abzeichneten, die entfernt an Häuser oder Türme erinnerten, aber etwas Genaues war nicht zu erkennen. Ob sie mir wirklich nicht anbieten, das Leprosorium zu besichtigen?, dachte Viktor. Das wäre gemein. Ich kann mich natürlich auch auf Golem berufen, der müsste jetzt hier irgendwo sein. Genau das werde ich auch tun, beschloss er. Soll ich dieses Husarenstück etwa völlig umsonst für sie aufgeführt haben?

Der Soldat kam wieder aus dem Schilderhaus, im Schlepptau hatte er einen alten Bekannten: den pickligen Nihilisten. Der trug nichts außer Shorts, war guter Dinge und zeigte nicht die leiseste Spur von Weltschmerz. Er überholte den Soldaten, sprang aufs Trittbrett, lugte ins Fahrerhaus, erkannte ihn und lachte erstaunt auf.

»Guten Tag, Herr Banew! Sind sie das? Das ist gut. Sie haben doch die Bücher, nicht wahr? Und wir warten und warten …«

»Na, alles in Ordnung?«, wollte der Soldat wissen. Er trat dazu.

»Ja, das ist unser Wagen.«

»Dann fahr ihn rein«, sagte der Soldat. »Sie, mein Herr, müssen leider aussteigen und warten.«

»Ich möchte zu Dr. Golem«, bat Viktor.

»Ich kann ihn herrufen lassen«, schlug der Soldat vor.

»Hm«, Viktor sah den Jungen vielsagend an. Der zuckte verlegen mit den Achseln.

»Sie haben keinen Passierschein«, erklärte er. »Ohne den lässt man hier niemanden durch. Wenn's nach uns ginge …«

Ihm blieb nichts anderes übrig, als sich draußen in den Regen zu stellen. Viktor sprang vom Trittbrett, schlug die Kapuze hoch und sah zu, wie das Tor aufging, der Lastwagen anfuhr und ruckartig hinter den Zaun rollte. Dann schloss sich das Tor. Eine Zeit lang hörte Viktor noch das Heulen des Motors und das Quietschen der Bremsen, dann war es außer dem Rauschen und Plätschern des Regens ringsum still. So ist das also, dachte Viktor. Und ich? Er war enttäuscht. Erst jetzt ging ihm auf, dass er gar nicht uneigennützig den Helden gespielt, sondern gehofft hatte, viel zu sehen und zu begreifen, sozusagen ins Epizentrum vorzudringen. Ach, der Teufel soll euch alle holen, dachte Viktor. Er blickte die Betonstraße hinunter.

Bis zur Kreuzung waren es sechs Kilometer und von dort bis zur Stadt noch einmal zwanzig. Natürlich konnte er von der Kreuzung aus die zwei Kilometer zum Sanatorium laufen. So ein Undank. Und das bei dem Regen … Doch plötzlich merkte er, dass der Regen nachließ. Na, wenigstens etwas, dachte er.

»Soll ich Ihnen nun Herrn Golem herausrufen?«, fragte der Soldat.

»Golem?« Viktor lebte auf. Eigentlich wär's nicht verkehrt, den alten Zausel durch den Regen zu jagen. Außerdem hatte er einen Wagen. Und einen Flachmann. »Warum nicht, rufen Sie ihn her.«

»Kann ich machen«, meinte der Soldat. »Aber er wird kaum kommen. Er behauptet bestimmt, dass er beschäftigt ist.«

»Keine Sorge. Sagen Sie ihm, dass Banew hier ist.«

»Banew? Schön, ich sag's ihm, aber er kommt sicher nicht. Gut, ich ruf ihn, macht mir nichts aus, Banew also ...« Und der Soldat – ein sympathisches Kerlchen, das Gesicht unter dem Helm voller Sommersprossen – verschwand.

Viktor steckte sich wieder eine Zigarette an, und im selben Augenblick hörte er ein Motorrad knattern. Aus dem Nebel kam die »Harley« mit Beiwagen gerast, schoss aufs Tor zu und hielt. Auf dem Sitz saß der Polizist mit der verkniffenen Miene, und ein zweiter hockte, bis an die Augen in das Verdeck gehüllt, im Beiwagen. Jetzt geht's los, dachte Viktor und zog sich die Kapuze tiefer in die Stirn. Aber das half ihm gar nichts. Der Polizist mit der verkniffenen Miene stieg vom Motorrad, ging auf Viktor zu und bellte: »Wo ist der Lastwagen?«

»Was für ein Lastwagen?«, fragte Viktor erstaunt, um Zeit zu gewinnen.

»Machen Sie mir nichts vor!«, brüllte der Polizist. »Ich habe Sie gesehen! Ich bringe Sie vors Gericht! Wegen unbefugter Benutzung eines beschlagnahmten Kraftfahrzeugs!«

»Schreien Sie mich nicht so an«, protestierte Viktor würdevoll. »Was ist das für eine Flegelei? Ich werde mich beschweren.«

Der zweite Polizist wickelte sich aus der Plane und trat näher, er fragte: »Ist er's?«

»Klar ist er's!«, zischte der Polizist mit der verkniffenen Miene und holte die Handschellen aus der Tasche.

»Na, na, na!«, warnte Viktor und wich einen Schritt zurück. »Das ist Willkür! Wie können Sie es wagen?«

»Erschweren Sie Ihre Schuld nicht durch Widerstand«, riet ihm der zweite Polizist.

»Ich bin völlig unschuldig«, erklärte Viktor dreist und steckte die Hände in die Taschen. »Jungs, ihr verwechselt mich mit jemandem.«

»Sie haben einen Lastwagen entführt«, erklärte der zweite Polizist.

»Was für einen Lastwagen?«, brüllte Viktor. »Was habe ich mit einem Lastwagen zu schaffen? Ich will hier Herrn Golem, den Chefarzt, besuchen. Fragen Sie die Wache. Was habe ich mit eurem Lastwagen zu tun?«

»Vielleicht ist er's doch nicht?«, zweifelte der zweite Polizist.

»Aber wer soll's denn sonst sein?«, widersprach der Polizist mit der verkniffenen Miene. Die Handschellen griffbereit, ging er auf Viktor zu. »Her mit den Pfoten!«, sagte er geschäftig.

In dem Augenblick klappte die Tür des Schilderhauses und eine Stimme schrillte: »Keine Zusammenrottungen!«

Viktor und die Polizisten fuhren zusammen. An der Schwelle stand der sommersprossige Soldat und hielt die MPi im Anschlag.

»Weg vom Tor!«, schrie er gellend.

»Du, sieh dich vor!«, drohte der Polizist mit der verkniffenen Miene. »Hier ist die Polizei.«

»Zusammenrottungen von mehr als einem Unbefugten am Tor der Sperrzone sind verboten! Nach der dritten Warnung schieße ich! Weg vom Tor!«

»Na los, gehen Sie schon«, bat Viktor besorgt und stieß die Polizisten sacht gegen die Brust. Der Polizist mit der verkniffenen Miene sah ihn irritiert an, schob seinen Arm weg und ging auf den Soldaten zu.

»Hör mal, bist du übergeschnappt?«, protestierte er. »Dieser Typ hat einen Lastwagen entführt.«

»Hier ist kein Lastwagen!«, schrie der sympathische Soldat wieder in gellendem Ton. »Letzte Warnung! Ihr zwei tretet hundert Meter vom Tor zurück!«

»Hör zu, Roch«, meinte der zweite Polizist. »Gehen wir lieber, lass sie machen, was sie wollen. Der Kerl entkommt uns ja nicht.«

Der Polizist mit der verkniffenen Miene wollte gerade, dunkelrot vor Wut, den Mund aufmachen, als in der Tür des Schilderhauses ein Sergeant mit einem Butterbrot in der einen und einem Glas in der anderen Hand auftauchte.

»Soldat Djura«, murmelte er kauend. »Warum eröffnen Sie nicht das Feuer?«

Auf das sommersprossige Gesicht unter dem Helm trat plötzlich ein wilder Ausdruck. Die Polizisten rannten zu ihrem Motorrad, setzten sich darauf und wendeten. Dann fuhren sie an Viktor, der die Pose eines Verkehrspolizisten eingenommen hatte, vorbei und rasten los. Der Polizist mit dem roten Kopf schrie ihnen etwas zu, was wegen des knatternden Motors jedoch nicht zu verstehen war; dann hielt er etwa fünfzig Schritt vom Tor entfernt an.

»Das ist zu nah«, rief der Sergeant missbilligend. »Hast du keine Augen im Kopf? Das ist noch viel zu nah.«

»Los, weiter!«, kreischte der sommersprossige Soldat und fuchtelte mit der MPi. Die Polizisten fuhren ein Stück weiter und entschwanden den Blicken.

»Ständig machen sich Unbefugte an unserem Tor zu schaffen«, teilte der Sergeant dem Soldaten mit einem Blick auf Viktor mit. »Gut, mach deinen Dienst weiter.« Er kehrte in das Schilderhaus zurück, und der junge Soldat ging, sich allmählich beruhigend, vor dem Tor auf und ab.

Viktor wartete ein paar Minuten und erkundigte sich dann vorsichtig: »Verzeihung, was ist nun mit Dr. Golem?«

»Der ist nicht da«, brummte der Soldat.

»Schade«, bedauerte Viktor. »Dann muss ich wohl wieder gehen.« Er blickte auf die Nebel- und Regenschleier, hinter denen irgendwo die Polizisten warteten.

»Was heißt: Sie müssen gehen?«, fragte der Soldat beunruhigt.

»Wieso, ist das verboten?«, erkundigte sich Viktor, ebenfalls beunruhigt.

»Warum sollte das verboten sein?«, wunderte sich der Soldat. »Es ist bloß wegen des Lastwagens. Was wird aus dem, wenn Sie gehen? Am Tor kann er nicht stehen bleiben.«

»Was habe ich damit zu schaffen?«, fragte Viktor, dessen Unruhe weiter wuchs.

»Was Sie damit zu schaffen haben? Sie haben ihn doch hergefahren, also müssen Sie ihn auch … na ja … So läuft das doch immer.«

Verflixt, dachte Viktor. Wo soll ich denn hin damit? Hundert Meter weiter hörte man das Motorrad im Leerlauf knattern.

»Haben Sie ihn wirklich entführt?«, fragte der Soldat neugierig.

»Klar. Die Polizei hat den Fahrer aufgehalten, und ich Esel wollte helfen.«

»Tja«, meinte der Soldat mitfühlend. »Ich weiß wirklich nicht, was ich Ihnen da raten soll.«

»Und wenn ich mich jetzt aus dem Staub mache?«, fragte Viktor in schmeichelndem Ton. »Schießen Sie dann auf mich?«

»Ich weiß nicht«, überlegte der Soldat. »Ich glaube, das brauche ich nicht. Soll ich nachfragen?«

»Ja, fragen Sie«, bat Viktor und überschlug, ob es ihm gelingen werde, rasch genug außer Sichtweite zu gelangen.

In dem Augenblick hupte es. Das Tor öffnete sich, und der unglückselige Lastwagen kam langsam aus der Zone gerollt.

Er hielt neben Viktor, die Tür sprang auf, und Viktor sah, dass hinter dem Lenkrad nicht mehr, wie erwartet, der Junge saß, sondern ein kahlköpfiger, krummer Nässling, der ihn anblickte. Da Viktor sich nicht vom Fleck rührte, nahm der Nässling die Hand im schwarzen Handschuh vom Lenkrad und klopfte einladend auf den Sitz neben sich. Sie geruhen, sich herabzulassen, dachte Viktor bitter.

Der Soldat rief erfreut: »Gott sei Dank, dann ist ja alles in Ordnung, gute Fahrt.«

Jetzt, da der Nässling den Lastwagen selbst wegbringen und sich mit der Polizei auseinandersetzen wollte, kam Viktor der Gedanke, ob es nicht besser wäre, sich sofort zu verabschieden, die im Hinterhalt lauernde »Harley« zu umgehen und querfeldein zum Sanatorium zu laufen.

»Da vorn ist Polizei«, warnte er den Nässling.

»Macht nichts, steigen Sie ein«, forderte der Nässling ihn auf.

»Es ist nur so, dass ich diesen beschlagnahmten Lastwagen unbefugt benutzt habe.«

»Ich weiß«, sagte der Nässling geduldig. »Steigen Sie ein.«

Der Moment war verpasst. Viktor verabschiedete sich herzlich von dem Soldaten, kletterte auf den Sitz und schlug die Tür zu. Der Lastwagen fuhr los, und eine Minute später erblickten sie die »Harley«. Sie stand mitten auf der Chaussee, und daneben hatten sich die beiden Polizisten aufgebaut und winkten sie an den Straßenrand. Der Nässling bremste, stellte den Motor ab, lehnte sich aus dem Fahrerhaus und verlangte: »Nehmen Sie das Motorrad weg, Sie versperren mir den Weg.«

»Fahren Sie an den Straßenrand!«, kommandierte der Polizist mit der verkniffenen Miene. »Und zeigen Sie Ihre Papiere vor.«

»Ich bin unterwegs zur Polizeidirektion«, erklärte der Nässling. »Vielleicht unterhalten wir uns besser dort?«

Der Polizist war leicht irritiert und brummte etwas, was sich anhörte wie: »… kennen wir.« Der Nässling wartete ruhig ab.

»Gut«, stimmte der Polizist schließlich zu. »Aber den Wagen fahre ich, der da steigt in den Beiwagen.«

»Bitte«, stimmte der Nässling zu. »Wenn möglich, möchte ich aber gern mit dem Motorrad fahren.«

»Noch besser«, brummte der Polizist mit der verkniffenen Miene. Sein Gesicht hellte sich sogar etwas auf. »Steigen Sie aus.«

Sie wechselten die Plätze. Der Polizist warf Viktor einen drohenden Blick zu und machte allerlei Verrenkungen auf seinem Sitz, um den Regenmantel glattzuziehen. Viktor schielte hin und wieder zu ihm hinüber und beobachtete, wie der Nässling, der von hinten wie ein großer, hagerer Affe aussah, mit krummem Rücken auf das Motorrad zutappte und in den Beiwagen stieg. Es goss jetzt wieder in Strömen, und der Polizist setzte die Scheibenwischer in Gang. Die Kolonne rollte an.

Wer weiß, wie das noch endet, dachte Viktor bedrückt. Die Absicht des Nässlings, mit zur Polizei zu kommen, erfüllte ihn allerdings mit Hoffnung. Die Nässlinge von heute sind dreist und unverschämt … Aber eine Geldstrafe brummen sie mir auf, darum komme ich nicht herum. So eine Gelegenheit lässt sich die Polizei nicht entgehen. Na, mir kann's egal sein, ich muss sowieso zusehen, dass ich von hier wegkomme. Gut, zumindest habe ich meinem Herzen einmal Luft gemacht. Er holte eine Schachtel Zigaretten hervor und bot dem Polizisten eine an. Der Polizist grunzte empört, griff aber zu. Sein Feuerzeug funktionierte nicht, und er musste noch einmal grunzen, als Viktor ihm seines hinhielt. Man konnte den Mann ja verstehen, der mit seinen rund fünfundvierzig Jahren noch immer zur niederen Charge zählte – anscheinend war er ein ehemaliger Kollaborateur, hatte die

Falschen eingesperrt oder war den Falschen in den Hintern gekrochen, woher sollte er auch wissen, welches der Richtige war … Der Polizist rauchte, und seine Miene war schon nicht mehr ganz so verkniffen: Seine Sache lief gut. Ach, wenn ich jetzt etwas zu trinken hätte, dachte Viktor. Ich würde ihm einen Schluck anbieten, ihm ein paar irische Witze erzählen, auf die Obrigkeit schimpfen, die nur ihre Lieblinge hochkommen lässt, und schon würde der Mann auftauen.

»Furchtbar, dieser Regen«, sagte Viktor.

Der Polizist grunzte sachlich, sein Groll schien verflogen zu sein.

»Und was für ein gutes Klima wir früher hatten«, fuhr Viktor fort. Da fiel ihm etwas ein. »Wissen Sie was: Bei denen im Leprosorium regnet es kaum, doch sobald man in die Stadt kommt, fängt es an zu gießen.«

»Stimmt«, pflichtete ihm der Polizist bei. »Die haben sich in ihrem Leprosorium gut eingerichtet.«

Der Kontakt war hergestellt. Sie sprachen übers Wetter – darüber, wie es früher gewesen und wie es – verflixt noch mal – geworden war. Sie hatten, wie sich herausstellte, gemeinsame Bekannte in der Stadt. Dann unterhielten sie sich über das Leben in der Hauptstadt, über Miniröcke, den Ärger mit den Homosexuellen, über importierten Brandy und geschmuggeltes Rauschgift. Und natürlich stellten sie übereinstimmend fest, dass keine Ordnung mehr herrschte – ganz anders als vor dem Krieg oder beispielsweise kurz danach. Sie fanden, dass man als Polizist ein Hundeleben führte, obwohl in den Zeitungen immer von gütigen, strengen Ordnungshütern gesprochen wurde und von dem unersetzbaren Zahnrad im Staatsgetriebe. Sie bedauerten, dass das Pensionsalter heraufgesetzt, die Pensionen aber gekürzt wurden, dass man für im Dienst davongetragene Schäden mit Groschen abgespeist wurde und man ihnen jetzt auch noch die

Waffen abnahm – wer, bitte, sollte sich unter diesen Umständen noch ein Bein ausreißen … Mit einem Wort, sie verstanden sich so gut, dass der Polizist nach ein paar kräftigen Schlucken gesagt hätte: »Na schön, mein Junge, geh mit Gott. Wir beide haben uns nie im Leben gesehen.« Aber leider hatte Viktor nichts zu trinken bei sich, und der Moment, dem Polizisten einen Schein in die Hand zu drücken, war noch nicht gekommen, sodass dieser, als sie die Polizeidirektion erreichten, wieder eine finstere Miene zog und Viktor trocken aufforderte, ihm zu folgen, und zwar ein bisschen plötzlich.

Der Nässling weigerte sich, mit dem Diensthabenden zu sprechen, und verlangte, sofort zum Polizeichef gebracht zu werden. Der Diensthabende erwiderte, dass der Chef ihn wohl empfangen werde, nicht aber den anderen, dem man vorwerfe, ein Fahrzeug entführt zu haben. Daher bestehe kein Grund, ihn dem Chef vorzuführen, es genüge, wenn er ihn befrage und ein entsprechendes Protokoll aufsetze. Nein, widersprach der Nässling ruhig und entschieden, nichts dergleichen werde geschehen, Herr Banew brauche überhaupt keine Fragen zu beantworten und werde auch kein Protokoll unterschreiben, weil hier Umstände vorlägen, die einzig und allein den Herrn Polizeichef etwas angingen. Der Diensthabende, dem das alles ziemlich egal war, zuckte mit den Achseln und ging hinaus, um Meldung zu machen. Unterdessen tauchte der Kraftfahrer im schmutzigen Overall wieder auf, der von dem Vorfall gar nichts mitbekommen hatte und so betrunken war, dass er sofort lauthals von Gerechtigkeit, Unschuld und anderen schrecklichen Dingen zu faseln begann. Der Nässling griff vorsichtig nach dem Lieferschein, mit dem der Fahrer herumfuchtelte, lehnte sich über die Barriere und unterschrieb den Schein in aller Form. Der Fahrer verstummte erstaunt, und gleich darauf wurden der Nässling und Viktor zur Obrigkeit gerufen.

Der Polizeichef empfing sie mürrisch. Den Nässling sah er unzufrieden an, Viktor überhaupt nicht.

»Sie wünschen?«, fragte er.

»Dürfen wir uns setzen?«, erkundigte sich der Nässling.

»Bitte«, knurrte der Polizeichef unwillig nach einer kurzen Pause.

Alle setzten sich.

»Herr Polizeichef«, erklärte der Nässling. »Ich bin bevollmächtigt, gegen das wiederholte ungesetzliche Zurückhalten von Lieferungen für das Leprosorium zu protestieren.«

»Ja, ich habe davon gehört«, erwiderte der Polizeichef. »Der Fahrer war betrunken, sodass wir ihn an der Weiterfahrt hindern mussten. Ich denke, dass sich in den nächsten Tagen alles aufklären wird.«

»Sie haben nicht den Fahrer festgehalten, sondern die Lieferung«, widersprach der Nässling. »Aber das ist jetzt nicht mehr wichtig. Herr Banew war so liebenswürdig, uns die Lieferung mit einer geringen Verspätung zuzustellen. Sie sollten dem hier Anwesenden dankbar sein, denn eine größere Verzögerung der Lieferung durch Ihre Schuld, Herr Polizeichef, hätte beträchtliche Unannehmlichkeiten für Sie nach sich ziehen können.«

»Sie machen mir Spaß«, brummte der Polizeichef. »Ich weiß nicht und will auch gar nicht wissen, wovon Sie reden, denn Drohungen dulde ich als Amtsperson nicht. Was Herrn Banew angeht, so existiert für solche Fälle eine Strafgesetzgebung.« Er vermied es sichtlich, Viktor auch nur einen Blick zu widmen.

»Wie ich sehe, wissen Sie tatsächlich nicht, in welcher Lage Sie sich befinden«, entgegnete der Nässling. »Aber ich bin bevollmächtigt, Sie davon in Kenntnis zu setzen, dass Sie es im Falle eines neuerlichen Zurückhaltens einer für uns bestimmten Lieferung mit General Pferd zu tun bekommen.«

Schweigen trat ein. Viktor wusste nicht, wer General Pferd war, aber dem Polizeichef war der Name offenbar gut bekannt.

»Für meine Begriffe ist das eine Drohung«, sagte er unsicher.

»So ist es«, stimmte der Nässling zu. »Und zwar eine überaus reale.«

Der Polizeichef stand mit einem Ruck auf. Viktor und der Nässling folgten seinem Beispiel.

»Ich nehme Ihre Worte zur Kenntnis«, erklärte der Polizeichef. »Ihr Ton, mein Herr, lässt zwar zu wünschen übrig, aber ich verspreche denen, die Sie bevollmächtigt haben, dass ich die Sache klären und die Schuldigen, sobald sie gefunden sind, bestrafen werde. Das gilt in gleichem Maße für Herrn Banew.«

»Herr Banew«, wandte sich der Nässling nun an Viktor, »sollten Sie wegen dieses Zwischenfalls Unannehmlichkeiten mit der Polizei haben, so informieren Sie unverzüglich Herrn Golem. Auf Wiedersehen«, verabschiedete er sich vom Polizeichef.

»Alles Gute«, antwortete der.

Um acht Uhr ging Viktor ins Restaurant hinunter und steuerte seinen Tisch an, an dem sich schon die übliche Runde versammelt hatte. Da rief Teddy ihn zu sich.

»Hallo, Teddy«, grüßte Viktor und lehnte sich über den Tresen. »Wie geht's?« Da fiel der Groschen. »Ach ja! Die Rechnung … War's schlimm gestern?«

»Die Rechnung ist noch das geringste Problem«, brummte Teddy. »Da kommt nicht viel zusammen – ein zerschlagener Spiegel und ein zerbrochenes Waschbecken. Aber erinnerst du dich an den Polizeichef?«

»Wieso?«, fragte Viktor erstaunt.

»Das habe ich geahnt. Du hattest Augen wie ein abgebrühtes Ferkel. Keinen Durchblick mehr … Also, du« – er stieß

Viktor mit dem Zeigefinger an die Brust – »hast den Ärmsten in die Toilette gesperrt, die Tür mit einem Besen verbarrikadiert und ihn nicht mehr rausgelassen. Wir wussten ja nicht, wer drin ist. Der Polizeichef war gerade erst gekommen, und wir dachten, es wäre Quadriga. Schön, sagten wir uns, soll er eine Weile schmoren. Dann aber hast du ihn mit den Worten herausgezerrt: ›Oh du Ärmster, du bist ja ganz schmutzig!‹, und seinen Kopf ins Waschbecken gestukt, bis es aus der Wand brach. Wir konnten dich nur mit Mühe und Not von ihm wegzerren.«

»Im Ernst?«, fragte Viktor. »Das ist ja furchtbar. Darum hat er mich heute so wütend angesehen.«

Teddy nickte mitfühlend.

»Das ist verdammt unangenehm«, murmelte Viktor. »Ich muss mich wohl entschuldigen. Wieso hat er sich das gefallen lassen? Er ist doch kräftig gebaut …«

»Ich fürchte, sie wollen dir jetzt was anhängen«, warnte Teddy. »Heute früh war schon ein Schnüffler hier und hat die Leute ausgefragt. Paragraf dreiundsechzig ist dir sicher: tätliche Beleidigung unter erschwerenden Umständen. Es kann aber auch schlimmer kommen: terroristischer Anschlag. Weißt du, wonach das riecht? An deiner Stelle würde ich …« Teddy schüttelte den Kopf. »Was?«, fragte Viktor.

»Ich habe gehört, dass der Bürgermeister heute bei dir war«, sagte Teddy.

»Ja.«

»Und was wollte er?«

»Ach, nichts weiter. Ich soll ihm einen Artikel schreiben. Gegen die Nässlinge.«

»Aha!«, sagte Teddy und lebte auf. »Das ist ja wirklich nicht der Rede wert. Schreib ihm den Artikel, und alles ist wieder in Butter. Wenn der Bürgermeister mit dir zufrieden ist, wagt sich der Polizeichef nicht zu mucksen, da kannst du ihn jeden Tag ins Klobecken tauchen. Den Kerl hat der Bürgermeister fest im Griff.« Teddy hob seine riesige, knochige Faust. »Also ist alles wieder im Lot. Darauf spendiere ich einen auf Kosten des Hauses. Einen Klaren?«

»Meinetwegen«, sagte Viktor nachdenklich.

Der Besuch des Bürgermeisters erschien ihm plötzlich in ganz anderem Licht. So machen die das also, dachte Viktor. Tja ... Entweder du verschwindest, oder du tust, was man dir sagt, sonst machen wir dich fertig. Übrigens dürfte es gar nicht mehr so leicht sein zu verschwinden: Bei einem terroristischen Anschlag wird eine Fahndung eingeleitet. Was bist du bloß für ein widerlicher Säufer. Und nicht irgendwen, nein, den Polizeichef ... Aber von der Idee und Ausführung her – gar nicht schlecht. Das Einzige, woran sich Viktor noch erinnerte, war der unter Wasser gesetzte Fußboden, aber er konnte sich die Szene lebhaft vorstellen. Tja, Viktor Banew, mein Guter, abgebrühtes Ferkel, Hinterstubenoppositioneller und Liebling des Herrn Präsidenten – anscheinend ist auch für dich die Zeit gekommen, dich kaufen zu lassen ... Roz-Tussow, ein erfahrener Mann, pflegt aus diesem Anlass zu sagen: Man sollte sich so teuer wie möglich verkaufen – je ehrlicher deine Feder ist, umso teurer kommt sie die Machthaber zu stehen. So schädigst du deinen Gegner selbst dann, wenn du dich verkaufst, du musst nur zusehen, dass der Schaden maximal ausfällt. Viktor schüttete den Klaren ohne jeden Genuss in sich hinein.

»Gut, Teddy. Danke. Gib mir die Rechnung. Ist's viel geworden?«

»Für deinen Geldbeutel nicht«, antwortete Teddy grinsend und holte ein Blatt Papier aus der Kasse. »Du hast zu zahlen: siebenundsiebzig für einen Toilettenspiegel und vierundsechzig für ein großes Porzellanbecken – macht insgesamt, wie du dir selbst ausrechnen kannst, hunderteinundvierzig. Die Stehlampe haben wir im Zusammenhang mit der Prügelei von neulich abgeschrieben. Nur eins begreife ich nicht«, fuhr er fort und sah Viktor zu, wie er das Geld abzählte. »Womit hast du den Spiegel zertrümmert? Das war stabiles Glas, zwei Finger dick. Hast du mit dem Kopf dagegen geschlagen?«

»Mit wessen Kopf?«, fragte Viktor finster.

»Schon gut, mach dir keine Sorgen«, beruhigte ihn Teddy und nahm das Geld entgegen. »Du schreibst den Artikel, wirst rehabilitiert, sackst das Honorar ein, und damit ist der Schaden behoben. Soll ich dir noch einen eingießen?«

»Nein, später. Ich komme nach dem Abendessen noch mal vorbei«, meinte Viktor und ging auf seinen Platz.

Im Restaurant war alles wie immer – das Halbdunkel, die Gerüche, das Tellerklappern aus der Küche; der junge Mann mit der Brille und der Aktentasche, sein Begleiter und die Flasche Mineralwasser; der niedergedrückte Dr. Quadriga; Pavor, der trotz seines Schnupfens aufrecht dasaß, und Golem, der bequem im Sessel saß und dessen Nase so schwammig aussah wie die eines versoffenen Propheten. Der Kellner kam.

»Neunaugen«, orderte Viktor. »Eine Flasche Bier. Und ein Stück Fleisch.«

»Da haben Sie die Bescherung«, meinte Pavor vorwurfsvoll. »Ich habe Ihnen schon hundertmal gesagt: Hören Sie mit der Sauferei auf.«

»Und wann haben Sie das gesagt? Ich kann mich nicht erinnern.«

»Was denn für eine Bescherung?«, erkundigte sich Dr. Quadriga. »Hast du endlich jemanden umgebracht?«

»Erinnerst du dich auch an nichts?«, fragte ihn Viktor.

»Sprichst du von gestern?«

»Ja, ich spreche von gestern ... Da hat sich der alte Säufer volllaufen lassen«, erklärte Viktor, an Golem gewandt, »und den Herrn Polizeichef ins Klo gesperrt ...«

»Ach!«, rief Dr. Quadriga. »Alles Schwindel. Das habe ich auch dem Untersuchungsführer gesagt. Heute früh war einer bei mir. Stellen Sie sich vor: Da sitze ich am Fenster und gucke raus, habe furchtbares Sodbrennen, und mir platzt fast der Schädel, da kommt so ein Schwachkopf und will einen Fall zusammenschustern …«

»Wie sagten Sie?«, fragte Golem. »Zusammenschustern?«

»Jawohl, zusammenschustern«, versicherte Dr. Quadriga und tat so, als führe er mit einem Pfriem durch ein Stück Leder. »Allerdings keinen Stiefel, sondern einen Fall. Ich habe ihm klipp und klar gesagt, dass das alles Schwindel ist: ›Ich bin gestern den ganzen Abend im Restaurant gesessen‹, hab ich ihm erklärt, ›und es war alles still und friedlich, wie immer, keinerlei Krawalle, nichts, mit einem Wort: Es war stinklangweilig …‹ Alles halb so schlimm«, sagte er aufmunternd zu Viktor. »Das wäre ja gelacht … Aber warum hast du das gemacht? Kannst du ihn nicht leiden?«

»Reden wir über etwas anderes«, schlug Viktor vor.

»Und worüber?«, fragte Dr. Quadriga gekränkt. »Die beiden streiten sich die ganze Zeit, wer wen nicht ins Leprosorium lässt. Endlich passiert mal was Interessantes, und gleich heißt's: Reden wir über was anderes.«

Viktor biss in ein Neunauge, kaute, trank einen Schluck Bier und fragte: »Wer ist General Pferd?«

»Ein Gaul«, antwortete Dr. Quadriga. »Oder ein Ross. Der oder das … Pferd«

»Nein, im Ernst«, bat Viktor. »Kennt jemand so einen General?«

»Als ich bei der Armee war«, fuhr Dr. Quadriga fort, »wurde unsere Division von Seiner Exzellenz General der Infanterie Arschmann befehligt.«

»Na und?«, versetzte Viktor.

»›Arsch‹ ist ein deutsches Wort und heißt so viel wie Hintern«, teilte Golem, der bis jetzt geschwiegen hatte, mit. »Der Doktor scherzt.«

»Und wo haben Sie von diesem General Pferd gehört?«, fragte Pavor.

»Beim Polizeichef«, erwiderte Viktor.

»Und?«

»Nichts weiter. Also kennt ihn niemand? Na schön. War ja nur eine Frage.«

»Und der Feldwebel hieß Buttocks«, erklärte Dr. Quadriga. »Feldwebel Buttocks.«

»Englisch können Sie auch?«, fragte Golem.

»So viel allemal«, erwiderte Dr. Quadriga.

»Trinken wir etwas«, schlug Viktor vor. »Kellner, eine Flasche Kognak!«

»Warum eine ganze Flasche?«, wollte Pavor wissen.

»Damit's für alle reicht.«

»Dann randalieren Sie bloß wieder.«

»Ach, hören Sie auf, Pavor«, bat Viktor. »Sie sind mir ein schöner Abstinenzler.«

»Ich bin kein Abstinenzler«, widersprach Pavor. »Ich trinke für mein Leben gern und lasse keine Gelegenheit aus, wie sich's für einen richtigen Mann gehört. Aber ich verstehe nicht, wieso man sich um den Verstand trinken muss. Noch dazu jeden Abend.«

»Der Kerl ist ja schon wieder hier«, beschwerte sich Dr. Quadriga, fast verzweifelt. »Wann hat er es bloß geschafft sich bei uns einzuschleichen?«

»Wir werden uns nicht um den Verstand trinken.« Viktor schenkte allen Kognak ein. »Wir trinken bloß. Wie das heute die Hälfte der Nation macht. Die andere Hälfte trinkt sich um den Verstand. Na, soll sie. Wir dagegen trinken bloß.«

»Das ist's ja gerade«, meinte Pavor. »Wenn alle im Land und nicht nur im Land, sondern auf der ganzen Welt saufen, muss ein ordentlicher Mensch vernünftig bleiben.«

»Halten Sie uns für ordentliche Menschen?«, wollte Golem wissen.

»Zumindest für kultivierte.«

»Meiner Ansicht nach«, sagte Viktor, »haben kultivierte Menschen viel mehr Grund, sich um den Verstand zu trinken, als unkultivierte.«

»Möglich«, stimmte Pavor zu. »Aber ein kultivierter Mensch sollte nicht aus dem Rahmen fallen. Kultur verpflichtet … Wir sitzen nun fast jeden Abend zusammen, schwatzen, trinken und würfeln. Aber hat einer dabei schon mal etwas – gar nicht mal Kluges – so doch wenigstens Ernsthaftes von sich gegeben? Außer Gekicher und albernen Scherzen ist hier nichts zu hören.«

»Warum sollte jemand etwas Ernsthaftes von sich geben?«, fragte Golem.

»Weil alles zur Hölle fährt – und wir kichern und scherzen. Ein Gelage zur Pestzeit. Wir sollten uns schämen, meine Herren.«

»Schön, Pavor«, lenkte Viktor ein. »Geben Sie mal was Ernsthaftes von sich. Es muss nicht unbedingt klug, aber doch wenigstens ernsthaft sein.«

»Also, ich will nichts Ernsthaftes«, verkündete Dr. Quadriga. »Blutegel. Bülten. Pfui Deibel!«

»Kusch!«, zischte Viktor. »Schlaf weiter. Richtig! Golem, lassen Sie uns wenigstens einmal über etwas Ernsthaftes sprechen. Pavor, fangen Sie an, erzählen Sie uns von der Hölle.«

»Damit Sie wieder kichern können?«, entgegnete Pavor bitter.

»Nein«, gab Viktor zurück. »Ehrenwort. Ich bin vielleicht manchmal zynisch. Aber das kommt davon, dass ich mir schon mein Leben lang dieses Gerede von der Hölle anhören muss. Alle Welt behauptet, dass die Menschheit zur Hölle fährt, aber beweisen kann es niemand. Und bei näherem Hinsehen stellt sich dann immer heraus, dass der ganze philosophische Pessimismus auf familiäre Probleme oder Geldmangel zurückzuführen ist.«

»Nein«, widersprach Pavor. »Nein. Die Menschheit fährt zur Hölle, weil sie bankrott ist.«

»Geldmangel«, murmelte Golem.

Pavor achtete nicht auf ihn. Er wandte sich ausschließlich an Viktor, sprach mit gesenktem Kopf und machte dabei ein finsteres Gesicht.

»Die Menschheit ist biologisch bankrott«, meinte er. »Die Geburtenzahlen sinken, Krebs, Schwachsinn und Neurosen breiten sich aus, alle Menschen sind süchtig. Sie konsumieren jeden Tag Unmengen von Alkohol, Nikotin und Rauschgift, angefangen von Haschisch und Kokain bis zum LSD. Wir degenerieren einfach. Die natürliche Umwelt haben wir vernichtet, die künstliche vernichtet uns. Außerdem sind wir auch ideologisch bankrott: Wir haben es mit allen philosophischen Systemen versucht und sie alle in Misskredit gebracht, wir haben alle nur denkbaren Moralsysteme ausprobiert, sind aber noch immer so amoralisch wie die Höhlenbewohner. Und das Schlimmste ist, dass diese graue Masse Mensch heute noch genauso niederträchtig ist, wie sie es schon immer war. Sie schreit nach einem Gott, nach einem Führer und nach Ordnung, jedes Mal aber, wenn sie einen Gott, einen Führer und eine Ordnung erhält, ist sie unzufrieden, weil sie in Wirklichkeit weder Götter noch Ordnung braucht, sondern das Chaos, die Anarchie, Brot und Spiele. Im Moment macht ihr die harte Notwendigkeit zu schaffen, jede Woche eine Lohntüte in Empfang zu nehmen; diese Notwendigkeit ist ihr zuwider, und so flüchtet sie sich jeden Abend in Drogen und Alkohol. Der Teufel soll ihn holen, diesen Haufen Mist, der schon seit zehntausend Jahren zum Himmel stinkt, und sonst zu nichts zu gebrauchen ist. Schlimm ist aber etwas anderes: dass die Zersetzung nämlich auch uns, aus der Masse hervorstechende Persönlichkeiten erfasst. Wir sehen diese Zersetzung und bilden uns ein, dass sie uns nichts anhaben kann, und doch vergiftet sie uns durch Hoffnungslosigkeit, lähmt unseren Willen, höhlt uns aus … Dazu kommt der Fluch der demokratischen Erziehung: Égalité, Fraternité, alle Menschen sind Brüder, alle sind aus einem Holz geschnitzt. Ständig identifizieren wir uns mit dem Pöbel und geißeln uns, wenn wir doch einmal entdecken, dass wir klüger sind, dass wir andere Ansprüche und andere Lebensziele haben. Es wird Zeit, dass wir das begreifen und Schlussfolgerungen ziehen – es wird Zeit, dass wir uns retten.«

»Und es wird Zeit zu trinken«, versetzte Viktor. Er bereute schon, sich auf ein ernsthaftes Gespräch mit dem Hygieneinspektor eingelassen zu haben. Pavor bot einen unangenehmen Anblick: Er schielte geradezu vor Erregung. Und wie alle Propheten der Höllenfahrt gab er bloß banales Zeug von sich. Am liebsten hätte er zu ihm gesagt: Machen Sie sich nicht lächerlich, Pavor, zeigen Sie uns lieber Ihr spöttisches Lächeln.

»Ist das alles, was Sie dazu zu sagen haben?«, wollte Pavor wissen.

»Ich kann Ihnen noch einen guten Rat geben. Mehr Ironie, Pavor. Ereifern Sie sich nicht so sehr. Sie können ja doch nichts ausrichten. Und selbst wenn Sie es könnten – Sie wüssten nicht, was.«

Pavor lächelte spöttisch. »Das wüsste ich aber schon.«

»Ja?«

»Es gibt nur ein Mittel, um die Zersetzung aufzuhalten …«

»Das kennen wir«, sagte Viktor leichthin. »Alle Dummköpfe in Goldhemden stecken und in Marsch setzen. Ganz Europa zu unseren Füßen. Das hatten wir schon.«

»Nein«, entgegnete Pavor. »Das wäre nur ein Aufschub. Es gibt nur eine Lösung: Man muss die Masse vernichten.«

»Sie sind ja heute in Fahrt«, meinte Viktor.

»Neunzig Prozent der Bevölkerung muss man vernichten«, fuhr Pavor fort. »Vielleicht sogar fünfundneunzig. Die Masse hat ihre Aufgabe erfüllt und aus ihren Reihen die Blüte der

Menschheit hervorgebracht, die sodann unsere Zivilisation schuf. Jetzt ist die Masse so tot wie eine verfaulte Kartoffelknolle, die einer neuen Kartoffelpflanze zum Leben verholfen hat. Und wenn Tote anfangen zu faulen, muss man sie unter die Erde bringen.«

»Mein Gott«, seufzte Viktor. »Und das alles nur, weil Sie Schnupfen haben und keinen Passierschein fürs Leprosorium bekommen. Oder haben Sie familiäre Probleme?«

»Spielen Sie nicht den Clown«, versetzte Pavor. »Warum wollen Sie nicht über Dinge nachdenken, die Ihnen sehr wohl bekannt sind? Was pervertiert die besten Ideen? Der Stumpfsinn der grauen Masse. Was verursacht Kriege, Chaos und Unordnung? Der Stumpfsinn der grauen Masse, die sich die Regierung aussucht, die ihrer würdig ist. Was ist schuld daran, dass uns das Goldene Zeitalter heute noch genauso hoffnungslos fern ist wie in grauer Vorzeit? Die Trägheit und Unwissenheit der grauen Masse. Im Prinzip hatte Hitler, wenn auch unbewusst, recht, denn er spürte, dass es auf der Erde zu viel Überflüssiges gibt. Aber er war ein Kind der grauen Masse und hat alles verdorben. Es war dumm, bei der Vernichtung nach einem Rassenmerkmal vorzugehen. Außerdem besaß er keine wirksamen Vernichtungsmittel.«

»Und nach welchen Merkmalen wollen Sie vorgehen?«, erkundigte sich Viktor.

»Nach dem Merkmal der Unauffälligkeit«, erwiderte Pavor. »Wenn ein Mensch grau und unauffällig ist, muss er vernichtet werden.«

»Und wer entscheidet, ob ein Mensch unauffällig ist oder nicht?«

»Verschonen Sie mich mit Details. Ich erkläre Ihnen das Prinzip – wer, was und wie, das sind Details.«

»Und warum lassen Sie sich mit jemandem wie dem Bürgermeister ein?«, wollte Viktor wissen, der allmählich genug von Pavor hatte.

»Ich?«

»Wozu brauchen Sie diesen verdammten Gerichtsprozess? So was ist kleinlich, Pavor! Aber so ist's mit euch Übermenschen: Einerseits wollt ihr die Welt aus den Angeln heben, was euch nicht weniger als drei Milliarden Leichen kostet. Zugleich aber sorgt ihr euch bald um Ämter, bald doktert ihr an eurem Tripper herum, bald helft ihr kleiner Vorteile wegen zweifelhaften Typen bei ihren dunklen Machenschaften.«

»Sehen Sie sich vor«, warnte Pavor. Er war außer sich. »Sie sind doch nichts als ein Trunkenbold und Nichtstuer …«

»Jedenfalls arrangiere ich keine politischen Schauprozesse und maße mir nicht an, die Welt auf den Kopf zu stellen.«

»Tja, Banew«, parierte Pavor. »Nicht mal das können Sie. Sie sind doch alles in allem nur ein Bohemien, kurzum, eine Null, ein billiger Frondeur, ein Stück Scheiße. Sie wissen nicht, was Sie wollen, und tun, was man von Ihnen verlangt. Sie willfahren den Wünschen ebensolcher Nullen, wie Sie es sind, und bilden sich daher ein, an Grundfesten zu rütteln und ein freier Künstler zu sein. Dabei sind Sie bloß ein jämmerlicher Schmierfink, nicht besser als die, die öffentliche Klos bekritzeln.«

»Das ist alles richtig«, stimmte Viktor zu. »Nur schade, dass Sie das nicht schon früher gesagt haben. Man muss Sie erst beleidigen, damit Sie mit Ihrer Meinung herausrücken. Sie sind ja ein ganz mieser Typ, Pavor. Einer von vielen, übrigens. Und wenn es ums Vernichten geht, sind Sie mit von der Partie. Nach dem Prinzip der Unauffälligkeit. Ein philosophierender Hygieneinspektor? In den Ofen mit ihm!«

Was mag ein Außenstehender von uns denken?, fragte sich Viktor. Pavor ist widerlich. Und dieses Grinsen! Was hat er heute bloß? Quadriga schläft, was kümmern ihn unsere Streitigkeiten, die graue Masse und diese ganze Philosophie … Golem sitzt da wie im Theater, das Glas in der Hand, den

Arm hinter der Sessellehne, und wartet, wer wem eins überzieht. Pavor sagt ja gar nichts mehr … Ob er sich neue Argumente zurechtlegt?

»Gut«, sagte Pavor schließlich. »Damit hätten wir uns ausgesprochen.«

Das Grinsen verschwand von seinem Gesicht, er hatte wieder die Augen eines Sturmbannführers. Er warf eine Banknote auf den Tisch, trank seinen Kognak aus und verschwand grußlos. Bei Viktor blieb eine angenehme Enttäuschung zurück.

»Für einen Schriftsteller haben Sie erschreckend wenig Menschenkenntnis«, meinte Golem.

»Das ist auch nicht mein Metier«, erwiderte Viktor leichthin. »Menschenkenntnis ist was für Psychologen und das Sicherheitsdepartement. Meine Aufgabe ist, mit dem Instinkt des Künstlers Tendenzen aufzuspüren. Aber warum sagen Sie das? Heißt das wieder: ›Viktor, hören Sie auf zu klimpern‹?«

»Ich habe Sie gewarnt: Legen Sie sich nicht mit Pavor an.«

»Wieso, zum Teufel?«, fragte Viktor. »Erstens habe ich mich nicht mit ihm angelegt. Er hat sich mit mir angelegt. Und zweitens ist er ein Schwein. Wissen Sie, dass er dem Bürgermeister hilft, einen Prozess gegen Sie vorzubereiten?«

»Ich hab's geahnt.«

»Regt Sie das nicht auf?«

»Nein. Ihr Arm ist nicht lang genug – ich meine den Bürgermeister und das Gericht.«

»Und Pavor?«

»Pavor hat einen langen Arm«, erklärte Golem. »Und darum sollten Sie in seiner Gegenwart nicht klimpern. Sie sehen ja, dass ich es auch nicht tue.«

»Wann tun Sie das überhaupt einmal?«, brummte Viktor.

»In Ihrer Gegenwart klimpere ich manchmal. Ich habe eine Schwäche für Sie. Gießen Sie mir einen Kognak ein.«

»Bitte.« Viktor füllte sein Glas. »Vielleicht sollten wir Quadriga wecken? Warum hat er mir eigentlich nicht gegen Pavor beigestanden?«

»Nein, wecken Sie ihn nicht. Lassen Sie uns miteinander reden. Was mischen Sie sich in diese Dinge ein? Wer hat Sie gebeten, den Lastwagen zu entführen?«

»Mir war danach«, antwortete Viktor. »Es ist doch eine Schweinerei, Bücher zurückzuhalten. Außerdem hatte mich der Bürgermeister geärgert. Er wollte meine Freiheit beschneiden. Und in solchen Fällen werde ich immer aufmüpfig. Übrigens, Golem … Könnte nicht General Pferd beim Bürgermeister ein Wort für mich einlegen?«

»Der wird Ihnen mitsamt Ihrem Bürgermeister was husten«, sagte Golem. »Er hat genug eigene Sorgen.«

»Sagen Sie ihm, dass er ein Wort für mich einlegen soll. Sonst schreibe ich einen vernichtenden Artikel gegen Ihr Leprosorium: dass Sie das Blut von Christenkindern für die Heilung der Brillenkrankheit verwenden. Glauben Sie, ich weiß nicht, warum die Nässlinge die Kinder ins Leprosorium locken? Erst saugen sie ihnen das Blut aus, dann schänden sie sie. Ich werde Sie vor der ganzen Welt bloßstellen. Blutsauger und Wüstlinge unter der Maske des Arztes.« Viktor stieß Golem an und trank. »Das ist übrigens mein Ernst. Der Bürgermeister will mich zwingen, ihm so einen Artikel zu schreiben. Aber das wissen Sie natürlich längst.«

»Nein«, erwiderte Golem. »Aber das ist unwichtig.«

»Wie ich sehe, ist für Sie alles unwichtig«, meinte Viktor. »Die ganze Stadt ist gegen Sie – unwichtig. Man stellt Sie vor Gericht – unwichtig. Hygieneinspektor Pavor ist über Sie empört – unwichtig. Ist General Pferd vielleicht ein Pseudonym des Herrn Präsidenten? Weiß dieser allmächtige General übrigens, dass Sie Kommunist sind?«

»Und warum ist der Schriftsteller Banew so empört?«, fragte Golem ruhig. »Schreien Sie doch nicht so, Teddy sieht schon her.«

»Teddy ist auf unserer Seite«, erklärte Viktor. »Übrigens ist er auch empört: Er kann sich vor Mäusen nicht mehr retten.« Er zog die Augenbrauen zusammen und steckte sich eine Zigarette an. »Warten Sie, Sie hatten mich doch was gefragt …? Ach ja. Ich bin empört, weil Sie mich nicht ins Leprosorium gelassen haben. Schließlich hatte ich eine gute Tat vollbracht – selbst wenn sie dumm war. Aber das haben gute Taten ja nun mal so an sich. Und davor habe ich einen Nässling auf meinem Rücken geschleppt.«

»Und sich seinetwegen geschlagen«, fügte Golem hinzu.

»Genau. Seinetwegen hab ich mich geschlagen.«

»Mit Faschisten«, fügte Golem hinzu.

»Jawohl, mit Faschisten.«

»Haben Sie denn einen Passierschein?«, fragte Golem.

»Einen Passierschein … Pavor lassen Sie ja auch nicht rein, und schon ist er zum Volksfeind geworden.«

»Tja, Pavor hat kein Glück hier. Eigentlich ist er ein fähiger Mann, aber er kommt hier nicht klar. Ich warte nur darauf, dass er anfängt, Dummheiten zu machen. Anscheinend ist es jetzt so weit.«

Dr. Quadriga hob den zerzausten Kopf und sagte: »Immer feste drauf. Ich gehe jetzt, dann werden wir ja sehen. Mit dem ist's aus.« Sein Kopf knallte auf die Tischplatte.

»Golem«, begann Viktor mit gesenkter Stimme. »Ist es wahr, dass Sie Kommunist sind?«

»Soviel ich weiß, ist die Kommunistische Partei bei uns verboten«, stellte Golem fest.

»Mein Gott«, erwiderte Viktor. »Welche Partei ist bei uns denn schon erlaubt? Ich frag doch nicht nach der Partei, sondern nach Ihnen.«

»Ich bin, wie Sie sehen, erlaubt«.

»Na, wie Sie wollen«, meinte Viktor. »Mir kann's egal sein. Aber der Bürgermeister … Übrigens kann Ihnen der Bürgermeister gar nichts. Aber wenn General Pferd davon erfährt …«

»Wir verraten es ihm nicht«, flüsterte Golem vertraulich. »Aber wozu sollte sich der General mit solchen Kleinigkeiten abgeben? Es genügt doch, wenn er weiß, dass es ein Leprosorium gibt und im Leprosorium einen gewissen Golem und ein paar Nässlinge.«

»Merkwürdiger General«, meinte Viktor nachdenklich. »Ein General des Leprosoriums. Übrigens wird er mit den Nässlingen wohl bald Ärger bekommen. Das sagt mir der Instinkt des Künstlers. In unserer Stadt dreht sich jetzt alles um die Nässlinge.«

»Wenn's nur in unserer Stadt wäre.«

»Wie kommt das nur? Das sind doch bloß kranke Menschen, und anscheinend ist ihre Krankheit nicht mal ansteckend.«

»Tun Sie nicht so, Viktor. Sie wissen ganz genau, dass es nicht bloß kranke Menschen sind. Und selbst mit der Ansteckung ist das nicht so einfach.«

»Wie meinen Sie das?«

»Was ich meine, ist, dass Teddy sich zum Beispiel nicht anstecken könnte. Und der Bürgermeister auch nicht, vom Polizeichef ganz zu schweigen. Andere aber könnten sich anstecken.«

»Sie zum Beispiel.«

»Ich auch nicht. Nicht mehr.«

»Und ich?«

»Das weiß ich nicht. Überhaupt ist das nur eine Hypothese von mir. Vergessen Sie's.«

»Schon vergessen«, meinte Viktor traurig. »Und was ist noch ungewöhnlich an ihnen?«

»Was noch ungewöhnlich an ihnen ist?«, wiederholte Golem die Frage. »Sie haben sicher schon bemerkt, Viktor, dass die

Menschen in drei große Gruppen zerfallen. Genauer gesagt, in zwei große und eine kleine. Es gibt Menschen, die nicht ohne das Gestern auskommen: Sie schöpfen ausnahmslos aus der näheren oder ferneren Vergangenheit, leben von Traditionen, Sitten und Gebräuchen, und die Vergangenheit ist ihnen Freude und Vorbild. Nehmen wir nur den Herrn Präsidenten. Was würde er ohne unsere große Vergangenheit anfangen? Worauf könnte er sich berufen, was wäre er ohne sie? Dann gibt es Menschen, die ganz in der Gegenwart leben und weder von der Zukunft noch von der Vergangenheit etwas wissen wollen. Sie zum Beispiel. Die Vergangenheit hat Ihnen der Herr Präsident verleidet, wohin Sie auch blicken, Sie sehen ihn dort überall. Und was die Zukunft angeht, so haben Sie von ihr nicht die geringste Vorstellung, ich glaube, Sie fürchten sich sogar vor ihr. Und schließlich gibt es Menschen, die ausschließlich für die Zukunft leben. Von der Vergangenheit erwarten sie zu Recht nichts Gutes, und die Gegenwart ist Ihnen nur Baustoff, Rohmaterial, aus dem sie die Zukunft schaffen. Ja, eigentlich leben sie schon jetzt dort: auf kleinen Zukunftsinseln, die in der Gegenwart um sie herum entstanden sind.« Golem blickte seltsam lächelnd zur Decke. »Und klug sind sie«, murmelte er zärtlich. »Im Gegensatz zu den meisten Menschen sind sie teuflisch klug und von großer Begabung, Viktor. Auch haben sie seltsame Bedürfnisse, gewöhnliche gehen ihnen völlig ab.«

»Gewöhnliche Bedürfnisse, das wären zum Beispiel Frauen ...«

»In gewissem Sinne, ja.«

»Schnaps, Unterhaltungen?«

»Unbedingt.«

»Eine schreckliche Krankheit«, fand Viktor. »Ich will nicht ... Ich verstehe das nicht. Ich verstehe überhaupt nichts. Also, dass man kluge Leute hinter Stacheldraht sperrt, verstehe ich. Aber warum dürfen sie heraus, während wir nicht zu ihnen hineindürfen?«

»Vielleicht sitzen nicht die Nässlinge hinter Stacheldraht, sondern Sie?«

Viktor grinste.

»Moment«, sagte er. »Das war noch nicht alles, was ich nicht verstehe. Was hat zum Beispiel Pavor damit zu tun? Dass sie mich nicht reinlassen, leuchtet mir ein – ich bin ein Außenstehender. Aber jemand muss sich doch um die Hygiene der Bettwäsche und Toiletten kümmern? Vielleicht herrschen bei Ihnen ganz unhygienische Bedingungen?«

»Und wenn er sich gar nicht für die hygienischen Bedingungen interessiert?«

Viktor blickte Golem verwirrt an. »Sie scherzen wohl wieder?«

»Falsch«, antwortete Golem.

»Also halten Sie ihn für einen Spion?«

»Spion ist ein zu weiter Begriff«, entgegnete Golem.

»Lassen Sie uns offen miteinander reden«, bat Viktor. »Wer hat den Stacheldraht gezogen und die Wachen aufgestellt?«

»Ach, der Stacheldraht«, seufzte Golem. »Wie viele Leute haben sich daran schon die Hosen zerrissen, und die Soldaten haben ständig Durchfall. Wissen Sie, was das beste Mittel gegen Durchfall ist? Tabak mit Portwein, genauer gesagt, Portwein mit Tabak.«

»Schön«, sagte Viktor. »Dann also General Pferd, verstehe … Und der junge Mann mit der Aktentasche … Ach, so ist das! Bei euch ist eine Art militärisches Labor untergebracht. Pavor aber ist kein Militär. Er untersteht einer anderen Behörde. Oder ist er vielleicht sogar ein ausländischer Agent?«

»Gott bewahre!«, rief Golem entsetzt. »Das fehlte noch.«

»Weiß er denn, wer der junge Mann mit der Aktentasche ist?«

»Ich denke schon«, antwortete Golem.

»Und der junge Mann weiß, wer Pavor ist?«

»Ich denke nicht«, meinte Golem.

»Haben Sie's ihm nicht gesagt?«

»Warum sollte ich?«

»Und General Pferd haben Sie es auch nicht gesagt?«

»Ich denke nicht daran.«

»Das ist ungerecht«, erklärte Viktor. »Sie müssen es ihm sagen.«

»Hören Sie, Viktor«, sagte Golem. »Ich bin auf dieses Thema nur eingegangen, damit Sie einen Schrecken kriegen und nicht, damit Sie in fremde Töpfe gucken. Das wäre nicht gut für Sie. Sie stehen sowieso schon auf der Abschussliste, und man kann Sie ausschalten, bevor Sie auch nur einen Mucks von sich geben.«

»Mir einen Schrecken einzujagen ist nicht schwer«, seufzte Viktor. »Ich war schon immer schreckhaft. Trotzdem begreife ich nicht, was die alle von den Nässlingen wollen.«

»Wer: ›die alle‹?«, fragte Golem müde und nicht ohne Vorwurf.

»Pavor. Pferd. Der junge Mann mit der Aktentasche. All diese Krokodile.«

»Mein Gott«, stöhnte Golem. »Was sollen Krokodile in dieser Zeit schon von klugen und begabten Menschen wollen? Ich begreife nicht, was *Sie* von ihnen wollen. Was mischen Sie sich da ein? Haben Sie nicht genug Ärger am Hals? Reicht Ihnen der Herr Präsident nicht?«

»Doch«, gab Viktor zu. »Mehr als genug.«

»Umso besser. Fahren Sie ins Sanatorium. Nehmen Sie sich ein Paket Schreibpapier mit. Wenn Sie wollen, kann ich Ihnen auch eine Schreibmaschine schenken.«

»Ich schreibe nach dem alten System. Wie Hemingway.«

»Auch gut. Dann schenke ich Ihnen einen Bleistiftstummel. Arbeiten Sie, lieben Sie Ihre Diana. Fehlt Ihnen vielleicht noch ein Sujet? Wissen Sie vielleicht nicht mehr, worüber Sie schreiben sollen?«

»Das Sujet ergibt sich aus dem Thema«, erklärte Viktor in belehrendem Ton. »Ich studiere das Leben.«

»Tun Sie das. Studieren Sie das Leben, so viel Sie wollen. Aber mischen Sie sich nicht in laufende Prozesse ein.«

»Das ist unmöglich«, widersprach Viktor. »Das Instrument beeinflusst das Experiment. Haben Sie vergessen, was wir in Physik gelernt haben? Wir sehen ja nicht die Welt als solche, sondern die Welt aus dem Blickwinkel des Beobachters.«

»Sie haben schon mal eins mit dem Schlagring über den Schädel gekriegt, das nächste Mal knallt man Sie vielleicht ab.«

»Erstens«, sagte Viktor, »war das vielleicht gar kein Schlagring, sondern ein Ziegelstein. Und zweitens ist man sich nirgendwo seines Lebens sicher. Mir kann jeden Augenblick etwas passieren – soll ich deswegen nicht mehr aus dem Haus gehen?«

Golem biss sich auf die Unterlippe, und man sah seine gelben Zähne – Pferdezähne.

»Hören Sie, Sie Instrument«, sagte er. »Neulich haben Sie sich rein zufällig in ein Experiment eingemischt und prompt eins auf die Rübe gekriegt. Wenn Sie sich jetzt bewusst einmischen …«

»Ich habe mich in kein Experiment eingemischt«, widersprach Viktor. »Ich komme ahnungslos von Lola, und da sehe ich plötzlich …«

»Idiot«, zischte Golem. »Er kommt ahnungslos von Lola und sieht plötzlich … Sie hätten einfach die Straßenseite wechseln sollen, Sie Hornochse!«

»Wie käme ich denn dazu?«

»Weil einer Ihrer guten Bekannten dort gerade seiner Pflicht nachging – Sie aber pfuschen ihm ins Handwerk.«

Viktor richtete sich auf. »Was für ein guter Bekannter? Ich habe keinen Bekannten gesehen.«

»Er traf Sie ja auch von hinten mit dem Schlagring. Haben Sie Bekannte mit Schlagring?«

Viktor leerte seinen Kognak in einem Zug. Mit erstaunlicher Deutlichkeit stand ihm ein Bild vor Augen: Der erkältete Pavor mit seiner vom Schnupfen geröteten Nase zieht ein Taschentuch heraus, und ein handlicher, wenn auch schwerer, matt glänzender Schlagring fällt polternd zu Boden.

»Hören Sie auf«, verlangte Viktor und räusperte sich. »So ein Unsinn. Das kann doch nicht Pavor …«

»Ich habe keinen Namen genannt«, erklärte Golem.

Viktor legte die Hände auf den Tisch und betrachtete seine geballten Fäuste.

»Und wieso ging er dort seiner Pflicht nach?«, erkundigte er sich.

»Offenbar brauchte jemand einen lebenden Nässling. Kidnapping.«

»Und ich habe ihn dabei gestört?«

»Sie haben's versucht.«

»Also haben sie ihn doch noch geschnappt?«

»Sie haben ihn mitgenommen. Seien Sie froh, dass sie Sie nicht auch noch einkassiert haben, damit nichts davon durchsickert. Das Schicksal der Literatur ist denen egal.«

»Also Pavor …«, sagte Viktor langsam.

»Keine Namen«, mahnte Golem streng.

»Dieser Hundesohn«, regte sich Viktor auf. »Aber gut, wir werden sehen. Und wozu brauchten sie den Nässling?«

»Was heißt wozu? Sie brauchen Informationen. Wo sollen sie sonst welche herbekommen? Sie wissen ja: der Stacheldraht, die Soldaten, General Pferd …«

»Also wird er jetzt verhört?«, murmelte Viktor.

Golem schwieg lange. Dann sagte er: »Er ist tot.«

»Haben sie ihn erschlagen?«

»Nein. Im Gegenteil.« Golem schwieg wieder. »Die Schwachköpfe haben ihm nichts zu lesen gegeben, und da ist er verhungert.«

Viktor warf ihm einen Blick zu. Golem lächelte traurig. Vielleicht weinte er auch. Viktor empfand plötzlich Entsetzen und drückende Schwermut. Ihm war, als verdunkle sich das Licht der Stehlampe, wie bei einem Herzanfall, die Luft blieb ihm weg, und er zerrte angestrengt an seinem Krawattenknoten. Mein Gott, ist das ein Mistkerl, dachte er. Dieses Ekel, dieser Bandit, ein kaltschnäuziger Mörder! Und eine Stunde später wäscht er sich die Hände, parfümiert sich, malt sich aus, was die Obrigkeit dafür springen lässt, setzt sich zu mir an den Tisch und stößt mit mir an, lächelt mir zu, spricht mit mir wie mit einem Freund. Dieser Schuft heuchelt die ganze Zeit; mit hämischer Freude macht er sich über mich lustig, kichert sich ins Fäustchen, sobald ich mich abwende, zwinkert sich selbst zu und fragt mich im nächsten Augenblick mitfühlend, was mit meinem Kopf ist ... Durch den schwarzen Nebel hindurch sah Viktor, wie Dr. Quadriga langsam den Kopf hob, den verkleisterten Mund zu einem unhörbaren Schrei aufriss und wie ein Blinder fieberhaft und mit zitternden Händen auf dem Tisch herumtastete. Auch seine Augen schienen wie blind, als er den Kopf hin und her drehte und schrie und schrie, Viktor aber hörte nichts ... Er hat recht, ging es ihm durch den Kopf, ich bin doch nur ein Stück Dreck, ein kleiner Mann, den niemand braucht, in die Fresse mit dem Stiefel und an beiden Armen festgehalten, damit er sich das Gesicht nicht abwischen kann. Wer braucht mich schon? Er hätte kräftiger zuschlagen sollen, sodass ich nicht mehr hätte aufstehen können, ich aber war wie im Tran und hatte Wattefäuste. Mein Gott, wozu lebe ich überhaupt, wozu lebt der Mensch – es ist doch so leicht, ihm von hinten ein Stück Eisen über den Schädel zu schlagen, und nichts in der Welt ändert sich, im selben

Augenblick wird tausend Kilometer entfernt ein neuer Bastard geboren … Golems fettes Gesicht wurde noch schlaffer, seine Bartstoppeln ließen es ganz schwarz erscheinen, sein Blick wurde verschwommen. Er lag in seinem Sessel wie ein Weinschlauch voll ranzigen Fetts, und nur seine Finger bewegten sich, als er langsam Glas auf Glas in die Hand nahm, lautlos den Stiel abbrach, das Glas fallen ließ, ein neues nahm, den Stiel abbrach, das Glas fallen ließ … Und ich liebe niemanden, auch Diana nicht – dass ich mit ihr schlafe, besagt gar nichts, dazu gehört ja nicht viel. Eine Frau, die dich nicht liebt, kannst du nicht lieben. Die Frau aber kann dich nicht lieben, wenn du sie nicht liebst – so dreht sich alles in einem Teufelskreis wie eine Schlange, die nach ihrem Schwanz schnappt. Die Menschen paaren sich wie die Tiere, um hernach wieder auseinanderzulaufen; nur dass die Tiere sich keine besonderen Worte ausdenken und keine Gedichte schreiben, sondern sich einfach paaren und wieder auseinandergehn … Und Teddy weinte, die Ellbogen auf dem Tresen, das harte Kinn auf den knochigen Fäusten, seine kahle Stirn leuchtete im Lampenschein safrangelb, und über seine eingefallenen Wangen rollten Tränen, und auch sie leuchteten im Lampenschein … Und das alles nur, weil ich kein Schriftsteller bin, sondern ein Stück Dreck. Was, zum Teufel, bin ich schon für ein Schriftsteller, wo ich das Schreiben nicht ausstehen kann, wo das Schreiben eine Qual für mich ist, ein beschämender, lästiger Vorgang, eine Art krankhafter Ausscheidung, wie Durchfall oder das Auspressen eines Furunkels. Ich hasse es und finde es schrecklich, dass ich es ein Leben lang tun muss, dass ich dazu verdammt bin, dass sie mich jetzt nicht mehr loslassen, sondern immerzu fordern werden: Schreib, schreib … Und ich werde schreiben, aber im Moment kann ich es nicht, mir wird übel, wenn ich bloß daran denke … Hinter Dr. Quadriga stand Bol-Kunaz – dünn, durchnässt, mit einem regennassen, frischen Gesicht.

Mit wunderbaren dunklen Augen stand er da und sah auf die Uhr, und von ihm ging ein frischer Geruch aus, der die heiße, stickige Luft verdrängte, ein Geruch nach Gras und Quellwasser, nach Lilien, Sonne und Libellen, die sich über einem See tummeln …

Allmählich nahm er die Welt wieder wahr. Zurück blieb nur eine vage Erinnerung, ein Gefühl, oder die Erinnerung an ein Gefühl: ein verzweifelter, erstickter Aufschrei, ein unbegreifliches Knirschen, Knacken und Bersten von Glas … Viktor fuhr sich mit der Zunge über die Lippen und griff nach der Flasche. Dr. Quadriga, der mit dem Kopf auf dem Tisch lag, murmelte heiser: »Ich brauche nichts. Versteck mich. Hol sie …« Golem fegte besorgt ein paar Scherben vom Tisch.

Bol-Kunaz sagte: »Entschuldigen Sie, Herr Golem, hier ist ein Brief für Sie.« Er legte einen Umschlag vor Golem hin und sah wieder auf die Uhr. »Guten Abend, Herr Banew«, grüßte er.

»Guten Abend«, grüßte Viktor zurück und goss sich Kognak ein.

Golem vertiefte sich in seinen Brief. Hinter dem Tresen schnäuzte Teddy geräuschvoll in ein kariertes Taschentuch.

»Hör mal, Bol-Kunaz«, begann Viktor. »Hast du neulich gesehen, wer mich geschlagen hat?«

»Nein«, erwiderte der Junge und blickte ihm in die Augen.

»Wieso nicht?«, wollte Viktor mit finsterer Miene wissen.

»Weil er mir den Rücken zugekehrt hat«, erklärte Bol-Kunaz.

»Du kennst ihn. Wer war es?«

Golem gab einen undefinierbaren Laut von sich. Viktor blickte zu ihm hinüber. Nachdenklich und ohne jemanden anzusehen, riss Golem den Brief in kleine Stücke. Die Schnipsel steckte er in die Tasche.

»Sie irren sich«, sagte Bol-Kunaz. »Ich kenne ihn nicht.«

»Banew«, murmelte Dr. Quadriga. »Ich bitte dich … Allein halte ich's da nicht aus. Komm mit. Mir graut's.«

Golem stand auf, stocherte mit dem Finger in der Westentasche und rief dann: »Teddy! Setzen Sie's auf meine Rechnung. Dazu kommen vier zerbrochene Gläser … Also, ich gehe dann«, wandte er sich an Viktor. »Denken Sie nach, und tun Sie das Richtige. Vielleicht sollten Sie sogar abreisen.«

»Auf Wiedersehen, Herr Banew«, verabschiedete sich Bol-Kunaz höflich. Viktor kam es so vor, als schüttle der Junge kaum merklich den Kopf.

»Auf Wiedersehen, Bol-Kunaz«, sagte er. »Auf Wiedersehen.«

Sie gingen, und Viktor trank nachdenklich seinen Kognak aus. Ein Kellner mit fleckigem, aufgedunsenem Gesicht trat an den Tisch und machte sich daran, ihn mit unbeholfenen, unsicheren Bewegungen abzuräumen.

»Sie sind wohl noch nicht lange hier?«, sprach Viktor ihn an.

»Nein, Herr Banew. Erst seit heute früh.«

»Und wo ist Peter? Ist er krank?«

»Nein, Herr Banew. Er ist abgereist. Er hat's nicht mehr ausgehalten. Ich werde wahrscheinlich auch bald abreisen.«

Viktor blickte zu Dr. Quadriga.

»Bringen Sie ihn nachher in sein Zimmer«, bat er.

»Ja, natürlich, Herr Banew«, erwiderte der Kellner mit leiser Stimme.

Viktor zahlte, winkte Teddy zum Abschied zu, querte die Hotelhalle und nahm die Treppe in den ersten Stock. Dort trat er an Pavors Tür, hob die Hand, um zu klopfen, stand eine Weile reglos da und ging dann unverrichteter Dinge wieder hinunter. Der Portier stand in seiner Loge und betrachtete erstaunt seine Hände; sie waren nass, und es klebten Haarbüschel daran. Sein Uniformrock war ebenfalls übersät mit Haaren, und auf seinem Gesicht, auf beiden Wangen, prangten frische Kratzer. Er sah Viktor mit verwirrtem Blick an. All diese merkwürdigen Dinge aber durfte Viktor jetzt nicht beachten – das wäre taktlos und grausam gewesen. Und erst recht nicht durfte er darüber sprechen, im Gegenteil, er musste so tun, als wäre nichts geschehen, und alles auf später, morgen, ja vielleicht sogar auf übermorgen verschieben.

Viktor fragte: »Wo wohnt dieser, na, dieser junge Mann mit der Brille, der immer eine Aktentasche bei sich hat?«

Der Portier wurde verlegen und wich seinem Blick aus. Er starrte aufs Schlüsselbrett, antwortete dann aber doch: »Zimmer Nummer dreihundertzwölf, Herr Banew.«

»Danke«, sagte Viktor und legte ihm eine Münze hin.

»Aber sie werden nicht gern gestört«, warnte der Portier zögerlich.

»Ich weiß. Ich will sie auch gar nicht stören. Es war nur eine Frage. Wissen Sie, ich habe mir gedacht: Wenn's eine gerade Zahl ist, wird alles gut.«

Der Portier lächelte schwach.

»Was für Unannehmlichkeiten könnten Sie schon haben, Herr Banew«, sagte er höflich.

»Alle möglichen.« Viktor seufzte. »Große und kleine. Gute Nacht.«

Langsam, bewusst langsam ging er in den zweiten Stock hinauf, als wollte er es sich noch einmal überlegen, abwägen und die möglichen Folgen auf drei Jahre im Voraus überschlagen; in Wirklichkeit aber dachte er nur daran, dass der Teppich auf der Treppe so schäbig war, dass er längst hätte ausgewechselt werden müssen. Erst kurz bevor er an Zimmer dreihundertzwölf klopfte (ein Luxusapartment: zwei Schlafzimmer, ein Wohnzimmer, ein Fernseher, ein erstklassiges Radio, ein Kühlschrank und eine Bar), hätte er beinahe laut gesagt: »Sie gehören doch zu den Krokodilen, meine

Herren? Sehr angenehm. Dann gehen Sie sich jetzt gefälligst gegenseitig an die Kehle.«

Er musste ziemlich lange klopfen: erst taktvoll, mit den Fingerknöcheln, und weil keine Antwort kam, mit der Faust. Als sich auch dann – von einem knarrenden Dielenbrett und einem Schnaufen im Schlüsselloch abgesehen – immer noch nichts rührte, drehte er sich um und trat von hinten hart mit dem Absatz gegen die Tür.

»Wer ist da?«, fragte endlich eine Stimme hinter der Tür.

»Ihr Nachbar«, antwortete Viktor. »Machen Sie doch mal kurz auf.«

»Was wollen Sie?«

»Ich muss Ihnen ein paar Worte sagen.«

»Kommen Sie morgen früh wieder«, bat die Stimme hinter der Tür. »Wir schlafen schon.«

»Der Teufel soll Sie holen«, brüllte Viktor. »Wollen Sie, dass man mich hier sieht? Machen Sie auf, wovor haben Sie denn Angst?«

Der Schlüssel wurde umgedreht, und die Tür ging einen Spaltbreit auf. In dem Spalt erschien das trübe Auge des hochgewachsenen Begleiters. Viktor wies ihm die leeren Hände vor. »Auf ein paar Worte.«

»Kommen Sie herein«, sagte der Hochgewachsene. »Aber keine Dummheiten.«

Viktor betrat den Vorraum, der Hochgewachsene schloss hinter ihm die Tür und machte Licht. Der Vorraum war so klein, dass sie zu zweit kaum darin Platz fanden.

»Sprechen Sie«, forderte der Mann ihn auf. Sein Pyjama hatte vorne Flecken, Viktor schnupperte erstaunt – der Hochgewachsene roch nach Schnaps. Die rechte Hand verbarg er, wie es sich gehörte, in der Tasche.

»Hier wollen Sie sich mit mir unterhalten?«, erkundigte sich Viktor.

»Ja.«

»Nein. Hier werde ich mich nicht unterhalten.«

»Wie Sie wollen.«

»Wie Sie wollen«, sagte Viktor. »Ich wasche meine Hände in Unschuld.«

Sie schwiegen. Der Hochgewachsene musterte Viktor ungeniert.

»Sie heißen Banew, wie's scheint?«, fragte er.

»Ja, scheint so.«

»Aha«, sagte der Hochgewachsene mit finsterer Miene. »Wieso sind Sie dann unser Nachbar? Sie wohnen doch im ersten Stock.«

»Ich meinte, wir wohnen im selben Hotel«, erklärte Viktor.

»Aha. Aber ich weiß noch immer nicht, was Sie wollen.«

»Ich habe Ihnen etwas mitzuteilen. Mir liegen da gewisse Informationen vor. Aber allmählich frage ich mich, ob es die Sache wert ist.«

»Na schön. Gehen wir ins Bad.«

»Wissen Sie, ich gehe lieber wieder.«

»Warum wollen Sie nicht mit ins Bad? Was sind das für Kapricen?«

»Wissen Sie«, sagte Viktor, »ich habe es mir anders überlegt. Ich gehe lieber. Was geht es mich überhaupt an?« Er griff nach der Klinke.

Der Hochgewachsene ächzte, von widersprüchlichen Gefühlen hin- und hergerissen.

»Soviel ich weiß, sind Sie Schriftsteller«, sagte er. »Oder verwechsle ich Sie mit jemandem?«

»Ja, ich bin Schriftsteller«, bestätigte Viktor. »Auf Wiedersehen.«

»So warten Sie doch. Warum haben Sie das nicht gleich gesagt? Kommen Sie. Hier geht's rein.«

Sie betraten ein Wohnzimmer mit vielen Vorhängen – Vorhänge rechts, Vorhänge links und Vorhänge geradeaus, vor dem riesigen Fenster. Der wuchtige Fernseher in der Ecke flimmerte farbig, der Ton war ausgeschaltet. In der anderen Ecke saß in einem Polstersessel unter der Stehlampe der junge Mann mit der Brille; er trug ebenfalls Pyjama und Hausschuhe und lugte hinter seiner aufgeschlagenen Zeitung hervor. Auf dem Zeitungstischchen neben ihm standen eine viereckige Flasche und ein Siphon. Die Aktentasche war nirgendwo zu sehen.

»Guten Abend«, grüßte Viktor.

Der junge Mann senkte schweigend den Kopf.

»Ist für mich«, sagte der Hochgewachsene. »Lass dich nicht stören.«

Der junge Mann nickte noch einmal und verschwand wieder hinter seiner Zeitung.

»Hier entlang bitte«, wies der Hochgewachsene den Weg. Sie gingen nach rechts ins Schlafzimmer, und der Hochgewachsene setzte sich aufs Bett. »Da ist ein Sessel«, sagte er. »Setzen Sie sich, und erzählen Sie.«

Viktor setzte sich. Im Schlafzimmer roch es stark nach abgestandenem Tabakrauch und Eau de Cologne, wie es gewöhnlich Offiziere benutzen. Der Hochgewachsene saß auf dem Bett und starrte Viktor an, ohne die Hand aus der Tasche zu nehmen. Im Wohnzimmer raschelte die Zeitung.

»Also gut.« Viktor hatte seinen Widerwillen zwar noch nicht ganz überwunden, aber da er die Sache nun mal in Angriff genommen hatte, musste er sie auch beenden. »Ich kann mir ungefähr vorstellen, wer Sie sind. Vielleicht irre ich mich – dann wäre alles in Ordnung. Irre ich nicht, sollten Sie wissen, dass man Sie beobachtet und Ihnen ins Handwerk pfuscht.«

»Nehmen wir an, das stimmt«, sagte der Hochgewachsene. »Wer beobachtet uns dann?«

»Ein Mann namens Pavor Summan interessiert sich auffällig für Sie.«

»Was?«, wunderte sich der Hochgewachsene. »Der Hygieneinspektor?«

»Er ist kein Hygieneinspektor. Das war's auch schon, was ich Ihnen sagen wollte.« Viktor stand auf, aber der Hochgewachsene rührte sich nicht.

»Nehmen wir an, das stimmt«, wiederholte er. »Woher wissen Sie das alles?«

»Spielt das eine Rolle?«, fragte Viktor.

Der Hochgewachsene überlegte eine Weile.

»Nehmen wir an, es spielt keine Rolle«, erwiderte er.

»Die Informationen nachzuprüfen ist Ihre Sache«, sagte Viktor. »Mehr weiß ich auch nicht. Auf Wiedersehen.«

»Wo wollen Sie denn hin, warten Sie«, rief der Mann. Er beugte sich über den Toilettentisch und entnahm ihm eine Flasche und ein Glas. »Erst wollten Sie unbedingt rein, und jetzt wollen Sie unbedingt gehen. Macht es Ihnen etwas aus, wenn wir aus einem Glas trinken?«

»Kommt darauf an, was«, antwortete Viktor und setzte sich wieder.

»Schottischen«, sagte der Hochgewachsene. »Einverstanden?«

»Echten schottischen?«

»Echten Scotch. Bitte.« Er reichte Viktor das Glas.

»Sie leben nicht schlecht«, meinte Viktor und trank.

»Mit einem Schriftsteller können wir uns nicht messen«, wandte der Hochgewachsene ein und trank ebenfalls. »Trotzdem sollten Sie ein bisschen deutlicher werden ...«

»Geben Sie sich keine Mühe«, sagte Viktor. »Schließlich werden Sie dafür bezahlt. Ich habe Ihnen einen Namen genannt, die Adresse kennen Sie selbst, also kümmern Sie sich um alles Weitere. Zumal ich wirklich nicht mehr weiß. Höchstens, dass ...« Viktor stockte und tat so, als sei ihm die Idee eben erst gekommen. Der Hochgewachsene biss sofort an.

»Ja?«, sagte er. »Dass?«

»Ich weiß, dass er zusammen mit den Städtischen Legionären einen Nässling gekidnappt hat. Wie war doch gleich der Name: Flamenta … Juventa …«

»Flamin Juventa«, half ihm der Hochgewachsene weiter.

»Genau.«

»Das mit dem Nässling wissen Sie mit Sicherheit?«, erkundigte sich der Hochgewachsene.

»Ja. Als ich versuchte, ihn daran zu hindern, gab mir der Herr Hygieneinspektor eins mit dem Schlagring über den Schädel. Und ehe ich wieder zu mir kam, schafften sie den Nässling mit dem Wagen weg.«

»Soso«, überlegte der Hochgewachsene. »Summan war das also. Hören Sie, Banew, Sie sind schwer in Ordnung! Wollen Sie noch einen Whisky?«

»Gern«, antwortete Viktor. So gut er sich auch zuredete und sich die Notwendigkeit vor Augen hielt – das Ganze war und blieb ihm zuwider. Gut, dachte er, ich muss froh sein, dass ich wenigstens nicht zum Denunzianten tauge. Es macht keinen Spaß, auch wenn sie sich jetzt gegenseitig an die Gurgel gehen. Golem hat recht: Ich hätte mich nicht einmischen sollen … Oder ist Golem raffinierter, als ich dachte?

»Bitte«, sagte der Hochgewachsene und reichte ihm ein volles Glas.

7
Felix Sorokin | »Elital«

In dieser Nacht schlief ich gut und träumte einen Namen: Katja. Nur den Namen, weiter nichts. Albträume hatte ich keine.

Ich wachte spät auf und beschloss, in der »Perlmuschel« zu frühstücken. Das ist eine Gaststätte in unserem Neubaugebiet, direkt gegenüber dem Kreis-Pionierhaus. Von außen sieht die »Perlmuschel« ziemlich seltsam aus. Am ehesten erinnert sie an einen weißfinnischen Bunker vom Typ »Million« – nachdem ihn eine Tausendkilobombe getroffen hat: Durch dröge graue Betonblöcke, die krumm und schief aufragen, schlängelt sich rostiges Eisengeflecht, das nach den Vorstellungen des Architekten Wasserpflanzen darstellen soll; in Höhe des Bürgersteigs liegen schießschartenschmale Fenster. Innen aber ist die Gaststätte durchaus anständig, ohne Raffinessen: Vorhalle mit Garderobe und dahinter ein gastfreundlicher, gut beleuchteter runder Saal; Bier haben sie dort immer im Angebot, dazu die üblichen kalten Speisen. Und als warme Mahlzeiten: Bœuf Stroganoff und Fleischtopf nach Art des Hauses; Krebse sind mir dort allerdings noch nie untergekommen. Ab und zu frühstücke ich dort – wenn ich die gekochten Eier und meinen Fruchtkefir überhabe.

Als ich ankam, machten sie gerade auf, ich legte hastig ab und eroberte ein Tischchen an der Wand, unterhalb des Fensters. Der Kellner, ebenso dreist wie verschlafen und mürrisch, brachte mir ein Glas Bier und nahm meine Bestellung auf: Fleischtopf nach Art des Hauses. Ringsum wurde laut geredet und geraucht. Auf nüchternen Magen.

An meinen Tisch setzte sich niemand, obwohl der Platz mir gegenüber frei war. Einerseits war das hervorragend. Ich kann dieses Geplapper mit fremden Leuten nämlich nicht ausstehen! Andererseits kam mir plötzlich in den Sinn, dass so etwas schon früher vorgekommen war: im Bus, in der Metro oder in Stehkneipen, wo mich niemand kannte – den leeren Platz neben mir besetzten die Leute als letzten, erst wenn nirgendwo anders etwas frei war. Ich habe einmal gelesen, dass es Menschen gibt, deren bloßes Aussehen die Umwelt einschüchtert, abstößt oder den instinktiven Wunsch weckt, Distanz zu halten. Und von diesem Gedanken kam ich auf den gestrigen Brief. Dass sich keiner zu mir setzte, war eine Tatsache, die – wenn auch nur mittelbar – bestätigte, dass der gestrige Brief kein dummer Scherz gewesen war: Es hatte wirklich jemand etwas Fremdes an mir gespürt, etwas, das seine Fantasie erregte. Auch wenn der Hauptbeweggrund sicher nicht diese Lappalien, sondern meine »Modernen Märchen« waren.

Gott, dieses Büchlein war wirklich wie ein Kind: Es hatte ungleich mehr Unangenehmes und Kummer gebracht als Freude und Vergnügen. Die Lektoren hatten es klein gehackt, Nudeln daraus gemacht, Fadennudeln, und wäre Miron Michailowitsch nicht gewesen, hätten sie es unrettbar verstümmelt. Und als es letztlich doch erschien, nahmen es die Rezensenten in die Mangel.

Die Fantastik bildete sich in jenen Jahren gerade erst heraus; sie war noch plump, hilflos, von den Erbkrankheiten der Vierzigerjahre belastet, und für die Rezensenten schien sie so etwas wie die Pappkameraden bei der Kavallerie zu sein. Ich las die Besprechungen der »Modernen Märchen«, fauchte vor Schmerz auf, und vor meinen Augen erschien, wie auf einer Leinwand, ein Bild: Ich sah einen blassen schönen Mann im Tscherkessenrock und mit dem stieren Blick eines hoffnungslosen Kornilow-Offiziers; er löste, nachdem er seine Pachitos bis auf einen winzigen Rest aufgeraucht hatte, vorsichtig mit zwei Fingern den besabberten Stummel von der Lippe und fixierte mit zusammengekniffenen Augen mein schutzloses Buch. Dann zog er langsam den Säbel und nahm auf Zehenspitzen, mit über den Kopf gehobenem blauem Stahl, Anlauf …

Sie schrieben, ich orientierte mich an amerikanischen Vorbildern, die nicht die besten seien. (Heute sind diese Vorbilder als die besten anerkannt.) Sie schrieben, bei mir verdrängten Maschinen die Menschen. (Maschinen und Autos gab's bei mir keine, nur Busse.) »Wo hat der Autor solche Helden gesehen?«, fragten sie. Und: »Was kann solche Literatur unseren Leser lehren?«, »Sorokins hilfloses Büchlein ist ein Missklang in unserer Verlagstätigkeit.«.

Und dann brachen Gagaschkins Rundschau und Bryshejkins Feuilleton im *Freiwilligen Informator* wie ein Unwetter über mich herein, ich landete im Krankenhaus, und erst da fiel meinen vorgesetzten Wohltätern auf, dass man vor ihren Augen einen guten Menschen schlachtete – wenn auch einen, der aus Versehen gestrauchelt war –, und sie ergriffen Maßnahmen. Ich erinnere mich ungern an diese Episode.

Damals hatte ich die »Mars-Chroniken« noch nicht gelesen, ja nicht einmal von diesem Buch gehört. Ich schrieb meine »Märchen«, ohne zu ahnen, dass daraus umgekehrte »Mars-Chroniken« würden: ein Zyklus lustiger und trauriger Geschichten, die davon handelten, dass Außerirdische unsere Erde erobern. Das Wichtigste für mich bei den »Modernen Märchen« war der Versuch, uns, unser alltägliches Leben, unsere Leidenschaften und Hoffnungen aus einem gewissen Abstand zu betrachten, mit den Augen von Fremden, die nicht bösartig waren, sondern neutral, andersdenkend und andersfühlend. Heraus kam meiner Meinung nach etwas überaus Drolliges – einige Kritiker allerdings halten mich bis heute für einen Abtrünnigen der großen Literatur und manche Leser, wie sich nun herausstellte, für einen der Helden des Buchs …

Der Kellner brachte mir den Fleischtopf, ich bestellte noch ein Glas Bier und begann zu essen.

»Gestatten Sie?«, vernahm ich da eine leise, etwas heisere Stimme.

Ich blickte auf. Neben mir stand, eine Hand auf der Lehne des freien Stuhles, ein hochgewachsener, buckliger Mann in Pullover und abgewetzten Jeans; sein schmales, bleiches Gesicht war von welligen, goldblonden Haaren umrahmt, die er schulterlang trug. Ich nickte bloß, und er setzte sich sogleich seitlich zu mir – offenbar störte ihn der Buckel. Dann legte er seine schäbige schwarze Mütze vor sich und trommelte leise mit den Fingernägeln darauf.

Der Kellner brachte mein Bier und blickte den Buckligen fragend an. Er murmelte: »Für mich dasselbe, wenn's geht.« Ich aß mein Fleisch auf, machte mich an mein Bier und bemerkte, dass der Bucklige mich anstarrte; über seinen breiten roten Mund huschte ein Lächeln, das ich liebenswürdig genannt hätte, wäre es nicht so zaghaft gewesen. Ich dachte mir schon, dass er jeden Augenblick ein Gespräch mit mir anknüpfen würde. Und ich behielt recht.

»Entschuldigen Sie, mir wurde geraten, mich an Sie zu wenden.«

»An mich?«

»Ja, an Sie.«

»Aha«, sagte ich. »Und wer hat Ihnen das geraten?«

»Na, der dort …« Bereitwillig blickte er sich um und reckte den Hals, als wollte er über die Köpfe hinwegschauen. »Merkwürdig, gerade saß er noch da … Wo ist er denn jetzt?«

Ich blickte ihn an. Der Bursche war von oben bis unten schmuddelig. Unter den Ärmeln seines beschmierten grauen Pullovers schauten schmutzige Manschetten hervor, die zu einem Hemd gehörten, dessen Kragen speckig und verdreckt war, und selbst die Hände mit den langen Fingern waren lange nicht gewaschen worden, genau wie die welligen, goldblonden Haare und das bleiche, abgezehrte Gesicht mit den weißblonden Stoppeln an Wangen und Kinn. Der Kerl roch wie ein Hühnerhof, sauer und nach Mist. Ein seltsamer Typ: für einen Alkoholiker zu ansehnlich und für einen »anständigen« Menschen zu heruntergekommen.

»Er ist weg.« Seine Stimme klang schuldbewusst. »Na, Gott mit ihm ... Wissen Sie, er hat mir versichert, Sie könnten mich zumindest verstehen, selbst wenn Sie mir nicht glauben.«

»Dann schießen Sie los«, seufzte ich.

»Hier!« Er schob mir über den Tisch seine Mappe zu und gab mir mit einer Geste zu verstehen, dass ich sie aufschlagen sollte.

»Entschuldigen Sie«, sagte ich entschlossen. »Fremde Manuskripte lese ich nicht. Wenden Sie sich ...«

»Das ist kein Manuskript«, unterbrach er mich rasch. »Jedenfalls nicht so eins, wie Sie denken ...«

»Trotzdem«, beharrte ich.

»Nein, bitte ... Es wird Sie interessieren!« Und als er sah, dass ich keine Anstalten machte, die Mappe auch nur zu berühren, öffnete er sie selbst.

Darin lagen Noten.

»Hören Sie ...«, sagte ich.

Doch er hörte nicht. Über den Tisch gebeugt, versuchte er mir mit gesenkter Stimme sein Anliegen klarzumachen; dabei gestikulierte er mit seiner rechten Hand wie ein Redner und umwedelte mich mit diesem Mischmief nach Hühnerhof und Bierfass.

Sein Anliegen bestand darin, mir für nur fünf Rubel den alleinigen, unteilbaren Besitz an der Partitur der Posaunen des Jüngsten Gerichts anzubieten. Er selbst hatte das Original in die moderne Notenschrift übertragen. Woher er die Partitur hatte? Das sei eine lange Geschichte, die sich zudem schwer in allgemein verständlicher Sprache darlegen ließ. Er war … wie sollte er das nur ausdrücken … sagen wir, ein gefallener Engel. Hier unten auf der Erde hatte er sich ohne Mittel für seinen Lebensunterhalt wiedergefunden, nur mit dem, was er bei sich trug. Eine Arbeit aufzunehmen war praktisch unmöglich, weil er ja keinerlei Papiere besaß. Einsamkeit … zu nichts nütze … perspektivlos … Fünf Rubel nur, war das denn so teuer? Gut, dann eben drei, obwohl ihm befohlen war, nicht ohne einen Fünfer zurückzukehren.

Ich hatte mir schon oft mehr oder weniger rührselige Geschichten von verlorenen Eisenbahnfahrkarten, gestohlenen Pässen oder ausgebrannten Wohnungen anhören müssen. Sie erweckten längst kein Mitgefühl mehr in mir, eher Abscheu. Ich pflegte schweigend ein Zwanzigkopekenstück in die mir entgegengestreckte Hand zu legen und mich vom Ort des Gesprächs zu entfernen, so schnell ich konnte. Die Geschichte jedoch, die der goldblonde Bucklige mir vorgetragen hatte, erschien mir, professionell gesehen, wunderschön. Dieser schmuddelige gefallene Engel hatte Talent! Sein Einfall hätte selbst H. G. Wells Ehre gemacht. Das Schicksal des Fünfers war entschieden, daran bestand kein Zweifel. Aber ich wollte auch noch wissen, wie strapazierfähig die Geschichte war. Genauer gesagt, was sie für Dimensionen hatte.

Ich zog die Noten zu mir herüber und sah sie mir an. Noch nie hatte ich etwas von diesen Haken und Punkten verstanden. Gut. Sie behaupten also, wenn man diese Melodie spielt, vielleicht auf einem Friedhof …

Ja, natürlich. Aber tun Sie's nicht. Es wäre zu grausam …

Für wen?

Für die Toten. Ist doch klar! Sie würden sie dazu verdammen, Tausende und Abertausende von Jahren ohne Zufluchtsstätte um unseren Planeten herumzuirren. Und außerdem, denken Sie an sich! Wären Sie bereit für so ein Schauspiel?

Diese Überlegung gefiel mir, und ich fragte: Wozu könnte ich seiner Meinung nach die Noten sonst brauchen?

Er war in höchstem Maße verwundert. Interessiere es mich etwa nicht, so etwas zu besitzen? Würde ich vielleicht nicht gern den Nagel haben, mit dem die Hand des Heilands an den Querbalken des Kreuzes geschlagen worden war? Oder die Steinplatte, auf der Satan die Abdrücke seiner Hufe hinterließ, als er am Sarg Papst Gregors des Siebten, Hildebrands, stand?

Das Beispiel mit der Steinplatte war nach meinem Geschmack. So etwas konnte nur einem einfallen, der keine Ahnung von den heutigen Kleinstwohnungen hatte. Aha, sagte ich, und wenn man die Melodie nicht auf dem Friedhof spielt, sondern irgendwo im Gorki-Park?

Der gefallene Engel zuckte unschlüssig mit den Schultern. Wahrscheinlich sollte man das besser lassen. Woher wissen wir denn, was sich dort, in diesem Park, drei Meter unter dem Asphalt befindet?

Ich holte fünf Rubel hervor und legte sie vor dem Buckligen auf den Tisch.

»Ihr Honorar«, erklärte ich. »Machen Sie so weiter. Sie haben Fantasie.«

»Nichts habe ich«, antwortete er wehmütig.

Er stopfte den Fünfer in seine Hosentasche, stand auf und ging, ohne sich zu verabschieden, davon.

»Nehmen Sie die Noten mit!«, rief ich ihm nach.

Doch er drehte sich nicht um.

Ich musste auf den Kellner warten, um zu zahlen, und aus Langeweile sah ich mir die Noten an. Es waren vier Blätter, auf der Rückseite des letzten stand mit Kugelschreiber gekritzelt: »Granowski-Prospekt 19, ›Perlmuschel‹, kariert. Mantel.«

Meine Nerven waren in letzter Zeit ziemlich strapaziert worden; allzu sehr hatten sich die Ereignisse gehäuft, und allzu freigiebig hatte sich derjenige gezeigt, der mein Schicksal zu lenken hatte. Jedenfalls sprang ich, sobald ich das von dem »kariert. Mantel« gelesen hatte, auf und blickte aus dem Fensterschlitz – erst nach links, dann nach rechts. Gerade noch rechtzeitig: Der Mann im karierten Wendemantel fasste den goldgelockten Buckligen, der einen schmutzigen, knöchellangen Segeltuchmantel trug, fest am Ellbogen und verschwand mit ihm aus meinem Blickfeld.

Ich sank auf den Stuhl zurück und stürzte mich auf mein Bier. Das Ende dieser originellen, aber nicht eben angenehmen Geschichte wirkte so niederschmetternd auf mich, dass ich am liebsten sofort nach Hause zurückgekehrt und nirgendwo mehr hingegangen wäre. Zusammenhanglose Verdächtigungen schwirrten durch meine Fantasie, allerscheußlichste Sujets entspannen sich und zerfielen wieder, doch schließlich gewann ein vernünftiger und sehr realistischer Gedanke die Oberhand: Was soll ich nun Fjodor Michejitsch sagen?

Der Kellner kam, und ich bezahlte widerspruchslos den Fleischtopf, mein Bier und das Bier, das der gefallene Engel bestellt und nicht ausgetrunken hatte. Dann nahm ich meine Mappe, legte die Noten hinein, ließ die leere Mappe des Buckligen auf dem Tisch zurück und ging zur Garderobe, um mich anzuziehen.

Auf dem ganzen Weg zur Bannaja hielt ich verstohlen nach dem karierten Mantel Ausschau, konnte aber keinen entdecken.

Der Konferenzsaal war diesmal leer und lag im Halbdunkel. Zwischen den Stuhlreihen hindurch gelangte ich zur Tür, über der das Transparent mit der Aufschrift hing: »Schriftsteller – hier« und klopfte. Niemand antwortete, ich öffnete vorsichtig und sah in einen hell erleuchteten Raum beziehungsweise einen kurzen Flur. An dessen Ende lag noch eine Tür, über der eine kleine Ampel rot leuchtete – wie die verglasten roten Leuchten über den Eingängen zu den Röntgenzimmern. Die obere, erhellte Hälfte der Ampel zeigte die Aufschrift »Kein Zutritt!«. Die untere Hälfte war dunkel, doch konnte man darauf problemlos entziffern »Bitte eintreten«. An der rechten Wand des Flurs standen ein paar Stühle, und auf einem von ihnen saß zusammengekrümmt Eiterpickel höchstpersönlich; seine Hände hatte er auf eine prachtvolle, wenn auch schon etwas abgewetzte Schreibmappe gestützt, die auf seinen spitzen Knien lag.

Bei seinem Anblick verspürte ich wie immer Kälte in meiner Brust, direkt unter den Schlüsselbeinen, und wie immer dachte ich: So was aber auch, der lebt ja immer noch!

Ich grüßte. Er antwortete, sein eingefallener Mund mahlte. Ich setzte mich zwei Stühle weiter und starrte auf die Wand vor mir. Ich sah nichts, außer dieser gründlich zerschrammten Wand, die schludrig mit hellgrüner Ölfarbe gestrichen war, doch ich spürte physisch, wie die ausgeblichenen Greisenaugen mich aufmerksam und präzise von der Seite her abtasteten, wie sich, nur einen Schritt entfernt, geistige Routinearbeit vollzog – computerschnell mischten sich Kärtchen, auf denen alles stand: ob ich dort war oder nicht dort war, teilgenommen hatte oder nicht, ein Amt bekleidete (ja oder nein) – alle Fakten, alle Gerüchte, alle Verleumdungen und alle nur denkbaren Interpretationen von Gerüchten sowie die nötigen Kommentare zu den Verleumdungen. Und dann würde ausgewertet und Bilanz gezogen, würden Schlüsse formuliert, die man in Zukunft vielleicht gebrauchen könnte …

Mir war klar, dass es sich nur um einen Tick von mir handelte, denn der alte Mistkerl kannte mich ja kaum, und selbst wenn – so würde es jetzt ganz anders ablaufen. Die Zeiten hatten sich geändert, und er war ein Greis – keinem von Nutzen und für niemanden eine Gefahr. Kein Jahr verging ohne das Gerücht, er habe das Zeitliche gesegnet; er war mehr der Held historischer Witze und Anekdoten als ein lebendiger Mensch – ein eiternder Schatten, der sich durch die Jahre in unsere Zeit zog. Und trotzdem konnte ich nichts dagegen tun: Ich fürchtete mich.

Plötzlich begann er zu sprechen. Seine Stimme klang kratzig, er nuschelte – sicher saß die Prothese schlecht. Immerhin verstand ich, dass er diesen Winter für schneereich hielt, und noch etwas über das Klima und das Wetter.

Zum ersten Mal in meinem Leben hatte er mich angesprochen. Seine Worte waren platt, jeder hätte sie sagen können, doch wie in jenem Witz hätte ich am liebsten abwehrend die Hände erhoben und gestammelt: »Er redet!«

Vor vielen, vielen Jahren, ich war noch ziemlich jung, ehrlich und unwahrscheinlich dumm, kam mir plötzlich zu Bewusstsein – und es traf mich wie ein Schlag –, dass all diese finsteren Helden von Gruselgerüchten, schwarzen Epigrammen und bluttriefenden Legenden nicht im abstrakten Raum von Anekdoten lebten! Da saß beispielsweise einer, schon mächtig angeschlagen, am Nachbartisch und angelte, gutmütig schimpfend, eine Olive aus der Soljanka. Ein anderer kam, auf seinem arthritischen Bein herbeihinkend, die weiße Marmortreppe herunter. Und dann dieser rundliche, ewig Verschwitzte, der wie besessen durch die Gänge des Moskauer Stadtsowjets lief und mit einer Liste von Schriftstellern wedelte, die eine Wohnung brauchten …

Als mir das bewusst geworden war, stand mir die quälende Frage vor Augen: Wie soll ich mich diesen Leuten gegenüber verhalten? Sie waren nach all meinen ethischen und moralischen Werten Missetäter, schlimmer noch: Henker, ja noch schlimmer: Verräter! Es hieß, man hätte ihnen nicht selten ins Gesicht geschlagen, ihnen im Restaurant einen Teller Suppe über den Kopf gekippt oder sie öffentlich angespien. Aber auch das waren Gerüchte. Selbst hatte ich so etwas nie gesehen. Gerüchten zufolge verweigerte man ihnen den Handschlag, wandte sich beim zufälligen Zusammentreffen ab, sagte ihnen scharfe Worte auf Versammlungen und Sitzungen. Ja, dergleichen hatte es gegeben, doch ich kenne keinen einzigen Fall, dem nicht etwas ganz und gar Banales zugrunde gelegen hätte: ein vor der Nase weggeschnappter Ferienscheck, ein dummer kleiner Ehebruch, eine anonyme, dann aber namentlich bekanntgewordene unfreundliche Rezension.

Sie waren, wo wir waren – die Arme bis an die Ellbogen voll Blut, das Gedächtnis triefend vor ungeheuerlichen Details, das Gewissen gewürgt, gar zu Tode erstickt –, sie, die Erben herrenlos gewordener Wohnungen, herrenlos gewordener Manuskripte und herrenlos gewordener Posten. Und wir wussten nicht, wie wir mit ihnen umgehen sollten. Wir waren jung, wahrheitsliebend und hitzig, wir hätten ihnen am liebsten ins Gesicht geschlagen. Aber sie waren doch alt und ihre welken, aufgedunsenen Gesichter von Falten durchfurcht; es war unwürdig, Gestürzte zu treten. Wir wollten sie an den Pranger stellen, ihnen öffentlich ein Schandmal aufdrücken, doch sie waren schon angeprangert und gebrandmarkt, lagen schon auf dem Müll und würden den Kopf nie mehr heben. Der Nachwelt zur Mahnung? Aber dieser Alb würde sich nicht wiederholen, und hatte denn die Nachwelt solche Mahnungen nötig? Überhaupt: In ein, zwei Jahren, schien es, würden sie sowieso im Strudel der Geschichte versinken, und die Frage, ob man ihnen die Hand gab oder sich demonstrativ abwandte, würde sich von selbst lösen.

Doch ein ums andere Jahr verstrich, und ohne dass wir es bemerkten, kam alles anders. Manch einer von ihnen verschwand tatsächlich im Schatten, die Mehrheit aber dachte gar nicht daran! Als wäre nie etwas gewesen, fischten sie gutmütig plappernd Oliven aus der Soljanka, hasteten hinkend über Marmortreppen zu Sitzungen, schlichen durch die Gänge hoher Instanzen, wo sie mit Listen wedelten, die sie selbst aufgestellt und beurkundet hatten. Im Strudel der Geschichte verschwanden die schwarzen Epigramme und bluttriefenden Legenden; deren Helden jedoch vermischten sich aufs Neue mit allen anderen Objekten in ihrer Umgebung. Bei näherem Hinsehen hatten sie ihren exemplarischen Antiglanz eingebüßt und unterschieden sich von uns höchstens noch im Alter, ihren guten Beziehungen und im untrüglichen Gespür dafür, was jetzt zeitgemäß war – und was nicht.

So gingen wir, um ihnen Ferienschecks oder einmalige Darlehen zu entlocken, um uns bei ihnen über verlegerische Willkür zu beklagen, nachsichtige Rezensionen über sie zu schreiben oder uns ihrer Unterstützung in allen möglichen Kommissionen zu versichern. Die Frage, ob man dem Genossen Soundso die Hand zu geben habe, wäre uns nunmehr absurd erschienen … »Ach, in dem Jahr hat er Iwanow, Petrow und die beiden Rabinowitschs dem Untergang geweiht?« – »Ach, wissen Sie, über wen wird das nicht gesagt?« – »Die Hälfte unserer alten Garde beschuldigt die andere Hälfte derartiger Vergehen, und wahrscheinlich haben sie alle recht.« – »Ich kann das nicht mehr hören.« – »Sind die von heute etwa besser?« …

»Wer das Schwert nimmt, soll durch das Schwert umkommen.« – »Durch Schaden wird man klug.« – »Wer im Glashaus sitzt, soll nicht mit Steinen werfen.« Und vor allem: »Grab dir nicht das Wasser ab« und »Pinkel nicht gegen den Wind!«

Denn wir haben Angst. Wir hatten immer Angst. Von Anfang an.

Dieser abscheuliche Greis, der zwei Stühle weiter saß, konnte alles mit mir machen. Schreiben. Einen Hinweis geben. Seine Zweifel ausdrücken. Oder seine Gewissheit. Diese Kreatur schien mir wie das Überbleibsel einer anderen Zeit oder anderer Existenzbedingungen: Du gehst bei Rot über die Straße – die Kreatur beißt dir die Beine ab. Du verwendest in deinem Manuskript ein falsches Wort – die Kreatur verschlingt deine Hände. Du hast das große Los gezogen – die Kreatur zermalmt deinen Kopf. Du bist schutzlos, weil du weder die Gesetze ihrer Jagd noch ihre Ziele kennst – und niemals kennen wirst. Bei einem Science-Fiction-Autor – Jefremow oder Beljajew – gibt es das Untier Gischu, das Urelefanten verschlang und bis ins Zeitalter der Menschen hinein lebte. Der Mensch war nicht in der Lage, ihm zu entkommen, weil er dessen Verhaltensweisen nicht verstand. Und er verstand sie deshalb nicht, weil die Verhaltensweisen entstanden waren, als es den Menschen noch nicht gab und noch nicht geben konnte. Der Mensch fand vor dem Untier nur auf eine Weise Rettung: indem er sich mit seinesgleichen verbündete und es tötete.

Wir redeten über das Wetter. Dann, nach kurzem Schweigen, wieder über das Wetter. Anschließend entrüstete er sich, was das für ein Unfug sei – bis in den zweiten Stock ohne Fahrstuhl, noch dazu über eine Wendeltreppe! Ich zog es vor zu schweigen, das Thema erschien mir heikel.

Da sprang auf einmal die Tür unter der kleinen Ampel auf, und in den Flur stürzte Petenka Skorobogatow, unser Allunionsdrops.

»Himmel, was ist denn mit dir los?«, rief ich erschrocken.

Petenkas Kopf war mit einer weißen Binde umwickelt, wie bei einem Turban. Der linke Arm, ebenfalls verbunden und klotzdick, hing in einer Schlinge. Mit der rechten Hand stützte er sich auf einen Stock … Was haben sie nur mit ihm gemacht?, dachte ich entsetzt.

Aber es stellte sich heraus, dass nicht *sie* etwas mit ihm gemacht hatten, sondern dass *er*, nach der Versammlung am Vorabend in eine Diskussion mit dem Vorsitzenden der hiesigen Gewerkschaftsleitung vertieft, auf den Stufen der

Wendeltreppe fehlgetreten und vom zweiten Stock bis ins Erdgeschoss gestürzt war. Drei Leute hatte man deswegen ins Krankenhaus bringen müssen, wo sie bis jetzt lagen, nach Schädeloperationen ... Er, Petenka, unser Allunionsdrops, hatte noch einmal Glück gehabt.

»... ich fiel, verstehst du, kopfüber die Wendeltreppe hinunter, vom zweiten bis ins Erdgeschoss. Kopf, Füße, Kopf, Füße. Und bin noch mal davongekommen! Ich hatte Glück, verstehst du, habe mich am Vorsitzenden festgekrallt, er ist ja wie ein dickes Schweinchen, ganz weich ...«

Das verletzte Bein vorgestreckt, setzte er sich neben mich. Ihm machte das alles nichts aus. Ohne sich mit Kleinigkeiten wie einem zerfetzten Ohr, einem ausgerenkten Arm oder einem verstauchten Knöchel aufzuhalten, flunkerte er mir bereits vor, man habe ihn gestern ins Staatliche Komitee für Verlagswesen beordert und ihm angeboten, eine zweibändige Geschenkausgabe zu veröffentlichen. Illustriert würde sie von den Kukryniksys, und für die Herstellung hätte sich eine Druckerei in Leipzig anerboten.

Als ich das von Leipzig hörte, schielte ich unwillkürlich nach rechts. Zum Glück war Eiterpickel nicht mehr da.

»Und was hast du da?«, schrie Petenka plötzlich und riss mir die Mappe aus der Hand. »Ah! Du befasst dich also auch mit Musik!«, staunte er, als er die Noten sah. »Lass die Finger davon, rate ich dir. Es lohnt nicht.« Er gab mir die Mappe zurück. »Ich dagegen habe jetzt ... War wirklich selber verwundert. Einen wahnsinnigen Index habe ich gerade bekommen. Einfach verrückt. Dieser Typ hat mein Manuskript behalten. ›Das kriegen Sie nicht wieder‹, sagt er zu mir. ›Wir nehmen es als Maßstab.‹ Ich sage: ›Wieso Maßstab, das habe ich bloß zwischendurch geschrieben, ein Zufallsauftrag.‹ Und er antwortet: ›Für Sie ist es ein Zufallsauftrag und für uns der Maßstab.‹ ... Nein, Felix, diese Maschine legst du nicht rein!«

Wieder öffnete sich die Tür unter der Ampel, und Eiterpickel kam in den Flur zurück. Nachdem er über die Schwelle getreten war, schloss er fest die Tür hinter sich und blieb stehen. Einige Sekunden stand er so da, stützte sich mit der einen Hand gegen die Wand und presste mit der anderen seine Schreibmappe an sich. Sein Gesicht war grün, wie das einer Leiche, die allmählich verfault, der Mund zerquält und halb offen, die Augen quollen hervor.

»Wie ist das möglich?«, zischte er – übrigens sehr deutlich. »Wie kann das sein? Ich habe doch mit eigenen Augen …«

Er schwankte, Petenka und ich stürzten zu ihm, um ihn zu stützen. Doch er wies uns mit der Hand, in der die Mappe lag, zurück.

»Ich habe doch persönlich …«, kreischte er, wobei er in den Raum zwischen uns starrte. »Persönlich … selbst!«

»Ist doch nicht so wichtig«, meinte Petenka munter und legte dem Alten den Arm, in der er den Stock hielt, um die Taille. »Ist doch nichts Besonderes. So was hat's früher schon gegeben und wird es auch in Zukunft geben, Methodi Kirilytsch …«

»Wissen Sie überhaupt, was Sie da reden?«, fragte Methodi Kirilytsch, fast schon verzweifelt. »Womöglich waren das die Posaunen des Jüngsten Gerichts?«

»Aber nein«, widersprach Petenka. »Das kann ich Ihnen versichern. Hier gibt es keine Posaunen und nichts aus Messing, abgesehen von den Türklinken. Kommen Sie, wir setzen uns, Methodi Kirilytsch, und ruhen ein wenig aus …«

»Persönlich!«, schnarrte der Alte, während er sich gehorsam auf einen Stuhl sinken ließ. »Und danach habe ich es selbst gelesen …«

»Sie haben die Zeilen gelesen, Methodi Kirilytsch, hätten sich aber auf das dazwischen konzentrieren müssen«, erklärte Petenka und blinzelte mir unverfroren zu. »Da stand offensichtlich etwas zwischen den Zeilen, und Sie haben es nicht bemerkt. Da hat die Maschine Sie eben erwischt …«

»Wieso zwischen den Zeilen? Was für eine Maschine? Verstehen Sie überhaupt, wovon ich rede, junger Mann?«

Mir war das alles peinlich und zuwider. Ich wandte mich ab und bemerkte im selben Augenblick, dass auf der Ampel »Bitte eintreten« aufleuchtete. Wie ein Schlafwandler erhob ich mich von meinem Platz und folgte der Einladung.

Ich war früher schon in Rechenzentren gewesen, deshalb erregten die grauen, primitiven Schränke, die Anzeigefelder mit den flimmernden Signallämpchen und die verschiedenen Bildschirme in dem großen, hell erleuchteten Zimmer keine größere Aufmerksamkeit bei mir. Viel seltsamer und interessanter erschien mir der Mann, der an einem Tisch saß, auf dem sich Endlospapier und Mappen häuften. Dem Anschein nach war er in meinem Alter, hager, und er hatte rotblondes, etwas schütteres Haar. In seinen Gesichtszügen lag nichts Ungewöhnliches, und doch schienen sie mir irgendwie bedeutsam. Etwas in diesem Gesicht ließ aufmerken, man hatte plötzlich das Bedürfnis, sich innerlich zu straffen und knapp, gebildet und ernsthaft zu sprechen. Der Mann trug einen blauen Laborkittel über dem grauen Anzug, sein Hemd war weiß und der Schlips unauffällig und unmodern, zudem altmodisch gebunden.

»Schließen Sie bitte die Tür«, sagte er mit weicher, angenehmer Stimme.

Ich drehte mich um und sah, dass ich die Tür halb offen gelassen hatte, also entschuldigte ich mich und schloss sie. Danach nannte ich meinen Namen. Etwas veränderte sich in seinem Gesicht, und ich schloss, dass ihm mein Name bekannt war. Sich selbst stellte er allerdings nicht vor, er sagte nur: »Sehr erfreut. Wenn es Ihnen recht ist, schauen wir uns jetzt an, was Sie mitgebracht haben. Kommen Sie, nehmen Sie hier Platz.«

In seinen schlichten, sogar sehr schlichten Worten klang, wie mir schien, eine gewisse Überlegenheit an, und zwar so deutlich, dass ich plötzlich das Bedürfnis verspürte, mich zu rechtfertigen, dass ich keineswegs geschwänzt hatte, sondern sich die Umstände in letzter Zeit so ergeben hatten. Außerdem war ich ja gestern schon hier gewesen, buchstäblich zwanzig Schritte hatten mich von seiner Tür getrennt, und auch das wieder aus Gründen, an denen ich unbeteiligt gewesen war.

Doch ging dieser Anfall von schuldbewusster, heftiger, ja fast körperlich spürbarer Ehrfurcht schnell vorüber, und natürlich sagte ich nichts dergleichen, sondern trat einfach an seinen Tisch, legte ihm meine Mappe vor und setzte mich auf einen recht bequemen Stuhl. Schon trieb es mich zum anderen Extrem, und ich hätte mich am liebsten hingeflegelt, die Beine übereinandergeschlagen, zerstreut umhergeschaut und eine dreiste Gedankenlosigkeit von mir gegeben wie: »Ihr Wissenschaftler lebt nicht schlecht, habt euch ja flott eingerichtet!«

Aber auch so etwas verkniff ich mir selbstverständlich; nicht einmal die Beine schlug ich übereinander, sondern saß still und anständig da und sah dabei zu, wie er meine Mappe zu sich zog und ebenso vorsichtig wie akkurat die Bändchen aufschnürte. Sein breiter, schmallippiger Mund schien zu lächeln, und es kam mir so vor, als blicke er mich durch die ins Gesicht gefallenen Haarsträhnen an – neugierig oder spöttisch, doch unverkennbar wohlwollend.

Das Erste, was er dann sah, waren die Noten. Seine Brauen zogen sich leicht nach oben. Ich stammelte verlegen Entschuldigungen und streckte die Hand nach der vermaledeiten Partitur aus, doch er hielt mich, ohne den Blick von den Notenzeilen zu lösen, mit einer Handbewegung zurück. Zweifelsohne war er in der Lage, die Noten zu lesen, und zweifelsohne interessierte er sich dafür, denn als er mir endlich erlaubte, die Blätter des gefallenen Engels aus der Mappe zu nehmen, sah er mich mit traurigen grauen Augen an und murmelte: »Ich muss schon sagen, in den alten Mappen mancher Schriftsteller finden sich überaus interessante Papiere …«

Ich blieb ihm die Antwort schuldig, und er erwartete auch keine, sondern blätterte bereits rasch, doch sorgsam in den Kopien meiner Gutachten zu einigen längst in den Redaktionsarchiven vermodernden Machwerken aus dem unerschöpflichen Quell der unverlangten Manuskripte, sah in die Annotationen zu japanischen Patenten, besah sich die Manuskripte meiner Übersetzungen aus japanischen Technikzeitschriften und anderen Plunder, der aus jenen für mich schwarzen Jahren übrig geblieben war – einer Zeit, in der man mich diffamiert und nicht gedruckt hatte …

Er blätterte – offensichtlich in der Hoffnung, in diesem Haufen Schund wenigstens etwas halbwegs Nützliches zu finden. Ich schämte mich furchtbar und kam mir vor wie ein Schwein, denn dort saß ein Mensch, präzise und ernsthaft – nicht irgendein Stümper und Konjunkturritter. Von Sorokin hatte er anscheinend schon etwas gelesen und von ihm ernstzunehmendes Material erwartet, auf das man sich bei der Arbeit stützen konnte. Anständigkeit hatte er erwartet, doch Sorokin schleppte ihm einen Sack voll Mist an und kippte ihm den auf den Schreibtisch – hier, bitte, erstick dran!

Solche Gefühle peinigten mich, als er endlich die beschämende Mappe schloss, seine bleichen Hände mit den langen schmalen Fingern darauf legte und mich erneut ansah. Dann sagte er: »Ich sehe, Felix Alexandrowitsch, dass Sie der objektive Wert Ihres Werks überhaupt nicht interessiert.«

Ich weiß nicht, ob in seinen Worten oder seinem Ton ein Vorwurf mitschwang, doch aus plebejischem Widerspruchsgeist zeigte ich ihm sofort die Krallen.

»Wie kommen Sie darauf?«

»Wie ich darauf komme?« Er klopfte mit dem Fingernagel auf die Mappe. »Aus diesem Material geht lediglich hervor, dass Sie eine miserable Handschrift haben und man in Japan viel über Brennstoffelemente geschrieben hat.«

Der zänkische Dämon des Widerspruchs regte sich in mir und drängte mich zu gehässigen, feigen Rechtfertigungen: Na und, es hieß ja wohl, ein beliebiges Manuskript, und hier haben Sie ein beliebiges, bitte; manche Leute wissen nicht, was sie wollen, und dann sind sie unzufrieden … Doch ich sagte nichts dergleichen, zog nur den Kopf ein und nuschelte: »Es hat sich so ergeben …« Dann ergänzte ich, unerwartet für mich selbst: »Nehmen Sie es mir bitte nicht übel.«

»Aber nein«, erwiderte er und lächelte seltsam, bekümmert und freundlich zugleich. »Wie könnte ich es Ihnen übelnehmen, Felix Alexandrowitsch? Im Grunde ist es für Sie doch wichtiger als für uns.«

Erst da wurde mir bewusst, was für einen verblüffenden Gedanken er vor einer Minute geäußert hatte.

»Verzeihung«, sagte ich und senkte die Stimme. »Sie scherzen doch sicher? Wie meinten Sie das mit dem objektiven Wert?«

»Im Wortsinne.« Er hörte auf zu lächeln.

»Wie ist denn das möglich? Dann haben Sie hier wohl so etwas wie ein Zoilusmaß erfunden?«

»Ja, warum nicht? Dieses Maß, und vieles andere …«

»Hören Sie! Das ist doch Unsinn! Wie kann ein literarisches Werk einen objektiven Wert besitzen?«

»Was spricht denn dagegen?«, wollte er wissen.

»Ja, zumindest … Das liegt doch, entschuldigen Sie, auf der Hand! Mir beispielsweise gefällt etwas, und Ihnen wird von jedem Wort schlecht. Heute spricht die ganze Welt davon, und morgen haben es alle vergessen.«

»Das stimmt natürlich, Felix Alexandrowitsch. Aber was hat es mit dem objektiven Wert zu tun?«

»Es hat damit zu tun«, sagte ich hitzig, »dass ein objektiv wertvolles Werk sowohl für Sie als auch für mich von Wert sein muss, und es muss diesen Wert immer haben: gestern, heute und morgen. So etwas gibt es aber nicht, kann es nicht geben!«

Er wandte ein, dass ich den objektiven mit dem ewigen Wert verwechsle. Ewige Werte gäbe es tatsächlich nicht, nichts in der Literatur oder der Kunst werde immer und von allen geschätzt. Aber hätte ich nie bemerkt, dass viele Werke, um die es mit der Zeit still geworden sei und von denen man geglaubt habe, sie hätten ihr Leben gelebt, dass diese Werke nach Jahrhunderten plötzlich wieder aktuell würden und erneut die Gemüter bewegten und lebten, sogar stärker als früher? Vielleicht sei es sinnvoll, gerade diese Eigenschaft – erneut zum Leben zu erwachen – als Maß für den objektiven Wert zu nehmen? Wobei das nur eine Möglichkeit sei, sich dem Problem des objektiven Wertes zu nähern. Es gebe auch andere, funktionellere, die zur Algorithmisierung besser geeignet seien.

Während ich ihm zuhörte, spürte ich geradezu physisch, dass meine Erregung abfloss wie Wasser im Sand. Ich habe eine Schwäche für Streitgespräche, besonders wenn es um solche abstrakten, theoretischen Themen geht – unter der Voraussetzung allerdings, dass eine bestimmte Atmosphäre herrscht: leichte Euphorie, eine gemütliche Runde, natürlich eine Karaffe und noch eine zweite, da sie ja bald gebraucht wird … In diesem Labor hingegen, im toten Licht von Quecksilberröhren, zwischen groben Schränken, Endlospapier und Diagrammen sowie in der Gesellschaft eines Mannes, der mich einschüchterte, statt in geselliger Runde … Nein, meine Herren, unter solchen Umständen konnte ich nicht diskutieren!

Und als hätte er meine Gedanken erraten, sagte er: »Übrigens ist es sinnlos, darüber zu streiten, Felix Alexandrowitsch. Denn die Maschine, mit der sich der objektive Wert belletristischer Werke messen lässt – das Zoilusmaß, wie Sie es nennen –, existiert. Sogar schon ziemlich lange. Als man diese Maschine fertig entwickelt hatte, kam eine andere Frage auf, und die war viel wichtiger, nämlich: Braucht überhaupt jemand den objektiven Wert eines literarischen Werks? Das Schicksal des ersten funktionierenden Modells der Maschine und ihres Erfinders ist dabei außerordentlich aufschlussreich … Verzeihung, ermüde ich Sie nicht?«

Eine unheimliche Vorahnung hatte bereits Besitz von mir ergriffen, so schüttelte ich rasch den Kopf und gab so gut ich konnte zu verstehen, dass ich kein bisschen müde war und schon sehr auf die Fortsetzung wartete.

Meine Vorahnung trog mich nicht. Er erzählte, wie vor dreißig Jahren ein junger, enthusiastischer Erfinder auf einem Motorrad sein erstes Modell des »Elital«, des »Einstufungsgeräts für literarisches Talent«, nach Kukuschkino ins Schriftstellerheim gebracht hatte. Sachar Kupidonytsch hatte dem Computer unerlaubt Sidor Amenpodespowitschs Manuskript eingegeben und das Gutachten des »Elital«, über das sich übrigens keiner wunderte, schwungvoll im Speisesaal verlesen. Anschließend hatte sich neben dem gleichgültigen Rechner eine furchtbare Schlägerei abgespielt zwischen Flavius Vespanianowitsch und einem taktlosen Redakteur des Verlages »Moskauer Literat«. So war das Jubiläum Hosianna Nikiforownas hoffnungslos in die Binsen gegangen, und es verdarben ihr einhundertsieben Portionen Stör am Spieß und Filet nach Suworow-Art, welche man mit dem personengebundenen SIS aus dem Klub herangeschafft hatte. Lukian Ljubomudrowitsch hatte sich eifrig bemüht, den Erfinder zu kaufen, damit dieser seinen verdammten Apparat frisiere – erst hatte er ihm eine Kiste Wodka geboten, dann Geld und schließlich eine Wohnung in einem der Hochhäuser. Mit einem Wort: Der Mann schilderte, wie das Schriftstellerheim in Kukuschkino acht Tage lang zur Hölle wurde, wie man in der Nacht zum neunten die Maschine kurz und klein schlug, und wie nach einem weiteren Tag Methodi Kirilytsch die Angelegenheit in vollem Einklang mit den heutzutage vergessenen Regeln zur Konfliktlösung zum Abschluss brachte.

Aufmerksam lauschte ich der Geschichte und fragte, kaum dass mein Gegenüber verstummt war: »Sie waren also auch mit Anatoli Jefimowitsch bekannt?«

»Selbstverständlich!«, erwiderte er, sogar mit einer gewissen Verwunderung. »Aber wie kommen Sie jetzt auf ihn?«

»Weil alles, was Sie mir erzählt haben, die Idee zu einer Komödie ist, die der verstorbene Anatoli Jefimowitsch schreiben wollte ...«

»Ah, richtig«, sagte er, als fiele es ihm wieder ein. »Nur wollte er diese Komödie nicht nur schreiben – er hat sie tatsächlich geschrieben. Auch er war ein Protagonist, natürlich unter anderem Namen. Und im März '52 ist das in Kukuschkino wirklich passiert ...«

Etwas an diesem letzten Satz ließ mich aufhorchen, doch da war ich schon auf eine andere – wir mir schien – Ungereimtheit gestoßen.

»Was heißt, ›er hat sie tatsächlich geschrieben‹?«, fragte ich. »Mir hat Anatoli Jefimowitsch das alles einen Monat vor seinem Tod erzählt. Und zwar als Idee zu einer Komödie.«

Mein Gesprächspartner lächelte traurig.

»Nein, Felix Alexandrowitsch. Als er Ihnen davon erzählte, war das Stück schon seit einem Vierteljahrhundert fertig. Es lag in drei Exemplaren redigiert, korrigiert und bereit zur Aufführung in seinem Schreibtisch. Erinnern Sie sich an diesen Schreibtisch? Das war so ein alter, großer, mit vielen Schubfächern. Und links, ganz unten, lag die Komödie mit dem ungeschickten Titel ›Elita‹.«

Er sagte das alles so nachdrücklich und gleichzeitig wehmütig, dass mir nichts übrigblieb, als eine Weile zu schweigen. In der Stille öffnete er noch einmal meine Mappe und blätterte in den Manuskripten.

Ich war etwas verstimmt, weil mir Anatoli Jefimowitsch nicht vertraut und mir diesen Teil aus seinem Leben vorenthalten hatte, dabei hatte ich geglaubt, er hätte mich gemocht und anderen vorgezogen. Obwohl, wer war ich schon für ihn gewesen, dass er mir hätte vertrauen sollen? Seiner Gespräche hatte er mich für würdig befunden, in der Küche, beim Tee, wo er nur seine nahen Freunde empfing, doch damit war es anscheinend genug gewesen.

Ich war ein wenig verstimmt, aber in gleichem Maße auch verwundert. Und zwar nicht, weil das Zoilusmaß, wie ich gerade erfahren hatte, längst entwickelt und erprobt war. Nein, mich wunderte, dass mich diese Tatsache überhaupt nicht erstaunte! Denn wie dem auch war – die Existenz einer solchen Maschine warf viele meiner Vorstellungen vom Möglichen oder Unmöglichen über den Haufen.

Wahrscheinlich sprengte schon die Persönlichkeit meines Gesprächspartners so sehr den Rahmen meiner Vorstellungen, dass alles Übrige mir nur noch insofern sonderbar oder bestaunenswert schien, als es sich von ihm herleitete. Ich wollte ihn furchtbar gern fragen, ob er der junge Erfinder gewesen war, der diese Schreckenswoche in Kukuschkino verursacht hatte und dann in Anatoli Jefimowitschs Stück auftauchte. Ich räusperte mich bereits, um den Mund zu öffnen, als er mich mit seinen klaren grauen Augen anblickte und mir sofort klarwurde, dass ich mich um keinen Preis entschließen würde, die Frage zu stellen. So plapperte ich aufs Geratewohl: »Also, wie ist das? Bilden hier alle Schränke zusammen das ›Elital‹? Stimmt es, wenn bei uns erzählt wird, Sie stellten das Maß unseres Talents fest?«

Diesmal lächelte er nicht einmal.

»Natürlich nicht«, antwortete er. »Das heißt, in gewissem Sinne schon. Aber im Allgemeinen befassen wir uns mit ganz anderen Problemen, sehr speziellen, die sich am ehesten der Linguistik zuordnen lassen … oder, genauer, der Soziolinguistik.«

Ich fragte, ob man ihn so verstehen solle, dass diese Schränke zwar das Maß meines Talents bestimmen könnten, jetzt allerdings für eine andere Aufgabe eingerichtet seien? Er erwiderte, in einem gewissem Sinne sei es so. Daraufhin erkundigte ich mich – nicht ohne Bosheit –, wie sie denn das Talent bewerteten: mit fünf Noten, wie in der Schule, oder nach der Zwölfpunkteskala, wie bei Erdbeben? Er meinte, es wäre naiv anzunehmen, eine so komplizierte soziopsychologische Erscheinung wie das Talent ließe sich in solch groben Werten ausdrücken. Das Talent sei eine spezifische Erscheinung, und für seine Bewertung brauche man spezifische Maßeinheiten.

»Übrigens«, erklärte er, »wird es wohl einfacher sein, Ihnen zu zeigen, wie der Computer arbeitet. Die Werte, die er liefert, haben zwar nur eine mittelbare Beziehung zum Talent, aber immerhin. Hier, nehmen wir diese Seite, Ihre Rezension zu einer Erzählung mit dem Titel ›Die Geburt des Täubchens‹. Was das für eine Erzählung ist, kann man schon aus dem Titel schließen … Doch der Computer wird sich nicht mit der Erzählung, sondern mit Ihrer Rezension befassen, Felix Alexandrowitsch.«

Nur mit Mühe löste er die rostige Büroklammer von meinem Stapel, nahm das oberste Blatt und legte es in einen flachen Kasten in der Größe eines A4-Blattes. Dann schob er den Kasten in eine Aussparung, legte lässig ein paar Hebel auf dem Pult um und drückte mit dem Zeigefinger auf eine rote Taste, in der ein Lämpchen glimmte. Das Lämpchen erlosch; dafür begannen nun zahlreiche Lämpchen auf einer vertikalen Schalttafel zu flimmern und hin und her zu rasen, und auch die beiden großen Bildschirme seitlich des Anzeigefeldes lebten auf: Kurven schlängelten sich, Ziffern sprangen, allerlei Klystrone, Kenotrone und andere elektronische Innereien knackten und wimmerten. Das Zeitalter der wissenschaftlich-technischen Revolution …

Das alles dauerte etwa eine halbe Minute. Dann verstummte das Surren, und auf dem Anzeigefeld und den Bildschirmen kehrte wieder Ruhe und Ordnung ein. Jetzt leuchteten dort zwei klare Kurven und eine Unmenge verschiedenartiger Zahlen.

»Das wär's«, sagte der Mann, zog das Kästchen heraus und legte das Blatt zurück in meine Mappe.

Noch ehe ich den Mund aufmachen konnte, erklärte er mir, dass die Zahlen die Entropie meines Textes darstellten; diese dort charakterisierten etwas, das man lange erklären müsste, und jene Kurve sei der aufgerundete Koeffizient von etwas, was ich nicht verstand; das wiederum zeige die Distribution von etwas, was ich verstand und mir sogar einzuprägen versuchte, aber trotzdem sogleich wieder vergaß.

»Beachten Sie diese Ziffer«, forderte er mich auf und klopfte mit dem Finger auf eine Vier, die einsam in der rechten unteren Ecke des Zahlenmonitors angezeigt wurde. »Ihre Kollegen sind – warum auch immer – überzeugt davon, gerade dies sei der berüchtigte ›objektive Wert‹ beziehungsweise der ›Index der Genialität‹, wie ihn dieser seltsame Mensch mit der Binde nennt.«

»Der Allunionsdrops«, murmelte ich automatisch.

»Möglich. Heute hat er sich übrigens Kosluchin genannt; er war schon öfter hier, jedes Mal mit einem anderen Manuskript und unter anderem Namen. Er bezeichnet diese Zahl hartnäckig als ›Index der Genialität‹ und meint, je höher sie sei, desto genialer der Autor …«

Dann erzählte er, wie er, um Petenka Skorobogatow eines Besseren zu belehren, aus irgendeiner Zeitung, die zufällig auf seinem Tisch gelegen sei, eine Glosse über Gauner im

Handel herausgerissen und der Maschine eingegeben habe. Daraufhin sei eine siebenstellige Zahl angezeigt worden. Und obwohl mit bloßem Auge erkennbar gewesen sei, dass der Artikel hoffnungslos weit von jeglicher Genialität entfernt war, habe Petenka Skorobogatow seine Überzeugung keineswegs geändert, sondern ihm nur listig zugeblinzelt und den Zeitungsausschnitt in sein bereits angeschwollenes Notizbuch gelegt.

»Und was hat sie nun angezeigt, die siebenstellige Ziffer?«, fragte ich neugierig.

»Verzeihen Sie, Felix Alexandrowitsch, aber Ziffern sind immer einstellig. Siebenstellig können nur Zahlen sein. Die Zahl also, die in dieser Zeile des Displays erscheint« – er klopfte wieder mit dem Finger auf die Vier –, »ist, um es einfach auszudrücken, im diesem Fall die mutmaßliche Anzahl der Textleser.«

»Der Textleser also …«, murmelte ich ebenso schüchtern wie rachsüchtig.

»Ja. Ein gestrenger Stilist fände dieses Kompositum sicher abscheulich, doch im gegebenen Fall ist ›Textleser‹ ein Terminus, der einen Menschen bezeichnet, welcher zumindest einmal den betreffenden Text gelesen hat oder ihn künftig lesen wird. Demzufolge ist diese Vier keine mysteriöse Kennziffer Ihrer Genialität, Felix Alexandrowitsch, sondern lediglich die höchstwahrscheinliche Anzahl der Leser Ihrer Rezension, der Index HATL oder einfach TL …«

»Und was bedeuten ›H‹ und ›A‹?«, fragte ich, nur um etwas zu sagen; in meinem Kopf drehte sich alles.

»›HA‹ ist die höchstwahrscheinliche Anzahl.«

»Aha«, erwiderte ich und wollte schon still sein, aber da hellte es in meinem Kopf für einen Augenblick auf, und ich sagte entrüstet: »Was für eine Beziehung hat denn Ihr HATL zum Talent, zu den Fähigkeiten und überhaupt zur Qualität des, wie Sie ihn nennen, betreffenden Textes?«

»Ich hatte Sie schon darauf aufmerksam gemacht, dass dieses Maß lediglich eine indirekte Beziehung …«

»Nicht mal eine indirekte!«, unterbrach ich ihn und ging zum Angriff über. »Die Anzahl der Leser ergibt sich vor allem aus der Auflagenhöhe!«

»Und die Auflagenhöhe?«

»Lassen Sie's gut sein«, wehrte ich ab. »Mir brauchen Sie nichts zu erzählen. Unsereins weiß, wovon und vor allem von wem die Auflagen abhängen! Haufenweise könnte ich Ihnen empörenden Schund nennen, von dem eine halbe Million gedruckt wurde …«

»Freilich, freilich, Felix Alexandrowitsch! Sie reden schon wie Ihr eingegipster Kosluchin – Sie beziehen, wer weiß, weshalb, die Höhe des HATL halsstarrig und naiv auf die Qualität des Textes.«

»Nicht ich beziehe sie darauf. Sie stellen diese Verbindung her! Ich meinte doch gerade, dass es da überhaupt keinen Zusammenhang gibt, weder einen indirekten noch einen direkten!«

»Aber wieso denn nicht, Felix Alexandrowitsch? Hier, dieser Text«, er hob mit zwei Fingern das Blatt mit meinem unglückseligen Gutachten hoch, »hat, wie Sie sehen, die HATL-Ziffer vier. Haben Sie Einwände gegen diese Bewertung?«

»Na hören Sie mal … Das ist doch natürlich, bei einem Gutachten, noch dazu einem für den internen Gebrauch. Das liest der Lektor … und vielleicht der Autor, wenn man es ihm zeigt …«

»Dann haben Sie also keine Einwände.«

Geschickt wie ein Zauberkünstler, zog er plötzlich ein altes Schulheft mit ausgeblichenem, gelbfleckigem Umschlag aus meiner Mappe und hielt es mir so rasch vor die Nase, dass ich zurückfuhr.

»Was sehen wir hier?«, fragte er.

Wir sahen hier ein aus der Kindheit vertrautes, anrührendes Bildchen, auf dem ein bärtiger Recke Abschied nimmt von seinem mächtigen langmähnigen Pferd. Und unter dem Bild die Verse: »Oleg zieht zum Kampfe, begleitet vom Heer ...«

»Und?«, fragte ich herausfordernd. »Das sind wunderbare, ausgezeichnete Zeilen. Kein Literaturunterricht konnte sie zerstören ...«

»Zweifellos«, pflichtete er mir bei. »Aber es geht nicht darum. Wenn wir dieses Blatt jetzt der Maschine eingeben, was wird dann passieren?«

Ich wand mich ein wenig.

»N-na ...«, nuschelte ich. »Da müsste ziemlich viel herauskommen ... allein schon die Schüler ... Zehn, zwanzig Millionen?«

»Mehr als eine Milliarde, Felix Alexandrowitsch«, widersprach er schroff. »Mehr als eine Milliarde!«

»Gut, vielleicht auch mehr als eine Milliarde«, wiederholte ich ergeben. »Ich sagte doch, viel ...«

»Also«, fuhr er fort. »Bei einem trivialen Gutachten ist HATL gleich vier. Bei ›wunderbaren, ausgezeichneten Versen‹ übersteigt HATL eine Milliarde. Und da meinen Sie, das hätte nichts miteinander zu tun?«

»Aber das ist doch ...« Ich wedelte mit den Armen und schnippte mit den Fingern. »Dieses Lied ... vom weisen Oleg ... Das ist gedruckt worden! Viele Male! Es wird sogar gesungen!«

»Es wird gesungen.« Er nickte. »Und man wird es auch künftig singen. Und noch viele Male drucken.«

»Na bitte! Meine Rezension dagegen ...«

»Ihre Rezension dagegen wird man nicht singen. Und auch nicht drucken. Nie. Deshalb ist ihre HATL nur vier. Alles in allem – für Vergangenheit und Zukunft. Ungelesen wird sie von der Bildfläche verschwinden.«

Mich überkam ein sonderbares Gefühl. Mir war, als wollte er mir etwas soufflieren, mich auf einen bestimmten Gedanken bringen. Es schien, als klopfe er an eine mir unbekannte Tür meines Bewusstsein: Mach auf! Lass mich herein! Aber alle Worte, die wir sprachen, und alle Gedanken, die wir in Worte fassten, waren bis zur Farblosigkeit banal, und sie fanden in mir kein Echo. Es war, als schlüge jemand mit einem Federkissen gegen die Stahltür eines fest verschlossenen Safes.

»Richtig so«, sagte ich unschlüssig. »Gott mit ihr, meiner Rezension – tolles Kunstwerk ...«

Er schwieg und massierte mit den Fingern die Haut über seinen Brauen.

»Ich habe gescherzt, Felix Alexandrowitsch«, murmelte er plötzlich fast schuldbewusst. »Sie haben natürlich völlig recht.«

Er verstummte. Auch ich sagte nichts und versuchte zu verstehen, womit ich recht gehabt hatte, zudem völlig recht. Zudem, worin die Pointe seines Scherzes bestand. Und als das Schweigen unangenehm und ein wenig peinlich wurde, sagte ich: »Dann gehe ich wohl?«

»Ja, ja, natürlich. Ich danke Ihnen.«

»Die Mappe darf ich mitnehmen?«

»Selbstverständlich, bitte sehr.«

»Aber vielleicht brauchen Sie sie ...«

»Nein, vielen Dank. Wir haben alles, was möglich war, herausgeholt.«

»Also brauche ich nicht wiederzukommen?« Er blickte mich mit seinen unfrohen Augen an und antwortete: »Ich freue mich immer, Sie zu sehen, Felix Alexandrowitsch. Morgen allerdings bin ich nicht hier. Kommen Sie übermorgen, wenn es Ihnen recht ist.«

Ich weiß nicht, was er eigentlich im Sinn hatte, aber für mich klang diese Einladung fast wie ein Befehl. Und wieder regte sich der Dämon des Widerspruchs in mir. Aber ich gab ihm keine Stimme und beschränkte mich darauf, die Schultern zu zucken und die Bändchen an meiner Mappe zuzubinden.

Da sagte er: »Vergessen Sie bitte die Noten nicht, Felix Alexandrowitsch.«

Tatsächlich hätte ich fast die idiotischen Noten auf seinem Tisch liegen gelassen. Er sah zu, wie ich sie in die Mappe stopfte und sie dann noch einmal zuschnürte, und als wir uns schon verabschiedet hatten und ich zur Tür ging, rief er mir nach: »Felix Alexandrowitsch, ich würde Ihnen nicht raten, diese Partitur mit sich herumzutragen. Da könnte wer weiß was passieren …«

Ich fragte nicht weiter nach. Mir reichte es. Als hätte ich nichts gehört, trat ich schweigend hinaus in den Flur und schloss hinter mir fest die Tür. Draußen saß niemand mehr.

Von der Bannaja zur Metro ging ich zu Fuß. Ich trottete vor mich hin, glitt immer wieder auf den vereisten Bürgersteigen aus, zwängte mich durch Trauben von Leuten aus der Provinz, die vor den Türen der Modeläden standen, bahnte mir meinen Weg durch die Scharen von Autos an den Kreuzungen und bemerkte bei alldem fast nichts um mich herum. Meine Gedanken schweiften immer wieder zu dem Gespräch mit meinem merkwürdigen neuen Bekannten. Er hatte sich übrigens auch später nicht vorgestellt. Wie er das nur hinbekommen hatte … Seltsam, sehr seltsam …

Einerseits war das Gespräch nichts Besonderes gewesen: Zwei intelligente Menschen waren dienstlich zusammengetroffen und hatten sich miteinander bekannt gemacht. Schön, der eine von ihnen hatte seinen Namen nicht genannt, und dem anderen war das erst nach dem Gespräch aufgefallen, aber das war nicht gar zu merkwürdig. Die beiden intelligenten, zweifelsohne einander sympathischen Menschen hatten gewisse, recht abstrakte Überlegungen zu banalen Themen ausgetauscht: Genialität, Schöpfertum, Literatur, Leser, Auflagenhöhen usw. Aber warum war mir, als hätte ich seit diesem Gespräch Splitter in meinem Bewusstsein? Irgendwo, hinter den Ohren, schien etwas zu jucken. Aber was und weshalb?

In der Metro, eingeklemmt zwischen zwei Kinderwagen (in dem einen lag ein Kind, im dem anderen Schläuche von »Moskwitsch«-Reifen), hörte ich durch das Rumoren der Räder auf einmal deutlich seine weiche Stimme: »Er hatte diese Komödie nicht nur schreiben wollen. Er hat sie tatsächlich geschrieben ... Und im März '52 ist das in Kukuschkino wirklich passiert.«

So. Das war er, der erste Splitter. Zuerst hatte er die Komödie geschrieben, und dann war das alles passiert. Blödsinn, Quatsch, da hatte ich mich verhört. Oder er hatte sich versprochen! Die Hauptsache aber – was war zwischen ihm und Anatoli Jefimowitsch gewesen? Und wann war er ihm nähergekommen? Anatoli Jefimowitsch war, im Gegensatz zur überwiegenden Mehrheit meiner Kollegen, äußerst verschlossen gewesen, ich würde sogar sagen, menschenscheu. Die Sitzungen hatte er geschwänzt, selbst die wichtigsten. Gesellschaften hatte er nicht besucht und in seinem Haus, Gott bewahre, auch keine veranstaltet. Im Klub war er fast nie aufgetaucht; er mochte keinen Alkohol, eher guten Tee, den er eigenhändig zu Hause zubereitete. Freunde waren ihm praktisch nicht geblieben: Die einen waren noch vor dem Krieg umgekommen, andere im Krieg gefallen, und wieder andere hatten, wie er es einmal ausdrückte, »das gute Teil erwählt«. Im Grunde war er einsam gewesen, und ich hatte das jedes Mal gefühlt, wenn mein Blick in die Ecke seines Arbeitszimmers wanderte, auf den Haufen ungeöffneter Päckchen mit den Belegen der zahlreichen Nachauflagen seiner Trilogie. Diese war mit allen nur erdenklichen Lorbeeren bedacht worden, und er hatte nicht einmal die Belegexemplare verschenkt, weil es niemanden gab, dem er sie hätte schenken können.

Eigentlich hatte er in seiner Wohnung außer mir nur noch sieben weitere Freunde empfangen. Ich kannte sie alle und war mir sicher, dass keiner von ihnen je etwas über sein Stück »Elital« gehört hatte. Mein neuer Bekannter dagegen wusste nicht nur von der Komödie, sondern hatte sie offenbar auch gelesen! Sonderbar … Vielleicht hatten sie sich früher, lange vor meiner Zeit, nahegestanden und dann zerstritten? Aber er war doch ungefähr in meinem Alter, ja könnte Anatoli Jefimowitschs Sohn sein – wann also hätten sie sich da kennengelernt haben sollen?

Ich konnte mir die Sache nicht erklären. Allerdings verschwanden alle Gedanken schlagartig aus meinem Kopf, als ich direkt vor unserem Haus ausrutschte, eine fantastische Pirouette drehte und auf die Seite fiel, wobei ich auch noch eine des Weges kommende Dame mit Hündchen umriss.

Sechs Leute liefen herbei, um uns aufzuhelfen, und es gab ein kräftiges Ächzen und Schnaufen, ermunternde Ausrufe und fragwürdiges Lamentieren, dass bei uns das Recht auf Arbeit offenbar nicht das Recht auf das Streuen der Gehwege einschließe. Am meisten hatte, wie mir schien, das Hündchen gelitten, dem man im Getümmel auf ein Pfötchen getreten war, aber auch ich hatte mich böse verletzt. Ich stand da, presste die Hand auf die Seite und versuchte Luft zu holen, während man um mich herum darüber schwatzte, dass es so etwas in Moskau winters noch nie gegeben habe … diese Unordnung … Weltuntergang … das Jüngste Gericht …

Nachdem ich zu Atem gekommen war, bedankte ich mich mühsam bei meinen Rettern und entschuldigte mich bei der unglücklichen Dame und ihrem Hündchen. Wir gingen auseinander, und ich humpelte zu der schwarz gefliesten Treppe in unserem Hauseingang.

Die Gedanken an den Weltuntergang, die im Chor der entrüsteten Fürsprecher des Rechts auf Arbeit für die Hausmeister angeklungen waren, brachten mich auf etwas … Ich erinnerte mich wieder an den gefallenen Engel, seine komischen Noten und – einer natürlichen Assoziation folgend – an die Worte meines neuen Bekannten. »Ich würde Ihnen nicht raten, diese Partitur mit sich herumzutragen. Da könnte wer weiß was passieren …« Ja, und was? Was waren das für Noten, mit denen ich nicht durch die Straßen spazieren sollte? »Gott schütze den Zaren«? Oder das Horst-Wessel-Lied? Dazu fiel mir nichts ein – außer der unglaubhaften, dafür aber alles erklärenden Vermutung, es handle sich dabei tatsächlich um die Partitur der Posaunen des Jüngsten Gerichts.

Aber was das anbetraf, wusste ich zumindest, an wen ich mich wenden konnte. Ich fuhr also nicht bis zum fünfzehnten Stock hinauf, sondern stieg im fünften aus. Hier wohnte und arbeitete in einer Vierzimmerwohnung der populäre Liedermacher und Sänger Georgi Luarssabowitsch Tschatschua, ein gastfreundlicher Mensch, Genießer und maßloses Arbeitstier, mit dem ich mich fast schon seit dem Einzug in unser Haus duzte.

Hinter der kunstlederbezogenen Tür dröhnte der Flügel und jubilierte eine wunderschöne Frauenstimme. Wie es schien, arbeitete Tschatschua. Ich zögerte, doch da donnerte eine Lachsalve los. Das Klavier verstummte, die Stimme ebenfalls. Tschatschua arbeitete wohl doch nicht. Ich drückte auf den Klingelknopf. Im selben Moment setzte das Klavier wieder ein, und aus mehreren Männerkehlen erscholl ein georgisches Lied. Nein, Tschatschua arbeitete sicher nicht. Ich klingelte noch einmal.

Die Tür wurde aufgerissen, und auf der Schwelle stand der Meister in schwarzen Konzerthosen mit grellfarbenen Hosenträgern über dem blendend weißen Hemd, das am

Kragen geöffnet war; das erhitzte Gesicht sorgenschwer, die mächtige Nase schweißbedeckt. Teufel noch mal – er hatte doch gearbeitet …

»Um Himmels willen, entschuldige«, sagte ich und drückte die Mappe an meine Brust.

»Was ist denn passiert?«, erkundigte er sich aufgeregt und ein wenig gereizt.

»Nichts«, antwortete ich, wobei ich mühsam der Versuchung widerstand, mit kaukasischem Akzent zu sprechen. »Ich komme auf einen Sprung vorbei, weil …«

»Hör mal!« Er trat ungeduldig von einem Fuß auf den anderen. »Komm später wieder, ja? Ich habe Besuch, wir arbeiten. Komm so in zwei Stunden, ja?«

»Warte, es ist nur eine Kleinigkeit.« Ich knüpfte hastig die Bänder der Mappe auf. »Hier sind ein paar Noten. Sieh sie dir bitte an, wenn du Zeit hast …«

Er nahm die Partitur und blätterte sie verdutzt durch. Aus seiner Wohnung drangen streitende Männerstimmen. Es ging um Musik.

»Na schön«, sagte er nach einer Weile und ohne den Blick von den Blättern zu wenden. »Hör mal, wer hat das geschrieben, woher hast du das?«

»Das erzähle ich dir später«, sagte ich und trat einen Schritt zurück.

»In Ordnung«, stimmte Tschatschua zu. »Das machen wir nachher. Ich komme dann zu dir hoch. Eine Stunde muss ich noch arbeiten, dann spielt ›Spartak‹, und danach komme ich.«

Er winkte mir mit den Blättern zu und warf die Tür ins Schloss.

Zu Hause angekommen, zog ich mich aus und kroch unter die Dusche. Ich war schweißnass, die geprellte Seite schmerzte fürchterlich, und überhaupt musste ich mich erst einmal beruhigen. Während ich duschte, dachte ich darüber nach, wie ich den Abend verbringen würde. Vor allem musste es Abendessen geben – das würde heute mit dem Mittagessen zusammenfallen. Das musste ich noch zubereiten. Kartoffeln waren da. Saure Sahne auch. Wahrscheinlich. Ich hatte grüne Erbsen. Ha! Da stand ja noch eine Büchse Rindfleisch! Nein, zum Teufel mit den Suppen! Ich würde mir Kartoffeln machen mit gedünstetem Rindfleisch! Da waren auch Zwiebeln und marinierter Lauch. Und Kognak. Was braucht der Mensch mehr? Meine Laune besserte sich augenblicklich.

Gegen das Kartoffelschälen habe ich nichts, weil man den Kopf dabei frei hat. Übrigens schält keiner meiner Bekannten die Kartoffeln so sauber und schnell wie ich. Die Armee, Genossen! Zentner, Tonnen, Waggonladungen geschälter Kartoffeln! Und wie die mitunter aussahen! Faulig, gefroren, blaugrün, durch und durch schwarz … Friedensware zu schälen, zumal vom Markt, ist dagegen das reinste Vergnügen. Und, ach, wie herrlich, dass ich nicht mehr zur Bannaja muss …

Ich wusch die geschälten Kartoffeln gründlich, füllte Wasser in einen Topf und schnitt die Kartoffeln in zwei oder drei Stücken hinein. Dann stellte ich den Topf auf die Flamme.

… Sagen Sie, was Sie wollen, aber diese Sache mit der Bestimmung des HATL ist Blödsinn und eine Verschwendung volkseigener Gelder. Wie übrigens die meisten hochgeistigen Vorhaben, die sich mit Literatur oder Kunst im Allgemeinen befassen. Da haben sie Schränke für Hunderttausende Rubel aufgestellt, und das alles nur, um zu beweisen: Wenn man einen Autor druckt, wird er viele Leser haben – oder auch nicht so viele; doch wenn man ihn nicht druckt, wenn man ihn kurz hält, diesen Hundsfott, dann wird der Schuft, dieser gemeine Kerl, überhaupt keine Leser haben. Oder noch treffender: Gibt man beispielsweise etwas von Puschkin heraus – und sei es auch nur ein Prosabändchen – und parallel dazu einen Liebesroman von Abort Abortytsch Klosettbecken über die brodelnden Leidenschaften in einem Gießkübel, so wird Puschkin ungleich mehr Leser finden. Das war im Prinzip alles, was der Mann mir beizubringen versucht hatte. Zusätzlich vielleicht noch den simplen Gedanken, dass Gutes immer gut ist. Schlechtes dagegen nicht immer schlecht.

Oder stimmte hier etwas nicht? Hatte ich irgendetwas nicht verstanden, was ich auch jetzt nicht verstand? Aber wer hatte denn von ihm verlangt, durch die Blume zu sprechen – hätte er doch geradeheraus gesagt, was er will! Jetzt werde ich ihm was husten, von wegen noch einmal hingehen. Die Kartoffeln sind auch gar …

Und dann stand alles fertig auf dem Tisch: Ein höchst appetitliches Gericht aus Kartoffeln und rötlichem Rindfleisch dampfte in einem tiefen Teller, die ganze Küche duftete nach Fleisch, Zwiebeln und Lorbeer, und der Kognak floss in ein bauchiges Glas. Das Leben war herrlich, der Horizont klarte auf und erstrahlte vor guten Vorahnungen. Mein Drehbuch hatte ich mehr als zur Hälfte fertig, wegen des Pelzes brauchte ich in keinen Modesalon mehr zu gehen, und ich musste auch nicht mehr, zum Teufel, überhaupt nie mehr in die Bannaja. Alle Schulden waren bis Sonnenuntergang beglichen, wie der junge Mr. Corkran zu sagen pflegte.

Ich kippte einen Kognak, stopfte mir den Mund voll Kartoffeln und Fleisch und tastete nach dem Fernseher.

Im ersten Programm sägte jemand auf einer Geige herum. Ich ergötzte mich eine Weile an dem gequälten Gesicht und schaltete dann um. Im zweiten Programm tanzte die Volkskunst, schwenkte bunte Röcke, stampfte mit den Absätzen, nahm sich bei den Händen, ließ wieder los und kreischte von Zeit zu Zeit herzzerreißend auf. Ich stopfte mir wieder den Mund voll und schaltete noch einmal um. Hier unterhielten sich einige betagte Leute an einem runden Tisch. Es ging um Grenzen, die man erreicht habe, um die Entschlossenheit, irgendwo irgendetwas sicherzustellen, um große Taten bei der Rekonstruktion von etwas Eisernem …

Ich kaute an meinen Kartoffeln, die plötzlich fade schmeckten, hörte zu und fluchte aus tiefstem Herzen. Dieser Fernseher! Strahlendes Wunder des 20. Jahrhunderts! Fantastisches Konzentrat der Bemühungen, des Talents und des Erfindungsreichtums von Dutzenden, Hunderten, ja Tausenden der besten Köpfe unserer, meiner Zeit! Und wozu? Damit jetzt, nach der Arbeit, zig Millionen erschöpfter Menschen genau wie ich wütend auf den Knöpfchen herumdrückten, weil sie an der unlösbaren Aufgabe scheiterten: Was sehe ich mir an? Den begeisterten Säger? Die verschwitzte Horde der Laientänzer? Oder die trostlosen, vor sich hin stammelnden Spezialisten am runden Tisch?

Ich entschied mich für den Säger, schenkte mir noch einmal ein, trank einen Schluck und hörte zu.

Auch so eine Täuschung, dachte ich. Seit meiner Kindheit berieselte man mich mit klassischer Musik. Wahrscheinlich hatte einmal irgendwer gesagt, ein Mensch, den man täglich mit klassischer Musik beriesele, gewöhne sich nach und nach an sie und könne fürderhin gar nicht mehr ohne sie leben – was gut sei. Aber dann ging's los! Wir wollten Jazz, wir waren verrückt nach Jazz – doch man stopfte uns mit Sinfonien voll. Wir schwärmten für sentimentale Romanzen und Banditenlieder – doch man quälte uns mit Violinkonzerten. Wir brannten darauf, Chansonniers und Liedermacher zu hören – und wurden mit Oratorien gejagt. Hätten all diese übermenschlichen Bemühungen, uns mit klassischer Musik zu durchtränken, auch nur den Wirkungsgrad der Dampfmaschine Denis Papins gehabt, lebte ich heute unter lauter Kennern und Verehrern der klassischen Musik und wäre ohne Zweifel auch selbst einer geworden. Tausende und Abertausende von Rundfunkstunden, Fernsehprogrammen, Millionen von Schallplatten … Und das Ergebnis? Von meinen Freunden kennt sich Garik Aganjan nahezu professionell mit Popmusik aus; Shora Naumow sammelt bis heute Chansons; der Allunionsdrops ist ungefähr so wie ich: je weniger Musik, desto besser. Lenja Fips hasst Musik. Allerdings wäre da noch Walja Demtschenko – er liebt klassische Musik seit seiner frühen Kindheit, die Musikpropaganda hat damit also nichts zu tun.

Während mir all das durch den Kopf ging, verschwand der Violinist vom Bildschirm; statt seiner stürmten Eishockeyspieler herbei, und einer von ihnen hieb sofort einem anderen den Schläger über den Kopf. Verschämt schwenkte die Kamera zur Seite, das Interessanteste enthielt man mir vor, und ich schaltete den Fernseher aus. Ich war satt, leicht angeheitert, und jetzt brauchte ich nur noch das Geschirr abzuwaschen.

Später ging ich ins Arbeitszimmer und spazierte, den Zeigefinger auf der Glasscheibe, langsam an meinem Bücherschrank entlang.

»Krieg und Frieden«. Heute nicht. Ist ja noch kein halbes Jahr her.

»Tschechow. Briefe«. Nicht die richtige Stimmung.

Tschukowski. »Von Tschechow bis heute«. Hatte ich kürzlich erst wieder gelesen.

Aha, Anton Pawlowitsch, in zehn Bänden. Sollte ich mir »Eine langweilige Geschichte« noch einmal vornehmen? Nein. Die heben wir uns für einen tristeren Tag auf.

Michail Bulgakow. Eine Weile betrachtete ich den braunen Buchrücken: Er war schon etwas beschädigt, hatte sich an einigen Stellen gelöst, und an der unteren Ecke stand ein richtiges Eselsohr ab … Schluss, von nun an leihe ich das Buch keinem mehr. Diese verdammten Liederjane … »Groß war es und fürchterlich, das eintausendneunhundertundachtzehnte Jahr nach Christi Geburt, das zweite aber nach Beginn der Revolution …«

»Ich werde jetzt den ›Theaterroman‹ lesen«, sagte ich laut. »Es gibt nichts Besseres als den ›Theaterroman‹, und wenn ihr mich prügelt oder totschlagt …«

Ich nahm das Bändchen von Bulgakow aus dem Schrank, strich sanft mit den Fingern darüber und streichelte den glatten Einband; zum wiederholten Male dachte ich, dass man Bücher, genauso wie Menschen aus Fleisch und Blut, nicht schlecht behandeln dürfe.

Hinter meinem Rücken schrillte plötzlich das Telefon; ich fuhr zusammen, weil ich mit meinen Gedanken schon nicht mehr hier war, sondern in dem winzigen schmutzigen Zimmerchen mit dem Sofa, und aus dem Sofa stand eine Feder hervor, die es quälend machte wie einen kafkaesken Fieberwahn. Meine geprellte Seite schmerzte auf einmal wieder; ich drückte den kühlen Band gegen die Rippen, ging zum Tisch, ließ mich in den Sessel sinken und nahm den Hörer ab.

Es war Walja Demtschenko. Ich hatte es völlig vergessen, aber wie ich nun wieder hörte, hatte Sonetschka am Samstag Geburtstag, und ich war eingeladen. Ich freute mich. Ich freute mich einerseits, weil Sonetschkas Geburtstag längst nicht jedes Jahr gefeiert wurde; feierten sie ihn aber, so bedeutete es, dass bei ihnen alles in Ordnung war, dass sie in Wohlstand lebten, alle gesund waren und Kapitänleutnant Demtschenko, salzigen Strudeln entronnen, einen heiteren Brief aus Murmansk geschickt hatte. Zweitens freute ich mich, weil längst nicht jeder zu Sonetschkas Geburtstagsfeiern eingeladen wurde.

Wir schwatzten ein wenig. Ich fragte Walja, wie es mit seiner letzten Erzählung stehe, dem »Alten Dummkopf«. Walja erzählte, dass man sie – nach den vorangegangenen Unannehmlichkeiten – im *Quartalsinspektor* nicht einmal gelesen hatte, sondern vor ihr zurückgeschreckt war wie vor einem Aussätzigen. Im *Gouvernementsboten* allerdings hatten sie sie gelesen. Doch sie schwiegen sich aus und warteten auf die Rückkehr ihres Chefs. Der Chefredakteur war zurzeit in Schweden oder in der Schweiz, vielleicht auch in Schwambranien. Deshalb hatte bis jetzt kein Mensch vom *Gouvernementsboten* eine Meinung zu seiner Erzählung. Wenn aber der Chef zurück war und sie gelesen hatte, würde ihre Meinung sichtbar wie durch Zauberhand …

Ich erkundigte mich, wie er denn um den Titel der Erzählung kämpfen wolle. Er antwortete, überhaupt nicht, denn sie heiße jetzt »Der alte Weise«, die Verführungsszene aber habe er dringelassen. Er werde doch nicht eigenhändig seine besten Stellen herausoperieren! Wozu das? Sollten sie es tun, sie würden schließlich dafür bezahlt. Und das nicht mal schlecht.

Ich beruhigte ihn dahingehend, dass sie davor gewiss nicht zurückschreckten. Er widersprach nicht. Er kannte sich damit noch besser aus als ich. Dann fragte er, ob Lenja mich heute angerufen habe. Nicht? Nun, dann werde er noch anrufen. Er habe nämlich einen neuen Satz geschrieben und sei damit noch nicht ganz glücklich …

Nachdem ich den Hörer aufgelegt hatte, grübelte ich eine Weile: Was sollte ich Sonetschka schenken? Ich habe kein Talent zum Schenken, besonders wenn es um Frauen geht. Kognak? Nein, das passt nicht, obwohl Sonetschka guten Kognak mag. Parfüm? Da kennt sich doch keiner aus, bei diesen Parfüms. Vielleicht sollte ich ihr einfach einen Geschenkgutschein über fünfzig Rubel geben? Nein, das wäre irgendwie peinlich. Ein Buch schenke ich ihr, das ist es! Wenn ich nur irgendeinen Kunstband hätte … oder wenigstens Geld, so dreihundertfünfzig Rubel: Im »Planet« gibt's »Washingtoner Galerien«, einfach umwerfend!

Vielleicht kam ich in Verbindung mit Washington darauf, jedenfalls fiel mir plötzlich mein Dashiel Hammett ein. Schon lange, sehr lange hatte Sonetschka ein Auge darauf geworfen … Eine Auswahl seiner besten Texte, erlesen, würde ich sagen, so wie mein braunes Bulgakow-Bändchen. »Bluternte« ist darin enthalten, »Der Malteser Falke« und »Der gläserne Schlüssel«. Ich kenne das alles fast auswendig, und Sonetschka ist ein Mensch, der auf dieses Buch nicht weniger Recht hat als ich.

Als ich meinen Entschluss gefasst hatte, stellte ich das Bulgakow-Bändchen an seinen Platz zurück, ging zu den Reihen mit der ausländischen Literatur, rückte das Modell des Drachenschiffs »Thuyen Rong«, mit dem die alten Vietnamesen ihre Könige umhergefahren hatten, beiseite und zog »The Novels of Dashiel Hammett« heraus. Ich mache es folgendermaßen, beschloss ich, während ich in den Seiten mit Goldschnitt blätterte: Ich lese es heute und morgen noch einmal, zum Abschied. Vorsichtig, um meine schmerzende Seite nicht zu reizen, legte ich mich aufs Sofa, und das Buch in meinen Händen öffnete sich von selbst beim »Malteser Falken«.

Ich las bis zu der Stelle, wo in aller Herrgottsfrühe Leutnant Dundy und Detektiv Tom bei Sam Spade erscheinen, und dann hielt ich den Schmerz nicht länger aus. Ich legte das Buch beiseite, richtete mich ächzend auf und schob die Füße vom Sofa.

Mir tat die Seite weh. Zum wer weiß wievielten Mal schmerzte mich diese unglückselige linke Seite. Ich schleppte mich ins Bad, raffte vor dem Spiegel mein Hemd hoch und sah mir den Spaß an. Die Seite war fett und schwabbelig und wies keinerlei Anzeichen einer Verletzung auf. Wie immer, übrigens. Ich ging in die Küche, goss mir den Rest Kognak ins Glas und trank ihn in kleinen Schlucken, so wie die Japaner ihren Sake nippen.

Zum ersten Mal hatte ich mir die Rippe im Winter '65 gebrochen, in Muraschi, als mich der Teufel ritt und ich mit einem finnischen Schlitten einen Steilhang, der direkt zum Flüsschen abfiel, hinunterfuhr. Alle rodelten hinunter, also dachte ich: Was sie können, kann ich auch! Aber ich konnte es nicht und bekam mitten im Hang Angst. Ich hatte plötzlich den Eindruck, meine Geschwindigkeit nähere sich der kosmischen, und um nicht sonst wohin zu fliegen, entschied ich abzuspringen. Und das tat ich. Zwanzig Schritt holperte ich auf der linken Seite abwärts durch zerklüftetes Gelände. »Sie haben sich eine Rippe gebrochen«, sagte mir der Chirurg unserer Poliklinik, als ich ihn nach meiner Rückkehr aus Muraschi wegen der Seitenschmerzen konsultierte. Das war das erste Mal.

Zwei Jahre später ging ich einmal zum Essen in den Klub. Ich blickte mich nach einem freien Tisch um, und in dem Moment stürzte aus einer Ecke der heftig angetrunkene Allunionsdrops auf mich zu. In aggressiv euphorischer Stimmung, weil er gerade das Honorar für eine seiner üblichen Pfuschereien bekommen hatte, schlang er seine langen Arme um mich wie Herkules einst Antäus, hob mich ein wenig hoch und quetschte mich so fest zusammen, dass meine Rippe nur noch kläglich knirschte. »Die ist gebrochen, Alter«, sagte ein befreundeter Arzt besorgt, nachdem ich mich bei ihm über die Schmerzen beklagt hatte. Das war das zweite Mal.

Und im vorletzten Jahr, als ich mit einer Schriftstellerbrigade auf einem Trockenfrachter von Wladiwostok nach Petropawlowsk reiste, erwischte uns vor der Insel Matsu ein Sturm der Stärke acht. Die Schriftstellerbrigade lag vollgespien, halbtot und doch wohlbehalten in den Kojen, mich aber, der gegen die Seekrankheit gefeit war, trieb der Satan auf Deck. Buchstäblich für eine Sekunde löste ich die Hand von der Reling und wurde mit furchtbarer Wucht gegen das

Lukensüll geworfen, wieder auf die linke Seite. »Ich fürchte, Sie haben eine kleine Fraktur«, erklärte mir der Schiffsarzt, und wie sich herausstellte, fürchtete er das zu Recht.

Das war das dritte Mal gewesen, und so hatte ich geglaubt, mit den Missgeschicken meiner Rippe sei nun endgültig Schluss – denn aller guten Dinge sind drei. Aber wie sich zeigte, braucht eine Hütte eben vier Ecken …

Niedergeschlagen hielt ich die nun leere Flasche gegen das Licht und stellte sie dann in den Spülschrank. Tee würde ich jetzt trinken, das war es. Ich setzte den Kessel auf, stellte mich ans Fenster und lehnte meine Stirn gegen die kalten Scheiben.

Abscheuliche Gemeinheit! Dabei hatte es schon so ausgesehen, als sei alles gut, als lägen alle Sorgen hinter mir, aber nein, nun wieder diese Rippe! Der, der mein Schicksal lenkte, hatte die Eleganz seiner Einfälle aufgegeben und sich groben, niederträchtigen Methoden zugewandt. Fand das seinesgleichen? Am helllichten Tag, in einer Millionenmetropole bricht sich ein solider älterer Herr – kein leichtsinniger Sportler, Raufbold oder Alkoholiker – mir nichts, dir nichts eine Rippe! Das war bitter. Bitter und ungehörig.

Ich holte mir meinen Dashiel Hammett aus dem Arbeitszimmer und suchte am Küchentisch nach einer Stellung, die möglichst wenig schmerzte. Wie schon die früheren Male zeigte sich, dass mir Katjas Lieblingshaltung am besten bekam: die Knie auf dem Hocker, die Ellbogen auf dem Tisch, den Hintern in der Luft. In dieser Haltung begann ich nun zu leben: So trank ich Tee, las von der schweren Statuette eines Falken aus purem Gold, die Malteserritter einst als Geschenk für den König von Spanien hergestellt hatten, und um die nun eine blutige Gangsterjagd begann. Als ich an der Stelle war, wo der von fünf Kugeln durchlöcherte Kapitän der »La Paloma« in Sam Spades Kontor wankt, klingelte es an der Tür.

Unwillig riss ich mich von Sam Spade los und ging ächzend und stöhnend öffnen. Inzwischen hatte ich die Noten des gefallenen Engels wie auch Goga Tschatschua völlig vergessen, deshalb erschütterte mich jetzt sein Anblick, umso mehr, als sein Gesicht …

Nein, streng genommen war das kein Gesicht mehr. Ich sah eine mächtige hellblaue Nase, von tiefvioletten Äderchen durchzogen, und darunter einen üppigen Schnurrbart mit Scheitel, die bleichen Lippen zitterten, und die schwarzen, schwermütigen Augen blickten voller Tränen und Verzweiflung. Gogas behaarte Fäuste umkrampften die vermaledeiten, zu einer Röhre gerollten Noten und pressten sie gegen die Brust. Er schwieg, und eine düstere Vorahnung nahm mir fast den Atem; ich konnte kein Wort sagen, trat nur beiseite und gab ihm den Weg frei.

Wie ein Blinder tappte er in die Diele, stieß gegen die Wand und wankte mit unsicheren Schritten ins Arbeitszimmer. Dort warf er die Noten mit beiden Händen auf den Tisch, als hätte ihn die Papierröhre verbrannt, fiel in einen Sessel und legte die Handflächen auf seine Augen.

Meine Knie wurden weich, ich blieb in der Tür stehen und hielt mich am Pfosten fest. Er schwieg, und sein Schweigen kam mir unwahrscheinlich lang vor. Mehr noch, es schien nicht enden zu wollen, und in mir stieg die scheue Hoffnung auf, es ende tatsächlich nicht und ich würde niemals jenes Entsetzliche hören, das Tschatschua mir brachte. Aber er begann doch noch zu reden.

»Hör mal …«, krächzte er, löste die Hände vom Gesicht und vergrub die Finger in die dichte Wolle hinter seinen Ohren. »›Spartak‹ hat schon wieder verloren! Was soll man da noch machen!«

8
Banew | Die hässlichen Schwäne

»Wie spät ist es?«, fragte Diana verschlafen.

Viktor schabte mit dem Rasierer vorsichtig einen Streifen Seifenschaum vom linken Wangenknochen, blickte in den Spiegel und sagte: »Schlaf, Kleines, schlaf. Es ist noch früh.«

»Du hast recht«, meinte Diana. Das Sofa knarrte. »Neun Uhr. Und was machst du da?«

»Ich rasiere mich«, antwortete Viktor und schabte den nächsten Schaumstreifen ab. »Mir war plötzlich danach. Ich dachte: Kannst dich ja mal rasieren.«

»Verrückt«, sagte Diana gähnend. »Gestern Abend hättest du dich rasieren sollen. Da hast du mich mit deinen Stacheln ganz zerkratzt, du Kaktus.«

Im Spiegel sah er, wie sie zum Sessel tappte, sich mit hochgezogenen Beinen hineinkuschelte und ihn betrachtete. Viktor zwinkerte ihr zu. Wieder war sie anders – sanft und anschmiegsam, wohlig zusammengerollt wie eine satte, zufrieden schnurrende und gut gepflegte Katze –, anders als die, die gestern zu ihm ins Hotelzimmer gestürmt war.

»Du bist heute wie ein Kätzchen«, gestand er. »Wie ein klitzekleines Schmusekätzchen. Was lachst du?«

»Nicht über dich. Mir ist nur etwas eingefallen.«

Sie gähnte und räkelte sich behaglich. In Viktors Pyjama versank sie wie in einer Welle. Aus dem Wust von Seide auf dem Sessel ragten nur ihr wunderschönes Gesicht und ihre zarten Arme. Viktor schabte schneller.

»Nicht so hastig«, warnte sie. »Du schneidest dich noch. Ich muss sowieso gleich fahren.«

»Darum beeile ich mich ja so«, erklärte Viktor.

»Ach nein, das mag ich nicht. So was mögen nur Katzen. Was machen meine Sachen?«

Viktor streckte die Hand aus und befühlte ihr Kleid und ihre Strümpfe, die über dem Heizungsgitter hingen. Alles war trocken.

»Wohin musst du so dringend?«, fragte er.

»Das hab ich dir doch schon gesagt. Zu Roßschäper.«

»Ich kann mich gar nicht erinnern. Was ist denn mit Roßschäper?«

»Er hat sich doch verletzt.«

»Ach ja!«, fiel es Viktor wieder ein. »Ja, so was hast du erzählt. Er ist irgendwo runtergefallen? Hat er sich wenigstens ordentlich weh getan?«

»Der alte Esel«, stöhnte Diana. »Wollte plötzlich nicht mehr leben und hat sich aus dem Fenster gestürzt. Wie ein Stier, mit dem Kopf voran, ist er hinausgesprungen und hat den ganzen Rahmen mitgerissen, dabei aber vergessen, dass er sich im Erdgeschoss befand. Er hat sich das Knie angeschlagen, Zeter und Mordio geschrien, und jetzt liegt er.«

»Was war denn mit ihm los?«, fragte Viktor gleichgültig. »Delirium tremens?«

»So ungefähr.«

»Warte mal. Hast du dich deswegen zwei Tage lang nicht blicken lassen? Wegen dieses Ochsen?«

»So ist es! Der Chefarzt hatte angeordnet, dass ich bei ihm bleibe, weil er, also Roßschäper, ohne mich nicht klarkäme. Er konnte nicht, basta. Gar nichts konnte er, nicht mal pinkeln. Ich musste ihm vormachen, wie Wasser rauscht, und ihm von einem Pissoir erzählen.«

»Als ob du was davon verstehst«, murmelte Viktor. »Während du ihm was von einem Pissoir erzählst, schlag ich mich hier allein rum. Ich kann auch nicht ohne dich sein, keine Zeile habe ich geschrieben. Weißt du, ich habe noch nie gern geschrieben, aber in letzter Zeit … Überhaupt ist das Leben in letzter Zeit …« Er stockte. Was hat sie damit zu tun?, dachte er. Sie haben sich gepaart und sind wieder auseinandergelaufen. »Ach ja, hör mal ... Wann, sagst du, war der Sprung aus dem Fenster?«

»Vorgestern«, antwortete Diana.

»Abends?«

»Ja«, sagte Diana, die an einem Keks nagte.

»Abends um zehn«, stellte Viktor fest. »Zwischen zehn und elf.«

Diana hörte auf zu kauen.

»Richtig«, sagte sie. »Aber woher weißt du das? Hat er dir ein nekrobiotisches Telepathem geschickt?«

»Warte«, bat Viktor. »Ich erzähle dir gleich etwas sehr Interessantes. Aber zuerst möchte ich wissen, was du in dem Moment gemacht hast.«

»Ich? ... Ach ja. Wenn ich mich recht erinnere, ging es mir an dem Abend nicht gut. Ich war gerade beim Bindenwickeln, als mich plötzlich eine solche Schwermut überkam, dass ich mich am liebsten aufgehängt hätte. Ich habe das Gesicht in die Binden gedrückt und Rotz und Wasser geheult. Ich glaube, so habe ich schon seit meiner Kindheit nicht mehr geheult ...«

»Und dann war's mit einem Schlag vorbei«, mutmaßte Viktor.

Diana überlegte.

»Ja. Nein. Dann hab ich draußen plötzlich Roßschäper brüllen gehört und bin ganz erschrocken rausgerannt ...«

Sie wollte noch etwas sagen, aber da klopfte es. Jemand rüttelte an der Klinke, und aus dem Korridor schallte Teddys heisere Stimme: »Viktor! Viktor, wach auf! Mach die Tür auf, Viktor!« Viktor erstarrte mit dem Rasiermesser in der Hand. »Viktor!«, krächzte Teddy. »Mach auf!« Er zerrte wie ein Verrückter an der Klinke. Diana sprang auf und drehte den Schlüssel um. Die Tür flog auf, und Teddy stürzte nass und zerzaust ins Zimmer. In der Hand hielt er einen Stutzen.

»Wo ist Viktor?«, bellte er heiser.

Viktor kam aus dem Bad.

»Was ist los?«, rief er. Sein Herz hämmerte wild. Eine Verhaftung … Krieg …

»Die Kinder sind weg«, erklärte Teddy schwer atmend. »Zieh dich an, die Kinder sind weg!«

»Warte«, bat Viktor. »Welche Kinder?«

Teddy knallte den Stutzen auf den Tisch, mitten hinein in einen Haufen beschriebener, durchgestrichener und zerknüllter Blätter.

»Die Schweine haben unsere Kinder weggelockt!«, brüllte er. »Die Scheusale haben sie ins Leprosorium gelockt! Jetzt reicht's! Wir haben dem Treiben lange genug zugesehen. Es reicht!«

Viktor begriff noch immer nicht, er sah nur, dass Teddy außer sich war. So hatte er ihn nur einmal im Leben gesehen – als jemand einen Riesenstreit im Restaurant dazu ausnutzen wollte, Teddys Kasse aufzubrechen. Viktor klappte ratlos die Augen auf und zu. Diana angelte ihre Wäsche von der Sessellehne, schlüpfte ins Bad und machte die Tür hinter sich zu. Im selben Augenblick begann laut und aufdringlich das Telefon zu schrillen. Viktor griff nach dem Hörer. Es war Lola.

»Viktor«, jammerte sie. »Ich verstehe überhaupt nichts mehr, Irma ist weg. Sie hat mir einen Zettel hingelegt, auf dem steht, dass ich sie nie wiedersehen werde, und alle sagen, die Kinder hätten die Stadt verlassen. Ich habe Angst! Bitte tu was …« Sie weinte fast.

»Ja, ja, gleich!«, antwortete Viktor. »Lass mich bitte erst die Hose anziehen.« Er legte den Hörer auf und drehte sich zu Teddy um. Der Barkeeper saß auf dem zerwühlten Bett, murmelte seltsame Worte und füllte die Reste aus den Flaschen in ein Glas. »Warte«, sagte Viktor. »Und keine Panik. Ich bin gleich wieder da.«

Er ging ins Bad zurück und rasierte hastig sein eingeseiftes Kinn zu Ende, wobei er sich mehrmals schnitt, weil er sich nicht die Zeit nahm, das Messer richtig anzusetzen. Unterdessen kam Diana aus der Dusche und raschelte hinter seinem Rücken mit ihren Kleidern. Ihre Miene war hart und entschlossen, als zöge sie in den Kampf, dabei blieb sie jedoch völlig ruhig.

… Die Kinder aber zogen als endlose graue Kolonne über ebenso graue, ausgewaschene Straßen. Sie stolperten, rutschten aus, stürzten im strömenden Regen und zogen gebeugt und bis auf die Haut durchnässt weiter, ärmliche, aufgeweichte Bündel in den blau gefrorenen Händen. Immer weiter ging es. Klein waren sie, wehrlos und wussten von nichts, sie weinten, schwiegen und blickten immer wieder zurück, hielten einander an Händen und Gürteln und zogen dahin. An beiden Straßenseiten marschierten finstere, schwarze Gestalten, die an der Stelle eines Gesichts eine schwarze Binde trugen, und unter der Binde schauten gnadenlos und kalt ihre unmenschlichen Augen hervor. Ihre Hände steckten in schwarzen Handschuhen, hielten MPis, und der Regen strömte auf den brünierten Stahl, Tropfen rollten zuckend darüber … Unsinn, dachte Viktor, das ist etwas ganz anderes, das hat nichts mit jetzt zu tun, ich habe das gesehen, aber das ist schon sehr lange her, nein, das hier ist etwas ganz anderes.

… Sie zogen freudig aus der Stadt, und der Regen war ihr Freund, sie tappten mit ihren warmen, bloßen Füßen fröhlich durch die Pfützen, sie plapperten und sangen und schauten nicht zurück, weil sie das, was hinter ihnen lag, längst vergessen hatten, weil es für sie nur eine Zukunft gab, weil sie ihre im Morgengrauen keuchende, schnaufende Stadt nicht mehr erinnerten, diese Ansammlung von Wanzennestern, diese Brutstätte kleinlicher Leidenschaften und bescheidener Wünsche, die mit ungeheuerlichen Verbrechen schwanger ging und unaufhörlich neue Verbrechen und verbrecherische Ideen gebar wie eine Ameisenkönigin, die ununterbrochen Eier legt. Sie zogen plappernd und schwatzend dahin und verschwanden im Nebel, während wir noch betrunken in abgestandener Luft nach Atem rangen und von grässlichen Albträumen heimgesucht wurden – wie sie sie nie gesehen hatten und auch niemals sehen würden.

Viktor zog sich gerade, auf einem Bein hüpfend, die Hosen an, als die Scheiben klirrten und ein lautes Dröhnen ins Zimmer drang. Teddy stürzte Hals über Kopf ans Fenster, aber draußen regnete es noch immer. Die Straße war menschenleer und nass, und nur ein einsamer Fahrradfahrer kam vorbei – ein durchnässter, angestrengt strampelnder Segeltuchsack. Das Klirren der Scheiben und das tiefe, fast wehmütig klingende Dröhnen dauerten an, und eine Minute später gesellten sich abgerissene, klagende Sirenentöne dazu.

»Gehen wir«, sagte Diana. Sie hatte bereits den Regenmantel übergezogen.

»Nein, warte«, bat Teddy. »Viktor, hast du eine Waffe? Irgendeine! Eine Pistole oder MPi?«

Viktor antwortete nicht, griff nach seinem Regenmantel, und zu dritt stürmten sie die Treppe zu der bereits völlig leeren Hotelhalle hinunter – kein Pförtner, kein Portier waren mehr zu sehen. Das Hotel war wie ausgestorben, nur Dr. Quadriga saß noch im Restaurant an einem Tisch, drehte erstaunt den Kopf hin und her und wartete offenbar schon lange auf sein Frühstück. Sie liefen auf die Straße, stiegen in Dianas Lastwagen und zwängten sich zu dritt ins Fahrerhaus. Diana setzte sich ans Lenkrad und fuhr los. Sie schwieg. Viktor rauchte und versuchte sich zu sammeln, während Teddy noch immer halblaut die schlimmsten Flüche ausstieß; deren Bedeutung kannte nicht einmal Viktor, denn sie enthielten Worte, die nur Teddy geläufig waren – Heimkind und Zögling der Hafenslums, Rauschgifthändler,

Rausschmeißer im Bordell, Soldat im Leichenbergungskommando, Bandit und Marodeur und zu guter Letzt Barkeeper, Barkeeper und noch mal Barkeeper.

In der Stadt waren kaum Menschen zu sehen, und Diana hielt nur einmal an der Ecke Sonnenstraße an, um ein hilfloses Ehepaar aufzuladen. Das tiefe Dröhnen des Luftschutzalarms und das schrille Kreischen der Werksirenen brachen nicht ab, und in diesem Kreuzfeuer technischen Johlens über der menschenleeren Stadt lag etwas Apokalyptisches. Man bekam Beklemmungen, wollte fliehen, sich verstecken oder um sich schießen, und selbst die »Brüder im Geiste« im Stadion jagten dem Leder ohne die übliche Begeisterung nach, ja, einige von ihnen sahen sich mit offenem Mund nach allen Seiten um, so als versuchten sie zu begreifen, was vor sich ging.

Auf der Chaussee außerhalb der Stadt begegneten ihnen mehr und mehr Menschen. Manche von ihnen gingen zu Fuß, schnappten im strömenden Regen nach Luft, erschienen bedauernswert und verschreckt, als könnten sie nicht recht begreifen, was sie taten und wozu. Andere fuhren mit dem Fahrrad und rangen im Gegenwind ebenfalls nach Luft. Der Lastwagen passierte verlassene, liegengebliebene Fahrzeuge; entweder hatten sie eine Panne gehabt oder waren in der Eile nicht aufgetankt worden, und ein Fahrzeug lag sogar im Straßengraben. Diana hielt immer wieder an und sammelte Leute ein, sodass die Ladefläche bald schon überfüllt war. Viktor und Teddy überließen ihre Plätze einer Frau mit Säugling und einer halb verrückten Alten und stiegen ebenfalls hinten auf. Dann war auch dort kein Platz mehr und Diana fuhr, ohne ein weiteres Mal anzuhalten. Der Lastwagen raste die Chaussee entlang, überholte Dutzende, ja Hunderte von Menschen, die sich zum Leprosorium schleppten, und bespritzte sie mit Wasserfontänen. Ein paarmal wurden sie von vollbeladenen Lastern oder Motorrädern überholt, und ein Lastwagen fuhr dicht heran und hängte sich an sie.

Diana war das Fahren mit dem Lkw gewohnt: Entweder transportierte sie Kognak für Roßschäper, oder sie fuhr mit dem leeren Wagen zum eigenen Vergnügen durch die Gegend – weshalb ihre Fahrgäste nichts zu lachen hatten. Nicht alle konnten sitzen, dazu reichte der Platz nicht; die Stehenden klammerten sich aneinander oder an die Köpfe der Sitzenden; jeder versuchte sich von der Bordwand fernzuhalten, und niemand sagte ein Wort – alles keuchte und fluchte, und eine Frau weinte unaufhörlich. Dazu der Regen – solchen Regen hatte Viktor noch nie im Leben gesehen, ja, sich nicht einmal vorstellen können. Es war ein tropischer Regenguss, der da auf sie herabstürzte, nur dass das Wasser nicht warm war, sondern eisig und mit Hagel vermischt, und der starke Wind den Regen auf sie zutrieb. Die Sicht war katastrophal – fünfzehn Meter nach vorn und fünfzehn Meter nach hinten –, und Viktor hatte Angst, Diana könnte auf der Chaussee jemanden überfahren oder gegen ein bremsendes Fahrzeug prallen. Aber alles ging gut, und die Leute traten Viktor nur kräftig auf die Füße, als sie ein letztes Mal übereinanderstürzten – der Lastwagen hatte neben einer großen Ansammlung von Fahrzeugen jäh vor dem Tor des Leprosoriums angehalten.

Anscheinend hatte sich hier, auf der Flucht vor der Sintflut, die ganze Stadt eingefunden, denn hier regnete es nicht. Zu beiden Seiten der Chaussee stand am Stacheldraht, so weit das Auge reichte, eine tausendköpfige Menge, hinter der die leeren, achtlos abgestellten Fahrzeuge fast nicht mehr auszumachen waren: langgestreckte Luxuslimousinen, lädierte PKWs mit Verdeck, Lastwagen, Busse und sogar ein Autokran, auf dessen Ausleger ein paar Leute saßen. Über der Menge lag ein dumpfes Murren, und hin und wieder ertönte ein durchdringender Schrei.

Alles sprang von der Ladefläche, und Viktor verlor Diana und Teddy sofort aus den Augen; ringsum sah er nur noch Gesichter – unbekannte, düstere, erbitterte, fassungslose, weinende und schreiende Gesichter, ohnmächtig verdrehte Augen und gefletschte Zähne. Viktor versuchte sich zum Tor durchzuschlagen, blieb aber nach wenigen Schritten hoffnungslos in der Menge stecken. Die Menschen standen dicht an dicht wie eine Mauer, und niemand wollte den einmal ergatterten Platz aufgeben. Ob man sie stieß, trat oder schlug – sie drehten sich nicht einmal um, sondern zogen nur die Köpfe ein und drängten nach vorn, näher ans Tor, näher zu ihren Kindern. Sie stellten sich auf die Zehenspitzen und reckten die Hälse, sodass hinter der wogenden Masse von Kapuzen und Hüten nichts zu erkennen war.

»Mein Gott, womit haben wir das verdient? Was haben wir nur verbrochen?«

»Diese Schweine! Die hätte man längst ausrotten sollen. Kluge Leute haben schon immer gesagt …«

»Wo ist der Bürgermeister? Wo, zum Teufel, steckt der Kerl? Wo bleibt die Polizei? Warum lässt sich keiner von den Bullen blicken?«

»Sim, ich werde zerquetscht! Sim, ich krieg keine Luft! Ach, Sim …«

»Hatten sie nicht alles, was sie brauchten? Für sie war uns doch nichts zu teuer. Wir haben uns das Essen vom Munde abgespart und sind in Lumpen herumgelaufen, damit sie was anzuziehen hatten …«

»Einmal kräftig zugedrückt, und das Tor fliegt aus den Angeln!«

»Kein Haar hab ich ihm gekrümmt. Ich habe ja oft genug gesehen, wie Sie Ihren verdroschen haben, aber bei uns, da gab's so etwas nicht …«

»Habt ihr die Maschinengewehre gesehen? Wollen die vielleicht in die Menge schießen? Sind das etwa ihre Kinder?«

»Munilein! Munilein! Mein Munilein! Munilein!«

»Was soll das, Herrschaften? Das ist doch glatter Wahnsinn! Hat man so etwas schon einmal gesehen?«

»Keine Sorge, die Legionäre werden es ihnen schon zeigen. Sie schleichen sich von hinten ran, verstehst du? Wenn sie das Tor aufmachen, sind wir drin …«

»Hast du die Maschinengewehre gesehen? Die machen Ernst …«

»Lasst mich durch! So lasst mich doch durch! Meine Tochter ist da drin!«

»Das war schon lange geplant, ich hab's bemerkt, mich aber nicht getraut zu fragen.«

»Vielleicht ist alles halb so schlimm. Sind das etwa wilde Tiere? Das sind doch keine Okkupanten, die unsere Kinder erschießen oder im Ofen verbrennen.«

»Krieg ich einen von denen in die Finger, fließt Blut!«

»Viel kann mit uns ja nicht los sein, wenn die eigenen Kinder diese Pestbeulen vorziehen. Sie sind doch freiwillig gegangen, keiner hat sie gezwungen …«

»He, wer hat hier ein Gewehr? Raustreten! Wer hat ein Gewehr, frag ich? Zu mir raustreten, hierher, hier bin ich!«

»Das sind meine Kinder, guter Mann, ich habe sie gezeugt und kann mit ihnen machen, was ich will!«

»Mein Gott, wo bleibt die Polizei?«

»Wir sollten dem Herrn Präsidenten ein Telegramm schicken! Fünftausend Unterschriften kann er nicht unter den Tisch fallen lassen!«

»Sie haben die Frau eingequetscht! Rück doch mal ein bisschen, du Trottel! Hast du keine Augen im Kopf?«

»Mein Munilein! Munilein! Munilein!«

»Petitionen nützen auch nichts. Bei uns hält man nichts davon. Deine Petition, die hauen sie dir um die Ohren.«

»Macht das Tor auf, ihr Idioten! Ihr lausigen Nässlinge! Aasbande!«

»Das Tor!«

Viktor wich zurück. Doch das war gar nicht so einfach, und er musste ein paar harte Hiebe einstecken. Schließlich gelang es ihm doch, aus der Menge herauszutreten, dann schlug er sich zum Lastwagen durch und stieg wieder hinten auf. Das Leprosorium war in dichten Nebel gehüllt; hinter dem Zaun konnte man höchstens zehn Meter weit blicken. Das Tor war geschlossen, davor befand sich eine freie Fläche, und darauf standen breitbeinig, die MPi auf die Menge gerichtet, ungefähr zehn Soldaten des Innendienstes mit tief in die Stirn gezogenen Helmen. Auf der Außentreppe des Schilderhauses brüllte ein angestrengt auf den Zehenspitzen wippender Offizier etwas in die Menge, was jedoch niemand verstand. Über dem Schilderhaus ragte ein hölzerner Turm in den Nebel hinein, auf dessen oberer Plattform ein Maschinengewehr und ein paar graue Gestalten zu erkennen waren. Dann rollte mit kaum hörbarem Rasseln ein Halbkettenpanzerwagen am Stacheldraht entlang, rumpelte über Bülten hinweg und verschwand im Nebel. Beim Anblick des Panzerwagens verstummte die Menge, sodass plötzlich sogar das angestrengte Geschrei des Offiziers zu vernehmen war: »Ruhe … Ich habe den Befehl … nach Hause …« Kurz darauf setzte das Murmeln, Murren und Heulen wieder ein.

Plötzlich tat sich etwas vor dem Tor. Zwischen den schwarzen, blauen und grauen Regenmänteln und Umhängen leuchteten die bis zum Überdruss bekannten kupfernen Helme und Goldhemden auf. Wie Lichtreflexe tauchten sie hier und da in der Menge auf, drängten auf die freie Fläche und verschmolzen dort zu einer goldgelben Masse. Kraftprotze im knielangen Goldhemd, mit Offizierskoppel, schwerem Koppelschloss und blank geputztem kupfernem Helm, weswegen man die Legionäre auch Feuerwehrmänner nannte. Sie trugen kurze, massive Schlagstöcke bei sich und waren über und über mit Emblemen der Legion geschmückt: Diese prangten auf dem Koppelschloss, dem linken Ärmel, an der Brust, auf dem Schlagstock, dem Helm und in der Visage – der kantigen, muskulösen Visage mit den Wolfsaugen … Und Abzeichen, ganze Sternbilder von Abzeichen; das Abzeichen des Besten Schützen, des Besten Fallschirmspringers und des Besten U-Boot-Fahrers, Abzeichen mit dem Porträt des Herrn Präsidenten und seines Schwiegersohns, des Begründers der Legion, und seines Sohnes, des obersten Chefs der Legion … Jeder von ihnen hatte eine Bombe mit Tränengas in der Tasche, und wenn auch nur einer dieser Hohlköpfe aus Übermut eine solche Bombe warf, würden die MPis der Soldaten, das Maschinengewehr auf dem Turm und die Maschinengewehre des Panzerwagens losrattern, und sie träfen nicht die Goldhemden, sondern die Menge. Die Legionäre bauten sich in einer Linie vor den Soldaten auf, und vor der Linie lief, seinen Schlagstock schwenkend, Flamin Juventa, der Neffe, auf und ab. Viktor sah sich ratlos und verzweifelt nach allen Seiten um, als man dem Offizier ein Megafon aus dem Schilderhaus brachte. Der Offizier freute sich, er lächelte sogar und brüllte mit Donnerstimme los – doch er kam nur dazu, die Worte auszustoßen: »Ich bitte um Aufmerksamkeit! Ich bitte die Versammelten …«, als das Megafon streikte. Der Offizier wurde bleich und pustete kurz durch den Trichter. Flamin Juventa, der ihm hatte zuhören wollen, begann nun mit doppeltem Eifer hin und her zu laufen und den Schlagstock zu schwenken. Und plötzlich brüllte die Menge los, drohend, und als schrien alle auf einmal: die, die schon vorher geschrien hatten, und auch die, die vorher geschwiegen oder sich unterhalten, geweint oder gebetet hatten, und auch Viktor schrie, außer sich vor Entsetzen bei dem Gedanken, was nun jeden Augenblick geschehen musste. »Zieht diese Hohlköpfe zurück!«, brüllte er. »Zieht die Feuerwehrmänner zurück! Das ist der Tod! Aufhören! Diana!« Es war nicht auszumachen, wer was schrie, aber die

Menge, die bisher reglos dagestanden hatte, schwankte plötzlich hin und her wie eine überdimensionale Portion Sülze. Der Offizier ließ das Megafon fallen und zog sich zur Tür des Schilderhauses zurück. Die Gesichter der Soldaten unter den Helmen verzerrten sich zu einem wütenden Zähnefletschen, und oben, auf dem Turm, regte sich nichts mehr: Von dort zielte man in die Menge. Und da erscholl die Stimme.

Sie kam wie ein Donnerschlag, von allen Seiten zugleich und übertönte alle anderen Geräusche. Sie klang ruhig, ja melancholisch und maßlos gelangweilt, äußerst herablassend, als spräche da ein arroganter, menschenverachtender Riese, der der lästigen Menge ursprünglich den Rücken zugekehrt hatte und sich ihr nun für einen Augenblick und über die Schulter hinweg zuwandte, als hätte er sich dieser für ihn ärgerlichen Lappalie wegen von wichtigeren Dingen losgerissen.

»Hört endlich auf zu schreien«, befahl die Stimme. »Hört auf herumzufuchteln und zu drohen. Ist es wirklich so schwer, das Geschwätz einmal für ein paar Minuten einzustellen und in Ruhe nachzudenken? Ihr wisst doch zu gut, dass euch die Kinder auf eigenen Wunsch verlassen haben, niemand hat sie dazu gezwungen, niemand hat sie am Kragen gepackt. Sie haben euch verlassen, weil sie euch nicht mehr ertragen können. Sie wollen nicht mehr so leben wie ihr und eure Vorfahren. Ihr ahmt eure Vorfahren fürs Leben gern nach und haltet das für einen menschlichen Vorzug, eure Kinder aber sehen das anders. Sie wollen nicht als Säufer und Perverse, als erbärmliche Spießer, Sklaven und Konformisten enden, sie wollen nicht, dass man aus ihnen Verbrecher macht, sie wollen weder eure Familie noch euren Staat.«

Die Stimme verstummte für eine Minute. Und eine ganze Minute lang hörte man keinen Mucks – da war nur ein Rascheln, das von dem Nebel auszugehen schien, der über die feuchte Erde kroch. Dann sprach die Stimme weiter: »Ihr braucht euch um eure Kinder keine Sorgen zu machen. Sie werden es gut haben – besser als bei euch und viel besser als ihr selbst. Heute können sie euch nicht empfangen, aber ab morgen dürft ihr herkommen. Im Rossgrund wird ein Haus der Begegnung eröffnet, und ihr könnt euch täglich ab fünfzehn Uhr dort einfinden. Um 14.30 Uhr werden jeden Tag drei große Busse vom Stadtplatz abfahren. Das wird zwar nicht ausreichen, zumindest nicht morgen, aber um zusätzliche Transportmittel kann sich euer Bürgermeister kümmern.«

Wieder schwieg die Stimme. Die Menge verharrte reglos wie eine Mauer. Es war, als wagten sich die Leute nicht zu rühren.

»Eins aber solltet ihr bedenken«, fuhr die Stimme fort. »Es hängt von euch ab, ob die Kinder euch sehen wollen. In den ersten Tagen können wir sie noch zwingen, sich mit euch zu treffen, selbst wenn sie es nicht wollen, später aber liegt es an euch. Und jetzt geht auseinander. Ihr schadet uns, den Kindern und euch selbst. Und ich rate euch dringend: Denkt darüber nach – versucht es zumindest –, was ihr euren Kindern geben könnt. Seht euch doch an. Ihr habt sie zur Welt gebracht und wollt sie nach eurem Muster zurechtbiegen. Denkt darüber nach, jetzt aber geht auseinander.«

Die Menge rührte sich noch immer nicht. Vielleicht versuchten die Menschen nachzudenken. Viktor jedenfalls tat es. Ihm kamen jedoch nur unzusammenhängende Gedanken. Und nicht einmal Gedanken, sondern Bruchstücke von Erinnerungen, Gesprächsfetzen, Lolas dummes, geschminktes Gesicht … Vielleicht sollten wir's lieber abtreiben lassen? Was wollen wir jetzt mit einem Kind … Sein Vater mit vor Wut zitternden Lippen … Ich mache noch einen Menschen aus dir, du lausiger Grünschnabel, ich ziehe dir das Fell über die Ohren … Ich hab plötzlich gemerkt, dass ich eine zwölfjährige Tochter habe, kannst du sie nicht irgendwo anständig unterbringen? Irma sieht sich neugierig den besudelten Roßschäper an … Nein, nicht Roßschäper, mich … Mir ist das unangenehm, aber was versteht diese Rotznase schon! Kusch! … Hier hast du eine Puppe, ist das nicht eine schöne Puppe? … Dazu bist du noch zu klein, das erfährst du, wenn du größer bist.

»Na, worauf wartet ihr noch?«, donnerte die Stimme. »Geht auseinander!«

Ein kalter Wind kam auf, schlug den Leuten ins Gesicht und legte sich wieder.

»Geht endlich«, wiederholte die Stimme.

Und wieder kam ein Wind auf, der den Leuten wie eine schwere, nasse Hand ins Gesicht fuhr, ihnen einen Stoß gab und wieder verschwand. Viktor rieb sich das Gesicht und sah die Menge zurückweichen. Jemand schrie laut auf, unsichere Ausrufe erschallten, und um Autos und Busse herum bildeten sich Menschentrauben. Von allen Seiten kamen sie auf die Ladefläche geklettert, plötzlich hatten sie's eilig, alles drängte vorwärts, stieg in die Autos oder zerrte ungeduldig an den ineinander verkeilten Fahrradlenkern. Motoren heulten auf. Viele machten sich zu Fuß auf den Weg, wobei sie immer wieder zurückblickten – aber nicht nach den MPis, nicht nach dem Maschinengewehr auf dem Turm und nicht nach dem Panzerwagen, der eisern rasselnd heranrollte und mit offenen Luken, für alle sichtbar, stehen blieb. Viktor wusste, warum sich die Leute umdrehten und warum sie es plötzlich so eilig hatten; sein Gesicht brannte, und wenn er etwas fürchtete, dann nur, dass die Stimme wieder sagen könnte: »Geht!«, und ihm dabei noch einmal die schwere, nasse Hand verächtlich übers Gesicht striche.

Das Häufchen Goldhemden tappte noch immer unentschlossen am Tor herum; es waren aber schon weniger geworden, und nun trat der Offizier auf den Rest zu und brüllte die Männer an – imposant und selbstsicher kam er seiner angenehmen Pflicht nach. Die Goldhemden wichen zurück, drehten sich um und trabten langsam davon; unterwegs lasen sie noch die abgeworfenen grauen, blauen und schwarzen Regenmäntel auf. Bald war kein einziger goldener Fleck mehr zu sehen, stattdessen rollten Busse und PKWs vorbei. Die Leute auf der Ladefläche sahen sich besorgt und ungeduldig nach allen Seiten um und fragten: »Wo bleibt der Fahrer?« Da tauchte plötzlich Diana auf, Diana-die-Wilde, stieg aufs Trittbrett, blickte auf die Ladefläche und schrie wütend: »Nur bis zur Kreuzung! Der Wagen fährt zum Sanatorium!« Niemand wagte ihr zu widersprechen, die Leute blieben ungewöhnlich still und waren mit allem einverstanden. Teddy ließ sich nicht mehr blicken, wahrscheinlich war er schon in einen anderen Wagen gestiegen. Diana wendete, und sie fuhren die bekannte betonierte Straße hinunter, überholten Fußgängertrupps und Radfahrer und wurden ihrerseits von überladenen, schwer auf den Stoßdämpfern liegenden PKWs überholt. Es regnete nicht mehr, nur die Luft war noch neblig und feucht. Der Regen setzte erst wieder ein, als Diana den Lastwagen an die Kreuzung steuerte, die Leute von der Ladefläche kletterten und Viktor ins Fahrerhaus stieg.

Sie schwiegen, bis sie im Sanatorium ankamen.

Diana ging sofort zu Roßschäper – zumindest sagte sie das. Viktor warf den Regenmantel ab, ließ sich in seinem Zimmer aufs Bett fallen, steckte sich eine Zigarette an und starrte zur Decke. Ein, zwei Stunden lang rauchte er ununterbrochen, warf sich herum, stand auf, lief durchs Zimmer, sah zerstreut aus dem Fenster, zog die Vorhänge zu und wieder auf, trank Wasser aus der Leitung, weil ihn Durst quälte, und wälzte sich auf dem Bett herum.

Was für eine Demütigung, dachte er. Sicher, sie haben ihren Kindern Ohrfeigen gegeben, sie wie lästige Bettler beschimpft, aber trotzdem waren sie Mutter und Vater, haben ihre Kinder geliebt. Sie haben sie geschlagen, wären aber auch jederzeit bereit gewesen, für sie ihr Leben zu geben. Sie haben sie nach ihrem Beispiel verdorben, aber doch nicht aus Absicht, sondern aus Unkenntnis. Ihre Mütter haben sie unter Schmerzen geboren, ihre Väter haben sie mit Essen und Kleidung versorgt, und sie waren stolz auf ihre Kinder und haben sich gegenseitig von ihnen vorgeschwärmt, mit ihnen angegeben. Oft haben sie sie verflucht, sich aber ein Leben ohne sie nicht vorstellen können. Und jetzt ist ihr Leben öde und leer, nichts ist ihnen geblieben. Wie kann man nur so grausam und voller Verachtung, so kalt und herzlos mit ihnen sprechen und ihnen zum Abschied noch eine Ohrfeige geben ... Verflixt noch mal: Ist denn alles, was der Mensch mit dem Tier gemein hat, schlecht? Selbst die Mutterschaft, das Lächeln einer Madonna, die sanften, zarten Hände, die dem Säugling die Brust reichen? ... Ja, der Instinkt und die darauf aufbauende Religion ... Wahrscheinlich kommt alles daher, dass man die Religion auch auf die Erziehung ausdehnen will, bei der überhaupt keine Instinkte mehr wirksam sind, und wenn, dann nur negative. Die Wölfin sagt zu ihren Jungen: »Beißt wie ich«, und das genügt; die Häsin lehrt ihre Häslein: »Lauft wie ich«, und auch das genügt; der Mensch jedoch fordert von seinen Kindern: »Denkt wie ich« – das aber ist bereits ein Verbrechen ...

Und womit halten es die da – die Nässlinge, diese Pestbeulen und Scheusale? Alles, nur keine Menschen sind das, höchstens Übermenschen ... Und womit halten sie es? Erst heißt's: »Sieh dir an, wie die Menschen vor dir gedacht haben, sieh dir an, was dabei herausgekommen ist, das ist schlecht, weil es so und so ist, doch es muss anders, nämlich so und so sein. Hast du's dir angesehen? Und jetzt denk selber nach, überleg dir, was zu tun ist, damit es nicht so und so wird, sondern so und so.« Ich weiß bloß nicht, was dieses »so und so« ist? Überhaupt scheint mir das alles schon mal da gewesen zu sein, das hat man alles schon mal ausprobiert, und was dabei herausgekommen ist, waren einige wenige gute Menschen. Die Masse aber blieb auf dem alten Weg und wich, weil's so üblich und auch am einfachsten war, nicht davon ab. Wie sollen die Menschen ihre Kinder erziehen, wenn ihr Vater sie nicht erzogen, sondern ihnen bloß eingetrichtert hat: »Beißt wie ich, und versteckt euch wie ich«, und dasselbe hat schon der Großvater dem Vater eingetrichtert und der Urgroßvater dem Großvater, und so setzt es sich fort bis in die Zeit der Höhlenbewohner, der behaarten Speerträger und Mammutfresser. Mir tun sie ja leid, diese haarlosen Nachkommen. Sie tun mir leid, weil ich mir selbst leidtue; denen aber sind wir völlig schnuppe, die brauchen uns nicht, und sie haben nicht die Absicht, uns umzuerziehen. Sie wollen nicht die alte Welt zerstören, die alte Welt interessiert sie gar nicht. Sie haben eigene Sorgen und verlangen von der alten Welt nur eins: dass sie sie in Ruhe lässt. Heute geht das, heute kann man mit Ideen handeln, heute gibt es mächtige Ideenkäufer, die dich beschützen und die ganze Welt hinter Stacheldraht treiben, damit dich die alte Welt nicht stört. Sie hätscheln und päppeln dich und schärfen beflissen die Axt, mit der du den Ast abschlägst, auf dem sie, mit Litzen und Orden geschmückt, sitzen.

Hol's der Teufel – irgendwie ist es ja auch grandios –, alles hat man schon mal ausprobiert, nur das nicht: eine eiskalte Erziehung ohne Rührseligkeit und Tränen. Obwohl, was spinne ich mir da zusammen, woher will ich wissen, was für eine Erziehung das ist … Und trotzdem sind die Grausamkeit und die Verachtung nicht zu übersehen. Es wird nichts dabei herauskommen, denn die Vernunft, das Nachdenken, Lernen und Analysieren ist das eine – doch wo bleiben die zärtlichen Mutterhände, die Schmerz stillen und Wärme spenden? Was ist mit dem stachligen Stoppelbart des Vaters, der Krieg spielt oder Tiger und den Kindern das Boxen beibringt, der der Stärkste ist und mehr als alle anderen weiß? Denn das hat es in der Kindheit doch auch gegeben! Nicht nur das laute (oder leise) Gezänk der Eltern, nicht nur den Riemen und das trunkene Lallen, nicht nur das unmotivierte Langziehen der Ohren, dem genauso überraschend Geschenke in Form von Bonbons und Kinogeld folgten. Ja, wer weiß – vielleicht haben sie ein Äquivalent für all das Gute, das Mutter- und Vaterschaft in sich bergen … Wie Irma diesen Nässling angesehen hat! Wie muss man sein, um so angesehen zu werden? Auf jeden Fall aber werden weder Bol-Kunaz noch Irma noch dieser picklige Nihilist jemals ein Goldhemd anziehen – ist das nicht schon eine ganze Menge? Hol's der Teufel, mehr will ich doch gar nicht!

Warte, sagte er sich. Du musst noch das Wichtigste herausfinden: Bist du für sie oder gegen sie? Oder, drittens, pfeifst du auf alles? Aber nein, ich kann nicht auf alles pfeifen. Doch wie gern wäre ich ein Zyniker, wie leicht, einfach und bequem lebt es sich da! Man denke nur: Ein Leben lang versucht man, einen Zyniker aus mir zu machen, strengt sich an, opfert gigantische Mittel, vergeudet Pistolenkugeln, schöne Worte und Papier, schont weder Fäuste noch Menschen und schreckt vor nichts zurück – nur damit ich zum Zyniker werde. Aber es wird nichts draus … Gut, gut, aber bin ich nun dafür oder dagegen? Ich bin dagegen, weil ich keinerlei Verunglimpfungen dulde, jegliche Elite und Unduldsamkeit verabscheue, weil ich es auf den Tod nicht ausstehen kann, verprügelt und davongejagt zu werden … Und dafür bin ich, weil ich kluge, begabte Menschen mag und Dummköpfe, Hornochsen, Goldhemden und Faschisten hasse. Aber so werde ich nie zu einem Ergebnis kommen. Ich weiß einfach zu wenig über sie, und bei dem, was ich weiß und was ich gesehen habe, fällt zuerst das Negative auf – die Grausamkeit, die Menschenverachtung und auch das physisch Abstoßende. Es ergibt sich also folgendes Bild: Auf ihrer Seite stehen die Menschen, die ich liebe: Diana, Golem, Irma und auch Bol-Kunaz sowie der picklige Nihilist … Und wer ist gegen sie? Der Bürgermeister, das alte Schwein, dieser Faschist und Demagoge, genauso wie der Polizeichef, dieser käufliche Bandit, und Roßschäper Nant, dann die dumme Lola, die Bande der Goldhemden und Pavor. Für sie sind aber auch der hochgewachsene Experte und ein gewisser General Pferd – Generäle aber kann ich nicht ausstehen. Und gegen sie sind Teddy und viele andere seinesgleichen. Tja, die Stimmenmehrheit ergibt hier noch keine Entscheidung. Wie bei den freien, demokratischen Wahlen ist die Mehrheit immer für den Schweinehund …

Gegen zwei Uhr kam Diana, Diana-die-Fröhliche-und-Gewöhnliche, in einem straff zusammengeschnürten weißen Kittel, geschminkt und gekämmt.

»Was macht die Arbeit?«, fragte sie.

»Ich brenne. Ich verbrenne, um anderen zu leuchten.«

»Ja, es raucht schon. Mach wenigstens das Fenster auf. Willst du etwas essen?«

»Ja, verdammt noch mal!«, rief Viktor. Ihm fiel ein, dass er noch gar nicht gefrühstückt hatte.

»Ja, verdammt, dann lass uns endlich gehn!«

Sie gingen hinunter in den Speisesaal. An langen Tischen löffelten die völlig erschöpften »Brüder im Geiste« sittsam und stumm ihr Diätsüppchen. Der dicke Trainer lief in einem engen dunkelblauen Pullover hinter ihnen auf und ab, klopfte ihnen auf die Schultern, zauste ihr Haar und blickte forschend auf ihre Teller.

»Ich mache dich jetzt mit jemandem bekannt«, erklärte Diana. »Er wird mit uns essen.«

»Wer denn?«, fragte Viktor unwillig. Er mochte keine Konversation beim Essen.

»Mein Mann«, antwortete Diana. »Mein ehemaliger.«

»Aha«, murmelte Viktor. »Na ja, sehr angenehm.«

Einfälle sind das, dachte er mürrisch. Wozu soll das gut sein? Und er blickte Diana flehend an. Sie aber führte ihn schon geradewegs zum Personaltisch in der Ecke. Als sie näher traten, erhob sich dort ein Mann im dunklen Anzug, er hatte ein gelbliches Gesicht, eine Hakennase und trug schwarze Handschuhe.

Er reichte Viktor nicht die Hand, sondern verbeugte sich nur und sagte leise: »Guten Tag, es freut mich, Sie zu hier zu treffen.«

»Banew«, stellte sich Viktor mit jener falschen Herzlichkeit vor, die ihn beim Anblick von Ehemännern immer überkam.

»Eigentlich kennen wir uns ja schon«, erklärte der Mann. »Ich bin Sursmansor.«

»Ach ja!«, rief Viktor. »Natürlich! Ich muss schon sagen, mein Gedächtnis …« Er verstummte. »Warten Sie«, sagte er. »Welcher Sursmansor?«

»Pavel Sursmansor. Sie haben sicher schon etwas von mir gelesen und sind neulich im Restaurant ziemlich energisch für mich eingetreten. Außerdem sind wir uns auch schon anderswo begegnet – ebenfalls unter unglücklichen Umständen … Aber setzen wir uns doch.«

Viktor setzte sich. Also gut, dachte er. Meinetwegen. So sehen sie also ohne Binde aus. Wer hätte das gedacht? Und wo ist seine »Brille«? Sursmansor war also Dianas Mann, zudem der hakennasige Tänzer, der einen Tänzer spielt, der wiederum einen Tänzer spielt – in Wirklichkeit ist er aber ein Nässling oder vier Nässlinge oder – den vom Restaurant dazugerechnet – sogar fünf. Allerdings hatte er keine »Brille«. Sie schien sich vielmehr über sein ganzes Gesicht verteilt und die Haut wie bei einem Kariben gelblich gefärbt zu haben. Diana blickte bald ihn, bald ihren Mann mit einem seltsamen, mütterlichen Lächeln an. Und das war unangenehm. Viktor empfand so etwas wie Eifersucht, ein Gefühl, das er früher gegenüber Ehemännern nie verspürt hatte. Die Kellnerin brachte die Suppe.

»Irma lässt Sie grüßen«, sagte Sursmansor und brach sich ein Stück Brot ab. »Sie bittet Sie, sich keine Sorgen zu machen.«

»Danke«, erwiderte Viktor automatisch. Er nahm den Löffel und fing an zu essen, ohne allerdings etwas zu schmecken. Sursmansor aß ebenfalls und musterte Viktor verstohlen – er lächelte nicht, hatte aber einen belustigten Gesichtsausdruck. Die Handschuhe behielt er an, aber wie er mit dem Löffel hantierte, das Brot brach und sich der Serviette bediente, zeugte von guter Erziehung.

»Also sind Sie doch Sursmansor«, stellte Viktor fest. »Der Philosoph …«

»Ich fürchte, nein.« Sursmansor tupfte sich mit der Serviette die Lippen ab. »Ich fürchte, dass ich heute von jenem berühmten Philosophen weit entfernt bin.«

Viktor wusste nicht, was er dazu sagen sollte, und beschloss abzuwarten. Schließlich geht dieses Treffen nicht von mir aus, ich wasche meine Hände in Unschuld – er wollte mich sehen, also soll er auch anfangen. Das Hauptgericht wurde aufgetragen. Bedächtig zersäbelte Viktor das Fleisch. An den langen Tischen klapperten, einträchtig schmatzend, die »Brüder im Geiste« mit Messern und Gabeln. Ich werde mal wieder kräftig an der Nase herumgeführt, dachte Viktor. Ein Bruder im Geiste. Bestimmt liebt sie ihn immer noch. Er wurde krank, sie mussten sich trennen, aber sie wollte ihn nicht verlassen; wozu hat sie sich sonst in dieses Loch verkrochen und trägt Roßschäpers Nachttopf raus? Hier können sie sich oft sehen, er schleicht sich ins Sanatorium, nimmt die Binde ab und tanzt mit ihr; er erinnerte sich, wie sie miteinander getanzt hatten – wie zwei Weiber. Trotzdem. Sie liebt ihn. Aber was kümmert mich das? Und doch, es kümmert mich. Jawohl. Irgendetwas stimmt da nicht. Aber was? Sie nehmen mir die Tochter weg, aber ich bin nicht als Vater eifersüchtig. Sie nehmen mir die Frau weg, aber ich bin nicht als Mann eifersüchtig. Verflixt, was sind das für Gedanken! Sie nehmen mir die Frau weg, sie nehmen mir die Tochter weg … Eine Tochter, die mich als Zwölfjährige zum ersten Mal gesehen hat. Oder ist sie schon dreizehn? Eine Frau, die ich erst seit kurzem kenne. Aber ich bitte zu beachten: Ich bin eifersüchtig, und das weder als Vater noch als Mann. Alles wäre einfacher, wenn Sursmansor jetzt sagte: »Mein Herr, ich weiß alles, sie haben meine Ehre verletzt, was halten Sie von Satisfaktion?«

»Wie kommen Sie mit dem Artikel voran?«, erkundigte er sich stattdessen. Und er stellte die Frage nicht, um ein Gespräch anzufangen. Diesen Nässling schien es tatsächlich zu interessieren, wie Viktor mit seiner Arbeit an dem Artikel vorankam.

»Gar nicht«, antwortete Viktor.

»Ich würde ihn gerne einmal lesen«, teilte Sursmansor mit.

»Wissen Sie denn, was ich für einen Artikel schreiben soll?«

»Ja, ich kann es mir denken. Aber so einen Artikel werden Sie doch nicht verfassen, oder?«

»Und wenn man mich dazu zwingt? General Pferd wird sich kaum für mich verwenden.«

»Sie müssen verstehen«, begann Sursmansor, »einen Artikel, wie ihn der Herr Bürgermeister erwartet, kriegen Sie sowieso nicht zustande – auch wenn Sie sich noch so anstrengen. Es gibt Menschen, die jede vor ihnen liegende Aufgabe ganz automatisch, also unabhängig von ihrem Willen, ihrer Fasson nach ummodeln. Und zu diesen Menschen gehören Sie.«

»Ist das gut oder schlecht?«, wollte Viktor wissen.

»Aus unserer Sicht ist es gut. Über die menschliche Persönlichkeit weiß man, von den Reflexen einmal abgesehen, sehr wenig. Die Masse besitzt über diese Reflexe hinaus kaum etwas anderes. Darum sind die sogenannten schöpferischen Persönlichkeiten, die jede Information über die Wirklichkeit individuell verarbeiten, besonders wertvoll. Vergleicht man ein bekanntes, gründlich erforschtes Phänomen mit seiner Widerspiegelung im Schaffen einer schöpferischen Persönlichkeit, erfährt man viel über den psychischen Apparat, der diese Information verarbeitet.«

»Haben Sie nicht den Eindruck, dass das beleidigend klingt?«, fragte Viktor.

Sursmansor zog eine Grimasse und blickte ihn an.

»Ah, ich verstehe«, sagte er. »Sie wollen ein Schöpfer sein und kein Versuchskaninchen. Aber, sehen Sie, ich habe Ihnen doch nur einen Aspekt genannt, der Sie in unseren Augen wertvoll macht. Die anderen Aspekte sind allgemein bekannt: die wahrheitsgetreue Information über die objektive Wirklichkeit, der Mechanismus der Emotionen, das Mittel zur Anregung der Fantasie, die Befriedigung des Bedürfnisses nach Mitgefühl … Eigentlich wollte ich Ihnen schmeicheln.«

»Wenn's so ist: Gut, ich fühle mich geschmeichelt. Allerdings hat das wenig mit dem Abfassen von Schmähschriften zu tun: Dazu nimmt man einfach die letzte Rede des Herrn Präsidenten und schreibt sie vom ersten bis zum letzten Wort ab, wobei man den Begriff ›Feinde der Freiheit‹ durch ›die sogenannten Nässlinge‹, ›die Patienten des blutigen Doktors‹ oder ›die Vampire aus dem Leprosorium‹ ersetzt, sodass mein psychischer Apparat daran gar nicht beteiligt ist.«

»Das kommt Ihnen nur so vor«, entgegnete Sursmansor. »Sie lesen die Rede und stellen fest, dass sie schlecht ist – ich meine stilistisch. Sie fangen an, den Stil zu verbessern und treffendere Ausdrücke zu suchen. Sie lassen Ihre Fantasie spielen, weil Ihnen übel wird von den abgedroschenen Phrasen. Sie wollen die Worte lebendig machen und die bürokratischen Lügen durch lebendige Fakten ersetzen und merken dabei gar nicht, dass Sie plötzlich die Wahrheit schreiben.«

»Mag sein«, meinte Viktor. »Jedenfalls habe ich im Augenblick keine Lust, mich an diesen Artikel zu setzen.«

»Und zu etwas anderem hätten Sie Lust?«

»Ja«, sagte Viktor und blickte Sursmansor in die Augen. »Ich würde gern davon erzählen, wie die Kinder die Stadt verlassen haben – ein neuer ›Rattenfänger von Hameln‹.«

Sursmansor nickte zufrieden.

»Gute Idee. Schreiben Sie darüber.«

Schreiben Sie darüber, dachte Viktor bitter. Wer, zum Teufel, wird das drucken? Du vielleicht?

»Diana«, sagte er. »Bekommt man hier auch was zu trinken?«

Diana stand schweigend auf und entfernte sich.

»Außerdem würde ich gern über die verurteilte Stadt schreiben«, erklärte Viktor. »Über die mysteriöse Geschäftigkeit rund um das Leprosorium. Und über die bösen Zauberer.«

»Brauchen Sie Geld?«, fragte Sursmansor.

»Vorläufig reicht es.«

»Vergessen Sie nicht, dass man aller Voraussicht nach den Literaturpreis des Leprosoriums für das vergangene Jahr an Sie vergeben wird. Sie und Tussow sind in die Endrunde gekommen, aber Tussow hat weniger Chancen, das ist eindeutig. Geld werden Sie also haben.«

»Hm«, meinte Viktor. »Das ist ja noch nie vorgekommen. Viel Geld?«

»An die dreitausend. Genau weiß ich's nicht mehr.«

Diana kam zurück und stellte, noch immer schweigend, eine Flasche und ein Glas auf den Tisch.

»Noch eins«, bat Viktor.

»Ich trinke nichts«, erklärte Sursmansor.

»Eigentlich … äh …«

»Ich trinke auch nichts«, sagte Diana.

»Ist der Preis für ›Das Unglück‹?«, fragte Viktor, während er sich einschenkte.

»Ja. Und für ›Die Katze‹. Für drei Monate wären Sie also versorgt. Oder reicht das Geld nicht so lange?«

»Für zwei Monate etwa«, antwortete Viktor. »Aber darum geht es nicht. Es geht um … Ich möchte das Leprosorium besichtigen.«

»Natürlich«, bejahte Sursmansor. »Die Preisverleihung wird ja auch dort stattfinden. Aber Sie werden enttäuscht sein: Wunder gibt es dort nicht zu sehen – stattdessen zehn kleine Häuser und die Klinik am Ruhetag.«

»Die Klinik«, wiederholte Viktor. »Wer wird denn dort behandelt?«

»Menschen«, antwortete Sursmansor mit einer seltsamen Intonation. Er schmunzelte, doch plötzlich veränderte sich sein Gesicht auf furchtbare Weise: Das rechte Auge wanderte zum Kinn, der Mund wurde dreieckig, und die linke Wange löste sich mitsamt dem Ohr vom Schädel und hing in der Luft. Das Ganze dauerte nur einen Augenblick. Diana fiel der Teller aus der Hand, Viktor blickte rasch zur Seite, und als er Sursmansor wieder ansah, war er schon wieder der Alte – höflich und mit gelbem Gesicht. Teufel noch eins, dachte Viktor, hinweg mit dir, Satan. Oder war das eine Halluzination? Er holte hastig eine Schachtel Zigaretten heraus, zündete sich eine an und starrte in sein Glas. Die »Brüder im Geiste« erhoben sich geräuschvoll von ihren Stühlen und strebten, ungeniert lärmend, dem Ausgang zu.

Sursmansor sagte: »Überhaupt wünschen wir uns, dass Sie sich um nichts Sorgen zu machen brauchen. Sie haben nichts zu befürchten. Sicher ahnen Sie schon, dass unsere Organisation einen hohen Stellenwert hat und gewisse Privilegien genießt. Wir leisten viel, und darum können wir uns einiges erlauben. Wir dürfen mit dem Klima experimentieren, eigenen Nachwuchs heranziehen und anderes mehr. Aber bitte behalten Sie das für sich. Einige Herrschaften bilden sich ein, dass wir für sie arbeiten, und wir wollen sie in diesem Glauben lassen.« Er verstummte. »Schreiben Sie, worüber Sie wollen und wie Sie wollen, Banew, lassen Sie die Hunde bellen. Wenn Sie Schwierigkeiten mit Verlagen oder Geldprobleme haben, unterstützen wir Sie. Notfalls verlegen wir Sie selbst. Für uns selbst, natürlich. Ihre Neunaugen sind Ihnen also sicher.«

Viktor leerte sein Glas und schüttelte den Kopf.

»Verstehe«, meinte er. »Wieder ein Versuch, mich zu kaufen.«

»Wenn Sie so wollen«, sagte Sursmansor. »Die Hauptsache: Ihnen ist klar, dass es ein Leserkontingent gibt, das zwar noch nicht groß, aber an Ihrer Arbeit sehr interessiert ist. Wir brauchen Sie, Banew, und zwar so, wie Sie sind. Wir brauchen keinen Banew, der unser Anhänger ist und unser Lied singt, zerbrechen Sie sich nicht den Kopf darüber, auf wessen Seite Sie stehen. Bleiben Sie sich selbst treu, wie es sich für jede schöpferische Persönlichkeit gehört. Das ist alles, was wir von Ihnen wollen.«

»Sehr verlockende Bedingungen«, gab Viktor zu. »Eine Carte blanche und marinierte Neunaugen in Aussicht. In Aussicht und in Senfsoße. Und wo wär die Witwe, die sagte ›Nein‹? Wer könnte da widerstehen? Hören Sie, Sursmansor, haben Sie schon einmal Ihre Seele und Ihre Feder verkaufen müssen?«

»Ja, natürlich«, antwortete Sursmansor. »Und Sie wissen, wie wenig man dafür bekommt. Aber das war vor tausend Jahren und auf einem anderen Planeten.« Er verstummte. »Aber Sie irren sich, Banew«, fuhr er fort. »Wir wollen Sie nicht kaufen. Wir wollen nur, dass Sie sich treu bleiben, wir haben Angst, dass es Ihnen schlecht ergehen könnte. Wie vielen ist das schon passiert. Moralische Werte sind nicht käuflich, Banew – man kann sie vernichten, aber nicht kaufen. Ein moralischer Wert ist immer nur für eine Seite wichtig, ihn zu stehlen oder zu kaufen wäre sinnlos. Der Herr Präsident bildet sich ein, den Maler Quadriga gekauft zu haben. Das ist ein Irrtum. Er hat den Pfuscher Quadriga gekauft, der Maler ist ihm zwischen den Fingern zerronnen und gestorben. Und wir wollen nicht, dass der Schriftsteller Banew jemandem – nicht einmal uns – zwischen den Fingern zerrinnt und stirbt. Wir brauchen Künstler und keine Propagandisten.«

Er stand auf, und Viktor erhob sich ebenfalls. Er war verlegen und stolz zugleich, fühlte Unglaube und auch Erniedrigung, Enttäuschung, Verantwortung und noch etwas anderes, worüber er sich jedoch erst klarwerden musste.

»Es war sehr angenehm, mich mit Ihnen zu unterhalten«, sagte Sursmansor. »Ich wünsche Ihnen Erfolg bei Ihrer Arbeit.«

»Auf Wiedersehen«, verabschiedete sich Viktor. Sursmansor deutete eine Verbeugung an, legte dann den Kopf in den Nacken und entfernte sich mit großen, festen Schritten. Viktor sah ihm nach.

»Genau darum liebe ich dich«, erklärte Diana.

Viktor ließ sich auf seinen Stuhl fallen und griff nach der Flasche.

»Warum?«, fragte er zerstreut.

»Weil sie dich brauchen. Weil solche Leute einen Weiberhelden, Säufer, Liederjan und Mistkerl wie dich brauchen.«

Sie beugte sich über den Tisch und küsste ihn auf die Wange. Das war wieder eine andere Diana: Diana-die-Verliebte, mit großen Augen, wie Maria Magdalena, Diana-die-zu-ihm-Aufschauende.

»Und wenn schon«, murmelte Viktor. »Intellektuelle … Neue Kalifen für eine Stunde.«

Aber das waren nur Worte. In Wirklichkeit war alles viel komplizierter.

Am nächsten Tag kehrte Viktor nach dem Frühstück ins Hotel zurück. Beim Abschied hatte Diana ihm ein Körbchen aus Birkenrinde in die Hand gedrückt – gefüllt mit Erdbeeren. Man hatte Roßschäper aus den hauptstädtischen Orangerien etliche Kilo davon geschickt, und Diana hatte gemeint, dass Roßschäper trotz seiner abnormen Fresssucht eine solche Menge Erdbeeren niemals würde essen können.

Der mürrische Pförtner öffnete die Tür, und Viktor bot ihm von den Erdbeeren an; der Pförtner nahm sich ein paar, steckte sie in den Mund, kaute sie wie Brot und sagte: »Mein Bengel war, wie es scheint, einer der Rädelsführer.«

»Nicht doch. Der Junge ist in Ordnung. Ein kluger Kopf und gut erzogen.«

»Er hat ja auch genügend Prügel gekriegt!«, sagte der Pförtner plötzlich wieder ganz munter. »Ich habe mich nicht geschont.« Und seine Miene verdüsterte sich wieder. »Die Nachbarn machen mir die Hölle heiß«, teilte er Viktor mit. »Aber was kann ich dafür? Ich habe doch überhaupt nichts davon gewusst.«

»Pfeifen Sie auf die Nachbarn«, riet ihm Viktor. »Die sind bloß neidisch. Sie haben einen guten Jungen. Ich zum Beispiel bin sehr froh, dass meine Tochter mit ihm befreundet ist.«

»Ha!« Der Pförtner lebte wieder auf. »Da werden wir wohl noch Verwandte?«

»Warum nicht«, meinte Viktor. »Ist durchaus möglich.« Er stellte sich Bol-Kunaz als Schwiegersohn vor. »Ja, durchaus.«

Sie scherzten und lachten noch eine Weile über diese Idee.

»Haben Sie gestern noch die Schießerei gehört?«, erkundigte sich der Pförtner anschließend.

»Nein.« Viktor horchte auf. »Was war denn los?«

»Das kam so«, begann der Pförtner. »Nachdem wir auseinandergegangen waren, versammelten sich ein paar Hitzköpfe, zerschnitten den Stacheldraht und stiegen dort ein. Dann hat man aus Maschinengewehren auf sie geschossen.«

»Unfassbar!«

»Ich selbst habe es nicht gesehen«, erklärte der Pförtner, »aber die Leute haben davon erzählt.« Er sah sich ängstlich nach allen Seiten um, winkte Viktor näher heran und flüsterte ihm ins Ohr:

»Unser Teddy war dabei und hat was abgekriegt. Aber er hat noch mal Glück gehabt. Er liegt jetzt zu Hause im Bett.«

»Der Ärmste«, murmelte Viktor bedrückt.

Er bewirtete auch den Portier mit Erdbeeren, ließ sich seinen Schlüssel geben und ging in sein Zimmer. Ohne sich auszuziehen, wählte er Teddys Nummer. Die Schwiegertochter teilte ihm mit, dass alles halb so schlimm sei, Teddy nur eine Fleischwunde davongetragen habe, auf dem Bauch liege, fluche und Wodka trinke. Sie selbst wolle heute ins Haus der Begegnung gehen, um ihren Sohn zu besuchen. Viktor bat, Teddy zu grüßen, versprach vorbeizukommen und legte auf. Nun hätte er noch Lola anrufen müssen, aber als er sich das Gespräch – ihre Vorwürfe und das Gezeter – vorstellte, ließ er es lieber bleiben. Er zog den Regenmantel aus, betrachtete die Erdbeeren, ging zur Küche hinunter und ließ sich eine Flasche Sahne geben. Zurückgekehrt, fand er Pavor vor.

»Guten Morgen«, begrüßte ihn Pavor und lächelte strahlend.

Viktor trat an den Tisch, schüttete die Erdbeeren in eine Schale, goss die Sahne darüber, bestreute sie mit Zucker und setzte sich.

»Guten Tag«, grüßte er finster zurück. »Was gibt's?«

Er vermied es, Pavor anzusehen. Erstens war er ein Schwein, und zweitens war es, wie sich herausstellte, unangenehm, einen Menschen anzusehen, den man denunziert hatte – selbst wenn er ein Schwein war, selbst wenn man ihn in bester Absicht denunziert hatte.

»Hören Sie, Viktor«, sagte Pavor. »Ich bin bereit, mich zu entschuldigen. Wir haben uns beide dumm aufgeführt – ich besonders. Das kommt alles von dem Ärger, den ich im Dienst habe. Ich bitte Sie aufrichtig um Entschuldigung. Es wäre sehr schade, wenn wir uns wegen einer solchen Dummheit zerstreiten würden.«

Viktor nahm einen Löffel zur Hand, rührte die Erdbeeren mit Sahne um und fing an zu essen.

»Was ich in letzter Zeit aber auch für ein Pech habe«, fuhr Pavor fort. »Ich könnte die ganze Welt verfluchen. Und keinerlei Mitgefühl, keine Unterstützung. Der Bürgermeister, dieses Rindvieh, hat mich da in eine schmutzige Geschichte hineingezogen …«

»Herr Summan«, antwortete Viktor. »Spielen Sie nicht den dummen August. Das gelingt Ihnen zwar ganz gut, aber zum Glück habe ich Sie durchschaut, und es macht mir nicht den geringsten Spaß, Ihr schauspielerisches Talent zu begutachten. Verderben Sie mir bitte nicht den Appetit, und gehen Sie.«

»Viktor«, sagte Pavor vorwurfsvoll. »Wir sind doch erwachsene Menschen. Man kann das, was man bei einem Gläschen schwatzt, doch nicht so ernst nehmen. Dachten Sie vielleicht, ich glaube den Unsinn, den ich da verzapft habe? Migräne, Ärger, Schnupfen … Was verlangen Sie von einem Menschen?«

»Ich verlange, dass er mich nicht von hinten mit dem Schlagring überfällt«, erklärte Viktor. »Und wenn er's doch tut – es mag ja Umstände geben –, dann soll er hinterher wenigstens nicht den guten Kumpel spielen.«

»Ach, das meinen Sie«, sagte Pavor nachdenklich. Sein Gesicht wurde zusehends länger. »Hören Sie, Viktor, ich werde

Ihnen alles erklären. Es war ein dummer Zufall. Ich wusste ja nicht, dass Sie es sind. Und dann ... Sie sagen ja selbst, manchmal gibt es Umstände ...«

»Herr Summan«, begann Viktor und leckte den Löffel ab. »Vertreter Ihres Berufszweigs konnte ich noch nie ausstehen. Einen habe ich sogar mal erschossen – er war sehr mutig, wenn es darum ging, den Offizieren im Stab mangelnde Loyalität vorzuwerfen, als man ihn aber an die vorderste Linie schickte ... Mit einem Wort, scheren Sie sich raus.«

Pavor aber scherte sich nicht raus. Er steckte sich eine Zigarette an, schlug ein Bein über das andere und lehnte sich im Sessel zurück. Klarer Fall: Er ist kräftig, kann wahrscheinlich Karate und besitzt einen Schlagring. Jetzt wäre ein Wutanfall passend ... Tatsächlich, was verdirbt er mir auch den Appetit ...

»Wie ich sehe, wissen Sie eine ganze Menge«, stellte Pavor fest. »Das ist schlecht. Ich meine: für Sie. Aber gut. Was Sie nicht wissen, ist, dass ich Sie aufrichtig schätze und mag. Nun ziehen Sie nicht so ein Gesicht, tun Sie nicht so, als ob Ihnen übel wird. Ich meine es ernst. Ich bin gern bereit, Sie wegen des Zwischenfalls mit dem Schlagring um Verzeihung zu bitten. Ich gebe sogar zu, dass ich wusste, wen ich vor mir hatte, aber mir blieb keine Wahl. Ein Zeuge lag schon in der Ecke auf dem Boden, und jetzt kamen auch noch Sie dazwischen. Die einzige Möglichkeit war, nicht allzu heftig zuzuschlagen, was ich auch tat. Ich bitte Sie also aufrichtig um Entschuldigung.«

Pavor machte eine aristokratische Armbewegung. Viktor betrachtete ihn neugierig. Die Situation hatte etwas Erfrischendes, nie Dagewesenes und irgendwie schwer Vorstellbares.

»Aber dafür, dass ich Mitarbeiter eines gewissen Departements bin«, fuhr er fort, »kann ich mich nicht entschuldigen, und ich will es auch gar nicht. Glauben Sie bitte nicht, dass unsere Leute durchweg Feinde allen freien Denkens und miese Karrieristen sind. Ja, ich arbeite in der Spionageabwehr. Und ja, meine Arbeit ist schmutzig. Aber Arbeit ist immer schmutzig, saubere Arbeit gibt es überhaupt nicht. Sie breiten sich in Ihren Romanen über Ihr Unterbewusstes aus, Ihre berüchtigte Libido – mein Job ist ein anderer … Einzelheiten kann ich Ihnen nicht erzählen, aber Sie ahnen sicher, was ich tue. Ja, ich beobachte das Leprosorium, ich hasse diese nassen Kreaturen, ich habe Angst vor ihnen – Angst nicht nur um meinetwillen, sondern um alle Menschen, die auch nur ein bisschen was taugen. Um Sie zum Beispiel. Sie sind ja völlig ahnungslos. Als freier Künstler und Gefühlsmensch oh und ah rufen, das ist alles, was Sie können. Dabei geht es hier um das Schicksal des Systems. Wenn Sie so wollen, um das Schicksal der Menschheit. Da schimpfen Sie den Herrn Präsidenten einen Diktator, einen Tyrannen, einen Dummkopf … Und dabei droht uns eine Diktatur, wie sie sich freie Künstler wie Sie nicht einmal in ihren schlimmsten Träumen vorstellen können. Im Restaurant habe ich neulich eine Menge Unsinn von mir gegeben, aber ein Körnchen Wahrheit steckt doch darin: Der Mensch ist ein anarchistisches Wesen und wird von der Anarchie verschlungen, wenn das System nicht hart genug durchgreift. Ihre liebenswerten Nässlinge aber lassen ein so hartes Durchgreifen erwarten, dass für normale Menschen kein Platz mehr bleibt. Sie aber, Viktor, verstehen das nicht. Sie meinen, nur weil einer Sursmansor oder Hegel zitiert, sei er wer weiß was! Er aber sieht in Ihnen nur ein Stück Dreck. Sie tun ihm nicht leid, Viktor, weil Sie sowohl für Hegel als auch für Sursmansor ein Stück Dreck wären – und zwar per definitionem. Was sich nicht in ihre Vorstellung einfügt, ist uninteressant. Der Herr Präsident in seiner angeborenen Beschränktheit blafft Sie vielleicht mal an oder lässt Sie, wenn es hochkommt, einsperren. Zum nächsten Feiertag aber begnadigt er Sie im Überschwang der Gefühle und lädt Sie obendrein zum Essen ein. Ein Sursmansor dagegen betrachtet Sie durch eine Lupe, klassifiziert Sie als Hundedreck – zu nichts zu gebrauchen –, schmeißt Sie, gedankenverloren und vor lauter Verstand und Philosophie mit einem schmutzigen Lappen in den Mülleimer und vergisst, dass es Sie jemals gegeben hat.«

Viktor hörte auf zu essen. Ihm bot sich ein äußerst merkwürdiger Anblick: Pavor regte sich auf, seine Lippen bebten, das Blut wich ihm aus dem Gesicht, er keuchte. Offenbar glaubte er daran, was er sagte, und in seinen Augen stand das Grauen vor dieser Schreckensvision. Na, na, warnte Viktor sich selbst. Dieser Halunke ist ein Feind. Das ist ein Schauspieler, der dich für einen Apfel und ein Ei kaufen will. Er merkte plötzlich, dass er sich regelrecht von Pavor losreißen musste. Er ist ein seelenloser Beamter, vergiss das nicht, Viktor. Er kann seiner Bestimmung nach gar keine eigenen Gedanken haben – die Obrigkeit befiehlt's, also verdient er sich sein Kompott. Befiehlt sie ihm, die Nässlinge zu beschützen, tut er's. Diese Schweine kenne ich, ich habe genug von ihnen gesehen …

Pavor nahm sich zusammen und lächelte.

»Ich weiß, was Sie denken«, sagte er. »Ich sehe es Ihnen an der Nasenspitze an, dass Sie sich fragen: Warum rückt mir dieser Typ auf die Pelle, was will er von mir? Stellen Sie sich vor: Ich will gar nichts von Ihnen. Ich will Sie nur aufrichtig warnen; Sie sollten sich zurechtfinden und auf die richtige Seite stellen.« Er fletschte krampfhaft die Zähne. »Ich will nicht, dass sie zum Verräter an der Menschheit werden. Eines Tages wird Ihnen ein Licht aufgehen, dann aber könnte es zu spät sein – ganz zu schweigen davon, dass Sie überhaupt von hier verschwinden sollten. Deshalb bin ich nämlich gekommen, um darauf zu bestehen, dass Sie die Stadt verlassen. Vor uns liegen schwere Zeiten: Meine Vorgesetzten legen gerade den größten Diensteifer an den Tag, weil ihnen jemand gesteckt hat: Ihr arbeitet schlecht, Herrschaften, es herrscht keine Ordnung mehr … Aber das ist Unsinn, darüber sprechen wir später. Viktor, ich möchte, dass Sie verstehen, worum es hier geht. Nicht darum, was morgen geschieht; morgen sitzen sie noch hinter ihrem Stacheldraht unter dem Schutz dieser Kretins.« Er fletschte wieder die Zähne. »Aber denken Sie mal zehn Jahre weiter …«

Viktor sollte nie erfahren, was zehn Jahre weiter sein würde. Die Zimmertür flog auf, ohne dass jemand angeklopft hätte, zwei Männer in den gleichen grauen Regenmänteln traten ein, und Viktor wusste sofort, mit wem er es zu tun hatte. Ihm stockte wie immer der Atem, er empfand Ekel und Ohnmacht und stand gehorsam auf. Ihm bedeuteten sie jedoch: »Hinsetzen!«, Pavor dagegen: »Aufstehen!«

»Pavor Summan, Sie sind verhaftet.«

Pavor wurde bleich wie Magermilch, stand auf und krächzte heiser: »Den Haftbefehl.«

Sie hielten ihm ein Papier unter die Nase, und während er es wie blind anstarrte, fassten sie ihn unter, führten ihn hinaus und schlossen die Tür. Viktor saß da wie gelähmt, blickte in die Schale mit den Erdbeeren und dachte: Sollen sie sich doch gegenseitig an die Kehle gehen. Er wartete darauf, dass draußen ein Motor ansprang und Wagentüren zuklappten, aber es tat sich nichts. Da steckte er sich eine Zigarette an und merkte, dass er nicht länger stillsitzen konnte. Er musste jetzt mit jemandem sprechen, sich irgendwie ablenken oder wenigstens mit jemandem einen Schluck trinken und verließ das Zimmer. Woher haben sie eigentlich gewusst, dass er bei mir war? Ach, ist ja nicht so wichtig. Sogar völlig unwichtig … Auf dem Treppenabsatz huschte der Hochgewachsene an ihm vorbei. Es war so ungewöhnlich, ihn ohne seinen Begleiter zu sehen, dass Viktor sich nach ihm umdrehte. Und tatsächlich: Auf einer Couch in der Ecke saß der junge Mann mit der Aktentasche hinter seiner ausgebreiteten Zeitung.

»Ach, da ist er ja«, bemerkte der Hochgewachsene. Der junge Mann sah Viktor an, stand auf und faltete die Zeitung zusammen. »Ich wollte gerade zu Ihnen«, sagte er. »Aber wenn's so ist, können wir auch zu uns gehen, da haben wir mehr Ruhe.«

Viktor war schon alles egal, und so trottete er widerstandslos mit hinauf in den zweiten Stock. Der Hochgewachsene machte sich endlos am Türschloss von Zimmer dreihundertzwölf zu schaffen und probierte sämtliche Schlüssel seines riesigen Schlüsselbundes aus. Der junge Mann mit der Brille stand gelangweilt daneben, während Viktor sich fragte, was wäre, wenn er ihm jetzt eins auf den Schädel gäbe, die Aktentasche entrisse und das Weite suchte. Nachdem sie das Apartment betreten hatten, begab sich der junge Mann sofort ins linke Schlafzimmer, der Hochgewachsene sagte »Einen Augenblick« und verschwand im rechten Schlafzimmer. Viktor setzte sich an den Mahagonitisch und strich mit dem Finger über die rauen Kreise, die größere und kleinere Gläser auf der polierten Tischplatte hinterlassen hatten. Es gab eine Menge solcher Kreise; man war nicht sehr pfleglich mit dem Tisch umgegangen, hatte nicht darauf geachtet, dass er aus Mahagoni war, brennende Zigaretten darauf abgelegt und nicht nur einmal den Füllhalter darüber ausgeschüttelt. Dann trat der junge Mann, diesmal ohne Aktentasche und Jackett, dafür in Hausschuhen und mit einer Zeitung in der einen Hand und einem vollen Glas in der anderen, wieder aus dem Schlafzimmer. Er setzte sich in seinen Sessel unter der Stehlampe, und gleich darauf kam auch der Hochgewachsene aus seinem Zimmer und setzte ein Tablett auf dem Tisch ab. Darauf standen eine angebrochene Flasche Scotch, ein Glas und ein quadratisches, mit dunkelblauem Saffian bezogenes Kästchen.

»Erst die Formalitäten«, erklärte der Hochgewachsene. »Oder nein, warten Sie, erst ein zweites Glas.« Er sah sich um, nahm einen kleinen Glasbehälter für Bleistifte vom Schreibtisch, blickte hinein, pustete ihn aus und stellte ihn aufs Tablett. »Nun zu den Formalitäten«, wiederholte er.

Er nahm Haltung an, legte die Hände an die Hosennaht und rollte mit den Augen. Der junge Mann legte die Zeitung weg, stand ebenfalls auf und starrte gelangweilt an die Wand. Da erhob sich auch Viktor.

»Viktor Banew«, verkündete der Hochgewachsene in offiziellem Ton. »Mein Herr! Im Namen und auf ausdrückliche Anweisung des Herrn Präsidenten überreiche ich Ihnen hiermit das ›Silberne Kleeblatt Stufe zwei‹ in Anerkennung besonderer Verdienste für das Departement, das zu vertreten ich hier die Ehre habe!«

Er öffnete das dunkelblaue Kästchen, entnahm ihm feierlich eine Medaille am weißen Moiréband und heftete sie Viktor an die Brust. Der junge Mann spendete höflich Beifall. Dann überreichte der Hochgewachsene Viktor die Urkunde und das Kästchen, drückte ihm die Hand, trat einen Schritt zurück, erfreute sich an dem Anblick und klatschte. Viktor, der sich wie ein Idiot vorkam, klatschte ebenfalls.

»Das müssen wir begießen«, sagte der Hochgewachsene.

Während sich alle setzten, goss er Whisky ein und erhob den Behälter für Bleistifte.

»Auf den Träger des ›Kleeblatts‹!«, rief er.

Erneut standen alle auf, lächelten einander zu, tranken und setzten sich. Der junge Mann mit der Brille verschwand wieder hinter seiner Zeitung.

»Die Stufe drei haben Sie anscheinend schon«, stellte der Hochgewachsene fest. »Jetzt brauchen Sie nur noch Stufe eins, um ein vollwertiger Ritter des ›Kleeblatts‹ zu werden. Freie Fahrt und so weiter. Wofür haben Sie damals die Medaille erhalten?«

»Ich weiß es nicht mehr«, gestand Viktor. »Irgendwas war da, wahrscheinlich hatte ich jemanden umgebracht. Ach ja, ich erinnere mich. Das war für den Brückenkopf von Kitschingan.«

»Oh!«, rief der Hochgewachsene und schenkte noch einmal nach. »Im Krieg bin ich nicht gewesen. Ich war noch zu jung.«

»Da hatten Sie Glück«, erwiderte Viktor. Sie tranken. »Unter uns gesagt, weiß ich gar nicht, wofür man mir das Ding verleiht?«

»Ich sagte doch: in Anerkennung besonderer Verdienste.«

»Doch nicht etwa für Summan?«, fragte Viktor mit einem traurigen Lächeln.

»Nicht doch!«, meinte der Hochgewachsene. »Sie sind eine wichtige Persönlichkeit und gehören gewissen Kreisen an ...« Er ließ unbestimmt den Finger an seinem Ohr kreisen.

»Was für Kreisen?«, wollte Viktor wissen.

»Wir wissen Bescheid!«, rief der Hochgewachsene verschmitzt. »Wir wissen alles! General Pferd, General Pukki, Oberst Bambarch ... Sie sind ein angesehener Mann.«

»Das höre ich zum ersten Mal«, meinte Viktor nervös.

»Initiiert hat es der Oberst. Und natürlich hatte niemand etwas dagegen – das wäre ja auch noch schöner! Nun, und als General Pferd zum Rapport beim Präsidenten war, hat er ihm den Vorschlag unterbreitet.« Der Hochgewachsene lachte auf. »Und da war was los! Der Alte hat gebrüllt: ›Was für ein Banew? Etwa der Coupletschreiber? Kommt gar nicht infrage!‹ Der General aber hat ganz souverän gesagt: ›Es muss sein, Exzellenz!‹ Kurzum: Alles ging gut. Der Alte zerfloss vor Rührung; schön, sagte er, dann soll es vergeben und vergessen sein ... Was meinte er denn damit?«

»Ach«, sagte Viktor lustlos. »Ich habe mal mit ihm über Literatur gestritten.«

»Schreiben Sie wirklich Bücher?«, erkundigte sich der Hochgewachsene.

»Ja. Genau wie Oberst Lawrence.«

»Wird das denn anständig bezahlt?«

»*Comme çi, comme ça.*«

»Das muss ich auch mal probieren«, meinte der Hochgewachsene. »Mir fehlt bloß die Zeit. Mal ist dies, mal jenes …«

»Ja«, stimmte Viktor zu. »Es fehlt die Zeit.« Bei jeder Bewegung schwang die Medaille hin und her und schlug gegen seine Rippen. So eine Medaille war wie ein Senfpflaster: Nimmst du sie ab, fühlst du dich gleich besser. »Dann werde ich mal gehen«, schlug er vor und stand auf. »Die Zeit, wissen Sie …«

Sofort sprang der Hochgewachsene auf. »Natürlich.«

»Auf Wiedersehen.«

»Ich habe die Ehre«, verabschiedete sich der Hochgewachsene. Der junge Mann ließ die Zeitung sinken und verbeugte sich.

Im Korridor riss Viktor als Erstes die Medaille herunter. Er verspürte den heftigen Wunsch, sie in einen Abfalleimer zu werfen, besann sich aber und steckte sie in die Tasche. Dann ging er hinunter in die Küche und ließ sich eine Flasche Gin geben. Auf dem Rückweg rief ihm der Portier zu: »Herr Banew, der Herr Bürgermeister hat angerufen. Sie waren nicht im Zimmer, und da …«

»Was wollte er denn?«, fragte Viktor mürrisch.

»Sie möchten sofort zurückrufen. Gehen Sie jetzt in Ihr Zimmer? Falls er noch mal anruft …«

»Der kann mich mal«, knurrte Viktor. »Ich stelle jetzt mein Telefon ab, und wenn er anruft, dann sagen Sie ihm: Herr Banew, Träger des ›Kleeblatts Stufe zwei‹, lässt Ihnen, Herr Bürgermeister, ausrichten, dass Sie sich zum Teufel scheren sollen.«

Er schloss sich in sein Zimmer ein, stellte das Telefon ab und legte – warum auch immer – noch ein Kissen darüber. Dann setzte er sich an den Tisch, goss Gin ein und leerte das Glas in einem Zug. Der Gin brannte in der Kehle und lief beißend die Speiseröhre hinunter. Dann griff Viktor nach dem Löffel und verschlang gedankenverloren den Rest der Erdbeeren mit Sahne. Es reicht, dachte er. Ich brauche weder eure Orden noch eure Honorare oder gar Almosen, weder eure Aufmerksamkeiten noch euren Hass oder eure Liebe. Lasst mich einfach in Ruhe, ich habe mit mir selbst genug zu tun, zieht mich nicht in eure Geschichten hinein. Er versenkte seinen Kopf in den Händen, um Pavors blasses Gesicht und die grauen, erbarmungslosen Gestalten in den Regenmänteln nicht mehr sehen zu müssen. Hinter euren ordenträchtigen Umarmungen stehen General Pferd, General Buttocks, General Arschmann und Sursmansor mit seinem zerfallenden Gesicht. Wenn ich doch nur wüsste, was das alles zu bedeuten hat …

Nach einem weiteren halben Glas Gin befand er sich plötzlich zusammengekrümmt in einem Schützengraben. Die Erde unter ihm drehte sich, ganze geologische Schichten, gigantische Granit-, Basalt- und Lavamassen schoben sich, vor Anspannung ächzend, übereinander, quollen, wölbten sich hoch und drückten ihn mit nach oben, immer höher, aus dem Schützengraben heraus, schoben ihn über die Brustwehr, die Zeiten aber waren hart, die Mächtigen hatten einen Anfall von Diensteifer, jemand hatte ihnen gesteckt, dass es hieß, sie arbeiteten schlecht, er aber hing nackt und bloß, die Hände vor die Augen gepresst und für alle sichtbar, über der Brustwehr. Läge ich doch am Grunde, dachte er. Läge ich doch ganz unten am Grunde, dass mich keiner hört oder sieht! Läge ich doch wie ein U-Boot am Grunde, und jemand soufflierte ihm: so dass mich keiner anpeilen kann … Ja, ja, läge ich doch wie ein U-Boot am Grunde, so dass mich keiner anpeilen kann. Und kein Lebenszeichen von mir geben würde ich. Denn ich bin nicht da. Ich schweige. Seht zu, wie ihr ohne mich klarkommt. Mein Gott, warum kann ich kein Zyniker sein? Läge ich doch wie ein U-Boot am Grunde, so dass mich keiner anpeilen kann. Läge ich doch wie ein U-Boot am Grunde, wiederholte er, nicht einmal Rufzeichen gäbe ich dann. Er spürte schon den Rhythmus, in dem, was er dachte, und es ging weiter wie von selbst: Satt hab ich alles, bis oben im Schlunde … Saufen und Schreiben – ich geh nicht mehr ran … Er goss sich nach und trank. Saufen und Schreiben – mir liegt nichts mehr dran … Saufen und Schreiben – ich find nichts mehr dran … Wo ist das Banjo?, überlegte er. Wo hab ich es nur hingesteckt? Er kroch unters Bett und zog das Banjo hervor. Ach, ihr könnt mich alle mal, dachte er, ach, wie mich jeder am Arsch lecken kann! Läge ich doch wie ein U-Boot am Grunde, so dass mich keiner anpeilen kann. Er strich rhythmisch über die Saiten, und in dem Rhythmus begannen Tisch, Zimmer und schließlich die ganze Welt zu stampfen und mit den Schultern zu zucken. Alle Generäle und Oberste, alle Nässlinge mit ihren zerfallenden Gesichtern, alle Sicherheitsdepartements, Präsidenten und auch Pavor Summan, dem sie die Arme nach hinten gedreht und die Fresse poliert haben … Satt hab ich alles, bis oben im Schlunde, selbst meine Lieder öden mich an … Eigentlich ödet mich alles an, aber »meine Lieder« ist gut, also lassen wir's so … Läge ich doch wie ein U-Boot am Grunde, so dass mich keiner anpeilen kann … Am Grunde … und noch eine Runde … zu jeder Stunde noch Fusel im Munde … Im Lager geh'n wir ja doch vor die Hunde … Jawohl, genau so …

Es klopfte schon seit einer ganzen Weile an die Tür, immer lauter und lauter, aber Viktor nahm es erst jetzt wahr, erschrak aber nicht, weil es nicht jenes Klopfen war, sondern das gewöhnliche, wohltuende Klopfen eines friedlichen Menschen, den es ärgert, dass man ihm nicht aufmacht. Viktor öffnete, und vor ihm stand Golem.

»Amüsieren Sie sich gut?«, fragte er. »Pavor ist verhaftet worden.«

»Ich weiß, ich weiß«, erwiderte Viktor fröhlich. »Setzen Sie sich hin, hören Sie zu.«

Golem setzte sich nicht, Viktor aber strich trotzdem über die Saiten und sang:

»Satt hab ich alles, bis oben im Schlunde,
selbst meine Lieder öden mich an.
Läge ich doch wie ein U-Boot am Grunde,
so dass mich keiner anpeilen kann.«

»Weiter bin ich noch nicht«, rief er. »Dann kommt was mit Weibern und Schnaps … Und dann – hören Sie zu:

Weiber und Schnaps – davon heilt keine Wunde,
bleibt bloß der Kater, und drauf geht der Mann.
Läge ich doch wie ein U-Boot am Grunde,
nicht einmal Rufzeichen gäbe ich dann.

Satt hab ich alles, den sinnlosen Plunder,
Saufen und Spielen – ich find nichts mehr dran.
Läge ich doch wie ein U-Boot am Grunde,
so dass mich keiner anpeilen kann.

Das war's!«, rief er und warf das Banjo aufs Bett. Er fühlte sich so erleichtert, als hätte sich etwas verändert, als würde er dort, wo er für alle sichtbar über der Brustwehr hing, plötzlich dringend gebraucht. Er nahm die Handflächen von den Augen und betrachtete das graue, schmutzige Feld, den rostigen Stacheldraht, die grauen Säcke, die einmal Menschen gewesen waren, das fade, ehrlose Treiben, das sie einmal Leben genannt hatten, und schon schoben sich von allen Seiten Menschen über die Brustwehr, die sich ebenfalls umsahen, nahm der eine oder andere den Finger vom Abzug …

»Ich beneide Sie«, sagte Golem. »Aber wird es nicht Zeit, sich an den Artikel zu setzen?«

»Ich denke nicht daran«, entgegnete Viktor. »Sie kennen mich nicht, Golem, mir ist jetzt alles egal. Aber setzen Sie sich doch, zum Teufel! Ich bin betrunken, und Sie sollen's auch sein! Legen Sie den Regenmantel ab … Ablegen, habe ich gesagt!«, schrie er. »Setzen Sie sich hin! Hier ist ein Glas, trinken Sie! Sie verstehen überhaupt nichts, Golem, auch wenn Sie ein Prophet sind. Aber das erlaube ich Ihnen nicht. Nicht durchzublicken ist mein Vorrecht. In dieser Welt wissen alle viel zu gut, wie es sein soll, wie es ist und wie es sein wird, und Leute, die nicht durchblicken, sind rar. Was glauben Sie, worin mein Wert besteht? Nur darin, dass ich nichts verstehe. Man malt mir alle möglichen Perspektiven aus, ich aber sage: Nein, ich blicke nicht durch. Man kommt mir mit den simpelsten Theorien, ich aber sage: Nein, ich verstehe das nicht. Darum brauchen sie mich. Möchten Sie Erdbeeren? Ach, die hab ich ja schon aufgegessen. Also rauchen wir …«

Er stand auf und lief im Zimmer umher. Golem sah ihm, mit dem Glas in der Hand, nach, ohne den Kopf zu wenden.

»Es ist erstaunlich paradox, Golem. Es hat mal eine Zeit gegeben, wo ich mich auskannte. Ich war sechzehn, Ritter der Legion und begriff alles, aber keiner brauchte mich! Bei einer Prügelei schlugen sie mir den Schädel ein, ich lag einen Monat im Krankenhaus, und alles ging weiter wie immer – die Legion focht ihre Siege ohne mich aus, der Herr Präsident stieg unerbittlich zum Herrn Präsidenten auf – alles ohne mich. Alle kamen prächtig ohne mich aus. Im Krieg wiederholte sich das. Ich tat meinen Dienst als Offizier, heimste Orden ein und wusste Bescheid. Man durchschoss mir die Brust, ich landete im Lazarett – aber glauben Sie, jemand hätte sich Sorgen um mich gemacht, hätte gefragt: Wo ist Banew, wo ist denn unser Banew, unser tapferer Banew, der Mann, der Bescheid weiß? Nicht die Bohne! Aber als ich aufhörte durchzublicken, tja, da änderte sich alles. Alle Zeitungen nahmen plötzlich von mir Notiz. Ein Haufen von Departements interessierte sich für mich. Der Herr Präsident gab sich persönlich die Ehre. Wie finden Sie das? Können Sie sich vorstellen, wie selten das ist – ein Mensch, der keine Ahnung hat! Man kennt ihn, Generäle und Oberste nehmen ihn in Schutz, die Nässlinge brauchen ihn dringend, man schätzt ihn als Persönlichkeit – ein Albtraum! Und warum? Weil er von nichts weiß, Herrschaften.« Viktor setzte sich. »Bin ich sehr betrunken?«, fragte er.

»Ziemlich«, antwortete Golem. »Aber das ist egal, reden Sie ruhig weiter.«

Viktor zuckte ratlos die Schultern.

»Das war's schon«, bemerkte er schuldbewusst. »Ich habe mich verausgabt. Soll ich Ihnen was vorsingen?«

»Singen Sie«, stimmte Golem zu.

Viktor ergriff das Banjo und stimmte ein Lied an. Er sang »Wir sind tapfere Jungs«, »Menschen aus Uran«, »Von dem Hirten, dem ein Stier ein Auge ausstach und der deshalb die Staatsgrenze verletzte«, »Satt hab ich alles«, »Die gleichgültige Stadt«, das »Lied von der Wahrheit und der Lüge«, dann noch einmal »Satt hab ich alles«, und zum Schluss stimmte er die Nationalhymne nach der Melodie von »Ach, was für schöne Beine« an, brachte den Text aber nicht mehr zusammen, verwechselte die Strophen und legte das Banjo weg.

»Ich habe mich schon wieder verausgabt«, erklärte er traurig. »Pavor wurde verhaftet, sagen Sie? Aber das weiß ich doch. Er saß gerade hier bei mir, da, wo Sie jetzt sitzen. Wissen Sie, was er mir kurz vorher noch klarmachen wollte?

Dass die Nässlinge in zehn Jahren die Erdkugel erobern und uns alle ausrotten werden. Halten Sie das für möglich?«

»Kaum«, erwiderte Golem. »Warum sollten sie uns ausrotten? Wir rotten uns doch schon gegenseitig aus.«

»Und die Nässlinge?«

»Vielleicht werden sie uns daran hindern, dass wir uns gegenseitig ausrotten. Schwer zu sagen.«

»Aber vielleicht helfen sie uns auch dabei?«, kicherte Viktor betrunken. »Denn wir schaffen ja nicht einmal das. Seit zehntausend Jahren versuchen wir's schon und haben uns immer noch nicht ausgerottet. Hören Sie, Golem, warum haben Sie mir vorgemacht, dass Sie sie behandeln? Die sind ja gar nicht krank, die sind so gesund wie Sie und ich, nur eben ein bisschen gelb ...«

»Hm«, brummte Golem. »Woher wissen Sie das? Das ist mir neu.«

»Lassen Sie's gut sein, mir können Sie nichts mehr vormachen. Ich habe mit Susr... mit Su... mit Sursmansor gesprochen. Er hat mir alles erzählt: das von dem geheimen Institut, dass sie sich mit Binden umwickeln, damit ... Wissen Sie, Golem, diese Leute bilden sich ein, mit General Pferd nach ihrem Gutdünken umspringen zu können. Dabei sind sie in Wirklichkeit bloß Kalifen für eine Stunde. Wenn er Hunger kriegt, verschlingt er sie mit Binden und Handschuhen ... Verdammt, bin ich betrunken, vor meinen Augen dreht sich alles ...« Aber das war übertrieben. In Wirklichkeit sah er das dicke, aschgraue Gesicht und die kleinen, ungewöhnlich wachen Augen deutlich vor sich.

»Und Sursmansor hat Ihnen gesagt, dass er gesund ist?«

»Ja«, antwortete Viktor. »Übrigens, so genau weiß ich das nicht mehr ... Wahrscheinlich hat er's nicht gesagt. Aber man sieht es doch.«

Golem kratzte sich mit dem Rand seines Glases am Kinn.

»Schade, dass Sie so betrunken sind«, meinte er. »Aber vielleicht ist es auch gut so. Ich bin heute in Stimmung. Wenn Sie wollen, erzähle ich Ihnen alles, was ich über die Nässlinge denke und was ich mir über sie zusammenreime.«

»Schießen Sie los«, bat Viktor. »Aber ohne Schwindel.«

»Die Brillenkrankheit ist ein interessantes Phänomen. Wissen Sie, wer von ihr befallen wird?« Er verstummte. »Nein, ich werde Ihnen lieber nichts erzählen.«

»Jetzt reicht's aber«, beschwerte sich Viktor. »Wozu haben Sie dann erst davon angefangen?«

»Ja, das war dumm von mir«, meinte Golem. Er sah Viktor an und grinste. »Stellen Sie mir Fragen«, schlug er vor. »Wenn's dumme Fragen sind, werde ich sie gern beantworten. Machen Sie schon, ehe ich's mir anders überlege.«

In diesem Augenblick klopfte es an der Tür.

»Scheren Sie sich zum Teufel!«, krächzte Viktor. »Ich bin beschäftigt!«

»Verzeihung, Herr Banew«, ließ sich die schüchterne Stimme des Portiers vernehmen. »Ihre Gattin möchte Sie sprechen.«

»Schwindel! Ich habe überhaupt keine Gattin. Übrigens, pardon. Ich habe es ganz vergessen. Na schön, ich rufe gleich an, danke.« Er ergriff ein Glas, füllte es bis zum Rand voll, reichte es Golem und sagte: »Trinken Sie, und denken Sie an nichts. Wir reden gleich weiter.«

Er stellte das Telefon an und wählte Lolas Nummer. Lola sagte trocken: »Entschuldige die Störung, aber ich will zu Irma und wollte dich fragen, ob du geruhst, dich mir anzuschließen.«

»Nein. Ich geruhe nicht. Ich bin beschäftigt.«

»Sie ist immerhin deine Tochter! Bist du wirklich schon so heruntergekommen ...«

»Ich bin beschäftigt!«, bellte Viktor.

»Interessiert dich nicht, was mit deiner Tochter passiert?«

»Lass den Unfug«, befahl Viktor. »Du wolltest sie doch loswerden. Jetzt hast du's geschafft. Was willst du mehr?«

Lola fing an zu weinen.

»Hör auf.« Viktor zog eine Grimasse. »Irma hat es dort gut. Besser als im besten Internat. Fahr hin, und überzeug dich selbst davon.«

»Du Grobian, du herzloses, egoistisches Schwein«, schimpfte Lola und legte auf. Viktor stieß flüsternd ein paar Flüche aus, stellte das Telefon wieder ab und kehrte an den Tisch zurück.

»Hören Sie, Golem«, begann er. »Was machen Sie mit den Kindern? Wenn Sie dort Ihren Nachwuchs heranziehen, hab ich was dagegen.«

»Was für einen Nachwuchs?«

»Was für einen … Das frage ich Sie!«

»Soviel ich weiß«, antwortete Golem, »gefällt es den Kindern dort sehr.«

»Was Sie nicht sagen … Dass es ihnen dort gefällt, weiß ich selbst. Aber was machen sie dort?«

»Haben sie Ihnen das nicht gesagt?«

»Wer?«

»Die Kinder.«

»Wie sollten sie's mir sagen, wo sie dort sind und ich hier?«

»Sie bauen eine neue Welt«, erklärte Golem.

»Ah … Ja, das haben sie mir gesagt. Aber das ist doch bloß Philosophie. Warum machen Sie mir schon wieder etwas vor, Golem? Eine neue Welt hinter Stacheldraht? Unter dem Kommando von General Pferd? Und wenn sie sich dort anstecken?«

»Womit?«, fragte Golem.

»Mit der Brillenkrankheit natürlich!«

»Ich sage Ihnen bereits zum sechsten Mal, dass genetische Krankheiten nicht ansteckend sind.«

»Zum sechsten Mal, zum sechsten Mal …«, murmelte Viktor und verlor den Faden. »Was ist überhaupt die Brillenkrankheit? Was tut einem da weh? Oder ist das ein Geheimnis?«

»Nein, darüber gibt es zahllose Veröffentlichungen.«

»Los, erzählen Sie schon. Aber ohne Ihre Fachausdrücke.«

»Am Anfang kommt es zu Hautveränderungen. Pickel und Blasen, besonders an Armen und Beinen, manchmal auch eitrige Geschwüre.«

»Hören Sie, Golem, ist das denn wichtig?«

»Wichtig wofür?«

»Um die Krankheit zu verstehen.«

»Nein. Ich dachte nur, dass Sie das interessiert.«

»Ich möchte bloß die Krankheit verstehen!«, erklärte Viktor eindringlich.

»Das werden Sie sowieso nicht«, entgegnete Golem mit leicht erhobener Stimme.

»Wieso nicht?«

»Erstens sind Sie betrunken …«

»Das ist kein Grund«, widersprach Viktor.

»Und zweitens lässt sie sich gar nicht erklären.«

»Das ist unmöglich«, behauptete Viktor. »Sie wollen es mir nur nicht sagen. Aber ich nehm's Ihnen nicht krumm. Schweigepflicht, Verrat, Kriegsgericht … Pavor haben sie schon abgeholt. Gott mit Ihnen. Ich verstehe bloß nicht, wieso ein Kind die neue Welt im Leprosorium aufbauen muss. Hat man keinen anderen Platz dafür finden können?«

»Eben nicht«, antwortete Golem. »Im Leprosorium wohnen die Architekten. Und die Lieferanten.«

»Die mit den MPis. Die habe ich schon gesehen. Ich verstehe das nicht. Einer von Ihnen lügt. Entweder Sie oder Sursmansor.«

»Sursmansor natürlich«, antwortete Golem kühl.

»Vielleicht lügen Sie auch alle beide … Ich aber glaube Ihnen beiden, weil Sie so etwas an sich haben … Sagen Sie mir nur eins, Golem: Was wollen diese Leute? Ehrlich.«

»Das Glück«, antwortete Golem.

»Für wen? Für sich?«

»Nicht nur.«

»Und auf wessen Kosten?«

»Diese Frage hat für sie keinen Sinn«, erklärte Golem langsam. »Auf Kosten des Grases, der Wolken, des fließenden Wassers, der Sterne.«

»Genau wie wir«, meinte Viktor.

»Aber nein«, widersprach Golem. »Ganz und gar nicht wie wir.«

»Wieso nicht? Wir machen es doch auch so.«

»Nein, wir zertreten das Gras, wir lösen die Wolken auf, wir halten das Wasser zurück … Sie haben meine Worte zu eng aufgefasst, ich meinte das im übertragenen Sinne.«

»Verstehe ich nicht«, sagte Viktor.

»Ich habe Sie gewarnt. Ich verstehe ja selbst nicht alles, aber manches reime ich mir zusammen.«

»Gibt es denn jemanden, der es versteht?«

»Das weiß ich nicht. Kaum. Vielleicht die Kinder. Aber wenn sie's verstehen, dann auf ihre Art. Auf ihre ganz besondere Art.«

Viktor nahm das Banjo und griff in die Saiten, aber die Finger gehorchten ihm nicht. Er legte das Banjo auf den Tisch. »Golem«, begann er. »Sie sind doch Kommunist. Was, zum Teufel, machen Sie im Leprosorium? Warum halten Sie keine Kundgebungen ab? Warum steigen Sie nicht auf die Barrikaden? Moskau wird Sie nicht gerade loben.«

»Ich bin Architekt«, antwortete Golem ruhig.

»Was sind Sie für ein Architekt, wenn Sie nichts begreifen? Was führen Sie mich an der Nase herum? Seit einer Stunde plage ich mich mit Ihnen ab, und was habe ich aus

Ihnen herausgekriegt? Sie trinken meinen Gin und verbreiten Nebel. Schämen Sie sich, Golem. Und Sie lügen, dass sich die Balken biegen.«

»Na, so schlimm ist's auch wieder nicht. Ganz ohne das geht es allerdings nicht. Die eitrigen Geschwüre sind erfunden.«

»Geben Sie mir Ihr Glas«, bat Viktor. »Sie haben genug.« Er goss sich aus der Flasche ein und trank. »Der Teufel soll aus Ihnen klug werden. Warum machen Sie das? Spielen Sie mit mir Katz und Maus? Wenn Sie mir etwas erzählen können, dann tun Sie's, wenn es sich aber um ein Geheimnis handelt, hätten Sie gar nicht erst anfangen sollen.«

»Dafür gibt es eine einfache Erklärung«, sagte Golem ruhig und streckte die Beine von sich. »Ich bin ein Prophet, Sie selbst haben mich so genannt. Und Propheten geht es immer so: Man weiß viel und möchte erzählen, sich mit einem angenehmen Gesprächspartner austauschen und ein bisschen angeben. Aber kaum fängt man mit dem Erzählen an, hat man plötzlich so ein dummes Gefühl und macht es wie der Herrgott, als man ihn nach dem Stein fragte.«

»Wie Sie wollen«, meinte Viktor. »Ich fahre ins Leprosorium und kriege auch ohne Sie alles raus. Aber geben Sie mir wenigstens einen Tipp.«

Mit Interesse verfolgte er, wie ihm Hände und Füße langsam einschliefen, und dachte, es sei gut, die Sache mit einem letzten Glas abzurunden, sich dann aufs Ohr zu legen, auszuschlafen und anschließend zu Diana zu fahren. Das wäre gar nicht übel. Überhaupt war alles gar nicht so übel. Er malte sich aus, wie er Diana das Lied vom U-Boot vorsingen würde, und fühlte sich großartig … Er ergriff das nasse Ruder, das im Heck lag, und stieß sich vom Ufer ab. Das Boot schaukelte in den Wellen. Es regnete nicht, die Sonne ging unter, er fuhr der Abendröte entgegen, und die Ruder glitten über die Wellenkämme. Läge ich doch wie ein U-Boot am

Grunde … Und wie gern er sich hingelegt hätte, genierte sich aber, denn dicht an seinem Ohr dröhnte Golems müde Stimme: »… sie sind jung und haben alles noch vor sich; das Einzige, was wir noch vor uns haben, sind sie. Natürlich wird der Mensch eines Tages das Universum beherrschen, aber dieser Mensch wird kein rotbäckiger Muskelprotz sein. Er wird auch seine Probleme lösen können, aber dazu muss er sich erst verändern. Die Natur betrügt uns nicht, sie löst ihre Versprechen ein, allerdings nicht so, wie wir es uns gedacht haben, und oft auch nicht so, wie wir es gerne hätten.«

… Sursmansor, der im Bug des Bootes saß, wandte den Kopf, und man sah, dass er kein Gesicht hatte. Er hielt sein Gesicht in den Händen, und dieses Gesicht sah Viktor an – ein gutes, ehrliches Gesicht, aber Viktor wurde bei dem Anblick dennoch übel, und Golems Stimme dröhnte und dröhnte …

»Gehen Sie schlafen«, murmelte Viktor und streckte sich im Boot aus. Die Spanten drückten ihm in die Seiten, und es war sehr unbequem in dem Boot, aber er war so schrecklich müde. »Gehen Sie schlafen, Golem.«

Als er aufwachte, bemerkte er, dass er in einem Bett lag. Es war dunkel, der Regen trommelte ans Fenster. Mühsam hob er den Arm und tastete nach der Nachttischlampe, aber seine Hand stieß gegen eine kalte, glatte Wand. Komisch, wunderte er sich. Wo ist Diana? Oder bin ich nicht im Sanatorium? Er versuchte, sich über die Lippen zu lecken, aber seine geschwollene raue Zunge gehorchte ihm nicht. Er hätte gern geraucht, aber das durfte er jetzt auf keinen Fall. Ach, eigentlich habe ich Durst. »Diana!«, rief er. Nein, ich bin nicht im Sanatorium, denn dort ist die Nachttischlampe rechts, hier aber ist rechts die Wand. Ah, das ist ja mein Hotelzimmer!, freute er sich. Aber wie komme ich hierher? Er lag in Unterwäsche unter der Bettdecke. Ich kann mich gar nicht erinnern, mich ausgezogen zu haben, dachte er. Das muss jemand anderes für mich getan haben. Aber vielleicht war ich's auch selbst. Wenn ich die Schuhe noch trage, habe ich mich selbst ausgezogen. Er rieb die Füße aneinander. Aha, ich bin barfuß. Verflixt, meine Arme jucken, da sind irgendwelche Bläschen drauf, diese Hotelzimmer sind alle verwanzt. Ich werde lieber ausziehen. Ich bin doch vorhin Boot gefahren …? Die Wanzen hat Pavor hier eingeschleppt. Er musste plötzlich an Pavor denken und setzte sich auf, aber alles drehte sich, und er ließ sich wieder auf den Rücken fallen. So habe ich mich schon lange nicht mehr volllaufen lassen. Pavor … das »Silberne Kleeblatt« … Wann war das? Gestern? Er zog eine Grimasse und kratzte sich am linken Arm. Haben wir jetzt Morgen oder Abend? Wahrscheinlich Morgen. Vielleicht aber auch Abend. Golem!, erinnerte er sich. Ich habe mit Golem eine ganze Flasche geleert. Und zwar pur. Und vorher hatte ich schon eine halbe Flasche mit dem Hochgewachsenen geleert. Und davor hatte ich auch schon irgendwas getrunken. Oder war das gestern? Warte mal – haben wir jetzt heute oder gestern? Eigentlich müsste ich aufstehen, etwas trinken, ein paar Sachen erledigen. Doch nein, dachte er entschlossen, erst muss ich mir Klarheit verschaffen.

Golem hat ein paar interessante Sachen erzählt. Er dachte, ich sei betrunken, blicke nicht mehr durch, und er könne frei von der Leber weg reden. Übrigens war ich wirklich ziemlich betrunken, habe aber, soviel ich weiß, alles mitbekommen. Und was genau? Wütend rieb er den rechten Handrücken an der Wolldecke. Vor uns liegen schwere Zeiten … Nein, das war Pavor. Ja, von Golem stammt der Satz: Sie haben noch alles vor sich, und das Einzige, was wir vor uns haben, sind sie. Und dass es eine genetische Krankheit ist. Warum nicht, das ist durchaus möglich. Das musste ja mal passieren, und vielleicht hat es sich schon lange angebahnt: dass in der alten

Art eine neue entsteht – und wir nennen es genetische »Krankheit«. Die herkömmliche Art ist gut für die einen Bedingungen, die neue Art für die anderen. Früher legte man Wert auf Muskeln, Fruchtbarkeit, Frostbeständigkeit, Aggressivität und praktisches Geschick. Heute legt man darauf auch noch Wert, wohl aber mehr aus Gewohnheit. Mit praktischem Geschick kann man Millionen von uns abmurksen, ohne dass sich viel dadurch ändert. Das ist sicher und vielfach erprobt. Hat nicht einmal jemand behauptet, man brauche nur ein paar Dutzend – na gut, sagen wir ein paar Hundert – Menschen aus der Geschichte zu entfernen, und wir wären immer noch in der Steinzeit? Schön, sagen wir ein paar Tausend … Und was sind das für Menschen? Tja, mein Lieber, das sind ganz andere Menschen.

Es kann also durchaus sein, dass Newton, Einstein und Aristoteles Mutanten waren. Ihnen boten sich allerdings ungünstige Lebensumstände, und so sind gewiss viele von ihnen umgekommen, bevor sie sich entfalten konnten – wie der Junge aus Čapeks Erzählung. Natürlich waren es besondere Menschen: Sie besaßen weder ein praktisches Geschick noch die üblichen menschlichen Bedürfnisse. Oder kommt uns das nur so vor? Vielleicht überwog auch das Geistige so sehr, dass wir den Rest übersehen? Nein, da übertreibe ich. Einstein sagte einmal, es wäre am besten, als Leuchtturmwärter zu arbeiten – das spricht doch Bände … Aber es wäre interessant, sich einen Übermenschen vorzustellen, der in unsere Zeit hineingeboren wird. Ein gutes Sujet … Verflixt, die Arme jucken unerträglich … Man müsste eine Utopie im Orwell'schen Stil oder im Stil Bernard Wolfes schreiben. Allerdings kann man sich so einen Übermenschen nur schwer vorstellen: ein riesiger kahler Schädel, verkümmerte Arme und Beine, impotent – alles banal. Aber so ungefähr müsste er aussehen … Er hat auf jeden Fall andere Bedürfnisse als wir. Er braucht keinen Wodka, nichts Besonderes zu essen und keinen Luxus. Frauen braucht er nur, um Ruhe zu finden und sich besser konzentrieren zu können. Er ist ideal auszubeuten: Ihm genügen ein Arbeitszimmer, ein Schreibtisch, Papier, ein Stapel Bücher, eine kleine Allee für seine peripatetischen Überlegungen – und als Gegenleistung liefert er Ideen. Eine Utopie aber wird daraus nicht: Die Militärs kassieren ihn ein – das ist die ganze Utopie. Sie gründen ein geheimes Institut, holen alle Übermenschen zusammen und stellen einen Posten davor, so sieht's aus …

Ächzend stand Viktor auf, tappte barfuß über den kalten Fußboden ins Bad, drehte den Wasserhahn auf und trank mit großem Genuss. Licht machte er keins; allein der Gedanke daran war unerträglich. Dann kehrte er wieder ins Bett zurück, kratzte sich eine Weile und fluchte über die Wanzenplage. Im Allgemeinen machte sich das gut: ein geheimes Institut, Posten, Spione, die patriotische Putzfrau Klara – ein Groschenroman eben. Das Schwierigste dabei ist, sich die Arbeit, Ideen und Möglichkeiten eines solchen Übermenschen vorzustellen – das übersteigt meinen Horizont … Nein, das geht nicht. Wie soll ein Schimpanse einen Roman über einen Menschen schreiben? Wie könnte ich über einen Mann schreiben, der nur geistige Bedürfnisse hat? Manches kann man sich schon vorstellen: die Atmosphäre, den Zustand ständiger schöpferischer Ekstase, das Gefühl, alles zu können und unabhängig zu sein, das Fehlen von Komplexen, völlige Furchtlosigkeit … Um so etwas schreiben zu können, braucht man LSD. Überhaupt muss einem normalen Menschen die emotionale Welt eines Übermenschen pathologisch vorkommen. Wie eine Krankheit … Das Leben als eine Krankheit der Materie, das Denken als eine Krankheit des Lebens. Die Brillenkrankheit, dachte er.

Und plötzlich, ganz plötzlich ergab alles einen Sinn. Das hatte Golem also gemeint!, dachte Viktor, kluge und außerordentlich begabte Menschen … Und was folgt daraus? Daraus folgt, dass es sich schon nicht mehr um Menschen handelt. Sursmansor hat mich angelogen. Es ist also so weit. Tja, man kann auf Dauer eben nichts verheimlichen, dachte er froh. Und so etwas schon gar nicht. Jetzt gehe ich zu Golem, und dann kann er aufhören, den Propheten zu spielen. Wahrscheinlich haben sie ihm eine Menge erzählt. Verflixt, dachte er, das ist die Zukunft, die ihre Fühler in die Gegenwart ausstreckt! Das Einzige, was wir noch vor uns haben, sind sie … Eine fieberhafte Erregung packte ihn, denn es war ein historischer Augenblick. Schade, dass er das gestern noch nicht gewusst hatte, denn auch gestern und vorgestern und vor einer Woche hatte er historische Augenblicke durchlebt …

Er sprang auf, machte Licht, kniff vor Schmerz die Augen zusammen und tastete vergeblich nach seinen Sachen. Nach und nach gewöhnten sich seine Augen an das Licht, und er griff sich die Hose, die über der Bettlehne hing. Da erblickte er plötzlich seinen Arm: Er war bis zum Ellbogen mit rotem Ausschlag und weißlichen Pusteln bedeckt. Einige davon waren aufgekratzt und bluteten. Der andere Arm sah genauso aus. Was zum Teufel ist das, dachte er, starr vor Schreck. Aber er wusste es bereits. Er erinnerte sich: Hautveränderungen, Ausschlag, Bläschen und manchmal auch eitrige Geschwüre. Eitrige Geschwüre hatte er noch nicht. Trotzdem brach ihm der kalte Schweiß aus, er ließ die Hose fallen und setzte sich aufs Bett. Das gibt es nicht, dachte er. Ich auch. Das kann nicht wahr sein … Er strich vorsichtig über die mit Pusteln bedeckte Haut, schloss die Augen, hielt den Atem an und horchte in sich hinein. Sein Herz schlug dumpf und langsam, in seinen Ohren summte das Blut, sein Schädel kam ihm vor wie ein leerer Ballon, doch er hatte weder Schmerzen noch diese bleierne Schwere im Kopf. Ich Esel, dachte er und grinste. Was erhoffe ich mir denn zu entdecken? Es wird sein wie der Tod: vor einer Sekunde noch

Mensch und ein Zeitquant später Gott, nur dass man es nicht weiß und auch nie erfahren wird, so wie der Dummkopf nichts von seiner Dummheit weiß und der Kluge, wenn er wirklich klug ist, nichts von seiner Klugheit. Es ist wahrscheinlich im Schlaf passiert. Jedenfalls war mir das Wesen der Nässlinge vor dem Einschlafen noch ein Rätsel, während es mir jetzt klar vor Augen steht. Und begriffen habe ich es nur durch Logik und ohne es zu bemerken …

Er lachte glücklich, stand auf, streckte sich, dass seine Sehnen knackten, und trat ans Fenster. Das ist meine Welt, dachte er, während er durch die nasse Scheibe blickte. Die Scheibe verschwand, tief unter ihm versank die vor Schreck erstarrte Stadt im Regen, und das weite nasse Land ringsum geriet in Bewegung und schwamm davon; übrig blieb nur eine kleine blaue Kugel mit einem langen blauen Schweif. Er erblickte die gigantische linsenförmige Galaxis, die windschief und tot im flimmernden Vakuum hing, Fetzen leuchtender Materie, durch Kraftfelder verformt, und bodenlose Abgründe dort, wo kein Licht war. Er streckte die Hand aus, griff in einen weichen, weißen Kern und spürte leichte Wärme, und als er die Faust ballte, quoll die Materie wie Seifenschaum durch seine Finger. Er lachte wieder, gab seinem Spiegelbild in der Fensterscheibe einen Nasenstüber und strich zärtlich über die Pusteln auf seiner geschwollenen Haut. »Darauf muss ich was trinken!«, sagte er laut. In der Flasche war noch ein Rest Gin, den Golem nicht mehr geschafft hatte, der arme alte Pseudoprophet. Und das nicht, weil seine Prophezeiungen falsch gewesen wären, sondern weil er nichts als eine sprechende Marionette war. Ich werde dich immer gern haben, Golem, dachte Viktor, du bist ein guter Mensch, ein kluger Mensch, aber eben nur ein Mensch. Er goss den Rest aus der Flasche ins Glas, kippte den Gin mit gewohnter Geste hinunter und stürzte, noch ehe er ihn geschluckt hatte, ins Bad. Ihm war schlecht. Verflucht, dachte er. Das schmeckt ja scheußlich. Im Spiegel erblickte er sein Gesicht – es war zerdrückt und aufgedunsen, und seine Augen waren unnatürlich groß und schwarz. Da hast du's, dachte er, da hast du's. Viktor Banew, du alter Säufer und Prahlhans. Von jetzt an wirst du nichts mehr trinken und keine Lieder mehr grölen, wirst nicht mehr lauthals über Dummheiten lachen und mit hölzerner Zunge fröhlichen Unsinn schwatzen, dich nicht mehr prügeln, nicht mehr toben und randalieren, wirst nie mehr Passanten erschrecken und Polizisten beschimpfen, mit dem Herrn Präsidenten streiten oder mit einer lärmenden Schar junger Bewunderer durch die Nachtbars ziehen. Er kehrte in sein Bett zurück, rauchen wollte er nicht. Er wollte gar nichts mehr, ihm wurde von allem übel. Traurigkeit befiel ihn. Das Gefühl von Verlust, das anfangs nur leicht und kaum spürbar gewesen war – wie die Berührung mit einer Spinnwebe –, nahm zu. Ihm war, als schöben sich Reihen finsteren Stacheldrahts zwischen ihn und die Welt, die er so liebte. Für alles muss man bezahlen, dachte er, man bekommt nichts geschenkt, und je mehr man bekommt, umso mehr muss man zahlen. Für das neue Leben muss man das alte hergeben. Wieder kratzte er sich wütend die Arme blutig und bemerkte es nicht einmal.

Diana kam, ohne anzuklopfen, herein, warf den Regenmantel ab, stellte sich lächelnd und verführerisch vor ihn hin und hob die Arme, um ihr Haar zu ordnen.

»Mir ist kalt«, sagte sie. »Darf ich zu dir mich aufwärmen kommen?«

»Ja«, murmelte er, ohne zu überlegen. Sie schaltete das Licht aus, und jetzt sah er sie nicht mehr, er hörte nur, wie sich der Schlüssel im Schlüsselloch drehte, wie Knöpfe aufsprangen, Kleider raschelten und Schuhe auf den Fußboden fielen, dann war sie neben ihm, warm, seidig und angenehm duftend, er aber dachte daran, dass nun alles aus war: ewiger

Regen, düstere Gebäude mit löchrigen Dächern, fremde, unbekannte Menschen in nasser schwarzer Kleidung, mit nassen Binden vor dem Gesicht ... Sie legen die Binden ab, sie legen die Handschuhe ab, sie legen die Gesichter ab und packen sie in besondere Schränke, und ihre Arme sind mit eitrigen Geschwüren bedeckt – Elend, Schrecken, Einsamkeit ... Diana schmiegte sich an ihn, und er umarmte sie aus Gewohnheit. Sie war wie immer, er aber hatte sich verändert, er konnte nichts mehr tun, weil er nichts mehr brauchte.

»Was hast du, Lieber?«, fragte Diana zärtlich. »Zu viel getrunken?«

Vorsichtig löste er ihre Hände von seinem Hals. Nun packte ihn endgültig das Grauen. »Warte«, bat er. »Warte.«

Er stand auf, ertastete den Schalter, machte Licht und konnte sich ein paar Sekunden lang nicht entschließen, sich zu ihr umzudrehen, tat es aber schließlich doch. Nein, sie war wunderschön. Wahrscheinlich war sie sogar noch schöner als sonst, aber das war sie ja immer. Heute war sie jedoch besonders schön. Ihr Anblick weckte in ihm ein Gefühl der Bewunderung gegenüber dem Menschen, Entzücken über die menschliche Vollkommenheit – mehr aber nicht. Sie sah ihn an, hob erstaunt die Augenbrauen, schien zu erschrecken und setzte sich mit einem Ruck auf. Dann sah er, wie sich ihre Lippen bewegten. Sie sagte etwas, aber er konnte sie nicht hören.

»Warte«, wiederholte er. »Das kann nicht sein. Warte.«

Er zog sich in fieberhafter Eile an und murmelte immer wieder: »Warte, warte.« Aber er dachte schon gar nicht mehr an sie – es ging um etwas anderes. Er stürmte aus dem Zimmer und warf sich gegen Golems verschlossene Tür, wusste einen Moment nicht weiter, riss sich dann aber los und lief hinunter ins Restaurant. Ich will nicht, murmelte er, ich will das nicht, ich habe niemanden darum gebeten.

Gott sei Dank, Golem saß auf seinem Platz. Er hatte den Arm um die Sessellehne gelegt und hielt ein Glas Kognak gegen das Licht. Dr. Quadriga, hochrot und aggressiv, rief bei Viktors Anblick durch den ganzen Saal: »Diese Nässlinge! Diese miesen Ratten! Weg damit!«

Viktor ließ sich auf seinen Sessel fallen, und Golem goss ihm wortlos Kognak ein.

»Golem«, rief Viktor. »Golem, ich hab mich angesteckt!«

»Einen Einlauf!«, verlangte Dr. Quadriga. »Mir auch.«

»Trinken Sie Ihren Kognak, Viktor«, riet Golem. »Und regen Sie sich nicht auf.«

»Der Teufel soll Sie holen.« Viktor starrte ihn entsetzt an. »Ich habe die Brillenkrankheit. Was soll ich jetzt machen?«

»Schon gut«, beruhigte ihn Golem. »Trinken Sie erst einmal etwas.« Er hob den Finger und rief dem Kellner zu: »Sodawasser! Und noch einen Kognak.«

»Golem«, flüsterte Viktor verzweifelt. »Sie haben mich nicht verstanden. Ich kann nicht. Ich bin krank, sage ich Ihnen! Angesteckt! Das ist gemein. Ich wollte das nicht. Sie haben doch gesagt, es ist nicht ansteckend ...«

Er erschrak bei dem Gedanken, Golem könnte sein aufgeregtes Stammeln nicht verstehen und ihn einfach für betrunken halten. Da hielt er Golem die Arme unter die Nase. Ein Glas fiel um, rollte über den Tisch und fiel zu Boden.

Golem prallte zurück, sah dann genauer hin, beugte sich vor, ergriff mit den Fingerspitzen Viktors Hände und betrachtete die zerkratzte, mit Pusteln bedeckte Haut. Seine Finger waren kalt und hart. Jetzt ist's aus, dachte Viktor, das ist die erste ärztliche Untersuchung, dann kommen immer neue Untersuchungen und falsche Versprechungen, dass noch Hoffnung bestehe, Beruhigungsmittel. Später werde ich mich daran gewöhnen, die Untersuchungen hören auf, sie stecken mich ins Leprosorium, wickeln mir einen schwarzen Lappen um den Mund, und dann ist es um mich geschehen.

»Haben Sie Erdbeeren gegessen?«, wollte Golem wissen.

»Ja«, antwortete Viktor gehorsam.

»Kiloweise?«, fragte Golem.

»Was haben die Erdbeeren damit zu tun?«, schrie Viktor und riss seine Arme zurück. »Tun Sie doch etwas! Vielleicht ist es noch nicht zu spät. Es fängt doch gerade erst an …«

»Hören Sie auf zu schreien. Sie haben Nesselfieber. Eine Allergie. Sie dürfen nicht so viele Erdbeeren essen.«

Viktor begriff noch nicht. Er betrachtete seine Arme und murmelte: »Sie haben doch selbst gesagt … Bläschen … Ausschlag …«

»So etwas bekommt man auch von Wanzen«, erklärte Golem in belehrendem Ton. »Sie haben eine Idiosynkrasie gegenüber bestimmten Substanzen. Und mehr Fantasie als Verstand – wie die meisten Schriftsteller. Von wegen, ein Nässling …«

Viktor spürte, wie seine Lebensgeister zurückkehrten. Noch mal davongekommen, hämmerte es in seinem Kopf, anscheinend bin ich wirklich noch mal davongekommen. Und wenn es so ist, weiß ich gar nicht, was ich vor Freude anstelle. Ich gebe das Rauchen auf …

»Machen Sie mir auch nichts vor?«, fragte er mit kläglicher Stimme.

Golem grinste.

»Trinken Sie einen Kognak«, schlug er vor. »Bei einer Allergie soll man zwar keinen Kognak trinken, aber Sie brauchen einen. Das hat Sie ja furchtbar mitgenommen.«

Viktor nahm sein Glas, kniff die Augen zu und trank. Nichts!, dachte er. Mir ist zwar ein bisschen schlecht, aber das macht sicher der Kater. Das geht vorbei. Und schon fühlte er sich besser.

»Mein lieber Schriftsteller«, sagte Golem. »Um Architekt zu werden, braucht es mehr als ein paar Bläschen.«

Der Kellner kam mit Kognak und Sodawasser. Viktor stieß einen tiefen, erleichterten Seufzer aus, sog die bekannten Restaurantgerüche ein und genoss den Duft nach Tabak, marinierten Zwiebeln, verbranntem Öl und gebratenem Fleisch. Das Leben hatte ihn wieder.

»Mein Freund«, sagte er zum Kellner. »Eine Flasche Gin, Zitronensaft und vier Portionen Neunaugen auf Zimmer zweihundertsechzehn. So schnell wie möglich! Und euch Alkoholiker«, wandte er sich an Golem und Dr. Quadriga, »soll der Teufel holen. Ich gehe jetzt zu Diana!« Er hätte die beiden am liebsten küssen mögen.

Golem sagte in den Raum hinein: »Das arme schöne Entlein!«

Einen Augenblick lang verspürte Viktor Bedauern. Die Erinnerung an große versäumte Möglichkeiten tauchte auf und versank sogleich. Aber er lachte nur, schob den Sessel zurück und strebte zum Ausgang.

9

Felix Sorokin | »... Was bläst Trübsal du so arg, junger Mann?«

Wieder hatte ich einen Traum voll Verzweiflung und Ohnmacht: Unter Kanonendonner sprangen alle Fenster und Türen auf, und ein kräftiger Durchzug wehte alles, was ich geschrieben hatte, aus der Blauen Mappe davon, hinaus in den von blutrotem Feuerschein erhellten Abgrund, sechzehn Stockwerke tief; die Blätter fielen durcheinander, trudelten dahin und leuchteten bisweilen auf, und nichts war mehr in der Blauen Mappe geblieben. Aber ich hatte noch die Möglichkeit hinunterzulaufen, sie einzufangen, aufzusammeln, zu retten – und wenn es nur ein Teil gewesen wäre. Doch meine Füße hafteten wie festgewachsen am Boden, und tief in meinen Körper hatten sich Haken gebohrt, die mich auf dem Balkon festhielten. »Katja!«, schrie ich und weinte verzweifelt. Dann erwachte ich und stellte fest, dass meine Augen trocken und die Füße verkrampft waren und meine Seite unerträglich schmerzte.

Eine Zeit lag ich still, sah zu den hellen Quadraten an der Decke, bewegte geduldig die Füße, um den Krampf loszuwerden, und meine Gedanken flossen wieder einmal träge und ungeordnet dahin. So dachte ich, dass ich anscheinend sehr krank war und Katjas Zureden folgen und zur Beobachtung ins Krankenhaus gehen müsse. Aber sofort würde alles langsamer werden, zum Stillstand kommen, und meine Blaue Mappe bliebe für lange geschlossen. Und dann dachte ich noch, dass es gut wäre, sie mit Durchschlag abzutippen und ein Exemplar bei Rita zu hinterlegen. Obwohl, sie war auch keine achtzehn mehr, hatte etwas mit den Nieren oder der Leber … Ich hatte einfach keine Ahnung, ja nicht die geringste Idee, wie, wo und bei wem ich das Manuskript lassen konnte, sodass es bewahrt würde und niemand darin herumschnüffelte.

Gut möglich, dass mein heutiger Traum eine Vorahnung war: Ich würde die Sache nicht zu Ende bringen, weil ein heftiger Windstoß den Inhalt meiner Blauen Mappe auseinandertreiben würde, in Abflussgräben und Müllgruben hinein. Nicht ein einziges Blatt würde mir bleiben, um es zur Bestimmung der HATL in die Maschine einzugeben.

Und als ich mich an die HATL erinnerte (es passte so schön zu meinem ironischen Selbstmitleid), kam mir plötzlich wie von selbst diese Vermutung … knapp und klar wie eine Formel war sie: Nicht den Wert eines Werkes bestimmen sie dort, nein, sie prophezeien sein Schicksal!

Das also hatte er mir die ganze Zeit beibringen wollen, mein unfroher neuer Bekannter! Die höchstwahrscheinliche

Anzahl der Textleser beinhaltet ja doch alles: Auflagenhöhe, Qualität, Popularität, das Talent des Autors und übrigens auch die Begabung des Lesers. Du kannst etwas Geniales schreiben, aber der Computer bescheinigt dir einen Reinfall: weil deine geniale Sache liegen bleibt; bestenfalls deine Frau, deine nahen Freunde und ein gut bekannter Lektor werden sie lesen – Feierabend! »Das begreifst du doch, alter Junge … Versteh mich richtig, alter Junge …«

Eine kluge, raffinierte Maschine! Und ich Dummkopf hatte meine Rezensionen hingeschleppt, meinen Abfall, den Papierkorb. Ich setzte mich auf und schlang die Arme um die Knie. Das also hatte er gemeint. Es ging ihm um das Wesentliche von mir, das Echte. Damit ich ein für alle Mal begriff, in welcher Welt ich lebte und ob ich mich weiterhin abstrampeln sollte – oder ob es nicht besser wäre aufzuhören mit dieser Arbeit, so wie viele andere vor mir, und stattdessen gutes Geld zu verdienen.

Mich fröstelte bei diesem Gedanken, ich bekam eine Gänsehaut und zog die Decke über die Schultern. Ich hätte schrecklich gern geraucht.

Eine furchtbare, ja geradezu beängstigende Maschine. Wozu brauchen sie so etwas? Gewiss, die Zukunft zu kennen ist ein jahrhundertealter Traum des Menschen – so wie der fliegende Teppich oder die Siebenmeilenstiefel. Zaren, Kaiser und Könige haben viel Geld für solches Wissen versprochen. Aber genau besehen, doch nur unter einer Bedingung: Diese Zukunft musste angenehm sein. Denn wem nützt es, eine unangenehme Zukunft zu kennen? Da komme ich beispielsweise mit meiner Blauen Mappe in die Bannaja, und die Maschine sagt mir mit menschlicher Stimme: »Deine Sache steht schlecht, Felix Alexandrowitsch. Drei Leser wird dein Buch haben, finde dich damit ab!«

Ich schlug die Decke zurück und angelte mit den Füßen nach den Hausschuhen.

Nicht in die Bannaja zu gehen war aber auch unmöglich! Ich musste es wissen … Doch warum? Warum musste ich wissen, dass all meine Arbeit, mein Leben für die Katz gewesen war? Andererseits, wieso unbedingt für die Katz? Träume ich nicht selbst davon, die Blaue Mappe so aufzubewahren, dass kein Bryshejkin oder Gagaschkin seine verschwitzte, neugierige Nase hineinstecken kann? Übrigens, so eine verschwitzte, neugierige Nase ist nun doch etwas anderes! Bryshejkin und Gagaschkin sind eins – den Lesern aber muss man Gerechtigkeit widerfahren lassen. Ich betreibe keine Onanie, zum Teufel, und schreibe nicht zur Selbstbefriedigung, sondern für die Menschen. Natürlich, ich wusste von Anfang an, dass die Blaue Mappe nicht zu meinen Lebzeiten gedruckt würde. Das kennt man, ich wäre nicht der Erste und nicht der Letzte. Aber der Gedanke, dass sie einfach von der Bildfläche verschwindet, in den Abgrund fällt, sich in Nichts auflöst … Nein, dazu bin ich nicht bereit. Dumm von mir, ich weiß. Aber das will ich nicht, und deshalb fürchte ich mich!

Ich wusch mich, machte das Bett und bereitete mir mein Frühstück. Doch die Gedanken wurde ich nicht los. Es war erst halb sieben, und trotzdem hätte ich jetzt weder schlafen noch weiter im Bett liegen können. Ich wurde geradezu geschüttelt von Nervosität und hatte den Wunsch, sofort etwas zu tun oder wenigstens einen Entschluss zu fassen.

Was hatte man uns einzureden versucht, Manuskripte würden nicht brennen! Sie brannten. Und wie sie brannten, mit blauer Flamme! Allein die Vorstellung, wie viele von ihnen verschwanden, ehe sie gedruckt werden konnten, war fürchterlich … Dieses Schicksal wünsche ich meinem Werk nicht! Und wenn es so käme, würde ich es nicht vorher wissen wollen. Nicht ohne Grund hatte mein unfroher Bekannter gestern so durch die Blume gesprochen – er hätte ja auch geradeheraus sagen können, was los war. Aber wahrscheinlich meinte er, dass Gott, falls ich nicht von selbst daraufkäme, mir meine Dummheit schon verzeihen würde; erriete ich es aber, bliebe mir sowieso kein anderer Ausweg: Dann musste ich kommen, die Mappe bringen und es erfahren …

Und ohne, dass ich es bemerkte, saß ich auf einmal an meinem Tisch, mit der aufgeschlagenen Blauen Mappe vor mir. Meine Finger nahmen wie von selbst Blatt für Blatt, legten es behutsam von rechts nach links, glätteten es und richteten von Zeit zu Zeit das umfängliche Stapelchen. Bitter wurde mir bei dem Gedanken, dass ich gestern noch, spätabends, die letzte geschriebene Zeile gelesen hatte. Wie gut wäre es doch, gerade heute, in dieser Minute der Unsicherheit und Panik, da ich am Scheideweg stehe, die allerletzte, mir noch unbekannte und ungeschriebene Zeile zu lesen – und darunter das Wort »Ende«. Dann könnte ich jetzt leichten Herzens sagen: »Alles graue Theorie, meine Herren, sehen Sie sich das hier einmal an!« Und ich würde die Blaue Mappe auf meinen gespreizten fünf Fingern wiegen.

So heftig wurde der Wunsch, diesem ersehnten Moment wenigstens ein bisschen näher zu kommen, dass ich rasch den Deckel der Schreibmaschine abnahm, ein neues Blatt einspannte und drauflostippte: »Es war Viertel vor drei. Viktor stand auf und öffnete das Fenster. Draußen war es stockfinster. Er rauchte die Zigarette zu Ende, warf die Kippe in die Nacht hinaus und rief den Portier an. Eine unbekannte Stimme meldete sich.«

Ich nahm die Hände von der Maschine und kratzte mich am Kinn. Es war wie immer: Wenn ich versuche, meine Arbeit im Sturm zu nehmen, mit purem Enthusiasmus und einer Eingebung folgend, gerät alles ins Stocken.

In der folgenden halben Stunde fügte ich handschriftlich das Wort »feuchte« ein und ergänzte nach »stockfinster«: »nur der Regen glitzerte«. Nein, so würde daraus keine ernsthafte Arbeit … Ernsthaft arbeitete man beispielsweise im Schriftstellerheim in Muraschi. Vorher musste man sein Herz in beide Hände nehmen, sich von allem Nichtigen frei machen und jede Möglichkeit, die Arbeit abzubrechen, ausschließen. Man musste sich immer wieder vor Augen führen, dass der Aufenthalt für die volle Dauer bezahlt war und das Geld unter keinen Umständen zurückerstattet wurde. Und keinerlei Inspiration – nur die tägliche, akribische Sklavenarbeit bis zur Erschöpfung. Wie eine Maschine oder ein Pferd. Fünf Seiten vormittags, zwei vor dem Abendessen. Oder vier Seiten vormittags und drei vor dem Abendessen. Keinen Kognak. Kein Geschwätz. Keine Verabredungen, Sitzungen oder Telefonate. Keine Skandale oder Jubiläen. Sieben Seiten pro Tag, und nach dem Abendbrot konnte man sich ins Billardzimmer setzen und träge mit ein paar bekannten oder halb bekannten Kollegen plaudern. Wenn man standhaft blieb und sich, Gott behüte!, nicht bemitleidete und ausrief: »Ich habe doch wohl das Recht, wenigstens einmal in der Woche …« – dann kehrte man nach sechsundzwanzig Tagen wie ein erfolgreicher Jäger nach Hause zurück, fröhlich und mit gefüllter Tasche, auch wenn man vor Müdigkeit weder Arme noch Beine spürte … Aber ich hatte mir noch nicht einmal überlegt, was in meiner Jagdtasche sein sollte!

Um genau acht Uhr dreißig klingelte das Telefon, aber es war nicht Lenja Fips. Weiß der Teufel, wer das war: Der Hörer atmete, der Hörer lauschte aufmerksam meinem gereizten »Hallo, wer ist da? Drücken Sie auf den Knopf!«, und schon ertönten die kurzen Rufzeichen.

Ich legte den Hörer auf, zog angewidert das Blatt aus der Maschine, schob es zuunterst in die Mappe und deckte die Maschine ab. Es wurde hell, draußen hatte der Schneesturm wieder eingesetzt, ich spürte den heftigen Schmerz in der Seite und legte mich hin. Ich war eben doch ein Choleriker: Gerade erst hatte es mich geschüttelt vor Erregung; ich hatte geglaubt, es existiere nichts Wichtigeres auf der Welt als meine Blaue Mappe und ihr zukünftiges Schicksal, und jetzt lag ich da wie ein platt getretener Frosch und wollte nichts Ewiges außer Ruhe.

Die Seite schmerzte; mich überkam eine ungewohnte Schwäche, gefolgt von bohrendem Selbstmitleid, und ich versank in Erinnerungen, denen ich mich willenlos hingab – wie bei einer Ohnmacht, wenn die Kräfte nicht mehr reichen, um etwas noch länger zu ertragen …

… Sie wohnte damals in einem winzigen Zimmerchen in Wohnung 19; Gott weiß, wie sie zu dem Zimmer gekommen war. Sie studierte im ersten Semester am Polytechnischen Institut und war etwa neunzehn Jahre alt. Ihr Name war Katja, den Familiennamen wusste F. Sorokin nicht, und er würde ihn auch nie erfahren. Jedenfalls nicht in diesem Leben.

F. Sorokin war gerade fünfzehn, besuchte die neunte Klasse und war ein hochaufgeschossenes, hübsches Bürschchen, wenn auch seine Ohren ziemlich abstanden. In der Turnreihe stand er als Dritter, hinter Wolodja Prawdjuk (1943 gefallen) und Wolodja Zinger (heute ein hohes Tier in der Flugzeugindustrie). Katja war, als er sie kennenlernte, ungefähr so groß wie er. Als jene, die alle Bindungen löst, sie wieder trennte, überragte F. Sorokin sie bereits um einen halben Kopf.

Er hatte sie schon vor ihrer Bekanntschaft einige Male getroffen, im Treppenhaus oder bei Anastassia Andrejewna, doch dabei hatte er weder an Intimitäten noch an seine Männlichkeit gedacht. Er war zu jener Zeit noch eine Rotznase, ein Hanswurst – dieser hochaufgeschossene, hübsche Bursche F. Sorokin. Die Distanz zwischen einer Studentin und einem Schüler war ihm unerhört groß erschienen; das bedrückende, ergebnislose Einander-Abtasten mit Ljusja

Newerowskaja (heute Admiralswitwe, Rentnerin und wohl auch schon Urgroßmutter) hatte eine unüberwindliche Barriere zwischen dem Ziel seines Verlangens und allen übrigen Busen und Schenkeln der Welt errichtet. Überhaupt hatte die statthafte Entleerung der Hoden eine unabdingbare Voraussetzung: zunächst in das feindliche Lager vorzudringen, Hitler und Mussolini den Garaus zu machen oder sie lebend zu fassen (von Tojo wusste F. Sorokin damals noch nichts) und ihre Köpfe der Angebeteten zu Füßen zu legen.

Sicher hätte ein Psychologe eine Erklärung dafür gefunden, warum die kleine Studentin Katja ihr Auge auf einen Schüler warf. Gewöhnlich ziehen fünfzehnjährige Adoleszenten vor allem ältere Damen an – aber was verstehe ich schon von Psychologie ... Allerdings: Würde einer behaupten wollen, die Liebesbeziehung zwischen Katja und F. Sorokin sei eine Ausnahme gewesen? F. Sorokin besäße diese Kühnheit nicht. (Er ist aber auch voreingenommen.) Später, nach zwei oder drei Monaten, bekannte Katja ihm gegenüber ruhig und in schlichten Worten, dass sie sich auf den ersten Blick in ihn verliebt hatte, bei ihrer ersten zufälligen Begegnung auf der Treppe oder im Hauseingang. Vielleicht war es gelogen, aber es schmeichelte Sorokin.

Hier ist vielleicht noch folgender Umstand von Bedeutung: Etwa eineinhalb Jahre vor ihrer Bekanntschaft hatte Katja etwas sehr Unangenehmes erlebt. Sie besuchte damals die zehnte Klasse in einer Kleinstadt bei Leningrad (Kolpino, Pawlowsk oder Tosno). Einmal, als sie nach dem Unterricht noch in der Klasse blieb, um sauber zu machen, kamen ein paar ihrer Mitschüler herein, packten sie, wickelten ihr Jacken um den Kopf und rissen sie im Gang zwischen den Bänken zu Boden. Sie erreichten nicht, was sie wollten, vielleicht aus Angst, vielleicht aus Unerfahrenheit; sie befleckten ihr nur ausgiebig Bauch und Beine und liefen dann auseinander. Katja blieb Jungfrau. Physisch. Doch psychisch?

Als sie sich in F. Sorokin verliebte, war sie schon eine Frau. Mit wem es bei ihr das erste Mal gewesen war, sagte sie nicht, und ihm wäre nie in den Sinn gekommen, danach zu fragen.

An einem heißen Tag Anfang September kehrte F. Sorokin aus der Schule zurück und ging in die Wohnung 19, um sich von Anastassia Andrejewna seinen Schlüssel zu holen. Er traf sie nicht an, doch sie hatte einen Zettel hinterlassen, auf dem stand, dass der Schlüssel bei der Nachbarin liege, bei Katja. In dem halb dunklen Flur voller Plunder fand er schließlich Katjas Tür und klopfte. Die Tür tat sich augenblicklich auf, er sah sie – und verlor die Fassung.

Letzten Endes rechtfertigt das Ziel die Mittel, und in der Liebe sind, wie es heißt, alle Mittel erlaubt. Katja hatte ihn natürlich erwartet und sich entsprechend zurechtgemacht. Er aber war nicht im Geringsten darauf vorbereitet gewesen. Später begriff er, dass nicht viel gefehlt hätte, und er wäre Hals über Kopf davongestürzt (oder in Ohnmacht gefallen).

Ächzend und stöhnend erhob ich mich, kroch unter das Sofa und holte aus der hintersten, finstersten Ecke eine Kippe hervor, an die ich schon das ganze Jahr über gedacht hatte. Ich nahm sie mit in die Küche und zündete sie an, rauchte sie stehend am Fenster und wunderte mich flüchtig, dass der Tabakrauch keine Wirkung auf mich hatte, so als zöge ich nicht Rauch in die Lunge, sondern warme, duftende Luft.

… Katja war dünn gewesen, mit schmalen Schultern und Hüften, die Brüste rund und hervorstehend. Gehüllt in einen weiten grauen Kittel, wie die Waisenhauszöglinge sie trugen, nahm sie Sorokin schweigend bei der Hand und führte ihn in ihr Zimmerchen. Dann ging sie zur Tür zurück, schloss sie leise, aber fest, schob den Riegel vor und drehte sich zu ihm um. Sie ließ die Arme sinken und sah ihn an. Ihr

Kittel öffnete sich, und darunter trug sie nichts als ihre nackte Haut. Sorokin aber bemerkte vor allem, dass sie ganz rot war, von der Stirn bis zur Brust, und erst danach alles Übrige. Was für ein Anblick für einen Jungen, der zwar bereit war, nackte Frauen bis dahin aber nur von Rubens-Reproduktionen kannte! Oder von pornografischen Fotos, die ihm Borka Kutusow gezeigt hatte (im August 1941 von einer Granate in Stücke gerissen).

Sie trafen sich nicht täglich, aber regelmäßig: Am vereinbarten Tag, zur verabredeten Stunde, auf die Minute genau jagte F. Sorokin in lautlosen Sätzen zur Wohnung 19 hinauf. Gewöhnlich war es nachmittags, gegen drei oder vier Uhr, gleich nach der Schule. Er klopfte oder klingelte nicht, die Tür tat sich auf und Katja nahm ihn in ihrem Waisenhauskittel über dem nackten Körper bei der Hand, führte ihn in ihr Zimmerchen, und sie sperrten sich ein. Dann stillten sie schnell und gierig ihren Hunger aneinander, und zwanzig Minuten später huschte F. Sorokin wieder lautlos und vorsichtig, wie ein Indianer auf dem Kriegspfad, in den halb dunklen Korridor hinaus, ertastete, wie gewohnt, das französische Türschloss und stand im nächsten Moment auf dem Treppenabsatz. Katja und er sprachen wenig und nur flüsternd miteinander, und während dieser ganzen, gleichförmig verlaufenden, doch unglaublich reichen Geschichte ihrer Liebe waren sie nie länger als eine halbe Stunde beisammen.

Und ihre Geschichte war tatsächlich ungeheuer reich – für F. Sorokin ohne Zweifel, gewiss aber auch für Katja. Schon wenn er die Treppe von Wohnung 19 hinunterging, packte ihn die Sehnsucht nach Katja; ein, zwei Tage später wich die Sehnsucht großer Ungeduld. Nahte dann die vereinbarte Zeit, wurde er innerlich von hektischer Freude geschüttelt, und gleichzeitig wuchs die Furcht, ihr Beisammensein könnte womöglich nicht stattfinden (was gelegentlich vorkam). Dann waren sie zusammen, und darauf folgten wieder Sehnsucht, Ungeduld, Freude und Furcht – dann das nächste Beisammensein. So ging es Woche für Woche, Herbst, Winter, Frühling – und dann kam der verfluchte Sommer 1941. Kein einziges Mal hatte F. Sorokin zu viel von Katja, keinmal wünschte er sich vor dem Treffen, es möge nicht stattfinden. Und ihr ging es offensichtlich genauso.

Gerade zu dieser Zeit, in der neunten Klasse, nahm F. Sorokin erfolgreich die höhere Mathematik und die sphärische Trigonometrie in Angriff, bastelte mit Sascha Aronow (verhungert im Januar 1942) aus Leibeskräften Fernrohre, arbeitete in den Werkstätten des Hauses für Wissenschaftsspiele und Experimente mit und bewältigte die Schule mit Leichtigkeit. Auch sein platonisches Verhältnis mit Ljusja Newerowskaja dauerte an, und nach der Neujahrsfeier begann er noch einen Flirt mit Nina Chaljajewa (während der Evakuierung verschollen); daneben gab es allerlei weitere Dummheiten und Eskapaden. F. Sorokin engagierte sich in der Schule, in der Wissenschaft, in seinen gesellschaftlichen und privaten Beziehungen, und er erwähnte kein einziges Mal, unter keinen Umständen, nirgends und niemandem gegenüber auch nur andeutungsweise Katja.

Es war wohl kaum nur das Sexuelle, das sie verband, denn das hätte, wäre es auch noch so leidenschaftlich gewesen, nicht so lange andauern und derart intensiv sein können, mit all den Anfällen von Sehnsucht, Freude und Furcht. Aber ebenso wenig handelte es sich um eine romantische Liebe, wie die Großen sie beschrieben haben. Am ehesten war es von allem etwas – noch dazu der jungenhafte Stolz, eine Frau zu besitzen, und die dankbare Zärtlichkeit des Mädchens, dass ein Mann ihre Gefühle nicht verletzte und nicht großtat. Womöglich war da auch noch eine Vorahnung.

Zum letzten Mal trafen sie sich Ende Mai, als die Prüfungen begannen.

Mitte Juli kehrte F. Sorokin vom Bau eines Flugplatzes bei Kingisepp zurück – als Erwachsener, denn er hatte unterdessen einen Menschen getötet, einen Feind, einen Faschisten, und er war sehr stolz darauf. Über Umwege brachte er in Erfahrung, dass Katja eine Woche zuvor mit ihren Kommilitonen in die Gegend von Gatschina oder Pskow gefahren war, um dort Panzerfallen aufzustellen. Und Ende Juli schrieb man der Hausverwaltung, Katja sei bei einem Bombenangriff ums Leben gekommen ...

Schwäche. Alles kommt von dieser Schwäche. Heute bin ich irgendwie so matt. Warum verbiete ich mir immer so sehr, daran zu denken? An ihren Namen erinnere ich mich oft. Katja, Katja. Aber nur an den Namen. Wahrscheinlich, weil ich später nie wieder geliebt habe. F. Sorokin hatte seit dieser Zeit zwar viele Weiber, außerdem zwei oder drei Frauen – doch keine einzige Liebe.

Das Telefon schrillte, und ich schleppte mich zurück ins Arbeitszimmer. Es war Rita, endlich und zur rechten Zeit.

Soeben aus ihrer Einöde zurück, wünschte sie den Umgang mit einem intelligenten Menschen aus der literarischen Welt. Ihre Stimme klang klar, froh und munter, und das war herrlich. Ich wollte sie sofort sehen und fragte, wie es heute bei ihr aussehe. Sie antwortete, sie sei jetzt in ihrem Büro und müsse dort noch ein wenig bleiben, aber gegen Mittag könne sie gehen. Ich brach in Jubel aus, und wir verabredeten, uns Punkt fünfzehn Uhr bei mir im Klub zu treffen und uns gastronomischen Genüssen hinzugeben. Fürs Erste, sagte ich geschäftig. Wir werden sehen, antwortete sie noch geschäftiger.

Wie zu erwarten, veränderte das Gespräch meine Sicht auf die Dinge gründlich. Die zuvor feindliche Umgebung wurde freundlich, die Realität verlor ihre Düsternis und erstrahlte in allen nur denkbaren Nuancen von Rosa bis Himmelblau. Selbst das Wetter hellte auf, und der grimmige Schneesturm verwandelte sich in einen leichten, fast festlichen Flockentanz. Alles Finstere, was mich in den letzten Tagen bedrängt hatte; all die unangenehmen und seltsamen Begegnungen, ängstigenden Gespräche und Andeutungen; die bis vor Kurzem abstrakten, nun aber Fleisch und Blut gewordenen Probleme – diese ganze Hoffnungslosigkeit, die mich wie ein unheildrohender Zaun umschlossen hielt, teilte sich jäh, wich zurück, und vor mir wurde alles smaragdgrün, sonnenhell und samtig blau. Über allem flimmerten kess die Worte: »Wir schaffen es!« Und meine Seite tat fast gar nicht mehr weh …

Was bläst Trübsal du so arg, junger Mann?
Leg dich lieber in den Sarg, junger Mann!

Als Erstes begab ich mich ins Bad und rasierte mich auf das Sorgfältigste – Rita kann selbst die Andeutung von Bartstoppeln nicht ausstehen. Danach fuhr ich mit einem feuchten Läppchen über alle Tische und Schränke – Rita erträgt keinen Staub auf polierten Oberflächen. Ich wechselte die Bettwäsche – Rita und ich mögen nur frische, raschelnde und gestärkte Laken. Ich polierte sorgfältig Wein- und Schnapsgläser, wobei ich sie sogar gegen das Licht prüfte, ich putzte Messer, Gabeln und Teelöffel, riss mich dann zusammen und schrubbte noch Wanne und Toilette. Zuletzt rollte ich den Staubsauger hinter dem Vorhang hervor und saugte überall den Fußboden.

Während ich mich mit alldem befasste, klingelte zweimal das Telefon. Einmal war es Lenja Fips, den ich nach seiner Standard-Begrüßungsfrage »Wie geht's?« gar nicht erst zu Wort kommen ließ, beim zweiten Mal hauchte wieder der Schüchterne schweigend in den Hörer, und ich teilte ihm aufgekratzt mit, dass ich sein Hilfsangebot zwar schätze, doch keine Hilfe benötige, da ich all meine Angelegenheiten bereits zu Ende gebracht habe und den Planeten und diese Zeit für immer verlasse.

Ich weiß nicht, was der Schüchterne davon hielt, doch das Telefon klingelte von nun an nicht mehr.

Ich zog meinen besten Anzug an, an dem das Abzeichen meines bisher einzigen Preises prangte, und verließ die Wohnung um Viertel vor zwei – in der Absicht, vorher noch bei der Aufnahmekommission vorbeizusehen und die mir zugeteilte Portion Lektüre abzuholen. Herr, erbarme dich meiner, und errette mich! Der Fahrstuhl funktionierte nicht. Das heißt, es funktionierte keiner, weder der große noch der kleine.

Und sogleich malte mir meine Fantasie ein homerisches Bild: Ich stellte mir vor, wie Rita und ich nach einem guten Essen und einem angenehmen Spaziergang durch das verschneite Moskau zu Fuß bis in die fünfzehnte Etage steigen, wie mein Herz rast und ungleichmäßig schlägt, wie ich mich auf jedem Treppenabsatz für ein Weilchen auf dem für solche Fälle vorgesehenen Bänkchen ausruhe und mir heimlich Nitroglyzerin in den Mund schiebe, während Rita, meine wunderschöne Herzensdame, meine Geliebte und sicherlich letzte Frau, zartfühlend über Nichtigkeiten plaudert, mich erniedrigend mitleidig von oben herab ansieht und von Zeit zu Zeit sagt: »Hetz dich nicht, wir haben ja Zeit.«

Ich verjagte diese schmachvolle Vorstellung und nahm die Treppe. Und wen traf ich da zwischen dem sechsten und siebten Stock? Wer sprang mir ungestüm entgegen, immer zwei Stufen auf einmal nehmend und sich nur leicht mit der linken Hand auf das Geländer stützend? Wer war der rotwangige Kerl, der Gershwin vor sich hin pfiff, während er in der rechten Hand eine schwere Tasche mit Lebensmitteln hielt, die nicht einmal für ihn zu sein schienen, wie ich aus verschiedenen Anhaltspunkten schloss?

Natürlich! Es war Kostja Kudinow, der Dichter, dieses grünlich blasse arme Würstchen, das man vor Kurzem, als es in den letzten Zügen gelegen, in die Birjulewoer Klinik gebracht hatte, um ihm den Magen zu spülen.

»He, alter Knabe!«, rief er lebensfroh, kaum, dass er mich erkannt hatte. »Gut, dass wir uns treffen! Hast du einen Moment Zeit? Ich habe dich in unsere Brigade eingetragen. Wir fliegen an die BAM. Zwanzig Tage, fünfzehn Lesungen, hin und zurück per Charterflugzeug. Wie findest du das, he?«

Wirklich, heute war mein Glückstag! Es mag seltsam erscheinen, doch obwohl ich ein älterer, verschlossener Mensch bin, der gewöhnlich neue Bekanntschaften meidet, ein Konservativer und Stubenhocker, liebe ich öffentliche Auftritte.

Es gefällt mir, vor einem vollen Saal zu stehen und in tausend Gesichter gleichzeitig zu blicken; sie alle spiegeln Interesse – ob gieriges, skeptisches, höhnisches oder erstauntes – in jedem Falle aber Interesse. Dann schockiere ich die Leute mit unseren Betriebsgeheimnissen, weihe sie in die Gepflogenheiten der redaktionellen und verlegerischen Küche ein und zerstöre unbarmherzig ihre Illusionen hinsichtlich solch eingeschliffener Stereotype wie Inspiration, Erleuchtung oder Gottesfunken.

Mir gefällt es, auf Zettelchen nach vorn gereichte Fragen zu beantworten, mich über Dummköpfe lustig zu machen – auf die feine Art natürlich, damit kein Lump, falls ein solcher im Saal sitzt, mir etwas am Zeug flicken kann. Ich balanciere gern auf des Messers Schneide und laviere zwischen dem, was ich wirklich denke, und dem, was ich laut öffentlicher Meinung zu denken habe …

Und wenn mein Auftritt vorbei ist, stehe ich mit Vorliebe unten im Saal, umringt von echten Bewunderern und Kennern, signiere ihre zerlesenen Exemplare meiner »Modernen Märchen« und führe Gespräche auf Augenhöhe – ohne all die Dummköpfe kann ich nun herzhaft, ja verbissen streiten und habe dabei stets das wunderschöne Gefühl, vor groben Ausfällen und Taktlosigkeiten geschützt zu sein; auch ein falscher Schritt, den ich tue, ist nicht schlimm, und offensichtlicher Blödsinn, den ich rede, wird höflich überhört.

Vor allem aber mag ich es, wenn das nicht in Moskau oder anderen Ballungsgebieten stattfindet, sondern in entlegenen Gegenden, irgendwo an der Grenze der Zivilisation, wo die Ingenieure, Techniker und Operatoren – alles ehemalige Studenten – ganz ausgehungert sind nach Kultur, nach Europa, schlicht: nach einem intelligenten Gespräch.

Ich gab also Kostja mein Einverständnis, erkundigte mich, wann der Abflug sei, wer noch zur Brigade gehöre und wo man uns einweisen werde. Als ich ihm schon die Hand zum Abschied reichte, ergriff er plötzlich mit zwei Fingern meinen Daumen, kniff listig die Augen zusammen und säuselte keck: »Bist ein waghalsiger Mensch, Felix Alexandrowitsch! Das hast du geschickt gemacht! Aber meinst du nicht, dass man es dir heimzahlen wird, wenn die Zeit gekommen ist, he?«

Er blinzelte schelmisch, schüttelte meine schlaff gewordene Hand, und ich spürte, wie sich in mir vor böser Vorahnung alles zusammenzog. Vielleicht, weil gerade er das gesagt hatte. Ich weiß es nicht. Aber ich dachte gleich, dass diese idiotische Geschichte mit dem … wie hieß es doch … mit diesem teuflischen Elixier, die ich mir selbst aufgehalst hatte, noch nicht vorbei war … Nichts war vorbei: Was nützte es, dass ich meinen Aufpasser im karierten Wendemantel vergessen hatte – sie hatten mich nicht vergessen! Die Geschichte ging weiter, und wie sich nun zeigte, hatte ich einen geschickten Zug getan, anscheinend jemanden hereingelegt, etwas gewagt … Ich Trottel, und nun konnte man es mir heimzahlen. Und natürlich würde man es mir heimzahlen, ganz bestimmt!

Jesus, Maria und Josef! Zur Hölle mit diesem Kudinow! Mit seiner geheimnisvollen Art zu reden, seinen Anspielungen und halben Anspielungen … Aber nach einer langen Minute des Zublinzelns, Augenzusammenkneifens und Händeschüttelns erfuhr ich, dass er etwas ganz anderes meinte.

Anfang Dezember nämlich hatte ein befreundeter Redakteur des *Moskauer Playboy* mir ein Manuskript Babachins, des Vorsitzenden unserer Wohnungskommission, zur Begutachtung gebracht. Er hatte es mir überreicht mit den Worten: »Drisch ihm eins über, und hab keine Angst: Das Gutachten ist nur für den internen Gebrauch, und unser Chef steht wegen dieses Babachins sowieso schon kurz vor dem Herzinfarkt.« Babachins Erzählung war in der Tat grauenhaft, und ich drosch ihm eins über. Mit Genuss sogar. Und unmittelbar vor Neujahr wurde Babachin mit Pauken und Trompeten seines Postens enthoben. Natürlich nicht, weil er Erzählungen schrieb, die selbst einen so abgebrühten Mann wie den Chefredakteur des *Moskauer Playboy* zum Infarkt treiben können. Nein, abgesetzt wurde er, weil er »das Brot der Willkür gegessen und den Wein des Diebstahls getrunken« hatte. Und jetzt bildete sich dieser Dummkopf Kostja Kudinow ein, ich hätte das alles vorausgesehen und schon Anfang Dezember gewagt, gegen Babachin aufzutreten, obwohl sich das Blatt damals noch hätte anders wenden können.

Mehr noch: Dieser Dummkopf Kostja Kudinow hielt mein Gutachten für heroisch, aber letztlich auch für unvernünftig, weil er – nicht ohne Grund – annahm, dass Leute wie Babachin nicht aussterben, sondern wiederkehren und niemals etwas vergessen.

Doch wem gefällt es heutzutage, als unvernünftig und heroisch zu gelten? Und doch war ich Kostja dankbar, da er mein Abenteuer mit dem Lebenselixier offenbar vergessen hatte. So klopfte ich ihm nur herablassend auf die Schulter und gab ihm zu verstehen, dass das alles Fliegendreck sei und mir bei meinen Beziehungen kein Babachin etwas anhaben könne. Daraufhin überließ ich ihn seinen Überlegungen, welche Vorteile er wohl von nun an aus der guten Bekanntschaft mit einer so bedeutenden Persönlichkeit wie mir ziehen könnte, und schritt langsam, in gewissem Sinne sogar majestätisch, die Treppe hinunter.

Dennoch kam ich nicht ohne den karierten Mantel davon … Er rief sich in Erinnerung, wenn auch auf ziemlich unerwartete Weise.

Als ich an der Station Kropotkinskaja aus der Metro kam, erblickte ich neben dem Zigarettenkiosk einen dieser rotgelben Krankenwagen des Medizinischen Notfalldienstes – eine der größten Errungenschaften des 20. Jahrhunderts. Die hinteren Türen standen weit offen, und zwei Milizionäre bugsierten gerade den karierten Wendemantel in den Innenraum. Der schlug mit den Hinterbeinen aus – oder er schlug nicht aus, sondern versuchte, sich mit den Füßen abzustützen. Das Gesicht sah ich nicht. Überhaupt sah ich weiter nichts, wenn ich von der Brille absah – einem metallenen Brillenrahmen, den ein dritter Milizionär mit zwei Fingern festhielt und geschäftig an mir vorbeitrug, bevor er hinter dem Krankenwagen verschwand. Dann klappten die Türen zu, der Wagen stieß eine Wolke abscheulichen Gestanks aus und rollte los. Das war auch schon das ganze Abenteuer, und ich konnte niemanden fragen, was hier passiert war, weil die Zeiten, in denen solche Vorfälle Zuschauer anzogen, vorüber waren. So ging ich meines Weges.

Ich betrat den Klub wie geplant um Viertel vor drei. Am Eingang saß diesmal nicht die kurzsichtige Marja Trofimowna, sondern eine verhältnismäßig junge Rentnerin, die gerade bei uns angefangen hatte, aber schon alle kannte, zumindest mich. Wir grüßten uns, ich sagte ihr Bescheid, dass ich eine Dame erwartete, legte ab und schlenderte hinauf zur

Aufnahmekommission. Dort saß Sinaida Filippowna mit ihren dunklen Augen und dem blassen Gesicht und war wie immer sehr beschäftigt und voller Sorgen. Sie zeigte auf einen Schrank, in dem in drei Fächern, zu einzelnen Stapeln sortiert, die Arbeiten der Bewerber lagen. Erstaunlich, dass acht Leute so eine Menge veröffentlicht hatten!

»Ich habe Ihnen Verschiedenes herausgesucht, Felix Alexandrowitsch«, sagte Sinaida Filippowna und lächelte mir zerstreut zu. »Sie bevorzugen doch militär-patriotische Themen? Dort, der Stapel, der ganz außen liegt, ein gewisser Chalabujew. Ich habe es schon notiert.«

Kläglich und langweilig sah der Stapel aus, der den Geist und das Denken des mir unbekannten Chalabujew verkörperte. Drei schmale Ausgaben des *Fähnrich* mit akkurat hervorschauenden Papierlesezeichen sowie ein einsames, ebenfalls schmales Bändchen aus dem Nordsibirischen Verlag, eine Novelle mit dem Titel »Wir hüten den Himmel!«.

Wer hat dich bloß empfohlen, Chalabujew, dachte ich. Wer war so voreilig, dich mit deinen drei Erzählungen und der kleinen Novelle unserer Sitzung zum Fraß vorzuwerfen? Es ist ja nicht einmal eine Novelle, sondern eher eine leicht belletrisierte Skizze über das Leben der Raketentruppen oder Flieger. Unsere Leibgardisten werden dich mit Haut und Haar verschlingen, sofern du dich nicht vorher ihres Wohlwollens versichert hast, natürlich. Aber selbst wenn du das tust, Chalabujew, sind da noch unsere Spezialisten für die französische höfische Literatur des 18. Jahrhunderts! Solltest du jedoch schlau genug sein, auch ihre Gunst zu erwerben, dann Ruhm und Ehre dir, Chalabujew, denn dann wirst du es bei uns weit bringen, und es ist gut möglich, dass wir uns in fünf Jahren alle vor deiner Schwelle drängen werden, um von dir das Pachtrecht für eine Datsche bei Moskau zu erbetteln.

Mit einem Seufzer klemmte ich mir Chalabujew unter den Arm und ging, nachdem ich mich von Sinaida Filippowna höflich verabschiedet hatte, geradewegs ins Restaurant.

Obwohl es um diese Tageszeit wenig gefüllt war, sagte mir nur eins der freien Tischchen zu. Ich setzte mich und bemerkte rechts von mir Witja Koschelkow, einen unserer bekanntesten Humoristen und Autor zahlreicher Sketche; er saß mit gebundener Fliege bei einer Tasse Kaffee und las mit unnahbarer Miene den *Morning Star*.

Linker Hand schwatzten, unablässig kauend, zwei Damen nicht bestimmbaren Alters, die durchaus appetitlich aussahen – nach Shora Naumows Klassifizierung Mau oder Wau, also Geliebte oder Gattinnen von Autoren.

Und am Tisch direkt vor mir bewirtete Apollon Apollonowitsch Wladimirski gerade eine seiner zahlreichen Enkelinnen, vielleicht sogar Urenkelinnen mit einem Mittagsgericht und Champagner. Er bemerkte mich, und wir begrüßten uns.

Er sah immer noch genauso aus, wie ich ihn vor fast fünfundzwanzig Jahren kennengelernt hatte: Auf dem langen, faltigen Hals, der aussah wie der eines Leguans, saß ein kleiner kahler Kopf – wie ein Luftballon. Er hatte sehr große, schwarze Augen, die fast nur aus Pupillen bestanden, ohne Iris, dazu einen schlaffen Mund und ein unregelmäßig klapperndes künstliches Gebiss, das ein eigenständiges Leben zu führen schien. Seine Bewegungen waren fließend wie die eines Dirigenten, und er hatte die hohe, schrille Stimme eines Menschen, den die Meinung seiner Umwelt nicht interessiert. Er trug einen altmodischen Anzug, der sicher schon so alt war wie unser Jahrhundert und etwas zu kurze Ärmel hatte; darunter sahen blendend weiße Manschetten hervor. Er kam mir vor wie der Abgesandte einer fernen Vergangenheit, in der es noch Chrestomathien gab – unvorstellbar, dass die übermütigen, energischen und anregenden

Lieder, die man seit der Zeit der Kollektivierung sang und die auch jetzt noch bei Demonstrationen und Studentenabenden gesungen werden, nach Versen aus diesem Relikt entstanden sein sollen …

Ich saß also da und schaute mit dem einen Auge in den Chalabujew, den ich mittendrin aufgeschlagen hatte, und mit dem anderen zur Eingangstür, durch die Rita bald kommen musste. Apollon Apollonowitsch beobachtete unterdessen gönnerhaft, wie seine junge Verwandte ihr Beefsteak vertilgte, wobei er alle paar Minuten mit elegantem Schwung die ungehorsame Manschette in den Ärmel zurückjagte und, begleitet von dem unregelmäßig klappernden Gebiss, wieder einmal Memoiren referierte.

Aus diesen Memoiren hatte ich in den vergangenen Jahrzehnten zur Genüge gehört, deshalb registrierte mein geübtes Ohr jetzt nur zerstreut ein paar Stichworte. Da waren Wladimir Wladimytsch und seine merkwürdigen Beziehungen zu Ossja. Da tauchte Boris Leonidytsch kurz auf, irgendetwas Originelles, und gleich danach löste ihn Alexander Alexandrytsch ab, schwerkrank schon, einen Tag vor seinem Tod. Nun also Alexej Nikolajewitsch – und natürlich: »Ihre Erlaucht fuhren zum ZK …« Dann Samuil Jakowlewitsch … Kornej Iwanowitsch … Wenja erschien bei Alexej Maximowitsch, noch sehr jung und arrogant … Isaak Emmanuilowitsch begab sich auf seinen letzten kurzen Weg … »Und als die Injektionen verabreicht werden sollten, stell dir vor, mein Herzblatt, da stoben alle Autoren davon, hinter die Sträucher, in den Wald, und die Schwestern mit den vorbereiteten Spritzen hinterher; nur Mischa stand bedrückt am Klinikfenster und sagte: ›Die Hintern verdeckt jetzt der Wald …‹« Konstantin Sergejewitsch … »Ach, eines Tages wird man Sie im GUM verhaften, Wladimir Iwanowitsch …« Alexander Sergejewitsch … (hier zuckte ich zusammen). Wissarion Grigorjewitsch mit seinem Sohn Jossif …

Ich blickte zu Apollon Apollonowitsch hinüber; er war ein unerschöpflicher Quell für solche Geschichten. Die Verwandte ließen seine Memoiren übrigens völlig kalt; ich kann freilich nicht ausschließen, dass sie, genau wie ich, alles schon mehrfach gehört hatte. Und dann sagte Apollon Apollonowitsch aufgeräumt: »Hier kommt ja auch Michail Afanassjewitsch höchstpersönlich. *Comment ça va, Michèle?*«

Ich blickte auf.

… In einer Winternacht des Jahres '41, als ich bei Luftalarm von der Granatenwerkstatt nach Hause ging, fiel in ein Holzhaus hinter mir eine Bombe. Ich wurde in die Luft gehoben, sanft über die Eisenspitzen eines Gartenzauns getragen und rücklings sacht in eine tiefe Schneewehe gelegt; dort lag ich mit dem Gesicht zum schwarzen Himmel und beobachtete dümmlich staunend, wie über mir brennende Balken – langsam und schwer wie Schiffe – vorüberschwammen …

Ebenso dümmlich staunend beobachtete ich jetzt, wie von der Eingangshalle, schräg durch das Restaurant, Michail Afanassjewitsch kam – mein unfroher Bekannter von gestern, zwar ohne den blauen Laborkittel, doch im Übrigen genau derselbe, er trug sogar denselben grauen Anzug. Seine Lippen bewegten sich, er beantwortete wohl Apollon Apollonowitschs Frage; mich dagegen bemerkte oder erkannte er nicht und schritt vorbei zum Saalausgang und zum »Vestibül der alten Fürstin«. Als er hinter der Tür verschwunden war, ertönte in der plötzlich entstandenen Stille, wie es sie sonst nach fürchterlichen Explosionen gibt, Apollon Apollonowitschs kreischende Stimme und verkündete ebenso vertraulich wie feierlich: »Er ist zur Bibliothek gegangen. Oder zum Parteikomitee.«

Ich stand schon bereit, ihm nachzulaufen. Hatte ich Fragen an ihn? Ja, hatte ich. Natürlich. Wollte ich ihn um Rat bitten? Zweifellos. Selbstverständlich. All das, was ich mir heute, an diesem bitteren Morgen, zusammengereimt hatte, wallte jäh in mir auf, wie giftiges Gebräu im Hexenkessel. Ich musste einfach erfahren, ob ich ihn neulich richtig verstanden hatte, und – falls ja – was ich jetzt mit diesem Wissen anfangen sollte. Allein deshalb lohnte es, ihm nachzulaufen, dabei war das noch gar nicht das Wichtigste: Denn jetzt wusste ich, wer mein unfroher Bekannter aus der Bannaja war, das heißt, um welchen Michail Afanassjewitsch es sich hier handelte! Es erschien mir offenkundig und unglaublich zugleich. Die heutige Begegnung war der würdige Abschluss einer ebenso fruchtlosen wie bizarren und unheimlichen Woche, in deren Verlauf der, der mein Schicksal lenkte, einen ganzen Fächer an Möglichkeiten vor mir ausgebreitet hatte, von denen ich aber nicht eine hatte realisieren können oder wollen. Alles war zerronnen wie Wasser im Sand und hatte nichts hinterlassen außer den Sudelschaum spießbürgerlicher Erleichterung – und nun diese letzte Möglichkeit. Sie war die unwahrscheinlichste von allen. Mochte sie mir auch nichts als mein gewohntes Butterbrot versprechen – versäumte ich sie, opferte sie einer Soljanka mit Oliven oder gar meiner duftenden Rita, so würde mir nichts mehr bleiben, und es hätte künftig auch keinen Sinn mehr, die Blaue Mappe aufzuschlagen.

Wie im Traum vernahm ich ein mürrisches, hochmütiges Meckern: »Entweder bin ich ein bedeutender russischer Schriftsteller, oder ich esse diese Nudeln …«

Und wie im Traum erblickte ich, als ich mich umdrehte, über dem dampfenden Teller ein langes Gesicht mit griesgrämig herabhängender Unterlippe, das gleich darauf hinter dem gebeugten Rücken eines Kellners verschwand.

Und nun, ganz wach, sah ich Rita in der Tür zur Eingangshalle stehen. Sie trug das sandfarbene Kostüm, das ich besonders mochte, und das Glänzen ihres Ohrrings traf mich ins Auge, als sie langsam den Kopf wandte und nach mir

Ausschau hielt. Aber ich schlug feige die Augen nieder und lief leicht gebückt auf dem Teppichläufer davon, hin zu dem Ausgang, hinter dem Michail Afanassjewitsch verschwunden war. Schmerzlich wurde mir bewusst, dass ich schon wieder etwas tat, für das ich mich würde entschuldigen und rechtfertigen müssen, aber ich schob den Gedanken von mir, weil es mich jetzt nicht betraf. Jetzt erwartete mich etwas ungleich Wichtigeres.

Im Parteikomitee war Michail Afanassjewitsch nicht. Dort hämmerte Tatotschka auf ihrer Maschine herum; neben ihr im Sessel fläzte sich, den runden, feisten Bauch vom Jackett befreit, ein rosiger Satyr mit roter Nase und roten Lippen, der ihr ausdrucksvoll, als stünde er auf einem Podium, nach einer Vorlage diktierte: »… auch gegen den Abstraktionismus in der Literatur müssen und werden wir kämpfen, unversöhnlich, wie gegen den Abstraktionismus in der Malerei und Bildhauerei, in Architektur …«

»Und Viehzucht!«, rief ich laut, um ihn zu stoppen.

Er unterbrach sich, wie geblendet von der neuen Wendung des Themas, und ich fragte Tatotschka schnell: »War nicht eben noch Michail Afanassjewitsch hier?«

»Nein«, antwortete sie, ohne ihr Gehämmer zu unterbrechen. »Er kommt heute nicht.« Dann wandte sie sich streng dem Satyr zu: »… in Architektur und Viehzucht … Weiter!«

Ich fand Michail Afanassjewitsch im Zeitschriftensaal, wo er mutterseelenallein saß und aufmerksam die letzte Ausgabe des *Quartalsinspektors* las – eben jene mit Walja Demtschenkos Erzählung, die man zerschnitten, verstümmelt und dreifach amputiert hatte und die dennoch lebte, herausfordernd, unbesiegbar.

Ich trat näher und blieb stehen, wusste nicht, was ich sagen oder wie ich anfangen sollte. Plötzlich wurde mir bewusst, wie absurd das alles war, und fühlte mich peinlich berührt.

Ich war schon bereit, wieder zu gehen, da ließ er die Zeitschrift sinken, blickte mich fragend an und lächelte sofort.

»Ah! Felix Alexandrowitsch«, sagte er mit seiner leisen, ruhigen Stimme. »Guten Tag. Setzen Sie sich bitte, hier ist gerade ein leerer Stuhl.«

»Ist das Čapek?«, fragte ich und setzte mich gehorsam.

»Nein, Hašek. Womit kann ich Ihnen dienen, Felix Alexandrowitsch?«

»Ich sehe, Sie sind ein Kenner der Literatur …«

»Mehr noch. Ich liebe die Literatur. Gute Literatur.«

»Und wenn Ihnen Zweifel kommen, ob sie gut ist, stecken Sie sie in Ihre Maschine?«

»Gott bewahre, Felix Alexandrowitsch! Das wäre nicht meine Art. Übrigens bin ich selbst schuld: Ich habe mich falsch ausgedrückt, verzeihen Sie. Natürlich gibt es keine gute oder schlechte Literatur. Es gibt nur gute Literatur, der Rest ist Makulatur.«

»So ist es!«, pflichtete ich ihm bei, und geriet immer tiefer in Verzweiflung. »›Es gibt nur einen Frischegrad: den ersten, und der ist zugleich der letzte. Wenn der Stör vom zweiten Frischegrad war, heißt es, er war verfault.‹«

Er schlug die Zeitschrift zu, ließ jedoch einen Finger als Lesezeichen darin und sah mich schweigend an. Ich sah ihn ebenfalls schweigend an, betroffen von der Ähnlichkeit mit dem Porträt in dem braunen Bändchen und gleichzeitig verblüfft, dass keiner unserer Schwätzer ihn in diesen drei Monaten erkannt hatte. Auch ich war nicht gleich daraufgekommen, dort, in der Bannaja.

»Felix Alexandrowitsch«, sagte er schließlich. »Ich sehe, Sie halten mich für jemand anderen. Ich ahne sogar, für wen …«

»Erlauben Sie!«, rief ich hitzig, weil sein Versuch, mir auszuweichen, mich enttäuschte, ja sogar beleidigte. »Sie werden doch nicht leugnen wollen …«

»Doch, genau das will ich!« Er beugte sich zu mir herüber. »Ich heiße tatsächlich Michail Afanassjewitsch, und man sagt, ich sei ihm wirklich ähnlich, aber urteilen Sie selbst: Wie könnte ich er sein? Die Toten sind für immer tot, Felix Alexandrowitsch. Das ist ebenso sicher wie die Tatsache, dass Manuskripte restlos verbrennen – auch wenn Er noch so oft das Gegenteil behauptet hat.«

Ich spürte, wie mir der Schweiß über das Gesicht rann. Hastig holte ich mein Taschentuch hervor und trocknete mich ab. In meinem Kopf drehte sich alles, die Ohren klangen; offenbar war der Blutdruck stark nach oben geschnellt, und ich fühlte mich wieder wie im Traum.

»Kommen wir endlich zur Sache«, fuhr er fort, zog seinen Finger aus der Zeitschrift und legte sie neben sich auf das Sofa. »Wie zu erwarten war, haben Sie ganz richtig erraten, dass mein Rechner nicht den absoluten künstlerischen Wert eines Werkes bestimmt, sondern lediglich sein Schicksal in einem historisch überschaubaren Zeitraum.«

Ich nickte und wischte mir wieder und wieder den Schweiß aus den Augen.

»Als Ihnen das bewusst wurde, standen Sie vor der Frage, ob sich das Risiko lohne, mir Ihre Blaue Mappe zur Analyse vorzulegen.«

Wieder nickte ich.

»Versuchen wir jetzt herauszufinden, was Sie, Felix Alexandrowitsch, fürchten und worauf Sie hoffen. Natürlich fürchten Sie, mein Rechner könnte all Ihre Mühen mit einer miserablen Ziffer bewerten, so als hätten Sie ihr nicht Ihr Lebenswerk anvertraut, sondern eine schlechte Rezension, die Sie widerwillig geschrieben haben, um sich die Sache vom Halse zu schaffen … oder weil Sie Geld brauchten. Dagegen hoffen Sie, Felix Alexandrowitsch, dass ein Wunder geschieht, dass mein Rechner Sie mit einer sechsstelligen oder sogar siebenstelligen Zahl belohnt, als würden Sie tatsächlich der Welt eine neue Apokalypse verkünden, die von selbst über alle Schranken hinweg zum Leser vordringt. Sie wissen jedoch sehr gut, Felix Alexandrowitsch, dass die Wunder, die sich in unserer Welt ereignen, stets unerfreulich sind, und demzufolge haben Sie im Grunde genommen nichts zu erhoffen. Was aber Ihre Befürchtungen anbelangt: Haben Sie nicht selbst ganz bewusst die Blaue Mappe zur Bestattung in die Tiefen Ihres Schreibtischs verdammt – und zwar von vornherein? Sie begraben, noch bevor sie ganz geboren war? Können Sie mir folgen?«

Ich nickte.

»Ist Ihnen klar, dass ich nur Ihre eigenen Gedanken in Worte fasse?«

Ich nickte wieder und sagte mit heiserer Stimme, die mir für einen Moment ganz fremd schien: »Sie vergessen eine dritte Möglichkeit …«

»Nein, Felix Alexandrowitsch! Ich vergesse sie nicht. Ihre kindische Drohung mit dem Feuer errate ich. Und um Sie für diese Drohung zu bestrafen, erzähle ich Ihnen jetzt von einer vierten Möglichkeit, die so beschämend und unwürdig ist, dass Sie nicht einmal wagen, sie in Ihr Bewusstsein dringen zu lassen; die Angst davor ist irgendwo in Ihnen versteckt, eine nackte, uralte und stinkende Angst … Soll ich davon erzählen?«

Das Vorgefühl dieser versteckten, stinkenden Angst durchbohrte mich wie ein Krampf im Herzen, mir stockte sogar der Atem. Doch andererseits war ich sicher, dass er nichts sagen konnte, was ich mir nicht schon selbst überlegt und dreiunddreißigmal durchlitten hatte. Ich biss also die Zähne zusammen und antwortete durch das gegen den Mund gedrückte Taschentuch: »Es wäre interessant, das zu erfahren …«

Und er begann …

Ich schwöre bei meiner Ehre, beim Leben meiner Tochter Katja und beim Leben meiner Enkel: Ich hatte nicht gewusst, mir auch nicht vorstellen können, was er mir da von mir erzählte! Und das war besonders schimpflich und erniedrigend, weil diese vierte Möglichkeit so offensichtlich war, so banal und so auf der Hand lag – jeder normale Mensch hätte sie als erste genannt ... Für den Allunionsdrops ist sie überhaupt die einzige, andere kennt er nicht. Nur jemand wie ich, der sich grundlos allerlei einbildet und vor Hochmut so aufgeblasen ist, dass er nicht einmal seine Aufgeblasenheit bemerkt, der wer weiß was von sich, seiner Schreiberei und von der Welt, die er damit beglückt, denkt – nur so jemand kann diese Möglichkeit so tief vor sich selbst verstecken, dass er nicht einmal etwas von ihr ahnt ...

Und wirklich, wie hätte ich, Felix Alexandrowitsch Sorokin, Schöpfer des unvergesslichen Romans »Die Genossen Offiziere«, wie hätte ich auf den Gedanken kommen können, dass dieser verfluchte Rechner in der Bannaja weder eine siebenstellige Anerkennung meiner, Sorokins, Verdienste für die Weltkultur anzeigen könnte noch eine einsame stolze Drei, die davon zeugte, dass die Weltkultur nicht reif ist, den Inhalt der Blauen Mappe in ihren Schoß aufzunehmen. Vielmehr konnte der Computer auch solide, runde neunzigtausend ausweisen, was bedeutete, die Blaue Mappe würde wohlwollend angenommen und käme glücklich in den Plan; nach dem Verlassen der Druckerei aber würde sie in den Regalen der Kreisbibliotheken neben ähnlicher Makulatur verstauben, ohne Spuren zu hinterlassen – eine Erinnerung, begraben, doch nicht im ehrenvollen Sarkophag meines Schreibtischs, sondern in wellig gewordenen Einbänden aus minderwertiger Pappe.

»... Verzeihen Sie mir«, schloss er mit Mitgefühl in der Stimme. »Aber ich musste auch diese Möglichkeit erwähnen, selbst wenn ich Sie nicht hätte ein wenig bestrafen wollen.«

Ich nickte schweigend. Zum wer weiß wievielten Mal. Wahrhaftig: Der Dämon des Himmels brach meinen Stolz.

»Was aber Ihre Drohung, die Blaue Mappe zu verbrennen und zu vergessen, anbelangt«, fuhr Michail Afanassjewitsch fort, »so muss ich bekennen, dass ich diese Drohung nur aus einer gewissen Heftigkeit heraus kindisch genannt habe. In Wirklichkeit nehme ich sie ernst, sogar sehr ernst. Jedoch, Felix Alexandrowitsch: Die gesamte jahrtausendealte Geschichte der Literatur kennt keinen Fall, in dem ein Autor mit eigenen Händen sein Lieblingskind verbrannt hätte. Ja – es wurde manches verbrannt, doch nur das, was Abneigung und Gereiztheit, auch Scham in ihnen selbst hervorrief. Sie, Felix Alexandrowitsch, lieben Ihre Blaue Mappe, Sie leben darin, leben für sie … Wie würden Sie es fertigbringen, so etwas zu verbrennen, nur weil Sie seine Zukunft nicht kennen?«

Er hatte natürlich recht. Das vom Verbrennen und Vergessen war dummes Geschwätz. Wie sollte ich sie auch verbrennen – ich hatte doch eine Dampfheizung … Ich kicherte nervös: Vielleicht wird ja gerade deshalb so viel Schund bei uns gedruckt, weil es in den Städten keine Öfen mehr gibt?

Michail Afanassjewitsch lachte auch, wurde aber sogleich wieder ernst.

»Verstehen Sie mich richtig, Felix Alexandrowitsch«, fuhr er fort. »Sie sind zu mir gekommen, weil Sie einen Rat und Mitgefühl suchten. Zu mir, dem – wie Ihnen scheint – einzigen Menschen, der Ihnen einen Rat geben und sein aufrichtiges Mitgefühl ausdrücken kann. Und nun wollen Sie nicht einsehen, dass Sie nichts von beidem bekommen werden oder bekommen können: weder Rat noch Mitgefühl. Ich sehe vor mir nur einen verschwitzten, krankhaft erröteten Mann mit schlaffem Mund, dessen Koronargefäße sich gefährlich verengt haben, einen Mann, der die längste Zeit gelebt hat und vom Leben gebeutelt wurde, der nicht sonderlich klug ist und ganz und gar nicht weise, der belastet ist von erbärmlichen Erinnerungen und sorgsam unterdrückter

Angst vor seinem physischen Verschwinden. Dieser Mann ruft weder Mitleid hervor noch den Wunsch, ihm etwas zu raten.

Wie käme ich auch dazu? Verstehen Sie, Felix Alexandrowitsch: Mich gehen weder Ihre inneren Kämpfe noch Ihre seelische Verwirrung oder Ihre, entschuldigen Sie, Selbstgefälligkeit etwas an. Das Einzige, was mich interessiert, ist Ihre Blaue Mappe und dass Ihr Roman geschrieben und vollendet wird. Wie Sie das schaffen und um welchen Preis, ist mir gleich – ich bin weder Literaturwissenschaftler noch Ihr Biograf. Freilich, die Menschen haben die Eigenart, für ihre Mühen und Qualen Belohnungen zu erwarten, und im Großen und Ganzen ist das auch gerecht, aber es gibt eine Ausnahme: die Qualen des Schöpfertums. Für sie bekommt man keinen Lohn und kann auch keinen bekommen. Denn die Qual selbst schließt ihn ein. Deshalb, Felix Alexandrowitsch, erwarten Sie für sich weder Licht noch Ruhe. Das eine wie das andere wird Ihnen versagt bleiben.« Stille um mich her. Als wäre ich plötzlich taub. Und in dieser absoluten Stille kam lautlos die Bibliothekarin in Begleitung von zwei älteren Frauen herein, sie traten, lautlos miteinander sprechend, an den Schrank, öffneten ihn ebenso lautlos und legten lautlos eingestaubte Zeitschriftenmappen auf den Tisch, in denen sie dann lautlos blätterten.

Und was merkwürdig war: Sie schienen uns nicht zu bemerken, sahen kein einziges Mal in unsere Richtung, als wären wir gar nicht da.

Und in dieser Stille erhob nun Michail Afanassjewitsch seine etwas dumpfe, aber angenehme Stimme. Er redete nicht und erzählte nicht, sondern er las aus einem unsichtbaren Buch: »Die Stadt starrte sie mit leeren Fenstern an. Eine merkwürdige Stadt: verschimmelt, glitschig, morsch, wie von einem bösartigen Ekzem zerfressen, als hätte sie jahrelang auf dem Meeresgrund gelegen und wäre nun, der

Sonne zum Gespött, emporgetaucht, und die Sonne schicke sich lachend an, sie zu zerstören.

Die Dächer schmolzen dahin, das rostige Blech und die Dachziegel verdampften. In den Mauern klafften Risse, die sich ausweiteten und den Blicken schäbige Tapeten freigaben, auseinanderfallende Betten, wacklige Möbel und verblichene Fotografien. Die Straßenlaternen sanken kraftlos um, Kioske und Anschlagsäulen lösten sich in Luft auf – alles ringsum knisterte, zischte und raschelte, wurde porös und durchsichtig, verwandelte sich in ein Häufchen Staub und verschwand.«

Michail Afanassjewitsch verstummte, lehnte sich im Sofa zurück und schloss die Augen. Aber ich wusste bereits, was er da gelesen hatte und warum es mir so vertraut vorkam. Es war noch nicht der eigentliche Schluss, waren nicht die letzten Zeilen, doch jetzt kannte ich mein letztes Bild, und ich kannte meine letzte Zeile, auf die nichts mehr folgen würde als das Wort »Ende« und, vielleicht, das Datum.

Das ganze Klubrestaurant konnte sehen, wie Felix Sorokin, der bekannte Verfasser patriotischer Kriegsliteratur, ein hochgewachsener, kräftiger und gut aussehender Mann mit üppigem schwarzem Schnauzbart und silbergrauen Haaren, auf dem Revers eine funkelnde Anstecknadel des verliehenen Literaturpreises, zwischen den Tischreihen hindurch auf eine schöne Frau in elegantem, sandfarbenem Kostüm zuging und ihr die Hand küsste. Und das ganze Restaurant hörte, wie er, an den Kellner Mischa gewandt, sagte: »Fleisch! Irgendeins! Nur kein Hundefleisch. Von Hund habe ich genug, Mischa!«

Die Hälfte des Saales überhörte die seltsamen Worte, die andere Hälfte hielt sie für einen schlechten Scherz, und Apollon Apollonowitsch brabbelte, seinen Schildkrötenkopf hin und her wiegend: »Merkwürdig … Wann hat er sich nur so betrunken …«

Felix Sorokin dachte gar nicht daran zu scherzen. Er hatte sich auch keineswegs betrunken – das stand ihm noch bevor. Er war einfach so unverschämt und ungewohnt glücklich und wusste selbst nicht recht, warum.

10
Banew | Exodus

Ein Jahr nach dem Krieg wird Oberleutnant B. wegen einer Verwundung demobilisiert. Man hängt ihm die »Siegesmedaille« um, zahlt ihm die Dienstbezüge für einen Monat aus und überreicht ihm einen Pappkarton mit Geschenken des Herrn Präsidenten: eine Flasche Beuteschnaps, zwei Dosen Straßburger Pastete, zwei Ringe geräucherte Pferdewurst und ein Paar ebenfalls aus dem Beutegut stammende Seidenhöschen für den Start ins Eheglück. In die Hauptstadt zurückgekehrt, verzagt der Oberleutnant nicht. Er ist ein guter Mechaniker, und die Universitätswerkstätten, aus denen er sich als Freiwilliger gemeldet hatte, würden ihn jederzeit wieder einstellen. Er aber hat es nicht eilig: frischt alte Bekanntschaften auf, schließt neue und vertrinkt in der Zwischenzeit den beim Feind beschlagnahmten Plunder. Auf einer Abendgesellschaft begegnet er einer Frau namens Nora, die große Ähnlichkeit mit Diana hat. Beschreibung der Abendgesellschaft: zerkratzte Schallplatten aus der Zeit vor dem Krieg, selbstgebrannter, vergällter Alkohol, amerikanisches Büchsenfleisch, Seidenblusen auf dem nackten Leib und Mohrrüben in jeder Form. Der Oberleutnant vertreibt mit seinen klimpernden Medaillen sogleich die Zivilisten, die Nora unaufhörlich mit gekochten Mohrrüben bewirten, und beginnt eine regelrechte Belagerung. Nora benimmt sich merkwürdig. Einerseits ist sie nicht abgeneigt, andererseits gibt sie ihm zu verstehen, dass es gefährlich ist, sich mit ihr einzulassen. Aber der Oberleutnant a. D., dem der vergällte Alkohol zu Kopf gestiegen ist, will nichts davon wissen. Sie verlassen die Abendgesellschaft und gehen zu ihr. Die Nachkriegshauptstadt bei Nacht: wenige Laternen, auf der Fahrbahn Schlagloch an Schlagloch, eingezäunte Ruinen, ein halb fertiger Zirkusbau, in dem sechstausend Gefangene unter der Aufsicht von zwei Invaliden hausen, ein Raubüberfall in einer stockdunklen Gasse. Nora wohnt in einem alten dreistöckigen Haus, die Treppe starrt vor Schmutz, an einer Tür eine Kreideaufschrift: »Hier wohnt ein deutscher Schäferhund«. In dem langen, mit Gerümpel vollgestellten Korridor drücken sich ein paar dunkle Gestalten herum. Nora öffnet, mit zahlreichen Schlüsseln klappernd, ihre Tür, die mit glänzendem, wie durch ein Wunder heilgebliebenem Leder bespannt ist. Im Vorraum warnt sie ihn noch einmal vor der Gefahr, aber B., der nur von krummen Geschäften ausgeht, antwortet, er sei in Kavallerieformation gegen Panzer vorgegangen. Die kleine Wohnung ist ungewöhnlich sauber und gemütlich, das Sofa riesig. Nora wirft dem Oberleutnant einen bedauernden Blick zu, geht kurz hinaus und kehrt mit einer angebrochenen Flasche Kognak und in sehr verführerischer Aufmachung zurück. Wie sich herausstellt, haben sie nur eine halbe Stunde Zeit. Als diese vorüber ist, verlässt sie der Oberleutnant zufrieden und in der Hoffnung auf ein Wiedersehen. Am Ende des Korridors aber wird er erwartet: Zwei dunkle Gestalten stellen sich ihm, höhnisch grinsend, in den Weg und wollen mit ihm reden. Der Oberleutnant lässt ohne langes Fackeln seine Fäuste sprechen und erringt einen unerwartet leichten Sieg. Die am Boden liegenden dunklen Gestalten heulen und kichern zugleich und machen dem Oberleutnant klar, in welcher Lage er sich befindet: Er hat seine eigenen Leute geschlagen. Sie gehören jetzt alle zu ihm. Nora ist nicht nur eine verführerische Frau, sondern auch die Königin aller hauptstädtischen Wanzen. Und mit dem Herrn Offizier ist's jetzt vorbei: Wir treffen uns im »Atakan«, dort kommen wir jede Nacht zusammen ... Gehen Sie nach Hause, und wenn Sie's dort nicht länger aushalten, kommen Sie zu uns, wir haben bis zum Morgen geöffnet ...

In einem schönen Haus am westlichen Stadtrand, unmittelbar neben einer Chemiefabrik, wohnt der kinderreiche Titularrat B. Eine bewusst ausführliche und langweilige Beschreibung seiner Lebensumstände: drei Zimmer, Küche, Diele; die Frau – ein Wrack; fünf grüngesichtige Kinder und eine rüstige alte Schwiegermutter, die aus dem Dorf zu ihnen gezogen ist. Die Chemiefabrik stinkt, Tag und Nacht stehen farbige Rauchsäulen über ihr, der giftige Rauch lässt die Bäume verkümmern, das Gras welken und die Fliegen auf unheimliche Art mutieren. Seit Jahren setzt sich der Titularrat für die Schließung der Fabrik ein: Er richtet zornige Forderungen an die Stadtverwaltung, sendet wehklagende Petitionen an alle Instanzen, schickt vernichtende Glossen an alle Zeitungen und versucht vergeblich, am Fabriktor Mahnwachen zu organisieren. Die Fabrik aber steht wie eine Bastion. Auf der Uferstraße davor fallen vergiftete Wachmänner um, Haustiere gehen ein, ganze Familien geben ihre Wohnungen auf und werden zu Obdachlosen, in den Zeitungen erscheint ein Nachruf auf den viel zu früh verschiedenen Fabrikdirektor. Die Frau des Titularrats B. stirbt, die Kinder erkranken der Reihe nach an Bronchialasthma. Als der Titularrat eines Abends Holz aus dem Keller holt, entdeckt er einen noch aus der Zeit des Widerstands stammenden Granatwerfer sowie einen großen Vorrat an Granaten. Noch in derselben Nacht schleppt er alles auf den Dachboden und öffnet die Luke. Die Fabrik liegt vor ihm wie auf einem Präsentierteller: in grellem Scheinwerferlicht arbeiten Menschen, rollen Loren, hängen gelbe und grüne Giftschwaden. Ich mach dich kalt, flüstert der Titularrat und eröffnet das Feuer. An diesem Tag geht er nicht zum Dienst, am nächsten Tag auch nicht. Er schläft nicht mehr, und er isst nicht mehr, er hockt vor der Dachluke und schießt. Von Zeit zu Zeit legt er eine Pause ein, damit sich das Granatwerferrohr abkühlt. Er ist taub von den Schüssen und blind vom Pulverrauch. Manchmal kommt es ihm so vor, als würde der Chemiegestank schwächer. Dann lächelt er, beleckt sich die Lippen und flüstert: »Ich mach dich kalt.« Irgendwann sinkt er entkräftet um und schläft ein, und als er aufwacht, sieht er, dass er keine Granaten mehr hat – nur drei Stück sind noch übrig. Er feuert sie ab und lehnt sich aus der Dachluke. Der geräumige Fabrikhof ist mit Granattrichtern übersät, ausgeschlagene Fenster klaffen, die riesigen Gasbehälter sind verbeult, den Hof durchzieht ein vielverzweigtes System von Gräben, durch die sich die Arbeiter in kurzen Sätzen bewegen, die Loren fahren schneller als früher, die Fahrer der Motorkarren ducken sich hinter Blechplatten, und wenn der Wind die giftigen Dämpfe vertreibt, erscheint an der Ziegelmauer der Fabrikverwaltung eine frische weiße Aufschrift: »Achtung! Bei Beschuss ist diese Seite besonders gefährdet« …

Viktor las die letzte Seite, steckte sich eine Zigarette an und blickte auf den in die Maschine gespannten Bogen. Dort standen nur anderthalb Zeilen: »Als der Journalist B. aus der Redaktion kam, wollte er sich ein Taxi nehmen, überlegte es sich aber anders und stieg in die U-Bahn.« Viktor wusste genau, was anschließend mit dem Journalisten B. geschah, aber er konnte nicht mehr schreiben. Es war Viertel vor drei. Viktor stand auf und öffnete das Fenster. Draußen war es stockfinster, nur der Regen glitzerte. Er rauchte die Zigarette zu Ende, warf die Kippe in die feuchte Nacht hinaus und rief den Portier an. Eine unbekannte Stimme meldete sich. Viktor fragte, welcher Tag heute sei. Nach kurzem Zögern teilte ihm die unbekannte Stimme mit, es sei die Nacht von Freitag auf Samstag. Viktor blinzelte, legte auf und riss entschlossen den Bogen aus der Maschine. Es reichte. Zwei Tage ununterbrochen an der Schreibmaschine, ohne jemanden zu sehen oder zu sprechen, mit abgestelltem Telefon, ohne auf ein Klopfen an der Tür zu reagieren, ohne Diana, ohne Alkohol und, wie es schien, sogar ohne Essen. Nur von Zeit zu Zeit war er ins Bett gekrochen, um zu träumen, wie die Königin der Wanzen neben dem Türrahmen saß und die schwarzen Fühler bewegte … Es reicht, dachte er. Der Journalist B. wartet auf dem Bahnsteig, bis der Zug mit der Aufschrift »Nicht einsteigen« kommt, und läuft uns nicht davon. Wir essen jetzt erst einmal was, das haben wir uns, weiß Gott, verdient. Viktor räumte die Maschine weg, stopfte das Manuskript in den Schreibtisch und suchte die leere Bar ab. Dann kaute er auf einem harten Brötchen mit Marmelade herum und machte sich bittere Vorwürfe, dass er am Tag zuvor eine halbe Flasche Brandy in den Ausguss gekippt hatte, um nicht in Versuchung zu geraten. Er freute sich, dass er den Zyklus »Hinter den Kulissen der Großstadt« endlich zu schreiben begonnen hatte, und der Anfang war gar nicht schlecht, ja sogar sehr gut, vollkommen zufriedenstellend. Allerdings würde er wohl alles noch einmal umschreiben müssen. Und es ist merkwürdig, dachte er, dass es mit diesen Erzählungen gerade jetzt so gut klappt. Warum nicht vor ein oder zwei Jahren, als mir die Idee dazu kam? Jetzt hätte ich eher über den Nichtsnutz schreiben müssen, der sich einbildet, Superman zu sein. Das wollte ich ja eigentlich auch. Übrigens passiert mir das nicht zum ersten Mal. Ja, wenn ich's recht bedenke, ist es sogar immer so. Darum kann man auch nicht auf Bestellung schreiben. Man fängt mit einem Roman über die Jugendjahre des Herrn Präsidenten an und landet bei einer unbewohnten Insel mit merkwürdigen Affen, die nicht von Bananen leben, sondern von den Gedanken Schiffbrüchiger … Na ja, hier ist der Zusammenhang leicht zu erkennen – und es gibt anscheinend immer einen, man muss nur tief genug graben. Aber wer hat schon Lust zu graben, wenn er nach zweitägiger Enthaltsamkeit einen Schluck trinken möchte? Ich gehe jetzt runter, beim Portier findet sich immer ein guter Schluck. Das heißt, wenn ich mit dem Brötchen fertig bin, gehe ich runter …

Viktor fuhr plötzlich zusammen und hörte auf zu kauen – aus dem schwarzen Nichts hinter dem Fenster drang durch das Plätschern des Regens hindurch ein Geräusch, als ob jemand mit einem Hammer auf ein Brett schlüge … Das sind Schüsse, dachte Viktor erstaunt. Eine Weile lauschte er angespannt.

… Schön, aber was wollte uns der Autor mit seinen Werken sagen?, überlegte er weiter. Wozu musste er die schwere Nachkriegszeit bemühen, in der es noch Wanzen und leichte Mädchen gab? Vielleicht wollte uns der Autor zeigen, wie heroisch und standhaft die Hauptstadt unter Führung seiner Exzellenz … Nein, daraus wird nichts, Herr Banew. Das lassen wir nicht zu! Alle Welt weiß, dass auf persönliche Anweisung des Herrn Präsidenten den Besitzern chemischer Betriebe, die die Luft verunreinigt haben, Geldstrafen auferlegt wurden, und zwar allein in der Hauptstadt in Höhe von …, dass dank der persönlichen und unermüdlichen Sorge des Herrn Präsidenten jährlich mehr als hunderttausend Kinder aus der Hauptstadt ins Ferienlager fahren, dass laut Rangliste Beamte vom Hofrat abwärts nicht das Recht haben, Unterschriften für Petitionen zu sammeln …

Da ging plötzlich das Licht aus. »He!«, rief Viktor. Dann brannte die Lampe wieder, allerdings nur mit halber Kraft. »Was soll das?«, ärgerte er sich, aber es wurde nicht heller. Viktor wartete eine Weile und rief dann beim Portier an. Dort meldete sich niemand. Ich könnte das Elektrizitätswerk anrufen, aber dazu bräuchte ich das Telefonbuch. Aber was soll ich jetzt danach suchen? Es ist Zeit, ins Bett zu gehen. Aber erst muss ich etwas trinken. Viktor stand auf und hörte plötzlich ein Geräusch, als taste jemand mit den Händen über die Tür. Dann klopfte es.

»Wer ist da?«, fragte Viktor, erhielt aber keine Antwort. Jemand klopfte schnaufend. Es war gespenstisch. Die in ein rötliches Licht getauchten Wände kamen ihm auf einmal fremd und ungewöhnlich vor, in den Ecken lauerten Schatten, und an seiner Tür rüttelte ein großes, plumpes Ungeheuer. Na warte!, dachte Viktor und sah sich nach einer Waffe um, da aber ertönte hinter der Tür ein heiseres Flüstern: »Banew, he, Banew, bist du da?«

Viktor murmelte halblaut: »Idiot«, ging in den Vorraum und drehte den Schlüssel um.

Dr. Quadriga stolperte ins Zimmer. Er trug einen Bademantel, sein Haar war zerzaust, die Augen irrten rastlos umher.

»Gott sei Dank bist wenigstens du da«, stieß er hastig hervor. »Ich habe so schreckliche Angst. Hör zu, Banew, wir müssen hier weg. Gehen wir, ja? Gehen wir weg von hier, Banew.«

Er packte Viktor am Hemd und zerrte ihn in den Korridor. »Gehen wir, wir dürfen nicht länger warten.«

»Bist du verrückt geworden?« Viktor riss sich los. »Geh schlafen, du Blödmann. Es ist drei Uhr nachts.«

Quadriga aber klammerte sich wieder an sein Hemd, und Viktor stellte erstaunt fest, dass der Doktor honoris causa vollkommen nüchtern war, nicht einmal eine Fahne hatte er.

»Wir dürfen jetzt nicht schlafen«, erklärte Quadriga. »Wir müssen dieses verfluchte Haus verlassen. Siehst du nicht, dass das Licht ausgeht? Wenn wir hierbleiben, sind wir verloren. Überhaupt müssen wir aus der Stadt. Bei meiner Villa steht ein Wagen. Gehen wir. Ich würde auch allein fahren, aber ich trau mich nicht hinaus.«

»Lass mich los. Beruhige dich erst mal.«

Er zog Quadriga ins Zimmer, drückte ihn in einen Sessel und ging ins Bad, um ein Glas Wasser zu holen. Quadriga aber sprang auf und folgte ihm.

»Wir beide sind die einzigen Menschen hier im Haus«, sagte er. »Kein Golem, kein Pförtner, kein Direktor …«

Viktor drehte den Hahn auf. In den Rohren gurgelte es, das Wasser tröpfelte.

»Was ist?«, erkundigte sich Quadriga. »Brauchst du Wasser? Komm mit, in meinem Zimmer steht eine ganze Flasche. Aber beeil dich. Und geh nicht ohne mich.«

Viktor rüttelte am Wasserhahn. Es kamen noch ein paar Tropfen, und dann hörte das Gurgeln auf.

»Was ist los?«, fragte Viktor, starr vor Schreck. »Krieg?«

Quadriga winkte ab.

»Ach was – Krieg … Wir müssen hier weg, bevor's zu spät ist, und er denkt an Krieg …«

»Warum müssen wir weg?«

»Darum«, erwiderte Quadriga mit idiotischem Kichern.

Viktor schob ihn mit dem Ellbogen zur Seite, verließ das Zimmer und ging hinunter, zum Portier. Quadriga trippelte hinterher.

»Hör zu«, murmelte er. »Gehen wir durch die Hintertür. Erst mal raus hier, dann holen wir den Wagen. Ich habe schon vollgetankt und gepackt. Als hätte ich's geahnt. Wir trinken rasch einen Schluck, und dann fahren wir, hier gibt's nämlich keinen Tropfen mehr.«

Die Deckenleuchten im Korridor blinkten wie rote Zwerge, auf der Treppe brannte kein Licht, und auch die Hotelhalle war dunkel; nur über dem Pult des Portiers glomm eine Lampe. Dort saß jemand – aber nicht der Portier.

»Komm, gehen wir«, flüsterte Quadriga und zog Viktor zum Ausgang. »Geh nicht dorthin, das bringt doch nichts …«

Viktor riss sich los und trat ans Pult.

»Was ist hier los ...«, setzte er an und verstummte wieder.

Hinter dem Pult saß Sursmansor.

Sursmansor saß auf dem Platz des Portiers und schrieb etwas in ein dickes Heft.

»Banew«, sagte er, ohne den Kopf zu heben. »Das wär's dann, Banew. Leben Sie wohl. Und vergessen Sie unser Gespräch nicht.«

»Ich reise nicht ab«, widersprach Viktor. Seine Stimme überschlug sich. »Ich will wissen, was mit dem Licht und mit dem Wasser ist. Ist das Ihr Werk?«

Sursmansor hob das gelbe Gesicht.

»Nein«, antwortete er. »Wir haben das Unsere getan. Leben Sie wohl, Banew.« Er streckte seine Hand, die im Handschuh steckte, über das Pult.

Viktor ergriff sie automatisch, verspürte einen Druck und drückte zurück. »So ist das Leben«, meinte Sursmansor. »Die Zukunft wird von einem, aber nicht für einen geschaffen. Das haben Sie sicher schon gemerkt. Oder Sie werden es bald merken. Das gilt für Sie noch mehr als für uns. Leben Sie wohl.«

Er nickte und schrieb weiter.

»Gehen wir!«, zischte Quadriga Viktor ins Ohr.

»Ich verstehe überhaupt nichts«, rief Viktor in die leere Hotelhalle hinein. »Was ist hier los?«

Er ertrug die Stille in der Hotelhalle nicht. Er ertrug es nicht, überflüssig zu sein. Doch nicht er war hier überflüssig – Sursmansor gehörte nachts um drei Uhr nicht ans Pult des Portiers. Mir können Sie keine Angst machen, ich bin kein Quadriga ... Aber Sursmansor hörte ihn nicht, vielleicht wollte er auch nichts hören. Da zuckte Viktor demonstrativ mit den Achseln, drehte sich um und ging zum Restaurant. In der Tür stockte er.

Die Stehlampen, der Kronleuchter und die Wandlampen strömten mattes Licht aus, der Saal aber war voll. An allen Tischen saßen Nässlinge. Einer sah aus wie der andere, sie unterschieden sich nur in ihrer Haltung. Die einen lasen, die anderen schliefen, und viele starrten reglos in den Raum. Ihre kahlen Schädel glänzten, es roch nach Nässe und Medikamenten. Alle Fenster standen offen, auf dem Fußboden gab es Pfützen. Außer dem Rauschen des Regens hörte man nichts. Dann stand plötzlich Golem vor ihm – ein erschöpfter, besorgter alter Mann.

»Warum sind Sie noch hier?«, fragte er halblaut. »Gehen Sie, hier können Sie nicht rein.«

»Wieso nicht?«, erkundigte sich Viktor gereizt. »Ich will etwas trinken.«

»Nicht so laut«, warnte Golem. »Ich dachte, Sie sind schon weg. Ich habe bei Ihnen geklopft. Wo wollen Sie denn jetzt hin?«

»In mein Zimmer. Ich nehme mir eine Flasche und gehe in mein Zimmer.«

»Hier gibt es keinen Alkohol«, erklärte Golem.

Viktor wies schweigend auf die Bar mit den matt schimmernden Flaschenreihen. Golem drehte sich um.

»Nein«, sagte er. »Leider.«

»Ich will etwas trinken!«, wiederholte Viktor hartnäckig.

Aber die Hartnäckigkeit war nur gespielt. Die Nässlinge wurden auf ihn aufmerksam. Die, die gelesen hatten, ließen die Bücher sinken, die, die reglos dagesessen hatten, drehten die Köpfe; nur die, die geschlafen hatten, schliefen weiter. Dutzende glänzender Augen, die in dem rötlichen Halbdunkel zu schweben schienen, starrten ihn an.

»Gehen Sie nicht mehr in Ihr Zimmer«, bat Golem. »Verlassen Sie das Hotel. Gehen Sie zu Lola oder zum Doktor in seine Villa. Ich muss nur wissen, wo ich Sie finden kann. Ich hole Sie nachher ab. Hören Sie, Viktor, seien Sie nicht so stur, tun Sie, was ich Ihnen sage. Jetzt ist weder die Zeit noch der Moment für lange Erklärungen. Schade, dass Diana nicht hier ist, sie würde es Ihnen bestätigen …«

»Wo ist sie?«

Golem sah sich wieder um und schaute auf die Uhr.

»Um vier oder fünf ist sie an der Raststätte am Sonnentor.«

»Und wo ist sie jetzt?«

»Jetzt ist sie beschäftigt.«

»Aha«, sagte Viktor und schaute ebenfalls auf die Uhr. »Um vier oder fünf am Sonnentor.« Er wollte jetzt nur noch weg. Es war unerträglich, im Mittelpunkt der Aufmerksamkeit dieser stillen Versammlung zu stehen.

»Es kann auch sechs werden«, meinte Golem.

»Am Sonnentor«, wiederholte Viktor. »Ist das dort, wo sich auch die Villa des Doktors befindet?«

»Genau. Gehen Sie in die Villa, und warten Sie dort.«

»Sie wollen mich bloß loswerden.«

»Ja«, gab Golem zu. Plötzlich musterte er Viktor interessiert. »Viktor, wollen Sie wirklich hierbleiben?«

»Ich will schlafen«, antwortete Viktor unwillig. »Seit zwei Nächten habe ich kein Auge zugetan.« Er packte Golem an einem Knopf und zog ihn in die Hotelhalle. »Gut, ich gehe«, sagte er. »Aber was ist das hier für ein Spuk? Halten Sie einen Kongress ab?«

»Ja«, antwortete Golem.

»Oder haben Sie zum Aufstand aufgerufen?«

»Das auch«, sagte Golem.

»Oder ist der Krieg ausgebrochen?«

»Ja«, sagte Golem. »Ja, ja, ja. Verschwinden Sie endlich.«

»Gut.« Viktor wandte sich zum Gehen, blieb aber abrupt wieder stehen. »Und Diana?«, fragte er.

»Ihr droht keine Gefahr. Mir auch nicht. Keinem von uns droht etwas. Jedenfalls nicht bis sechs Uhr. Vielleicht auch noch bis sieben.«

»Sie sind mir für Diana verantwortlich«, drohte Viktor leise.

Golem holte ein Taschentuch hervor und rieb sich den Hals ab. »Ich bin für alles verantwortlich.«

»So? Mir wär's lieber, Sie wären nur für Diana verantwortlich.«

»Sie hängen mir zum Hals heraus«, sagte Golem gereizt. »Wenn Sie wüssten, wie sehr, Sie schönes Entlein … Diana ist bei den Kindern. Ihr droht keine Gefahr. Gehen Sie jetzt. Ich habe zu tun.«

Viktor drehte sich um und ging zur Treppe. Sursmansor saß nicht mehr hinter dem Pult, nur die Lampe glomm noch über dem dicken karierten Heft. »Banew«, rief Dr. Quadriga aus einer dunklen Ecke. »Wo willst du hin? Gehen wir!«

»Ich kann doch bei dem Regen nicht in Pantoffeln gehen!«, erwiderte Viktor wütend, ohne sich umzudrehen. Das ist ein Rausschmiss, dachte er. Sie schmeißen uns aus dem Hotel. Vielleicht auch aus dem Rathaus. Ja, vielleicht sogar aus der Stadt … Und was dann?

In seinem Zimmer zog er sich rasch um und warf den Regenmantel über. Quadriga wich ihm nicht von der Seite.

»Willst du im Bademantel gehen?«, fragte ihn Viktor.

»Der hält warm«, antwortete Quadriga. »Ich habe zu Hause noch einen anderen.«

»Geh dich anziehen, du Holzkopf.«

»Nein«, widersprach Quadriga entschlossen.

»Dann gehen wir zusammen«, schlug Viktor vor.

»Nein. Auch nicht zusammen. Mach dir keine Sorgen, das geht schon. Ich bin's gewohnt.«

Quadriga war wie ein Pudel, der unbedingt Spazierengehen wollte. Er sprang um Viktor herum, versuchte ihm in die Augen zu sehen, schnaufte, zerrte an ihm und lief zwischen ihm und der Tür hin und her – es war zwecklos, ihm etwas erklären zu wollen. Viktor drückte ihm seinen alten Regenmantel in die Hand und überlegte. Er nahm Geld und

Papiere aus dem Schreibtisch, verteilte sie auf die Taschen, schloss das Fenster und löschte das Licht. Dann überließ er sich Dr. Quadrigas Willen.

Der Doktor honoris causa zog ihn mit gesenktem Kopf zielstrebig zur Hintertreppe, vorbei an der dunklen, kalten Küche, schob ihn hinaus in das regennasse Dunkel und folgte ihm auf den Fersen.

»Gott sei Dank, das wäre geschafft!«, sagte er. »Laufen wir!«

Laufen konnte er jedoch nicht, ihn übermannte sogleich die Atemnot. Außerdem war es so dunkel, dass sie sich nur tastend an den Mauern entlang vorwärtsbewegen konnten. Die mit halber Kraft brennenden Straßenlaternen gaben ihnen nur eine vage Richtung an, und hier und da fiel rötliches Licht durch einen Fenstervorhang. Es goss in Strömen, und doch waren die Straßen nicht völlig menschenleer. Hin und wieder hörte man ein halblautes Gespräch, quäkte ein Säugling, ratterten schwere Laster vorbei, und ein Leiterwagen rumpelte mit eisenbeschlagenen Rädern über den Asphalt.

»Alle hauen ab«, murmelte Quadriga. »Alle sehen zu, dass sie wegkommen. Nur wir schleichen hier noch rum.« Viktor schwieg. Unter seinen Füßen gluckste es, die Schuhe waren durchgeweicht, über sein Gesicht rann lauwarmes Wasser. Quadriga klammerte sich wie eine Zecke an ihn, und alles schien ihm ebenso absurd wie sinnlos. Sie mussten noch durch die ganze Stadt, und es war kein Ende abzusehen. Er stieß gegen ein Abflussrohr, etwas knirschte, Quadriga riss sich los und brüllte gleich darauf aus vollem Halse: »Banew! Wo bist du?«

Während sie suchend durch das nasse Dunkel tappten, klappte über ihnen ein Fenster, und eine gedämpfte Stimme erkundigte sich: »Na, was hört man denn so?«

»Verdammt, ist das dunkel«, antwortete Viktor.

»Genau!«, bejahte die Stimme enthusiastisch. »Und Wasser gibt es auch nicht. Bloß gut, dass wir den Waschtrog gefüllt haben.«

»Was soll bloß werden?«, fragte Viktor und hielt den vorwärtsstrebenden Quadriga zurück.

Nach kurzem Schweigen antwortete die Stimme: »Wir werden bestimmt evakuiert. Ach, ist das ein Leben!«

Dann schlug das Fenster zu, und sie schleppten sich weiter. Quadriga hielt sich mit beiden Händen an Viktor fest und erzählte ihm verworren, wie er vor Schreck aufgewacht, hinuntergegangen und dort auf diesen Hexensabbat gestoßen war … Sie rannten im Dunkel gegen einen Lastwagen, tasteten sich an ihm vorbei und prallten gegen einen Mann, der einen schweren Gegenstand schleppte. Quadriga brüllte wieder los.

»Was ist passiert?«, fragte Viktor wütend.

»Der hat mich gestoßen«, teilte Quadriga gekränkt mit. »Genau in die Leber. Mit seiner Kiste.«

Kreuz und quer auf den Gehsteigen standen Autos, Kühlschränke, Büfetts und Kübelpflanzen. Quadriga verlief sich in einem offenen Spiegelschrank und verfing sich anschließend in einem Fahrrad. Viktor wurde die Sache allmählich zu bunt. An einer Ecke stoppte man sie mit einer Taschenlampe, nasse Soldatenhelme blitzten, und eine grobe Stimme mit südlichem Akzent verkündete: »Militärpatrouille. Weisen Sie sich aus.«

Quadriga hatte natürlich keinen Ausweis bei sich und begann sofort zu schreien, er sei Doktor, Preisträger und ein persönlicher Bekannter von …

Die grobe Stimme sagte verächtlich: »Zivilistenpack. Durchlassen.«

Sie überquerten den Stadtplatz. Vor der Polizeidirektion standen ein paar Autos mit eingeschalteten Scheinwerfern. Goldhemden mit kupfern blinkenden Feuerwehrhelmen rannten durcheinander, unverständliche Kommandos schallten über den Platz. Das Zentrum der Panik befand sich offensichtlich hier. Eine Zeit lang erhellten die Lichtreflexe der Scheinwerfer den Weg, dann wurde es wieder dunkel.

Quadriga sagte nun nichts mehr; er keuchte und stöhnte nur noch. Ein paarmal strauchelte er und riss Viktor mit zu Boden, sie waren schmutzig wie zwei Ferkel. Viktor stumpfte so ab, dass er nicht einmal mehr fluchte, Apathie befiel ihn und lähmte sein Denken; er musste gehen, immer nur gehen, heute und morgen, unsichtbare Passanten wegstoßen und Quadriga wieder und wieder am Kragen seines aufgequollenen Bademantels hochzerren, er durfte nicht stehen bleiben und auf gar keinen Fall zurückgehen. Ihm kam eine dunkle Erinnerung an etwas längst Vergangenes, Schändliches, Bitteres, ganz und gar Unglaubliches, nur dass damals ein lodernder Feuerschein am Himmel und Menschentrauben auf den Straßen gewesen waren und es in der Ferne gedonnert und gekracht hatte; sie waren vor dem Grauen geflohen und hatten ringsum nur verlassene Häuser mit über kreuz zugeklebten Fenstern gesehen. Der Wind hatte ihnen Asche und den Geruch verbrannten Papiers ins Gesicht getrieben, und auf die Freitreppe einer schönen Villa mit einer riesigen Nationalflagge war ein hochgewachsener Oberst in der prächtigen Uniform der Leibhusaren getreten, hatte die Mütze abgenommen und sich erschossen. Wir aber, obwohl in Husarenuniform, waren schon längst keine Husaren mehr gewesen, sondern fast schon Deserteure, abgerissene, blutige, ergebene und verratene Gestalten, wir pfiffen, grölten und johlten, und einer rammte dem toten Oberst den abgebrochenen Säbel in den Leib …

»Halt, stehen bleiben!«, flüsterte jemand aus dem Dunkel und stieß Viktor einen nur zu bekannten Gegenstand in die Brust. Viktor hob mechanisch die Hände.

»Wie können Sie es wagen?«, kreischte Dr. Quadriga hinter ihm.

»Ruhig«, verlangte die Stimme.

»Hilfe!«, brüllte Quadriga.

»Halt den Mund, du Dummkopf«, zischte Viktor. »Ich ergebe mich«, sagte er in das Dunkel, aus dem der Lauf der MPi gegen seine Brust drückte und ein Keuchen zu hören war.

»Ich schieße!«, warnte die Stimme erschrocken.

»Nicht nötig«, erwiderte Viktor. »Wir ergeben uns ja schon.« Sein Mund war plötzlich ganz trocken.

»Los, ausziehen!«, kommandierte die Stimme.

»Wie bitte?«

»Zieh die Schuhe aus, den Regenmantel, die Hosen …«

»Wieso?«

»Los, schnell!«, zischte die Stimme.

Viktor spähte angestrengt ins Dunkel, ließ die Arme sinken, trat beiseite, packte die MPi und riss den Lauf nach oben. Der Räuber krächzte erschrocken auf und riss an der MPi, schoss aber nicht. Beide ächzten und versuchten einander die Waffe abzuringen.

»Banew! Wo bist du?«, heulte Quadriga verzweifelt.

Der Mann mit der MPi fühlte sich an wie ein Soldat und roch auch so. Er zog und zerrte noch eine Weile, aber Viktor war stärker als er.

»Schluss jetzt«, stieß Viktor durch die Zähne hervor. »Schluss. Lass los, sonst kriegst du eins in die Fresse.«

»Lassen Sie doch los!«, zischte der Soldat, der kaum noch Widerstand leistete.

»Was willst du mit meinen Hosen? Wer bist du überhaupt?«

Der Soldat keuchte.

»Viktor!«, heulte Quadriga irgendwo in der Ferne. »Ah …« Da bog ein Fahrzeug um die Ecke, entriss dem Dunkel für einen Augenblick ein bekanntes sommersprossiges Gesicht und vor Angst große Augen unter einem Helm und brauste davon.

»Dich kenne ich doch«, rief Viktor. »Was raubst du hier die Leute aus? Gib die MPi her.«

Mühsam zerrte der Soldat den Riemen über den Helm.

»Also, was willst du mit meinen Hosen?«, wollte Viktor wissen. »Bist du ein Deserteur?«

Der Soldat schniefte. Es war der sympathische kleine Soldat mit den Sommersprossen.

»Warum sagst du nichts?«

Der Soldat wimmerte und schluchzte.

»Jetzt werde ich bestimmt ...«, murmelte er. »Ich werde bestimmt erschossen. Ich habe meinen Posten verlassen und bin abgehauen. Wo soll ich denn jetzt hin? Lassen Sie mich gehen, gnädiger Herr, ja? Ich hab's doch nicht böse gemeint, ich bin kein Mörder. Sie werden mich doch nicht verraten?«

Er gluckste, schniefte und wischte sich im Dunkeln wohl die Nase am Uniformärmel ab. Er war ein erbärmliches Häufchen Elend und hatte, wie alle Deserteure, Angst; daher war er zu allem fähig.

»Gut«, sagte Viktor. »Du kommst mit. Wir verraten dich nicht. Und zum Anziehen findet sich auch etwas. Komm, verlier nicht den Anschluss.«

Er ging vorneweg, und der Soldat trottete, noch immer schluchzend, hinter ihm her.

Quadriga fanden sie, indem sie dem Heulen nachgingen. Jetzt hing die MPi an Viktors Hals, an seinen linken Arm klammerte sich krampfhaft der schluchzende Soldat und an seinen rechten der leise winselnde Quadriga. Ein Albtraum. Natürlich hätte er dem Bengel die entladene MPi in die Hand drücken und ihm einen Fußtritt verpassen können. Aber die Rotznase tat ihm leid, und die MPi konnten sie vielleicht noch gebrauchen. Wir haben uns mit dem Volk beraten, und es gibt die Meinung, dass es verfrüht wäre, die Waffen niederzulegen. Die MPi kann uns in den bevorstehenden Kämpfen noch von Nutzen sein ...

»Hört auf zu heulen, alle beide«, befahl Viktor. »Sonst kriegen wir noch eine Patrouille an den Hals.«

Es wurde still, und fünf Minuten später, als vorn die matten Lichter der Raststätte aufleuchteten, zog Quadriga Viktor nach rechts und murmelte erfreut: »Gott sei's gedankt, wir sind da.«

Den Schlüssel zur Gartentür hatte Quadriga natürlich in seiner Hosentasche im Hotel gelassen. So kletterten sie fluchend über den Zaun, irrten im nassen Fliedergestrüpp umher, wären fast in den Springbrunnen gefallen, arbeiteten sich endlich zum Eingang durch, schlugen die Tür ein und stürmten ins Haus. Der Schalter klickte, und ein rötliches Halbdunkel hüllte sie ein. Viktor ließ sich in einen Sessel fallen. Während Quadriga auf der Suche nach Handtüchern und trockenen Sachen durchs Haus lief, zog sich der Soldat hastig bis auf die Unterwäsche aus, rollte seine Uniform zusammen und schob sie unter die Couch. Erst jetzt beruhigte er sich ein wenig und hörte auf zu schluchzen. Quadriga kam mit den Handtüchern zurück; dann rieben sie sich lange und hartnäckig trocken und zogen sich um.

Im Haus herrschte Chaos. Alles war umgekippt, durcheinandergeworfen und beschmiert. Bücher, staubige Lappen und Leinwandrollen lagen kreuz und quer durcheinander. Unter den Füßen knirschte Glas, ausgedrückte Farbtuben lagen umher, im Fernseher klaffte ein rechteckiges Loch, und auf dem Tisch standen schmutzige Teller mit verschimmelten Speiseresten. Nur in den Ecken schien nichts zu liegen, aber vielleicht war dort wegen der Dunkelheit auch nichts zu erkennen. Im Haus herrschte ein Gestank, dass Viktor es nicht länger aushielt und das Fenster aufriss.

Quadriga begann aufzuräumen: Er griff an den Tisch, hob ihn an einer Seite hoch und kippte das Geschirr auf den Fußboden. Dann wischte er den Tisch mit seinem nassen Bademantel ab, verschwand und kehrte mit drei wunderschönen alten Kristallgläsern und zwei quadratischen Flaschen zurück. Vor Ungeduld auf den Zehenspitzen wippend, entkorkte er die Flaschen und füllte die Gläser.

»Zum Wohl«, murmelte er undeutlich, packte sein Glas, schloss vor Behagen die Augen und trank gierig.

Viktor betrachtete ihn mit einem nachsichtigen Lächeln und knetete an einer feuchten Zigarette. Auf Quadrigas Gesicht waren plötzlich Staunen und Enttäuschung zu lesen.

»Hier auch«, sagte er angewidert.

»Was ist los?«, erkundigte sich Viktor.

»Wasser«, verkündete der Soldat schüchtern. »Nichts als kaltes Wasser.«

Viktor nippte an seinem Glas. Ja, das war Wasser, klares, kaltes, vielleicht sogar destilliertes Wasser.

»Womit bewirtest du uns da, Quadriga?«, fragte er.

Ohne ein Wort zu sagen, ergriff Quadriga die zweite Flasche und nahm einen Schluck. Sein Gesicht verzerrte sich. Er spuckte aus und sagte: »Mein Gott!«, duckte sich und verließ auf Zehenspitzen das Zimmer. Der Soldat schluchzte wieder auf. Viktor sah sich die Etiketten an: Rum, Whisky. Er probierte noch einmal: Wasser. Ein richtiger Spuk war das. Irgendwo knarrten ein paar Dielen, und unter dem stechenden Blick unsichtbarer Augen lief es ihm kalt über den Rücken. Der Soldat zog Kopf und Arme in Quadrigas riesigen Pullover ein, seine Augen waren kugelrund vor Angst, und er sah Viktor unverwandt an.

Der fragte heiser: »Was starrst du mich so an?«

»Was haben Sie denn?«, fragte der Soldat flüsternd.

»Ich habe gar nichts, ich will nur wissen, warum du mich so anstarrst.«

»Na, Sie haben doch was … Das ist ja richtig unheimlich … Hören Sie auf damit.«

Ruhig Blut, sagte sich Viktor. Alles halb so wild. Das sind eben Übermenschen. Und Übermenschen können noch ganz was anderes. Die können alles. Wasser in Wein und Wein in Wasser. Da hocken sie im Restaurant und verwandeln alles. Sie untergraben die Basis, die Eckpfeiler. Ach, diese gottverdammten Abstinenzler …

»Jetzt hast du wohl Angst gekriegt?«, fragte er den Soldaten. »Hosenscheißer.«

»Es ist so unheimlich!«, antwortete der Soldat und wurde unruhig. »Sie wissen ja nicht, was ich durchgemacht habe. Nachts steht man auf Posten, da kommt so einer aus der Zone geflattert, guckt einen von oben her an und fliegt weiter. Ein Korporal hat sich sogar vor Schreck in die Hosen gemacht. Der Hauptmann sagte zwar immer wieder: ›Daran gewöhnt ihr euch, so ist nun mal der Dienst, ihr habt einen Eid geleistet‹, aber an so etwas kann man sich nicht gewöhnen. Neulich kam einer angeschwirrt, setzte sich aufs Dach des Wachhauses und guckte und guckte … Die Kerle haben ja keine Menschenaugen: Sie sind rot und glühen wie Kohlen, und der Kerl stank meilenweit nach Schwefel.« Der Soldat streckte die Hände aus den Ärmeln und bekreuzigte sich.

Immer noch geduckt und auf Zehenspitzen, kam Quadriga wieder zum Vorschein.

»Alles Wasser«, erklärte er. »Viktor, lass uns abhauen. Der Wagen steht vollgetankt in der Garage. Steigen wir ein, und dann nichts wie weg! Hm?«

»Keine Panik«, mahnte Viktor. »Abhauen können wir immer noch. Aber mach, was du willst. Ich warte noch, du kannst aber ruhig fahren. Und nimm den Jungen mit.«

»Nein«, entgegnete Quadriga. »Ohne dich fahre ich nicht.«

»Dann hör auf zu zittern und schaff etwas zu essen herbei«, verlangte Viktor. »Oder hat sich das Brot bei dir schon in Stein verwandelt?«

Das Brot hatte sich nicht in Stein verwandelt. Auch die Konserven waren Konserven geblieben, sogar noch ganz annehmbare. Sie aßen, und der Soldat erzählte von der Angst, die er in den letzten zwei Tagen ausgestanden hatte; von den fliegenden Nässlingen; von der Invasion der Regenwürmer und den Kindern, die in zwei Tagen erwachsen geworden waren; von seinem Freund, dem Soldaten Krupmann, einem neunzehnjährigen Burschen, der sich vor Angst erschossen hatte; von dem Mittagessen, das man ihnen ins Schilderhaus brachte, das sie zum Aufwärmen auf die Kochplatte stellten, aber nach zwei Stunden noch immer nicht warm war, sodass sie es kalt essen mussten … »Und heute Abend trat ich um acht meinen Dienst an. Es goss und hagelte, und über der Zone blinkten abscheuliche Lichter, bestialische Musik ertönte, und eine Stimme redete ununterbrochen, aber was sie sagte, war nicht zu verstehen. Dann näherten sich aus der Steppe wirbelnde Säulen und – ab in die Zone! Kaum waren sie drin, ging das Tor auf, und der Wagen des Herrn Hauptmann kam herausgeschossen. Ich konnte nicht einmal das Gewehr präsentieren und sah nur, wie der Herr Hauptmann ohne Mütze und Regenmantel hinten im Wagen saß, den Fahrer ins Genick stieß und schrie: ›Fahr zu, du Hundesohn!‹ Da gab es in mir plötzlich einen Knacks, und mir war, als hörte ich eine Stimme, die sagte: Lauf, hau ab, wenn dir dein Leben lieb ist. Na, und da bin ich weg. Aber nicht die Straße entlang, sondern querfeldein durch Steppe und Schluchten. Fast wäre ich im Sumpf versackt, sogar meinen Umhang habe ich irgendwo verloren, er war nagelneu, man hatte ihn mir erst gestern ausgegeben. So hab ich mich dann zur Stadt durchgeschlagen, aber dort waren Patrouillen. Ich entging ihnen einmal, ich entging ihnen zweimal, und jedes Mal mit knapper Not, dann kam ich hierher, zur Raststätte, und sah, wie die Leute flohen. Zivilisten ließen die Patrouillen durch, von unsereinem aber verlangten sie einen Passierschein. Na, und da kam ich auf die Idee.«

Nachdem der Soldat seine Geschichte erzählt hatte, rollte er sich im Sessel zusammen und schlief auf der Stelle ein.

Der unangenehm nüchterne Quadriga fing wieder an zu quengeln, dass sie wegmüssten, so schnell wie möglich. »Der Mann weiß Bescheid«, sagte er und zielte mit der Gabel auf den schlafenden Soldaten. »Der weiß, was los ist. Du aber, Banew, bist ein Holzkopf, ein unverbesserlicher Holzkopf. Dass du so gefühllos bist! Ich nehme diesen Druck aus dem Norden sogar physisch wahr. Glaub mir. Ich weiß ja, dass du mir nicht traust, aber diesmal kannst du mir glauben. Ich versuche euch ja schon lange klarzumachen, dass wir hier wegmüssen. Aber Golem, diese Schnapsnase, hat dir völlig den Kopf verdreht. Begreif doch, jetzt sind die Straßen noch frei, alle warten aufs Morgengrauen, dann aber sind alle Brücken verstopft wie damals, 1940. Du bist ein sturer Bock, Banew, aber so warst du schon immer, schon im Gymnasium warst du so.«

Viktor sagte ihm, er solle jetzt schlafen oder sich zum Teufel scheren. Quadriga spielte die beleidigte Leberwurst, aß die letzte Konserve auf, legte sich auf die Couch und wickelte sich in eine Mohairdecke. Eine Weile wälzte er sich noch ächzend hin und her, stieß apokalyptische Prophezeiungen aus und verstummte schließlich. Es war vier Uhr.

Um 4.10 Uhr ging das Licht nach einem kurzen Flackern endgültig aus. Viktor machte es sich in einem Sessel bequem, deckte sich mit umherliegenden trockenen Sachen zu, lag ganz still, blickte zum dunklen Fenster hinüber und horchte. Der Soldat stöhnte im Schlaf, der von den ungewohnten Strapazen äußerst mitgenommene Doktor honoris causa schnarchte leise. Von irgendwo – wahrscheinlich von der Raststätte – drangen Motorengeheul und Stimmen herüber. Viktor versuchte zu begreifen, was geschehen sein mochte, und gelangte zu dem Schluss, dass sich die Nässlinge wohl mit General Pferd zerstritten, ihn aus dem Leprosorium geworfen und ihre Residenz in die Stadt verlegt hatten. Und nun, da sie Wein in Wasser verwandeln und die

Leute in Angst und Schrecken versetzen konnten, bildeten sie sich ein, sie würden auch einer modernen Armee, ja sogar einer modernen Polizei widerstehen können. Diese Idioten. Sie legen die Stadt in Trümmer, gehen selbst dabei drauf und berauben die Menschen ihrer Bleibe. Und die Kinder … Sie stürzen die Kinder ins Verderben, diese Schweine! Und wozu das Ganze? Geht's mal wieder um die Macht? Und so etwas wollen Übermenschen sein. Von wegen – klug und begabt. Die sind keinen Deut besser als wir. Wieder eine neue Ordnung. Aber je neuer die Ordnung, umso schlimmer ist sie – das kennt man schon. Irma … Diana … Er fuhr auf, tastete im Dunkeln nach dem Telefon und nahm den Hörer ab. Das Telefon schwieg. Da zanken sich wieder mal zwei um die Beute, und wir, die wir weder die einen noch die anderen brauchen, sondern unsere Ruhe haben wollen, müssen wieder los, einander mit Füßen treten, fliehen und uns in Sicherheit bringen, oder uns, was noch schlimmer ist, für eine Seite entscheiden, ohne zu begreifen oder zu wissen, worum es dabei geht, einer der beiden Seiten aufs Wort glauben oder nicht aufs Wort – aber auf was dann?, müssen aufeinander schießen und uns gegenseitig an die Kehle gehen.

Ich denke in ausgefahrenen Gleisen, dachte Viktor, tausendmal habe ich schon so gedacht. So hat man es uns von klein auf beigebracht. Entweder: hurra, oder: zum Teufel mit euch! Ich glaube keinem mehr. Sie sind nicht fähig zu denken, Herr Banew, das ist es. Und darum vereinfachen Sie alles. Wenn Sie einen komplizierten gesellschaftlichen Prozess beobachten, wollen Sie ihn vereinfachen. Entweder durch Glauben oder durch Unglauben. Aber wenn Sie einmal glauben, dann ohne Wenn und Aber, mit hündischer Ergebenheit. Glauben Sie dagegen nicht, spucken Sie Gift und Galle und ziehen alle Ideale in den Dreck – die falschen und die echten. Perry Mason pflegte zu sagen: Indizien an sich sind nicht schlimm, schlimm ist nur ihre falsche Interpretation. Und genauso ist es in der Politik. Da legt jeder Gauner alles so aus, wie es für ihn am vorteilhaftesten ist, und wir Einfaltspinsel übernehmen ihre Interpretation, weil wir selbst weder denken können noch wollen. Und wenn ein Einfaltspinsel wie Banew, der in seinem Leben außer politischen Gaunereien noch nichts gesehen hat, plötzlich selbst anfängt zu interpretieren, setzt er sich in die Nesseln, weil er nichts versteht und nie gelernt hat, richtig zu denken. Und weil er natürlich nur die Sprache der Gauner kennt. Neue Welt, alte Welt … Sofort stellen sich Assoziationen ein: neue Ordnung, alte Ordnung.*

… Na schön, aber der Einfaltspinsel Banew lebt doch nicht erst seit heute, einiges hat er doch schon gesehen und gelernt. Er ist doch nicht völlig verblödet. Es gibt auf dieser Welt auch Diana, Sursmansor, Golem. Warum soll ich dem Faschisten Pavor, diesem rotznasigen Dorfbengel, oder dem nüchternen Quadriga glauben? Warum muss alles unbedingt Blut, Fäulnis und Schmutz sein? Die Nässlinge kämpfen gegen General Pferd? Großartig! Sollen sie ihn zur Hölle schicken. Es ist höchste Zeit. Aber den Kindern werden sie kein Haar krümmen, das würde nicht zu ihnen passen. Sie schlagen sich nicht an die Brust, sie appellieren nicht ans Nationalbewusstsein und wecken keine schlummernden Instinkte. Das Natürliche steht dem Menschen am wenigsten an – richtig, Bol-Kunaz, du bist ein kluges Kind. Und es kann durchaus sein, dass das eine neue Welt ohne eine neue Ordnung ist. Ist das schlimm? Unbequem? Aber so muss es sein. Die Zukunft wird von einem, aber nicht für einen geschaffen. Wie habe ich mich aufgeführt, als ich an mir Flecken der Zukunft entdeckte! Wie hat es mich da in die Vergangenheit gezogen, zu den Neunaugen, zum Schnaps. Eine peinliche Erinnerung, dabei kann es gar nicht anders sein. Jawohl, ich

* Im Original deutsch. – *Anm. d. Übers.*

hasse die alte Welt. Ihre Dummheit, ihre Unwissenheit, ihren Faschismus. Aber was bin ich ohne das alles? Das ist doch mein Brot. Bringt die Welt um mich herum in Ordnung, richtet sie so ein, wie ich sie haben möchte – und es ist aus mit mir. Ich kann nicht schmeicheln, Lobeshymnen liegen mir nicht, und wenn's nichts mehr zu verfluchen oder zu hassen gibt, kann ich mich gleich ins Grab legen. Die neue Welt ist streng, gerecht, klug und steril, sie braucht mich nicht, für sie bin ich eine Null. Sie hat mich nur gebraucht, solange ich für sie gekämpft habe. Und wenn sie mich nicht braucht, brauche ich sie auch nicht. Aber wenn ich sie nicht brauche, warum kämpfe ich dann für sie? Ach, wo ist die gute alte Zeit geblieben, in der man sein Leben für die neue Welt hingeben, aber noch in der alten Welt sterben konnte. Akzeleration, nichts als Akzeleration … Aber man kann doch nicht gegen etwas sein, wenn man nicht zugleich für etwas ist! Wo gehobelt wird, fallen Späne.

Irgendwo auf der großen, öden Welt weinte ein kleines Mädchen und jammerte immer wieder: Ich will nicht, ich will nicht, das ist ungerecht und grausam, wer weiß, ob's wirklich besser wird? Von mir aus braucht's nicht besser zu werden. Sie sollen bleiben; kann man's denn wirklich nicht so einrichten, dass sie bei uns bleiben können? Wie dumm und sinnlos das alles ist … Das ist doch Irma, dachte Viktor. »Irma!«, schrie er und wachte auf.

Quadriga schnarchte. Es hatte aufgehört zu regnen und schien heller geworden zu sein. Viktor hielt sich die Uhr dicht vor die Augen. Die leuchtenden Zeiger standen auf Viertel vor fünf. Von draußen wehte es feucht und kühl herein, er hätte aufstehen und das Fenster schließen sollen, aber ihm war so wohlig warm, dass er sich nicht bewegen mochte, dann fielen ihm wieder die Augen zu. Er wusste nicht mehr, war es ein Traum, war es Wirklichkeit … Er hörte Wagen auf Wagen vorbeirollen, sie fuhren die schmutzige, ausgefahrene Straße entlang, über ein endloses, dreckiges Feld, unter einem schmutzig grauen Himmel, vorbei an schiefen Telegrafenmasten mit zerfetzten Drähten, vorbei an einer zermalmten Kanone mit abgerissenem Rohr, vorbei an einem ausgebrannten Schornstein, auf dem satte Krähen hockten. Und die muffige Nässe drang unter die Plane, unter den Uniformmantel, und er war schrecklich müde. Doch er durfte nicht schlafen, weil Diana vorbeifahren würde, die Pforte war verschlossen, die Fenster dunkel … Diana dachte, ich bin nicht hier, und ist weitergefahren. Er sprang aus dem Fenster und rannte, so schnell er konnte, dem Wagen hinterher und schrie sich die Kehle wund, aber da fuhren Panzer vorbei, und in dem Dröhnen und Poltern hörte er sein eigenes Wort nicht mehr. Diana fuhr zu der Überfahrt, wo alles brannte, wo man sie töten würde, und er würde allein bleiben … Da ertönte auch schon das wilde, durchdringende Heulen einer Bombe, das direkt in seinen Schädel, ja in sein Hirn fuhr. Viktor warf sich in den Straßengraben und fiel aus dem Sessel.

Dr. Quadriga kreischte. Er hatte sich vor das offene Fenster gestellt, starrte in den Himmel und kreischte wie ein Weib: Es war hell, aber das war kein Tageslicht! Auf dem mit Gerümpel vollgestellten Fußboden lagen ebenfalls helle, scharf umrissene Rechtecke. Viktor lief ans Fenster und sah hinaus. Der Mond schien – ein eisiger, kleiner und blendend heller Mond. Von ihm ging ein schier unerträgliches Grauen aus, das Viktor sich zuerst nicht erklären konnte. Der Himmel war nach wie vor bewölkt, aber in die Wolken war ein exaktes Quadrat geschnitten, und in der Mitte dieses Quadrats hing der Mond.

Quadriga hörte auf zu kreischen; es hatte ihn so geschwächt, dass er nur noch ein leises Knurren von sich gab. Viktor holte tief Luft und verspürte plötzlich Zorn. Was soll dieser ganze Zirkus? Für wen halten die mich? Quadriga knurrte immer noch.

»Hör auf damit!«, brüllte Viktor hasserfüllt. »Hast du die Quadrate nicht gesehen? Du verschissener Maler! Speichellecker!«

Er packte Quadriga mitsamt der Mohairdecke und schüttelte ihn aus Leibeskräften. Quadriga fiel zu Boden und muckste sich nicht mehr.

»So«, meldete er sich dann mit überraschend klarer und deutlicher Stimme. »Jetzt reicht's mir.«

Er drückte sich auf allen vieren hoch und rannte wie ein Sprinter aus dem Stand los. Viktor sah wieder aus dem Fenster. Im Stillen hatte er die Hoffnung gehegt, alles sei nur Einbildung gewesen, aber es war wie vorher, nur dass er in der rechten unteren Ecke des Quadrats einen winzigen Stern erblickte, der im Mondlicht fast versank. Man sah jetzt deutlich die nassen Fliederbüsche, den abgestellten Springbrunnen mit dem allegorischen Marmorfisch, das Tor mit dem Ziergitter und dahinter den schwarzen Streifen der Chaussee. Viktor setzte sich aufs Fensterbrett und steckte sich, um Ruhe bemüht, eine Zigarette an. Bei einem flüchtigen Blick ins Zimmer bemerkte er, dass der Soldat nicht mehr da war – entweder hatte er das Weite gesucht, oder er war unter die Couch gekrochen und dort vor Schreck gestorben; die MPi lag jedenfalls noch an ihrem Platz. Viktor kicherte hysterisch, als er dieses erbärmliche Stück Eisen mit den Kräften verglich, die den quadratischen Schacht in die Wolken gebohrt hatten. Das waren Zauberer. Nein, dachte er, auch wenn die neue Welt nicht siegen, sondern untergehen sollte, so kriegt die alte doch ihr Fett weg … Es ist ganz gut, eine MPi zur Hand zu haben. So dumm es ist, man fühlt sich doch sicherer damit. Genau genommen ist es ja auch gar nicht so dumm: Es ist klar, dass es ein großes Gerenne geben wird, das liegt geradezu in der Luft. Und dann ist es immer besser, sich aus dem Gewühl herauszuhalten und eine Waffe bei sich zu tragen.

Im Hof heulte ein Motor auf, um die Ecke schoss Quadrigas riesige, überlange Limousine (ein persönliches Geschenk des Herrn Präsidenten für treue Dienste mit dem Pinsel), raste quer durch den Garten aufs Tor zu, fuhr es mit Gepolter um, sauste auf die Chaussee hinaus und entschwand den Blicken.

»Nun ist er doch abgehauen, der Mistkerl«, murmelte Viktor nicht ohne Neid. Er stieg vom Fensterbrett, warf die MPi über die Schulter, zog den Regenmantel an und rief nach dem Soldaten. Der meldete sich nicht. Viktor lugte unter die Couch, aber dort lag nur das graue Bündel mit der Uniform. Er zündete sich noch eine Zigarette an und ging in den Garten. In den Fliederbüschen am niedergerissenen Tor entdeckte er eine seltsam geschwungene Bank, von der man die Chaussee gut überblicken konnte. Er ließ sich darauf nieder, schlug die Beine übereinander und hüllte sich fester in den Regenmantel. Anfangs rührte sich nichts, dann aber rollte Wagen auf Wagen vorbei, und er begriff, dass die Flucht begonnen hatte.

Die Stadt glich einem geplatzten Geschwür. Als Erste flohen die Auserwählten: Magistrat und Polizei, Industrie und Handel, Gericht und Steuerbehörde, Finanzamt und Volksbildung, Post und Telegrafenamt, und auch die Goldhemden wollten nicht zurückbleiben. Alle sahen zu, dass sie wegkamen, in Wolken von Benzingestank, mit knatterndem Auspuff, struppig und aggressiv, wütend und stumpfsinnig, Wucherer und Raffer, Volksdiener und Stadtväter, mit Hupkonzerten und hysterisch heulenden Sirenen. Die Chaussee dröhnte, das gigantische Furunkel entleerte sich weiter, und als der Eiter abgeflossen war, trat das Blut aus, das einfache Volk: auf überladenen Lastwagen, in zerbeulten Bussen, vollgestopften Kleinwagen, auf Motorrädern, Fahrrädern, Fuhrwerken und zu Fuß, unter der Last ihrer Bündel gebeugt, mit Handwagen oder leeren Händen – mürrische, schweigsame, bedrückte Menschen, die ihre Häuser und Wanzen, ihr bescheidenes Glück und ihr geregeltes Leben, Vergangenheit und Zukunft zurückließen. Hinter dem Volk kam die Armee. Langsam rollten ein Geländewagen voller Offiziere und ein Schützenpanzerwagen vorbei, ihnen folgten zwei Lastwagen mit Soldaten und die besten Feldküchen der Welt. Den Abschluss bildete ein Halbkettenpanzerwagen mit rückwärtsgerichteten Maschinengewehren.

Es dämmerte, der Mond wurde blasser, das schreckliche Quadrat verschwamm, die Wolken lösten sich auf, und der Morgen brach an. Viktor wartete noch fünfzehn Minuten, und als dann niemand mehr kam, trat er vors Tor. Auf dem Asphalt lagen schmutzige Lumpen, ein zerknautschter Koffer, der bestimmt einmal einem hohen Tier gehört hatte, ein Wagenrad und ein Stück weiter, am Straßenrand, der dazugehörige Leiterwagen mit einer alten, durchgesessenen Couch und einem Gummibaum. Mitten auf der Chaussee, dem Tor direkt gegenüber, sah er eine einsame Galosche. Weit und breit war kein Mensch zu sehen. Viktor blickte zur Raststätte hinüber. Auch dort entdeckte er kein einziges Fahrzeug und keinen einzigen Menschen. In den Gärten sangen die Vögel, die Sonne ging auf. Viktor hatte die Sonne seit zwei Wochen nicht gesehen, und die Stadt schon seit Jahren nicht mehr. Aber nun war keiner mehr da, der sie hätte anschauen können. Wieder hörte man einen Motor brummen, und um die Ecke bog ein Bus. Viktor trat an den Straßenrand. Es waren die »Brüder im Geiste«, die Viktor im Vorbeifahren einträchtig ihre ausdruckslosen, stumpfsinnigen Gesichter zuwandten. Das war's, dachte Viktor. Man müsste etwas zu trinken haben. Wo nur Diana bleibt?

Er trabte langsam in die Stadt zurück.

Die Sonne befand sich rechts von ihm – bald versteckte sie sich hinter den Dächern der Villen, bald lugte sie durch die

Zwischenräume, bald fiel ihr warmes Licht durch die Zweige der halb verfaulten Bäume. Die Wolken waren verschwunden und der Himmel wunderbar klar. Vom Boden her stieg leichter Nebel auf. Ringsum herrschte völlige Stille, und plötzlich hörte Viktor merkwürdige, kaum wahrnehmbare Geräusche, die unmittelbar aus der Erde zu kommen schienen – ein schwaches Knistern, Rascheln und Rauschen. Mit der Zeit aber gewöhnte er sich daran und beachtete es nicht mehr. Ein herrliches Gefühl von Ruhe und Sicherheit erfasste ihn. Er war wie im Rausch und schaute fast nur in den Himmel. In der Präsidentenallee hielt neben ihm ein Jeep.

»Steigen Sie ein«, lud Golem ihn ein.

Golem wirkte grau vor Müdigkeit und irgendwie bedrückt. Neben ihm saß Diana, ebenfalls sehr müde, aber trotzdem schön – die schönste aller müden Frauen.

»Die Sonne«, bemerkte Viktor und lächelte Diana an. »Seht nur, was für eine Sonne.«

»Er fährt nicht mit«, sagte Diana. »Ich habe Sie gewarnt, Golem.«

»Warum soll ich nicht mitfahren?«, fragte Viktor erstaunt. »Klar fahre ich mit. Aber wir haben es doch nicht eilig.«

Er konnte es sich nicht versagen, noch einmal zum Himmel zu schauen. Dann betrachtete er die leere Straße. Alles war vom Sonnenlicht überflutet. Irgendwo weit weg schleppten sich Flüchtlinge über das Feld, polterte die zurückweichende Armee, flüchtete die Obrigkeit – dort gab es Staus, Flüche, sinnlose Kommandos und Drohungen –, von Norden her rückten die Sieger gegen die Stadt vor. Hier aber war Niemandsland, ein mehrere Kilometer breiter Streifen, in dem man sich ruhig und sicher fühlen konnte, und mittendrin ein Wagen und drei Menschen.

»Golem, kommt die neue Welt auf uns zu?«

»Ja«, antwortete er und musterte Viktor unter seinen geschwollenen Lidern hervor.

»Und wo sind Ihre Nässlinge? Gehen die zu Fuß?«

»Es gibt keine Nässlinge«, erklärte Golem.

»Wieso nicht?«, wollte Viktor wissen und sah Diana an. Sie wandte sich schweigend ab.

»Es gibt keine Nässlinge«, wiederholte Golem. Seine Stimme klang gepresst, und er schien jeden Augenblick in Tränen auszubrechen. »Sie können davon ausgehen, dass es nie welche gegeben hat. Und auch nie welche geben wird.«

»Wunderbar«, freute sich Viktor. »Gehen wir ein Stück.«

»Fahren Sie nun mit oder nicht?«, fragte Golem mit dumpfer Stimme.

»Ich würde ja fahren«, erwiderte Viktor lächelnd, »aber ich muss erst noch ins Hotel, meine Manuskripte holen und mich ein bisschen umsehen ... Wissen Sie was, Golem, mir gefällt es hier.«

»Ich bleibe auch«, sagte Diana plötzlich und stieg aus. »Was soll ich dort?«

»Und was wollen Sie hier?«, parierte Golem.

»Ich weiß nicht«, antwortete Diana. »Ich habe doch jetzt niemanden mehr außer ihm.«

»Gut«, meinte Golem. »Aber er weiß nicht, was los ist. Sie schon ...«

»Aber er muss es sich doch ansehen«, widersprach Diana. »Er kann doch nicht wegfahren, ohne es sich angesehen zu haben ...«

»Genau«, stimmte Viktor zu. »Wer, zum Teufel, braucht mich noch, wenn ich es mir nicht angesehen habe? Das ist doch mein Brot.«

»Hört zu, Kinder«, seufzte Golem. »Ist euch klar, auf was ihr euch da einlasst? Viktor, ich habe Ihnen immer wieder gesagt: Wenn Sie etwas ausrichten wollen, müssen Sie sich selbst treu bleiben. Sich selbst!«

»Ich bleibe mir immer treu«, versetzte Viktor.

»Das wird aber hier nicht gehen.«

»Wir werden ja sehen.«

»Mein Gott«, echauffierte sich Golem, »als ob ich nicht auch gerne bleiben würde. Aber man muss doch, verflixt noch mal, auch seinen Kopf gebrauchen, und zwischen Wollen und Müssen unterscheiden.« Er schien sich selbst überzeugen zu wollen. »Na, dann bleibt eben hier. Ich wünsche einen angenehmen Aufenthalt.« Golem legte den Gang ein. »Wo ist das Heft, Diana? Ach, da ist es ja. Ich nehme es dann also an mich. Sie können damit nichts mehr anfangen.«

»So ist es«, stimmte Diana zu. »Er hat es so gewollt.«

»Golem«, begann Viktor. »Warum reißen Sie aus? Sie wollten doch diese Welt.«

»Ich reiße nicht aus«, erwiderte Golem streng. »Ich fahre woandershin. Von einem Ort, an dem ich nicht mehr gebraucht werde, zu einem, an dem man mich noch braucht. Im Gegensatz zu Ihnen. Leben Sie wohl.«

Er fuhr ab. Diana und Viktor fassten sich bei den Händen und gingen die Allee des Herrn Präsidenten entlang in die leere Stadt, den vorrückenden Siegern entgegen. Sie sprachen nicht, sie atmeten nur die ungewohnt klare, frische Luft in vollen Zügen ein, blinzelten in die Sonne und hatten vor nichts Angst. Die Stadt starrte sie mit leeren Fenstern an. Eine merkwürdige Stadt: verschimmelt, glitschig, morsch, wie von einem bösartigen Ekzem zerfressen, als hätte sie jahrelang auf dem Meeresgrund gelegen und wäre nun, der Sonne zum Gespött, emporgetaucht, und die Sonne schicke sich lachend an, sie zu zerstören.

Die Dächer schmolzen dahin, das rostige Blech und die Dachziegel verdampften. In den Mauern klafften Risse, die sich ausweiteten und den Blicken schäbige Tapeten freigaben, auseinanderfallende Betten, wacklige Möbel und verblichene Fotografien. Die Straßenlaternen sanken kraftlos um, Kioske und Anschlagsäulen lösten sich in Luft auf – alles ringsum knisterte, zischte und raschelte, wurde porös und durchsichtig, verwandelte sich in ein Häufchen Staub und verschwand. Die Umrisse des Rathausturms verschwammen in der Ferne und verschmolzen mit dem blauen Himmel. Eine Zeit lang hing noch, losgelöst von allem, die alte Turmuhr am Himmel, bis auch sie verschwand …

Meine Manuskripte sind auch dahin, dachte Viktor fröhlich. Von der Straße war schon nichts mehr zu sehen – nur hier und da ragte noch ein welker Strauch oder ein kranker Baum auf, und grüne Grasflecken breiteten sich aus. Nur im fernen Dunst ahnte man noch ein paar Gebäude oder ihre gespenstischen Überreste, und neben der früheren Fahrbahn, auf einer steinernen, ins Nichts führenden Freitreppe, saß Teddy, das kranke Bein von sich gestreckt, und die Krücken neben sich.

»Hallo, Teddy«, begrüßte ihn Viktor. »Du bist hiergeblieben?«

»Ja«, antwortete er.

»Und warum?«

»Der Teufel soll sie alle holen«, ärgerte sich Teddy. »Alles haben sie bis zum Anschlag vollgestopft, nirgendwo konnte ich mein Bein ausstrecken. Ich sage zu meiner Schwiegertochter: ›Was willst du dumme Gans denn mit der Anrichte?‹ Da beschimpft sie mich mit Ausdrücken – da habe ich auf alles gepfiffen und bin hiergeblieben.«

»Kommst du mit uns?«

»Nein, nein, geht nur. Ich bin im Moment nicht gut zu Fuß, und seinem Schicksal entgeht man ja doch nicht …«

Sie gingen weiter. Langsam wurde es heiß, und Viktor warf den unnützen Regenmantel fort, schüttelte die rostigen Überreste der MPi ab und lachte erleichtert auf. Diana küsste ihn und sagte: »Wie schön!« Er widersprach nicht. Sie gingen und gingen unter dem blauen Himmel, in der heißen Sonne, über die Erde, aus der schon junges grünes Gras spross, und gelangten zu der Stelle, an der einmal das Hotel gestanden hatte. Das Hotel war noch nicht restlos verschwunden, es hatte sich in einen riesigen grauen Würfel aus grobem, rauem Beton verwandelt, und Viktor dachte, dass es jetzt ein Denkmal oder auch einen Grenzstein zwischen der alten und der neuen Welt darstellte. Und kaum hatte er das gedacht, als hinter dem Betonklotz lautlos ein Jagdbomber hervorgeschossen kam, am Rumpf prangte das Zeichen der Legion. Lautlos zog der Bomber über sie hinweg, drehte dann irgendwo in Sonnennähe bei und verschwand – erst da erreichte sie das höllische, pfeifende Dröhnen, schlug ihnen in die Ohren, ins Gesicht, in die Brust. Ihnen entgegen kam nun Bol-Kunaz – wie erwachsen er wirkte mit den breiten Schultern und dem ausgeblichenen Schnurrbart im gebräunten Gesicht. Ein Stück hinter ihm folgte Irma, ebenfalls fast erwachsen, barfuß, in einem einfachen, leichten Kleid; in der Hand trug sie eine Gerte. Sie sah dem Bomber nach, hob die Gerte, als ziele sie auf ihn, und sagte: »Kch-ch!«

Diana lachte auf. Viktor sah sie einen Moment lang an und bemerkte, dass es wieder eine andere, ganz neue Diana war – eine Diana, wie er sie noch nie gesehen hatte und die er sich nicht hätte vorstellen können: Diana, die Glückliche. Und da drohte er sich selbst mit dem Finger und dachte bei sich: Wie herrlich es ist, aber eines darf ich nicht vergessen – die Rückkehr.

ANHANG

BORIS STRUGATZKI

Kommentar

Der Montag fängt am Samstag an

Einen Roman über Magier, Hexen, Hexenmeister und Zauberer hatten wir vor langer Zeit zu schreiben beschlossen, schon Ende der Fünfzigerjahre. Anfangs hatten wir keine Ahnung, was für Ereignisse sich dort abspielen würden; wir wussten nur, dass die Helden Figuren aus Märchen, Legenden, Mythen und Gruselgeschichten aller Zeiten und Völker sein sollten. Und das alles vor dem Hintergrund eines modernen Forschungsinstituts mit allem Drum und Dran, wie es einer der beiden Autoren aus eigener Erfahrung gut kannte, der andere aus den Erzählungen der zahlreichen Wissenschaftler unter seinen Bekannten. Lange sammelten wir Späße, Spitznamen, komische Eigenheiten der künftigen Helden und notierten das alles auf verschiedenen Zetteln (die dann in der Regel verlorengingen). Wirklich voran kamen wir nicht: Uns fiel partout weder ein Sujet noch eine Fabel ein.

Praktisch aber begann alles an einem verregneten Abend auf der Kislowodsker Bergstation, wo sich zwei Mitarbeiter des Observatoriums von Pulkowo einträchtig langweilten: der jüngere wissenschaftliche Mitarbeiter* B. Strugatzki und

* Diese Formulierung kommt als Wortspiel auch im russischen Untertitel des Romans »Märchen für jüngere wissenschaftliche Mitarbeiter« vor: Es kann einerseits bedeuten, dass der Mitarbeiter buchstäblich relativ jung

die Oberingenieurin Lydia Kamnonko. Man schrieb den Oktober 1960. Ich hatte gerade meine mühselige Suche nach einem Standort für das Große Teleskop in den nassen und grasbedeckten Bergen des Nordkaukasus eingestellt und wartete jetzt auf den Abschluss aller möglichen Formalitäten betreffs der Übergabe des Expeditionsbesitzes, der Abschreibung der Reste, der Abfassung eines Bilanzberichts und dergleichen öden Krams. Lydia Kamnonko aber, die in die Bergstation gekommen war, um irgendein neues Gerät einzurichten, langweilte sich zu Tode, weil das Wetter keinerlei astronomische Beobachtungen zuließ. Und so fingen die beiden vor Langeweile eines Abends an, eine kleine Geschichte ohne Anfang und Ende zu erfinden, wo ebensolcher Regen vorkam, eine ebensolche trübe Glühbirne am Kabel ohne Lampenschirm, eine ebenso nasse Veranda, vollgestellt mit alten Möbeln und Ausrüstungskisten, eine ebenso trübsinnige Langeweile, wo aber trotzdem allerlei merkwürdige und absolut unmögliche Dinge geschahen – seltsame und groteske Leute tauchten aus dem Nichts auf, es wurden gewisse magische Handlungen vollführt, absurde und komische Reden gehalten, und das ganze vier Seiten lange Abrakadabra endete mit den bemerkenswerten Worten: »Das Kanapee war weg!!«

Nach Hause kehrte Boris über Moskau zurück und schaute beim Bruder und Koautor vorbei, und dort wurde im Familienkreis dieses Fantasiestück vorgetragen und unter Gelächter allgemein für gut befunden. Damals freilich hatte alles damit schon ein Ende; wir dachten nicht im Traum daran, dass das geheimnisvolle verschwundene Kanapee in

ist, andererseits ist es aber unabhängig vom Alter ein russischer Dienstrang, also sozusagen »Unter-Mitarbeiter« oder »Forschungsassistent«. Der anschließend erwähnte Oberingenieur ist wörtlich ein »älterer Ingenieur« ohne Rücksicht auf Alter oder, in diesem Falle, Geschlecht. – *Anm. d. Übers.*

Wirklichkeit ein magischer Translator war, und es sich bei den verschiedenen seltsamen Typen, die ebenda vorkamen, um Magier handelte, die hinter besagtem Translator her waren. Alles ging seinen Gang; uns standen noch etliche Jahre der Überlegung und Einstimmung bevor.

Merkwürdig, aber die eigentliche Entstehungsgeschichte von »Der Montag fängt am Samstag an« ist mir völlig entfallen. Derart gründlich, dass ich mich jetzt, während ich verstreute Zeilen aus Briefen und Tagebüchern nachlese, dabei ertappe, dass ich nicht immer verstehe, wovon da die Rede ist.

Briefe:

> 19.03.61 – Arkadi: »… Es ist zwecklos, dass du jetzt den achten Himmel in Angriff nimmst …«

(Rätsel Nummer eins: »Der achte Himmel« war einer der ersten Arbeitstitel für den Roman. Aber habe ich ihn wirklich so früh – im März 1961 – »in Angriff genommen«? Heute erscheint mir das ganz unmöglich.)

> 23.07.61 – Arkadi: »Wie wäre es, wenn wir versuchten […], die ›Zauberer‹ fertig zu machen? Wenn es nicht mehr als 4 Bögen* würden, wäre es sehr gut.«
> 02.08.61 – Arkadi: »Überlegungen zu den Zauberern. Ich weiß nicht. Das muss so eine lustige Kleinigkeit werden. Höchstens drei Bögen. Drei Teile. Der erste ist niedergeschrieben.«

(Rätsel Nummer zwei und drei. Was heißt »die ›Zauberer‹ fertig machen«? Wir hatten also schon etwas in petto, das

* Gemeint sind »Autorenbögen«, ein sowjetisches Maß für den Manuskriptumfang. Zum Vergleich: »Der Montag fängt am Samstag an« hat jetzt einen Umfang von etwa zwölf Autorenbögen. – *Anm. d. Übers.*

man nur noch »fertig machen« musste? Und wieso ist der erste Teil »niedergeschrieben«? Ich glaube, wir hatten damals noch nichts davon niedergeschrieben, nicht einmal eine Rohfassung. Seltsam, seltsam …)

> »… Teil zwei. Der Held glaubt, die Magier würden ihn nun in Ruhe lassen. Aber den ganzen Tag über, wohin er auch geht, verfolgen ihn die Magier wie den Sekretär Pustel. Sie lugen kläglich aus Wänden und Kanaldeckeln hervor, geben ihm unverständliche Zeichen, stören ihn beim Rendezvous mit einem Mädchen und fliegen jämmerlich heulend davon, als er allmählich wütend wird. Ihre Beschränktheit und Unbildung sind erstaunlich. Einen Magier kann man leicht von anderen Menschen unterscheiden, indem man ihn nach der Siebenerreihe im kleinen Einmaleins fragt. Auf der Erde haben sich Magier aus allen Enden des Weltalls versammelt. Sie brauchen die Weiße These, die in unvordenklichen Zeiten verlorengegangen ist – man hatte sie in irgendeinem Baum versteckt, dann ist sie in der Werkstatt in das Kanapee übergegangen und von dort auf unseren Helden …«

Und so weiter.

(Was für ein Pustel?* Wovon ist überhaupt die Rede? Aber ob wir nun damals etwas geschrieben hatten oder nicht – klar ist, dass sich der Roman zunächst ganz anders darstellte als am Ende.)

* In Michail Saltykow-Schtschedrins Roman »Geschichte einer Stadt« gibt es einen Stadthauptmann Pustel, der vom Adelsmarschall verfolgt wird, weil jener glaubt, Pustel habe einen farcierten (mit Hackfleisch gefüllten) Kopf. – *Anm. d. Übers.*

01.11.62 – Arkadi: »… Ich habe uns beim Kinderbuchverlag für 1964 unter dem Titel ›Der siebte Himmel‹ einplanen lassen. Der Titel ist keineswegs verbindlich, aber das Büchlein müssten wir schon schreiben. Über die Magier. Leichthin. Lustig. Ohne tiefere Absichten. Na? Ein Traum! Na?«

»Bin im Polytechnischen Museum zusammen mit Andrejew, Gromowa, Dneprow, Polestschuk, Parnow und Jemzew aufgetreten.* […] Hab mächtig auf den Putz gehauen: ›Wenn nötig, schreiben wir über Hexen und Zauberer, die Wissenschaft hat uns nichts vorzuschreiben.‹ Da war was los! Gelächter, Applaus, Wutausbrüche!«

Ich habe den starken Verdacht, dass wir zu jenem Zeitpunkt weiter nichts in petto hatten als das Kislowodsker Fantasiestück, umgearbeitet und erweitert auf den Umfang eines Kapitelchens aus »Viel Lärm um ein Kanapee«. Doch dann endlich:

Arkadis Tagebuch, 06.09.63: »Boris ist gekommen, wir haben etwas am ›Gott‹** geändert, einen Plan für ›Viel Lärm um ein Kanapee‹ aufgestellt …«
Arkadis Tagebuch, 18.01.64: »Bin am 26. Dezember [1963] aus Leningrad zurückgekommen. Habe ›Viel Lärm um ein Kanapee‹ geschrieben …«

Endlich! Der erste Teil des künftigen Romans war entstanden – es hatte nicht einmal drei Jahre gedauert. Aber bis zum

* Kirill Andrejew war ein prominenter sowjetischer SF-Kritiker und -Herausgeber; Ariadna Gromowa, Anatoli Dneprow, Alexander Polestschuk, Jeremej Parnow und Michail Jemzew waren in den Sechzigerjahren (einige auch noch später) bekannte sowjetische SF-Autoren. – *Anm. d. Übers.*
** »Es ist schwer, ein Gott zu sein.« – *Anm. d. Übers.*

kompletten Text war es noch weit. Es sind ziemlich viele Notizen, Entwürfe, Witzchen und Ideen aus jener Zeit erhalten geblieben:

> Der Mensch ist ein Tier, aus dem ein Magier werden kann. Der Wolf wird als Wolf geboren und bleibt zeitlebens ein Wolf. Das Schwein wird als Schwein geboren und bleibt sein Leben lang eins. Der Mensch wird als Affe geboren, aber heranwachsen kann er zum Wolf, zum Schwein oder zum Magier.
>
> Institutsdirektor ist der Wechselbalg Kir Janus. Er kann sich verdreifachen. [...] Vater, Sohn und Heiliger Geist.
>
> Kontrast – die Magier werden gezwungen, sich mit Unsinn zu befassen: Versammlungen, Arbeitseinsätze im Kolchos.
>
> Eine Buchhaltung, wo sie sparsam mit den Kopeken umgehen (aber nicht mit Millionen und nicht mit der Zeit).
>
> Die Magier wollen unbedingt alle Menschen glücklich machen. Roter Faden der Handlung ist die Arbeit der Abteilung »Glück aller Art«. Idee: Man darf die heutigen Menschen nicht mit Wohlstand überschütten. *Aber für sie ist das am einfachsten.*
>
> Abteilung »Glück und Zufriedenheit aller Art«. Dort kommt immer etwas anderes als gedacht heraus.
>
> Abteilung »Zirkustechnik«. Ursprünglich ist das Institut als Wissenschaftliches Forschungsinstitut für Zirkustechnik entstanden. Man erinnert sich daran voller Andacht, und die Abteilung »Zirktech« dient seither als Vorbild. (Analogie zur Astrometrie)
>
> Zeigen, wie eine dogmatische, alles unterdrückende Theorie die Arbeit behindert.

Und so weiter. Den Roman gibt es noch nicht, die Autoren tasten sich erst zu ihm vor, doch die Wege sind richtig. Die Sache kommt in Gang. Und zwar rasch.

> Arkadis Tagebuch, 25.06.64: »Habe den Mai in L[eningrad] verbracht, wo wir die restlichen beiden Teile von ›Viel Lärm‹ geschrieben haben – ›Die Nacht vor Weihnachten‹ und ›Von der Zeit und uns selbst‹.«*

Beachten Sie das Hin und Her bei den Titeln. Die Autoren wissen noch nicht, wie die Teile des neuen Romans und auch der Roman selbst heißen sollen. Dabei existierte der Titel »Der Montag fängt am Samstag an« damals schon. Dieser Titel hat eine eigene Geschichte, und eine recht merkwürdige dazu.

Man muss sagen, dass sich Anfang der Sechzigerjahre alle Welt** für Hemingway begeisterte. Niemand wird heutzutage mit solchem Genuss und solcher Begeisterung gelesen, über niemanden wird derart viel und leidenschaftlich gesprochen, niemandes Büchern jagt man so eifrig nach, wie seinerzeit die gesamte Leserschaft vom Halbwüchsigen bis zum Akademiemitglied Hemingway nachjagte. Und eines Tages, als Boris im Observatorium von Pulkowo saß, kam plötzlich ein Anruf aus der Stadt – es war seine alte Freundin Natascha Swenzitkaja, eine große Kennerin und (damals) Verehrerin Hemingways. »Borja«, sagte sie mit kaum unterdrückter Erregung, »weißt du, im Haus des Buches haben sie gerade einen neuen Band Hem reingekriegt, heißt ›Der Montag fängt am Samstag an‹.« Das Herz von Boris machte einen Satz und erstarb vor Seligkeit. Das war so ein genauer,

* »Die Nacht vor Weihnachten« (also eigentlich der Weihnachtsabend) ist auch der Titel einer fantastischen Novelle von Nikolai Gogol und im Russischen Inbegriff für eine Nacht voller Wunder. »Ich selbst will erzählen von der Zeit und mir selbst« ist eine Formulierung aus Wladimir Majakowskis Gedicht »Mit aller Stimmkraft. Erster Vorspruch zu einem Poem«, die in der bekannten Nachdichtung Hugo Hupperts allerdings fehlt. – *Anm. d. Übers.*

** Lies: die ganze sowjetische Intelligenz. – *Anm. d. Übers.*

so ein echt Hemingway'scher Titel – beherrscht traurig, streng hoffnungslos, zugleich kühl und verteufelt menschlich … Der Montag fängt am Samstag an, das heißt: Es gibt keinen Feiertag in unserem Leben, Alltag geht in Alltag über, grau bleibt grau und trüb bleibt trüb … Boris zögerte keine Sekunde: »Kaufen!«, rief er. »So viel sie abgeben! So weit das Geld reicht!« Die Antwort war ein engelsgleiches Gelächter …

Der Scherz war gelungen. Und er war nicht verschwendet, wie es Scherze oft sind! Boris beschlagnahmte den schönen Einfall auf der Stelle und erklärte, das würde der wunderbare Titel eines künftigen wunderbaren Romans über eine wunderbar-hoffnungslose Liebe. Dieser Roman ist nie geschrieben worden, nicht einmal konzipiert, der beschlagnahmte Titel führte sein Eigenleben im Notizbuch und kam ein paar Jahre später zum Zuge. Allerdings gaben ihm die Strugatzkis einen ganz anderen Sinn, geradezu den gegenteiligen, durch und durch optimistischen, aber das haben sie später niemals bereut. Natascha hatte auch nichts dagegen. Ich glaube, sie fühlte sich sogar in gewissem Sinne geschmeichelt.

Die historische Gerechtigkeit verlangt also, die Verdienste zweier bemerkenswerter Frauen zu würdigen, ehemaliger Mitarbeiterinnen des Observatoriums von Pulkowo, die am Ursprung des anscheinend populärsten Strugatzki-Romans stehen. Gruß euch und Wohlergehen, meine Lieben – Lydia Alexandrowna Kamnonko, Koautorin des berühmten sujetbildenden Satzes »Das Kanapee war weg«, und Natalija Alexandrowna Swenzitkaja, die jenen unendlich traurigen, vielleicht aber auch unendlich optimistischen Aphorismus erdacht hat: »Der Montag fängt am Samstag an«!

Überhaupt ist der Roman in erheblichem Maße eine Wundertüte, ein Ergebnis ausgelassenen kollektiven Schöpfertums.

»Haben wir uns nötig?« – so eine Losung hing tatsächlich in einem Labor, ich glaube, beim Staatlichen Institut für Optik.

»Auf der Straße fährt ein SIM auf mich zu, und das ist schlimm« ist ein genialer Vers meines alten Freundes Jura Tschitjakow, eines großen Spezialisten fürs Verseschmieden à la Hauptmann Lebjadkin.*

»Ich möcht gern eine Datsche baun. Wo? Da muss ich erst mal schaun« ist ein Zweizeiler aus der Zeitung *Für das neue Pulkowo.*

Und so weiter, und so fort.

Zum Abschluss muss ich anmerken, dass die Zensur diesen unseren Roman nicht allzu sehr gezaust hat. Es war ein komischer Roman geworden, und die Einwände waren auch komisch. So verlangte der Zensor kategorisch, jedwede Erwähnung eines SIM aus dem Roman zu streichen. (»Auf der Straße fährt ein SIM auf mich zu, und das ist schlimm.«) Damals war nämlich Molotow in Ungnade gefallen, verurteilt und aus der Partei ausgeschlossen, und das nach ihm benannte Automobilwerk war eilends in GAS (Automobilwerk Gorki) umbenannt worden, ebenso wie auch das SIS (Stalin-Werk) damals schon SIL (Lichatschow-Werk) hieß.**

* Hauptmann Lebjadkin ist eine Figur in Fjodor Dostojewskis Roman »Die Dämonen«. – *Anm. d. Übers.*

** Die Buchstabenfolgen standen als Abkürzungen primär für die russischen Namen der Automobilwerke, wurden aber auch als Typbezeichnung für die dort produzierten Wagen verwendet, von denen einige auch in anderen sozialistischen Ländern fuhren. Molotow (das M in »SIM«) war unter Stalin Ministerpräsident, später Außenminister gewesen und nach Stalins Tod zunächst mit Chruschtschow verbündet, wurde dann aber von diesem kaltgestellt. Das (auch der) GAS hieß nach der Stadt Gorki, die wiederum nach dem Schriftsteller benannt worden war; Lichatschow war der erste Direktor des Moskauer Autowerkes. – *Anm. d. Übers.*

Mit einem bitteren Lächeln schlugen die Autoren vor, das Verslein in »Auf der Straße fährt ein SIL auf mich zu, und das ist schlimm« zu ändern. Und was geschah? Zu ihrer grenzenlosen Verwunderung war die Zensurbehörde mit diesem Schwachsinn sofort einverstanden. Und mit diesem falschen Reim ist das Verslein dann verlegt und vielfach nachgedruckt worden.*

Vieles konnten wir damals nicht retten. Zum Beispiel den »Minister für Staatssicherheit Maljuta Skuratow«. Oder eine Zeile in der Erzählung Merlins: »Und siehe, aus dem See erhob sich eine Hand, schwielig und proletarisch …« Und noch ein paar nette Kleinigkeiten, die irgendwer für subversiv hielt …

Alles (oder fast alles), was einst verloren gegangen ist, wurde in der vorliegenden Ausgabe wiederhergestellt, abermals dank der einträchtigen und aufopferungsvollen Arbeit der Menten**, die den Berg unterschiedlicher Auflagen und Manuskripte durchgewühlt haben. Sweta Bondarenko, Wolodja Borissow, Wadim Kasakow, Viktor Kurilski, Juri Fleischman – danke euch allen!

* Der SIL stand daher auch in der DDR-Ausgabe von »Der Montag fängt am Samstag an«, allerdings mit einem anderen, passenderen deutschen Reimwort. – *Anm. d. Übers.*

** »Menten« (russisch »ljudeny«) heißen im Strugatzki-Roman »Die Wellen ersticken den Wind« die im Schoße der Menschheit heranwachsenden Übermenschen, die »Gruppe Menten« aber sind dort gewöhnliche Menschen, die dieses Phänomen zu erforschen versuchen. In letzterem Sinne nennt sich eine informelle internationale Gruppe von Strugatzki-Fans so, die sich der Erforschung und Erschließung des Werkes der Strugatzkis widmet. – *Anm. d. Übers.*

Das Märchen von der Troika

Ich habe ziemlich gründlich vergessen, wie die Arbeit an »Das Märchen von der Troika« begann. In Briefen und im Tagebuch tauchen verschiedene Abkürzungen auf, von denen ich partout nicht mehr weiß, wofür sie standen. Wenn man nur von den Dokumenten ausgeht, entsteht der Eindruck, dass es bei uns überhaupt keine Vorarbeiten gab – wir haben uns einfach am 6. März 1967 im Haus der Kulturschaffenden getroffen, das sich in der Siedlung Golyzino unweit Moskaus befindet, haben im Laufe von vier Tagen allerlei Witze erfunden, einen Stadtplan von Kiteshgrad gezeichnet, eine Art Handlung entworfen und dann – am fünften Tag – Hals über Kopf angefangen, die Rohfassung zu schreiben.

Es kann durchaus sein, dass es sich genau so verhielt. Der erste Plan ist nicht erhalten geblieben – anscheinend stand er auf einem gesonderten Blatt Papier, das wir dann entweder weggeworfen oder verloren haben. Geblieben ist nur eine Notiz im Tagebuch: »1. Plan für die Erzählung aufgestellt. 18 Punkte. Davon 5, 9, 12, 17 – die Blase speist zu Mittag. Eingehenden Plan für Punkt 1 aufgestellt. Name des Meckerers – Panurg.« Die »Blase« war offensichtlich das Urbild der Troika. Der Begriff »Troika« selbst tauchte wohl erst am 11. März auf:

> Troika-Kommission (TRNUP [S]). Troika zur Rationalisierung und Nutzbarmachung Unerklärter Phänomene [Sensationen].
>
> Vorsitzender: Wunjukow, Lawr Fedotowitsch
>
> Mitglieder: Oberst der mot. Kavallerie N. N. [d. h. ohne Namen]
>
> Verantwortlicher für Fourage und Wirtschaft: Rudolf Achipowitsch Chlebojedow
>
> Prozeduralverantwortlicher: Farfurkis

Wissenschaftlicher Beirat und Sekretär: Sascha Priwalow
Vertreter des Stadtexekutivkomitees, Kommandant der Kolonie Genosse Subo, Innokenti Filippowitsch

Hier haben wir anscheinend den einzigen Fall in der Geschichte, wo Vor- und Vatersname des Genossen Subo erwähnt werden. Und was den Genossen Chlebowwodow angeht, so heißt er hier noch Chlebojedow. (Die Autoren dachten übrigens beim Namen Chlebowwodow an »Brotführer«, aber viele fassen ihn als »Chlebow« + »wodow« auf, und in der Bundesrepublik Deutschland wurde der Name sogar wortwörtlich als »Brotundwasser« übersetzt.*)

Ich muss unbedingt erzählen, wie es zu dem Namen Farfurkis kam.

> 22.12.66 – Boris: »Ich habe noch einen Brief aus dem Ausland erhalten, genauer gesagt, aus Leningrad, aber von irgendeinem zugereisten Touristen Moira Farfurkis. Der Brief ist russisch auf einem Briefbogen eines Hotels Royal verfasst und beginnt so: ›Lieber Herr! Lange Zeit ich bin Ihr Verehrer durch Ihre Bücher. Ich bin kommen nach Leningrad mit dem Wunsch teilzunehmen an einem Gespräch zu Ihnen. Bitte mitteilen mir Ihre Möglichkeit …‹ usw. Ihm meine Möglichkeit mitteilen kann ich nicht, weil er vergessen hat hinzuzufügen, wo er hier abgestiegen ist und wo ich ihn suchen soll. Aber er gibt eine Rückadresse in London an …«

Ich habe nicht nur Arkadi von diesem merkwürdigen Brief des unbekannten M. Farfurkis geschrieben, sondern auch

* Russisch »chleb« heißt Brot, »wodit« führen, »woda« Wasser. »Brotundwasser« steht in der 1973 erschienenen Übersetzung von Giuseppina Morbioli. – *Anm. d. Übers.*

meinen Freunden und Kollegen im Restaurant des »Hauses der Schriftsteller« erzählte. Die Kollegen nahmen meine Erzählung ziemlich gleichmütig auf, aber in den halb zusammengekniffenen Augen von Ilja Jossifowitsch Warschawski* erschien plötzlich ein seltsames, geradezu diabolisches Funkeln, und als ich das bemerkte, wurde mir augenblicklich alles klar. Warschawski wurde auf der Stelle entlarvt, gab (mit Vergnügen) alles zu und schenkte mir großzügig den bemerkenswerten Familiennamen Farfurkis zur weiteren Verwendung nach Belieben.

Überhaupt erinnert »Das Märchen von der Troika« im Gegensatz zu »Der Montag fängt am Samstag an« kaum an eine Wundertüte – fast alles darin haben die Strugatzkis selbst erfunden, und praktisch in einem Zug, während jener drei Wochen in Golyzino. Vielleicht waren die Autoren ebendarum am Ende dieser Zeit ausgepresst wie Zitronen und ausgepumpt wie Galeerensklaven.

Am 25. März 1967 erscheint der Tagebucheintrag:

> Haben 8 Seiten geschafft und 132 S. Rohfassung beendet. Sind fix und fertig. Die letzten Seiten haben wir im Sturm genommen – nicht mehr das letzte Blut gegeben, sondern nur noch Blutwasser!

Ein auf seine Art einmaliges Geständnis. Wir waren tatsächlich ungewöhnlich, ungewohnt und qualvoll erschöpft. Es ist eine verdammt schwere Arbeit, zwanzig Tage lang unaufhörlich witzig zu sein und die Zähne zu blecken. Ich denke, das schaffen nur makellos junge, gesunde und energische Leute. Die Strugatzkis jedenfalls waren zu solch einer Heldentat nie wieder imstande. Die Jahre hatten ihren Tribut

* Ilja Warschawski war in den Sechziger- und Siebzigerjahren ein bekannter Autor von SF-Erzählungen. – *Anm. d. Übers.*

gefordert. »Das Märchen von der Troika« blieb ihr letztes humoristisches Werk. Zwar wurden wiederholt Versuche unternommen, es fortzusetzen – es sind Notizen erhalten geblieben, eigens erfundene witzige Wendungen, sogar gewisse Handlungsentwürfe. Die letzten diesbezüglichen Einträge im Arbeitstagebuch datieren vom November 1988:

> Die Troika wird beauftragt, die Probleme in den Beziehungen zwischen den Völkern der Sowjetunion durch Modellierung im FIFHUZ, in Kiteshgrad und Umgebung zu lösen. Missachtung der Vorschläge von Wissenschaftlern. Hauptsache, die Troika büßt nichts ein – Grundbedingung. Darum führen alle Modelle zu Unsinn.
>
> »Glasnost!«, sprach Lawr Fedotowitsch, und alle verstummten und glotzten ihn ergeben und begeistert an.
>
> »Demokratisierung!«, verkündete er mit Nachdruck, und alle standen auf, Hände an der Hosennaht, und drückten auf den Gesichtern die Entschlossenheit aus, auf die erste Forderung des Vorsitzenden hin den Heldentod zu sterben.
>
> »Perestroika!«, verkündete Lawr Fedotowitsch und stand selber auf. [...]
>
> Mühselige und gefährliche Suche nach einem Bürokraten. Es gibt keine. Ringsum lauter Opfer der Bürokratie.

Aber wir haben diese Fortsetzung dann doch nicht in Angriff genommen – es fehlte an Feuer, an Schwung und Optimismus, und auch der jugendliche Elan nahm bei uns von Jahr zu Jahr ab, bis er sich schließlich vollends auflöste, zu etwas qualitativ anderem wurde.

Als Fortsetzung von »Der Montag fängt am Samstag an« nach Handlung, Ideengehalt und Stil ist uns »Das Märchen von der Troika« wohl nicht gelungen. Der »Montag« ist ein fröhlicher, humoristischer Text, ein »zahnloses Zähneblecken«, wie Ilf und Petrow zu sagen pflegten; das »Märchen« ist eine deutliche und unverkennbare Satire. Den »Montag« hatten gutherzige, lebensfrohe, zu Späßen aufgelegte Burschen verfasst; das »Märchen« ist mit Galle und Essig geschrieben. Den lebensfrohen Burschen war der Optimismus abhandengekommen, ihre Gutherzigkeit, die Bereitschaft zu verstehen und zu verzeihen, und sie waren böse geworden, giftig und geneigt, die Wirklichkeit feindselig wahrzunehmen. Und die Verhältnisse ringsum hatten sich ja auch entsprechend entwickelt. Gerüchte über eine Rehabilitierung Stalins kamen damals fast alle Vierteljahre auf. Mit großem Getöse ging der Prozess gegen Sinjawski und Daniel über die Bühne, stinkend und widerwärtig wie ein Gasangriff. In den Verlagen wurden unter den Chefs insgeheim Listen von Leuten verteilt, deren Veröffentlichung unerwünscht war. Der fünfzigste Jahrestag der sowjetischen Streitkräfte stand bevor, und die ganze ideologische Bürokratie stand deswegen Kopf … Selbst dem smaragdgrünsten Optimisten wurde klar, dass das Tauwetter »seinen Lauf beendet hatte«* und das Pendel in die Gegenrichtung schwang, und zwar derart, dass es Zeit wurde, sich warm anzuziehen.

(Bemerkenswerterweise finden sich im Briefwechsel der Strugatzkis fast keine Zeitsymptome dieser Art. Umsicht und Vorsicht! Alle wussten, dass es »im Schatten der Macht« *Liebhaber der Lektüre fremder Briefe* gab – genauer gesagt, keine Liebhaber, sondern just Profis, die Michail Jewgrafowitsch Saltykow-Schtschedrin einmal »Statistiksammler« und auch »Erbsenmäntel« genannt hatte. Die Tagebücher

* Die Formulierung verweist auf »Die Geschichte einer Stadt« (1869/70) des von den Strugatzkis außerordentlich geschätzten russischen Satirikers Michail Saltykow-Schtschedrin; vgl. die Anmerkung zu Seite 673. Die Zitate im folgenden Absatz beziehen sich auf eine Fußnote in Saltykow-Schtschedrins »Moderne Idylle«, wo der »Erbsenmantel« als Uniform der »Statistiksammler« erwähnt wird. – *Anm. d. Übers.*

jener Zeit tun sich auch nicht durch Offenherzigkeit hervor – aus denselben Erwägungen von Umsicht und Vorsicht –, aber am 14.6.1968 konnte ich einmal doch nicht an mich halten und schrieb den betreffenden Artikel der damaligen Verfassung der UdSSR im Geist der Zeit um: »*Die Freiheit des* Vor-*Wortes, die Freiheit* des Amts-Stempels*, *die Freiheit von* Rechenschafts- und Wahl-*Versammlungen, die Freiheit von Kundgebungen und Demonstrationen* zum 1. Mai«.)

»Das Märchen von der Troika« wurde für den Kinderbuchverlag und auf dessen Bestellung geschrieben. Was aber bei uns herausgekommen war, hätte der Kinderbuchverlag selbst zu den besten Zeiten wohl kaum zu drucken gewagt, und jetzt konnte von einer Veröffentlichung keine Rede mehr sein.

Schon im Mai 1976 schreibt Arkadi: »Auf MvT [›Das Märchen von der Troika‹] warten sie sowohl im Kinderbuchverlag als auch bei Molodaja gwardija.**« Zu diesem Zeitpunkt lagen die Dinge so: Die Autoren haben die Erzählung zum Abschreiben gegeben und sind immer noch voller Hoffnung; die ersten Leser (die Ehefrauen) haben sich durchaus positiv über das Märchen geäußert, dabei aber unisono Zweifel daran ausgedrückt, dass sich *so etwas* veröffentlichen lässt. Dennoch denken die Autoren weiter über den Text nach, bereiten gewisse Änderungen und Ergänzungen vor. Boris ist beunruhigt, weil es in Bulgakows »Teufeliade«, wie sich zeigt, ebenfalls eine »Außerordentliche Troika mit

* In der sowjetischen Verfassung stand die Pressefreiheit; im Russischen ist »Presse« dasselbe Wort wie »Siegel« oder »Stempel« – das Sinnbild der Bürokratie. – *Anm. d. Übers.*

** Der sowjetische Kinderbuchverlag hat zahlreiche Bücher der Strugatzkis herausgebracht, die definitiv keine Kinderbücher waren; Molodaja gwardija war der Verlag des kommunistischen Jugendverbandes. – *Anm. d. Übers.*

sechzehn Mitgliedern« gibt.* Was tun? Im selben Brief teilt er mit: »Mir ist eingefallen, dass wir in das Nachwort unbedingt noch eine Erörterung des vorliegenden Manuskripts auf einer Sitzung der Troika einfügen müssen. Sollen sich unsere Adler nur aussprechen – sozusagen im Namen der künftigen Kritik. [...] Weißt du, was im MvT fehlt? Das Sujet ist nicht ausgewogen, nicht fest und kompakt aufgebaut, wie sonst bei uns. Es gibt Schwachstellen. Außerdem stört mich die armselige Antriebsfeder der Handlung: ›Wie überwindet man die Troika?‹ Das ist irgendwie nicht das Richtige. Kurzum, wir werden noch überlegen. Ich habe das Gefühl, dass wir viel Zeit bekommen werden, um über dieses Werk nachzudenken ...«

Goldene Worte! Als hätte Boris hellsehen können. Am 12. Juni 1967 erscheint im Arbeitstagebuch der Eintrag: »B. ist wegen des vom Kinderbuchverlag abgelehnten MvT nach Moskau gekommen.« Es folgt ein Handlungsabriss für den Roman »Die bewohnte Insel«, und tags darauf: »Affront bei Mol. gw. wegen MvT.« Molodaja gwardija wollte mit diesem gefährlichen Material auch nichts tun haben. (»Die Zeiten sind nicht danach, Jungs, wirklich nicht!«) Alles war aus. Fortan begann auch für »Das Märchen von der Troika« – nach »Die Schnecke am Hang« – die lange und betrübliche Zeit der literarischen Nichtexistenz.

Die Autoren freilich zappelten noch. Ende Juni brachten sie das Manuskript zur Leningrader Zeitschrift *Newa*. Gleichzeitig wurden titanische Pläne ausgearbeitet, die Erzählung kapitel- oder überhaupt stückchenweise auf verschiedene

* Das war ein Erinnerungsfehler. Nicht in der »Teufeliade«, sondern in Michail Bulgakows grotesker SF-Erzählung »Die verhängnisvollen Eier« gibt es eine »Außerordentliche Kommission zur Wiederherstellung und Anhebung der Hühnerzucht in der Republik«, die durch drei neue Mitglieder – eben eine Troika – auf sechzehn erweitert wird. – *Anm. d. Übers.*

wohlgesonnene Zeitschriften wie *Snanie – sila, Iskatel* und *Chimija i shisn** zu verteilen.

Natürlich wurde nichts aus diesem Vorhaben. Die Ablehnungen trafen zu verschiedenen Zeiten ein, aber von überallher. In der Regel ergingen sie auf der Ebene der uns bekannten Redakteure – höflich und bedauernd, doch manchmal drang das »Märchen« bis zu den hohen Chefs vor, und dann wurde ihm hoher Missmut zuteil, der in allerhöchste Empörung überging. Mit besonders großem Skandal wurde ein Auszug mit dem Monolog der Sprechenden Wanze bei der Zeitschrift *Snanie – sila* herausgeworfen.

> 27.04.68 – Arkadi: »Sie haben angeordnet, den Auszug aus dem Heft zu entfernen. Der Chef des für die Zeitschrift zuständigen Zensors verweigert eine Erklärung, es ist aber bekannt geworden, dass er selber nichts begreift. Den Auszug hat nämlich Romanow selbst (!) – das ist der Leiter von Glawlit** – gelesen und erklärt, der Auszug enthalte einen gewissen schädlichen Hintersinn. Auf die schüchterne Frage hin, was das denn für ein Hintersinn sei, soll Romanow nur geknurrt haben: ›Sie wissen schon, was für einer ...‹«

Es war rätselhaft und ist es bis heute geblieben, warum die Sprechende Wanze alle derart schreckte (oder zu rechtschaffener Empörung trieb). Welche selbst den Autoren verbor-

* *Snanie – sila* (Wissen ist Macht) und *Chimija i shisn* (Chemie und Leben) waren populärwissenschaftliche Zeitschriften, die regelmäßig auch Science Fiction druckten; *Iskatel* (Der Sucher) war im Grunde eine eigenständige Zeitschrift, die ausschließlich Krimis, SF und Abenteuergeschichten veröffentlichte, aber als Beilage zur Jugendzeitschrift *Wokrug sweta* (Um die Welt) firmierte. – *Anm. d. Übers.*

** Glawlit, die Hauptverwaltung für Literatur, war die wichtigste sowjetische Zensurbehörde. – *Anm. d. Übers.*

gene antisowjetische Anspielung lag in dieser Figur, die zwar kräftig und plastisch gezeichnet war, aber nur spaßig und überdreht sein sollte? Damals ist es uns nicht gelungen, das herauszufinden, und jetzt ist dieses Geheimnis offensichtlich mitsamt seinem ganzen Zeitalter untergegangen. Es gab vage Gerüchte, dass jemand von den Vorgesetzten der mittleren Ebene argwöhnte (zu argwöhnen wagte!), mit der Wanze sei einer der Mächtigsten der Welt gemeint, aber wer? Und hatte er es wirklich geargwöhnt? Argwöhnen ist ja keine Kunst, aber wie sollte man den Argwohn seinen Untergebenen vermitteln? Ist nicht, wer solch einen Frevel argwöhnt, in gewissem Sinne seinerseits schon ein Frevler? Hatte es tatsächlich solch einen Verdacht gegeben, und wenn ja, wem, wann und auf welche Weise wurde er bekannt? Keine Antwort.

Im Oktober deutete sich plötzlich eine Möglichkeit an, »Das Märchen von der Troika« im SF-Almanach des Verlages Snanie zu veröffentlichen. Mit der Herausgabe der nächsten Ausgabe war Sewer Gansowski betraut worden, ein hervorragender Schriftsteller, ein wunderbarer, lieber Mensch und unser guter Freund. Er wollte versuchen, das »Märchen« beim Verlag durchzubringen, aber unter der Bedingung, dass es auf fünf bis sechs Autorenbögen gekürzt würde. Also fast um die Hälfte. Wir beschlossen, diese Arbeit anzupacken, und taten es sehr energisch, sodass die gekürzte Version (in der Rohfassung) buchstäblich in drei Tagen (23.–25. Oktober) fertig wurde. Und das, obwohl wir wider Erwarten mit voller Kraft arbeiten mussten: Die Erzählung wollte sich partout nicht einfach mechanisch kürzen lassen, wir mussten sie praktisch neu schreiben, eine ganz eigenständige Variante herstellen – diejenige, die im vorliegenden Band enthalten ist.

Nachdem diese Variante erst einmal auf der Welt war, begann sie ihr eigenes, selbstständiges Leben, unabhängig vom traurigen Schicksal des »Märchens #1« (das lange Zeit im

Archiv blieb), ein gesondertes Leben, das in gewissem Grade nicht einmal von den Autoren selbst abhing. In den SF-Almanach kam sie natürlich nicht (die Obrigkeit stellte sich auf die Hinterbeine), sie wurde sowohl im Kinderbuchverlag als auch bei Molodaja gwardija abermals begutachtet und abermals abgelehnt, und einige Zeit später geriet sie über eine private Bekanntschaft in den in Irkutsk erscheinenden Almanach *Angara**, wo sie in zwei Ausgaben denn auch (zunächst) glücklich veröffentlicht wurde.

Doch die Autoren freuten sich ganz grundlos über diesen kleinen »Sieg der Kräfte von Vernunft und Fortschritt«. Wie unsere Mutter in solchen Fällen gern sagte: zu früh gefreut – schon bald bereut. Mitte 1969 brach im fernen Sibirien ein kurzer, heftiger Skandal los, in Parteikreisen kochten die Leidenschaften hoch, und schon in der 9. Nummer der Zeitschrift *Journalist* erschien in der Rubrik »Parteikomitees über die Presse (Irkutsk)« eine lapidare, aber überaus gehaltvolle Information ganz im Geiste von Lawr Fedotowitsch Wunjukow:

> Das Gebietskomitee der KPdSU hat die Fragen der ideell-politischen Fehler erörtert, die von der Redaktion des Almanachs *Angara* begangen wurden. Auf den Seiten dieses Almanachs wurde die in ideeller Hinsicht schädliche Erzählung »Das Märchen von der Troika« von A. und B. Strugatzki veröffentlicht. [...] Für die gravierenden Fehler, deren Folge insbesondere die Veröffentlichung der ideell haltlosen Erzählung von A. und B. Strugatzki war, wird dem Chefredakteur des Almanachs *Angara* J. Sam-

* Während der weiter oben erwähnte SF-Almanach des Verlages Snanie eine unregelmäßig erscheinende Buchreihe war, erschien der Almanach *Angara* in Buchform, aber mit der Periodizität einer Zeitschrift. – *Anm. d. Übers.*

sonow und dem Chefredakteur des Ostsibirischen Buchverlages W. Fridman ein strenger Tadel erteilt. Durch Beschluss des Büros des Irkutsker Gebietskomitees der KPdSU wird J. Samsonow von der Arbeit entbunden.

Und das war erst der Anfang. Die eigentlichen Unannehmlichkeiten zeigten sich anderthalb Jahre später, als der Obrigkeit bekannt wurde, dass das »Märchen« nicht nur ideell schädlich, sondern noch dazu im Westen veröffentlicht worden war, und nicht irgendwo, sondern in der kleinen antisowjetischen Zeitschrift *Grani* (Facetten).

Für diesen Fall gab es eine gut organisierte und eingespielte Prozedur. Der sogenannte »Sekretär für organisatorische Fragen« der Abteilung des Schriftstellerverbandes, bei der der betreffende Autor registriert war, lud den Delinquenten vor, machte ihm den der allgemeinen Lage angemessenen Einlauf und schlug ihm vor, sich schriftlich von der feindlichen Provokation zu distanzieren und diese Distanzierung anschließend in der Presse zu veröffentlichen. Wenn der Schriftsteller bereit war, den obrigkeitlichen Anweisungen zu folgen, wurde der Fall zu den Akten gelegt und der Delinquent, rot vor Wut und vor Scham, trat wieder ins Glied. Machte er indes Sperenzchen, fing plötzlich an, sich über die Freiheit der Kunst zu verbreiten, über die verfassungsmäßigen Rechte und dergleichen exotischen Kram – kurzum, wenn er »den Revolutionär mimte« –, dann wurde sein Fall automatisch auf dem Dienstweg an die »zuständigen Organe« weitergeleitet, die ja genau dazu da waren, Hörner abzustoßen, Flausen auszutreiben und auf Linie zu bringen. Zumal ein Präzedenzfall (der Fall Sinjawski-Daniel) schon rechtzeitig geschaffen worden war.

Arkadi (als bevollmächtigter Vertreter der Strugatzkis) wurde zum Sekretär der Moskauer Schriftstellerorganisation für organisatorische Fragen bestellt, zu dem Genossen

Iljin (vormals Oberst, wenn nicht gar Generalmajor des KGB), und dort befragt.

»Was NTS bedeutet, wissen Sie?«, fragte der Gen. Iljin.

»Weiß ich«, sagte Arkadi bereitwillig. »Maschinen-Traktoren-Station.«

»Nicht MTS, sondern NTS!«, blaffte der Gen. Iljin. »Der Volks-Arbeits-Bund!«*

»Nein, weiß ich nicht«, sagte Arkadi fast wahrheitsgemäß, denn er hatte von der Sache nur eine äußerst nebelhafte Vorstellung.

»Dann sehen Sie sich mal das an«, sagte die Obrigkeit unheilverkündend, holte aus dem riesigen Safe ein weißes Büchlein und warf es vor dem Angeklagten auf den Tisch. Es war eine Nummer der Zeitschrift *Grani* mit dem wohlbekannten Text.

Es folgte ein Gespräch, nach dem Arkadi fast sofort seine Sachen packte und nach Leningrad kam, ins Schriftstellerhaus Komorawo, um gemeinsam mit dem Bruder den Roman »Picknick am Wegesrand« zu schreiben.

Seither sind beinahe dreißig Jahre vergangen**, aber ich erinnere mich deutlich an die Gefühle, die mich erfassten, als ich Arkadis Bericht hörte und begriff, was für eine widerwärtige Aktion uns bevorstand. Es waren: durch und durch erniedrigende Furcht, ohnmächtige Wut und ein fast physischer Ekel.

Im Unterschied zu vielen, vielen anderen hatten die Strugatzkis niemals vor, illegal im Ausland zu publizieren. Derlei Handlungen hielten sie immer nicht nur für gefährlich, son-

* Der Volks-Arbeits-Bund war eine im Westen tätige antisowjetische (»weißgardistische«) Emigranten-Organisation, »NTS« ist die russische Abkürzung. – *Anm. d. Übers.*

** Die vorliegende Fassung der Kommentare Boris Strugatzkis entstand um 2000. – *Anm. d. Übers.*

dern auch für völlig sinnlos. Unser Leser befindet sich hier, und schreiben müssen wir für ihn und für keinen anderen (wie auch für nichts anderes) – so oder so ähnlich formulierten wir für uns das Wesen dieser Frage. Natürlich verurteilten wir niemanden, der keinen anderen Ausweg sah und gezwungen war, »drüben« zu veröffentlichen, mitunter bewunderten wir sogar den Mut dieser Leute, ihre Bereitschaft, größte Opfer auf sich zu nehmen; doch für uns selbst betrachteten wir diesen Weg immer als völlig inakzeptabel und unnötig. Unsere Manuskripte (»Die Schnecke am Hang«, »Das Märchen von der Troika«, »Die hässlichen Schwäne«) sind auf ganz unterschiedlichen Wegen in den Westen gelangt; von einigen haben wir später, nach der Perestroika, erfahren, einige sind bis heute ein Buch mit sieben Siegeln, doch niemals sind diese Publikationen mit unserem Wissen und Einverständnis erfolgt. Mehr noch, wenn uns diese Vorgehensweise vorgeschlagen wurde, haben wir immer abgelehnt – in mehr oder weniger scharfer Form.

Und nun also mussten wir unsere Haltung zu einem Vorgang ausdrücken, der uns unangenehm war, einem Vorgang, den wir für völlig sinn- und nutzlos hielten und außerdem noch für taktlos uns gegenüber. Und indem wir unsere Haltung gegenüber diesem Vorgang zum Ausdruck brachten – eine ablehnende, zweifellos durchweg ablehnende Haltung! –, mussten wir gleichzeitig wider Willen sozusagen diejenigen billigen, die uns zu dieser Stellungnahme zwangen, uns mit ihnen in einem einmütigen Impuls amtlicher Empörung vereinigen, uns auf ihre Seite der Barrikade stellen, wo es nichts als Schurken, Lumpen und Dummköpfe gab, wo sich alle unsere Feinde versammelten und wo es keinen einzigen unserer Freunde gab (nicht geben konnte!).

Oh, war das eine überaus widerwärtige Beschäftigung! Einen halben Tag lang überdachten wir unser kurzes Distanzierungsschreiben, und noch einen halben Tag lang schrieben wir es dann nieder. Es war uns zuwider, dass wir *gezwungen* wurden, das zu tun. Es war uns zuwider, weil wir selbst in dem Vorgang nichts Schlimmes sahen (»Haben sie uns halt gedruckt – was kümmert's uns? Was gibt es denn da schon zu holen!«*), aber aufrichtigste Entrüstung und Empörung mimen mussten. Die Wut auf die Idioten, die das Manuskript ins Ausland geschickt hatten, und auf die wohlmeinenden Dummköpfe, die es (mit den allerbesten Absichten, versteht sich!) veröffentlicht hatten, verursachte uns ebenso Übelkeit, und wie …

> Wir wurden davon in Kenntnis gesetzt, dass 1970 in Nr. 78 der Zeitschrift *Grani* unsere 1968 im Almanach *Angara* (Nr. 4–5) erschienene Erzählung »Das Märchen von der Troika« nachgedruckt wurde. Wir wurden ebenfalls in Kenntnis gesetzt, dass die Zeitschrift *Grani* als Organ des NTS eine ausgeprägt antisowjetische Linie verfolgt. Aus diesem Grunde haben wir Folgendes mitzuteilen:
>
> 1. Die Erzählung »Das Märchen von der Troika« wurde von uns als Satire auf gewisse negative Erscheinungen konzipiert, die mit der Entwicklung der Wissenschaft einhergehen und unvermeidliche Begleiterscheinungen des stürmischen wissenschaftlich-technischen Fortschritts unserer Tage sind. Wir maßen uns kein Urteil über Vorzüge und Nachteile unserer Erzählung an, doch nach Ansicht einer Reihe kompetenter Genossen (größtenteils Wissenschaftler) ist »Das Märchen von der Troika« ein zeitgemäßes Werk und wurde in den wissenschaftlich-technischen Kreisen unserer Gesellschaft gut aufgenommen.

* Da die Sowjetunion damals keinen Urheberrechtsabkommen angehörte, war rein juristisch gegen den ausländischen Nachdruck eines in der UdSSR erschienenen Werkes nichts einzuwenden. – *Anm. d. Übers.*

2. Es ist für uns völlig offensichtlich, dass die unbegründeten und voreingenommenen Angriffe seitens einiger Mitarbeiter von lokaler Bedeutung sowie unqualifizierter Journalisten gegen »Das Märchen von der Troika« und andere von unseren Werken der Redaktion der antisowjetischen Zeitschrift *Grani* keinerlei Recht geben, uns als ihre Autoren zu betrachten.

3. Wir protestieren kategorisch gegen die Veröffentlichung unserer Erzählung auf den Seiten der antisowjetischen Zeitschrift *Grani*, da diese Provokation unsere normale Arbeit behindert, und fordern, dass dergleichen in Zukunft unterbleibt.

Datum: 30.3.1971 Unterschriften

Wir schrieben es und machten uns sofort verbissen daran, die erste Rohfassung von »Picknick am Wegesrand« zu vollenden. Um den verdammten Schleim vom Farbband der Schreibmaschine wegzuwischen. Um den Geschmack der ideologischen Brechwurz im Munde loszuwerden. Um uns wieder, wenn nicht als Menschen, so wenigstens hinreichend menschenähnlich zu fühlen …

Gott sei Dank wurde unser Text nirgends gedruckt. Man erzählte uns, der Genosse Tschakowski, der damalige Chefredakteur der *Literaturzeitung*, der nach dem Plan der Obrigkeit unsere reuemütige Distanzierung veröffentlichen sollte, habe nach der Lektüre voller Abscheu gesagt: »Ich verstehe nicht, gegen wen sie eigentlich protestieren – gegen die *Grani* oder gegen unsere Journalisten«, also druckte er nichts. Damit war der Fall der Westausgaben der Strugatzkis erledigt. Vorläufig.

Viele Jahre lang ist die zweite Version des »Märchens von der Troika« in Abschriften und Xerokopien des Textes in der *Angara* verbreitet worden. Mir persönlich gefiel sie sogar besser als die vollständigere erste Version. Sie erschien uns kompakter, stilistisch vollkommener, obwohl der Schluss meiner Ansicht nach in der ersten Variante besser war. Gar zu sehr ähnelte der Schluss der zweiten Variante dem berüchtigten *Deus ex machina,* dem »Gott aus der Maschine«, zu dem die antiken Dramaturgen in ihrer Verzweiflung griffen, wenn sie sich in den raffinierten Wendungen der eigenen Handlung verirrt hatten. Arkadi übrigens hat immer die vollständige Version vorgezogen, er zitierte gern daraus, und es fiel mir schwer, mit ihm zu streiten. Wozu auch?

Sobald es möglich wurde, veröffentlichten wir unverzüglich die vollständige Variante – 1987 in der Zeitschrift *Smena* (Ablösung); zwanzig Jahre, nachdem wir sie geschrieben hatten. Und als wir unsere erste zweibändige Ausgabe ausgewählter Werke im Verlag Moskauer Arbeiter vorbereiteten, versuchten wir, beide Versionen zu kombinieren und aus jeder das Beste zu nehmen. Zu unserer großen Verwunderung zeigte sich, dass diese Arbeit die volle Schöpferkraft erfordert, dass man sie nicht nebenbei erledigen kann, dass man sich gründlich hinsetzen und alles von Neuem erfinden, umsortieren und umschreiben muss – kurz gesagt, wir hätten eine neue, dritte Erzählung schreiben müssen. Das haben wir nicht auf uns genommen. Es waren bewegte Zeiten, wir arbeiteten unter Volldampf an »Die Last des Bösen«, unsere Kräfte aber waren nicht mehr dieselben wie früher, für alles reichte es nicht; wir mussten wählen und entschieden uns für die »Last«. Später habe ich dann, schon allein geblieben, beschlossen, »Das Märchen von der Troika« entweder in einer der beiden Varianten oder in beiden gleichzeitig zu veröffentlichen.*

* Die vorliegende Werkausgabe enthält auf ausdrücklichen Wunsch Boris Strugatzkis die zweite, kürzere Fassung. Die längere erste ist als vierte Geschichte 1990 in der Ausgabe »Der Montag fängt am Samstag an« im Verlag Volk und Welt Berlin erschienen. Die aktuellen russischen Strugatzki-Werkausgaben enthalten beide Versionen. – *Anm. d. Übers.*

Das lahme Schicksal

Die Entstehungsgeschichte dieses Romans ist ungewöhnlich und ziemlich kompliziert, sodass ich nun, da ich mich ihr zuwenden will, nicht recht weiß, wo ich am besten beginnen und in welcher Reihenfolge ich die Ereignisse darlegen soll.

Erstens der Titel. Er wurde vor langer Zeit erdacht und war für ein ganz anderes Werk vorgesehen – »von dem Mann, den zu kränken gefährlich war«. Diese Erzählung haben wir viele Jahre lang erörtert, kamen ihr bald näher, bald schienen wir uns völlig von ihr zu entfernen, und schließlich schrieb Arkadi sie allein nieder – unter dem Pseudonym »S. Jaroslawzew« und dem Titel »Ein Teufel unter den Menschen«. Ihren ursprünglichen Titel – »Das lahme Schicksal« – übertrugen wir auf den Roman über den sowjetischen Schriftsteller Felix Sorokin und seine deprimierenden Abenteuer in der Welt der Realien des entwickelten Sozialismus.

Dieser Roman entstand aus einer ziemlich singulären Idee heraus: In einem Institut wird mit Hochdruck an der Entwicklung eines fantastischen Geräts namens Zoilus-Maß gearbeitet, das imstande ist, den Wert eines Kunstwerkes *objektiv* zu messen. Den Begriff selbst entlehnten wir einer wenig bekannten Erzählung von Akutagawa; Zoilus war ein altgriechischer Philosoph, der sich durch besonders bösartige Kritik an Homer den Jahrhunderten eingeprägt hat, sodass sein Name zum Synonym für giftige, erbarmungslose und missgünstige Kritik überhaupt geworden ist. Die erste Erwähnung eines Werkes mit diesem Titel in unserem Arbeitsjournal datiert vom November 1971; doch damals schwebte uns ein Theaterstück vor, kein Roman.

Die ersten eingehenderen Erörterungen des Romans fanden dem Tagebuch zufolge erst im November 1980 statt, dann folgt wieder eine Pause von fast einem Jahr, bis Oktober 1981, und erst im Januar 1982 beginnt die gründliche

Arbeit an der Rohfassung. Zu diesem Zeitpunkt standen alle tragenden Situationen und Episoden fest, das Handlungsgerüst war fertig und das literarische Vorhaben endgültig formuliert: einen Bulgakow'schen »Meister«* der Achtzigerjahre zu schreiben, der allerdings nicht von dem *Meister* handeln sollte, sondern vom unendlich talentierten und bemerkenswerten, unglücklichen Literaten Maksudow aus Bulgakows »Theaterroman« – wie er vor dem Hintergrund unserer trägen, »stagnierenden« Achtzigerjahre wirken, leiden und schaffen würde. Der Prototyp für F. Sorokin war Arkadi mit seiner Biografie und sogar in erheblichem Maße mit seinem Schicksal, und der Arbeitstitel für den Roman lautete damals »Hundefleischhändler«. (Aus besagter Erzählung Akutagawas: »Seitdem dieses Ding erfunden ist, sind alle diese Schriftsteller und Künstler erledigt, die mit Hundefleisch handeln und es Rindfleisch nennen …«)

Die Arbeit an der Rohfassung wurde im Januar 1982 beendet, und da wurde der Roman auch in »Das lahme Schicksal« umbenannt, und das Motto wurde gefunden – das quälend traurige und treffende Haiku des alten japanischen Dichters Raizan über den Herbst unseres Lebens. (Die wenigsten bemerken das, aber »Das lahme Schicksal« ist ja – in erster Linie – ein Roman über das erbarmungslos heranrückende Alter, das uns weder Freude noch Rettung verspricht – wenn man will, ein »Eingeständnis des Alters«.)

»Das lahme Schicksal« war unser zweiter (und letzter) Roman, den wir ganz bewusst »für die Schublade« geschrieben haben, da uns klar war, dass für ihn keinerlei Aussicht

* Gemeint ist der berühmte fantastische Roman »Der Meister und Margarita« von Michail Bulgakow, der, in den Dreißigerjahren geschrieben, bis in die Sechzigerjahre hinein verboten war und beim Erscheinen 1966/67 (zunächst in einer politisch entschärften Fassung) als Sensation empfunden wurde. – *Anm. d. Übers.*

auf Veröffentlichung bestand. Die Zeitschriftenversion erschien erst 1986 in der Leningrader *Newa* – das war (für uns) das erste Wunder der aufflackernden Perestroika, ein Anzeichen der großen Veränderungen und ein Vorgeschmack auf die neue Zeit. Und just da erhob sich vor uns ein Problem von ganz eigener Art, anscheinend ganz punktuell, das aber dennoch nach einer eindeutigen und konkreten Lösung verlangte.

Es ging um die Blaue Mappe Felix Sorokins, um sein ureigenstes Werk, sein Lieblingskind, das er sorgsam vor allen versteckt, vielleicht für immer. Während wir an dem Roman arbeiteten, gingen wir zu unserer eigenen Orientierung davon aus, dass der Inhalt der Blauen Mappe unser »Experiment«* sei, wovon entsprechende Zitate und allerlei Gedanken Sorokins bezüglich seines geheimen Manuskripts zeugten. Natürlich war uns dabei klar, dass diese kurzen Verweise auf einen aus der Sicht des Lesers inexistenten Roman unmöglich genügen konnten, um dem Leser einen wirklich vollständigen Eindruck vom zweiten Leben unseres Helden zu geben, von seinem in gewissem Sinne wahren Leben. Im Idealfall hätten wir ein Werk eigens zu diesem Zweck verfassen müssen, ähnlich dem Pilatus-Teil in »Der Meister und Margarita«, oder wenigstens zwei, drei Kapitel solch eines Werkes, um sie in unseren Roman einzufügen. Aber wir hatten kein passendes Sujet, und nicht einmal für ein paar Kapitel war Material vorhanden, sodass wir zunächst beschlossen, uns ein Herz zu fassen und für die gute Sache die ersten beiden Kapitel von »Das Experiment« zu opfern – sie in »Das lahme Schicksal« einzufügen, damit sie dort den

* »Das Experiment« in Band 2 der vorliegenden Werkausgabe, auch einzeln unter diesem Titel und als »Stadt der Verdammten« erschienen, ist das andere Werk, das die Strugatzkis »für die Schublade« geschrieben hatten. – *Anm. d. Übers.*

Inhalt der Blauen Mappe darstellten. Doch das hieß, einen Roman (und sei es auch ein guter) um den Preis der Zerstörung eines anderen Romans zu schmücken, eines Romans, den wir innig liebten und sorgsam für die Zukunft aufbewahrt hatten (und sei es auch eine unerreichbar ferne Zukunft). Wir hätten »Das Experiment« *komplett* in »Das lahme Schicksal« einfügen können, was alle Probleme gelöst, aber zugleich bedeutet hätte, sämtliche vernünftigen Proportionen des resultierenden Textes zu sprengen; denn in diesem Fall wäre der Binnenroman dreimal so lang wie der eigentliche gewesen, was doch zumindest unpassend gewirkt hätte.

Und da erinnerten wir uns unseres alten, kürzeren Romans »Die hässlichen Schwäne«. Wir hatten ihn im April 1966 konzipiert, vor unglaublich langer Zeit also, vor einer ganzen Epoche, und ihn ungefähr damals auch geschrieben. Anfang der Achtzigerjahre hatte er schon sein eigenes, sehr typisches Schicksal – das Schicksal eines Samisdat-Manuskripts, das in Tausenden von Abschriften kursierte, das illegal und ohne Wissen der Autoren im Ausland veröffentlicht worden und den »zuständigen Organen« wohlbekannt war, von diesen aber nicht besonders eifrig verfolgt wurde – der Roman lief bei ihnen unter der Rubrik »dekadent«, aber nicht »antisowjetisch«.

Geschrieben hatten wir »Die hässlichen Schwäne« für einen Band im Verlag Molodaja gwardija. Dieser Band (»Die zweite Invasion der Marsmenschen« plus »Die hässlichen Schwäne«) war sogar im Plan angekündigt, ich glaube, für 1968, erschien dann aber in anderer Zusammensetzung: Anstelle der »Schwäne« druckte der Verlag »Praktikanten«.* Die »Schwäne«

* Auch »Die zweite Invasion der Marsmenschen« war nicht unproblematisch und musste in einem Vorwort eigens in einen ideologisch günstigen Zusammenhang mit »Praktikanten« gebracht werden, von dem er sich andererseits in der Machart so offensichtlich unterschied, dass der Verlag

wurden abgelehnt. Sie verströmten eine Atmosphäre von Hoffnungslosigkeit und Verzweiflung, und selbst wenn die Autoren bereit gewesen wären, die zahlreichen und ganz unausrottbaren »Anspielungen und Assoziationen« zu streichen, hätte diesen Buckligen (wie die Autoren über einige ihrer Werke zu sagen pflegten) nicht einmal unser sowjetisches Kolumbarium geradebiegen können.* Es ging einfach nicht, obwohl die Autoren sich bemühten, die Düsternis und Verzweiflung etwas aufzuhellen, indem sie das letzte Kapitel anfügten, in dem die Zukunft, nachdem sie alles Verdorbene und Schmutzige aus der Gegenwart hinweggefegt hat, dem Leser in Gestalt einer Art *Homo novus* erscheint, der sowohl allmächtig als auch barmherzig ist. (In der allerersten Fassung endete der Roman mit der Szene im Restaurant und den Worten Golems: »Das arme schöne Entlein!«)

Die zweite und letzte Fassung von »Die hässlichen Schwäne« wurde im September 1967 abgeschlossen und im Oktober von Molodaja gwardija endgültig abgelehnt. Danach wollte sie niemand mehr nehmen. Der Roman hatte illegalen Status erlangt.

> 01.10.68 – Boris: »Leute, die in Odessa waren, erzählen, dass dort unter der Hand eine Schreibmaschinen-Abschrift der ›Schwäne‹ verkauft wird – 5 Rubel das Stück. Ich habe

die beiden Texte als Wendeband druckte. »Praktikanten« war 1962 im selben Verlag schon einmal erschienen und galt als unbedenklich. – *Anm. d. Übers.*

* »Den Buckligen biegt (nur) das Grab gerade«, sagt ein russisches Spruchwort. Ein Kolumbarium (eigentlich »Taubenschlag«) nennt man die Wand einer römischen Grabkammer, wo viele Urnen aufgereiht sind. Die Formulierung stammt aus dem Roman »Die Jagd nach der Million« von Ilf und Petrow (der Fortsetzung der berühmten »Zwölf Stühle«) und lautet in der bekannten deutschen Übersetzung von Brod, v. Pruss-Glowatzky und Hoffmann »Sowjeturnenhalle«. – *Anm. d. Übers.*

keine Ahnung, wie es dazu kommen konnte. Ich habe das Manuskript nur zuverlässigen Leuten gegeben.«

Boris hatte Arkadi schwer im Verdacht, »Die hässlichen Schwäne« leichtsinnig verbreitet zu haben, Arkadi verdächtigte Boris. Aber der Fall lag anders: In die illegale Verbreitung war das Manuskript direkt aus den Lektoraten und Redaktionen geraten, wo wir es ganz offiziell eingereicht hatten und von wo Abschriften »unters Volk« kamen. Die Autoren begriffen nicht gleich, was da vor sich ging, doch auch als sie es begriffen hatten, ließen sie es sich nicht verdrießen und gaben das Manuskript an immer neue Redaktionen – wir nannten das »Streufeuer schießen«, aufs Geratewohl, in der Hoffnung, irgendwie, irgendwo mit Gottes Hilfe doch durchzukommen.

Nichts kam durch. Ich vermag mich nicht mehr zu erinnern, bei welchen Zeitschriften das Manuskript war. Einzelne Anmerkungen dazu sind in Briefen und Tagebüchern erhalten geblieben. So lag der Roman im Sommer 1970 anscheinend bei der *Neuen Welt* und im Winter bei der *Newa*.

> 9.01.71 – Boris: »… dass die Information, der zufolge Ju. Dombrowski ein positives Gutachten zu den ›Schwänen‹ geschrieben haben soll, nicht zutrifft. Isja Katzman hat Dombrowski zu Neujahr getroffen, und der sagte, man habe ihm die ›Schwäne‹ tatsächlich zur Begutachtung angetragen, er habe sie aber nicht genommen, weil er ›von Science Fiction keine Ahnung hat und nichts begutachten kann, wovon er nichts versteht‹. Bei der *Newa* habe ich wegen der ›Schwäne‹ noch nicht angerufen …«
>
> 10.02.71 – Boris: »Wie zu erwarten, ist es mit den ›Schwänen‹ in der *Newa* nichts geworden.«

Erhalten geblieben sind ein paar interessante Beispiele für den Informationsaustausch betreffs einer Veröffentlichung von »Die hässlichen Schwäne« in der Zeitschrift *Junost* (Die Jugend), wo damals Boris Polewoi Chefredakteur war.

30.03.71 – Arkadi: »Unmittelbar vor der Abreise bin ich ins Zentrale Haus der Literatur gegangen und dort auf Polewoi gestoßen. Er hat mich bei der Hand genommen und streng gesagt: ›Wir machen Reklame für Sie. Geben Sie uns etwas.‹ Ich habe dreist geantwortet: ›Wir geben schon was, aber ob Sie es nehmen werden?‹ Zu mehr bin ich nicht gekommen, er wurde schon von anderen in Beschlag genommen. Eine komische Situation. Ich habe gleich kalkuliert und gedacht, vielleicht sollten wir ihm eine kleine Novelle auf der Basis des Kraken Spiridon geben, so drei, vier Bögen? Irgendwas über das Gericht, über die Pottwale oder über Diplomatie, alle mit den Helden des ›Montags‹ …«
03.10.71 – Boris: »Polewois Verhalten ist merkwürdig. […] Weißt du, was ich vorschlage? Schieb ihm die ›Schwäne‹ unter! Was riskieren wir denn schon? Vielleicht kommt wenigstens irgendeine ›Zeitschriftenfassung‹ durch. Na ja, und wenn es nicht klappt, können wir immer noch den Spiridon ankündigen. […] wenn die ›Schwäne‹ womöglich doch durchkommen? Bei denen geht ja die Auflage zurück, es läuft nicht besonders gut, sonst fiele ihnen nicht im Traum ein, sich an uns zu wenden. Und da haben wir einen Roman über die faulende bürgerliche Moral, darüber, wie der Kapitalismus die Zukunft zerstört. Und so weiter. Einen Versuch ist es doch wert …«
06.10.71 – Arkadi: »Die Idee, Polewoi die ›Schwäne‹ aufzudrücken, ist mir auch gekommen, aber ich habe sie als nicht verrückt genug abgetan.* Aber wenn du meinst,

* Das ist eine Anspielung auf eine dem Nobelpreisträger Niels Bohr zugeschriebene Äußerung: »Ihre Theorie ist natürlich verrückt. Fragt sich nur, ob sie verrückt genug ist, um wahr zu sein.« – *Anm. d. Übers.*

dann mache ich das. Wir müssen nur den Titel ändern. ›Die hässlichen Schwäne‹ ist gar zu anrüchig. Lass uns irgendwas wie ›Das Ende des Regens‹ oder ›Als der Regen aufhörte‹ nehmen. Schick mir deine Überlegungen zum Titel.«

11.10.71 – Boris: »Anstelle von ›H. Schw.‹ schlage ich folgende Titel vor: ›Das Jahr des Wassers‹, ›Die Zeit der Arche‹, ›Mache dir einen Kasten von Tannenholz‹ (das sind die Worte Gottes zu Noah), ›Vierzig Tage und vierzig Nächte‹ (die Zeit des Regens zu Beginn der Sintflut), ›Zeit des Regens‹. Aber eigentlich ist es wohl überhaupt egal, wie der Titel lautet – wenn sie den Roman nehmen, denken wir uns einen aus. Aber es wäre gut, ihn mit der Sintflut in Zusammenhang zu bringen – sozusagen die Sintflut des Kommunismus, die über den hinfällig gewordenen Noah der kapitalistischen Ideologie hereinbricht …«

13.11.71 – Arkadi: »… Die ›H. Schw.‹ (alias ZdR) habe ich unter überaus amüsanten Umständen übergeben. Ehe ich in die Majakowski-Straße ging, wohin die *Junost* umgezogen ist, bin ich zum Essen in unsere Kneipe gegangen. Ich stehe da, suche einen Platz, und plötzlich zieht mich jemand am Hosenbein. Ich schaue hin – da sitzt an einem Tischchen Mary Lasarewna Oserowa, die Abteilungsleiterin für Belletristik bei der *Junost*.

›Wo bleibt das versprochene Manuskript?‹

›Ich habe es. Ich wollte mit Polewoi reden …‹

›Wo ist es? Haben Sie es bei sich?‹

›Ja, aber ich wollte mit …‹

›Da gibt es nichts zu bereden. Geben Sie's her.‹

›Da, bitte. Aber ich muss …‹

›Später, später. Wir lesen es, und danach reden wir.‹ Und das war's. Sie hat die H. Schw. (ZdR) in ihren Krallen weggeschleppt, hat versprochen anzurufen …«

Damit hörte alles »überaus Amüsante«, soweit es die »Schwäne« und die *Junost* betraf, ein für alle Mal auf. Es folgte trister Alltag. Eigentlich geschah gar nichts besonders Unerwartetes.

> 29.01.72 – Arkadi: »In der *Junost* komplette Abfuhr. Auf der unteren Ebene haben sie das Ding begeistert aufgenommen, doch dann hat es Polewoi gelesen und verkündet, dass es nichts taugt; dabei hat er der unteren Ebene etwas über Marcuse erzählt und darüber, dass es in der BRD keinerlei Nazismus gibt. […] Gleich hat sich Preobrashenski angeschlossen und geschrieben, dass er mit Boris Nikolajewitschs Meinung völlig übereinstimmt. Merkwürdig ist, dass niemand auf der unteren Ebene die Gutachten von Polewoi und Preobrashenski zu Gesicht bekommen hat. Beide sind in einem Exemplar ausgefertigt und dann gleich zur Bezahlung an die Buchhaltung gegeben worden. Das Manuskript habe ich abgeholt und ins Regal gelegt. Soll es vorerst dort liegen …«

Und das Manuskript fand seinen Platz im Regal. Einen festen Platz, und für lange. Die Autoren hörten vorübergehend auf zu zappeln und es an immer neuen Stellen anzubieten. Sie wussten damals noch nicht, dass das Schicksal dieses ihres Romans schon entschieden war, und zwar auf lange Jahre im Voraus. Im November 1972 übergab Arkadi Boris einen Brief mit dem Bericht über sein Treffen mit dem berüchtigten, schon im Zusammenhang mit dem »Märchen von der Troika« erwähnten Genossen Iljin (dem ehemaligen KGB-General und zu jener Zeit Sekretär der Moskauer Schriftstellerorganisation für organisatorische Fragen).

> 24.11.72 – Arkadi: »Am Montag, dem 13., war ich bei Iljin. Vorher hatte ich (so ein Zufall!) ein Gutachten zum Mir

gebracht, und dort erzählte Devis mit schiefem Grinsen und zur Seite blickend: In Frankfurt am Main sollte eine Ausstellung der Buchproduktion von Verlagen der BRD stattfinden. Von unserer Seite besuchten die Ausstellung Melentjew (heute stellv. Vorsitzender des Staatlichen Pressekomitees) und die Verlagsleitungen von Mir und Progress. Sie kamen zum Stand des Verlages Possew.* Dort waren fünf Bücher ausgestellt: Issaitschs ›1914‹, eine zweibändige Okudshawa-Ausgabe, der beschlagnahmte Grossman, ›Die sieben Tage der Schöpfung‹ von W. Maximow und Wir Beide mit den ›Schwänen‹. Über allem große Fotos der erwähnten Autoren und angeblich die Überschrift: ›Diese russischen Schriftsteller haben sich nicht mit dem bestehenden Regime abgefunden.‹ […] Na, da bin ich von Devis, vom Schicksal gebrannt, zu Iljin gegangen. Ich dachte, er würde mich anscheißen und wir würden beide eins übergezogen kriegen. Nichts dergleichen. Er hat mich freundlich empfangen, hat mir, glaube ich, sogar den Arm um die Hüfte gelegt, mich nicht vor den Schreibtisch gesetzt, sondern in einen der intimen Ecksessel, und er hat angefangen, über die Feinde zu klagen, die uns derart provoziert haben. Er war überaus umgänglich. Kurzum, es läuft alles darauf hinaus, dass wir uns kurz und energisch, politisch akzentuiert distanzieren

* Mir (russisch für »Welt« und für »Frieden«) war der sowjetische Verlag für ausländische wissenschaftliche und populärwissenschaftliche Literatur, der auch eine Taschenbuchreihe ausländischer Science Fiction verlegte. Der Begründer dieser Reihe, Jewgeni Arturowitsch Devis, war der Leiter des unter anderem für die SF zuständigen Lektorats. Der Verlag Progress veröffentlichte ausländische gesellschaftspolitische Literatur und Publizistik, in geringerem Maße auch Belletristik. Possew (Die Saat) war der Frankfurter Emigrantenverlag, der auch die Zeitschrift *Grani* verlegte (vgl. den Kommentar zu »Das Märchen von der Troika«). – *Anm. d. Übers.*

müssen. Dieses Papier musst du aufsetzen, du schickst es mir (das ist natürlich ungefährlich), und ich bringe es zu Iljin und versuche uns durchzuwursteln …«

(Sonderbar liest sich das heute, nicht wahr? Ein Brief aus einer anderen Zeit und von einem anderen Planeten … Ich kann mir nicht verkneifen, diesen Eindruck zu verstärken, indem ich aus demselben Brief ein Stück zitiere, das nicht unmittelbar mit Literatur zu tun hat: »… Wie zuverlässig bekannt geworden ist, hat Pjotr Jakir, nachdem er ungefähr einen Monat lang auf dem Platz gesessen hatte*, plötzlich ein Treffen mit seiner Tochter verlangt, und nachdem ihm das gewährt worden war, hat er ihr übermitteln lassen, er habe seine Überzeugungen von Grund auf geändert und bitte alle seine ehemaligen Parteigänger, ihn, Pjotr Jakir, nicht mehr als ihren Parteigänger zu betrachten. Darauf fing er an, ALLE zu denunzieren. Ich wiederhole: ALLE. […] Bitte beachte das, und falls du Anlass dazu hast, ziehe Schlussfolgerungen …«)

Natürlich entwarf Boris unverzüglich den verlangten Text und schickte ihn nach Moskau. Darin distanzierten sich die Strugatzkis entschieden von einer »Aktion, die ohne Wissen und Einverständnis der Autoren durchgeführt wurde, offensichtlich einer politischen Provokation dient und ein Beispiel für ganz unverhohlenes literarisches Gangstertum ist«. Oder etwas in der Art – ich erinnere mich nicht genau, in welcher Formulierung das in der *Literaturzeitung* veröffentlicht wurde, und im Archiv ist nur der allererste Entwurf erhalten geblieben.

In dieser hysterisch hohen Tonlage fand die Epopöe von »Die hässlichen Schwäne« ihr verdientes Ende. Fortan (und

* Das war, wie damals jeder wusste, der Dzierżyński-Platz in Moskau, wo sich das Hauptquartier des KGB befand. – *Anm. d. Übers.*

in alle Ewigkeit, amen) konnte von einer Veröffentlichung des besagten Werkes keine Rede mehr sein. Nun stand es schon endgültig auf der schwarzen Liste und war für jeden sowjetischen Verlag tabu, und in den anderen sozialistischen Ländern auch.

Sie werden zugeben, ein Roman mit solcher Biografie eignete sich durchaus für die Rolle als Inhalt der Blauen Mappe. »Die hässlichen Schwäne« fügten sich zwanglos und glatt in »Das lahme Schicksal« ein wie eine Patrone ins Magazin. Es war ebenfalls eine Geschichte von einem Schriftsteller in einem totalitären Land. Diese Geschichte war ebenfalls in Maßen fantastisch und zugleich ganz realistisch. Und sie handelte im Grunde von denselben Fragen und Problemen, die Felix Sorokin quälten. Sie war genau so, wie sie der Mensch und Schriftsteller namens Felix Sorokin schreiben musste, der Held des Romans »Das lahme Schicksal«. Eigentlich hatte er sie in gewissem Sinne sogar tatsächlich geschrieben.

Die Fassung von »Das lahme Schicksal«, die wir der Leningrader Zeitschrift *Newa* anboten, enthielt bereits »Die hässlichen Schwäne«. Aus diesem ersten Versuch wurde übrigens nichts Gescheites. Natürlich hatte ich dem Chefredakteur der Zeitschrift die Vergangenheit von »Die hässlichen Schwäne« erzählt (das musste ich ja!), und er versprach, die Lage im Gebietskomitee der Partei zu klären. (Es war 1986, ganz zu Beginn, die Perestroika qualmt und raucht vorerst nur, nichts Genaues weiß man nicht, weder unten noch ganz oben, alles ist möglich – auch eine Wendung um hundertachtzig Grad.) Anscheinend gelang es ihm nicht, grünes Licht zu bekommen. »Das lahme Schicksal« erschien ohne die Blaue Mappe, noch dazu gründlich verhunzt im stumpfsinnigen Räderwerk der damals gerade tobenden Antialkoholkampagne des Genossen Ligatschow.

Doch schon 1987 wagte es die Zeitschrift *Daugava,* »Die hässlichen Schwäne« zu drucken (wenn auch unter dem dämlichen Titel »Regenzeit«), und nichts Schreckliches ergab sich daraus – der Himmel stürzte nicht ein, und kein strafender Blitz traf die Frevler: Die Zeiten hatten sich endlich geändert, und was verboten gewesen war, war nun erlaubt. Und – o Gelächter der Götter! – kaum dass es erlaubt war, kümmerte das vormals Verbotene niemanden mehr. Sodass die Veröffentlichung des kompletten Textes von »Das lahme Schicksal« 1989 in einer prächtigen Ausgabe der Leningrader Abteilung des Verlages »Sowjetschriftsteller« weder Aufsehen erregte noch eine Sensation war und von der Leserschaft überhaupt kaum wahrgenommen wurde. Die neue Zeit war plötzlich hereingebrochen und ein neuer Leser aufgetreten – er war fast augenblicklich entstanden, wie ein Kristall aus einer übersättigten Lösung ausfällt –, und es war Bedarf an einer neuen Literatur entstanden, einer Literatur der Freiheit und Lässigkeit, welche die »unter Felsbrocken hervordrängende«* Literatur ablösen sollte und es doch nicht tat, wohl bis zum heutigen Tage nicht getan hat.

Wir wollten einen talentierten Menschen schildern, der aber von den Lebensumständen hoffnungslos niedergedrückt wird; das »Wolfshund-Jahrhundert«** hat ihn gründlich und für immer an der Gurgel gepackt, und er ist mit allem einverstanden, hat sich schon fast mit allem abgefunden, lässt sich aber doch mitunter gehen – insgeheim, hinter fest verriegelten Türen, bei Kerzenlicht, weil er im Unterschied zu Bulgakows Maksudow genau weiß und versteht, was man heute, hier, jetzt darf und was nicht, und was man niemals dürfen wird … Felix Sorokin war uns als eine Art »Held

* »Unter Felsbrocken hervor« hieß ein 1974 in Paris erschienener Essayband, in dem unter anderem der im selben Jahr aus der UdSSR ausgewiesene Alexander Solschenizyn vertreten war. – *Anm. d. Übers.*

** Die Formulierung stammt aus Ossip Mandelstamms Gedicht »Den steigenden Zeiten zum höheren Ruhm …«. – *Anm. d. Übers.*

unserer Zeit«* erschienen, und vielleicht war er das sogar in gewissem Sinne, doch nun hatten sich – direkt vor unseren Augen! – die Zeiten geändert und mit ihnen auch viele, viele von unseren Vorstellungen, und ganz andere Leute waren zu Helden geworden. Unser Felix Sorokin aber als Typ, als Held hörte auf zu existieren – zumindest will ich das stark hoffen.

Die Aktualität seines Romans jedoch, »Die hässlichen Schwäne«, hat meiner Ansicht nach vorerst nicht gelitten, weil das Problem der Zukunft, die ihre Tentakel ins Heute vorstreckt, nicht verschwunden ist, ebenso wenig wie die rein praktische Aufgabe: Wie man es fertigbringt, sein Leben der Zukunft zu weihen, dabei aber doch in der Gegenwart zu sterben. Und je stürmischer der Fortschritt einherschreitet, je schneller die Gegenwart von der Zukunft abgelöst wird, umso schwerer ist es für Viktor Banew, mit der Umwelt im Gleichgewicht zu bleiben, in seinem permanenten Zustand des nicht nachlassenden Zukunftsschocks. Die Reiter der Neuen Apokalypse – Irma, Bol-Kunaz und Valerians – sitzen schon auf ihren Rossen, und es bleibt nur zu hoffen, dass die Zukunft niemanden exekutieren wird, auch niemanden begnadigen, sondern dass sie einfach ihren Weg geht.

* »Ein Held unserer Zeit« heißt ein Roman von Michail Lermontow. – *Anm. d. Übers.*

Anmerkungen

Hier sind Anmerkungen und Querverweise gesammelt, die für das Verständnis der Romane und Erzählungen nicht unbedingt notwendig, aber doch interessant sind. Zum größten Teil handelt es sich um Hinweise auf Werke anderer Autoren, aus denen die Strugatzkis zitieren oder auf die sie anspielen. Die meisten Hinweise auf Zitate verdanke ich den Recherchen, die Viktor Kurilski unter Mitarbeit mehrerer Strugatzki-Kenner durchgeführt und im Internet veröffentlicht hat (www.rusf.ru/abs/ludeni/kur00).

Erik Simon

SEITE 8:
Am seltsamsten aber, am unverständlichsten ist, …
Das Motto stammt aus Nikolai Gogols Novelle »Die Nase«.

SEITE 15 ff.:
»Ab in die Meeresbucht mit ihm!« … Hütte auf Hühnerbeinen … Naina Kiewna …
Das sind – ebenso wie die Eiche und die Nixe im Baum – russische Märchenmotive, die in dieser Zusammenstellung in Alexander Puschkins Versepos »Ruslan und Ljudmila« (oder: Ludmilla) vorkommen. Auch die Hexe heißt dort Naina.

Seite 24:
Das verlassene Haus ist zu einer Heimstatt für Füchse und Dachse geworden, und so können hier merkwürdige Geister und Gespenster auftauchen.
Das Zitat stammt aus der russischen Übersetzung von Ueda Akinaris Erzählungsband »Unter dem Regenmond«. (In der deutschen Übersetzung von Oscar Beul ist die betreffende Passage in der Erzählung »Das Haus im Schilfgras« deutlich länger.) In der japanischen Mythologie können Füchse und Dachse zaubern und Menschengestalt annehmen.

Seite 26:
»Ihm wurden die in Gasthäusern üblichen Gerichte serviert, als da sind ...«
Das ist ein gekürztes Zitat aus Nikolai Gogols Roman »Die toten Seelen«. (»Während ihm die in Gasthäusern üblichen Gerichte serviert wurden ...«)

Seite 27:
»Machno zog, nachdem er den Konservenschlüssel zerbrochen hatte ...«
Das Zitat stammt aus Alexej N. Tolstois Roman »Trüber Morgen«.

Seite 27:
Bei Dickens isst alle Welt Austern ...
Austern, Klappmesser und dicke Brotscheiben mit Butter finden sich beispielsweise in den Kapiteln 5 und 27 von Dickens' »Oliver Twist«.

Seite 30:
Selbiges ist ›Der Geist, oder die moralischen Betrachtungen des berühmten Young, seinen Nachtgedanken entnommen‹.

Das hier erwähnte Werk ist eine erstmals 1798 erschienene russische Kompilation von Auszügen aus »The Complaint, or Night Thoughts« (»Klagen oder Nachtgedanken«) des englischen Dichters Edward Young (1683–1765), die zum Teil auf dem Umweg übers Französische übersetzt und denen Werke verschiedener russischer und ausländischer Autoren beigefügt wurden. Das dem Titel vorangehende Prosazitat beruht auf dem Text Youngs (das englische Original hat aber Blankverse); die nachfolgenden Verse sind ein Auszug aus M. Cherkassows Ode »Die Tugend«.

Seite 31:
»Das Schaffen von Geisteskranken und sein Einfluss auf die Entwicklung von Wissenschaft, Kunst und Technik« von P. I. Karpow
Das Buch erschien 1926 im Staatsverlag Moskau und Leningrad, das auszugsweise zitierte Gedicht stammt aus den Jahren 1870 bis 1907.

Seite 36:
Mir kam in den Sinn, dass man die übliche Unterredung mit dem Teufel oder mit einem Zauberer vorteilhaft durch die geschickte Anwendung wissenschaftlichen Fachjargons ersetzen könnte.
Das schrieb H. G. Wells im Vorwort zu seinem Band »Sieben berühmte Romane« (Seven Famous Novels, 1934, hier direkt aus dem Englischen übersetzt).

Seite 37:
»Wij. Ch. M. Wij.«
»Der Wij« ist die Titelfigur einer Erzählung von Nikolai Gogol und vermag als Einziger in einer Horde gespenstischer Ungeheuer eines Nachts den Philosophen Choma Brut (siehe Seite 117) zu sehen, was für diesen übel ausgeht.

Seite 38:
Einer dieser Helden beschwor die Leser sogar, sich von jenem Vorhang fernzuhalten, der unsere Welt vom Unergründlichen trennt …
Dies geschieht in der Erzählung »Der Vampir« von Alexej Konstantinowitsch Tolstoi.

Seite 45:
»Wir müssen uns also bemühen, gut zu denken, das ist die Grundlage der Moral.«
Das steht in Blaise Pascals »Gedanken« (auch: »Gedanken über die Religion«), und zwar als Fazit des berühmten Ausspruchs vom Menschen als »denkendem Schilfrohr«.

Seite 47:
»Ein Modefatzke … Papas ›Pobeda‹ …!«
Das waren Schlagworte der offiziellen sowjetischen Propaganda gegen die »unproletarische« Jugend-Subkultur der Fünfziger-, Sechzigerjahre. »Pobeda« war eine der besseren sowjetischen Pkw-Marken; »Papas ›Pobeda‹« hieß eine Karikatur aus dem Jahre 1954, die einen jugendlichen Angeber »entlarvte«.

Seite 48:
… ein Kino, in dem der Film Kozara *lief*
Kozara ist ein jugoslawischer Partisanenfilm aus dem Jahr 1962.

Seite 52:
Wer wagt es, uns mit diesem gotteslästerlichen Spottbild zu verhöhnen? Packt ihn und reißt ihm die Maske ab – damit wir wissen, wen wir bei Sonnenaufgang an die Zinnen hängen müssen!

Das Zitat aus Edgar Allan Poes Erzählung »Die Maske des roten Todes« folgt der Übersetzung von Erika Gröger in Band 1 der »Ausgewählten Werke«, Leipzig 1989.

Seite 57:
… Einzelfall jenes berühmten Nulltransports …, den Science-Fiction-Liebhaber auch unter Begriffen wie »Hyperdurchgang«, »repagularer Sprung« und »Tarantoga-Phänomen« kennen.
»Nulltransport« und »Hyperdurchgang« kommen in der Science Fiction öfters vor. In Iwan Jefremows Roman »Der Andromedanebel« (auch: »Das Mädchen aus dem All«) erlaubt die »Repagularrechnung« Sprünge durch den Null- bzw. Antiraum, und das »Tarantoga-Phänomen« bezieht sich auf Lems Fernsehspiel *Die Forschungsreise des Professors Tarantoga.*

Seite 68:
»… Graf Cagliostro! Tolstoi zufolge war der Graf aber dick und ausgesprochen hässlich …«
So zu lesen in Alexej Tolstois fantastischer Erzählung »Graf Cagliostro«.

Seite 77:
»Auf mich wirf alle Taten …«
Das Zitat aus der Bhagavadgītā erscheint in Klaus Mylius' Übersetzung aus dem Sanskrit.

Seite 80:
»Nein, … ich bin kein Mitglied – ich bin ein Gespenst.« – »Schon gut, das gibt Ihnen aber doch noch nicht das Recht, im Meermaidklub herumzuspazieren.«
Stammt aus der Erzählung »Das unerfahrene Gespenst« von H. G. Wells.

SEITE 84:
Ich selbst, mit diesen Augen, sah Canidien …
Die Verse stammen aus der achten Satire des Horaz (erstes Buch), deutsch von Christoph Martin Wieland.

SEITE 97:
Unter den Helden einer Erzählung ragen ein bis zwei Hauptbelden hervor, die Übrigen werden als zweitrangig betrachtet.
Das Zitat stammt aus W. Golubkows »Methodik des Literaturunterrichts«, Abschnitt »Erzählung«.

SEITE 99:
Ein Teufel büchste aus und stahl den Mond. … sogar im Kino hat man die Geschichte ausgeschlachtet.
Die Geschichte steht in Nikolai Gogols Novelle »Die Nacht vor Weihnachten«. Die Filmfassung heißt (nach einem Novellenband Gogols) *Abende auf dem Weiler bei Dikanka.*

SEITE 100:
… der Kollege Kaderleiter, Kerber Psojewitsch Djomin.
»Kerber« ist die russische Schreibweise für Kerberos (Cerberus), den Höllenhund der griechischen Mythologie; »Psojewitsch« ist nach den Regeln russischer Vatersnamen gebildet und wörtlich mit »Hundesohn« zu übersetzen.

SEITE 106:
»Sein Blut v-vergießt der Caballero …« / »Und sein Ziel erreicht nur d-der …«
Die beiden ersten Verse stammen aus einer Romanze von Peter Tschaikowski nach Alexej K. Tolstois Poem »Don Juan«, die beiden anderen aus einer sowjetischen Theateraufführung des »Tanzlehrers« von Lope de Vega.

Seite 106:
»... Amontillado! Hast du noch was v-von deinen Vorräten aus Toledo?«
Eine Anspielung auf Edgar Allan Poes Horrorgeschichten »Das Fass Amontillado« und »Grube und Pendel«. Letztere spielt in einem Verlies der Inquisition in Toledo, womit auch ein Bezug zu dem wenig später erwähnten Großinquisitor hergestellt wird.

Seite 110:
Das ist unsere Art, n'est-ce pas?
Die meisten französischen Brocken, die Wybegallo in »Der Montag fängt am Samstag an« und in »Das Märchen von der Troika« einstreut, sind Lew Tolstois Roman »Krieg und Frieden« entlehnt.

Seite 114:
»Gibt es wohl einen glücklicheren Menschenschlag als jenen, der allgemein als töricht, närrisch, albern und einfältig gilt? ...«
Das ist ein verkürztes Zitat aus dem »Lob der Torheit« des Erasmus von Rotterdam.

Seite 114:
»Ihr fragt mich: / Was ist das höchste Glück auf Erden? ...
Die Verse aus Christopher Logues Gedicht »Epitaph« wurden von Erik Simon aus dem Englischen übertragen.

Seite 115 f.:
»Canst thou not come in ..., Sir?« – »Beg thy pardon«
Ein etwas altertümliches Englisch. (»Könnt Ihr nicht auf dem üblichen Weg hereinkommen wie jeder anständige Mensch, Sir?« – »Bitte um Vergebung.«)

Seite 116:
»… wie sich im letzten Jahr der Sir Vorsitzender des Kreissowjets, Genosse Perejaslawlski, und Merlin auf den Weg begaben …«
Sowohl der Charakter Merlins als auch der Stil seiner Erzählungen orientieren sich am Vorbild von Mark Twains Roman »Ein Yankee aus Connecticut an König Artus' Hof«. Merlin übersetzt dabei die Rittergeschichten sehr eigenwillig »ins Sowjetische«, sodass aus König Artus der Vorsitzende des Kreissowjets und beispielsweise aus einem Einsiedler ein »Sir Otschelnitschenko« wird (»otschelnik« ist russisch für »Einsiedler«, die Namensendung »-enko« typisch ukrainisch).

Seite 118:
»… und siehe: Aus dem See erhob sich eine Hand, schwielig und proletarisch, und sie hielt Hammer und Sichel. …«
Die schwielige Arbeiterhand war ein typisches Klischee der sowjetischen Propaganda, etwa in dem Lied »Stärker als alle die Rote Armee«, wo es heißt, die Rote Armee solle ihr Bajonett machtvoll und fest in der schwieligen Hand halten.

Seite 120:
Ich ging weiter, stieg in dunkle Gänge hinab … wie ein Labyrinth.
Das Motto stammt aus Guy de Maupassants Erzählung »Wer weiß?«.

Seite 125:
… vorbei am buckligen Pferdchen …
»Das bucklige Pferdchen« ist eine Gestalt aus dem gleichnamigen Märchen von P. Jerschow.

SEITE 132:
»Dunkel ist der Wolken Wasser«
Das Zitat steht im Original der Strugatzkis nicht russisch, sondern kirchenslawisch und wird üblicherweise angewandt, um etwas als unverständlich zu kennzeichnen. Der Ursprung ist der Psalm 18 (im russischen Psalter 17), Vers 12, der wörtlich mit der Formulierung »dunkel ist das Wasser der Wolken in der Luft« endet. (Bei Luther: »Sein Gezelt um ihn her war finster und schwarze, dicke Wolken, darin er verborgen war.«)

SEITE 132 f.:
Selbst W-Janus ... konnte sich ... ein Lächeln nicht verkneifen, wenn er an einem Seminar der Pythien oder der Auguren teilnahm.
Wie Cicero in »Von der Weissagung« berichtet, wunderte sich Cato der Ältere, dass sich ein Haruspex ein Lachen verkneifen kann, wenn er einem Kollegen begegnet. (Die etruskischen, später römischen Haruspices weissagten aus den Eingeweiden von Opfertieren, die Auguren aus dem Vogelflug, die Pythia im Tempel des Apollon unter dem Einfluss von Dämpfen aus einer Erdspalte.)

SEITE 139:
Dich für meinen Gesang, / du im treibenden Sturm ...
Das ist der Anfang von Walt Whitmans Gedicht »An eine Lokomotive im Winter«.

SEITE 141 f.:
Wir sind kein Newton und auch kein Descartes, / Wir möchten gerne die Natur bezwingen ...
Inhalt und Form der beiden Strophen von Vitjka Kornejews Lied hat Boris Strugatzki dem »Fröhlichen Marsch der Montagearbeiter« aus dem Film *Die Höhe* nachempfunden (deutsch von Erik Simon).

Seite 145:
»Ein Exemplar ist dem anderen ein Wolf.«
Hier wird auf den bekannten Satz »Der Mensch ist dem Menschen ein Wolf« (»Homo homini lupus«) angespielt, der auf die Eselskomödie des Plautus zurückgeht.

Seite 157:
Weh mir! Klein bin ich und schwach, / leichte Beute dem Vampir …
Die beiden Verszeilen stammen aus »Der Wurdulak« in Puschkins »Liedern der Westslawen«.

Seite 170:
Und es erwartet von der Natur keine Almosen, sondern nimmt sich mit seinen materiell-magischen Kräften von ihr, was es … braucht.
Hier wird auf ein geflügeltes Wort des sowjetischen Pflanzenzüchters Iwan Mitschurin angespielt: »Wir können von der Natur keine Almosen erwarten; unsere Aufgabe ist es, sie uns von ihr zu nehmen.« Der in der Praxis sehr erfolgreiche Mitschurin verfocht völlig absurde Theorien und wurde unter Stalin als Aushängeschild des Kesseltreibens gegen die sowjetischen Genetiker benutzt.

Seite 174:
Glaubt mir, ringsum war der entsetzlichste Anblick, der sich je einem Auge bot.
Das steht in »Gargantua und Pantagruel« von François Rabelais.

Seite 194, 196:
… wie der Horizont in Bewegung geriet, sich, einem gigantischen Schalenrand gleich, aufwölbte …

»Hast du den Horizont gesehen? Weißt du, woran mich das Ganze erinnert?« – »An das Einrollen des Raumes …«
Das Motiv stammt aus der Bibel, es erscheint bei Jesaja 24,4 (»… und der Himmel wird zusammengerollt werden wie ein Buch …«) und in der Offenbarung des Johannes 34,4: »Und der Himmel entwich wie ein zusammengerolltes Buch …« »Buch« meint in beiden Fällen kein gebundenes Buch im modernen Sinne, sondern eine Schriftrolle.

Seite 200:
»Als Gott die Zeit machte«, sagen die Iren, »hat er genug davon gemacht.«
Heinrich Böll: »Irisches Tagebuch«.

Seite 207:
… eine real existierende Welt, in der Anna Karenina, Don Quijote, Sherlock Holmes, Grigori Melechow und sogar Kapitän Nemo lebten.
Der im Vergleich zu den anderen literarischen Helden im Westen weniger bekannte Grigori Melechow stammt aus Michail Scholochows vierbändigem Roman »Der stille Don«. Vgl. die Anmerkung zu Seite 629.

Seite 210:
Es gibt keinen Unterschied zwischen der Zeit und einer der drei Dimensionen des Raumes, außer dass sich unser Bewusstsein auf ihrer Linie bewegt.
Das Motto stammt aus dem Kurzroman »Die Zeitmaschine« von H. G. Wells.

Seite 211:
Er rühmte sich, soeben seine drei Stunden als Fährmann auf dem Fluss abgeleistet … zu haben …

Die Abschaffung des Geldes im Kommunismus und der Wechsel zwischen körperlicher und geistiger Arbeit gehören zu typischen Vorstellungen des Marxismus.

Seite 215:
Ein paar kleine Jungen mit Shakespeare-Bänden in den Händen schlichen sich zu den Düsen eines Astroplans und sahen sich verstohlen um.
Die Jungen mit den Shakespearebänden, die gern blinde Passagiere wären, sind eine Anspielung auf G. Adamows Roman »Bezwinger der Tiefen« (1937), in dem allerdings keine Astroplane vorkommen.

Seite 215, 220 f.:
... vor einem ... Gebäude ..., das die einen Pantheon und die anderen Refrigerator nannten.
»Ach, könnte ich zu Sternenstaub werden, dann würde ich als kosmische Wolke dein Raumschiff umschlingen ...«
... und sprang ... gleich eine Million Jahre weiter.
Ein ... kugelförmiges Raumschiff ...
Etwas weiter entfernt sah ich einen alten Mann stehen, der, etwas verwirrt, Goldfische aus einem Aquarium angelte ...
Das alles sind Anspielungen auf A. Kolpakows Roman »Griada« (1960), der in der sowjetischen Science Fiction zu einem sprichwörtlichen Beispiel für Kitsch, Handlungsklischees, Unlogik und Plagiate (bei Wells abgeschriebene Szenen) geworden ist. (Vor einigen Jahren wurde ein Antipreis für das schlechteste russische SF-Buch des Jahres, das »Griada-Krokodil«, nach ihm benannt.)

Seite 216:
Anscheinend sollte jemand wiederbelebt werden ...
In ferner kommunistischer Zukunft (die Priwalow mit seiner Zeitmaschine nunmehr erreicht hat) wird der Held von

Georgi Martynows Roman »Die Rückkehr der Phaetonen« (1962) wiederbelebt.

Seite 217:
… einen »selbstprogrammierenden kybernetischen Roboter … O weh, gleich nimmt er mich auseinander!«
Der sowjetische SF-Leser erkannte darin Anatoli Dneprows Erzählung »SVEMA«, wo eine »Selbstvervollkommnungs-Elektronenmaschine« schließlich versucht, aus Wissensdrang ihren Erbauer mit einem Skalpell zu sezieren.

Seite 218:
Aus der rostigen Rakete kletterte mühsam ein einäugiger Mann, dem der linke Arm und das rechte Bein fehlten.
… zu dem Planeten Chosch-Ni-Chosch im Sternsystem Eoella in der Kleinen Magellan'schen Wolke zu fliegen, um dort lebende Verstandesbrüder zu befreien, die unter der Knute eines wildgewordenen kybernetischen Diktators stöhnten (er sagte tatsächlich: stöhnten).
Die rostige Rakete und die sozialistische Bruderhilfe für die von Automaten unterdrückten Bewohner der Kleinen Magellan'schen Wolke entstammen dem SF-Roman »Die Wege der Titanen« von O. Berdnik, wo auch ausgiebig gestöhnt wird. Der Name »Eoella« taucht gegen Ende von A. Kasanzews Roman »Planet der Stürme« auf. Der der Rakete entsteigende, schwer verkrüppelte Raumfahrer ist eine Selbstparodie der Strugatzkis (vgl. »Spezielle Voraussetzungen« in Band 5 der Werkausgabe).

Seite 218:
Am Horizont blinkten die bekannten durchsichtigen Kuppeln, Viadukte und Spiralstraßen.
Diese Art Architektur kam seinerzeit nicht nur in sowjetischen, sondern auch in westlichen Zukunftsbildern oft vor;

als Hintergrund für die folgende Begegnung mit dem altklugen Jungen erinnert sie aber vor allem an den Zukunftsentwurf in Iwan Jefremows Roman »Der Andromedanebel« (auch: »Das Mädchen aus dem All«), von dem die Strugatzkis verschiedene Formulierungen entlehnt haben, etwa die »tiefliegenden, funkelnden Augen«.

Seite 228:
Verse sind etwas ganz Unnatürliches; es spricht niemand in Versen …
Das Motto ist ein verkürztes Zitat aus Charles Dickens' Roman »Die Pickwickier«.

Seite 248:
Da flucht nun dieser arme, alte, unschuldige Vogel, dass es nur so raucht, und versteht kein Wort von dem, was er sagt.
Das Motto stammt aus Robert Louis Stevensons »Schatzinsel«.

Seite 261:
Fakten gibt es immer zur Genüge – was fehlt, ist Fantasie.
Im Motto wird aus W. Blochinzews Artikel »Einige Fragen der Entwicklung der modernen Physik« (1959) zitiert.

Seite 262:
Stinkige Solipsisten. ›Wie tut meine Einbildung weh!‹
Dem Solipsismus zufolge existiert die Welt nur in der Einbildung. Den anonymen englischen Limerick »Über einen Philosophen« hat Samuil Marschak ins Russische übersetzt und Erik Simon (in Anlehnung an beide Fassungen) ins Deutsche:

Er lehrte: »Die Welt, die ich seh,
ist Einbildung, nichts als Idee;

doch wenn ich mich jetzt
auf 'ne Reißzwecke setz –
wie tut meine Einbildung weh!«

Seite 263:
Damals wusste ich zwar noch nicht, wer Richard Cirugue war …
Unter dem Titel »Das Geheimnis des Richard Cirugue« erschien 1927 eine russische Übersetzung des fantastischen Romans »Le singe« (Der Affe) von Maurice und Albert-Jean Renard.

Seite 273:
… das friedliche, grüne Meer der Taiga …
»… das grüne Meer der Taiga« ist ein Vers aus dem Lied »Vor allem, Kinder, bleibt im Herzen jung« (Worte von S. Grebennikow und N. Dobronrawow).

Seite 273:
Kippschalter klickten, Bildschirme leuchteten auf, in den planetarischen Triebwerken …
Die Passage spielt mit mehreren Formulierungen auf Iwan Jefremows »Der Andromedanebel« (auch: »Das Mädchen aus dem All«) an, insbesondere auf das Kapitel »Gefangene der Finsternis«.

Seite 300:
Und im eintausendsiebzehnten Stock sollten der Fischer und seine Frau noch immer ein ungetrübtes Leben am Ufer des blauen Meeres führen, mitsamt den Nachkommen des goldenen Fischleins.
Hier wird auf Alexander Puschkins »Märchen vom Fischer und dem Fischlein« angespielt (es gibt davon auch eine bekannte norddeutsche Version).

Seite 307:
... das Vernünftige, Gute und Ewige in ihm zutage förderte
In Nekrassows Gedicht »Den Säern« lautet ein Vers: »Sät das Vernünftige, Gute und Ewige«. (Ebenso Seite 396.)

Seite 315:
Er war hager und sah aus wie Duremar.
Duremar ist der Blutegelverkäufer aus Alexej N. Tolstois Märchenerzählung »Das goldene Schlüsselchen«, einer Neufassung von Collodis »Pinocchio«.

Seite 320:
»Niemand ist vergessen und nichts ist vergessen«
Das ist der berühmte letzte Satz der Grabinschrift für Olga Bergholz auf dem Piskarew-Friedhof in Sankt Petersburg.

Seite 329:
Wenn der Dichter sagt: ›Und keine Antwort stößt auf Fragen‹ ...
Hier wird sinngemäß aus Valeri Brjussows Sonett »Die Wüste schweigt, zwei Felsen ragen hart« zitiert.

Seite 343:
Ein großer Staatsmann der Menschheit könnte fragen: Wozu braucht ihr zwei Naturen?
Hier wird auf einen Witz über den »großen Staatsmann« Stalin und zwei Dissidenten der Breschnewzeit angespielt: 1966 hat Breschnew den Geist Stalins beschworen. »Was gibt's Neues?«, fragt Stalin. »Ach, der Daniel und der Sinjawski schreiben immerzu Zeug, was sie nicht sollen.« – »Was für ein Sinjawski? Der die Fußballreportagen gemacht hat?« – »Nein, der andere.« – »Und wozu braucht ihr zwei Sinjawskis?«

Seite 344:
Nehmen wir zum Beispiel eine Grabwespe, die ihre Eier in einem Nest ablegt und für ihre Nachkommenschaft Nahrung herbeischleppt …
Dieses zuerst von Jean-Henri Fabre beschriebene Verhalten der Grabwespe *Sphex ichneumoneus* ist ein oft zitiertes Paradebeispiel für den starren Ablauf von Instinkthandlungen im Insektenreich.

Seite 350:
… der neue ausländische Film Das letzte Ufer. *Anschließend Tanz!*
Es geht um den äußerst düsteren Film von Stanley Kramer, der vom Ende der Menschheit nach einem Atomkrieg handelt.

Seite 367:
»… Die Außerirdischen kommen und gehen, unser Volk … aber bleibt für immer.«
Hier wird eine von Stalin bei verschiedenen Gelegenheiten verwendete Formulierung parodiert; am bekanntesten ist sie aus seinem Tagesbefehl des Volkskommissars für Verteidigung vom 7.11.1942: »Die Hitler kommen und gehen, das deutsche Volk aber, der deutsche Staat aber bleibt.« (Als ehemaliger Zögling eines Priesterseminars kannte Stalin gewiss auch den Prediger Salomo: »Ein Geschlecht vergeht, das andere kommt, die Erde bleibt aber ewiglich.«)

Seite 399:
›Ihr und ich, wir sind vom gleichen Blute‹
»Du und ich und ich und du, wir sind vom gleichen Blute« lautet der allgemeine Jagdspruch in Rudyard Kiplings »Dschungelbuch«.

Seite 415:
Es war keine dieser bukolischen Pfützen … wie die in Mirgorod …
Mirgorod mit seiner zu literarischem Ruhm gelangten Pfütze findet man in Nikolai Gogols »Geschichte, wie sich Iwan Iwanowitsch mit Iwan Nikiforowitsch zerstritt«.

Seite 484:
… ruht in der Pose der Madame Récamier auf der Couch …
Das bezieht sich auf das »Porträt der Madame Récamier« von Jacques Louis David. Nach der seinerzeit recht bekannten Gegnerin Napoleons ist die Récamiere benannt, ein Sofa für eine halb sitzende, halb liegende Haltung.

Seite 487:
Und Sie, Bassawrjuk, wird man fragen …
Bassawrjuk ist eine Teufelsgestalt aus Nikolai Gogols Erzählung »Die Johannisnacht«.

Seite 501:
»Die Natur nahm uns die Unsterblichkeit und gab uns dafür die Liebe.«
Dieser von einem Interviewer Iwan Schmalhausen zugeschriebene Ausspruch stammt eigentlich von Jewgeni Schulz, und Schmalhausen hat ihn in seinem Buch »Das Problem von Tod und Unsterblichkeit« (russ. 1926) zitiert. Bei Schulz geht es darum, dass bei mehrzelligen Lebewesen mit geschlechtlicher Fortpflanzung der Tod des Individuums programmiert ist, obwohl die einzelne Zelle sich verjüngen könnte.

Seite 511:
… diese zitternde Kreatur …
»Die zitternde Kreatur« ist eine geflügelte Wendung in der russischen Literatur, aufgebracht von Puschkin in seinen

»Nachahmungen des Korans«, bekannt vor allem durch Dostojewskis »Schuld und Sühne«, wo an zwei für die Motive des Mörders Raskolnikow zentralen Stellen darauf Bezug genommen wird.

SEITE 511:
Schließlich hat einer von Ihrer Zunft einmal gesagt, ein Schriftsteller solle lange leben.
Kornej Tschukowski wird der Ausspruch zugeschrieben, in Russland müsse ein Schriftsteller lange leben.

SEITE 531:
Der Adjutant Seiner Exzellenz …
Das ist eine sowjetische Fernsehserie aus dem Jahre 1969, eine Spionagegeschichte aus der Zeit des Bürgerkriegs.

SEITE 535:
… die sich von mir erniedrigt und beleidigt fühlen.
»Die Erniedrigten und Beleidigten« heißt ein Roman von Fjodor Dostojewski.

SEITE 538:
Ächzend erheben wir uns vom Schlaf. …
Alle Formulierungen entstammen der indischen Agni-Yoga, nur dass dort nicht geächzt wird.

SEITE 539:
»Ein mürrisch dreinblickender Schwarzer trug den Sessel …«
Dieser Satz stammt – ebenso wie die nachfolgenden über die »Gelben« – aus Arkadi Strugatzkis Manuskript »Chius versus Linda«, einer frühen Fassung von »Atomvulkan Golkonda«.

SEITE 539:
»Die Festung fiel, doch die Garnison siegte.«

Das ist der Schluss einer der Versionen der Novelle »Die Ersten«, die Arkadi Strugatzki als Vorarbeit zu »Atomvulkan Golkonda« schrieb.

Seite 541:
… die Erzählung »Narziss«, die ich 1957 geschrieben hatte.
Diese Erzählung Arkadi Strugatzkis ist 2001 aus dem Nachlass publiziert worden.

Seite 545:
»Der Mensch ist ein Seelchen, von einem Leichnam belastet. Epiktet.«
»›Ein Seelchen bist du, von einem Leichnam belastet‹, sagt Epiktet«, heißt es in den »Selbstbetrachtungen« von Mark Aurel. Der Philosophenkaiser bezog sich dabei auf die von Flavius Arrianus notierten »Unterredungen« Epiktets.

Seite 545:
»Die Sonne schönster Ferien – Lawrenti Palytsch Berien.«
Im Original ist statt von Ferien von »der Blüte schwüler Prärien« die Rede, was aus der russischen Fassung des amerikanischen Musicals »Rose-Marie« von Friml, Stothart, Harbach und Hammerstein stammt, aber deutsch keinen sauberen Reim ergibt. Lawrenti Pawlowitsch Berija war von 1938 bis 1945 Chef des sowjetischen Innen- bzw. Staatssicherheits-Ministeriums. Nach Stalins Tod wurde er von Chruschtschow entmachtet und praktisch allein für den Stalin'schen Terror verantwortlich gemacht, aber nicht deshalb, sondern als »englischer Spion« erschossen.

Seite 545:
»Nur jene Wissenschaften … verbreiten Licht …«
Aus Michail Saltykow-Schtschedrins »Tagebuch eines Provinzlers in Petersburg«.

Seite 549 f.:
… doch offensichtlich hatte ich nichts vergessen. Und niemanden vergessen.
Vgl. die Anmerkung zu Seite 320.

Seite 555:
Ich bin im dritten Kreise …
»Die göttliche Komödie« von Dante Alighieri, »Hölle«, 6. Gesang, deutsch von Karl Witte (und Berthold Wiese).

Seite 555:
Außerdem klebte auf dem Deckblatt eine zerknitterte Reproduktion: eine vor Entsetzen wie gelähmte Stadt …
Das ist eine Schilderung von Nikolai Roerichs Gemälde »Die verurteilte Stadt« (nach einer älteren Wortbedeutung auch »Die versprochene/gelobte Stadt«). Die Strugatzkis wurden davon zu ihrem Roman »Das Experiment« (auch: »Stadt der Verdammten«) inspiriert.

Seite 580:
… dass man die Zukunft nicht vorhersagen, wohl aber Zukünfte erfinden kann.
Das schrieb Dennis Gabor in seinem Buch »Inventing the Future« (1964), Kapitel 11 (»On Optimism and Pessimism«).

Seite 611:
… allegorische Körperbewegungen vollführen …
Die merkwürdige Formulierung stammt aus »Eine zeitgenössische Idylle« von Michail Saltykow-Schtschedrin: »Begegnet einem indes eine unbekannte Dame, so soll man sich nicht vor ihr verneigen, sondern seinen Weg schweigend fortsetzen, ohne sich irgendwelche allegorischen Körperbewegungen zu erlauben.«

Seite 622:
… und ging hinaus. Ganz in Weiß …
Also ohne Gesichtsverlust, mit blütenweißer Weste. Hier wird auf den in Russland weithin bekannten Witz angespielt, in dem ein Mann einem Zirkusdirektor seine »absolut umwerfende Nummer« anbietet: »Stellen Sie sich vor: In der Mitte der Arena wird ein großer Bottich mit Dreck und Scheiße aufgestellt. Das Orchester verstummt, und in der gespannten Stille fällt von oben ein großer Stein direkt in den Bottich. Alles wird dreckig. Die Arena, das Orchester, das Publikum. Alles ist beschissen! Und nun komme ich in Arena raus! Ganz in Weiß!«

Seite 626:
›Es mag ja sein, du bist Tatar …‹
Hier wird auf Alexander Puschkins Epigramm »Auf Bulgarin« angespielt: ›Nicht, dass du Pole bist, ist ein Malheur …‹ Faddej Bulgarin (1789–1859) war ein Schriftsteller und Journalist, der als Agent des zaristischen Geheimdienstes bei den russischen Intellektuellen seiner Zeit verhasst war.

Seite 629:
… fünf Seiten aus dem ›Stillen Don‹ …
»Der Stille Don«, ein vierbändiger Roman von Michail Scholochow, ist »das bekannteste und meistgelesene Werk der Sowjetliteratur« (Harenberg Literaturlexikon). Der Autor erhielt dafür 1956 den Literaturnobelpreis. Es ist inzwischen als zumindest sehr wahrscheinlich nachgewiesen, dass der als ehemaliger Rotgardist von kommunistischen Funktionären protegierte Scholochow das Manuskript des ersten Bandes bei einem anderen Autor gestohlen hat.

Seite 635:
… er trug Tjubetejka …

Tjubetejka (so die russische Bezeichnung) ist das in Mittelasien weit verbreitete, bunt bestickte, runde oder viereckige Käppchen.

Seite 646:
... bleiche Jünglinge mit brennenden Blicken ...
»Jüngling, du bleicher, mit brennenden Blicken« beginnt Valeri Brjussows Gedicht »Dem jungen Dichter«. Vgl. auch Seite 724.

Seite 649:
Der Fortschritt, Kinder, schreitet voran, wer weiß, wohin.
Das ist ein Vers aus Juli Kims Lied »Widmung für Pjotr Jakir«. (Den Dissidenten Jakir erwähnt Boris Strugatzki auch in seinem Kommentar zu »Das lahme Schicksal«.)

Seite 650:
»Sind Sie zufällig ein Verwandter ...?« – »Nicht mal ein Namensvetter ...«
Die Redensart geht auf eine der von Alexej K. Tolstoi und den Gebrüdern Schemtschuschnikow unter dem Pseudonym »Kosma Prutkow« verfassten Satiren zurück und wird in Russland benutzt, um sich von einem Träger desselben Namens demonstrativ zu distanzieren. (In einem Witz aus der Stalinzeit sagt das mit einiger Berechtigung bei einem Verhör ein Mann namens Trotzki, denn Stalins Hauptrivale Lew Trotzki hieß eigentlich Bronstein.)

Seite 655:
»Schade, dass ich nicht wenigstens als Fähnrich dabei war.«
Das soll der russische Feldmarschall Suworow gesagt haben, als er von der Eroberung der Insel Korfu durch die russische Flotte hörte. (Er sprach konkret von einem Fähnrich zur See.)

Seite 657:
»Ein stiller Teich … Und ein Frosch springt hinein …«
Hier wird auf das berühmte Haiku von Basho angespielt (»Der alte Teich / Ein Frosch springt hinein – / das Geräusch des Wassers«). In der russischen Fassung lautet die letzte Zeile des Haiku »Ein Plätschern in der Stille«, was die Assoziation des betrunkenen Dr. Quadriga mit einem Schwätzer und Schweiger erklärt.

Seite 660:
»Und einmal habe ich sogar auf dieser Bühne den Osrick gespielt. …«
Osrick ist eine Figur in Shakespeares »Hamlet«.

Seite 664:
Ein Dummkopf ist einfach ein Andersdenkender.
»Dummkopf: jeder Andersdenkende« steht in Gustave Flauberts »Wörterbuch der Gemeinplätze«.

Seite 670:
Ein Mensch – wie stolz das klingt.
So wurde in den sozialistischen Ländern standardmäßig (und etwas ungenau) eine Stelle aus Maxim Gorkis »Nachtasyl« zitiert.

Seite 672:
Ironie und Mitleid, Kinder! Ironie und Mitleid!
»Ironie und Mitleid« ist der Titel eines Liedes in »Fiesta« von Ernest Hemingway, Kapitel 12.

Seite 673:
Die Geschichte hat ihren Lauf beendet …
Stammt aus M. Saltykow-Schtschedrins »Geschichte einer Stadt«.

Seite 678:
… ›Tod am Nachmittag‹ …
Das ist der Titel eines Essays von Ernest Hemingway.

Seite 700:
… Spiegel der russischen Revolution.
Gemeint ist Lenins Aufsatz »Lew Tolstoi, ein Spiegel der russischen Revolution«.

Seite 703:
… die Waldaihöhen stürmen …
In M. Saltykow-Schtschedrins »Pompadour und Pompadourin« gibt es das ironische Bild vom »Übergang über die Waldaihöhen«, wo die Rhetorik, die üblicherweise der Überwindung hoher Gebirge (vor allem durch ein Heer) gilt, auf diese flache Hügelkette zwischen Moskau und Sankt Petersburg übertragen wird.

Seite 706:
»Sie ergriff ihm bei der Hand und fragte immer wiederholt: Wohin hast du das Geld gelassen? …«
Im »Briefkasten des *Satirikons*« schrieb Arkadi Awertschenko 1909: »An Rudolf: In Ihrer Erzählung schreiben Sie: ›Sie ergriff ihm bei der Hand und fragte immer wiederholt: Wohin hast du das Geld gelassen?‹ Ausländische Werke drucken wir nicht.«

Seite 707:
… die stürmische, mit einem Duell endende Liebesgeschichte zwischen einem adligen Nichtstuer und einem Provinzfräulein.
Hier wird auf Alexander Puschkins »Eugen Onegin« angespielt.

Seite 707:
Bei Hemingway lachen sie einen Stümper aus, weil er einen Roman über den Streik in einer Textilfabrik schreibt und …
Der Stümper ist Richard Gordon in Hemingways Roman »Haben und Nichthaben«.

Seite 712:
Das war nun nicht mehr die Rede eines Knaben, sondern die eines Mannes.
»Endlich hör ich / Die Stimme eines Mannes, keines Knaben«, sagt in Puschkins Schauspiel »Boris Godunow« Marina zu dem falschen Zarewitsch Dimitri.

Seite 719:
… ich bin nicht Benkei, der in einem brechend vollen Tempel über Köpfe und Schultern hinwegschreiten kann.
Dies bezieht sich auf eine Passage in der »Legende von Yoshitsune«, die an historische Ereignisse in Japan gegen Ende des späten 12. Jahrhunderts anknüpft und von Arkadi Strugatzki ins Russische übersetzt wurde.

Seite 726 f.:
… ohne die WAAP zu informieren?
»WAAP« war die russische Abkürzung für die (staatliche) Allunionsagentur für Urheberrecht, von der alle Verträge sowjetischer Autoren und Verlage mit dem Ausland genehmigt und abgeschlossen werden mussten.

Seite 731:
… sprang wie Lucky Jim mit den Füßen auf das Sofa …
»Lucky Jim« ist der Titelheld eines Romans von Kingsley Amis aus den Fünfzigerjahren, deutsch »Glück für Jim«.

Seite 737:
Überhaupt sollte man mal darüber schreiben: wie Jesus heute auf die Erde kommt, aber nicht so wie bei Dostojewski …
Dies bezieht sich auf »Die Legende vom Großinquisitor« in Fjodor Dostojewskis Roman »Die Brüder Karamasow«.

Seite 769:
Ein Gelage zur Pestzeit.
So heißt ein Poem von Alexander Puschkin, das deutsch auch unter verschiedenen ähnlichen Titeln bekannt ist und gelegentlich als dramatisches Fragment aufgefasst wird.

Seite 794:
… mit dem stieren Blick eines hoffnungslosen Kornilow-Offiziers …
Kornilow war ein zaristischer General, der 1917 erfolglos gegen die Februarrevolution putschte. Die zitierte Charakterisierung seiner Leute steht in Alexej N. Tolstois Roman »Trüber Morgen« (»… bei den Kornilow-Offizieren ist der Blick traditionell stier, und verächtliche Enttäuschung spricht aus ihren Zügen …«). Im Original der Strugatzkis wurde dies irrtümlich den bei Tolstoi an derselben Stelle erwähnten, aber anders charakterisierten Drosdowski-Offizieren zugeschrieben.

Seite 795:
Damals hatte ich die »Mars-Chroniken« noch nicht gelesen …
»Die Mars-Chroniken« (1950, erweitert 1953) von Ray Bradbury, eines der berühmtesten Science-Fiction-Bücher aller Zeiten, erschien in der Sowjetunion immerhin schon 1965 und hat die Blütezeit der sowjetischen SF in den Sechzigerjahren nachhaltig beeinflusst.

Seite 799:
Oder die Steinplatte, auf der Satan die Abdrücke seiner Hufe hinterließ …
Die Szene wird in Wsewolod Iwanows Roman »Die Große Rus« geschildert.

Seite 802:
… doch wie in jenem Witz hätte ich am liebsten abwehrend die Hände erhoben und gestammelt: »Er redet!«
Ein Sowjetbürger trifft zufällig auf einen kräftigen, farbenfroh gekleideten Afrikaner und sagt zu ihm: »Na, du schwarzer Affe, wilder?« Man erklärt ihm, dass das durchaus kein Affe ist, sondern der Botschafter eines befreundeten afrikanischen Staates, Doktor der Wissenschaften, er möge sich also gefälligst entschuldigen. Der Sowjetbürger zu dem Schwarzen: »'tschuldigung. Sie sind gar kein Affe. Ist mir so rausgerutscht. Kommt nicht wieder vor.« Der Afrikaner gutmütig: »Macht nichts. Ist schon okay.« Worauf der Sowjetbürger entsetzt abwehrend die Hände hochreißt und stammelt: »Er redet!«

Seite 805:
Bei einem Science-Fiction-Autor – Jefremow oder Beljajew – gibt es das Untier Gischu …
Das Urzeit-Raubtier Gischu kommt in Iwan Jefremows historisch-fantastischem Roman »Am Rand der Ökumene« (deutsch »Das Land aus dem Meeresschaum«) vor.

Seite 820:
»Oleg zieht zum Kampfe, begleitet vom Heer …«
Alexander Puschkin: »Das Lied vom weisen Oleg«.

Seite 823:
… »das gute Teil erwählt« …
Evangelium des Lukas, 10,42.

Seite 825:
»Gott schütze den Zaren«? Oder das Horst-Wessel-Lied?
»Gott schütze den Zaren« war bis 1917 die russische Hymne. Das Horst-Wessel-Lied (»Die Fahne hoch …«), so genannt nach dem Verfasser des Textes, war praktisch die Hymne der NSDAP und wurde grundsätzlich im Anschluss an das Deutschlandlied gesungen bzw. gespielt.

Seite 828:
… wie der junge Mr. Corkran zu sagen pflegte.
Das ist eine Figur aus Rudyard Kiplings Roman »Stalky & Co.« (vgl. Seite 539).

Seite 830:
Anton Pawlowitsch … »Eine langweilige Geschichte«
Es handelt sich um eine Novelle von Anton Pawlowitsch Tschechow.

Seite 830 f.:
»Groß war es und fürchterlich, das eintausendneunhundertundachtzehnte Jahr nach Christi Geburt, das zweite aber nach Beginn der Revolution …«
Das ist der Anfang von Michail Bulgakows Roman »Die weiße Garde«.

Seite 832:
Der Chefredakteur war zurzeit in Schweden oder in der Schweiz, vielleicht auch in Schwambranien.
»Schwambranien« ist ein von russischen Kindern erfundenes Fantasieland in dem gleichnamigen Roman von Lew Kassil.

Seite 856:
Ich verbrenne, um anderen zu leuchten.
Das ist eine der üblichen Übersetzungen der lateinischen Devise »Aliis inserviendo consumor«, eigentlich »Im Dienst für andere verzehre ich mich«. Mit einer brennenden Kerze als Sinnbild verwendete sie der holländische Arzt Nicolaas Pieterszoon Tulp im 17. Jahrhundert.

Seite 863:
Und wo wär die Witwe, die sagte ›Nein‹?
Das ist ein Vers aus dem Lied des Ritters und des Narren in Walter Scotts Roman »Ivanhoe«.

Seite 878:
Satt hab ich alles, bis oben im Schlunde …
Die drei Liedstrophen stammen von Wladimir Wyssozki, deutsch (einschließlich der Versvariationen im vorangehenden Prosatext) von Erik Simon. Eine Zeile wurde mit Genehmigung des Autors von den Strugatzkis leicht abgewandelt.

Seite 889:
… man brauche nur … ein paar Hundert … Menschen aus der Geschichte zu entfernen, und wir wären immer noch in der Steinzeit?
Dieser Ausspruch von Arthur Keith (er spricht von dreihundert) wird in Dennis Gabors Buch »Inventing the Future« (1964) zitiert (Kapitel 10, »The Future of Uncommon Man«).

Seite 889:
… wie der Junge aus Čapeks Erzählung …
In Karel Čapeks Erzählung »Die Geschichte eines Geldschrankknackers und eines Brandstifters« (in »Geschichten aus der einen und der anderen Tasche«) wird ein experimen-

tierfreudiger Lehrling von seinem Meister verprügelt und missbraucht seine außergewöhnlichen naturwissenschaftlichen Talente später dazu, ihm das Haus überm Kopf anzuzünden.

SEITE 889:
Man müsste eine Utopie im Orwell'schen Stil oder im Stil Bernard Wolfes schreiben.
»1984« von George Orwell und »Limbo« von Bernard Wolfe sind Dystopien, also negative Utopien.

SEITE 897:
»Das arme schöne Entlein!«
Das ist eine Anspielung auf Hans Christian Andersens Märchen vom hässlichen Entlein, auf das sich natürlich auch der Titel »Die hässlichen Schwäne« bezieht.

SEITE 900:
Was hatte man uns einzureden versucht, Manuskripte würden nicht brennen!
»... Manuskripte brennen nicht«, sagt Voland (der Teufel) in Michail Bulgakows »Der Meister und Margarita«. In der Sowjetunion und den anderen sozialistischen Ländern war das – aus gegebenem Anlass – eines der berühmtesten Zitate aus diesem Roman. (Alle Zitate aus Bulgakows Roman erscheinen hier in der Übersetzung von Thomas Reschke.)

SEITE 909:
Was bläst Trübsal du so arg, junger Mann? / Leg dich lieber in den Sarg, junger Mann!
»Ein Ghasel« von Ossip Mandelstam, nach mündlicher Überlieferung zitiert von Ilja Ehrenburg.

Seite 913:
… weil er »das Brot der Willkür gegessen und den Wein des Diebstahls getrunken« hatte.
So geht die russische Version von Kapitel 4, Vers 17 der Sprüche Salomos. Bei Luther heißt das: »Denn sie nähren sich von gottlosem Brot und trinken vom Wein des Frevels.«

Seite 921:
»… Setzen Sie sich bitte, hier ist gerade ein leerer Stuhl.«
In Jaroslav Hašeks »Die Abenteuer des braven Soldaten Schwejk während des Weltkrieges« sagt ein überaus höflicher Polizeibeamter zu einem Mörder, den er verhört: »Bitte, nehmen Sie Platz, Herr Walesch, hier ist gerade ein leerer Stuhl.«

Seite 921:
›Es gibt nur einen Frischegrad: den ersten, und der ist zugleich der letzte. Wenn der Stör vom zweiten Frischegrad war, heißt es, er war verfault.‹
Das ist ein weiteres Zitat aus Michail Bulgakows »Der Meister und Margarita«.

Seite 922:
Das ist ebenso sicher wie die Tatsache, dass Manuskripte restlos verbrennen – auch wenn Er noch so oft das Gegenteil behauptet hat.«
Siehe die Anmerkung zu Seite 900. Mit »Er« ist natürlich Michail Afanassjewitsch Bulgakow gemeint.

Seite 926:
… erwarten Sie für sich weder Licht noch Ruhe.
»Warum nehmt ihr ihn nicht mit zu euch, ins Licht?«, fragt in Bulgakows »Der Meister und Margarita« Voland den Jünger Jesu Levi Matthäus und erhält zur Antwort: »Er hat

nicht Licht verdient, sondern Ruhe.« (Auf dieselbe Szene spielt auch weiter oben auf Seite 903 die Formulierung »… und wollte nichts Ewiges außer Ruhe« an.)

Seite 931:
»Achtung! Bei Beschuss ist diese Seite besonders gefährdet«
Solche Aufschriften fand man während des Zweiten Weltkriegs im belagerten Leningrad.

Seite 950:
Perry Mason pflegte zu sagen: Indizien an sich sind nicht schlimm, schlimm ist nur ihre falsche Interpretation.
Er sagt das in Erle Stanley Gardners Kriminalroman »Der Tote im Rollstuhl«.

Die wichtigsten Werke der Brüder Strugatzki

DER ZUKUNFTSZYKLUS
(sortiert nach der Chronologie der Handlung)

Atomvulkan Golkonda (1959)
Der Weg zur Amalthea (1960)
Praktikanten (1962)
Die gierigen Dinge des Jahrhunderts (1965)
Mittag, 22. Jahrhundert (1962, erweitert 1967)
Fluchtversuch (1962)
Der ferne Regenbogen (1963)
Es ist schwer, ein Gott zu sein (1964)
Die bewohnte Insel (1969, 1971)
Die dritte Zivilisation (1971)
Der Junge aus der Hölle (1974)
Unruhe (1990; Manuskript 1965)
Ein Käfer im Ameisenhaufen (1979–80)
Die Wellen ersticken den Wind (1985–86)

DIE SCIENCE-FICTION-EINZELROMANE

Die Schnecke am Hang (1966, 1968)
Die zweite Invasion der Marsmenschen (1968)
Das Hotel »Zum Verunglückten Bergsteiger« (1970)
Die hässlichen Schwäne (1972 im Ausland erschienen; später Teil von »Das lahme Schicksal«)
Picknick am Wegesrand (1972)

Eine Milliarde Jahre vor dem Weltuntergang (1976)
Das lahme Schicksal (1986, komplett 1989)
Das Experiment (1989; Manuskript 1968–72)
Die Last des Bösen (1989)
Ein Teufel unter den Menschen (gemeinsam konzipiert, von Arkadi Strugatzki geschrieben; 1993)

FANTASY UND MÄRCHEN

Der Montag fängt am Samstag an (1965)
Das Märchen von der Troika (Fortsetzung zu »Der Montag fängt am Samstag an«; erste Fassung 1987, stark abweichende zweite Fassung 1968)
Expedition in die Hölle (gemeinsam konzipiert, von Arkadi Strugatzki geschrieben; Teile 1 und 2: 1974, Teil 3: 1984)

DIE ROMANE BORIS STRUGATZKIS

Die Suche nach der Vorherbestimmung (1995)
Die Ohnmächtigen (2003)